中国交通运输年鉴

（2021）

The Transport Yearbook of China 2021

中华人民共和国交通运输部　编

Ministry of Transport of the People's Republic of China

人民交通出版社股份有限公司

北京

图书在版编目（CIP）数据

中国交通运输年鉴．2021／中华人民共和国交通运输部编．—北京：人民交通出版社股份有限公司，2021.11

ISBN 978-7-114-17629-6

Ⅰ.①中…　Ⅱ.①中…　Ⅲ.①交通运输业—中国—2021—年鉴　Ⅳ.①F512.3-54

中国版本图书馆CIP数据核字（2021）第189219号

Zhongguo Jiaotong Yunshu Nianjian（2021）

书　　名：**中国交通运输年鉴**（2021）
著 作 者：中华人民共和国交通运输部
责任编辑：崔　建　齐黄柏盈
责任校对：席少楠　龙　雪　卢　弦　扈　婕
责任印制：张　凯
出版发行：人民交通出版社股份有限公司
地　　址：（100011）北京市朝阳区安定门外外馆斜街3号
网　　址：http://www.ccpcl.com.cn
销售电话：（010）59757973
总 经 销：人民交通出版社股份有限公司发行部
经　　销：各地新华书店
印　　刷：天津融正印刷有限公司
开　　本：880×1230　1/16
印　　张：50.5
插　　页：2
字　　数：1167千
版　　次：2021年11月　第1版
印　　次：2021年11月　第1次印刷
书　　号：ISBN 978-7-114-17629-6
定　　价：258.00元

编 辑 说 明

一、按照《中国交通运输年鉴》的定位，本书由交通运输部和国家铁路局、中国民用航空局、国家邮政局联合编纂。全书本着"全面呈现，重点突出"的原则，聚焦"交通强国"建设目标，突出年度行业核心、重点、热点话题，全景式记录在交通强国建设进程中发生的重大事件和取得的重大成就，凸显交通运输服务国家战略、保障国计民生的先行作用。

二、在坚持权威、系统、客观、准确、连续、实用的原则下，全书由"重要指引、重大政策、发展成就、重大工程、重大事件、专题特辑、地方篇、附录"8 篇组成，共计 31 章，7 个专题，6 个重要附录。内容涉及党中央和国务院的决策，领导人的指示，铁路、公路、水路、民航和邮政各领域及综合交通融合发展、交通强国建设，以及科技创新，安全监管与应急处置，国际合作，党的建设，精神文明建设，人才队伍建设，法治政府建设，全国各地交通运输发展成就等方面情况。同时，还注重对综合交通、智慧交通、绿色交通、平安交通发展脉络的梳理。其中，对"四好农村路"、脱贫攻坚、服务国家重大战略、抗击新型冠状病毒肺炎疫情、取消高速公路省界收费站并实现平稳运行、民生实事与建议提案办理、节假日和快递高峰运输 7 个热点予以专题呈现。此外，本书还刊载了交通运输领域的重大政策列表、人事机构情况、各领域重要统计公报、交通运输行业部分统计数据、权威媒体报道以及年度大事记。

三、本书内容由交通运输部部内各司局和国家铁路局、中国民用航空局、国家邮政局相关部门、部分部属单位以及各省、自治区、直辖市以及新疆生产建设兵团交通运输主管部门提供。其中，部分内容来自相关业务部门公开发布的发展报告等官方权威信息。编纂工作由交通运输部办公厅会同国家铁路局、中国民用航空局、国家邮政局综合司（办公室）统筹，交通运输部档案馆、中国公路学会和《中国公路》杂志社组成编辑工作组，负责具体实施。

四、本书重点收入了交通运输行业 2020 年的核心信息，所涉信息除特殊注明外，时间均为 2020 年。为体现行业发展的纵深、数据信息的完整性和方便读者对比使用，收入的部分资料时限、数据时限有所放宽。

五、本书所列全国性统计数据，由相关业务主管部门提供并审定，除个别内容外绝大多数未含香港、澳门特别行政区和台湾地区。由于统计口径不同，书中相关数字略有不同，最终数字均以"统计公报"为准。

六、本书图表以篇—章—序号命名，一个表格一般只表达一个主题。

七、为适应现代阅读习惯，方便读者使用，并克服纸质版容量有限的问题，文中加载了部分重要文件的二维码，供读者扫码阅读。二维码统一链接至相关部门官方网站。如果相关网站链接有变动，会造成扫描失效情况，请另行查询。

八、人事机构方面的资料由人事部门提供。

九、本书的名词术语、缩略语、简称及英文缩写未加注释的，见行业相关名词解释及英文缩写释文。

十、本书关于政策的相关内容，是对部分现行法律、法规和政策原文的部分刊登、综述和解读，可以作为了解中国交通运输发展政策的线索，并附有二维码，可供读者扫描参考，必要时读者应查阅使用相关正式文件。

十一、为方便阅读，本书"附录"部分的各统计公报中的图、表序号均按各公报原文排序。

本书编辑工作组

2021 年 6 月 30 日

EDITORS' NOTES

1. As per the position set for the Transport Yearbook of China, it is jointly compiled by the Ministry of Transportation, the National Railway Administration, the Civil Aviation Administration of China and the State Post Bureau. Following the principle of "presenting the full picture while highlighting key events in the industry", focusing on the target of "building China into a transport power" and underling the annual core, important and high-profile issues in the industry, the Transport Yearbook of China gives a panoramic documentation of main events that have taken place and substantial achievements that have been made in the course of building China into a transport power, and highlights the role of the transport industry as the vanguard in serving national strategies and enhancing the national welfare and people's livelihood.

2. The Yearbook, authoritative, systematical, subjective, accurate, consistent and useful, comprises a total of 31 chapters, 7 subjects, and 6 important appendixes, in 8 sections: Important Guidelines, Substantial Policies, Development and Achievements, Major Projects, Major Events, Special Subjects, Provincial Subjects, and Appendixes. Included herein are the decisions by the CPC Central Committee and the State Council; leaders' instructions; the progress in the sectors of railway transport, highway transport, waterway transport, civil aviation transport and postal services and in the integrated development of these sectors; and information on technological innovation, safety supervision, emergency response, international cooperation, and Party building, cultural and ethical advancement, development of professional teams, governance by law, and achievements of transportation development in all parts of China. The Yearbook also highlights the organizing of the development course of a comprehensive, smart, green and safe transport system. Specially presented are seven high-profile issues: serving the effort of doing a good job in the construction, management, maintenance and operation of the rural roads (also known as the "'four good' rural roads"), serving the task of tackling thorny problems in poverty alleviation, serving major national strategies, fighting against COVID-19, removing highway toll stations at the provincial boundaries and achieving smooth operation, dealing with practical issues concerning people's livelihood and related proposals and bills, transport during holidays / festivals and express delivery rush hours. Also contained herein are a list of major policies in the transport sector, organization structure, major statistical bulletins in various fields, parts of the statistics of transportation industry, authoritative media reports and chronicles of major events of the year.

3. The contents herein are provided by departments and bureaus within the Ministry of Transport, relevant departments of the National Railway Administration, the Civil Aviation Administration of China and the State Post Bureau, units under the Ministry of Communications and transportation departments of various provinces and Xinjiang Production and Construction Corps, part of which comes from development reports and other official authoritative information publicly released by relevant business departments. Its compilation is organized by the General Office of the Ministry of Transport in conjunction with the National Railway Administration, the Civil Aviation Administration of China and the general department (office) of the State Post Bureau, and carried out by the Working Group of the Editorial Board consisting of staff members of the Archives Center of the Ministry of Transport, China Highway and Transportation Society and China Highway Magazine Society.

4. Contained herein is mainly the core information of the transport industry in 2020, and therefore all the information is that of the year 2020 unless otherwise specified. In order to demonstrate the developmental depth of the transport industry and the integrity of data / information, and to facilitate the comparison and use of data by readers, part of the data and information is not limited to that of 2020.

5. The national statistical data listed herein is provided and checked by relevant business authorities. Most of these statistics do not include those of the Hong Kong and Macao Special Administrative Regions and Taiwan Province. Where figures contained herein show discrepancy due to different statistical criteria, to unify the figures, those in the Statistical Bulletin shall prevail ultimately.

6. The charts in this Yearbook are numbered with the serial numbers of the sections and chapters in which they appear. One chart is usually used to express only one theme.

7. Important documents herein come with QR codes for readers to scan so as to accommodate the reading habit of modern readers, facilitate their use, and address the problem of limited space available in a print version. All the QR codes are linked to the websites of competent authorities. In case of any invalid scanning of QR codes caused by any change of such website links, please turn to other means of inquiry.

8. The information on the organization structure is provided by relevant personnel departments.

9. With respect to any terms, acronyms, abbreviations or English abbreviations not annotated herein, please refer to the definition of such terminologies and the explanation of such English abbreviations provided by the transport industry.

10. The policy-related contents contained herein are excerpts, summaries and interpretations of the original texts of existing laws, regulations and policies, and may serve as a clue for the understanding of China's transport development policy. QR codes are printed herein for readers to scan for reference; it is advisable, however, to consult the original documents when necessary.

11. To be reader-friendly, the figures and charts of statistical bulletins in the Appendixes are listed in the order in which the original texts appear in such bulletins.

Working Group of the Editorial Board

June 30 , 2021

组织机构名单

编审委员会主任委员

杨传堂　十三届全国政协副主席，交通运输部党组书记

李小鹏　十九届中央委员，交通运输部部长、党组副书记

编审委员会副主任委员

冯正霖　十九届中央候补委员，交通运输部党组副书记、副部长，
中国民用航空局党组书记、局长（正部长级）

马军胜　交通运输部党组成员，
国家邮政局党组书记、局长

刘振芳　交通运输部党组成员，
国家铁路局党组书记、局长

汪　洋　交通运输部党组成员、副部长

编纂工作委员会主任委员

汪　洋（兼）

编纂工作委员会副主任委员

黄小平　交通运输部办公厅主任

田　军　国家铁路局综合司（外事司）司长

刘鲁颂　中国民用航空局综合司司长

侯延波　国家邮政局办公室（外事司）副主任（副司长，主持工作）、二级巡视员

刘文杰　中国公路学会副理事长兼秘书长

编纂工作委员会委员

徐亚华　交通运输部总工程师

李天碧　交通运输部总工程师兼水运局局长

李国平　交通运输部安全总监兼中国海上搜救中心常务副主任、部应急办主任

徐成光　交通运输部总规划师兼综合规划司司长

刘鹏飞　交通运输部政策研究室主任

魏　东　交通运输部法制司司长

卢尚艇　交通运输部财务审计司副司长（主持工作）

李良生　交通运输部人事教育司（党组巡视工作领导小组办公室）司长（主任）

吴春耕　交通运输部公路局局长

蔡团结　交通运输部运输服务司司长

彭思义　交通运输部安全与质量监督管理司司长、部应急办副主任

岑晏青　交通运输部科技司副司长（主持工作）

李　扬　交通运输部国际合作司（港澳台办公室）司长（主任）

柯林春　交通运输部直属机关党委常务副书记（正局级）

张晓冰　交通运输部离退休干部局局长、党委书记

曹德胜　交通运输部海事局局长、党组书记，中国海上搜救中心常务副主任

梁成谷　国家铁路局综合司（外事司）副司长

孙文生　中国民用航空局综合司副司长

高洪涛　国家邮政局办公室（外事司）副主任（副司长）、二级巡视员

王　雷　交通运输部救助打捞局局长、党委副书记

朱伽林　人民交通出版传媒管理有限公司党委书记、董事长

杨如学　交通运输部档案馆馆长

谢正光　北京市交通委员会党组书记、主任
王魁臣　天津市交通运输委员会党委书记、主任
王普清　河北省交通运输厅党组书记、厅长
赵建平　山西省交通运输厅党组书记、厅长
高世勤　内蒙古自治区交通运输厅党组书记、厅长
赵爱军　辽宁省交通运输厅党组书记、厅长
王振才　吉林省交通运输厅党组书记、厅长
孙　宇　黑龙江省交通运输厅党组书记、厅长
于福林　上海市交通委员会党组书记、主任
陆永泉　江苏省交通运输厅党组书记、厅长
陈利幸　浙江省交通运输厅党组书记、厅长
章　义　安徽省交通运输厅党组书记、厅长
黄祥谈　福建省交通运输厅党组书记、厅长
王爱和　江西省交通运输厅党委书记、厅长
孟庆斌　山东省交通运输厅党组书记、厅长
李卫东　河南省交通运输厅党组书记、厅长
朱汉桥　湖北省交通运输厅党组书记、厅长
赵　平　湖南省交通运输厅党组书记、厅长
李　静　广东省交通运输厅党组书记、厅长
陈鸿起　广西壮族自治区交通运输厅党组书记、厅长
邓小刚　海南省交通运输厅党组书记、厅长
许仁安　重庆市交通局党委书记、局长
罗佳明　四川省交通运输厅党组书记、厅长
邵　勋　贵州省交通运输厅党委书记、厅长
马文亮　云南省交通运输厅党组书记、厅长
徐文强　西藏自治区交通运输厅党委副书记、厅长
夏晓中　陕西省交通运输厅党组书记、厅长
刘建勋　甘肃省交通运输厅党组书记、厅长
乌拉孜别克·热苏力汗　青海省交通运输厅党组书记、厅长
曹志斌　宁夏回族自治区交通运输厅党委书记、厅长
李学东　新疆维吾尔自治区交通运输厅党委书记、副厅长
李学辉　新疆生产建设兵团交通运输局党组书记、局长

编纂工作联络员

侯　浩　交通运输部办公厅综合处处长
廖　娟　交通运输部政策研究室综合处处长
罗洪波　交通运输部法制司综合处处长、二级巡视员
荣学文　交通运输部综合规划司办公室（交通运输部交通战备办公室）主任
程　侃　交通运输部财务审计司综合处处长、二级巡视员
胡红哲　交通运输部人事教育司综合处副处长
郭　胜　交通运输部公路局办公室主任、二级巡视员
高鹏飞　交通运输部水运局办公室主任
高　博　交通运输部运输服务司综合处（国际道路运输管理处）处长
罗海峰　交通运输部安全与质量监督管理司综合处处长
甘家祥　交通运输部科技司综合处处长、二级巡视员
白　雪　交通运输部国际合作司（港澳台办公室）综合一处处长
郝新光　交通运输部直属机关党委办公室主任
王成涛　交通运输部离退休干部局综合处（党委办公室）处长（主任）
王洪涌　中国海上搜救中心综合处处长
董乐义　交通运输部海事局办公室主任
尹　倩　国家铁路局机关服务中心综合处副处长
冯建朝　中国民用航空局综合司研究室副主任
陈　凯　国家邮政局办公室调研室副调研员
刘秀华　交通运输部救助打捞局办公室主任

冯　陶　北京市交通委员会研究室副主任
杜二鹏　天津市交通运输委员会研究室主任
高正阳　河北省交通运输厅办公室主任
王亚虎　山西省交通运输厅办公室主任
蒙吉生　内蒙古自治区交通运输厅办公室主任
田　彦　辽宁省交通运输厅办公室主任
张明杰　吉林省交通运输厅办公室主任
王志臣　黑龙江省交通运输厅办公室主任
杨俊琴　上海市交通委员会研究室副主任
周体光　江苏省交通运输厅政研室主任
张文彪　浙江省交通运输厅办公室主任

张宗斌　安徽省交通运输厅办公室主任
袁文洪　福建省交通运输厅办公室主任
毛　茂　江西省交通运输厅办公室主任
王　磊　山东省交通运输厅政策研究室主任
徐　磊　河南省交通运输厅办公室主任
胡小松　湖北省交通运输厅研究室主任
李曙光　湖南省交通运输厅办公室主任
廖　星　广东省交通运输厅办公室主任
谢殿武　广西壮族自治区交通运输厅办公室主任
许教春　海南省交通运输厅办公室主任
王维定　重庆市交通局研究室主任
岑　松　四川省交通运输厅交通史志总编室副总编辑
姜　凯　贵州省交通运输厅办公室主任
施青团　云南省交通运输厅办公室主任
黄璐璐　西藏自治区交通运输厅办公室副主任
王建勋　陕西省交通运输厅办公室主任
孙永涛　甘肃省交通运输厅办公室主任
都阳庭　青海省交通运输厅办公室主任
王力军　宁夏回族自治区交通运输厅办公室主任
孔令忠　新疆维吾尔自治区交通运输厅办公室主任
梅军民　新疆生产建设兵团交通运输局办公室主任

编辑工作组

组　长　杨如学　刘文杰
副组长　佟　峰　刘传雷
编　辑　于佳玫　余大鹏　范圆圆　苗挺节
　　　　禹　洁　李晓风　徐德谦　王　硕
　　　　崔　云　赵晓夏
美　编　李仪灵　王德本
英　文　北京星辉翻译中心

参编单位

国家铁路局

中国民用航空局

国家邮政局

交通运输部长江航务管理局

交通运输部珠江航务管理局

交通运输部救助打捞局

中国船级社

人民交通出版传媒管理有限公司

中国公路学会

交通运输部办公厅

交通运输部政策研究室

交通运输部法制司

交通运输部综合规划司

交通运输部财务审计司

交通运输部人事教育司（巡视办）

交通运输部公路局

交通运输部水运局

交通运输部运输服务司

交通运输部安全与质量监督管理司

交通运输部科技司

交通运输部国际合作司（港澳台办公室）

交通运输部直属机关党委

交通运输部离退休干部局

中国海上搜救中心

交通运输部海事局

交通运输部档案馆

北京市交通委员会

天津市交通运输委员会

河北省交通运输厅

山西省交通运输厅

内蒙古自治区交通运输厅

辽宁省交通运输厅

吉林省交通运输厅

黑龙江省交通运输厅

上海市交通委员会

江苏省交通运输厅

浙江省交通运输厅

安徽省交通运输厅

福建省交通运输厅

江西省交通运输厅

山东省交通运输厅

河南省交通运输厅

湖北省交通运输厅

湖南省交通运输厅

广东省交通运输厅

广西壮族自治区交通运输厅

海南省交通运输厅

重庆市交通局

四川省交通运输厅

贵州省交通运输厅

云南省交通运输厅

西藏自治区交通运输厅

陕西省交通运输厅

甘肃省交通运输厅

青海省交通运输厅

宁夏回族自治区交通运输厅

新疆维吾尔自治区交通运输厅

新疆生产建设兵团交通运输局

目　　录

第一篇　重要指引

第二篇　重大政策

第三篇　发展成就

第四篇　重大工程

第五篇　重大事件

第六篇　专题特辑

第七篇　地方篇

第八篇　附录

Contents

Section I Important Guidelines

Section II Substantial Policies

Section III Development and Achievements

Section IV Major Projects

Section V Major Events

Section VI Special Subjects

Section VII Provincial Subjects

Section VIII Appendixes

第一篇

重要指引

Section I

Important Guidelines

第一章　习近平总书记关于交通运输工作的重要论述

一、我们的成就彰显了不同凡响的中国风采、中国力量

嫦娥四号在人类历史上第一次登陆月球背面，长征五号遥三运载火箭成功发射，雪龙 2 号首航南极，北斗导航全球组网进入冲刺期，5G 商用加速推出，北京大兴国际机场“凤凰展翅”……这些成就凝结着新时代奋斗者的心血和汗水，彰显了不同凡响的中国风采、中国力量。

国家主席习近平发表二〇二〇年新年贺词（2019 年 12 月 31 日），《人民日报》2020 年 1 月 1 日 01 版

二、要做好乘客健康监测、交通工具场站消毒通风等工作

要及时查找返程人员防控中的风险点和薄弱环节，落实人员流入地和流出地的防控责任，做好乘客健康监测、交通工具场站消毒通风等工作。

在中央政治局常委会会议研究应对新型冠状病毒肺炎疫情工作时的讲话（2020 年 2 月 3 日），《求是》2020 年第 4 期

三、交通运输等部门采取有力措施支持抗击疫情斗争

卫生健康、发展改革、工信商务、外交外联、交通运输、农业农村、应急管理、财政金融、文化旅游、科技教育、市场监管、社保医保、资源环境、国资林草等部门和纪检监察、组织、宣传、统战、政法等战线各司其职，人大、政协以及各人民团体等主动担责，采取有力措施支持抗击疫情斗争。

在统筹推进新冠肺炎疫情防控和经济社会发展工作部署会议上的讲话(2020 年 2 月 23 日)，《人民日报》2020 年 2 月 24 日 02 版

四、建立交通运输“绿色通道”，保障重点地区医用物资和生活物资供应

我们采取积极措施，支持医用防护服、口罩等疫情防控急需医疗物资的生产企业迅速复工达产、多种方式扩大产能和增加产量，对重要物资实行国家统一调度，建立交通运输“绿色通道”，多措并举保障重点地区医用物资和生活物资供应。

在统筹推进新冠肺炎疫情防控和经济社会发展工作部署会议上的讲话(2020 年 2 月 23 日)，《人民日报》2020 年 2 月 24 日 02 版

五、要放开货运物流限制，推动企业复工复产

推动企业复工复产。要落实分区分级精准防控策略，打通人流、物流堵点，放开货运物流限制，确保员工回得来、原料供得上、产品出得去。产业链环环相扣，一个环节阻滞，上下游企业都无法运转。

在统筹推进新冠肺炎疫情防控和经济社会发展工作部署会议上的讲话(2020年2月23日)，《人民日报》2020年2月24日02版

六、贫困村发生了实实在在的变化，道路平坦通畅

党的十八大以来，我每年都到贫困地区考察调研，前几年去，沿途山路颠颠簸簸，进了村坑坑洼洼，晴天尘土满鞋，雨天道路泥泞，贫困户房子破破烂烂、有的家徒四壁，一些贫困群众一年也吃不上几次肉，不少孩子没有上学或中途辍学，很多人生病基本靠扛，看了心里确实很沉重。这几年，我再去一些贫困村，看到了实实在在的变化，道路平坦通畅，新房子一片连着一片，贫困群众吃穿不成问题。看到群众脸上洋溢着真诚淳朴的笑容，我心里非常高兴。

在决战决胜脱贫攻坚座谈会上的讲话(2020年3月6日)，《人民日报》2020年3月7日02版

七、在企业复工复产、物流体系建设等方面优先组织和使用贫困劳动力

要优先支持贫困劳动力务工就业，在企业复工复产、重大项目开工、物流体系建设等方面优先组织和使用贫困劳动力，鼓励企业更多招用贫困地区特别是建档立卡贫困家庭人员，通过东西部扶贫协作“点对点”帮助贫困劳动力尽快有序返岗。

在决战决胜脱贫攻坚座谈会上的讲话(2020年3月6日)，《人民日报》2020年3月7日02版

八、加强长江流域化工污染、船舶污染等治理

长三角地区是长江经济带的龙头，不仅要在经济发展上走在前列，也要在生态保护和建设上带好头。要把保护修复长江生态环境摆在突出位置，狠抓生态环境突出问题整改，推进城镇污水垃圾处理，加强化工污染、农业面源污染、船舶污染和尾矿库治理。

习近平在扎实推进长三角一体化发展座谈会上强调　紧扣一体化和高质量抓好重点工作　推动长三角一体化发展不断取得成效(2020年8月20日)，《人民日报》2020年8月23日01版

九、要围绕川藏铁路建设等项目，建设更多团结线、幸福路

要在巩固脱贫成果方面下更大功夫、想更多办法、给予更多后续帮扶支持，同乡村振兴有效衔接，尤其是同日常生活息息相关的交通设施、就医就学、养老社保等要全覆盖。要围绕川藏铁路建设等项目，

推动建设一批重大基础设施、公共服务设施，建设更多团结线、幸福路。

习近平在中央第七次西藏工作座谈会上强调　全面贯彻新时代党的治藏方略　建设团结富裕文明和谐美丽的社会主义现代化新西藏(2020 年 8 月 28 日至 29 日),《人民日报》2020 年 8 月 30 日 01 版

十、各行各业扛起责任，数百万快递员冒疫奔忙

各行各业扛起责任，国有企业、公立医院勇挑重担，460 多万个基层党组织冲锋陷阵，400 多万名社区工作者在全国 65 万个城乡社区日夜值守，各类民营企业、民办医院、慈善机构、养老院、福利院等积极出力，广大党员、干部带头拼搏，人民解放军指战员、武警部队官兵、公安民警奋勇当先，广大科研人员奋力攻关，数百万快递员冒疫奔忙，180 万名环卫工人起早贪黑，新闻工作者深入一线，千千万万志愿者和普通人默默奉献……全国人民都“为热干面加油”！

《在全国抗击新冠肺炎疫情表彰大会上的讲话》(2020 年 9 月 8 日)，《人民日报》2020 年 9 月 9 日 02 版

十一、统筹推进现代流通体系建设，为构建新发展格局提供有力支撑

流通体系在国民经济中发挥着基础性作用，构建新发展格局，必须把建设现代流通体系作为一项重要战略任务来抓。要贯彻新发展理念，推动高质量发展，深化供给侧结构性改革，充分发挥市场在资源配置中的决定性作用，更好发挥政府作用，统筹推进现代流通体系硬件和软件建设，发展流通新技术新业态新模式，完善流通领域制度规范和标准，培育壮大具有国际竞争力的现代物流企业，为构建以国内大循环为主体、国内国际双循环相互促进的新发展格局提供有力支撑。

习近平主持召开中央财经委员会第八次会议强调　统筹推进现代流通体系建设　为构建新发展格局提供有力支撑 (2020 年 9 月 9 日)，《人民日报》2020 年 9 月 10 日 01 版

十二、新疆所有地州市迈入高速公路时代

2014 年至 2019 年，新疆地区生产总值由 9195.9 亿元增长到 13597.1 亿元，年均增长 7.2%。一般公共预算收入由 1282.3 亿元增长到 1577.6 亿元，年均增长 5.7%。基础设施不断完善，所有地州市迈入高速公路时代。

习近平在第三次中央新疆工作座谈会上强调　坚持依法治疆团结稳疆文化润疆富民兴疆长期建疆　努力建设新时代中国特色社会主义新疆(2020 年 9 月 25 日至 26 日)，《人民日报》2020 年 9 月 27 日 01 版

十三、发扬“两路”精神和青藏铁路精神，高质量推进工程建设

中共中央总书记、国家主席、中央军委主席习近平对川藏铁路开工建设作出重要指示指出，建设川

藏铁路是贯彻落实新时代党的治藏方略的一项重大举措，对维护国家统一、促进民族团结、巩固边疆稳定，对推动西部地区特别是川藏两省区经济社会发展，具有十分重要的意义。

习近平强调，川藏铁路沿线地形地质和气候条件复杂、生态环境脆弱，修建难度之大世所罕见，要充分发挥我国社会主义制度能够集中力量办大事的优势，把这一光荣而艰巨的历史任务完成好。国铁集团要落实主体责任，有关单位和川藏两省区要加强协调配合，精心组织实施，广大铁路建设者要发扬“两路”精神和青藏铁路精神，科学施工、安全施工、绿色施工，高质量推进工程建设，为全面建设社会主义现代化国家作出新的贡献。

习近平对川藏铁路开工建设作出重要指示强调 发扬“两路”精神和青藏铁路精神 高质量推进工程建设（2020 年 11 月），《人民日报》2020 年 11 月 9 日 01 版

十四、要通过人员往来“快捷通道”和货物运输“绿色通道”，加快实现复工复产

我们要继续推动共建“一带一路”倡议同各国发展战略及欧亚经济联盟等区域合作倡议深入对接，加强互联互通，促进产业链、供应链、价值链深度融合，畅通区域经济循环。要通过人员往来“快捷通道”和货物运输“绿色通道”，加快实现复工复产。

《弘扬“上海精神”深化团结协作 构建更加紧密的命运共同体——在上海合作组织成员国元首理事会第二十次会议上的讲话》（2020 年 11 月 10 日），《人民日报》2020 年 11 月 11 日 02 版

十五、推动落实“人员与货物跨境流动便利化倡议”

我们要在确保安全前提下，积极推进经济复苏，在疫情防控常态化中实现经济社会活动有序开展。要加强宏观经济政策协调，推动落实“人员与货物跨境流动便利化倡议”，保障产业链、供应链安全畅通，助力各国复工复产、恢复经济。

《守望相助共克疫情 携手同心推进合作——在金砖国家领导人第十二次会晤上的讲话》（2020 年 11 月 17 日），《人民日报》2020 年 11 月 18 日 02 版

十六、同各国不断深化基础设施建设等领域务实合作

我们将继续高举开放合作大旗，坚持多边主义和共商共建共享原则，推动高质量共建“一带一路”，推进同各国、各地区发展战略和互联互通规划对接，加强政策、规则、标准融通，同各国不断深化基础设施建设、产业、经贸、科技创新、公共卫生、人文等领域务实合作，把“一带一路”打造成合作之路、健康之路、复苏之路、增长之路，加强绿色发展合作，为推动世界共同发展、构建人类命运共同体贡献力量。

《构建新发展格局 实现互利共赢——在亚太经合组织工商领导人对话会上的主旨演讲》（2020 年 11 月 19 日），《人民日报》2020 年 11 月 20 日 02 版

十七、中方愿同各方一起积极稳妥推进货物“绿色通道”建设

互联互通是区域经济一体化的重要基础，也是实现全球联动发展的必要条件，其重要性在疫情背景下就显得更加突出。我们要继续推进落实亚太经合组织互联互通蓝图，畅通人员、货物、资金、数据安全有序流动，实现亚太地区无缝联接。中方已经同印尼、韩国、新加坡等成员开通了疫情期间人员流动“快捷通道”，将继续建设人员流动便利化网络。我们要推动国际防疫健康信息互认。中方愿同各方一起积极稳妥推进货物“绿色通道”建设，提高通关效率，打通堵点、连接断点，推动搭建国际产业链、供应链合作平台，维护全球和地区产业链、供应链安全畅通运转。我们要促进各方发展规划和互联互通倡议彼此对接，形成合力。中方愿同各方携手高质量共建“一带一路”，为亚太互联互通建设搭建更广阔平台，为亚太和世界经济注入更强劲动力。

《携手构建亚太命运共同体——在亚太经合组织第二十七次领导人非正式会议上的发言》（2020 年 11 月 20 日），《人民日报》2020 年 11 月 21 日 02 版

十八、中国新能源汽车产销量连续 5 年居世界首位

中国建成了全球最大的清洁能源系统，新能源汽车产销量连续 5 年居世界首位。根据“十四五”规划和 2035 年远景目标建议，中国将推动能源清洁低碳安全高效利用，加快新能源、绿色环保等产业发展，促进经济社会发展全面绿色转型。

《在二十国集团领导人利雅得峰会“守护地球”主题边会上的致辞》（2020 年 11 月 22 日），《人民日报》2020 年 11 月 23 日 02 版

十九、积极构建中国—东盟多式联运联盟

提升战略互信，深入对接发展规划。中方愿同东盟一道，按照《落实中国—东盟战略伙伴关系联合宣言的行动计划（2021—2025）》，推进未来 5 年各领域合作；落实《中国—东盟关于“一带一路”倡议同〈东盟互联互通总体规划 2025〉对接合作的联合声明》，依托陆海新通道建设，加强铁路、公路、港口、机场、电力、通信等基础设施互联互通合作，加快推进现有经济走廊和重点项目建设，积极构建中国—东盟多式联运联盟。

《在第十七届中国—东盟博览会和中国—东盟商务与投资峰会开幕式上的致辞》（2020 年 11 月 27 日），《人民日报》2020 年 11 月 28 日 02 版

第二章　重大决策

一、中共中央 国务院关于新时代推进西部大开发形成新格局的指导意见

2020 年 5 月 17 日，《中共中央 国务院关于新时代推进西部大开发形成新格局的指导意见》发布。指导意见提出要"强化基础设施规划建设"，具体包括："提高基础设施通达度、通畅性和均等化水平，推动绿色集约发展。加强横贯东西、纵贯南北的运输通道建设，拓展区域开发轴线。强化资源能源开发地干线通道规划建设。加快川藏铁路、沿江高铁、渝昆高铁、西（宁）成（都）铁路等重大工程规划建设。注重高速铁路和普通铁路协同发展，继续开好多站点、低票价的'慢火车'。打通断头路、瓶颈路，加强出海、扶贫通道和旅游交通基础设施建设。加强综合客运枢纽、货运枢纽（物流园区）建设。完善国家物流枢纽布局，提高物流运行效率。加强航空口岸和枢纽建设，扩大枢纽机场航权，积极发展通用航空。进一步提高农村、边远地区信息网络覆盖水平。"

中共中央 国务院关于新时代推进西部大开发形成新格局的指导意见

二、中共中央 国务院印发《海南自由贸易港建设总体方案》

2020 年 6 月，中共中央、国务院印发《海南自由贸易港建设总体方案》。总体方案提出，要构建海南自由贸易港政策制度体系。其中提到，要确保"运输来往自由便利"，具体包括："实施高度自由便利开放的运输政策，推动建设西部陆海新通道国际航运枢纽和航空枢纽，加快构建现代综合交通运输体系。"

中共中央 国务院印发《海南自由贸易港建设总体方案》

三、中共中央关于制定国民经济和社会发展第十四个五年规划和二〇三五年远景目标的建议

2020 年 10 月 29 日，中国共产党第十九届中央委员会第五次全体会议通过《中共中央关于制定国民经济和社会发展第十四个五年规划和二〇三五年远景目标的建议》。建议在“统筹推进基础设施建设”“促进国内国际双循环”“拓展投资空间”“激发各类市场主体活力”“实施乡村建设行动”“推动共建‘一带一路’高质量发展”等方面多次提到交通运输方面的工作。

中共中央关于制定国民经济和社会发展第十四个五年规划和二〇三五年远景目标的建议

四、国务院关于深化北京市新一轮服务业扩大开放综合试点建设国家服务业扩大开放综合示范区工作方案的批复（国函〔2020〕123 号）

2020 年 8 月 28 日，国务院以国函〔2020〕123 号批复同意北京市建设国家服务业扩大开放综合示范区。工作方案提出“推动北京首都国际机场和北京大兴国际机场联动发展。探索飞机维修企业航空器材包修转包修理业务口岸便利化措施，支持企业提升国际航空器材维修市场竞争力。鼓励中外航空公司运营国际航线，允许外国航空公司在北京首都国际机场和北京大兴国际机场‘两场’运营。建设国际航空货运体系，制定促进北京航空货运发展政策，支持扩大货运航权。优化完善货运基础设施设备，鼓励航空公司在北京大兴国际机场投放货运机队。完善航空口岸功能，提升高端物流能力，扩展整车、平行进口汽车等进口功能。”

国务院关于深化北京市新一轮服务业扩大开放综合试点建设国家服务业扩大开放综合示范区工作方案的批复（国函〔2020〕123 号）

第三章　视察考察

一、习近平在浙江考察时强调：统筹推进疫情防控和经济社会发展工作　奋力实现今年经济社会发展目标任务

中共中央总书记、国家主席、中央军委主席习近平近日在浙江考察时强调，要全面贯彻党中央各项决策部署，做好统筹推进新冠肺炎疫情防控和经济社会发展工作，坚持稳中求进工作总基调，坚持新发展理念，坚持以"八八战略"为统领，干在实处、走在前列、勇立潮头，精准落实疫情防控和复工复产各项举措，奋力实现今年经济社会发展目标任务，努力成为新时代全面展示中国特色社会主义制度优越性的重要窗口。

阳春三月，之江大地繁花似锦、草木葱茏。3 月 29 日至 4 月 1 日，习近平在浙江省委书记车俊和省长袁家军陪同下，先后来到宁波、湖州、杭州等地，深入港口、企业、农村、生态湿地等，就统筹推进新冠肺炎疫情防控和经济社会发展工作进行调研。

3 月 29 日，习近平前往宁波舟山港穿山港区考察。穿山港区采取措施及早恢复生产，港口吞吐量已逐步恢复至日常水平。在业务调度大厅，习近平听取了港区情况和复工复产情况汇报。在一楼大厅，习近平同港口职工代表亲切交流，对他们表示慰问。习近平强调，宁波舟山港率先恢复生产，对推动我国企业复工复产、恢复物流体系、恢复全球产业链具有重要意义。要未雨绸缪，关注境外疫情形势，在坚持不懈抓好疫情防控的同时，积极应对和化解各国为抗击疫情采取的各项限制性措施对货物航运带来的影响，促进我国出口货物出得去、进口货物进得来。习近平希望他们努力克服疫情影响，争取优异成绩。

随后，习近平乘车来到穿山港区 2 号集装箱泊位，冒雨察看了码头现场集装箱作业场景，了解港口作业情况。习近平强调，港口是基础性、枢纽性设施，是经济发展的重要支撑。宁波舟山港在共建"一带一路"、长江经济带发展、长三角一体化发展等国家战略中具有重要地位，是"硬核"力量。要坚持一流标准，把港口建设好、管理好，努力打造世界一流强港，为国家发展作出更大贡献。（选自《人民日报》2020 年 4 月 2 日 01 版）

二、习近平在陕西考察时对交通运输等工作做出指示

中共中央总书记、国家主席、中央军委主席习近平近日在陕西考察时强调，要全面落实党中央决策部署，坚持稳中求进工作总基调，坚持新发展理念，扎实做好稳就业、稳金融、稳外贸、稳外资、稳投资、稳预期工作，全面落实保居民就业、保基本民生、保市场主体、保粮食能源安全、保产业链供应链稳定、保基层运转任务，努力克服新冠肺炎疫情带来的不利影响，确保完成决战决胜脱贫攻坚目标任务，全面建成小康社会，奋力谱写陕西新时代追赶超越新篇章。

四月的三秦大地，到处春意盎然。4 月 20 日至 23 日，习近平在陕西省委书记胡和平和省长刘国中陪同下，先后来到商洛、安康、西安等地，深入自然保护区、贫困山区、社区、学校、企业等，了解秦

岭生态环境保护、脱贫攻坚、复工复产等情况，就统筹推进新冠肺炎疫情防控和经济社会发展工作、打赢脱贫攻坚战进行调研，看望慰问干部群众。

秦岭山脉是我国重要的生态安全屏障。党的十八大以来，习近平总书记多次就查处秦岭北麓西安境内违建别墅问题、加强秦岭生态保护作出重要指示批示。20 日下午，习近平抵达商洛市柞水县，首先来到位于秦岭山脉东段的牛背梁国家级自然保护区，步行进入羚牛谷察看自然生态，称赞这里是“养在深闺人未识的天然氧吧”。

随后，习近平乘车来到海拔 1700 米的月亮垭，远眺秦岭牛背梁主峰，听取陕西省吸取秦岭北麓违建别墅问题教训、抓好生态保护等工作汇报。习近平强调，秦岭和合南北、泽被天下，是我国的中央水塔，是中华民族的祖脉和中华文化的重要象征。保护好秦岭生态环境，对确保中华民族长盛不衰、实现“两个一百年”奋斗目标、实现可持续发展具有十分重大而深远的意义。陕西要深刻吸取秦岭违建别墅问题的教训，痛定思痛，警钟长鸣，以对党、对历史、对人民高度负责的精神，以功成不必在我的胸怀，把秦岭生态环境保护和修复工作摆上重要位置，履行好职责，当好秦岭生态卫士，决不能重蹈覆辙，决不能在历史上留下骂名。要自觉讲政治，对国之大者要心中有数，关注党中央在关心什么、强调什么，深刻领会什么是党和国家最重要的利益、什么是最需要坚定维护的立场，切实把增强“四个意识”、坚定“四个自信”、做到“两个维护”落到行动上，不能只停留在口号上。

离开保护区，沿着陡峭的山路，习近平乘车前往柞水县小岭镇金米村考察脱贫攻坚情况。金米村位于秦岭深处，曾经是极度贫困村，近年来通过发展木耳、中药材、旅游等产业实现了整村脱贫。习近平步行察看村容村貌，走进村培训中心、智能联栋木耳大棚，了解木耳品种和种植流程，询问木耳价格、销路和村民收入等，夸奖他们把小木耳办成了大产业。习近平指出，发展扶贫产业，重在群众受益，难在持续稳定。要延伸产业链条，提高抗风险能力，建立更加稳定的利益联结机制，确保贫困群众持续稳定增收。脱贫摘帽不是终点，而是新生活、新奋斗的起点。接下来要做好乡村振兴这篇大文章，推动乡村产业、人才、文化、生态、组织等全面振兴。

安康市地处秦巴山区集中连片特困地区的核心区。21 日上午，习近平来到安康市平利县老县镇锦屏社区。锦屏社区累计安置搬迁贫困群众 1346 户 4173 人。习近平实地察看了社区电子加工厂、毛绒玩具厂、服饰公司产品展示厅，对当地“山上兴产业，山下建社区，社区办工厂”的发展思路给予肯定，勉励企业努力克服疫情带来的不利影响，积极拓展国内市场。习近平强调，今年是脱贫攻坚决战决胜之年，解决好贫困群众就业问题非常重要。各级党委和政府要加大扶持力度，通过各种方法保障贫困群众就业。镇上的群众听说总书记来了，纷纷来到街上，高声向总书记问好。习近平祝乡亲们幸福安康！

在搬迁户汪显平家，习近平同一家老少围坐在一起拉家常。汪显平告诉总书记，以前在山里，住的是土房，走的是山路，干啥都不方便，搬到社区后，一家人住进了三室两厅的楼房，夫妻两人就近务工，还能照顾老人，过上了过去做梦都想不到的好日子。习近平听了十分高兴。他强调，易地搬迁是解决一方水土养不好一方人、实现贫困群众跨越式发展的根本途径，也是打赢脱贫攻坚战的重要途径。搬得出的问题基本解决后，后续扶持最关键的是就业。乐业才能安居。解决好就业问题，才能确保搬迁群众稳得住、逐步能致富，防止返贫。易地搬迁群众来自四面八方，加强社区建设很重要。基层党组织要发挥领导核心作用，把社区管理和服务工作抓好，求真务实，让人民群众获得实实在在的好处。

随后，习近平来到老县镇卫生院，了解基层卫生防疫、医疗保障工作，并向坚守在基层防疫抗疫一线广大医务人员表示亲切慰问。习近平指出，要加快补齐公共卫生服务短板，加强农村、社区等基层疫情防控能力建设，把各项防控措施常态化。

镇中心小学四至六年级学生已于4月20日开学。习近平走进教室，孩子们齐声向习爷爷问好。习近平询问孩子们学习和生活情况。他强调，要推进城乡义务教育一体化发展，缩小城乡教育资源差距，促进教育公平，切断贫困代际传递。习近平接着来到学校食堂，了解学生伙食和复学后疫情防控情况，叮嘱他们加强学校重点场所消毒，为复学复课提供安全的环境。

位于老县镇蒋家坪村的女娲凤凰茶业现代示范园区，属于苏陕扶贫协作项目，通过"党支部＋龙头企业＋贫困户"的模式，带动100多户贫困户年人均增收千元以上。深山之中，春雨淅沥，云雾缭绕。习近平拾级而上，步入茶园，沿途察看春茶长势，同茶农们亲切交谈，仔细询问茶叶收成、价格和村民土地流转、参加分红、务工收入等情况。他指出，人不负青山，青山定不负人。绿水青山既是自然财富，又是经济财富。希望乡亲们坚定不移走生态优先、绿色发展之路，因茶致富、因茶兴业，脱贫奔小康。

22日，习近平在西安考察复工复产和经济社会恢复运行等情况。陕西汽车控股集团有限公司是西北地区有影响力的制造企业。习近平详细了解产品研发、生产、销售和复工复产情况，对他们克服疫情影响创产销历史新高表示赞赏。总装车间内一片繁忙景象。习近平察看内饰生产线、总装配生产线，饶有兴致登上装配完成的民用重型卡车驾驶室，向技术人员询问产品性能和操作流程。习近平强调，制造业是国家经济命脉所系。国有大型企业要发挥主力军作用，在抓好常态化疫情防控的前提下，带动上下游产业和中小企业全面复工复产。习近平指出，新时代陕西要有勇立潮头、争当时代弄潮儿的志向和气魄，既要抓住西部大开发、共建"一带一路"等重大机遇，又要善于从眼前的危机和挑战中抢抓和创造机遇，不断发展新模式、新业态、新技术、新产品，创造新的更大业绩，迈上新的台阶。

交大西迁博物馆坐落于西安交通大学兴庆校区。20世纪50年代，一批交大人响应党的号召，"打起背包就出发"，从上海迁至西安。博物馆二层和三层展厅，分别呈现了交大西迁的创业历程和辉煌成就。习近平仔细端详一张张照片、一件件实物。在一层大厅，习近平亲切会见14位西迁老教授，祝愿他们身体安康、家庭幸福。习近平指出，"西迁精神"的核心是爱国主义，精髓是听党指挥跟党走，与党和国家、与民族和人民同呼吸、共命运，具有深刻现实意义和历史意义。要坚持党对高校工作的全面领导，坚持立德树人，建设高素质教师队伍，努力培养更多一流人才。习近平勉励广大师生大力弘扬"西迁精神"，抓住新时代新机遇，到祖国最需要的地方建功立业，在新征程上创造属于我们这代人的历史功绩。

傍晚时分，习近平乘车来到毗邻大雁塔的大唐不夜城步行街。疫情发生以来，昔日熙熙攘攘的步行街一度空荡无人，现在又开始热闹起来。习近平走进步行街，了解步行街恢复经营状况。沿途游客看见总书记，惊喜地欢呼起来，习近平频频挥手致意。他走进老字号西安饭庄，同店员和正在就餐的顾客热情交谈。习近平强调，要在科学防控疫情的前提下，有序推动各类商场、市场复商复市，努力恢复正常生活秩序。

23日上午，习近平听取了陕西省委和省政府工作汇报，对陕西各项工作予以肯定。习近平指出，今年是全面建成小康社会和"十三五"规划收官之年，也是脱贫攻坚决战决胜之年，突如其来的新冠肺炎疫情给我们完成既定目标任务带来挑战。希望陕西广大干部群众只争朝夕、真抓实干，在新时代各项工作中取得新气象新作为，为实现“两个一百年”奋斗目标、实现中华民族伟大复兴的中国梦贡献力量。

习近平强调，我国经济稳中向好、长期向好的基本趋势没有改变。要坚定信心、保持定力，加快转变经济发展方式，把实体经济特别是制造业做实做强做优，推进 5G、物联网、人工智能、工业互联网等新型基建投资，加大交通、水利、能源等领域投资力度，补齐农村基础设施和公共服务短板，着力解决发展不平衡不充分问题。要围绕产业链部署创新链、围绕创新链布局产业链，推动经济高质量发展迈出更大步伐。

习近平指出，要围绕推进国家治理体系和治理能力现代化，突出基础性、根本性、全局性的重大改革举措，打造内陆改革开放高地。要深度融入共建“一带一路”大格局，加快形成面向中亚南亚西亚国家的通道、商贸物流枢纽、重要产业和人文交流基地，构筑内陆地区效率高、成本低、服务优的国际贸易通道。（选自《人民日报》2020 年 4 月 24 日 01 版）

三、习近平在安徽考察时到王家坝闸了解防汛抗洪情况

中共中央总书记、国家主席、中央军委主席习近平近日在安徽考察时强调，要贯彻落实好党中央决策部署，贯彻新发展理念，坚持稳中求进工作总基调，坚持改革开放，坚持高质量发展，深化供给侧结构性改革，打好三大攻坚战，做好“六稳”工作，落实“六保”任务，决胜全面建成小康社会、决战脱贫攻坚，在构建以国内大循环为主体、国内国际双循环相互促进的新发展格局中实现更大作为，在加快建设美好安徽上取得新的更大进展。

八月的江淮大地，烈日炎炎。8 月 18 日至 21 日，习近平在安徽省委书记李锦斌、省长李国英陪同下，先后来到阜阳、马鞍山、合肥等地，深入防汛救灾一线、农村、企业、革命纪念馆等，看望慰问受灾群众和防汛救灾一线人员，就统筹推进常态化疫情防控和经济社会发展工作、加强防汛救灾和灾后恢复重建、推进长三角一体化发展、谋划“十四五”时期经济社会发展进行调研。

18 日下午，习近平首先来到阜阳市阜南县王家坝闸，听取安徽省防汛工作及王家坝开闸分洪情况介绍。王家坝闸有千里淮河“第一闸”之称。今年 7 月 20 日，王家坝闸时隔 13 年再次开闸蓄洪，有效发挥了错峰减压功能。在王家坝防汛抗洪展厅，习近平详细了解淮河治理历史和淮河流域防汛抗洪工作情况。他强调，淮河是新中国成立后第一条全面系统治理的大河。70 年来，淮河治理取得显著成效，防洪体系越来越完善，防汛抗洪、防灾减灾能力不断提高。要把治理淮河的经验总结好，认真谋划“十四五”时期淮河治理方案。（选自《人民日报》2020 年 8 月 22 日 01 版）

四、习近平到广东考察时登上潮州广济桥

中共中央总书记、国家主席、中央军委主席习近平近日在广东考察时强调，要坚决贯彻党中央战略部署，坚持新发展理念，坚持高质量发展，进一步解放思想、大胆创新、真抓实干、奋发进取，以更大魄力、在更高起点上推进改革开放，在推进粤港澳大湾区建设、推动更高水平对外开放、推动形成现代化经济体系、加强精神文明建设、抓好生态文明建设、保障和改善民生等方面展现新的更大作为，努力在全面建设社会主义现代化国家新征程中走在全国前列、创造新的辉煌。

金秋时节，南粤大地，一派生机勃勃。10 月 12 日至 13 日，习近平在中共中央政治局委员、广东省

委书记李希和省长马兴瑞陪同下，先后来到潮州、汕头等地，深入文物保护单位、历史文化街区、企业等，就统筹推进常态化疫情防控和经济社会发展工作、深化改革开放、谋划“十四五”时期经济社会发展等进行调研。

12 日下午，习近平来到潮州市考察。位于潮州古城东门外的广济桥始建于南宋年间，横跨韩江两岸，风格独特，集梁桥、浮桥、拱桥于一体，被誉为“世界上最早的启闭式桥梁”。习近平沿桥步行，察看桥亭、浮桥，眺望韩江两岸风貌，了解桥梁历史文化特色，听取广济桥修复保护情况介绍。习近平强调，广济桥历史上几经重建和修缮，凝聚了不同时期劳动人民的匠心和智慧，具有重要的历史、科学、艺术价值，是潮州历史文化的重要标志。要珍惜和保护好这份宝贵的历史文化遗产，不能搞过度修缮、过度开发，尽可能保留历史原貌。要抓好韩江流域综合治理，让韩江秀水长清。（选自《人民日报》2020 年 10 月 16 日 01 版）

五、习近平在江苏考察长江沿线生态环境

中共中央总书记、国家主席、中央军委主席习近平近日在江苏考察时强调，要全面把握新发展阶段的新任务新要求，坚定不移贯彻新发展理念、构建新发展格局，坚持稳中求进工作总基调，统筹发展和安全，把保护生态环境摆在更加突出的位置，推动经济社会高质量发展、可持续发展，着力在改革创新、推动高质量发展上争当表率，在服务全国构建新发展格局上争做示范，在率先实现社会主义现代化上走在前列。

11 月 12 日至 13 日，习近平在江苏省委书记娄勤俭、省长吴政隆陪同下，先后来到南通、扬州等地，深入长江和运河岸线、水利枢纽、文物保护单位等，就贯彻落实党的十九届五中全会精神、统筹推进常态化疫情防控和经济社会发展工作等进行调研。

南通位于长江入海口北翼，素有“江海门户”之称。市区南部的滨江地区江面宽阔、烟波浩渺，黄泥山、马鞍山、狼山、剑山、军山等五山临江而立、葱茏叠翠，沿江岸线 14 公里是长江南通段重要的生态腹地和城市发展的重要水源地。

12 日下午，习近平来到五山地区滨江片区，听取五山及沿江地区生态修复保护、实施长江水域禁捕退捕等情况介绍，对南通构建生态绿色廊道的做法表示肯定。随后，习近平沿江边步行察看滨江生态环境，详细了解当地推进长江下游岸线环境综合治理情况。习近平强调，生态环境投入不是无谓投入、无效投入，而是关系经济社会高质量发展、可持续发展的基础性、战略性投入。要坚决贯彻新发展理念，转变发展方式，优化发展思路，实现生态效益和经济社会效益相统一，走出一条生态优先、绿色发展的新路子，为长江经济带高质量发展、可持续发展提供有力支撑。

正在江边休闲散步的市民看到总书记来了，纷纷向总书记问好。习近平同大家亲切交流，对大家说，40 多年前我来过五山地区，对这里壮阔江面的印象特别深刻。这次来，看到经过治理，曾经脏乱差的环境发生了沧桑巨变，成为人们流连忘返的滨江生态公园。大家生活在这样的城市里很幸福，幸福是你们共同奋斗、亲手创造出来的。习近平指出，城市是现代化的重要载体，也是人口最密集、污染排放最集中的地方。建设人与自然和谐共生的现代化，必须把保护城市生态环境摆在更加突出的位置，科学合理规划城市的生产空间、生活空间、生态空间，处理好城市生产生活和生态环境保护的关系，

既提高经济发展质量，又提高人民生活品质。当前，境外疫情仍在蔓延，我国外防输入、内防反弹压力还很大。希望大家始终不放松疫情防控这根弦，继续落实各项常态化疫情防控措施，坚决防止疫情出现反复。

离开五山地区滨江片区，习近平来到南通博物苑考察调研。张謇是我国近代著名企业家、教育家，为中国近代民族工业兴起、教育和社会公益事业发展作出了重要贡献。他创办的南通博物苑是我国第一座公共博物馆，现有历史文物、民俗品物、自然标本等各类藏品5万余件。习近平仔细察看博物苑历史建筑，并走进张謇故居陈列室，了解张謇创办实业、发展教育、兴办社会公益事业的情况，听取当地培育企业家爱国情怀、社会责任、奋斗精神等情况介绍。习近平强调，我这次专门来南通博物苑，了解张謇兴办实业、教育和社会公益事业的情况。在当时内忧外患的形势下，作为中华文化熏陶出来的知识分子，张謇意识到落后必然挨打、实业才能救国，积极引进先进技术和经营理念，提倡实干兴邦，起而行之，兴办了一系列实业、教育、医疗、社会公益事业，帮助群众，造福乡梓，是我国民族企业家的楷模。改革开放以来，党和国家为民营企业发展和企业家成长创造了良好条件。民营企业家富起来以后，要见贤思齐，增强家国情怀、担当社会责任，发挥先富帮后富的作用，积极参与和兴办社会公益事业。要勇于创新、奋力拼搏、力争一流，为构建新发展格局、推动高质量发展作出更大贡献。要把南通博物苑和张謇故居作为爱国主义教育基地，让广大民营企业家和青少年受到教育，增强社会责任感，坚定“四个自信”。

13 日，习近平来到扬州考察调研。古运河扬州段是整个运河中最古老的一段，扬州是中国古运河原点城市，也是长江经济带和大运河文化带交汇点城市。在运河三湾生态文化公园，习近平听取大运河沿线环境整治、生态修复及现代航运示范区建设等情况介绍。近年来，经过清理违建、水系疏浚等整治，生态环境明显改善。习近平沿运河三湾段岸边步行，察看运河生态廊道建设情况，了解大运河文化保护传承利用取得的成效。习近平在码头同市民群众亲切交流。他指出，扬州是个好地方，依水而建、缘水而兴、因水而美，是国家重要历史文化名城。千百年来，运河滋养两岸城市和人民，是运河两岸人民的致富河、幸福河。希望大家共同保护好大运河，使运河永远造福人民。生态文明建设关系经济社会发展，关系人民生活幸福，关系青少年健康成长。加强生态文明建设，是推动经济社会高质量发展的必然要求，也是广大群众的共识和呼声。要把大运河文化遗产保护同生态环境保护提升、沿线名城名镇保护修复、文化旅游融合发展、运河航运转型提升统一起来，为大运河沿线区域经济社会发展、人民生活改善创造有利条件。（选自《人民日报》2020 年 11 月 15 日 01 版）

六、李克强考察全国市场运行与流通发展服务平台

3 月 13 日，中共中央政治局常委、国务院总理、中央应对新冠肺炎疫情工作领导小组组长李克强考察全国市场运行与流通发展服务平台、外贸外资协调机制。他强调，要贯彻习近平总书记重要讲话精神，按照党中央、国务院决策部署，统筹推进疫情防控和经济社会发展，推动商贸物流市场正常运行，更大力度深化改革开放，释放巨大消费潜力，稳住外贸外资基本盘，增强经济发展动力。

有关部门负责人汇报了当前消费市场运行、商贸物流和生活服务业复工复业等情况。李克强说，面对疫情带来的严重困难，各方面共同努力，既加强应急调度，又发挥市场机制作用，有效保障了湖北乃至全国市场供应特别是防控物资和生活必需品供应，主要商品价格基本稳定，这十分不易，保供为抗击

疫情提供了坚实支撑。当前要抓住疫情防控形势持续向好时机，在精准有效防止疫情反弹的前提下，推动商贸物流领域有序复工复业，更加注重发挥线上经济、平台经济等新业态作用，促进线上线下融合，畅通商品流通，活跃消费市场。李克强特别关心国家近期出台的助企纾困政策落实情况，他强调，这些普惠性政策要确保落到位，不论企业、个体工商户是否已经复工复业，都要能享受到，有效稳住市场主体，缓解他们的困难。各有关部门都要结合本领域实际，提出拉动消费、扩大有效内需的政策。（选自《人民日报》2020 年 3 月 14 日 01 版）

七、栗战书考察新亚欧大陆桥东端起点

23 日至 26 日，中共中央政治局常委、全国人大常委会委员长栗战书率全国人大常委会执法检查组在江苏、山东检查土壤污染防治法实施情况。他强调，要深入学习贯彻习近平生态文明思想，全面有效实施土壤污染防治法，坚持预防为主、保护优先，依法做好土壤风险管控和修复工作。

检查组深入江苏连云港和山东日照、威海、济南等地田间地头、企业、园区、建设工地，就农用地和建设用地污染防治、土壤取样监测、土地综合利用、企业污染物排放及责任落实情况进行实地检查。栗战书说，江苏、山东两省认真贯彻实施土壤污染防治法，狠抓“土十条”部署重点任务的落实，土壤环境质量总体稳定，污染加重趋势正在得到遏制，净土保卫战取得成效。

在威海，栗战书主持召开专家座谈会，围绕土壤污染防治标准体系建设、风险管控保障措施、技术支撑、监督责任、信息公开、执法队伍和能力建设等进行交流，听取意见建议。栗战书指出，土壤污染具有隐蔽性、滞后性、累积性、地域性、长期性等特点，污染一旦发生，治理修复的难度大、周期长、成本高。搞好土壤污染防治，要坚持一切从实际出发，坚持预防为主、保护优先，对可安全利用土地也要因时因地因情因需有序有效开展修复治理，力避形式主义、盲目“一刀切”，造成无效投入。在搞好土壤污染普查、摸清底数的基础上，按照法律规定，实行严格的分类管理，首先是采取强有力措施防止污染面积扩大和程度加重，坚决杜绝新的污染，依法做好风险管控。对没有污染的土地切实做好规划、加强保护；对已经污染的土地要依法进行修复治理，在确保安全的情况下利用；对重污染地块要严格管控，有的就是要“封冻”在那里，绝不能出现任何危害人民群众健康安全的事件。

在济南，栗战书主持召开执法检查座谈会，听取有关方面的情况介绍和人大代表的意见建议。他强调，制定好一部法律不容易，实施好一部法律也不容易。要全面有效实施土壤污染防治法，抓住重点，细化措施，确保在法治轨道上推进防治工作。一要严格落实法律责任，对照法律条文，履行各自职责；二要进一步完善标准体系建设，推动防治工作制度化、规范化；三要建立政府和社会共同参与的保障机制；四要加强土壤污染防治技术研发，提供有效的技术支撑；五要加强执法队伍、执法能力建设；六要依法强化监督责任，形成监督合力。

检查期间，栗战书考察了新亚欧大陆桥东端起点，参观了胶东（威海）党性教育基地刘公岛教学区，并到山东省人大常委会机关调研。栗战书希望江苏、山东深入贯彻习近平总书记对两省的重要指示精神和党中央决策部署，坚持新发展理念，深化改革开放，加强自主创新，以辩证思维看待新发展阶段的新机遇新挑战，推动形成以国内大循环为主体、国内国际双循环相互促进的新发展格局。（选自《人民日报》2020 年 8 月 28 日 01 版）

八、韩正在海南调研期间考察海口美兰国际机场二期扩建项目和新海港

5月30日至31日，中共中央政治局常委、国务院副总理韩正在海南调研。韩正强调，要认真学习贯彻习近平总书记重要指示精神，全面落实《海南自由贸易港建设总体方案》，真抓实干，稳扎稳打，推动海南自由贸易港建设开好局、起好步。

韩正首先前往海口美兰国际机场二期扩建项目施工现场，了解规划建设和投产运营准备情况。韩正指出，要加强交通等重大工程建设，积极扩大有效投资，推进建设交通强国。海南要突出需求导向，补齐短板，提升质量，加快构建现代综合交通运输体系，为自由贸易港建设提供有力保障。

正在建设的新海港是海南省陆岛交通运输核心区域，将承担铁路轮渡和汽车客货滚装运输功能。韩正来到这里，详细了解海南省港口规划情况和建设进展。韩正强调，要强化新海港陆岛综合交通枢纽功能，以港兴城、以城促港，实现港城融合发展。要坚持发挥市场机制作用，推进琼州海峡港航一体化发展，打造统一规划、统一建设、统一运营、统一管理的现代化交通体系。要抓住西部陆海新通道建设机遇，进一步增加洋浦港货物流量，培育国际航线，着力建设国际集装箱枢纽港。（选自“新华社海口6月2日电”）

九、韩正在江西调研期间考察中国商飞C919试飞机库

11月12日至13日，中共中央政治局常委、国务院副总理韩正在江西南昌、九江调研。韩正强调，要深入学习贯彻党的十九届五中全会和习近平总书记重要讲话精神，坚定不移贯彻新发展理念，强化创新驱动，坚持绿色发展，推动高质量发展取得新成效。

韩正前往赣江新区中医药科创城考察中医药产业创新发展情况，在邦泰绿色生物合成生态产业园了解现代生物酶等技术在中医药产业发展中的运用，在南昌VR科创城、欧菲未来科技城、中微半导体设备有限公司，考察VR产业、电子信息产业和高端芯片设备制造业发展情况。他强调，要坚持创新在我国现代化建设全局中的核心地位，打好关键核心技术攻坚战，打造创新链产业链，加快新兴产业标准制订，加强知识产权保护，积极搭建技术创新平台，有效扩大创新成果市场化应用。

韩正来到南昌航空城，考察中国商飞C919试飞机库和江西洪都航空工业集团脉动生产车间，慰问工程技术人员和试飞人员，并登上一架C919飞机实地查看。他鼓励江西发挥独特优势，努力建成重要的航空研发制造中心，为实现航空强国目标作出更大贡献。在巨石集团九江有限公司，韩正了解产业转型升级情况，希望企业围绕新技术新材料拓展产业链，提高核心竞争力，实现集约发展。（选自“新华社南昌11月14日电”）

第四章　权威声音

杨传堂在 2021 年全国交通运输工作会议上的讲话

（2020 年 12 月 24 日）

这次会议的主要任务是：以习近平新时代中国特色社会主义思想为指导，全面贯彻党的十九大和十九届二中、三中、四中、五中全会精神以及中央经济工作会议精神，总结 2020 年及“十三五”交通运输工作，分析形势，部署 2021 年工作。刘鹤副总理对本次会议作出重要批示，我们要认真学习领会、坚决贯彻落实。一会儿，李小鹏同志将对今年工作进行总结，对明年工作作出部署。这里，我重点讲 5 个问题。

一、交通运输在全面建成小康社会决胜阶段取得积极成效

“十三五”时期是全面建成小康社会决胜阶段，我国经济社会发展取得新的历史性成就，经济实力、科技实力、综合国力和人民生活水平又跃上新的大台阶。“十三五”时期也是交通运输基础设施发展、服务水平提高和转型发展的黄金时期，行业上下抓住机遇、持续奋斗、不辱使命，在服务支撑经济社会发展中实现了新作为。站在“两个一百年”奋斗目标的历史交汇点上，我们深刻地认识到：

我国已成为名副其实的交通大国，有力支撑了国家综合实力大幅跃升。“十三五”时期，高速铁路、城市轨道交通里程翻了一番，高速公路里程、万吨级码头泊位数量等保持世界第一，以北京大兴国际机场为代表的机场群建成投用，快递业务量翻了两番，铁路、公路、水路、民航客货运输量和周转量等跻身世界前列。我们用规模巨大、内畅外联的综合交通运输体系服务支撑世界第二大经济体的运转，正在奋力开启加快建设交通强国的新征程。

交通运输服务保障扎实推进，有力支撑了三大攻坚战决战决胜。我们提前实现“两通”兜底性目标，新改建农村公路超过 140 万公里，新增通客车建制村超过 3.35 万个，兑现了“小康路上决不让任何一个地方因交通而掉队”的庄严承诺。我们如期实现了污染防治攻坚战阶段性目标，运输结构调整、柴油货车污染治理、船舶排放控制区、机场“油改电”、快递绿色包装等工作持续推进，交通运输二氧化碳排放强度下降了 7.5%。我们坚决防范化解重大风险，妥善应对中美经贸摩擦影响，坚决遏制重特大事故发生，牢牢守住了不发

生系统性风险的底线。

现代综合交通运输体系加快形成，有力支撑了区域发展格局不断优化。横贯东西、纵贯南北的综合运输大通道基本贯通，京津冀暨雄安新区、长江经济带、粤港澳大湾区、长三角、黄河流域、成渝等重点区域交通连片成网，革命老区、民族地区、边疆地区、贫困地区通达深度进一步提高，交通基础设施的立体互联和各种运输方式的融合发展，使区域城乡发展的“骨骼”更强壮、“血脉”更畅通、“根基”更坚实。

交通运输新技术新业态蓬勃发展，有力支撑了发展新动能成长壮大。高铁制造、特大桥隧建造、离岸深水港建设等核心技术实现新突破，网约车、共享单车、无人配送等新业态方兴未艾，港珠澳大桥、上海洋山深水港四期等超级工程建成投用，“复兴号”、C919大飞机等大国重器投产运营，中国路、中国桥、中国港、中国高铁成为亮丽的“中国名片”，极大振奋了人民的精神。

人民满意交通持续推进，有力支撑了民生保障水平显著提高。高速铁路覆盖近95%的百万以上人口城市，动车组承担铁路客运量达65%。高速公路覆盖近100%的20万以上人口城市，“四好农村路”建设深入推进。民航机场覆盖92%的地级行政区，航班正常率超过80%，通用航空加快发展。百万以上人口城市公交站点500米覆盖率约100%。全国乡镇快递网点覆盖率达98%，100%建制村通邮。多层次出行体系和多节点物流网络逐步形成，“人便其行、货畅其流”基本实现。

交通运输现代化治理能力不断提升，有力支撑了改革开放持续深化。综合交通运输体制机制进一步完善，法治政府部门建设加快推进，供给侧结构性改革不断深化，取消全国487个高速公路省界收费站，累计降低物流成本超过4500亿元。“放管服”改革、综合行政执法改革、财政事权和支出责任划分改革、公路管理体制改革、港口一体化改革、出租汽车改革、铁路和邮政公司制改革等一批重点改革向纵深推进，海事、长航、珠航、救捞、船级社、海事大学、科研院所等改革取得积极进展。“一带一路”交通基础设施加快互联互通，国际运输便利化水平有效提升，自贸区自贸港运输服务政策创新取得了新进展。

更让我们倍增信心的是，在今年以来抗疫斗争伟大实践中，在以习近平同志为核心的党中央坚强领导下，行业上下坚守一线、担当作为，扎实做好疫情防控、持续强化运输保障、迅速实现复工复产、全力保障国际物流供应链畅通，有效服务做好“六稳”工作、落实“六保”任务，同各方面一道交出了一份人民满意、世界瞩目、可以载入史册的答卷，为如期实现全面建成小康社会目标提供了有力支撑。

“十三五”时期，我们在交通运输舞台，向世界展示了中国精神、中国力量、中国担当，为在新发展阶段加快建设交通强国提供了宝贵经验、理论武装、物质基础。回顾党的十八大以来党和国家事业发展的伟大历程、取得的历史性成就，我们深化了对新时代交通运输改革发展的规律性认识。

——必须坚持党的领导。我们坚持以习近平同志为核心的党中央集中统一领导，迎难而上、奋力前行，如期完成各项任务。实践充分证明，只有紧紧团结在党的周围，增强“四个意识”、坚定“四个自信”、做到“两个维护”，交通运输事业才能够继续乘风破浪、勇往直前。

——必须坚持人民至上。我们坚持人民交通为人民，用心用情用力办好民生实事，增强民生福祉，努力建设人民满意交通。实践充分证明，只有心里始终装着人民，始终把人民利益放在最高位置，才能够作出正确决策，依靠人民战胜一切艰难险阻。

——必须坚持服务大局。我们以习近平总书

记关于交通运输的系列重要论述为根本遵循，在支撑服务国家战略实施中加快发展。实践充分证明，只有坚决贯彻落实党中央决策部署，围绕中心、服务大局，交通运输才能真正在经济社会发展中当好先行。

——必须坚持统筹协调。我们强化跨领域、跨区域、全要素、全流程协同联动，推动现代综合交通运输体系加快形成。实践充分证明，只有坚持全国一盘棋，充分调动各方面积极性，发挥好综合交通运输组合优势和各种运输方式比较优势，才能汇聚起推动交通运输事业发展的磅礴力量。

——必须坚持人才优先。我们以人才为第一资源，以充分发挥人的积极性为第一动力，统筹推进创新型人才、高技能人才、高素质干部等各类人才队伍建设，开创了新时代行业发展新局面。实践充分证明，只有坚持德才兼备、选贤任能，聚天下英才而用之，才能为交通运输事业行稳致远提供不竭动力。

——必须坚持底线思维。我们面对复杂严峻的内外部环境，在重大问题上敢于斗争、善于斗争，有效应对各类风险挑战。实践充分证明，只有增强忧患意识，提高斗争本领，坚持科学决策和创造性工作，才能在世界百年未有之大变局中化危为机、赢得主动。

同志们，交通运输“十三五”时期的成绩和进步，是在以习近平同志为核心的党中央领导下，不断夺取新时代伟大斗争新胜利的重要成果，是中国特色社会主义制度显著优势的生动体现，是决胜全面建成小康社会决定性成就的实践范例。但这绝不是终点，而是新奋斗的起点。我们要再总结、再提升、再出发。在这里，我代表交通运输部党组，向全体交通人和关心支持交通运输事业的各有关方面、各位同志，表示衷心的感谢！愿我们继续艰苦奋斗、携手共进，续写新时代交通运输高质量发展的新篇章！

二、在新发展阶段准确把握重要战略机遇期

习近平总书记指出，当前和今后一个时期，我国发展仍然处于重要战略机遇期，但机遇和挑战都有新的发展变化。面对世界之变、时代之变，要正确认识、紧紧抓住、准确把握重要战略机遇期，就必须坚持辩证唯物主义世界观和方法论，认清变和不变、历史和现实、当前和长远的辩证关系，更好认识把握新发展阶段、认真贯彻新发展理念、实践构建新发展格局。

一是正确认识重要战略机遇期的新内涵。党的十六大作出我国发展重要战略机遇期的重大判断，自那时以来，世情国情不断发展变化，重要战略机遇期的内涵也相应变化。总的看，当前机遇更具有战略性、可塑性，挑战更具有复杂性、全局性。我们要认清变化表象、把握不变大势，变挑战为机遇。

要保持战略定力，从容识变应变。从国际看，世界百年未有之大变局加速演进，国际力量对比深刻调整，产业链供应链区域化、本地化特征更趋明显，新冠肺炎疫情影响深远，世界经济陷入严重衰退。从国内看，我国经济恢复基础尚不牢固，关键核心技术“卡脖子”问题仍然突出，做好“六稳”“六保”工作、防范化解风险的任务依然艰巨。必须深刻认识错综复杂的国际环境带来的新矛盾新挑战，深刻认识我国社会主要矛盾发展变化带来的新特征新要求，审时度势、谋定后动，从最坏处着想，向最好处努力，牢牢把握战略主动。

要坚定必胜信念，把握潮流大势。当前，和平与发展仍是时代主题，人类命运共同体理念深入人心，人类卫生健康共同体更显突出，各国加强交流合作的动能依然强劲，经济全球化不可逆转。我国经济稳中向好、长期向好的基本面没有变，我国经济潜力足、韧性大、活力强、回旋空间大、

政策工具多的基本特点没有变，我国发展具有的多方面优势和条件没有变，实现中华民族伟大复兴的历史进程不可阻挡。把握历史大势、顺应时代潮流，我们一定能够不断发展壮大，从胜利走向更大胜利。

二是准确把握新发展阶段对交通运输的新要求。“十四五”时期我国将进入新发展阶段，在建设现代化国家进程中具有里程碑意义。我们要从历史和现实的角度加以把握，回答好行业在新发展阶段“坚持和巩固什么、完善和发展什么”的历史课题。

从历史看，交通运输历来是兴国之要、强国之基。近代以来，从洋务运动谋划实业救国构想，到孙中山先生提出“交通为实业之母”，并在《建国方略》中专章谋划，交通都是救国图存方案的重要篇章。新中国成立后，我们党开宗明义，提出发展现代化的交通运输业，川藏青藏公路、成昆铁路、南京长江大桥等重大工程挺起民族脊梁，为我国建立独立完整的国民经济体系奠定了坚实基础。改革开放后，我们党把能源和交通作为国家三大战略重点之一，强调交通、通信是经济发展的起点。交通运输行业落实“三步走”战略，勇立改革潮头、率先开放搞活，为推动经济社会发展和民生改善提供了坚强保障。党的十八大以来，我们党作出分两个阶段建成社会主义现代化国家的战略部署，提出加快建设交通强国，在现代化建设全局中谋划交通运输发展。回首百年来中华民族从站起来、富起来到强起来的伟大征程，交通运输“自身强、强国家”始终是建设现代化国家、实现中华民族伟大复兴的应有之义。

从现实看，新发展阶段对交通运输提出新要求。站在新的起点上，我国要建设中国式的现代化，交通运输理应更好发挥支撑保障作用。近年来，习近平总书记先后作出“经济要发展，交通要先行”“加快建设交通强国”等系列重要论述。特别是今年以来，总书记多次作出重要指示批示，强调复工复产交通运输是“先行官”，必须打通“大动脉”，畅通“微循环”；要求加快形成内外联通、安全高效的物流网络，加快国际物流供应链体系建设，保障国际货运畅通；要求建设现代综合运输体系，统筹研究高铁、普铁、城市轨道交通、航空、水运等运输方式的比例关系；要求深化交通运输体系改革，形成统一开放的交通运输市场。总书记的重要指示批示，赋予了交通运输新的历史使命。

回望历史、立足当下、展望未来，在新发展阶段，交通运输作为基础性、先导性、战略性、服务性行业的地位没有变，在经济社会发展中“先行官”的职责和使命没有变，交通运输“适度超前”发展的特征和要求没有变。在新发展阶段，交通运输还要当好现代产业体系协调发展的坚实支撑，当好内外经济循环相互促进的重要纽带，当好产业链供应链安全稳定的保障基石，当好改善人民生活品质促进共同富裕的开路先锋。我们要履职尽责，在国家现代化建设新实践中展现交通人的实干担当。

三是以新发展理念为指引实践构建新发展格局。贯彻新发展理念，必然要求构建新发展格局。构建新发展格局，必须坚定不移贯彻新发展理念。我们要统筹当前和长远，增强贯彻新发展理念和构建新发展格局的自觉性和坚定性。

要把新发展理念贯穿发展全过程和各领域。新发展理念是管根本、管全局、管长远的指导理论和实践指南，必须一以贯之。要以新发展理念为指导，科学把握新发展阶段交通运输面临的新形势、新任务、新要求，在重要战略机遇期谋发展、闯新路。要以新发展理念为引领，实践构建新发展格局，加快构建安全、便捷、高效、绿色、经济的现代综合交通运输体系。要以新发展理念为根本，推动交通运输高质量发展，落实“三个转变”“四个一流”要求，实现质量、结构、规模、速度、效益和安全相统一。

要把握实践构建新发展格局的重要着力点。构建新发展格局是事关全局的系统性、深层次变革，要想在前、走在前、干在前，既加强战略谋划，又做好“最后一公里”落地工作。要更高水平成网，完善综合运输大通道、综合交通枢纽和物流网络，服务扩大循环总量。要更深层次融合，平衡好各种运输方式，提高运输服务的效率、品质和经济性，建设现代物流体系，服务提高循环效率。要更大力度创新，加快新技术应用，提升交通运输数字化、智能化水平，服务增强循环动能。要更高质量保障，提升通道连通性、稳定性，提高应急能力和水平，服务保障循环安全。要更高效能治理，从结构、制度、技术、标准、管理等维度综合施策，服务降低循环成本。

要提高贯彻新发展理念、实践构建新发展格局的能力和水平。推动新发展理念、新发展格局在交通运输行业落地生根，关键在于各级领导干部的认识和行动。要提高政治站位，对“中央在关心什么、强调什么”心中有数，坚定不移把党中央决策部署落实到各项工作中。要加强调查研究，善于解剖麻雀，对“人民群众在期盼什么、向往什么”心中有数，以“小切口”解决“大问题”，提高工作的针对性和实操性。要激发基层创造精神，对“基层在关注什么、呼吁什么”心中有数，鼓励各领域、各战线探索创新，推动更多经验做法上升为制度安排。

三、以系统观念统筹推进加快建设交通强国

善弈者谋势，善谋者致远。当前，我们正处在承前启后、继往开来的关键期，必须把坚持系统观念作为重要思想方法和工作方法，锚定二〇三五年远景目标，谋篇布局“十四五”发展，着力抓好明年的工作，既善于“弹钢琴”，又牵住“牛鼻子”，写好加快建设交通强国这篇大文章。

一是强化对二〇三五年远景目标的前瞻性思考。到 2035 年基本实现社会主义现代化是党和国家在新时代“两步走”战略安排的关键一步。党的十九届五中全会把 5 年发展目标同 15 年远景目标一同谋划，这也是坚持系统观念的重要体现。必须深刻领会党中央制定二〇三五年远景目标的战略考量，对照 9 个方面的目标任务，对标对表《交通强国建设纲要》，进一步明确实现交通强国远景目标的路径举措。

要紧紧围绕我国经济实力、科技实力、综合国力将大幅跃升的目标要求，基本形成现代化综合交通体系，基本建成交通科技创新体系，显著提升交通国际竞争力和影响力。紧紧围绕建成现代化经济体系的目标要求，基本形成交通运输现代市场体系，大幅提高综合交通运输网络效率和服务品质。紧紧围绕基本实现国家治理体系和治理能力现代化的目标要求，基本形成全社会共建共治共享的交通运输治理格局，大幅提升行业治理效能。紧紧围绕国家文化软实力显著增强的目标要求，明显提高交通文化的感召力和影响力。紧紧围绕广泛形成绿色生产生活方式的目标要求，落实我国 2030 年前碳达峰、2060 年碳中和重大决策，形成交通与自然和谐共生的绿色发展模式。紧紧围绕形成对外开放新格局的目标要求，基本形成功能完备、立体互联、陆海空天统筹的国际运输网络，明显提升交通运输开放力度、深度和广度。紧紧围绕实现基本公共服务均等化的目标要求，使城乡区域交通运输协调发展达到新高度。紧紧围绕平安中国建设达到更高水平的目标要求，显著提升交通运输本质安全水平、系统韧性和应对各类重大风险能力。紧紧围绕人民生活更加美好的目标要求，使交通运输适应人民日益增长的美好生活需要，不断增加人民群众的获得感。我们既要登高望远，又要脚踏实地，以远景目标引

领“十四五”以至未来15年行业发展，走好向第二个百年奋斗目标进军、全面建成交通强国的关键一步，迈好第一步。

二是强化“十四五”规划的全局性谋划、战略性布局。“十四五”时期是我国开启全面建设社会主义现代化国家新征程的第一个五年，编制好“十四五”规划十分关键。要全面评估“十三五”规划实施情况，系统总结交通运输服务全面建成小康社会成效和经验，查找问题和不足。要强化需求分析，进一步明确发展目标、优化指标体系，强化约束性、增强引领性、提高预见性。要完善规划体系，强化综合交通运输发展规划与国民经济和社会发展规划的衔接平衡，强化与行业规划、专项规划的衔接平衡，指导好各地区规划，实事求是，留有余地，不搞层层加码。要创新规划方法，加强统筹协同，坚持开门问策，充分发挥专家学者、企业、基层一线的作用，加强重大工程、重大政策、重大改革举措的研究论证，同步谋划规划实施的监测、评估机制，编制出一个经得起历史和实践检验的好规划。

三是强化交通强国战略规划的整体性推进。加快建设交通强国是一个复杂的系统工程，必须在统筹兼顾中实现协同发展、提升整体效能。要推动有效市场和有为政府相结合，更加尊重市场经济一般规律，加快完善交通运输市场规则。要推动全局和局部相结合，充分发挥中央和地方两个积极性，增强发展合力。要推动传统和新型要素相结合，提高各类要素配置效率，提升交通运输全要素生产率。要推动深化改革和守正创新相结合，构建适应高质量发展的指标、政策、标准、考核评价等体系，为加快建设交通强国提供制度保障。

四、以抓好重点带动明年全局工作

明年工作的总体要求是：以习近平新时代中国特色社会主义思想为指导，全面贯彻落实党的十九大和十九届二中、三中、四中、五中全会精神以及中央经济工作会议精神，坚持稳中求进工作总基调，按照立足新发展阶段、贯彻新发展理念、构建新发展格局的要求，以推动高质量发展为主题，以深化供给侧结构性改革为主线，以改革创新为根本动力，以满足人民日益增长的美好生活需要为根本目的，坚持系统观念，加快建设交通强国，巩固拓展疫情防控和经济社会发展交通运输成果，扎实做好“六稳”工作、全面落实“六保”任务，着力优化综合立体交通网络，着力发展现代物流，着力提升服务供给质量，着力构建统一开放的交通运输市场，着力促进高水平对外开放，着力统筹发展和安全，确保“十四五”开好局，为全面建设社会主义现代化国家当好先行，以优异成绩庆祝建党100周年。

综合考虑今年发展基础、内外部条件等因素，明年交通固定资产投资仍将保持高位运行，客货运输逐步恢复到正常水平，服务质量和水平必须大幅提升。我们要用好这个宝贵时间窗口，围绕构建新发展格局抓好几个重点方面，力争迈好第一步，见到新气象。

一是强化创新驱动引领。把发展基点放在创新上，更多依靠创新培育发展动力、塑造发展优势。要推进科技创新为核心的全面创新，特别要以重大工程为载体，抓好人才和机制两个关键点，强化技术、装备、组织、管理等创新，协同部署产业链和创新链。要集中力量打好关键核心技术攻坚战，明确中长期交通科技创新方向和重点，率先启动一批重点专项，锻造智慧交通、绿色交通、载运装备、自动驾驶等新型关键技术。要大力发展数字经济，提升交通运输新业态监管能力，加大新型基础设施投资力度，用新技术为传统基础设施赋能，培育形成新的增长点、增长极、增长源。

二是落实扩大内需战略。突出供给侧结构性改革主线，更加注重需求侧管理，不断提高供需匹配效率。要在精准有效投资上下更大功夫，以川藏铁路、西部陆海新通道、沿边沿海沿江交通、农村公路“进村入户”等为重点，创新融资渠道、拓展投资空间、激发全社会投资活力。要在促进消费提质扩容上下更大功夫，扩大高品质、多样化的运输服务供给，满足不同收入群体出行需求，更好挖掘城乡居民消费潜力。要在激发市场主体活力上下更大功夫，建立健全常态化政企沟通机制，及时跟踪各类阶段性应急政策调整情况，努力营造普惠市场主体的政策环境。

三是构建现代物流体系。聚焦“内提质效、外保安畅”，着力打通“大动脉”，畅通“微循环”。要以国家综合立体交通网主骨架为牵引，持续优化综合运输通道布局，有效支撑现代物流体系建设。要以提质、降本、增效为导向，在调整运输结构、优化组织方式、完善末端设施布局等方面持续发力，畅通农产品进城、工业品下乡双向流通渠道。要以开放共享、覆盖全球、安全可靠、保障有力为目标，统筹好中欧班列、道路货运、海运、航空货运等运力，加快建设国际物流供应链体系，确保我国出口货物出得去、进口货物进得来。

四是推动区域城乡交通运输协调融合发展。准确把握不同区域在构建新发展格局中的区位和比较优势，制定更加精准有效的政策措施。要深入实施区域协调发展战略，以四大板块为基础，统筹考虑革命老区、民族地区、边疆地区等发展需求，优化和完善差异化的支持政策。要大力实施区域发展重大战略，以更高标准谋划推动京津冀、粤港澳大湾区、长三角、成渝等重点区域交通运输一体化发展。要全面落实乡村振兴战略，巩固脱贫攻坚成果，加强阶段衔接，留足政策过渡期，提高农村和边境地区交通通达深度，推动“四好农村路”高质量发展。

五是持续建设人民满意交通。以解决若干个“最后一公里”为重点，增强紧迫感，动真格，久久为功，让发展更有温度、幸福更有质感。要完善提高基本公共服务均等化水平，分类有序推进通自然村（组）公路建设，深入实施公共交通优先发展战略，推动城乡道路客运一体化。要统筹发展和安全，持之以恒抓好安全生产，深化和完善交通运输安全体系，建设更高水平交通运输领域平安中国。要毫不放松抓好常态化疫情防控，统筹做好“外防输入、内防反弹”，加快建设反应迅速、抗冲击能力强的应急物流体系。

六是全面深化改革、扩大开放。坚持以改革促开放、以开放促改革，推动改革和开放相互促进。要深入查找行业在市场准入、经营运行等方面的各类障碍和隐性壁垒，加快形成统一开放的交通运输市场。要深化“放管服”改革、收费公路制度改革、投融资改革等重点领域和关键环节改革，进一步转变政府职能，营造市场化、法治化、国际化营商环境。要支持长三角共建辐射全球的航运枢纽，探索海南自贸区自贸港运输服务政策创新，深入开展抗疫国际合作，办好第二届联合国全球可持续交通大会等。要持续强化行业“三基”建设，聚焦补短板、提质量，抓好相关政策、制度、机制等优化完善，推动行业治理现代化取得实效。

五、加强党对交通运输工作的全面领导

立足新发展阶段、贯彻新发展理念、构建新发展格局，必须加强党的全面领导，确保交通运输事业发展始终沿着正确方向前进。

一是把政治建设摆在首位。党的政治建设是党的根本性建设，决定党的建设方向和效果。要贯彻党把方向、管大局、保落实的要求，坚持用习近平新时代中国特色社会主义思想武装头脑、指导实践、推动工作，增强“四个意识”、坚定“四个自信”、做到“两个维护”，坚决把党中央各项决策部署抓实抓细抓落地。要提高政治敏锐性

和政治鉴别力，善于从政治上判断形势、分析问题，对标对表党的政治路线确定工作思路和政策措施，做到讲政治和抓业务紧密结合、相互促进。要完善上下贯通、执行有力的组织体系，树立党的一切工作到支部的鲜明导向，持续强化模范机关建设，把党的组织优势巩固好、发挥好。要严明党的政治纪律和政治规矩，开展严肃认真的党内政治生活，发展积极健康的党内政治文化，营造风清气正的良好政治生态。

二是持之以恒正风肃纪。作风建设永远在路上。要强化责任担当、敢于动真碰硬，在打硬仗、扛重活、攻难关的过程中增强本领、锤炼作风。要巩固拓展落实中央八项规定精神成果，真正过紧日子，继续整治“四风”问题，持续纠治形式主义、官僚主义，以实干创造实绩。要坚持无禁区、全覆盖、零容忍，保持反腐高压态势，发挥好巡视巡察利剑作用和审计监督作用，一体推进不敢腐、不能腐、不想腐。

三是在更高水平上加强干部人才队伍建设。对标社会主义现代化国家建设要求，在“人的现代化”上下狠功夫。要增强把握大局大势的能力，运用经济、行政、法治等手段综合施治、靶向施策，提升行业治理的科学性、针对性、实效性。要加强高素质专业化能力建设，密切关注行业前沿知识和科技变化趋势，做到精通政策、熟悉业务、善于开拓，努力成为构建新发展格局的行家里手。要以正确用人导向引领干事创业导向，加强对敢担当、善作为干部的激励保护，把想干事、能干事、干成事的干部选出来、用起来。

四是全面提升行业软实力。行业软实力是交通强国的重要组成部分，也是基础工程。要按照中央统一部署，策划落实好建党100周年系列活动，举全行业之力承办好“沿着高速看中国”主题宣传活动。要加强宣传思想工作，促进交通文化繁荣发展，坚定主心骨、汇聚正能量、振奋精气神。要坚守意识形态阵地，坚持马克思主义指导地位不动摇，自觉践行社会主义核心价值观，崇尚共同理想信念和价值追求。要大力深化群众性精神文明创建，弘扬伟大抗疫精神，不断丰富新时代交通精神谱系，逢山开路、遇水架桥，展现新时代交通人的风采。

最后，我强调一下斗争精神。

加快建设交通强国是一场新长征，必然经历许多艰难险阻，必须进一步发扬斗争精神、增强斗争本领。要激荡昂扬斗志，坚定信心决心，越是艰险越向前，勇于开顶风船、善于化危为机。要保持战略定力，下好先手棋、打好主动仗，对可能发生的风险挑战，做到心中有数、沉着应对。要把握斗争策略，跟着问题走、奔着问题去，定好盘子、理清路子、开对方子，在把握发展规律的基础上实现变革创新。要保持历史耐心，坚守初心恒心，对照时间表、路线图，咬定青山不放松，锲而不舍抓落实。

同志们，船到中流，奋楫者先。让我们更加紧密地团结在以习近平同志为核心的党中央周围，同心协力、锐意进取，加快建设交通强国，建设人民满意交通，以优异成绩迎接建党100周年，为全面建设社会主义现代化国家、实现中华民族伟大复兴的中国梦而不懈奋斗！

延伸阅读——交通运输部党组书记杨传堂做客《央广会客厅》：15分钟上国道 60分钟上火车 未来路网会是四通八达的“N次方”

李小鹏在 2021 年全国交通运输工作会议上的讲话

（2020 年 12 月 24 日）

这次会议的主要任务是：以习近平新时代中国特色社会主义思想为指导，全面贯彻党的十九大和十九届二中、三中、四中、五中全会精神以及中央经济工作会议精神，总结 2020 年及“十三五”交通运输工作，分析形势，部署 2021 年工作。刚才会议传达了中共中央政治局委员、国务院副总理刘鹤同志的重要批示，我们要认真学习领会，抓好贯彻落实。传堂同志的讲话强调了“十三五”交通运输取得的积极成效，新发展阶段的重要战略机遇，加快建设交通强国，明年重点工作，加强党对交通运输工作的全面领导及发扬斗争精神，大家要抓好贯彻落实。

下面，我讲三个方面的内容。

一、2020 年交通运输工作

2020 年是新中国历史上极不平凡的一年，这一年，交通运输也面对严峻挑战和重大困难。在以习近平同志为核心的党中央坚强领导下，全行业众志成城、艰苦奋斗，取得了交通运输疫情防控阶段性胜利，基本完成了“两通”和“十三五”规划目标任务，取消了高速公路省界收费站并实现平稳运行，实现了交通固定资产投资逆势增长，开工建设了川藏铁路等重大标志性工程，向党和人民交出了一份合格的答卷。特别是，习近平总书记多次对交通运输工作作出重要指示批示，党的十九届五中全会作出加快建设交通强国的重大部署，为交通运输行业高质量发展进一步指明了方向、凝聚了力量。实践再次证明，只要我们紧密团结在以习近平同志为核心的党中央周围，坚定信心，同心同德干，就一定能战胜前进道路上的各种风险挑战，无往而不胜！

（一）全力打好交通运输疫情防控阻击战

一是坚决阻断病毒传播。在党中央统一指挥下，及时启动应急响应，成立领导小组，建立联防联控机制。全面织密交通防控网，严格落实交通运输工具及场站防控要求。严格“外防输入”，切实做好行业从业人员、入境人员疫情防控，有序开展国际航行船舶船员换班工作，强化进口冷链食品疫情防控。坚决做好首都等重点地区疫情防控工作，精准高效应对局部地区散发性疫情。同时做好系统内部疫情防控工作。二是全力保障应急运输。成立物流保障办公室，24 小时实体化运转，发挥综合交通合力，保障应急运输。全力驰援打赢武汉保卫战、湖北保卫战，严格实施离汉离鄂通道管控，全力保障4.2万余名援鄂医护人员快速到位，高效组织防疫物资和重要生产生活物资运输。三是为复工复产当好先行。着力扩大交通固定资产有效投资，加快下达车购税资金3336亿元。分区分级恢复道路客运、城市交通服务，着力保障农资等物资运输和邮政快递、城市配送正常运营。全力做好春运错峰返程工作，采取“点对点”等举措保障超1亿农民工返岗就业。1月31日至2月8日，两次延长小型客车免费通行政策实施期限，免收通行费19.8亿元。2月17日至5月5日，免收全国收费公路客、货车辆通行费1593亿元，同时“免费不免服务”，有力支持企业复工复产。提出12项支持道路客运企业健康稳定发展的举措，采取减免进出口货物港建费、航空公司民航发展基金，减半收取铁路保价、船舶油污损害赔偿基金等措施，切实帮助企业纾困解难。四是保障国际物流供应链稳定畅通。组建国际物流工作专班，积极协调解决国际物流问题。采取“点对点”包机、“客改货”、加密开行中欧班列、开行快船运输等措施快速提升国际货运能力，全力保障“出口货物出得去、进口货物进得来”。

（二）决战决胜交通运输脱贫攻坚

一是“两通”目标基本完成。挂图作战，销号管理，全年新增29个乡镇和1146个建制村通客车，基本实现了具备条件的乡镇和建制村100%通客车目标。新改建农村公路26.9万公里，开展乡镇和建制村通硬化路抽查检查，安排22.38亿元支持1.55万公里农村公路灾毁重建，开展乡镇和建制村通客车评估，切实巩固“两通”成果。二是交通扶贫成效显著。《“十三五”交通扶贫规划》确定的建设任务全面完成。“交通＋产业”“交通＋旅游”“交通＋邮政”“交通＋电商”等模式迅速发展，打造25个农村物流服务品牌。百色水利枢纽通航设施建设前期工作取得重要阶段性成果。开行“慢火车”和旅游扶贫专列，开展“快递进村”三年行动，于田等机场通航。培训基层干部和技术人员3000余人次。4个定点县、1个对口支援县和联系六盘山片区61个县全部摘帽。中央脱贫攻坚专项巡视“回头看”18项整改任务全部完成。持续抓好交通扶贫领域腐败和作风问题专项治理。三是“四好农村路”高质量发展深入推进。深化农村公路管养体制改革，30个省份出台了推行“路长制”的政策措施。推动将“四好农村路”高质量发展纳入地方各级政府绩效考核，深入开展“四好农村路”示范创建。加大公益性岗位开发力度，全国共设置农村公路就业岗位70.8万个。开展“我家门口那条路”等活动，“四好农村路”成为展现交通之美、乡村之美、中国之美的重要窗口。

（三）交通运输高质量发展稳步推进

一是《交通强国建设纲要》加快落实。在刘鹤副总理亲自领导下，全力做好《国家综合立体交通网规划纲要》编制和报审工作。统筹推进“十四五”综合交通运输发展规划和各行业规划、专项规划编制工作。两批34家试点单位的180余项试点任务有序推进，第三批试点工作压茬推进。统筹谋划推动一批重大标志性工程。二是交通基础设施网络加快完善。预计全年完成固定资产投资34247亿元，其中铁路7780亿元、公路水路25417亿元、民航1050亿元。预计全年投产铁路营业里程4585公里，其中高铁2416公里，新改（扩）建高速公路12713公里，新增及改善高等级航道约600公里，新颁证民用运输机场4个，智能快递箱超40万组，新增城市轨道交通运营里程1100公里。经过集中攻坚与系统转换磨合，高速公路联网收费系统运行稳定，ETC使用率超过67%，车辆平均通行速度提高16%，日均拥堵缓行收费站数量减少65%，省界收费站拥堵成为历史。三是运输保障有力。货运量连续多月保持正增长，其中11月同比增长7.2%。预计全年完成港口货物吞吐量145.7亿吨，同比增长4.4%；快递业务量突破800亿件，同比增长30%。客运持续稳定恢复，11月份营业性客运量已恢复至去年同期的67.3%，其中铁路恢复至79.4%、公路恢复至63.1%、水路恢复至72.6%、民航恢复至83.7%。全国36个中心城市公共交通客运量已恢复至去年同期的83.4%。深入开展城乡交通运输一体化示范县创建。道路客运联网售票覆盖率超过99%，11个省份超过800个二级以上客运站实现电子客票应用。全国303个地级以上城市和505个县级城市实现交通一卡通互联互通。研究解决老年人出行的“数字鸿沟”问题。民航航班正常率保持在80%以上。“司机之家”建设等9项2020年交通运输更贴近民生实事全面完成。四是物流降本增效深入推进。大宗货物“公转铁”“公转水”深入推进，预计累计完成铁路货运增量7.8亿吨，水路货运增量5.7亿吨，沿海港口大宗货物公路运输量减少约3.7亿吨。三批70个多式联运示范工程完成集装箱多式联运量480万标箱（TEU），全国港口集装箱铁水联运量预计同比增长30%。在交通运输领域继续推进减税降费，预计全年可量化降低物流成本超过1300亿元。五是发展新动能不断增强。推动网约车、共享单车等新业态规范发展，网约车日均订单2100万，共享单车日均订单超4570万。定制客运加快发展，智慧出行一体化服务平台不断涌现。“互联网＋货运物流”快速发展，网络货运日均运单量13万单。“快递进厂”加快实施。

（四）为国家重大战略实施提供有力支撑

一是京津冀暨雄安新区交通建设加快推进。京雄城际年底全线开通运营，延崇高速建成通车，京津冀核心区1小时交通圈加快形成。北京大兴国际机场连通国际航点12个，国内航点138个，集疏运体系不断完善。雄安新区对外骨干交通路网基本形成。2022年北京冬奥会交通基础设施建设及运输保障工作有序推进。二是长江经济带综合交通运输体系高质量发展稳步推进。武汉至安庆6米水深航道整治工程主体完工，引江济淮航运工程等一批重点项目加快推进，铁水联运设施联通工程加快实施，高速公路省际贯通路段、宜昌三峡机场改扩建等项目稳步推进。船舶和港口污染突出问题得到有效整改，9条长江主要支流应取缔的非法码头全部拆除。三是粤港澳大湾区交通运输加快建设。广湛高铁、深中通道、珠三角航道升级工程、白云机场三期扩建等加快建设，广州港深水航道拓宽工程投入试运行。粤港澳大湾区“一票式”联程客运服务加快推进。粤港澳海事管理机构协同合作持续深化。四是长三角交通运输高质量一体化加快推进。盐通高铁试运行，南京长江五桥建成，沪苏通长江公铁大桥投入运营。地铁乘车“一码通行”，交通出行“同城待遇”加快实现。港航一体化、海事监管一体化加快推进。同时，我们还研究提出支持黄河流域交通运输生态保护和高质量发展、成渝地区双城经济圈交通一体化发展、海南自由贸易港建设等政策，与各地共同推进交通运输服务国家重大战略落实。

（五）坚定不移深化改革扩大开放

一是重点领域改革进一步深化。推动铁路领域放开竞争性业务，放宽民营企业市场准入。稳定车购税等专项资金政策，用好地方政府债券和特别国债制度，防范化解交通领域地方政府债务风险。综合行政执法改革加快推进，改革配套措施逐步到位。加强监督检查，不断规范执法行为。二是交通运输营商环境不断优化。持续深化简政放权、放管结合、优化服务改革，取消2项行政许可事项和40项证明事项，将40项涉企经营许可事项纳入“证照分离”改革事项清单。推进“互联网＋监管”系统建设，深化“信用交通省”建设。持续开展减证便民行动，大件运输许可等政务服务实现“一网通办”“跨省通办”，政务服务“好差评”机制不断完善。三是交通运输法治政府部门建设深入推进。印发《关于完善综合交通法规体系的意见》，《中华人民共和国海上交通安全法》提交全国人大常委会第一次审议，《中华人民共和国铁路法》《中华人民共和国海商法》修订草案已报国务院。《城市公共交通条例》立法审核基本完成。《道路旅客运输及客运站管理规定》等22件部门规章出台，行政规范性文件审查、行政复议与应诉、普法宣传等工作不断加强。四是对外开放合作开创新局面。“一带一路”交通互联互通深入推进，中巴“两大”公路、“橙线”轨道等重大工程顺利完工，中俄黑河公路大桥具备运营条件。中欧陆海快线货运量持续增长，《上海合作组织成员国政府间国际道路运输便利化协定》规定的6条线路开通。举办中国—东盟交通部长应对新冠肺炎疫情特别会议、中德交通论坛等国际视频会议。推动国际海事组织向174个成员国等推荐多版船舶船员防疫指南，向国际民航组织、万国邮政联盟等国际组织和有关国家分享我国交通运输防疫经验。深入参与海运温室气体减排初步战略后续措施制定谈判。积极做好第二届联合国全球可持续交通大会筹备工作。《中国交通的可持续发展》白皮书发布。

（六）行业创新发展迈上新台阶

一是科技创新能力不断提高。与有关部委签订科技合作协议，编制形成关键核心技术自主可控攻关方案。推动新一代人工智能等重大项目科技成果在行业深度应用。认定16个行业研发中心和13个野外观测基地，交通运输科研仪器资源设备开放共享平台正式运行。发布231项多式联运、智能交通等重点领域国家和行业标准。二是智慧交通建设加快推进。推动交通运输新型基础设施建设，智慧公路、智慧港口等加快发展。研究制定《关于促进道路交通自动驾驶技术发展和应用的指导意见》，累计认定7家自动驾驶封闭场地测试基地，部分地区向公众提供自动驾驶出行体验服务。国家综合交通运输信息平台上线运行。港航区块链电子放货平台试点成效明显。北斗系统在道路运输、水路运输、邮政快递等重点领域广泛应用。健全网络安全管理制度，参与和组织网络安全攻防演练，行业网络安全水平不断提升。三是绿色交通建设成效显著。33个公交都市创建完成，两批46个城市绿色货运配送示范工程加快创建。公交、出租和城市物流配送新能源车数量分别达到40.9万辆、14.2万辆和43万辆。船舶大气污染物排放控制区政策全面实施，五类专业化码头泊位岸电覆盖率达75%。快递包装绿色治理全面推进。

（七）平安交通建设扎实推进

截至12月20日，公路水路行业安全生产事故起数、死亡（失踪）人数同比分别下降4.4%、4.5%。铁路运输安全持续稳定。截至11月底，民航实现运输航空安全飞行“120+3”个月、8853万小时的安全新纪录。寄递渠道安全平稳畅通。一是安全生产管理不断加强。扎实开展安全生产专项整治三年行动，深化防范化解安全生产重大风险，深入推进铁路沿线安全环境整治，全面加强危化品运输安全生产治理，持续强化监管检查。二是安全发展基础进一步夯实。预计到年底，完成乡道及以上公路安全生命防护工程18.1万公里，改造危桥6580座。全国17.1万运输企业“两类关键人员”通过安全考核，“两客一危”监控报警装置安装率达80%。平安百年品质工程建设进一步加快。三是应急保障能力不断增强。积极应对台风等各类极端天气和自然灾害，妥善处置沈海高速温岭段槽罐车爆炸、长江口油船碰撞起火等突发事件。圆满完成“春运”、全国“两会”等重点时段和重大活动应急值守与保障任务。截至12月20日，组织协调水上搜救行动1662次，搜救遇险船舶1065艘、搜救遇险人员10350人，人命搜救成功率 96.0%。

（八）党的建设进一步加强

一是持续加强党的政治建设。强化理论武装，持续推进模范机关建设。开展“党旗飘在一线、堡垒筑在一线、党员冲在一线”行动。不断巩固拓展“不忘初心、牢记使命”主题教育成果。二是干部队伍和机关建设进一步加强。干部队伍结构持续优化，中青年科技创新领军人才等高层次人才不断涌现。组团参加第一届全国职业技能大赛并获得优异成绩。推进交通运输新型智库联盟建设。大连海事大学全面完成“双一流”周期建设任务。离退休干部工作取得新成效，工青妇工作不断加强，机关后勤服务保障坚实有力。三是持之以恒正风肃纪。严格落实中央八项规定及其实施细则精神，驰而不息整治“四风”。加大违纪违法案件查处力度，结合典型案例开展警示教育。深化政治巡视，完成 16 家部属单位常规巡视，党内监督和执纪问责全面加强。坚决制止餐饮浪费行为。四是精神文明建设和宣传工作不断加强。强化行业文明创建，弘扬新时代交通精神，一批先进典型荣获国家级和部级抗疫先进个人和先进集体、优秀共产党员和先进基层党组织、文明单位等光荣称号。交通运输新媒体矩阵初步形成，全面小康、抗击疫情等主题宣传成效显著，推出一批交通题材文艺作品，行业软实力不断增强。

2020 年是“十三五”的收官之年。回看这 5 年，全行业众志成城、砥砺奋进，办成了许多大事、办好了一批难事、办妥了不少急事，抓住了“十三五”这个交通基础设施发展、服务水平提高和转型发展的黄金时期，推动交通运输在大的基础上向强迈进了一大步、在有的基础上向好迈进了一大步、在“基本适应”的基础上向“适度超前”迈进了一大步。这些成绩的取得，靠的是习近平新时代中国特色社会主义思想的科学引领，靠的是以习近平同志为核心的党中央坚强领导，靠的是各地区、各部门的团结协作，靠的是广大人民群众和社会各界的大力支持，靠的是全行业广大干部职工的艰苦奋斗。在此，我代表交通运输部，向长期关心支持交通运输事业发展的各级领导、有关部门、社会各界、广大干部职工和离退休老同志致以崇高敬意和衷心感谢！

二、形势要求和工作思路

2021 年是建党 100 周年，是我国现代化建设进程中具有特殊重要性的一年，也是我们加快建设交通强国和实施“十四五”规划的开局之年。做好明年工作，意义重大、使命光荣、任务艰巨。

当前和今后一个时期，我国发展仍然处于重要战略机遇期，但机遇和挑战都有新的发展变化。交通运输行业要准确把握交通运输发展面临的有利条件、风险挑战和新的要求。

有利条件主要有：一是加快建设交通强国全面推进，中央有部署、地方有行动、行业有干劲、社会有共识、人民有期待，为行业发展带来新的战略机遇。二是建设现代流通体系，从畅通循环的角度提升了交通运输的战略地位，必将有力促进综合交通运输和现代物流业发展。三是人民群众多层次多样化个性化出行需求将对交通运输高质量发展提出新的更高要求；扩大内需战略深入实施，助推交通固定资产投资保持高位运行，预计明年全年完成交通固定资产投资 2.4 万亿元左右。四是我国疫情防控取得重大战略成果助力经济率先复苏，预计明年全社会营业性客运量同比增长 50% 左右，恢复至 2019 年的 90% 左右；营业性货运量同比增长 6%~9%，港口货物吞吐量增长 3%~7%。五是国家系统布局新基建，将加速交通运输数字化、智能化、网络化发展，促进新业态、新模式、新能源发展，加快培育新发展动能。六是我国签署区域全面经济伙伴关系协定（RCEP）、举办第二届联合国全球可持续交通大会，加快形成统一开放的交通运输市场，将为行业改革开放带来新机遇。

风险挑战主要有：一是世界正经历百年未有之大变局，外部环境的不稳定性不确定性明显增加，地缘政治风险较高，给行业发展带来较大不确定性。二是全球疫情仍在扩散蔓延，经济全球化遭遇逆流，世界经济复苏不稳定不平衡、循环不畅，保障国际物流供应链安全畅通面临严峻挑战。三是国内经济恢复基础尚不牢固，行业市场主体经营依然困难，保市场主体的压力不容忽视。四是用地、用海、环保等约束性要求不断强化，受疫情影响各级财政收支压力加大，交通固定资产投资后劲不足。五是落实碳排放达峰目标要求，需要更大力度深化运输结构和交通能源结构调整，绿色交通发展任重道远。六是当前和今后一个时期是我国各类矛盾和风险易发期，交通运输保障国家安全、公共安全压力加大，行业安全稳定形势依然严峻。

同时，我们还要清醒认识到，交通运输发展存在一些问题，主要表现为：综合运输一体化融合水平有待提高，基础设施在城乡区域间还存在结构性短板，客货枢纽场站配套设施布局不完善，各种运输方式衔接不畅，综合交通运输体制机制规制还不完善，运输结构调整内生动力不足；物流运输总体效率不高，高品质运输服务供给不足，无障碍出行服务设施不足，民生领域还有不少短板；关键核心技术“卡脖子”问题仍然突出，行业信息数据共享开放不足；重点立法难以满足现实需要，地方综合执法改革重塑行业治理体系正处磨合期，运用互联网手段治理行业的能力不足；行业安全稳定基础还不稳固，等等。总的看，这些问题是发展不平衡不充分的问题，需要通过改革、开放、创新的办法加以解决。

立足新发展阶段，贯彻新发展理念，必须要构建新发展格局。构建新发展格局，关键在于实现经济循环流转和产业关联畅通。交通运输是畅通国内国际双循环的重要纽带和基础支撑，要从畅通循环角度把握对交通运输的新要求。一是要求扩大循环总量。实施扩大内需战略，要求扩大有效投资，加快建设综合立体交通网，形成需求牵引供给、供给创造需求的更高水平动态平衡，扩大循环规模。二是要求提高循环效率。畅通经济循环，要求加快建设现代综合运输体系和现代物流体系，大力提升运输效率和衔接效率，加快发展快货物流，促进一体化融合，缩短循环周期。三是要求增强循环动能。打好关键核心技术攻坚战，形成产业链供应链闭环，加快发展新基建、新业态、新模式，培育发展新动能。四是要求降低循环成本。加快形成统一开放的交通运输市场，优化营商环境，降低制度性交易成本。五是要求保障循环安全。加快建立安全可靠的国际物流供应链体系，提高保障国家安全的能力。这是发展质量、结构、规模、速度、效益、安全相统一在交通运输领域的具体体现，要求交通运输内提质效、外保安畅，加快形成内外联通、安全高效的物流网络，加快建设现代化综合交通体系，加快建设交通强国，为构建新发展格局当好先行。

总的来看，明年交通运输发展总体处于恢复性增长期，稳的态势没有改变，进的基础趋于牢固，但变的因素明显增多，危和机并存，危中有机、危可转机。我们要增强机遇意识和风险意识，紧紧抓住有利条件、有效应对风险挑战、认真落实新的要求，勇于开顶风船，善于化危为机、筑牢底线、稳中求进，确保加快建设交通强国和“十四五”开好局、起好步。

做好明年和“十四五”时期工作，要以加快建设交通强国为统领，加快建设现代化综合交通体系，为构建新发展格局当好先行。

交通运输服务构建新发展格局，必须实现“三个转变”。

一是推动交通发展由追求速度规模向更加注重质量效益转变。这是发展方式的转变，对应的是质量变革。交通运输高质量发展是体现新发展理念的发展，既包括交通运输产品和服务高质量，也包括支撑经济高质量发展，是发展质量、结构、规模、速度、效益、安全的有机统一，是现阶段多重约束条件下的最优解，核心是提高交通运输产品和服务的性价比和竞争力，进而提高经济循环的质量和效益。实质是要转变发展方式，实现由依靠生产要素增加的粗放式增长向依靠生产效率提升的集约式增长转变。关键是要把新发展理念贯穿发展全过程和各领域，以安全、便捷、高效、绿色、经济为价值导向，持续完善交通运输高质量发展的指标体系、政策体系、标准体系、统计体系、绩效评价、政绩考核，以系统观念推进交通运输高质量发展。

二是推动由各种交通方式相对独立发展向更加注重一体化融合发展转变。这是发展路径的转变，对应的是效率变革。核心是要建设现代化综合交通体系，提高流通效率，进而提高循环效率。关键是要填平各种运输方式衔接不畅、协同不够、融合不深、共享不足等低效率洼地，更加注重一体化融合发展，实现系统效率最优。必须紧紧抓住“十四五”这个窗口期，协同推进各种运输方式硬联通和软联通，着力推进基础设施联通、客货枢纽畅联、运输服务联程、战略规划协同、体制机制衔接、技术标准兼容、发展要素共享、信息数据融合，充分发挥各种运输方式的组合效率和整体效益。

三是推动交通发展由依靠传统要素驱动向更加注重创新驱动转变。这是发展动力的转变，对应的是动力变革。必须坚持创新在现代化建设全局中的核心地位，把科技自立自强作为战略支撑，着力激发技术、管理特别是数据这个关键要素的活力，提高行业全要素生产率。要把数字化作为创新驱动的主引擎，加快推动5G、物联网、人工智能、区块链、云计算、大数据与交通运输深度融合，全面推进交通运输数字化智能化改造。创新驱动并不排斥要素驱动，而是要用创新的办法来改造传统动能，实现“增量崛起”与“存量变革”协同并举，加快新旧动能转换。

交通运输服务构建新发展格局，必须抓好“六个着力”。

一是着力优化综合立体交通网络，有效服务扩大内需战略实施。要围绕优网络找准补短板的主攻方向，发挥投资关键作用。快速网要互联互通，着力推进高速铁路贯通联网，高速公路贯通联网、扩容改造。干线网要衔接高效，着力推进普速铁路覆盖连通，国省干线公路贯通衔接、提质升级，内河高等级航道畅通连通、拓展延伸。基础网要广泛覆盖，着力推进农村公路纵深延展、提档升级。要围绕“稳源、开源、降本、提效”强化资金保障。稳源，就是着力稳定好现有资金渠道。开源，就是要探索用好多种投融资方式。降本，就是要降低投融资成本，降低交通债务风险和还贷压力。提效，就是要提高投资的有效性和精准性，按照“资金、要素跟着项目走”的原则，加快补系统性、效率性、服务性设施短板，优先支持在建工程后续融资，做深做实项目前期工作，提高资金使用绩效。

二是着力发展现代物流，有效支撑现代流通体系建设。围绕内提质效、外保安畅，加快形成内外联通、安全高效的物流网络，着力抓衔接、抓融合、抓载体、抓机制。抓衔接，坚持软硬并重，以“一体化”为导向抓好设施、装备等硬联通，以“一单制”为载体抓好规则、标准等软联通，把缩短衔接时间、减少中转次数、降低衔接成本作为工作重中之重，大力促进国内外、城乡、区域、干支、方式间有机衔接。抓融合，着力推进各种运输方式深度融合，推进运输流与物流、商流、资金流、信息流高度融合。抓载体，着力抓好快货物流、多式联运、网络货运、江海直达、甩挂（箱）运输、农村物流、城市配送、物流枢纽、数据平台等载体，实化抓手。抓机制，充分发挥国务院国际物流保障协调机制作用，政企协同、上下联动、全力保畅。

三是着力提升服务供给质量，奋力建设人民满意交通。这是促进消费扩容提质、建设人民满意交通的内在要求。要大力发展现代运输服务业。更多依靠政府力量解决发展不平衡的问题，更多依靠市场力量解决发展不充分的问题，推动出行等生活性服务业向高品质和多样化升级，推动货运、快递等生产性服务业向专业化和价值链高端延伸。要大力开展服务质量提升行动。以服务标准化、品牌化、数字化、便利化为主方向，瞄准出租、公交、城市拥堵、老年人出行等民生领域，持续提升服务质量。坚持依法审慎原则，规范和鼓励交通运输新业态发展，倡导“出行即服务”理念，发展全出行链新模式和无接触交易服务。要大力推进碳达峰交通运输行动。继续打好污染防治攻坚战，以更大力度深化运输结构调整，加快研究推动交通能源结构调整，推动交通能源清洁低碳安全高效利用。

四是着力优化营商环境，加快形成统一开放的交通运输市场。重点以降低制度性交易成本为导向，加快打造市场化、法治化、国际化营商环境。要放宽准入。着力放宽竞争性环节市场准入、放松竞争性业务价格管制，促进铁路运输业务市场主体多元化和适度竞争，推动邮政普遍业务与竞争性业务分业经营，通过引入竞争激发各类市场主体活力。要反对垄断。坚决反对垄断和不公平竞争行为，防止资本无序扩张，重点防范一些互联网平台企业凭借数据、技术、资本优势从供需两端限制和排斥竞争，也要着力打破行政垄断、地方保护、行业分割。要统一规则。优先保障与国内统一大市场相关的法规制度建设，加快建立全国各种运输方式间统一的运输规则、规制、标准，加强全链条标准体系建设，建立高标准市场体系。要公正监管。加快完善以“双随机、一公开”监管为基本手段、以重点监管为补充，以信用监管为基础的新型监管机制，着力加强对互联网平台企业的数据收集和监管。要坚持放管结合，确保放得开、管得住、搞得活。

五是着力促进高水平开放，开拓合作共赢新局面。构建新发展格局，要求更讲策略、善用巧劲、把握节奏，在保障安全的前提下实施高水平对外开放。要高水平办好第二届联合国全球可持续交通大会。受疫情影响，大会推迟到 2021 年举办。要全力以赴将大会办成一届高效、务实、精彩、卓越、令人难忘的盛会。要认真研究落实区域全面经济伙伴关系协定（RCEP）中涉交通事项，做好协定生效各项准备工作，并以此为契机，研究建立与更高水平开放型经济新体制相适应的国际运输规则，推动交通运输市场更高水平开放。要着力推进“一带一路”高质量发展。乘势提升交通国际合作水平，提升“一带一路”互联互通和运输便利化水平，为构建人类命运共同体提供坚强保障。

六是着力统筹发展和安全，有效防范化解重大风险。要牢固树立总体国家安全观，把统筹发展和安全作为工作的基本遵循。要全力保国家安全。加快补短板、堵漏洞、强弱项，树立底线思维，加强顶层设计，全力加强交通运输保障国家安全的体系和能力建设。要全力保公共安全。毫不放松抓好常态化疫情防控，把春运疫情防控作为当前重点，把外防输入作为重中之重，继续落实“货开客关”总要求，坚持“人”“物”同防，着力强化冷链运输防控措施，全力阻断疫情通过交通传播。要全力保行业安全稳定。统筹推进交通运输各领域安全，聚焦可能引发巨灾的重大风险点，加强应急预案和应急能力建设，着力排隐患、固三基、建体系，标本兼治，坚决遏制重特大事故发生。要格外关心支持行业重点群体、市场主体，及时帮助纾困解难，全力维护行业稳定。

三、2021 年工作安排

明年工作的总体要求是：以习近平新时代中国特色社会主义思想为指导，全面贯彻落实党的十九大和十九届二中、三中、四中、五中全会精神以及中央经济工作会议精神，坚持稳中求进工作总基调，按照立足新发展阶段、贯彻新发展理念、构建新发展格局的要求，以推动高质量发展为主题，以深化供给侧结构性改革为主线，以改革创新为根本动力，以满足人民日益增长的美好生活需要为根本目的，坚持系统观念，加快建设交通强国，巩固拓展疫情防控和经济社会发展交通运输成果，扎实做好“六稳”工作、全面落实“六保”任务，着力优化综合立体交通网络，着力发展现代物流，着力提升服务供给质量，着力构建统一开放的交通运输市场，着力促进高水平对外开放，着力统筹发展和安全，确保“十四五”开好局，为全面建设社会主义现代化国家当好先行，以优异成绩庆祝建党 100 周年。

明年要以加快建设交通强国为统领，重点做好以下 12 个方面的工作：

（一）深化交通运输供给侧结构性改革

一是加快完善交通基础设施网络。推进国家综合立体交通网主骨架建设。加快推进综合交通枢纽集群、枢纽城市及枢纽港站建设。加快补齐中西部地区铁路基础设施短板，加强高铁货运能力建设，全面推动城际铁路、市域（郊）铁路发展。推动一批高速公路、普通国道待贯通路段和拥挤路段扩容改造项目建设。推进沿海进港航道等公共基础设施建设，加快推进内河高等级航道提等升级和重点碍航闸坝通航设施建设，加强航道养护。建成贵阳机场三期扩建等项目。推动邮政寄递枢纽设备改造升级。二是着力提升交通服务水平。积极发展公铁、空铁、公空等联程运输服务，提升旅客出行服务品质。鼓励和规范发展定制客运。实现 20 个省份普及道路客运电子客票服务，推进实现“刷脸”进站乘车。持续扩大交通一卡通互联互通与便捷应用。推动铁路、民航、城市轨道交通间安检流程优化。推广普及交通医疗急救箱伴行计划。着力解决老年人运用智能技术困难，便利日常交通出行。深化推进“厕所革命”。建设 300 个“司机之家”。优化完善全国高速公路联网收费系统技术保障、投诉处理、保通保畅和网络安全管理等机制。开展 ETC 服务专项提升行动。加强行业重点产品质量监督抽查。三是推动货运物流降本增效。大力发展多式联运，深入实施多式联运示范工程，推动各种运输方式间信息共享，加快全国多式联运公共信息系统建设。有序推进江海运输发展。加快县乡村三级农村物流体系建设，深入实施“快递进村”工程。四是加快构建现代国际物流供应链体系。推动出台现代国际物流供应链发展的指导意见，推进各项任务落地实施。提高中欧班列运输保障能力，优化完善海运航线布局，增强国际航空货运能力，推进国际邮件处理场地改造升级。建设国际物流供应链服务保障信息系统，研究推动设立现代物流发展产业基金。启动国际物流供应链协同发展及创新应用示范工程。加快培育具有国际竞争力的现代物流企业。五是着力激发交通运输新动能。推进网络货运等“互联网 +”高效物流新业态发展。强化道路货运行业运行监测分析，研究构建基于电子运单的冷链物流监测体系。进一步推动网约车、共享单车等新业态规范发展。推进海南邮轮港口海上游试点，支持本土邮轮发展。推动通用航空发展。六是促进融合发展。促进综合交通枢纽、道路客运场站、城市公共交通场站等综合开发。推动枢纽经济、临空经济、临港经济发展。推进交旅融合，因地制宜建设一批旅游风景道、特色主题服务区和旅游航道，推出一批水上旅游客运示范线路。推进交通物流和生产制造深度融合，加快实施“快递进厂”工程。

（二）为国家重大战略实施当好先行

一是京津冀交通一体化暨雄安新区综合交通运输体系建设。加快推进京滨铁路、京秦高速公路等项目建设。深入推进天津北方国际航运核心区建设，推动津冀港口协同发展。完善北京大兴国际机场集疏运体系。力争建成京雄高速公路河北段等雄安新区对外骨干通道。充分发挥交通工作协调小组作用，统筹做好2022年北京冬奥会交通运输保障工作。二是长江经济带综合立体交通走廊建设。完成长江干线武汉至安庆段6米水深航道建设，加快推进长江上游、中游航道重点工程建设，推进渝昆高铁、长沙机场改扩建等，推动省际高速公路建设，加快建设综合立体交通网。扎实推进长江经济带生态环境突出问题整改，巩固长江经济带船舶和港口污染突出问题整治成果并完善长效机制，巩固非法码头治理成果。三是粤港澳大湾区交通运输发展。加快推进深中通道、广湛高铁等项目建设，推进西江航运干线和珠三角高等级航道网建设，推进大湾区世界级港口群、机场群建设。促进大湾区航空物流高端化发展。深化大湾区海事协同合作机制。支持深圳交通运输创新发展。四是长三角交通运输更高质量一体化发展。加快推进宁淮高铁、黄千高速公路等项目建设，加快实施引江济淮航运工程、京杭运河浙江段“四改三”工程，加快建设世界级机场群和港口群。推进城际铁路、市域（郊）铁路“公交化”运营，加快推进客运“一体化”、货运“一单制”、交通“一卡通”和信息服务“一站式”。全面推进长三角船舶交通管理、船舶与港口污染防治一体化。支持长三角共建辐射全球的航运枢纽，推动浦东交通运输高水平对外开放。五是黄河流域交通运输生态保护和高质量发展。加快编制黄河流域综合立体交通网规划，加强交通基础设施空间资源的严格管控和高效利用。因地制宜实施沿黄交通廊道生态绿化行动。六是成渝地区双城经济圈交通运输发展。强化成渝地区双城之间的交通连接，加快推进成渝中线高铁、泸州至永川高速公路等项目建设，加密川渝毗邻地区省际公路网。交通运输还要继续支撑区域协调发展。补齐西部地区交通基础设施短板，推进东北地区打造面向东北亚对外开放的交通枢纽，推进中部地区大通道大枢纽建设，推进东部地区先行建成现代化综合交通体系。支持海南自由贸易港建设。统筹支持新疆、西藏交通运输发展。

（三）全面做好加快建设交通强国具体工作

一是深入落实《交通强国建设纲要》和《国家综合立体交通网规划纲要》。加强对加快建设交通强国的组织领导，完善部内运行机制，科学制定配套政策和配置公共资源，完善交通强国建设行业篇章，加强交通强国建设跟踪分析和督促指导，研究出台交通强国建设指标体系。二是做好“十四五”规划编制工作。推动出台《“十四五”综合交通运输发展规划》，制定各行业和专项规划，做好与交通强国建设及国家综合立体交通网建设目标任务的衔接。三是推动交通强国建设试点落地见效。加强统筹指导、评估督导，推动一批试点取得实效。加快试点经验复制推广。四是着力抓好重大工程。推进川藏铁路等一批重大项目，打造贯彻新发展理念的样板工程。组织指导推进西部陆海新通道（平陆）运河等工程前期研究。

（四）扎实推进巩固拓展交通脱贫攻坚成果同乡村振兴的有效衔接

一是提升农村公路发展水平，推动更多向进村入户倾斜。因地制宜推进较大人口规模自然村（组）通硬化路。有序实施农村公路联网路建设，强化农村公路与干线公路、村内道路衔接。加快农村公路提档升级，有序实施窄路基路面加宽改造、乡镇通三级公路建设等。加强农村公路桥梁隐患排查和整治，严格落实农村交通安全设施与公路建设主体工程“三同时”制度。二是巩固拓展交通脱贫攻坚成果。按照中央要求继续做好定点帮扶、对口支援等有关工作，支持国家乡村振兴重点帮扶县发展，加快实现从“输血”到“造血”的转变。在小型交通基础设施建设领域积极推广以工代赈，进一步开发“四好农村路”各类公益性岗位。三是推动“四好农村路”高质量发展。健全完善“四好农村路”高质量发展体系，扎实推进农村公路管理养护体制改革试点，建立农村公路绩效管理考核机制，全面推行县、乡、村三级“路长制”。组织开展“四好农村路”全国示范县、示范市创建，深化“美丽农村路”建设。继续办好“我家门口那条路”活动。四是统筹城市和农村交通高质量发展。巩固拓展具备条件的乡镇和建制村通客车成果，提升农村客运服务水平。深入开展城乡交通运输一体化示范县创建。继续推广农村物流服务品牌。推进农村客货邮融合发展，引导乡镇客运站拓展商贸、物流、邮政快递等业务。加快推动城市交通拥堵综合治理，深化国家公交都市建设，因地制宜优化完善城市公共交通服务网络，提高服务水平。

（五）进一步深化交通运输改革

一是深化管理体制机制改革。推动地方深化综合交通运输管理体制改革。服务区域重大战略实施，建立完善综合交通运输发展协调机制。深化事业单位改革试点，优化部机关和部属单位机构编制，完成部权责清单编制。二是深化交通运输重点领域改革。推进铁路行业竞争性环节市场化改革。推动邮政普遍服务业务与竞争性业务分业经营。深化收费公路制度改革，优化完善收费公路政策，推广高速公路差异化收费。深化投融资改革，推动交通运输领域中央与地方财政事权和支出责任划分改革实施，持续稳定车购税等交通专项资金政策，推动发行国家公路建设长期债券，研究统筹交通专项资金和长期债券使用政策。积极拓展融资渠道，用好各类新型融资工具。加强与金融机构战略合作，研究开发政策性金融工具。推进交通运输领域全面实施预算绩效管理。防范化解交通运输行业地方政府隐性债务风险，坚决守住不发生系统性债务风险底线。三是加快形成统一开放的交通运输市场。加快消除跨区域制度性障碍，完善交通运输建设、养护、运输等市场准入、退出制度，破除隐性壁垒。加强运行监测，强化交通运输领域反垄断。深化巡游出租车价格机制改革，加快推进出租汽车新老业态融合发展。完善港口收费政策。深化港口一体化改革，促进区域港口协同发展。加快海南自由贸易港和上海临港新片区航运创新政策落地。健全支持交通运输民营经济、中小企业发展的政策。

（六）加快建设交通运输法治政府部门

一是健全综合交通运输法规体系。加快重点领域立法进程，推动“一法两条例”《中华人民共和国海上交通安全法》《城市公共交通条例》修订出台。加快推进《中华人民共和国铁路法》《中华人民共和国海商法》《中华人民共和国民用航空法》《铁路交通事故应急救援和调查处理条例》《道路运输条例》制修订工作。有序推进重点部门规章制修订。二是深化法治政府部门建设。出台全面建设交通运输法治政府部门的意见。完善交通运输重大行政决策制度，健全合法性和公平竞争审核工作机制。改进行政复议和应诉工作。组织实施“八五”普法工作。三是提高执法规范化和现代化水平。深化交通运输综合行政执法改革，实现省市县三级综合执法机构组建完毕、人员划转到位，完善综合执法运行机制。实施执法队伍素质能力提升三年行动，持续深化“四基四化”建设。谋划执法队伍建设长效机制。深入推进交通运输、公安部门治超联合执法常态化制度化。深化与公安、海关等部门协作，研究建立涉水安全综合治理体系。四是着力优化营商环境。深化

“放管服”改革，推动取消除道路危险货物运输以外的道路货物运输驾驶员从业资格考试。扩大“证照分离”改革试点覆盖面。加强事中事后监管，完善监管协调机制，创新监管手段。依法依规加强交通运输守信激励和失信惩戒，推进“信易行”和“信用交通省”建设。优化大件运输许可服务。深入推进交通运输证照电子化。依托国家政务服务平台推进道路运输驾驶员高频服务事项等“跨省通办”。规范化实施政务服务“好差评”制度。推进海事政务自助服务站建设。

（七）加快推动智慧交通发展

一是推动交通运输数字化转型。推动长大桥梁、重要干线通航建筑物等关键设施结构健康监测、动态巡查和实时管控。推进“云网融合”的公路网运行监测体系建设。深化国家综合交通运输信息平台建设，推动综合交通大数据中心体系建设，深入推进大数据共享和开放。二是提高交通运输智能化水平。推进智慧公路、智慧港口、智慧航道、智慧枢纽等新型基础设施建设试点，推动智能铁路、智慧民航、智慧邮政等示范应用。加快推动5G、人工智能等前沿技术与交通运输深度融合，深化北斗系统行业应用。持续健全自动驾驶技术和测试体系，组织开展自动驾驶、智能航运等先导应用示范。深化基于区块链的全球航运服务网络建设。实施进口电商货物港航“畅行工程”。加强船舶远程检验能力建设。三是提高交通运输创新发展能力。实施关键核心技术攻关工程。推动启动“交通基础设施”等一批“十四五”重点专项。推动一批交通运输科研平台纳入国家科技创新基地布局建设。深化科技资源开放共享。研究扩大行业高校、科研院所和科技领军人才科研相关自主权。持续发布科技成果推广目录。加强新基建、安全应急、节能环保等重点领域标准制定。

（八）大力发展绿色交通

一是加强资源集约节约利用与生态保护。统筹综合交通通道规划建设，加强通道内各种运输方式资源优化配置、协调衔接。积极推进绿色铁路、绿色公路、绿色港口、绿色航道、绿色机场建设。二是继续打好污染防治攻坚战。优化调整运输结构，创新运输组织模式，持续推进大宗货物“公转铁”“公转水”等重点任务，深化运输结构调整示范区建设。推进货车车型标准化，全力推动完成京津冀及周边地区国三及以下排放标准中重型柴油货车淘汰任务。积极推进港口船舶岸电使用。深入开展港区污水、粉尘综合治理工作。研究开展船舶污染监视监测能力建设。继续实施“碧海行动”。持续推进快递包装绿色治理。三是加快推动交通绿色低碳发展。研究制定碳达峰交通运输行动方案。加强新能源和清洁能源车辆、船舶等推广应用，推动船舶LNG加注站加快建设运营，深入开展城市绿色货运配送示范工程。开展绿色出行创建行动。推动在重点区域高速公路服务区、客运枢纽等建设充电桩、充电站。发布交通运输行业重点节能低碳技术推广目录。积极做好行业公共机构节能工作。

（九）进一步加强交通运输对外开放合作

一是高质量办好第二届联合国全球可持续交通大会。适时调整筹备总体方案及实施方案，做好东道国协议修订完善等工作。深化交通可持续发展的中国经验、中国模式等研究。做好《北京宣言》编制和发布工作，策划推动大会永久性成果。做好大会调度指挥、技术支撑、安全应急和宣传工作。二是推动共建“一带一路”高质量发展。围绕“六廊六路多国多港”，推动重大项目落地实施，实现中老铁路、中俄黑河公路大桥和同江铁路大桥通车。继续推动西部陆海新通道、中欧班列、中欧陆海快线高质量发展。加快双多边国际道路运输协定商签与落地实施，持续提升运输便利化水平。支持地方打造“丝路海运”“海丝论坛”等品牌。三是加强交通运输对外合作交流。认真落实区域全面经济伙伴关系协定（RCEP）涉我部的事项，充分发挥中国—东盟、中国—中东欧国家合作、上海合作组织等平台作用，加强与周边国家和中东欧国家的交流合作。深化与俄罗斯在跨境基础设施和国际运输等领域合作。稳步开展与欧美发达国家交通运输务实合作。深化与非洲、拉美国家的互利交流合作。加强高铁、公路、港口等领域技术标准国际合作。积极开展交通国际产能合作，探索海外基础设施投建营一体化，做好行业海外利益保护工作。四是深度参与交通运输全球治理。加强与铁路合作组织、国际海事组织、国际民航组织、万国邮政联盟等事务合作。引导全球海运温室气体减排战略的制定和实施。争取连任国际海事组织A类理事国。加大国际组织人才培养推送力度。

（十）建设更高水平的平安交通

一是贯彻总体国家安全观，做好国家安全涉交通运输工作。提升能源、矿石、粮食等重点物资运输保障能力，强化“保进保出”。推动水上交通运输安全保障体系建设。加强交通安全应急设施建设，提升基础设施“韧性”。强化行业网络安全工作，做好交通运输关键信息基础设施和关键数据资源保护。持续做好货车、出租车、网约车司机群体稳定工作。常态化开展交通运输领域扫黑除恶和乱象治理。二是深化和完善交通运输安全体系。按照“党政同责、一岗双责、齐抓共管、失职追责”的总要求，进一步强化安委会统筹指导下管行业管安全的工作格局，健全完善安全生产责任体系，深化完善安全风险防范化解工作机制，完善协同监管机制。加强反恐防范基础工作。三是提升交通运输安全管理能力。落实全国安全生产专项整治三年行动计划，抓好交通运输领域重点整治工作。开展自然灾害综合风险公路、水路承灾体普查。改造公路危旧桥梁5000座。抓实道路运输企业两类关键人员安全考核。开展危险货物运输、港口危化品装卸储存作业、水上交通、工程建设等领域非法违法行为治理。联合开展常压液体危险货物罐车专项治理。持续推进城市轨道交通运营安全管理体系建设。增强寄递渠道安全监管能力。推进平安百年品质工程建设。四是提高应急处置和重大运输安保能力。完善应急预案及制度体系，常态化组织开展演习演练。健全统一的应急物资运输保障体系。全力做好重大活动、重点时段交通运输安全监管和应急保障，做好极端天气和各类地质灾害预警防范工作。推进现代化海上应急体系和专业救捞体系建设。

（十一）毫不放松抓好常态化疫情防控

一是建立常态化疫情防控工作机制。因时因势调整、细化和完善交通运输防控措施。坚持“人”“物”同防，完善疫情防控的指挥体系、政策体系、预案体系、力量体系、物资保障体系。全力做好新冠病毒疫苗冷链运输保障工作。二是做好外防输入各项工作。公路水运口岸要按照国际客货运“货开客关”总要求，严格执行疫情防控举措。加强入境人员“点对点、一站式”接运。铁路、民航按规定做好相关防控工作。做好道路、航运、民航等领域国际运输一线人员防控工作。指导有序开展船员换班。加大国际冷链运输疫情防控力度。三是做好内防反弹各项工作。按照分区分级防控指南，严格落实交通运输工具及场站通风消毒、人员防护、乘客测温和信息登记等措施。全力做好常态化疫情防控下综合运输春运工作。

（十二）加强党的全面领导和党的建设

一是把党的政治建设摆在首位。增强“四个意识”、坚定“四个自信”、做到“两个维护”，强化政治机关意识教育，扎实推进模范机关建设。全面推进党支部标准化规范化建设。继续开展“建功新时代”主题实践。二是全面推进党风廉政建设。落实“过紧日子”的要求，厉行节约，反对浪费。严格落实中央八项规定及其实施细则精神，进一步强化作风建设。深入开展专项治理，坚决纠治形式主义、官僚主义等突出问题。精准运用监督执纪“四种形态”，严肃执纪问责。深化政治巡视，强化政治监督，实现部党组巡视全覆盖。持续强化审计监督。三是加强队伍建设和机关建设。优化干部队伍结构，加强部机关和部属单位领导班子建设，全面提高干部“七种能力”。健全完善正向激励机制和容错纠错机制，鼓励干部担当作为。深化职称制度改革，实施科技创新人才推进计划。继续办好交通职业技能大赛。推动交通运输新型智库建设。支持大连海事大学建设研究型世界一流海事大学。加快国际一流船级社建设。持续开创离退休干部工作新局面，加强和改进群团、统战、信访等工作，做好机关后勤工作。四是扎实做好庆祝建党100周年相关工作。按照中央有关要求，扎实做好系列庆祝活动。要举全行业之力，支持做好“沿着高速看中国”主题宣传活动。五是提高交通运输软实力。围绕中央决策部署，做好重大主题宣传，加强融媒体云平台建设，推动行业媒体深度融合。落实意识形态工作责任制，加强阵地建设和管理，强化舆情监测引导。弘扬新时代交通精神，积极培树先进典型。开展文明交通绿色出行等主题活动。促进交通文化繁荣发展，讲好新时代交通故事，为加快建设交通强国营造良好氛围。

同志们！新征程已经开启！让我们更加紧密地团结在以习近平同志为核心的党中央周围，不忘初心、牢记使命，齐心协力、开拓进取，加快建设交通强国，确保“十四五”开好局、起好步，以优异成绩迎接建党100周年，为全面建设社会主义现代化国家、实现中华民族伟大复兴的中国梦不懈奋斗！

冯正霖在2021年全国民航工作会议上的讲话

（2021年1月12日）

深入贯彻党的十九届五中全会精神 开启多领域民航强国建设新征程

这次会议的主要任务是：以习近平新时代中国特色社会主义思想为指导，贯彻党的十九大和十九届二中、三中、四中、五中全会以及中央经济工作会议精神，贯彻全国交通运输工作会议精神，准确把握民航发展的新形势新特征新任务，回顾民航“十三五”及2020年工作，统筹谋划民航“十四五”总体工作思路，部署2021年主要工作任务。现在，我代表民航局作工作报告。

一、“十三五”时期民航工作回顾

“十三五”时期是中国民航发展史上很不平凡的五年，面对严峻复杂的国内外形势和风险挑战，全行业在党中央、国务院的坚强领导下，坚持新发展理念，坚持稳中求进工作总基调，坚持“一二三三四”总体工作思路，坚持运用改革思维推进各项工作，取得了显著成绩，胜利完成“十三五”规划确定的主要目标和任务。

——这五年，是中国民航安全纪录最好的五年。五年来，全行业始终遵循习近平总书记对民航安全工作重要批示指示精神，强化政治担当，狠抓责任落实，以对“生命、规章、职责”的高度敬畏，正确处理“四个关系”，扎实抓好“基层、基础、基本功”建设，以“眼睛里不容沙子”的态度，坚持“安全隐患零容忍”，一个航班一个航班盯，一个环节一个环节抓，牢牢守住了航空安全底线。“十三五”期间，运输航空百万小时重大事故率和亿客公里死亡人数均为0；运输航空责任原因严重征候万时率降至0.0065，降幅达16.6%；未发生重大航空地面事故；连续18年确保了空防安全。截至2020年8月25日，全行业实现运输航空安全飞行10周年，在此基础上开始创造新的安全纪录，截至目前持续安全飞行“120+4”个月、8943万小时，安全水平稳居世界前列。

——这五年，是中国民航发展增量最大的五年。五年来，行业新增运输飞机1253架、通用航空器940架，我国民航机队规模达6747架，国产民机在支线机队中的比例达33%。新增航路航线263条，全国航路航线总里程达到23.7万公里，比“十二五”时期增加3.8万公里。基础设施建设总投资4608亿元，特别是2020年，民航基础设施投资突破1000亿元，达到1050亿元。五年来，新建、迁建运输机场43个，全国颁证运输机场增加到241个，新增跑道41条、航站楼588万平方米、机位2300个、航油储备能力5.3万立方米，机场新增设计容量约4亿人次，总容量达14亿人次。2019年，中国民航运输总周转量、旅客运输量、货邮运输量分别比“十二五”末增加441.6亿吨公里、2.2亿人次、123.8万吨，年均增速分别达11.0%、10.7%和4.6%，运输总周转量一年的增量相当于2009年全年的运量。民航旅客周转量在国家综合交通运输体系中占比达33.1%，提高8.9个百分点。旅客运输量连续15年稳居世界第二，从“十二五”末相当于美国的54%，提升至2019年的71%。2020年，在新冠肺炎疫情对全球民航业造成巨大冲击的情况下，由于我国疫情防控措施得力有效，中国民航在全球率先触底反弹，成为全球恢复最快、运行最好的航空市场。2020年四季度运输总周转量、旅客运输量、货邮运输量分别恢复至上年同期的76.3%、84.2%、95.8%，其中国内航线运输恢复至94.5%；全年完成798.5亿吨公里、4.2亿人次、676.6万吨，相当于2019年的61.7%、63.3%、89.8%。

——这五年，是中国民航综合效益持续提升的五年。五年来，全行业坚持新发展理念，聚焦高质量发展，完善宏观调控，2018年，全行业营业收入突破1万亿元，2016至2019年连续保持盈利，实现利润总额2306.4亿元，超出“十二五”时期471.9亿元。2020年受疫情影响，企业效益大幅下滑，2月份单月亏损高达245.9亿元。民航局和相关部门出台“16+8”项“点穴式”的扶持政策为企业纾困，民航企业积极自救，3月以来亏损逐月降低，10月份整体实现盈利20.3亿元。五年来，全行业着力调整发展结构，航空市场出现可喜变化，到2019年，国际旅客运输量增长85.5%，我国民航国际业务量占到总业务量的35.8%；区域枢纽机场发展迅猛，全国千万级机场达到39个；中西部机场旅客吞吐量增长55.7%，快于全国增速7.9个百分点；支线机场旅客吞吐量增长123.7%，快于全国增速76.9个百分点；低成本旅客运输量增长87.6%，占比达9.5%；通用航空业务量年均增长13.7%，通用机场数量超过运输机场。截至2020年末，全行业注册无人机共52.36万架，全年经营性飞行159.4万小时，同比增长36.4%。“蓝天保卫战”成效明显，全行业能源消费和碳排放强度稳步下降。2019年我国机场平均每客能耗0.898千克标煤，每客二氧化碳排放0.553千克，分别较基线下降15.8%和28.81%。运输航空每吨公里油耗和碳排放分别为0.285千克和0.898千克，较基线下降16.2%，在全球主要航空大国中处于领先位置。

——这五年，是中国民航运行服务品质持续提升的五年。五年来，在空域资源紧张、运行环境复杂、极端天气频发的情况下，我们坚持眼睛向内，系统采取严格把控运行总量、科学把握运行标准、持续改进保障能力、强化技术手段支撑等措施，科学编制航季航班计划，规范空中流量管理，缩小管制间隔，在千万级以上机场普及运管委机制、完成机坪管制移交，推进“四强”空管建设，激发空管系统改革活力，航班正常率连续三年超过80%，2020年达88.52%，比“十二五”末提升20个百分点。五年来，民航每年开展服务质量专项行动，航班正常信息通告机制基本建立，不正常航班信息告知的及时性、准确性和一致性得到基本保障；全国233个机场实现了国内航班无纸化便捷出行，千万级机场国内旅客自助值机占比超过7成，旅客排队时间大大减少；空中餐食品种不断丰富、质量稳步提升，机场餐饮基本实现“同城同质同价”；行李运输质量明显改善，RFID行李跟踪系统建设进入“串线成网”阶段；购票环境持续优化，41 家国内航空公司实施客票退改签“阶梯费率”；机上 Wi-Fi 建设加快推进，19 家航空公司的 653 架飞机为近 1000 万旅客提供客舱无线网络服务；旅客投诉渠道畅通，开通 12326 民航服务质量监督电话，国内航空公司投诉响应率达到 100%；安检新模式逐步试行，启用电子临时乘机证明线上平台，15 家千万级机场试点“旅客差异化安检”，过检效率明显提升；优化中转服务，部分机场最短衔接时间压缩至 45 分钟；航空公司在空铁联运方面进行探索，在部分机场航站楼实现“一站购票、一证通关、无缝衔接”；物流信息化加速推进，航空货运电子运单突破 708.4 万票；特色服务明显提升，出台《残疾人航空运输管理办法》，“军人依法优先”通道实现运输机场全覆盖，母婴室建设进一步完善，累计为人体捐献器官开通航空运输绿色通道 5149 次。服务品质得到根本性改善，得到人民群众广泛赞誉，民航在综合运输体系中的比较优势得到进一步发挥。

——这五年，是中国民航科教创新成果不断涌现的五年。五年来，全行业按照“出成果、出人才、出效益”的总体要求，坚持开放包容理念，先后召开全国民航科教创新大会、民航科教创新成果展暨高端对话会，深化局地、局企、局校等全方位合作，组建民航科教创新攻关联盟，推进民航科技创新示范区、民航科教产业园区建设，抓好民航重点实验室、工程技术研究中心、“四型”科研院所和“五大”基地等认定评审工作，形成了产学研用深度融合、多领域开放发展的新时代民航科教创新工作格局。“十三五”期间推荐立项国家重点研发计划项目 7 项，自主知识产权的国产校验设备获得 2019 年国家技术发明一等奖，2 个项目获国家科技进步二等奖。航材共享平台建设取得实质性突破；客票交易系统实现国产化；管线加油车和 5 万升以下加油车实现了国产替代；ADS-B 空管运行进入全面实施阶段；民航客机全球追踪监控系统全面覆盖我国国际和地区航班。实施“民航科技创新人才推进计划”，6 人入选国家“万人计划”，5 人入选科技部“创新人才推进计划”。专业技术人员培养能力不断提升，五年来共培养飞行员 2.8 万人，培养机务、空管、签派人员共 7.4 万人，“十三五”末直属院校在校生规模达 7.8 万人。民航大学成功获批博士学位授予单位，航空医学中心教学科研再上新台阶。民航监察员培训学院设立。民航党校班、中字头管理培训班和发展政策研修班等培训品牌项目在业内影响力进一步扩大。

——这五年，是中国民航行业战略地位和作用持续增强的五年。五年来，民航把服务国家战略作为立足点，围绕京津冀协同发展、长三角一体化发展、粤港澳大湾区建设等国家重大战略，深入推进与世界级城市群发展相适应的世界级机场群协同发展，北京首都、上海浦东、广州白云等机场国际枢纽功能增强，2019 年国际航线旅客量比“十二五”末分别提高 28.5%、37.6% 和 69.7%。围绕“一带一路”倡议，打造西安、郑州、昆明、乌鲁木齐等“空中丝绸之路”核心节点，截至 2020 年，我国已与 128 个国家或地区签署了双边航空运输协定，其中“一带一路”沿线国家 100 个，与 64 个国家保持定期客货运通航。围绕西部大开发、东北振兴、中部地区加快崛起、长江经济带发展、海南自贸港建设、新型城镇化发展战略，增强沈阳、杭州、武汉、长沙等机场的区域性枢纽功能，支持中西部和支线机场建设，推进基本航空服务试点，航空服务覆盖全国 92% 的地级行政单元、88% 的人口、93% 的经济总量，同比提高 4.8 个、3.6 个、2.4 个百分点。五年来，中国民航适航审定体系不断完善，有力地支持了国产民机发展，C919 大型客机进入审定试飞阶段，ARJ21 支线客机进入规模化运行阶段，截至目前安全载客 167 万人次。北斗国家战略民航应用不断落地，北斗三号全部 189 项性能指标完成国际民航组织专家技术验证。五年来，军民航融合发展达到新深度，空域精细化管理和低空空域综合管理改革试点成效明显，机场军民航融合发展不断推进。五年来，各地共安排上百个民航大中型项目，规划了近百个航空经济区，其中国家级临空经济示范区17个，民航业越来越成为各级政府调整产业结构、转变发展方式的重要抓手，与区域经济社会发展的融合度越来越高。

——这五年，是中国民航全面从严治党持续深化的五年。五年来，全行业深入贯彻落实习近平新时代中国特色社会主义思想和党的十九大和十九届二中、三中、四中、五中全会精神，把党的政治建设摆在首位，认真开展“两学一做”学习教育，深入开展“不忘初心、牢记使命”主题教育，树牢“四个意识”、坚定“四个自信”、做到“两个维护”。坚持好干部标准，建设忠诚干净担当的高素质干部队伍，2016年以来局党组干部选拔任用工作“一报告两评议”总体评价满意度平均为95.4%。加强基层党组织建设和党员队伍建设，党建基层基础得到夯实；推动“两个责任”层层落实，开展派驻纪检组试点，严肃查处郑孝雍、史博利、罗智峰、李宗冀等违纪违法案件，给予488人党纪政纪处分，反腐败斗争压倒性胜利得到巩固发展。持之以恒纠“四风”、转作风，认真抓好中央巡视反馈意见整改，扎好制度笼子，充分发挥审计监督“防火墙”作用，开展直属单位经济管理风险评级，完善内部控制机制，政治生态更加清朗。大力弘扬和践行“忠诚担当的政治品格、严谨科学的专业精神、团结协作的工作作风、敬业奉献的职业操守”这一当代民航精神，广泛深入开展向“中国民航英雄机组”学习活动，深入开展“敬畏生命、敬畏规章、敬畏职责”宣传教育，以当代民航精神为核心的行业文化价值体系深入人心。深度挖掘和广泛宣传民航先进人物、先进事迹，协助拍摄电影《中国机长》，不断创新新闻发布和舆论引导工作，讲好民航故事，传播民航真情，为民航发展营造良好舆论环境。持续提升民航局政府网站服务水平，“十三五”期间连续荣获中国政务网站领先奖和优秀奖。完成民航行政审批服务平台及移动客户端建设，荣获2020年度中国“互联网＋政务服务”十佳典型案例。加强老年大学建设，精准细心做好离退休干部服务保障工作。广泛开展“安康杯”竞赛、岗位练兵和文明单位、青年文明号创建等活动，五年来，全行业共有19人获得全国五一劳动奖章、8个先进集体获得全国五一劳动奖状、50个集体获得“全国工人先锋号”称号。

——这五年，是中国民航应对风险挑战、完成重大任务不断取得成绩的五年。五年来，我们围绕党和国家工作大局，将政治要求融入工作标准，以专业能力落实政治担当，较好地处理了一系列民航领域关乎国家全局的大事要事。从航空安全技术标准出发，坚持安全隐患零容忍，果断停止波音737MAX8机型的商业运行，消除了发生航空安全事故的最大隐患。按照符合国际惯例的航空安全保障要求，及时对香港国泰航空发出重大安全风险警示并采取有力措施，有效防控涉及内地的输入性安全风险，精准敲打港独势力。在国际民航组织第39、40届大会上，我国高票连任一类理事国，妥善处理了涉台问题，干净利落地阻击了台湾当局试图在不承认“九二共识”的政治基础上从多边国际组织场合打开国际空间的图谋；妥善处理了涉南海问题，维护了国家利益；提出了中国民航改进国际标准和全球民航治理的方案，提升了中国民航的影响力，展现了日益强盛的大国形象和国家实力。五年来，我们以打造国家发展新的动力源为己任，举全行业之力推进北京大兴国际机场建设运营筹备工作，既坚决保证工程进度，又严格把握建设标准和质量，实现“精品、样板、平安、廉洁”四个工程要求，成为“平安、智慧、绿色、人文”机场标杆，习近平总书记在出席大兴机场投运仪式时，对大兴机场的建设给予了充分肯定，称赞建设者向党和人民交上了一份满意的答卷，并明确要求“不仅要建设好，也要运营管理好大兴机场”。我们认真贯彻习总书记的指示要求，2020 年 9 月，北京大兴国际机场旅客吞吐量突破 1000 万人次，全年完成 1609 万人次，同时凭借其蕴含的设计之美、文化之美、人文之美、科技之美，成为人民群众的“网红打卡地”。五年来，我们广泛动员行业力量，坚决打赢脱贫攻坚战，对口支援赣州南康区、定点扶贫新疆于田和策勒县均已实现脱贫摘帽。五年来，我们团结协作，不辱使命，零差错、零失误地完成了党和国家领导人一系列专包机工作任务；圆满完成“两会”、“一带一路”国际合作高峰论坛、南海岛礁校验试飞、70 周年阅兵保障、抢险救灾、海外撤侨等一系列重大紧急航空运输保障任务，有力保障了党和国家工作大局。

2020 年初以来，面对突如其来的新冠肺炎疫情，全行业闻令而动、逆行出征，第一时间启动突发公共卫生事件应急响应，按照“认真、科学、冷静”的原则，明确了“保安全运行、保应急运输、保风险可控、保精细施策”的防控工作要求，准确把握疫情形势变化，科学决策、创造性应对，因时因势精准施策，统筹推进疫情防控和安全发展。先后 4 次发布客票免费退改政策，引导人员减少流动；全力保障重大紧急运输“空中生命线”的畅通，承担了全部援鄂医护人员中 79.7% 的赴鄂以及 92.7% 的撤离返程运输任务；先后 6 次发布疫情防控技术指南，严防疫情通过航空运输渠道传播扩散；在首都机场设立国际航班保障专区，采取第一入境点方式分流首都机场国际客运航班，动态实施“五个一”“一国一策”“航班熔断与奖励”等措施，织密航空口岸联防联控网络，最大限度遏制了境外疫情输入性风险；支持国内航线航班有序恢复，保障复产复工运输；采取“客改货”等措施，快速提升国际航空货运能力，支持我国国际供应链保通保运保供；积极参与国际民航组织疫情防控和恢复运行多边合作，为全球民航携手做好疫情防控和行业恢复发展贡献力量。在疫情大考中，中国民航经受了严峻考验，向党和人民交上了一份合格答卷。在 2020 年全国抗击新冠肺炎疫情表彰大会上，全行业有 11 人荣获“全国抗击新冠肺炎疫情先进个人”称号，17 个集体荣获“全国抗击新冠肺炎疫情先进集体”称号，1 人荣获“全国优秀共产党员”称号，9 个党组织荣获“全国先进基层党组织”称号。

回顾民航“十三五”时期的发展历程，可以清晰地看到，我国民航市场空间越发广阔，航空公司竞争力不断增强，机场网络布局日趋合理，空管服务能力稳步提升，安全安保水平世界领先，技术保障水平显著进步，通用航空产业化发展蓄势待发，参与国际民航合作和交流程度愈加深入，民航自主创新发展体系初步形成。这充分显示出民航强国八个基本特征中涉及航空运输的基本特征逐渐强化。这标志着，自 2005 年我国民航运输规模世界排名第二以来，经过 15 年的接续奋斗，我国已经基本实现了从航空运输大国向单一航空运输强国的“转段进阶”。

同志们，“十三五”民航工作成绩来之不易。这些成绩的取得，靠的是习近平新时代中国特色社会主义思想的科学指引，靠的是党中央、国务院的正确决策部署，靠的是有关部门和各省区市的大力支持，靠的是国家经济社会发展转型升级创造的雄厚基础和旺盛需求，靠的是广大人民群众的支持和理解，靠的是全体民航人的不懈奋斗。在此，我代表民航局党组向长期关心支持民航发展的各级领导、有关部门、社会各界表示衷心的感谢！向全行业广大干部职工和离退休老同志致以崇高的敬意和衷心的感谢！

五年来民航发展历程给予我们深刻启示：

——坚持加强党的领导是“十三五”民航稳中有进的根本保证。我们在习近平新时代中国特色社会主义思想的指引下，牢固树立“四个意识”、坚定“四个自信”、坚决做到“两个维护”，深入贯彻落实习近平总书记对民航工作系列重要批示指示精神，将其作为行业发展决策的根本遵循，作为实施行业管理、制定各项制度最重要最基本的要求。实践充分证明，坚持党对民航工作的全面领导，为我们克服困难险阻、抵御风险挑战提供了坚强的政治保证，有以习近平同志为核心的党中央领航定向，中国民航事业一定能不惧风浪、行稳致远。

——坚持总体工作思路牵引是“十三五”民航稳中有进的举力之纲。我们准确把握“十三五”时期民航发展阶段性特征，形成了“一二三三四”的总体工作思路。这一总体工作思路凸显了行业发展的价值追求，突出了行业发展的主要领域，强调了行业发展的重要原则，抓住了行业发展的主要内涵，瞄准了行业发展的短板弱项，明确了“十三五”时期民航工作的总导向，确保了这一时期民航工作始终扭住主要矛盾，坚守底线、突出重点、定向作业、持续发力，既抓资源要素的增量投入，又抓资源要素的高效配置，使中国民航业的发展始终走在守正创新、稳中求进的轨道上。实践充分证明，只有不断深化对民航发展特点规律的认识，根据行业发展不同阶段的要求，适时提出正确的工作思路和政策导向，中国民航事业才能行之有方、操之有度、持之有恒。

——坚持深化改革是“十三五”民航稳中有进的关键一招。我们根据“一二三三四”总体工作思路制定出台《关于进一步深化民航改革工作的意见》，将总体工作思路具体地而不是抽象地、实际地而不是形式化地转化为10个方面、40项改革任务、158项改革举措，形成了“1+10+N”深化民航改革工作总体框架，完成了1468项具体改革任务，进一步提升了民航治理体系和治理能力现代化水平，为民航实现“十三五”时期发展目标注入了强大动力。实践充分证明，深化改革是确保总体工作思路落地落实的有效载体，是实现发展战略目标的途径手段。只有进一步深化改革，才能不断破除束缚民航发展的体制机制障碍，不断激发和释放民航发展活力。

——坚持全面依法行政是“十三五”民航稳中有进的重要支撑。我们深入推进民航法治工作，明确了大部制下民航法制建设程序，健全权力运行决策机制，全面推进政务公开，坚持规章标准制定与时俱进、规章标准执行令行禁止，进一步完善了以1部《中华人民共和国民航法》为核心，26部行政法规和法规性文件、108部行业规章、36项国家标准、246项行业标准、64项团体标准为主体的法规标准体系，对保障航空安全、促进行业发展、提升服务品质起到了至关重要的作用。实践充分证明，只有把全面依法行政摆在更加突出的位置，在法治的轨道上推进民航改革发展，才能从制度上保证中国民航安全发展、科学发展。

——坚持构建以当代民航精神为核心的中国民航文化价值体系，是“十三五”民航稳中有进的强大精神动力。我们以社会主义核心价值观为引领，以弘扬和践行当代民航精神为核心，完善行业精神文明建设体系，把文化建设与队伍建设紧密结合，让当代民航精神成为全体民航人共同的价值追求和行为准则。弘扬“两航起义”中的爱国主义精神和中国民航英雄机组精神，激励民航人在平凡岗位上创造不平凡的业绩。深入开展“敬畏生命、敬畏规章、敬畏职责”宣传教育活动，强化民航队伍作风建设。实践充分证明，只有将以当代民航精神为核心的民航文化融入血液，以“三个敬畏”塑造高素质民航队伍，才能肩负起建设民航强国的光荣使命。

成绩令人振奋，但我们也要清醒地看到：行

业发展需求与资源保障能力之间的矛盾依然突出；“三基”建设、作风建设基础不牢，防范和化解重大安全风险的挑战依然严峻；面对疫情冲击，突发公共卫生事件应急预案有待完善，民航企业抗风险能力还有待提升，在全球疫情尚未得到有效控制的情况下，我国民航行业恢复发展面临诸多不确定因素；行业发展区域性、领域性不平衡不充分问题仍然比较突出，服务构建新发展格局还存在明显短板，满足人民群众日益多样化的航空需求还存在差距；面对新一轮技术革命和产业变革，行业应对系统性不够，科技创新支撑能力不足；行业管理的体制机制尚未完全理顺，深化改革还需加大力度推进；违反中央八项规定精神的现象仍不同程度存在，全面从严治党还需持续深化。我们必须认真学习贯彻习近平总书记对民航工作的系列批示指示精神，立足新发展阶段，贯彻新发展理念，构建新发展格局，坚持稳中求进，全面深化改革，在化解矛盾中推进民航治理体系和治理能力现代化，在解决问题中推进民航高质量发展。

二、“十四五”时期民航发展形势和总体工作思路

“十四五”时期，是我国全面建成小康社会、实现第一个百年奋斗目标之后，乘势而上开启全面建设社会主义现代化国家新征程、向第二个百年奋斗目标进军的第一个五年。伴随着这一伟大历史进程，民航业在国家经济社会发展中的战略作用必将更加凸显。同时，受国际国内环境的影响，我国民航也势必发生深刻变化。

——“十四五”时期，我国民航将进入发展阶段转换期。经过长期的发展积累，我国具有全球最完整、规模最大的工业体系。尽管当前经济全球化遭遇逆流，特别是受疫情影响，全球产业链供应链面临冲击，但经济全球化的大趋势没有变，我国在全球产业分工体系中仍然具有比较优势。面对世界经济格局的深刻调整，党中央审时度势、沉着应对，一方面坚持全面对外开放，相继与26个国家和地区签署19个自贸协定，国内设立21个自贸试验区；推动RCEP正式签署，世界上人口数量最多的自贸区建设启动；如期完成中欧投资协定谈判，将为中欧企业带来更多投资机会，利好中欧贸易往来。另一方面，坚持扩大内需战略基点，依托包括4亿多中等收入群体在内的14亿人口所形成的超大规模内需市场，着力构建以国内大循环为主体、国内国际双循环相互促进的新发展格局。我们坚信，我国发展仍然处于战略机遇期，将给民航带来更加广阔的市场空间。在运输航空领域，经过稳健恢复，“十四五”末民航运输规模将再上一个新台阶，接近甚至有可能超过美国成为全球第一；在通用航空领域，随着低空空域改革不断深入，通用航空市场需求将进一步激活。同时，随着“四型机场”“四强空管”建设不断推进，航空器维修、地面保障以及航油、航信、航材等专业领域服务保障能力持续提升，都将促进我国从单一的航空运输强国跨入多领域民航强国建设的新阶段。

——“十四五”时期，我国民航将进入发展质量提升期。高质量发展是时代的主题，也是我国民航发展到一定阶段的内在要求和必然选择。民航高质量发展，是安全底线牢的发展，“十四五”期间，随着飞行量的进一步增长，如果安全水平不能实现质的飞跃，安全风险的绝对值会越来越大，必须加强系统安全管理，才能牢牢守住安全底线，不断创造新的安全纪录；是运行效率高的发展，“十四五”期间，运输规模持续增长与资源保障能力不足的矛盾仍将是行业面临的主要矛盾，必须大幅提高运行效率，才能满足增长的需求；是服务品质好的发展，“十四五”期间，人民群众航空服务需求将更趋多样化、个性化，必须在更高的起点上，以更高的标准，提供更加符合

旅客需求的服务产品，做到服务产品多样、服务价格合理、服务流程便利、旅客体验美好，民航服务品牌始终成为“中国服务”的标杆；是经济效益佳的发展，“十四五”期间，整体运力与运量动态调整的矛盾始终存在，对行业的收益水平和盈利水平都会形成长期影响，民航企业必须苦练内功，努力改善经营管理，创新经营机制，加强成本控制，保持与需求相匹配的机队发展规模，提高抗风险能力，争创世界一流企业；是发展后劲足的发展，“十四五”期间，进一步深化改革将为民航发展注入新的内生动力，智慧民航建设将使科技创新的动力作用更加强劲，民航旅客结构将发生较大变化，新市场新需求将为行业发展带来新动力。据国际航协预测，到 2024 年国际航空运输量才能恢复到疫情以前的水平，在这期间，我们要以国内市场为战略支点，持续增强自身实力，为提升全球航空市场竞争能力练好内功。

——“十四五”时期，我国民航将进入发展格局拓展期。预计未来 5 年我国累计商品进出口额将超过 27 万亿美元，需要我们提升国际航空物流能力，推动形成我国更强创新力、更高附加值、更安全可靠的产业链供应链。受疫情影响，全球航空市场结构将深刻改变，要求我们立足国内市场这一战略基点，进一步发展支线航空，激活二三线城市航空出行潜在需求，积极探索开创航空运输新模式、新路径，扩大国内循环规模，提升国内循环效率，提高国内循环质量。“十四五”时期是国产飞机、国产卫星导航系统、国产服务保障设施设备市场导入的重要窗口期，需要我们加大支持力度，打造我国完整的航空产业链。在外部环境和自身需求的共同作用下，产业协调发展将成为“十四五”时期民航发展的一个显著特征，要求我们在协同运行上加强行业内部的融合，在服务模式上加强民航与其他交通方式的融合，在战略作用上加强民航与地方经济社会发展的融合，民航发展将面向更多的新领域，拓展更大的新空间。

总体上讲，“十四五”民航发展机遇与挑战并存。抓住难得的战略机遇，有效应对前所未有的严峻挑战，要求我们运用系统观念这个基础性的思想和工作方法，坚持继承和创新相结合，根据行业发展规律和“十四五”时期民航发展阶段性特征，适时调整“十三五”时期“一二三三四”总体工作思路，确定“十四五”时期民航总体工作思路，即：践行一个理念、推动两翼齐飞、坚守三条底线、构建完善三个体系、开拓四个新局面。

这其中，践行一个理念就是践行“发展为了人民”的理念，这是做好民航工作的根本出发点；推动两翼齐飞就是推动公共运输航空和通用航空“两翼齐飞”，这是民航协调发展、均衡发展的必然要求，“十四五”期间将继续大力推动运输航空优化结构、提质增效，推动通用航空真正飞起来、热起来。坚守三条底线：一是坚守飞行安全底线，这关系到人民群众的生命财产安全，是民航的头等大事；二是坚守廉政安全底线，这关系到党员干部的政治生命，是确保民航各项工作顺利开展的政治保障；三是坚守真情服务底线，这是民航作为服务行业的本质要求，是全心全意为人民服务宗旨的根本体现。三条底线是做好民航工作的基本要求。

“一个理念、两翼齐飞、三条底线”是我国民航发展的基本原则，必须始终牢牢坚持，不能动摇。

构建完善三个体系是“打造三张网络”的升级版，一是构建完善功能健全的现代化国家机场体系，就是要更加注重每个机场的功能和作用，更加注重机场间的协同效应，更加注重以机场为核心的航空服务覆盖范围，构建包括四个世界级机场群、数十个区域性枢纽机场以及数百个干支机场和通用机场组成的综合机场体系。二是构建完善系统布局、效率运行的航空运输网络体系，就是要更加注重航线的通达性，更加注重航线之间的衔接度，更加注重航线运行效率，进一步织密加厚国内国际航线网络，大力提升我国民航在国际民航市场中的核心竞争力，激活支线航空运输、增强国内航空市场活力。特别是要打造适应需求的国际航空物流网，助力国家产业链供应链稳定，服务构建以国内大循环为主体、国内国际双循环相互促进的新发展格局。三是构建完善安全高效的生产运行保障体系，就是要更加注重运行链条的完整性和系统性，更加注重保障体系的安全性和可靠性，更加注重生产运行的高效性和经济性，在运行监控信息网的基础上，将工作重点拓展到空管、机场运行、空防安保、适航维修、航油、航信和航材等专业领域，延伸到民航安全运行保障体系的全链条、全过程。总体上讲，这一调整是着眼于推动民航发展形态从解决“有没有”的问题向“好不好”“强不强”转变。

开拓四个新局面：一是民航产业协同发展有新格局，就是要进一步深化对民航战略产业地位的认识，更加科学地引导、统筹全国民航产业总体布局，更好地提升民航产业的战略承载能力，更好地提升民航产业的开放性和包容性，推动民航业与上下游产业深度融合，推动民航与其他交通方式深度融合，推动民航与地方经济社会发展深度融合。二是智慧民航建设有新突破，就是要实施以智慧民航建设为牵引的发展战略，把推进智慧民航建设贯穿到行业发展的全过程和各领域，以智慧民航建设构建新的竞争优势，使智慧民航建设成为驱动行业创新发展的主要动力。三是资源保障能力有新提升，就是要千方百计提升资源保障能力，确保资源保障能力与行业发展需求相适应、相匹配。既要抓好空域、航权、基础设施、资金等资源要素的增量投入，也要通过制度创新、管理创新、模式创新，提升各类资源要素的配置和使用效率。充分发挥市场在资源配置中的决定性作用，更好发挥政府作用。尤其要重视人力资源建设，着力加强科技创新人才、专业技能人才和国际化人才建设。四是行业治理体系和治理能力有新成效，就是要瞄准行业治理体系和治理能力不适应民航高质量发展的问题和矛盾，着力破除制约行业发展的体制机制性障碍，形成更加具有适应性、引领性和前瞻性的行业治理体系和治理能力。这一调整主要是着眼于深化对民航战略作用、发展路径、能力手段、治理效能的认识，进一步明确“十四五”民航改革发展的主攻方向。

三、2021 年民航工作总体要求和主要任务

2021 年是建党 100 周年，也是“十四五”开局之年，是我国现代化建设进程中具有特殊重要性的一年。民航总体处于恢复增长期，稳的态势没有变，进的基础趋于牢固，但变的因素明显增多。做好 2021 年民航工作，要增强机遇意识和风险意识，紧紧抓住有利条件、有效应对风险挑战，确保“十四五”开好局、起好步。

2021 年民航工作的总体要求是：以习近平新时代中国特色社会主义思想为指导，深入贯彻党的十九大和十九届二中、三中、四中、五中全会精神以及中央经济工作会议精神，坚持新发展理念，坚持稳中求进工作总基调，以推动高质量发展为主题，以深化供给侧结构性改革为主线，以民航强国战略目标为引领，全面落实“十四五”时期“一二三三四”民航总体工作思路，统筹抓好常态化疫情防控和行业安全发展改革工作，在构建新发展格局中，牢牢把握扩大内需这个战略基点，着力推进智慧民航建设，着力创造民航安全飞行新纪录，着力提升运行效率，着力提升服务品质，着力持续打造良好政治生态，确保“十四五”开好局起好步，以优异的工作成绩迎接建党 100 周年。

当前，新冠肺炎疫情仍是影响行业恢复发展的最大不确定性因素。境外疫情形势严峻复杂，国内多地出现散发病例和局部聚集性疫情，冬春

季疫情防控任务十分艰巨。民航处在疫情防控前沿阵地，任务更加繁重，全行业要清醒认识疫情形势的复杂性、严峻性。始终绷紧疫情防控这根弦，以更高的政治站位、大局意识，严格落实党中央、国务院联防联控机制各项部署要求，严格执行民航疫情防控各项政策，慎终如始，坚决杜绝麻痹思想、厌战情绪、侥幸心理、松劲心态，切实把疫情防控各项工作抓实抓细，坚决守住来之不易的防疫成果。科学动态调整防控策略，按照“认真、科学、冷静”原则，因时因势调整完善民航疫情防控措施和运输政策，持续排查防控漏洞，不断强化薄弱环节，确保“外防输入、内防反弹、人物同防”各项工作落实到位。健全应对突发公共卫生事件组织体系，抓紧补齐疫情防控法律法规短板弱项，完善突发公共卫生事件应急预案，健全应急物资保障体系，加强航空医学中心建设，全面提升民航应对突发公共卫生事件能力。

2021 年，全行业要在毫不放松抓好常态化疫情防控的同时，统筹安全与发展，努力办好自己的事，重点完成以下任务：

（一）加强系统安全管理，不断刷新安全飞行纪录

2021 年，民航安全工作主要目标是：杜绝重特大运输航空责任事故，杜绝劫机、炸机等机上恐怖事件，防止空防安全严重责任事故，防止重大航空地面事故和特大航空维修事故。实现这一目标，必须运用系统观念，以成绩归零心态，以监管模式转型带动安全管理再上新台阶，以新技术赋能提升风险防范化解能力，以深化作风建设推进专业人才队伍建设，筑牢安全底线。

加快推进监管模式转型。加强盯组织盯系统“双盯”监管的科学标准、要素体系研究，强化理论和技术支撑。将“双盯”融入法定自查，建立法定自查中的“双盯”工作机制。探索智慧监管，推进 SES 系统建设，创新和推广非现场监管。优化监管事项库。探索专业相近监察员跨专业执法，推广精准监管示范做法，开展差异化监管试点。建立监管审计制度和监管自查制度。落实“加压、减负、撑腰、充电”要求，优化基层监管机构设置，加强基层监察员资质能力建设，建设世界一流监察员学院，抓好高级监察员的培养使用和激励。

提高风险防范化解能力。持续推进落实习近平总书记关于民航安全工作重要批示精神，确保民航安全运行平稳可控的 9 个方面 26 条措施落到实处。跟进全国安全生产专项整治三年行动部署，推进民航安全专项整治工作。持续完善风险防控和隐患排查双重防控机制。关注机组、安检等人员较长时间战斗在疫情防控一线的心理健康问题、航空企业效益下滑带来的不利影响。加强安全风险产生机理研究、安全态势感知新方法研究，加强安全风险态势分析预判。加强对中小机场、国产民机运行等各类风险管控。开展机坪保障专项评估和机坪设备专项治理，加强民航建设工程施工安全监督管理。全面推广 ATC 防护等技防工具，全面监控运行偏差事件。开展高风险通航运行种类隐患排查。完善民航网络安全治理和综合防控，加强行业关键信息基础设施安全保护。强化民航公安使命担当，提升民航反恐能力，推进平安民航建设。完善事故调查管理机制，提升安全调查实战水平。

不断把作风建设引向深入。持续开展“三个敬畏”宣传教育并研究建立长效机制。规范重点岗位人员作风管理，研究建立作风建设量化评估机制。持续强化“三基”建设，深化班组建设，大力弘扬劳模精神、劳动精神、工匠精神。健全安全生产责任体系，落实“三管三必须”和“党政同责、一岗双责、齐抓共管、失职追责”要求，以严格落实领导责任，带动落实企业安全生产主体责任、员工岗位责任。正确处理好安全信息共享与信息内控关系，加强安全信息、安全事件闭环管理，推动

安全信息管理向制度化规范化转变。

（二）统筹优化资源配置，积极推进行业恢复发展

构建新发展格局是2021年国家经济工作重中之重。民航要服务构建新发展格局，加快推进行业恢复发展，实现高水平自立自强。我们既要立足长远，持续优化行业资源要素布局，推进行业更加协调均衡发展；又要抓好当前，在疫情防控常态化背景下，以扩大内需为战略基点，把握好政策的时度效，深挖市场潜力、激发市场活力，力争完成运输总周转量1062亿吨公里，恢复至疫情前80%以上；旅客运输量5.9亿人次，恢复至疫情前90%左右水平；货邮运输量753万吨，与疫情前基本持平；努力实现航空企业减亏增盈。

充分发挥规划引领作用。贯彻落实党中央关于制定“十四五”规划和2035年远景目标建议精神，高质量编制民航“十四五”规划，努力在更高层面、更高水平、更宽领域充分发挥民航战略产业作用。细化分解民航“十四五”规划目标任务，建立年度实施计划制度，强化投资、财政、航权时刻等政策与规划实施的协调配合，提升规划实施效能。抓紧推进京津冀、长三角、粤港澳大湾区等民航协同发展战略规划实施，大力支持国内自贸试验区、自贸港建设，加快推进支持海南民航业发展等实施意见落地。

持续推进民航高水平对外开放。坚持高水平航权开放政策，与相关国家商谈建立常态化疫情防控阶段过渡性航权安排。动态调整国际客运航班政策，在严格落实疫情防控“外防输入”措施的基础上，推进国际客运航班有序恢复；灵活把握货运航权开放政策，促进国际航空货运能力有效提升。推动海南开放第七航权试点落地。落实好RCEP民航领域相关工作。完善高效规范、公开公平的中外航空公司航班时刻分配体系和制度，完善对外航的监管和服务制度，以更完善的营商环境为外国航空公司和外资民航企业来华经营创造便利。利用国际航空运输低位运营的特殊时期，苦练内功、补齐短板，进一步在全球枢纽博弈中积累竞争优势。积极参与全球民航治理，夯实“一带一路”民航合作平台基础，推动中美、中欧民航合作平台转型升级，创新疫情期间民航国际合作的新方式、新路径。深化适航国际合作，更好服务国产航空产品走出去。逐步放开港澳航线航班政策，保障两岸航空运输正常开展。

加大基础设施补短板力度。抓紧实施民用运输机场建设规划，固定资产投资力争突破1100亿。深入推进北京“双枢纽”建设，着力打造北京大兴国际机场“新国门”，推动北京首都国际机场“再造国门”。大力推进重点项目建设，确保成都天府机场、青岛胶东机场顺利投运，加快推进广州、深圳、西安、乌鲁木齐等机场改扩建和呼和浩特新机场建设，开工建设长沙、福州、重庆等机场改扩建工程，协调推进厦门新、济南、昆明、太原等机场改扩建项目前期进度，加快西藏机场项目实施及空管能力提升，力争2021年底颁证运输机场达247个。积极推进民航新型基础设施建设，开展典型场景试点示范。深入推进“四型机场”建设，强化示范项目带动效应，推广品质工程攻关行动试点和智能建造试点经验。积极推进军方闲置机场向民用或军民合用转化。强化直属单位项目建设监督管理。

加强行业宏观调控力度。围绕促进行业恢复发展，实施更加积极有力、灵活宽松的宏观调控政策。完善“控总量、调结构”政策措施，实施以“容流匹配”为核心、以“容需平衡”为目标的差异化航班量调控政策，实现不同区域保障能力与发展速度、发展需求相平衡。建立全国航班时刻监管系统，加强滥用时刻监管惩戒，开展航班时刻资源市场化配置改革试点。坚持政府“过紧日子”的同时，实施更加积极有为、提质增效的民航财政政策。加

强财政资源统筹，优化民航发展基金支出结构，增强对落实国家重大战略和民航改革发展任务的财力保障，加大对安全新技术应用、专业人才培养等领域支持力度。协调推进疫情防控相关补助补贴、税费减降免、贷款贴息、采购便利化等民航专项政策落地实施；完善支线航空补贴政策，落实好新修订的中小机场补贴办法，探索多种途径推进基本航空服务计划；协调完善维修用航材进口税收政策，扩大免税范围，延长免税期限，减轻企业负担。运价的恶性竞争也是民航发展不充分不平衡的突出表现，要进一步加大民航价格监管力度，切实维护公平竞争的航空运输市场秩序。

促进航空产业协调发展。积极促进航空货运发展，全面推进航空物流综合保障能力提升试点工作，加快航空物流信息化建设。持续深化通用航空“放管服”改革，鼓励推广“天地人和”的湖南通航发展模式，通过搭建通航产业省级服务平台，使通用航空真正实现“享飞就飞”。适应航空工业发展需求，改革适航审定政策，提高适航审定能力，积极应对航空制造业“卡脖子”风险。做好重点型号适航审定，持续开展C919、ARJ21评审，完善ARJ21运行支持政策。探索基于运行风险的无人机适航审定新路径，完善无人机空中交通管理规范，推进无人驾驶航空试验区建设。

建立扶贫工作长效机制。按照党中央部署，坚持“四个不摘”，进一步动员行业力量，着力在“产业扶贫促就业、消费扶贫增收入、扶智扶贫强后劲、长效扶贫有机制”四个方面下功夫，继续推进定点扶贫“六大工程”，持续帮助于田、策勒两县建立长效脱贫机制，巩固脱贫成果。

（三）深入推进协调联动，着力提升协同运行效率

增强运行保障能力。积极主动做好国家空管体制改革涉民航工作。以“四强空管”建设为牵引，充分发挥空管“三中心”功能，加快推进现代化空管体系建设。加快推进“10+3”空中大通道建设，推动京广大通道全线贯通，进一步优化华北地区临时航线。深入开展点融合系统（PMS）、RNP AR独立平行进近等运行新理念新技术应用，组织开展四维航迹（TBO）双机飞行验证，推广航空器尾流重新分类试验运行。做好全国空管流量管理系统试运行，完善流量管理运行规则和程序。加强民航通信网运行管理，完善ADS-B运行服务。深化管制气象融合，提升复杂天气精准预报能力。加快航空情报管理系统投产应用，加快地空数据链台站建设。加强与周边国家地区在管制运行、新技术应用等领域协作，加快推进全球空间天气中心建设。全面提升飞行校验服务保障能力与效率。积极推广低空协同管理“四川模式”、全域低空开放“湖南模式”，推进低空飞行服务保障体系三级联网运行。

提升协同运行水平。持续加强机场运管委建设，以机场群智慧化协同运行为切入点，推动协同运行向更大范围、更深层次发展。在粤港澳大湾区探索开展区域级多场运管委协同运行模式试点，提升区域整体运行品质。总结提炼机场协同决策运行经验，研究制定A-CDM技术标准。进一步推进时刻、航权和预先飞行计划数据“三网融合”建设，实现融合平台与有关单位业务系统直接数据交互，具备“一网通办”保障能力。探索军民联合运行新模式。依托民航运行数据中心、空管全国流量管理系统、机场A-CDM系统等建设成果，不断深化运管委协同机制，逐步构建民航行业协同运行平台，加快实现行业全景运行态势监控。

推动运行数字化转型。按照“共商、共建、共享”原则，以运行数字化转型为突破点，推动运行数据资源共享工作重心从汇集共享向融合应用转变。加强运行数据资源统筹管理与利用，更好地

服务政策制定、服务行业监管、服务日常运行。持续深化民航运行数据治理，健全数据资源管理制度，完善数据标准规范，推动运行数据与政务数据互联互通，探索构建民航业数据资源融合应用生态体系。适度前瞻扩容数据资源基础设施，搭建民航智慧运行数字化环境。2021 年，在实现运行数据共享覆盖所有千万级以上机场的基础上，力争将中小机场全部纳入共享范围。

（四）持续提升服务品质，着力厚植行业比较优势

以航班正常工作为牵引，持续改善民航服务质量，努力打造让人民群众满意的、以真情服务为内核的中国民航服务品牌。

完善航班正常管理机制。进一步优化航班正常考核指标，改进航班正常统计，持续完善以航班正常考核为核心的政府监管体系，促进航空公司运行、机场保障、空管运行等管理体系全面提升。研究推动各地区基本考核指标统一，探索开展区域考核协同。加大航班延误治理力度，提升大面积延误处置工作水平。2021 年，国内客运航空公司航班正常率稳定在 80% 以上，全国千万级以上机场平均放行正常率和始发航班正常率力争达到 85%。

持续提升民航服务质量。加快推进全民航 RFID 行李全流程跟踪系统建设，进一步拓展全流程跟踪覆盖范围。推进中转便利化工作规范化、标准化，提升行李直挂、通程航班业务普及率。提升安检效能，在千万级机场实现差异化安检。进一步提升机上餐食服务水平，建立机上餐食质量评价机制。推进航空器客舱无线网络服务，让更多乘客能够利用自备移动通信终端享受到高品质、多元化、有特色的空中网络服务。切实解决老年人运用智能技术困难，便利老年人航空出行。推动民航服务质量监督平台建设，优化 12326 投诉管理，完善投诉 App 功能，进一步提升投诉管理能力。

积极拓展航空服务新业态。推动构建“干支通，全网联”的航空运输服务网络，鼓励发展运输新模式，创新民航服务新供给。根据通程航班、短途运输等模式的特点，在航线航班时刻资源配置、价格票务销售结算、资金补贴等方面，构建与之相适应的支持性配套政策，支持拓展航空运输差异化服务。扶持发展通用航空新业态，深化航空医疗救护联合试点和联合审定，支持无人机拓展通航领域应用。重启国家简化手续委员会工作机制，做好 2022 年北京冬奥会航空运输保障筹备。

（五）加大科教创新力度，着力拓展智慧建设领域

把智慧民航建设放到更加突出位置，使之成为民航高质量发展核心动力。

坚持科技创新战略引领。扎实推进《中国新一代智慧民航自主创新联合行动计划纲要》实施，抓紧布局民航领域科技创新 2030 重大项目、国家重点研发计划项目。积极发挥民航科教创新攻关联盟作用，落实部（科技部）局（民航局）协同科技创新协议，继续与国家自然科学基金委员会开展合作，集聚更多战略科技力量，形成民航科技创新攻关合力。抓紧推进民航科技创新示范区、民航科教产业园区建设，加快筹备民航重点领域国家科技创新基地建设。依托重大科技项目、科技工程、科技任务和创新平台，推动民航重点领域项目、基地、人才、资金一体化配置，构建民航科技创新资源配置新格局。

提升科技自主创新能力。鼓励产学研深度融合，协同推进民航领域基础科学与应用研究。开展首台（套）重大技术装备示范应用，有效推进科技创新成果转化。加快推进 5G、大数据、云计算、物联网、人工智能、区块链以及国产卫星在民航领域应用。制定运输机队北斗追踪定位系统加改装方案，完善北斗通用航空飞行动态信息服务平台，积极推动北斗系统通过 ICAO 技术标准验证。探索远程维修等数字化维修管理，加强航材、维

修设施设备国产化。抓紧推进航空公司运行控制系统自主研发。深化智慧空管关键技术研究，开展空地一体综合性研究验证。完善机场领域 BIM 标准体系，提高 BIM 技术应用能力。探索建立自主知识产权的产品技术容错纠错机制，努力将更多国货精品引入民航领域。积极推进北斗系统、高高原运行等国际标准化工作。

培养高素质人才队伍。把握新时代行业发展人才需求，积极营造尊重劳动、尊重知识、尊重人才、尊重创造的良好氛围。健全科技成果与科研立项、职称评审、薪酬分配等挂钩机制，加大对高水平科技创新人才和团队的支持力度，培养打造国家层面的民航科技创新人才队伍。完善民航教育培训体系，支持中国民航大学建设中国特色世界一流民航大学，支持中国民航飞行学院建设世界一流飞行大学，支持中国民航管理干部学院建设世界一流民航中高级管理人才培养基地，支持提升广州、上海民航职院教学能力与水平，支持国家有关航空航天“双一流”大学发展民航教育，着力培养具有鲜明民航特色和文化基因的高素质专业化人才队伍。适应民航国际交往需求，积极完善国际化人才培养体系和锻炼成长机制，加强国际化人才培养储备，着力培养一批具有国际视野、通晓国际规则、擅长国际事务的高素质国际化人才。

（六）持续深化民航改革，着力增强行业发展动力

坚持问题导向与目标导向，实现改革与发展深度融合、高效联动，形成以“十四五”规划为目标任务牵引，以深化改革为实现途径和治理手段，规划与改革“双引擎驱动”的工作格局。

统筹推进民航深化改革。聚焦民航强国建设“转段进阶”关键时期主要矛盾，制定出台“十四五”时期深化民航改革工作意见，全面将“十四五”时期民航总体工作思路转化为具体改革举措。系统梳理安全管理、宏观调控、生产运行、政策法规、科教创新、应急管理、国际合作、行政管理以及文化价值等各领域改革任务，增强各项改革的关联性、系统性。科学制定改革方案，细化改革任务清单，明确责任分工，加强统筹协调，做好政策解读，营造深化改革的良好舆论环境，确保各项改革举措在政策取向上相互配合、在实施过程中相互促进、在改革成效上相得益彰，形成协同推进改革的强大合力。

着力推进重点领域改革。持续推进民航运价及相关领域收费改革，健全民航价格监管机制。强化机场公共基础设施定位，引导机场管理机构由直接经营型向管理型转变。建设基于市场的航空减排机制，完善航空飞行二氧化碳排放监测、报告和核查机制，积极参与国际航空碳减排机制建设。加强行业统计分析工作，建立统计数据质量责任制度。继续推进局属国有企业改革三年行动，持续优化国有资本布局。深化“放管服”改革，继续推动取消、下放一批民航局行政许可事项，全面推开“证照分离”改革，全面推进涉企许可和证明事项告知承诺制，全面落实市场准入负面清单和外资准入负面清单制度，全面落实公平竞争审查制度。加快推进民航系统“智慧化”综合办公平台建设，深化政务信息系统整合共享，进一步提高政务数据汇聚共享应用水平。

持续推进民航法治建设。积极推进《中华人民共和国民航法》修订，加强《中华人民共和国航空法》研究。加快推进《事故调查条例》《无人驾驶航空器飞行管理条例》制修。加强安全、应急、服务、发展等重点规章制修，推进货运领域规章梳理研究。持续推进行政规范性文件合法性审核。推动《北京公约》和《北京议定书》报批审查和批准工作，参与国际民航组织《解决分歧规则》修订。完善行政机构设置职能配置，推进行政机构编制法定化。在行政机关全面推行权责清单制度，全口径梳理民航权责事项。支持协会创造性开展工作。

（七）坚持全面从严治党，着力巩固良好政治生态

坚持“严”的主基调，压紧压实各级党委（党组）全面从严治党主体责任，以党的政治建设为统领，推动全面从严治党向纵深发展，持续打造风清气正的政治生态。

把学习贯彻习近平新时代中国特色社会主义思想引向深入。及时跟进学习习近平总书记最新重要讲话精神，深入学习贯彻习近平总书记关于民航工作重要指示批示精神。教育引导党员干部坚定理想信念，进一步增强“四个意识”、坚定“四个自信”、做到“两个维护”。进一步加强民航局政治机关建设，运用多种形式，组织开展党员干部集中培训、专题培训，深入学习党的十九届五中全会精神。充分发挥好民航局党校“三阵地、一熔炉”作用。组织开展好庆祝建党100周年系列活动。加强党史、新中国史、改革开放史、社会主义发展史教育。持续落实“一个带头”“三个表率”要求，创建让党中央放心、让人民群众满意模范机关。加强民航系统基层党建工作，突出工作规范化标准化，加强考核评估和分类指导，推动基层党组织全面进步全面过硬。

着力抓好领导班子和干部队伍建设。坚持党管干部原则，落实新时期好干部标准，健全党管干部、选贤任能制度。完善推荐考察方式，严把政治关、廉洁关和素质能力关，不断提升干部选拔任用工作水平。统筹做好中组部组织的各项挂职干部选派任务。抓好公务员队伍管理，巩固职务与职级并行制度实施成果。巩固领导干部个人事项报告专项整治成果，做细做实日常监督，严格执行“凡提必核”“凡提必审”等制度，持续加强干部管理监督。认真开展“一报告两评议”工作，落实选人用人责任追究机制。

深入推进党风廉政建设和反腐败斗争。持续抓好中央八项规定精神贯彻落实，持续纠“四风”、转作风。坚决反对形式主义、官僚主义，提高政治判断力、政治领悟力、政治执行力。常态化开展纪律教育和警示教育，严肃查处各类案件，以案明纪、以案促改。聚焦“四个落实”，深化政治巡视，构建巡视监察上下联动监督网。构建科学、动态的直属单位经济管理风险评估机制，建立健全审计问题整改报告机制，切实打通审计整改“最后一公里”。加强专兼职党务纪检干部队伍建设，建立健全人事部门与纪检监察机关间的领导干部受诫勉情况相互通报机制，完善从严监督制度体系。

认真抓好意识形态工作。加强党对意识形态工作的领导，落实意识形态工作责任制，加强各类意识形态阵地管理。加强局属院校思想政治工作，健全完善三全育人机制。大力弘扬践行当代民航精神、英雄机组精神，增强行业的凝聚力战斗力。办好中国民航局政府网站，发挥中国民航报、中国民航网“唱响主旋律、把握主动权、打牢主阵地”作用，扩大行业影响力和社会影响力。进一步健全新闻信息工作机制，营造行业发展良好舆论氛围。充分发挥群团组织作用，加强工会组织建设，深化扩展劳动和技能竞赛，开展“安康杯”竞赛，切实维护好民航干部职工合法权益；抓好共青团和青年工作，完善民航青联工作机制，深化“青春”系列活动、青年文明号等“青”字号品牌创建、岗位体验式交流、志愿服务等，激励团员青年岗位建功。持续开创离退休干部工作新局面。

同志们，“十三五”是民航人铸就辉煌的五年，2020年值得每一个民航人铭记。“十四五”更是民航人开启多领域民航强国建设新征程的五年，2021年需要每一个民航人重整行装再出发。让我们紧密团结在以习近平同志为核心的党中央周围，齐心协力、改革创新，锐意进取，继续撸起袖子加油干，努力开创新业绩，为推进新时代民航强国建设努力奋斗，以优异成绩迎接建党100周年！

刘振芳在2021年国家铁路局工作会议上的讲话

（2020年12月29日）

贯彻新发展理念　构建新发展格局
以铁路高质量发展为“十四五”开好局

这次会议的主要任务是：以习近平新时代中国特色社会主义思想为指导，全面贯彻落实党的十九届五中全会精神和中央经济工作会议精神，总结回顾2020年工作，分析形势任务，部署安排2021年重点工作。

一、2020年工作回顾

2020年是极不平凡的一年。国家铁路局在以习近平同志为核心的党中央坚强领导下，坚持以习近平新时代中国特色社会主义思想为指导，增强“四个意识”、坚定“四个自信”、做到“两个维护”，认真落实统筹疫情防控和经济社会发展各项工作任务，担当尽责，推动铁路行业改革发展，为“十三五”规划圆满收官、全面建成小康社会取得伟大历史性成就作出了积极贡献。

1. 强化政治责任，坚决做到“两个维护”。强化政治机关意识，紧跟习近平总书记重要指示批示精神和党中央国务院决策部署，加强组织领导，强化工作督办，确保各项重点任务落地见效。一是全力投入抗疫斗争，为疫情防控取得重大战略成果作出积极贡献。全局上下把疫情防控作为重大政治责任，听党指挥，闻令而动，迅速响应，加强监督检查，有效防止疫情通过铁路运输传播蔓延；急事急办，协调设立绿色通道，保障疫情防控重点人员和物资运输；抓好内部防控，保持全局系统“零感染”。各地区铁路监管局积极参加属地疫情防控工作，特别是武汉铁路监管局身处疫情中心，积极承担湖北省疫情防控任务，为打赢湖北保卫战、武汉保卫战作出了重要贡献。二是有序推动复工复产，有效服务“六稳”“六保”。针对疫情给铁路行业生产经营造成的严重冲击和影响，深度调研，助企纾困解难，协调畅通铁路场站周边物流“微循环”、开好复工人员专列，指导依法合理调整项目工期，帮助解决建设项目人员、资金、物料运输等困难，保障装备制造物流供应链稳定畅通，有力推动铁路运输、建设、制造企业复工复产。加强协调服务，确保国际通道安全畅通，中欧班列实现逆势大幅增长。对机车车辆驾驶资格考试实施送考上门，适当延长设备许可证有效期，为企业正常生产经营提供有力保障。三是推动川藏铁路高起点高标准高质量建设。深刻认识川藏铁路工程质量安全的重要性、复杂性，成立专门监管机构，配齐监管力量，健全监管机制，制定监管工作方案和突发事件应急预案。召开现场会，开展招标投标、勘察设计、工程施工等监督检查 15 次，完成 5 项基础性课题研究。川藏铁路顺利开工建设，扎实推进。四是铁路沿线环境安全治理取得新突破。坚决落实习近平总书记重要指示批示精神，迅速行动，主动对接各省级政府，协调联动，实施联合执法、协同监管，健全“双段长”制等长效机制，推动 16 个省级政府出台地方性铁路安全法规，协调推动建立部际联席会议机制，铁路沿线环境安全治理规范化法治化局面逐步形成。高速铁路沿线 6 万余处隐患全部销号，普速铁路沿线 14.4 万处隐患 99.9% 已整治销号。全国铁路因环境因素导致的事故同比下降 27.4%，铁路运营安全和人民生命财产安全得到有效保障。五是脱贫攻坚任务取得决定性成果。锁定脱贫摘帽目标任务，制定工作方案，实行周报告、月检查，督办落实。加强对榕江县脱贫工作的调研指导，发挥挂职干部作用，协调争取 1.94 亿元资金建设搬迁安置点等基础设施、支持产业发展，协调新增 410 名护林员指标，协调贵阳铁路技师学校招收 110 名榕江籍学生，榕江县如期脱贫摘帽。推进中西部和贫困地区、革命老区铁路建设发展，补强交通基础设施短板，贫困地区铁路网覆盖通达水平不断提升。协调开好公益性“慢火车”，优化开行途经贫困地区旅客列车，建成154个无轨站，保障贫困地区群众出行和物资运输。各地区铁路监管局按照属地党委部署，积极努力，多方面多渠道帮扶，结对的村镇全部顺利脱贫。

2. 聚焦主责主业，确保铁路安全持续稳定。坚持生命至上、安全第一，坚持底线思维，强化红线管理，把准工作定位，履职尽责，进一步提升安全监管效能。全国铁路未发生重大及以上铁路交通事故。事故总量同比减少 270 件，降幅 10.4%，路外事故死亡人数减少 231 人，降幅 27.7%。一是铁路安全监管不断强化。坚持“守底线、抓重点、控关键、防风险”，围绕防范重特大事故，以高铁和旅客列车安全为重点，针对薄弱环节采取有力监管措施，牵头开展铁路安全专项整治三年行动，按普速、高速、重载分类实施了铁路综合性安全评估，开展普速铁路防洪安全专项督查，有效防范重大安全风险。坚持“盯红线、查隐患、落责任、督整改”，围绕夯实安全基础，实施关口前移，开展 4 个轮次安全隐患集中排查和问题整治督导，对事故整改措施落实情况开展专项督导“回头看”，实施营业线施工、地方铁路安全专项督查，紧盯责任落实和问题整改，实行闭环管理。各地区铁路监管局守土尽责，积极发挥一线监管执法主体作用，坚持防疫监管两不误，对突出问题向相关单位部门通报 171 次，依法约谈涉事企业和相关地方政府部门负责人 118 次，实施行政处罚 200 起，作出行政处罚决定 368 个，下发整改通知书 815 份，严格事故调查处理，对造成事故的责任单位负责人和直接责任人员追责问责 310 人次，分别给予警告、记过、降级、撤职等党纪政纪处分直至追究法律责任。二是工程质量安全监管扎实有效。健全以“双随机、一公开”监管为基本方式、以重点监管为补充、以信用监管为基础的铁路工程监管机制，营造公平竞争的铁路建设法治化便利化市场环境。对春融等重点时段、高墩等重点结构、京雄等重点项目、长三角等重点区域的建设项目加强监督检查。组织开展隧道安全风险隐患排查整治专项督查，抽查建设项目48个、工点194个，发现各类问题583个，督促建设和运营单位抓好整改。组织开展“三不问题质量行为”回头看、工程质量安全大督查、惩戒失信行为专项行动，强力推进铁路建设高质量发展。开展根治欠薪专项行动，协调清欠1.5万余名农民工4.59亿元工资，保证了劳动力队伍稳定。三是设备产品质量安全监管有力。编制发布31项铁路专用产品质量抽查细则，对47种80厂项铁路专用产品开展质量监督抽查。以许可条件、责任落实、质量控制、标准执行、事故原因分析、责任追究和整改措施落实为重点，对铁路设备许可企业、事故故障责任单位和重点设备产品企业开展专项监督检查并紧盯问题整改。完成许可申请审查517项，检查企业727家，发现问题2437项，督促企业落实质量安全主体责任，不断提高铁路设备产品质量。四是铁路运输服务质量监管不断深化。践行人民铁路为人民宗旨，发布实施《铁路旅客运输服务质量》（GB/T 25341）国家标准，组织开展重点时段客运安全及服务质量监督检查，完成旅客服务质量问卷调查25万余份，处理运输类投诉建议2万余件，开展公益性“慢火车”开行情况监督检查，历时三年对国铁企业和地方铁路公司共96家法人企业进行了全覆盖监督检查，有力促进运输服务质量不断提升。

3. 推动科技创新，铁路改革取得新进展。积极发挥政府部门职能作用，搭平台、建机制，加强指导、协调、服务，为行业改革发展增动力、添活力。一是推动铁路科技创新的能力不断提升。出台《铁路行业科技创新基地管理办法（试行）》，面向铁路关键核心技术，首批认定17个创新基地，有效调动行业创新的积极性，推进铁路科技自立自强。加快推动北斗铁路行业综合应用示范工程项目，组织开展示范工程建设。完成304项年度铁路重大科技创新成果入库。加大科技奖项推荐力度，2项获国家科技奖、2项获第二十一届中国专利奖。二是“放管服”改革不断深化。编制行政许可事项清单，将53项证明事项压缩合并为30项。修订完善铁路运输企业准入许可制度，参与铁路投融资体制改革，推动杭温、杭绍台等示范项目建设，颁发铁路运输许可支持广东城际铁路自主运营。修订《铁路专用产品质量监督抽查管理办法》，印发《关于全面加强铁路危险货物运输安全工作的实施意见》，强化事中事后监管。建成一体化政务服务平台，进一步利企便民。三是推动综合交通一体化建设取得积极进展。配合完成《国家综合立体交通网规划纲要》，完成《铁路强国建设行动纲要》编制，启动《“十四五”铁路发展规划》编制工作。开展推进运输结构调整调研督导，协调完善铁路运价灵活调整机制，协调争取“公转铁”运输政策导向，推动港口和物流园区专用线建设，铁路运输市场份额进一步提升。服务区域协调发展战略，完成雄安新区至商丘高铁、粤港澳大湾区（城际）铁路建设规划等行业评审，有序推动重大铁路项目建设前期工作和区域城际铁路规划建设。

4. 扎实推进铁路治理体系和治理能力现代化。落实党的十九届四中全会精神，加快推进法治政府建设，进一步健全完善法规标准和制度体系。一是法规标准不断完善。加快推动《中华人民共和国铁路法》修订。清理与《中华人民共和国民法典》规定不符的行政法规、规章和行政规范性文件。发布《高速铁路安全防护管理办法》《市域（郊）铁路设计规范》等重要规章标准。发布国家标准17项、铁道行业标准84项，已形成1135项铁道行业标准和224项国家标准，为保障铁路运营安全、提高产品质量、规范安全监管提供了重要支撑。二是制度体系基本建成。全局统一行动，全面梳理法定职责和工作任务，全力推进规章制度办法的制修订，通过一年的努力，涵盖“党的建设、行业管理、行业监管、行政管理”四个部分，由“一法三条例”、33 件规章、367 件规范性文件以及内部管理制度构成的制度体系基本建成。各事业单位编制完成了五年发展规划并推进实施。三是监管体系不断健全。贯彻《交通运输领域中央与地方财政事权和支出责任划分改革方案》，推动地方政府明确地方铁路安全管理部门，落实属地管理职责。加强协调，推动上海、广东、四川、湖北等 11 个省（自治区、直辖市）将铁路安全报警电话纳入地方 110 应急处置联动系统。健全完善与铁路公安机关的沟通协调机制，指导协调铁路安监办落实好工作职责，铁路安全监管的体制机制不断完善。四是政府间合作交流有力推进。积极应对疫情影响，创新拓展工作方式，深入推进“一带一路”互联互通，进一步强化多双边交流合作。中尼、中巴铁路合作项目有序开展，中蒙俄中线铁路升级改造前期工作顺利推进。推动国际铁路政策、规则、标准联通，发布 48 项标准外文译本，主持或参与国际标准化组织、国际电工委员会全部国际标准制修订项目，主持国际铁路联盟 19 项标准制修订项目。

5. 以政治建设为统领，全面加强党的领导。全面贯彻新时代党的建设总要求，落实全面从严治党责任，创新党建工作思路，提升党的建设质量，为全局各项工作开展提供坚强有力的政治保证。一是强化政治机关意识。坚持中央和国家机关首先是政治机关的定位，引导党员干部牢固树立政治机关意识，不断增强“四个意识”、坚定“四个自信”、做到“两个维护”，坚持和完善组织生活日（党日）制度，推进模范机关创建，确保习近平总书记重要指示批示和党中央决策部署落地见效。二是落实全面从严治党主体责任。制定落实全面从严治党主体责任清单，认真履行责任，坚持党建工作与中心工作同谋划、同部署、同推进、同考核。认真执行重大事项请示报告制度，及时向党中央报告工作情况。三是进一步强化理论武装。两级理论学习中心组发挥“头雁作用”，各级党员领导干部带头带动全体党员干部，坚持学习制度，创新学习形式，强化教育培训，用习近平新时代中国特色社会主义思想武装头脑、指导实践、推动工作的能力不断提升。严格落实意识形态工作责任制。四是加强基层基础建设。积极推进党建制度建设，健全完善党的建设制度体系。以创建“四强”党支部为目标，大力推进党支部标准化规范化建设。在疫情防控和履职监管工作中，充分发挥党支部战斗堡垒作用和党员先锋模范作用，组织力和战斗力进一步提升。五是加强党风廉政建设。严格落实中央八项规定及其实施细则精神，持续改进作风，加强日常监督和廉政提醒教育。开展履职监管中的形式主义官僚主义和公务用车使用、委外项目管理等三方面问题专项治理，开展个人有关事项报告和“灯下黑”问题专项整治。发挥巡视利剑作用，推进局党组政治巡视工作。六是加强干部人才队伍建设。落实新时代党的组织路线，制定党政领导班子建设规划、事业单位年度考核实施办法，完善干部人事制度。严格执行选人用人工作纪律。激励干部担当作为。选派年轻干部挂职锻炼。推进事业单位专业技术职称评审工作。

一年来，全局干部职工积极作为，努力工作，主动协调，攻坚克难，工作能力、水平和效果明显提升，推进了工作，锻炼了队伍，得到了各方面的大力支持和充分肯定。全局各部门各单位在抓好重点履职工作落实的同时，还统筹兼顾，高质量地做好人大政协建议提案办理、值班值守、督查督办、行业统计、政务信息、新闻发布、网络安全和信息化、年鉴史志编纂、财务预算、内部审计、档案管理、后勤保障、政务公开和行政复议、行政应诉等各方面工作。

2020 年，面对疫情的严重冲击和严峻复杂的国际国内形势，铁路行业攻坚克难，建设发展取得了新的成效。全年预计完成铁路固定资产投资7780亿元。全国铁路货运总发送量有望完成45亿吨，较上年增长3.1%。全国铁路旅客发送量预计完成21.7亿人。

这些成绩的取得，是在以习近平同志为核心的党中央英明领导下，在交通运输部党组指导支持、中央和国家机关各部门大力帮助下，在铁路老领导老干部热忱关心下，铁路行业各单位和广大干部职工勠力同心、拼搏奉献的结果。在此，我谨代表国家铁路局，向辛勤工作、默默奉献的广大铁路干部职工致以崇高的敬意！向长期关心支持铁路事业发展和国家铁路局工作的各级领导、有关部门和铁路系统老领导老干部表示衷心的感谢！

今年是“十三五”收官之年。五年来，铁路行业坚持以习近平新时代中国特色社会主义思想为指导，在党中央坚强领导下，坚持以人民为中心，贯彻新发展理念，深化铁路供给侧结构性改革，推动铁路高质量发展，较好完成《铁路“十三五”发展规划》目标，为建设交通强国、服务国家战略、促进经济社会发展发挥了先行作用，作出了积极贡献。

一是路网建设快速发展。全国铁路营业里程预计达到14.6万公里，其中高速铁路3.8万公里。“四纵四横”高速铁路主骨架全面建成，“八纵八横”高速铁路主通道和普速干线铁路加快建设，重点区域城际铁路快速推进，基本形成布局合理、覆盖广泛、层次分明、安全高效的铁路网络。二是安全生产持续稳定。健全完善安全管理体系，落实各方各级安全责任，强化人防、物防、技防，加强风险防控和隐患排查治理，杜绝了重大及以上铁路交通事故，事故伤亡人数逐年下降，保障人民群众生命财产安全。三是运输质量显著提高。客货运输供给能力和服务品质优化升级，市场化、便利化、信息化加速推进，站车环境和服务质量明显改善，2020年动车组旅客发送量占总量的70%。重载运输、快捷班列进一步发展，集装箱、冷链运输、高铁快运等成为铁路货运增长新亮点。四是装备水平全面提升。形成具有独立自主知识产权的高铁建设和装备制造技术体系，“复兴号”中国标准动车组实现时速350公里商业运营，系列化产品谱系基本形成。京张智能高铁投入运营。时速600公里高速磁浮试验样车成功试跑，时速400公里可变轨距高速动车组、时速350公里高铁货运动车组下线。五是公益运输保障有力。高质量开行公益性“慢火车”，开行贫困地区农产品运输专列和旅游扶贫专列，统筹建设无轨站，助力打赢脱贫攻坚战。开辟绿色通道，为抢险救灾、公共卫生等应急运输和国防交通提供有力保障。六是国际合作成果丰硕。亚吉、蒙内铁路建成投产，中老铁路标志性工程和雅万高铁标志性项目有序推进，中欧班列通达欧洲21个国家，瑞丽、磨憨口岸加快建设，铁路互联互通取得新突破。铁路技术装备出口全球100多个国家和地区，中国铁路在国际标准化组织中影响力不断提高。七是铁路改革逐步深化。行业监管体系逐步完善，铁路投融资体制改革不断深化，国铁企业建立现代企业制度，京沪高铁公司等成功上市，地方铁路企业进入城际铁路客运市场。八是绿色发展成效明显。助力打赢蓝天保卫战，深入推进运输结构调整，铁路货运市场份额增长至9.5%，电化率提至71.9%，铁路单位运输工作量综合能耗下降17%。

二、面临的形势与任务

“十四五”时期，我国将进入全面建设社会主义现代化国家新征程、向第二个百年奋斗目标进军的新发展阶段。党的十九届五中全会对“十四五”时期经济社会发展和2035年远景目标作出系统谋划和总体部署，中央经济工作会议对于确保“十四五”开好局进行部署，对建设交通强国提出明确要求，我们要紧扣“立足新发展阶段、贯彻新发展理念、构建新发展格局”，凝心聚力，推动铁路高质量发展。

第一，立足新发展阶段，准确把握铁路高质量发展的新任务新机遇新挑战。迈向新征程，实现现代化，铁路要当好先行。一要充分认识新阶段的新任务。新发展阶段要求以系统观念推进发展，我们要瞄准人民日益增长的美好生活需要，努力担当作为，到“十四五”末，实现路网布局合理完善，效率效能充分释放，装备水平先进适用，运输服务优质高效，安全管控科学完备，创新能力不断提升，绿色发展深入推进，国际影响力显著增强，市场化改革取得明显成效，铁路现代化治理体系初步形成，治理能力显著提升，更好服务全面建设社会主义现代化国家。二要充分认识新阶段的新机遇。党中央高度重视铁路发展，在规划、建设、投资、改革发展等各方面给予政策支持，要求铁路在经济社会发展中当好先行，发挥更好作用。人民日益增长的美好生活需要对铁路运输服务需求更加旺盛、更加多元、更多期待。铁路市场化改革不断深化，地方政府和社会资本参与铁路市场的积极性越来越高。路网规模和现代化装备水平世界领先，拥有高素质专业化人才队伍，科技创新能力不断增强。铁路运输安全保持长期稳定，持续安全、健康发展的基础稳固。这都充分说明，新发展阶段推动铁路高质量发展，中央有部署，人民有期盼，社会有需求，地方有积极性，行业有实力，为我们带来新的战略机遇。三要充分认识新阶段的新挑战。当前，铁路发展的不平衡不充分问题依然比较突出，路网布局不平衡，路网整体效益有待提升；综合交通一体化融合水平有待提高，运输结构调整内生动力不足；重点立法难以满足铁路改革发展需要；标准体系还不完善；科技创新水平有待提升，关键核心技术“卡脖子”问题亟待突破；运输经营市场化水平不高，竞争性环节开放不够；安全基础仍需进一步强化。我们必须立足新发展阶段，紧盯解决突出问题，推动铁路发展更好落实中央要求，适应社会需求，满足人民所盼。

第二，贯彻新发展理念，找准推动铁路高质量发展的着力点。坚持质量第一、效益优先，切实转变发展方式，推动质量变革、效率变革、动力变革，实现“三个转变”。一要推动铁路发展由追求速度规模向更加注重质量效益转变。坚持系统观念，从单纯追求路网规模、线路等级转向发展规模、结构、速度、安全、效益的有机统一，处理好高铁和普铁、新线建设与既有线挖潜的关系，持续完善铁路高质量发展的政策体系、标准体系、指标体系、绩效评价，补齐发展短板，大力提质增效。二要推动铁路发展由依靠传统要素驱动向更加注重创新驱动转变。坚持创新是第一动力，把科技自立自强作为战略支撑，推动健全企业主体、市场导向、产学研深度融合的技术创新体系，加强知识产权保护，助力基础研究、关键核心技术攻关、“卡脖子”技术突破。推动铁路管理创新，推进建设开放、公平、统一的铁路网和市场平台，完善要素资源配置，有效防范化解重大风险。三要推动铁路由独立发展向更加注重与其他运输方式一体化融合发展转变。建设现代物流体系，提高流通效率，推进铁路与其他运输方式战略规划协同、基础设施联通、运输服务联程、信息数据融合，更好发挥铁路运输在现代化综合交通体系中的骨干作用。

第三，构建新发展格局，找准工作切入点。加快构建以国内大循环为主体、国内国际双循环相互促进的新发展格局，要求坚持扩大内需这个战略基点，坚持供给侧结构性改革这个战略方向，深入参与国际循环。新的一年，我们要推动铁路行业服务构建新发展格局迈好第一步，见到新气象。一要把握工作定位。服务国家战略实施，尽职尽责，推动铁路行业安全稳定、质量提升，确保党中央国务院决策部署在铁路行业得到贯彻落实。服务行业高质量发展，为行业发展拟订政策、制定规则、搭建平台、提供服务，实施公开公平公正的监督管理。服务市场主体，进一步简政放权、优化服务，强化事中事后监管，推动建设高标准铁路市场体系，努力实现市场有序开放、公平竞争、规范运行、充满活力，为构建新发展格局提供有力支撑保障。二要明确工作重点。科学优化综合运输通道和枢纽布局，推进干线铁路、城际铁路、市域（郊）铁路、城市轨道交通融合发展，积极发展多式联运，推进建设现代综合运输体系，确保国内大循环通道畅通。推动铁路市场化改革，建立市场化、法治化、规范化、公平、公正、统一开放的铁路运输市场，促进市场主体多元化发展和适度竞争，为扩大内需提供更好的服务保障。加强铁路国际多边双边合作，协调推进与周边国家互联互通，提高中欧班列通道能力，推动国际铁路联运便利化，畅通国际通道，服务国内国际双循环相互促进发展。三要务求工作实效。坚持问题导向，及时研究解决新情况新问题。针对投资主体多元化，研究进一步规范建设项目的设计、评审、咨询等工作，确保市场秩序和建设质量。针对铁路运营主体多元化，研究规范安全评估、准入许可、监督检查等工作，确保运营安全和服务质量。针对新产品新技术的研发、试用、市场推广等方面的问题，研究铁路行业知识产权保护和新产品试用的相关办法，打通产品进入市场的“最后一公里”，推动新技术快速进入市场应用，进一步激发企业创新的主动性。深入研究“放管服”改革中出现的新问题，切实做到放管结合、并重，为铁路高质量发展保驾护航。

三、扎实做好2021年工作，以铁路高质量发展为“十四五”开好局

2021年是我国现代化建设进程中具有特殊重要性的一年，是实施“十四五”规划、加快建设交通强国的开局之年，我们党将迎来建党100周年。做好明年工作，意义重大、使命光荣。

2021年国家铁路局工作的总体思路是：以习近平新时代中国特色社会主义思想为指导，全面贯彻落实党的十九大和十九届二中、三中、四中、五中全会精神以及中央经济工作会议精神，坚持稳中求进工作总基调，按照立足新发展阶段、贯彻新发展理念、构建新发展格局的要求，以推动高质量发展为主题，以深化供给侧结构性改革为主线，以改革创新为根本动力，以满足人民日益增长的美好生活需要为根本目的，坚持系统观念，加快建设交通强国，毫不放松抓好常态化疫情防控，扎实做好“六稳”工作、全面落实“六保”任务，着力推进铁路科技创新，着力推进铁路运输市场化改革，着力推进铁路治理体系和治理能力现代化，勇于担当，务求实效，确保铁路安全稳定，确保“十四五”开好局，为全面建设社会主义现代化国家当好先行，以优异成绩庆祝建党100周年。

重点抓好八个方面的工作。

1. 加快建设交通强国，加强铁路规划建设。认真学习领会习近平总书记重要指示批示精神，按照加快建设交通强国的部署安排，突出重点，有力推动铁路规划建设。一是高质量推进铁路发展规划。推进落实《交通强国建设纲要》《国家综合立体交通网规划纲要》《铁路强国建设行动纲要》，推动重点区域和都市圈城际、市域（郊）铁路规划建设，推进城市群和都市圈轨道交通网络化。推进交通强国建设试点遴选及实施指导工作。全面做好《“十四五”铁路发展规划》编制工作，把顶层设计与问计于民统一起来，坚持系统观念，统筹行业全方位各方面发展，与国家总体规划、区域规划衔接平衡，明确铁路高质量发展的目标任务和工作措施。二是扎实推进川藏铁路建设。制定《川藏铁路工程监管暂行办法》，编制《川

藏铁路隧道施工安全监测技术规程》。有针对性开展监督检查，深化协同监管，督促参建单位加强工程质量安全风险管控。开展川藏铁路超长大纵坡大规模隧道群运营风险防控、疏散救援等关键技术和相关技术标准专项研究。组建川藏铁路工程监管专家库，为做好工程监管工作提供技术支撑。三是积极服务区域协调发展。贯彻落实京津冀协同发展、长江经济带发展、粤港澳大湾区建设、长三角一体化发展、成渝地区双城经济圈建设等国家战略，研究区域铁路网规划和重大建设项目方案，完善中西部地区铁路网，推动路网优化升级，更好发挥铁路支撑区域经济社会发展的重要作用。

2. 提升监管质量效能，确保铁路安全持续稳定。统筹发展和安全，树牢安全发展理念，落实总体国家安全观，守底线盯红线，着力强化责任落实、制度落实、标准落实、机制落实，着力加强风险管控、过程控制、应急处置、责任追究，做到依法、规范、系统、精准、严格监管，以更高质量的监管效能，切实维护铁路安全持续稳定。一是加强运输安全监管。以高铁和旅客列车安全为重点，突出重大安全风险防范，紧盯安全关键和薄弱环节，压紧压实各方责任，及时堵塞安全漏洞。深入推进铁路安全生产专项整治三年行动，健全完善长效工作机制，强化合力共治。发布实施《铁路安全质量监督检查办法》，提升监督检查的计划性、连续性、精准性和严肃性，针对倾向性问题，及时组织开展督导检查、专项行动。加大事故调查追查力度，严查隐瞒事故，对负有责任的相关单位和人员依法严肃追责问责。二是加强工程质量安全监管。以重点项目、重点环节、重点时段为关键，创新监管方法，加大监督检查力度。深入推进隧道安全隐患排查整治。加强建设市场监管，依法查处违法行为，强化信用监管。推动行业监管全覆盖，探索建立铁路工程分级分类监管机制，加强地方铁路监督工作指导。三是加强设备质量安全监管。以高铁和旅客列车设备产品质量为重点，加强许可审查把关，强化设备产品质量安全信息统计分析，将监督检查与事故、故障、产品抽查情况紧密联系，加大对故障率较高或产品质量异常企业的检查密度，依法依规公布检查结果。持续紧盯高铁设备产品质量源头问题整治。加强铁路机车车辆驾驶人员资格考试管理，提高许可管理水平。加强铁路无线电监管工作。四是加强运输服务质量监管。加强监督检查，妥善处理群众投诉举报，做好客运服务质量问卷调查分析。探索建立铁路公益性运输监管工作机制，强化监督检查。积极解决老年人、残疾人等特殊群体乘车出行困难及个性化需求等问题。健全完善运输市场秩序监管协作机制。

3. 实施创新驱动，进一步推动铁路科技创新。充分发挥政府部门在重大科技创新中的作用，着力解决制约铁路发展和安全的重大课题，搭平台、建机制、拟政策，提升行业科技创新能力和水平，促进行业科技自立自强、自主可控。一是推进关键技术攻关。坚持“四个面向”，发挥企业主体作用，支持领军企业组建创新联合体，推动以自主创新为主的体系化铁路行业科技创新，加强“卡脖子”关键技术攻关。协调推进时速400公里高速动车组、高速磁浮列车、快捷货运列车、货运动车组，以及高速动车组轮轴、转向架、轴承、芯片等基础原材料、关键零部件的自主研发，为国产化新产品试用和扩大应用创造条件。二是推进重点项目和基础研究。全面完成北斗铁路行业综合应用示范工程项目，推动成果应用，助力实施北斗铁路新型基础设施建设。引导推动铁路基础理论和应用技术基础研究。聚焦行业和国家铁路局重点工作，做好课题研究计划。推进高铁经济学、高铁工程学研究，出版《高速铁路工程技术创新丛书》。三是搭建行业科技创新交流平台。管好用好铁路行业科技创新基地，统筹行业科技创新人力、设备、技术等资源，支持引导企业、高校、科研院所、学协会等各方力量共同参与，努力形成功能互补、良性互动的协同创新格局。高标准、高质量做好重大科技创新成果入库工作，加大国家级奖励推荐力度，推进铁路行业科技人才培养。

4. 深化铁路供给侧结构性改革，进一步优化铁路营商环境。坚持问题导向、目标导向，围绕将铁路竞争性环节推向市场，激发市场主体活力，推动铁路改革行稳致远。一是推动铁路市场化改革。建设高标准铁路市场体系，推进铁路竞争性环节市场化改革，鼓励社会资本参与城际铁路、市域（郊）铁路、资源开发性铁路和支线铁路的建设运营，促进市场主体多元化。探索城际铁路自主运营监管方式方法。协调做好铁路货运市场化改革综合试点工作。推动落实国企改革三年行动方案。协调推进铁路建设市场企业资质及人员资格改革，研究拟订铁路工程设计、施工、监理资质标准。加快推动铁路工程造价标准修订，促进铁路建设市场健康发展。二是推动建设现代物流体系。持续推进运输结构调整，以提质、降本、增效为发展方向，推动加快港口、物流园区铁路专用线建设，加强港口集疏运组织，打通铁路运输“最先一公里”和“最后一公里”。推动运输服务升级，优化铁路运输产品供给，推动高铁货运有序发展，大力推动多式联运，进一步降低物流成本。推动产品装备升级，支持货运动车组等装备新产品研发应用。三是深化“放管服”改革。编制政府权责清单。研究进一步精简证明事项。对新产业新业态实行包容审慎监管。主动跟踪新装备新产品研发、试验进度，做好许可服务。推行行政许可“企业承诺制”办理。探索建立跨部门联合监管执法机制，健全公平竞争审查机制，规范市场秩序。研究建立铁路专用设备许可产品退出机制。加快实现许可事项“一网通办”，深化政务公开，推进政务服务标准化、规范化、便利化。

5. 深化铁路治理体系和治理能力现代化建设。贯彻落实《法治社会建设实施纲要》，进一步健全完善治理体系，不断提高治理能力。一是积极推动铁路法律法规体系建设。认真贯彻习近平法治思想，全力推动《中华人民共和国铁路法》审查发布。协调加快《铁路交通事故应急救援和调查处理条例》审查修改工作。组织开展《铁路运输条例》研究。推动铁路安全地方立法。加强专职法律人才队伍建设，实施完善法律顾问和公职律师制度，强化复议监督，有效化解矛盾，严格合法性审查，严控法律风险。二是抓好规章制度的执行和完善。在基本建成制度体系的基础上，重点抓好规章制度的执行和落实，在执行中不断完善，推动制度体系系统完备、科学规范、运行有效。推动发布《铁路技术管理规程》，推进铁路建设管理办法、应急管理办法、铁路交通重大事故隐患判定标准等制修订。三是大力开展铁路标准体系建设。围绕高速、城际、市域（郊）、客货共线、重载等铁路建设运营需要，以确保安全、运营高效为重点，推进形成涵盖装备制造、工程建设、运营管理和服务等内容的标准体系。做好顶层设计，发布《“十四五”铁路标准化发展规划》。一季度要编制完成铁路标准体系建设工作方案；上半年要理清国家标准、行业标准、团体标准、企业标准的管理界面，完成铁路标准体系框架；年底要按计划完成履职监管需要的重要标准的编制工作，优化完善城际铁路设计规范等一批重要标准，为铁路高质量发展提供基本遵循。改进和完善标准起草、审查和发布工作，统筹政府主导制定的标准与市场自主制定的标准，发挥企业和科研院校在标准编制中的积极性和技术优势，鼓励将科研成果转化为标准，逐步形成铁路标准体系建设工作新格局。四是推进铁路安全监管体系建设。以建立铁路沿线环境安全治理工作部际联席会议机制为契机，进一步推动部门协调、路地联动的铁路安全监管机制建设。充分发挥铁路安监办作用，完善机制，增强行业监管合力。落实《交通运输领域中央与地方财政事权和支出责任划分改革方案》，推动地方政府健全铁路管理机构，完善制度，落实责任。加强铁路信用监管体系建设，建立市场主体信用档案，完善信用信息采集工作机制，提升信用监管水平。五是切实提升履职能力。围绕适应治理能力现代化要求，更好发挥政府作用，提升行政效率和公信力，制定实施国家铁路局自身建设五年规划，从基础建设、队伍建设、机制建设等方面明确工作目标、重点任务、保障措施，分阶段推进实施，提升治理能力，努力建设适应铁路高质量发展需要的政府职能部门。统筹行业智力资源，充分发挥行业学协会、专家学者、第三方机构参与铁路治理的积极性，动态完善专家库，为履职提供支撑，不断提升行业监管效能。

6. 服务高水平对外开放，加强铁路国际交流合作。加强协调沟通，促进运输便利化，高质量服务"一带一路"建设和铁路"走出去"。一是推动中欧班列高质量发展。加强统筹协调，做好政策沟通、规则对接，为中欧班列发展营造良好外部环境。积极推动"卡脖子"区段和口岸堵点的升级改造，支持加快建设西部陆海新通道，拓展中俄同江通道。支持数字班列建设，加快现代信息技术的应用，提升班列智能化水平。二是推进多双边合作走深走实。加快推动中巴、中尼铁路项目落地，协调推动中吉乌铁路、中蒙俄经济走廊中线铁路等项目前期研究，加强与周边国家铁路互联互通。积极推进国际铁路联运规则、国境铁路协定制修订。加大对国际铁路合作组织、大湄公河区域铁路联盟、国际铁路安全理事会等多边机制工作力度，加强与有关国家的双边机制合作，巩固政府间合作交流平台。三是推动国际铁路标准联通。推进边境铁路口岸无线电台（站）国际频率申报。组织编制由我国主持的国际标准化组织、国际电工委员会 10 项国际标准，推进由我国主持的 15 项国际铁路联盟标准规范制修订，持续做好铁路技术标准外文译本翻译，以标准带动我国铁路建设、装备、产品"走出去"。

7. 慎终如始抓好常态化疫情防控，持续做好"六稳"工作、落实"六保"任务。坚持以人民为中心的发展思想，落实统筹疫情防控和经济社会发展各项要求，因时因势调整、持续优化完善工作措施，服务做好基本民生保障工作。一是毫不放松抓好疫情防控。弘扬伟大抗疫精神，严格落实党中央国务院部署和国务院联防联控机制相关工作要求，针对铁路冷链运输、国际联运及客货运输重点环节加强监督检查，督促铁路运输企业全面落实疫情防控措施，严防疫情通过铁路运输传播扩散。严格执行属地防控要求，切实抓好内部防控，确保"零感染"。二是扎实做好"六稳""六保"工作。结合行业发展和具体工作实际，全力为企业纾困解难，服务经济社会发展。努力推进就业优先、减税降费政策落实落地，全力保证粮食、能源、应急等重点物资的铁路运输需求，督促企业按时支付农民工工资，帮助企业特别是中小微企业解决行政许可办理和生产经营中遇到的困难及问题。三是巩固拓展脱贫攻坚成果。严格落实"四个不摘"要求，围绕定点扶贫、对口支援、集中连片特困地区扶贫，巩固脱贫攻坚成果，创新举措，注重实效长效，研究建立工作机制。促进沿边地区、中西部地区铁路规划建设，提升路网规模、覆盖率。推动脱贫攻坚与乡村振兴战略有效衔接。

8. 全面加强党的领导，为推动铁路高质量发展提供坚强政治保证。坚持和加强党的全面领导，以党的政治建设为统领，以党建高质量发展为主题，落实全面从严治党主体责任，促进党建与业务深度融合，提升履职能力和水平。一是加强政治机关建设。深化政治机关意识教育，坚持党建和业务工作融合发展理念，以钉钉子精神落实党中央决策部署，推进模范机关创建。二是强化思想理论武装。深入学习习近平新时代中国特色社会主义思想，在学懂弄通做实上下功夫，全面贯彻党的基本理论、基本路线、基本方略，筑牢党员干部的思想理论基础，为推进服务型政府建设持续提供内生动力。三是加强领导班子能力建设。落实新时代党的组织路线，以政治建设、能力建设、民主集中制建设为核心，加强考察和专题培训，组织领导干部自觉补课充电，不断增强各级领导班子政治功能和工作水平。实施基层党组织建设质量提升三年行动。四是加强干部人才队伍建设。坚持好干部标准，立足实际，加强干部教育培训和培养锻炼，加大交流任职力度，做好专业技术人才评聘。关心关爱干部，加强谈心谈话，搭平台、建渠道、多方式加强能力素质培养，积极改善干部职工工作生活条件，激励担当作为。五是加强作风建设。落实带头过紧日子的要求，建设节约型机关。提升预算管理水平。突出实干为上，狠抓责任落实，加强督办考核，力戒形式主义、官僚主义，持之以恒落实中央八项规定及其实施细则精神，不断提升服务水平。

马军胜在 2021 年全国邮政管理工作电视电话会议上的讲话

（2021 年 1 月 4 日）

这次会议的主要任务是：以习近平新时代中国特色社会主义思想为指导，全面贯彻党的十九大和十九届二中、三中、四中、五中全会以及中央经济工作会议精神，认真贯彻落实习近平总书记关于邮政快递业重要指示批示精神，总结 2020 年工作，回顾"十三五"时期行业改革发展成效，分析形势，部署 2021 年重点任务。下面，我讲三个方面意见。

一、2020 年工作及"十三五"时期行业改革发展成效

2020 年是极不平凡且极具挑战的一年，面对国内外严峻复杂的形势和新冠肺炎疫情严重冲击，全系统全行业全面贯彻落实习近平总书记重要指示批示精神，认真贯彻落实党中央、国务院决策部署，紧扣全面建成与小康社会相适应的现代邮政业目标任务，坚持稳中求进工作总基调，坚持新发展理念，坚持以供给侧结构性改革为主线，坚持以改革创新为动力，持续推动高质量发展，启动"两进一出"工程，坚决打好三大攻坚战，统筹疫情防控和行业改革发展，进一步提升行业治理体系和治理能力现代化水平，各项工作均取得显著成效。

预计全年邮政业业务总量和业务收入分别完成 2.1 万亿元和 1.1 万亿元，同比分别增长 29.4% 和 14.1%，业务收入与 GDP 比值超过 1%；快递业务量和业务收入分别完成 830 亿件和 8750 亿元，同比分别增长 30.8% 和 16.7%。新增社会就业 20 万人以上，支撑网络零售额 10 万亿元以上。服务满意度稳中有升，行业运行平稳有序，绿色发展水平持续提升，在经济社会发展中作用凸显，为扎实做好"六稳"工作、全面落实"六保"任务作出了积极贡献。

（一）全力推进疫情防控和复工复产，服务经济社会发展有力有效

全行业坚决贯彻党中央、国务院决策部署，闻令而动、尽锐出战，迅速打响疫情防控阻击战，率先实现复工达产，率先实现转负为正，率先实现高位运行，党旗始终在抗疫一线阵地高高飘扬。一是全力保障防疫物资和政务民生寄递服务。组织中国邮政、顺丰和京东等 13 家企业第一时间开通全国驰援武汉救援物资和海外捐赠国内防疫物

资两条运递“绿色通道”，全力保障党报党刊投递服务，“数百万快递小哥冒疫奔忙”，打造了疫情期间永不中断的供给线、生命线，累计发运车辆8.75万台次、货运航班779架次，寄递防疫物资48.98万吨。开办“邮寄办”“医药通”等政务民生寄递业务，组织援外医疗物资和留学生“健康包”运递，在特殊时期发挥了特殊作用。二是科学有序抓好复工复产。按照“四保障、三优先和一推进”部署安排，出台延长许可有效期等援企稳企措施，协调推动解决复工审核、劳动用工、防疫物资配备、车辆通行、末端投递等实际困难，为维护经济社会正常运转提供有力支撑。三是努力维系国际寄递渠道畅通。海陆空铁多向发力疏运邮件快件，千方百计增加国际航空运能，协调解决国际货运航空机组人员核酸检测、签证和隔离等问题，推动开行中欧班列专列，拓展海运快船运邮渠道。协调推动日本、蒙古国、哈萨克斯坦等国邮政恢复与我正常国际邮件交换业务。与万国邮联及各国邮政分享抗疫经验，为全球40多个欠发达国家提供防疫物资援助，展示负责任大国形象。四是慎终如始做好自身防控。制修订6版邮政快递业生产操作规范建议，积极为企业争取口罩等防疫物资，创新无接触投递模式，做好进出境邮件快件处理场所、冷链运输等重点部位、重点环节消杀作业，全行业400多万从业人员未发生聚集性感染和死亡事件。五是圆满完成《众志成城 抗击疫情》邮票发行和发行收入捐赠工作。行业为国家统筹推进疫情防控和服务经济社会发展作出了积极贡献，习近平总书记两次点赞快递小哥，李克强总理深入一线听取抗疫工作汇报，行业3人荣获“全国抗击新冠肺炎疫情先进个人”称号，63个集体和138名个人荣获省部级抗疫表彰。

（二）着力优化营商环境，市场活力加快释放

一是持续深化“放管服”改革。取消经营境内邮政通信业务审批。向浙江自贸试验区委托下放国际快递业务经营许可审批事项。包容审慎推进新业态监管，智能快件箱、服务站许可工作全面推开，仓递一体化许可工作取得实质性进展。为7000余家企业集中办理许可延续。推动完善收费公路制度改革政策，整体实现邮政快递公路运输“提速不提价”。6项邮政政务服务纳入“跨省通办”清单，推行全程网办。二是扎实推进规划政策工作。落实交通强国战略，印发邮政强国建设行动纲要，参与编制国家综合立体交通网规划纲要，统筹邮政快递枢纽布局。坚持开门问策，“十四五”规划编制和衔接有力推进。出台贯彻落实新时代加快完善社会主义市场经济体制意见实施方案等政策，参与城镇老旧小区改造、以新业态新模式引领新型消费加快发展等一批重要政策制定。推动36项涉邮惠企政策落到实处，为企业减免税费和争取补助等超百亿元。深入落实快递与电子商务协同发展有关政策，联合举办“双品网购节”，带动新型消费超3800亿元。三是积极服务区域发展。联合印发促进粤港澳大湾区邮政业发展的实施意见。推动出台雄安新区邮政业发展规划。参与编制长江三角洲地区交通运输更高质量一体化发展规划。加快落实长江经济带、黄河流域生态保护和高质量发展、成渝地区双城经济圈等重大战略任务。组织25个“中国快递示范城市”高质量开展创建工作。与上海市、安徽省政府签订战略合作协议，参与自贸区方案和自贸港政策设计并落实相关任务，有效服务地方经济发展。

（三）紧紧围绕主题主线，发展质效不断提升

一是支持邮政服务创新发展。与商务部、中国邮政签订三方协议，推进邮政与电子商务协同发展。积极推进邮快合作，黑龙江、四川、西藏、甘肃和青海5个试点省进村覆盖率提升36个百分点，全国6.2万个建制村借助合作实现快递进村。

圆满完成915万件高校录取通知书寄递任务。大力推进邮政综合服务平台建设，实现与省级政务系统全对接、市级政务大厅全覆盖，新增警邮、税邮合作网点2355处，江苏等地创新法邮合作并取得明显成效。二是启动“两进一出”工程。在浙江、广东、江西、重庆开展综合试点。出台“快递进村”三年行动方案，推广交快、邮快、快快、商快等合作模式，直投到村比例超过50%。累计打造保定山药、菏泽牡丹、开封大蒜、襄阳鹅蛋和延安苹果等快递服务现代农业金牌项目60个、超百万件项目260个，农村地区收投快件超过300亿件。联合印发推进快递业与制造业深度融合发展意见，以汽车、消费品、电子信息、生物医药等为重点加快项目培育，累计打造长春一汽等服务制造业典型项目1087个。优化国际邮件互换局和快件监管中心布局，加大国际航空运力投入，大力拓展中欧班列（重庆、义乌）运输邮件、快件业务，班列产品寄达36个国家。全年完成跨境寄递业务量21.2亿件，支撑跨境网购零售额超4400亿元。三是加强基础设施建设。实施西部和农村地区邮政基础设施建设项目，改造乡镇局所和危旧县局房1025处、购置车辆590辆。新增村级邮政电商服务站1.3万个，累计覆盖24.5万个建制村。印发推进智能快件箱（信包箱）建设指导意见，推动纳入新型城镇化政策范畴，累计建成快递末端公共服务站11.4万个，布放智能快件箱（信包箱）40万组，316个城市已出台车辆通行政策。四是提升科技标准水平。修订邮政业应用技术研发指南。认定第二批行业技术研发中心。开展第二届行业科技奖评选。智能安检、智能视频监控、智能语音申投诉系统和通用寄递地址编码“三智一码”重大科技项目攻关取得积极进展。推广应用北斗导航系统。制定新型邮政业标准体系，规范标准审查管理，制修订《快件航空运输信息交换规范》《快递服务制造业仓配信息交换规范》等11项国家和行业标准。五是基本完成“绿盾”工程一期建设。建成北京和合肥“一主一备”两个机房，6大类22个应用系统上线运行，“互联网＋监管”数据底盘全面强化，基本实现“五可”目标，行业安全监管能力有效提升，在重大活动安全保障、日常寄递监管和政务服务等方面发挥了重要作用。六是强化行业人才队伍建设。组织开展全国邮政行业先进集体、劳动模范和先进工作者评选表彰。实施职业技能培训“246”工程，培训29.3万余人次。全年8423人通过快递工程技术人员职称评审，其中高级职称96人。扎实开展快递运营职业技能等级证书制度试点工作。推进邮政学科建设，四所现代邮政学院在校学生近4000人，全国邮政行业人才培养基地达30所。组织高校毕业生网络招聘，提供就业岗位1.3万余个。举办第五届全国“互联网＋”快递大学生双创大赛。七是切实维护快递员合法权益。重点推动快递员权益保障长效机制建设。试点开展快递末端结算指引工作。深入开展“暖蜂行动”和“快递从业青年服务月”等活动，各地出台关心关爱快递员文件600余份，组织慰问2500余次，新增爱心驿站等服务阵地9500余家，为快递员免费体检和义诊8万余人次。上海、安徽、广东、宁夏等地累计为快递员争取公租房廉租房4000余套。

（四）聚焦目标精准发力，三大攻坚战扎实推进

一是防范化解重大风险。深入推进平安寄递建设，强化“三个必须”责任担当，健全落实安全生产责任制。建立完善快递企业总部重大经营管理事项风险评估和报告制度、企业安全警示制度，先后4批次约谈企业总部，妥善处置经营异常、智能箱收费政策调整纠纷、末端网点不稳等突发事件。开展安全生产专项整治三年行动，实施违规收寄危化品、危险活体动物、实名收寄信息异常等专项治理，突出做好寄递渠道涉枪涉爆隐患

集中整治。联合国家禁毒办出台寄递渠道禁毒专门文件，严格芬太尼类物质和野生动物及制品寄递管控。圆满完成重大活动寄递安保任务，有效保障业务旺季平稳运行。加强网络安全防护。积极应对台风、洪涝等自然灾害影响。做好行业“扫黄打非”、打击侵权假冒和应急管理等工作。二是坚决打赢脱贫攻坚战。大力推广产业扶贫模式，邮政快递企业在贫困县培育出年件量超10万件项目259个。积极扩大就业扶贫效果，全年为农村地区新增就业岗位15万个。切实担负起定点扶贫政治责任，提前超额完成6项任务指标，为河北省平泉市直接投入和引进资金8000余万元，帮助销售农特产品2300余万元。国家局党组成员深入6个深度贫困村开展挂牌督战。全系统先后选派扶贫挂职干部339人，帮助建档立卡贫困户实现劳务就业4022人，助力脱贫6.8万余人，为打赢脱贫攻坚战交出了满意答卷。三是抓好快递包装治理。加强绿色发展法规标准政策体系建设，推动在固废法、邮政业寄递安全监督管理办法中增加包装治理条款。印发施行加快推进快递包装绿色转型的意见。联合印发加强快递绿色标准化工作指导意见，制定实施快递包装绿色产品评价技术要求和邮件快件绿色包装规范。建立健全治理工作台账，完善部门治理协作机制，推进重金属和特定物质超标包装袋专项治理。开展绿色网点、绿色分拨中心建设试点，配合做好“无废城市”建设试点。“9792”工程完成预期目标，新能源和清洁能源车辆保有量达4.69万辆。

（五）全面推进依法行政，治理效能持续增强

一是推进立法与执法监督。制修订邮政业寄递安全监督管理办法、邮政行政执法监督办法等部门规章和邮政行政处罚程序规定等5个规范性文件。内蒙古、辽宁、广东和厦门等地出台地方法规规章。印发国家局法律顾问和公职律师管理规定，办好行政复议。严格落实重大执法决定法制审查、执法人员持证上岗和资格管理制度。开展民法典宣贯和“七五”普法工作。二是强化普遍服务和特殊服务监督。开展乡镇局所专项检查，督促邮政企业加大投入、增配人员，普遍服务能力水平不断提升。全力保障中央巡视专用邮箱邮件寄递服务。认真做好《中国人民志愿军抗美援朝出国作战70周年》等重大题材邮票发行，有序开展邮票销售专项检查。持续抓好党报党刊投递工作，全国84.6%的县级城市实现《人民日报》当日见报。不断提升普遍服务监督管理信息化水平，52.7万个建制村纳入信息化监管范围。加强和改进社会监督工作。三是加强邮政市场监管。全面落实“双随机、一公开”监管，印发随机抽查工作规程，上线运行新版行政执法信息系统，开展跨区域交互执法检查，依法立案调查重大违法行为。规范集邮市场经营秩序，依法开展邮政用品用具抽检。加快推进“一企一档”信用监管机制建设，开展快递市场法人主体信用评定。修订邮政业用户申诉处理办法，完善用户申诉处理工作体系，全年处理有效申诉1.9万件，为用户挽回损失6939万元。四是加强国际和港澳台合作交流。积极参与万国邮联治理体系改革，持续推进万国邮联“三项”竞选和中欧班列邮快件运输工作。举办第十一届高级别中日邮政政策对话。参与区域全面经济伙伴关系协定（RCEP）等双多边谈判，推动将加强邮政快递领域合作纳入与有关国家共建“一带一路”合作规划。成功召开第三届内地与港澳邮政高峰会，达成四项共识。做好邮政领域对台工作。五是夯实邮政管理系统基础能力。调整部分省局和市（地）局机构编制及副职领导职数。新成立广西、海南、云南3个省级、45个市级安全中心，新增县级机构46个。加强局属事业单位绩效工资考核管理。全面开展统计督察整改，加强行业经济运行分析研判和数据质量管理。推

进中央地方财政事权改革落地，江西、甘肃等24个省（区、市）印发了改革方案。落实“过紧日子”要求，持续强化预算管理，保障重点工作和急需项目支出，加强节约型机关建设。有序开展全系统主要领导干部经济责任审计和整改落实工作。中国快递协会脱钩改革顺利完成，中华全国集邮联合会完成换届。扎实做好督查、信访、保密、信息化、政务公开、建议提案办理和老干部等工作。

（六）坚持以政治建设为统领，全面从严治党向纵深推进

一是毫不动摇坚持党的全面领导。树牢政治机关意识，印发强化政治机关意识教育工作方案、落实全面从严治党主体责任清单，把“两个维护”作为最高政治原则和根本政治规矩，始终同以习近平同志为核心的党中央保持高度一致。持续深化创新理论武装，深入学习贯彻《习近平谈治国理政》第三卷和习近平总书记最新指示精神，举办十九届五中全会精神培训班，切实把学习成效转化为提高应对风险挑战、推动行业发展的能力。坚持不懈抓基层打基础，顺利完成国家局机关党委、纪委换届，全面推进党支部标准化规范化建设。持续推动快递业党建“两个覆盖”，开展行业党建调研，民营快递企业党组织达到749个、覆盖党员3.5万人。二是干部队伍建设实现新提升。印发在疫情防控一线考察识别干部的意见，完善选拔任用机制，选优配强领导班子。大力推进干部交流，选派干部援藏援疆援青、赴地方挂职锻炼，做好年轻干部培养。落实职务职级并行制度，优化考核评价机制，开展领导班子年度考核，推进公务员平时考核，加强关心爱护，激励干部担当作为。组织系统首次选人用人专项检查，开展领导干部个人有关事项报告专项整治，加强日常管理和监督。开展干部教育培训制度评估，遴选8个干部教育培训基地。三是持之以恒正风肃纪。严格落实中央八项规定及其实施细则精神，坚决纠治形式主义官僚主义，紧盯重要时间节点进行廉政教育提醒，严防“四风”反弹。加强日常教育管理监督，实事求是运用“四种形态”。保持反腐败高压态势，严肃查处违规违纪问题。开展警示教育，保持警钟长鸣。以问题导向推动问题整改，对违规享受政策性住房等四个方面问题开展专项整治。坚守政治巡视定位，分两轮6组对12个省（区、市）局党组开展巡视。四是宣传思想和精神文明建设取得新成效。强化行业意识形态管理，切实把牢方向、守住阵地、管好队伍。加强新闻宣传工作，主要中央媒体持续关注邮政快递业改革发展工作，高度肯定服务国家经济社会发展成效，行业关注度和影响力显著提升。积极选树先进典型，成功举办第四届寻找最美快递员活动，24人获全国劳动模范、25家单位获全国文明单位、2人1集体获中国青年五四奖章、10人获全国青年岗位能手（标兵）等称号。

同志们！2020年是“十三五”规划的收官之年。五年来，我们深入贯彻落实习近平总书记关于邮政快递业重要指示批示精神，着力优环境、激活力、建网络、搭平台、通渠道、促协同、提能力、拓海外、强监管，邮政快递业供给结构持续优化，要素资源流动活跃，产业融合日趋紧密，市场活力全面迸发，绿色安全水平不断提升，行业治理体系和治理能力现代化加快推进，全面建成与小康社会相适应的现代邮政业胜利在望，为建设邮政强国奠定了坚实基础。

——地位作用日益凸显。邮政业业务总量和业务收入分别增长3.1倍和1.7倍，邮政业业务收入增速超过同期国内生产总值增速的3倍。快递业务量和业务收入分别增长3倍和2.1倍，包裹快递市场规模连年稳居世界第一。五年新增就业100万人以上，年支撑制造业产值超过1.2万亿元，带动工业品下乡和农产品进城销售超过1.5万亿元，对一二三产业支撑更加有力，在打赢脱贫攻坚战、实施国家重大战略等方面取得一批重要成果，为打通大动脉、畅通微循环作出积极贡献。

——公共服务不断优化。建制村全部实现直接通邮，邮政普遍服务投递频次深度、全程时限持续改善。实现100%县城党报当日见报的省份由6个提高到23个。快递网点基本实现乡镇全覆盖，快递服务产品体系更加完善，延误、损毁和丢失等问题显著改善。行业服务满意度持续提升，有效申诉率不断下降。寄递渠道平稳畅通，五年来未发生重特大安全事故，重大活动保障有力。

——发展质效显著增强。湖北鄂州等国际枢纽加快建设，快递专业类物流园区数量大幅增加。高铁快递取得重大突破，航空快递运能不断增强，全行业专用货机从71架增加到122架。人工智能、大数据、物联网、区块链和北斗导航等新技术新产品加快应用，配备全自动分拣系统的分拨枢纽超过370个。快递电子运单、循环中转袋基本实现全覆盖，绿色发展初见成效。

——治理能力持续提升。健全完善邮政管理体系。推动《快递暂行条例》出台，加快构建与高质量发展相适应的邮政快递业法规、规划、政策、标准体系。深化“放管服”改革，不断优化市场化法治化国际化营商环境，对新业态实行包容审慎监管，充分激发各类市场主体活力。人才队伍能力素质明显提高，基层员工权益保障持续推进，行业文化和软实力全面加强。

——行业影响力大幅提高。中国邮政在世界500强排名进入前一百名，位列世界邮政企业第二名。快递企业加快改制上市，形成3家年业务量超100亿、收入规模超1000亿元的品牌快递集团。在万国邮联终端费调整、会费改革、国际铁路运邮规则制定等方面取得一批重要成果，邮政业发展的“中国智慧”和“中国方案”得到世界同行广泛关注和赞誉。

同志们！“十三五”以来的五年，是人民用邮获得感最强、创新驱动成效最好、企业实力增长最快、贯通一二三产业最实、国际影响力最大的五年。五年来，我们坚持党的全面领导，增强“四个意识”、坚定“四个自信”、做到“两个维护”，坚决走好第一方阵；我们坚持人民邮政为人民的初心使命，不断满足人民群众日益增长的美好生活用邮需要；我们坚持发展第一要务，贯彻新发展理念，推动产业联动融合，实现质量变革、效率变革、动力变革；我们坚持全面深化改革，有效破解制约行业发展的体制性机制性障碍，不断解放和发展生产力；我们坚持依法治邮，建设有为政府，持续提升行业治理体系和治理能力现代化水平。

同志们！“十三五”时期邮政快递业改革发展迈上了新台阶，经受住了错综复杂形势的考验和新冠肺炎疫情的冲击。这些成绩的取得，是党中央、国务院坚强领导和亲切关怀的结果，是交通运输部正确领导的结果，是中央各部门、地方各级党委政府和社会各界大力支持的结果，全行业干部职工团结一心、拼搏奋进，不断汇聚成推动邮政快递业改革发展的强大动力，共同绘就了邮政快递业繁荣兴旺的宏伟画卷。在此，我谨代表国家邮政局，向长期以来关心支持行业发展的各级领导和同志们，向全体干部职工和离退休老同志致以崇高的敬意和衷心的感谢！

二、贯彻新理念，构建新格局，为全面建设现代化邮政强国开好局、起好步

“十四五”时期是我国在全面建成小康社会、实现第一个百年奋斗目标之后，乘势而上开启全面建设社会主义现代化国家新征程、向第二个百年奋斗目标进军的第一个五年。党的十九届五中全会深入分析国际国内形势，明确二〇三五年远景目标和“十四五”时期经济社会发展的指导方针、目标任务、战略举措，为今后5年乃至更长时期

邮政快递业发展指明了前进方向、提供了根本遵循。全系统全行业要认真学习领会、坚决贯彻落实，把思想和行动统一到中央对当前形势判断和决策部署上来，以习近平总书记关于邮政快递业重要指示批示精神为引领，自觉融入党和国家工作大局，准确识变、科学应变、主动求变，精心谋划"十四五"时期行业发展，更好对接发展所需、基层所盼、民心所向，在全面建设社会主义现代化国家新征程中贡献行业力量。

进入新阶段，我国邮政快递业发展仍然处于重要战略机遇期，但机遇和挑战都有新的发展变化。一是加快构建新格局对行业高质量发展提出更高要求。畅通国内大循环要求行业更好贯通生产、分配、流通、消费各个环节，支撑强大国内市场建设。促进国内国际双循环，要求加快建设自主可控的国际寄递物流服务体系，助力增强产业链供应链自主可控能力，我们要主动作为。二是全面建设社会主义现代化国家为行业高质量发展提供更好机遇。我国经济长期向好，"数字化""包裹化""快递化"趋势明显，行业需求侧领域扩展、场景丰富、频次增加，空间广阔、潜力无限。新一轮科技革命和产业变革为深化行业供给侧结构性改革持续赋能，我们要坚定信心。三是内外形势日趋复杂给行业高质量发展带来更大挑战。行业发展不平衡不充分矛盾仍然突出，快递小哥合法权益保障和末端稳定性存在明显短板，安全绿色发展任务艰巨，国际网络、供应链、应急及冷链能力不强。统筹疫情防控和行业发展成为常态，世界百年未有之大变局中行业不确定性骤然加大，行业治理小马拉大车，我们要攻坚克难。

对标对表中央要求，国家局党组研究提出了未来一段时期行业发展目标。到二〇三五年，建成人民满意、保障有力、世界前列的邮政强国。实现网络通达全球化、设施设备智能化、发展方式集约化、服务供给多元化，基本实现行业治理体系和治理能力现代化。到二〇二五年，行业规模实力、基础网络、创新能力、服务水平、治理效能实现新跃升，在经济社会发展中作用更加突出，在全球邮政业发展中地位更加凸显。寄递网络枢纽智能高效、干线衔接顺畅、末端稳固便捷。技术创新、业态创新、模式创新实现新突破，重点领域科技研发应用水平居世界前列，寄递服务质量不断提升。邮政管理体系更加适应发展需要，安全绿色发展水平显著提升，从业人员合法权益得到更好保障。

新阶段开启新征程，邮政快递体系是国家竞争力的重要组成部分，我们要在构建新发展格局中找准定位、谋划战略。当前和今后一个时期，要按照"服务全领域、激活全要素，打造双高地、畅通双循环"的工作思路，围绕提升行业在畅通中的价值，聚焦高质量发展、高效能治理，深化供给侧结构性改革，加强需求侧管理，提升行业供给体系对需求的适配性、要素资源对行业供给体系的保障力，形成需求牵引供给、供给创造需求的更高水平动态平衡，更好满足人民美好生活需要，全方位提升行业贡献度和影响力。"服务全领域、激活全要素"就是要发挥行业连接千城百业、联系千家万户、连通线上线下的优势，加快从重点发展向全域发展转变，从被动适应向主动创造转变，提升与更多领域的关联性和协同性。吸引各类要素资源协同集聚，加快从依靠传统要素向激活全要素转变，从劳动密集型向资本技术数据密集型叠加拓展，为服务全领域提供能力保障。"打造双高地、畅通双循环"就是要充分利用双重管理和邮联体系的制度优势，推动有效市场和有为政府更好结合，以高效能治理引领高质量发展。充分发挥一体网络优势，加快从促进流通方式转型向畅通国内国际循环转变，在构建新发展格局中全方位释放邮政快递业在助力生产、促进消费、畅通循环中的重要作用。

（一）坚持创新核心地位，提升服务全领域能力

坚持创新在邮政强国建设全局中的核心地位，深入实施科技强邮战略，将创新作为行业高质量发展和高效能治理的第一动力。一是强化企业创新主体地位。发挥大企业引领支撑作用，组建体系化、任务型联合体，激发中小企业创新创造活力，支持基层企业“微创新”。鼓励高科技企业、科研院所、创投企业融入行业创新链，推动上中下游、大中小企业融通创新，加快向“智能+”升级。二是强化政府统筹作用。健全行业科技研发、标准、认证体系。加强部门协同、经费筹措，建设多层次行业科技平台，统筹推进重大科技项目攻关。组织创新试点示范工程，促进资金、技术、人才、市场等要素对接，推动产业化规模化应用。三是强化创新整体效能。坚持目标导向和问题导向，面向发展痛点、治理难点和民众用邮过程中的急难愁盼，聚焦收投两端、全网优化、安全应急、绿色环保、国际及现代供应链等短板弱项，以科技创新带动管理创新、模式创新、服务创新、业态创新，提升行业创新的系统性整体性协同性。四是强化供给体系创新。在服务电商寄递、服务国内消费基础上，创新服务品种、提升服务品质、打造服务品牌，更好满足多领域、多场景、多样化寄递物流需求；提升行业供给体系的创新力，提高与政务便民、商务金融、文体旅游、教育科研、健康养老等领域的关联性，以创新驱动、高质量供给引领和创造行业新需求。

（二）全面激活要素资源，建设现代邮政快递体系

以数据驱动为牵引，全面激活劳动、资本、土地、知识、技术、管理等要素资源，推进邮政快递产业数字化、数字产业化，提升邮政快递业质量效益和核心竞争力。一是加强传统要素保障。改善价值分配，引导资本、土地等要素资源向末端倾斜，切实维护基层网络稳定。强化全程全网特点和公共服务设施属性，推动从完善城市功能、保障民生需求角度提高用地、通行、设施等要素资源配套保障力度，夯实行业可持续发展基础。二是加快数字化转型。将数字技术作为推动行业变革的关键驱动力，加快提升邮政产业全链条数字化水平。提高行业数据治理能力，建立邮政快递业数据湖，完善数据开放共享机制，健全数据安全制度和技术基础。释放数据要素潜能，用邮政快递数据赋能经济社会发展和政府治理。三是向价值链高端升级。培育知识技术管理等要素，推动从单一寄递功能向综合寄递物流升级，拓展端到端复合服务功能，增强产业链供应链自主可控能力，推进专业化、标准化、品牌化建设，更深嵌入实体经济，获得更多价值分配。四是带动关联服务专业化。深入挖掘“快递经济”内涵与外延，培育壮大关联产业及配套服务，促进空铁货运、车辆装备、环保包装、物流地产、货代通关、金融保险、检测认证、教育培训等联动发展，升级重塑产业生态圈。

（三）统筹网络业务布局，助力形成强大国内市场

紧紧围绕扩大内需这个战略基点，实施一批强基础、增功能、利长远的重大项目，构建日处理超10亿件、服务超10亿人的寄递网络，助力培育完整内需体系。一是建强主枢纽。深度对接国家综合立体交通网和物流枢纽等规划，在华北、华南、华东、华中、西南-西北布局建设5大全球性国际枢纽集群，统筹布局一批区域性国际枢纽和全国性枢纽。打造一批“枢纽+关联产业”快递经济区，助力提升城市能级。二是打通大动脉。推广多式联运，构建不同运输方式合理利用、顺畅衔接的干线运输网络。升级公路运输能力，发展高运能智慧化干线车队，探索试用无人驾驶。提升航空快递规模，壮大机队规模，优化航线时刻，

提升腹仓利用率。破解高铁快递难题，推动场地设施配套、流程对接、信息共享。三是畅通微循环。推动压实邮政快递末端基础设施地方财政事权和支出责任，衔接纳入国土空间规划。推动城市居住区和社区生活服务圈配建邮政快递服务场所和设施，支持智能末端设施建设，发展无接触收投。推广共同分拣、共同运输、共同投递。四是全面促消费。深化与电商协同，推动落实电商快递价格分离，改进电商寄递服务体验。支持发展同城快递，带动线上线下消费融合发展。顺应消费升级趋势，发展精准、安全、多样化专业寄递服务。推广仓配一体，支撑消费新模式新业态发展。推动网络下沉农村，助力开拓乡村消费市场。

（四）以“两进一出”为重点，畅通国内国际双循环

着力解决行业在服务农村、服务生产、服务国际方面的短板，助力打通双循环堵点，促进提升产业链供应链稳定性和竞争力。一是因地制宜推进快递“进村”。夯实县乡村三级寄递物流体系，建立差异化、渐进式进村标准，三年内实现建制村直接收投。加强资源共享，支持邮快、交快合作，鼓励发展驻村设点、快快、商快合作。对接特色农产品优势区和产业强镇建设，打造更多服务现代农业项目，助力乡村振兴。二是分类分步推进快递“进厂”。聚焦3C、医药、汽配、服装和快消品等领域，以及长三角、珠三角等区域，搭建对接平台，分类出台指南，培育一批典型示范项目，打造一批应用场景先行区。引导企业由易入难、由表及里、由产后产前至产中、由环节到系统，发展供应链综合解决方案，打造制造业移动仓。三是积极稳妥推进快递“出海”。伴随出海、联合出海、造船出海相结合，整合境内外、上下游资源，增强国际寄递网络连通性和稳定性。面向东北亚、东南亚，深度融入RCEP价值链，加快形成区域性国际寄递网络。面向欧洲、美洲和非洲等，补齐海外中转、洲际干线、清关资质、标准衔接等短板，不断丰富洲际国际寄递物流专线。

（五）激发市场主体活力，构筑高质量发展力量支撑

全面深化改革，坚持平等准入、公正监管、开放有序、诚信守法，形成高效规范、公平竞争的统一邮政快递市场。一是深化邮政企业改革。落实“实现邮政普遍服务业务与竞争性业务分业经营”重大改革部署。调整邮政普遍服务内涵，完善邮政普遍服务监督和保障机制，持续提升邮政普遍服务和特殊服务水平。推动邮政企业健全市场化经营机制，深化混合所有制改革，增强在寄递领域的竞争力、创新力、控制力、影响力和抗风险能力。二是培育壮大具有国际竞争力的现代寄递物流企业。鼓励行业领军企业通过创新发展、产业集成、开放合作、卓越管理等，加快转型升级，提升连接服务能力，形成数家在全球邮政快递领域具有重要话语权和影响力的世界一流企业，成为伴随中国企业走出去和支撑国家战略的可靠力量。协调完善跨部门政策保障，务实解决企业在兼并重组、资质获取、跨境通道和重大项目申请上的瓶颈问题。三是支持大中小企业融通发展。深化“放管服”改革，为各类市场主体增便利、减负担、降门槛。鼓励创新创业，支持寄递产业链细化分工，包容更多环节型、功能型、平台型企业发展，鼓励以寄递服务为内核和依托的新业态新模式发展，丰富市场主体形态。

推动高质量发展，必须实现高效能治理，全系统全行业要坚持人民邮政为人民，坚持系统观念，不断提升贯彻新发展理念、构建新发展格局的能力水平，实现质量、结构、规模、速度、效益、安全的统一。要优化政策目标取向，从关注量的增长转向更多关注质的提升。统筹发展与安全，努力防范和化解各种风险，确保行业始终行稳致远。把绿色邮政放在更加突出位置，推动行

业实现全面绿色转型。把提高质量效益放在首位，维护消费者和快递员合法权益。要强化顶层设计，围绕快递员权益保障、末端稳定、安全绿色、质量效益、反垄断和反不正当竞争等关键问题，加强可操作、易见效的法规标准政策建设，拿出切实解决方案，为行业提质量、防风险、调结构、增效益提供制度保障。要强化制度执行刚性，强化企业主体责任、部门监管责任和属地管理责任，鼓励规范寄递平台企业发展，用严格执法带动更好普法，推动各项制度落地生根见效，对严重扰乱市场秩序、不正当竞争、违法违规行为零容忍，坚决依法从严惩治。要丰富评价手段，在用好传统评价指标基础上，加快完善与高质量发展和高效能治理相适应的评价体系，完善约束性指标管理，强化第三方评估和信息披露力度，充分发挥评价的激励约束作用。

三、2021 年工作安排

2021 年是“十四五”规划开局之年，是我国现代化建设进程中具有特殊重要性的一年，做好邮政快递业改革发展各项工作任务艰巨、意义重大。今年工作的总体要求是：以习近平新时代中国特色社会主义思想为指导，全面贯彻党的十九大和十九届二中、三中、四中、五中全会以及中央经济工作会议精神，坚决贯彻习近平总书记关于邮政快递业指示批示精神，坚决落实党中央、国务院重大决策部署，增强“四个意识”、坚定“四个自信”、做到“两个维护”，统筹推进“五位一体”总体布局，协调推进“四个全面”战略布局，坚定不移贯彻新发展理念，坚持稳中求进工作总基调，以推动高质量发展为主题，以深化供给侧结构性改革为主线，以改革创新为根本动力，以“两进一出”工程为抓手，以满足人民群众日益增长的美好生活用邮需要为根本目的，着力稳态势、促改革、强基础、畅循环，统筹发展和安全两件大事，统筹事业与产业双轮驱动，毫不放松抓好常态化疫情防控，加快邮政强国建设步伐，为构建新发展格局作出积极贡献，以优异成绩迎接建党 100 周年。

预计全年邮（快）件业务量完成 1219 亿件，同比增长 12% 左右；全行业业务收入完成 1.2 万亿元，同比增长 11% 左右。其中，快递业务量完成 955 亿件，同比增长 15% 左右；业务收入完成 9800 亿元，同比增长 12% 左右。邮政、快递服务满意度和服务质量持续提高，快递包装绿色转型取得积极成效，寄递渠道安全保障能力不断增强，基层员工权益保障取得实质性进展，业务、城乡、区域结构持续优化，发展质效进一步提升。要重点抓好以下八个方面工作。

（一）坚持党的全面集中统一领导

一是全面加强系统党的建设。切实扛起管党治党责任，把党的全面领导落实到各方面各环节，为推进邮政快递业在“十四五”开好头、起好步提供更加坚强的政治保证。深学笃用习近平新时代中国特色社会主义思想，重点抓好党的十九届五中全会精神学习贯彻，推动理论学习不断走深走心走实。坚守政治机关职责定位，把政治建设摆在首位，深入贯彻国家局党组《关于加强党的政治建设的实施意见》，不折不扣抓好习近平总书记重要指示精神贯彻落实。认真开展庆祝建党 100 周年活动，营建良好政治氛围。着力夯实基层基础，抓实党支部标准化规范化建设，持续推进模范机关建设，推动快递业党建工作由“有形覆盖”向“有效覆盖”转变，增强党组织政治功能和组织力。坚持和完善党建带群建工作机制，深入推进党的群团工作，凝聚起行业奋斗“十四五”、奋进新征程的强大力量。

二是打造高素质专业化干部队伍。贯彻新时代党的组织路线，坚持好干部标准，压实各级党组选人用人主体责任，更好激励干部担当作为，注重基层和业绩导向，把想干事、能干事、干成事的干部及时选出来。制定加强系统领导班子建设实施意见，持续抓好领导班子建设和干部储备。大力发现培养选拔优秀年轻干部，稳妥推进干部交流。严格职级晋升条件，完善干部管理使用制度，改进政绩考核，更好发挥考核评价指挥棒作用，抓好选人用人问题督促整改。出台落实关心关爱干部实施办法，加强对援派和扶贫干部的关心服务，办好“干事创业好班子”“担当作为好干部”和优秀市（地）局长推荐活动。实施干部队伍能力素质提升行动，统筹开展各类基层调研工作，推动中央机关接地气、年轻干部走基层。

三是扎实推进从严管党治党。严格落实各级党组织全面从严治党责任清单，加强党建、纪检队伍建设，巩固落实中央八项规定及其实施细则精神成果，坚决纠治形式主义、官僚主义。持之以恒正风肃纪反腐，坚持执纪必严、违纪必究，对顶风违纪行为从严查处、通报曝光。强化对权力运行的制约和监督，特别加强对重点部门和关键岗位的监督。运用违纪违法典型案件持续开展警示教育。组织对8个省（区、市）局党组开展常规巡视和选人用人专项检查。

四是加强行业精神文明建设。落实意识形态工作责任制，强化舆情监测引导。加强行业自律、职业道德和诚信体系建设。加强新闻宣传，讲好新时代行业故事，为加快建设邮政强国营造良好氛围。做好中国邮政快递报增版扩容，推动媒体融合。

（二）巩固行业稳中有进发展态势

一是抓好常态化疫情防控。按照“外防输入、内防反弹”要求，根据疫情变化果断调整应急响应级别和防控策略。严格落实行业疫情防控规范，抓好冷链、进出境邮件快件等重点部位精准防控，分区分级做好生产作业场所和全流程通风消杀，严防聚集性感染。深入研究疫情防控和行业发展统筹协调机制，科学精准做好疫情防控和寄递服务保障工作。

二是强化战略规划引领。出台“十四五”邮政业、邮政事业、快递业、邮政业国际发展以及邮政业监管体系建设规划。衔接好国家和地方经济社会发展规划纲要及综合交通运输、现代流通体系等重点专项规划。开展国家规划纲要、国务院重点专项规划和行业总体规划的宣贯，制定分工方案并推进实施。配合宣贯《国家综合立体交通网规划纲要》。持续推进国家重大区域战略落实。全力抓好重点业务、重点区域、重点市场、重点主体和新产业新业态新模式发展工作。

三是优化行业营商环境。编制国家局权责清单。落实政务服务“跨省通办”。持续做好许可有效期延续审核，大力推动许可便利化标准化建设。推动在北京等自贸区委托下放国际快递业务经营许可审批权限。推进自贸试验区和自由贸易港邮政快递业发展。统筹事前和事中事后监管，稳步推动新业态监管服务工作。推动出台邮政普遍服务业务与竞争性业务分业经营实施方案。推动出台农村寄递物流体系创新融合发展意见。制定进一步做好西藏、新疆邮政业发展工作方案。探索开展行业政策评估。印发《快递示范城市评定和管理办法》，组织开展示范城市创建工作中期评估。

四是补齐网络设施短板。落实邮政与商务合作框架协议，协同建设县乡村三级电商寄递服务网络。落实国家投资计划，推动邮政寄递枢纽建设和设备改造升级。试点施行《末端公共服务站服务规范》，制定《智能快件箱投递服务指引》，加强末端服务行业自律。支持末端服务设施多元发展，以老旧小区改造为契机，加快推进智能快件箱（信包箱）、快递公共服务站等末端设施建设，力争箱递率和服务站数量进一步提升。提高村级综合服务站点覆盖率。深入打造邮政综合服务平台，高质量开展政务便民服务。

五是完善标准和统计体系。研究修订邮政业标准化管理办法。出台快递电子运单、限制过度包装等绿色包装标准。制定“三智一码”重大科技攻关配套标准。积极推进国际标准立项。强化标准化工作全流程管理和质量管控。研究完善高质量发展统计指标体系。落实2020年新不变单价使用衔接。强化数据质量常态化管控。提升统计信息化支撑能力。开展运行分析研判和数据解读。

（三）加快推进“两进一出”工程

一是深入推进“快递进村”。落实三年行动方案，编制进村指引，明确进村标准，实施分层次、精准化服务进村。因地制宜推动邮快、交快、快快合作多模式并进，多品牌快递服务有效下沉，提高覆盖率、增加代投量、提升信息对接率。打造“快递进村”典型示范项目。力争年底东部地区基本实现快递服务直投到村，中、西部地区建制村快递服务通达率达80%和60%。持续推动快递服务现代农业，畅通“快递进村农品出村”微循环，继续培育全国金牌项目和省级银牌项目，发挥示范作用，实现基层网点、一线员工和广大农民受益。各地要主动对接服务乡村振兴战略，综合利用地方财政事权、政府购买服务、基层自治组织经费等多种渠道加快推进。

二是加快推动“快递进厂”。制定“快递进厂”行动方案。引导企业加强快运物流网络建设，提升供应链服务水平。巩固汽车、3C、服装、医药、食品等行业服务成效，编制“快递进厂”指引，在全国遴选一批方向领先、成效显著的融合发展典型项目。鼓励制造业大省先行突破，在制造业集聚区建设一批快递业与制造业深度融合发展先行区。搭建寄递企业与制造企业的供需对接平台。

三是积极促进“快递出海”。推进国际邮件处理场地改造升级，创新邮件、快件、跨境电商通关模式。完善进出境快件基础设施建设布局。支持企业加强国际干线自主航空能力建设，加快推进中欧班列运输邮件快件，利用海运快船补充运力短板。鼓励企业继续深耕东南亚和东北亚业务，有效服务重点国家市场。支持加强海外分拨中心、海外仓以及地面配送网络建设，努力拓展全球服务网络。

（四）加强科技赋能与人才支撑

一是加快科技创新与应用。推动构建邮政快递企业、高科技企业、高等院校、科研院所“四位一体”的行业科技研发体系。支持行业技术研发中心建设，积极申报国家工程研究中心、国家技术创新中心。推进智能安检和智能视频监控系统算法优化，推动智能语音申投诉系统试点应用，稳妥推进通用寄递地址编码项目试点。推广应用大数据、云计算、区块链等关键共性技术以及北斗导航系统等先进技术装备。在海南自贸港等地开展数字邮政快递创新试点示范工程。

二是加强“绿盾”工程项目应用。强化“绿盾”工程应用培训考核。依托“绿盾”工程加强“互联网+监管”建设，努力实现全面感知、系统融合、数据共享、业务协同，实现数据在邮政管理部门落地应用，有效激发数据要素价值，助力科学决策。启动“绿盾”工程二期项目前期工作。

三是完善行业人才支撑体系。继续开展高校毕业生网络招聘活动。深入实施职业技能培训“246”工程，确保年度培训25万人次。用好职称评审破格政策、“绿色通道”或“直通车”，着力壮大中高级工程师队伍。积极推进行业职业技能等级认定工作，鼓励院校学生和企业员工参加快递运营等级证书考核。支持共建院校邮政学科建设，加快培养邮政快递类硕士、博士研究生，加强国际化、高层次人才支撑。新遴选一批邮政行业科技英才和技术能手，推进邮件快件安检员职业标准开发。办好第三届全国邮政行业职业技能竞赛、第六届全国“互联网+”快递大学生创新创业大赛。

（五）扎实做好平安寄递建设

一是抓好行业安全生产。完善寄递安全考核制度，强化结果运用。编制行业安全生产标准化建设操作指引。强化落实企业安全生产主体责任，督促总部加强全网统一管理。强化落实“三项制度”，提升实名数据质量、收寄验视执行实效、过机安检智能化水平。深入开展安全生产专项整治三年行动和涉枪涉爆隐患集中整治。进一步做好寄递渠道禁毒和“扫黄打非”工作。

二是做好行业应急管理。稳步推进行业应急管理体系建设，不断健全优化工作机制。持续做好行业监测预警、突发事件应急处置和信息报告、维护行业稳定等工作，做好重大活动寄递安保。深入总结疫情防控应急物资运递经验，推动国家应急物资保障体系建设相关方案在行业落实，服务国家应急管理工作大局。

三是稳定末端网络和一线员工队伍。强化末端监测，实施常态管控，对区域服务异常企业的服务能力进行复核并向社会公示。规范企业内部层层罚款问题，依法纠治对寄自特定区域的快件实施非正常派费结算等侵害下游合法权益行为。制定快递员劳动定额标准和末端派费核算指引，督促快递企业及时足额发放工资，积极推广人身意外险等适合快递业的险种。联合相关部门出台优化基层员工权益保障政策，持续深入开展“暖蜂行动”，各地要加大公租房（廉租房）政策争取力度。进一步加大先进典型选树工作，引导形成尊重劳动、关爱发展的良好社会氛围。

（六）持续推进绿色邮政发展

全面贯彻加快推进快递包装绿色转型意见，指导各地结合财政事权和支出责任划分改革要求，落实属地责任，强化政策保障。出台邮件快件包装管理办法和邮政快递业绿色发展行动计划。推动实施快递包装产品绿色认证，加快生态环保相关标准研究制定，继续开展行业生态环保评价。大力实施“2582”工程，开展重金属和特定物质超标包装袋与过度包装专项治理，力争年底可循环快递箱（盒）使用量达500万个、电商快件不再二次包装率达80%，新增2万个设置标准包装废弃物回收装置的邮政快递网点。稳步推进节能减排，加大新能源或者清洁能源车辆在行业的推广应用力度，继续做好绿色网点、绿色分拨中心建设试点。

（七）进一步深化国际和港澳台交流合作

一是积极推动共建“一带一路”高质量发展。持续推进中欧班列邮快件常态化运输工作，加强与“一带一路”沿线国家、RCEP成员国家邮政领域高级别对话和务实合作，推进行业涉外政策沟通协调，组织境外寄递枢纽体系调研，保持与国外邮政领域学术研讨交流。深化内地与港澳邮政峰会机制，协同推进粤港澳大湾区邮政业高质量发展。落实两岸邮政交流机制，服务两岸经济社会融合发展。

二是深度参与国际邮政治理。积极做好第27届万国邮联大会和万国邮联“三项”竞选工作，稳妥应对万国邮联会费体制改革等重大多边谈判。加强与万国邮联、亚太邮联、欧洲标准化委员会等国际组织的协调联系，深化人员培训、国际铁路运邮规则标准和中欧邮件快件电子预报关标准互认等合作。加大国际组织层面的行业宣传和人才输送工作力度。

（八）不断提升治理体系和治理能力现代化水平

一是强化行业法治建设。研究修正邮政法。全面修订快递市场管理办法和仿印邮票图案管理办法。研究提出邮件快件验视安检管理规范。依法办理行政复议和行政应诉案件，纠正违法不当行政行为。组织实施执法评议。对重大执法决定实施法制审查。修改邮政行政执法证件管理制度。建强公职律师队伍。编制行业“八五”普法规划，加强法治宣传教育。

二是加强邮政服务监管。持续提升农村邮政服务能力，继续加大对乡镇局所的监督检查力度，巩固提升边境、边远地区建制村投递频次，确保通邮稳定可持续。深化普遍服务监督管理系统应用，推进邮政局所视频联网，探索开展非现场监督检查。从严做好中央巡视专用邮箱、高校录取通知书等重大专项任务寄递服务监督检查工作。加强经营境内邮政通信业务事中事后监督管理工作。做好《中国共产党成立一百周年》等重大题材纪念邮票发行和专项监督检查工作，严肃查处违规销售和违规仿印邮票行为，提高邮票线上销售服务质量。继续巩固提升县级城市党报当日见报水平。强化社会监督工作，实现区县监督力量全覆盖。

三是强化邮政市场监管。细化行政执法检查工作指引，完善行政处罚案件办理标准。强化“双随机、一公开”监管，做好“两库一清单”动态管理，加快推进集邮、用品用具市场主体实现入库管理。建立市场排除或限制竞争风险评估机制。健全行业市场数据使用管理规则，加强对快递数据收集、管理、使用的监管，严肃查处泄露用户信息等违法行为。加快推广应用信用承诺制度，健全严重失信行为认定标准，完善失信行为信息披露机制。继续对刷单、贩卖快递盲盒等进行清理整顿。适应新业态发展趋势，坚持包容审慎原则，健全行政指导机制，与行政执法手段有机衔接、有效协同，守住安全与质量底线。积极推行信息化监管，加强行业网络安全指导，推动执法、许可、信用等系统互联互通，强化线上线下配合，切实维护市场秩序。

四是推进服务型政府建设。持续推进中央与地方财政事权和支出责任划分改革落地，力争实现省级方案出台收尾、区域政策引领示范、市地全面落地铺开的中期改革目标。严格落实过紧日子要求，大力压减非刚性支出。强化预算管理，努力开源节流，精打细算使用资金，严格落实工作考核，做到“精准布置、精准分配、精准执行、精准管控”，持续提升财政资金绩效水平。持续加大审计监督力度，加强经济责任审计成果运用。扎实做好督查、信访、保密、档案管理、政府信息公开工作，推进电子政务内网、一体化在线政务服务平台和“互联网＋监管”建设。坚持优化协调高效，积极推动省级邮政管理部门“三定”修订以及职能职责和机构设置优化，开展省级以下单位机构编制实名制管理。推进支撑体系建设，力争实现省级安全中心全覆盖、市级安全中心数量有较大增长，充分发挥县级机构作用。支持事业单位更好发挥作用，出台事业单位干部人事管理暂行办法，开展事业单位岗位设置，推动实施事业单位绩效工资制度。加强与有关部门沟通，积极推动省市局养老保险缴费补助和住房政策保障。做好市（地）局纳入定员定额管理后续工作。进一步加强对脱钩后各级协会组织的工作指导。

同志们，2021年工作任务艰巨、责任重大。让我们紧密团结在以习近平同志为核心的党中央周围，以习近平新时代中国特色社会主义思想为指导，坚决贯彻党中央、国务院决策部署，同心同德、顽强奋斗、狠抓落实，以邮政快递业改革发展新的优异成绩庆祝中国共产党建党100周年，为加快建设现代化邮政强国而努力奋斗！

加快建设交通强国

中共交通运输部党组

《求是》（2020 年第 3 期）

建设交通强国是党的十九大作出的重大战略决策。党的十八大以来，习近平总书记深刻把握新时代我国发展的阶段性特征，对交通事业发展作出一系列重要论述，提出了建设交通强国的时代课题。2019 年 9 月党中央、国务院印发的《交通强国建设纲要》，就是按照习近平总书记重要论述和党的十九大决策部署制定的。建设交通强国是党中央赋予交通人的历史使命，是新时代做好交通工作的总抓手。我们要深入贯彻落实好党中央的决策部署，为实现交通强国梦而不懈奋斗。

一、建设交通强国是新中国几代人的梦想

我国幅员辽阔、人口众多，人口、资源、产业分布极不均衡，“春运”“北煤南运”等大跨度、高强度的运输世所罕见。特殊的国情决定了我国必须建设一个强有力的交通运输体系。在党中央、国务院的坚强领导下，一代代交通人不忘初心、牢记使命，进行了艰苦卓绝的奋斗。

新中国成立之初，我国交通运输非常落后，铁路总里程仅 2.18 万公里，一半处于瘫痪状态；公路约 8.08 万公里，大部分是土路；内河航道处于自然状态；民航只有 7 条国内航线。那一代交通人，着力恢复交通运输生产，服务社会主义建设，修建了青藏公路、成昆铁路、南京长江大桥等一批标志性交通工程，解决了“有没有”的问题，有力地支撑了中华民族“站起来”。改革开放后，我国交通运输曾长期处于短缺状态，买票难、乘车难、运输难是常态，交通对经济社会发展形成瓶颈制约。那一代交通人，着力破除瓶颈制约，使交通基本适应了经济社会发展需要，解决了“够不够”的问题，有效地支撑了中华民族“富起来”。中国特色社会主义进入新时代，我国社会主要矛盾发生变化，人民群众对交通的需求从“够不够”转向“好不好”，解决交通“大而不强”的问题迫在眉睫。我们这代交通人的使命，就是要解决“好不好”的问题，建设人民满意交通，奋进世界交通强国，为中华民族“强起来”提供有力支撑。

党的十八大以来，因应“强起来”的时代需要，习近平总书记高瞻远瞩、系统谋划，对交通运输工

作作出重要论述，为交通运输发展指明了方向。发展战略上，强调建设交通强国；发展定位上，强调当好“先行官”；发展目的上，强调建设人民满意交通；发展主线上，强调推进供给侧结构性改革；发展要求上，强调推动高质量发展；发展目标上，强调形成现代化综合交通体系；发展动力上，强调弘扬“两路”精神；发展保证上，强调加强党的领导和党的建设，等等。这些重要论述聚焦实践问题，明确了新时代交通运输发展的战略任务和路线图，形成了一个科学的战略思想体系，为加快建设交通强国提供了根本遵循。

科学的理论来自成功的实践，又指引实践的发展。党的十八大以来，在习近平总书记关于交通运输重要论述精神指引下，交通系统紧扣我国社会主要矛盾变化，大力推动交通运输高质量发展，在促进经济社会发展方面发挥了重要作用。截至2019年底，全国铁路营业总里程达13.9万公里以上，其中高铁3.5万公里，居世界第一；全国公路总里程达496.8万公里，其中高速公路14.9万公里，居世界第一；全国内河航道通航总里程12.7万公里，居世界第一；港口货物吞吐量世界排名前10的港口中，中国占7席；境内民用航空颁证机场共238个，年旅客吞吐量达1000万人次以上的通航机场39个；邮政实现乡乡有网点，村村直通邮，我国综合立体交通基础设施网络初步形成。特别是，“复兴号”动车组、C919大型客机等一批国产交通工具和交通装备不断涌现，标注了“中国制造”新高度；港珠澳大桥、北京大兴国际机场等一批超级工程震撼世界，网约车、共享单车、互联网物流等新业态蓬勃发展，为中国经济发展增添了新动能。

新时代我国交通建设之所以取得巨大成就，根本在于以习近平同志为核心的党中央的坚强领导，根本在于习近平新时代中国特色社会主义思想的科学指导，发挥我国社会主义制度集中力量办大事的政治优势。正如习近平总书记在北京大兴国际机场投运仪式上指出的，大兴国际机场能够在不到5年的时间里就完成预定的建设任务，顺利投入运营，充分展现了中国工程建筑的雄厚实力，充分体现了中国精神和中国力量，充分体现了中国共产党领导和我国社会主义制度能够集中力量办大事的政治优势。

站在新时代的坐标上，以《交通强国建设纲要》印发为标志，我国建设交通强国迈出了新步伐。《纲要》强调牢牢把握交通“先行官”定位，推动交通发展由追求速度规模向更加注重质量效益转变，由各种交通方式相对独立发展向更加注重一体化融合发展转变，由依靠传统要素驱动向更加注重创新驱动转变，建成人民满意、保障有力、世界前列的交通强国。走在新征程上，只要我们勇担时代使命，撸起袖子加油干，交通强国建设目标就一定能在我们这代人手里实现。

二、守初心担使命，建设人民满意交通

交通人始终不渝坚持人民交通为人民，努力建设人民满意交通。新时代建设人民满意交通，关键是要实现交通运输供给从“够不够”到“好不好”的转变。

为什么人的问题，是检验一个政党、一个政权性质的试金石。党的十八大以来，习近平总书记多次对“四好农村路”建设作出重要指示，体现了总书记亲民、爱民、忧民、为民的民生情怀。“四好农村路”建设是习近平总书记亲自提出、亲自推动的民生工程、德政工程。惠及人口多，直接服务6亿多农民群众，间接服务更多城乡群众；覆盖国土面积广，2019年底我国具备条件的乡镇和建制村实现了通硬化路，这是一个历史性成就；建设规模大，党的十八大以来，交通运输部投入车购税资金5928亿元，带动全社会完成农村公路投资26625亿元，新改建农村公路189.4万公里。“四好农村路”建设

修的是路，改变的是农村面貌，联系的是党心民心，巩固的是党在农村的执政基础。“四好农村路”建设取得了实实在在的成效，为农村特别是贫困地区带去了人气、财气，也为党在基层凝聚了民心。

时代是出卷人，我们是答卷人，人民是阅卷人。进入新时代，随着生活水平提高和工作节奏加快，人民群众对交通运输提出了新要求，出行需求呈现多层次、多样化、个性化特征，货运需求呈现小批量、高价值、分散性、快速化特征。以铁路客运为例，其发展面貌的今昔巨变，生动地反映了新中国交通运输业发展的历史过程。新中国成立之初，从北京到上海的火车要坐轮渡过长江，人车分渡，整个旅程要 40 多个小时；南京长江大桥通车后，约需 24 小时；2006 年京沪铁路升级为电气化铁路，时间缩短到 10 小时内；“和谐号”动车组开通后，时间缩短到 5 个半小时；如今的“复兴号”动车组最高运行时速达 350 公里，只需要 4 个多小时。速度的变化，体现了时代的变化，也映射了人民需求的变化。加快建设交通强国，必须聚焦社会主要矛盾变化，不断补上交通运输业发展短板；必须以人民满意为根本评判标准，不断提升交通运输的效率、品质和经济性。

交通联系千家万户，关系国计民生。当前，我国交通运输仍然大而不强，发展质量还有待提升，在提供更加安全可靠、便捷畅通、经济高效、节能环保的交通运输服务上，与人民群众的期待相比仍有较大差距。建设人民满意交通是一项长期的任务，建设交通强国必须坚持以人民为中心的发展思想，坚持交通发展成果由人民共享，努力做到让广大人民群众享有更便捷的交通运输，获得更加公平、更有效率的交通服务。

三、当好经济社会发展的“先行官”

经济社会发展，交通运输先行。针对新时代的新任务，习近平总书记指出，“交通基础设施建设具有很强的先导作用”，“‘要想富，先修路’不过时”。习近平总书记的这些重要论述，阐明了交通运输在国民经济中基础性、先导性、战略性和服务性的功能属性，赋予了交通运输发展“先行官”的历史新定位。

先行，既是发展定位，也是职责使命；既要有敢为人先、争先创优的意识，也要有先行先试、率先垂范的功效。全面建成小康社会，交通运输领域要完成“两通”目标，即具备条件的乡镇和建制村通硬化路、通客车。我国在 2019 年已经实现具备条件的乡镇和建制村通硬化路，要力争 2020 年 9 月底前实现具备条件的乡镇和建制村通客车，切实做到交通为打赢脱贫攻坚战、全面建成小康社会当好“先行官”。

先行，要在能力上适度超前。新中国成立以来，我国交通运输与经济社会发展的关系先后经历了从“整体滞后”到“瓶颈制约”，再到“总体缓解”“基本适应”的发展阶段。目前，我国已经是名副其实的交通大国，基础设施、运输服务的规模已在世界上数一数二，基本适应了经济社会的发展需要。加快建设交通强国，要在“基本适应”的基础上先行一步，做到交通发展适度超前，不仅满足当前经济社会发展需要，也为支撑未来经济社会发展留有余地。

先行，要在政策上优先保障。交通运输是资源、技术、人才密集型行业，发挥好交通“先行官”作用，必须破除交通运输发展的资金、土地等要素制约，保障交通发展要素的优先、高效配置。特别是当前我国正处于综合交通基础设施更高水平成网的关键时期，需要在资金、土地、劳动力等要素上优先保障交通建设，并加快完善适应高质量发展新的交通运输发展政策体系。要不断深化对交通强国建设重大意义的认识，科学制定配套政策和配置公共资源，促进自然资源、环保、财税、金融、投资、产业、贸易等政策与交通强国建设相关政策协同，努力取得经得起历史和人民检验的成效。

四、朝着构建现代化综合交通体系笃定前行

综合交通运输体系是现代交通运输业的重要标志。随着我国工业化、新型城镇化水平不断提高，对交通运输的质量、效率、成本等方面要求越来越高，迫切需要发展综合交通运输来提升运输体系的整体效能。从发展实际看，当前我国综合交通运输体系建设虽然取得了长足进展，但各种运输方式融合不深、衔接不畅、协同不够的问题依然存在，必须下大力气促进各种运输方式一体化融合发展。

习近平总书记强调，综合交通运输进入了新的发展阶段，各种运输方式都要融合发展，要调整运输结构，加快形成安全、便捷、高效、绿色、经济的综合交通体系。这为加快构建现代化综合交通体系提供了科学指引。安全是交通运输发展的永恒主题，是综合交通运输发展的本质要求和基本前提。便捷是交通运输不断满足人民群众出行需要的内在要求，必须不断提高综合交通供给能力和质量。高效是对提高综合交通供给效率的要求，要充分发挥各种运输方式的比较优势和组合效率。绿色是对促进交通与自然和谐共生的要求，要加强节能减排和生态环境保护。经济是对交通运输投入产出比率的要求，也是综合交通运输保持竞争力的优势所在。

铁路、公路、水运、民航、管道、邮政等各种运输方式具有不同的技术经济特征，只有各展其长，才能发挥好比较优势。加快建设交通强国，必须按照高质量发展要求，推动各种运输方式平衡协调发展，着力提高交通运输发展的质量效益。重点是优化运输结构，推进中长距离大宗货物运输向铁路和水运有序转移，发挥公路货运“门到门”“户对户”优势，完善航空物流网络，加快构建宜水则水、宜陆则陆、宜空则空的综合交通运输体系，发挥整体最大优势，提高综合效能。

综合交通运输不是各种运输方式的简单叠加，而是不同运输方式的深度融合和系统集成。实现由各种交通方式相对独立发展向更加注重一体化融合发展转变，是建设现代化综合交通体系的方向和路径。为此，要紧紧围绕建设现代化综合交通体系这个发展任务，统筹制定交通发展战略、规划和政策，强化规划协同，实现“多规合一”“多规融合”，不断健全适应综合交通一体化发展的体制机制，加快建设现代化高质量综合立体交通网络，构筑多层级、一体化的综合交通枢纽体系，推动旅客联程运输和货物多式联运发展。

五、打造“四个一流”，迈向世界前列

加快建设交通强国，根本要求是推动交通运输高质量发展，打造世界一流的现代化综合交通体系。当前，新一轮科技革命和产业变革方兴未艾，加速现代信息、人工智能、新材料和新能源技术与交通运输的融合发展，已成为各国培育竞争新优势的重要发力点。我国交通运输在设施、技术、管理、服务等方面取得重大成就，但质量和效益还不高，创新能力还不强。加快建设交通强国，必须对标国际一流水平，以“世界前列”为重要目标，坚定不移推动交通运输高质量发展。

打造一流设施。基础设施网络是交通强国建设的重要基础。要重点打造“三张交通网”：发达的快速网，主要由高速铁路、高速公路、民用航空组成，突出服务品质高、运行速度快等特点；完善的干线网，主要由普速铁路、普通国道、航道、油气管道组成，具有运行效率高、服务能力强等特点；广泛的基础网，主要由普通省道、农村公路、支线铁路、支线航道、通用航空组成，具有覆盖空间大、通达程度深、惠及面广等特点。同时，要顺应信息革命发展潮流，推进数据资源赋能交通发展，加速交通基础设施网、运输服务网、能源网与信息网融合发展，构建泛在先进的交通信息基础设施。

打造一流技术。科技创新是交通强国建设的第一动力。未来交通技术装备呈现智能化、绿色化、高速化、重载化等发展趋势，要瞄准世界科技前沿，不断提升交通科技创新和应用水平。加强新型载运工具和特种装备研发，推进装备技术升级，实现交通装备先进适用、完备可控；瞄准新一代信息技术、人工智能、智能制造、新材料、新能源等世界科技前沿，加强交通领域前瞻性、颠覆性技术研究；推动大数据、互联网、人工智能、区块链、超级计算等新技术与交通行业深度融合，不断提高行业全要素生产率。

打造一流服务。运输服务是交通运输供给的最终产品。进入新时代，必须聚焦社会主要矛盾变化，大力提高运输服务的品质、效率和经济性，实现运输服务便捷舒适、经济高效。落实到发展实践上就是要打造“两个交通圈”：一个是“全国123出行交通圈”，即都市区1小时通勤、城市群2小时通达、全国主要城市3小时覆盖；另一个是“全球123快货物流圈”，即国内1天送达、周边国家2天送达、全球主要城市3天送达。通过“两个交通圈”建设，提供更高品质、更高水平的服务，不断增强人民群众的获得感、幸福感和安全感。同时，不断深化交通运输与旅游融合发展，大力发展“互联网+”高效物流，建立并完善通达全球的寄递服务体系，积极发展无人机（车）递送等现代物流，努力打造引领世界潮流的交通运输服务新业态新模式。

打造一流管理。推进行业治理体系和治理能力现代化，是加快建设交通强国的重要内容和制度保障。当前，我国交通运输治理取得明显成效，但在推进行业治理体系和治理能力现代化方面还有很长的路要走。要以贯彻落实党的十九届四中全会精神为契机，深入推进交通治理体系和治理能力现代化，形成协同高效、良法善治、共同参与的良好局面，以治理现代化支撑交通运输现代化。同时，深化行业改革，优化营商环境，扩大社会参与，培育交通文明，以交通文明促进交通治理现代化。

小康路上不让任何一地因交通而掉队

中共交通运输部党组

《求是》（2020 第 11 期）

全面建成小康社会，最艰巨最繁重的任务在农村，特别是在贫困地区。党的十八大以来，习近平总书记高度重视交通扶贫工作，亲自谋划、亲自推动“四好农村路”建设，多次作出重要指示批示，始终牵挂着老乡家门口的路好不好走，强调要逐步消除制约农村发展的交通瓶颈，为广大农民脱贫致富奔小康提供更好的保障。交通运输部认真贯彻总书记重要指示精神和党中央决策部署，全力推动交通扶贫脱贫攻坚工作，努力实现小康路上不让任何一地因交通而掉队的承诺。

一、“要想富，先修路”不过时

“要想富，先修路”，这句老百姓口口相传的朴素话语，既是对修路致富实践的认可，也是对未来美好生活的向往。2016 年 9 月，习近平总书记在指导交通运输工作时强调“要想富，先修路”不过时，充分体现了亲民爱民为民的真挚情怀，也蕴含着深刻的哲理。脱贫致富靠发展，发展先行是交通。“四好农村路”建设取得了实实在在的成效，为农村特别是贫困地区带去了人气、财气，也为党在基层凝聚了民心。

助力农民产业致富。道路通，百业兴。很多贫困地区不缺资源，就因路不通，企业不愿落户。党的十八大以来，交通扶贫大力支持“交通 + 特色产业”等扶贫模式，公路围绕产业建，产业围绕公路转，这些路打通了对外通道，降低了运输成本，吸引了企业落户，就像一把把打开山门的“金钥匙”，把一只只“金凤凰”引进门。修好一条路，就能带动一片产业，带富一方百姓。近年来，一些贫困县大力推进“四好农村路”建设，带动了一批特色产业、特色小镇发展，桃花小镇、莲藕小镇、光伏小镇等雨后春笋般涌现，一条条路把这些特色小镇“串珠成链”，让群众在家门口就能找到致富门路。

助力农民商贸致富。交通基础设施建设具有很强的先导作用，特别是在一些贫困地区，改一条溜索、修一段公路就能给群众打开一扇脱贫致富的大门。道路不畅，商贸不旺。一些贫困地区守着“金饭碗”饿肚子，水果满枝却没有销路、烂在枝头，十分可惜。党的十八大以来，交通扶贫大力支持农村物流体系建设，鼓励“交通＋电商”融合发展，“四好农村路”就像一条条金丝银线，一头连着田间地头，另一头连着广大客户，把贫困地区与全国大市场紧紧连在一起，有效盘活了贫困地区的资源。有了市场，农产品不愁销路，好东西也能卖上个好价钱，“山货进城、城货下乡”，“早上进城赶集，下午下地干活”成为平常事，人流、物流、资金流、信息流也在城乡间双向流起来、滚起来，老乡们自然就富起来了。例如，黑龙江省海伦市积极探索“交通＋”扶贫模式，菇娘、毛葱、黑木耳等特色经济作物借助快递物流走向全国大市场，实现了农副产品逐渐由“种得好”向“卖得好”转变，有力带动了农民增收致富。

助力农民创业致富。小康不小康，关键看老乡。我国城乡长期二元分割，农村是全面建成小康社会的短板，外出打工成为老乡创收的重要选择。老乡富不富，基础在公路。党的十八大以来，“四好农村路”连片成网，极大地缩短了往返城乡的时空距离，深刻改变了农村的生产生活条件和社会面貌，有力支撑了农村人口向工业和服务业转移，大力推动了农业社会向现代社会转变。可以说，“四好农村路”是新时代中国社会变迁的重要标志，一头连着广大老乡，另一头连着致富希望。有了路，老乡们进城就业、返乡创业更便捷，人回乡、钱回流、企回迁的“归雁经济”也热了起来。

助力农民文化致富。要富口袋，先富脑袋。很多贫困山区，因为道路不通，与现代文明相离甚远。党的十八大以来，交通扶贫特别是“四好农村路”建设，为偏远闭塞的乡村开辟了一条通往现代文明的大道，人流、物流带动了知识流、信息流、资金流，促进了贫困地区知识的传播、思想的开化、文化的交流、风俗的改进，真正使扶贫与扶志扶智相结合，有利于培养现代职业农民、促进人的现代化，为广大农民通过知识文化致富提供了坚实保障。例如，河北省涉县地处太行山革命老区，近年来大力挖掘红色文化、女娲文化、民俗文化，全县千里乡村路上镶嵌了300余处文化景点，外地游客慕名而来，让旅游公路变身公路旅游，太行梯田小米、红薯小镇、女娲祭典、清漳画廊、圣福天路等名片擦亮了，老百姓的日子富了起来。实践证明，路通人旺，路通业兴，路通天地宽。

助力农民生态致富。把绿水青山变成金山银山，“四好农村路”起了促进作用，特别是对有条件搞旅游的地区，“四好农村路”的建设，让乡亲们世世代代守护的山川秀色，成为游人如织的风景名胜。很多乡亲开起了农家乐、民宿、观光农业等，腰包也鼓了起来。正是有了路，这些深山的美景才成为抢手的生态产品。例如，内蒙古伊金霍洛旗全旗依托“四好农村路”建设，推出文化体验游、草原风情游、都市休闲游、乡村生态游、徒步探险游等8条主题特色旅游线路和苏布尔嘎、布拉格等8个乡村旅游示范嘎查村，2018年全旗实现旅游收入46.2亿元，增长15.5%，有效带动了乡亲们致富。

助力农民复工复产。复工复产，交通运输是“先行官”。突如其来的新冠肺炎疫情，使很多地区运输中断，特别是一些贫困地区，农民务工出不去，农资农机进不来，春耕生产无法开展，严重影响脱贫进程。为保障农民工及时返岗复工、生产生活有序开展，全国交通运输系统组织发送“点对点”直达包车、铁路专列、民航包机等，累计开行返岗包车19万趟次、运送农民工超过480万人，安全快捷地把农民工兄弟从家门口送到厂门口；将春季农业生产物资和农机具转运纳入应急运输绿色通道政策范围，全力做好春耕生产物资的运输保障工作，推动贫困地区实现人财物有序流动、产供销有机衔接、内外贸有效贯通，助力贫困地区农民兄弟早日脱贫致富奔小康。

总书记“要想富，先修路”不过时的论断是对我们的激励和鞭策，建设好“四好农村路”是我们义不容辞的责任和担当。这里的路，不仅是农村公路，也包括贫困地区的高速公路、国省干线公路，还包括铁路、水路、航路、邮路等。实践充分证明，推进交通扶贫特别是“四好农村路”建设，是贫困地区破解经济社会发展瓶颈的关键，是决战决胜脱贫攻坚、全面建成小康社会的先手棋。

二、交通扶贫为农村特别是贫困地区发展带来历史性变化

党的十八大以来，在以习近平同志为核心的党中央坚强领导下，在各级党委、政府和各有关方面的共同努力下，交通扶贫取得决定性成就，2019 年实现具备条件的乡镇和建制村 100% 通硬化路、通邮的兜底性目标。交通运输部定点扶贫的四川省小金、黑水、壤塘、色达 4 县和对口支援的江西省安远县已经摘帽，牵头联系的六盘山片区 61 个县中有 55 个县也已摘帽。贫困地区“外通内联、通村畅乡、客车到村、安全便捷”的交通运输网络基本形成，为农村地区特别是贫困地区脱贫致富奔小康提供了有力支撑。

打通“大动脉”。“要想富，先修路；要快富，修大路”，老百姓的顺口溜形象地说明了“大动脉”对脱贫致富的重要性。党的十八大以来，按照“外通内联”的要求，着力打通贫困地区“大动脉”。铁路方面，累计新增铁路里程 3.5 万公里，其中新增高铁 2.1 万公里。公路方面，交通扶贫规划建设了 11.2 万公里国省干线公路，其中高速公路约 2.8 万公里，打通了多条“断头路”和“瓶颈路段”，县城基本实现了二级及以上公路覆盖。水运方面，“十三五”以来新改建内河航道里程 1962 公里，在建 870 公里；新增码头泊位 79 个。民航方面，扶贫机场项目已投产 12 个，在建 2 个。邮政方面，邮路总长度（单程）1222.7 万公里。贫困地区综合交通运输通道网络加快形成，曾经“山里山外两重天”的局面彻底改变。

畅通“微循环”。畅通“微循环”，关键是要让运输畅通起来。客运方面，大力推进村村通客车，超过 5 万个建制村新通了客车，力争今年 9 月底前实现所有具备条件的建制村 100% 通客车，农村地区实现“行有所乘”。有的地区还发展村镇公交和定制农村客运，“出门水泥路，抬脚上客车”的梦想即将变成现实。货运方面，大力推进县乡村三级农村物流网络体系建设和“快递下乡”工程，城乡物流网络越织越密。邮政快递方面，邮政快递营业网点 31.9 万处，其中设在农村的 10.5 万处，邮政实现乡乡有网点，村村直通邮，提前完成了村村通邮的兜底性目标任务。“城货下乡、山货进城、电商进村、快递入户”双向运输服务进一步打通，贫困地区实现了进得来、出得去、行得通、走得畅。

告别“出行难”。从过去“沿途山路颠颠簸簸，进了村坑坑洼洼，晴天尘土满鞋，雨天道路泥泞”，到现在“道路平坦通畅”，贫困地区群众出行难等长期没有解决的老大难问题普遍解决，这一切得益于“四好农村路”的建设。党的十八大以来，累计投入车辆购置税资金 5927 亿元用于支持“四好农村路”建设，带动全社会完成农村公路投资 26793 亿元，新改建农村公路 188.8 万公里，实现了村村通硬化路的目标任务；以县城为中心、乡镇为节点、建制村为网点的农村公路网络基本形成，农村公路真正实现通村畅乡。着力解决贫困地区出行的难中之难，实施 311 个“溜索改桥”项目，完成了渡口改造 996 座、渡改桥 5.2 万延米。“十三五”以来完成约 45.8 万公里农村公路安全生命防护工程，改造完成约 1.5 万座农村公路危桥，贫困地区累计完成 14.3 万公里农村公路窄路加宽，贫困地区群众出行更舒心、更放心。

走上“致富路”。党的十八大以来，交通扶贫支持贫困地区新改建了 5.9 万公里资源路、旅游路、产业路，有效盘活了贫困地区的资源，增强了贫

困地区的“造血”功能，极大改善了农村生产生活条件，“交通 + 特色农业 + 电商”“交通 + 文化 + 旅游”“交通 + 就业 + 公益岗位”等扶贫模式助力一批批特色产业乘势而起，许多全国知名的地理标志品牌也涌现出来，农业生产经营规模化、集约化、非农化趋势明显。随着基本出行条件的改善，贫困地区教育水平和医疗保障水平也相应提升，城市文明、基本公共服务逐步向贫困地区纵深覆盖，“四好农村路”成为乡风文明的重要载体，成为美丽乡村的重要窗口。一条条致富路通到大山深处、修到了乡亲们的家门口，也让乡村因路而兴、因路更美，为老乡们铺就了脱贫致富奔小康的康庄大道。

交通扶贫工作是习近平新时代中国特色社会主义思想在交通运输领域的生动实践，成绩来之不易，经验弥足珍贵。

——坚持党的领导。纵观世界，没有一个国家能像中国这样，用如此短时间在贫困地区建成如此大规模的交通设施。究其根本，在于有以习近平同志为核心的党中央对脱贫攻坚的坚强领导，在于有习近平新时代中国特色社会主义思想的科学指引，在于有各级党组织在脱贫攻坚中的战斗堡垒作用，在于有以人民为中心的发展思想扎下了根。坚持党的领导，是做好交通扶贫工作的根本政治保证。

——坚持建设人民满意交通。做好交通扶贫工作，必须坚持人民交通为人民，为人民修路，修人民最想修的路；必须坚持人民交通靠人民，调动好人民群众的积极性、主动性、创造性，依靠人民办好人民交通；必须坚持人民交通由人民共享，大力推进城乡基本公共服务均等化，让人民群众共享交通发展成果；必须坚持人民交通让人民满意，努力满足人民对美好生活的向往，奋力解决由“通”到“畅”再到“好”的问题，切实把“四好农村路”修成老百姓的致富路、幸福路、连心路。

——坚持精准扶贫。精准扶贫才能精准脱贫。不断完善精准扶贫政策工作体系，根据贫困地区贫困程度的不同，制定“普惠”与“特惠”相结合的差异化支持政策，因地制宜建设“康庄大道路”“幸福小康路”“平安放心路”“特色致富路”，探索丰富“交通 +”扶贫模式，充分发挥不同地区的资源禀赋和比较优势，带动贫困人口精准脱贫。

——坚持加大投入。党的十八大以来，坚持扶贫项目优先安排、资金优先保障、工作优先对接、措施优先落实，重点向“三区三州”等深度贫困地区倾斜，国家高速公路车辆购置税补助标准由“十二五”平均占项目总投资的 15% 提高到 28% 以上，普通国道由 30% 提高到 50% 左右，乡镇、建制村通硬化路提高到平均工程造价的 70% 以上，为做好交通扶贫工作提供了重要政策保障。

——坚持合力攻坚。交通扶贫靠大家。以车辆购置税补助资金为杠杆，按照“中央统筹、省负总责、市县抓落实”工作机制，与 24 个省级人民政府签订了交通扶贫部省共建协议，充分调动中央、地方政府、市场特别是贫困群众的积极性和主动性，齐心协力推进交通扶贫工作，涌现了一批批“路书记”“路县长”“路支书”，也留下了很多可歌可泣的普通筑路人、普通养护工们修路护路的感人事迹。

——坚持统筹协调。“四好农村路”本身就是系统工程，“建好”是基础，“管好”是重点，“护好”是保障，“运营好”是目的，必须全面协调发展，才能实现系统最优。在交通扶贫中，只有把“四好农村路”主动融入农村地区的产业、物流、环境、特色经济的大生态中，实现路与自然环境和谐统一，才能发挥整体最大效能，带动群众脱贫致富奔小康。

三、为决战决胜脱贫攻坚、全面建成小康社会当好先行

习近平总书记指出，从决定性成就到全面胜

利，面临的困难和挑战依然艰巨，决不能松劲懈怠。就交通扶贫工作而言，目前主要是在实现村村通硬化路、通邮的基础上，实现所有具备条件的建制村通客车。目前，全国还有172个具备条件的建制村未通客车。虽然总量不大，但都是贫中之贫、困中之困，是最难啃的硬骨头。虽然疫情带来新的挑战，但我们有信心、有能力克服疫情影响，如期完成所有脱贫攻坚目标任务，为决战决胜脱贫攻坚、全面建成小康社会当好先行。

毫不放松抓好交通运输疫情防控，为全面建成小康社会提供坚强保障。毫不放松、慎终如始，全面贯彻落实“外防输入、内防反弹”要求，坚决克服麻痹思想、厌战情绪、侥幸心理、松劲心态，继续抓紧抓实抓细各项防控工作。复工复产方面，加快打通“大动脉”，畅通“微循环”，全力做好贫困地区劳动力返岗复工、农业生产物资和农产品销售等运输保障工作。在企业复工复产、重大项目建设、物流体系建设等方面优先组织和使用贫困劳动力，继续做好扶贫公益性岗位和农村公路养护等工作的有机结合，积极为贫困劳动力提供更多的就近就业机会。

坚决打赢交通扶贫脱贫攻坚战，为全面建成小康社会当好先行。坚持目标导向，绷紧弦、再发力，尽可能加大对“三区三州”的倾斜支持力度，加快推进铁路、公路、水运、民航、邮政等基础设施建设，实行任务重点管理、支持重点倾斜、政策统筹配套、调度有序有效，确保打赢深度贫困歼灭战。力争9月底前实现具备条件的乡镇、建制村通客车，实打实交好账。因地制宜、因疫施策，灵活采取公交、班线、区域经营、预约响应等方式推动农村客运开通运营。推动建立农村客运发展长效机制，严防数字通车、虚假通车，确保真通稳通。扎实做好定点扶贫、对口支援和联系六盘山片区收官工作，发挥行业优势，在产业扶贫、消费扶贫、就业扶贫、扶志扶智结合等方面多想办法、多出实招。持续抓好专项巡视“回头看”反馈问题整改落实，确保脱贫成果经得起历史和人民检验。

推动“四好农村路”高质量发展，统筹做好脱贫攻坚与乡村振兴有机衔接。脱贫摘帽不是终点，而是新生活、新奋斗的起点。收官之年要把短板补得再扎实一些，把基础打得再牢靠一些。以“四好农村路”高质量发展为抓手，因地制宜推动交通项目更多向进村入户倾斜，深化农村公路管养体制改革，推动“四好农村路”示范创建工作提质扩面；以推动产业兴旺为着力点，促进交通运输、邮政快递、商贸供销等农村物流资源整合，努力提高农村物流网络覆盖和整体服务水平。不断完善机制，结合“十四五”规划编制工作，统筹研究2020年后铁路、公路、水运、民航、邮政等领域的接续政策，做好交通扶贫“后半篇文章”。

决战决胜脱贫攻坚和全面建成小康社会的冲锋号已经吹响。越到总攻时刻，越要紧密地团结在以习近平同志为核心的党中央周围，坚定信心、顽强奋斗，坚决打赢打好交通扶贫脱贫攻坚战，确保小康路上不让任何一地因交通而掉队！

坚决打赢交通脱贫攻坚战

杨传堂　李小鹏

《中国扶贫》（2020 年第 10 期）

党的十八大以来，交通运输部在以习近平同志为核心的党中央坚强领导下，把打赢脱贫攻坚战摆在突出位置，交通扶贫、定点扶贫、对口支援和联系六盘山区等各项工作扎实推进。

一、深入学习贯彻习近平总书记关于扶贫工作的重要论述精神，不断增强打赢交通脱贫攻坚战的思想自觉、政治自觉、行动自觉

党的十八大以来，习近平总书记站在全面建成小康社会、实现中华民族伟大复兴中国梦的战略高度，把脱贫攻坚摆到治国理政突出位置，形成了一套科学高效的贫困治理体系，推动我国减贫事业取得了巨大成就。习近平总书记关于扶贫工作的重要论述，就脱贫攻坚的目标、思路、路径、政策、机制、责任落实、工作要求等作出了深刻诠释和全面部署，为解决我国复杂多元贫困问题提供了一整套科学理论方法、政策措施。总书记的高瞻远瞩、精心擘画，为打赢脱贫攻坚战指明了前进的方向，提供了根本遵循。

交通运输是国民经济中基础性、先导性、战略性产业，是重要的服务性行业，习近平总书记高度重视交通运输在打赢脱贫攻坚战中的重要作用，多次作出重要论述。总书记指出“交通基础设施建设具有很强的先导作用，在一些贫困地区，改一条溜索，修一段公路就能给群众打开一扇脱贫致富的大门”，强调“要想富先修路不过时”“沿海地区要想富也要先建港”。总书记为交通运输更好地在脱贫攻坚中发挥作用指明了科学的方向，提出要建设“四好农村路”，三次作出重要指示批示，要求“从实施乡村振兴战略，打赢脱贫攻坚战的高度，进一步深化对建设农村公路重要意义的认识，聚焦突出问题、完善政策机制，既要把农村公路建好，更要管好、护好、运营好，为广大农民致富奔小康、加快推进农业农村现代化提供更好保障”。总书记关于交通扶贫的重要论述深刻阐述了新时代交通运输发展的根本宗旨，系统回答了交通运输为了谁、干什么、怎么干等根本性问题，实践也证明加快实施交通脱贫攻坚，是实现精准扶贫精准脱贫的先手棋，是破解贫困地区经济社

会发展瓶颈的关键，也是推进交通运输发展成果由人民共享的重要举措。这些重要论述，是习近平总书记关于扶贫工作的重要论述的有机组成部分，是习近平新时代中国特色社会主义思想在交通扶贫领域的生动体现，是打赢交通脱贫攻坚战的根本遵循。

交通运输部深入学习领会贯彻落实习近平总书记关于扶贫工作的重要论述，结合“不忘初心、牢记使命”主题教育，带领全行业自觉将思想和行动统一到习近平总书记关于扶贫工作的重要论述精神上来，将坚决打赢交通脱贫攻坚战作为增强“四个意识”、坚定“四个自信”、做到“两个维护”的实际行动，齐心协力攻坚克难。

二、聚焦“两通”兜底性任务，为决胜全面建成小康社会当好先行

交通运输部认真落实习近平总书记关于扶贫工作的重要论述精神，把打赢脱贫攻坚战作为重大政治任务，聚焦深度贫困地区，持续完善交通扶贫政策举措，强化政策落实，为决胜全面建成小康社会当好先行。

建立齐抓共管、上下联动的工作机制。部党组成立脱贫攻坚领导小组，将脱贫攻坚、乡村振兴和“四好农村路”建设作为一个有机整体统筹推进，部党组所有同志全面参与扶贫、推动脱贫。建立脱贫攻坚结对联系帮扶工作机制，部机关所有司局、所有部属单位全部参与脱贫攻坚，形成了党组领导、小组主抓、司局落实的责任体系。加强“一部三局”在行业扶贫、定点扶贫、对口支援、联系片区等各方面的工作衔接和经验交流，与24个省级人民政府签订交通扶贫部省共建协议，不断压实地方脱贫攻坚主体责任，通过上下联动、齐抓共管，为脱贫攻坚提供了坚实组织保障。

精准施策，瞄准“两通”目标全力攻坚。实现具备条件的乡镇和建制村通硬化路、通客车的“两通”目标，是交通脱贫攻坚必须要完成的硬任务。我们围绕群众反映强烈的“行路难”“运输难”等问题，开展底数核查，细化任务台账，以“三区三州”等深度贫困地区为重点，加快建设“四好农村路”，推进“交通+”扶贫模式，持续加大中央资金支持力度，2019年底实现了所有具备条件的乡镇和建制村通硬化路，全国具备条件的乡镇、建制村通客车率分别达到99.9%和99.8%。我们坚持项目优先安排、资金优先保障、工作优先对接、措施优先落实，“十三五”以来累计投入7605亿元车购税资金支持贫困地区交通项目建设，推动贫困地区加快建成“外通内联、通村畅乡、客车到村、安全便捷”的交通基础设施网络，为农民群众脱贫致富奔小康提供有力保障。

扎实做好定点扶贫、对口支援、联系六盘山片区等工作。交通运输部定点扶贫四川藏区四个国家扶贫开发工作重点县，对口支援江西安远县，牵头联系六盘山片区。交通运输部党组切实落实帮扶责任，党组同志多次深入定点扶贫县、对口支援县、六盘山片区实地调研，指导脱贫攻坚工作，研究解决困难问题。围绕帮扶地区脱贫摘帽目标，制定了专项规划和工作方案，持续加大资金、项目、人才和教育培训支持力度。党的十八大以来投入超过1000亿元车购税资金支持帮扶地区交通扶贫，累计选派49名优秀干部到帮扶地区挂职，举办120余个精准扶贫专题培训班，组织结对帮扶工作组深入开展党建扶贫、消费扶贫、技术援助和产业扶贫，因地制宜实施了“交通+产业”“交通+电商”“交通+生态+文化+旅游”等扶贫模式。在各方共同努力下，定点扶贫的四川省小金县、黑水、壤塘、色达四县已摘帽，对口支援的安远县已摘帽，牵头联系的六盘山片区61个县中55个已经摘帽。

把全面从严治党贯穿脱贫攻坚各环节全过程。建立健全交通扶贫统计监测机制，认真抓好交通扶贫基础底数核查，建立县对外通道、通乡镇硬

化路、通建制村硬化路三级项目台账，确保交通扶贫项目精准实施。将脱贫攻坚专项巡视整改与“不忘初心、牢记使命”主题教育紧密结合、一体推进，持续深入推进整改落实。持续深入开展交通扶贫领域腐败和作风问题专项治理，健全交通扶贫项目和资金监管机制，切实保障“阳光扶贫”“廉洁扶贫”。

铺下的是路，通达的是富，连接的是心。“出门硬化路、抬脚上客车”在越来越多的地方成为现实，持续改善的交通运输条件为贫困地区带去了人气、财气，也为党在基层凝聚了民心。

三、集中力量攻克难中之难、坚中之坚，坚决打赢交通脱贫攻坚战

习近平总书记强调，2020 年是脱贫攻坚决战决胜之年，冲锋号已经吹响，我们要万众一心加油干，越是艰险越向前。交通运输部党组将进一步贯彻落实好习近平总书记重要指示精神，不忘初心、牢记使命，尽锐出战、精准施策，始终把脱贫攻坚作为重大政治任务，持续加大工作力度，小康路上决不让任何一个地方因交通而掉队。

确保完成“两通”目标任务。以“三区三州”为重点，在 2019 年底实现具备条件的乡镇和建制村通硬化路的基础上，集中力量推进贫困地区通客车任务，加快推进剩余 29 个乡镇、1146 个建制村通客车任务，确保 2020 年底前不折不扣完成“两通”兜底性任务，同时推动管理创新，提高农村地区客运水平。

全力推进“四好农村路”高质量发展。加大力度“建好”农村公路，进一步完善农村路网，推动交通项目更多向进村入户倾斜，推动交通项目惠及更多农民群众。因地制宜推动农村公路升级改造，打造农村公路品质工程。深化农村公路管理养护体制改革，加快农村公路条例立法进程，“管好”“护好”农村公路，大力推广“路长制”，加快构建“四好农村路”现代化治理体系。切实“运营好”农村公路，提升农村客运服务水平，加快构建农村物流网络体系，推动“四好农村路”示范创建提质扩面，为脱贫攻坚、乡村振兴提供有力支撑保障。

不断完善大扶贫工作格局。进一步落实定点扶贫、对口支援和联系六盘山片区工作责任，加强工作力量，继续巩固专项扶贫、行业扶贫和社会扶贫互为补充的大扶贫格局。强化政策项目资金支持，及时协调解决问题，帮助六盘山片区剩余 6 个贫困县按期摘帽，帮助 4 个定点扶贫县、1 个对口支援县和六盘山片区 55 个已摘帽贫困县巩固好脱贫成果。加大交通“扶志扶智”工作力度，激发脱贫攻坚内生动力。进一步深化结对帮扶机制，推动“交通 + 特色产业”扶贫取得实效。

以过硬作风坚决打赢脱贫攻坚战。加强组织领导，健全体制机制，强化责任落实。从严管理扶贫项目和扶贫资金，抓好目标任务统计监测，保障“阳光扶贫”“廉洁扶贫”。进一步改进工作作风，优化督导检查方式，力戒形式主义和官僚主义，确保扶贫工作务实、脱贫过程扎实、脱贫结果真实，经得起历史和实践的检验。

加快建设交通强国

李小鹏

《人民日报》（2020 年 12 月 17 日第 9 版）

交通是兴国之要、强国之基。习近平总书记强调："要建设更多更先进的航空枢纽、更完善的综合交通运输系统，加快建设交通强国。"党的十九届五中全会通过的《中共中央关于制定国民经济和社会发展第十四个五年规划和二〇三五年远景目标的建议》（以下简称《建议》），对加快建设交通强国作出专门部署，提出明确要求。我们要加快建设人民满意、保障有力、世界前列的交通强国，为全面建设社会主义现代化国家当好"先行官"。

增强加快建设交通强国的责任感紧迫感

《建议》提出，加快建设交通强国，完善综合运输大通道、综合交通枢纽和物流网络，加快城市群和都市圈轨道交通网络化，提高农村和边境地区交通通达深度。这是党中央立足国情、着眼全局、面向未来作出的重大部署，标志着交通强国建设迈上新征程。我们要深刻认识加快建设交通强国的重要意义，进一步增强责任感紧迫感。

实现第二个百年奋斗目标的重要支撑。交通现代化是国家现代化的重要标志。我国幅员辽阔、人口众多，资源、产业分布不均衡，特殊国情决定必须建设一个强有力的交通运输体系。新中国成立 70 多年来，我国交通运输从"瓶颈制约"发展到"基本适应"，基础设施、运输服务规模均位列世界前列，成为名副其实的交通大国，正在加快向交通强国迈进。交通运输的快速发展，显著改变我国城乡面貌，有力支撑全面建成小康社会目标的实现。乘势而上加快建设交通强国，率先在交通运输领域实现现代化，建成现代化综合交通体系，必将为社会主义现代化强国建设提供坚实支撑。

构建新发展格局的战略任务。交通运输是国民经济中基础性、先导性、战略性产业和重要服务性行业，在构建新发展格局中具有重要地位和作用。构建新发展格局，要求以供给侧结构性改革为战略方向，以扩大内需为战略基点，推动经济布局优化和区域协调发展，完善现代产业和流通体系，加快推动更高水平对外开放，这些都亟须交通运输发挥"先行官"作用。加快建设交通强国要紧扣构建新发展格局目标，着力建设现代化高质量综合立体交通网络，畅通现代流通体系和国际物流供应链体系，提高运输效率、降低物流成本，努力使交通运输成为现代产业体系协调发展的坚实支撑、内外经济循环相互促进的重要纽带、产业链供应链安全稳定的保障基石，助力筑牢国民经济循环底盘。

满足人民日益增长的美好生活需要的必然要求。随着我国社会主要矛盾发生变化，人民群众出行模式和货物流通方式正发生深刻变化。多层次、多样化、个性化的出行需求和小批量、高价值、分散性、快速化的货运需求特征更加明显，“绿色共享”成为重要出行方式、货物运输的可达性和时效性要求更高。这都要求交通运输供给必须加快从“走得了”向“走得好”转变，显著提升运输服务的效率和品质。加快建设交通强国要聚焦人民对美好生活的需要，着力打造一流设施、一流技术、一流管理、一流服务，努力做到让广大人民群众享有更便捷的交通运输，获得更加公平、更有效率的交通服务，不断增强人民群众的获得感、幸福感、安全感。

顺应我国进入新发展阶段的客观需要。当前和今后一个时期，我国发展仍然处于重要战略机遇期，但机遇和挑战都有新的发展变化。加快建设交通强国是顺应高质量发展、抢抓新机遇、应对新挑战的客观需要。目前，我国交通运输发展的内部条件和外部环境正发生深刻复杂变化。向外看，新一轮科技革命和产业变革加速演变，智慧交通、绿色交通、共享交通成为各国培育交通发展新优势的重要发力点。向内看，我国已进入高质量发展阶段，但发展不平衡、不充分的问题仍然突出，主要表现为基础设施网络化水平不高、关键技术装备创新能力不足、综合运输效率不高等。加快建设交通强国要对标世界先进水平，努力破解发展难题，持续深化交通运输供给侧结构性改革，努力实现更高质量、更有效率、更加公平、更可持续、更为安全的发展。

全面落实加快建设交通强国的重点任务

中共中央、国务院于2019年9月印发了《交通强国建设纲要》，并将印发实施《国家综合立体交通网规划纲要》。“十四五”时期，要紧盯《建议》部署的各项任务，抓住重点领域、关键环节，找准着力点和突破口，推动交通强国建设开新局、上台阶。

推进基础设施网络化。围绕交通基础设施布局完善、立体互联，统筹铁路、公路、水运等规划建设，加快建设综合运输通道、枢纽和网络体系，着力打造发达的快速网、完善的干线网、广泛的基础网。构建贯通主要经济板块的国家综合立体交通网主骨架。优化完善综合运输通道布局，补齐内河水运、中西部铁路等短板，以推进实施川藏铁路、西部陆海新通道等一批战略性、基础性重大工程项目为牵引，推进综合立体交通网提质扩容。提升城市群都市圈交通承载能力，推进京津冀、长三角、粤港澳大湾区和成渝地区双城经济圈等交通一体化，形成以轨道交通和高速公路为骨干的多节点、网格化、全覆盖布局，打造一批国际性、全国性综合交通枢纽。完善城乡融合的交通基础设施网络，深入推进“四好农村路”建设，推动农村公路连片成网并向进村入户倾斜，提高城乡交通运输公共服务均等化水平。加快沿边抵边公路建设，提高边境地区交通通达深度。

推进物流运输便利化。围绕加快形成“全球123快货物流圈”，以提质、降本、增效为导向，促进交通物流融合发展，加快完善现代物流体系，形成内外联通、安全高效的物流网络。持续优化运输结构，推进大宗货物及中长距离货物运输向铁路和水运有序转移，推动多式联运发展，发挥铁路货运优势，加强高铁货运。加强国际航空货运能力建设，推进世界级港口群、机场群、中欧班列集结中心等物流枢纽建设，建立储备充足、反应迅速、抗冲击能力强的应急物流体系，完善转运体系和地面服务网络，推动现代国际物流供应链发展。完善城乡末端配送网络，加快县乡村三级物流体系建设，畅通农产品和消费品双向流通渠道。发展物流服务新模式，推进无人配送、分时配送、共同配送等先进物流组织方式，推动冷链物流发展，提高物流效率，降低物流成本。

推进出行服务便捷化。围绕加快形成"全国123出行交通圈"，加大绿色、安全、便捷等高品质出行服务供给，努力实现运输服务便捷舒适、经济高效。构筑多层次客运服务体系，发展以高铁、航空为主体的区际快速客运服务，提升城市群都市圈公共客运服务水平，深入推进城市交通拥堵综合治理，加快推进城乡客运服务一体化。打造一体化旅客出行链，依托综合客运枢纽，实现多种交通方式有效衔接，发展旅客联程运输，鼓励引导绿色出行。拓展多样化客运服务，鼓励和规范定制客运、网约车等新模式发展，打造基于移动智能终端技术的服务系统，实现出行即服务。

推进交通装备自主化。瞄准世界科技前沿，把握智能化、绿色化等趋势，推进交通运输装备先进适用、完备可控。强化装备动力系统研发，突破高效率、大功率发动机装备设备关键技术。加强新型运载工具研发，推进特种装备研发应用，推广新能源、智能化、数字化、轻量化交通装备及成套技术设备。发展智慧交通，推动大数据等新技术与交通行业深度融合，用新技术为传统交通基础设施赋能，争当新基建主力军。

推进交通运输治理现代化。坚持政府、市场、社会等多方协作，打造协同高效、良法善治、共同参与的交通运输治理新格局。加强法治引领，加快铁路、公路、水路等领域"龙头法"和相应配套法规制修订，推动形成系统完备、相互衔接的综合交通法规体系。深化铁路、公路、航道、空域管理体制改革，推进投融资改革，建立与交通强国目标任务相适应的体制机制。健全市场治理规则，深入推进"放管服"改革，优化营商环境，构建统一开放、竞争有序的现代交通市场体系。鼓励社会组织参与行业治理，拓展公众参与交通治理渠道，全方位提升交通参与者文明素养，引导文明出行。

加快建设交通强国需把握好几个关键问题

加快建设交通强国是一项涉及观念行为、体制机制变革的重大战略任务，需要进一步发挥我国社会主义制度优势，充分用好各方面资源，调动各方积极性，形成全社会共同参与的格局。

坚持服务大局。加快建设交通强国，既要交通自身强，更要支撑国强民富。坚持以人民为中心的发展思想，自觉服从服务于大局，围绕国家重大战略和构建新发展格局等，打通"大动脉"，畅通"微循环"，持续提高服务能力，更好满足国家经济社会发展需要，建设人民满意交通。坚持适度超前规划建设，发挥好交通运输在建设现代化经济体系、乡村振兴、新型城镇化等方面的先行引领和支撑保障作用，在国家现代化建设进程中率先实现交通运输现代化。

坚持远近结合。加快建设交通强国是一项长期战略任务，既要着眼长远、久久为功，又要立足当前、干在当下。"十四五"时期，要全面落实《建议》部署的各项任务，聚焦交通运输发展不平衡不充分的突出问题，在完善综合立体交通网等方面持续攻坚发力。瞄准2035年远景目标，落实好《国家综合立体交通网规划纲要》，做好研究论证、项目储备等工作，确保交通强国建设行稳致远。

坚持协同高效。我国已转向高质量发展阶段，更加注重结构优化和整体效能提升。一方面要根据各地资源禀赋条件和空间特征，宜水则水、宜空则空、宜陆则陆，发挥比较优势，统筹做好交通强国铁路、公路、水运等篇章。另一方面要加快由各种交通方式相对独立发展向更加注重融合发展转变，平衡好各种运输方式，强化衔接协调、深度融合，完善现代化综合交通体系，提升综合运输效率。

坚持深化改革。改革创新是交通运输事业发展的动力之源，必须贯穿于加快建设交通强国全过程。持续深化改革，坚持试点先行、典型引路，鼓励有条件的地方和企业率先开展交通强国试点，形成一批可推广、可复制的典型成果，以点带面、纵深推进。坚持守正创新，发挥我国交通运输探索形成的多方面优势，持续推进理念、技术、制度、政策等创新，推进交通运输治理体系和治理能力现代化，为加快建设交通强国提供坚实保障。

坚持中国特色。加快建设交通强国必须立足国情、放眼世界，走开放发展、互利共赢之路。科学把握我国人口分布、产业布局、城乡区域差异等现实国情，用好超大规模市场优势，因地制宜选择发展模式和路径，集中力量办好自己的事，走中国特色交通强国之路。同时要对标世界一流，善于借鉴国际先进理念和经验，用好两个市场、两种资源，深化对外交流合作，形成国际合作和竞争新优势，不断提升交通运输国际竞争力和影响力。

在统筹推进疫情防控和经济社会发展中彰显民航担当

冯正霖

《人民论坛》（2020 年 5 月 11 日）

新冠肺炎疫情正在全球蔓延，是人类百年历史上罕见的重大灾难，给全球公共卫生安全和经济社会发展带来巨大挑战。疫情发生后，党中央高度重视，始终把人民群众生命安全和身体健康放在第一位，习近平总书记亲自指挥、亲自部署，带领全国上下打响了疫情防控的人民战争、总体战、阻击战。

民航局坚决贯彻落实习近平总书记指示批示精神，认真落实中央应对新冠肺炎疫情工作领导小组和国务院联防联控机制的决策部署，按照“认真、科学、冷静”的原则，根据国内外疫情发展变化趋势和阶段性特征，因时因势精准施策，统筹开展民航疫情防控和航空运输协调组织工作，大致经历了四个阶段。

第一阶段：民航启动突发公共卫生事件Ⅱ级应急响应，按照“聚焦武汉、重点北京、关注区域、统筹全国”的防控策略，及时果断出台一系列举措

2020 年春节前我国湖北武汉等地陆续发生新冠肺炎疫情，并呈快速扩散蔓延态势，单日新增确诊病例由 1 月 17 日的 17 例，增长到 1 月 24 日的 444 例。党中央、国务院对此高度重视，1 月 20 日习近平总书记专门就疫情防控工作作出指示，要求坚决遏制疫情蔓延势头；1 月 21 日，国务院联防联控工作机制召开第一次会议，研究部署疫情防控工作。这一阶段，民航及时启动突发公共卫生事件Ⅱ级应急响应，按照“聚焦武汉、重点北京、关注区域、统筹全国”的防控策略，及时果断出台一系列举措。

成立民航局新冠肺炎疫情防控领导小组，建立应急防控工作机制。要求重点加强对涉及武汉航班的疫情防疫工作，做好一线人员个人防护。调整削减涉及武汉的航班，直至取消武汉天河机场所有客运航班。及时发布疫情防控技术指南，指导航空公司、机场科学规范地开展疫情防控。1 月 24 日农历大年三十，民航局召开全行业电视电话会议，部署疫情防控工作，明确提出“保安全运行、保应急运输、保风险可控、保精细施策”的防控工作要求，并决定自 1 月 25 日起对所有抵京旅

客实施体温检测和信息登记，吹响了民航全力投入疫情防控"主战场"的冲锋号。

第二阶段：民航加强对全行业疫情防控工作的统筹协调，全面参与中央应对新冠肺炎工作领导小组、国务院联防联控机制、首都严格进京管理联防联控协调机制相关工作

1月下旬以来国内疫情进入上升期，2月上旬进入高峰平台期，2月4日疫情达到第一个峰值，当日全国新增确诊病例3887例；2月12日疫情出现第二个峰值，当日全国新增确诊病例15152例。针对疫情发展态势，1月25日农历正月初一，习近平总书记主持召开中央政治局常务委员会会议，强调疫情就是命令、防控就是责任，提出"坚定信心、同舟共济、科学防治、精准施策"的总要求，明确了坚决遏制疫情蔓延势头、坚决打赢疫情防控阻击战的总目标。

这一阶段，民航加强对全行业疫情防控工作的统筹协调，全面参与中央应对新冠肺炎工作领导小组、国务院联防联控机制、首都严格进京管理联防联控协调机制相关工作，围绕坚决遏制疫情扩散蔓延、全力保障医护人员和抗疫物资运输保障作了大量工作。

为最大限度减少旅客出行，体现不鼓励人员流动的政策导向，民航局先后四次发布有关客票免费退改的通知，引导航空公司做好降低客流工作。截至2月10日，国内外航空公司共办理免费退票1900多万张，春运期间民航客流量大幅降低，1月31日全行业旅客运输量仅60万人左右，同比下降近70%，为可能出现的民航春运高峰踩了"急刹车"。及时修订航空公司与机场疫情防控指南，全面采取体温检测、信息登记、简化服务、清洁消毒等措施，严格防范疫情通过航空器和机场传播。加强应急运输保障，及时将医疗人员和物资运往湖北。2月9日，民航一天内紧急安排45架包机运输5647余名医疗人员、259.5吨随行物资前往湖北，是应急运输保障规模最大的一天，有效支援了湖北地区疫情防控和病人救治工作，筑起了应急运输的"生命线"。

第三阶段：民航根据中央关于统筹推进疫情防控和复工复产相关要求，综合航班始发地疫情形势、航班客座率、空中飞行时间等多个指标，制定量化评分标准

2月下旬以来，国内疫情进入下降期，防控形势持续向好。2月18日，全国日新增治愈出院病例首次超过日新增确诊病例；2月19日、20日，湖北、武汉日新增治愈出院病例分别超过日新增确诊病例。2月23日，习近平总书记在统筹推进新冠肺炎疫情防控和经济社会发展工作部署会上指出，全国疫情防控形势积极向好的态势正在拓展，强调要毫不放松抓紧抓实抓细防控工作，统筹做好经济社会发展各项工作。3月4日，中央政治局常务委员会会议指出，当前已初步呈现疫情防控形势持续向好、生产生活秩序加快恢复的态势，强调要精准有序扎实推动复工复产，把疫情造成的损失降到最低限度。3月10日，习近平总书记专门赴湖北省武汉市考察新冠肺炎疫情防控工作，指出湖北和武汉疫情防控形势发生积极向好变化，取得阶段性重要成果。

这一阶段，民航根据中央关于统筹推进疫情防控和复工复产相关要求，综合航班始发地疫情形势、航班客座率、空中飞行时间等多个指标，制定量化评分标准，将航班防疫等级分为高风险、中风险和低风险三级，指导航空公司、机场实施分级分区、差异化的防控策略。推出积极应对新冠肺炎疫情一揽子支持政策，帮助航空企业渡过难关、恢复生产。加快推进民航基础设施项目开工复工，鼓励航空公司、机场通过"点对点"包机、

机场单独通道等方式，做好重点群体返岗运输保障，当好复产复工的“先行官”。

第四阶段：航空运输成为阻击境外疫情输入的最前线，民航一方面平稳有序恢复国内运输生产，另一方面坚决防控境外疫情输入

3月中旬以来，国内疫情防控向好态势不断巩固，生产生活秩序加快恢复，但境外疫情加速扩散蔓延，防范境外疫情输入压力持续加大。3月13日，我国境外输入病例首次超过本土新增病例；4月12日，境外输入病例98例，为疫情发生以来最高。3月18日，中共中央政治局常务委员会会议强调，要准确把握国内外疫情防控和经济形势的阶段性变化，因时因势调整工作着力点和应对措施，决不让来之不易的疫情防控持续向好形势发生逆转。3月27日，中共中央政治局会议再次强调，要因应国内外疫情防控新形势，及时完善我国疫情防控策略和应对举措，把重点放在外防输入、内防反弹上来，保持我国疫情防控形势持续向好。

这一阶段，航空运输成为阻击境外疫情输入的最前线，民航一方面，平稳有序恢复国内运输生产，3月29日零时恢复湖北地区（除武汉外）国内客货航班，4月8日零时恢复武汉天河机场国内客运航班。另一方面，坚决防控境外疫情输入，与外交、海关、公安、卫健、移民等部门以及相关地方政府密切协同配合，进一步强化对疫情高发国家（地区）航班和搭载入境转机旅客航班的防控措施，织密口岸联防联控网络。3月6日，李克强总理考察首都国际机场，充分肯定了首都国际机场口岸疫情联防联控工作。民航根据疫情发展态势，在首都机场设立集中接收疫情严重国家进港重点航班保障专区；全面调整收紧国际航空运输政策，采用增加第一入境点的方式，分步将首都机场国际客运航班分流至12个机场；出台“一家航空公司在一国保留一条航线，一周至多一个航班”的“五个一”政策，国际航线日均旅客量降至3000人次以下，从源头上最大限度遏制了境外输入性风险加大态势。

民航在统筹推进疫情防控和服务经济社会发展工作中，建立了应急状态与常态化疫情防控相适应的民航运输秩序，充分发挥航空运输支撑作用，为打赢疫情防控阻击战营造了良好安全运行环境

习近平总书记强调，这次抗击新冠肺炎疫情，是对国家治理体系和治理能力的一次大考。民航在统筹推进疫情防控和服务经济社会发展工作中，基本建立了应急状态与常态化疫情防控相适应的民航运输秩序，充分发挥航空运输支撑作用，主要经验和体会是做到了“八个统筹”：

一是统筹民航安全运行与疫情防控。习近平总书记强调，安全是民航业的生命线，任何时候任何环节都不能麻痹大意。只有牢牢守住安全底线，确保民航安全运行平稳可控，才能在统筹推进疫情防控和服务国家发展中更好地把握主动权。民航局党组要求全行业，越是在疫情防控的关键时刻，越是要牢牢守住安全底线，绝不能在防疫期间发生安全事故或有影响的事故征候和严重不安全事件。

针对疫情期间民航运行特点，强调要做到防“忙”中出乱，不能因为忙于抗击疫情而分散安全管理的精力；防“闲”来麻痹，针对航班量锐减、机组闲置等情况，明确要求民航企业科学安排航空器检修，组织人员训练，防止技能生疏、状态下滑；防“慌”中出错，针对民航一线人员与旅客接触频繁、心理压力大的情况，强调关心关爱职工，严格按章操作、按手册运行、按指南科学实施疫情防控，克服“慌”带来的安全运行风险。针对出现的一些苗头性、倾向性安全问题，果断出手，重拳整治，以“抓作风、强三基、守底线”为主题，在全行业部署开展为期三个月的安全整顿；以“敬畏生命、敬畏规章、敬畏职责”为内核，在全行业开展专题宣传教育，深入推进行业作风建设。春节以来，我国运输航空

严重征候保持“零发生”，截至4月底，运输航空实现持续安全飞行116个月、8281万小时，为打赢疫情防控阻击战营造了良好安全运行环境。

二是统筹航班调减与重大运输任务保障。1月22日，党中央果断要求湖北省对人员外流实施全面严格管控，民航局及时停止湖北地区有关航线航班运营。考虑到民航是社会公共服务体系和应急救援体系的重要组成部分，调减航班的同时，我们注意保持全国航空骨干运输网络的正常运行，确保疫情防控物资、医护人员以及特殊旅客运输不断航，做到疫情防控任务在哪里、民航就飞到哪里。从1月20日起，民航承担了全部援鄂医护人员中80%的赴鄂以及93%的撤离返程运输任务，累计接运医护人员7.33万余名；运送防控物资11955120件，累计110772.17吨，其中向湖北地区运送防控物资1536824件，累计12333.29吨；完成抗疫紧急人道主义援助和医疗物资商业出口任务115架次，运送援外医疗专家169名，涉及美国、英国、伊朗、伊拉克、巴基斯坦、意大利、塞尔维亚、老挝等33个国家；组织安排24架次临时航班或包机，从疫情严重国家接回我国公民4329人；完成海外留学生“健康包”物资运输60万份、600余吨。

三是统筹严格防控措施与服务复产复工。根据中央统筹推进疫情防控和复工复产工作要求，民航对国际国内不同航线、不同地区分类施策，在加强体温检测、清洁消毒等防控措施的基础上，密切跟踪市场需求动态，鼓励航空公司主动对接劳务输出地和输入地地方政府和大型企业，从航班计划、市场销售、运行保障和人员运力调配等各个方面做好充分准备，先后安排“点对点”复工复产航班超过1138班，保障超过7万人次复产复工人员返岗。随着国内疫情防控形势转好的态势不断巩固，国内民航运输生产不断恢复，4月份以来民航日均运输旅客量恢复至去年同期水平的30%，日均飞行架次恢复至去年同期水平的42%，为国家复产复工提供有力支撑。

四是统筹发挥民航运输优势和补齐货运能力短板。时间就是生命，疫情防控必须分秒必争、刻不容缓。为保障医护人员、医疗物资及时转运到位，民航充分发挥运输速度快的优势，将医护人员、医疗物资紧急运输作为“最优先级”保障，各航空公司在接到任务后可以在一个小时内做好起飞前各项准备，确保医疗队以最短的时间投入工作岗位。同时，民航发挥通用航空灵活机动优势，协调141家通航企业使用1001架航空器执行疫情防控任务377次，累计飞行2360小时、7187架次。针对疫情暴露出来的我国国际航空物流短板，通过最大程度简化货运航线航班审批、放开大型机场高峰时段货运航班时刻、充分发挥全货机航空运输优势、鼓励航空公司“客改货”执行全货运航班等方式，使我国国际航空货运能力快速提升，航空货运紧张局面得到明显缓解。近期，我国实际执行的国际货运航班达到4250班/周，比去年平均水平增长了215%，有力服务了我国国际供应链保通保运保供。

五是统筹应对运营风险冲击和促进行业稳定发展。新冠肺炎疫情对全球航空业冲击巨大，根据国际航协相关预测，2020年全球航空客运收入将损失3140亿美元，同比下降55%。我国航空业也面临前所未有的严峻挑战，一季度全行业累计亏损398.2亿元。为了积极应对疫情对行业的冲击，民航局加强与财政部等部门的协调沟通，及时出台一系列政策为民航企业发展纾困。出台对执飞国际航班的中外航空公司和重大航空保障任务给予专项补贴，免征航空公司民航发展基金，对受疫情影响较大的困难企业延长亏损结转年限，对运输飞机改装安全电子设备给予全额财政补助等一揽子十六项政策，预计给航空公司减负65.8亿元。在帮助企业提振信心、积蓄力量的同时，民航局党组把深化改革作为化解疫情不利影响的关键一招，修订完善22个深化民航改革方案共639项任务，涵盖民航安全发展、枢纽建设、资源配置、服务提升、应急处置、科教支撑、从严治党等方方面面，努力把疫情影响行业发展的时间夺回来。

六是统筹国内各方协同和国际民航合作。习近平总书记强调，疫情防控绝不只是医药卫生问题，而是全方位的工作，是一个系统工程。民航坚持全国一盘棋，在中央应对新冠肺炎工作领导小组和国务院联防联控机制协调下，与有关部门和地方密切协同配合，根据各自职责做好有关处置工作。利用航空运输大数据，先后满足了400余个省、市地方政府提出的1000余项数据查询需求，为重点人群监测、轨迹追溯等提供了重要支撑；会同外交部、卫健委、海关总署、移民局等部门先后发布两份公告，将首都机场所有国际客运航班分流，极大缓解了北京防范境外疫情输入的压力；配合外交部落实关口前移要求，与海关总署共同发布公告，推进中国籍旅客乘坐航班回国前填报健康码，做好远端防控。

习近平总书记指出，重大传染性疾病是全人类的敌人，需要各国携手应对，全面加强国际合作，凝聚起战胜疫情的强大合力。疫情初期，民航局及时主动向与我通航的69个国家民航主管部门发函，并促使国际民航组织两次发声支持，在外交部和我驻外使领馆的大力支持帮助下，我国已通航的75个国家中，与50个国家保持定期航班飞行。向国际民航组织提供中国民航疫情防控技术指南，积极力争促使其转为国际民航组织的防控技术指南，并通过国际民航组织推动各国采取同样水平的防控措施，共同努力防止疫情传播。

七是统筹应急举措和依法依规开展防控工作。习近平总书记在中央全面依法治国委员会第三次会议上强调，要坚持依法防控，在法治轨道上统筹推进各项防控工作。随着疫情防控形势的发展变化，需要民航应对的各种新情况、新问题层出不穷，且多与国家外交大局密切相关，民航局党组始终坚持“认真、科学、冷静”应对，涉及航线航班调整、机票免费退改签、首都国际机场国际客运航班入境分流、国际航班调减、湖北武汉复航、国际机票价格整治等关键决策都坚持做到于法有据、程序合规；在组织实施过程中，及时提供必要的法律解释和政策解读，确保各项措施依法依规实施。

八是统筹及时回应社会关切和新闻舆论引导。在疫情防控工作中，民航局既关注旅客合理诉求，及时回应并调整改进工作内容；又主动引导社会舆论方向，提前消解可能出现的舆情问题。注重发挥新闻发布会的阵地作用，参加国务院联防联控机制新闻发布会13次，民航局例行新闻发布会实现网络视频直播，根据疫情形势变化，自3月底始，将民航局例行新闻发布会由每月1次改为每周1次，聚焦防范境外疫情输入、复工复产、重大运输保障等重点工作，及时向社会各界通报、介绍最新政策和工作进展。针对社会公众对乘机出行可能产生的疑问和恐慌心理，主动向公众开展航空器通风消毒和客舱服务方面的科普宣传。对媒体和网友普遍关注的机票退改签、首都机场国际客运航班分流、削减国际客运航班、接回国外留学生、国际机票直销等重大政策问题，做好政策宣传解读，为应对疫情营造了良好的舆论环境。

当前，我国疫情防控向好态势不断巩固，生产生活秩序正在加快恢复，但我们深知民航作为疫情防控的前沿阵地，任务依然繁重。我们将坚持底线思维，慎终如始，时刻绷紧疫情防控这根弦，在抓紧抓实抓细民航常态化疫情防控的同时，推动民航恢复生产，不失时机地进一步深化民航改革。我们坚信，在以习近平同志为核心的党中央坚强领导下，全行业干部职工大力弘扬践行当代民航精神，同心共克时艰、努力化危为机，一定能够夺取疫情防控阻击战和民航安全发展双胜利。

提高政治站位　扛起政治责任
全面推动国家铁路局党的建设高质量发展

刘振芳

《旗帜》（2020 年第 6 期）

认真学习习近平总书记在中央和国家机关党的建设工作会议上的重要讲话，使我们深刻认识加强改进中央和国家机关党的建设的重大意义，进一步明晰新形势下中央和国家机关党的建设的使命任务、重点工作、关键举措，更加明确了努力方向和具体任务。按照丁薛祥同志在中央和国家机关党的工作暨纪检工作会议上的部署，要以钉钉子精神抓落实，推动中央和国家机关党的建设高质量发展。国家铁路局党组深入学习贯彻会议精神，提高政治站位，紧密结合实际，以党的政治建设为统领，增强“四个意识”、坚定“四个自信”、做到“两个维护”，进一步增强责任感使命感，落实、落实、再落实，不断提高党的建设质量，当好“三个表率”，努力建设让党中央放心、让人民群众满意的模范机关，为中央和国家机关各项事业发展、全面建成小康社会和“十三五”规划圆满收官提供坚强保证。

一、把党的政治建设摆在首位，强化政治机关意识，坚定践行“两个维护”

一是以党的政治建设为统领，抓实抓细政治思想建设。局党组带头，发挥两级理论学习中心组领学促学作用，带领广大党员干部读原著学原文悟原理，用习近平新时代中国特色社会主义思想武装头脑，深刻领会习近平总书记关于加强中央和国家机关党的政治建设重要论述的核心要义和丰富内涵，把旗帜鲜明讲政治贯穿履职监管全过程和铁路事业发展各方面。围绕争做“六个模范”开展集中研讨，正确把握政治和业务的辩证关系，着力提高思想引领力。深入实施青年理论学习提升工程，强化青年理论学习小组专题学习，坚持年轻干部理论学习导师、导学制度，发挥司局级领导干部传帮带作用，帮助年轻干部提高理论素养。

二是党组引领示范，以扎实有效的具体行动践行“两个维护”。坚决贯彻落实党中央各项决策部署，服从大局，勇于担当，服务京津冀协同发展、长江经济带发展、“一带一路”建设、粤港澳大湾区建设、长三角一体化发展、黄河流域生态保护和高质量发展等国家战略。深刻领会习近平总书记关于铁路工作的重要指示批示精神，明确目标任务，细化具体措施，加强督查督办，推动各方各级落实责任，以扎实有力的行动和实实在在的成效确保习近平总书记重要指示批示精神落实落地。

三是以严肃认真的政治生活推进政治生态建设。严格执行新形势下党内政治生活若干准则，坚持民主集中制，严格民主生活会和组织生活会制度。提高党员、干部防范化解政治风险能力，增强政治敏锐性和鉴别力。开展重温入党誓词、入党志愿书等活动，创新党员过“政治生日”等举措，强化政治仪式教育，不断提高政治生活质量。认真总结经验、探索规律，提高政治工作统领、结合能力。

二、聚焦增强政治功能，激发基层党组织创造力凝聚力战斗力

一是强化基层党组织功能。深入贯彻新时代党的组织路线，落实《中国共产党党和国家机关基层组织工作条例》《中国共产党支部工作条例（试行）》《中央和国家机关党小组工作规则（试行）》，加强基层组织体系建设，选齐配强党组织领导班子，着力提升组织力，突出政治功能，增强政治领导力、思想引领力、群众组织力和社会号召力。

二是夯实党支部建设基础。依托《国家铁路局基层党支部建设标准化规范化手册》，规范和落实党支部组织设置、换届选举、发展党员、民主评议等规定，提升党支部建设质量。严格执行“三会一课”、主题党日、组织生活会、民主评议党员和党员领导干部双重组织生活等制度，规范《党支部工作手册》《党小组手册》记录。开展“四强党支部”创建，推动后进赶先进，中间争先进，先进更先进。配强党支部书记和委员，组织党务干部培训班，推广应用学习强国平台、“支部工作”App，推进“智慧党建”。

三是严格党员教育管理监督。落实《中国共产党党员教育管理工作条例》，通过佩戴党员徽章、每月亲自交纳党费、参加组织生活等形式，强化党员意识，建设高素质党员队伍。严把发展党员入口关，严格发展党员程序，提高党员发展质量。选树典型，表彰先进，提振党员干事创业的信心和热情。坚持严管和厚爱相结合，加强党内关怀帮扶，落实谈心谈话制度，完善党员干部担当作为激励机制。

三、持之以恒正风肃纪，从严从实开展“灯下黑”问题专项整治

一是坚持问题导向，强化机关作风转变。聚焦政治意识淡化、党的领导弱化、党建工作虚化、责任落实软化等方面，全面排查具体表现，坚持靶向治疗、精准施策。持续深入纠治“四风”老问题和新表现，抓好巡视、信访和执纪审查中发现线索的处理处置。严肃认真开展形式主义、官僚主义专项整治，实实在在为基层减负。贯彻党的群众路线，结合新时代人民群众的出行新需求，硬起手腕抓监管履职，促进铁路工作质量和服务品质不断提升。

二是坚持目标导向，强化监督执纪问责。以建设模范政治机关为目标，深入查摆问题，列出清单，深刻反思，制定实施“灯下黑”问题专项整治方案，问题整改实行项目化推进、销号式管理。严肃监督执纪，强化纪律规矩意识，加强对行政许可、行政执法、政府采购、干部选任、资金使用等权力运行的制约监督。坚持无禁区、全覆盖、零容忍，对腐败案件发现一起查处一起，对发生严重违纪问题的单位、部门“一案双查”，严肃追究主体责任和监督责任。

三是坚持结果导向，推动健全长效机制。建立问题整改落实情况效果评估机制，采取查阅资料、现场质询、问卷调查、访谈干部群众等方式，对问题整改效果开展阶段性评估和整改后评估。针对专项整治发现问题，着力研究分析成因，找准问题症结，推动完善体制机制，堵塞制度漏洞。将专项整治情况纳入基层党建述职评议考核的重要内容，强化整治成果运用。

四、强化组织领导，压实责任，扎实推进“模范机关”创建工作

一是以责任促担当。牢固树立“抓机关党建是本职、不抓机关党建是失职、抓不好机关党建是渎职”的理念，落实全面从严治党主体责任，坚持“书记抓、抓书记”。聚焦主责主业，局党组带头，各级领导班子成员和领导干部认真履行“一岗双责”，机关党委书记聚精会神抓党建，机关纪委履行好监督责任。

二是以创新促创建。对标对表模范机关创建的总体要求和主要任务，结合中心任务和工作职责，探索创建模范机关新方式、新方法，把创建模范机关融入党建工作和业务工作之中，用创建工作的实际成效推动党建工作和业务工作高质量发展。总结推广好经验好做法，营造对标先进、学习先进、争做先进的共创共建氛围。

三是以机制促落实。坚持以创促建、以创促改，逐步建立责任落实、督促检查、考核问责、动态管理等长效机制，坚持求真务实、持续用力，力戒形式主义，确保创建工作不断取得实效。把创建工作纳入基层党组织书记抓党建工作述职评议考核内容，层层压实责任，强化责任担当。

持之以恒推进邮政业高质量发展

马军胜

《人民日报》（2020 年 10 月 9 日 11 版）

10 月 9 日，我们迎来了第五十一个世界邮政日。邮政业是国家重要的社会公用事业，是服务生产生活、促进消费升级、畅通经济循环的现代化先导性产业，邮政体系是国家战略性基础设施和社会组织系统之一。

当前，我国邮政业规模全球领先，高质量发展进程不断加快，服务功能持续增强。2019 年，我国快递业务量达 635.2 亿件，已连续六年稳居世界第一，支撑网上零售额超 8 万亿元，新增社会就业 20 万人以上。作为世界上发展最快、最具活力的新兴寄递市场，我国包裹快递量已超过美、日、欧等发达经济体总和，成为全球邮政业发展的动力源和稳定器。

疫情防控期间，邮政业坚决贯彻落实习近平总书记重要讲话精神和党中央决策部署，切实做好行业自身疫情防控工作，科学有序推进复工复产，全力保障防疫物资和居民基本生活物资运递，得到了社会各界的赞誉。

在看到成绩的同时，我们也要清醒地认识到，邮政业发展大而不强、大而不优、快而不稳、快而不精的基本情况仍没有改变。邮政业必须深入学习贯彻习近平总书记对邮政业的重要指示精神，以“两进一出”工程为抓手，助力构建新发展格局，更好地服务经济社会发展大局。

第一，坚持完善高质量的邮政业民生服务体系。要创新邮政公共服务内涵，准确把握行业公益性、基础性、商业性等多重属性，强化邮政快递网络基础设施的布局统筹，将代理政务、农村快递服务、末端服务等纳入公共服务范畴，向高品质和多样化升级。要健全制度安排，落实中央与地方财政事权和支出责任划分改革，明确地方政府对农村快递和城乡末端设施的财政事权和支出责任，因地制宜加快推进“快递进村”。

第二，坚持完善高标准的邮政业现代市场体系。要加强要素市场建设，充分发挥市场在资源配置中的决定性作用，更好发挥政府作用，引导一次分配比例适当向基层、向一线员工倾斜。要将“快递进厂”作为邮政业更高水平产业协同的突破口，向专业化和价值链高端延伸，探索重点行业融合发展新路径，更好服务中国制造。

第三，坚持完善高效能的邮政业国际寄递体系。要健全“快递出海”制度设计，优化国际邮件互换局布局，加快国际快件监管中心建设；加强国际快递航空网络能力建设，增进与重点国家和区域的政策沟通、设施联通。要分步完善境外网络，培育具有全球竞争力的寄递企业，加快建设区域网络。要实行更高水平开放，全面开放国内快递包裹市场，加快打造更多的跨境寄递通道平台。

第四，坚持完善高精准的邮政业风险防控体系。要升级寄递安全能力，综合应用5G、人工智能、区块链、云计算、大数据、物联网等新一代信息技术，提升安全监管智能化水平，打造安全防控“升级版”，坚决防范重特大安全事故。要储备产业安全政策，建立邮政快递产业安全的风险研判、防范化解、调查监管机制。

第五，坚持完善高水平的邮政业绿色发展体系。要完善法规体系，推动制定快递包装管理办法。要完善标准体系，发布快递包装绿色产品清单目录，推动出台快递绿色包装相关国家标准、地方标准和团体标准并深入开展标准宣贯。要完善监管体系，建立快递包装产品绿色认证工作体系，健全绿色邮政评价指标体系和监测评估制度。

第二篇
重大政策

Section II
Substantial Policies

第一章 交通运输法律法规规章

一、邮政业寄递安全监督管理办法（交通运输部令 2020 年第 1 号）

近年来，邮政业面临的安全风险明显增加，有不法分子利用寄递渠道传递违禁品，发生过企业泄露用户信息的事件，不合格包装材料的使用可能损害人体健康，形成了新的安全隐患。2011 年 1 月 4 日交通运输部发布的《邮政行业安全监督管理办法》已不能适应当前邮政业寄递安全面临的新形势、新任务，有必要依据上位法和中央部署，围绕国家总体安全观，进行全面修订，为邮政业持续健康发展提供更有力的规章制度保障。新办法自 2020 年 2 月 15 日起施行。

二、民用航空器事件调查规定（交通运输部令 2020 年第 2 号）

近年来，我国民航事业持续快速发展，对民用航空器事件调查的范围、人员、程序等提出了新需求。同时《中华人民共和国安全生产法》和《中华人民共和国民用航空法》先后于 2014 年和 2017 年修订发布，国际民用航空公约（我国为缔约国）附件 13《航空器事故和事故征候调查》也进行了持续更新。原《民用航空器事件调查规定》的部分条款已不能适应和更好地支持民用航空器事件调查工作。因此，依据《中华人民共和国安全生产法》《中华人民共和国民用航空法》《生产安全事故报告和调查处理条例》（国务院 493 号令），参考国际标准，对原规定进行修订。新规定于 2020 年 4 月 1 日起正式实施。

三、交通运输部关于废止 3 件规章的决定（交通运输部令 2020 年第 3 号）

《中国民用航空仪表着陆系统Ⅱ类运行规定》于 1996 年发布实施，随着民航技术和标准更新，规章内容实质上已被民航局后续发布的多份文件规定，为顺应技术发展，有必要废止该规章。

《民用航空科学技术成果鉴定办法》和《中国民用航空总局科学技术进步奖励办法》于 1997 年公布实施。根据国家科技体制改革和科技成果管理改革要求，涉及科技成果鉴定不再作为政府行政事项，改由行业组织或中介机构自律管理。根据科技体制改革精神，民航局决定相关工作由中国航空运输协会负责。因此，有必要废止上述两部规章。

四、交通运输部关于修改《国内水路运输管理规定》的决定（交通运输部令 2020 年第 4 号）

近年来，党中央、国务院为持续优化营商环境，推动经济社会高质量发展，作出了一系列决策部署，并于2019年10月制定出台了《优化营商环境条例》，要求进一步优化审批服务，提高审批效率，减轻市场主体负担，着力提升政务服务能力和水平。同时，为加强物流安全管理，防范恐怖活动，《中华人民共和国反恐怖主义法》对货运实名制管理和安全检查作出了明确规定，要求物流运营单位查验客户身份、对运输物品进行安全检查。为贯彻落实有关要求，需要对《国内水路运输管理规定》相关内容进行修订。新规定自2020年5月1日起施行。

五、邮政行政执法监督办法（交通运输部令2020年第5号）

随着《中华人民共和国监察法》《政府信息公开条例》等上位法的修改，《邮政行政执法监督办法》有关规定需作出相应调整。《国务院办公厅关于全面推行行政执法公示制度执法全过程记录制度重大执法决定法制审核制度的指导意见》对建立和实施"行政执法三项制度"提出了具体要求，《邮政行政执法监督办法》需要相应修改完善执法监督的具体内容和程序，以落实国务院部署要求。同时，邮政管理部门在执法监督工作实践中形成了一些好的做法，也需要上升为制度性规定。修订后的《邮政行政执法监督办法》取消了原有的"分章"结构，从56条精简至50条。该办法自2020年5月1日起施行。

六、交通运输部关于修改《中华人民共和国船舶安全监督规则》的决定（交通运输部令2020年第6号）

随着我国经济社会的不断发展，集装箱运输已经成为当前国际航运的重要方式，集装箱超载、重量不准确等情况时有发生，给人命和财产安全带来威胁。近年来，《中共中央国务院关于推进安全生产领域改革发展的意见》《交通强国建设纲要》等对交通运输安全生产工作提出了明确要求。国际海事组织通过国际公约及其修正案的形式增加了集装箱重量验证有关要求，交通运输部在前期履约过程中也形成了可复制可推广的集装箱安全管理经验。为贯彻落实交通运输安全生产工作有关要求，履行我国缔结加入的国际公约，提高安全管理水平，需要对《中华人民共和国船舶安全监督规则》进行修订。

七、中国民用航空监察员管理规定（交通运输部令2020年第7号）

民航局自1999年颁布《中国民用航空监察员管理规定》，建立和实施监察员制度以来，对规范民航行政执法队伍建设和管理发挥了积极作用。党的十九大以来，党中央、国务院对严格规范公正文明执法作出了一系列决策部署，特别是对加强执法人员资格管理、提高执法队伍素质能力提出了新要求。同时，随着民航监管执法信息系统的推广应用，民航监察员的类别、条件、培训与考试要求、证件管理等发生了较大变化，规定中的部分管理制度已经与实践不相符合，

需要根据党中央、国务院决策部署，结合管理实际，作出修改完善。新规定自2020年5月1日起施行。

八、高速铁路安全防护管理办法（交通运输部、公安部、自然资源部、生态环境部、住房和城乡建设部、水利部、应急管理部令2020年第8号）

随着高铁路网的快速扩张、运输规模的持续扩大、技术装备的迭代升级，高铁安全工作面临的形势日趋严峻和复杂。为保障高速铁路安全和畅通，维护人民生命财产安全，发挥法治固根本、稳预期、利长远的保障作用，7部门联合印发了《高速铁路安全防护管理办法》，切实完善高速铁路综合治理长效机制，形成综合施策、多方发力、齐抓共管、通力协作的高速铁路安全防护管理工作格局，为确保高速铁路安全提供制度遵循和法治保障。办法自2020年7月1日起施行。

九、交通运输部关于修改《大型飞机公共航空运输承运人运行合格审定规则》的决定（交通运输部令2020年第9号）

根据民航行政机关针对航空公司的审定和航空公司自身运行情况，为更好地适应行业发展需要，进一步提高飞行安全水平，有必要结合《大型飞机公共航空运输承运人运行合格审定规则》施行以来的实践经验和行业意见进行修订。为此，交通运输部根据《中华人民共和国民用航空法》，结合行业实际，对该规则部分条款作出修改。新规则于2020年7月1日起施行。

十、民用航空器维修人员执照管理规则（交通运输部令2020年第10号）

为了规范民用航空器维修人员执照的颁发和管理，保障民用航空器的持续适航和飞行安全，根据《中华人民共和国民用航空法》《中华人民共和国行政许可法》和《中华人民共和国民用航空器适航管理条例》等法律、行政法规，制定该规则。《民用航空器维修人员执照管理规则》自2020年7月1日起施行。

十一、中华人民共和国海船船员适任考试和发证规则（交通运输部令2020年第11号）

2019年2月，《国务院关于取消和下放一批行政许可事项的决定》（国发〔2019〕6号）取消了“船员服务簿签发”许可事项，不再将船员服务簿作为适任证书核发的前提条件，对通过船员适任证书核发审查的船员直接发放船员服务簿，同时将“厨师、服务员等不参加航行和轮机值班的船员”纳入适任证书核发范围。2020年3月27日，《国务院关于修改和废止部分行政法规的决定》（国务院令726号）对《船员条例》进行了相应修改。为落实上述改革和上位法修改要求，同时结合海船船员实际管理需要，对《中华人民共和国海船船员适任考试和发证规则》进行全面修订。

十二、交通运输部关于修改《中华人民共和国内河船舶船员适任考试和发证规则》的决定（交通运输部令2020年第12号）

2019年2月，《国务院关于取消和下放一批行政许可事项的决定》（国发〔2019〕6号）取消了“船员服务簿签发”许可事项。2020年3月27日，《国务院关于修改和废止部分行政法规的决定》（国务院令726号）对《船员条例》进行了相应修改。为落实有关改革和上位法修改要求，对《中华人民共和国内河船舶船员适任考试和发证规则》进行修订。修订的主要内容：一是删除将船员服务簿作为适任证书核发和适任考试前置条件的内容。二是将“厨师、服务员等不参加航行值班的船员”纳入适任证书核发范围，并将适任证书按照是否参加航行与轮机值班分为两个大类，同时结合管理实际规定了不同的申请条件、要求与有效期限。

十三、交通运输部关于修改《中华人民共和国海员证管理办法》的决定（交通运输部令2020年第13号）

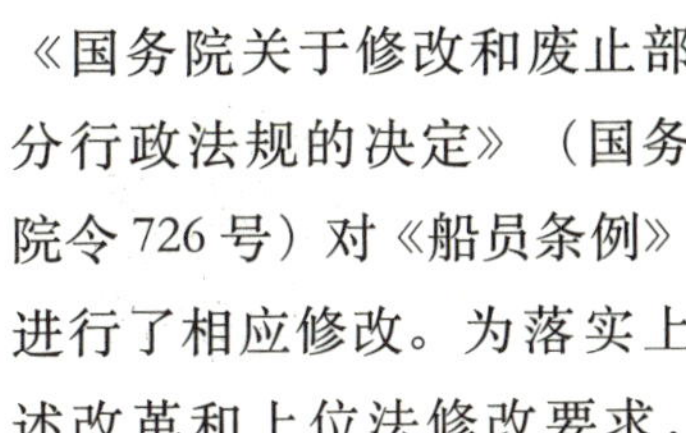

2019年2月，《国务院关于取消和下放一批行政许可事项的决定》（国发〔2019〕6号）取消了“船员服务簿签发”许可事项。2020年3月27日，《国务院关于修改和废止部分行政法规的决定》（国务院令726号）对《船员条例》进行了相应修改。为落实上述改革和上位法修改要求，相应修订《中华人民共和国海员证管理办法》。主要修改内容：删除海员证申请材料以及海员证注销条款中涉及“船员服务簿”的事项，不再将“船员服务簿”作为申请海员证的材料。

十四、交通运输部关于修改《中华人民共和国海船船员值班规则》的决定（交通运输部令2020年第14号）

2019年2月，《国务院关于取消和下放一批行政许可事项的决定》（国发〔2019〕6号）取消了“船员服务簿签发”许可事项。2020年3月27日，《国务院关于修改和废止部分行政法规的决定》（国务院令726号）对《船员条例》进行了相应修改。为落实上述改革和上位法修改要求，《中华人民共和国海船船员值班规则》中删除了法律责任条款中涉及暂扣、吊销“船员服务簿”的内容。

十五、交通运输部关于修改《中华人民共和国内河船舶船员值班规则》的决定（交通运输部令2020年第15号）

2019年2月，《国务院关于取消和下放一批行政许可事项的决定》（国发〔2019〕6号）取消了“船员服务簿签发”许可事项。2020年3月27日，《国务院关于修改和废止部分行政法规的决定》（国务院令726号）对《船员条例》进行了相应修改。为落实上述改革和上位法修改要求，《中华人民共和国内河船舶船员值班规则》中删除

了法律责任条款中涉及暂扣、吊销“船员服务簿”的内容。

十六、交通运输部关于废止《中华人民共和国船员注册管理办法》的决定（交通运输部令 2020 年第 16 号）

2019 年 2 月，《国务院关于取消和下放一批行政许可事项的决定》（国发〔2019〕6 号）取消了“船员服务簿签发”许可事项。2020 年 3 月 27 日，《国务院关于修改和废止部分行政法规的决定》（国务院令 726 号）对《船员条例》进行了相应修改。《中华人民共和国船员注册管理办法》主要是对在“船员服务簿”签发基础上的船员注册工作予以规范和细化。“船员服务簿”许可取消后，立法基础已不存在，相关工作被适任证书核发取代，相应废止该规章。

十七、道路旅客运输及客运站管理规定（交通运输部令 2020 年第 17 号）

近年来，客运市场环境发生深刻变化，特别是 2020 年，突如其来的新冠肺炎疫情对道路客运行业产生重大影响，经营者普遍出现经营困难，亟需在守住安全稳定底线的基础上，强化政策扶持，促进行业复工复产达产，更好服务“六稳”“六保”工作。为此，交通运输部对《道路旅客运输及客运站管理规定》相关内容进行修订。修订后，包括总则、经营许可、客运经营管理、班车客运定制服务（新增）、客运站经营、监督检查、法律责任和附则 8 个部分。

十八、通用航空经营许可管理规定（交通运输部令 2020 年第 18 号）

为全面贯彻《国务院办公厅关于促进通用航空业发展的指导意见》（国办发〔2016〕38 号），落实国务院深化“放管服”改革、优化营商环境等要求，民航局通用航空工作领导小组全体会议决定对《通用航空经营许可管理规定》进行全面修订，进一步优化营商环境，激发通用航空市场活力，促进通用航空实现高质量发展。

十九、国际航空运输价格管理规定（交通运输部令 2020 年第 19 号）

为进一步转变政府职能、深化简政放权、创新监管方式，从完善国际航空运价管理政策的实际需要出发，在借鉴他国国际航空运价管理经验的基础上，交通运输部将目前关于国际航空运价管理的相关规范性文件上升为部门规章，形成了《国际航空运输价格管理规定》。该规定于 2021 年 1 月 1 日起正式实施。

二十、航道养护管理规定（交通运输部令 2020 年第 20 号）

2015 年实施的《中华人民共和国航道法》对航道养

护作了原则规定，在总结经验、巩固有效管理方式方法的基础上，通过制定部门规章对航道养护工作作出全面规范。《航道养护管理规定》于2021年2月1日起正式实施。

二十一、交通运输部关于修改《港口经营管理规定》的决定（交通运输部令2020年第21号）

近年来，随着“放管服”改革不断深化，特别是《优化营商环境条例》于2020年1月正式实施，对优化港口营商环境提出了更高要求，需对相关条款进行修改完善。同时，为进一步落实《中华人民共和国安全生产法》《中华人民共和国反恐怖主义法》《中华人民共和国水污染防治法》《中华人民共和国大气污染防治法》相关要求，需补充完善港口绿色发展、安全生产、反恐防范等制度内容。《港口经营管理规定》于2021年2月1日起正式实施。

二十二、小微型客车租赁经营服务管理办法（交通运输部令2020年第22号）

随着经济快速发展，人民群众出行方式日益丰富，以小微型客车租赁为主的汽车租赁市场不断扩大，服务方式更加多元化，市场对服务能力的需求快速提升。与此同时，小微型客车租赁市场法规制度不健全、经营管理不规范、承租人权益难以有效保障等问题日益突出，社会关注度较高，亟需通过立法予以规范。《小微型客车租赁经营服务管理办法》于2021年4月1日起正式实施。

二十三、交通运输部 商务部 发展改革委关于废止《外商投资民用航空业规定》及其6个补充规定的决定（交通运输部令2020年第23号）

《外商投资民用航空业规定》（民航总局、外经贸部、国家计委令第110号）是2002年经国务院批准，由当时的民航总局、外经贸部、国家计委三部委联合发布的部门规章。随着我国对外开放程度不断加深，国家外资准入管理模式也发生重大变化，该规定在管理模式和开放水平上与国家外资管理规定已不一致，根据有关清理要求，按程序予以废止。

考虑到有关补充规定均以110号令为基础，现一并废止：《〈外商投资民用航空业规定〉的补充规定》（民航总局、商务部、发展改革委令第139号，2005年1月24日发布）、《〈外商投资民用航空业规定〉的补充规定（二）》（民航总局、商务部、发展改革委令第174号，2007年1月4日发布）、《〈外商投资民用航空业规定〉的补充规定（三）》（民航总局、商务部、发展改革委令第189号，2007年10月12日发布）、《〈外商投资民用航空业规定〉的补充规定（四）》（交通运输部、商务部、发展改革委令2016年第53号，2016年4月26日发布）、《〈外商投资民用航空业规定〉的补充规定（五）》（交通运输部、商务部、发展改革委令2016年第54号，2016年4月26日发布）、《〈外商投资民用航空业规定〉的补充规定（六）》（交通运输部、商务部、发展改革委令2017年第6号，2017年4月1日发布）。

第二章　国家重大政策

一、国务院关于修改和废止部分行政法规的决定（国务院令第726号）

2020年3月27日，国务院公布《国务院关于修改和废止部分行政法规的决定》。决定修改《中华人民共和国船员条例》，废止《外国公司船舶运输收入征税办法》。

二、国务院关于修改和废止部分行政法规的决定（国务院令第732号）

2020年11月29日，国务院公布《国务院关于修改和废止部分行政法规的决定》。决定修改《关于外商参与打捞中国沿海水域沉船沉物管理办法》《中华人民共和国民用航空器国籍登记条例》。

三、国务院办公厅转发国家发展改革委交通运输部关于进一步降低物流成本实施意见的通知（国办发〔2020〕10号）

2020年5月20日，国务院办公厅转发国家发展改革委、交通运输部《关于进一步降低物流成本的实施意见》。意见包括六方面内容：一是深化关键环节改革，降低物流制度成本。二是加强土地和资金保障，降低物流要素成本。三是深入落实减税降费措施，降低物流税费成本。四是加强信息开放共享，降低物流信息成本。五是推动物流设施高效衔接，降低物流联运成本。六是推动物流业提质增效，降低物流综合成本。

四、国务院办公厅关于调整国务院推进政府职能转变和“放管服”改革协调小组组成人员的通知（国办函〔2020〕73号）

2020年9月10日，国务院办公厅印发《关于调整国务院推进政府职能转变和“放管服”改革协调小组组成人员的通知》。根据工作需要和人员变动情况，经国务院领导同志同意，对国务院推进政府职能转变和“放管服”改革协调小组组成人员进行调整。交通运输部副部长戴东昌任深化商事制度改革组副组长。

五、国务院办公厅转发国家发展改革委等部门关于加快推进快递包装绿色转型意见的通知（国办函〔2020〕115号）

2020年11月30日，国务院办公厅转发国家发展改革委、国家邮政局、工业和信息化部、司法部、生态环境部、住房城乡建设部、商务部、市场监管总局《关于加快推进快递包装绿

色转型的意见》。意见指出，到2025年，快递包装领域全面建立与绿色理念相适应的法律、标准和政策体系，形成贯穿快递包装生产、使用、回收、处置全链条的治理长效机制；电商快件基本实现不再二次包装，可循环快递包装应用规模达1000万个，包装减量和绿色循环的新模式、新业态发展取得重大进展，快递包装基本实现绿色转型。

六、国务院办公厅转发国家发展改革委等单位关于推动都市圈市域（郊）铁路加快发展意见的通知（国办函〔2020〕116号）

2020年12月7日，国务院办公厅转发国家发展改革委、交通运输部、国家铁路局、中国国家铁路集团有限公司《关于推动都市圈市域（郊）铁路加快发展的意见》。意见包括总体要求、明确功能定位和技术标准、完善规划体系、有序推进实施、优化运营管理、创新投融资方式、建立持续发展机制七方面内容。

七、国务院办公厅关于交通运输综合行政执法有关事项的通知（国办函〔2020〕123号）

2020年12月14日，国务院办公厅印发《关于交通运输综合行政执法有关事项的通知》。通知指出，2020年版《交通运输综合行政执法事项指导目录》已经国务院原则同意。根据深化党和国家机构改革有关部署，经国务院批准，就有关事项进行通知，要求各地区、各部门要高度重视深化交通运输综合行政执法改革，全面落实清权、减权、制权、晒权等改革要求，统筹推进机构改革、职能转变和作风建设。指导目录由交通运输部根据本通知精神印发。

第三章　行业重要政策性文件

第一节　交通运输部印发的部分重要政策性文件

序号	文件名称及文号	原文二维码	解读二维码
1	交通运输部关于印发建设项目委托技术咨询服务管理办法的通知（交规划发〔2020〕3 号）		
2	交通运输部关于印发部属单位基本建设管理办法的通知（交规划发〔2020〕8 号）		
3	交通运输部关于印发部属单位船舶建造管理办法的通知（交规划发〔2020〕9 号）		
4	交通运输部关于统筹推进疫情防控和经济社会发展交通运输工作的实施意见（交规划发〔2020〕31 号）		
5	交通运输部关于全面加强危险化学品运输安全生产工作的意见（交安监发〔2020〕46 号）		
6	交通运输部关于推动交通运输领域新型基础设施建设的指导意见（交规划发〔2020〕75 号）		
7	交通运输部关于推进交通运输治理体系和治理能力现代化若干问题的意见（交政研发〔2020〕96 号）		
8	交通运输部关于完善综合交通法规体系的意见（交法发〔2020〕109 号）		

续上表

序号	文件名称及文号	原文二维码	解读二维码
9	交通运输部关于全面做好农村公路“路长制”工作的通知（交公路发〔2020〕111 号）		
10	交通运输部关于促进道路交通自动驾驶技术发展和应用的指导意见（交科技发〔2020〕124 号）		
11	交通运输部关于进一步提升公路桥梁安全耐久水平的意见（交公路发〔2020〕127 号）		
12	交通运输部关于取消一批证明事项的决定（交法规〔2020〕1 号）		
13	交通运输部关于进一步依法加强野生动物运输管理工作的通知（交法规〔2020〕3 号）		
14	交通运输部关于做好公路养护工程招标投标工作进一步推动优化营商环境政策落实的通知（交公路规〔2020〕4 号）		
15	交通运输部关于做好《国内水路运输管理规定》实施有关工作的通知（交水规〔2020〕6 号）		
16	交通运输部关于印发《整船载运液化天然气可移动罐柜安全运输要求（试行）》的通知（交海规〔2020〕9 号）		
17	交通运输部关于印发《400 总吨以下内河船舶水污染防治管理办法》的通知（交海规〔2020〕10 号）		

续上表

序号	文件名称及文号	原文二维码	解读二维码
18	交通运输部关于印发《水运工程建设标准管理办法》的通知（交水规〔2020〕12号）		
19	交通运输部关于进一步加强水路客运安全管理的通知（交水规〔2020〕13号）		
20	交通运输部办公厅关于印发《交通运输行业专业标准化技术委员会管理办法》的通知（交办科技〔2020〕9号）		
21	交通运输部办公厅关于充分发挥全国道路货运车辆公共监管与服务平台作用支撑行业高质量发展的意见（交办运〔2020〕18号）		
22	交通运输部办公厅关于进一步推进公路水运工程平安工地建设的通知（交办安监〔2020〕44号）		
23	交通运输部办公厅关于进一步做好总质量4500千克及以下普通货运车辆“放管服”改革有关工作的通知（交办运〔2020〕65号）		
24	交通运输部办公厅关于做好道路货物运输驾驶员从业资格考试制度改革有关工作的通知（交办运〔2020〕66号）		
25	交通运输部办公厅关于优化道路运输车辆技术管理 便利开展车辆技术等级评定工作的通知（交办运〔2020〕67号）		
26	交通运输部办公厅关于印发《公路危旧桥梁改造行动方案》的通知（交办公路〔2020〕71号）		

第二节　交通运输部联合其他部门印发的部分重要政策性文件

序号	文件名称及文号	原文二维码	解读二维码
1	交通运输部 发展改革委 生态环境部 住房城乡建设部关于印发长江经济带船舶和港口污染突出问题整治方案的通知（交水发〔2020〕17 号）		
2	交通运输部 发展改革委 工业和信息化部 财政部 商务部 海关总署 税务总局关于大力推进海运业高质量发展的指导意见（交水发〔2020〕18 号）		
3	交通运输部 财政部贯彻落实《国务院办公厅关于深化农村公路管理养护体制改革的意见》的通知（交公路发〔2020〕26 号）		
4	交通运输部 国家发展改革委关于延续阶段性降低港口收费标准有关事项的通知（交水发〔2020〕67 号）		
5	交通运输部　人力资源和社会保障部　国家卫生健康委 中国人民银行　国家铁路局　中国民用航空局　中国国家铁路集团有限公司关于切实解决老年人运用智能技术困难便利老年人日常交通出行的通知（交运发〔2020〕131 号）		
6	交通运输部办公厅　广东省人民政府办公厅　广西壮族自治区人民政府办公厅　贵州省人民政府办公厅　云南省人民政府办公厅关于珠江水运助力粤港澳大湾区建设的实施意见（交办水〔2020〕29 号）		
7	交通运输部办公厅　国家铁路局综合司　国铁集团办公厅关于印发船舶碰撞桥梁隐患治理三年行动实施方案的通知（交办水〔2020〕69 号）		

第三节　国家局制定的部分重要政策性文件

序号	文件名称及文号	原文二维码	解读二维码
1	国家铁路局关于印发《铁路行业科技创新基地管理办法（试行）》的通知（国铁科法规〔2020〕38 号）		
2	国家铁路局关于印发《铁路建设工程施工图设计文件审查管理办法》的通知（国铁工程监规〔2020〕51 号）		
3	国家铁路局关于印发《铁路机车制式无线电台执照核发管理办法》的通知（国铁设备监规〔2020〕54 号）		
4	国家铁路局关于印发《铁路计量管理办法》的通知（国铁科法规〔2020〕60 号）		
5	国家铁路局关于印发《铁路专用产品质量监督抽查管理办法》的通知（国铁设备监规〔2020〕63 号）		
6	关于印发《中国民航四型机场建设行动纲要（2020—2035 年）》的通知（民航发〔2020〕1 号）		
7	关于印发《航班安全运行保障标准》的通知（民航发〔2020〕4 号）		
8	民航局关于印发《推动新型基础设施建设促进高质量发展实施意见》的通知（民航发〔2020〕62 号）		
9	民航局关于印发推动新型基础设施建设五年行动方案的通知（民航发〔2020〕63 号）		

续上表

序号	文件名称及文号	原文二维码	解读二维码
10	国家邮政局关于印发《邮政强国建设行动纲要》的通知（国邮发〔2020〕3 号）		
11	国家邮政局关于修改《邮政行政处罚程序规定》的决定（国邮发〔2020〕43 号）		
12	国家邮政局关于印发《邮件快件绿色包装规范》的通知（国邮发〔2020〕47 号）		
13	国家邮政局关于发布《邮政业用户申诉处理办法》的通告（国邮发〔2020〕59 号）		
14	国家邮政局关于印发《快递包装绿色产品评价技术要求》的通知（国邮发〔2020〕62 号）		
15	国家邮政局关于发布《无人机快递投递服务规范》邮政行业标准的通知（国邮发〔2020〕66 号）		
16	国家邮政局关于印发《快递企业总部重大经营管理事项风险评估和报告制度（试行）》的通知（国邮发〔2020〕68 号）		
17	国家邮政局 国家发展改革委 交通运输部 商务部 海关总署 关于促进粤港澳大湾区邮政业发展的实施意见（国邮发〔2020〕78 号）		
18	国家邮政局关于发布《智能信包箱和智能快件箱监管数据接入规范》邮政行业标准的通知（国邮发〔2020〕80 号）		

第四章　行业重大改革

2020 年，交通运输部全面深化改革领导小组认真贯彻落实中央改革决策部署，紧紧围绕加快构建系统完备、科学规范、运行有效的行业制度，深化交通运输管理体制、运行机制改革，行业现代化治理能力有效提升。

一、2020 年改革工作总体部署推进情况

《2020 年交通运输部全面深化改革领导小组工作要点》部署的 7 个方面 23 项重点改革任务全部如期完成。

（一）深入贯彻落实中央改革部署

印发交通运输部《贯彻落实党的十九届四中全会重要举措实施安排》，抓好加快完善社会主义市场经济体制、国有企业改革等中央重大改革的贯彻落实。系统总结党的十八届三中全会以来全面深化交通运输改革情况，形成《党的十八届三中全会以来交通运输全面深化改革落实情况总结报告》，报中央改革办。

（二）加强改革统筹推进

印发交通运输部《关于推进交通运输治理体系和治理能力现代化若干问题的意见》（交政研发〔2020〕96 号），形成新发展阶段交通运输全面深化改革的总体设计。印发《2020 年交通运输部全面深化改革领导小组工作要点》及成果清单，建立改革任务台账，依托部督查系统开展日常改革督察，结合部综合督查开展专项改革督察，推动完成全部重点改革任务。

（三）强化改革研究和交流

研究提出未来三年交通运输改革发展重点工作、2021 年重大改革事项等，报党中央、国务院有关部门。加强改革形势分析研判，形成《全面深化交通运输改革形势分析及相关建议》等系列报告，供部领导决策参考。印发 9 期《改革与政策研究》。组织召开全国中心城市交通改革与发展研讨会，进一步凝聚改革共识。

二、改革的主要进展和成效

（一）深化交通强国综合改革

一是健全交通强国建设推进运行机制。承担了《国家综合立体交通网规划纲要》起草工作，研究起草《"十四五"现代综合交通运输体系发展规划》及各行业规划、专项规划，两批 180 余项交通强国建设试点任务有序推进，启动第三批试点工作。推动将交通强国建设纳入 2020 年地方政府债券重点支持范围。二是健全综合运输保障机制。印发《关于进一步完善工作机制切实推进运输结构调整工作的通知》，推动将运输结构调整情况纳入省级政府考核内容。印发《关于开展第二批多式联运示范工程验收工作的通知》，联合印发《关于促进砂石行业健康有序发展的指导意见》，大宗物资"公转铁""公转水"深入推进，2018 年至 2020 年累计完成铁路货运增量 7.8 亿吨，水路货运增量 5.7 亿吨，沿海港口大宗货物公路运输量减少约 3.7 亿吨，三批 70 个多式联运示范工程完成集装箱多式联运量 480 万标箱，全国港口集装箱铁水联运量同比增长 29.6%。三是完善适应交通强国建设的机构职能体系。印发《交通运输部权责清单编制工作方案》，全面启动部权责清单编制。印发《交通运输部关于直属海事系统

编制调整有关事项的通知》等，探索建立机构编制动态管理机制。制定长江航道局所属生产经营类事业单位转企改制方案，稳妥推进部培训疗养机构改革，全面完成部纳入脱钩改革范围23家行业协会脱钩工作。四是推进交通运输领域财政事权和支出责任划分改革实施。印发《交通运输领域中央与地方财政事权和支出责任划分改革实施工作方案》。研究完善"十四五"期交通投资政策和专项资金管理制度。做好财政预算安排与改革方案的衔接，推动落实界河桥梁和航道等事项中央支出责任。开展西江航运干线航道等体制机制调整完善研究。推动完善相关法律法规及部门规章制度，做好支撑保障。

（二）深化应对新冠肺炎疫情影响系列改革

一是完善应急管理体系。制定《应急预案管理办法》《突发公共卫生事件交通运输应急预案》等，印发《关于加强中欧班列运行保障工作的通知》（交规划明电〔2020〕74号），推进联合印发《关于健全应急物资运输保障体系的实施意见》，形成交通运输应急管理体制机制研究工作报告。二是认真落实减费降税政策措施。印发《关于新冠肺炎疫情防控期间免收收费公路车辆通行费的通知》（交公路明电〔2020〕62号），联合印发《关于新冠肺炎疫情防控期间免收收费公路车辆通行费支持保障政策的通知》、《关于减免港口建设费和船舶油污损害赔偿基金的公告》（2020年第14号）、《清理规范海运口岸收费行动方案》（发改价格规〔2020〕1235号）等，免收全国收费公路车辆通行费1593亿元，免征进出口货物港口建设费、减半征收船舶油污损害赔偿基金共158亿元，货物港务费、港口设施保安费收费标准下调20%，减免船舶过闸费3.8亿元。三是加强应对疫情政策创新和储备。形成《我国航运业应对疫情影响化危为机的几点建议》《应对疫情影响支持交通运输业平稳健康发展政策措施的汇报》《当前快速提升我国国际货运能力的几项措施和建议》等，报党中央、国务院领导同志。印发《关于统筹推进疫情防控和经济社会发展交通运输工作的实施意见》（交规划发〔2020〕31号）等，起草《交通运输领域助企纾困政策实施情况及2021年政策建议》。印发《关于全面贯彻落实过紧日子要求的通知》。形成《国家公路建设长期债券发行方案》报送国务院，并向全国人大预工委专题汇报。联合制定《公路资产管理暂行办法》（财资〔2021〕83号）。起草《部预算项目支出绩效管理办法（征求意见稿）》。

（三）深化公路管理体制改革

一是深化收费公路制度改革。推动《公路法（修正案送审稿）》《收费公路管理条例（修订送审稿）》列入国务院2021年立法工作计划。取消了全国487个高速公路省界收费站并实现平稳运行，全国ETC使用率超过67%，高速公路车辆平均通行速度提高16%，日均拥堵缓行收费站数量减少65%，结束高速公路省界拥堵的历史，实现了不停车快捷收费。二是深化农村公路管理养护体制改革。印发《关于全面做好农村公路"路长制"工作的通知》（交公路发〔2020〕111号），推动31个省份和新疆生产建设兵团出台推行"路长制"的政策措施，研究起草《农村公路绩效管理考核办法》。联合印发《关于贯彻落实〈深化农村公路管理养护体制改革的意见〉的通知》（交公路发〔2020〕26号）、《关于农村公路管理养护体制改革试点申报工作的补充通知》、《关于组织开展深化农村公路管理养护体制改革试点工作的通知》（交公路函〔2020〕686号），确定了167个试点地区，指导推动31个省份和新疆生产建设兵团制定了改革实施方案，推动各项改革措施落地。

（四）深化水路管理体制改革

一是完善水运高质量发展体系。印发《贯彻落实〈海南自由贸易港建设总体方案〉的实施方案》等，推动建立海南自由贸易港国际船舶登记中心。推动“深化国际船舶登记制度改革”纳入深圳建设中国特色社会主义先行示范区综合改革试点实施方案和首批授权事项清单。印发《关于深化改革推进船舶检验高质量发展的指导意见》（交海法〔2020〕84号）。印发《长三角海事一体化融合发展2020年工作任务清单》等。开展广东沿海航标管理现状调研工作。二是推进现代化专业救捞体系建设。加强应急救助抢险打捞装备建设、人才队伍培养，编制《国家水上交通安全监管和救助系统布局规划》《救捞系统“十四五”发展规划》等，联合印发《潜水员国家职业技能标准》等。

（五）深化交通运输安全体制机制改革

一是完善安全生产管理体系。印发《交通运输部安全委员会成员单位安全生产工作职责》、《关于全面加强危险化学品运输安全生产工作的意见》（交安监发〔2020〕46号）、《关于全力推进公路水运工程“平安工地”建设的通知》等，开展《内河交通安全管理条例》修订工作，研究制定《交通运输安全生产监督管理规定》等。二是强化重点领域治理。印发《交通运输安全生产专项整治三年行动方案》《交通运输部贯彻落实〈中共中央国务院关于加快推进社会治理现代化开创平安中国建设新局面的意见〉的实施意见》等，发布《中国交通运输安全生产发展报告》等，推动将“公路水运平安百年品质工程”纳入“第二批全国创建示范活动保留项目目录”，组织开展交通运输行业乱象专项整治、涉疫情矛盾纠纷排查化解专项行动等。研究起草《常压液体危险货物罐车治理工作方案》，加快推进常压液体危险货物罐车集中治理工作。三是加强风险管控和隐患治理。印发《关于切实深化防范化解安全生产重大风险工作的通知》（交安监发〔2021〕2号）、《关于进一步推进公路水运工程质量安全红线行动开展的通知》、《关于开展危险化学品道路运输安全集中整治工作的通知》（交安委〔2020〕8号），联合印发《船舶碰撞桥梁隐患治理三年行动实施方案》（交办水〔2020〕69号）。

（六）加快推进交通运输法治建设

一是深化交通运输“放管服”改革。取消2项行政许可事项和40项证明事项，将全部40项涉企经营许可事项纳入“证照分离”改革事项清单，研究起草《交通运输领域事中事后监管三年行动方案（2021—2023年）》，联合印发《市场监管领域部门联合抽查事项清单（第一版）》。印发《交通运输政务服务“好差评”工作管理办法（试行）》（交办办〔2020〕61号），在行业更大范围实现“一网通办”，互联网道路运输便民政务服务系统、海事“一网通办”平台上线运行，部许可的公路监理资质全面实行网上办理，公路设计、施工资质实行线上专家审查。二是深化交通运输综合行政执法改革。印发《关于加快推进交通运输综合行政执法改革工作的通知》、《交通运输综合行政执法队伍素质能力提升三年行动方案（2021—2023年）》（交办法〔2021〕5号），配合财政部、司法部印发《综合行政执法制式服装和标志管理办法》（财行〔2020〕299号），制定发布《交通运输综合行政执法事项指导目录》。三是深入推进交通运输法治政府部门建设。印发《关于完善综合交通法规体系的意见》（交法发〔2020〕109号），推进《中华人民共和国海上交通安全法》《中华人民共和国铁路法》《中华人民共和国海商法》《城市公共交通条例》《道路运输条例》制修订，《道路旅客运输及客运站管理规定》（中华人民共和国交通运输部令2020年第17号）等23件部门规章出台，编制交通运输法治政府部门建设报告，完成行政规范性文件、重大行政决策、党组规范性文件合法性和公平竞争审核120件，办理行政复议案件85件，行政诉讼（裁决）案件27件。

（七）加快完善交通运输现代市场体系

一是做强做优交通运输市场主体。形成《深

化铁路改革有关情况的报告》，提出深化铁路改革的思路和举措。修订《国内水路运输管理规定》，实施水路货物运输实名制，有序推进港口一体化改革。推动明确对货车司机、出租车司机等贷款可临时性延期还本付息。形成《关于全面完成部属单位所管理的国有企业公司制改革的工作方案》，推进部属单位所管理的国有企业公司制改革。二是优化营商环境。印发《优化交通运输营商环境任务分工方案》，编制《中央层面设定的行政许可事项清单（交通运输部）》。印发《关于做好公路养护招投标工作进一步推动优化营商环境政策落实的通知》（交公路规〔2020〕4号）、《关于做好道路货物运输驾驶员从业资格考试制度改革有关工作的通知》（交办运〔2020〕66号），指导行业协会出版《例外数量和有限数量危险货物道路运输指南》。三是完善交通运输市场信用体系。联合制定《"信用交通省"建设指标体系（2020年版）》，形成第二批10个典型省份和一批典型经验成果。累计归集信用信息34.2亿条，与国家信用平台共享21.2亿条，在"信用交通"网站群公示信息1.87亿条，推动"信易行"等试点。印发《关于加强全国水路运输市场信用信息管理系统运行管理工作的通知》（交办水函〔2020〕1767号）。发布2019年度全国公路水运建设市场信用评价结果和2020年公路水运工程建设领域守信典型企业目录，发布4批1877条公路治超黑名单。四是推进现代运输服务改革。印发《关于进一步做好网络平台道路货物运输信息化监测工作的通知》（交办运函〔2020〕1520号）等，促进网络货运、网约车、共享单车等交通运输新业态健康规范发展。起草《关于综合治理交通拥堵加快推动城市交通高质量发展的意见》，协调将国家公交都市建设列入第一批保留的示范创建活动目录，研究起草《深化国家公交都市建设方案》，联合印发《绿色出行创建行动方案》。联合印发《关于开展第一批城市绿色货运配送示范工程验收工作的通知》（交办运函〔2020〕1482号）。五是完善交通运输科技创新协同机制。交通运输技术联席会议机制进一步完善。与科技部开展新一轮会商并签署《科学技术部交通运输部关于科技创新驱动加快建设交通强国的合作协议》。印发《交通运输部关于促进道路交通自动驾驶技术发展和应用的指导意见》（交科技发〔2020〕124号），联合科技部印发《国家交通运输科普基地管理办法》（交科技发〔2020〕73号），研究起草《交通运输科技示范工程管理办法》。研究形成《支撑雄安新区交通运输高质量发展标准体系》。研究形成《国家车联网产业标准体系建设指南（智能交通相关）》，在综合交通运输、安全应急、节能环保等重点领域发布国家和行业标准231项。

第三篇
发展成就

Section III
Development and Achievements

第一章 交通强国建设

综述

2020 年，交通运输部深入贯彻习近平总书记关于加快建设交通强国重要指示精神，认真落实《交通强国建设纲要》，扎实推进加快建设交通强国各项重点工作，取得了积极成效。

一是完成《国家综合立体交通网规划纲要》编制和上报工作。在交通强国建设纲要起草组领导下，交通运输部会同各成员单位在深入调研、广泛听取意见的基础上编制了《国家综合立体交通网规划纲要》初稿，通过征求有关部门和单位、地方人民政府、有关行业组织和企业等意见，委托起草组专家咨询委员会进行咨询评估，向社会公开征求建议等环节，最终形成上报稿并报送党中央、国务院。

二是多方式、多渠道积极宣传《交通强国建设纲要》。部主要领导同志多次在国务院新闻办公室，中央人民广播电台、《求是》、《人民日报》等媒体和刊物上宣传加快建设交通强国、推动交通运输行业高质量发展的有关情况。在交通运输部党校（交通运输部管理干部学院）多期培训班设置交通强国相关课程，交流《建设纲要》学习体会。编辑并出版交通强国系列丛书《〈交通强国建设纲要〉学习读本》《交通强国建设专项研究成果汇编》。

三是深入推动交通强国建设试点工作。确定三批共计 67 家试点单位，明确各试点单位任务及实施方案，加强交通强国建设试点工作宣传，并积极组织推进实施。基本实现全国 32 个行政区域全覆盖，地方政府部门、企业、高校等行业内外各类型单位基本覆盖，《交通强国建设纲要》确定的九大类别任务基本覆盖，以试点为抓手的交通强国建设正在蹄疾步稳深入推进。

四是构筑交通强国篇章顶层设计。推动行业篇章有序出台，印发了《国家铁路局贯彻落实〈交通强国建设纲要〉任务分工方案》、《邮政强国建设行动纲要》、《内河航运发展纲要》和长江航运、海运业高质量发展以及建设世界一流港口的意见等文件，开展国家公路网规划修编、农村公路规划纲要研究等。指导地方篇章逐步印发，天津、河北、山西、辽宁等 14 个省级党委和人民政府先后印发《交通强国建设纲要》贯彻落实意见或交通强省建设方案。

五是深化论证重大工程。会同中国工程院组织相关科研单位，结合《国家综合立体交通网规划纲要》和交通运输部“十四五”规划编制，对连疆公路通道及跨天山通道、进藏公路通道工程、大型跨海通道工程（沪甬通道）等 14 项重大工程进行了研究，形成阶段性研究成果。

六是积极开展交通强国建设评价指标体系研究。借鉴国内外相关领域评价指标研究经验，通过梳理各类文件以及国内外研究机构的统计指标、目标，广泛征求意见，开展问卷调查等，形成初步研究成果。

第一节 国家综合立体交通网规划编制工作

为深入贯彻落实党中央、国务院关于加快建设交通强国，构建现代化高质量国家综合立体交通网的决策部署，在交通强国建设纲要起草组领导下，交通运输部会同国家发展和改革委员会、科学技术部、工业和信息化部、公安部、财政部、人力资源和社会保障部、自然资源部、生态环境部、住房和城乡建设部、农业农村部、商务部、文化和旅游部、应急管理部、中国人民银行、中国工程院、国家能源局、国家铁路局、中国民用航空局、国家邮政局、中国国家铁路集团有限公司等有关部委和单位，加快推进《国家综合立体交通网规划纲要》编制工作。

一是建立规划纲要工作机制。成立了编制总体组和协调组，成立了铁路、公路、水运、民航、管道、邮政 6 个行业组，成立了各省（自治区、直辖市）和新疆生产建设兵团 32 个地方组，成立了东北地区、京津冀、长江经济带、粤港澳大湾区、长江三角洲、黄河流域、成渝双城经济圈 7 个区域组，从理论方法、现状评价、布局方案、环评安全、保障措施等方面成立了 12 个专题组。

二是合力开展规划纲要编制工作。在相关部委和单位鼎力支持下，通过调研、座谈、研讨等形式，组织相关部门和单位的 20 余名院士、上千名专家和工作人员直接参与编制，反复修改规划纲要文本，深入论证布局方案，召开交通运输部专题会议、座谈会议共计 70 余次。

三是强化规划纲要研究支撑。委托了中国工程院开展重大专项咨询论证，联合国务院发展研究中心等科研机构和清华大学等高等院校开展了综合立体交通网规划基础理论研究、综合立体交通网评价及目标体系研究、综合立体交通网现状规划评价、未来经济社会发展状态及其对交通的要求、未来科技趋势及其对交通的影响研究、未来国土空间利用格局及其对交通的影响研究、综合立体交通网未来运输需求分析、国家综合立体交通网布局方案研究、综合立体交通网安全能力研究、综合立体交通网重大工程研究、综合立体交通网规划布局环境约束与影响评价、规划实施及保障措施研究 12 项重大课题研究。

四是将规划纲要广泛征求意见。广泛征求了相关部委和有关单位、地方人民政府、企业、行业协会和专家学者的意见建议，并通过了专家咨询委员会组织的咨询论证。在上述工作的基础上，2020 年底，《国家综合立体交通网规划纲要》报请党中央、国务院审议。

第二节 交通强国建设试点工作

交通强国建设试点工作自 2019 年底启动以来，在交通运输部推进交通强国建设领导小组的正确领导下，领导小组各成员单位密切配合、协同推进，各地区、各单位积极申报、踊跃参与，各项工作进展顺利，试点工作已成为加快建设交通强国的重要抓手。

一、协同推进试点开展

一是确定了三批试点单位。突破传统意义上的“择优试点”，协同推动各方申报，推出前三批共计 67 家试点单位，其中省级交通运输主管部门 32 家，副省级城市交通运输主管部门 5 家，大型企业 11 家，部属单位 13 家，科研高校 6 家。

二是明确试点任务。共同指导试点单位制定、完善试点实施方案，已完成前两批 34 家试点单位实施方案批复工作，细化实化具体试点任务共计 180 余项。

三是组织开展实施。初步建立与试点单位的联络机制，部分成员单位在相关业务领域已率先开展指导工作，各项试点任务正按计划有条不紊开展。

四是积极开展宣传。在微信公众号推出8期交通强国建设试点宣传专栏，试点工作影响力不断增强。

二、积极落实试点工作

一是加强顶层设计，健全组织领导和工作推进体系。大多数试点单位均通过成立领导小组或工作专班，建立工作制度、奖惩考核制度等，为试点的开展提供组织机制保障。

二是精心组织，周密部署。大多数试点单位均能按照交通运输部批复要求，细化实施方案，制定详细推进计划，明确责任分工、重点任务和时间节点。同时通过召开会议、下发文件等形式迅速部署，传达到具体执行部门。

三是狠抓落实，稳步实施。各试点单位均能结合自身特点和时间安排，依据批复的试点实施方案，稳步推进各项试点任务落地落实，部分试点单位结合地方重大项目或本地区、本单位的“十四五”规划，给予重点支持，配置相应资源。此外，前两批34家试点单位充分调动社会积极性，已引导300多家单位参与各项试点具体任务。

总体来看，试点工作启动一年多以来，已基本实现全国32个行政区域全覆盖，地方政府部门、企业、高等院校等行业内外各类型单位基本覆盖，全国重点区域覆盖，《交通强国建设纲要》确定的九大类别任务基本覆盖，以试点为抓手的交通强国建设正在蹄疾步稳深入推进。

第三节　交通强国建设铁路工作

2020年，国家铁路局全面贯彻落实党中央国务院印发的《交通强国建设纲要》，助力交通强国建设。一是结合实际，制定贯彻落实交通强国建设纲要工作方案。二是配合完成《国家综合立体交通网规划纲要》，完成《铁路强国建设行动纲要》编制，启动《“十四五”铁路发展规划》编制工作。三是积极参与交通强国建设试点遴选工作，配合交通运输部完成地方政府和有关企业报送的100项交通强国建设试点任务申报材料审核工作，提出推荐及修改完善意见，为交通强国建设试点批复和实施提供技术支撑。

第四节　交通强国建设民航工作

2020年，中国民用航空局全面贯彻落实党中央国务院印发的《交通强国建设纲要》，有力支撑交通强国建设。一是深入实施《新时代民航强国建设行动纲要》，抓重点，补短板，强弱项，加快形成两翼齐飞的发展格局。二是配合完成《国家综合立体交通网规划纲要》编制，启动《民航发展“十四五”规划》编制工作。三是积极参与交通强国建设试点遴选工作，配合交通运输部审核地方政府和有关企业报送的交通强国建设试点任务申报材料，提出推荐及修改完善意见，加快推动交通强国试点工作。

第五节　交通强国建设邮政工作

全面贯彻落实《交通强国建设纲要》，国家邮政局印发了《邮政强国建设行动纲要》，作为《交通强国建设纲要》的邮政篇章，是新时代做好邮政业工作的总抓手。《邮政强国建设行动纲要》描绘了我国邮政业站在新起点、迈向新征程、到21世纪中叶全面建成人民满意、保障有力、世界前列的邮政强国的宏伟蓝图。《邮政强国建设行动纲要》印发后，组织开展宣贯工作，发布纲要解读材料。

第二章　综合交通

第一节　综合交通规划

2020年，交通运输部全面推进“十四五”现代综合交通运输体系发展规划编制工作。

一是交通运输部“十四五”规划编制工作领导小组统筹推进“十四五”规划编制工作，主要领导多次主持专题会，研究“十四五”规划编制工作。二是根据有关部署要求完善1个总规划＋若干专项规划的“十四五”规划体系。三是坚持开门编规划，切实把社会期盼、群众智慧、专家意见、基层经验充分吸收到“十四五”规划编制中来。部领导多次召开面向专家、协会、企业以及各级交通运输部门代表等规划编制座谈会。开展了全国7个片区规划调研座谈，充分听取各省份交通运输部门意见建议。通过交通运输部网站、交通运输部微信公众号、中国交通报等媒体，开展为期两个月的“十四五”规划征求社会公众意见建议活动，广泛了解社会公众的关注点和建议。同时，召开针对铁路等重点问题的院士专家咨询会，为科学合理设定规划有关目标提供支撑。四是开展重大问题研究。围绕“十四五”规划体系和重点难点问题，组织开展了16项课题研究，对“十四五”投资政策，以及重大工程、重大政策、重大改革举措等进行重点研究。五是认真学习贯彻党的十九届五中全会精神，切实贯彻落实《中共中央关于制定国民经济和社会发展第十四个五年规划和二〇三五年远景目标的建议》提出的重要举措任务，研究印发部内贯彻落实《建议》重要举措分工实施方案。六是完成“十三五”规划评估。完成“十三五”现代综合交通运输体系发展规划实施总结评估，并召开国新办新闻发布会。

第二节　综合交通基础设施建设

2020年，交通运输部积极推进现代综合交通运输体系建设。截至2020年底，综合运输大通道迅速完善，“十纵十横”综合运输大通道基本形成，“四纵四横”高速铁路主骨架全面建成，“八纵八横”高速铁路主通道加快建设。2020年高铁运营里程约3.8万公里，超过世界高铁总里程的三分之二，覆盖95%100万人口及以上的城市；国家高速公路网主线基本建成。交通基础设施网络规模居世界前列，全国铁路营业总里程14.63万公里，覆盖99%20万以上人口的城市；公路通车里程约520万公里，其中高速公路16.1万公里，覆盖99%城镇人口20万以上的城市和地级行政中心；内河高等级航道达标里程1.61万公里，沿海港口万吨级及以上泊位数2530个；民用机场241个，覆盖92%的地级市。

第三节　综合运输服务

一、旅客联程运输

一是强化春运旅客疏运。春运期间，指导各地依托城市候机楼、铁路无轨站，做好公空、公铁等联运服务，加强与铁路、民航等运输企业沟通联络，做好夜间到达旅客疏运工作。

二是推进安检流程优化。会同中国国家铁路集团有限公司等单位，共同推进铁路到达旅客换乘城市轨道交通安检流程优化等工作，目前全国共有21个枢纽站场实现安检流程优化。

三是系统研究谋划。对2017年以来旅客联程运输发展情况进行了系统研究梳理，研究起草了《关于开展“旅客联程运输水平提升行动”的工作方案》，包括总体思路、工作重点、方法步骤、保障政策等，初步提出以典型运输企业为主体，在部级层面组织开展旅客联程运输试点，作为“十四五”期推进旅客联程运输发展的主要抓手，并同中国民用航空局、中国国家铁路集团有限公司进行了初步沟通，均表示积极支持。

二、运输结构调整

一是完善督导机制。印发《关于进一步完善工作机制切实推进运输结构调整工作的通知》，健全工作联络机制，建立按月报送、逐级考核督导机制。将运输结构调整纳入交通运输部综合督查事项，赴8个省份进行现场督查，针对发现问题及时督促整改。印发3期交通运输简报，加大督导力度。

二是加强协同联动。协调市场监管总局将运输结构调整工作完成情况纳入省级政府质量工作考核内容，由交通运输部对各省份进行考评打分，调动地方政府积极性。会同国家发展改革委等十五部门联合印发《关于促进砂石行业健康有序发展的指导意见》，推进砂石中长距离运输“公转铁、公转水”。加强与财政部、自然资源部、生态环境部、中国国家铁路集团有限公司等部门和单位的沟通协调，持续推动解决有关难题。

三是深入推进部署。7月27日，铁路局、民航局、邮政局、国家铁路集团召开运输结构调整第四次工作组会议以及全国运输结构调整推进会，通报工作进展，研判形势要求，研讨部署下一步工作举措。指导京津冀及周边地区召开第二次区域协调会议，协同推进落实任务。

四是完善支持政策。转发《江苏省交通运输厅关于印发江苏省运输结构调整补助方案的通知》，指导四川省交通运输厅与中国铁路成都局联合开展督导考评，指导山东省、云南省出台运输结构调整专项资金支持政策。

三、多式联运管理

一是加强示范工程管理。按季度组织开展多式联运示范工程动态监测和绩效考评，督促相关省份加快推进多式联运示范工程建设，协调解决相关问题，及时做好示范工程经验总结。将多式联运示范工程建设进展情况纳入综合督查范围，指导山西、重庆等8省份查摆问题并做好督促整改。

二是开展示范工程验收前期准备。印发《关于开展第二批多式联运示范工程验收工作的通知》，指导相关省份按程序组织开展企业自评和省级审核工作。

三是强化中欧班列保障。疫情防控期间，制定印发《关于加强中欧班列运行保障工作的通知》，协调解决集装箱运输车辆及人员与中欧班列衔接问题，推动中欧班列在疫情期间发挥更好的战略通道作用。

四是加快标准规范制定。发布《空陆联运集装货物转运操作规范》《乘用车集装箱运输技术要求》（JT/T 1287—2020）等标准规范。推进多式联运“一单制”关键问题研究，梳理国内外运输单证和法律基础等情况，探索推广国内集装箱多式联运运单。

四、多式联运服务

2020年，铁路部门充分利用高铁列车等运力资源，在成渝间推出“公铁联运＋即日达”服务，将成渝间快件运输时间由1～2天压缩至6小时。积极探索快件“高铁＋航空”联运模式，实现赣州西站与昌北国际机场铁空高速对接。

中国民用航空局积极推进《空铁联运战略合作协议》落地，以市场需求为导向，积极协调交通运输部、国家铁路局、中国国家铁路集团有限公司等有关单位，引导和鼓励航空公司、机场加强与其他交通方式以及地方政府部门合作，深入开展"空铁联运""行李直挂"等试点工作，研究扩大服务范围，不断深化合作，通过试点研究解决多式联运中信息不通、不正常航班保障等难点问题。

中国民用航空局会同首都机场集团有限公司，与中国国家铁路集团有限公司、相关航空公司等进一步推动优化北京大兴国际机场空铁联运安排，打造空地联运产品，完善草桥城市航站楼运营，建成固安城市航站楼，优化北京大兴国际机场地铁大兴机场线和京雄城际高铁线运营时刻。东方航空与国家铁路集团进一步深入合作，经过充分研究与探索，借鉴前期东方航空与地方铁路局合作的"空铁通"产品经验，通过双方系统对接的方式，研发设计出一个适合当前互联网化销售的"空铁联运"产品，实现了联运订票电子化与一站式购买，于2020年8月25日在"东方航空"App、"铁路12306"App同步上线，新产品方便了旅客，提高了运行效率，进一步推动了旅客出行生态圈的建设。深圳、广州、郑州等机场也分别结合本场与高铁或城市轨道交通连通的实际情况，探索与其他交通方式的联运模式，为旅客提供更方便快捷的换乘服务。

国家邮政局统筹优化进出境快件处理中心建设，推动加强国际航空运力投入，增开国际航线，拓展海运渠道，支持重点企业加强海外仓建设，行业运输结构进一步优化。推动开行中欧班列专列。中欧班列（重庆、义乌）运输邮件、快件业务，班列产品寄达36个国家。全年完成跨境寄递业务量21.2亿件，支撑跨境网购零售额超4400亿元。

第三章 铁路

第一节 铁路规划与实施

一、高质量做好铁路发展规划编制

2020年，国家铁路局认真学习领会习近平总书记重要指示批示精神，按照加快建设交通强国的部署安排，突出重点，有力推动铁路规划建设。在专题研究、调研座谈、专家论证、征集部门意见基础上，编制完成《“十四五”铁路发展规划（初稿）》，梳理形成项目初选库，并结合党的十九届五中全会精神和专家意见持续修改完善文本。完成《国家综合立体交通网规划纲要》铁路部分文件起草，持续配合交通运输部修改完善并形成规划纲要文本，经党中央、国务院审定后印发实施。在广泛征求并充分吸纳国家发展改革委、交通运输部等九部门和业内知名专家意见的基础上，编制完成《铁路强国建设行动纲要（送审稿）》，并报送交通运输部。开展《铁路强国指标体系建设研究》《“十四五”铁路智能现代化发展目标研究》等多项课题研究，取得阶段性成果。

二、科学有序推进川藏铁路前期工作

聚焦川藏铁路规划建设面临的风险和困难，在完成川藏铁路可行性研究报告评审并出具行业意见的基础上，持续推进《川藏铁路勘察设计阶段工程质量风险源分析及对策方案》专题研究工作，继续指导、督促建设和勘察设计单位科学扎实完善前期工作。

三、认真组织重大铁路建设项目行业评审

加强与国家发展改革委、中国国际工程咨询有限公司等单位的工作对接，积极开展多评合一，先后组织开展太子城至锡林浩特铁路、雄安至忻州高铁、成都至达州至万州高铁、京雄商高铁雄安新区至商丘段等多个铁路项目行业评审，及时高效出具行业意见，为国家审批和核准铁路项目建设提供技术支持。

四、助力综合交通运输体系建设

编制印发《国家铁路局关于推进运输结构调整的工作方案》，加快推进“公转铁”相关工作。组织开展南京西坝港区铁路专用线、重庆珞璜港（猫儿沱港）专用铁路扩能改造工程资金申请报告咨询评估，提出资金补助意见，为交通运输部车购税资金支持专用线建设提供支撑。持续协调推动安庆港长风港区专用线、岳阳港城陵矶松阳湖铁路专用线、宜宾港铁路集疏运中心等长江干线港口铁水联运项目建设，积极协调解决项目在技术方案、资金缺口等方面存在的问题。赴河北、湖南、湖北、四川等地开展运输结构调整相关工作调研，及时掌握运输结构调整工作推进情况和存在问题，协调推动有关工作。完成《铁路专用线发展规划布局》《铁水联运交接模式研究》《多式联运发展策略》等专项研究，为推动运输结构调整提供技术支撑。

五、积极贯彻落实国家重大发展战略

积极推动区域协调发展战略。全面推进新

时代“四大板块”“五大区域”发展战略，在《长江三角洲区域一体化发展规划纲要》《黄河流域生态保护和高质量发展规划纲要》等顶层文件编制中研究提出工作意见，制定《国家铁路局推进长江三角洲区域一体化发展工作方案》等7项工作方案。加快推动交通强国建设，结合履职实际制定工作方案，积极参与交通强国建设试点遴选及后续实施指导工作。扎实推动脱贫攻坚工作和新疆、西藏地区发展。制定《国家铁路局贯彻落实中央第七次西藏工作座谈会精神工作方案》等3项相关工作方案。协调交通运输部安排车购税支持榕江县农村公路和干线公路建设，深入开展贫困地区铁路发展规划研究。积极支持瑞梅、长赣铁路项目前期工作，科学扎实开展兴永郴赣铁路等扶贫项目规划研究。

六、推进城际、市域铁路规划建设

先后开展《浙江省都市圈城际铁路二期建设规划（2019—2025年）》《滇中城市群城际铁路网规划》《粤港澳大湾区（城际）铁路建设规划》行业评审，及时出具行业意见，支持粤港澳大湾区、滇中地区城际、市域（郊）铁路规划建设。积极参与市域（郊）铁路专项调研、政策研究工作，与国家发展改革委等四部门共同编制完成《关于推动都市圈市域（郊）铁路加快发展的意见》。

第二节 铁路法规体系建设

一、聚焦主责主业，立法工作取得突破性进展

加快推进《中华人民共和国铁路法》修订工作，配合司法部对意见进行梳理研究，提出采纳意见，《中华人民共和国铁路法（修订草案）》已报送国务院审查。《高速铁路安全防护管理办法》颁布实施，着力推进高铁安全防护“四个体系”建设，织密高铁安全防护网。持续推进铁路交通事故应急救援和调查处理条例修订。《铁路运输服务质量监督管理办法》《铁路公益性运输监督管理办法》《铁路危险货物运输安全监督管理规定》《铁路安全监督检查管理办法》等重点规章制修订工作取得积极进展。

二、落实党中央决策部署，推进铁路治理体系和治理能力现代化

贯彻党的十九届四中全会关于坚持和完善中国特色社会主义制度、推进国家治理体系和治理能力现代化的重大决策部署，统筹谋划、系统推进国家铁路局治理体系和治理能力现代化制度体系建设。印发《国家铁路局推进治理体系和治理能力现代化制度体系建设的意见》，从“全面加强党的领导”“健全铁路法治标准体系”“完善科学监管制度体系”“优化社会共治制度体系”和“切实加强能力保障建设”五个方面，提出14项具体举措，并在此基础上研究制定制度体系建设框架。经过一年的努力，涵盖“党的建设、行业管理、行业监管、行政管理”四大方面，由“一法三条例”、33件规章、367件规范性文件及内部管理制度构成的制度体系基本建成，全面提升了铁路治理的法治化、市场化、规范化水平。

三、持续推动规范性文件清理工作

贯彻落实“放管服”改革精神，在前期清理的基础上，对由国家铁路局管理的256件原铁道部规范性文件进一步清理。组织开展野生动物保护领域有关法律法规清理，服务新冠肺炎疫情防控。组织开展妨碍统一市场和公平竞争有关法律法规清理，推动完善社会主义市场经济体制，建立统一开放的法治化铁路市场。组织开展《中华人民共和国民法典》涉及行政法规、规章、行政

规范性文件专项清理工作，进一步规范依法行政。

四、加强法治宣传教育

认真学习贯彻习近平总书记关于统筹推进新冠肺炎疫情防控和经济社会发展工作的重要指示精神，摘编与疫情防控有关的法律法规规章以及有关政策，汇编成《铁路行业新冠肺炎防治工作法律法规规章政策摘编》，提供给铁路运输企业。组织开展“防控疫情 法治同行”专项法治宣传工作，服务铁路行业各单位各部门，推进依法依规防控疫情。组织宣贯落实《中华人民共和国民法典》，把《中华人民共和国民法典》作为行政决策、行政管理、行政监督的重要标尺。

第三节　铁路车辆装备

2020年，全国铁路机车拥有量为2.2万台，其中内燃机车0.8万台，电力机车1.38万台。全国铁路客车拥有量为7.6万辆，其中，动车组3918标准组、31340辆。全国铁路货车拥有量为91.2万辆。

第四节　铁路基础设施建设

2020年，全国铁路固定资产投资完成7819亿元，投产新线4933公里，其中高速铁路2521公里。全国铁路营业里程14.63万公里，其中高铁3.8万公里；全国铁路路网密度152.3公里/万平方公里；复线率59.5%；电化率72.8%。

第五节　铁路运输服务

一、铁路客运品质不断提升

2020年，受新冠肺炎疫情影响，国家铁路全年完成旅客发送量21.67亿人，同比减少14.12亿人，下降39.5%；国家铁路旅客周转量完成8258.10亿人公里，比上年减少6271.45亿人公里，下降43.2%。

铁路部门适应旅客需求变化，不断创新服务方式，深化空铁联运合作，探索推出新型票制产品，着力培育新线客流，丰富产品供给，提升铁路运输服务品质，圆满完成全国“两会”、2020年中国国际服务贸易交易会、第三届中国国际进口博览会等国家重大活动时期的铁路运输服务保障工作，全年未发生一般C类以上责任事故和责任旅客死亡事故，确保旅客运输安全稳定。

在站车服务方面，加大技术投入，扩大无接触服务范围，优化线上、线下票务服务时间、功能。根据疫情防控形势，灵活调整预售时间。坚持传统服务功能，保留窗口现金售票、站内人工服务台等，充分保障老年人的出行需求。深入开展特殊重点旅客电话和网络预约服务，加快推进无障碍设施改造，组织普速旅客列车互联网订餐业务上线，试点“静音车厢”，站车服务质量显著提升。

在票务服务方面，运用信息化、智能化技术手段，稳步有序推进实施铁路电子客票应用，持续提升旅客出行体验。2020年7月，实现内地高铁、城际铁路以及普速线路电子客票全覆盖，应用范围扩展至全国铁路2878个车站，惠及99%以上的铁路出行人群。旅客持有效身份证“一证通行”，极大提升了进出站效率，节约了旅客出行时间成本。适应疫情防控形势，推出网上先退票后领款举措，优化务工团体票办理方式与流程，简化学生、伤残军人证件核验手续。推出城际铁路e卡通服务，已在7个铁路局集团有限公司26条线路上开通，为城际旅行提供更多选择。

在高铁货运方面，着眼发挥高铁溢出效益，深挖高铁运输潜力，首次在北京西至汉口间试点复兴号动车组整列移除座椅装运快件新的运输组织方式。组织开展铁路“双十一”电商黄金周运输，中铁快运股份有限公司综合运用高铁动车组 1201 列、同比增长 23%，运用特快班列 2200 车、同比增长 36%，运用普速列车行李车 400 辆，运力投放创历史新高，累计装运高铁集装件 1462 吨。提供电商货物干线运输服务，在前期开行京广、京沪、沪深间特快班列的基础上，新增开行浙广间班列。推出铁路“当日达即送”、食品“冷鲜达”、医药冷链“定温达”“定时达”等产品。开展物流供应链扶贫助农活动，采取产地直采、直销、直运方式，助力固原牛肉、凌云乌鸡等名优特产融入线上消费新业态。充分利用高铁列车等运力资源，在成渝间推出“公铁联运 + 即日达”服务，将成渝间快件运输时间由 1 ~ 2 天压缩至 6 小时。积极探索快件“高铁 + 航空”联运模式，实现赣州西站与昌北国际机场铁空高速对接。

围绕服务脱贫攻坚，在调研大小凉山、秦巴山区和大小兴安岭地区“慢火车”开行情况的基础上，组织对大小凉山地区、云南少数民族聚居区等“慢火车”开行情况进行督查，切实履行铁路公益性运输监管职责，更好发挥“行业扶贫”作用。采取“上车看车”“停车看站”等方式，添乘“慢火车”，重点监督检查乘降组织、安全检查、设备设施、服务质量等方面，对检查发现的问题及时向受检单位反馈，提出整改要求，助力继续开好“慢火车”。

在北京冬奥会服务保障方面，认真学习领会习近平总书记重要讲话精神，贯彻落实“简约、安全、精彩”的办赛要求，结合铁路工作实际，积极履职尽责，牵头制定赛时特定人群免费乘坐京张高铁实施方案，细化有关措施，扎实有序推进相关工作。

二、铁路货运量继续保持增长

2020 年，全国铁路货运总发送量完成 45.52 亿吨，同比增长 3.2%；货运总周转量完成 30514.46 亿吨公里，同比增长 1.0%。高铁快运全年发送 4.4 万吨，同比增长 40%。在货运结构方面，集装箱、冶炼物资发送量的增长有效拉动货运总发送量的增长。其中，集装箱发送量完成 4.79 亿吨，同比增长 37.6%；冶炼物资发送量完成 10.16 亿吨，同比增长 9.8%；化肥及农药发送量完成 0.54 亿吨，同比增长 5.4%；矿建材料发送量完成 1.32 亿吨，同比增长 5.2%；石油发送量完成 1.38 亿吨，同比增长 4.1%；煤炭发送量完成 24.52 亿吨，同比下降 3.6%；粮食发送量完成 0.81 亿吨，同比下降 2.3%。

三、国际联运积极推进

2020 年，国际联运运量快速增长，全年开行西部陆海新通道班列 3600 列、发送 19 万标准箱，同比分别增长 73%、80%；开行中欧班列 1.24 万列、发送 113.5 万标准箱，同比分别增长 50%、56%，为疫情期间国际产业链供应链稳定运行提供有力保障。同时，依托铁路合作组织等工作平台，深入开展国际铁路运输合作。积极参与铁路合作组织规章制修订，公布《国际铁路货物联运协定》和《国际铁路货物联运协定办事细则》《货物装载加固技术条件》有关修改补充事项。推进铁路国际联运便利化。参加国际货约 / 国际货协法律专家组和领导组会议，推广统一运单。参加联合国贸法会铁路运单物权凭证问题专家会议并作主题发言，组织提出铁路合作组织物权凭证临时工作组会议提案，参加铁路合作组织物权凭证问题临时工作组会议，推进解决铁路运输中的物权凭证问题。

第六节　铁路安全监管执法

2020 年，全国铁路未发生铁路交通特别重大、重大事故；发生较大事故13件，同比增加9件。铁路交通事故死亡人数674人（其中较大事故死亡人数14人），同比减少死亡114人；10亿吨公里死亡率0.174。

一、深入贯彻落实党中央国务院决策部署

一是认真学习贯彻习近平总书记重要指示批示精神，编制印发《国家铁路局学习宣传贯彻习近平总书记关于安全生产重要论述专题细化实施方案》，举办专题宣讲会，系统深入学习习近平总书记关于安全生产的重要论述。二是深入开展普速铁路安全隐患排查整治。通过安全生产委员会会议、专题会等形式，认真分析铁路安全形势，深入反思安全监管工作，努力克服疫情影响，先后开展普速铁路安全隐患集中督导检查、隐患问题整治集中督导，针对发现的问题隐患，发放整改通知书168份，推动铁路行业查隐患、补漏洞，加强源头治理、超前防范。三是牵头组织开展铁路沿线安全环境治理。协调国务院安全生产委员会办公室将铁路沿线环境、公水铁并行交汇地段、路外伤害等项目纳入国务院安全生产委员会安全专项整治内容，采取“一省一函”“一省一对接”方式，国家铁路局党组成员带队与地方对接，各地区铁路监管局向省级政府负责同志专题汇报，有力推动铁路沿线安全环境治理工作全面展开。

二、强化安全隐患排查整治

一是围绕关键环节深入开展安全隐患排查整治。加强运输高峰期、重点时段的安全监督检查，组织开展春运、疫情防控、汛期、国庆等监督检查，直奔现场，深挖安全隐患。开展对高速、普速、重载铁路三条典型铁路专项安全检查评估及铁路营业线施工安全专项督查，共派出检查组3643组次，检查重点单位和场所4578个，针对发现的问题隐患，发放整改通知书815份，开展安全生产约谈118次，盯紧相关单位加强整改。二是切实提高监督检查问题整改力度，实现闭环管理。严格督促安全责任落实，对安全生产责任制落实不到位、问题突出、整改不力的企业，加大执法力度，对较严重问题隐患发放整改通知书，按规定依法约谈涉事地方政府部门和企业负责人，对造成事故和险情的责任单位负责人追责问责，对危害铁路安全的违法行为依法实施行政处罚，进一步推动铁路运输企业安全生产主体责任、各级地方政府属地管理责任的落实落地。

三、推动铁路安全生产专项整治三年行动扎实开展

一是紧密结合实际，科学制定方案。编制《铁路安全生产专项整治三年行动计划实施方案》，确定铁路沿线环境、危险货物运输、公水铁并行交汇地段、路外伤害安全等“3+1”项专项整治内容，积极协调公安部、住房和城乡建设部、交通运输部、农业农村部、应急管理部、国家铁路集团等部门单位，联合印发实施方案。二是认真落实责任，推进排查整治。国家铁路局党组成员带队，深入重点地区先后开展3个轮次集中督导，建立动态管理问题隐患和整改措施责任“两个清单”，加大隐患排查整治力度，联合开展执法行动，整治消除一大批严重问题隐患。在政府网站开设专栏宣传铁路安全生产专项整治工作，积极营造氛围，全面推进全国铁路沿线环境安全治理工作。三是强化协调配合，统筹推进落实。联合相关部门召开铁路安全宣传咨询日暨铁路安全生产专项整治三年行动推进会，对铁路安全生产专项整治三年行动进行全面部署。深化“双段长”等工作机制，积极筹备全国铁路沿线环境安全治理推进电视电话会，

推进建立铁路沿线环境安全治理部际联席会议制度，促进协同监管、共管共治。

四、做好突发事件应急响应和事故调查

及时收集掌握事故情况。“3 · 30”京广线列车脱轨、“4 · 12”锦承线列车脱轨等较大事故发生后，派员第一时间赶赴现场指导应急救援和事故原因调查，组织开展60件铁路交通事故调查处理，追踪事故247件，对责任事故依法合规严格定性定责，举一反三，及时研究提出有针对性的工作措施和要求，指导单位立即行动，开展隐患排查。严格督促相关单位落实整改措施，组织开展事故整改“回头看”，开展2019年以来较大事故整改措施专项督查，检查运输及工程单位9家、场所33个，发现问题129件，针对整改不到位的问题印发督查通报，督促整改措施落实到位。

五、加强安全风险分析研判

坚持预防为主、超前防范，强化安全风险分析研判，强化安全风险辨识，把握苗头性、倾向性问题，增强铁路安全监管工作针对性、实效性。一是坚持安全生产日交班制度及定期分析制度，及时掌握铁路安全情况，对涉及行车安全关键环节、涉及高铁运营安全以及原因不明的典型问题，及时督促地区铁路监管局对典型事故进行重点追踪和调查。二是加强监督检查、事故调查、举报查证、舆情反映等综合分析，分析存在的关键性、倾向性问题，准确研判辖区铁路安全形势，采取有针对性的监管措施。研究制定《铁路安全形势分析管理办法》，规范铁路安全形势分析的周期、主要内容和方式，提升安全形势分析工作水平。三是积极开展铁路安全典型问题、工务系统安全问题专项分析，统计分析相关铁路运输企业安全、相关省份路外安全情况，为推进铁路沿线环境整治提供有力支撑。

六、严格公正文明执法

克服疫情影响，准确把握铁路安全形势特点，突出执法重点，积极开展行政执法工作，严格查处影响铁路安全的违法行为。全年制止查处各类违法行为1167起，实施行政处罚200起（铁路沿线环境领域64起、铁路工程建设领域77起、铁路运输领域38起、铁路专用设备制造维修领域21起），作出行政处罚决定368个，行政处罚金额3942.43万元。举办国家铁路局行政执法骨干培训班，加强铁路行政执法队伍建设，提高执法人员法治思维和依法行政能力。

七、推进安全监管制度体系建设

按照坚持依法监管、立足综合监管和规范监管体系的总体思路，结合职责规定和安全监管工作需要，对原铁道部和国家铁路局建局以来制定的相关规章制度、规范性文件进行全面清理，围绕铁路交通事故调查、安全监督检查、行政执法、安全形势分析4项主要职责，分铁路交通事故调查处理、安全监督检查、行政执法、铁路沿线安全环境治理、综合安全监管5个方面构建了安全监察规章制度体系框架。

第七节　铁路工程质量安全监管

一、川藏铁路建设高质量推进

坚决贯彻落实习近平总书记关于川藏铁路建设的一系列重要指示批示精神，切实提高政治站位，充分认识川藏铁路工程建设的重要意义。国家铁路局党组高度重视川藏铁路建设工作，先后召开7次党组会议，专题研究川藏铁

路工程监管工作。局领导克服疫情影响、高原反应，多次现场踏勘、调研检查，确定监管工作重点。成立川藏铁路工程质量监督中心，推进形成“三级两段一支撑”的监管机制。组织编制川藏铁路工程监管工作方案、突发事件应急预案，有序推进监管制度体系建设。明确监管界面，配齐配强现场监管力量，开展特色培训提升监管能力。组织安全风险防控分析、运用信息化手段优化监理方式等专题研究，及时办理质量监督手续，召开川藏铁路工程质量安全监管工作会议，研究部署高起点高标准高质量推进川藏铁路工程监管工作举措。全年推进28项任务完成，共开展监督检查29次，发现问题218个，下发整改通知19份。

二、工程监管制度体系建设扎实推进

贯彻落实党的十九届四中全会精神，研究制定《铁路工程监管制度体系建设实施方案》，明确制度架构及时间表任务书，印发《铁路建设工程施工图设计文件审查管理办法》《铁路工程建设项目竣工验收监管指导意见》，制定《铁路工程标准施工招标资格预审文件》《铁路工程标准施工招标文件》及保障农民工工资支付条例、中小企业账款支付条例的贯彻落实措施，组织开展《铁路建设管理办法》修订工作，铁路工程监管制度体系不断完善。

三、疫情防控、工程监管实现双突破

贯彻落实党中央国务院部署要求，统筹疫情防控和工程监管工作，紧密结合153个铁路建设项目复工复产和人员进场每日动态，创新开展复工复产调研，并针对疫情引起的施工人员变化大、工期滞后等情况，加大对人员培训、工序组织的监督检查力度，并从政策层面上帮助企业解决工期、资金、费用等实际困难，全力保障项目复工复产和工程质量安全。各建设单位众志成城、团结一心，坚决落实“六稳”“六保”任务，严格执行属地疫情防控政策，实现疫情“零感染”。

四、质量安全监管有力有效

有针对性地开展京津冀、粤港澳等重点区域，春融、汛期等重点时段，隧道开挖、运架梁等重点环节的专项检查，加强对新疆和若铁路等普速项目的调研检查，开展“三不问题质量行为”回头看、惩戒失信行为专项行动、工程质量安全大督查专项行动。大督查期间共开展监督检查39次，涉及项目42个、标段151个、工点231个，下达整改通知65份，并及时督促问题整改，有力维护了铁路工程优质安全建设良好局面。及时开展铁路隧道安全风险隐患排查整治专项督查行动，督促有关单位深刻吸取隧道问题引发的事故教训，举一反三，对全国铁路2千多座在建隧道进行排查，有效整治隧道病害突出问题，进一步督促压实参建企业质量安全主体责任。以上专项行动的开展，有效预防和遏制了事故发生，全年事故伤亡人数同比下降明显，铁路建设质量安全形势总体稳定。

五、调研工作成效明显

组织赴各地开展地方铁路工程监管工作调研，有针对性开展铁路建设工程监管体系及运行情况调研、铁路工程建设市场小微企业情况调研和制度修订调研，掌握第一手资料，提出一系列务实管用的措施。围绕精准监管、优化检查，开展施工质量安全风险防控及分级管理专题调研；围绕规范工程承发包行为，开展铁路建设市场秩序调研；围绕行业监管覆盖深度，对浙江省地方铁路工程质量安全监督情况开展调研，均取得良好成效。

六、信息化监管水平不断提升

推动互联网 + 工程监管，推广铁路工程监管信息系统应用，试点监督检查App，实现信息共享、协同工作，提升监管效能。截至2020年底，铁路工程监管信息系统中已形成监管记录1.5万余条，登录参建企业486家、项目346个、参建人员1万余人。坚持系统观念，集聚智慧开展铁路工程监管工作年度分析。发挥院校专家资源优势，开展铁路斜拉桥悬索桥监督检查要点编制、工程监管能力建设研究，为制度建设提供参考。疫情期间举办监管人员在线培训班，组织形式多样的线上业务交流，共同提高依法行政能力，取得良好效果。

2020年，国家铁路局两级工程监管部门办理19个项目工程质量监督手续，开展各类监督检查616次，检查项目557个次，开展监督检测162次，下达整改通知697份，并跟踪问题整改闭合，对保证实体质量、规范质量安全行为发挥了重要作用。全年办结投诉举报267件，持续提升人民群众满意度。实施行政处罚60起、175件、3046万元，同比增加16起、50件、806万元。加强信息公开、舆论引导，有力震慑了铁路建设违法违规行为。加强竣工验收环节的重点监管，铁路工程监管成效显著，得到参建各方的广泛认同。

第八节　铁路设备质量安全监管

一、不断加强规章制度建设

按照《国家铁路局推进治理体系和治理能力现代化制度体系建设的意见》要求，结合履职实际需要，制修订完成《铁路机车车辆驾驶人员资格许可实施细则》《铁路机车制式无线电台执照核发管理办法》《铁路专用产品质量监督抽查管理办法》。结合《中华人民共和国民法典》的颁布实施，组织完成铁路设备监管领域有关文件的清理确认工作，为依法履职提供科学支撑。

二、依法审查专用设备许可申请

克服疫情影响，主动对接、了解设备相关企业疫情期间办理许可的困难，研究下发疫情期间许可工作服务措施并上网公告，明确许可证可延期到疫情结束后办理。加快审核疫情期间收到的许可申请，确保许可办理不影响企业的复工复产和正常生产经营，全年完成设备相关许可申请审查576项，其中机车车辆471项、基础设备企业45家，无线电频率使用许可39家企业涉及60条线路。

三、有序推进驾驶资格许可工作

与国家铁路集团等铁路运输企业对接了解疫情期间铁路机车车辆驾驶资格许可申请办理存在的困难并研究提出具体服务措施，对疫情期间提交的申请加快审查，全年完成铁路机车车辆驾驶人员资格许可申请审查34477人次，注销驾驶人员资格2984人。根据新修订颁布的许可实施细则，细化理论考试内容，编制公布2020年度铁路机车车辆驾驶人员资格考试大纲，并组织有关专家开展理论考试命题及审题工作。根据部分考试站、考点申请，按程序审定、批复新的理论及实作考点6个。结合疫情防控要求，及时优化理论考试工作方案，科学设置考点、加大考生间距，并送考上门、远程监考，全年组织理论考试14批22129人次。动态管理实作考评员库，按程序组织审定2355名考评员入库，为实作考试提供人员和技术有力支撑。

加强对实作考试考务组织、监控措施、应急预案等关键环节审核，全年审查备案实作考试计划81批。强化实作考试过程控制，组织开展实作考试专项督导检查18次，全年组织实作考试81批17367人次。有序推进动车组标准化模拟驾驶考试研究，完成3批次动车组标准化模拟驾驶考评培训工作。

四、不断强化设备事中事后监管

认真贯彻落实“双随机、一公开”监管要求，统筹监管力量，坚持问题导向、目标导向、结果导向，加强监督检查，强化分析指导，铁路专用设备产品质量安全事中事后监管能力明显增强。以许可条件保持、管理责任落实、产品质量控制、作业标准执行、事故原因分析、责任追究和整改措施落实为重点，组织对铁路设备许可企业、2020年发生事故、故障的责任单位和重点设备产品企业开展专项监督检查。组织编制发布31项铁路专用产品质量抽查相关细则，对47种80厂项铁路专用产品开展质量监督抽查。组织开展铁路春运、汛期防洪、安全生产、普速铁路安全、铁路隧道安全风险隐患排查整治等集中督导检查，并紧盯问题整改。坚持按月梳理分析事故、故障暴露出的铁路设备产品质量源头及运用质量问题，并按月度、季度下发铁路设备监管情况通报，强化对铁路设备监管工作指导。

五、认真做好铁路无线电管理相关工作

全面开展铁路GSM-R（铁路运输指挥专用综合移动通信）频率使用情况核查，共核查铁路GSM-R用频单位192家，对许可相关信息缺失的75家单位进行核对补充。有序推进铁路无线电预算项目执行，完成高速铁路CTCS-3级1.84万公里无线电环境动态检测工作，完成120处干扰点的定位排查工作，完成4处边境铁路口岸无线电监测工作。推进边境铁路口岸频率保护工作，配合国家无线电监测中心完成哈萨克斯坦在中哈边境拟新设43处基站对我国铁路干扰情况的测算有关工作。完成铁路GSM-R频率占用费收费相关情况调研，为《铁路无线电管理办法》的实施做好基础工作。推进《中国无线电管理志》（铁路行业部分）编撰。

第九节　铁路运输服务质量监督

一、加强铁路客运服务质量监管

一是强化铁路运输服务质量监督检查。学习贯彻落实习近平总书记关于高铁环境的重要批示精神，与国家发展改革委等八部门联合印发《关于全力做好2020年春运工作的意见》，印发《国家铁路局关于做好2020年春运监督检查工作的指导意见》，扎实开展春运监督检查。组织开展全国“两会”、清明、五一、端午小长假以及暑期、中秋国庆黄金周、中国国际进口博览会等重要时期旅客运输安全及服务质量监督检查。赴中国铁路青藏、南昌、北京、太原局集团有限公司和部分地方铁路企业开展铁路客货车务专业安全质量监督检查。赴云南昆明等地区开展普速铁路安全督导检查。赴兰州铁路监管局及北京督查室辖区开展铁路主汛期安全督导检查。采取“双随机、一公开”模式，组织开展疫情防控和旅客运输安全及服务质量交叉暗访检查，共派出7个交叉暗访检查组，暗访14个铁路局集团有限公司40个车站，添乘旅客列车26趟。组织开展打击非法运输野生动植物大检查专项行动。

二是优化问卷调查方式。适应新形势要求，充分运用互联网、信息化技术，系统优化服务

质量问卷调查，丰富调查方式，开发网络问卷调查系统，采取线上线下相结合的方式，扩大调查范围。采取激励措施，鼓励更多旅客扫码参与问卷调查。结合不同阶段旅客运输实际，调整调查内容，使问卷更加客观、真实、准确地反映旅客出行困难和关注焦点，帮助铁路运输企业有针对性地提升服务质量，提升旅客出行体验。全年完成调查问卷309833份，形成调查分析报告10份。

三是做好旅客投诉受理工作。利用投诉举报处理子系统，加大对投诉的直接调查核实处理力度，妥善处置热点问题，积极回应社会关切，维护各方合法权益，做到件件有登记、有处理、有回复，重点邮件有核查、有结果，每季度在国家铁路局政府网站公开投诉处理信息。全年处理运输类邮件和群众来信来电2478件，其中投诉1853件。对国务院“互联网＋督查”平台收到的有效问题线索、旅客投诉反映的主要问题以及上级部门批转的问题线索，及时调查核实、妥善处理，切实维护广大旅客、货主和企业的合法权益。办理“互联网＋督查”转办问题10件、人民网转办问题61件。

四是组织开展铁路客运服务质量标准宣贯。要求铁路运输企业采取多种形式进行广泛宣传，结合单位实际制定贯彻落实的具体措施，以标准来规范客运站车服务工作；要求各地区铁路监管局加强对标准的深入理解，将标准作为旅客运输安全及服务质量监督检查的基本遵循和重要依据。通过网络会议平台组织召开《铁路旅客运输服务质量》（GB/T 25341）国家标准宣贯会，介绍标准修订背景、原则、依据，标准定位、框架、特点，详细解读标准条文。

二、加强铁路危险货物运输安全监管

印发《国家铁路局关于全面加强铁路危险货物运输安全工作的实施意见》，强化危险货物运输安全治理能力。按照《铁路安全生产专项整治三年行动计划实施方案》有关铁路危险货物运输安全内容，明晰整治目标，部署整治内容措施，按进度推进工作。印发《2020年铁路危险货物运输安全监督管理工作要点》，提出加强铁路危险货物运输安全监管任务措施。印发《国家铁路局关于吸取6·13温岭槽罐车爆炸事故教训 切实做好铁路危险货物运输安全管理工作的通知》，督促各地区铁路监管局引以为戒，做好危险货物运输安全监管工作。完善信息报送机制，汇总印制危险货物运输监管工作季报，升级铁路危险货物运输安全监管信息系统数据库。

第四章　公路（含道路运输）

第一节　公路规划与实施总体情况

2020年，全国公路规划编制与实施情况以及其他重点工作如下：一是加快推进公路"十四五"发展规划编制工作。为科学谋划"十四五"公路发展目标、任务重点和投资政策，在开展实地调研及多轮函调的基础上，基本完成了公路"十四五"发展规划及相关专题的编制工作，并同步征求了交通运输部内相关司局、各省（自治区、直辖市）交通运输主管部门和行业专家的意见。

二是推进国家公路网规划调整研究。为支撑建设社会主义现代化强国的发展需要，全面贯彻落实和细化《交通强国建设纲要》对公路网发展的新要求，站在综合立体视角统筹谋划未来我国公路网发展和国家公路网规划布局。2020年，在前期多轮函调及征求意见的基础上修改完善，完成了国家公路网规划调整研究工作，有力支撑了《国家综合立体交通网规划纲要》的编制印发。

三是推进农村公路中长期发展纲要编制工作。为贯彻落实习近平总书记关于"四好农村路"重要指示精神，服务支撑乡村振兴战略实施，深入推动"四好农村路"高质量发展，更好满足人民群众日益增长的美好生活向往，以及农业农村现代化发展要求，编制了《农村公路中长期发展纲要》并征求相关部门意见，拟修改完善后履行印发程序。

第二节　公路基础设施建设

一、公路建设基本情况

2020年底，全国公路总里程达519.81万公里，比上年末增加18.56万公里。公路密度为54.15公里/百平方公里，增加1.94公里/百平方公里。

全国等级公路里程494.45万公里，比上年末增加24.58万公里，占公路总里程的95.1%，提高1.4个百分点。其中，二级及以上等级公路里程70.24万公里，增加3.04万公里，占公路总里程的13.5%，提高0.1个百分点。

全国高速公路里程16.10万公里，比上年末增加1.14万公里。其中，国家高速公路11.30万公里，增加0.44万公里。全国高速公路车道里程72.31万公里，增加5.36万公里。

国道里程37.07万公里，省道里程38.27万公里。农村公路里程438.23万公里，其中县道里程66.14万公里，乡道里程123.85万公里，村道里程248.24万公里。

二、推进公路建设转型发展

起草印发《交通运输部办公厅关于深化绿色公路建设做好试点项目技术总结的通知》（交办公路函〔2020〕1250号），组织有关单位开展绿色公路试点工程技术总结，对《关于实施绿色公路建设的指导意见》等政策文件进行评估。开展《绿色公路建设技术指南》和《钢结构桥梁建造技术指南》宣贯，充分交流技术经验成果。

第三节　公路建设管理

一、工程建设管理

（一）全力做好公路建设疫情防控和复工复产工作

第一时间贯彻落实党中央、国务院有关工作部署，印发《关于进一步做好疫情防控加快公路水运工程分区分级复工开工的通知》（交公路明电〔2020〕85号）等6个文件，指导地方交通运输主管部门和公路建设相关单位从增强防控意识、落实防控责任、科学做好防控、完善应急预案、加快项目复工、推动项目开工等方面及时统筹做好防控和复工复产各项工作。

（二）推动公路新项目开工建设

指导各地克服疫情影响，改进勘察设计工作方式和项目评审方式，通过视频会商不见面评审，加快审查审批。2020年，共完成呼北国家高速公路湖南炉红山至慈利段、沪陕国家高速公路江苏平潮至广陵段扩建工程等52个重点公路项目初步设计审批，总里程约4103公里，概算金额约5616亿元，推动一批重大项目尽快开工建设、形成有效投资。

（三）加强在建工程项目协调调度

将服务国家重大战略项目、脱贫攻坚骨干通道项目、国家高速公路待贯通路段及“瓶颈路段”项目等列为重大项目，重点跟踪协调，全力推进。针对不同区域特点，全年开展7次公路建设专项视频调度，聚焦制约复工开工的困难和问题，提升政策精准性、有效性，确保年度建设任务按期完成。

（四）加强农民工工资支付保障

落实《保障农民工工资支付条例》要求，制定印发《交通运输部关于公路水运工程建设领域保障农民工工资支付的意见》（交公路规〔2020〕5号），结合公路水运工程特点，提出21条具体工作措施，并同步开展政策解读。制定《推进公路水运工程建设领域根治拖欠农民工工资问题2020年工作要点》，细化实化工作措施，从体制、机制、监管等方面提出16项重点任务，定期跟踪进展。按照国务院根治拖欠农民工工资工作领导小组统一部署，印发《交通运输部关于开展2021年春节前公路水运建设领域根治欠薪专项行动的通知》（交公路明电〔2020〕299号），全力做好岁末年初治欠保支工作，依法切实保障农民工合法权益。

（五）加强公路工程竣工验收

印发《交通运输部办公厅关于做好重点公路建设项目竣工验收工作的通知》（交办公路函〔2020〕1345号），进一步明确年度有关项目竣工验收计划和竣工验收工作要求。组织完成宁波象山港公路大桥及接线工程竣工验收工作。

二、公路建设市场监管

（一）深化公路建设市场“放管服”改革

简政放权方面，研究制定了公路监理资质改革方案，配合住房和城乡建设部确定了公路设计、施工资质改革方案，通过压减资质等级和类别、下放审批权限、实行告知承诺、优化审批流程等一系列举措，进一步减轻企业负担，激发市场活力。

放管结合方面，一是采取“双随机、一公开”方式开展建设市场督查，检查省级交通运输主管部门行业监管情况和从业单位市场行为。二是加强信息化监管，强化部省系统互联互通，将系统发布的人员、业绩信息作为资质许可、招标投标、信用评价的依据，基本实现了“全国一张网”监管。三是强化信用监管，开展年度全国公路建设市场信用评价，发布从业主体评价结果并加强结果应用。四是加强社会监督，依法依规查处投诉举报，及时处理事关群众切身利益的突出问题。

优化服务方面，一是交通运输部审批的公路监理资质事项及企业信用信息转移事项实行全流程网上办理，方便企业办事。二是交通运输部通过网上视频形式组织资质审查，提高审查效率，压缩审查时限，共审查设计企业 437 家、施工企业 276 家、监理企业 37 家。三是交通运输部发布许可指南、审查要点，并通过电话、网络答疑，做好政策宣贯。

（二）开展公路建设市场督查

根据《2020 年交通运输部市场秩序与服务质量检查工作方案》（交办水函〔2020〕1269 号），交通运输部成立检查组，采取“双随机”方式，分别对浙江、湖南、云南和甘肃四省公路建设市场监管和造价管理情况进行检查。

督查项目，注重选取对脱贫攻坚具有重大意义的项目，共督查在建高速公路项目 6 个、普通国省干线项目 4 个、农村公路项目 3 个，已建成项目 3 个。在全面检查基本建设程序、招标投标、合同履约、保证金清理、造价管理和信用体系建设等基础上，新增了统筹疫情防控与项目复工复产情况、招投标营商环境专项整治、公路建设领域扫黑除恶专项斗争和安全生产专项整治三年行动推进情况等内容。检查过程共发现问题 135 项，提出意见建议 58 条，分别向被检查省份省级交通运输主管部门反馈了检查意见。

（三）推进公路建设市场信用体系建设

进一步健全信用体系制度建设，研究制订《公路建设市场信用管理办法》。持续优化“全国公路建设市场信用信息管理系统”。组织开展 2019 年度公路建设市场全国综合评价，发布了 302 家公路设计企业、957 家公路施工企业、518 家公路监理企业和 13870 名公路监理工程师信用评价结果。发布了 2020 年公路水运工程建设领域守信典型企业目录。通报批评 17 家资质申请或信用信息弄虚作假企业。

（四）完善招投标监管

强化交通运输部评标专家库管理系统服务保障，指导各地研究改进招投标方式，优先采用电子招投标，推行远程异地开标评标，保障疫情防控期间重点公路建设项目招投标顺利实施。针对贫困县所在地市（州）交通运输主管部门，举办了 2020 年公路建设项目招投标业务培训班，有效提升基层监管人员业务水平。

三、公路工程造价管理

（一）加强和完善造价标准体系建设

发布定额基础性标准《公路工程施工定额测定与编制规程》（JTG/T 3811—2020），使公路行业定额编制更加规范化、科学化、标准化；服务脱贫攻坚农村公路养护需要，组织制订和发布《农村公路养护预算编制办法》，指导和规范了农村公路预算编制；发布《公路养护预算编制导则》《公路桥梁养护预算定额》等多项养护类造价标准，细化了公路养护资金预算编制要求，提升养护资金使用效益。同时加快推进建、管、养、运全寿命周期造价标准制定工作，完成《高速公路运营养护预算编制办法》及配套定额报批稿，《公路工程工程量清单计价规范》《公路建设项目竣工决算编制规范》《公路养护工程量清单及计量规范》及《公路工程建设项目安全生产费用清单计量规范》等的送审稿。

（二）加强造价方面的监督检查，推进各省造价监管

按照《公路工程造价管理暂行办法》（交通运输部令 2016 年第 67 号）的有关规定，在 2020 年建设市场督查中，对浙江和云南两省开展造价督查。通过督查加大地方造价管理制度执行、造价全过程监管力度，以实现各阶段、

各环节造价管理工作的有机衔接，闭合式管理。同时，通过督查的示范作用，带动地方交通主管部门对公路工程造价进行监督管理。

（三）加强造价人才培养，推动造价工程师执业管理

加强公路行业造价管理队伍建设和从业人员能力建设，连续第五年举办了公路造价管理培训班，通过网络直播授课形式，面向各省（自治区、直辖市）交通运输厅和造价管理机构进行管理和技术培训。开展造价标准宣贯工作，推动各地深入贯彻落实。开展《农村公路养护预算编制办法》网上免费宣贯培训，近4万人次参加。为培养符合行业需求的复合型造价人才，推进《交通运输工程造价工程师注册管理办法》的制定工作，并指导职业中心修改完善教育丛书。

（四）造价管理信息化平台建设顺利推进

造价管理平台建设工作按计划推进，即将进入试运行阶段，以实现与省级公路造价信息系统的资源共享和利用，开展试点省份数据填报传输和使用工作。同时发布了配套的《公路工程造价数据标准》，为建立部省两级互联互通的造价信息平台打下基础。

第四节　公路养护管理

一、2020年公路养护基本情况

截至2020年底，全国公路总里程为5198120公里，其中养护里程共计5144035公里，占公路总里程的98.96%，分别较2019年增加190972公里和0.15个百分点。其中，国省干线公路养护里程749648公里，与上年相比增加13748公里，国省干线公路养护里程比例达99.49%。全国农村公路养护里程4334757公里，占农村公路里程的98.91%，较上年增加了0.13个百分点。2020年普通国省干线MQI（公路技术状况指数）值为87.95，优良路率为83.73%，其中国道分别为89.10和86.89%，省道分别为86.90和80.84%，均较上年有所提高；高速公路MQI值为94.98，优良路率为99.56%，高速公路MQI较上年略有上升，优良路率略有降低。

二、“十三五”全国干线公路养护管理评价工作

“十三五”全国干线公路养护管理评价工作，包括综合质量效益评价、治理能力评价和公众满意度评价三部分，分别按高速公路和普通国省干线公路进行评价。交通运输部先后印发了《关于做好“十三五”全国干线公路养护管理评价准备工作的通知》《交通运输部办公厅关于印发“十三五”全国干线公路养护管理评价标准的通知》《交通运输部办公厅关于印发2020年度国省干线公路网技术状况监测实施方案的通知》《交通运输部办公厅关于印发“十三五”全国干线公路养护管理治理能力评价表的通知》4个文件，交通运输部公路局先后印发了10余份具体文件。其中，综合质量效益评价结合“2020年度国省干线公路网技术状况监测项目”，完成5.6万公里国道（国家高速公路14150公里，省级高速公路3550公里；普通国道31300公里，省道7000公里）、40座重点桥梁、10座重点隧道监测及2500公里交通安全设施风险评估；治理能力评价完成31个省（自治区、直辖市）的治理能力评价工作；公众满意度调查结合项目完成16.5万样本量的公众满意度调查等工作。

三、公路养护制度建设

2020年重点完善公路桥梁养护管理制度。印发了《关于进一步提升公路桥梁安全耐久水平的意见》，围绕提高建设质量、提升管养水平、加强安全风险防控、强化桥梁安全保护、提升

创新发展能力等方面部署一系列工作。印发了《公路危旧桥梁改造行动方案》《公路危旧桥梁排查和改造技术要求》《公路长大桥梁结构健康监测系统建设实施方案》，指导危旧桥梁改造、跨江跨海跨峡谷等长大桥梁结构健康监测系统建设工作，确定江阴长江大桥等11座在役长大桥梁作为系统建设试点。印发了《交通运输部办公厅关于健全完善国家公路桥梁基础数据库的通知》，统一数据资源需求标准，完善、更新国家公路桥梁档案。修订印发了《公路桥梁信息公示牌设置要求》和《公路桥梁限载标志设置要求》，加强公路桥梁信息公开，调整完善桥梁信息公示牌和限载标志设置。

四、自然灾害综合风险公路承灾体普查

为进一步查明风险底数，全面掌握公路交通风险灾害基本情况，根据国务院办公厅相关通知要求，交通运输部开展了自然灾害综合风险公路承灾体普查工作。2020年为试点阶段，完成了对86个试点市县自然灾害风险公路承灾体的普查，共采集公路沿线灾害风险信息22503条。为确保相关工作按要求开展，公路局制定了实施方案，编制、修订了技术指南，建设了普查数据采集系统，并按需对各层级约5000人开展了技术培训，确保全国按统一要求完成信息填报。通过试点，检验了相关实施方案和技术指南的可行性，初步掌握了试点区域灾害风险基本情况，为下阶段灾害防治等工作奠定了基础。

五、灾损抢修保通工作

2020年全国公路灾损总体与往年持平，主要是南方强降雨天气以及北方强降雪天气对公路基础设施的影响，局部地区灾情严重，全年灾害主要呈以下特点：一是全国灾情地域分布不均衡，呈现出南强北弱的态势；二是全国灾情时间分布不均衡，夏季汛期灾情远比冬季雪期灾情严重；三是地震总体强度低、灾损小。

为确保灾损抢修保通工作的实施，印发《交通运输部办公厅关于做好2020年公路地质灾害防治和桥梁安全运行工作的通知》，进一步提高公路地质灾害防治和桥梁安全应急抢通能力。针对年初冬季雨雪天气，为山西、辽宁、吉林、西藏、新疆5个省（自治区）安排灾损抢通保通资金共4500万元；为安徽、江西、湖北、湖南等18个省（自治区）安排三批公路灾损抢通保通资金共4.05亿元，累计安排4.5亿元。针对汛期湖南、广东、广西、四川、云南、贵州、西藏等地遭遇连续暴雨天气，并引发次生地质灾害的情况，一对一印发通知，指导各省（自治区）做好汛期公路抢通保通工作。并派专家组赴西藏、四川、甘肃等地指导灾区抢通保通工作。

六、危桥改造工程与公路安全生命防护工程

为提升公路安全保障水平，交通运输部连续第六年将公路安全生命防护和危桥改造工程作为贴近民生实事中的一项重要内容，提出“实施乡道及以上公路安全生命防护工程15万公里，改造危桥3000座，完成‘十三五’规划中全部乡道及以上行政等级公路安全隐患治理”的工作目标。为加大实施力度，印发了《交通运输部办公厅关于加快2020年公路安全生命防护等三项工程实施的通知》，对年度任务、计划管理、实施进度等提出明确要求。同时，结合交通运输脱贫攻坚工作要求，持续加大车购税资金对贫困地区的投入力度，2020年安排98.6亿元用于贫困地区公路安全生命防护和危桥改造工程实施，占同期全国资金总数的70%，带动全社会投入超过168亿元。对照交通运输部脱贫攻

坚专项巡视“回头看”整改任务目标及2020年交通扶贫建设目标任务，对湖北、湖南、广西、四川、云南、贵州、青海、海南贫困地区公路安全生命防护工程和危桥改造工程进行专项督导，实地抽查项目55个，并建立工作调度机制，及时掌握和把控项目实施进度。截至12月底，全国共完成乡道及以上公路安全生命防护工程18.5万公里、危桥改造6692座（其中贫困地区共完成公路安全生命防护工程9.7万公里、改造危桥2225座），超额完成年度目标任务。

第五节　公路网运行管理

一、路网运行监测

2020年，交通运输部全力做好取消高速公路省界收费站“第十战役”疏堵保畅工作。编制工作计划，建立部、省、收费站三级音视频会商调度工作机制，指导各地全力做好收费系统调整和运行保障、特情处置等各项工作。

加快推进全国高速公路视频联网工作。印发《关于加快推进全国高速公路视频联网监测工作的通知》，指导各地加快省级公路网运行监测与服务平台建设，开展国家高速公路网G1~G7七条放射线沿线视频上云接入工作，进行路网数据深度挖掘分析，评估路网运行情况。

完成重大节假日公路网运行服务保障。加强部省对接和部门联动，强化数据分析，提前开展研判，指导各地顺利完成两会、春节、国庆等重要时段和节假日期间全国公路网运行保障任务。

二、公路应急能力建设

交通运输部全力做好公路交通重大突发事件应急处置工作，加强与应急管理、公安等部门的沟通协调，指导各地高效处置“湖南沪昆高速公路雪峰山隧道货车自燃事故”“四川京昆高速公路雅西段姚河坝桥高位塌方事故”“陕西包茂高速公路多车相撞”等重特大突发事件，保障了路网平稳运行。

会同中国气象局开展重大气象预警分级研究，强化公路气象预警的实用性和可操作性，在汛期、冬季等突发事件易发时段，与气象部门开展多种形式的区域路网交通气象会商，强化公路交通气象灾害预警，为各地开展汛期应急准备、服务保障等工作提供技术支撑。

印发《关于进一步做好今冬明春恶劣天气影响下公路网运行服务保障工作的通知》，指导各地提高思想认识，提前分析研判，强化运输保障和应急处置，加强养护巡查和出行服务，切实做好大范围低温雨雪等恶劣天气应对工作。

三、普通国省干线公路服务设施建设改造

指导各地交通运输主管部门按照“建得益、养得起、管得到、用得好”的原则，优先利用现有公路管理服务设施、公路边角用地等社会资源，推进普通国省干线公路服务设施建设改造，完善普通公路服务体系，不断提升公路网运行服务保障能力。

印发《关于加强普通国省干线公路服务设施运营管理和服务保障工作的通知》，指导各地完善设施设备，丰富服务内容，强化运营管理，加大要素保障，全力做好已开通服务设施运营管理和服务保障工作。

四、高速公路服务区文明服务创建

抓好“厕所革命”民生实事落实。贯彻落实习近平总书记关于“厕所革命”的重要指示批示精神，印发《交通运输部关于下达2020年全国公路服务区公共卫生间建设改造任务的通知》，指导各地巩固和扩大交通运输“厕所革命”成果，

抓好民生实事落实，完成945个公路服务区厕所建设改造，其中高速公路服务区360个，普通公路服务区585个。

印发《2020年全国公路服务区工作要点》，指导各地聚焦打造“四个一流”，深化供给侧改革，不断提升服务区服务质量。编制《高速公路服务区信息化建设指南》，开展高速公路服务区分类管理研究，加强服务区与旅游、文化等的融合发展，推进智慧、绿色、共享服务区建设。

开展出行服务公众满意度质量监督评价工作。指导路网中心，通过微博、微信等主流新媒体渠道，向31个省（自治区、直辖市）出行人员随机发放调查问卷，全面客观了解行业出行信息服务现状，为后续提升服务质量提供支撑保障。

第六节　收费公路管理

高速公路电子不停车收费（ETC）发展情况良好。截至2020年12月底，全国累计建成ETC专用车道32465条，发展ETC用户2.25亿，ETC使用率超过67%。经初步测算，2020年累计节约车辆燃油约18.71万吨，减少氮氧化物排放约444.65吨，减少碳氢化合物排放约1482.16吨，减少一氧化碳排放约5.57万吨。

为深入贯彻落实《国务院办公厅关于印发深化收费公路制度改革取消高速公路省界收费站实施方案的通知》（国办发〔2019〕23号），加快拓展ETC服务功能，推动ETC停车场景应用，更好地便利公众出行，交通运输部组织开展了ETC智慧停车城市建设试点工作。

综合考虑停车规模、信息化水平、场景多样化、特色服务和远期建设规划等因素，结合地域分布、城市规模、服务类型等实际情况，选定北京等27个城市作为试点城市、江苏省作为省级示范区，先期开展ETC智慧停车试点工作，重点分为六个主题组织实施。

一是数字赋能产业融合。结合“新基建”，通过大数据、人工智能、5G等与ETC技术的融合应用，强化“ETC+互联网”产业融合，打造ETC+物联网感知、ETC+智能网联通信、ETC+大数据平台、ETC+静态交通管理、ETC+车主服务等ETC+产业链，形成数据驱动的管理服务新模式，实现与本地相关平台互联互通、信息共享，增强协同应用能力，推动城市停车服务提质增效。在北京、南京、杭州、深圳、佛山、贵阳、银川等城市重点实施。

二是区域示范带动周边。扩大ETC应用场景，实现ETC停车在机场、火车（高铁）站、客运站等交通枢纽以及大型商场超市、医院、高校、居民小区、路侧等停车场景的覆盖。推动城市动静态交通均衡和协调发展，优化城市停车供需关系，助力城市交通拥堵治理和绿色通行。结合区域协调发展战略，充分发挥中心城市、省会城市的辐射引领作用，带动周边城市协同发展，形成一定的区域效应及产业效应。在北京、杭州、合肥、济南、郑州等城市重点实施。

三是ETC+车生活服务。以便利用户为导向，通过线上、线下两种渠道，拓展ETC+智慧停车、ETC+智慧加油、ETC+智慧洗车、ETC+智慧充电、ETC+智慧景区/园区等相结合的ETC多场景服务，助力智慧交通、智慧城市发展。在阳泉、合肥、池州、福州、厦门、泉州、济南、青岛、日照、南宁、重庆等城市重点实施。

四是交旅融合绿色通行。进一步增强旅游交通服务供给，加快推进旅游景区ETC停车场的建设及改造，优化旅游景区及周边区域停车资源配置，打造景区停车场ETC绿色通道，推进公路交通与旅游融合发展。在威海、郑州、嘉峪关、西宁等城市重点实施。

五是静态交通治理。聚焦城市停车需求，完善ETC停车场及路侧停车配套设施，建设城市级停车管理管控平台，实现停车场无人值守、预约诱导停车以及资源高效周转，全面提高城市停车精细化管理水平，提升城市交通服务品质和环境秩序。在阳泉、鄂尔多斯、淮安、韶关、中山、遂宁等城市重点实施。

六是省级示范区。研究制定本省（自治区、直辖市）ETC停车相关服务规则和技术要求，建设省级停车管理综合平台，做好与各地市停车管理平台衔接。聚焦综合交通，积极探索ETC在动静态交通涉车、涉路领域创新应用，充分挖掘交通出行大数据，全面提升ETC服务水平。在江苏省重点实施。

第七节 公路执法

2020年，交通运输部认真贯彻落实党中央、国务院决策部署，按照全国治超工作领导小组统一安排和要求，坚持以人民为中心的发展思想，不断巩固扩大规范治超执法工作成果，治超科技化、智能化水平大幅提升，取得明显成效。数据显示，截至12月底，各地交通运输、公安部门联合查处违法超限超载货车213.7万起，同比增加11.38%；“百吨王”货车10.7万起，同比下降16.35%；2020年12月，全国高速公路入口平均违法超限超载率为0.05%，远小于国务院要求的2020年底高速公路平均违法超限超载率不超过0.5%的标准。

一、高速公路入口治超工作水平全面提高

为进一步加强高速公路入口治超工作，交通运输部印发《关于进一步加强全国治理车辆超限超载工作的通知》，对全国高速公路入口治超工作进行再指导、再部署，要求各地加强指导高速公路经营管理单位认真履行高速公路入口称重检测工作职责，做好数据联网上传工作。各地要加强数据分析，严查擅自放行违法超限超载车辆进入高速公路和中途倒货等行为。截至2020年底，各地入口称重检测工作运行平稳有序，未发生重大舆情事件，全国高速公路违法超限超载率持续降低，全国高速公路治超效果明显。

二、深入推进治超执法工作常态化、制度化、规范化

交通运输部通过采取印发《关于进一步加强全国治理车辆超限超载工作的通知》，组织全国各省级交通运输主管部门治超、执法负责同志开展线上集中培训宣贯政策等手段，进一步督促各地统一思想，全面落实治超联合执法常态化、制度化、标准化要求，定期开展联合执法，提升联合执法效能和路面治超执法水平。

建立健全全国公路治超工作数据监测情况通报机制，定期通报各省（自治区、直辖市）治超及大件运输许可工作开展情况，推动治超执法监督全面覆盖，督促各地规范化治超执法行为。

建立暗访常态化机制，分四个批次，赴江苏、宁夏、河北、山东、河南等省（自治区）开展暗访，检查治超联合执法、源头治超等工作开展情况，发现问题责成整改，震慑治超执法乱作为、不作为等行为。

开展公路限高限宽设施和检查卡点专项清理行动“回头看”工作。指导各省（自治区、直辖市）再次排查清理违规设置的公路限高限宽设施和检查卡点。截至2020年底，清理整顿工作已全部完成，改善了货运车辆通行环境，推动了物流业降本增效，促进了货运市场良好稳定运行。

组织各地开展以“防疫情、守安全、保畅通、优服务”为主题的路政宣传月活动。结合疫情防控新形势，指导各地以线上宣传为主、线下宣传为辅，选树先进典型，制作群众喜闻乐见的小文章、短视频和微电影等作品，积极开展“线上宣传”“网络直播”“互动体验”“视频走访”等形

式多样的宣传活动。活动期间，新浪微博开辟的“全国路政宣传月”“公路连着你我他，保护公路靠大家”两个专栏，网络阅读量分别突破380万和300万，社会关注度和反响远超预期。

持续推进信用治超工作。指导各地做好严重违法超限超载运输失信当事人名单的认定、公示、发布和报送工作。据统计，2020年前三季度全国认定、发布了1482条严重失信名单，并依法对相关责任主体实施失信联合惩戒。

三、科技化、智能化治超水平不断提升

按照“高速公路入口称重检测、普通干线检测站点监管、农村公路限高限宽物防、重要节点卡口技术监测、重点源头出门称重把关”的布局思路，交通运输部指导各省（自治区、直辖市）严把高速公路“入口关”、完善普通公路“进站关”、探索重要节点“卡口关”。全国运行的1821个治超站中，已安装电子抓拍系统站点数为1356个，占比74.5%；选定北京、浙江、安徽、福建、湖南、新疆作为非现场执法省级试点单位，全国布设非现场检测点2719个，其中6个试点省份723个。

治超业务信息网加快构建。以“全过程记录、全业务上线、全路网监控、全链条管理、全方位服务”为目标导向，交通运输部专门印发通知，督促各地健全完善治超综合应用平台，加快推进治超系统部省平台建设，加快汇聚治超数据，组建精干高效的治超工作团队，形成全国治超“一张网”“一盘棋”，提升全国治超工作现代化水平。全国已有7个省份完成省级工程建设，21个正在建设改造中，4个正在开展前期工作。截至12月底，27个省（自治区、直辖市）已开展部省联网工作，共上传超限检测站称重检测数据5486.1万条，治超案件数据16.2万条，“一超四罚”案件数据374条。

四、持续优化大件运输许可服务

在疫情防控期间，为协助大件运输企业复工复产，交通运输部组织开展全国大件运输许可工作开展情况摸底，收集汇总全国公路交通阻断信息情况，方便大件运输企业合理制定运输计划，规划运输路线；全面推行跨省和省内许可线上办理，为企业提供“不见面”许可服务；开通防疫应急物资“绿色通道”，对承运应急物资的大件运输车辆，采取“优先注册、优先受理、优先许可”措施；创新现场核实方法，鼓励各地推行信用承诺制，探索将现场核查环节后置，解决疫情防控期间现场核查不便问题；常态化疫情防控后，专门印发通知，指导各地全面推行分类许可，一类大件“即刻办”、二类大件“快速办”、三类大件“专业办”，强化事中事后监管，不断提升大件运输许可服务能力和监管水平。印发《关于做好跨省大件运输并联许可“好差评”工作的通知》，组织各地2020年底前建成“好差评”系统。为保障新冠病毒疫苗货物运输车辆高效便捷通行，印发《关于做好新冠病毒疫苗货物运输车辆免费不停车便捷通行服务工作的通知》，有效提升了运输新冠病毒疫苗货物运输车辆通行效率。2020年，全国大件运输许可办结量为105.6万件，是2019年的1.3倍。其中，跨省系统办结量为40.3万件，是2019年的2.2倍、2018年的13.5倍，一、二、三类许可平均办结时间分别为1.4个、2.2个、4.4个工作日，比规定最长时限分别压缩72%、78%和78%，好评率达到99.86%。

第八节　道路运输服务

一、道路旅客运输

2020年，受疫情影响，道路客运量和旅客

周转量大幅减少，旅客出行结构继续深化调整，运输服务质量不断提升、创新发展不断加快。

（一）运量变化

1. 道路客运量及旅客周转量

2020 年，全国营业性客运车辆完成道路客运量 68.9 亿人、旅客周转量 4641.0 亿人公里，同比分别减少 47.0% 和 47.6%。2016—2020 年全国道路客运量及旅客周转量变化情况如图 3-4-1 所示。

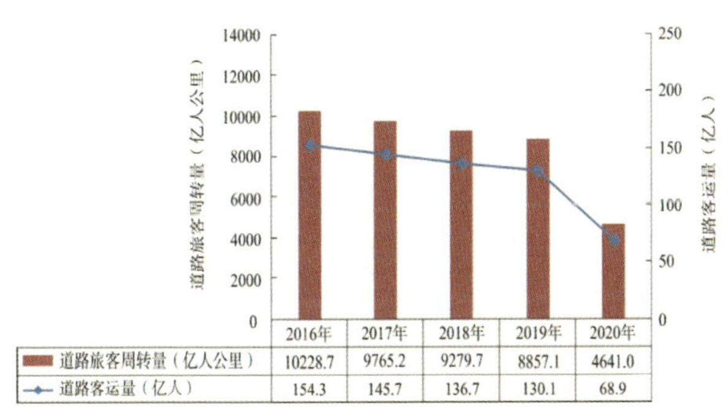

图 3-4-1　2016—2020 年全国道路客运量及旅客周转量变化情况

2. 道路客运在综合运输体系中的地位和作用

2020 年，道路客运量、旅客周转量在综合运输体系中所占比例分别为 71.3% 和 24.1%，道路客运继续在综合运输体系中发挥基础性和主体性作用。2016—2020 年各种运输方式完成客运量在综合运输体系中所占比例如图 3-4-2 所示。

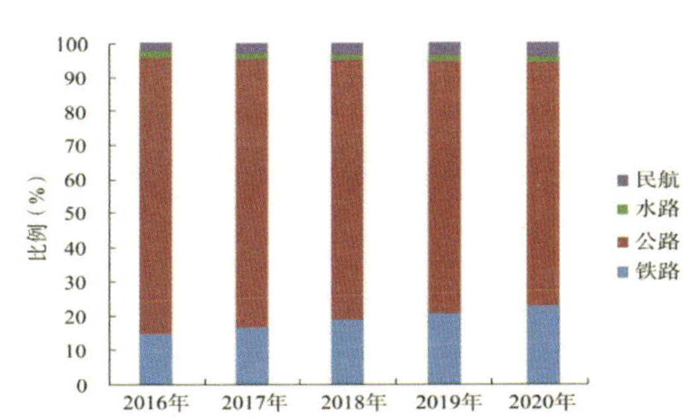

图 3-4-2　2016—2020 年各运输方式完成客运量在综合运输体系中所占比例

（二）市场主体

1. 业务类型及业户规模

2020 年，道路客运市场集中度有所提高，全国从事道路客运的业户为 2.9 万户，同比减少 9.0%。其中道路客运企业 1.2 万户，同比增长 1.5%；个体运输户 1.7 万户，同比减少 14.9%。从业务类型来看，截至 2020 年底，全国共有班车客运经营业户 2.5 万户，同比减少 11.0%；旅游客运经营业户 2406 户，同比增长 3.8%；包车客运经营业户 4554 户，同比增长 15.7%。2020 年全国道路客运经营业户构成见表 3-4-1。

表 3-4-1　2020 年全国道路旅客运输经营业户构成
（单位：户）

类　型	合计	客运企业	个体运输户
班车客运	24933	7493	17440
旅游客运	2406	2399	7
包车客运	4554	4531	23

道路客运企业中，拥有车辆数为 10~49 辆的企业数量比例持续保持最高，分别有 42.4% 的班车客运企业、51.2% 的旅游客运企业以及 47.0% 的包车客运企业。2020 年全国道路客运企业车辆规模构成情况如图 3-4-3 所示。

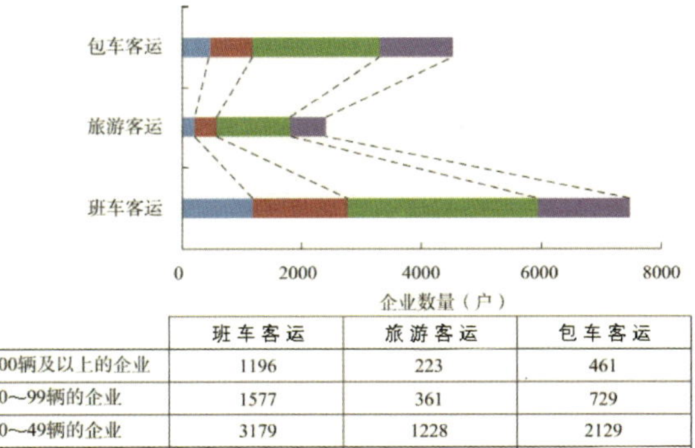

	班车客运	旅游客运	包车客运
100辆及以上的企业	1196	223	461
50~99辆的企业	1577	361	729
10~49辆的企业	3179	1228	2129
10辆以下的企业	1541	587	1212

图 3-4-3　2020 年全国道路客运企业车辆规模构成情况

总体来看，拥有车辆数在10辆以下的企业数量有所增加，同比增加11.3%，拥有车辆数在其他三类区间的企业数量均有所减少；旅游客运企业中，拥有车辆数在100辆及以上的企业数量保持不变，拥有车辆数在50~99辆、10~49辆和10辆以下的企业数量，同比分别增加4.0%、4.8%、3.3%；包车客运企业中，各区间的企业数量均有所上升，拥有车辆数在100辆及以上、50~99辆、10~49辆和10辆以下的企业数量，同比分别增加0.4%、12.0%、15.4%和34.7%。

2. 地区分布

2020年，东、中、西部地区道路客运经营业户分别为7657户、14137户、7370户，占比分别为26.3%、48.5%、25.3%。全国道路客运经营业户平均每省941户。其中，7个省份的道路客运经营业户数超过全国平均水平，分别为湖南、云南、湖北、河北、黑龙江、吉林、辽宁。2020年全国道路客运经营业户数分布情况如图3-4-4所示❶。

3. 从业人员

截至2020年底，全国共有道路客运从业人员239.7万人，同比减少8.3%。其中客运驾驶员185.2万人，乘务员24.4万人，同比分别减少5.2%、20.7%。分地区来看（表3-4-2），东部地区道路客运从业人员占从业人员总数的34.4%，同比减少1.5个百分点；中部地区和西部地区道路客运从业人员占从业人员总数的26.2%和39.4%，同比分别增长0.9个和0.6个百分点。

（三）客运车辆

全国道路营运客车车辆数及客位数总体呈下降趋势，2020年，全国道路营运客车（不含农村客运公共汽电车）61.3万辆❷，客位数1840.9万个，平均客位数30.1个/辆。其中，大型客车28.7万辆，客位数1281.1万个，平均客位数44.6个/辆。

2020年，全国道路客运经营业户平均每户拥有车辆数为21.0辆/户，其中黑龙江、安徽、湖南、内蒙古、四川、云南、青海、新疆8个

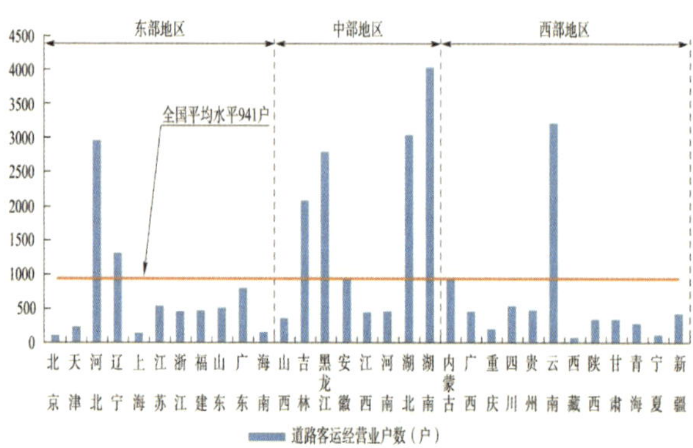

图3-4-4　2020年全国道路客运经营业户数分布情况

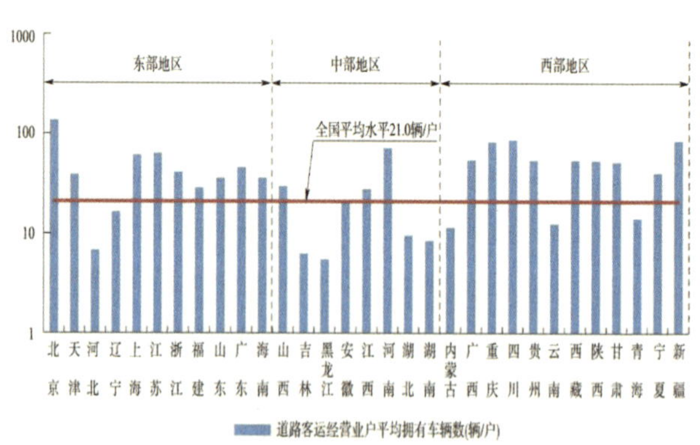

图3-4-5　2020年全国道路客运经营业户平均拥有车辆数情况❸

❶ 东部地区包括：北京、天津、河北、辽宁、上海、江苏、浙江、福建、山东、广东、海南11个省（直辖市）；中部地区包括：山西、吉林、黑龙江、安徽、江西、河南、湖北、湖南8个省份；西部地区包括：内蒙古、广西、重庆、四川、贵州、云南、西藏、陕西、甘肃、青海、宁夏、新疆12个省（自治区、直辖市）。

❷ 道路营运客车车辆数统计口径有所调整。

❸ 图3-4-5使用对数刻度线表示。

省（自治区）平均拥有车辆数较 2019 年有所增加。2020 年全国道路客运经营业户平均拥有车辆数情况如图 3-4-5 所示，共有 22 个省（自治区、直辖市）的道路客运经营业户平均拥有车辆数超过全国平均水平，较 2019 年新增 1 个省份。

（四）班线客运

1. 线路数量

2020 年，长途客运结构持续调整，全国客运班线条数合计 15.3 万条，同比减少 2.4%；年平均日发班次 91.1 万次 / 日，同比减少 24.1%。从线路类别来看[1]，一类客运班线 11788 条，年平均日发班次 32844 次 / 日；二类客运班线 31245 条，年平均日发班次 98091 次 / 日；三类客运班线 22504 条，年平均日发班次 135060 次 / 日；四类客运班线 86978 条，年平均日发班次 645014 次 / 日。

2020 年，全国定制客运班线共计 3044 条，占全国客运班线总条数的 2.0%。其中一类定制客运班线 454 条，占比 14.9%，二类定制客运班线 697 条，占比 22.9%，三类定制客运班线 696 条，占比 22.9%，四类定制客运班线 1197 条，占比 39.3%。2020 年全国定制客运班线构成情况见表 3-4-2。

2. 线路长度

2020 年，道路客运班线线路结构持续优化，营运里程在 800 公里及以上的道路客运班线为 2855 条，同比减少 23.7%；营运里程在 400 ～ 800 公里的道路客运班线为 8039 条，同比减少 12.0%；营运里程在 400 公里以下的道路客运班线为 141622 条，同比减少 1.2%。2019 年和 2020 年道路客运班线不同线路长度分布如图 3-4-6 所示。

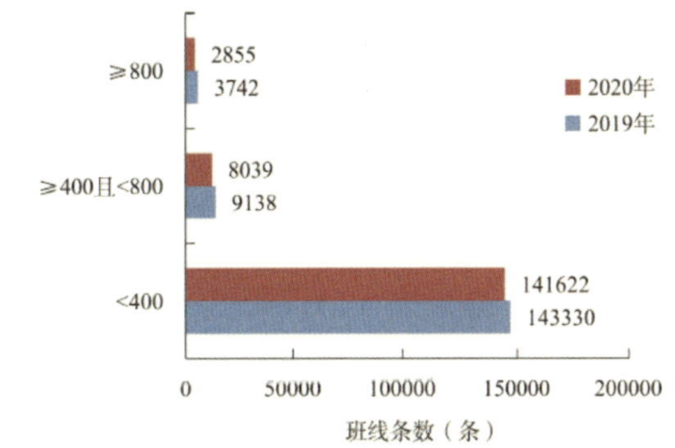

图 3-4-6 2019 年和 2020 年道路客运班线不同线路长度分布

3. 线路分布

2020 年，道路客运班线数量排名全国前 10 位的省（自治区）是：四川（11339 条）、湖南（11005 条）、湖北（10380 条）、广西（10110 条）、广东（10047 条）、河南（8038 条）、贵州（7183 条）、江苏（6988 条）、云南（6755 条）、安徽（6534 条）。2020 年客运班线数量排名全国前 10 位的省（自治区）的客运班线条数及年平均日发班次如图 3-4-7 所示。

表 3-4-2 2020 年全国定制客运班线构成情况

	一类		二类		三类		四类	
按等级分	班线条数（条）	占比（%）	班线条数（条）	占比（%）	班线条数（条）	占比（%）	班线条数（条）	占比（%）
	454	14.9	697	22.9	696	22.9	1197	39.3
按长度分	<200 公里		≥200 且 <400 公里		≥400 且 <800 公里		≥800 公里	
	班线条数（条）	占比（%）	班线条数（条）	占比（%）	班线条数（条）	占比（%）	班线条数（条）	占比（%）
	2231	73.3	438	14.4	209	6.9	167	5.5

[1] 按照 2020 年新《客规》，班车客运的线路根据经营区域和营运线路长度分为四种类型。

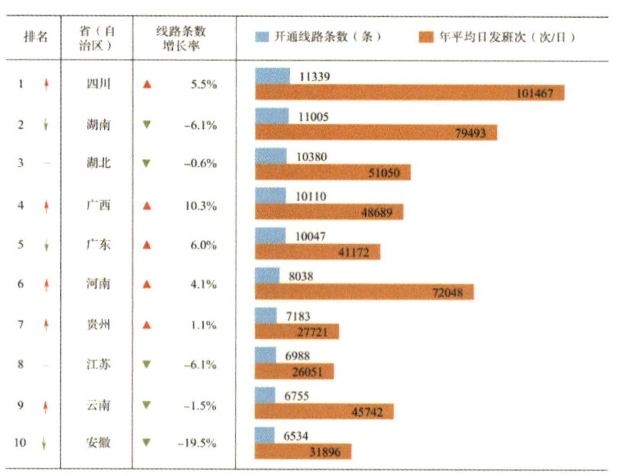

图 3-4-7　2020 年客运班线数量排名全国前 10 位的省（自治区）的客运班线条数及年平均日发班次

2020 年，800 公里及以上道路客运班线数量排名全国前 10 位的省（自治区、直辖市）是：广东（988 条）、浙江（536 条）、上海（457 条）、湖北（443 条）、广西（420 条）、重庆（295 条）、江苏（294 条）、四川（226 条）、贵州（208 条）、内蒙古（173 条）。

2020 年全国东、中、西部地区开通客运班线、定制客运班线数量排名前 5 位的省（自治区、直辖市）见表 3-4-3。

（五）农村客运

1. 农村客运站建设

2020 年，全国农村客运站总数达到 33.0 万个，同比增加 4.2%。其中三级及以上客运站 1320 个，占全国三级及以上客运站总数的 29.3%。2020 年全国东、中、西部地区农村客运站数量排名前 5 位的省（自治区）见表 3-4-4，东、中、西部地区农村客运站总数分别为 12.0 万个、12.4 万个、8.6 万个，同比分别减少 6.2% 和增加 6.7%、18.8%。

2. 通达情况

2020 年，全国乡镇和建制村通客车率分别达 99.3% 和 99.4%，具备条件的乡镇和建制村通客车率均达 100%。全国共开通农村客运线路 9.6

表 3-4-3　2020 年全国东、中、西部地区客运班线、定制客运班线数量排名前 5 位的省（自治区、直辖市）（单位：条）

序号	东部地区		中部地区		西部地区	
	省（自治区、直辖市）	客运班线数量	省（自治区、直辖市）	客运班线数量	省（自治区、直辖市）	客运班线数量
1	广东	10047	湖南	11005	四川	11339
2	江苏	6988	湖北	10380	广西	10110
3	辽宁	5978	河南	8038	贵州	7183
4	河北	5653	安徽	6534	云南	6755
5	山东	4787	黑龙江	6437	重庆	6374
序号	东部地区		中部地区		西部地区	
	省（自治区、直辖市）	定制客运班线数量	省（自治区、直辖市）	定制客运班线数量	省（自治区、直辖市）	定制客运班线数量
1	广东	756	安徽	270	贵州	351
2	江苏	225	吉林	208	四川	253
3	山东	214	湖南	169	广西	120
4	浙江	147	江西	166	陕西	93
5	辽宁	78	黑龙江	131	内蒙古	75

表 3-4-4　2020 年全国东、中、西部地区农村客运站数量排名前 5 位的省（自治区）（单位：个）

序号	东部地区		中部地区		西部地区	
	省（自治区）	农村客运站个数	省（自治区）	农村客运站个数	省（自治区）	农村客运站个数
1	山东	60861	河南	30740	四川	38315
2	河北	36064	湖南	28147	陕西	12459
3	江苏	10685	湖北	26341	甘肃	11381
4	广东	5751	山西	22946	广西	8847
5	浙江	2551	江西	10776	云南	5532

万条，年平均日发班次 86.3 万次 / 日。全国东、中、西部地区开通的农村客运线路分别为 2.4 万条、3.4 万条、3.8 万条，分地区农村客运线路数量排名前 5 位的省（直辖市）见表 3-4-5。

3. 农村客运车辆

2020 年，农村客运车辆更加灵活，中小型客车居多，全国农村客运车辆达 32.0 万辆。全国农村客运车辆数量排名前 10 位的省（自治区）是：四川（29258 辆）、云南（26569 辆）、湖南（21238 辆）、新疆（19083 辆）、河南（17761 辆）、湖北（17183 辆）、山东（16013 辆）、贵州（14129 辆）、江苏（13018 辆）、甘肃（12864 辆），排名及增长率变化情况如图 3-4-8 所示。

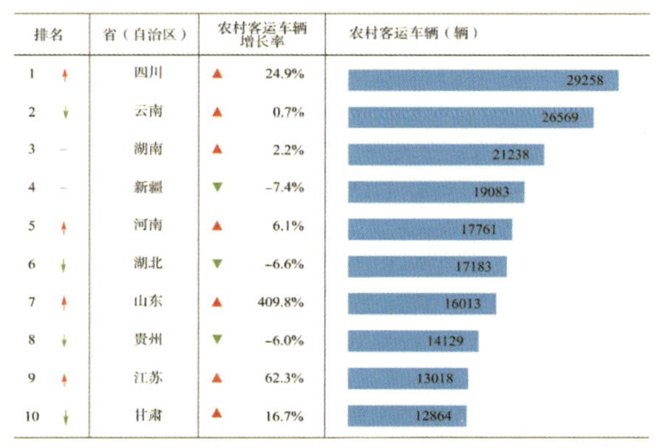

图 3-4-8　2020 年全国农村客运车辆数量排名前 10 位的省（自治区）

从车辆类型来看，农村公共汽电车 8.1 万辆，农村班线客运车辆 23.9 万辆。从地区分布来看，

表 3-4-5　2020 年全国东、中、西部地区农村客运班线数量排名前 5 位的省（直辖市）

序号	东部地区			中部地区			西部地区		
	省（直辖市）	农村客运线路（条）	平均日发班次（次）	省（直辖市）	农村客运线路（条）	平均日发班次（次）	省（直辖市）	农村客运线路（条）	平均日发班次（次）
1	广东	4090	26767	湖南	7138	69794	四川	8389	85892
2	浙江	3930	69911	湖北	6885	35176	云南	5357	48131
3	辽宁	3904	24726	黑龙江	4235	15860	贵州	4290	18250
4	河北	3409	39443	河南	3831	63478	甘肃	3770	18858
5	山东	2973	39801	安徽	3728	30888	重庆	3410	22360

东、中、西部地区农村客运车辆分别为 8.5 万辆、9.6 万辆、14.0 万辆，同比分别增加 75.7%、9.2%、4.3%。2020 年全国农村班线客运车辆构成情况见表 3-4-6。

表 3-4-6　2020 年全国农村班线客运车辆构成情况（单位：辆）

按等级分	高级车辆数	中级车辆数	普通车辆数
	13956	92388	133007
按类型分	大型及以上车辆数	中型车辆数	小型车辆数
	23154	90540	111787

（六）客运站场建设及运营

1. 站场建设

截至 2020 年底，全国客运站总数达 44.6 万个，包括三级及以上客运站 4505 个，便携车站及招呼站 44.1 万个。等级客运站中，一级客运站 1007 个，二级客运站 1852 个，三级客运站 1646 个，2020 年全国等级客运站地区分布情况见表 3-4-7。其中，1714 个二级客运站配备了危险品安全检测仪，占二级客运站总数的 92.5%；875 个三级客运站配备了危险品安全检测仪，占三级客运站总数的 53.2%。

表 3-4-7　2020 年全国等级客运站地区分布情况（单位：个）

客运站等级		东部地区	中部地区	西部地区
等级客运站		1285	1574	1646
其中	一级客运站	391	278	338
	二级客运站	504	633	715
	三级客运站	390	663	593

2. 站场经营

截至 2020 年底，全国共有客运站经营业户 1.8 万户，同比下降 15.9%。客运站从业人员 24.0 万人，同比下降 11.9%。东、中、西部地区客运站经营业户占全国的比例分别为 16.2%、38.7% 和 45.1%；东、中、西部地区客运站从业人员占全国的比例分别为 31.0%、41.6% 和 27.4%，中部地区客运站的经营业户和从业人员所占比例均有所增加。2020 年全国客运站经营业户及从业人员地区分布比例如图 3-4-9 所示。

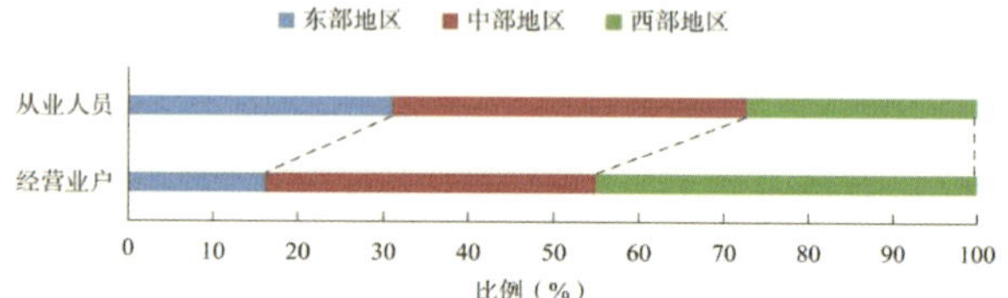

图 3-4-9　2020 年全国客运站经营业户及从业人员地区分布比例

2020 年，一级客运站年平均日发班次 23.7 万次 / 日，二级客运站年平均日发班次 30.7 万次 / 日。2019 年和 2020 年全国客运站年平均日发班次如图 3-4-10 所示。

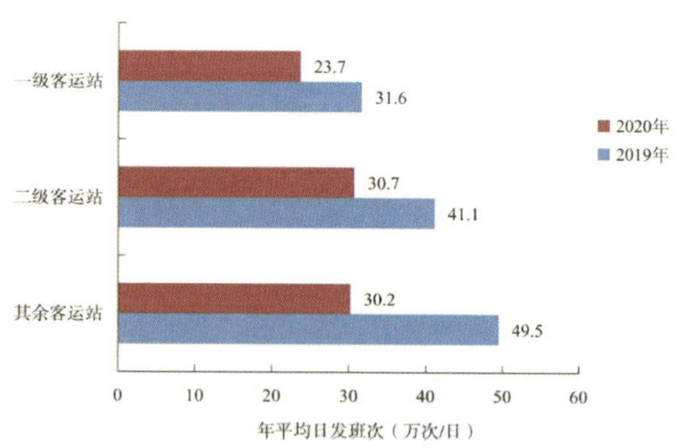

图 3-4-10　2019 年和 2020 年全国客运站年平均日发班次

二、道路货物运输

2020 年，我国货运仍然以道路运输为主，受货运结构调整影响，道路货运量小幅度下降，道路货运高质量发展加快推进，市场主体结构持续优化。

（一）运量变化

1. 道路货运量及货物周转量

2020年，全社会完成道路货运量342.6亿吨，同比下降0.3%；货物周转量60171.8亿吨公里，同比增加0.9%。2016—2020年全国道路货运量及货物周转量变化情况如图3-4-11所示。

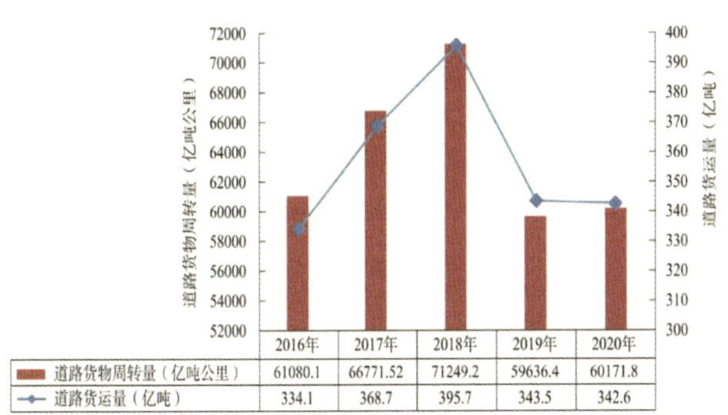

图 3-4-11　2016—2020 年全国道路货运量及货物周转量变化情况

2. 道路货运在综合运输体系中的地位和作用

道路货运依然在综合运输体系中发挥着主体作用。2020年，全社会道路运输完成货运量在综合运输体系中所占比例为73.8%，同比下降了0.5个百分点；全社会道路运输完成货物周转量在综合运输体系中所占比例为30.6%，同比下降了0.2个百分点。2016—2020年各种运输方式完成货运量在综合运输体系中所占比例如图3-4-12所示。

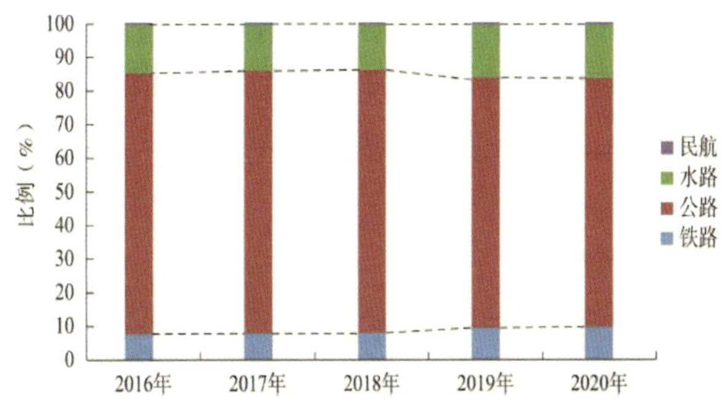

图 3-4-12　2016—2020 年各种运输方式完成货运量在综合运输体系中所占比例

（二）市场主体

1. 业户类型及业户规模

2020年，道路货运市场主体结构持续优化，从事道路货运的经营业户为323.9万户，同比减少16.6%。其中，道路货运企业50.1万户，同比减少2.4%；个体运输户273.7万户，同比减少18.8%[1]。根据经营范围划分，截至2020年底，全国共有普通货运经营业户316.3万户，同比减少17.1%；货物专用运输经营业户12.7万户，同比增长28.6%（其中集装箱运输经营业户4.6万户，同比增长29.2%）；大型物件运输经营业户3.1万户，同比增长42.1%；危险货物运输经营业户1.3万户，同比增长4.9%。2020年全国道路货运经营业户构成见表3-4-8。

2020年，全国拥有车辆数在10辆及以上的道路货运企业13.3万户，同比增长12.4%，占

表 3-4-8　2020 年全国道路货运经营业户构成（单位：万户）

类　型		合计	货运企业	个体运输户	个体运输户占比
普通货物运输		316.3	45.9	270.4	85.5%
货物专用运输		12.7	7.8	4.9	38.4%
	集装箱运输	4.6	4.1	0.5	10.8%
大型物件运输		3.1	1.9	1.3	41.0%
危险货物运输		1.3	1.3	0	0

[1] 受取消总质量4.5吨及以下普通货运车辆营运证及企业道路运输经营许可证的影响，纳入统计的个体运输户数量大幅下降。

企业总数的 26.6%，表明企业的规模化程度有所增加。2019 年和 2020 年全国拥有车辆数在 10 辆及以上的道路货运企业数量如图 3-4-13 所示。

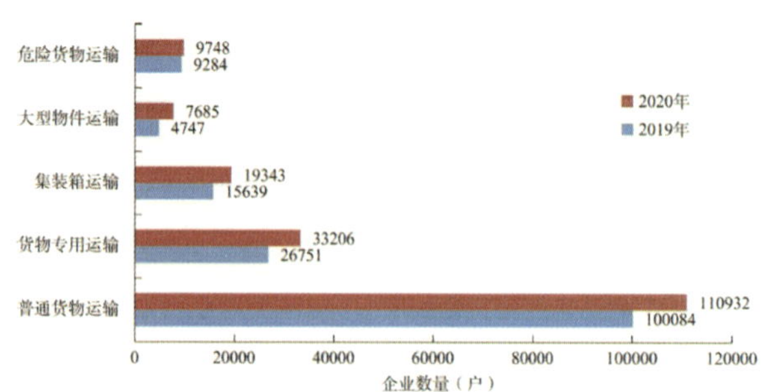

图 3-4-13　2019 年和 2020 年全国拥有车辆数在 10 辆及以上的道路货运企业数量

2. 地区分布

2020 年，东、中、西部地区道路货运经营业户分别为 118.4 万户、98.1 万户、107.4 万户，占比分别为 36.5%、30.3%、33.2%。2019 年和 2020 年全国道路货运经营业户地区分布情况见表 3-4-9。全国道路货运经营业户平均每省 10.4 万户，同比下降 16.6%。其中，15 个省（自治区）的道路货运经营业户数超过全国平均水平，分别为河北、辽宁、江苏、山东、广东、吉林、黑龙江、安徽、河南、湖北、湖南、内蒙古、广西、四川、云南。2020 年全国道路货运经营业户数地区分布情况如图 3-4-14 所示。

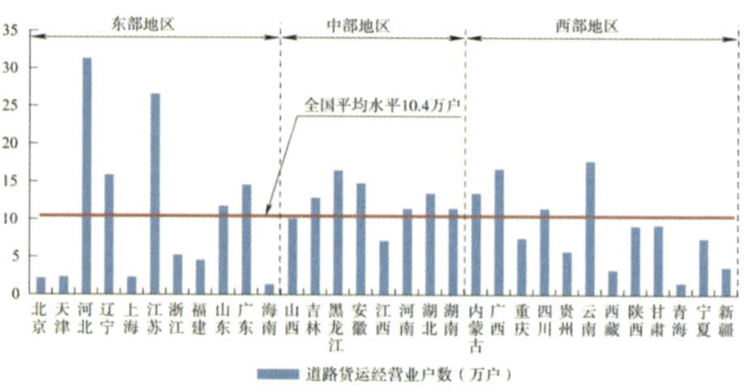

图 3-4-14　2020 年全国道路货运经营业户数地区分布情况

3. 从业人员

截至 2020 年底，全国共有道路货运从业人员 1728.7 万人，同比减少 4.7%，其中货运驾驶员 1509.8 万人，同比减少 3.2%（包括危险货物运输驾驶员 77.6 万人，同比减少 2.4%）；危险货物运输押运员 79.8 万人，同比增长 0.2%；危险货物运输装卸管理员 5.5 万人，同比减少 16.4%。

东部地区道路货运从业人员占从业人员总数的 45.6%，同比增长了 0.7 个百分点；中部、西部地区道路货运从业人员分别占从业人员总

表 3-4-9　2019 和 2020 年全国道路货运经营业户地区分布情况（单位：万户）

地区	年份	道路货运经营业总户数	普通货运经营业户数	货物专用运输经营业户数	集装箱运输经营业户数	大型物件运输经营业户数	危险货物运输经营业户数
东部地区	2019 年	137.0	133.0	7.5	3.2	1.6	0.6
	2020 年	118.4	113.6	9.8	4.0	2.2	0.7
中部地区	2019 年	110.0	108.6	1.3	0.1	0.3	0.3
	2020 年	98.1	96.5	1.6	0.3	0.4	0.3
西部地区	2019 年	141.3	139.8	1.0	0.2	0.4	0.3
	2020 年	107.4	106.1	1.3	0.3	0.5	0.4

表 3-4-10 2020 年全国道路货物运输从业人员地区分布情况

地区	数量及占比	道路货运从业人员	货运驾驶员		危险货物运输押运员	危险货物运输装卸管理员
				危险货物运输驾驶员		
东部地区	数量（万人）	788.2	662.9	41.2	46.6	2.5
	比例 (%)	45.6	43.9	53.1	58.4	44.9
中部地区	数量（万人）	505.9	445.8	18.9	18.4	2.0
	比例 (%)	29.3	29.5	24.4	23.1	35.6
西部地区	数量（万人）	434.7	401.1	17.5	14.7	1.1
	比例 (%)	25.1	26.6	22.5	18.5	19.5

数的 29.3%、25.1%，同比减少了 0.1 个、0.6 个百分点。2020 年全国道路货运从业人员地区分布情况见表 3-4-10。

（三）货运车辆

2020 年，全国道路营运货车 1110.3 万辆，同比上升 2.1%。按照车体结构分类，一体货车 464.8 万辆，占总量的 41.9%，吨位总计 5257.4 万吨，占总量的 33.3%；甩挂运输货车 645.5 万辆，占总量的 58.1%，吨位总计 10526.8 万吨，占总量的 66.7%。2020 年一体货车和甩挂运输货车数量及吨位结构如图 3-4-15 所示。

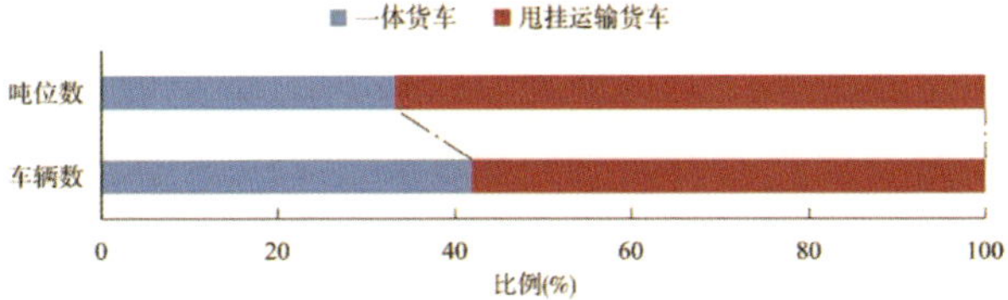

图 3-4-15 2020 年一体货车和甩挂运输货车数量及吨位结构

从车辆用途来看，全国有普通货车 414.1 万辆，同比减少 15.4%，占货车总数的 37.3%；专用货车 50.7 万辆，同比增长 0.3%，占货车总数的 4.6%。2020 年全国营运货车按车辆用途划分构成情况见表 3-4-11。

从车辆集中度来看，全国道路货运经营业户平均每户拥有的货车数量为 3.4 辆 / 户，同比增加 22.4%。15 个省（自治区、直辖市）平均每户拥有的货车数量超过全国平均水平，分别为北京、天津、河北、上海、浙江、福建、山东、广东、山西、安徽、江西、河南、重庆、四川和新疆。2020 年全国道路货运经营业户平均拥有车辆数情况如图 3-4-16 所示。

表 3-4-11 2020 年全国营运货车按车辆用途划分构成情况

数 量	普通货车	专用货车		甩挂运输货车	
			集装箱车	牵引车	挂车
车辆数（万辆）	414.1	50.7	0.4	310.8	334.6
吨位数	4,660.8 万吨	596.6 万吨	6936 TEU	—	10526.8 万吨

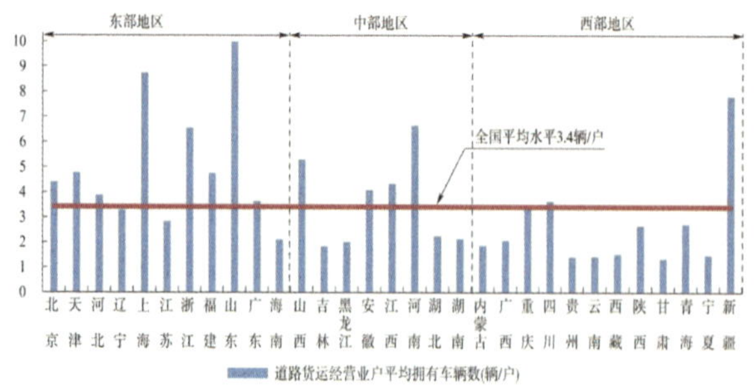

图 3-4-16　2020 年全国道路货运经营业户平均拥有车辆数情况

（四）普通货物运输

2020 年，全国从事普通货运的经营业户达 316.3 万户，同比减少 17.1%。其中，企业有 45.9 万户，同比减少 3.8%；个体运输户占总数的 85.5%，同比下降 2.0 个百分点。全国普通货运经营业户平均每省 10.2 万户，15 个省份的道路普通货运经营业户数超过全国平均水平。2020 年全国道路普通货运经营业户排名前 10 位的省（自治区）如图 3-4-17 所示。

排名	省（自治区）	增长率	普通货运经营业户（户）
1	河北	-6.1%	301965
2	江苏	-23.4%	260635
3	云南	-31.1%	176561
4	广西	-19.6%	165843
5	黑龙江	-16.8%	162312
6	辽宁	-18.8%	150446
7	安徽	-22.6%	147215
8	广东	-9.9%	143147
9	内蒙古	-11.8%	134019
10	湖北	7.8%	133278

图 3-4-17　2020 年全国道路普通货运经营业户排名前 10 位的省（自治区）

（五）网络货物运输

近年来，各省级交通运输主管部门按照部关于推进网络货运发展的部署，积极采取有力举措，引导和规范网络货运新业态发展取得阶段成效。但部分省份还存在省级网络货运监测系统建设滞后、网络货运企业数据上传不及时不完整、网络货运监管不到位等问题。为进一步做好网络货运信息化监测工作，促进网络货运新业态健康发展，2020 年，交通运输部办公厅发布了《关于进一步做好网络平台道路货物运输信息化监测工作的通知》（交办运函〔2020〕1520 号），明确指出要加快建设省级网络货运监测系统，加强网络货运企业运行监管，组织开展网络货运监测评估工作，提升部网络货运信息交互系统技术支撑能力。切实加强了网络货运新业态的政策宣贯，指导了各地制定实施细则和工作举措，推动了网络货运政策全面落地实施。截至 2020 年底，30 个省市已与部网络货运信息交互系统实现联调测试，共有 741 家企业取得网络货运经营资质，整合社会车辆 115 万辆，累计完成运单 1933 万单。

（六）危险货物运输

1. 业户规模

2020 年，全国从事危险货物道路运输的业户 13628 户，同比增加 4.9%。其中，经营性危险货物道路运输业户 13363 户，同比增加 580 户，占总数的 98.1%；非经营性危险货物道路运输业户 265 户，同比增加 60 户。2016—2020 年全国危险货物道路运输业户及车辆发展情况如图 3-4-18 所示。

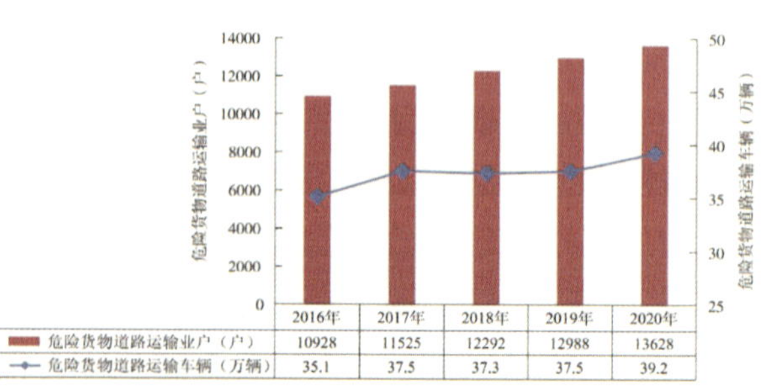

图 3-4-18　2016—2020 年全国危险货物道路运输业户及车辆发展情况

截至2020年底，全国危险货物道路运输车辆（包含危险货物道路运输挂车）达39.2万辆，同比增长4.6%；业户平均拥有车辆数为28.8辆/户，与2019年基本持平。在经营性危险货物道路运输业户中，拥有车辆数在100辆及以上的企业占9.5%，同比下降0.2个百分点；拥有车辆数在50~99辆的企业占12.9%，同比下降0.1个百分点；拥有车辆数在10~49辆的企业占50.5%，同比增长0.3个百分点；拥有车辆数在10辆以下的企业占27.1%，与2019年基本持平；个体运输户已完全退出危险货物道路运输市场。

2. 地区分布

2020年，危险货物道路运输业户主要集中在东部地区，全国危险货物道路运输业户平均每省440户，同比增长5.0%。其中，9个省份的危险货物道路运输业户数超过全国平均水平，分别为河北、辽宁、江苏、浙江、山东、广东、黑龙江、四川、陕西。2020年全国危险货物道路运输业户数地区分布情况如图3-4-19所示。

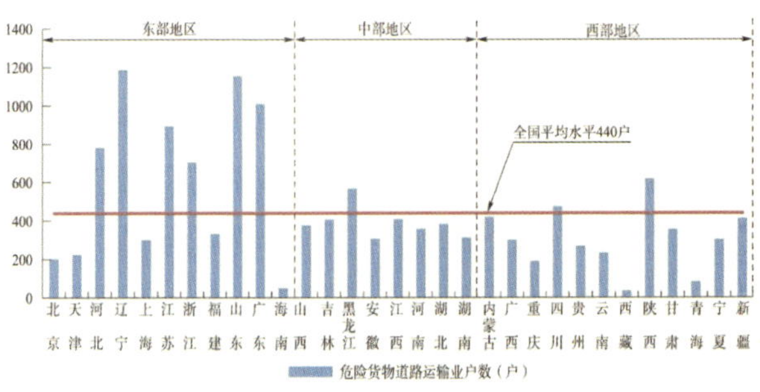

图3-4-19 2020年全国危险货物道路运输业户数地区分布情况

（七）集装箱运输

1. 业户规模

2020年，全国道路集装箱运输经营业户45757户，同比增长29.2%。其中道路集装箱运输企业40828户，同比增长26.4%，所占比例达到89.2%，同比下降2.0个百分点。2016—2020年全国道路集装箱运输经营业户发展情况如图3-4-20所示。

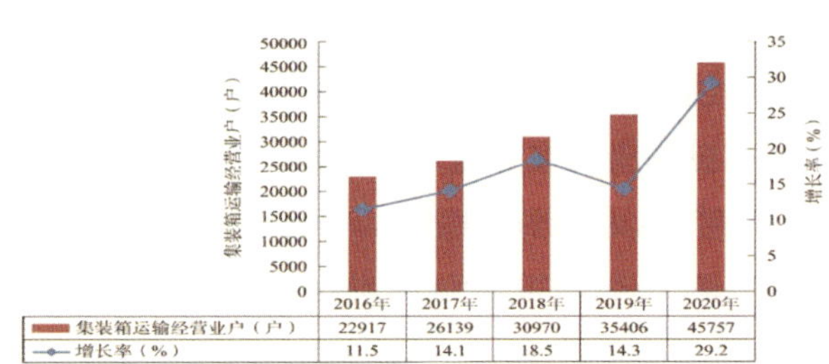

图3-4-20 2016—2020年全国道路集装箱运输经营业户发展情况

2. 车辆规模

2020年，全国道路集装箱运输车辆数及其标箱数分别为4297辆和6936TEU。全国道路集装箱运输车辆总计标箱数排名前5位的省份为四川、山东、黑龙江、安徽、辽宁，其车辆数合计占总数的92.1%，标箱数合计占总数的92.6%。2020年全国道路集装箱运输车辆总计标箱数排名前5位的省份如图3-4-21所示。

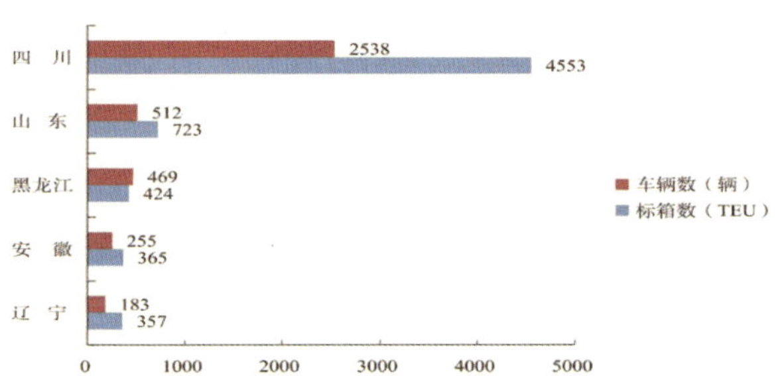

图3-4-21 2020年全国道路集装箱运输车辆总计标箱数排名前5位的省份

（八）货运站场建设及运营

1. 站场建设

至2020年底，全国纳入统计的货运站场1516个，同比减少30.1%[1]。从地区分布来看，

[1] 按照《国务院关于取消和下放一批行政许可事项的决定》相关要求，各地交通运输主管部门不再对道路货运站场经营进行许可，纳入统计的道路货运站场数量持续减少。

东部地区有货运站场 668 个，占比为 44.1%；中部地区有货运站场 438 个，占比为 28.9%；西部地区有货运站场 410 个，占比为 27.0%。总体来看，东部地区货运站场建设情况保持领先地位。全国货运站场平均每省 49 个，其中 14 个省（自治区、直辖市）的货运站场数量超过全国平均水平，分别为河北、辽宁、上海、江苏、浙江、山东、吉林、黑龙江、江西、河南、湖南、内蒙古、甘肃、新疆。2020 年全国货运站场地区分布情况如图 3-4-22 所示。

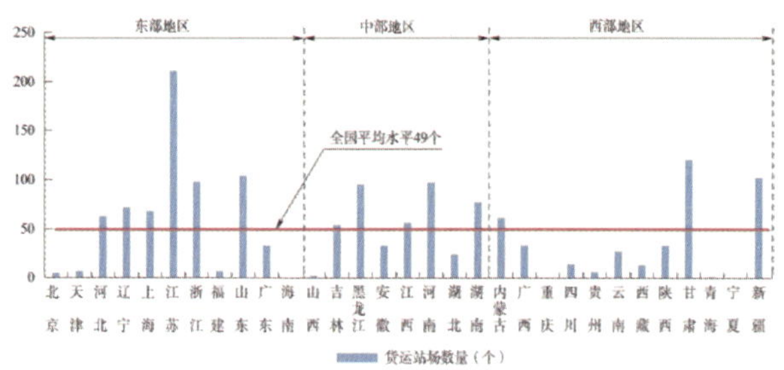

图 3-4-22　2020 年全国货运站场地区分布情况

2. 站场经营

截至 2020 年底，全国共有货运站场经营业户 1511 户，同比下降 30.3%。从事货运站场经营的人员 5.7 万人，同比下降 9.7%。东、中、西部地区货运站场经营业户占全国的比例分别为 44.2%、28.7% 和 27.1%；东、中、西部地区货运站场从业人员占全国的比例分别为 65.2%、18.4% 和 16.5%。2020 年全国货运站场经营业户及从业人员地区分布比例如图 3-4-23 所示。

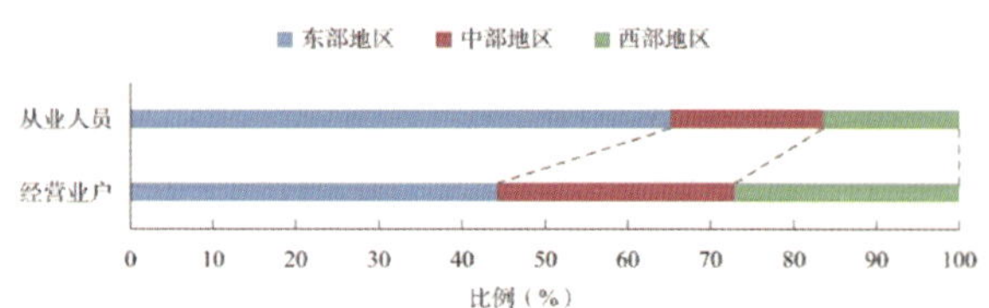

图 3-4-23　2020 年全国货运站场经营业户及从业人员地区分布比例

（九）货运代理服务

2020 年，全国货运代理（代办）相关业务经营业户数为 29216 户。从地区分布来看，东部地区货运代理（代办）相关业务经营业户数为 19917 户，占比为 68.2%；中部地区货运代理（代办）相关业务经营业户数为 4443 户，占比为 15.2%；西部地区货运代理（代办）相关业务经营业户数为 4856 户，占比为 6.6%。总体来看，东部地区货运代理服务能力保持领先地位。2020 年全国货运代理（代办）相关业务经营业户数排名前 10 位的省份如图 3-4-24 所示。

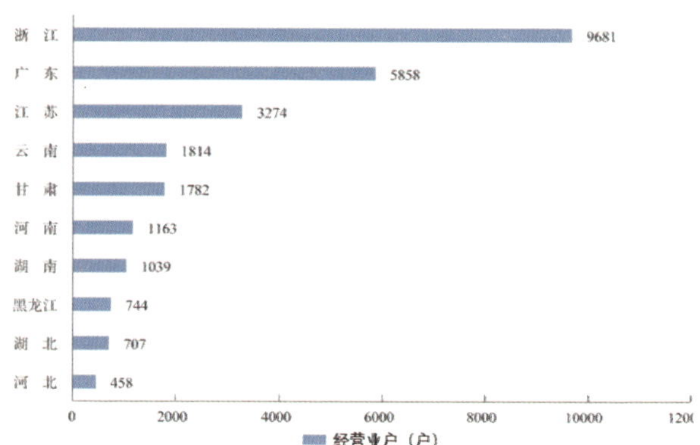

图 3-4-24　2020 年全国货运代理（代办）相关业务经营业户数排名前 10 位的省份

第九节　道路运输市场管理

一、法规标准体系不断完善

2020 年，交通运输部继续推进重点领域立法进程，修订出台了《道路旅客运输及客运站管理规定》，建立健全运输服务法规政策体系。组织研究《中华人民共和国道路运输条例》修订工作，取消了外商投资道路运输业立项审批等行政许可事项，以及国际道路货运经营许可等 5 小项行政许可事项，下放了道路客运许可层级，对普通道路货运经营许可实行告知承诺制。

推动发布了《冷藏保温车选型技术要求》等国家标准，《道路客运电子客票系统技术规范》（JT/T 1306—2020）、《行驶温度记录仪性能要求和检验方法》（JT/T 1321—2020）等行业标准。印发了4版次《客运场站及交通运输工具新冠肺炎疫情防控指南》《道路货运车辆、从业人员及场站新冠肺炎疫情防控工作指南》等标准，分区分级指导道路运输经营者落实疫情防控措施。

二、“放管服”改革持续推进

2020年，道路运输领域“放管服”改革深入推进。鼓励和规范发展定制客运，20余省（自治区、直辖市）开展道路客运定制服务，开通定制客运线路3000余条。加快推动货运行业转型升级，支持物流新业态规范健康发展，推动网络货运政策全面落地实施，741家企业取得网络货运经营资质，交通运输部网络货运信息交互系统已上线运行，30个省（自治区、直辖市）实现部省联通，“互联网 + 货运物流”快速发展，整合社会货运车辆115万辆，有效提高了货运物流效率。推动道路货物运输驾驶员从业资格考试制度改革，推动取消除道路危险货物运输以外的道路货物运输驾驶员从业资格考试。推进货运车辆“三检合一”，制定印发《关于优化道路运输车辆技术管理便利开展车辆技术等级评定工作的通知》（交办运〔2020〕67号）文件，切实减轻道路运输经营者负担，加强政策制度衔接，优化检测服务流程。

三、信息化服务水平稳步提升

进一步提升省际包车客运安全监管水平，印发《关于开展省级包车客运基础信息共享应用工作有关事项的通知》（交办运函〔2020〕389号），进一步规范省际包车客运基础信息格式，全面推动实现省际包车客运基础信息部省交互，充分发挥省际包车客运基础信息在行业安全监管中的重要作用。

深入推进汽车维修电子健康档案系统推广应用，汽车维修电子健康档案系统已经覆盖全国31个省（自治区、直辖市）并实现部省数据互联互通，累计采集4.2亿条维修记录，为1亿余辆汽车建立“健康档案”。全国道路货运车辆公共监管与服务平台应用水平不断提升。全国普通货运车辆网上年审办理107.27万件，全国异地检测量120.22万辆次。持续提升道路运政便民服务水平，网上便民运政系统上线运行，实现道路运输驾驶员诚信考核等12个服务事项“一网通办”，累计办件量超过27.5万件，服务评价数近5.3万条，服务好评率达到99.57%。

第十节 道路运输安全生产

2020年，道路运输重点领域专项整治行动有序推进。深入推进运输安全生产专项整治三年行动，聚焦数字监管、源头监管、精准监管、综合监管，切实加强道路运输安全协同监管。

一、防范化解风险能力稳步提升

2020年，交通运输部严格落实道路货运、出租汽车领域每日“零报告”制度，密切关注行业稳定动态，妥善处置不稳定事件。总体看，2020年出租汽车行业形势总体平稳。充分发挥交通运输新业态协同监管部际联席会议作用，对网约车、互联网租赁自行车等交通运输新业态稳定和发展工作进行研究部署。

二、安全生产形势稳中向好

2020年，我国道路运输安全生产形势继续保持稳定向好，较大事故起数和死亡人数继续保持“双下降”。全国道路运输行业共发生较大以上的安全生产事故74起，造成333人死亡，同比分别下降10.8%和8.5%；相比“十三五”初，分别下降46%和48%。其中，重大道路运输安全事故2起（浙江温岭“6·13”槽罐车燃爆事故、吉林松原“10·4”重大事故），死亡38人，同比去年事故起数增加1起，死亡人数增加2人（江苏宜兴“9·28”特大事故，造成36人死亡）。

2020年道路运输安全事故主要呈现四个方面特点：从时间维度看，二三季度事故高发，特别是随着复工复产的加快，各类不安全因素较快增长，较大事故接连发生。期间共发生较大事故49起、造成217人死亡，占全年事故总数的67%和65%。从空间维度看，一是华东、华中、西南地区事故多发，共发生较大事故59起，占比达到80%。二是车辆异地运营肇事事故占比较高，事故起数占比达24%。从事故原因看，驾驶员违法违规行为导致事故高发。超速超载、疲劳驾驶、应急操作不当导致的事故60起，占比达81%。从事故车辆类型看，货车引发的较大事故62起，占比达84%，特别是12吨以上重型货车事故多发，超载和制动系统故障是主要因素。

当前我国道路运输行业安全事故仍处于“高位波动期”，运输企业主体责任落得不实、安全生产投入不足、安全监管水平不高，重大安全生产事故依然时有发生。未来发展中，必须牢固树立安全发展理念，坚守安全生产底线，真正做到安全第一，把安全生产放到各项工作的首位，坚决遏制重特大安全生产事故发生，切实保障人民群众生命财产安全。

三、安全生产管理制度逐步完善

（一）道路运输安全监管体系进一步完善

2020年，交通运输部积极会同有关部门建立道路运输安全协同监管机制，会同公安部等5部门联合印发《关于深入推进道路运输安全专项整治切实加强道路运输安全协同监管的通知》，推动建立部门间信息共享和协同监管格局。加快推进道路运输企业主要负责人和安全生产管理人员安全考核工作，全国累计295个考点开展安全考核工作，参加道路运输企业“两类关键人员”安全考核人数为30.24万人，通过安全考核“两类关键人员”18.59万人，切实提升企业安全生产管理水平，落实企业安全生产主体责任。修订出台《道路旅客运输及客运站管理规定》，对800公里以上客运班线开展准入安全评估，完善客运安全告知、客运包车运次时限要求、行李舱载货安全管理等，强化事中事后监管措施。实现省际包车客运车辆、车牌信息部省联网，实现省际包车客运标志牌信息全国共享和对外查询。同公安部、文化和旅游部研究制定《关于进一步加强和改进道路旅游客运安全管理的指导意见》，完善道路旅游客运市场准入、事中事后监管、安全监管责任和社会共治，强化旅游客运全链条监管。就春运、清明节、劳动节、端午节、国庆节等重点时段，全国两会、北戴河暑期、服贸会等重大活动期间运输服务和安全保障等工作进行统筹安排部署。全面实施危险货物道路运输电子运单制度，截至2020年底，全国已全部落实运单制度，29个省（自治区、直辖市）基本完成或正在建设省级运单监管系统，14个省市完成系统建设并在全省实行电子运单制度。会同有关部门组织开展了近5年重特大事故整改情况“回头看”，抓好隐患排查整治和问题整改，推动事故调查“四不放过”要求落到实处。组织编写了重点领域安全生产监督检查指导手册，行业安全监管标准化、规范化水平明显提升。

（二）城市轨道交通安全运营监管进一步加强

交通运输部印发《关于广州市轨道交通13

号线淹水倒灌事件有关情况的警示通报》，指导各地强化底线思维，加强防汛风险隐患排查整治，做好应急物资储备，强化应急演练，切实保障城市轨道交通安全运行。组织起草城市轨道交通车辆、通信、信号、自动售检票等关键系统运营技术条件，提升设备本质安全水平。

四、车辆安全性能稳步提升

2020 年，交通运输部发布《营运客车类型划分及等级评定》第 1 号修改单，并进行标准解读。修订发布《道路运输达标车辆核查工作规范》优化完善达标管理信息化系统功能，指导各地加快系统推广应用，提高达标车型核查工作效率和质量。继续开展道路运输车辆达标管理“双随机、一公开”抽查，确保相关安全节能技术标准执行到位。2020 年，累计发布道路运输车辆达标车型 12 批次、共 26176 个车型，累计撤销不符合标准要求的车型 2834 个。

加快推进“两客一危”车辆安装使用智能视频监控报警装置、城市公交车辆安装驾驶区防护隔离设施。湖北、江苏、内蒙古、湖南、山西等地安排专项经费补贴，80% 的“两客一危”车辆安装智能视频监控报警装置，全国城市公交驾驶区防护隔离设施安装率达到 90%。

第十一节　机动车辆维修与检测

一、机动车维修与检测

（一）机动车维修

1. 维修业务量

2020 年，受疫情影响，居民出行需求下降，全国机动车维修行业共完成维修业务量 27753.8 万辆次，同比下降 15.0%。2016—2020 年全国机动车维修业务量及增长率如图 3-4-25 所示。

从完成的业务类型看，专项修理依然是主

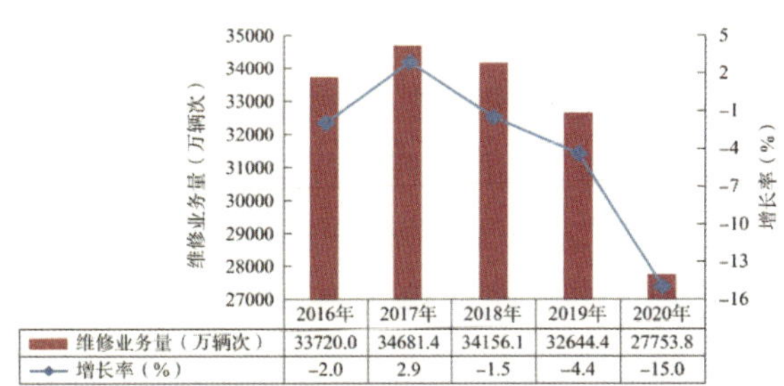

图 3-4-25　2016—2020 年全国机动车维修业务量及增长率

要维修业务，全年完成专项维修业务量 20259.0 万辆次，同比下降 14.2%，占全部维修业务量的 73.0%，比 2019 年增加 0.6 个百分点；二级维护 2583.3 万辆次，同比下降 20.7%；总成修理 861.3 万台次，同比下降 8.5%；整车修理 550.8 万辆次，同比上涨 9.7%；维修救援 484.7 万辆次，同比下降 3.7%。2019 年和 2020 年全国机动车维修业务完成量对比情况如图 3-4-26 所示。

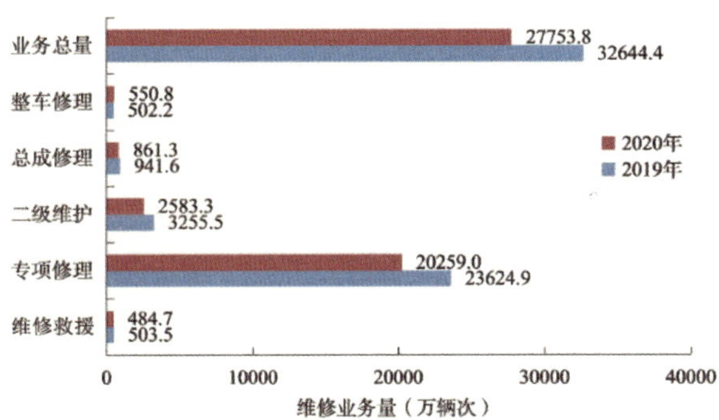

图 3-4-26　2019 年和 2020 年全国机动车维修主要业务完成情况

2. 经营业户

（1）经营业户规模及构成。截至 2020 年底，全国共有机动车维修经营业户 40.5 万户，同比减少 3.1%。汽车维修方面，全国共有汽车维修经营业户 36.4 万户，同比下降 2.9%；其中，三类汽车维修业户仍然是全国机动车维修业的主体，占汽车维修经营总业户数的 77.3%，同比降 0.4 个百分点。摩托车维修方面，全国共有摩托车维修经营业户 3.0 万户，同比下降 22.4%。

表 3-4-12　2016—2020 年全国机动车维修经营业户发展情况（单位：万户）

年份		2016 年	2017 年	2018 年	2019 年	2020 年
机动车维修经营业户数		44.6	44.0	43.0	41.9	40.5
分类	一类汽车维修业户	1.5	1.6	1.7	1.5	1.6
	二类汽车维修业户	7.3	7.2	7.1	6.9	6.7
	三类汽车维修业户	30	29.8	29.4	29.2	28.2
	摩托车维修业户	5.5	5.1	4.2	3.9	3.0

2016—2020 年全国机动车维修经营业户发展情况见表 3-4-12。

2020 年，全国机动车维修行业的结构基本稳定，除一类汽车维修业户数量同比上升 3.6% 外，二、三类汽车维修业户数量均有所下降，同比分别下降 2.3%、3.4%。2020 年，平均每户机动车维修经营者完成维修业务量达 685.7 辆次，同比下降 12.1%。2016—2020 年全国平均每户机动车维修业务量完成情况见表 3-4-13。

表 3-4-13　2016—2020 年全国平均每户机动车维修业务完成情况

年　份	维修业户数（万户）	维修量（万辆次）	平均每户维修量（辆次 / 户）
2016 年	44.6	33720.0	762.3
2017 年	44.0	34681.4	788.2
2018 年	43.0	34156.1	795.1
2019 年	41.9	32644.4	779.8
2020 年	40.5	27753.8	685.7

（2）地区分布。2020 年，全国汽车维修经营业户依然主要集中在东部地区，占比达到 40.8%；其次是西部地区和中部地区，占比分别为 37.6% 和 21.6%。不同类型汽车维修业户的地区分布呈现差异化特点：一类、二类汽车维修业户主要集中在东部地区，占比分别为 45.8%、44.6%；三类汽车维修业户在东、中、西部地区的数量分别占全国总数的 39.6%、19.7% 和 40.7%。2020 年不同类型汽车维修经营业户地区分布情况见表 3-4-14。

3. 行业管理

2020 年，交通运输部持续推进汽车维修电子健康档案系统升级改造，制定形成《机动车维修结算费用清单》《汽车维修电子健康档案系统》等 5 项行业标准第 1 号修改单送审稿。推动与相关部门信息数据互联互通，起草印发了《汽车排放检验机构和汽车排放性能维护（维

表 3-4-14　2020 年不同类型机动车维修业户地区分布情况（单位：户）

类　型	东部地区		中部地区		西部地区	
	业户数	比例	业户数	比例	业户数	比例
一类	7147	45.8%	4941	31.6%	3527	22.6%
二类	29891	44.6%	18432	27.5%	18650	27.8%
三类	111537	39.6%	55503	19.7%	114752	40.7%
合计	148575	40.8%	78876	21.6%	136929	37.6%

修）站数据交换技术规范》，促进排放检验机构和汽车排放性能维护（维修）站数据共享。完成了汽车维修电子健康档案系统 31 个省级系统平台和部级验证系统建设联通。

（二）汽车综合性能检测

1. 汽车综合性能检测站及检测量

2020 年，全国共有汽车综合性能检测站 5517 个，同比增长 16.2%；完成检测总量 2377.7 万辆次，同比下降 3.4%。从完成检测量类型来看，汽车综合性能检测站在车辆维修竣工检测方面的检测次数大幅下降，同比下降 19.9%；等级评定检测方面的检测次数有所下降，同比下降 3.4%；维修质量监督检测方面的检测次数有所上涨，同比增长 3.9%；其他检测方面的检测次数有所下降，同比下降 3.2%，其中质量仲裁检测次数同比下降 4.6%。2016—2020 年全国汽车综合性能检测完成情况见表 3-4-15。

从地区分布来看，2020 年，全国东部地区的汽车综合性能检测站数量和检测完成量分别占全国总量的 38.3% 和 50.8%，占比均有所上升。东、中、西部地区汽车综合性能检测站数量最多的省份分别为山东、湖南和四川。

2. 经营业户

截至 2020 年底，全国共有汽车综合性能检测经营业户 5374 户，同比增加 13.2%。汽车综合性能检测站的从业人员 9.6 万人，同比增加 1.4 万人，增幅为 16.7%。东、中、西部地区汽车综合性能检测经营业户占全国的比例分别为 38.8%、30.3% 和 30.9%；东、中、西部地区汽车综合性能检测站从业人员占全国的比例分别为 41.3%、27.5% 和 31.2%。2020 年汽车综合性能检测经营业户及从业人员地区分布如图 3-4-27 所示。

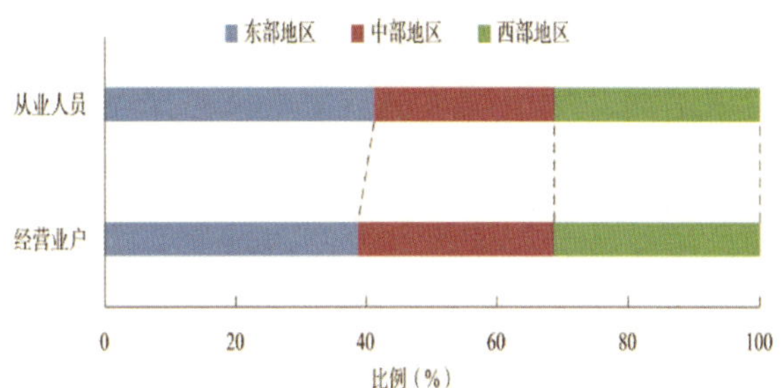

图 3-4-27 2020 年汽车综合性能检测经营业户及从业人员地区分布比例

3. 行业管理

交通运输部配合市场监管总局、公安部完成了《机动车安全技术检验项目和方法》（GB 21861）和《道路运输车辆综合性能要求和检验方法》（GB 18565）整合修订工作，发布了强制

表 3-4-15 2016-2020 年全国汽车综合性能检测完成情况

年 份	检测站数量（个）	检测总量（万辆次）					
			维修竣工检测	等级评定检测	维修质量监督检测	其他检测	
							质量仲裁检测
2016 年	2768	2608.5	1102.9	1045.4	52.1	394.5	1.5
2017 年	2952	2540.4	928.8	1073.7	50.4	526.4	1.4
2018 年	3719	2589.3	764.3	1057.8	47.1	626.6	1.5
2019 年	4747	2461.7	573.2	909.6	43.9	743.9	1.6
2020 年	5517	2377.7	459.2	879.1	45.6	720.2	1.5

性国家标准《机动车安全技术检验项目和方法》（GB 38900）。交通运输部印发了《关于优化道路运输车辆技术管理便利开展车辆技术等级评定工作的通知》（交办运〔2020〕67 号），推动国家标准《机动车安全技术检验项目和方法》（GB 38900—2020）的落实，进一步优化道路运输车辆技术管理，便利开展车辆检验检测和技术等级评定工作。

第十二节　车辆技术管理

2020 年 12 月，交通运输部办公厅发布了《关于优化道路运输车辆技术管理便利开展车辆技术等级评定工作的通知》（交办运〔2020〕67 号）。

通知是为深入贯彻落实国务院常务会议关于推进道路货运车辆“三检合一”（安全技术检验、综合性能检测和排放检验）有关决策部署，推动落实国家标准《机动车安全技术检验项目和方法》（GB 38900—2020），进一步优化道路运输车辆技术管理，便利开展车辆检验检测和技术等级评定工作而发布。通知就做好优化道路运输车辆技术管理、便利开展车辆技术等级评定工作提出要求：一是提高思想认识，持续深化改革；二是强化政策衔接，确保平稳过渡；三是强化技术支撑，优化检测服务；四是加快系统升级，保障联网需求；五是强化动态管理，压实各方责任；六是加强组织实施，维护市场秩序。

完善配套标准，研究完善并发布《营运客车类型划分及等级评定》第 1 号修改单，发布符合标准的普通级乘用车达标车型。新发布普通级乘用车车型 15 个，为“具备条件的建制村通客车”民生实事落地提供了有力支撑。2020 年，累计发布道路运输车辆达标车型 12 批次、共 26176 个车型，累计撤销不符合标准要求的车型 2834 个。按照交通运输部有关“双随机、一公开”的相关部署，分两组开展道路运输车辆达标管理抽查。

第十三节　机动车驾驶员培训

一、业务规模

2020 年，全国共完成机动车驾驶员培训 2452.8 万人次，同比下降 9.3%；其中培训合格的为 1971.0 万人次，同比下降 11.3%，合格率为 80.4%，同比下降 1.8 个百分点。完成道路运输从业资格培训 189.0 万人次，同比下降 16.8%。2016—2020 年全国机动车驾驶员培训完成情况如图 3-4-28 所示。

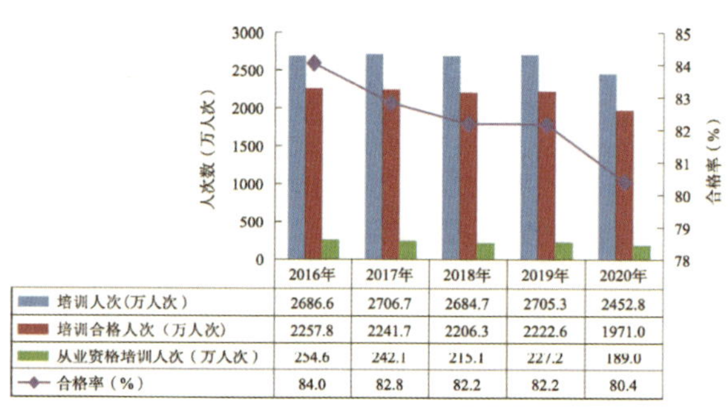

	2016年	2017年	2018年	2019年	2020年
培训人次（万人次）	2686.6	2706.7	2684.7	2705.3	2452.8
培训合格人次（万人次）	2257.8	2241.7	2206.3	2222.6	1971.0
从业资格培训人次（万人次）	254.6	242.1	215.1	227.2	189.0
合格率（%）	84.0	82.8	82.2	82.2	80.4

图 3-4-28　2016—2020 年全国机动车驾驶员培训完成情况

2020 年，全国残疾人驾驶员培训机构业户为 348 户，同比减少 1.7%；完成残疾人驾驶员培训 10070 人次，同比减少 41.8 %，合格率为 77.3%，同比上涨 2.6 个百分点。

二、市场构成

1. 培训机构

2020 年，全国共有机动车驾驶员培训机构业户（以下简称“培训业户”）2.0 万户，同比增长 1.5%。2016—2020 年全国机动车驾驶员培训业户数量及增长率如图 3-4-29 所示。

从业户类型来看，普通机动车驾驶员培训业户持续保持以三级类型业户为主，三级类型业户数为 1.2 万户，同比增长 1.7%，占比为

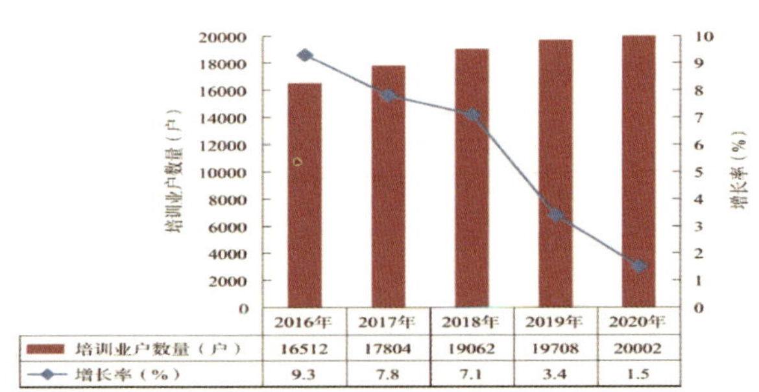

	2016年	2017年	2018年	2019年	2020年
培训业户数量（户）	16512	17804	19062	19708	20002
增长率（%）	9.3	7.8	7.1	3.4	1.5

图 3-4-29　2016—2020 年全国机动车驾驶员培训机构数量及增长率

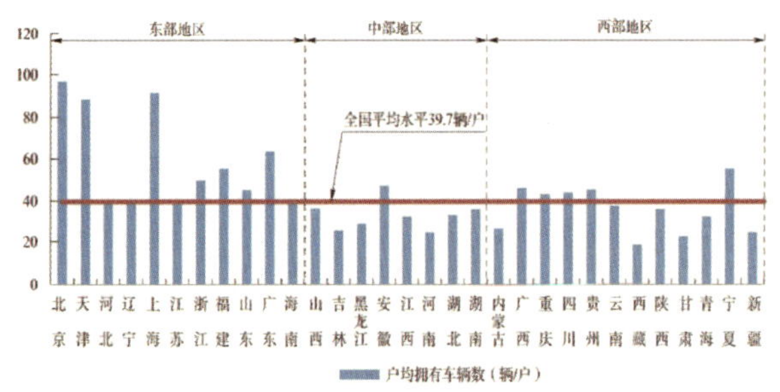

图 3-4-30　2020 年全国驾驶员培训业户户均拥有车辆数量情况

62.4%；一级、二级类型业户数有所下降，同比均减少 4.2%。2016—2020 年全国机动车驾驶员培训业户类型及数量变化情况见表 3-4-16。

从车辆规模来看，2020 年全国机动车驾驶员培训业户户均拥有教学车辆达 39.7 辆 / 户。其中北京、天津、河北、上海、浙江、福建、山东、广东、安徽、广西、重庆、四川、贵州、宁夏等 14 个省（自治区、直辖市）户均拥有教学车辆数超过全国平均水平。2020 年，全国机动车驾驶员培训业户户均拥有车辆数量情况如图 3-4-30 所示。

从地区分布来看，2020 年全国机动车驾驶员培训业户分布保持稳定，东部地区培训业户所占比例为 36.0%，同比下降 0.6 个百分点；中部地区培训业户所占比例为 33.7%，同比上涨 0.4 个百分点；西部地区培训业户所占比例为 30.2%，与 2019 年持平。其中，一级普通机动车驾驶员培训业户在东部地区集中的趋势更加明显，占比达 49.5%。2020 年全国不同类型的机动车驾驶员培训业户的具体分布情况见表 3-4-17。2020 年全国东、中、西部地区机动车驾驶员培训业户数量排名前 5 位的省（自治区）见表 3-4-18。

表 3-4-16　2016—2020 年全国机动车驾驶员培训业户类型及数量变化情况（单位：户）

类　型				2016 年	2017 年	2018 年	2019 年	2020 年
机动车驾驶员培训业户		总计		16512	17804	19062	19708	20002
其中	普通机动车驾驶员培训	合计		16325	17552	18837	19471	19361
		其中	一级	1934	2011	2090	2022	1938
			二级	5870	5782	5595	5564	5333
			三级	8521	9759	11152	11885	12090
	道路运输驾驶员从业资格培训	合计		2014	2013	1989	2002	2043
		其中	客货运输	1926	1927	1902	1908	1769
			危险货物运输	448	445	469	493	487
	机动车驾驶员培训教练场经营			807	836	941	1099	1067
	残疾人驾驶员培训			305	413	341	354	348

表 3-4-17　2020 年全国东、中、西部地区机动车驾驶员培训业户分布具体情况（单位：户）

类型			东部地区		中部地区		西部地区	
			数量	比例	数量	比例	数量	比例
培训机构			7209	36.0%	6747	33.7%	6046	30.2%
其中	普通机动车驾驶员培训	合计	7007	36.2%	6522	33.7%	5832	30.1%
		一级	959	49.5%	421	21.7%	558	28.8%
		二级	2195	41.2%	1438	27.0%	1700	31.9%
		三级	3853	31.9%	4663	38.6%	3574	29.6%
	道路运输驾驶员从业资格培训		610	29.9%	730	35.7%	703	34.4%
	机动车驾驶员培训教练场经营		429	40.2%	191	17.9%	447	41.9%
	残疾人驾驶员培训		138	39.7%	105	30.2%	105	30.2%

表 3-4-18　2020 年全国东、中、西部地区机动车驾驶员培训业户数量列前 5 位的省（自治区）

序号	东部地区			中部地区			西部地区		
	省（自治区）	培训机构（户）	培训人次（万人次）	省（自治区）	培训机构（户）	培训人次（万人次）	省（自治区）	培训业户（户）	培训人次（万人次）
1	广东	1281	282.4	河南	2161	186.7	四川	804	112.3
2	江苏	1142	195.5	湖南	1090	103.1	云南	751	84.7
3	河北	1067	139.7	江西	785	80.4	广西	742	81.5
4	山东	1018	154.9	湖北	749	93.7	内蒙古	689	34.1
5	浙江	849	103.8	安徽	592	124.5	甘肃	659	51.6

2. 从业人员

2020 年，全国共有机动车驾驶教练员 87.2 万人，同比下降 5.8%。其中，理论教练员、道路客货运输驾驶员从业资格培训教练员、危险货物运输驾驶员从业资格培训教练员分别为 6.4 万人、9172 人、2674 人，同比分别增长 9.5%、10.1%、59.4%；驾驶操作教练员 78.2 万人，同比下降 7.9%。2020 年全国东、中、西部地区机动车驾驶员培训从业人员分布情况见表 3-4-19。

3. 教学车辆及装备

2020 年，全国拥有机动车驾驶员培训教学车辆 79.4 万辆，同比下降 0.4%。从车辆类型来看，仍然以小型汽车为主，所占比例为 92.8%。其中，大型客车 4236 辆，同比减少 0.7%；通用货车半挂车（牵引车）6117 辆，同比增加 16.3%；城市公交车 1615 辆，同比增加 2.2%；中型客车 2049 辆，同比增加 16.3%；大型货车 2.4 万辆，同比减少 10.1%；小型汽车 73.7 万辆，同比下降 0.7%；低速汽车 1270 辆，同比减少 26.3%；摩托车 14590 辆，同比增加 29.7%。

2020 年，残疾人教学装备不断完善，全国共有残疾人教学车辆 1376 辆，同比增加 152.5%。全国继续加大机动车驾驶模拟器的推

表 3-4-19　2020 年全国东、中、西部地区机动车驾驶员培训从业人员分布情况

类　型		东部地区		中部地区		西部地区	
		数量	比例	数量	比例	数量	比例
教练员（万人）		42.5	48.7%	22.2	25.5%	22.5	25.8%
其中	理论教练员（万人）	2.8	43.1%	1.7	26.9%	1.9	30.0%
	驾驶操作教练员（万人）	38.8	49.6%	19.8	25.3%	19.7	25.1%
	道路客货运输驾驶员从业资格培训教练员（人）	3250	35.4%	2817	30.7%	3105	33.9%
	危险货物运输驾驶员从业资格培训教练员（人）	1453	54.3%	720	26.9%	501	18.7%

广应用，共有机动车驾驶模拟器 12.6 万台，同比增长 3.2%。

三、机动车驾驶员培训管理

2020 年，交通运输部制定印发了《关于做好道路货物运输驾驶员从业资格考试制度改革有关工作的通知》（交办运〔2020〕66 号），制定了《道路货物运输驾驶员培训教学大纲》，推动货运驾驶员从业资格考试制度改革，强化政策制度衔接，切实减轻从业人员负担。

第十四节　国际及港澳道路运输

2020 年，受新冠肺炎疫情影响，国际及港澳道路运输防范境外输入压力较大，与沿线国家的双边和多边道路运输合作稳中向好。

一、国际及港澳道路运输量及线路

（一）港澳道路运输量

2020 年，内地与港澳之间完成道路客运量 138.3 万人，旅客周转量 2.1 亿人公里，同比分别下降 91.7% 和 93.9%；完成货物运输量 9839.4 万吨，货物周转量 124.6 亿吨公里，同比分别下降 41.8% 和 43.3%。2016—2020 年我国港澳道路客货运量情况如图 3-4-31 所示。

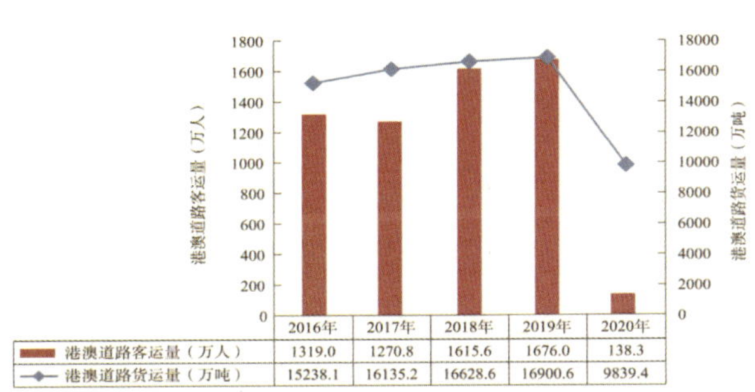

图 3-4-31　2016—2020 年我国港澳道路客货运量情况

（二）国际道路运输量

2020 年，全国完成国际道路客运量 37.8 万人，同比减少 94.7%[1]，旅客周转量 1626.4 万公里，同比减少 94.2%；完成国际道路货物运输量 4917.8 万吨，同比减少 20.0%，货物周转量 27.5 亿吨公里，同比减少 32.2%。2016—2020 年我国国际道路客货运量及中方所占比例情况如图 3-4-32 和图 3-4-33 所示。

[1] 受疫情影响，各公路口岸出入境旅客运输停运时间较长，部分口岸仅在 2020 年 1 月有客运发生，国际道路客运量及出入境次数大幅下降。

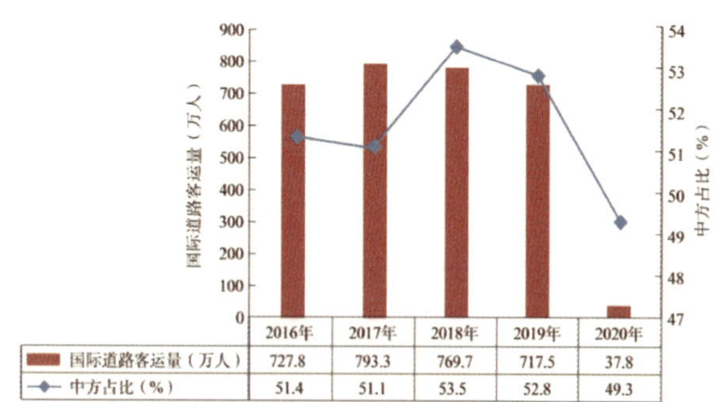

图 3-4-32　2016—2020 年我国国际道路客运量及中方所占比例情况

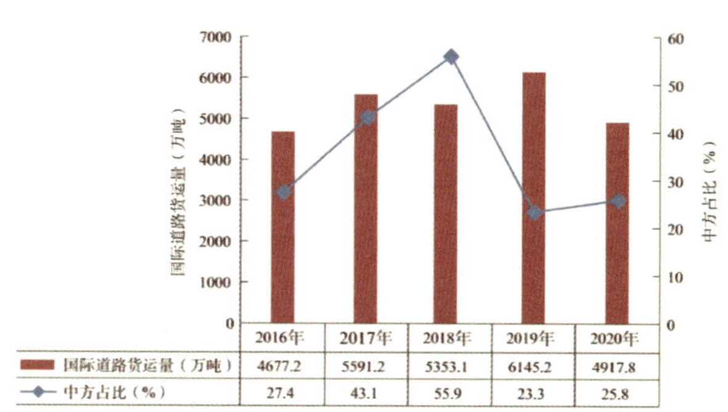

图 3-4-33　2016—2020 年我国国际道路货运量及中方所占比例情况

2020 年，参与国际道路运输的省（自治区）有内蒙古、辽宁、吉林、黑龙江、广西、云南和新疆。中方共完成客运量 18.6 万人，同比下降 95.1%，完成客运量排名前 3 位的省（自治区）是内蒙古（11.2 万人）、黑龙江（5.3 万人）、吉林（0.9 万人）。中方共完成货运量 1269.6 万吨，同比下降 11.4%，完成货运量排名前 3 位的省（自治区）是云南（826.4 万吨）、广西（245.3 万吨）、内蒙古（140.7 万吨）。

（三）国际道路运输区域分布

从车辆出入境次数来看，2020 年我国与东北亚（包括俄罗斯、蒙古国、朝鲜）的出入境客运车辆为 9909 辆次，同比减少 92.7%；货运车辆为 67.0 万辆次，同比减少 24.6%。我国与中亚国家（包括哈萨克斯坦、吉尔吉斯斯坦和塔吉克斯坦）的出入境客运车辆为 592 辆次，同比减少 94.5%；货运车辆为 7.0 万辆次，同比减少 64.1%。我国与东南亚及南亚国家（包括越南、巴基斯坦、老挝、缅甸和尼泊尔）的出入境客运车辆为 601 辆次，同比减少 99.8%；货运车辆为 154.7 万辆次，同比增加 38.5%。2020 年，我国国际道路运输客运、货运车辆出入境分布情况分别如图 3-4-34、图 3-4-35 所示。

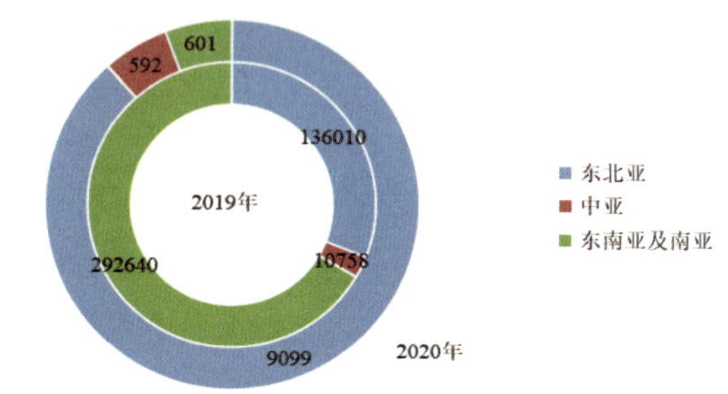

图 3-4-34　2019 年和 2020 年我国国际道路运输客运车辆出入境分布对比情况（单位：辆次）

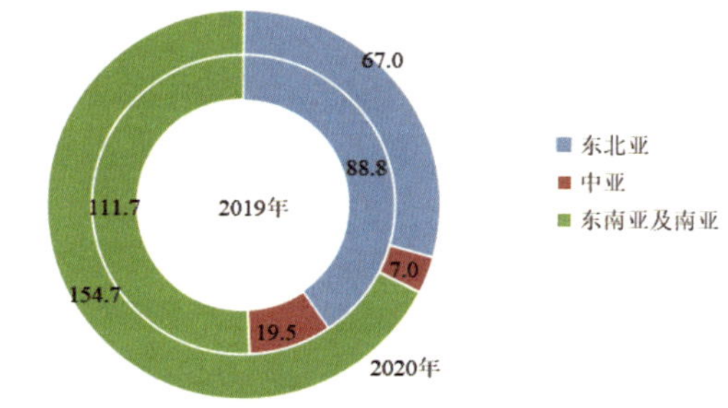

图 3-4-35　2019 年和 2020 年我国国际道路运输货运车辆出入境分布对比情况（单位：万辆次）

客运方面，2020 年全国与东北亚国家的客运量为 35.8 万人，同比减少 93.4%，在国际道路客运总量中占比达到 94.9%；与中亚国家的客运量为 1.2 万人，同比减少 92.8%；与东南亚及南亚国家的客运量为 0.8 万人，同比下降 99.5%。

货运方面，2020 年我国与东北亚国家的货运量为 3051.3 万吨，同比减少 31.6%，在国际道路货运总量中占比达到 62.0%；与中亚国家的货运量为 73.5 万吨，同比减少 69.9%；与东南亚及南亚国家的货运量为1793.0万吨，同比增长24.8%。2020年我国与周边区域国际道路客货运量分布见表3-4-20。

二、国际及港澳道路运输服务能力

（一）业务规模

1. 经营业户

2020年，全国从事国际道路运输（含内地与香港特别行政区、内地与澳门特别行政区间汽车运输）的业户为1094户，同比增长57.9%。其中广东、云南和新疆从事国际道路运输的企业数量排名前3位，分别为672户、176户和91户。全国拥有车辆数在100辆及以上的国际道路运输业户有77户，占业户总数的7.0%；拥有车辆数50~99辆的国际道路运输业户有64户，占业户总数的5.9%；拥有车辆数在10~49辆的国际道路运输业户有702户，占业户总数的64.2%；拥有车辆数在10辆以下的国际道路运输业户有251户，占业户总数的22.9%。

分区域来看，云南是全国拥有车辆数在100辆及以上的国际道路运输业户数最多的省份，共有41户；其次为新疆和广东，分别为19户和6户。2020年国际道路运输业户拥有车辆规模情况见表3-4-21。

2. 车辆结构

截至2020年底，全国共有从事国际道路运输的车辆28630辆，其中客运车辆3001辆，共计113980个客位；货运车辆25629辆，共计449707吨位。2020年国际道路客货运输车辆情况见表3-4-22。

（二）行车许可证使用情况

国际道路运输行车许可证是国际道路运输

表3-4-20 2020年我国与周边区域国际道路客货运量分布

区域	客运量（万人）	比例（%）	旅客周转量（万人公里）	比例（%）	货运量（万吨）	比例（%）	货物周转量（万吨公里）	比例（%）
东北亚	35.8	94.9	1165.4	71.7	3051.3	62.0	129806.4	47.2
中亚	1.2	3.1	221.3	13.6	73.5	1.5	18641.9	6.8
东南亚及南亚	0.8	2.0	239.6	14.7	1793.0	36.5	126221.6	46.0
合计	37.8	100.0	1626.4	100.0	4917.8	100.0	274669.9	100.0

表3-4-21 2020年国际道路运输经营业户拥有车辆规模情况

业户类型		合计	车辆规模				
			100辆及以上的企业	50～99辆的企业	10～49辆的企业	5～9辆的企业	5辆以下的企业
国际道路运输经营业户（户）		1094	77	64	702	124	127
比例（%）		100	7.0	5.9	64.2	11.3	11.6
其中	国际道路客运经营业户（户）	224	11	9	94	58	52
	比例（%）	100	4.9	4.0	42.0	25.9	23.2
	国际道路货运经营业户（户）	904	72	60	612	68	92
	比例（%）	100	8.0	6.6	67.7	7.5	10.2

表 3-4-22　2020 年国际道路客货运输车辆情况

类　型		高级	比例	中级	比例	普通	比例	总计
客运	车辆数（辆）	659	22.0%	66	2.2%	2276	75.8%	3001
	客位数（位）	26971	23.7%	2249	2.0%	84760	74.4%	113980
类　型		重型	比例	中型	比例	轻型	比例	总计
客运	车辆数（辆）	23457	91.5%	1221	4.8%	951	3.7%	25629
	吨位数（吨）	442962	98.5%	4488	1.0%	2257	0.5%	449707

车辆出入境的通行证。2020 年，我国使用的国际道路运输行车许可证中，A 种行车许可证使用量为 617 张，同比增长 38.0%；B 种行车许可证使用量为 1817 张，同比减少 93.9%；C 种行车许可证使用量为 67.7 万张，同比增长 10.0%。2016—2020 年全国国际道路运输行车许可证使用情况见表 3-4-23。

表 3-4-23　2016—2020 年我国国际道路运输行车许可证使用情况（单位：张）

年份	2016 年	2017 年	2018 年	2019 年	2020 年
A 种许可证使用量	850	519	341	447	617
B 种许可证使用量	112153	123561	86186	29634	1817
C 种许可证使用量	420318	498987	584153	615226	676650

注：A 种行车许可证适用于定期旅客运输，一年多次往返有效；B 种行车许可证适用于不定期旅客运输，一次往返有效；C 种行车许可证适用于货物运输，一次往返有效。

2020 年全国 A 种行车许可证使用量排名前 3 的省（自治区）为新疆、内蒙古、黑龙江，分别为 372 张、99 张、84 张；B 种行车许可证使用量排名前 3 的省（自治区）为内蒙古、吉林、黑龙江，分别为 926 张、620 张、181 张；C 种行车许可证使用量排名前 3 的省（自治区）为云南、广西、黑龙江，分别为 482063 张、103234 张、34140 张。

第五章　水路

第一节　水路规划与实施总体情况

一、“十四五”水路规划编制情况

一是开展国家综合立体交通网规划研究。按照国务院统一部署和交通运输部的总体要求，组织开展《国家综合立体交通网规划纲要》水运篇编制工作。二是扎实推进水运专项规划。推进《全国沿海港口布局规划》《全国内河航道与港口布局规划》等国家级重大规划修订。印发交通运输部关于《内河航运发展纲要》的通知（交规划发〔2020〕54号）。联合国家发改委印发《关于进一步做好40万吨铁矿石码头有关工作的通知》（交规划发〔2020〕68号）。三是积极开展水运“十四五”发展规划相关工作，指导长江航务管理局、珠江航务管理局编制长航系统“十四五”发展规划和珠江航运“十四五”发展规划。

表3-5-1　“十三五”水运发展规划主要目标完成情况

指标	2015年	规划目标		进展评估
		2020年	增长	2020年实际
新增沿海港口深水泊位数（个）	2207	2527	320	2576
新增及改善内河航道里程（公里）	—	—	4500	5000
沿海港口通过能力适应度	1.05	>1.0	—	>1.0
沿海大型专业化码头通过能力适应度	>1.1	>1.0	—	>1.0
内河高等级航道达标率（%）	72	90	18	85

注：沿海港口深水泊位数含长江南京以下港口泊位。

二、“十三五”水运发展规划实施情况

交通运输部“十三五”水运发展规划重点任务为沿海万吨级以上泊位数、沿海港口通过能力适应度、大型专业化码头通过能力适应度、新增及改善内河航道里程和内河高等级航道达标率，总体目标进展均较为顺利，详见表3-5-1。

第二节　港航基础设施建设

一、水运基础设施建设有序推进

（一）长江黄金水道和长三角高等级航道网建设取得新进展

随着长江干线航道系统治理持续推进，长江荆江河段一期工程、长江南京以下12.5米深水航道工程等完成竣工验收，长江干线黄金水道功能进一步显现。2020年，长江干线武汉至安庆6米水深航道建设工程已基本完工，长江口南槽航道治理一期工程已完成交工验收投入试运行，朝天门至涪陵河段航道整治工程开工建设；稳步推进京杭运河浙江段三级航道工程和引江济淮航运工程等重大项目建设。指导推进荆江二期工程前期工作。

（二）西江航运干线和珠三角航道网建设成效显著

积极落实支持粤港澳大湾区交通运输发展的实施意见，大力推进贵港至梧州3000吨级航道工程等西江航运干线扩能工程建设，完成贵港二线船闸交工验收、右江鱼梁航运枢纽竣工验收，郁江西津航运枢纽二线船闸和柳江红花水利枢纽二

线船闸等工程建设顺利推进，右江百色水利枢纽通航设施工程完成工程可行性研究批复。持续推进北江航道扩能升级等珠三角航道网完善工程建设，清远枢纽二线船闸、濛里二线船闸、飞来峡枢纽二线三线船闸和白石窑枢纽二线船闸进行调试运行，联石湾船闸工程通航试运行，开工建设崖门出海航道二期工程。

（三）其他支流航道提档升级成效明显

持续推进岷江、嘉陵江、湘江、汉江、赣江等支流航道工程建设，提升区域辐射能力，助力乡村振兴。岷江犍为航电枢纽船闸工程具备通航条件，赣江井冈山航电枢纽船闸完成通航前阶段验收，持续推进嘉陵江利泽、岷江龙溪口、乌江白马、汉江孤山等航电枢纽建设。

2020 年全年完成水运建设投资 1330 亿元，同比增长 17.0%。其中，内河建设完成投资 704 亿元，增长 14.8%；沿海建设完成投资 626 亿元，增长 19.5%。

2020 年末，全国港口拥有生产用码头泊位 22142 个，比上年减少 751 个。其中，沿海港口生产用码头泊位 5461 个，减少 101 个；内河港口生产用码头泊位 16681 个，减少 650 个。全国港口拥有万吨级及以上泊位 2592 个，同比增加 72 个。其中，沿海港口万吨级及以上泊位 2138 个，增加 62 个；内河港口万吨级及以上泊位 454 个，增加 10 个。全国万吨级及以上泊位中，专业化泊位 1371 个，同比增加 39 个；通用散货泊位 592 个，增加 33 个；通用件杂货泊位 415 个，增加 12 个。

二、内河航道等级持续提升

基本建成了以长江干线、西江航运干线、京杭运河、长三角和珠三角高等级航道网为主体，干支衔接、通航达海的内河航道体系。2020 年末，内河航道通航里程 12.77 万公里，同比增加 387 公里。等级航道里程 6.73 万公里，占总里程 52.7%，提高 0.2 个百分点。三级及以上航道 1.44 万公里，占总里程 11.3%，提高 0.4 个百分点。

各等级内河航道通航里程分别为：一级航道 1840 公里，二级航道 4030 公里，三级航道 8514 公里，四级航道 11195 公里，五级航道 7622 公里，六级航道 17168 公里，七级航道 16901 公里。等外航道里程 6.04 万公里。

各水系内河航道通航里程分别为：长江水系 64736 公里，珠江水系 16775 公里，黄河水系 3533 公里，黑龙江水系 8211 公里，京杭运河 1438 公里，闽江水系 1973 公里，淮河水系 17472 公里。2011—2020 年全国内河航道通航里程如图 3-5-1 所示。

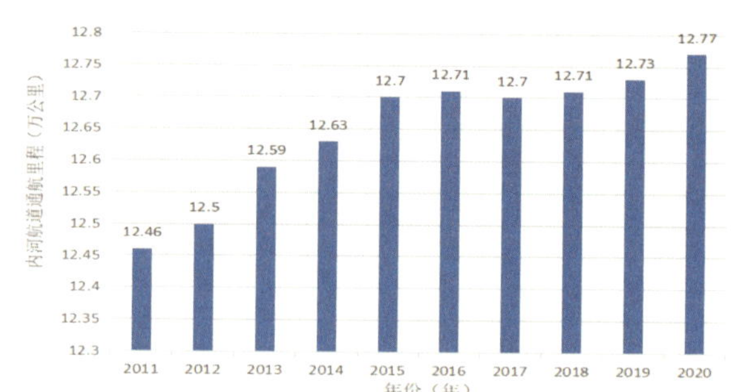

图 3-5-1 2011—2020 年全国内河航道通航里程

三、港口重点建设项目取得新进展

（一）加强内河港口基础设施建设

城陵矶老港 5 号 ~9 号泊位及配套陆域设施改造工程、绍兴港嵊州港区中心作业区码头工程、东莞港内河港区石龙作业区东莞中外运石龙码头改扩建工程、来宾港武宣港区龙从作业区一期工程（4 号泊位）等完成交工验收。荆州港荆州开发区工业综合码头工程、九江港彭泽港区红光作业区综合枢纽码头一期工程、崇左港扶绥港区扶绥新宁海螺水泥有限责任公司专用码头工程等完成竣工验收。梧州港藤县港区赤水圩作业区二期工程、韶关港乌石综合交通枢纽一期工程、佛山港高明港区高荷码头工程、长沙港铜官港区二期工程、诸暨市店口综合港区工程等完成初步设计审批。开工建设九江港彭泽港区矶山作业区矶山园区公用码头工程。

（二）加强沿海港口基础设施建设

连云港 30 万吨级航道二期工程、湛江港 30 万吨级航道改扩建工程、广州港南沙四期工程、天津港北疆港区 C 段智能化集装箱码头等工程稳步推进，钦州港大榄坪港区南作业区 9 号、10 号泊位工程等一批工程开工建设，唐山港曹妃甸港区煤码头三期（后续）工程、天津港大港港区渤化液体化工码头工程（一期工程）、青岛港董家口港区原油码头二期工程、珠海港高栏港区集装箱码头二期工程、钦州港东航道扩建工程（扩建 10 万吨级双向航道）二期工程等一批重大项目建成投运。

第三节　水上运输服务

2020 年，全国完成水路客运量 1.50 亿人，同比下降 45.1%，旅客周转量 32.99 亿人公里，同比下降 58.9%；完成货运量 76.16 亿吨，货物周转量 105834.44 亿吨公里，同比分别增长 1.9% 和 1.8%。全国港口完成旅客吞吐量 0.44 亿人，同比下降 49.3%；货物吞吐量 145.49 亿吨，同比增长 4.3%，其中外贸货物吞吐量 44.96 亿吨，同比增长 4.0%，货物吞吐量超过亿吨的港口 20 个。全年完成水运建设投资约 1330 亿元，同比增长 17.0%，其中内河建设完成投资 704 亿元、增长 14.8%，沿海建设完成投资 626 亿元、增长 19.5%。截至 2020 年底，全国拥有水上运输船舶 12.68 万艘，同比下降 3.6%；净载重吨 27060.16 万吨，同比增长 5.4%；平均净载重吨 2134.08 吨，同比增长 9.3%；载客量 85.99 万客位，同比下降 2.9%；集装箱箱位 293.02 万标准箱，同比增长 30.9%。全国港口拥有万吨级及以上泊位 2592 个，同比增加 72 个。2011—2020 年全国港口货物吞吐量和全国水上运输船舶拥有量如图 3-5-2、图 3-5-3 所示。2020 年底全

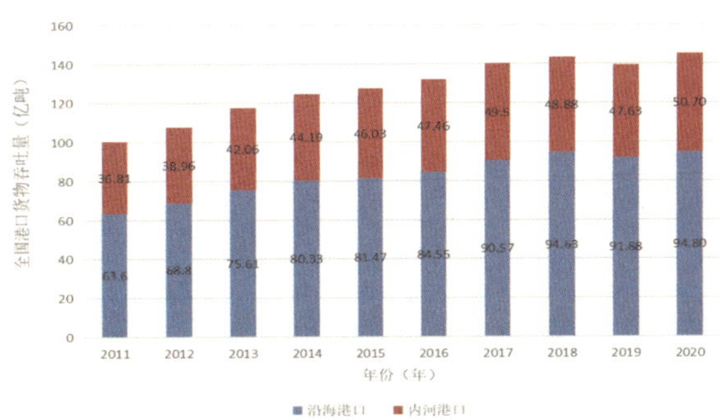

图 3-5-2　2011—2020 年全国港口货物吞吐量

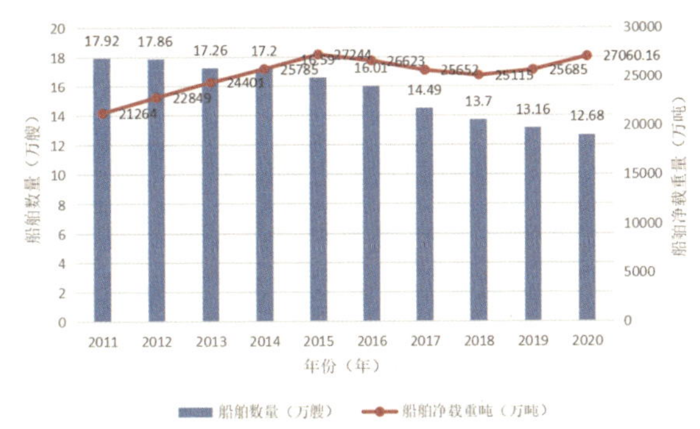

图 3-5-3　2011—2020 年全国水上运输船舶拥有量

国水路运输工具拥有量如表 3-5-2 所示。

第四节　水运行业管理

一、统筹做好疫情防控和服务经济社会发展工作

交通运输部迅速制定实施了水运“四优先”措施，全力保障防疫物资、重点生产生活物资水路运输畅通。果断指导暂停进出我国境内港口的国际邮轮、国际及港澳台海上客运业务，后期在充分评估的基础上恢复了部分内地与港澳间海上客运航线，杜绝疫情通过水路传播。指导做好行业疫情防控工作。组织开发运行船舶健康宝微信小程序，充分应用信息化手段，强化内外贸兼营船舶由国际转国内航线疫情防控工作。发布港口及其一线人员疫情防控指南并向全世界分享。出台服务稳外贸措施，开辟国际海运邮件新通道，协

调加大国际集装箱航线运力投放，有力维护了国际海运物流供应链稳定畅通。加强水运经济运行分析，2020 年 4 月全国港口货运企业实现全面复工复产。

二、全面完成水运脱贫攻坚任务

水运重点脱贫攻坚任务广西百色水利枢纽通航设施建设取得重要阶段性成果，全力做好定点扶贫工作，巡视“回头看”整改任务全部完成并销号，进一步发挥了水运比较优势。

三、交通强国水运篇建设扎实推进

制定实施海运业高质量发展意见，扎实推进长江航运、海运业高质量发展和世界一流港口建设。研究谋划水运“十四五”发展，谋划推进跨水系重大水运工程，指导开展西部陆海新通道（平陆）运河前期工作和湘桂赣粤运河重大专题研究。

四、水运供给侧结构性改革不断深化

加快推进湛江港 30 万吨级航道改扩建工程、广州南沙港区四期自动化集装箱码头工程等重点水运工程建设。发文阶段性降低货物港务费和港口设施保安费收费标准，共计降费约 9.6 亿元。运输结构调整三年行动计划取得重大成效，提前完成了全国水运货运量比 2017 年增长 5 亿吨的目标。重点区域煤炭集港全部改由铁路或水路运输。

2020 年港口集装箱铁水联运量完成 687.2 万标准箱（TEU），同比增长 29.6%。组织制定水路客滚运输服务质量规范，推动全国部署运行“单一窗口”标准版邮轮旅客信息申报系统。

五、服务国家重大战略取得新进展

长江黄金水道加快建设，武汉至安庆 6 米水深航道等项目进展顺利，长江口南槽航道治理一期工程交工验收。协同推进完成长三角港航一体化发展六大行动。深入推进津冀港口协同发展，联合发文加快建设天津北方国际航运枢纽，深入研究论证北方港口煤炭运输结构调整。加快实施西江航运干线和珠三角航道网航道提等升级工程，推动粤港澳港口协同发展。琼州海峡班轮化和一体化顺利推进。

六、行业治理能力进一步提高

制修订发布《国内水路运输管理规定》《航道养护管理规定》《港口经营管理规定》《水运工程建设标准管理办法》等规章及规范性文件，制修订发布《河港总体设计规范》（JTS 166—2020）、《长江干线通航标准》（JTS 180—2020）等工程技术标准。取消了通航建筑物设计文件和施工方案审批 1 项行政许可。加强对水运工程建设市场的监管并依法实施信用监管，压减水运工程监理企业资质等级。取消境内企业法人营业执照等 19 项水运领域交通运输部门规章和政策性文件设定的证明事项，进一步减证便民、优化服务。

七、开放创新发展再上台阶

积极落实海南自由贸易港建设总体方案，海南邮轮海上游航线试点、琼州海峡港航一体化等重点任务取得重要进展，国际客船运输等 3 项审批权下放海南自贸区试点。推动中沙（特）海运协定生效，加强与周边国家界河航道航行管理合作。成功举办 2020 年中国航海日活动。加快智慧港口、智慧航道建设。积极推广 BIM 技术应用。基于区块链的全球航运服务网络试点应用加快。

八、安全生产平稳有序

深入开展安全生产整治三年行动计划，全年未发生较大安全事故。组织开展航运枢纽大坝除

表 3-5-2　2020 年底全国水路运输工具拥有量

指　标	总运力		远　洋		沿　海		内　河	
	2020 年	同比增长率	2020 年	同比增长率	2020 年	同比增长率	2020 年	同比增长率
运输船舶数量（艘）	12.68 万	-3.6%	1499	-9.9%	10352	-0.1%	11.50 万	-3.8%
净载重吨（万吨）	27060.16	5.4%	5457.30	-1.2%	7929.83	12.0 %	13673.02	4.5%
载客量（万客位）	85.99	-2.9%	2.29	-3.3%	23.63	0.6%	60.07	-4.2%
集装箱箱位（万 TEU）	293.03	30.9%	180.80	48.9%	60.91	-3.7%	51.31	31.0 %

险加固专项行动，发文启动实施船舶碰撞桥梁隐患治理、中韩客货班轮运输安全管理提升行动，开展了重特大事故整改措施落实情况“回头看”和港口储存场所重大风险隐患全面排查。重点加强危险货物港口作业的行业管理，出台危险货物集装箱堆场设计等 3 项基础性安全标准。指导做好三峡船闸通航保障工作，全国干线航道全年运行畅通。

第五节　水运绿色发展

一、加强水运绿色发展引领保障

“十三五”以来，交通运输部先后制定印发了《交通运输生态文明建设实施方案》《交通运输部关于全面深入推进绿色交通发展的意见》《交通运输部关于全面加强生态环境保护坚决打好污染防治攻坚战的实施意见》等指导性文件，不断完善绿色水运发展顶层设计。同时，积极配合做好《中华人民共和国长江保护法》《中华人民共和国水污染防治法》等立法工作，为绿色水运发展提供有力保障。

二、积极推进交通运输结构调整

推进“公转铁”“公转水”。目前，运输结构调整三年行动计划取得重大成效，截至 2020 年底，全国水路货运量比 2017 年增长 9.4 亿吨；环渤海地区、山东省、长三角地区沿海主要港口和唐山港、黄骅港的煤炭集港已全部改由铁路或水路运输，矿石采用铁路、水运和皮带机疏港的比例达到 61.3%，与 2017 年相比提高近 20 个百分点。

做好水路运输船舶运力结构调整工作。印发《关于开展 2019 年海船报废拆解中央补助资金清算工作的通知》（交办水函〔2020〕669 号）和《关于开展 2020 年海船报废更新中央补助资金清算工作的通知》（交办水函〔2020〕1507 号），完成海船报废更新中央补助政策收尾工作。

三、强化港口和船舶污染防治

如期打赢长江经济带船舶和港口污染防治攻坚战。2020 年 1 月 17 日，经国务院同意，交通运输部会同国家发展改革委、生态环境部、住房和城乡建设部制定实施了长江经济带船舶和港口污染突出问题整治方案，开展为期 1 年的专项整治，建立跨部门跨省市工作机制和月度调度机制，取得明显成效。截至 2020 年底，全面完成 100 总吨以上船舶生活污水收集或处理装置改造任务。基本完成船舶污染物港口固定或移动接收设施建设任务，11 省市累计建成船舶污染物接收设施 33872 个，新改建的 12 座水上危化品洗舱站投入试运行。组织排查长江经济带 11 省市 5106 个内河码头，有力解决内河码头环保设施改造提升和环保手续不完善问题。印发《400 总吨以下内河船舶水污染防治管理办法》。开发上线了船舶污染物联合监管与服务信息系统，构建了部门联合监管和互联网监管的新格局。研究建立长江流域危险货物运输船舶污染责任保险与财务担保相结合的机制。

稳步推进船舶大气污染物排放控制区实施。持续跟踪排放控制区实施方案和2020年全球船用燃油限硫令实施情况，持续推进船用低硫燃油供应保障，协调财政部、税务总局和海关总署对国际航行船舶在我国沿海港口加注的燃料油实行出口退税政策；不断开展船舶大气污染物排放监管能力建设，为基层海事管理机构配发燃油快速检测设备、船舶尾气遥测无人机及机载嗅探设备，设立"大鹏湾船舶大气污染物排放控制区实验区"，试点开展大气污染监测监管关键技术研究，并在上海、江苏等地尝试开展遥感立体监测，探索形成了"遥感粗筛—登轮初检—实验室确认"的船舶大气防治监管模式。结合疫情防控工作要求，部署疫情常态化形势下的年度重点工作和危防类业务非接触式现场监督检查工作，指导各级海事管理机构规范开展排放控制区监管工作。深入参与生态环境全球治理，引导海运温室气体减排战略后续措施的制定和实施。据测算，相比2018年，2020年船舶减排硫氧化物45.4万吨、颗粒物6.5万吨（减排量分别占2018年排放总量的79%和78%），持续改善沿海和内河港口城市空气质量。

制修订发布《绿色港口等级评价指南》（JTS/T 105-4—2020）、《港口工程清洁生产设计指南》（JTS/T 178—2020）、《内河航道绿色建设技术指南》（JTS/T 225—2020）、《内河航道绿色维护技术指南》（JTS/T 320-6—2020）等标准。在新洲至九江河段航道整治二期工程、武汉至安庆6米水深航道整治、朝天门至涪陵河段航道整治工程中，积极采用了疏浚土利用、生态护滩、利用清礁弃渣营造生境或建设生态鱼礁等措施。与水利部联合印发《关于加强长江干流河道疏浚砂综合利用管理工作的指导意见》，2020年长江干线航道疏浚土综合利用总量约为125万立方米，配合上海市协调推进长江口航道疏浚土利用和河口生态塑造工作。

四、推进清洁能源应用

大力推动船舶靠港使用岸电。会同国家能源局、国家电网公司等单位开展内河低压岸电接插件专题调研，推动出台低压岸电专用接插件国家标准。推动形成船舶靠港使用岸电示范。协调推动国家电网有限公司、长江航务管理局、天津水运工程科学研究院、中国远洋海运集团有限公司、招商局集团有限公司、国家能源投资集团有限责任公司以及广东、浙江省交通运输厅和上海市交通委等单位，将岸电推进纳入交通强国建设试点任务。认真落实长江经济带船舶和港口突出问题整治方案要求，重点推进长江经济带岸电建设使用。截至2020年底，《港口岸电布局方案》任务超额完成，主要港口集装箱、客滚、邮轮、三千吨级以上客运、五万吨级以上干散货专业化泊位岸电设施覆盖率达到75%，长江经济带建成岸电泊位4700多个，2020年累计使用约23万次、231万小时、5000万千瓦时，较2019年岸电用电量翻了一番，减排硫氧化物、氮氧化物、颗粒物约720吨，二氧化碳3.5万吨。

推进水运行业应用液化天然气等新能源清洁能源。认真开展长江经济带船舶和港口污染防治突出问题整治工作，协调推动长江干线重庆以下各省至少开工建设一座船舶液化天然气（LNG）加注站。出台允许LNG动力船优先通过三峡船闸的支持政策。起草强制性国家标准《液化天然气燃料水上加注作业安全规程》，支持国内首个海上国际LNG加注中心落户深圳。开展国内锂电池动力船舶应用情况专题研究，组织开展氢燃料在船舶上应用专题研究，为出台氢燃料动力船舶技术法规奠定基础。

五、持续开展“碧海行动”

高效处置海上重大危险品泄漏事故险情，有效保障了海洋环境清洁。2020 年，救捞系统科学组织开展了“光汇 616”轮危化品泄漏、“隆庆1”轮与“宁高鹏 688”轮碰撞燃爆等多起海上危化品、危险品应急处置行动。将贯彻落实绿色发展理念、持续开展沿海“碧海行动”沉船打捞、保障海上交通运输畅通和海洋环境安全等内容，纳入《交通运输支持系统“十四五”建设规划》《救捞系统“十四五”发展规划》任务。梳理编制了深远海环境救助技术与装备科技创新任务需求，其中“大深度水下残油及液体危化品回收关键技术研究与装备研制”，纳入科技部 2021—2025 年国家重点研发计划“深海和极地关键技术与装备”重点专项，为水运绿色发展提供应急科技支撑。

推动继续开展沿海海域“碧海行动”，打造安全畅通的海上大通道。交通运输部海事局组织核定存在碍航和污染海洋风险的沉船信息，拟定 2020 年“碧海行动”拟打捞的沉船残骸目标，配合做好向财政部专题汇报等立项工作。救捞局协调推进 2020 年度“碧海行动”实施，做好 2021 年及后续年度沿海“碧海行动”项目计划编制工作。

六、水运绿色发展宣传不断深入

交通运输服务长江经济带发展宣传纳入《2020年全国交通运输行业宣传思想和精神文明建设工作要点》。指导行业媒体在头版重要位置报道相关政策措施，制作专题页面，开设专题宣传页面宣传展示水运绿色发展。指导长航局策划推出“我家住在长江边”新媒体活动。大力宣传培树学习先进典型模范。

七、积极参与绿色交通国际合作

深度参与全球气候治理，参与联合国气候变化框架公约和国际海事组织框架下海运温室气体减排谈判，引导国际海事组织形成了以中国方案为基础的海运温室气体减排初步战略，提出船舶营运能效评级机制，努力推动国际海事组织形成务实、公正的航运减排强制措施。

依托中德交通论坛、中日韩运输与物流部长会议等机制和双边既有合作渠道，与欧洲、东北亚等国家交通运输主管部门就绿色航运、绿色物流等议题开展交流合作，展示我国海运绿色发展的良好形象。同时，积极参与全球海运能效伙伴（GloMEEP）和绿色航行 2050（Green Voyage 2050）项目，不断深化与国际海事组织、其他项目示范国及其他发展中国家的沟通合作。

第六节　长江航务管理

一、服务长江沿线经济社会发展

（一）疫情防控取得战略性成果

长江航务管理局出台了三大类 22 条深化港航企业服务保障一揽子工作举措，精准推动和服务长江港航企业、涉水重大工程项目复工复产，积极纾解企业困难。

（二）绿色发展取得新成效

船舶污染防治力度不断加大。深入实施防治船舶污染长江水域环境“十项严格”措施，建成运行船舶水污染物联合监管与服务信息系统。绿色港口建设不断完善。长江干线港口船舶水污染物接收设施实现全覆盖，8 处水上综合服务区、30 余座污染物转岸码头基本建成，12 座水上危化品洗舱站投入试运行。生态航道建设全面展开。广泛实施生态结构、生态固滩、生态涵养区建设。疏浚土综合利用规模持续扩大，荆州、鄂州、九江等地试点取得积极成效。清洁能源推广应用积极推进。

完成三峡坝区客运码头、三峡旅游客船的岸电设施建设改造，并将船舶使用岸电纳入三峡过闸诚信考核。纯电动、LNG 动力等新能源船型研发投用。组织开展长江干线水域禁捕有关工作专项行动，配合渔政、公安部门开展联合执法。

（三）规划建设取得新成效

积极克服疫情影响，采取有力措施加快工程建设，总体进展良好，全年共完成投资 16.1 亿元，固定资产投资预算执行率达到 98%。

（四）运输生产取得新成效

长江运输生产稳中有进，长江干线货物通过量突破 30 亿吨大关，达到 30.6 亿吨，同比增长 4.4%，再创历史新高；完成港口集装箱吞吐量 2000 万标箱，同比增长 3%。

（五）航道保障水平不断提升

提高福姜沙中水道等 4 个河段的航道维护尺度，长江干线航道维护水深达标率 100%，航标正常率 100%。长江电子航道图实现与汉江、赣江的互联互通，用户下载量持续增加。

二、服务长江经济带规划

（一）规划编制如期完成

组织编制长江航务管理局交通强国行动纲要，试点方案已获部批复，编制完成《长航系统“十四五”发展规划》和《长航局支持系统“十四五”建设规划》。《长江干线航道发展规划（2035 年）》通过交通运输部审查。《长江口综合整治开发规划》开展修编。各地加强水运规划编制，完善了《水运“十四五”发展规划》项目库涉及长江航运项目。

（二）重点工程稳步推进

长江口南槽一期工程交工试运行，武汉至安庆段 6 米水深航道整治工程主体即将完工，羊石盘至上白沙河段航道整治工程工可获批，岳阳、如皋监管救助基地等一批支持保障系统工程积极推进。全年完成了 18 个项目工可批复立项、19 个项目初设批复和 24 个项目竣工验收。

（三）工程质量及建设市场监管不断强化

深入开展“平安百年”品质工程创建活动，对 143 家施工、设计、监理企业履约行为进行年度评价，推进建设项目公开招标电子评标工作。

三、长三角一体化发展建设

（一）区域港口一体化发展竞合有序

港口功能布局日趋优化。江海联运配套港口设施加速推进。港口资源整合取得阶段性成果。目前，长三角三省一市均成立了省级港口（航）集团，深入开展港口资源整合，提升一体化运营水平。

（二）运输船舶标准化形成规模效应

组织推广《京杭运河—淮河水系过闸船舶船型主尺度系列标准》（2020 年 2 月 1 日实施）。持续淘汰使用年限到期船舶，引导淘汰环保性能差的船舶，不断提升内河船舶标准化和清洁化。

（三）绿色航运协同发展深入人心

船舶大气污染物排放控制达到预期目标，船舶生活污水存储装置改造完毕，全面完成 100 总吨以上内河运输货船加装生活污水存储装置任务，船舶污染物接收能力进一步提升。港口岸电设施建设和应用双达标，截至 2020 年底，码头岸电设施改造任务已经全部完成，船舶新能源和清洁能源应用有突破。

（四）信息资源共享能力全面提升

港口服务效率明显提升。全面实施国际贸易“单一窗口”，积极推进“放管服”改革，建立了长三角海事一体化融合发展机制，推广应用船舶证书电子化和“多证合一”工作。港航物流信息平台互联融合。四家省级港口运营集团都建成了应用物流信息平台，并逐步走向数据融合。

（五）航运中心建设全面升级

长三角基本形成以上海为中心、江浙为两翼、安徽为腹地，与国内其他港口合理分工、紧密协作的国际航运枢纽港。

四、长江干线航道治理和支线航道建设

（一）航道行政管理持续加强

严格开展桥梁、隧道、码头等涉水工程航评审核，持续强化岸线评估等，航道资源得到有效保护。全面推进生态航道建设。干线航标全面淘汰干电池，浮具全部集中上岸保养。130 艘公务趸船生活污水处理设备投入运行。全面推广应用船舶防污染信息系统。与 7 个地方政府签订疏浚土综合利用合作备忘录，累计上岸利用 136 万立方米。深入实施安全生产专项整治三年行动，推进双防体系建设与运行，加快平安百年品质工程建设，积极参与水上人命救助，强化网络安全攻防演练，做好信访维稳和社会综治工作。

（二）重点工程稳步推进

库区炸礁二期、黑沙洲航道整治二期等工程竣工验收，朝天门至九龙坡、宜昌至昌门溪二期、蕲春水道、新洲至九江二期、长江口南槽一期、长江口南坝田加高完善工程等航道整治项目交工验收并试运行，芜裕航道整治部分单位工程交工验收，武汉至安庆 6 米水深航道整治工程主体完工，江乌河段航道整治二期等工程有序推进，朝天门至涪陵河段航道整治等一批工程开工。

五、三峡通航保障

（一）防范化解安全风险攻坚战

全面开展安全生产专项整治三年行动，实行“两个清单”和“闭环签证”管理，全面落实“长江禁渔令”，652 艘“三无”船舶全部“上岸”。全年安检过闸船舶 4.4 万余艘次，合格率 96.6%。有效保障“一战三保”“安全生产月”等重点时段、“两会”等重大活动期间通航安全，船闸及升船机、航道、锚地畅通，确保 4.2 万余艘次船舶和 979 万吨危险品安全过坝、119 万余人次旅客安全渡运、1783 艘次滚装船和 6.15 万辆滚装车安全翻坝，成功举行交通战备应急演练。

（二）“保运行、保通航”攻坚战

积极做好两坝船闸检修延期“保畅通、保船闸运行”工作，不断加强设备设施监测、维护保养、预检预修和应急处置，组织协调三峡升船机重新核定客船安全载客人数，升船机加强性消防措施施工竣工验收并恢复通航。2020 年，三峡枢纽通过量达到 1.38 亿吨，其中三峡船闸通过量 1.37 亿吨。船东满意度测评 92.6 分，再创历史新高。

（三）船舶污染防治攻坚战

建立 3400 余艘过闸船舶和 123 艘辖区船舶污染防治基础数据库、逐船问题清单，辖区 15 座经营码头全部实现“五到位”、2 座船舶污染物转岸码头已建成并投入运行，基本实现枢纽河段船舶生活垃圾、生活污水、含油污水“零排放”。联合推进三峡坝区岸电实验区，船舶接入岸电 2787 艘次、用电量 216 万度，鼓励推广船舶应用清洁能源，2 艘 LNG 动力船首次试运行过闸。

六、长江航运运输服务发展

（一）全力以赴保障运输畅通

严格落实交通运输部“一断三不断”要求，重点加强了湖北特别是武汉地区重点物资水路运输保障，对载运防疫、民生物资的船舶开辟绿色通道，为武汉保卫战、湖北保卫战取得决定性成果作出了积极贡献。

（二）运输结构不断优化

严格执行客船、液货危险品船运输市场宏观调控政策，淘汰老旧液货危险品船和客船 70 艘，运输企业减少 10 家。深入推进船型标准化，长江干线货船平均吨位由去年的 1880 吨

提升至1960吨，其中三峡过闸船舶平均吨位达4680吨。

（三）运输市场监管不断加强

开展水路运输市场“双随机、一公开”监督检查，通报并督促整改问题62项。开展客船、危险品船运输经营人诚信信息监测，通报失信行为769起。

（四）“春暖行动”深入开展

全年减免外贸货物港建费及船舶油污基金约16亿元，实现三峡库区客运联网售票，率先实施海事“首违不罚”，海事政务自助办理模式基本覆盖江苏段。

七、长江航运体制改革

长江航务管理局系统巩固深化长江航运行政管理体制改革成果，优化组织机构，推进事业单位改革。推进长江干线应急救助基地设置工作。江苏海事局完成机关和8个分支局的机构编制动态调整，优化基层执法机构，提升基层执法力量。深化长江航道事企分开改革，深化航道养护单位改革，做好经营类事业单位转企改制工作。上海、江苏、浙江、安徽、山东、湖南、重庆、陕西等各省（直辖市）继续巩固改革成果，各级管理部门开展机构编制实名制信息填报，实现机构清、编制清、职数清、人员清和机构编制实名制管理。上海市港航事业发展中心挂牌。江西省深化事业单位改革，成立江西省高等级航道事务中心，组建赣江、信江船闸通航中心，整合组建片区航道事务中心，推进组建省水上救助服务中心。

第七节　珠江航务管理

一、珠江水运发展情况

（一）固定资产

2020年，珠江水系水运基础设施共有在建项目93个，完成投资49.6亿元。其中，航道（含船闸）建设项目26个，完成投资36.8亿元；港口建设项目66个，完成投资12.8亿元。

（二）航道建设

珠江水系建成了大藤峡水利枢纽船闸、北江孟洲坝枢纽二线船闸、贵港航运枢纽二线船闸等一批重点航运基础设施，西津水利枢纽二线船闸、贵港至梧州3000吨级航道工程加快推进，崖门出海航道二期工程、左江山秀船闸扩能工程开工建设。截至2020年底，珠江水系有通航河流905条，通航里程15764.3公里，其中Ⅰ级航道561.0公里，Ⅱ级航道710.4公里，Ⅲ级航道1415.9公里，Ⅳ级航道1586.7公里，Ⅴ级航道722.4公里，Ⅵ级航道2117.7公里，Ⅶ级航道3221.6公里。

（三）港口建设

珠江水系建成了南宁港中心城港区青秀山上落点、贵港市中心港区石卡郁水作业区永泰码头、贺州港昭平港区马江作业区3号~6号泊位，新开工建设来宾港象州港区中间村作业区2000吨级散货码头、武宣港区3000吨级泊位、兴宾港区3000吨级泊位工程，加快建设东莞港沙田港区三期工程、东莞港内河港区石龙作业区东莞中外运石龙码头改扩建工程、东莞港同舟石化码头有限公司立沙岛石化公用码头扩建工程等工程。截至2020年底，珠江水系内河港口拥有生产用码头泊位1716个，港口货物年综合通过能力6.2亿吨。

（四）运输服务

珠江水系四省（自治区）完成水路货运量、货物周转量、客运量、旅客周转量分别为13.8亿吨、26368.0亿吨公里、3206万人、101721万人公里，比2019年分别减少3.0%、增长0.1%、减少53.1%、减少55.8%。珠江水系内河港口完成货物吞吐量7.3亿吨，集装箱吞吐量1393万标箱，比2019年分别增长17.8%、减少5.0%。加强市场监管，严格执行珠江水系省际液货危险品船运输市场准入管理与调控措施，推动实施珠江水路运输信用信息分级分类管理，促进了珠江水路运输市场的规范有序。加强市场监测与信息引导，编制发布《珠江水运发展报告》和珠江水运经济运行分析报告。

（五）运输船舶

持续推进珠江水系和闽江内河船舶标准化工作，新建西江航运干线、珠江水系“三线”过闸船舶船型标准化率达100%。鼓励新造船舶应用节能环保技术，推动清洁能源动力船改造，已拥有LNG动力船舶31艘，全球首艘2000吨级纯电动内河船在珠江投入使用，280客位的纯电动游船正在建造。珠江水系船舶运力增长速度较快，大型化趋势明显，内河货船平均净载重量达到1605吨。截至2020年底，珠江水系四省（自治区）拥有水上运输船舶13125艘、净载重量1974万吨、载客量8万客位、集装箱箱位量23万TEU、船舶功率436万千瓦。

（六）安全形势

珠江航务管理局把保畅通摆在重中之重，切实守住安全底线，首次成为交通运输部安全委员会成员单位，扎实开展“平安交通三年攻坚行动”和安全生产专项整治三年行动，完成《西江航运干线桥梁防撞设防代表船型研究报告》《西江航运干线水路运输突发事件应急预案》等文件起草，组织开展省际危险品船运输市场、水运建设市场及琼州海峡客滚运输市场“双随机”抽查，确保西江航运干线畅通、珠江水路危险品运输、琼州海峡客滚运输总体形势安全稳定有序。2020年，珠江水系未发生水路运输重特大事故，全年共发生一般等级以上运输船舶交通事故15件、死亡/失踪15人、沉船4艘、直接经济损失618万元，事故四项指标与2019年相比，分别上升66.7%、上升66.7%、上升33.3%、下降64.3%，水上交通安全形势比较严峻。

二、重点工作完成情况

（一）疫情防控取得战略性胜利

珠航局党组高度重视，局领导靠前指挥，成立疫情防控领导小组，筑牢疫情防控防护墙，保障水路重点物资便捷运输，支持港航企业和工程项目复工复产。完成航道通航条件影响评价审核68个，比2019年增长30.77%，17个重点水运建设项目于2020年2月全部复工。665家水路货运企业于4月底全面复工复产。琼州海峡客滚运输疫情防控措施得力，没有发生因疫情导致停航停运情况。

（二）脱贫攻坚取得历史性突破

提高政治站位，主动认领中央脱贫攻坚专项巡视“回头看”整改任务，克服疫情影响，开展推进百色枢纽通航设施建设前期工作“百日攻坚战”，推动百色枢纽通航设施建设项目业主成功签约组建，项目工程可行性研究报告获得批复，迈出珠江上游贫困地区南下珠江、通江达海的关键一步。珠航局圆满完成广东省安排的对口帮扶脱贫任务，援助建成横山村综合文化活动中心，发展甜玉米和水稻种植基地项目，实现贫困村、贫困户“双出列”。

（三）交通强国建设结出丰硕成果

对标交通强国建设要求，组织“十三五”期珠江水系内河航道规划实施与建设效果评估工作，科学编制《珠江航运“十四五”发展规划》《西江干线航运发展规划》《珠江航务支持系统“十四五”建设规划》等系列规划，开创了珠江水系成规模、成体系开展规划编制工作的先河。

（四）琼州海峡班轮化实现常态运营

坚持以人民为中心的思想，落实交通运输部党组更贴近民生实事部署，化解多方矛盾，推动琼州海峡客滚运输实现班轮化常态运营。推动联网售票和联合调度，科学编制10余个阶梯式班期表并督促抓好落实，船舶准点发班率保持在

95% 左右，旅客平均过海时间较 2019 年再缩短 30 分钟。

（五）在服务国家战略中搭建大平台

充分发挥珠江水运高层协调机制作用，推动高层协调会议成为泛珠合作行政首长联席会议不可或缺的重要组成部分，赢得了四省（自治区）政府、泛珠秘书处和交通运输主管部门的一致好评。在沿江省（自治区）的强烈要求、共同谋划下，珠航局成功召开以“共享高层协调机制五年成果，合力建设交通强国珠江篇”为主题的 2020 年珠江水运发展高层协调会议，研究提出“十四五”珠江水运发展的重大举措。

第八节　海事管理

一、通航管理

（一）通航环境管理

组织完成中国沿海通航功能区总体规划与应用研究，修订长江江苏段船舶定线制规定，发布湄洲湾口船舶定线制和报告制规定，优化调整黄海中部大船锚地、舟山等浙江沿海主要公共航路，开展琼州海峡船舶定线制和报告制、长江安徽段船舶定线制规定航段延伸的前期研究论证，编制渤海湾中部水域船舶定线制（试行）以及海事监管方案。推动继续开展沿海海域“碧海行动”，组织拟定 2020 年及“十四五”“碧海行动”拟打捞沉船目标。

（二）通航秩序管理

2020 年，全国海事系统共计开展水上巡航 155575 次，出动执法人员 709001 人次，总巡航时间达 590072.1 小时，总巡航里程为 4559407.6 海里。期间，共计查处和纠正违法违章及处置航标异常行为 155575 起。组织开展南海巡航活动，检测核查导助航设施 50 座、海岸电台 25 次，重要航路及锚地 6 处，核查船舶 18 艘次。

持续开展内河船舶涉海运输治理，组织“净海行动”。全国共计查处涉海运输内河船舶 2077 艘次，拆解 63 艘、召回 657 艘，罚款 8980 万元，移送涉案人员 164 人，内河船舶非法参与海上运输行为得到有效遏制。

积极参与长江禁捕行动，配合渔政、公安等部门开展打击非法捕捞整治行动 564 次，协助地方政府建成涉渔“三无”船舶扣押基地 11 处，配合拆解涉渔“三无”船舶 7345 艘。长江江苏段、四川段全面实现涉渔“三无”船舶“清零”。

（三）船舶交通管理

组织开展提升水上交通动态管控能力研究。形成《长三角区域 VTS 信息资源共享共用方案》等文件，推动长三角船舶交通管理一体化。全国共有 59 个 VTS（船舶交通服务）中心和 303 个雷达站。各 VTS 中心共接收船舶报告 957 万次，比 2019 年增加 13.39 %；提供交通组织服务 128 万次，比 2019 年增加 4.92 %；向船舶提供 710 万次信息服务和 0.9 万次助航服务；通过 VTS 避免船舶险情 1.2 万次。

（四）水上无线电通信管理

推动《水上无线电管理规定》制定工作。2020 年全国共办结各类无线电行政许可 17.76 万件。组织开展首次全国水上无线电秩序管理专项整治，累计开展检查 37.7 万艘次，发现问题船舶 2.2 万艘次，纠正违法船舶 1.78 万艘次，实施行政处罚 8275 起，共处罚没金额 2462 万元。

（五）北斗系统应用

深入推动北斗导航系统推广应用，印发《海事系统北斗应用推广工作要点（2020—2025）》。推动全部海事公务车、船、导助航设施完成北斗设备安装应用，提前完成全部 97 个沿海北斗地基增强基准站建设。组织参加国际海事组织（IMO）航行安全、通信和搜救分委会（NCSR）第 7 次会议，中方《认可北斗报文服务系统作为 GMDSS 服务提供方》提案通过审议。提前完成全部97个沿海北斗地基增强基准站建设。

二、船舶监督

（一）船舶登记

现有国籍登记有效船舶约23.2万艘、约1.9亿总吨。其中，海船30654艘、约9156万总吨，内河船201457艘、约9859万总吨。

（二）船舶进出口港情况

办理国际航行船舶进出口岸查验42.5万艘次，国际航行船舶载运进出口货物超过64.7亿吨，载运旅客超过1314.6万人次，接收船舶进出港报告2335.6次。

（三）船旗国检查和港口国监督

2020年，各直属海事局共实施国轮安全检查74279艘次，其中海船安检22354艘次，缺陷276925项，滞留1781艘次，滞留率为7.9%；河船安检51925艘次，缺陷346319项，滞留2000艘次，滞留率为3.9%。

各直属海事局实施港口国监督检查787艘次，缺陷2395项，其中滞留船舶59艘次，单船平均缺陷为3.04项，滞留率为7.50%。

中国籍国际航行船舶在外被检查494艘次，缺陷639项，被滞留2艘次，我国国际航行船队在全球履约状况总体稳定，继续保持低滞留率。

141艘船舶被列入中国海事局公布的重点跟踪船舶名单，28艘船舶经过系统整改脱离重点跟踪船舶名单，"上榜"船舶总数为899艘。依据诚信船舶评选程序，评选337艘船舶为2020年度安全诚信船舶。

（四）口岸开放管理

现场检查验收4个水运口岸开放（扩大开放）；办理国际航行船舶临时进出非开放水域期限审批事项32件次。

三、危险品与防污染管理

（一）船舶载运危险货物管理

监管进出港危险货物1011025.919万吨，监管载运危险货物船舶373247.1艘次，现场检查危险货物集装箱96944箱。

（二）船舶防治污染管理

实施船舶防污染检查210673艘次，船舶油污水接收处理77926艘次，船舶垃圾接收处理438656.68艘次，船舶其他污染物接收处理437070艘次，压载水排放或接收处理75719艘次。

（三）危防管理能力建设

参与制定并推进落实《长江经济带港口和船舶污染防治专项整治方案》。制定发布《400总吨以下内河船舶水污染防治管理办法》。深化防治船舶污染区域联动，在深圳成立深港船舶污染防治工作室，支持上海、江苏试点开展船舶污染排放检测监测技术研究，探索卫星遥感等科技在危防领域的应用。完善危防管理系统和电子政务"一网通办"平台系统功能。

（四）船舶污染应急和赔偿机制

组织完成"桑吉"轮事故油污损害监测评估项目，启动渤海不明来源油污监视监测项目首批重点海域实地监测工作。推进《船舶油污损害民事责任保险实施办法》修订工作。开展国家溢油应急设备库年度巡检工作。

四、船员管理

（一）船员综合管理

推进加强高素质船员队伍建设，研究制定促进航运业高质量发展若干措施。加强船员履约委员会建设，成立五个船员履约分委会。成功举办海事系统船员管理业务培训班和船员管理体系高级审核员培训班。

（二）船员培训、考试和发证

全国注册海船船员29519人，其中国际海船船员19576人，沿海海船船员9943人；注册内河船舶船员32094人。船员培训开班13903期，培训394217人次，其中，专业培训222991人次、特殊培训22869人次、适任培训92787人次、其他培训（知识更新、海进江培训）55570人次。组织内河船舶船员考试100965人次，海船船员考试397082人次。

全国共有有效海船船员适任证书516345本，内河船舶船员适任证书430452本，海员证410517本，健康证书511713本。

（三）服务船员民生实事

进一步完善船员管理系统，保障服务船员信息化能力水平，实现船员业务远程办理，不见面审批；发布船员个税年度汇算办理指南，建设与税务部门对接的涉税信息共享系统，便利船员享受个税优惠政策；取消船员现场刷身份证办理上下船任解职手续，发布船员任解职信息登记及相关证书办理指南；建设内河船员证书电子化信息系统。

（四）协调疫情期间船员换班

出台系列配套规定，明确疫情期间安全有序开展中国籍船员换班的具体措施。2020年4月1日—12月31日，境内港口完成中国籍船员换班150160人次。调整培训、考试和发证措施，出台疫情期间办事指南6项，紧急开发相关系统功能四大项、20余小项，最大化消除疫情对船员队伍带来的影响。先后发布四版《船舶船员新冠肺炎疫情防控操作指南》，均经IMO向全球航运界推荐。

五、水上交通事故调查与处理

（一）水上交通事故情况

全国共发生一般等级以上运输船舶水上交通事故138.0件，死亡失踪196人，沉船76艘，直接经济损失23809.2万元，分别同比上升0.7%、26.5%、65.2%、32.4%，每亿吨吞吐量船舶事故死亡人数为1.35。

（二）事故调查处理

组织开展上海“8·20”“隆庆1”轮与“宁高鹏688”轮碰撞事故、福建“8·30”“珀尔修斯”轮与“闽晋渔05119”轮碰撞事故、山东“9·18”“辽普渔25097”轮与“沃卡里亚”轮碰撞事故、广东“9·29”“亿瑞3286”轮沉没事故、浙江“11·12”“韦立进步”轮与“浙嵊渔01148”轮碰撞事故5起重大事故的调查处理工作。

（三）海事调查官队伍培养和知识更新

指导相关单位在宁波（浙江、上海、江苏海事局）、深圳（深圳、海南、广西、辽宁、山东、连云港海事局）、长沙（湖南、安徽、重庆、江西、长江）举办3期中级海事调查官适任培训；在南京（江苏海事局）、厦门（福建、天津、河北海事局）、南京（江苏地方和山东地方海事机构）、黑龙江等地开展4期助理海事调查官适任培训，共计培训调查官约300人。

六、航运公司安全与防污染管理

（一）航运公司安全与防污染管理

推进第四批船舶NSM（安全网络）规则实施工作。组织修订了《航运公司安全诚信管理办法》，开展了安全诚信公司年度评选工作，共有8家公司被评为安全诚信公司，撤销了5家公司安全诚信公司资格，35家公司通过安全诚信公司年度评价。全国共有43家安全诚信公司，新列入重点跟踪公司5家，解除重点跟踪的航运公司1家。

（二）航运公司、船舶体系审核工作

全国持有效“符合证明”的航运公司共2008家，其中持有国际“符合证明”的公司79家，持有国内“符合证明”的公司1796家，既持有国际又持有国内“符合证明”的航运公司133家。持有有效“安全管理证书”的国际航行船舶1168艘、国内航行船舶11560艘。

（三）审核员队伍建设

延续审核员培训向基层倾斜的政策，分别在武汉和广州组织开展了两期主任审核员培训，170名审核员通过考试。全年共为19名主任审核员、269名普通审核员进行了初次注册，为588名主任审核员、1774名普通审核员进行了年度注册。

七、基本建设

（一）基本项目建设管理

全年累计完成投资5.3亿元。交通运输部立项批复可行性研究报告45个，其中基建43个、造船2个，批复总投资13.1亿元。

编制《国家水上交通安全监管和救助系统布局规划（2021—2035年）》（海事部分）。推进重点项目实施，广东海事局万吨级大型巡视船舶下水，福建海事局台湾海峡大型巡航救助船主船体形成，海南海事局大型巡航救助船分段建造，东海航海保障中心大型测量船开工建造。

（二）海事船舶建造

目前，直属海事系统共有各类型船艇942艘，其中巡逻船825艘（海船485艘、内河船340艘），航标船75艘，测量船14艘，特种船28艘。

八、航海保障

（一）航标管理

共管理航标18354座，其中公用航标10725座、专用航标7629座。航标正常率99.97%，航标维护正常率99.99 %，DGPS（差分全球定位系统）信号可利用率99.81%，AIS(船舶自动识别系统)正常率99.82 %。全年维护航标3368406总座天，及时、准确发布一类航标动态1070份，二类航标动态431份。

全年接收专用航标325座。开展专用航标设置行政许可198项1797座次。完成木栏头灯塔主体结构加固，开展曹妃甸灯塔重建工程，对烟台北长山等3座灯塔实施效能改造。全年完成2607座北斗航标遥测遥控终端安装工作，全国沿海航标遥测遥控终端总数达7507座，航标遥测遥控覆盖率达到100%，北斗遥测遥控航标覆盖率达100%。

（二）海道测绘

测量面积31300.8换算平方公里。发布中、英文《改正通告》各52期。出版发行《中国海区助航标志表（北海海区、东海海区、南海海区）2020～2021》《中国沿海港口航道图目录/2020》《中国沿海潮汐表（上海港、杭州湾）（宁波舟山港）（珠江口）/2021》等系列航海图书。通过国际发行渠道向全球用户销售发行中国沿海电子海图3157232幅次。测绘工程和航海图书产品荣获多个奖项，其中《中国北方枢纽港港航地图集》荣获中国测绘学会优秀地图裴秀奖金奖。

（三）水上安全通信

播发安全信息615866条，其中发布航行警告408484次，播发中英文气象预报70538次，安全信息播发准确率达100%，通信事故、无线电报和无线电话差错率为零，机线完好率和设备维护率分别为99.83%、100%。

（四）应急服务

共设置沉船标61座，完成应急扫测3444.14换算平方公里，处理遇险紧急特殊通信23起，提供DSC（动态稳定控制系统）遇险信息应急通信服务77883次。

九、规费征收征稽

累计征收各类规费98.74亿元，同比减少60.96%。其中港口建设费97.17亿元，船舶油污损害赔偿基金1.03亿元，船员考试费0.54亿元，比2019年分别减少60.08%、37.95%和39.33%。执行国家阶段性减免政策。2020年3—12月减免国外进出口货物港口建设费151.31亿元、船舶油污损害赔偿基金0.76亿元。

制定了《交通运输部海事局关于阶段性减免

港口建设费和船舶油污损害赔偿基金的通知》，有效支持企业复工复产。

第九节　海上搜救

全国各级海上搜救中心全年累计组织协调搜救行动 1758 次，成功救助中外遇险船舶 1110 艘、中外遇险人员 10834 人，搜救成功率 95.8%。

一、充分发挥部际联席会议制度优势，凝聚海上应急处置合力

全力抗击新冠肺炎疫情。国家卫生健康委、公安部、海关总署、交通运输部等成员单位，坚决贯彻落实外防输入、内防反弹的防控策略，采取有力措施加强水运口岸疫情防控，协同开展疫情期间遇险船员搜救和伤病船员救治工作，有效防止疫情从水运口岸输入。

强化政策落实。认真贯彻落实《国务院办公厅关于加强水上搜救工作的通知》，印发部际联席会议成员单位分工方案，部分成员单位印发行业实施方案，强化对基层业务工作指导监督。交通运输部、财政部联合印发《关于切实加强水上搜救工作的通知》，提高水上搜救奖励标准。

健全协作机制。自然资源部、国家气象局深化气象联合会商机制，实现海上观测数据共享，强化重点海域海洋气象服务保障，及时为海上应急处置提供天气和海况预报。生态环境部与中国海洋石油集团有限公司深化沟通协调，加强资源共享、技术研究、应急联动等领域合作。

实现优势互补。中国民用航空局、应急管理部积极推动航空应急救援力量纳入地方应急救援体系。中国远洋海运集团有限公司充分发挥远洋运输船队规模体量等优势，积极配合开展远海搜救行动。

注重区域联动。各省级海上搜救中心有效落实区域搜救联席会议制度，推动巡航救助一体化建设，强化搜救力量协同协作。

二、强化应急能力建设，提升海上应急处置效能

坚持规划引领。交通运输部会同国家发展改革委等成员单位大力推动《国家水上交通安全监管和救助系统布局规划（2016 年调整）》《国家重大海上溢油应急能力建设规划（2015—2020 年）》圆满收官，高质量编制“十四五”相关规划。国家地震局加快沿海岛礁地震监测站改造，提升东海海域地震监测能力。国家能源局督促石油企业进一步加强海上溢油应急处置能力建设。

优化装备保障。工业和信息化部指导建成沿海通信基站近 2 万个，最远海域通信覆盖距离达 100 公里；积极推进智慧海洋项目建设，构建近海雷达综合监控网，实现对近海目标的实时监控。应急管理部扎实推进国家海上油气应急救援渤海（天津）基地建设，完成 300 余台（套）设备采购。国家气象局联合中国海洋石油集团有限公司在石油平台部署气象观测设备，提升海上观测能力。

加强应急演习演练。交通运输部联合国家卫生健康委，分别在上海、海南开展海上紧急医疗救援专项演练。农业农村部联合交通运输部、武警部队举办 2020 年全国渔业水上突发事件应急演练。工业和信息化部指导各地开展各类应急通信演练。公安部举办了全国水上公安机关实战大练兵比武演练。交通运输部举办救助打捞专项应急保障综合演练。中国石油天然气集团有限公司组织开展原油运输管道突发事件综合应急演练。中国石油化工集团有限公司组织开展跨区域多场地综合应急演练，对胜利油田海上搜救和重大海上溢油应急能力现状进行评估。招商局集团有限公司定期开展船岸联合演习。

强化科技应用。自然资源部加强“国家海上搜

救环境服务保障平台”应用，及时为海上搜救提供目标漂移轨迹预测和海上环境服务保障信息。农业农村部推进“插卡式AIS”管理改革，在福建省成功试点示范。国家气象局初步建立了支持导航系统运行的大气海洋模式及全球大气海洋数据支撑平台，正式发布了船舶气象导航系统，累计服务船舶近千艘次。国家国防科技工业局加快推进遥感数据开放共享服务平台建设，初步实现综合应急指挥调度功能。中国民用航空局积极推进北斗导航系统在民航领域应用。

三、夯实应急管理基础，健全海上应急保障体系

强化制度保障。《中华人民共和国海上交通安全法（草案）》提交全国人大常委会第一次审议。生态环境部研究制定了《海洋石油勘探开发溢油污染事故应急预案》，夯实海洋环境应急基础。农业农村部联合银保监会印发《关于推进渔业互助保险系统体制改革有关工作的通知》，健全渔业风险保障体系。公安部指导长航公安建立常态化水上救援工作机制。中国民用航空局组织修订了《搜寻援救民用航空器工作手册》等法规文件，积极推进民航部门海上搜救相关法规制度建设。国家气象局健全航运气象服务联盟组建方案，强化气象服务保障。

强化队伍保障。民政部加强志愿服务标准体系建设，指导做好社会搜救队伍注册登记。交通运输部推进现代化专业救助队伍建设，举办海上搜救任务协调员培训班。国家卫生健康委举办全国海（水）上紧急医学救援培训班。农业农村部开展渔业安全应急管理骨干队伍业务培训。应急管理部举办全国骨干社会应急力量培训班，开展社会应急力量调查工作。海关总署组织水上缉私人员开展救生理论学习和实操演练。军委联合参谋部统筹推进海上应急救援队伍建设，优化救援力量布局。中国石油化工集团有限公司、中国石油天然气集团有限公司将海上溢油应急处置技能培训纳入日常训练体系。各级海上搜救机构积极组织志愿者队伍培训和技能比武。

强化资金保障。中央财政安排发放海上搜救奖励专项资金1023.7万元；安排船舶溢油清除物资储备及溢油应急设备库建设运维等资金8700万元；安排渔业海难救助补助资金1042.2万元。

强化宣传保障和检查督促。公安部组织民警深入辖区港口、码头、学校普及水上安全知识，发放各类宣传资料约2.5万份。农业农村部组织召开全国渔业安全生产工作视频会，开展渔业安全生产专项整治三年行动，推动设立全国统一的中国渔政值守电话，全面夯实渔业安全生产基础。应急管理部成立专项检查组，开展海洋石油企业防台风检查工作。交通运输部持续开展水上搜救知识进校园、进社区活动。

四、加强对外交流合作，提升海上搜救国际影响

积极履行公约义务。全力做好我国搜救责任区和管辖海域海上突发事件处置工作，为外籍遇险船舶提供搜寻救助服务，协调做好疫情期间涉外伤病船员救治工作，全年成功救助遇险外籍船舶73艘、船员1254人。密切跟踪国际海盗和武装劫船事件的发展动态，妥善处置“振华7”轮遭海盗袭击及中国籍船员遭海盗劫持事件。

主动参与国际搜救事务。派员参加亚洲地区反海盗及武装劫船合作协定(RECAAP)信息分享中心理事会和国际民航组织、国际海事组织海空联合搜救专家组会议。

深化推进低敏感领域合作。推动中日双方在《中日搜救协定》框架下建立地方搜救机构间的合作机制。联合老挝、缅甸、泰国等国家搜救机构成功举办澜湄流域水上联合搜救桌面推演。

第十节 救助打捞

2020年，救捞系统共执行应急救助和抢险打捞任务1174起，出动专业救捞力量1793次，救助遇险人员1515名（其中外籍人员165名），救助遇险船舶67艘（其中外籍船舶6艘），直接获救财产价值约54.65亿元。

一、专项任务

疫情防控成果不断巩固升级。新冠肺炎疫情发生后，救捞系统严格按照上级决策部署，坚持统筹谋划，先后编制印发《关于建立救捞系统防控新型冠状病毒感染的肺炎疫情组织机构的通知》《防范和应对新型冠状病毒感染的肺炎疫情工作方案》等文件，形成协调联动、合作互动、整体推动的工作格局。坚持多措并举，因时因势动态调整防控策略，以最严措施强化重点场所、境外船舶人员防控，积极优化完善应急救捞行动方案，千方百计加强物资保障，有效应对了疫情传播蔓延风险。坚持慎终如始，编制印发《关于做好新冠肺炎疫情常态化防控工作的指导意见》，以超常规力度精准铺排常态化防控措施，不断巩固和强化救捞系统疫情防控成效。

南沙岛礁应急值守常态化。2020年，南海救助局安全调派专业救助船5批次、救助船员132人次赴南沙值守，并成功执行多起应急救助任务，有力维护了南海海上交通运输安全。

开展危化品运输船舶应急处置工作。2020年6月4日，液体化学品船“光汇616”轮在石岛锚地发生甲基叔丁基醚和混合芳烃泄漏。交通运输部救捞局组织北海救助局、烟台打捞局、广州打捞局高效稳妥开展了船内危化品紧急过驳等应急处置。2020年8月20日，载运约3000吨异辛烷的“隆庆1”轮与砂石船“宁高鹏688”轮在长江口附近海域发生碰撞并着火。交通运输部救捞局组织东海救助局和上海打捞局高效安全开展了人命搜救、消防灭火和紧急过驳作业。

执行长征十一号运载火箭海上发射任务。2020年9月15日，交通运输部救捞局组织北海救助局2艘专业救助船和烟台打捞局1艘打捞工程船执行长征十一号运载火箭海上发射任务，完成了技术人员转运、通信设备安装调试、抛锚和定位作业。其中，北海救助局“北海救101”轮为现场指挥船，烟台打捞局“德渤3”轮为火箭发射平台。这是救捞系统服务保障中国航天事业的又一次新的成功探索。

执行第三届中国国际进口博览会专项保障任务。2020年11月5—10日，第三届中国国际进口博览会在上海举行。交通运输部救捞局组织东海救助局执行“进博会”期间水上应急保障任务，为活动圆满举办营造了安全有序的水上环境。

坚持不懈做好脱贫攻坚。2020年7月17—18日，交通运输部结对帮扶第九工作组赴宁夏六盘山片区开展扶贫调研工作。交通运输部救捞局为西吉县捐款30万元用于贫困县公路养护设备的购置，协调系统单位制定招聘计划和工作方案，共提供就业岗位25个。下属各单位也根据地方政府统一安排超额完成定点帮扶任务。

二、应急救助

2020年1月8日，北海救助局“北海救101”轮、“B-7126”救助直升机在大连市獐子岛以南约8海里处，成功救助倾斜帕劳籍散货船“昌达”轮上10名遇险人员。

2月23日，上海打捞局“沪救18”“华和”轮在上海市外高桥，成功救助搁浅的新加坡籍油船“THERESA LIBRA”轮及船上22名遇险人员。

3月9日，东海救助局“东海救101”轮在长江口海域，成功救助搁浅货船“台海66”轮上4名遇险人员。

3月30日，南海救助局“南海救102”轮和烟台打捞局“德沃”轮在北海市涠洲岛西南约26海里处，成功救助两艘翻沉钓鱼船上13名遇险人员。

4月6日，北海救助局“北海救117”轮在威海市石岛东北约40海里处，成功救助主机故障的意大利籍集装箱船“ITAL USODIM”轮及船上21名遇险人员。

4月11日，东海救助局“东海救118”轮在舟山市朱家尖岛西南约3海里处，成功救助搁浅油船“宁大10”轮上7名遇险人员。

4月下旬，北海救助局“B-7126”“B-7312”救助直升机在烟台市和威海市多次协助地方政府执行扑灭山火任务。

5月21日，广州打捞局“德穗”“德顺”轮在珠海市高栏岛以东约6海里处，救助坐沉散货船“港鸿888”轮上11名遇险人员。

5月28日，南海救助局“南海救101”轮在台湾浅滩附近海域，成功救助搁浅货船“华元66”轮及船上20名遇险人员。

5月30日，东海救助局“东海救117”轮在宁波市象山县东南约17海里处，成功救助坐沉多用途船“联航7”轮上13名遇险人员。

6月5日，北海救助局“北海救111”轮在烟台市东北约20海里处，成功救助主机故障的安提瓜和巴布达籍集装箱船“BBC ASIA”轮及船上15名遇险人员。

6月18日，东海救助局“东海救115”轮在台州市大陈岛西南约40海里处，成功救助机舱着火油船“宇顺88”轮上14名遇险人员。

7月至9月，上海打捞局“德宏”轮前往南通市如东海域，应急处置因设备故障被水浸漫的国内首座1200吨自航自升式风电安装平台“振江”号，并安全拖带至上海。

7月9—11日，广州打捞局和南海救助局专业救捞力量在贵州安顺市，协助地方政府开展公交车坠湖水下搜寻任务。

7月10日，南海救助局“B-7358”救助直升机在阳江市海陵岛西南约30海里处，成功救助搁浅货船“凯胜2”轮上12名遇险人员。

7月25日，东海救助局、南海救助局和广州打捞局专业救捞力量在台湾浅滩附近海域，成功救助翻扣运砂船“宏翔819”轮上9名遇险人员。

7月27日，东海救助局“东海救115”轮在台州市大陈岛以北约6海里处，成功救助翻扣货船“锦鸿89”轮上11名遇险人员。

10月9日，东海救助局“东海救116”轮在福州市平潭县西南约10海里处，成功救助触礁搁浅货船“中金51”轮上11名遇险人员。

10月13日，南海救助局“南海救102”轮在琼州海峡海域，成功救助翻沉货船“顺安66”轮上7名遇险人员。

10月30日，南海救助局“南海救112”轮在文昌市清澜港海域，成功救助搁浅油船“新远油11”轮及船上12名遇险人员。

11月7日，东海救助局“东海救115”轮、“B-7345”“B-7346”救助直升机在福州市东北约60海里处，成功救助进水倾斜巴拿马籍杂货船“大丰海运”轮上23名遇险人员。

12月1日，南海救助局“南海救113”轮在西沙永兴岛以北约85海里处，成功救助主机故障的巴哈马籍油船“MATTERHORN SPIRIT”轮及船上24名遇险人员。

12月13日，东海救助局和上海打捞局专业救捞力量在长江口北槽航道水域，成功救助翻扣集装箱船“新其盛69”轮上8名遇险人员。

12月18日，北海救助局和烟台打捞局专业救捞力量在蓬莱市东港锚地，成功救助搁浅散货船“金航宇10”轮及船上16名遇险人员。

12月29日，北海救助局“B-7309”救助直升机和烟台打捞局“德滨”“德港”轮在烟台市滨海广场附近海域，成功救助因寒潮大风走锚搁浅的危化品船“达丰6”轮上8名遇险人员并拖带遇险船出浅。

三、海洋工程

2020年，烟台打捞局和广州打捞局积极参加深中通道建设工程，并刷新了国内隧道沉管长距离绞拉纪录。

3月29日，烟台打捞局在威海海域顺利完成海上测风塔平台安装工程。

6月6日，上海打捞局“深潜号”在南海海域完成水下电缆铺设工程。

7月，广州打捞局在印度尼西亚北苏三电厂完成了取水管线陆域段及过渡段安装工程。

8月7日，广州打捞局打捞工程船“华天龙”在阳江市南鹏岛海域开展海上风电升压站吊装工程。

10月16日，烟台打捞局“德浮3600”“德渤3”“德滨”船组在庄河市海域开展风电项目海上升压站吊装工程。

11月25日，烟台打捞局“德浮3600”在烟台市中集来福士船厂完成半潜平台设备组装工程。

11月28日，广州打捞局“华祥龙”在阳江市南鹏岛海域开展海上风机吊装工程。

12月，上海打捞局“创力”轮在阳江市沙扒镇海域开展海上风电升压站吊装工程。

四、大件运输

2019年12月11日，上海打捞局“德宏”“德海”船组拖带35万吨级海上浮式生产储卸油装置（FPSO）从烟台起航，航行13800海里，2020年3月16日抵达巴西维多利亚。

2020年1月6日，广州打捞局自航半潜船“华洋龙”装载2艘浮吊船从上海起航，航行11900海里，2月29日抵达几内亚卡姆萨尔。1月16日，广州打捞局自航半潜船“华海龙”装载自升式钻井平台从加纳特马起航，航行近16000海里，4月5日抵达大连。

4月9日，烟台打捞局“德渤”轮装载6台门机从珠海启航，航行近2500海里，5月29日抵达菲律宾达沃。

6月2日，广州打捞局自航半潜船“华海龙”装载2艘驳船从南通起航，航行近12000海里，7月27日抵达几内亚科纳克里。

7月15日，广州打捞局自航半潜船“华兴龙”装载平台导管架从阿联酋赛格尔港起航，航行近6200海里，8月30日抵达挪威斯塔万格。

9月10日，广州打捞局自航半潜船“华盛龙”装载3台集装箱桥吊从青岛起航，航行近6250海里，10月18日抵达卡塔尔多哈。

10月15日，广州打捞局自航半潜船“华兴龙”装载3艘拖轮从特立尼达和多巴哥前往宁波，总航程约13200海里。

11月17日，烟台打捞局“德渤3”轮装载4台FPSO模块，从大连前往巴西波图塞尔，总航程约12000海里。

五、训练演练

2020年，救捞系统深入开展船载机训练、救助直升机夜航训练和仪表训练，切实提高了专业救助飞行队伍的应急处置能力。

6月18日，厦门市海上搜救中心在厦门金通航线附近水域举行2020年厦门市海上搜救综合演练。东海救助局2艘专业救助船舶和1架专业救助直升机开展了人员转运、水面搜救等科目。

7月11日，2020年中国航海日活动在上海举办。救捞系统派遣专业救助船艇和应急救助队参加开放日活动和帆船展示水上应急保障。

9月11日，交通运输部、农业农村部、武警部队和福建省人民政府在福建省东山县大澳中心渔港西侧海域共同举办2020年全国渔业水上突发事件应急演练。东海救助局2艘专业救助船舶和2架专业救助直升机开展了受伤船员转运、海面搜救等科目。

9月17日，辽宁省海上搜救中心在大连港组织开展了2020年海上大规模人命救助综合演习。北海救助局2艘专业救助船舶和1架专业救助直升机开展了船舶消防、大规模人员转移和落水人员搜救等科目。

9月18日，中国海上搜救中心和国家卫生健康委员会卫生应急办公室在上海吴淞口国际邮轮码头联合举办了2020年海上紧急医疗救援演练。东海救助局1艘专业救助船舶和1架专业救助直升机开展了伤员转运、落水人员搜救等科目。

10月12日，交通运输部、广东省人民政府、中交集团在深中通道西人工岛临近水域联合举办2020年公路水运工程建设安全海上综合应急演练。南海救助局和烟台打捞局专业救捞力量开展了人员搜救、船舶灭火等科目。

10月20日，广东省海上搜救中心和惠州市人民政府在惠州大亚湾组织开展2020年广东惠州海上搜救应急综合演练。南海救助局1艘专业救助船舶和1架专业救助直升机开展了船机联合搜救、落水人员救助等科目。

12月11日，2020年交通运输部救捞系统专项应急保障综合演练在海口举办。南海救助局8艘专业救助船舶和1架专业救助直升机开展了落水人员搜救、直升机转运伤员、紧急救治伤员、海上消防、直升机投送潜水装备、水下探摸与封堵、应急拖救等科目。

六、科技装备

2020年，救捞系统统筹抓好500米饱和潜水技术研发、装备建设和人员培训。国内首次自主设计建造的首艘500米饱和潜水作业支持母船“深达号”于7月22日下水。该船总长177.1米，型宽33米，型深14.4米，设计吃水7.5米，设计航速15节，续航力10000海里，自持力60天，采用电力推进。

4月7日，烟台打捞局潜水作业团队在四川省雅安市开展了高原大深度潜水技术实践，在约1500米海拔环境下最大作业潜水达95米，创造了我国高海拔潜水深度新纪录，为救捞系统开展内陆江河湖泊应急救援夯实了理论基础，丰富了实践经验。

4月22日，广州打捞局在湖南省郴州市东江湖完成氦氧混合气深潜水作业，下潜至90米深度，充分检验了潜水设备的性能，进一步推进了氦氧混合气潜水技术水平。

8—9月，南海救助局开展了6000米级深海拖曳系统的海上技术实操，进一步推进了救捞系统深远海搜寻扫测打捞能力建设。

8月18日，广州打捞局插桩式抢险打捞工程船“华祥龙”正式列编。该船总长130米，型宽42米，型深9米，设计航速10节，续航力3600海里，全电力驱动，具有DP-2级动力定位能力，设计作业水深为55米，可无限航区航行。

9月14日，广州打捞局全回转拖轮“德钜”轮正式列编。该船总长65米，型宽16.8米，型深7米，设计航速13.5节，满载排水量4750吨，系柱拖力100吨。

10月15日，南海救助局“南海救512”艇正式列编。该艇总长10.3米，型宽2.75米，型深1.28米，设计航速40节，巡航速度26节，主机功率367.8千瓦。

第十一节　船舶检验

一、船舶检验管理

（一）船舶检验行业管理

印发《交通运输部关于深化改革推进船舶检验高质量发展的指导意见》。组织召开全国船舶检验工作会议，全面总结近年来船舶检验工作，分析船舶检验形势，凝聚发展共识，明确目标和方向，推进船舶检验高质量发展。完善船舶检验法规制度建设，开展《船舶检验管理规定》《渔业船舶检验管理规定》修订研究。落实自由贸易区国际登记船舶入级检验开放政策，稳步推进自贸区（港）国际登记船舶法定检验开放工作。组织开展国际海事研究委员会船检分委会工作，研究实施疫情期间国际和国内航行船舶检验证书展期事宜，与业界共克时艰。

（二）船舶检验技术法规和行业标准

发布《船舶技术法规体系框架（2020）》。开展31部船舶技术法规制修订。发布《国内航行海船法定检验技术规则（2020）》，调整海南岛至西沙海域航区等级，完善旅游船、特殊用途船、砂船、近海供应船、客滚船等技术要求，精简检验证书，引入替代设计。发布《公务船技术规则（2020）》《公务船检验规则（2020）》。《国内海洋渔船技术规则》《国内海洋渔船检验规则》《地效翼船技术与检验暂行规则》已通过专家评审。开展4项船舶技术法规课题研究。

（三）船舶检验和检验机构管理

截至2020年12月31日，国内船舶检验机构共检验登记船舶203580艘，总吨位19461万，其中国内航行船舶201842艘、总吨位16208万，国际航行船舶1738艘、总吨位3253万。全国共有28个省级商检机构、236个分支机构；中国船级社设立分社22个，办事处91个；经批准的国外船舶检验机构驻华验船公司机构23个。全国经业务核定的渔业船舶检验机构468个，其中省级渔业船舶检验机构12个，省级渔业船舶检验的分支机构459个（含地市级及县级）。完成中国籍国际航行船舶和远洋渔船法定检验与发证授权协议修订工作。加强船舶检验机构管理，开展船舶检验机构资质认可和复核。推进船舶检验体制机制改革创新，支持重庆创新体制机制履行船舶检验职责，批复国有企业性质的检验机构资质，支持福建船舶检验机构创新试点。

（四）船舶检验人员管理

2020年11月7—8日，顺利举办全国注册验船师资格考试，增加考区和考生数量。2020年12月5日，组织开展了2020年渔船检验人员适任制资格考试，增加考区和考生数量。截至2020年12月31日，全国共有注册验船师8455名，其中，A级注册验船师3814名，B级验船师1888名，C级注册验船师2351名，D级注册验船师402名。持有注册验船师资格证书的人员数量不断增长，注册验船师考试制度社会影响力不断增强，上海、海南等地将注册验船师列入紧缺人才目录，打通了A级注册验船师直接评定船舶高级工程师的通道。

（五）船舶检验技术管理

及时调整疫情期间船舶检验有关业务要求，优化船舶吨位丈量复核抽查和船舶建造重要日期确认工作流程，为企业复工复产和疫情防控提供尽可能的技术支撑。组织完成船舶技术规范和渔船管理功能完善开发，制定全国船检管理系统船用柴油机氮氧化物防污染证书样式，推动商渔船检验融合发展迈上新台阶。2020年全年共开展船舶建造重要日期开工确认425艘次，船舶建造重要日期完工确认397艘次；全年建造完工船舶4453艘，其中开展船舶吨位丈量抽查复核879艘，抽查比例为19.6%。

二、中国船级社船舶检验情况

（一）检验船队保持增长

2020年全年新造船完工1141艘、644万总吨，审图157904份。完成“奋斗者”号万米载人潜水器、我国首艘乏燃料运输专用船、32.5万吨超大型矿砂船、30万吨超大型邮轮、17.4万立方米液化天然气运输船、2200TEU集装箱船等重点项目。截至2020年底，检验船队总规模为32054艘、16345万总吨，较2019年底增长833万总吨，吨位增长5.3%。

国际航行入级船舶达到4831艘、1.24亿总吨，平均船龄9.81年；国内航行船舶达到24518艘3726万总吨，平均船龄11.39年。远洋渔船2705艘、188万总吨，平均船龄7.6年。完成国际航行入级船舶营运检验 8441 艘次，同比增长 7.5%。国际航行入级船舶审核 5085 艘次，同比增长 6.9%。完成欧盟船舶二氧化碳排放监测、报告及核查验证资质年度审核。获得 27 个船旗国授权签发电子证书。成立中国船级社游艇服务中心。完成国内航行船舶营运检验 24871 艘次，完成 2326 艘内河船舶生活污水处理装置改造，完成对青海省地方船检连续三年技术帮扶工作。完成远洋渔船营运检验 1824 艘次，初次检验 155 艘，12.6 万总吨，审图项目 153 个，签发首份远洋渔业企业安全管理体系符合证明。

全年签发船用产品证书 402846 份，同比增长 13%。签发工厂认可 821 项，同比增长 10%；型式认可 2065 项，同比减少 16%；船用产品审图 7514 项，同比增长 12%。开展小微企业技术帮扶 200 余家，公益性帮扶 1525 家。完成海上移动设施检验 165 座、海上固定设施在役检验 681 座、海工专用产品检验 1327 单。

（二）工业发展领域扩大

全年完成船舶及海工、路桥、港口设备等监理咨询项目 253 个，船舶、路桥、特种设备等检测项目 2290 个，船舶、海工等检验评估项目 3319 个。新颁发体系证书 4990 张，产品认证证书 299 张，安全生产标准化评价证书 715 张，集装箱检验 62.47 万只，工业产品检验监理项目 162 个，节能减排审定核查项目 2201 个。轨道项目取得突破，开展多地地铁运营前安全技术条件评审。完成工程计算软件新功能升级 24 项，建立船舶应急响应服务模型、有限元模型 193 艘，维护模型 300 艘。自主研发 VR 全景云平台、“船舶数据通 - 电子记录簿”等。

（三）科技引领能力提升

2020 年全年完成国家科研项目 22 项，新增参研国家项目 29 项。发布规范 / 指南 62 部，其中新增 16 部，修订 / 换版 46 部。完成目标型（GBS）集装箱船规范编制及开展船型验证分析，发布 16 部涉及绿色、智能、防疫安全、船舶及海工检验的规范 / 指南。制定《绿色船舶规范》《绿色生态船舶规范》及相关指南。推进内河船舶绿色智能技术示范应用。开展氨燃料动力船关键技术研究、混合动力系统工程化应用研究。完成《智能船舶规范（2020）》分级体系及技术要求、海上自主航行船舶网络风险评估方案架构、智能船舶试航评估体系示范应用等科研项目。完成水面智能搜救机器人检验指南编制和基于北斗系统的救生示位标研究。完成贵州容灾中心建设。

（四）安全质量保持优良

推进安全生产专项整治三年行动，出台船舶重大突发事件应急处置预案，建立应急服务指导验船师队伍。“四标合一”管理体系运行平稳有效。远洋渔船业务纳入管理体系并首次顺利通过瑞士通用公证行（SGS）外部审核。顺利通过国际质量评估审核机构（IQARB）首次完整评估，取得首份“事实声明”。首次获得 ISO 45001 证书。中国船级社（CCS ）级船舶在巴黎、东京、美国海岸警卫队三大备忘录中表现良好，国内航行船舶安全检查表现保持良好记录。

（五）优化组织机构与国际事务参与

完成海南分社业务辖区调整，迪拜分社独立运行。完成俄罗斯圣彼得堡和秘鲁利马的设点，目前全球服务网点已达 120 个。优化总部内设机构职能职责，开展岗位总量管理研究、完成系统编制填报。完成承接的广东、黑龙江海事划转船检机构组织机构代码办理。参与国际海事组织工作。全年提交提案 22 份，营运船能效指数中国提案成功纳入国际防止船舶造成污染公约修正案草案。参与国际船级社协会工作。完成环境专业委员会、自主航运船舶专家组、综合安全评估专家组工作，制定屈曲评估标准。推动国际船级社协会制定岸电统一标准。船旗国政府法定授权保持增长。新增多哥、文莱、卢森堡、丹麦法罗群岛 4 个船旗国政府法定授权，法定授权国家数量达到 55 家。

（六）统筹疫情防控服务经济发展

推动 IMO 出台及时办理船舶证书展期，采用远程检验方式开展检验发证服务。发布《船舶防疫安全指南》《船舶空气质量和生物环境监测与评估指南》，助力航运公司疫情防控。向希腊船东联盟和长航医院捐赠医疗物资，为中小企业减免房租，为国内相关单位和企业减免检验费、服务费，向 228 家中小设计公司赠送船舶工程计算软件。

第六章 城市交通

2020年，我国城市客运行业稳步推进公交优先、绿色出行，持续深化出租汽车行业改革，不断规范新业态健康发展，便利老年人出行，持续做好新冠肺炎疫情常态化防控，出台了一系列政策、法规和标准规范，行业政策制度体系不断完善，持续推动城市客运行业健康发展。

第一节 城市公共汽电车

截至2020年底，我国拥有城市公共汽电车运营车辆70.44万辆。运营线路70643条，运营线路长度148.21万公里。经营业户数4252户。全年完成运营里程302.79亿公里，客运量442.36亿人次。2020年我国城市公共汽电车发展情况详见表3-6-1。

一、设施装备

（一）运营车辆

截至2020年底，我国城市公共汽电车运营车辆数70.44万辆（折合80.15万标台），比2019年增加1.11万辆（折合1.00万标台），同比增长1.6%（标台数同比增长1.3%）。其中，新能源运营车辆数（包括纯电动客车、混合动力车）46.61万辆，占我国城市公共汽电车运营车辆总数的66.2%，比2019年增加5.64万辆，同比增长13.8%。快速公交系统（BRT）运营车辆数9891辆，占我国城市公共汽电车运营车辆总数的1.4%，比2019年增加389辆，同比增长4.1%。2020年我国城市公共汽电车运营车辆燃料类型情况详见图3-6-1。

（二）运营线路

截至2020年底，我国共有城市公共汽电车运营线路70643条，比2019年增加4913条，同

表3-6-1 2020年我国城市公共汽电车发展情况

数据类型	单位	2020年	比2019年新增	同比增长率
运营车辆数	辆	704381	11118	1.6%
	标台	801477.0	10004.8	1.3%
新能源运营车辆数	辆	466147	56435	13.8%
BRT运营车辆数	辆	9891	389	4.1%
运营线路条数	条	70643	4913	7.5%
运营线路长度	公里	1482142	145964.6	10.9%
BRT线路长度	公里	6682.2	532.4	8.7%
无轨电车线路长度	公里	1284	121.2	10.4%
公交专用车道长度	公里	16551.6	1599.9	10.7%
场站面积	万平方米	9838.4	919	10.3%
经营业户数	户	4252	108	2.6%
运营里程	亿公里	302.79	-51.31	-14.5%
客运量	亿人次	442.36	-249.40	-36.1%
BRT客运量	亿人次	11.51	-5.96	-34.1%

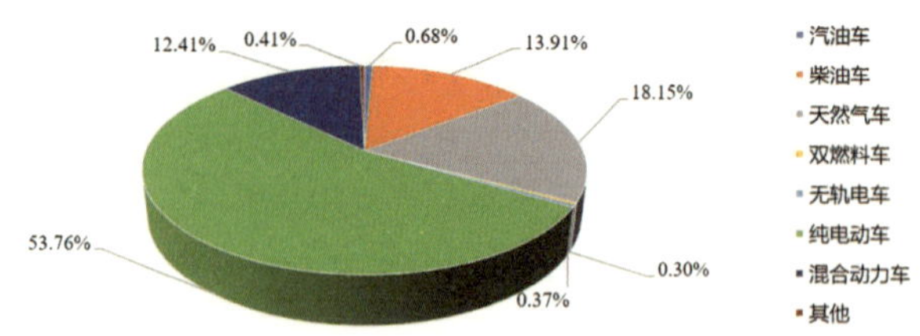

图 3-6-1　2020 年我国城市公共汽电车运营车辆燃料类型情况

比增长 7.5%。运营线路长度 148.21 万公里，比 2019 年增加 14.60 万公里，同比增长 10.9%。公交专用车道长度 16551.6 公里，比 2019 年增加 1599.9 公里，同比增长 10.7%。无轨电车运营线路长度 1284 公里，比 2019 年增加 121.2 公里，同比增长 10.4%。

2020 年我国 31 个省（自治区、直辖市）中有 10 个省份城市公共汽电车运营线路条数超过全国平均水平（2279 条），其中浙江 7181 条、山东 6698 条、广东 5933 条。21 个省（自治区、直辖市）线路条数低于全国平均水平。

（三）运营场站

截至 2020 年底，我国城市公共汽电车场站面积共计 9838.4 万平方米，比 2019 年增加 919 万平方米，同比增长 10.3%。车均场站面积 122.8 平方米／标台，比 2019 年增加 10.1 平方米／标台，同比增长 9.0%。

截至 2020 年底，我国 31 个省（自治区、直辖市）平均场站面积 317.4 万平方米。12 个省（直辖市）高于全国平均水平，其中山东 1002.7 万平方米，广东 868.7 万平方米，江苏 731.5 万平方米。

二、经营主体

截至 2020 年底，我国城市公共汽电车经营业户共计 4252 户，比 2019 年增加 108 户，同比增长 2.6%。城市公共汽电车经营业户数较多的省（自治区）有山东（293 户）、黑龙江（272 户）、四川（253 户）、广东（239 户）和内蒙古（217 户）。2020 年我国 31 个省（自治区、直辖市）城市公共汽电车经营业户数情况详见图 3-6-2。

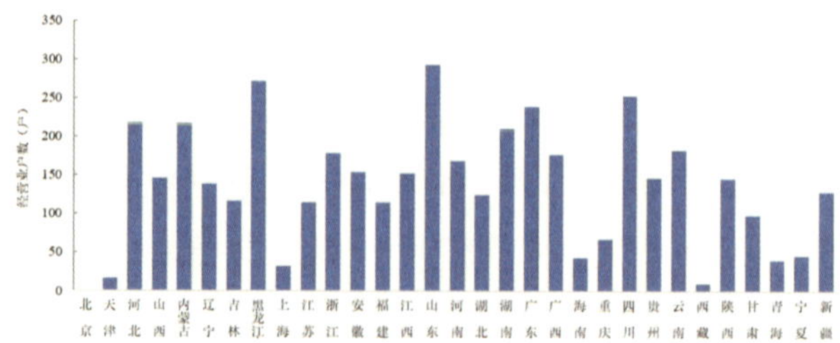

图 3-6-2　2020 年我国 31 个省（自治区、直辖市）城市公共汽电车经营业户数情况

三、运营指标

2020 年，各地城市公共汽电车企业采取停运、限制满载率等方式积极配合新冠疫情防控，各项运营指标与 2019 年相比出现较大幅度下降。2020 年，我国城市公共汽电车运营里程 302.79 亿公里，较 2019 年减少 51.31 亿公里，降幅 14.5%；城市公共汽电车客运量 442.36 亿人次，较 2019 年减少 249.40 亿人次，降幅 36.1%。

2020 年，我国城市公共汽电车车均运营里程为 4.30 万公里／辆，36 个直辖市、计划单列市、省会城市公共汽电车车均运营里程平均值为 4.45 万公里／辆。其中 17 个城市高于 36 个城市平均水平，19 个城市低于 36 个城市平均水平。

四、快速公交系统（BRT）

（一）总体情况

截至 2020 年底，我国有北京、大连、上海、常州、连云港、盐城、杭州、温州、绍兴、金华、义乌、舟山、合肥、厦门、南昌、抚州、济南、枣庄、滕州、济宁、临沂、郑州、武汉、宜昌、常德、永州、广州、中山、南宁、柳州、成都、贵阳、兰州、银川、乌鲁木齐共 35 个城市开通了 BRT。2020 年无新增开通 BRT 城市。

截至2020年底，我国BRT运营车辆数为9891辆，比2019年增加389辆，同比增长4.1%。全国BRT线路总长度达6682.2公里，比2019年增加532.4公里，同比增长8.7%。

（二）运营车辆

截至2020年底，我国开通BRT城市的平均运营车辆数为283辆，其中高于1000辆的城市有3个，分别为郑州1800辆、合肥1235辆、广州1024辆。

2020年全国BRT运营车辆数同比增长4.1%。10个城市BRT运营车辆增长率超过全国平均水平。14个城市BRT运营车辆数与2019年持平，9个城市BRT运营车辆数有所减少。

（三）运营线路

截至2020年底，开通BRT城市运营线路平均长度为190.9公里。共有13个城市超过平均水平。

2020年全国BRT运营线路长度同比增长8.7%。9个城市BRT运营线路长度增长率超过全国平均水平，16个城市BRT运营线路长度与2019年持平。

第二节　城市轨道交通

截至2020年底，我国已有北京、天津、石家庄、太原、呼和浩特、沈阳、大连、长春、哈尔滨、上海、南京、无锡、徐州、常州、苏州、昆山、淮安、杭州、宁波、温州、合肥、福州、厦门、南昌、济南、青岛、郑州、武汉、长沙、广州、佛山、深圳、珠海、东莞、南宁、三亚、重庆、成都、昆明、西安、贵阳、兰州、乌鲁木齐43个城市开通了城市轨道交通线路，其中2020年新开通城市2个，分别为太原、三亚。

一、行业规模

截至2020年底，全国共计开通城市轨道交通运营线路226条，同比增长18.9%。运营里程7354.7公里，同比增长19.2%，其中地铁6595.1公里，轻轨217.6公里，单轨98.5公里，有轨电车305.5公里，磁悬浮列车56.7公里，自动导向系统6.3公里，市域快速轨道75.0公里。车站4766个，同比增长18.9%。其中换乘站466个，同比增长26.6%。配属车辆共计49424辆，同比增长20.6%。2020年我国城市轨道交通运营员工数364833人，经营业户66户。2020年我国城市轨道交通总体发展情况见表3-6-2。

（一）运营线路

2020年我国城市轨道交通新增运营里程1182.5公里，同比增长19.2%，增长率较2018

表3-6-2　2020年我国城市轨道交通总体发展情况

数据类型		单位	2020年	比2019年新增	同比增长率
开通运营城市数		个	43	2	4.9%
运营线路条数		条	226	36	18.9%
运营里程		公里	7354.7	1182.5	19.2%
车站数		个	4766	759	18.9%
	换乘站数	个	466	98	26.6%
配属车辆		辆	49424	8426	20.6%
经营业户数		户	66	7	11.9%
运营员工数		人	364833	35466	10.8%
客运量		亿人次	175.9	-62.9	-26.3%
旅客周转量		亿人公里	1480.5	-514.4	-25.8%

年和 2019 年有所增加。2010—2020 年我国城市轨道交通运营里程变化情况如图 3-6-3 所示。

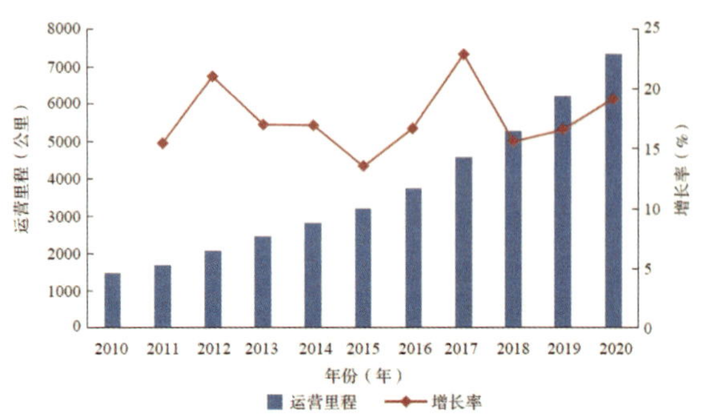

图 3-6-3　2010—2020 年我国城市轨道交通运营里程变化情况

（二）车站

截至 2020 年底，我国城市轨道交通共有车站 4766 个，比 2019 年新增 759 个，同比增长 18.9%。其中换乘站 466 个，比 2019 年新增 98 个，同比增长 26.6%，换乘站占车站总数的 9.8%。

从各城市轨道交通车站数量变化情况看，2020 年呼和浩特、徐州两市由于有新线开通初期运营，运营车站数量大幅度上升，同比增长率均超过 100%。此外，运营车站数量增长较快的城市还有杭州、长沙、石家庄，同比增长率均超过 50%。

（三）车辆

截至 2020 年底，我国轨道交通共有配属车辆数 49424 辆（配属列车数 8483 列），比 2019 年新增 8426 辆（1379 列），同比增长 20.6%。其中地铁配属车辆 46132 辆，轻轨配属车辆 888 辆，单轨配属车辆 802 辆，有轨电车配属车辆 1280 辆，磁悬浮列车配属车辆 98 辆，自动导向系统配属车辆 44 辆，市域快速轨道配属车辆 180 辆。

从各城市轨道交通配属车辆增长情况看，2020 年增长较快的城市有成都、上海、杭州、深圳、西安，分别增长 1714 辆（226 列）、1122 辆（172 列）、876 辆（153 列）、682 辆（105 列）、528 辆（88 列）。

（四）经营业户

截至 2020 年底，我国轨道交通共有经营业户数 66 户，其中江苏居首，共 9 户；广东次之，为 7 户；上海 6 户；浙江 5 户；北京 4 户；辽宁、福建、山东、天津各 3 户；河南、湖北、湖南、云南各 2 户；河北、山西、内蒙古、吉林、黑龙江、安徽、江西、广西、海南、重庆、四川、贵州、陕西、甘肃、新疆各 1 户。

（五）运营员工

截至 2020 年底，我国城市轨道交通运营员工数共计 364833 人，同比增长 10.8%，其中工人或生产人员 306692 人、工程技术人员 20719 人、管理人员 21457 人、其他人员 15965 人，平均每公里配员数 49.6 人。

具体到城市来看，由于线网规模较大，北京、上海、深圳、广州、成都的运营员工数量保持在前列，各城市的城市轨道交通运营员工多以工人或生产人员为主。

二、运输量

截至 2020 年底，我国城市轨道交通进站量共计 109.2 亿人次，完成客运量 175.9 亿人次，客运量比 2019 年减少 62.9 亿人次，同比下降 26.3%。全年完成城市轨道交通旅客周转量达 1480.5 亿人公里，比 2019 年减少 514.4 亿人公里，同比下降 25.8%。全国客运强度平均水平为 0.66 万人次 / 公里。

三、运营指标

2020 年，我国城市轨道交通完成运营车公里 45.29 亿车公里，比 2019 年新增 3.86 亿车公里；13 个城市轨道交通最大载客率大于 100%，与 2019 年相比，减少了大连、天津、西安和武汉，新增了石家庄；最小发车间隔为 105 秒；各城市列车兑现率、列车正点率均超过 99%；各城市列车服务可靠度大于 10 万车公里 / 件。

第三节　出租汽车

截至 2020 年底，我国拥有巡游出租汽车（简称出租汽车）139.40 万辆，比 2019 年增长 0.24 万辆，同比增长 0.2%，其中新能源车辆（纯电动车和混合动力车）13.24 万辆，比 2019 年增加 5.52 万辆，同比增长 71.5%。我国拥有出租汽车经营业户数 15.01 万户，其中个体经营业户数 13.64 万户。

2020 年，全年完成出租汽车客运量 253.27 亿人次，占城市客运量 29.0%，比 2019 年减少 94.62 亿人次，同比减少 27.2%。全年完成出租汽车运营里程 1128.62 亿公里，比 2019 年减少 348.04 亿公里，同比减少 23.6%；里程利用率 63.6%，同比减少 3.9%；次均载客人数 1.84 人，同比减少 2.8%。2020 年我国出租汽车总体发展情况见表 3-6-3。

一、营运车辆

截至 2020 年底，我国拥有出租汽车 139.40 万辆，比 2019 年增加 0.24 万辆，同比增长 0.2%，其中新能源车辆（纯电动车和混合动力车）13.24 万辆，比 2019 年增加 5.52 万辆，同比增长 71.5%。2016—2020 年我国出租汽车营运车辆数变化情况见图 3-6-4。2016—2020 年我国新能源出租汽车车辆数与占比变化情况见图 3-6-5。

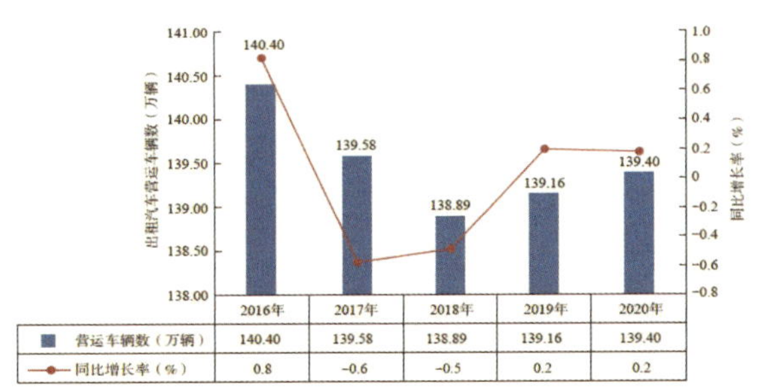

图 3-6-4　2016—2020 年我国出租汽车营运车辆数变化情况

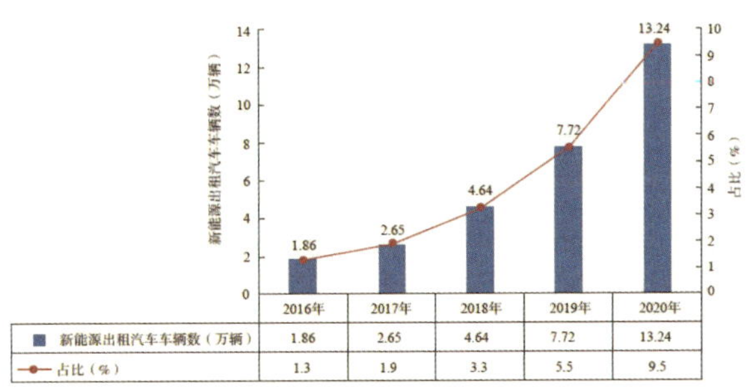

图 3-6-5　2016—2020 年我国新能源出租汽车车辆数与占比变化情况

二、经营主体

截至 2020 年底，我国拥有出租汽车经营业户数 150105 户，比 2019 年减少 185 户，同比减少 0.1%，其中我国出租汽车个体经营业户数 136435 户，较 2019 年减少 944 户，同比减少 0.7%；出租汽车企业共计 13670 户，较 2019 年

表 3-6-3　2020 年我国出租汽车总体发展情况

数据类型	单位	2020 年	比 2019 年新增	同比增长率
运营车辆数	万辆	139.40	0.24	0.2%
新能源车辆数	万辆	13.24	5.52	71.5%
经营企业	万户	15.01	-0.02	-0.1%
个体经营业户	万户	13.64	-0.1	-0.7%
客运量	亿人次	253.27	-94.62	-27.2%
运营里程	亿公里	1128.62	-348.04	-23.6%
里程利用率	%	63.6	-2.5	-3.9%
次均载客人数	人次	1.84	-0.05	-2.8%

增加759户。2020年我国出租汽车企业按车辆规模划分及所占比例情况见表3-6-4。

三、运营指标

2020年，我国出租汽车共完成客运量253.27亿人次，出租汽车运营总里程1128.62亿公里，其中载客里程717.28亿公里，里程利用率63.6%。2016—2020年我国出租汽车运营里程变化情况见图3-6-6。

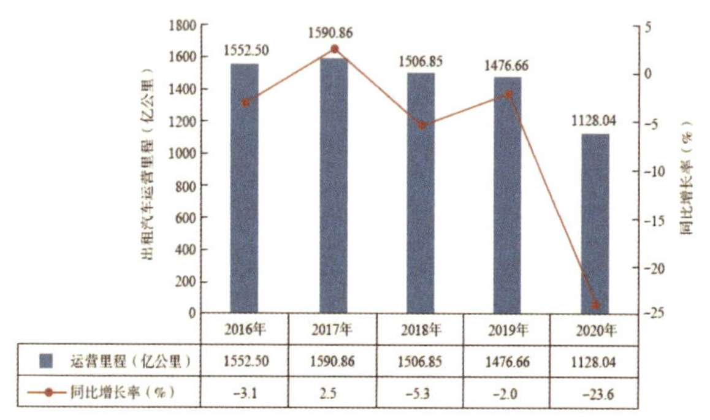

图3-6-6　2016—2020年我国出租汽车运营里程变化情况

2015—2019年我国出租汽车客运量年均减少8.6%。2020年，我国出租汽车共完成客运量253.27亿人次，较2019年减少27.2%，受新冠肺炎疫情影响降低幅度较大。2016—2020年我国出租汽车客运量变化情况见图3-6-7。

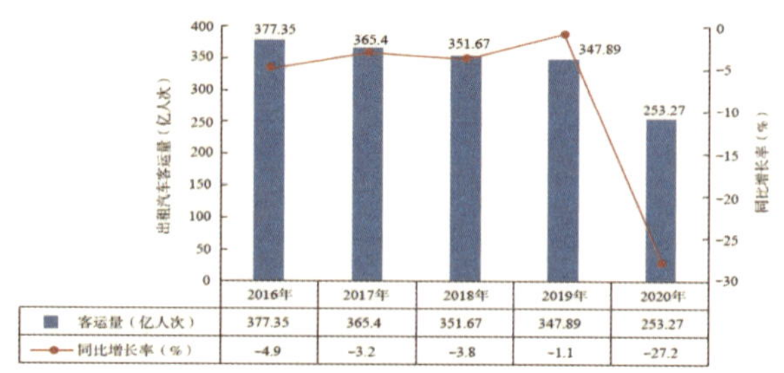

图3-6-7　2016—2020年我国出租汽车客运量变化情况

第四节　汽车租赁

截至2020年底，我国纳入统计的汽车租赁车辆24.38万辆，比2019年增加1.50万辆，同比增长6.6%，其中客车24.37万辆、9座及以下客车23.93万辆，分别比2019年增加1.50万辆和1.48万辆，均同比增长6.6%。纳入统计的汽车租赁企业共7118户，比2019年增加131户，同比增长1.9%；从业人员10.35万人，比2019年增加0.14万人，同比增长1.4%。2020年我国汽车租赁总体发展情况见表3-6-5。

表3-6-4　2019年和2020年我国出租汽车企业按车辆规模划分及占比情况

数量	合计	车辆301辆（含）以上	车辆101～300辆（含）	车辆51～100辆（含）	车辆50辆（含）以下
2020年企业数量（户）	13670	898	2651	2232	7889
所占比例（%）	—	6.6	19.4	16.3	57.7
2019年企业数量（户）	12911	877	2643	2218	7173
所占比例（%）	—	6.8	20.5	17.2	55.6

表3-6-5　2020年我国汽车租赁发展情况

数据类型	单位	2020年	比2019年新增	同比增长率
租赁车辆数	万辆	24.38	1.5	6.6%
客车	万辆	24.37	1.5	6.6%
9座及以下客车	万辆	23.93	1.48	6.6%
经营企业	户	7118	131	1.9%
从业人员	万人	10.35	0.14	1.4%

一、租赁车辆

截至2020年底，我国拥有汽车租赁车辆24.38万辆，比2019年增加1.5万辆，同比增长6.6%。其中5座及以下客车21.11万辆，6~9座客车2.82万辆，10座及以上0.44万辆。2016—2020年我国汽车租赁车辆数变化情况见图3-6-8。2020年我国汽车租赁车辆不同类型划分情况见表3-6-6。

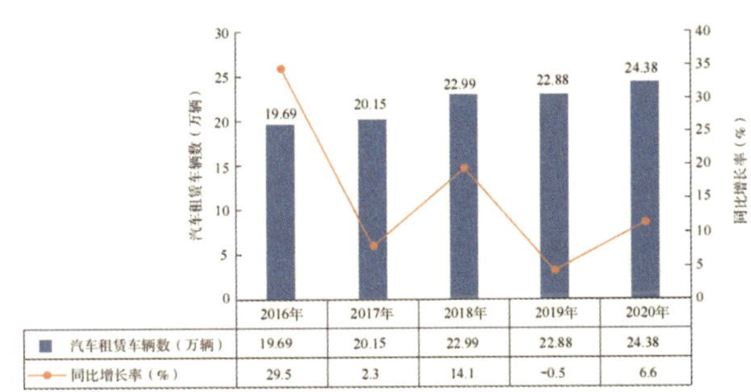

图3-6-8　2016—2020年我国汽车租赁车辆数变化情况

二、经营主体

（一）租赁企业

截至2020年底，我国汽车租赁企业共7118户，比2019年增加131户，同比增长1.9%。2016—2020年我国汽车租赁企业数变化情况见图3-6-9。2020年我国汽车租赁企业按车辆规模划分情况见表3-6-7。

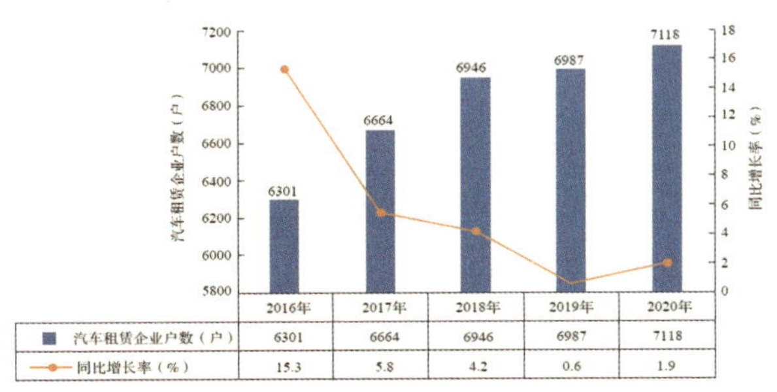

图3-6-9　2016—2020年我国汽车租赁企业数变化情况

（二）从业人员

截至2020年底，我国汽车租赁从业人员10.35万人，比2019年增加0.13万人，同比增长1.3%。2016—2020年我国汽车租赁从业人员数呈持续上升趋势，增幅波动较大。2016—2020年我国汽车租赁企业从业人员数变化情况见图3-6-10。

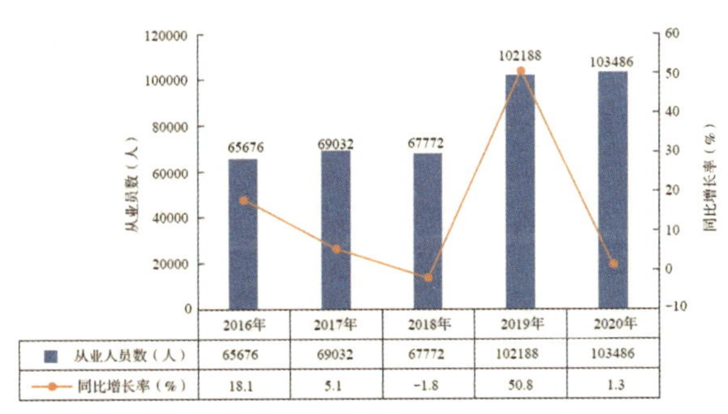

图3-6-10　2016—2020年我国汽车租赁从业人员数变化情况

表3-6-6　2020年我国汽车租赁车辆不同类型划分情况

车辆类型 / 车辆数	客车				货车
		5座及以下	6～9座	10座及以上	
2020年车辆数（万辆）	24.37	21.11	2.82	0.44	0.01
占总量比例（%）	99.96	86.59	11.57	1.80	0.04

表3-6-7　2020年我国汽车租赁企业按车辆规模划分情况

车辆数 / 业户数	10辆以下	10～49辆	50～100辆	101～300辆	301～999辆	1000辆及以上
2020年业户数（户）	4485	1933	345	225	90	40
占总量比例（%）	63.0	27.2	4.8	3.2	1.3	0.6

第五节　交通运输新业态

2020年，新冠肺炎疫情对城市出行结构带来了深刻影响。疫情期间，互联网租赁自行车、分时租赁等交通运输新业态出行模式深受欢迎。交通运输部采取多项措施，激发交通运输新业态活力，服务疫情防控和复工复产工作，同时指导交通运输主管部门，督促企业严守安全底线，切实保障公众出行安全。

一、发挥部际联席会议制度作用，汇聚协同监管工作合力

一是交通运输部组织召开了多次交通运输新业态协同监管部际联席会议全体会议和联络员会议，会商研究疫情防控、复工复产和行业安全稳定等工作。二是交通运输部指导上海、河北、福建、甘肃等多个省份在地方层面建立了多部门协同监管联席会议制度。三是交通运输部会同中共中央网络安全和信息化委员会办公室、公安部、国家市场监督管理总局等部门多次约谈有关平台公司，督促企业落实安全主体责任。

二、持续深化改革，促进新老业态融合发展

一是制定发布了《小微客车租赁经营服务管理办法》（交通运输部令2020年第22号），规范分时租赁经营行为，促进小微型客车租赁行业规范发展。二是指导北京、厦门在新老业态融合发展、巡游车运价等方面探索改革，发挥试点引领作用。三是指导各地贯彻《交通运输部　国家发展改革委关于深化道路运输价格改革的意见》（交运规〔2019〕17号），江苏、吉林、青海等省份出台了落实意见。山西、江苏、安徽、福建等省内多个城市已实施巡游车政府指导价。

三、创新监管方式，规范交通运输新业态健康发展

2020年8月，交通运输部发布《交通运输部办公厅关于学习借鉴加强信用监管推动交通运输新业态规范健康发展有关经验做法的通知》（交办运函〔2020〕1283号），推介部分省市创新信用监管方式，规范互联网租赁自行车等交通运输新业态发展的典型工作经验做法，指导各地开展互联网租赁自行车服务质量信誉考核，量化形成考核指标体系，发挥多部门联合监管作用，对运营企业的严重违规行为实行“一票否决”，并强化结果应用，完善车辆投放机制。

第七章　民用航空

第一节　民航规划与实施总体情况

一、民航发展“十四五”规划编制情况

按照《民航局关于开展“十四五”规划编制工作的通知》要求，民航局高质量推进“十四五”规划编制工作。持续优化民航“十四五”规划体系，形成“1+13+7”的规划体系。创新高效开展前期课题研究和分区域实地调研工作，面向社会公众开展“民航‘十四五’请您来建言”活动。积极与国家发展改革委、交通运输部、海关总署和国家铁路局等有关部门沟通对接。截至2020年底，民航发展“十四五”总体规划已进入征求意见阶段；各专项和区域规划编制也在按计划推进中。

二、粤港澳民航协同发展指导意见编制情况

2020年7月3日，民航局印发实施《关于支持粤港澳大湾区民航协同发展的实施意见》，提出以打造更高质量、更加协调、更可持续、更具国际竞争力的世界级机场群为目标，以构建统筹有力、竞争有序、共建共享、深度融合的民航协同发展新格局为保障，着力推进改革创新，不断深化互利合作，努力将粤港澳大湾区建设成为民航深化改革开放的排头兵和新时代民航强国建设的先行区，为建设世界一流湾区提供有力支撑。

三、航空枢纽战略规划编制情况

民航局会同陕西省人民政府联合印发实施《西安国际航空枢纽战略规划》，启动《湖北武汉航空客货“双枢纽”战略规划》编制工作。

第二节　民航基础设施建设

2020年，全行业完成固定资产投资总额1627.6亿元。其中，民航基本建设和技术改造投资1081.4亿元，同比增长11.6%；飞机购置及租赁投资546.2亿元，同比减少35.8%。

2020年，新建玉林福绵、于田万方、重庆仙女山、迁建安康机场建成投产。全行业全年新开工、续建机场项目114个，新增跑道4条，停机位377个，航站楼面积170.8万平方米。

第三节　民航运输服务

一、民航运输主要指标完成情况

2020年，全国航空公司共完成飞行小时876.22万小时；运输总周转量798.51亿吨公里，比2019年下降38.26%；旅客运输量4.18亿人次，比2019年下降36.69%；货邮运输量676.61万吨，比2019年下降10.16%。

二、国内、国际航线开通情况

（一）国内航线开通情况

截至2020年底，民航局累计已颁发10280条国内（不含港澳台，下同）客运航线经营许可，其中2020年新颁发3648条国内客运航线经营许可，涉及新开辟航线1312条。2020年为13家货运航空公司颁发全国范围的货运经营许可，

上述航空公司可运营所有国内货运航线。

截至2020年底，共有23家航空公司获得内地与香港间航线经营许可，其中15家公司运营客运航线、9家公司运营货运航线（国泰航空同时运营客运和货运航线）；17家航空公司获得内地与澳门间航线经营许可，其中15家公司运营客运航线、2家公司运营货运航线；26家航空公司获得两岸航线经营许可，其中19家公司运营客运航线、9家公司运营货运航线（华荣航空和中华航空同时运营客运和货运航线）。

（二）国际航线开通情况

根据2020年底航班计划，共计109家航空公司（19家国内航司、90家外航）与57个国家保持定期客运航班飞行，每周共计321班，其中国内航司171班、外航150班；共计92家航空公司（17家国内航司、75家外航）与48个国家保持定期货运航班飞行，每周共计2609班，其中全货运航班1559班（内航800班、外航759班），客改货1050班（内航371班、外航679班）。

三、航班正常率

民航局始终坚持“控总量、调结构”的战略定力，着力构建“航空公司运行管理、机场保障管理、空管指挥服务管理和政府监督管理”四个体系，大力推进新技术应用，健全航班正常考核机制，逐步形成航班正常齐抓共管、多元共治的良好格局。2020年航班正常率达88.52%，连续三年超过80%，民航系统已初步具备较为成熟有效的航班正常治理能力和治理体系。

四、服务保障能力和品质提升情况

2020年，民航系统开展为期8个月的“民航服务质量品牌建设”专项行动，不断强化真情服务能力，优化服务大流程，着力打造中国民航服务品牌。截至2020年底，全国233个机场实现了国内航班无纸化便捷出行，千万级机场国内旅客自助值机占比超过7成，旅客排队时间大大减少；空中餐食品种不断丰富、质量稳步提升，机场餐饮基本实现“同城同质同价”；RFID（射频识别技术）行李跟踪系统建设进入“串线成网”阶段，行李运输质量明显改善；机上Wi-Fi建设加快推进，19家航空公司的653架飞机为近1000万旅客提供客舱无线网络服务；15家千万级机场试点“旅客差异化安检”，过检效率明显提升；航空公司在空铁联运方面进行探索，在部分机场航站楼实现“一站购票、一证通关、无缝衔接”；建立民航旅客遗失物品查询平台，37家机场完成平台上线，实现旅客遗失物品信息共享，及时查询；12326在业务量增加5倍的情况下，电话接听率达到95%以上，国内航空公司响应率100%，“民航旅客投诉”App上线运行，旅客投诉渠道更加畅通。服务品质得到根本性改善，得到人民群众广泛赞誉，民航在综合运输体系中的比较优势得到进一步发挥。

五、重大航空运输情况

2020年，民航局根据国务院联防联控机制部署和其他相关单位、部委需求，共组织35家国内航空公司执行疫情防控重大航空运输任务1281架次，运输人员14.66万名、物资5137吨。其中，执行援鄂医疗队往返运输任务593架次，运输援鄂医护人员73425人次、携行物资2552.7吨；执行接运滞留海外中国公民回国任务254架次，接回境外滞留公民54621人；执行援外运输任务39架次，运送援外医疗队和工作组574人次、抗疫物资205吨；执行企业复工复产任务74架次，运输中石油、中石化、三星等企业员工11825人；执行健康包运输任务116架次，向美国、英国、日本、俄罗斯等25国运输健康包物资808吨。

六、危险品运输情况

（一）落实《危险品航空运输安全专项整治三年工作方案》

自2020年5月起开展危险品安全专项整治，巩固危险品航空运输安全管理体系建设成果，督促完善组织架构、梳理化解风险隐患；持续部署危险品航空运输安全监察工作，通过交叉检查等方式，加大隐患排查力度；完善《锂电池机上应急处置指南》，指导航空公司快速有效处置；督促危险品地面服务代理人与航空公司进一步完善危险品运输保障协议，明确各方权责，完善重点区域应急防护措施。

（二）推进危险品航空运输规章规定修订工作

推进《民用航空危险品运输管理规定》修订工作，明确规章适用范围，简化危险品运输许可审查程序，充分发挥新的航空技术装备在保障安全中的作用，为民航企业强化自我管理提供动力。

（三）推进危险品货物航空运输信用管理体系建设试点

持续推进危险品货物航空运输信用管理体系建设试点工作，要求各管理局引导辖区内有代表性的区域及企业实施危险品航空运输信用管理体系建设，努力营造危险品货物航空运输诚信环境，推进各地区危险品航空货物运输持续健康发展。

（四）全面开展超期存储危险品货物处置工作

下发《关于切实做好超期存储危险品货物处置工作的通知》，要求各地区管理局组织进行全面清查处置，已协调海关、环保等部门共处置清理超期存储危险品货物93票、274件、5387.2公斤，全国超期存储危险品货物已处置清理完毕。

第四节　民航安全管理

2020年，全国民航完成运输飞行876.2万小时、371.1万架次，旅客运输量4.2亿人次，分别恢复至2019年的71.2%、74.7%和63.3%。运输航空实现“120+4”个月、8943万小时的连续安全飞行记录，累计安全运送旅客46.2亿人次，并连续实现18年空防安全。通用航空飞行98.4万小时，恢复至2019年的92.4%。经营类无人机飞行159.4万小时，同比增长36.4%。

一、强化政治担当

（一）深入贯彻习近平总书记重要指示批示精神

迅速传达学习党的十九届五中全会精神，深入学习总书记关于安全生产的重要论述，深刻把握民航安全工作的政治属性。中国民航系统全面梳理“26条措施”落实情况，专项督查725项细化措施。历时两年圆满完成“5·14”四川航空A319飞机驾驶舱风挡空中爆裂事件调查，获得全球民航界高度认可。运输航空安全飞行十周年之际，召开专题会议，再揭伤疤、警钟长鸣，修改安全记录表述为“120+N”，以“归零心态”再出发。

（二）全面开展“三个敬畏”主题宣教

“敬畏生命、敬畏规章、敬畏职责”深入人心，征文反响热烈，以3700余篇的数量创民航历年征文活动之最。印发《关于促进民航安全从业人员工作作风建设的指导意见》，建立负面清单制度，明确党委抓安全作风建设的责任。以“敬畏调查职责，守护航空安全”为主题的全国民航航空器事件调查竞赛扎实开展，以“敬畏2020”为主题的民航史上最大规模应急救援综合演练顺利实施。圆满完成重大运输保障任务。

二、疫情应对及时到位

（一）积极主动抓好疫情初期安全

认真落实“四保”政策和“三防”要求，有效应对民航应急运输任务多、航班量锐减、一线人员技能下滑等新型风险。强化防疫物资航空货运安全保障机制。

（二）统筹兼顾巩固常态阶段安全

“抓作风、强三基、守底线”三个月专项安全整顿扎实开展，在暑运季节性风险和复工复产双重压力下，连续4个月机组责任原因运输征候零发生，主要安全指标好于历年同期。优化安全信息系统，在现场监管受阻情况下及时将安全信息传递到基层。抓住典型事件点名通报，及时发布风险警示。

（三）多措并举确保秋冬季节安全

冬季运行前开展为期一个月的行业安全督导，为岁末年初民航工作创造良好的安全环境。针对国内外疫情形势变化，动态开展安全宣传教育、自查整改和检查督导。专项调研疫情对安全的影响，编制风险管理手册。为取得防疫斗争重大胜利创造了良好的安全运行环境，多次得到国家领导人的高度评价。

三、政策措施科学有效

（一）行业安全调查能力持续提升

《民用航空器事件调查规定》（CCAR-395R2）正式生效实施，相关系列配套文件相继出台，搭建形成以CCAR395为核心的民航调查规章体系。完成首家调查培训合格机构评审，实现调查员培训的全链条管理。委任首批216名民用航空器事件调查员并颁发证件，筛选建立调查国际化人才储备库，调查独立性和国际化程度不断提升。

（二）调查对安全贡献率不断增强

密切跟踪乌克兰航空B738坠机、土耳其飞马航空B737着陆冲出跑道、巴基斯坦国际航空A320坠机等国际事故调查动态，组织编译信息快报，科学分析运行风险，及时向行业发布安全警示。

四、隐患整治持续深化

（一）安全专项整治扎实开展

认真落实国务院安全生产委员会部署，制定《民航安全专项整治三年行动实施方案》，在政务网开设行动专栏，建立专班机制、定期报告制度，形成44项任务清单。组织为期三个月的通航安全整顿及警示教育。开展军民航运行、危险品运输、通航运行等集中督查，深入推动专项整治。历时近两年的喀什机场核桃林整治工作圆满完成。

（二）安全监管效能持续提升

加强对东方航空、海南航空、深圳航空等重点单位监管，实施基于数据分析的安全督查。取消机场飞行区运行情况快报、周报和月报机制，纳入航空安全信息系统管理。积极推进飞行品质监控基站二期建设和实体化运行。开展三次北京大兴国际机场转场专项督导，确保重大项目安全实施。

（三）重点风险防范精准有力

坚持底线思维，对737MAX设计更改开展全面深入的认可审查。围绕可控飞行撞地、跑道安全、飞行失控等重点风险，发布航空安全预警警示11期。

五、安全发展扎实稳健

（一）治理力度不断加大

发布《民航生产安全责任事故领导责任追究暂行规定》，强化对“关键少数”的安全责任追究。依法依规加强监管，实施行政约见162次、行政处罚338起，将4家单位、22名从业人员列入行业严重失信名单。通航委托调查单位达66家。精准、差异化和非现场监管等模式不断成熟，监管效能进一步增强。

(二)“三基”建设不断深入

全年共培训安全管理人员7706人次，安全能力提升公益课堂培训16万人次。设立“通航安全宣讲日”，定期向全部通航单位提供免费远程安全培训。开设“全国安全宣传咨询日”专栏、联合社会力量推广“三基”建设宣教片等做法得到广泛认同。与时俱进完善民航法规体系，开展《民用航空器事故调查条例》制订。中国民航运输航空实现安全飞行十周年，创造并在继续保持更长的安全飞行记录。

第五节 通用航空

2020年，民航局认真贯彻落实《国务院办公厅关于促进通用航空业发展的指导意见》（国办发〔2016〕38号），按照“分类管理”的理念，持续深化“放管服”改革，优化营商环境，拓展改革试点，激发市场活力；开展“通航安全教育日”宣讲活动，加强企业自律和“三基”建设，夯实发展基础；加快通用航空法规体系重构，全面修订《通用航空经营许可管理规定》《民用航空器维修人员执照管理规则》《民用航空器事件调查规定》等多部民航规章，配套《通用航空短途运输管理暂行办法》《通用航空包机飞行管理暂行办法》等系列规范性文件，加强政策供给；发布《关于发挥好通用航空在疫情防控中作用的通知》，制定两版《通用航空疫情防控技术指南》，助力疫情防控和复工复产；加大应对新冠肺炎疫情政策支持，持续惠企纾困；鼓励支持通用机场建设，加强通用航空价格收费监管；加快低空飞行服务保障体系和航油供应体系建设，更新目视航图及通用机场情报资料汇编，完善通用航空服务保障；引导扶持无人机新兴业态发展，注入发展活力，形成传统通用航空稳中有进，新兴通用航空快速发展的良好局面。

截至2020年底，中国通用航空企业达523家，运营航空器2892架，较2019年分别净增45家、185架；全年实现通用航空飞行98.4万小时，恢复至疫情前2019年的92.4%。2020年，全国纳入行业管理的通用机场数量达到339座，已建成24个通航飞行服务站，航油供应覆盖90%以上通用机场，通用航空服务保障能力明显提升。民航监察员依法规范通用航空市场秩序，完成10996条次检查项目，发现问题360条，企业整改完成率100%。

在传统通用航空领域，我国实现载客类经营飞行8.96万小时，作业类飞行15.06万小时，培训类飞行36.94万小时，其他类经营飞行4.22万小时，非经营性飞行33.21万小时，其中，通用航空短途运输飞行1.32万小时，运送旅客4.79万人次。全国累计开通低空旅游航线百余条，涉及5A级景点50余个，航空飞行营地数量超过400个，参与空中游览和高空跳伞飞行服务消费的游客分别达到34.19万人和5.16万人。新冠肺炎疫情初期，全国141家通用航空企业使用1002架航空器执行378次紧急疫情防控任务，累计飞行2362.41小时、7189架次，运输相关人员89人次，运送各类药品和物资90.96吨，通用航空在应急救援领域的战略作用凸显。

在无人机新兴业态领域，民航局秉持审慎包容原则，加大力度支持无人机在通用航空的应用，积极推进无人机立法相关工作；建立无人机云平台，接入8家无人机制造商54种机型飞行动态数据；批准设立13个民用无人驾驶航空试验基地；扩大无人机物流配送试点范围，开辟助力精准脱贫攻坚新路径。

截至2020年底，全行业注册无人机共51.7万架，参与民航局无人机云交换系统的无人机飞行小时达183万小时，其中无人机企业超过1万家，保有商用无人机13.1万架；在无人机物流配送试点地区，安全飞行4.68万架次、8103.4小时，配送特色农产品5万余单、149.17吨。

第六节 空中交通管理

2020年，空管系统全力打赢打好了三场战役。一是打赢空管运行保卫战，实现安全效率双提升。全年共保障运输航空起降754万架次，保障首都机场分流航班856班，保障驰援武汉飞行2576班，连续三年保持“零事故、零事故征候”安全记录；航班正常率达到88.52%，同比提高6.87个百分点，再创新高。二是打赢疫情阻击战，有力服务了民航疫情防控工作大局。科学制定防控措施，着力强化应急指挥，在欧洲美国等多地由于疫情影响造成塔台关闭的情况下，全系统以管制人员零感染、安全运行零事故的优异成绩保障了空管服务不间断。三是打赢扶贫攻坚战，超额完成民航局下达的指标任务。通过行业扶贫、消费扶贫、教育扶贫、产业扶贫、驻村扶贫等措施，推进18项扶贫攻坚重点任务，累计投入各类扶贫资金2471万元，超额完成全年任务目标，为策勒、于田两县如期脱贫、与全国一道全面建成小康社会提供了有力支持。

一、空管行业管理

（一）航班时刻管理情况

出台《货邮飞行航班时刻配置政策措施》；出台《民航局关于“精准控、精细调”工作指导意见》，实施以“容流匹配”为核心、以“容需平衡”为目标的差异化航班调控政策，将“精准控、精细调”工作融入民航高质量发展体系；调整2020年航班时刻换季办公模式，转变换季办公模式，在疫情防控常态化背景下，以扩大内需为战略基点，贯彻落实民航局党组“精准控、精细调”工作决策部署，发挥民航局宏观政策引导作用，激发市场活力，由各地区管理局根据保障能力和市场需求确定发展速度指标、制定相应政策措施，确保航班运行量与安全保障能力相匹配，精细调整航班时刻结构，更好满足经济社会对民航发展的需求。

（二）机场容量管理情况

研究下发《机场容量评估机构管理暂行办法》和《关于进一步规范机场容量评估管理工作的通知》，下发《关于公布机场容量评估机构白名单（第一期）的通知》和《关于印发第一期机场容量评估专家库的通知》，完成了长沙黄花、成都两场、南京禄口、贵阳龙洞堡、武汉天河、福州长乐国际机场容量调整批复。

（三）民航无线电管理情况

不断提升民航无线电管理能力及政务服务品质，组织完成“航空器电台检查”App应用的开发，基于移动互联网和智能分析技术，通过手机实现民用航空器电台现场检查的数据采集、信息上报、电台执照核发及检查任务监控等应用，解决航空器数量快速增长，检查人员数量不足的问题。积极开展国际交流，推广中国经验，向亚太地区各国介绍中国民航开展卫星导航地基增强系统（GBAS）频率指配研究，以及同跑道双向仪表着陆系统同频运行时信号监测工作，组织编写《亚太地区航空频率使用指导材料》，参加亚太地区甚高频通信频率容量评估等工作。

全年指配民航无线电专用频率共计240个，为航空器、机场场面车辆指配民用航空24位地址编码共计515个，核发民用航空器电台执照共计3312本。

二、空管运行管理

（一）抓好特殊时期安全运行

全系统深入开展“抓作风、强三基、守底线”安全整顿活动，加大对国际航班等输入性风险防控力度，对苗头性、倾向性问题重点整治，对安全问题突出的地区和单位及时约谈提醒，安全隐患和风险得到有效管控。狠抓人员资质能力建设，完成各专业资质能力排查6298人次，开发管制员初始选拔测试（CISTA）系统，及时发布管制业务管理通告、无线电通话用语和雷达管制移交等操作指引，通过互联网等技术手段做好技能巩固性训练。建立健全无线电干扰协同排查机制，及时处置航空无线电干扰事件。加强应急管理体系建设，完善应急手段，研究理顺应急接管关系，强化公共突发事件和各类特情协同处置，及时采取值班人员战略封闭备份、梯队接替和应急接管等一系列有力措施，圆满完成了两会、十九届五中全会、第三届中国国际进口博览会等重大保障任务。

（二）抓住疫情窗口期加快保障能力提升

持续优化空域结构，京广大通道建设加快推进，海南、杭州、南疆地区空域调整方案顺利实施，全年共新辟航线25条，净增扇区24个。28个重点工程全面复工，青岛新机场空管工程、信息和网络安全管理系统工程等重大项目按计划推进，“三中心”工程、成都新机场空管工程整体竣工，大兴空管实现双塔运行，全年政府性基金整体执行率达到95%，连续五年保持90%以上。持续推进全国流量管理系统研发，研究完善配套运行规则和程序，东北地区率先启动试验运行，标志着全新的中央化、统一化、垂直化的流量管理体系正式实施。持续提升设备保障能力，推进设备分级管理和台站无人值守，加强自动化备份系统常态化使用和系统升级改造，保障民航通信网顺利过渡运行。加快气象保障能力提升，推进全国民航天气雷达网一期建设，深化管制气象融合，机场预报准确率达到92%。加强航空情报资料质量管控，推动建立航行资料汇编修订协调机制，做好运行环境数据库维护，开展数字化航路航线图验证推广，完成航空情报自动化系统升级改造，初步具备了机载导航数据生产能力。

（三）强化改革创新提高协同发展质量

适应军民航空管深度融合发展需要，加快空管保密体系建设，开展管制员分类管理研究，配合开展米英制转换论证工作，组织了区域适应性调整研究，简化军民航运行对应关系，编制完成民航管制中心布局方案。试点开展管制岗位复训改革、首席预报员聘用以及通导岗位优化工作。持续深化所属企业改革，初步搭建资本运营平台，完成7家非公司制企业改革。落实国家和民航局纾困惠企政策，采取有力措施帮助下属企业渡过难关。加快智慧空管建设步伐，广泛推广CDO/CCO、ADS-B等新技术，开展点融合系统、机场地图数据库应用等试点工作，推进GBAS等国产自主卫星导航技术应用和PBCS（基于性能的通信与监视）监控平台建设，CDM（协同决策）信息点播系统服务范围扩展到134个机场，北京大兴国际机场具备了基于A-SMGCS四级和三类B盲降的低能见度运行能力。大力支持通航发展，升级通航信息服务平台，持续完善目视飞行航图，在山东、宁夏开展通航飞行计划军民航联合审批试点工作，进一步规范通航业务流程。及时调整国际交流合作方式和策略，确保疫情期间多双边合作不停摆，广泛参与线上国际会议，与国际空管协会（CANSO）及周边国家积极分享疫情防控经验，在世界舞台贡献了中国方案。与柬埔寨正式移交气象情报发布职责，中日韩流量管理协同试验平台正式上线运行，中俄联合体成功获批全球空间天气中心，并成功发布首份测试报，对外开放合作取得了新成绩。

（四）发挥一体化优势持续提升系统治理效能

研究出台《推进空管系统治理体系和治理能力现代化的指导意见》，组织编制空管系统

“十四五”规划和各专项规划，发布CAAMS（中国民航空管现代化发展战略）实施路线图。深化法治空管建设，“手册空管人”和法定自查工作稳步推进，全年出台各类规范制度58部。建全工资总额决定机制，实现工资总额与保障架次、劳动生产率、人工成本等要素挂钩。加强人才队伍建设，启动三个“百人计划”。创新培训模式，举办7期“智慧空管大讲堂”，有序组织“管制+1”学生复课，开展线上国际化管理人才培训。特别是空管云课堂已经进行了65期，收看人员达到35万人次，港澳地区和空军管制人员广泛参与，国内多所大学将其列入培训教程。首次发布管制员发展蓝皮书，对包括中小机场在内的管制队伍进行了系统分析，为培养总量和质量更加优化、结构和分布更趋合理的管制队伍打下基础。举办首次空管系统网络安全攻防演习，防护能力得到了全方位检验。财务管理更加规范，积极应对收入下滑挑战，规范自有资金管理，加大资金盘活力度，强化资金统筹使用和预算精细化管理，大幅压减公用经费预算17亿元。扎实开展预算执行、财务收支、内部控制以及重大建设项目全过程跟踪审计，完成38家单位内部审计，抓好审计署延伸审计和空管局党政主要领导任期审计问题整改落实。

第七节　飞行标准

一、完善飞标监管体系，实现安全监管效能新突破

（一）完善规章标准体系

完成《飞行标准管理条例》草案制定和报审，发布《大型飞机公共航空运输承运人运行合格审定规则》（CCAR-121R6）和《民用航空器维修人员执照管理规则》（CCAR-66R3），推进《飞行签派员执照管理规则》（CCAR-65部）等9部规章修订，制修订《飞行模拟训练设备质量管理系统》等21份规范性文件，发布《客舱装载货物》等5份运行安全通告。

（二）深挖系统监察效能

通过飞行标准监督管理系统（FSOP）33个业务子系统实现了对2298家行政相对人进行日常监督检查，实施日常检查14235次，检查共发现各类问题和隐患8192项。注重监管大数据的挖掘应用，对问题进行根原因分析，全面把握和解决行业和重点公司突出风险隐患，督促其提升自身能力，实现安全管理良性循环。

（三）创新监管方式

制定境外飞行训练中心远程审定和监管等办法，明确境外CCAR-142合格证管理办法，发布关于做好疫情防控期间飞行模拟训练设备维护和使用管理的通知，探索境外飞行学校远程监察复审方法，以适应疫情常态化下的监管需要。推行无人机驾驶员执照考试管理服务提供方制度试点工作。实施维修工程外委和维修单位多证合一。完善机场飞行程序设计和审查管理，做到按标准审、按程序批。

二、加强队伍建设，实现专业人员资质能力的新提升

（一）强化专业技术人员资质管理

对27.34万名飞行、机务、签派、乘务等专业人员开展日常技术检查、资质排查、联合演练和岗位技能竞赛。发布《运输航空飞行员技能全生命周期管理体系建设实施路线图》，规划未来10年飞行员训练体系改革的实施路径。开展维修人员职业满意度调查，完善信息报告和差错管控机制，组织第一届全国技能大赛飞机维修项目选拔赛。完善运行风险控制能力，组织完成航空承运人运行监控的审定，实现各公司对飞机状态和运行等信息不正常情况的告

警。完成签派执照理论考试题库的修订。

（二）弘扬工匠精神，加强作风管理

从单纯强调技术管理扩展到身心健康、工作作风和诚信体系，组织涵盖 37 万人次的弘扬当代民航精神、“三个敬畏”等宣讲活动。下发《民航维修工作作风管理规范》，规范航线及定检维修工作，对维修作风提出具体实施要求。

（三）强化监察员能力培养

通过修订监察员手册规范全国 661 名飞标监察员的行政审批和日常监管，完善初始、专题培训和复训课程，实现监察员从标准化培养到能力型培养的转变。

三、抓好重要专项和标准推广，实现民航强国新担当

（一）大力支持国产民机安全运行

全面开展 C919 飞机的航空器评审工作，协调组织开展由民航局主导，香港民航处、澳门民航局和欧洲民航局参加的 FSB/FOEB 和 MRB 联合评审。继续开展 ARJ21 飞机的持续评审工作，分别召开有国内主要用户参加的飞行技术委员会、维修技术委员会会议，并到有关航空公司进行走访调研，了解并协调解决 ARJ21 飞机的实际运行问题，为其顺畅运行提供保障。继续开展新舟 60 系列飞机、AC312E 直升机、运 12F 飞机等机型的持续评审工作，为有关机型的优化、升级和适应市场需求提供良好的服务保障。积极配合国产模拟机的研发和实际运用，努力为中国制造投产和运用铺平道路。

（二）推动国产自主设备的应用

完成 10 架波音飞机和 1 架空客飞机的北斗定位与追踪机载设备加改装，位置报告成功率满足 4D/15 要求。

（三）强化标准推广

作为主办国和执行主席，组织召开国际民航组织（ICAO）亚太地区飞行程序项目（FPP）第十二次指导委员会会议，分享中国经验；推动 ICAO 云执照、高原运行、RNP AR 飞行程序等技术文件编写，逐步把中国民航优良理念和标准推向国际。

第八节　适航审定

2020 年，全国新注册航空器 657 架，其中运输飞机 136 架，通用航空器 521 架。2020 年末在册民用航空器总数为 8121 架，其中运输飞机 3956 架，通用航空器 4165 架。2011—2020 年度新注册航空器数量如图 3-7-1 所示。2011—2020 年年末在册航空器数量如图 3-7-2 所示。

图 3-7-1　2011—2020 年度新注册航空器数量

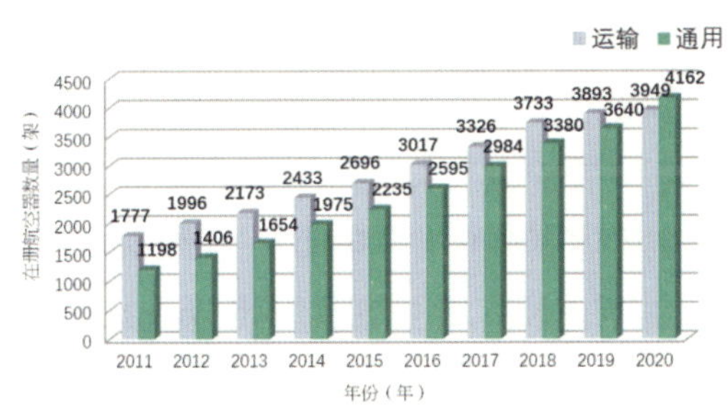

图 3-7-2　2011—2020 年年末在册航空器数量

2020 年，民航适航审定部门持续完善基础建设，稳步提升审定能力。共颁发 60 份航空器型号批准证件，127 份生产批准证件，航油航化产品批准函 170 份，有力支持了国产航空产品的使用，保障了民航行业发展。

一、推进适航审定运行管理系统（AMOS 系统）建设，提高审定工作效率

完成 AMOS 建设并投入使用，对全部审定业务流程进行监控、人员资质进行管理。进一步推进试飞体系建设和安全管理体系（SMS）建设试点工作。积极推进《民航适航发展“十四五”规划》制定。

二、完善系统教育培训，提高审定人员素质

适航司 2020 年持续完善适航审定培训体系，已完成了全部 31 本教材的编写，并在培训中不断改进。建立了超过 100 名专职和兼职教员队伍，并结合民航局高级监察员机制，建立适航审定专家养成制度。以新修订规章、程序和 AMOS 系统使用为主要内容，制定了审定人员复训课程，正在组织审定人员培训。逐步建立审定系统人员审定能力评定与完成课程培训情况挂钩的机制，确保实现提高审定人员专业素质的目标。

三、推动标准化管理改革，强化规章程序自主化

制定发布了《关于加强民航标准化工作的指导意见》（民航发〔2020〕19 号）和《关于培育发展民航团体标准的指导意见》（民航发〔2020〕17 号），同时对现存的 457 项行业标准进行了清理，废止 266 项，废止率达 58%，完善了行业标准制修订的原则，并应用于标准化日常管理。开展全国航空运输标准化技术委员会重组工作，启动国家技术标准创新基地（民航）的筹建工作。完成 CCAR21、CCAR23 和 CCAR31 部修订并报送政法司。完成《技术标准规定项目批准书合格审定程序》和《零部件制造人批准书合格审定程序》修订并发布实施。完善适航审定手册框架，完成适航审定手册技术卷共 12 册的编写和发布。

四、推进重点型号审定，促进国产产品应用

稳步推进 C919、MA700、AG600、CJ1000A 等国家重点型号适航审定工作。开展生产联检，对中国商飞、西飞民机生产质量系统存在的系统性问题进行检查梳理。完成中石油、中石化航煤炼厂审定，积极协调神华煤基喷气燃料在国内航空公司进行试验飞行。初步形成了无人机适航管理政策，先后印发了 3 份政策文件。颁发首个大型无人货运飞机鸿雁 -100 和大疆植保类无人机生产批准函。按照中国民航“复飞三原则”，组织专家队伍深度介入 B737MAX 设计更改适航批准，与波音公司在上海建立面对面交流机制，在中方的安全关注领域内共产生超过 200 个行动项，重大问题纪要 11 项，督促波音公司在 B737MAX 飞机的 MACS 改进、导线束改装等方面提高安全水平。针对我国冬季极寒条件下暴露出来的飞机除冰液保持能力不足而影响飞机安全运行问题，组织技术人员快速开展针对性现场试验，及时调整国内飞机除冰液保持时间，有效保障国内航班在特定天气环境下的安全运行。

五、服务国家发展战略，深化双边适航合作

完成《中华人民共和国政府与欧洲联盟民用航空安全协定》及其附件 1《适航和环保审定》的生效程序，完成《中国民用航空局与欧盟航空安全局关于适航和环保审定的技术实施程序》（TIP）签署，为中欧航空民用产品交流创造了良好环境。深化与美国在双边体系框架下的深化合作和技术交流。组织完成国产飞机运营伙伴当局信息系统建设，探索符合中国国情、具有中国特色的适航国际合作模式，提升国际影响力。

第九节　立法与执法

一、民航行业立法工作情况

一是推进法律法规制修。法律层面，继续配合司法部对《中华人民共和国民用航空法》整体修订送审稿征求意见进行处理；《中华人民共和国航空法》方面，成立研究工作组、加强基础研究各项工作。法规层面，配合并推动《无人驾驶航空器飞行管理暂行条例》审查工作，近期司法部已形成预审稿；《民用航空器事故调查条例》制定，也启动了送审后的审查。

二是积极开展规章审查。按照2020年立法工作安排，积极开展19部规章的审查。持续推进通用航空法规体系重构工作，开展贯穿式审查。

三是编制立法规划。开展“十四五”立法规划课题研究，探索与行业规划的融合。在课题组成果基础上，研究论证司局申报项目，形成规划征求意见稿。

四是做好立法相关工作。开展野生动物保护、《中华人民共和国民法典》等法规文件清理。主办协办8件两会议案意见建议。开展《中华人民共和国香港特别行政区维护国家安全法》《行政事业性国有资产管理条例》等22部法律法规征求意见的办理。持续做好民航行政规范性文件合法性审核和备案审查。

五是完善工作机制。继续按照与时俱进征集立法建议的机制，公开收集建议199条。依托航协、机场协会、通航协会以及AOPA(中国航空器拥有者及驾驶员协会)建立立法联系点，开展意见征集、防疫措施研讨等。协调司法部法规规章征求意见发布报签手续，较好地体现了民航实际。

六是加强国际立法。结合疫情防控，配合国资委等部门做好有关工作；开展“滥诉”问题研究；做好其他涉外法律的研究。推进北京公约及议定书批准。做好国际民航组织（ICAO）国际登记处监管机关专家委员会（CESAIR）第九次会议筹备工作，全面组织各方参与讨论，积极推动会议进程，圆满完成主席相关工作任务。积极参加ICAO法律委争端解决规则小组第三次会议。配合空管部门做好飞行情报区等问题的研究。

二、民航行政执法情况

（一）精准监管工作

根据《民航局关于推进精准监管工作的意见》及《民航局推进精准监管工作任务分解表》要求，积极推进精准监管工作。

一是推行非现场监管，丰富监管方式。针对年初受疫情影响大量现场监管工作无法开展的情况，下发《关于明确非现场监管工作有关问题的通知》，要求民航各级行政机关充分运用非现场监管方式开展监管工作，确保监管工作有序进行。

二是打造示范做法，推广监管经验。在前期精准监管工作推进过程中，各地涌现了一批好的做法，积累了一批好的经验，值得完善和推广。下发《关于打造精准监管示范做法的通知》，要求相关管理局、监管局针对法定自查、系统性原因分析典型案例、监察员资质能力建设三项精准监管工作，分别形成可复制可推广的示范做法，让相关事项在全国范围内深入推进、广泛开展。通过挖掘基层经验，调动工作积极性，扩大工作参与面，持续深化精准监管工作，提升监管水平。

三是推动法定自查，落实企业主体责任。高度重视落实企业主体责任，通过推动法定自查提升企业自律水平，夯实行业安全基础。广泛收集局方和企业法定自查工作经验交流材料，组织召开法定自查工作经验交流会，创造交流经验、相互学习、共同提高的机会，促进法定自查工作迈上新台阶。撰写《法定自查经验交流会情况报告》，总结法定自查取得的阶段性成效，分析当前存在的问题，给出下一步工作考虑，按照局领导批示继续推进法定自查工作。

四是加强数据分析，提升监管效能。加强数据分析研究，以数据驱动安全，不断提升监管效能：编制了《2019年民航行业监管执法数据报告》，对2019年的行业监管执法数据进行深度挖掘和科学分析，并针对发现的问题，提出了后续工作思考和建议，促进监管效能提升；下发了《2020年上半年运输机场监管数据统计报告》，对2020年上半年民航各运输机场及22家航班时刻主协调机场的监管数据进行统计分析，让企业知悉本单位接受局方监管的总体情况，提升安全效能。

五是推进SES二期建设，强化监管系统支持。积极推进民航行业监管执法信息系统（SES）二期建设，为安全监管提供强大系统支撑。

六是强化行业监管，提升行业安全水平。据SES统计，2020年全年，行业行政检查事项723744项，发现问题14098项，采用行政处罚325项，处理对象为自然人的142项、为法人的183项；记入信用记录26项，其中自然人21项、法人的5项；行政强制事项20项，其中自然人12项，法人单位8项；行政约见69次。

（二）行政执法制度建设

现行有效的行政执法指导规范类规章6部、文件21件。印发了《民航局重大行政执法决定法制审核办法》和《民航局重大行政执法决定法制审核目录清单》，提高了重大行政执法决定法制审核水平，确保了民航局作出的重大行政执法决定的合法性。完成了《中国民用航空监察员管理规定》修订，夯实了监察员队伍管理基础，完善了监察员分类分级制度，重构培训体系，强化监察员的“一个素质、三个能力”。启动了《民航行政机关执法案卷管理规定》修订工作，进一步加强对民航行政执法卷宗、行政复议卷宗及行政诉讼卷宗的管理，提升法律案卷管理及证据规范化水平。开始编写《法定自查工作指南》，明确法定自查工作方向和要求，统一局方和企业思想，提升法定自查工作水平。着手编制系统性原因分析案例库并扩充民用航空非现场监管指导案例库，进一步提升系统性原因分析水平和非现场监管工作水平。

（三）信用管理

一是开展信用民航宣传月活动。2020年10月，在全国范围内组织民航各单位开展了以“诚实守信 一路畅行”为主题的信用民航宣传月活动，包括信用主题宣传日、“一把手谈信用”、诚信典型宣讲等活动，营造了诚实守信良好氛围。

二是更新严重失信人名单。截至2020年12月31日，民航局公布2020年度18期行业内严重失信人名单，4家组织、22个自然人进入严重失信人名单，严格对失信主体实施惩戒。同时高度重视失信主体合法权益的保护，严重失信人名单移除4家组织、4个自然人。严重失信人名单现有2家组织、39名个人。

三是限制严重失信人乘机。截至2020年12月31日，2020年共发布12期限制乘坐民用航空器失信人名单，并短信告知失信人员限飞情况，共涉及失信人4999人，解除11期限制乘坐民用航空器失信人名单，共涉及10168人。指导中国航空运输协会办理异议复核2100多人次，其中涉及民航局的有效复核约500件。

四是优化信用信息双公示工作。截至2020年12月31日，在官网信用民航模块公布2020年度行政处罚信息155条、行政许可信息179156条。行政处罚信息持续依托民航行业监管执法信息系统收集，行政许可信息开始依托民航行政审批服务平台收集，双公示工作全面实现了由人工操作向系统操作的转变，提升了工作的准确度和效率性。

第八章 邮政

第一节 邮政规划与实施总体情况

坚持开门编规划。开展"十四五"规划专题调研，组织召开规划基层代表、部委代表、专家、企业、省局长座谈会，就发展形势趋势、企业战略重点等听取意见建议，并开展规划公开征求社会公众意见活动。研究规划重点难点问题，修改完善规划内容，依次形成总体规划的框架目录、初稿和征求意见稿。聚焦发展形势趋势等规划前期重大问题开展研究，在系统内分享研究成果，组织做好全系统规划工作。深入开展规划衔接，研究提出拟纳入国家规划纲要的基本思路、重大战略任务、重大改革开放举措和重大政策，报国家发展改革委进行衔接。与综合交通运输、现代物流、现代流通体系、城乡人居环境建设等国务院重点专项规划进行衔接，参与有关规划的工作机制，与交通运输部规划工作进行衔接。

组织开展邮政业发展"十三五"规划总结评估，完成"十三五"国家规划纲要、综合交通、电子商务等规划涉邮目标任务总结评估。经过评估认为："十三五"以来，邮政快递业着力优环境、激活力、建网络、搭平台、通渠道、促协同、提能力、拓海外、强监管，供给结构持续优化，要素资源流动活跃，产业融合日趋紧密，市场活力全面迸发，绿色安全水平不断提升，行业治理体系和治理能力现代化加快推进，全面建成与小康社会相适应的现代邮政业胜利在望，为建设邮政强国奠定了坚实基础。一是地位作用日益凸显。邮政业业务总量和业务收入分别增长 3.1 倍和 1.7 倍，邮政业业务收入增速超过同期国内生产总值增速的3倍。快递业务量和业务收入分别增长 3 倍和 2.1 倍，包裹快递市场规模连年稳居世界第一。五年新增就业 100 万人以上，年支撑制造业产值超过 1.2 万亿元，带动工业品下乡和农产品进城销售超过 1.5 万亿元，对一二三产业支撑更加有力，在打赢脱贫攻坚战、实施国家重大战略等方面取得一批重要成果，为打通大动脉、畅通微循环做出积极贡献。二是公共服务不断优化。建制村全部实现直接通邮，邮政普遍服务投递频次深度、全程时限持续改善。实现 100% 县城党报当日见报的省（自治区、直辖市）由 6 个提高到 23 个。快递网点基本实现乡镇全覆盖，快递服务产品体系更加完善，延误、损毁和丢失等问题显著改善。行业服务满意度持续提升，有效申诉率不断下降。寄递渠道平稳畅通，五年来未发生重特大安全事故，重大活动保障有力。三是发展质效显著增强。湖北鄂州等国际枢纽加快建设，快递专业类物流园区数量大幅增加。高铁快递取得重大突破，航空快递运能不断增强，全行业专用货机从 71 架增加到 122 架。人工智能、大数据、物联网、区块链和北斗导航等新技术新产品加快应用，配备全自动分拣系统的分拨枢纽超过 370 个。快递电子运单、循环中转袋基本实现全覆盖，绿色发展初见成效。四是治理能力持续提升。健全完善邮政管理体系。推动《快递暂行条例》出台，加快构建与高质量发展相适应的邮政快递业法规、规划、政策、标准体系。深化"放管服"改革，不断优化市场化法治化国际化营商环境，对新业态实行包容审慎监管，充分激发各类市场主体活力。人才队伍能力素质明显提高，基层员工权益保障持续推进，行业文化和软实力全面加强。五是行业影响力大幅提高。中国邮政在世界500强排名进入前一百名，位列世界邮政企业第二名。快递企业加快改制上市，形成3家年业务量超100亿、收入规模超1000亿元的品牌快递集团。在万国邮联终端费调整、会费改革、国际铁路运邮规则制定等方面取得一批重要成果，邮政业发展的"中国智慧"和"中国方案"得到世界同行广泛关注和赞誉。

第二节 邮政基础设施建设

一、邮政普遍服务基础设施不断完善

截至2020年，全国邮政普遍服务营业场所稳定在5.4万处，其中开办全部四项普遍服务业务的营业场所达到5.39万个，占比99.7%。农村地区投递服务网点3.3万处，10.1万条投递道段，乡镇农村运输能力大幅提升。国际邮件互换局（交换站）72个，邮政企业已在8个国家和地区建设有14个海外仓。遍布城乡、覆盖全国、通达全球的现代邮政网络进一步完善。邮政企业在运输环节强化直发直运，大力推广甩挂运输，一级干线往返邮路甩挂运输占比80.2%。全网日处理能力达1亿件。邮政乡镇网点覆盖率达100%。建制村直接通邮率达100%。《人民日报》县（市）当日见报率达到84.6%。

二、邮政企业寄递服务能力持续提升

2020年，国家下达西部和农村地区邮政普遍服务基础设施建设项目投资5.37亿元，其中中央预算内投资2.15亿元，整修邮政网点944处、翻建网点20处、改造危旧县级业务用房61处、购置车辆590辆。邮政普遍服务营业场所电子化率达到100%。私有云平台建设、无人机、邮政智能无人分拣系统和指挥调度信息系统应用取得突破性进展。投递员普及手持智能终端。邮政企业推进管理制度改革，在全网建立统一指挥、动态调度、快速响应的指挥调度体系，实现了全国收寄、运输、分拣、投递四大环节实时监控。

三、县乡村三级物流配送体系建设成效明显

加强邮政县乡基础设施和仓配中心建设。截至2020年底，邮政企业县级仓储中心达到395处，总面积达到128万平方米。其中自有园区254处，面积为23万平方米。入驻政府或社会园区141处，入驻面积为105万平方米。中央投资改造农村网点和县级业务用房81处。加快邮政村级服务站点建设。按照习近平总书记指示要求，国家邮政局主动作为，加大力度推动村级邮政服务站点建设，通过村里小商超搭载、村邮站叠加等方式提供电商服务功能。2020年，全国新增设在建制村的"邮乐购"站点1.3万个，累计达到31.6万个，有效扩大了农村电子商务站点覆盖面。加快邮政电商协同发展。国家邮政局积极推动与商务部、邮政集团签订三方合作框架协议，提出32条政策。各地培育邮政"一市一品"农特产品进城项目848个，带动农产品销售额80多亿元，惠及贫困人口16.5万户，增收4亿元，为全面完成脱贫攻坚任务贡献了邮政力量。

四、邮快合作深入推进

2020年，邮快合作由5个试点省份扩大至29个省（自治区、直辖市）6.2万个村，全年累计代投快件近7000万件，村级覆盖率和代投量明显提升。邮快合作开展以来，农村地区邮政服务质量得到明显提升，许多地方借助邮政网络实现快递服务延伸到村，解决了交通不便边远地区的末端投递最后一公里问题。通过邮快合作进一步健全了城乡双向流通渠道，中西部和偏远地区数千万农民直接受益。

五、快递末端服务网点和智能投递建设进一步加快

印发推进智能快件箱（信包箱）建设指导意见，推动纳入新型城镇化政策范畴，累计建成快递末端公共服务站11.4万个，布放智能快件箱（信包箱）40万组，316个城市已出台车辆通行政策。快递网点基本实现乡镇全覆盖。

第三节　邮政普遍服务

2020年，邮政服务业务总量累计完成2801.4亿元，同比增长11.8%；邮政寄递服务业务量累计完成255.6亿件，同比增长3.3%；邮政寄递服务业务收入累计完成406.2亿元，同比下降5.9%。传统业务持续下滑，函件和汇兑业务量分别为14.2亿件和960.6万笔，分别下降34.6%和41.4%；报刊和包裹业务量分别为172.7亿份和2030.4万件，同比下降1.7%和5.8%；与2019年相比，函件、汇兑业务降幅扩大，报刊和包裹业务降幅有所收窄。

一、圆满完成疫情防控寄递保障政治任务

各级邮政管理部门与邮政集团通力协作，全力做好疫情防控与复工复产工作。保证疫情期间机要通信等邮政服务“四不中断”，坚持提供“四免费办”。邮政企业率先实现复工率100%；增开自主国际航线，紧急采购航空运能，开行中欧班列专列，拓展海运快船渠道发送国际邮件，有效保障国际寄递渠道畅通；落实中央专项工作要求，国家邮政局牵头成立国际物流保障工作组，建立公益运递绿色通道，调度邮政、顺丰将海外捐赠防疫物资及时运抵18个省（自治区、直辖市）60多个单位。协调中外运敦豪为60多个国家的我海外留学生精准送达“健康包”8.8万份。

二、进一步做好高校录取通知书寄递任务

与教育部共同部署2020年高校录取通知书寄递服务工作，各级邮政管理部门和邮政企业高度重视、周密组织，共收寄全国2685所高校录取通知书915万件，全部安全送达，维护了考生切身利益。

三、开展乡镇局所专项整治

邮政管理部门和邮政企业把开展乡镇邮政局所专项整治作为重点工作任务。各级邮政管理部门检查乡镇局所19539处次，发现问题6397个，下达整改通知2177份，集中纠治服务不达标问题。邮政企业深入开展全国普遍服务达标集中整治专项活动，取得显著成效，自查整改问题16万余条，投入资金12.5亿元，乡镇局所面貌焕然一新，电子化水平和人员素质显著提高。

四、建制村直接通邮成果进一步巩固

按照中央领导“巩固住，提高服务质量和效率，保住网”的指示精神，加大投入力度，重点解决西部、边疆和边远地区投递服务的稳定性，周投递频次三次以下的建制村减少6577个，投递打卡率稳定保持在98%以上。习近平总书记在中央农村工作会议上，点赞邮政提前一年实现村村直接通邮。

五、开展邮件时限监测

2020年，国家邮政局继续开展邮件时限监测。时限达标情况：包裹和信件各层级指标均达到了《邮政普遍服务》标准要求。邮件损失情况：平常信函样本9284封，损失6封，损失率0.65‰；给据邮件样本20220件，损失6件，损失率0.30‰。日戳加盖情况：信件收寄日戳合格率96.11%，

投递日戳合格率 89.8%。按址投递情况：包裹按址投递率 99.41%。

六、开展邮政普遍服务满意度调查

2020 年邮政普遍服务总体满意度为 85.6 分，比上年提高 0.7 分，连续 9 年提升。从邮政设施、营业服务、寄递服务、寄递后服务 4 个二级指标来看，寄递服务、营业服务满意度得分比上年提升，邮政设施、寄递后服务满意度得分同比有所下降。从可比的 10 个三级指标来看，多数指标得分同比略有提升。

七、依法办理行政审批和备案管理

各级邮政管理部门严格执行邮政普遍服务两项审批管理。受理邮政企业撤销提供邮政普遍服务的邮政营业场所审批 342 件，受理邮政企业停止办理或者限制办理邮政普遍服务业务和特殊服务业务审批 107 件，受理邮政企业备案 21575 件，其中备案新增邮政普遍服务营业场审批 466 件。

八、不断加强社会监督

各级邮政管理部门调整优化监督员队伍，加强组织管理、培训指导。全国开展社会监督 31168 人次，走访用户 45120 人次。邮政企业重视监督员反馈问题，及时处理解决邮政汇兑难、服务不规范等问题，整改率达 94%。

第四节　快递业发展

一、快递市场增长远超预期

2020 年，全国快递业务量完成 833.6 亿件，同比增长 31.2%，比 2019 年提高 5.9 个百分点，增速重回 30% 以上。其中，同城业务量累计完成 121.7 亿件，同比增长 10.2%；异地业务量累计完成 693.6 亿件，同比增长 35.9%；国际 / 港澳台业务量累计完成 18.4 亿件，同比增长 27.7%。分季度来看，1—4 季度，增速分别为 3.2%、36.7%、37.9% 和 38.7%，呈现加速增长态势。从 3 月起，月增 20 亿件成为常态，全年净增量达 198.4 亿件，接近 200 亿件，相当于美国一年的业务量，创历史新高。中国快递业务量连续 7 年稳居世界首位，占全球的六成以上，是全球快递与包裹件量增长的引擎。2019 年、2020 年快递业务量情况如图 3-8-1 所示。

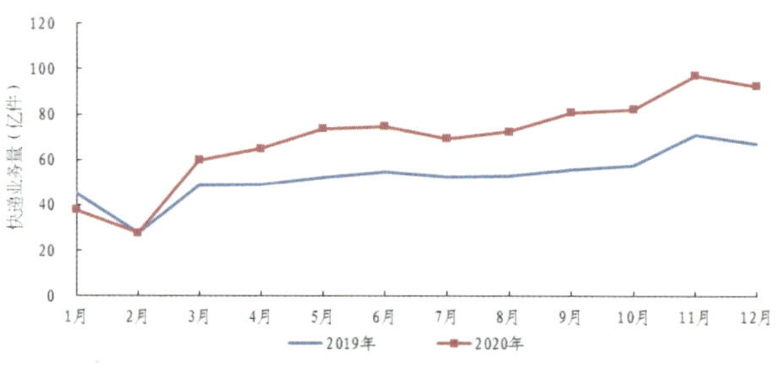

图 3-8-1　2019 年、2020 年快递业务量情况

二、区域结构持续优化

中部地区快递加速崛起，中部地区快递业务量和收入占全国的比重分别上升 0.4 个和 0.6 个百分点，湖南、河南、江西、山西、安徽 5 省增速超过 40%，比全国增速高 10 个百分点以上。快递“去中心化”趋势加强，全国 31 个省会城市累计完成快递业务量 304.3 亿件，同比增长 19.3%，比全国增速低 10 个百分点以上，占全国的比重首次跌破 40%，为 36.5%，较 2015 年的 49.2% 下降 12.7 个百分点。增长极极化效应突出，广东和浙江两省快递业务量分别为 220.8 亿件和 179.5 亿件，两省增速均高于全国增速，对全国增长的贡献率超过一半。城市排名变化较大，金华（义乌）首次超过广州成为全国第一，泉州闯进前十名榜单。与 2015 年相比，一二线城市排名下降，京、津、沪、渝排名不同程度下降，三四线城市迅速崛起，潮州、邢台、商丘、潍坊、

沧州5市跻身前50城。城市间增速出现分化，城市业务变化与产业转移密切相关，京津冀、长三角、珠三角产业向周边转移和区域内转移并行。河北、安徽、湖南作为三大经济区产业转移承接地，快递业务增速明显加快，广东业务向粤东北汕头、潮州、揭阳集中。2020年快递业务量区域结构如图3-8-2所示。2020年快递业务收入区域结构如图3-8-3所示。

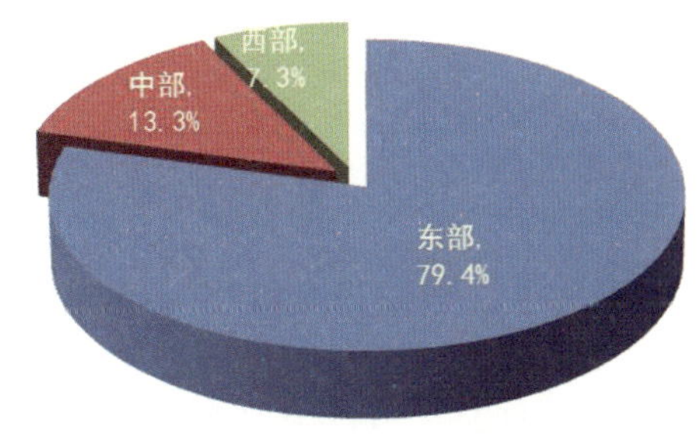

图3-8-2　2020年快递业务量区域结构图

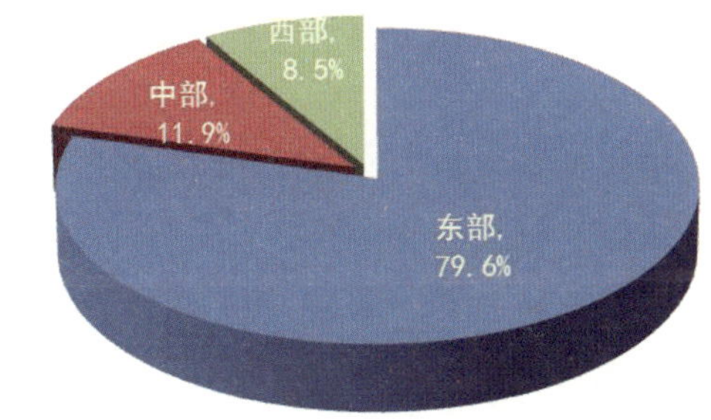

图3-8-3　2020年快递业务收入区域结构图

三、快递与包裹市场竞争加剧

快递与包裹服务品牌集中度指数CR8为82.2，市场份额逐步向头部企业集中。快递平均价格从3月以来逐月下降，加剧行业稳定运行的风险，部分企业持续降低快递价格水平，压缩各环节利润空间，对全网稳定性造成较大影响。

四、产品结构出现新变化

国际快递加速修复，2020年，国际快递业务量完成18.4亿件，同比增长27.7%，增速同比下降2.2个百分点，四年来首次低于快递业务量平均增速。同城快递增速转正，同城快递业务量同比增长10.2%，较2019年提升13.5个百分点，但四季度增速不到3%。异地快递占比持续提升。充分发挥快递畅通国内市场的作用，异地业务量同比增长35.9%，比快递业务量平均增速高近5个百分点，占比达85.7%，同比提升5.3个百分点。

五、网络布局加速下沉

“快递进村”步伐加快，进村覆盖率超预期。快递服务建制村覆盖率为72.7%，快递服务乡镇覆盖率超98%，其中25个省实现100%全覆盖，6个未实现全覆盖的省份均处于中西部地区，直投到村比例超过一半。网络聚集铺设，“快递进厂”应用进一步拓展。2020年，累计打造长春一汽等服务制造业典型项目1087个。“快递出海”加速布局，国际寄递通道进一步拓展。全年新增国际全货机航线超过20条，包机超过千架次。中欧班列（重庆、义乌）产品寄达36个国家。拓展海运快船运邮件快件渠道，浙江、广西等地探索海运邮件快件取得明显进展，海运邮件快件常态化运作。

六、快递处理能力明显提升

自动分拣设备应用推广，从东部向中西部、从中心城市向三四线城市，甚至部分县级市实现分拣自动化。技术研发应用从分拣向两端延伸，无人机、无人车投递试点推广，智能安检机投产，自动装卸机器人试点应用，快递小哥装备水平持续提升。

七、“两进一出”工程加快推进

“两进一出”工程逐渐成为行业高质量发展的重要抓手、衔接地方经济社会发展的重要纽带，有效服务京津冀协同发展、长江经济带发展、粤港澳大湾区建设、长三角一体化、成渝地区双城经济圈发展，在政府、企业、社会等层面形成广泛共识。浙江、江西、广东、重庆开展“两进一出”工程试点，省（直辖市）政府专门下发实施意见，明确支持保障政策。一是“快递进村”成效明显。“发展农村快递业务”被写入政府工作报告，国家邮政局制定三年行动方案，实施三步走战略，探索出6种路径模式同步发力。在6省（自治区）和15个城市开展全国试点，在山东济宁召开试点工作交流会。全国乡镇快递网点覆盖率达98%，基本实现“乡乡有网点”。快递加速嵌入现代农业产业链，形成年业务量超千万件的“快递+”金牌项目共60个。快递有力服务决战决胜脱贫攻坚，110个脱贫摘帽县形成122个年业务量超10万件的“一县一品”项目，销售河北平泉农特产品1800万元以上。二是“快递进厂”取得突破。会同工信部出台快递与制造业深度融合发展意见。培育中国重汽等重点项目，以汽车、消费品、电子信息、生物医药等为重点领域开展供应链服务。启动快递服务汽车行业指引编制。全国累计形成业务收入超百万元的快递服务制造业项目1087个。服务先进制造业能力不断增强，全国建成自动化大型分拨中心374个，行业自动化分拣率稳步提高。三是“快递出海”稳步推进。统筹优化进出境快件处理中心建设，推动加强国际航空运力投入，增开国际航线，拓展海运渠道，支持重点企业加强海外仓建设，行业运输结构进一步优化。

八、快递员合法权益得到进一步维护

重点推动快递员权益保障长效机制建设。试点开展快递末端核算指引工作。深入开展“暖蜂行动”和“快递从业青年服务月”等活动，各地出台关心关爱快递员文件600余份，组织慰问2500余次，新增爱心驿站等服务阵地9500余家，为快递员免费体检和义诊8万余人次。各地累计为快递员争取公租房廉租房4000余套。

第五节　邮政行业治理

一、深化“放管服”改革

国家邮政局积极推进政府职能转变有关工作，坚持简政放权、放管结合、优化服务，制定实施进一步推进邮政快递业改革开放发展方案，着力优化行业营商环境，加快释放市场活力。一是取消一项行政许可。刀刃向内，主动改革，提交行政许可事项削减意见。根据《国务院关于取消和下放一批行政许可事项的决定》（国发〔2020〕13号），取消了经营境内邮政通信业务审批，依法加强事中事后监管，开展“双随机、一公开”日常检查，畅通投诉举报渠道，督促邮政企业落实主体责任。二是优化两项审批职能。在浙江自由贸易试验区下放国际快递业务经营许可，依法委托省邮政管理部门审批，进一步扩大审批下放试点范围。研究修订《仿印邮票图案管理办法》，设立一般邮票图案仿印免审制度，依法保障民事主体意思自治，同时严把政治、军事、外交等重大题材邮票图案的仿印关，推动有效市场和有为政府更好结合。三是开展三项内部审核审查。对《邮政业用户申诉处理办法》《邮件快件绿色包装规范》等行政规范性文件实施合法性审核，保障行业治理依法有序推进。按要求对《邮政快递业贯彻落实新时代加快完善社会主义市场经济体制意见实施方案》等政策措施开展公平竞争机制审查，发挥法律顾问等第三方作用，以法治方式维护公平竞争环境。依法开展重大执法决定法制审核，发布《邮政行政处罚程序规定》，建立长效机制。四是实现三项政务服务“跨省通办”。根据《国务院办公厅关于加快推进政务服务“跨省通办”的指导意见》（国办发〔2020〕35号）明确的改革任务，邮政局有3项政务服务事项应当在2020年底前实现“跨省通办”。目前，3项政务服务事项均已开通信息系统，实现全程网办，

企业可异地在线申办，不受提交地点的限制，不影响法定经营地域。政务服务热线电话12305积极参与“一号响应”改革。

二、行业法规政策等制度供给

一是全面完善快递包装治理的制度措施。贯彻落实习近平总书记关于快递包装绿色治理工作重要指示批示精神，推动完成固体废物污染环境防治法修订工作，修订出台《邮政业寄递安全监督管理办法》，推动《邮件快件包装管理办法（草案）》进入审议程序。二是有序推进行业规章立法工作。修订出台《邮政行政执法监督办法》，起草提报《仿印邮票图案管理办法（修订草案）》。完善本部门行政规范性文件体系，先后制修订《邮件快件绿色包装规范》《邮政业用户申诉处理办法》《快递企业总部重大经营管理事项风险评估和报告制度（试行）》，公告废止5件行政规范性文件。三是完善行业高质量发展政策体系。联合工业和信息化部印发《关于促进快递业与制造业深度融合发展的意见》。会同交通运输部、商务部等六部门出台《关于当前更好服务稳外贸工作的通知》。会同国家发展改革委、工业和信息化部印发《推动物流业制造业深度融合创新发展实施方案》。参与制定2020年版外资准入负面清单、鼓励外商投资产业目录等。出台邮政快递业贯彻落实新时代加快完善社会主义市场经济体制意见实施方案。配合国家发展改革委、商务部等制定海南自由贸易港鼓励类产业目录、外资准入负面清单和跨境服务贸易负面清单。印发支持海南邮政业深化改革开放意见的分工方案，推进任务落地实施。

三、普遍服务和特殊服务监督

开展乡镇局所专项检查，督促邮政企业加大投入、增配人员，普遍服务能力水平不断提升。全力保障中央、地方巡视巡察专用信箱邮件寄递服务，得到各巡视组一致好评。认真做好《中国人民志愿军抗美援朝出国作战70周年》等重大题材邮票发行，有序开展邮票销售专项检查。持续抓好党报党刊投递工作，党报党刊征订数量稳中有升，全国84.6%的县级城市实现《人民日报》当日见报。机要通信保障万无一失。不断提升普遍服务监督管理信息化水平，52.7万个建制村纳入信息化监管范围。认真做好邮政快递业“扫黄打非”工作。加强和改进社会监督工作。

四、邮票发行监管

一是全力做好抗疫邮票发行工作。为充分展示在以习近平同志为核心的党中央坚强领导下全国人民众志成城抗击疫情的坚定决心，彰显中国共产党领导和中国特色社会主义制度的显著优势，宣传疫情防控中展现的中国力量、中国精神、中国效率，宣传社会各界为抗击疫情做出的巨大贡献，2020年5月11日，国家邮政局组织特别发行《众志成城　抗击疫情》邮票1套2枚，中国邮政集团有限公司将邮票邮品收入共计2800万元现金和价值1500万元邮折全部捐赠，取得良好效果。二是依法开展邮票发行审批和备案管理。2020年发行纪特邮票28套，其中纪念邮票13套、特种邮票14套、特别发行邮票1套。国家邮政局依法审批了2020年28套纪特邮票的计划发行数量；审查了14套纪念邮票（含特别发行邮票）图稿共计25个图案；批准省市仿印邮票图案及其制品50件。国家邮政局审定2021年纪特邮票年度发行计划并向社会公布。2020年度普通邮票发行6849万枚，金额8918.68万元。三是组织开展邮票印制与销售监督检查。邮票印制监督检查方面，2020年，国家邮政局组织对北京、辽宁、河南省（直辖市）邮票印制企业进行专项检查；北京、辽宁、河南省（直辖市）管局逐步完善“季查年评”“逢重必查”工作机制，加强邮票印制日常监督检查。邮票销售监督检查方面，2020年，国家邮政局组织开展了对《庚子年》《众志成城 抗击疫情》2套重点题材纪特邮票专项监督检查，各地邮政管理部门共出动检查人员管理局2452人次、监督员2256人次，共检查销售网点3395个次，调查用户24789人次，监督范围基本覆盖地级以上城市，有效保障了邮票发行效果。各级邮政管理部门依法履职，加强邮票日常监督检查，严格规范公正执法。全年共向邮政企业下达责令改正通知书24份，作出行政处罚决定6个。四是开展纪特邮票发行满意度调查。第三方调查显示，2020年纪特邮票发行服务满意度为83.4分，比2019年提高0.2分。

五、快递业务经营许可

平稳渡过2020年快递业务经营许可有效期延续审核高峰。召开专题会议培训，集中开展审核工作，顺利完成7700余件许可延续。着力加强快递业务经营许可规范化标准化建设。开发上线快递业务经营许可现场服务预约功能。企业可在许可信息系统预约现场服务，选择准入、变更、延续等服务类别和具体服务时段。开展快递业务经营许可政策创新。推进浙江自贸区国际快递许可审批权限下放，明确中国（海南）自由贸易试验区快递业务经营许可地域范围核定规则，协调推动北京自贸区下放国际快递许可审批权限相关工作。审慎包容、稳妥有序推动新业态监管。实现服务站许可管理常态化，核发开办服务站许可72件。出台智能快件箱经营快递业务许可核定和备案规则，全面推开智能快件箱许可工作，核发运营智能快件箱许可53件。积极服务复工复产，服务“六稳”“六保”国家战略。放宽许可办理及年度报告办理时限，针对住所位于湖北和新疆两地的企业，采取临时性许可有效期延续的特别政策，帮助企业解决实际困难。

六、邮政市场监管

全面实施“双随机、一公开”监管。贯彻落实《优化营商环境条例》和《国务院关于加强和规范事中事后监管的指导意见》要求，印发《邮政市场监管随机抽查工作规程（试行）》，细化、实化随机抽查工作要求，统一操作标准、操作流程。实施随机抽查“两库”动态管理，优化随机抽查事项清单，明确17大类抽查事项和91项抽查内容，强化落实“照单履职”责任。组织开展国家邮政局本级跨区域随机交互检查。全年指导各地开展执法检查9.1万人次，检查单位5.8万家，规范违规问题4000余个。严格快递市场监督执法。根据《邮政业寄递安全监督管理办法》《智能快件寄递服务管理办法》等，及时印发行政执法案件补充案由。修订《邮政行政执法程序规定》，进一步健全监督执法制度化规则。坚持执法必严、违法必究，组织各地深入开展快递“盲盒”、快递“刷单”等违规问题规范治理，指导相关省局对深圳丰巢、河北邯郸圆通等违法行为依法立案调查。加强监督执法信息公开，定期发布邮政市场行政执法情况通报和通告，主动接受社会监督。

七、集邮市场监管

认真做好开办集邮票品集中交易市场经营主体备案管理工作。落实全国各类交易场所清理整顿部际联席会议要求，指导各地依法配合做好邮币卡交易场所清理整顿工作。印发通知，部署全面开展集邮市场经营秩序清理整顿专项行动，依法查处制作和销售虚假邮资凭证违法行为。指导相关省局对冒用邮政专用标识、制作违规集邮品等违法行为进行立案调查，切实维护集邮市场经营秩序。

八、信用监管

实行“一企一档”信用管理，覆盖1.5万家许可企业和 7.2 万个分支机构，分别占比达 75% 和 91.5%。积极推进《快递市场严重失信对象名单管理办法》研究工作，组织开展快递市场法人主体信用评定。目前，全国已有 16 个省（自治区、直辖市）信用评定工作进入实质实施阶段。

九、邮政快递业申诉及处理

修订《邮政业用户申诉处理办法》，优化调整用户申诉处理情况评测指标。根据防疫和复工复产工作需要，部署全面加强跨境寄递服务用户申诉处理工作，约谈邮政企业，指导妥善处理跨境邮快件积压问题，及时实施暂缓用户申诉处理考核等稳企援企措施。坚持服务质量提升联席会议制度，研究分析用户申诉等服务质量问题，指导企业加强和提升服务水平。指导各地加强申诉处理与监督执法衔接机制建设，及时调查处理用户申诉反映的突出问题，切实维护用户合法权益。2020 年，邮政快递业用户申诉总量为 19.6 万件（日均 536 件），同比下降 64.6%，其中有效申诉总量为 20705 件，同比下降 42.1%。申诉总量中，邮政服务申诉为 7977 件，其中有效申诉为 811 件；快递服务申诉为 18.8 万件，其中有效申诉为 19894 件。申诉总量中，丢失短少、投递服务、延误占比较高。邮政快递业用户申诉率为百万分之一点八，其中邮政服务申诉率为百万分之零点四，快递服务申诉率为百万分之二点一。邮政快递业用户对邮政管理部门有效申诉处理工作满意率为 97.9%；对邮政企业有效申诉处理满意率为 96.9%；对快递企业有效申诉处理的满意率为 96.0%。2020 年，邮政管理部门处理申诉为邮政快递业用户挽回经济损失为 7578.6 万元。

十、开展首次全国邮政行业先进集体、劳动模范和先进工作者评选表彰

为深入学习贯彻习近平总书记关心关爱快递小哥的重要批示指示精神，经报中央批准，国家邮政局会同人力资源和社会保障部组织开展了邮政体制改革以来首次全国邮政行业先进集体、劳动模范和先进工作者评选表彰活动，表彰全国邮政行业先进集体 145 个、劳动模范 96 人、先进工作者 10 人。首次全国邮政行业评选表彰，是邮政行业规格最高、覆盖范围最广、表彰对象最多的一次评选表彰活动，凝聚了力量，鼓舞了士气，弘扬了行业正能量，对于激励全行业广大干部职工更加满怀豪情地投身邮政行业高质量发展的火热实践，奋力谱写邮政强国建设新篇章具有重要意义。

第六节　安全监管

2020 年，邮政快递业安全生产工作坚持以习近平新时代中国特色社会主义思想为指导，全面贯彻党中央、国务院决策部署，统筹疫情防控和行业改革发展，强化落实企业主体责任，集中整治事故亡人、违法违规收寄禁寄物品、虚假实名、信息泄露、快递“刷单”等突出问题，以整治促规范、以规范促落实，不断提升行业安全治理水平，全行业未发生较大以上安全事故和严重群体性事件，安全形势总体平稳。

一、压紧压实安全责任

国家邮政局党组始终坚持安全为基、发展为要、服务为上，及时分析研判安全形势，推动将安全发展贯穿到行业高质量发展的各个方面。把维护国家政治安全放在首位，抓好寄递领域重大安全风险防控。成立邮政业平安中国建设领导小组，制定平安寄递建设实施方案，寄递安全纳入平安建设考评，作为各地平安创建工作质效评价重要内容。印发《国家邮政局办公室关于试行开展委托实施邮政业安全监管行政处罚相关工作的

通知》，提升安全监管能力。持续提升安全基础保障能力，广西、海南、云南3省（自治区）和45个地市新成立安全中心，三级安全中心服务支撑保障作用加强。江苏、浙江、安徽、福建、山东、湖南6省实现省、市两级安全中心全覆盖。

二、扎实开展安全生产专项整治三年行动

印发《邮政快递业安全生产专项整治三年行动实施方案》，围绕“从根本上消除事故隐患”，集中整治寄递危化品和野生动物、违章生产作业、快递末端车辆事故多发等突出问题。持续开展涉枪涉爆隐患集中整治，打击整治寄递仿真枪违法行为。会同国家禁毒办联合印发《关于适应新形势进一步加强寄递渠道禁毒工作的通知》，参与“净边2020”专项行动，推动成立国家禁毒大数据云南中心邮政分中心，严格芬太尼类物质寄递管控。扎实做好行业反恐、“扫黄打非”、打击侵权假冒等专项工作。黑龙江、上海、重庆将行业整治方案以独立子方案形式纳入地方总体方案。河北多部门联合出台寄递渠道网格化管理意见。浙江、四川多部门联合出台防范打击寄递渠道毒品犯罪意见。广东汕尾局荣获全国禁毒工作先进集体表彰。

三、不断提升本质安全水平

完善实名收寄、收寄验视、过机安检三位一体防控模式，推进寄递风险综合防控信息平台建设、视频联网和安检机联网，开展实名收寄信息异常和快递“刷单”问题整治。成立邮政快递业安全生产协调领导小组，印发《国家邮政局关于进一步健全完善邮政快递业安全生产协调领导机制的通知》，加强政企常态联动，强化落实企业安全生产主体责任。强化安全事故问责追责，建立安全生产约谈、通报、致警示函等制度，先后4批次约谈7家总部企业，3次向快递企业总部主要负责人下达安全生产警示函，先后2次派工作组赴企业总部开展安全督导调研。西藏局为县级邮政快递网点安检设备配备争取地方全额财政补贴。

四、基本完成“绿盾”工程一期建设

建成北京、合肥“一主一备”两个现代化数据机房，建设278个安全监控中心，配备892套现代化执法装备和4 21套应急指挥设备，完成邮政管理系统信息基础设施底盘搭建。建成云计算平台、大数据管理平台和大数据中心，6大类22个应用系统上线试运行，基本实现“五可”目标，寄递渠道安全监管信息化水平大幅提升。强化“绿盾”工程建设监管小组职责，调整补充小组成员，研究制定工作方案，组织开展工程项目检查和涉省项目督导。坚持业务驱动，围绕打造“绿盾”工程应用系统“核心功能、关键应用”，推进安检机联网和视频联网，优化实名监管、市场监管等信息系统。

第七节　绿色发展

2020年，邮政管理部门全面推进快递包装治理，绿色发展取得积极进展。超额完成“9792”工程任务，全行业45毫米以下瘦身胶带使用率达93.8%，电商快件不再二次包装率达72.1%，可循环中转袋全网应用率达96.4%，新增5.6万个邮政快递网点设置包装废弃物回收装置。一是法规标准政策体系逐步健全。在《中华人民共和国固体废物污染环境防治法》《邮政业寄递安全监督管理办法》中增加行业生态环保条款。推动出台《关于加快推进快递包装绿色转型的意见》《快递包装产品绿色认证技术要求》等标准规范。

印发《邮件快件绿色包装规范》《绿色产品评价 快递封装用品》等标准规范，建立快递包装绿色产品认证制度。北京、天津、上海、江苏、江西、宁夏、甘肃7省（自治区、直辖市）局和秦皇岛、大连等22个地市局，落实地方政府邮政业污染治理的属地责任，已争取地方财政资金支持。二是监督管理工作有力开展。坚持信息报告和通报制度，压实监管责任和企业主体责任。开展重金属和特定物质超标包装袋专项治理和行业塑料污染治理，连年组织生态环保评价。开展寄递企业做好绿色采购、绿色网点、绿色分拨中心、行业生态环保城市建设试点工作。海南局开展快递业绿色包装应用进展明显。组织落实邮政用品用具生产企业核查和抽检。加大执法力度，开展生态环保执法案件评议，全系统生态环保行政执法案件达172起，其中河北、内蒙古、浙江、山东、湖南、广东、新疆7省（自治区）局立案处罚数量超过10起，贵州局联合省市场监管部门积极开展专项检查。三是协同共治稳步推进。会同生态环境部、财政部印发《快递包装政府采购需求标准（试行）》，推进政府绿色采购。联合市场监管总局等七部门印发指导意见，推进快递绿色包装标准化工作。积极参加国家发展改革委、生态环境部等10部委塑料污染治理联合专项行动，对上海、浙江等10省（直辖市）邮政快递业塑料污染治理情况进行督导。组织开展绿色产品、绿色技术和绿色模式公开征集，举办绿色产品供需对接展会和论坛，推动5家品牌企业总部成立了绿色包装实验室。充分听取社会环保组织、媒体专家代表意见建议，组织开展“邮来已久　绿动未来”主题宣传。

2020年，行业绿色发展水平持续提升，绿色成为行业发展新的底色。着力推动快递包装绿色治理工作，实施“9792”工程，快递包装运单小了、胶带窄了、纸箱薄了、油墨减了、可循环箱（盒）应用多了，绿色化、减量化、可循环、标准化水平明显提升。行业生态环保治理体系初步建立，企业主体责任逐步明确，监督执法机制不断健全，部门协同治理初见成效，试点突破带动作用显现。邮政业秉持绿色发展观，把绿色发展作为行业发展的一项重要内容，认识高度、实践深度、推进力度前所未有，保护环境、节约资源、循环低碳的绿色发展理念正全面融入行业运营全流程和各环节。

第九章　法治政府部门建设

第一节　综述

一、深入贯彻落实党的十九届五中全会和中央全面依法治国工作会议精神

一是深入学习习近平法治思想，贯彻落实党的十九届五中全会精神。从把握新发展阶段、贯彻新发展理念、构建新发展格局实际出发，切实把习近平法治思想贯彻落实到改革发展稳定各项工作中，进一步提高了交通运输工作法治化水平。

二是坚决落实党中央、国务院关于统筹推进疫情防控和经济社会发展的决策部署。编印《防控新型冠状病毒感染肺炎疫情相关法律问题参阅资料》，开展疫情防控普法宣传活动。制定依法防控疫情任务分工方案，印发《交通运输部关于进一步依法加强野生动物运输管理工作的通知》《交通运输部关于规范交通运输行政执法服务统筹推进疫情防控和经济社会发展工作的通知》等文件，严把交通运输领域疫情防控关口。

三是充分发挥法治政府部门建设领导小组的总揽统筹作用，加强宪法宣传和实施。加强党对法治政府部门建设的领导，组织召开党组会、部务会和领导小组会，深入学习领会习近平法治思想，及时传达学习有关会议精神，专题研究完善综合交通法规体系意见，审议法治政府部门建设年度工作报告，部署推进相关工作。弘扬宪法精神，开展宪法宣誓活动，组织开展“宪法宣传周”系列宣传活动，积极参加第十六届全国法治动漫微视频征集活动，2 部作品获奖。

二、优化营商环境，主动服务加快形成新发展格局

一是持续优化营商环境。以实施《优化营商环境条例》为契机，推动“道路运输客运驾驶员从业资格证换证”事项纳入国务院 2021 年底实现“跨省通办”事项清单。编制《中央层面设定的行政许可事项清单（交通运输部）》，印发优化营商环境任务分工方案。落实口岸收费目录清单制度，推动公路养护工程招投标各项政策措施落地，组织做好世界银行营商环境评价有关工作，加快打造市场化法治化国际化的交通运输营商环境。

二是持续开展“减证便民”行动。深化“证照分离”改革，将交通运输全部 40 项涉企经营许可事项纳入《中央层面设定的涉企经营许可事项清单（2021 年全国版）》，对其中 4 项涉企经营事项改革方式进行了调整，纳入《中央层面设定的涉企经营许可事项清单（2021 年自由贸易试验区版）》。

三是持续加强事中事后监管。出台《交通运输部关于加强和规范事中事后监管的指导意见》，编制《交通运输领域事中事后监管三年行动方案（2021—2023 年）》，妥善处理权力下放与加强监管的关系。选取江苏省交通运输厅等 5 家单位作为交通强国建设事中事后监管试点。

三、坚持立法先行，不断完善综合交通法规体系

一是健全完善综合交通法规体系，夯实交通强国法治基础。研究编制交通运输五年立法专项规划，出台《交通运输部关于完善综合交通法规

体系的意见》，加快构建系统完备、科学规范、运行有效、相互衔接的综合交通法规体系。

二是全力推进重点立法项目，服务交通运输改革发展。海上交通安全法修订取得突破，通过国务院常务会议审议，并已经全国人大常委会第一次审议。积极推动“一法两条例”（公路法、收费公路管理条例、农村公路条例）制修订工作，推动将收费公路法规按程序列入国务院2021年立法计划。铁路法、海商法修订送审稿已报送国务院，配合司法部完成征求意见。道路运输条例基本完成部内审核工作。配合司法部基本完成城市公共交通条例立法审核。加快推进港口法、无人驾驶航空器飞行管理暂行条例、内河交通安全管理条例等法律法规制修订工作。

三是推动规章颁布实施，破解行业发展瓶颈。全年颁布规章23件，为做好“六稳”工作、落实“六保”任务提供了有力支撑。组织开展民法典涉及行政法规、规章和行政规范性文件清理，以及妨碍统一市场和公平竞争的政策措施清理工作，及时做好立改废释，保证法规体系的系统性、及时性、有效性。

四是积极开展立法协调，全面及时反映诉求。参与长江保护法、行政处罚法、海警法、乡村振兴促进法等与交通运输行业密切相关的重点立法项目制修订工作，参与野生动物保护法、突发事件应对法、传染病防治法等与疫情防控相关的法律法规制修订工作，及时反映相关诉求。

四、强化依法行政，深入推进交通运输法治政府部门建设

一是开展法制审核。审核文件710余件。健全完善工作机制，推进审核工作流程化、规范化、信息化。完成行政规范性文件、重大行政决策、党组规范性文件合法性和公平竞争审核120件，保障规范性文件和重大行政决策于法有据。

二是提升复议应诉能力。在交通运输部网站发布“以案释法”，编纂典型案件指导案例，推动提高行业依法行政能力。全年共办理行政复议案件85件、诉讼案件27件，依法有效化解行政争议，纠正违法或不当行政行为。

三是充分发挥法律顾问和公职律师作用。完成交通运输部32名公职律师考核工作。通过参与案件办理、提供法律咨询意见、进行经济合同审查等方式，进一步提高法律顾问和公职律师参与度，切实发挥好“两支队伍”的智囊、助手作用。

四是自觉接受外部监督。全年办理完成880件人大代表建议和228件政协委员提案，建议、提案答复率100%。主动公开政府信息838条，办理政府信息依申请公开322件。接待办理群众来信来访3300件人次。

五、丰富法治宣传教育载体，促进提升法治能力

一是拓展法治宣传教育形式，增强宣传效果。编制交通运输法治政府部门建设报告。总结行业“七五”普法工作，研究“八五”普法方案。开展“全民国家安全教育日”“宪法宣传周”及民法典普法宣传活动。

二是加强交通运输系统领导干部法治培训。坚持办好法治政府部门建设专题培训班。将法治课程列为交通运输部党校主体班次的必修课程，不断提高领导干部运用法治思维和法治方式开展工作的能力。

第二节　综合执法改革

交通运输部深入贯彻落实中国共产党中央委员会办公厅、中华人民共和国国务院办公厅《关于深化交通运输综合行政执法改革的指导意见》精神，严格履行督促指导职责，召开推进会议，

跟踪改革进展，协调解决共性问题，持续加大对各地改革的指导督促力度，在机构设置、队伍组建、人员划转等方面取得了阶段性重要进展。

一、持续加大对各地改革的指导督促力度

交通运输部党组高度重视改革工作，组织召开全国交通运输综合行政执法改革工作推进视频会议，杨传堂书记、李小鹏部长作动员部署；先后三次组织召开部深化综合行政执法改革领导小组会议，部署推进改革工作。戴东昌副部长先后三次组织召开全国交通运输综合行政执法改革工作座谈会，研究落实改革具体任务。交通运输部组织开展全国综合行政执法检查，对各地改革情况进行摸底督查，总结推广先进经验，查找督促解决问题。建立改革工作月报制度、信息报送制度，定期调度和跟踪了解各省改革进展情况。印发工作简报、工作信息、材料汇编，对各地反映的改革相关问题及时梳理研究、指导协调。

二、配合相关部门研究制定改革配套政策

按照中华人民共和国国务院办公厅要求，制定公布《交通运输综合行政执法事项指导目录（2020版）》，梳理规范396项执法事项，切实落实清权、减权、制权、晒权改革要求。积极就地方关注和困惑的“局队合一”、人员划转等改革涉及的关键性问题与中央编办进行沟通协调。配合财政部、司法部制定印发《综合行政执法制式服装和标志管理办法》，统一交通运输综合行政执法人员着装。配合司法部研究推动统一行政执法证件样式。

三、推进综合执法队伍规范化建设

制定印发《交通运输综合行政执法队伍素质能力提升三年行动方案》，举办综合行政执法系统领导干部培训班，以提升队伍素质能力为主线，加强综合执法队伍建设。颁布实施《交通运输行政执法程序规定》，落实行政执法“三项制度”要求，推进严格规范公正文明执法。推进部级行政执法综合管理信息系统（二期）工程，以信息化建设为手段，提升综合执法效能。

四、综合执法改革工作取得积极进展

省级层面，30个省（自治区、直辖市）和新疆生产建设兵团已获批组建省级综合执法队伍或由内设机构承担执法职能，挂牌率75%，已挂牌机构共核定编制约1.5万人，其中约1.35万名执法人员已划转到位，人员到位率90%。市级层面，全国共有317个市（州）综合执法机构已挂牌，挂牌率为83%，已挂牌机构共核定编制6.2万余人，其中有4.5万余名执法人员已划转到位，人员到位率为72%。县级层面，全国共1658个县（市、区）综合执法机构已挂牌，挂牌率为82%，已挂牌机构共核定编制约10.5万人，其中有约7.5万名执法人员已划转到位，人员到位率为72%。

第三节　政府信息公开

一、聚焦重点领域，做好政府信息主动公开

全年政府网站发布信息总量14.5万条，通过主动公开目录及时公开政府信息876条，其中规章、规范性文件及相关解读信息68条，疫情防控政策信息53条，规划及标准规范136条，统计数据及分析公报108条，安全及应急管理信息91条，财政预决算及政府采购信息7条，公务员招考及录用结果9条。

一是助力打好疫情防控阻击战，加强疫情防

控信息公开。统一开展疫情防控动态发布和解读工作，积极回应群众关切，通过图文形式解读公共交通防疫指南、船舶和船员防疫工作指南等重要信息，通过微博开设话题#疫情防控交通动态#，及时集中发布各地防控措施，阅读量达8.3亿次。

二是围绕“六稳”“六保”，加强复工复产和纾困解难政策公开。每月公开交通投资、客运量、货运量等统计数据和交通运输经济运行情况分析报告，按季度公开《2020年交通运输固定资产投资计划》，充分阐释经济运行态势，有效提振市场信心。及时发布行业复工复产和优惠政策目录清单等信息，专题解读免收收费公路车辆通行费、阶段性降低港口收费标准等政策，助企纾困解难。

三是聚焦规章规范性文件，加强用权信息公开。2020年交通运输部制发的23件规章和13件行政规范性文件全部在规定时限内公开发布。按照《交通运输部行政规范性文件制定和管理办法》，有序推进行政规范性文件清理工作。制定专项工作方案，开展权责清单编制工作。

四是围绕优化营商环境，加强政务服务信息公开。部政务服务平台改版上线，服务全面升级，实现了一号登录、一网通办，对行政许可、行政处罚等政府信息分类管理和展示，公开行政许可等相关办件信息11867条。公开发布政务服务“好差评”工作管理办法，上线运行政务服务“好差评”系统，全面接受办事企业和群众监督评价，并及时公开评价信息情况。

二、规范做好依申请公开，保障公众合理信息需求

全年受理318件政府信息公开申请，同比增加5.6%，严格按照有关规定办理和答复。从申请方式看，网络申请253件，占79.6%；信函申请65件，占20.4%。从申请内容看，申请事项主要集中在出租车经营、行业标准、客运数据、港口规划等方面。通过修订完善政府信息公开指南，规范答复文书格式，进一步提升政府信息公开申请办理工作质量。因政府信息公开引发的行政诉讼2件，同比下降90%。

三、扩大公开范围和深度，加强政府信息管理

一是修订主动公开基本目录。修订并公开发布《交通运输部主动公开基本目录（2020年）》，实行“主题、行业、机构”三套分类体系，逐一明确事项名称和信息内容，使信息查询更加便捷。二是拓展政策发布权威渠道。完成部政府网站与中国政府网文件库的数据对接工作，形成互联互通政务信息资源库。积极配合做好国务院公报相关工作，刊登行业重要政策52件。三是着手研究新规定，研究起草公共交通企事业单位信息公开规定。

四、加强公开平台建设，优化提升服务功能

一是继续加强政府网站建设。升级完善网站重要功能和板块，“交通智搜”满足用户“搜索即服务”的需求，实现“一体化搜索”行业政府网站政策、新闻、服务、数据，提高了网站搜索的全面性。二是上线新版政府信息公开平台。规范设置政府信息公开专栏，实行统一名称、统一格式，优化栏目设置和页面设计，发挥信息公开“第一平台”的重要作用。对移动端进行适配设计，并在交通运输部微信公众号设置快捷入口，确保手机用户“随手查”。

五、加强制度执行，强化监督保障

一是加强日常指导监督。印发《交通运输部2020年政务公开工作要点》。组织开展交通

运输部政府网站共建和政务公开工作考评。二是强化新修订条例贯彻执行。把条例作为处级领导干部提任前法律知识测试重要内容，并纳入交通运输部机关公务员初任培训的必修课程。三是加强问题整改。逐项对照梳理，形成整改落实台账，印发整改通知，认真完成政务公开第三方评估问题整改。

第四节　信用体系建设

一、贯彻落实党中央、国务院关于信用工作的决策部署

一是会同国家发展改革委召开全国“信用交通省”建设总结推进视频会，学习贯彻习近平总书记关于社会信用体系建设的重要指示精神，部署下一阶段重点任务，推动党中央、国务院决策部署在行业落地落实。二是落实国务院推行告知承诺制的要求，制定《交通运输部推进证明事项告知承诺制实施方案》，印发《长三角海事证明事项告知承诺制管理办法》，全面实行道路旅客运输站经营许可告知承诺。32家省级交通运输主管部门均通过告知承诺、容缺受理等方式优化办理行政许可。三是落实国务院常务会议关于规范和完善失信约束制度的精神，研究形成《交通运输信用管理规定》《交通运输严重失信主体名单认定标准》。在《国内水路运输管理规定》《道路旅客运输及客运站管理规定》等规章制度中对信用监管作出原则性规定。研究制定《公路建设市场信用管理办法》。内蒙古、福建、新疆、海南等22个省（自治区、直辖市）将交通运输信用监管内容列入地方法规中。四是会同中央文明委印发《关于开展诚信缺失突出问题专项治理行动的工作方案》，在交通运输安全生产、网约车管理、公路治超、机动车维修等领域开展专项治理工作。五是及时跟踪学习，梳理形成《党的十八大以来习近平总书记关于社会信用体系建设的重要论述》《党的十九大以来党中央、国务院关于社会信用体系建设的决策部署》等材料，编印12期《信用交通月报》和2期《信用交通专报》，联系实际抓好落实，把学习成果及时转化为推进信用工作的政策举措。

二、加强疫情防控和复工复产期间信用工作

一是助力疫情防控。交通运输部会同国家卫健委发布《关于切实简化疫情防控应急运输车辆通行证办理流程及落实对应急运输保障人员不实行隔离措施的通知》，将伪造通行证和假冒农民工返岗包车的车辆、人员及企业法人纳入信用管理。发布《关于切实做好疫情防控期间道路运输从业资格管理工作的公告》，要求对上一年度诚信考核等级为B级的道路客运驾驶员不得安排从事道路客运驾驶服务。铁路、民航部门要求乘客如实填报健康申明表，作为后续疫情管控的重要参考。邮政管理部门先后发布六版《疫情防控期间邮政快递业生产操作规范建议》，指导寄递企业有效开展疫情防控工作。二是助力复工复产。在信用交通网站设立“信用交通抗疫专栏”，为社会提供信用信息一站式查询服务和网上信用修复等内容。交通运输部职业资格中心对公路水运工程试验检测职业资格证书登记实行告知承诺制，帮助持证人员足不出户办理登记，支持从业人员参加网络继续教育。北京、天津、江苏、浙江等地交通运输主管部门主动为困难企业申请信用贷款，优选信用好的企业参与疫情防控，积极推广信用承诺优化行政审批，为企业纾困解难。三是致力行业企业纾困解难。密切跟踪疫情对企业信用状况的应用，开展网上调研和现场调研，形成《关于各地各部门运用信用手段防控疫情和助力复工复产有关情况的报告》《关

于疫情防控常态化新阶段下交通运输企业信用状况的报告》，研究提出12项纾困举措。

三、部省合力共建“信用交通省”

一是加强评估引导。交通运输部制定《“信用交通省”建设指标体系（2020年版）》，组织第三方机构对各地创建成效进行了全面评估。系统总结3年来“信用交通省”建设成效，发布10个典型省份和一批应用典型案例，新闻媒体广泛报道“信用交通省”建设成效，全行业重视信用、应用信用的氛围日渐形成。二是鼓励探索创新。各省（自治区、直辖市）高度重视“信用交通省”建设工作，交通运输部门和社会信用体系建设牵头部门加强协作联动。贵州、湖北、新疆、云南等19个省（自治区、直辖市）将信用工作和“信用交通省”建设工作纳入交通强国建设试点任务。山东、河南、云南、广西等地结合本地实际，探索推进“信用交通省”建设，把信用建设落到基层一线。“信用交通省”建设的品牌效益和影响力不断提升。三是复制推广经验。组织开展“诚信建设万里行”“信用交通宣传月”等活动，开展“一把手谈信用”等专题宣传，推出关于信用工作的“焦蕴平”系列评论员文章。央视《新闻30分》《朝闻天下》《新闻直播间》等节目深度报道了部信用建设成效，#国庆在路上#“诚实守信 一路畅行”倡议登上微博热搜榜，《人民日报》刊发评论文章《擦亮“信用交通”这张名片》，广泛凝聚共识，营造良好氛围。

四、加强信用信息的归集共享和公开

一是加强系统建设。建设完成全国交通运输信用信息共享平台（一期），累计归集信用信息34.2亿条，建立了819.5万家企业和经营业户、2229.8万从业人员的“一户式”信用档案，初步形成了“信用交通分”模型，发布12次行业信用指数。交通运输信用信息共享平台月访问量超过350万次，通过平台接口方式有效支撑了行业各业务系统。二是做好信息公开。“信用交通”网站累计发布资讯类信息2815条，对外公示信用信息超过1.8亿条，公开部级行政许可和行政处罚信息共11万余条，提供9317万条信用信息的一站式查询服务，访问量保持在35万次/天，峰值近300万，网站总窗口作用进一步彰显，人民群众了解交通运输信用信息越来越便利。三是推动地方建设。经过5年的持续推动，目前各地均已建成信用信息系统和“信用交通”网站。河南、江苏、湖北、黑龙江累计报送信用数据超1000万条，湖北、江苏、黑龙江、河南、广东、河北、甘肃、安徽、山东归集市场主体超200万个。江苏、山东、浙江、江西、云南在本地“信用交通”网站公示信息超200万条。

五、推动信用和业务的深度融合

一是加强信用评价。在公路和水运工程建设领域，对1777家公路设计、施工和监理企业，200家水运设计、施工和监理企业，188家甲级（专项）检测机构进行信用评价并公布结果，发布13870名公路监理工程师、265名水运监理工程师、6560名试验检测工程师的信用扣分结果。在农村公路建设养护领域，确定了10家“信用评价机制”主题试点单位，完成《公路养护信用管理体系研究》，加快建立以质量为核心的信用评价体系。在安全生产领域，公布了甲级（专项）机构和试验检测工程师的信用评价结果。在水上安全领域，及时发布安全诚信企业、船舶和船长。在邮政市场监管领域，开展快递市场法人主体信用评定工作。二是依法实施失信惩戒和信用修复。发布公路超限超载严重失信主体名单4批1877条，完成15条自主性信用修复和1908条时间性信用修复。对 17 家虚构业绩或发布虚假信用信息的公路建设企业做出通报批评，纳入不良行为记录，实施信用扣分。将 185 艘低标准船舶列入重点跟踪船舶名单，将长期逃避海事监管船舶列入失信名单。首次查询部机关和海事系统招录的 2 批 1259 名公务员面试人选信用状况，将被列入失信联合惩戒名单作为公务员队伍入口的“一票否决”事项。三是加强守信激励。发布 240 家交通运输工程建设领域守信典型企业名单（含铁路建设企业 16 家）。开展“信易行”系列调研，组织江苏、浙江、山东等省份试点推进“信易行”工作。

第十章　科技创新

第一节　交通运输科技管理

一、公路、水路科技管理情况

2020年，交通运输部组织对公路、水路交通运输行业192家机构、6200余项项目、77万条基础数据进行统计。截至2019年底，交通运输科技活动人员总规模达到58205人。其中，高级职称18428人，占31.7%；研究生学历20664人，占35.5%；硕士以上学位21599人，占37.1%；女性13485人，男性44720人，分别占23.2%和76.8%。当年在研科技项目共计6260个，计划总投资123.2亿元，实际投入工作量26862人年，分别较上年增长1.7%、13.2%和上升2.7%。其中，新签科技项目1590个，计划总投资35.3亿元，实际投入工作量7912人年，分别较上年增长7.4%、62.9%和上升0.7%；当年完成科技项目1671个，计划总投资28.1亿元，实际投入工作量6957人年，分别较上年下降5.9%、8.7%和增长9.1%。超前或按计划进度执行的项目3936个，计划总投资86.8亿元，分别占总数的62.9%和70.4%。全年共形成研究报告3363篇，发表科技论文12998篇，出版专著304部；全年形成新产品、新材料、新工艺、新装置574项，专利申请受理7077项，获得专利授权4970项，登记软件著作权1504项；全年鉴定科技成果615项，推广应用研究成果879项；全年通过科技项目培养人才7484人，其中博士生859人，硕士生4076人。

2020年，交通运输科技管理工作继续落实国家科技改革精神，转变政府科技管理职能，按照“抓战略、抓规划、抓政策、抓服务”的总体要求，谋划做好交通运输科技创新各项工作。

（一）与科技部就科技创新驱动加快建设交通强国开展新一轮会商

在两部领导的关心推动下，2020年7月24日，交通运输部与科技部成功开展了新一轮部际会商，并签署《关于科技创新驱动加快建设交通强国的合作协议》，明确两部将通过共同制定科技创新驱动加快建设交通强国的政策文件，并联合编制交通科技领域中长期及“十四五”规划，推动形成国家科技主管部门和行业部门“共同凝练需求、共同提出项目、共同组织实施”的协作模式，该轮会商系统谋划了未来一个时期交通运输科技创新工作，为做好科技和交通共建强国这篇大文章奠定了工作基础。

（二）科学谋划“十四五”及中长期科技创新工作

作为规划编制工作成员单位，交通运输部与科技部等部门保持沟通，积极参与国家中长期及“十四五”科技发展规划编制工作，及时反映交通运输领域加快建设交通强国的科技需求并被研究吸纳。在此基础上，紧扣交通强国建设战略部署和需求，系统编制《交通运输科技创新中长期发展规划纲要（2021—2035年）（征求意见稿）》《“十四五”交通领域科技创新规划（征求意见稿）》，围绕“提升基础设施高质量建养技术水平、提升交通装备关键技术自主化水平、推进运输服务与监管高效智能化发展、大力推动深度融合的智慧交通建设、推进一体化协同发展的平安交通建设、构建全寿命周期绿色交通技术体系、提升新时期交通运输科技创新能力”等方面部署了一系列任务。初步明确了行业中长期及“十四五”科技创新方向。

（三）持续推动科技体制改革政策落实

为进一步落实中央“三评”改革精神，委托大连海事大学开展部战略规划政策项目“交通运输‘三评’指标体系构建及实施对策研究”专题研究，提出具有交通运输行业特色的科技评价机制，包括交通运输科技项目评审、人才评价及机构评估（三评）指标体系构建，以及制定相应的实施对策和管理对策。

（四）做好行业科技创新服务

持续推动行业科技成果转化和推广交流。批复实施7项交通运输科技示范工程，并立项科技成果推广科技项目予以支持。完成年度交通运输重大科技创新成果库成果遴选，并首次组织开展交通科技“云论坛”，加大对相关成果的宣传推介。

推进科学技术普及，建设首批国家交通运输科普基地。组织行业高校及科研单位克服疫情影响，线上线下相结合开展交通运输科技活动周活动，与科技部联合印发《国家交通运输科普基地管理办法》，并联合组织开展了首批基地申报与评审工作。

二、铁路领域科技管理情况

一是切实履行推动行业科技创新职责。印发《铁路行业科技创新基地管理办法（试行）》，组织开展铁路行业科技创新基地申报及认定工作，首批认定17个创新基地，有效调动行业创新积极性。二是组织召开2020年铁路科技创新工作会议。总结年度铁路科技创新工作，聚焦铁路行业创新基地布局建设，动员全行业进一步强化科技创新基础，为服务经济社会发展和国家战略实施提供有力支撑。自2017年以来，铁路科技创新工作会议连续4年召开，已逐步搭建起联合企业、高校、科研机构的沟通平台。三是组织研究提供“十四五”铁路行业重大研发需求。根据科技部关于开展国家重点研发计划“十四五”重大研发需求征集工作的要求，面向铁路行业相关单位和局专家委员会委员广泛征求意见建议，经向各领域知名专家咨询，将其中的6项研发需求报送科技部，为后续国家重点研发计划支持铁路行业科技创新提供依据。四是组织编制《北斗系统交通运输行业应用规划纲要（2021—2035年）》铁路领域专题研究报告。结合铁路行业发展需要，组织中国铁道科学研究院、中铁第五勘察设计院集团有限公司等单位，研究提出2021—2035年北斗铁路行业应用目标、科技创新重点任务和工程项目等内容，及时报送交通运输部，为编制《北斗系统交通运输行业应用规划纲要（2021—2035年）》提供素材。

三、民航领域科技管理情况

重点组织编制了民航科技发展（含智慧民航）“十四五”规划。该规划瞄准科技强国、交通强国等国家重大战略需求，围绕新时代民航强国建设与民航“双循环”高质量发展新格局的战略部署，到2025年，针对民航科技短板，实现关键核心技术装备自主可控，航空器适航审定能力取得突破；瞄准科技发展前沿，重点支撑智慧机场、智慧空管、智慧航空器运行与运输服务等领域进入国际先进行列；有效解决持续安全、自主保障、应急处置等制约民航发展的瓶颈问题，初步构建智慧民航系统的技术体系与运行架构；建成支撑民航“双循环”高质量发展新格局的科技创新体系，总体上具备“多领域并跑、优势领域领跑”的国际技术竞争能力。

规划具体在民航体系化持续安全技术、航空器自主适航审定技术、空天地一体化民航空事信息系统技术、机场智能化建养与运行技术、智慧空中交通管理系统技术、航空器精细化运行与便捷运输服务技术六大方向上，部署了重大科技研发任务，同时提出了科技创新能力建设与民航科技成果转化的相关任务。

四、邮政领域科技管理情况

制定印发《“十四五”邮政业应用技术研发指南》，围绕“智能 +”客户服务、基础设施、生产组织、关联领域、节能环保和决策监管六大任务，全面分析行业各环节技术应用情况，研究确定“四横五纵”9 大类 30 小类共 51 项具体技术，为行业“十四五”期间开展技术研发指明了方向，提供了遵循。利用“一报一刊一网”及新媒体平台资源，开展科技宣传报道，大力宣传人工智能、大数据、云计算、无人机、无人仓、智能安检、北斗等先进技术和装备，营造科技创新良好氛围，激发行业科技创新热情和活力。配合交通运输部科技司筹备交通运输部与科技部两部会商会议，参与《交通科技中长期发展纲要》《交通运输“十四五”科技发展规划》编制工作，梳理提交邮政业科技创新素材、2035 智慧邮政重大研发需求以及 5G 技术应用工作考虑。

第二节　重大科技创新

一、交通运输重大科技创新情况

一是加强应用基础研究，推动基础设施长期性能观测网建设。在 2019 年成功组织召开“中国长寿命路面关键科学问题及技术前沿”香山科学会议的基础上，为系统采集我国交通基础设施运行状态数据，研究形成我国自主的基础设施设计建设理论及标准体系，研究提出了开展交通基础设施长期性能观测网建设的工作建议，并纳入相关规划。同时组织行业有关单位研究编制工作方案，积极推进相关工作。

二是积极推动国家重点专项涉及交通领域任务研发与布局。争取“科技助力经济 2020”重点专项立项支持综合交通领域项目 11 项，支持交通领域应对疫情及复工复产工作。此外，经交通运输部推荐，在“公共安全风险防控与应急技术装备”重点专项立项 1 个项目，“政府间国际科技创新合作”专项立项 5 个项目，“战略性国际科技创新合作”专项立项 1 个项目。

三是统筹行业资源，持续发挥交通运输行业重点科技项目清单作用。继续组织实施年度行业重点科技项目清单评审工作，2020 年度交通运输部科技管理信息系统共收到全行业项目申报近 500 项，同比增长 25%，申报项目涉及总经费共计 31.7 亿元，清单统筹引导行业科技创新的作用进一步得到发挥。

四是推动行业关键核心技术研究。在 2019 年专项调研基础上，聚焦亟待开展攻关的关键技术产品深化调研，研究形成关键核心技术攻关工作方案，为启动实施关键核心技术攻坚工程打好基础。

二、铁路领域重大科技创新情况

一是深化支撑重大工程的关键技术攻关，相继建成了突破世界铁路桥梁建设记录的沪苏通长江公铁大桥、五峰山长江公铁大桥、平潭海峡公铁大桥。结合高铁安全标准示范建设，持续推进高铁提质改造工程，成渝高铁成为我国西南地区第一条按时速 350 公里运营的高铁。时速 350 公里高铁设备运营服役性能对比综合试验取得成果。二是推进复兴号系列化动车组研制工作，具有完全自主知识产权的复兴号中国标准动车组系列化产品体系不断完善，时速 160~350 公里复兴号全系列动车组全部投入使用。2020 年 5 月，复兴号动车组研发创新团队荣获全国创新争先奖牌。三是贯彻落实党中央国务院关于推进北斗卫星导航系统行业应用的决策部署，加快推动北斗铁路行业综合应用示范项目，完成《北斗铁路行业综合应用示范工程可行性研究报告》联合批复，研究制定《国家铁路局北斗铁路行业综合应用示范工程项目管理办法》，印发《国家铁路局北斗铁路行业综合应用工作领导小组 2020 年度工作要点》，召开北斗铁路行业综合应用示范工程项目启动会暨初步设计评审会，组织开展示范工程建设。四是围绕我国高速铁路建设成就和高铁经济发展，组织编纂《高速铁路工程技术创新丛书》和《高速铁路经济学丛书》，研究成果正在陆续出版。

三、公路领域重大科技创新情况

积极推进自动驾驶技术发展与应用。召开交通运输部自动驾驶专题研究组第六次会议，面向全行业开展自动驾驶技术发展应用专题调研。加强法律法规研究，积极参与《中华人民共和国道路交通安全法》修订，组织开展《中华人民共和国道路运输条例》修订。推动政策制定，研究起草《关于促进道路交通自动驾驶技术发展和应用的指导意见》，会同工信部、公安部研究修订《智能网联汽车道路测试管理规范（试行）》。积极谋划试点示范，结合交通强国建设试点，研究开展自动驾驶先导应用试点工作。成功组织申请“车路协同自动驾驶关键科学问题及技术前沿”香山科学会议并列入 2021 年会议计划。推进国际技术交流，成功召开中俄自动驾驶技术合作工作组第三次会议。

四、水路领域重大科技创新情况

积极推进智能航运技术发展与应用。积极推进智能航运重大项目研发与示范应用。国家重点研发计划项目“在航船舶安全风险辨识与防控平台”完成项目启动及实施方案论证，“基于船岸协同的船舶智能航行与控制关键技术”通过科技部高技术中心组织的项目中期检查。组织行业相关单位研究编制“智能航运先导试点工程”实施方案（征求意见稿），为“十四五”期间地方及企业开展智能航运技术应用示范提供指导。

五、民航领域重大科技创新情况

民航联合基金是国家自然科学基金的组成部分。2020 年国家自然科学基金委员会批准民航联合基金重点项目立项 18 项。其中机场领域立项《机场场面活动精确感知与智能分析关键技术研究》等重点项目 6 项，适航维修领域立项《民机驾驶舱人机智能交互安全风险评估技术与方法研究》等重点项目 7 项，空管领域立项《面向四维航迹运行的空地一体化空管系统关键技术》等重点项目 2 项，飞行安全领域立项《大数据驱动的飞行训练智能评估理论与方法》等重点项目 3 项。民航单位共同承担科技部立项，国家科技重点研发计划交通领域专项《机场飞行区设施智能监测与互联研究》项目 1 项，中国民航大学承担国家科技重点研发计划公共安全风险防控与应急技术装备专项立项项目 1 项。

六、邮政领域重大科技创新情况

组织开展邮政业智能安检系统、智能视频监控系统、智能语音申投诉处理系统和通用寄递地址编码科技攻关。其中，智能安检系统取得重大突破，高速智能安检机研发成功并在北京、上海、浙江、河南等地开展试点。手持式毒品和爆炸物检测仪生产下线，手持式毒品爆炸物二合一检测仪的研发取得积极进展。智能视频监控系统完成 80% 的算法研发，开始在邮政、韵达、德邦等企业试点应用。智能语音申投诉系统基本实现客户呼入、多层交互以及用户满意度调查等功能。通用寄递地址编码完成近22万条地址数据的采集和赋码，与顺丰、京东进行了试点对接，试点工作稳步推进。引导邮政快递企业积极推广应用北斗导航系统，全行业干线车辆北斗终端覆盖率达到99.11%，对于加强运输车辆管控、提高运输效率、节约运营成本、减少车辆事故发挥了重要作用。

第三节　创新能力建设

一、交通运输创新能力建设概述

重点科研平台是行业科技创新的重要支撑和核心力量。"十三五"以来，交通运输部认真贯彻落实中央深化科技体制改革精神，聚焦国家战略实施和行业发展重大需求，按照"完善布局，提升水平，优化管理"的总体思路，进一步完善形成了国家、部两个层次，重点实验室、研发中心（协同创新平台）、野外观测基地三个序列交通运输重点科研平台体系。截至2020年底，重点科研平台总规模已达197家（其中国家级基地已达23个，行业级重点实验室56个、研发中心86个、协同创新平台19个、野外科学观测研究基地13个），聚集了29个省（自治区、直辖市）205家企业、114家科研院所和高校，科研用房建筑总面积达131.76万平方米，仪器设备总量达13.37万台套，价值55.08亿元。"十三五"期间，重点科研平台完成科研基本建设投资95.07亿元，获得各类科技奖项2305项，其中国家科技进步奖21项，省部级科技进步奖1386项，国内授权发明专利8514件，制修订标准规范1098项，发表学术论文19927篇，其中三大检索收录9537篇，承办各类学术会议1178次。经过不断努力，重点科研平台已经成为科技创新高地、人才培养基地的重大成果产地的作用日渐凸显，在交通运输事业发展中发挥了重要支撑和引领作用。

（一）大力推动国家科技创新基地布局建设

一是推动综合交通基础设施国家重点实验室建设。按照国家重点实验室体系重组的有关要求，组织交通运输部公路院、中国交通建设股份有限公司等单位，整合交通运输各领域、产业链上下游的优势力量，采用产学研用一体化组建、独立法人模式，提出综合交通基础设施国家重点实验室组建方案。2020年12月10日，科技部基础研究司在南京组织召开综合交通基础设施国家重点实验室组建方案论证会，与会专家一致同意实验室组建方案通过论证并建议尽快启动下一步工作。二是推动国家野外科学观测研究站布局建设。在认真梳理、论证的基础上，推荐了北京大杜社公路长期性能等8家野外站申报国家野外科学观测研究站。经科技部组织专家论证，北京大杜社公路长期性能、青海青藏高原多年冻土工程和粤港澳大湾区港珠澳大桥工程安全3家野外站纳入国家站布局建设，实现了交通运输行业在国家野外站布局建设方面的重大突破。

（二）持续优化交通运输行业重点科研平台布局建设和运行管理

一是在自动化作业技术、卫星技术应用、卫生防疫技术三个方向组织认定16家交通运输行业研发中心。为贯彻落实习近平总书记"要把疫情防控科研攻关作为科技战线的一项重大而紧迫的任务，综合多学科力量，统一领导、协同推进"等重要指示精神，推动新一代信息技术与交通运输融合应用，加快补齐交通运输行业在应急运输保障、复工复产和卫生防疫等方面的技术短板，推进科技创新体系建设，交通运输部在自动化作为技术、卫星技术应用、卫生防疫技术三个方向认定了16家交通运输行业研发中心，100余家国内具有较强技术实力的企业进入行业创新体系。组建上述三个方向的研发中心，对于充分整合、吸引行业内外科技创新力量，形成稳定的科研团队，开展关键技术攻关和成果转化具有重要意义。

二是组织认定首批13家交通运输行业野外科学观测研究基地。为贯彻落实《国务院关于全面加强基础科学研究的若干意见》，加快提升行业基础研究和应用基础研究水平，交通运输部首次在交通运输基础设施长期性能、自然灾害防治、重大工程安全三个方向，认定了13家交通运输行业野外科学观测研究基地。首批交通运输行业野外科学观测研究基地的认定建设，对于完善交通运输行业科技创新体系，加快与国家科技创新基地形成梯次布局具有重要意义。

三是完成重点科研平台整改复评。根据交通运输行业重点实验室、研发中心有关管理规定，经过自评、答辩、现场核实等环节，组织完成了智能交通技术与设备等2家研发中心和河口海岸等4家重点实验室的整改复评工作，达到了总结经验、发现问题、加强管理、促进发展的目的。

四是积极推动科技资源开放共享。依据《科学数据管理办法》（国办发〔2018〕17号），在深入调研有关地方、部门经验做法，经过多轮征求意见的基础上，组织起草了《交通运输行业科学数据管理办法》。依托有关优势科研单位，积极推动国家公路、水路科学数据中心培育建设。深化重大科研基础设施和大型科研仪器开放共享。2020年11月，科技部办公厅、财政部办公厅公布了2020年中央级高等学校和科研院所等单位重大科研基础设施和大型科研仪器开放共享评价考核结果，交通运输部组织参评的5家单位取得良好成绩。其中，交通运输部公路科学研究院和交通运输部天津水运工程科学研究院管理制度比较健全，运行使用效率较高，开放共享成效较好，考核结果为良好；交通运输部水运科学研究院、大连海事大学和交通运输部科学研究院考核结果为合格。根据有关规定，科技部、财政部将对考核结果为优秀和良好的单位予以表扬，并给予后补助经费奖励。

二、铁路领域创新能力建设情况

贯彻习近平总书记关于科技创新工作一系列重要讲话和指示批示精神，积极落实国家推动科技创新基地建设要求，从行业科技创新发展需求出发，在广泛听取行业内各单位意见基础上，2020年9月制定印发《铁路行业科技创新基地管理办法（试行）》，统筹规划了铁路行业科技创新基地建设的总体目标、类型，系统设计了基地认定、运行机制、管理模式、考核评估等各项规则，为顺利开展铁路行业科技创新基地布局建设提供有效制度保障和认定依据。2020年10月，根据铁路科技创新中长期发展规划目标，同时结合川藏铁路建设、北斗导航应用等当前重大工程、重大任务需要，确定首次铁路行业科技创新基地申报的移动装备、基础设施、能源牵引、通信控制、安全保障5个重点领域，磁浮交通装备、长大桥隧、新型能源、新一代通信列控、北斗导航应用等15个重点研究方向，并组织开展铁路行业科技创新基地申报工作。经专家评审、现场审定等程序，最终认定7个铁路行业重点实验室和10个铁路行业工程研究中心。铁路行业科技创新基地的设立有利于铁路在基础理论、前沿技术、工程应用研究上取得更多成果，进一步助力铁路强国建设。同时，围绕川藏铁路规划建设开展科研攻关，形成216项成果，并积极推进国家川藏铁路技术创新中心建设工作。

三、公路领域创新能力建设情况

加快公路领域研发中心建设。顺应交通工程装备智慧化、无人化发展趋势，依托福建省高速公路集团有限公司、北京新桥技术发展有限公司等认定自动化作业技术交通运输行业研发中心，重点开展交通基础设施自动化作业环境感知、自动化施工等技术与装备研发推广，为加快提升交通运输装备技术水平和运行控制能力，有效降低人工成本、减少能源消耗、保障作业安全提供科技支撑。

加快公路领域野外科学观测研究基地建设。依据《交通运输行业野外科学观测研究基地建设发展方案（2019—2025年）》和有关管理规定，为加快提升公路领域应用基础研究水平，交通运输部组织开展了首批公路领域野外科学观测研究基地认定工作。经专家论证，北京大杜社公路长期性能、东北多年冻土区公路长期性能、西北寒旱区公路基础设施长期性能、跨海桥梁长期性能、山区公路自然灾害防治、青海青藏高原公路冻土工程、寒冷地区隧道气象与结构力学状态、大跨索承桥结构安全与长期性能、粤港澳大湾区港珠澳大桥工程安全等野外观测研究站纳入首批交通运输行业野外科学观测研究基地布局。上述野外科学观测研究基地将为构建不同气候、水文、地质等条件下公路基础设施长期性能科学观测体系，深化科学数据采集汇交、保存利用，支撑公路基础设施设计理论完善、养护科学决策、安全可靠运营等提供科技支撑。

四、水路领域创新能力建设情况

加快水路领域重点实验室建设。组织认定无人船舶系统及设备关键技术交通运输行业重点实验室。重点实验室由大连海事大学牵头，与中国船级社、交通运输部水运科学研究院等单位联合组建，这是首家采用产学研用一体化方式组建的重点实验室。重点实验室整合了船舶航行、装备、通讯、导航、信息与控制等领域的优势力量，重点围绕无人船舶所涉及的基础理论、关键技术、核心装备、测试验证、法律法规等关键问题开展研究，将为我国无人船领域基础研究、关键技术攻关、成果转化应用等提供支撑。

加快水路领域研发中心建设。依托交通运输部水运科学研究院认定建设了交通运输卫生防疫技术行业研发中心。分别依托上海国际港务（集团）股份有限公司、山东省港口集团有限公司、中远海运港口有限公司认定建设了3家自动化码头技术交通运输行业研发中心，深化人工智能、大数据等应用，重点开展集装箱、散货自动化码头改造，港区自动化作业运输车标准化、自动化码头作业安全风险防控等技术研发及推广。

加快水路领域野外科学观测研究基地建设。依据《交通运输行业野外科学观测研究基地建设发展方案（2019—2025年）》和有关管理规定，部组织开展了首批水路领域野外科学观测研究基地认定工作。经专家论证，长江深水航道水沙环境与工程安全、渤海湾港口航道长期性能、海洋基础设施长期性能等野外观测基地纳入交通运输行业野外科学观测研究基地布局。上述野外科学观测研究基地将为构建不同气候、水文、地质等条件下水路基础设施长期性能科学观测体系，深化科学数据采集汇交、保存利用，支撑水路基础设施设计理论完善、养护科学决策、安全可靠运营等提供科技支撑。

五、民航领域创新能力建设情况

为推进新时代民航强国建设，以智慧民航为主线，引领国际民航业创新发展，更好地服务国家发展战略需要，中国民用航空局作出了建设民航科教创新园区的重大部署。经中国民用航空局分别与北京市人民政府、河北省人民政府、四川省人民政府协商一致，决定在北京大兴国际机场临空经济区中规划建设民航科教产业园区；在成都东部新区、成都高新区中规划建设民航科技创新示范区，两个园区统称为民航科教创新园区。

民航科教创新园区以建设国际知名的世界一流民航科教创新园区为目标，确立了引领国际民航业发展的科技创新中心、临空经济高质量发展的产业创新中心以及全球民航开放与合作的创新网络枢纽三大定位，重点打造科技研发、技术服务、成果转化、国际交流、人才培养五大功能板块，努力探索新时代创新驱动中国民航“双循环”高质量发展的新模式、新路径，为建设民航强国提供强大科技支撑。在科技创新方面，园区将承载一批重大科技项目，建设国家级科技创新平台。在产业发展方面，园区将围绕产业链部署创新链，集聚一批民用航空产业龙头企业，加快科技成果转化和产业化。在成果转化方面，园区将构建行业创新成果转化枢纽，开展科技成果转让、许可、作价投资和技术开发、咨询、服务。在国际化方面，园区将打造国际权威的实验验证机构，推动中国民航技术、产品、服务、品牌和标准国际化。在创新人才方面，园区将营造国际一流科研环境，汇聚两院院士等高层次专家和全球高端科技人才，打造集聚民航创新人才的战略高地。

六、邮政领域创新能力建设情况

组织开展第二批邮政行业技术研发中心认定，认定24家行业技术研发中心，发挥骨干优势单位的示范效应和带动作用。指导开展邮政行业第二届科技成果评选，评出20项效益明显、影响广泛的优秀项目并进行公示，进一步调动了行业科研人员开展科技创新的积极性和主动性。

第四节　重大科技应用

交通运输行业是北斗系统最大的民用行业用户之一，在全行业的共同努力下，北斗系统在行业各领域已得到广泛应用。

一、规模和占比不断提升

截至2020年底，已有重点营运车辆760.18万辆、邮政快递干线运输车辆3.63万辆、交通运输部系统公务船舶1754艘、水上助导航设施13105座、通用航空器352架安装应用北斗系统，并在11架运输航空器上开展北斗系统示范应用。

二、应用环境不断完善

2020年，交通运输部印发《关于推动交通运输领域新型基础设施建设的指导意见》，将北斗系统应用纳入推动交通运输新基建主要任务。

三、重点领域应用不断深化

在ETC门架和收费站安装北斗授时设备，利用车辆北斗定位数据分析全国高速公路、普通国省干线公路运行情况。积极推动北斗系统在长江干线航道武汉至安庆6米水深航道建设等项目中的广泛应用。实施北斗铁路行业综合应用示范工程和运输航空器北斗追踪监控应用示范工程。

四、积极推进创新应用

在广州、苏州等自动化码头建设中使用北斗技术，在深圳港妈湾港区开展北斗高精度定位应用试点，推动智慧港口建设。北斗系统应用研发中心建设取得积极成效。

五、稳步推进北斗国际化应用

北斗系统加入全球海上遇险与安全系统（GMDSS）工作取得实质性突破，成功推动国际海事组织（IMO）航行、通信和搜救分委会（NCSR）第7次会议审议通过了我国提交的对北斗报文服务系统开展技术评估的提案。将北斗技术参数写入国际搜救卫星组织（COSPAS-SARSAT）技术文件。国际电工委员会（IEC）

正式发布首个北斗船载接收设备检测国际标准。北斗三号系统189项性能指标通过国际民航组织（ICAO）专家组技术验证，完成推动北斗三号系统纳入国际民航组织标准体系的核心任务。

第五节　信息化与网络安全

一、重点工作情况

一是国家综合交通运输信息平台建设取得新成效。国家综合交通运输信息平台上线运行，"五大功能"核心功能基本建成。"综合交通一张图"实现15个重点专题图上线服务，大大提升了决策可视度。整合数据资源，基本实现应急指挥一张图，应急视频联通平均时间缩短至30分钟以内，应急调度信息化能力显著提升。持续优化部电子政务内网办公系统门户，交通运输部电子政务外网行政办公业务平台应用系统基本开发完成，移动办公系统部分功能上线运行。交通运输部信息资源交换共享平台稳定运行，充分发挥行业信息资源共享开放主通道、主枢纽作用。网络安全评估及监测预警信息平台实现对千余个互联网重要系统24小时监测，有效支撑重大活动网络安全安保工作。对"十四五"期国家综合交通运输信息平台总体框架优化开展研究，形成《国家综合交通运输信息平台"十四五"发展规划》初稿。

二是促进综合交通运输大数据发展和应用。修订《交通运输政务信息资源共享管理办法》，进一步提高管理制度的适用性、规范性。印发《交通运输政务信息资源目录（2020版）》，共计发布政务信息资源7284项。部级数据资源共享交换平台已接入信息资源593项，为水运、海事、道路客票、应急调度、综合执法等专业领域数据共享和跨区域数据共享提供了有力支持。依托综合交通出行大数据云平台、交通运输部政府网站"交通智数"栏目，面向社会公众提供数据服务。组织开展首批交通运输大数据融合应用试点效果自评估工作，充分发挥试点工作的示范带动作用。基于区块链的集装箱电子放货平台试点应用成效明显。

三是着力提升交通运输行业网络安全防护能力和水平。修订印发《交通运输部网络安全管理办法》，强化网络安全责任落实。交通运输部机关加大干部教育网络安全培训支持力度，将网络安全培训纳入干部教育培训规划，支持举办了面向全国交通运输行业厅局级领导干部研修班。依托交通运输部管理干部学院建成了实战导向的"行业网络安全攻防训练基地"，促进行业各单位加强网络安全人才队伍建设。

四是积极谋划"十四五"交通运输信息化工作。印发《关于推动交通运输领域新型基础设施建设的指导意见》（交规划发〔2020〕75号），推动先进信息技术赋能交通运输基础设施数字转型、智能升级。编制《交通运输信息化"十四五"发展规划》并形成阶段性成果，在分析发展形势基础上，研究提出总体思路、主要任务和保障措施。

五是交通运输"数字战疫"取得实效。组织开展大数据分析工作，高质量完成了多期专题大数据分析报告，为重点人群监测、离汉离鄂通道管控，复工复产情况分析研判等工作提供了有力支撑。迅速汇聚全国道路水路实名制售票数据，与国办电子政务办、国家卫健委、工信部等部门开展联合应用，有力支撑了同乘密切接触者筛查和全国统一"健康码"应用。

二、国家铁路局信息化与网络安全

（一）信息化建设工作情况

一是统筹推进安全生产监管信息化工程（一期）项目进展。强化安监一期系统应用，保障应用系统稳定运行。做好安监一期变更和审计整改，全力推进项目进展。完成项目终验报告，全力保障项目终验。二是推进无纸化办公推广应用工作。加快推进无纸化办公系统在局机关的推广应用。持续收集使用部门需求，不断完善系统流程和功能。及时组织培训，帮助系统使用人员尽快掌握系统使用方法。三是组织统计调查系统建设。推进统计调查系统机房扩建改造工作。组织完成工程采购设备到货安装、设备调试和环境搭建。结合系统使用需求，有序推进应用系统功能开发。

（二）网络安全工作情况

坚决贯彻党中央决策部署，严格落实网络安全工作责任制。采取技术检测、自查整改、抽查复核相结合的方式，对全局网络安全进行全面检查。组织对局政府网站等七个三级信息系统开展等保复测，并对基础网络设施开展等保定级等工作。组织研究制定信息机房管理、安全组织机构管理等 9 项网络安全管理制度并实施。组织开展信息系统服务器切换应急演练，切实提高网络安全实战能力和应急处置能力。及时通报有关网络安全预警和风险提示，组织做好相关防范措施。组织铁路企业开展网络安全宣传活动。

三、公路（含道路运输）领域信息化

一是积极推进智慧公路建设。根据《关于加快推进新一代国家交通控制网和智慧公路试点工作的通知》（交办规划函〔2018〕265 号），持续推进试点工作。协调推进京礼高速智慧公路试点工程，为 2022 年北京冬奥会和冬残奥会提供交通服务基础设施保障。全国 ETC 用户超过 2.25 亿，高速公路客车 ETC 使用率达到 70%，人工收费车道基本实现移动支付全覆盖。

二是提升信息系统服务效率。优化升级交通运输部公路评标专家库管理系统，面向行业提供 24 小时服务，保障疫情期间交通运输部公路评标专家库抽取顺利，确保及时有效组建符合各项要求的评标委员会。跨省大件运输并联许可办结时间压缩约 77%，累计为大件运输企业节约成本近 148 亿元，好评率达 99.86%。有序推动全国公路工程造价管理信息系统、全国治超联网管理信息系统建设。国省干线公路交通情况调查数据采集与服务系统建成自动化交调站 10475 个，公路交通情况调查信息服务能力不断提升。

三是提升交通出行服务水平。进一步提升联网售票覆盖率、可售率，加快部省联网售票进程，二级及以上客运站联网覆盖率为 99.05%，联网可售率为 87.03%，21 个省（自治区、直辖市）实现部省联网售票，在 11 个省（自治区、直辖市）开展电子客票试点应用。全国累计发行交通一卡通互联互通卡近 1 亿张，实现 303 个地级以上城市互联互通。手机移动支付方式快速发展，已有 80 余个城市公交实现手机移动支付。持续推动城市公共交通信息化建设，构建城市公共交通企业运营智能调度平台、乘客出行信息服务平台和城市公共交通行业监管平台，提升公交运营服务和管理信息化水平。互联网道路运输便民政务服务系统持续良好稳定运行，业务累计办理量近 32.3 万件，评价总数 6.4 万，服务好评率达到 99.28%。全国汽车维修电子健康档案系统已覆盖 31 个省（自治区、直辖市）、11.6 万家维修企业，为 1.2 亿辆汽车建立了电子健康档案。

四、水路领域信息化

一是加快推进水运信息系统建设和应用。基本实现渤海湾、琼州海峡、长江干线等重点水域省际客运的电子船票应用工作。智慧港口建设进一步推进，江苏省交通运输厅的海江河全覆盖的港口安全监管信息平台等示范工程建设均已完成项目验收工作。指导推进广州港南沙四期、苏州港太仓四期、天津港北疆港区自动化码头建设，水路运输建设综合管理信息系统（二期）已完成交工验收并上线试运行，水路运输行政许可、备案管理、统计分析等功能进一步完善。开发上线了船舶污染物联合监管与服务信息系统，基本覆盖长江经济带所有港口和60%以上的船舶，推进了船舶污染物接收转运处置联单管理电子化，初步实现船舶污染物来源可溯、去向可寻。

二是稳步推进海事信息化一体化建设。加快海事一体化信息平台建设，初步搭建海事“一网通办”“一网通管”平台，“一网通办”提供26项便民服务、53项业务办理，17项业务实现全程网办。完成垂管业务信息系统与辽宁、湖北地方政务服务系统对接，开发海事“好差评”功能上线。构建统一电子证照系统，在试点单位完成内河船员证照发放。加快推行“无接触”政务服务，及时调整完善船员管理相关应用系统功能，满足航运企业、船员等在疫情防控期间的海事业务办理需求。

三是持续推动水路领域数据共享工作。在水路领域初步形成国内水路运输经营许可证、船舶营运证、港口经营许可证和危险货物作业附证为重点的数据资源库。初步建成海事一体化信息资源中心，搭建数据共享交换平台，持续推广AIS信息服务平台，向社会开放我国沿海及内河船舶实时动态权威数据，强化海事数据共享交换和综合应用。整合重点船舶动态信息、交通基础设施信息、重点水域视频监控信息、应急力量和资源信息，以及气象、水文、潮汐、极端天气预警等信息，为预防预警、应急救援、辅助决策提供数据支撑。

五、中国民用航空局信息化与网络安全

全年民航网络安全总体平稳可控。根据《民航关键信息基础设施认定规则（暂行）》，组织专家评审认定了34个民航关键信息基础设施，分别由民航局空管局、中国民航信息网络服务有限公司、9家主要航空公司和22家主要机场承担运营任务。推进国家高技术产业发展项目计划及国家资金补助计划，民航重要信息系统网络安全保障示范工程已完成建设任务并通过验收。举办首期网络和信息安全监管专业监察员初始业务培训班，有效提升民航网络安全监察员这一关键岗位的关键人员对网络安全工作的思想认识和执法能力。组织重点时期和重大活动期间民航网络安全保障工作，完成“春运”、全国“两会”、中国国际服务贸易交易会、第三届中国国际进口博览会等民航网络安全保障任务，确保民航重要网络和信息系统运行正常，不发生影响航空运输的网络安全事件。民航局人事科教司被授予2020年度国家网络与信息安全信息通报工作先进单位。

六、国家邮政局信息化与网络安全

一是认真开展网络安全和信息化支撑保障工作，全年未发生重大网络安全事件。按照中国共产党中央委员会办公厅、中华人民共和国国务院办公厅、中共中央网络安全和信息化委员会办公室、公安部、国家版权局、国家密码管理局等有关部门要求，组织开展网络安全和信息化相关专项工作，开展邮政业关键信息基础设施的认定、安全规划和防护等有关工作。完成了2020年公安部组织的攻防演习工作；建立完善了邮政管理系统和行业企业通报成员，向各级邮政管理部门下发预警信息12期，向各企业下发预警信息8期，向邮政管理系统下发整改通知书42个。

二是积极推进信息化项目建设，持续提升邮政业信息化水平。完成安全生产监管信息化工程（一期）国家邮政局建设项目竣工验收。

全面推进寄递渠道安全监管“绿盾”工程建设，建成合肥灾备中心，升级完善国家邮政局云计算平台和大数据管理平台，改造完善省、市邮政管理部门信息化机房以及邮政业安全监控中心，完成现代化执法装备配备，完善企业数据采集通道，基本完成视频联网系统建设，探索实现安检机联网在线监管重点企业全覆盖，完成运行监测、安全预警、行政执法、应急指挥、决策支持和公共服务六大类应用系统13个子系统建设，基本实现邮件快件寄递“五可”的系统建设目标。全面推进邮政管理系统数字档案室、办公系统基层延伸、快递业务经营许可系统改造、普遍服务监管系统升级等自身能力建设项目实施。

三是深化政务信息资源共享，加快推进一体化在线政务服务平台和“互联网＋监管”系统建设。完成政务服务“好差评”系统上线及应用，实现国家邮政局与31个地方政务服务平台对接，完成“跨省通办”专区涉邮事项建设，非涉密事项全部实现网上办理，为深化邮政行业“放管服”改革纵深发展提供支撑。稳步推进“互联网＋监管”系统建设，实现与国家平台统一身份认证对接，持续保障监管数据汇聚和推送，接入企业信用、营业执照等数据信息，充分利用监管大数据，创新监管方式。推进行业数据开发应用，服务国家稳定、公共安全和经济发展方面已初见成效，与部分地方公安提供数据的定向查询服务，为公安机关的导侦和抓捕提供有力抓手。创新推出了安全虚拟号业务，用以保护寄递用户的个人隐私。推进“数字防疫”建设，推出“战疫速递”小程序，对行业从业人员的健康状况、防疫物资的精准发放提供有力抓手，及时监测行业复苏及复工复产情况，逐步搭载的天气预警、保险赠送、线上培训等一系列应用，为数字抗疫的同时送去了保障和服务。

第六节　标准体系建设

一、交通运输部标准体系建设情况

截至2020年底，公路水路交通运输领域共有国家标准591项、行业标准1249项。全国性专业标准化技术委员会和分技术委员会13个、行业性专业标准化技术委员会5个，各领域技术专家1000余人。

科学谋划“十四五”标准化发展思路。完成《交通运输标准化“十四五”发展规划》编制工作，印发《公路工程建设标准管理办法》《水运工程建设标准管理办法》《公路水路行业产品质量监督抽查管理办法》等，标准化政策制度更加健全。

全面完成国务院深化标准化工作改革任务。完成强制性标准整合精简后续工作，发布《航标灯光信号颜色》等5项强制性国家标准。“交通运输标准信息查询系统”微信公众号上线，1200余项行业标准规范实现手机“一键查询”。

高质量标准体系建设取得积极进展。2020年，发布综合交通运输、安全应急、运输服务、节能环保和信息化等重点领域公路水路标准134项。

支撑国家重大战略实施，加快推进重点标准供给。服务京津冀协同发展，完成《支撑雄安新区交通运输高质量发展标准体系》。支撑长江经济带建设，发布《长江干线通航标准》（JTS 180-4—2020）等；促进长三角更高质量一体化发展，完成《船舶水污染物内河接收设施配置规范》地方标准编制。

围绕中心工作，完善重点领域标准体系。在完善综合交通运输标准体系方面，发布《综合交通电子客票信息系统互联互通技术规范》（JT/T 1310—2020）等标准12项。在安全应急标准体系方面，发布《危险货物道路运输营运车辆安全技术条件》（JT/T 1285—2020）、《船舶污染应急设备库运行管理规范》（JT/T 1345—2020）等。在智慧交通建设方面，会同工信部、国家标准委制定《国家车联网产业标准体系（智能交通相关）》，发布《客车车道保持辅助系统性能要求和试验方法》（JT/T 1358—2020）等。在提升运输服务品质方面，发布《城市定制公交服务和规范》（JT/T 1355—2020）等。在支持绿色发展方面，发布《公路服务区污水处理设施技术要求》等。

加快完善公路工程建设标准体系，发布《公路桥梁抗震设计规范》（JTG/T 2231-01—2020）、《公路路基养护技术规范》（JTG 5150—2020）、《公路养护工程质量检验评定标准　第一册　土建工程》（JTG 5220—2020）、《公路工程节能规范》（JTG/T 2340—2020）等标准，加快构建涵盖“建、管、养、运”全过程的公路工程建设标准体系。

加快完善水运工程建设标准体系。《水运工程结构防腐蚀施工规范》（JTS/T 209—2020）、《河港总体设计规范》（JTS 166—2020）、《绿色港口等级评价指南》（JTS/T 105-4—2020）等 20 项标准，开展《水运工程运营维护信息模型应用标准》编制，推进 BIM 等新技术应用。

加强标准实施监督工作。发布部门计量检定规程 42 项和产品质量监督抽查实施规范 18 项，完成电子不停车收费设备等 8 类、716 个批次产品质量监督抽查，总体合格率达到 92%。组织开展《商品车多式联运交接单》等重要标准宣贯，累计培训 2 万余人次。

推动标准国际交流与合作。我国牵头制定的《绞吸挖泥船疏浚监控系统》等 4 项国际标准发布实施。发布《公路悬索桥设计规范》《水运工程环境保护设计规范》《国际道路货物运输车辆选型技术要求》等 19 项行业标准外文版。

二、铁路标准体系建设情况

（一）技术标准方面

一是印发 2020 年铁路技术标准项目计划并组织实施。全年发布 9 批 69 项铁道行业技术标准和 5 项标准修改单，其中《350km/h 高速电动车组通用技术条件》填补了动车组标准体系中整车标准的空白，统一了高速动车组的技术要求，为动车组简统化、系列化设计和管理，实现互联互通，提高动车组安全性、舒适性、节能环保性提供技术支撑。推动发布《标准轨距铁路限界》（GB 146—2020）系列等 17 项铁道国家标准，标准体系不断完善。二是大力推进铁道行业技术标准文本公开。按照“能公开尽公开”的原则，根据标准公开的评估结果，集中制作标准公开文本，在“铁路技术标准信息服务平台”完成 786 项标准的全文公开工作，实现免费在线阅读。三是积极组织标准宣贯。配合国际标准日，开展《机车车辆火灾报警系统》（GB/T 38519—2020）等 19 项重要铁路技术标准的宣贯活动，共培训技术人员 860 人。四是加强标准前期研究分析。针对铁路空气动力学大风评估中标准模型数据风洞试验方法、ISO 国际标准轨道几何状态评价指标和方法等 10 项关键技术开展研究分析，提高标准编制水平，为国际标准和铁路技术标准制修订提供技术支撑。

（二）工程建设标准和造价标准方面

一是标准体系更加完善。2020 年，发布铁路工程建设标准 15 项、造价标准 1 项，现行工程建设标准和造价标准数量分别达到 128 项、47 项，国家铁路局发布的标准占比分别为 76%、94%。二是重点领域标准取得重大进展。贯彻落实党中央国务院关于加快推进新型城镇化发展决策部署，发布《市域（郊）铁路设计规范》（TB 10624—2020），对规范和引导市域（郊）铁路健康发展、加快推进都市圈建设具有重要意义。发布全套 7 册铁路工程施工安全系列技术规程，为保障铁路工程建设及铁路运输安全提供重要技术支撑。发布铁路斜拉桥和桥梁钢管混凝土结构设计规范，丰富和完善桥型设计标准谱系。发布铁路站场工程施工质量验收和路基支挡结构检测等5项标准，丰富和完善铁路工程施工质量验收体系。三是标准服务市场成果显著。贯彻落实党中央国务院深化“放管服”改革及大力优化营商环境有关要求，公布《铁路工程工程量清单规范》（TZJ 1006—2020），解决铁路市场承发包双方承担风险界定不清等突出问题。发布《铁路工程预算定额　第三册　隧道工程》（TZJ 2003—2017）局部修订条文，补充和优化隧道大型机械钻爆法施工相关定额，为川藏铁路建设提供重要标准支撑。四是标准基础研究扎实推进。完成常用跨度简支梁、超长深埋隧道、隧道TBM（全断面隧道掘进机）施工定额等5项专项课题，指导川藏铁路初步设计和有关标准制修订。完成铁路桥涵主要设计荷载等3项标准研究结题，为标准编制和实施提供理论指导。五是标准公开和宣贯推进有力。2020年新发布的工程建设标准全部实现全文公开。采取“现场＋网络视频”方式组织开展铁路工程施工安全技术规程及《铁路工程工程量清单规范》（TZJ 1006—2020）等10项重要标准宣贯，共培训技术和管理人员超过1万人次。

三、民航标准体系建设情况

（一）加强标准化机构建设

民航局于2019年在航科院设立民航法规与标准化研究所（副司局级），作为民航局标准化管理的技术支持单位。目前，已经成立标准化创新室、符合性评价室和政策法规室3个室，配备工作人员24人。

对民航局负责业务指导的全国航空运输标准化技术委员会和全国航空货运及地面设备标准化技术委员会进行重组。重组后，计划将两个委员会合并，保留全国航空运输标准化技术委员会的名称和编号。已完成《全国航空运输标准化技术委员会重组方案》编制并将重组方案报送市场监管总局。

在工程建设标准方面，民航局制定了《民航工程建设标准化技术委员会管理办法》，将依托中国民航机场建设集团作为秘书处，组建覆盖民航工程建设从勘察、设计到施工、建立、质量监督等完整周期的民航工程建设标准化技术委员会。

经民航局推荐，国家标准化管理委员会于2019年10月批复同意由中国民航科学技术研究院作为承担单位筹建国家技术标准创新基地（民航），建设周期为2年。2020年3月，民航局完成《国家技术标准创新基地（民航）建设方案》编制并报送国家标准化管理委员会。2020年4月，建设方案获得国标委批复同意。

（二）清理存量标准

开展行业标准清理工作，废止了半数以上的标准，有效缩减了行业标准数量，优化了行业标准结构，提升了行业标准质量。通过清理工作实践，形成了标准制定和修订的原则和思路，并在后续的标准制修订工作中予以固化，已建立了长效的标准制修订管理机制。

（三）完善行业标准管理方式

2020年4月，民航局发布《关于加强民航标准化工作的指导意见》和《关于培育发展民航团体标准的指导意见》，对于规范行业标准管理和促进团体标准建设都起到了积极的指导作用。

（四）修订标准化规章和规范性文件

规章方面，正在开展《民用航空标准化管理规定》修订，已形成修订稿。同时，开展规范性文件的修订工作，已完成《民航工程建设行业标准管理办法》和《民航工程建设行业标准编写规范》两份规范性文件的修订发布，正在开展《民用航空行业标准管理办法》的修订，已形成修订稿初稿。

省（自治区、直辖市）和部属有关单位开展安全生产检查，发现整治问题隐患1132项，保持了高压严管态势。二是加强事故警示教育，向行业印发警示通报20余篇，部署要求行业深刻汲取教育，做到举一反三，切实做好各项安全生产重点工作。

（五）加强安全生产体系建设，推动建立长效机制

一是深入总结辽宁、吉林、江苏、深圳等地安全体系建设试点经验，研究起草深化完善交通运输安全体系建设的意见。二是研究制定安全生产监督管理规定和监督检查办法，起草交通运输企业安全生产标准化建设指导意见，完善安全生产制度保障。三是做好交通强国试点工作，指导江苏、浙江、辽宁交通强国安全体系试点以及危化品运输安全事中事后监管试点工作。

（六）推进安全基础研究，提升安全保障水平

一是开展“锻长板补短板固底板 完善交通运输安全体系”深度研究，会同三个国家局成立危险货物运输安全研究专班，开展危险货物运输安全联合调研。二是开展“十四五”交通运输安全生产科技支撑体系研究，确立5个方面、24个研究项目，部分项目纳入科技部“十四五”重大专项。三是开展事故调查深度技术分析，建立安全生产典型案例立档分析机制，针对特别重大道路交通事故开展整改措施落实情况“回头看”，吸取教训，举一反三。四是探索“平安交通”建设科学发展新路径，征集各地交通运输主管部门、行业企业、部属科研单位创新案例445个。

第二节　工程质量监督

一、公路水运工程质量监督基本情况

2020年公路工程质量监督抽检数据3325万个（组），高速公路合格率为98.2%，干线公路合格率为97.4%，农村公路合格率为96.3%；水运工程质量监督抽检数据26.8万个，合格率为94.1%，公路水运工程建设质量总体平稳。

二、主要做法及成效

（一）深入推进平安百年品质工程建设

一是召开“平安百年品质工程”建设推进现场会，推动其纳入“第二批全国创建示范活动保留项目目录”，择优确定40余个试点项目，桥梁预制构件质量提升、公路隧道质量安全管控提升、施工现场临时防护设施标准化等六大攻关研究成果逐步形成。二是推动“平安百年品质工程”纳入交通强国建设试点方案，17个省（市）围绕高质量发展和提高工程耐久性目标，明确将“平安百年品质工程”建设纳入试点任务，提出试点内容、实施路径及预期成果。

（二）深入推进平安工地全覆盖

一是印发《交通运输部办公厅关于进一步推进公路水运工程“平安工地”建设的通知》，推动《公路水运工程安全生产条件技术要求》等“平安工地”建设相关技术标准编制工作。二是联合有关部门发布公路水运工程淘汰危及生产安全施工工艺、设备和材料目录，防范化解公路水运重大事故风险，提升本质安全。三是组织开展公路水运工程平安工地建设专家指导服务试点工作，开展技术指导、经验教学、警示教育、政策把脉“四个一”服务，提升平安工地安全管理水平。四是加强应急能力建设，编制《公路水运工程生产安全事故应急预案编制要求》，组织开展2020年公路水运工程建设安全海上应急演练活动。

（三）开展公路水运工程质量安全督查

对江苏、山东、云南、重庆、安徽、北京、天津、河北、江苏、贵州、辽宁、安徽、长江

航务管理局开展安全检查工作等13个省份（单位）开展公路水运工程建设质量安全督查，指导京津冀、冬奥会、雄安新区、首都城市副中心等重点区域质量安全监督工作。

（四）提升农村公路质量水平助力脱贫攻坚

一是开展2020年度农村公路扶贫公路质量安全检测志愿帮扶工作，组织381家试验检测机构对26个省（自治区、直辖市）2756条农村公路和扶贫公路开展了实体质量检测，检测数据约3.5万组（个），检测里程达1.03万公里。二是开展农村公路扶贫公路建设质量安全督查指导，对江苏、山东、安徽、重庆、云南5个省（直辖市）9条农村公路的质量安全进行了督查。三是牵头交通运输部第五结对帮扶工作组，助力安远县脱贫攻坚工作。

（五）开展安全生产约谈和集中预警教育

一是对云南、重庆、四川、广西、广东等公路施工事故多发地区开展视频调度，赴重庆、四川开展公路工程施工安全抽查，对事故多发企业安全管理问题进行挂牌督办。二是印发《关于召开隧道及工程建设施工安全风险集中预警教育的通知》，对山西、贵州、广西、青海、广东、湖南、湖北7省（自治区）开展隧道及工程建设施工安全风险集中预警教育。

（六）持续推进“坚守公路水运工程质量安全红线”行动

印发《交通运输部安委办关于进一步推进公路水运工程质量安全红线行动开展的通知》，部署行业建立健全红线问题自查、检查工作机制以及问题动态台账，狠抓红线问题整改。2020年底，31个省（自治区、直辖市）、新疆生产建设兵团交通运输主管部门以及长江航务管理局经督导检查，累计上报红线问题3641项，总体整改率达90%以上。

第三节　应急管理

一、公路水路应急管理工作

（一）牢记使命担当，全力打好交通运输疫情防控阻击战

新冠肺炎疫情发生以来，交通运输部系统各单位迅速落实部署要求，统筹做好常态化疫情防控和经济社会发展交通运输各项工作。2020年，召开交通运输部应对疫情工作领导小组会议21次、联防联控机制会议153次，下达任务1100余项，开展视频调度105次，编发简报228期、专报71期。

一是迅速和全力保障交通运输部指挥体系建立和运行。1月21日，迅速落实部务会部署，优化完善应对工作方案。当日，交通运输部联防联控机制建立。1月25日，交通运输部应对疫情工作领导小组成立。交通运输部应急办全力服务保障领导小组和联防联控机制成立建立和运行。二是坚决遏制疫情通过交通运输传播。严格执行各阶段疫情防控策略，坚决打好湖北保卫战、武汉保卫战，支持北京等重点地区疫情防控。三是坚持常态化精准防控。及时印发行业常态化防控工作指导意见，部署加强秋冬季疫情防控；督促指导行业查隐患、堵漏洞、抓整改，加强进口冷链物流环节疫情防控；协调推进行业高风险岗位人员疫苗紧急试用和接种工作。四是指导做好局部应急处置。加强对北京、大连、河北等地局部聚集性疫情处置的指导；会同北京、河北、湖北省级交通运输主管部门充分做好疫情防控应急指导手册编制准备，已形成指导省级交通运输部门的可复制、可推广的参考模板。五是常态化开展视频调度。1月23日，武汉市疫情防控指挥部发布1号通告后，第一时间开展视频调度，传达交通运输部有关紧急通知要求。全年，交通运输综合应

急指挥中心开展疫情防控调度105次。六是做好行业统计摸底。督促行业动态报送防疫相关数据和工作动态，梳理问题与不足。七是及时固化工作成果。及时编制更新《应对新冠肺炎疫情工作大事记》，全年印发文件汇编11册，共3000余页、近90万字。八是梳理和运用战疫经验。完成阶段性综合协调总结评估，研究提出工作建议；开展《突发公共卫生事件交通运输应急预案》及其操作手册编制工作。

（二）运用系统思维，统筹推进交通运输应急管理重点工作开展

一是着力完善交通运输应急管理体系。启动交通运输“巨灾”情景构建和应对预案编制工作。编制《交通运输突发事件应急预案管理办法》。印发年度交通运输突发事件信息报告情况通报，督促指导系统各单位加强应急值班，提高突发事件信息报告工作水平。梳理分析近年交通运输重大险情，就相关处置和后续吸取教训、完善制度等工作开展研究。会同有关单位圆满完成银百高速公路峨坝隧道事故应急演练。赴四川、贵州和内蒙古等省（自治区）开展实地调研，系统梳理地方交通运输应急管理体制机制和能力现状，为推进行业应急管理体系和能力现代化工作开展奠定基础。

二是认真组织做好水上搜救工作。做好《国务院办公厅关于加强水上搜救工作的通知》宣贯落实，完善部际联席会议制度，推动形成“政府领导、统一指挥、属地为主、专群结合、就近就便、快速高效”的工作格局。全年组织协调水上搜救行动1758次，成功救助遇险船舶1110艘、搜救遇险人员10834人，搜救成功率95.8%。

三是切实做好自然灾害防范和处置工作。服务保障部领导视频调度地方交通运输部门，就防御4号台风“黑格比”和8号、9号、10号连续三个北上台风等做好指挥决策辅助。系统梳理台风防御工作经验规律，指导地方交通运输部门提高防御水平。参加国家防办组织的船舶台风期间管控调研，提出工作建议。针对年初冬季雨雪天气，安排山西等5个省份公路灾损抢通保通资金；进入汛期后，安排安徽、江西等18个省（自治区）公路灾损抢通保通资金，并联系派出专家组赴西藏、四川、甘肃等地指导灾区公路抢通保通工作。指导督促各地交通运输主管部门做好港口公共设施防台风、防冬季寒潮大风工作，做好人员避险、设备避风、货物避水工作。有效应对三峡枢纽超大流量碍航情况，指导长江航务管理局及时疏散坝下坝上滞留船舶，确保通航安全。

四是加快交通运输调度与应急指挥系统建设。持续优化完善系统各功能模块，推进交通监控视频和船舶北斗信息共享接入，提升综合应急指挥中心视频会商等系统，专注打造专业化的应急值守机构、智能化的信息交互中心和常态化的调度指挥平台。

五是加强公路水运风险防范和应急能力建设。组织编制有关管理办法和技术指南，推进国家区域性公路交通应急装备物资储备中心建设。组织相关单位完成自然灾害综合风险公路承灾体普查方案，指导北京、山东完成会战县域公路设施普查任务，全面推进普查试点工作。组织开展水路承灾体普查试点阶段培训，指导地方做好普查试点工作。组织开展通航建筑物和航运枢纽大坝运行管理摸底排查和航运枢纽大坝安全鉴定工作，根据需要采取限制运用等应急措施，编制除险加固计划。增补水运行业专家库安全应急专家。

六是做好重点时段应急值班和服务保障。全国“两会”、劳动节、国庆中秋假期等重大活动和重要节假日期间，指导行业克服疫情防控和交通运输服务保障双重工作压力，紧扣防疫情、保安全、强服务工作要求，加强应急值班和服务保障，全力确保行业运行总体平稳，铁路、公路、水路、民航、邮政等部门协调有序，交通运输疫情防控和安全生产形势总体稳定。

七是积极参与推进国家应急体系和能力现代化。参与有关法律法规和国家预案的修订；落实国家减灾委、森林草原防灭火指挥部等有关工作。在海域，交通运输部牵头的国家海上搜救部际联席会议和部属救捞系统分别发挥着海上搜救综合协调和主力骨干作用；在陆域，公路抢险救援力量积极抢通保通受灾和因极端天气阻断公路，为各方力量奔赴灾区开展救援提供坚强交通保障。

二、铁路应急管理工作

（一）进一步健全应急管理体系

一是完善应急组织机构。成立国家铁路局应急指挥中心，承担应急管理和应急指挥等应急服务保障工作，保证应急、政务、机要值班等工作有序开展，为国家铁路局应急管理体系和能力现代化奠定基础。二是健全应急协调机制。吸取“3.30”京广线T179次旅客列车脱轨事故教训，推动建立路地信息共享机制，截至2020年底，已有上海、广东、四川、湖北等11个省（自治区、直辖市）将铁路安全报警电话纳入地方110应急处置联动系统，确保相关铁路单位第一时间接收铁路安全隐患、事故现场等信息。

（二）做好铁路突发事件应急处置

按照突发事件应急预案，全年启动应急响应51次，组织应对和调查处理铁路交通较大事故13起，其中局领导4次带队赶赴事故现场，指导企业、地方政府和地区铁路监管局开展应急救援和事故调查。参与应对和调查处理铁路交通一般事故38起，做到应急有备、反应迅速、处置得当。按照“有事报情况，无事报平安”的原则，向中央办公厅信息综合室、国务院总值班室、应急管理部报送《国家铁路局值班信息》63期。

（三）加强安全风险评估和预防

一是开展安全风险评估。首次按普速、高速、重载分类，对京广线普速铁路、西成客专高速铁路、大秦线重载铁路相关4家铁路运输企业的57个处室和基层站段、196个车间班组，开展铁路综合性安全评估，发现并督促整改问题472件，提升铁路安全基础管理质量，有效防范重大安全风险。二是组织隐患排查整治。坚持“守底线、抓重点、控关键、防风险”，围绕防范重特大事故，以高铁和旅客列车安全为重点，全面掌握安全信息，针对薄弱环节采取有力监管措施，牵头开展铁路沿线环境安全专项整治、铁路危险货物运输安全专项整治、公路水路与铁路并行交汇地段安全专项整治、铁路路外伤害安全专项整治等铁路安全生产专项整治三年行动，开展普速铁路防洪安全专项督查，消除安全隐患，确保铁路运输安全稳定。

（四）强化安全风险预测

一是研判预测安全形势。定期开展安全分析研判，按月度形成《铁路安全监察报告》，按季度形成《铁路安全形势分析报告》，按年度进行整体分析，分析典型问题和倾向性问题，研究安全发展趋势，提出对策建议，特别是针对涉及行车安全关键环节、高铁运营安全等典型问题进行重点追踪和调查。二是研究分析事故规律。梳理分析2018年以来高铁隧道病害导致的事故，并对2019年、2020年上半年铁路安全典型问题、工务系统安全问题以及铁路运输企业、钢铁企业、部分省份路外安全情况进行深入分析，研究事故发生的规律、特点和趋势，为强化突发事件应对工作提供宝贵借鉴。

三、民航应急管理工作

2020年，民航局统筹新冠疫情防控和应

急管理工作，积极推进提升应急处置能力改革任务，补齐应急处置短板，不断提升突发事件应对能力。一年来，妥善处置“7·22埃塞俄比亚航空货机地面着火”等突发事件，有效应对台风、强降雨、地震等自然灾害，圆满完成各项重大运输任务的应急保障工作。截至2020年底，民航运输航空实现持续安全飞行“120＋4”个月、8943万小时的安全新纪录，连续18年实现空防安全零责任事故。主要应急管理工作情况如下：

（一）推进专项改革工作

2020年民航局持续深入推进“提升应急处置能力专项改革工作”，全年共完成具体目标任务14项，专项改革主要围绕应急预案、应急管理体制、机制和法制建设、应急处置资源支持和保障体系建设展开。通过推进改革工作，行业的应急管理体系得到了进一步完善，特别是应急预案管理、应急支撑力量以及应急处置协同联动机制建设等方面取得了明显成效。

（二）做好疫情防控工作

民航局坚持“认真、科学、冷静”原则，根据“保运行安全、保应急运输、保风险可控、保精准施策”工作思路，全力做好疫情防控工作。开辟应急运输“绿色通道”。2020年1月31日，民航局协调春秋航空帮助滞留日本的111名湖北同胞返乡，圆满完成中国民营航空史上第一个撤胞包机任务。采用增加第一入境点的方式，分流北京首都国际机场国际客运航班。出台“五个一”政策，即：国内每家航空公司经营至任一国家的航线只能保留1条，且每条航线每周运营班次不得超过1班；外国每家航空公司经营至中国的航线只能保留1条，且每周运营班次不得超过1班，最大限度遏制了境外疫情输入性风险。

（三）强化协同联动机制

增强行业各部门与地方政府部门的协同联动，推进民航地区管理局、监管局以及通航企业与当地政府部门在航空医疗救护、航空应急救援以及基地建设方面的合作。民航西南地区管理局与四川省卫健委、四川省应急厅合作，积极推进四川省航空医疗救护联合试点工作，出台了《四川省航空医疗救护联合试点实施方案》，开启空中急救新通道；湖南省通用航空企业与长沙市应急部门合作，共同打造湖南全省首个市级航空应急救援基地。

（四）广泛开展应急演练

加强对行业各企事业单位应急演练的监督指导，全年各单位针对反恐防爆、航空安全、航油运输管道泄漏、自然灾害应对等突发事件开展了一系列应急演练，达到了锻炼队伍、磨合机制、检验预案的良好效果，特别是2020年10月16日在上海浦东国际机场举行的中国民航史上规模最大的机场应急救援综合演练——“敬畏2020”上海浦东国际机场应急救援综合演练，全面检验了中国民航机场应急救援体系建设成果，成为中国机场应急救援综合演练的示范样本。

四、邮政业应急管理情况

（一）保障应急管理工作机制持续运转

坚持做好行业疫情防控和行业应急管理各项工作，较好完成大量急难险重任务，有效保障了国家邮政局应急管理工作机制持续运转。立足实际，持续强化邮政管理系统应急管理基本工作框架。充分利用电话、网络等多种信息渠道，不断促进工作交流。持续加强与应急管理部、交通运输部等相关部委以及局内相关部门、单位之间的沟通协作。利用2020年成立的邮政业安全生产协调领导小组机制，加强对各寄递企业总部的工作对接和督促指导，进一步完善了行业应急管理工作体系。制定应急备勤机制，提高应急反应能力。

（二）做好行业监测预警和信息报告工作

持续加强行业突发事件防范应对工作，全天候接收和处理自然灾害、事故案件、经营异常、负面舆情、疫情防控突发事件信息，及时主动了解情况、发出提示信息，或者转交相关省局、企业总部应对处置，确保对突发事件第一时间进行有效干预，维护了行业总体安全稳定运行。加强对各级邮政管理部门的工作指导，坚持按月编发《全国邮政行业突发事件信息报告工作情况通报》。在全系统全行业周密部署汛期和台风防御期应对工作，严防因汛情发生行业亡人事件和重大财产损失。

（三）持续推进行业应急管理体系建设

正式印发《国家邮政业突发事件应急预案》（2019 年修订 ,2020 年印发）和《邮政业人员密集场所事故灾难应急预案》《邮政业运营网络阻断事件应急预案》《邮政业用户信息泄露事件应急预案》《邮政业重大活动期间突发事件应急预案》等专项应急预案，并部署各地开展宣贯工作。国家邮政局加强与国务院办公厅、国家发展改革委、国家卫健委、交通运输部、应急管理部等相关部门在工作层面的沟通协作，推动邮政行业应急管理工作融入国家应急管理体系建设大局。主动与国家发改委沟通协作，推动邮政行业纳入国家公共卫生应急物资保障体系、国家应急物流保障体系、防汛救灾应急物资保障体系建设方案。

第十二章　国际合作与港澳台工作

第一节　交通运输国际合作与港澳台工作概况

2020年，交通运输国际合作和港澳台工作以高质量完成年度工作任务为工作目标，战疫情、防风险、保畅通、拓渠道、抓重点、稳合作、重创新、见实效，努力开创交通运输开放合作新局面。

一、战疫情、防风险，全力做好公路水运口岸外防输入工作

一是坚持“货开客关”、核酸检测、闭环管理和“人物同防”等措施，部内相关司局指导交通运输行业，做好公路水运口岸外防输入工作。二是加强督导检查，确保疫情防控措施落实到位，一线人员防护到位。三是向国际海事组织（IMO）分享7份船舶和港口疫情防控工作指南，推动出台指导文件，免除疫情期间部分在建船舶的公约强制要求，保护造船企业利益。

二、保畅通、拓渠道，主动参与“保通保畅”工作

一是主动提议召开中国—东盟交通部长特别会议（视频会）、中日韩运输与物流部长会议特别会议（视频会）等，发布《应对新冠疫情 确保物流链畅通 助力复工复产——中国—东盟交通部长联合声明》《第八届中日韩运输与物流部长会议特别会议联合声明》，通过跨国协调，在保证国际物流供应链稳定、加强疫情防控合作方面达成合作共识。二是加强对外协调，在与俄罗斯、蒙古国、德国等国的机制会议上增设保障国际物流链畅通议题，深化合作共识，推动解决出口企业在国际物流中遇到的实际问题。三是积极服务中欧班列稳定运行，积极参与研究航空“客改货”及便利机组人员通行相关政策，协助制定相关国家援外物资运输保障方案，参与在华建设联合国人道主义枢纽相关工作。

三、抓重点、稳合作，推动交通运输国际合作与港澳台工作取得积极进展

（一）积极筹备第二届联合国全球可持续交通大会

在第二届联合国全球可持续交通大会受新冠肺炎疫情影响延期举办后，与有关方面保持密切沟通联系，调整完善大会筹备总体方案、大会日程安排等，同时着力推进大会各项成果。作为大会成果之一的《中国交通的可持续发展》白皮书于2020年12月由国务院新闻办公室发布，向全球宣介我国在可持续交通发展方面的实践和贡献。

（二）奋力推进“一带一路”交通基础设施建设取得新进展

努力克服疫情影响，坚定推进“一带一路”高质量发展。中巴“两大”公路——喀喇昆仑公路二期升级改造（赫韦利扬—塔科特段）、白沙瓦—卡拉奇高速公路（苏库尔—木尔坦段）竣工通车并移交巴方，拉合尔轨道交通橙线项目建成通车，中俄黑河公路大桥具备通车条件，《上海合作组织成员国政府间国际道路运输便利化

协定》规定的6条线路开通，比雷埃夫斯港地中海第一大港地位进一步巩固，瓜达尔港吞吐量逆势增长，有力推动了当地经济发展，实现了合作共赢。

（三）持续推进交通运输领域港澳台工作

促进两岸交通运输领域交流合作，推动交通运输惠台措施落地。推进内地与港澳在交通运输领域的交流合作，落实CEPA（内地与香港关于建立更紧密经贸关系的安排）服务贸易协议，支持香港巩固和提升国际航运中心地位，助力澳门经济适度多元可持续发展。

四、重创新、见实效，深化交通运输对外交流合作

一是创新开展“云外事”，通过线上、线下方式举办中德交通论坛第一次会议、中巴经济走廊交通基础设施工作组第八次会议、中俄运输合作分委会第二十四次会议、上海合作组织交通部长第八次会议等23场多双边外事活动。二是加大国际组织工作力度，参加国际组织视频会议27次，向IMO提交提案94份，创历年新高；推动IMO制定海运温室气体减排技术导则，推进北斗加入全球海上遇险与安全系统取得实质性进展。

第二节 铁路国际合作与港澳台工作

一是聚焦重点项目。有序推进巴基斯坦1号铁路干线升级改造项目。牵头成立专项工作组，统筹推动项目技术和融资工作，协助巴方完成项目审批。召开中尼铁路合作第六次工作会议，协调推进中尼跨境铁路可行性研究工作，协助尼方提交项目建议书，落实可行性研究经费。牵头中蒙俄经济走廊中线铁路中方工作组工作，参加三方工作组第一次会议，就《中蒙俄经济走廊中线铁路升级改造和发展可行性研究工作方案》达成共识。组织召开中吉乌铁路三方专家线上技术交流会议，组织有关单位研究项目融资模式。

二是服务中欧班列和国际联运发展。深化同中欧班列沿线国家的沟通协调，致函呼吁保障疫情期间中欧班列运行，做好政策沟通、规则对接，为中欧班列发展营造良好外部环境。深入参与国际铁路联运规则制修订工作，及时公布国际货协、国际客协修改补充事项。在铁路合作组织框架下主持推进铁路运单物权化工作，配合商务部推动联合国国际贸易法委员会研究解决铁路运输中的物权凭证问题。利用中俄、中哈、中蒙等机制，协调解决国境铁路协定修订、口岸拥堵等问题。

三是推进标准联通。在国际标准化组织和国际电工委员会会议上申报6项新工作项目提案，主持10项国际标准制修订项目，派中国专家参加所有其他在编43项国际标准制修订项目。主持制定19项国际铁路联盟标准，其中《高速铁路实施》系列4项标准正式颁布。发布50项铁道行业标准外文译本，发布铁路工程建设标准词典2项。

四是维护拓展平台机制。积极应对疫情影响，创新拓展工作方式，全年组织线上对外合作交流53次，确保工作不缺位、不断线。参加铁路合作组织第48届部长会议、国际铁路联盟全体会议和亚太分部会议、中俄运输分委会铁路工作组第24次会议等年度重点会议，顺利加入国际铁路安全理事会核心小组，配合商务部和北京市政府成功举办国际服务贸易交易会。

第三节 公路国际合作与港澳台工作

一是积极参与国际组织活动。利用国际组

织影响力，在世界道路协会、中亚区域经济合作等国际会议上介绍中国交通领域应对疫情的经验，有效稳妥发出中国声音。在选送了50余名专家担任世界道路协会技术委员后，加强对委员的支持培养和指导力度，协助委员开展委员会技术调研和报告撰写等工作，务实参与国际组织活动，贡献中国智慧。

二是推动中国与巴基斯坦公路技术合作进入新阶段。“中巴公路技术合作五年行动计划”按计划有序推进，受到中巴两国高度评价。虽受疫情影响，但工作持续推进，在交通运输部公路科学研究院完成相关合作任务的基础上，会同巴国家公路局协调解决了巴基斯坦公路试验场建设的资金和技术支撑等主要困难，推动技术合作项目进入了新的阶段。

三是外文版标准体系进一步完善。发挥国际国内专家力量，推动英、法、俄文版标准体系建设。2020年编译发布了《公路悬索桥设计规范》《公路交通安全设施设计规范》等6项涉及公路桥梁设计、道路安全等的英文版标准。推进外文版编译工作标准化、制度化，《公路工程行业标准外文版编译管理导则》和《公路工程行业标准英文版编译细则（征求意见稿）》已完成征求意见。

第四节　水路国际合作与港澳台工作

一、国际海运合作、港口合作、内河航运发展合作、绿色航运发展合作与港澳台工作

一是召开中俄运输合作分委会海运河运工作组第24次会议。2020年10月26—27日，中俄两国交通运输主管部门以视频形式举行了中俄运输合作分委会海运河运工作组第24次会议。双方就建立中俄边境地区交通运输管理部门协调工作机制、保障中俄界河运输安全、加强北极航线安全和后勤保障等议题进行了交流，并就我国航运企业关切等进行了沟通。

二是关于界河航道航行管理对外合作。指导中俄航联委中方以视频方式与俄方召开了中俄航联委第61次例会，保障了新冠疫情影响下中俄界河航道和航行安全工作有序开展。指导吉林、辽宁做好中朝航运合作委员会第54次例会筹备工作。

二、国际搜救合作交流与港澳台工作

（一）国际交流

一是深化与东盟国家海上搜救合作。中国海上搜救中心于2020年12月15日成功举办了澜沧江—湄公河水上联合搜救桌面推演。中老缅泰四国海上搜救机构及相关单位共计50余人参加。推演利用华为云视频会议系统，结合3D动画、视频展示等技术手段实现，进一步检验了既有预案，磨合了四方在航联委框架下的协调联动机制；派员参加越南外交部主办的公正人道对待渔民研讨会（视频会议），介绍近年来中方在南海海域开展的救助渔民行动以及与东盟国家开展的搜救合作情况。

二是推进西北太平洋区域合作。中国海上搜救中心指导辽宁省海上搜救中心与韩国中部海洋警察厅举行海上搜救通信演习，进一步增进了互信，达到了预期效果。

三是深入参与相关国际事务。会同大连海事大学派员参加国际民航组织和国际海事组织海上搜救联合工作组第27次会议（视频会议），介绍中方相关研究成果，跟踪海上搜救领域国际最新发展动态；派员参加国际民航组织亚太航空器搜救工作组第5次会议（视频会议）；向国际海事组织申报2020年海上特别勇敢奖。

四是积极参与反海盗领域国际合作。参与《亚洲地区打击海盗和武装劫船合作协定》（ReCAAP）信息分享中心反海盗领域国际合作，多种途径发布海盗活动动态和预警信息。继续配合做好亚丁湾海域护航行动服务保障工作。2020年，配合海军护航兵力共完成88批157艘次船舶护航任务。

（二）港澳台工作

2020年，中国海上搜救中心与台湾搜救机构按照《海峡两岸海运协议》有关规定，继续保持较为顺畅的合作，共联合组织开展搜救行动4次，救助遇险船舶3艘，救助遇险人员20人。妥善处置了渔船“闽连渔66629”与货船“芜湖海联”轮在马祖水域碰撞、渔船“闽晋渔05119”轮与货船“SBI PERSEUS”轮在台湾海峡东部水域碰撞等海上突发事件，为保障海峡水上航运安全做出积极贡献。

三、国际海事合作交流与港澳台工作

（一）参与国际海事事务

广泛参与国际会议及对外交流。全年共组织召开或参加69场国际会议/活动，共向IMO、IHO（国际卫生组织）等国际组织提交87份提案，占中国提案总数的64.4%。印发《迎接国际海事组织强制审核工作方案》。完成国际海事研究委员会改革，打造“政产学研用”一体的海事国际合作平台。印发《国际海事研究委员会章程》。

举办亚太地区海事劳工履约管理和劳工检查师资培训班；协商人力资源和社会保障部向国际劳工组织海事劳工公约专门三方委员会第4次会议提交相关提案；开展《2006年海事劳工公约》船旗国、港口国导则修订研究；选报8名IMO履约评审专家。

在海事领域疫情应对展现新的大国担当与智慧。协同工信部研究和编写《关于不可预见的延迟交船的统一解释》的提案并获得IMO通过，及时编制发布了四版《船舶海员新冠肺炎疫情防控操作指南》《疫情防控期间针对患病海员紧急救助处置指南》《中华人民共和国海事局关于中国籍船舶、船员相关证书管理有关事宜的公告》，通报IMO并由其向全球分享。

深化航海保障国际交流与合作。派员参加IHO、国际搜救卫星组织（COSPAS-SARPAT）、国际航标协会（IALA）等国际组织线上会议，多份提案获得通过，其中《关于修订指南G1054〈有关航标导助航服务的IMO自愿审核的准备〉的建议》的提案，被采纳为对G1054指南进行修订的基础文件，由中方代表担任指南修订任务组组长。

（二）推进“一带一路”建设

参加中国—意大利政府间委员会第十次联席会议，期间签署《中意海员证书互认协议》。与香港海事处和澳门海事及水务局签署《粤港澳大湾区海事合作协议》。组织召开内地—香港海上交通安全定期会议暨内地—香港—澳门海上交通安全定期会议。

组织参加由新加坡海事及港务管理局（MPA）举办的“国际海上安全”网络研讨会。组织召开中-丹海事局长视频会议，交流抗击疫情的经验和做法。

克服疫情影响，积极开展能力建设培训和海事技术合作。在广州举办线上“中国—东盟第二次国际海事劳工公约履约合作研讨会”。在《中国与新加坡关于推广、接受和使用电子证书的谅解备忘录》的基础上，完成船舶电子证书数据交换测试，成为首个跨国船舶电子证书应用案例。

四、国际救捞合作交流与港澳台工作

一是参加第 66 届国际救捞联合会全体会员视频大会。9 月 17 日，交通运输部救捞局局长王雷率救捞系统相关人员参加了第 66 届国际救捞联合会全体会员视频大会，并同各国与会代表就打捞行业更好适应新形势的发展需求进行了研讨。

二是线上参加国际海上人命救助联盟董事会。5 月和 12 月，东海救助局副局长、国际海上人命救助联盟董事章荣军两次线上参加了国际海上人命救助联盟董事会，与其他董事会成员及部分会员单位代表就编制全球搜救组织应对新冠疫情行动指南、组织开展线上形式的国际合作交流活动、制定国际海上人命救助联盟（IMRF）2021—2023 战略发展规划等问题进行了研究和讨论。

三是东海救助局林友国荣获国际海事组织海上特别勇敢奖表扬信。12 月，由我国提名的东海救助局“东海救 112”轮船长林友国，荣获 2020 年国际海事组织“海上特别勇敢奖”表扬信。救捞系统自 2007 年以来已荣获海上特别勇敢奖 1 枚奖章、8 份奖状和 22 份表扬信。

第五节　民航国际合作与港澳台工作

一是严防输入，科学动态调整国际航班政策。2020 年，面对突如其来的新冠肺炎疫情，中国民航按照“认真、科学、冷静”的原则，提出“保安全运行、保应急运输、保风险可控、保精准施策”的防控要求，准确把握疫情形势变化，科学动态调整国际航空政策。疫情初期，中国民航迅速联系 70 余个通航国家民航主管部门，在确保疫情有效防控的前提下，保持我国与全球各地区主要国家人员往来通达。疫情期间，按照“外防输入、内防反弹”的工作要求，民航局先后出台了“五个一”、“第一入境点”分流首都国际航班、调整版“五个一”、“一国一策”、“国际航班熔断及奖励”、预防性暂停中英客运航班等政策措施，科学动态调整国际客运航班，并严格把控经港澳台中转政策，全力筑牢“外防输入”的民航防线。在科学把控国际客运航班的同时，民航局积极推进扩大货运航权，与美国、乌兹别克斯坦、埃塞俄比亚等国商定更加灵活的货运航权安排，为保障产业链供应链的稳定创造条件。

二是多措并举，强化疫情防控国际交流合作。为深入开展疫情防控国际合作，民航局创新工作方式，通过线上会议及邮件信函等多种方式持续推进双、多边及港澳台交流与合作，分享中国民航防疫经验和做法，为全球民航业统筹疫情防控和行业复苏发展提供中国方案。一年来，民航局以视频等方式主办或参加各类国际会议 300 余场，双边线上会议 45 次，先后发送 200 多封照会和信函，积极参与国际民航组织《起飞：2019 冠状病毒病公共卫生危机期间航空旅行指南》编写。中国民航发布的疫情防控技术指南受到各国、各地区民航当局和有关国际组织的重视，不同程度得到借鉴采用。同时，民航局积极主动与重点国家民航主管部门加强对话交流，对疫情期间我采取的国际客运航班临时管控政策和措施做好解释协调工作，争取通航国家对我政策措施的理解与配合。

三是创新思路，夯实民航全方位交流合作基础。2020 年，中国民航重点就疫情防控常态化国际航空运输航权政策、货运航权、支持海南自贸港航权开放、民航海外利益安全风险防范、参与非政府间国际组织活动，以及深化与港澳台民航交流合作等课题会同业内专家进行多次专题研究，编译汇总了全球航空复苏与发展系列分析报告，夯实民航国际交流合作的政

策储备。民航局国际司丁春宇副司长成功竞聘国际民航组织法律局与对外关系局副局长，为积极参与全球民航治理继续贡献中国智慧。积极推动“一带一路”合作平台整合提升，稳妥推进2020年度中美航空合作项目（ACP）和中欧民航合作项目（APP）等重点交流合作项目，主动适应新时代全方位对外开放格局，不断夯实民航全方位对外交流合作基础。

第六节　邮政国际合作与港澳台工作

一是努力维系国际寄递渠道畅通。在新冠肺炎疫情暴发的紧急时刻，第一时间联系邀请亚太邮联秘书长和万国邮联总局长发来慰问电并在新闻联播播出，鼓舞了我国邮政快递员工的抗疫士气。在万国邮联和亚太邮联会议上积极呼吁有关成员国恢复来华业务收寄。利用万国邮联平台主动发声，并在其官方网站发布《中国邮政新型冠状病毒防控指导手册》。协调解决哈萨克斯坦、乌兹别克斯坦、蒙古国、日本等多国通邮中断及国际货运航空机组人员来华签证、核酸检测等问题。支持邮政企业做好中欧班列（重庆、义乌）常态化运邮和中俄满洲里口岸国际邮件公铁联运工作。支持邮政快递企业组织开行专列，有效缓解疫情期间国际邮件和跨境电商包裹积压问题，为保障跨境寄递渠道畅通发挥重要作用。

二是巩固和拓展对外合作交流。成功举办第十一届高级别中日邮政政策对话视频会议。与朝鲜递信省就签署加强中朝邮政和快递领域合作协议达成共识。推动将加强邮政快递领域合作纳入我国与埃及等国政府“一带一路”倡议合作规划。与尼日利亚、马来西亚、柬埔寨等国邮政部门开展行业立法和邮票文化交流。推动与埃塞俄比亚及巴基斯坦联合发行邮票，发行《巴基斯坦总统阿尔维访华题词》《弘扬“上海精神”，团结抗击疫情》《蒙古国向中国赠送三万只羊》等纪念封，联合举办“邮票讲述一带一路故事”集邮展览。

三是积极参与全球邮政治理。完成参加万国邮联行政理事会年会、亚太邮联执理会年会任务。做好参加第27届万国邮联大会筹备工作，积极推进万国邮联“三项竞选”。深入参与万国邮联会费体制改革、万国邮联开放、万国邮联2022—2025年终端费谈判等国际邮政领域重大多边谈判工作，坚决维护国家利益。积极参加万国邮联国际抗疫合作项目，为全球40多个不发达国家提供防疫物资援助，与万国邮联成员国分享中国邮政疫情防控手册，宣传我国邮政业抗疫和复工复产经验，积极践行人类命运共同体理念，展示负责任大国形象。组织参加万国邮联青少年书信写作比赛和亚太邮联在线培训班。完成万国邮联会费、亚太邮联会费和捐款、国际集邮联合会和亚太集邮联合会会费缴纳工作。组织开展“十四五”邮政业国际发展规划、美国邮政业发展与改革及其对中美经贸关系的影响、国际高端物流产业安全、中欧邮件快件电子预报关等重点问题研究，不断增强国际邮政领域的政策储备和参与国际治理的能力。

四是稳步推进港澳台工作。新冠肺炎疫情期间，国家邮政局支持中国快递协会向香港速递业协会捐赠防疫物资并协助办理免税通关；中国邮政深化与香港邮政合作，发挥香港地缘优势和国际货运航空优势，提升内地与香港至国际区域的邮件运输效率，优化处理流程，打造绿色通道，有效缓解了疫情期间出口邮件运输压力；澳门邮政依托与中国邮政、香港邮政、中国海关和航空公司等部门的合作，保证了邮件正常运输。内地和港澳邮政合作进一步深化。

2020 年 12 月 9 日，国家邮政局首次以视频连线方式在北京、香港、澳门三地联合举行“第三届内地和港澳邮政高峰会议”，国家邮政局局长马军胜、中国邮政集团有限公司董事长刘爱力、香港邮政署署长朱曼铃、澳门邮电局局长刘惠明出席会议并致辞。会议就深化内地和港澳峰会机制、协同推进粤港澳大湾区邮政业高质量发展、加强疫情防控合作、强化国际邮政事务协作达成重要共识。积极协调保障两岸直接通邮不中断。受新冠肺炎疫情及两岸航班调减影响，2020 年 2 月 19 日，台湾“中华邮政”宣布暂停收寄寄往北京等 16 个省（自治区、直辖市）的各类邮件。国家邮政局紧急协调两岸邮政企业就疫情期间北京封发局邮件经福州转关并通过邮政航空公司运输的解决方案举行磋商。2 月 27 日，“中华邮政”宣布恢复收寄。

第十三章　党的建设

第一节　中共交通运输部党组党的建设工作综述

2020年，中共交通运输部党组坚持以习近平新时代中国特色社会主义思想为指导，全面贯彻党的十九大和十九届二中、三中、四中、五中全会及十九届中央纪委四次全会精神，增强“四个意识”、坚定“四个自信”、做到“两个维护”，以党的政治建设为统领，强化创新理论武装，深入推进模范机关建设，强化正风肃纪反腐，持续推动交通运输部系统全面从严治党向基层延伸、向纵深发展，为加快建设人民满意、保障有力、世界前列的交通强国，服务全面建设社会主义现代化国家开好局起好步提供了坚强保证。

一、坚持把政治建设摆在首位，坚决做到“两个维护”

及时传达学习贯彻习近平总书记重要讲话和指示批示精神，高质量落实习近平总书记重要指示批示件67件。深入贯彻党的十九大和十九届二中、三中、四中、五中全会精神，以及中央经济工作会议精神，及时研究部署交通运输疫情防控，脱贫攻坚，服务做好“六稳”工作、落实“六保”任务，立足新发展阶段、贯彻新发展理念、服务构建新发展格局和加快建设交通强国等重大事项，研究制定综合交通法规体系建设的意见等重要政策，充分发挥交通运输部党组把方向、管大局、保落实的领导作用，确保交通运输工作沿着正确方向前进。强化政治机关意识教育，推进中央和国家机关党的建设专项督查反馈意见整改，分两轮对16家部属单位开展巡视，加强对国家局党组的指导推动，努力建设讲政治、守纪律、负责任、有效率的模范机关。

二、深入开展“党旗飘在一线、堡垒筑在一线、党员冲在一线”突击行动，全力打好交通运输疫情防控阻击战

面对突如其来的新冠肺炎疫情，交通运输部党组迅速贯彻落实习近平总书记关于“让党旗在防控疫情斗争第一线高高飘扬”等重要指示精神，组织系统10万多名干部职工和行业4000多万名从业人员冲在一线、战在前沿。系统各单位组建1000多支党员突击队，高峰时段每天投入60万人次在全国2.26万个重要交通进出口进行疫情防控执勤值守，持续推动“一断三不断”等交通运输保障措施和复工复产打通“大动脉”、畅通“微循环”、当好“先行官”等要求落地生根，为统筹推进疫情防控和经济社会发展贡献了交通力量。因时因势调整优化交通运输疫情防控和服务保障措施，严防境外疫情输入。高效组织防疫物资和重要生产生活物资运输。组建国际物流工作专班，服务保障国际物流供应链稳定畅通。着力扩大交通固定资产有效投资，有力有序推进交通运输复工复产达产。2020年2月17日—5月5日，免收全国收费公路客、货车辆通行费1593亿元。提出12项支持道路客运企业健康发展的举措，采取减免进出口货物港建费等措施，切实帮助企业纾困解难。运输服务司许宝利同志荣获“抗击新冠肺炎疫情全国优秀共产党员”称号、关笑楠同志获评“抗击新冠肺炎疫情

全国三八红旗手”、水运局罗德麟同志家庭获评“全国最美抗疫家庭”。表彰交通运输部系统抗击新冠肺炎疫情72名优秀共产党员、39个先进基层党组织。

三、强化党建引领，决战决胜交通运输脱贫攻坚

交通运输部党组召开脱贫攻坚专项巡视“回头看”整改专题民主生活会，推动18项整改任务全部完成并转入常态化实施。选派38名干部奔赴脱贫攻坚一线挂职锻炼。印发《关于深化党建扶贫服务决战决胜交通运输脱贫攻坚实施方案》，指导深化党建扶贫，合理有效使用7.8万元党费支持驻村第一书记开展党建活动，培训扶贫地区基层干部和专业技术人员近3000人次，完成消费扶贫1400万元。《“十三五”交通扶贫规划》确定的建设任务全面完成。全年新增29个乡镇和1146个建制村通客车，具备条件的乡镇和建制村通硬化路通客车目标基本完成。深入推进“四好农村路”高质量发展，全国30个省（自治区、直辖市）出台推行“路长制”的政策措施。4个定点扶贫县、1个对口支援县和联系六盘山片区61个县全面实现摘帽脱贫。

四、强化理论武装，坚持用习近平新时代中国特色社会主义思想武装头脑、指导实践、推动工作

深入学习贯彻习近平总书记重要讲话和党的十九届五中全会精神，认真落实到2021年工作谋划部署、“十四五”规划编制等工作中。完成“不忘初心、牢记使命”专题民主生活会整改任务。强化党员干部理论武装，开展交通运输部党组理论学习中心组学习12次，举办学习贯彻党的十九届四中全会精神培训班，推进青年理论学习提升工程。制修订交通运输部党组意识形态工作责任制实施细则等文件，加强热点问题回应和舆论引导。大力弘扬伟大抗疫精神和新时代交通精神，积极培养树立宣传先进典型，持续深化交通运输行业精神文明建设。

五、贯彻落实新时代党的组织路线，加强干部人才队伍和基层党组织建设

加强干部日常监督管理，激励干部担当作为。坚持在干部考察、任用、考核评议等工作中体现从严要求，开展规范领导干部配偶、子女及其配偶经商办企业行为试点工作。优化干部队伍结构，巩固职务与职级并行制度成果。与人力资源和社会保障部签署备忘录，共同推进交通运输行业技能人才队伍建设，举办第十二届交通运输行业技能大赛，两人入选百千万人才工程国家级人选，1人成功竞聘国际组织中高级职位。推进党支部标准化、规范化建设，按规定研究发展党员事项，成立国际物流工作专班交通运输部机关临时党支部等。表彰优秀共产党员204人、优秀党务工作者100人、先进基层党组织100个。有效发挥群团组织作用，认真做好离退休干部工作。

六、深入开展问题治理，锲而不舍纠治“四风”

严格落实中央八项规定及其实施细则精神，开展落实中央八项规定精神专项督查和分析。认真落实中央“过紧日子”要求，严格经费管控。实地督查13家部属单位制止餐饮浪费情况，坚决纠治“舌尖上的浪费”。制定持续解决困扰基层形式主义问题，为决胜全面建成小康社会当好先行提供坚强作风保证17条具体措施。持续推进为基层减负，列入重点精简范围的文件、会议比上年度分别下降37.4%、37.8%。组织开展事业单位人员违规招聘、职业资格证书违规

挂靠、私车公养等三个问题专项治理，发现违规问题176个，清退违规资金69.2万元，处理有关人员64人。开展“灯下黑”问题专项整治，建立完善制度160项。

七、坚持标本兼治，一体推进不敢腐、不能腐、不想腐

紧盯重要时间节点、重要岗位和关键环节，推进纪律教育常态化。认真完成中共中央政治局常委、中央巡视工作领导小组组长赵乐际到交通运输部调研并召开座谈会，中央纪委秘书长、中央巡视工作领导小组组员杨晓超到交通运输部专题调研，以及23家中央单位巡视工作现场交流会等组织工作。召开两次警示教育会，通报42起违纪违法典型案件，持续用身边事教育身边人，促进广大党员干部知敬畏、存戒惧、守底线、能知止。建立完善制度机制，规范失实检举控告澄清工作程序。综合运用“四种形态”，严肃案件查处，坚决减存量、遏增量。全年部属各级纪检机构共受理信访举报433件次，处置问题线索747件，给予谈话函询、批评教育436人，党纪轻处分、组织调整105人，党纪重处分、重大职务调整17人，严重违纪涉嫌违法立案审查13人。坚持一案双查、有责必问，对履行全面从严治党责任不力的35名领导干部严肃问责。

八、加强自身建设，主动接受监督

坚持民主集中制，严肃党内政治生活，时刻铸牢思想防线，带头遵守党内法规制度，做到科学决策、民主决策、依法决策。健全制度体系，制定党组落实全面从严治党主体责任清单等，严格落实党内法规执行责任制。连续第8年开展班子“七一”党性分析。主动接受纪检监察机关和党员干部群众监督，大力支持中央纪委国家监委驻交通运输部纪检监察组工作。

第二节　交通运输部系统党的建设工作

2020年，在交通运输部党组坚强领导下，交通运输部系统坚持以习近平新时代中国特色社会主义思想为指导，认真学习贯彻党的十九大和十九届二中、三中、四中、五中全会精神，深入落实中央和国家机关党的建设工作会议部署，增强“四个意识”、坚定“四个自信”、做到“两个维护”，推进交通运输部系统党建工作高质量发展。

一、坚决做到“两个维护”

一是持续推动习近平总书记重要指示批示和党中央重大决策部署落实落地。督促落实习近平总书记等中央领导同志重要批示事项，推动落实重大事项请示报告制度。服务交通运输部党组召开脱贫攻坚专项巡视“回头看”整改专题民主生活会，印发《关于深化党建扶贫 服务决战决胜交通运输脱贫攻坚实施方案》。

二是组织开展“党旗飘在一线、堡垒筑在一线、党员冲在一线”突击行动。贯彻落实习近平总书记重要指示精神，按照交通运输部党组部署要求，落实特别重大突发事件动员机制，指导成立预备队临时党支部、设置党员示范岗、组建党员突击队，引领群团组织组建工人先锋队、青年突击队、巾帼示范岗积极投身疫情防控斗争。聚焦六个方面重点加强监督、严肃疫情防控纪律。组织使用党费、工会会费、团费支持防疫。统筹开展党内表彰，加强典型事例宣传，讲好交通战“疫”故事。

三是扎实推进“模范机关”建设。按季度督查推进贯彻落实习近平总书记“7·9”重要讲话精神分工方案，出台强化政治机关意识教育的意见，制定建设模范机关、先进集体和先进个人评选表

彰办法，召开模范机关建设交流推进会，组织党组织书记围绕“强化政治机关意识、走好第一方阵”讲专题党课。组织做好迎接中央和国家机关党的建设专项督查工作，针对反馈意见，上下联动一体整改，推动整改全面完成。

二、推动学习贯彻习近平新时代中国特色社会主义思想走深走实

一是持续深化党的创新理论武装。组织制定交通运输部党组理论学习中心组学习制度补充规定，完成12次交通运输部党组理论学习中心组集体学习。组织举办深入学习贯彻党的十九届四中全会精神培训班，开展党的十九届五中全会精神学习宣传工作，召开学用习近平新时代中国特色社会主义思想经验交流会。实施青年理论学习提升工程，广泛开展读书学习活动。

二是巩固深化主题教育成果。全面完成“不忘初心、牢记使命”主题教育工作总结，组织完成交通运输部党组“不忘初心、牢记使命”专题民主生活会各项整改任务，推动巩固深化主题教育成果。

三是推动落实意识形态工作责任。修订交通运输部党组贯彻落实意识形态责任制实施细则，制定加强新时代交通运输宣传思想工作意见。制定《交通运输部服务决胜全面建成小康社会宣传工作方案》。建立月度舆情热点排行制度。

三、夯实党的“三基”建设

一是强化基层党组织政治功能和组织力。推进基层党组织建设质量提升行动计划，加强分类指导，组织开展“灯下黑”问题专项整治，扎实做好行业协会党的关系脱钩相关工作。组成安全生产专项整治三年行动工作专班、国务院复工复产推进机制国际物流工作专班交通运输部机关临时党支部等，强化党的组织和党的工作有效覆盖。

二是全面推进党支部标准化、规范化建设。印发全面推进党支部标准化、规范化建设的意见，持续推进“四强”党支部建设。选优配强党支部书记，规范支部换届选举和委员补选工作，加强基层党支部书记、支部委员和党小组长培训。制定《关于进一步加强党员教育培训工作的意见》，集中培训入党积极分子、新党员，加大对生活困难党员的慰问帮扶力度。

三是建设高素质、专业化干部队伍。完成优秀年轻干部调研，建立优秀年轻干部信息库。制定加强新时代退役军人工作实施意见、深化职称制度改革实施意见。国际组织人才培养推送取得积极成效。

四、持续建设风清气正的政治机关

一是持续整治形式主义和官僚主义。督促召开“厉行勤俭节约、反对餐饮浪费”专题组织生活会，开展专项检查，纠治“舌尖上的浪费”。落实“过紧日子”要求，“三公”经费较2019年下降16%。制定《关于解决困扰基层形式主义问题 为决胜全面建成小康社会当好先行提供坚强作风保证的具体措施和任务分工》，推进整治“指尖上的形式主义”。

二是开展经常性纪律教育。紧盯重要时间节点、重要岗位和关键环节，通过网上知识测试、廉洁短信、约谈提醒、集体廉政谈话等方式加强经常性纪律教育。组织召开交通运输部警示教育大会，通报42起违纪违法典型案件，督促召开专题民主生活会或组织生活会。

三是严肃监督执纪。制定实施《交通运输部机关处以下党员干部报告党风廉政建设情况暂行办法》，组织做好失实检举控告澄清工作。开展中央规范领导干部配偶、子女及其配偶经商办企业行为试点工作。开展常规巡视，推动

立行立改。组织开展事业单位人员违规招聘、职业资格证书违规挂靠、私车公养等突出问题专项治理。精准运用监督执纪“四种形态”，严肃查处违法违纪问题。

五、强化落实全面从严治党责任

一是严格落实主体责任。制定交通运输部党组落实全面从严治党主体责任清单，推动各单位党委（党组）结合实际制定责任清单并抓好落实。组织落实中央和国家机关部门机关党委落实全面从严治党责任清单和党支部落实全面从严治党责任清单。

二是优化党建工作考核机制。出台《关于加强基层党建工作考核反馈意见整改的规定》，健全整改督促、约谈提醒等机制。坚持党委（纪委）常委述职、委员和党代表报告履职情况制度，督促强化履职担当。

三是加强党建工作制度建设。认真落实党内法规制定条例，组织开展党建工作制度集中清理。结合交通运输部党组巡视、党建工作督导检查等加强制度执行情况的监督检查，提高制度执行力。

第三节　国家铁路局系统党的建设工作

2020 年，国家铁路局各级党组织坚持以习近平新时代中国特色社会主义思想为指导，深入贯彻落实党的十九大和十九届二中、三中、四中、五中全会精神，坚持以党的政治建设为统领，坚持全面从严治党，创新常态化疫情防控下党建工作思路举措，推动党的建设质量不断提升，党组织的战斗堡垒作用和党员先锋模范作用充分彰显，为全局各项工作的开展提供了坚强有力保证。

一、坚持以党的政治建设为统领，政治机关意识明显增强

一是坚决贯彻落实党中央决策部署。完善贯彻落实习近平总书记关于铁路工作的重要指示批示和党中央决策部署的任务分工、督促检查、情况通报工作机制，确保政令畅通。严格落实请示报告制度，向党中央及中央有关部门请示报告有关事项。

二是坚决打赢疫情防控人民战争总体战阻击战。坚决按照党中央统一部署，以最全面、最严格、最彻底的防控举措开展铁路系统疫情防控和内部防控，为夺取全国疫情防控重大战略成果贡献智慧和力量。6 个集体、12 名同志被授予全国交通运输系统抗击新冠肺炎疫情“先进集体”“先进个人”称号。

三是扎实开展模范机关创建。深入学习贯彻习近平总书记在中央和国家机关党的建设工作会议上的重要讲话精神，结合实际制定《国家铁路局创建“让党中央放心、让人民群众满意的模范机关”的实施方案》，推进各项任务落实。召开工作推进会，及时总结创建成效，交流经验，进一步完善创建措施，确保创建质量。开展强化政治机关意识教育，推动广大党员、干部把政治机关的各项要求变为自觉行动，带头走好第一方阵。

二、深入学习贯彻习近平新时代中国特色社会主义思想，理论武装进一步强化

一是加强学习组织。认真落实两级理论学习中心组学习制度，国家铁路局党组中心组开展集体学习 16 次，局属各单位累计开展集体学习 180 余次。各级党组织书记带头讲党课 189 次。改进和完善组织生活日（党日）理论学习制度，安排统一学习 12 次。

二是强化教育培训。举办学习贯彻党的十九

届四中全会精神培训班4期、五中全会精神培训班1期，推动全会精神深入学习贯彻。举办“国铁大讲堂”4期，丰富拓展学习内容。举办学习贯彻习近平新时代中国特色社会主义思想体会交流会，总结典型做法和经验，促进相互交流借鉴。

三是打牢思想基础。深入开展中国特色社会主义和中国梦宣传教育，筑牢理想信念根基。修订国家铁路局党组意识形态工作责任制实施细则，强化责任落实，确保意识形态安全。

三、加强基层基础建设，组织力和战斗力进一步提升

一是完善党建工作体系。制订、修订代表任期制实施办法、换届审批工作办法等13项工作制度，健全完善党的组织、领导、自身建设和监督保障等四个方面党的建设制度体系。研究制定破解“两张皮”问题、推动党建与业务深度融合的具体措施。

二是抓实党支部标准化规范化建设。贯彻《中国共产党支部工作条例（试行）》，制定实施办法，明确建设标准和任务要求。制定国家铁路局严格党的组织生活制度的若干规定、直属机关基层党组织书记抓党建工作述职评议考核办法，进一步规范“三会一课”、民主生活会和组织生活会、民主评议党员等基本制度。

三是发挥战斗堡垒和先锋模范作用。贯彻落实巩固深化“不忘初心、牢记使命”主题教育成果的意见，细化制定具体措施，推动党员、干部进一步牢记初心使命。紧扣“四强”党支部目标，加强组织推动，开展攻坚活动，让党的旗帜在各项重点任务的主战场高高飘扬。

四是强化党建工作督促督查。完善党建督促检查工作机制，逐月跟踪检查推进情况，加强督促督办，压紧压实工作责任。认真接受中央和国家机关工委党的建设专项督查，针对督查反馈的问题，制定整改措施，有力有效推进整改落实。

四、加强党风廉政建设，风清气正的政治生态进一步巩固

一是持续改进作风。严格落实中央八项规定精神，解决形式主义突出问题为基层减负具体措施，持续开展扶贫领域腐败和作风问题专项治理，集中开展履职监管中的形式主义、官僚主义、公务用车使用、委外项目管理问题专项治理，深入开展“灯下黑”问题专项整治。

二是严肃查处违纪案件。积极配合中央纪委国家监委驻交通运输部纪检监察组对有关问题线索的核查工作。领导支持国家铁路局系统纪检机构履行职责，坚决查处违纪案件。规范信访举报处理，完善监督执纪问责工作流程。

三是强化日常监督。坚持重要时间节点廉政教育提醒，督促各级党组织落实主体责任、全体党员干部把好廉洁自律关。召开警示教育大会，通报违纪违法典型案例，用身边人身边事提高教育效果。严把党风廉政意见回复关，及时完善党员干部廉政档案。

四是有力推进政治巡视。聚焦政治监督，开展对3个局属单位的政治巡视。党的十九大以来，巡视覆盖率已达到85.71%。督促落实2019年巡视反馈问题整改，整改措施已全部完成。组织开展对2017年以来国家铁路局党组巡视发现问题整改落实情况、线索移交情况，以及巡视成果运用情况的“回头看”。

五、加强干部队伍建设，担当作为的积极性进一步激发

一是强化领导班子和干部队伍建设。贯彻落实新时代党的组织路线和《2019—2023年全国党政领导班子建设规划纲要》，制定印发实施意见

和考核实施办法。首次组织开展事业单位考核，增强班子功能。修订印发国家铁路局机构编制职责文件，进一步调整机构人员设置，理清职能，明确职责。

二是加强人才培养锻炼。突出政治训练和实践锻炼，组织完成各级各类干部脱产培训1096人次。分批次选派14名年轻干部到扶贫地区、铁路运输企业挂职锻炼。首次组织开展工程系列高级职称评审，强化人才服务保障。

三是激励干部担当作为。扎实推进公务员职务与职级并行相关工作。制定出台国家铁路局机关公费医疗管理办法，指导事业单位落实年度考核奖励办法、补充医疗保险管理办法。

六、以党建带群建，工作合力进一步凝聚

一是积极做好干部职工关心关爱工作。围绕做好疫情防控，积极为干部职工发放防疫用品，及时慰问疫情防控一线的干部职工和亲属，关心干部职工身心健康，组织职工年度体检，办理女职工特殊保险，慰问困难职工。

二是不断强化青年思想政治引领。出台十项措施，加强青年理论学习小组建设。组织开展一系列主题鲜明、生动活泼的线上线下学习交流活动，组织青年干部参加“强素质 作表率”读书活动并获得跟读先锋奖。开展青年“学习标兵”评选，5名青年被评为交通运输部直属机关青年学习标兵。1名青年当选中央和国家机关青年联合会委员。1名青年在全国科普讲解大赛中获得三等奖，充分展示了青年的活力风采。

第四节 中国民用航空局系统党的建设工作

2020年，中国民用航空局党组坚持以习近平新时代中国特色社会主义思想为指导，全面贯彻落实党的十九大、十九届二中、三中、四中、五中全会精神和中央纪委四次全会精神，坚决把管党治党责任落实落细，召开2020年度民航系统全面从严治党工作会议，坚持把党的领导贯穿于统筹推进新冠肺炎疫情防控和民航安全发展全过程、各方面，以政治建设为统领，深入抓好党建各项工作，推动民航系统全面从严治党向纵深发展，为坚决打赢疫情防控阻击战、决战决胜脱贫攻坚、确保民航安全和行业稳步恢复生产提供了坚强保证。

一、践行“两个维护”更加坚定自觉

坚持把党的政治建设摆在首位，把旗帜鲜明讲政治贯穿民航工作的全过程、各方面。全年高质量落实习近平总书记关于民航工作的重要指示批示32件。对党的十九大以来习近平总书记的59次重要指示批示贯彻落实情况进行“回头看”，推动深化落实。严格落实中国民用航空局党组关于进一步加强习近平总书记重要指示批示贯彻落实工作的15条措施，建立了贯彻落实情况专门台账。抓好意识形态工作，修订印发《党委（党组）意识形态工作责任制实施细则》；会同北京市委市政府及时妥善处置民航总医院杨文医师遇害事件，有效避免了这一事件有可能被炒作为社会性、政治性事件。运用中央媒体和行业媒体，宣传民航抗疫做法，宣传先进典型和感人事迹，汇聚强大力量。

二、党的创新理论武装更加入脑入心

聚焦主题主线，中国民用航空局党组严格落实中心组学习制度，带头读原著、学原文、悟原理，开展6次集体学习研讨，党组成员发言24次、

讲党课5次，充分发挥示范带动作用。通过中心组学习、集中培训、“三会一课”、主题党日活动等多种形式，及时跟进学习习近平总书记关于统筹疫情防控和经济社会发展等最新重要讲话精神，学习《习近平谈治国理政》，教育引导党员干部坚定信心信念，勇于担当作为，用做好疫情防控和民航各项工作的实际成效检验学习成果。深入抓好党的十九届四中、五中全会精神的学习贯彻。

三、领导班子和干部队伍建设进一步加强

坚持正确用人导向，加大干部选配力度，稳步实施公务员职务与职级并行制度，全年累计调整配备干部277人次，其中提拔职务和晋升职级212人次、交流33人次，领导班子和干部队伍知识、能力、专业、年龄结构得到优化。中国民用航空局党组干部选拔任用工作总体满意率达96.8%，局属单位也保持在较高水平。2020年度领导干部个人有关事项如实报告率为93.6%，较上年提升16.3个百分点。

四、基层党组织和广大党员的作用在抗疫斗争中充分彰显

充分发挥基层党组织的战斗堡垒作用和共产党员的先锋模范作用，让党旗在疫情防控一线高高飘扬，党员干部的党性得到洗礼锤炼，党组织的领导力得到大幅提升，涌现出一批先进集体和个人。1人被评为全国优秀共产党员，123个党组织和305名党员受到中国民用航空局党组表彰。民航系统党员自愿捐款659万余元，116名同志“火线”入党，近千人递交入党申请书。推进基层党组织标准化规范化建设，党支部工作质量明显提升。制定中国民用航空局党组贯彻落实中共中央《关于加强和改进中央和国家机关党的建设的意见》的实施意见和创建“让党中央放心、让人民群众满意的模范机关”实施意见，认真开展强化政治机关意识教育等三项重点工作，抓好工委党建专项督查反馈意见整改落实，机关党建工作得到加强。

五、正风肃纪反腐力度持续加大

坚持严的主基调，驰而不息纠“四风”、转作风。加强对党中央重大决策部署特别是疫情防控决策部署和各项防控措施落实情况的监督检查。认真组织开展私车公养、事业单位人员违规招聘、职业资格证书违规挂靠、违规占用住房、餐饮浪费等问题专项治理，取得明显成效。认真贯彻“过紧日子”要求，经费开支明显减少。会同驻部纪检监察组，对中国民用航空华东地区管理局、首都机场集团公司等8家单位开展政治巡视，发现问题132个；指导10家单位开展巡察，推动巡视巡察一体化建设。充分用好李宗冀等违纪违法典型案例及悔过书，开展警示教育。坚定支持驻部纪检监察组查办广州民航职业技术学院、民航总医院等违纪违法案件，督促各级纪检组织严格监督执纪。2020年全系统共计给予117名党员干部党纪政务处分。

六、宣传文化和群团工作呈现新气象

广泛深入开展“三个敬畏”宣传教育，深化“三基”建设。加强和改进新闻宣传，及时宣传民航抗疫政策措施，赢得社会公众理解和支持；大力宣传民航抗疫做法和先进典型，讲好民航故事。做好院校疫情防控和思想政治工作，确保校园稳定。加强工会、共青团工作，大力弘扬伟大抗疫精神和当代民航精神、英雄机组精神，凝聚起共克时艰、建设民航强国的磅礴力量。

第五节　国家邮政局系统党的建设工作

2020年，国家邮政局党组坚持以习近平新时代中国特色社会主义思想为指导，深入学习贯彻中央和国家机关党的工作暨纪检工作会议精神，增强“四个意识”、坚定“四个自信”、做到“两个维护”，忠诚履行全面从严治党政治责任，加强国家邮政局机关和系统党的建设，为加快推进现代化邮政强国建设提供坚强政治保证。

一、以党的政治建设为统领，把践行“两个维护”体现到工作的全过程、各方面

深入贯彻党的十九大和十九届二中、三中、四中、五中全会精神，坚持把贯彻落实习近平总书记关于邮政快递业重要指示批示精神和党中央各项决策部署作为头等大事和首要政治任务。坚持“政”为“邮”之本，从政治上审视业务工作，在业务工作中彰显政治属性。建立贯彻习近平总书记重要指示批示精神和中央文件落实台账及“回头看”机制，统筹抓好疫情防控和经济社会发展，发挥行业优势助力打赢脱贫攻坚战，深入推动农村电商发展和网点建设，全面加强寄递安全监管，稳步推进快递包装绿色治理，扎实做好快递员群体合法权益保障和关爱服务，切实把“两个维护”体现在贯彻党中央决策部署的行动上。坚守政治机关定位要求，分两轮完成对12个省（自治区、直辖市）局党组的常规巡视，积极开展模范机关创建工作。落实意识形态工作责任制，认真做好纪念邮票选题发行工作，县级城市投递《人民日报》实现当日见报率提升至84.6%，寄递渠道“扫黄打非”成效明显。

二、高举思想旗帜，用习近平新时代中国特色社会主义思想武装头脑、凝心聚魂

坚持以党组理论学习中心组学习为龙头，带动各级党组织深入学习习近平新时代中国特色社会主义思想，补足精神之钙、把稳思想之舵。党组全年组织集中学习13次、研讨交流8次，及时跟进学习习近平总书记最新重要讲话精神和党中央重要会议、文件精神73次。印发《党建工作交流》17期，为相互学习提供有力平台。依托“支部工作”“学习强国”等平台抓好党员、干部常态化学习。专题举办学习贯彻党的十九届五中全会精神培训班，自觉把全面贯彻新发展理念贯穿于制定邮政业“十四五”规划和行业改革发展全过程、各领域。

三、全面贯彻新时代党的组织路线，完善上下贯通、执行有力的组织体系

印发在疫情防控一线考察识别干部的意见，完善选拔任用机制，选优配强领导班子。大力推进干部交流，选派干部援藏援疆援青、赴地方挂职锻炼，做好年轻干部培养。落实职务职级并行制度，优化考核评价机制，开展领导班子年度考核，推进公务员平时考核，加强关心爱护，激励干部担当作为。组织邮政管理系统首次选人用人专项检查，开展领导干部个人有关事项报告专项整治，加强日常管理和监督。开展干部教育培训制度评估，遴选8个干部教育培训基地。圆满完成机关党委、纪委换届工作，全面推进党支部标准化规范化建设，开展“灯下黑”问题专项整治。各地邮政管理系统党组织以提升基层党组织组织力为核心，严格落实“三会一课”等制度，着力推进基层党组织标准化规范化建设。

四、落实中央八项规定精神，不断巩固作风建设成效

严格落实中央八项规定及其实施细则精神，坚决纠治形式主义、官僚主义，严防“四风”反弹。建立反对餐饮浪费工作目标管理责任制，常态化推进“光盘行动”。坚持狠抓精文简会，防止文山会海反弹回潮，2020年国家邮政局机关办会发文同比下降24.1%和14%。编制随机抽查事项清单，有效统筹整合局内资源，国家邮政局抽查事项由150项大幅压缩至17项，确保基层有更多的时间、精力抓落实。以问题导向推动问题整改，对违规享受政策性住房等四个方面问题开展专项整治，查找和整改问题三大类34个。党组成员全年围绕重点工作深入基层调研57次107天，形成一批理论成果、实践成果、制度成果。

五、加强党的纪律建设，持续纯正政治生态

严格教育管理监督，分两批次对70名党员干部进行集体廉政谈话，召开全系统警示教育电视电话会议，通报曝光25起全系统违规违纪违法案例。深化运用“四种形态”，全年共谈话函询57人次，批评教育77人次，诫勉谈话20人次，充分发挥惩戒、警示、教育的效果。健全完善检举控告平台，内设纪检机构分类处置问题线索109件次，立案审查21件。严格贯彻党组讨论和决定党员处分事项工作程序规定，对5名党员干部作出党纪处分并督促处分决定执行到位，给予20名党员干部党纪政务处分。及时澄清不实举报，注重做好受处分人员教育回访工作，引导其消除顾虑、提振精神、干事创业。

六、扛稳抓实全面从严治党主体责任，提高党的建设工作质量

增强落实全面从严治党责任自觉，党组全年24次研究全面从严治党有关工作。认真执行《新形势下党内政治生活的若干准则》，坚持民主集中制，严格党的组织生活制度，扎实开好党组民主生活会。党组书记认真履行全面从严治党第一责任人职责，党组其他成员履行“一岗双责”，过好双重组织生活，党组成员参加所在党支部和党小组活动57次，讲党课5次。健全制度体系，制定党组落实全面从严治党主体责任清单，进一步压实责任，推动全面从严治党工作向基层延伸。

七、抓创新增活力，持续有力推进行业党建“两个覆盖”

继续强化“抓行业必须抓党建”责任意识，持续探索加强快递物流行业党建工作。与中共中央组织部联合开展专题调研，广泛听取基层党员干部群众意见建议，研究破解快递行业党建及快递员群体服务管理等突出问题的办法举措。组织对快递行业党组织、党员队伍进行摸底调查，目前全行业通过联建、共建、自建等方式共建立民营快递企业党组织749个、覆盖党员3.5万余人，河北、江苏、安徽、四川、辽宁实现全省地市级非公党组织全覆盖。强化党建引领群团共建，持续推动提高群团组织覆盖率，不断增强群团组织活力。积极发挥全国邮政行业共青团工作指导委员会作用，做好快递从业青年联系服务工作。重庆市邮政管理局联合团市委指导成立重庆市快递行业团工委，四川省邮政管理局推动成立省级快递物流行业系统共青团工作指导和推进委员会，河北、山西、江苏、福建、山东、甘肃等省邮政管理局积极推动成立市级团工委，江西、广东、广西等省（自治区）邮政管理局指导扩大行业工会组建力度，青海省邮政管理局实现非公快递行业工会市（州）全覆盖。深化“抓总部、总部抓”联动机制，充分发挥企业能动性，指导各民营快递企业持续深入开展党建活动。

第十四章　精神文明建设

第一节　全国交通运输行业精神文明建设

一、交通运输部精神文明建设工作综述

2020 年，交通运输部坚持以习近平新时代中国特色社会主义思想为指导，全面贯彻党的十九大和十九届二中、三中、四中、五中全会精神，紧扣决胜全面建成小康社会和决战脱贫攻坚主题，履职尽责，奋力进取，不断提升交通运输行业精神文明建设工作的吸引力、感染力、影响力，各项工作取得新进展、新成效。

（一）深入宣传贯彻习近平新时代中国特色社会主义思想

每月整理编印《习近平总书记重要论述学习资料》，跟踪整理习近平总书记关于交通运输重要论述，并将其作为交通运输部党组中心组学习资料、交通运输部党校培训教材。紧扣 2020 年“全面建成小康社会收官之年”和“脱贫攻坚决战决胜之年”，系统梳理习近平总书记关于脱贫攻坚重要论述在交通运输领域的成功实践，谋划编写理论书籍《中国扶贫——交通方案》。深入开展《习近平总书记关于交通运输重要论述实践研究》等课题研究，为加快建设交通强国提供理论指引。

（二）着力推进交通运输领域社会主义核心价值观建设

连续 10 年组织开展“社会主义核心价值观主题实践教育月”活动，连续 4 年组织开展青年文明号开放周活动，推动社会主义核心价值观学习实践具体化、系统化。有针对性地开展疫情防控期间精神文明教育活动，引导交通运输从业人员和参与者不断提高文明素质和自我保护能力。会同人力资源和社会保障部联合表彰 679 名（个）全国交通运输系统先进集体、劳动模范和先进工作者，号召全行业大力学习先进，践行劳模精神和新时代交通精神。连续 7 年会同中华全国总工会联合开展“感动交通年度人物”推选宣传，“2019 年感动交通年度人物”推选网络投票超过 2200 万，视频发布活动及短视频观看量超 1.2 亿。组织开展“最美搜救人”“最美公交司机”“最美货车司机”“最美快递员”等群众性评议推选，营造崇尚先进、争当先进的浓厚氛围。

（三）不断扩大精神文明建设覆盖面和影响力

印发《2020 年交通运输行业宣传思想和精神文明建设工作要点》，对全年精神文明建设工作作出部署。在中央文明委指导下设立重点工作项目联系点，推动精神文明建设在基层不断得到加强。扎实开展行业文明单位和行业文明示范窗口等群众性精神文明创建活动，评选出 410 个工作基础扎实、创建成效突出、示范引领作用强的先进典型。积极参与全国文明单位和全国文明校园等评选表彰活动，交通运输系统 137 家单位获“第六届全国文明单位”称号，部属高校大连海事大学获“第二届全国文明校园”称号。深化志愿服务工作，推动春运“情满旅途”等志愿服务活动广泛深入开展。积极参与第五届“五个一百”网络正能量精品评选活动，交通运输行业 20 部作品获奖。

（四）持续提升精神文明创建工作科学化水平

以交通运输部名义出台《关于加强新时代交通运输宣传思想工作的意见》，完善相关精神文明建设配套制度，将精神文明建设工作纳入行业宣传思想工作评估体系，强化行业合力。大力推进交通运输信用建设制度体系，建成部省联通的交通运输信用平台，推动信用监管与业务工作深度融合，带动全社会道德素质和文明程度提升。组织好纪录片《交通中国》《寻路乡村中国》等重大历史题材、重大现实题材作品的创作，推出更多有筋骨、有道德、有温度的文艺作品。

二、国家铁路局精神文明建设工作主要举措与成就

（一）持续深入学习贯彻习近平新时代中国特色社会主义思想

国家铁路局党组和局属单位分党组（党委）两级理论学习中心组认真落实学习制度，全年累计开展集体学习196次，学习习近平总书记重要讲话和重要指示批示精神及党中央国务院重要文件等94项。改进和完善组织生活日（党日）理论学习制度，全年安排统一学习12次。利用"国铁大讲堂"、微信平台开展线上线下学习，提高学习效果。编印《习近平新时代中国特色社会主义思想基本知识应知应会手册》口袋书，强化日常学习掌握，推动学习入脑入心。

（二）扎实开展模范机关创建

印发《国家铁路局创建"让党中央放心、让人民群众满意的模范机关"的实施方案》，明确"六个模范"目标，细化年度14条推进措施，加强试点创建，形成全员创建的良好局面。及时总结创建工作成效，交流经验做法，进一步完善创建措施，确保创建质量。开展强化政治机关意识教育，推动广大党员干部把政治机关的各项要求变为自觉行动，带头走好"第一方阵"。

（三）严格落实意识形态工作责任制

深入学习贯彻《党委（党组）意识形态工作责任制实施办法》，修订国家铁路局党组意识形态工作责任制实施细则，全面落实党组意识形态工作各项要求，牢牢把握意识形态工作的领导权和主动权。守牢用好阵地，加强政府网站、办公内网和新媒体等平台管理，完善网络系统功能，严格新闻宣传、信息发布逐级审核把关，确保意识形态安全。

（四）深入推动社会主义核心价值观宣传教育

开展"社会主义核心价值观主题实践教育月""信用铁路宣传月"活动，加强新时代爱国主义、公民道德建设、文明绿色出行和诚实守信出行学习宣传教育，引导干部职工规范自身行为、提升服务水平、履行社会责任。深入铁路运输企业、站车开展文明交通、绿色出行、诚实出行宣讲，提高社会共识，增强公众讲道德、讲文明和讲诚信意识。学习贯彻习近平法治思想，开展《民法典》学习宣传、宪法宣誓等活动，强化公平执法、公正执法、公开执法，树立依法履职良好形象。

（五）加强舆论引导

密切关注涉及行业的热点和突发舆情，及时分析研判，妥善处置引导。开展干部职工思想动态分析，有针对性地实施引导，理顺情绪，化解矛盾，有效凝聚工作合力。

三、中国民用航空局精神文明建设工作主要举措与成就

加强社会主义核心价值观宣传教育，深入推进精神文明创建活动，大力弘扬伟大抗疫精神和当代民航精神、中国民航英雄机组精神。督促指导北京大兴国际机场按照中宣部要求，推动在北

京大兴国际机场建立对外宣传窗口、实施“文化国门建设工程”，推动北京大兴国际机场成为中国航空口岸首个示范点，大力宣传中国文化、民航文化。按照中宣部要求，做好“打造中国标志、提升中华民族视觉形象”窗口工程，推动民航精神文明建设。

通过举行“我和我的祖国”文艺展演，开展“同读书 · 共圆梦”主题阅读活动，举办“同舟共济 · 强体战疫”第四届全国民航职工乒乓球比赛，组织“安康杯”职业技能竞赛，开展“发现最美家庭”活动，拍摄英雄机长刘传健“加快建设民航强国、共筑伟大复兴中国梦”短视频，编辑出版了《我的家规家训故事》，持续推进社会主义核心价值观在民航行业落地生根。

组织民航各航空公司、机场等集中展播社会主义核心价值观主题微电影重点优秀作品，开展“2019 年感动交通年度人物”“北京榜样”等推选宣传活动；组织国家安全教育日宣传活动、世界读书日活动等，开展选书荐书活动；支持民航大学筹备建立“两航起义”纪念馆，协助《大国交通》八集纪录片（民航部分）摄影组、审稿等工作，审查电影剧本《天机行动》，对影视公司拍摄网络剧《你好，机长先生》审核把关，筹备《两航起义》电影、电视剧拍摄，积极推进精神文明创建工作。加强报刊、网站、微信公众号等各种阵地管理，中国民用航空局政府网站获“2020 年度中国政务网站优秀奖”，民航行政审批服务平台被评为“2020 年度‘互联网 + 政务服务’典型案例（十佳）”。

持续开展“安全乘机、文明出行”活动，配合中国志愿服务联合会开展民航志愿服务调研，推动倡导文明出行。加强报刊和出版物管理，组建民航图书报刊出版单位社会效益评价考核专家委员会，首次完成了中国民用航空局主管的“一报九刊”社会效益评价考核工作。做好报纸、刊物年度核验工作，督促指导民航出版社开展图书“质量管理 2020”专项工作。认真部署开展民航“扫黄打非”工作，严格防范各类非法出版物通过航空运输渠道流通传播。以当代民航精神为核心，谋划“十四五”中国民航文化价值体系建设，筹建中国民航行业文化研究中心。

四、国家邮政局精神文明建设工作主要举措与成就

（一）强化思想理论武装

组织广大干部职工深入学习《习近平谈治国理政》第三卷、习近平总书记系列重要讲话精神，不断推动学习宣传贯彻习近平新时代中国特色社会主义思想入心入脑、走深走实。持续深入学习贯彻党的十九届四中、五中全会精神，增强思想政治工作的针对性和实效性。指导各级党员干部依托“干部学习讲堂”“机关讲坛”“大学习课堂”等载体，把集中学习、交流研讨和个人自学等结合起来，丰富学习形式，强化学习效果。建立青年理论学习小组，积极参与中央和国家机关“强素质 · 作表率”读书活动。

（二）积极选树行业先进典型

引导邮政快递行业从业人员深入践行社会主义核心价值观和邮政行业“诚信、服务、规范、共享”核心价值理念，在全行业全系统组织开展向汪勇、葛军同志学习活动。全行业 24 名从业者荣获全国劳动模范，25 家集体荣获全国文明单位，3 人（集体）荣获“中国青年五四奖章”。行业 19 家集体荣获全国交通运输行业精神文明建设先进集体，3 人荣获“2019 感动交通年度人物”。行业 3 人荣获全国抗击新冠肺炎疫情先进个人称号，63 个集体和 138 名个人荣获省部级抗疫表彰。

举行邮政体制改革以来首次全国邮政行业先进集体、劳动模范和先进工作者表彰大会，145

个单位荣获“全国邮政行业先进集体”，96 人荣获“全国邮政行业劳动模范”，10 人荣获“全国邮政行业先进工作者”。成功开展第四届“中国梦·邮政情 寻找最美快递员”活动，14 名“最美快递员”和 5 个“最美快递员”团队受到表彰。各地组织行业内优秀集体和个人参与各类地方性文明创建和评选表彰活动，全行业 400 余人获省部级以上荣誉表彰，有力激励广大快递员见贤思齐、建功新时代。

（三）加强安全生产教育和岗位创先争优

着眼在邮政业牢固树立安全发展理念，推进安全邮政建设，16 个集体荣获应急管理部、团中央评选的全国青年安全生产示范岗。2020 年度全行业共 28 个先进集体获得“2017—2018 年度全国青年文明号”称号。组织开展邮政快递行业青年文明号开放周活动，深入开展创先争优等岗位实践活动。组织动员全行业 200 余个优秀代表参与团中央、人力资源和社会保障部开展的全国青年岗位能手（标兵）评选，10 人成功当选。

第二节 行业精神文明建设重要活动

一、交通运输部精神文明建设重要活动

参与党中央、国务院、中央军委全国抗击新冠疫情表彰活动，交通运输行业 52 位同志荣获“全国抗击新冠肺炎疫情先进个人”称号，30 个集体荣获“全国抗击新冠肺炎疫情先进集体”称号，5 位同志荣获“全国优秀共产党员”、11 个集体荣获“全国先进基层党组织”。参与全国文明单位和全国文明校园等评选表彰活动，交通运输系统 137 家单位获“第六届全国文明单位”称号，部属高校大连海事大学获“第二届全国文明校园”称号。培树山东港口集团有限公司青岛港“连钢创新团队”为“时代楷模”，交通运输部印发学习决定，大力宣传典型事迹，在全行业掀起学习热潮。组织开展交通运输行业“青年文明号”开放周活动，推动行业积极创建“青年文明号”。

报请党中央、国务院同意，举行全国交通运输系统抗击新冠肺炎疫情表彰活动，隆重召开表彰大会，授予交通运输系统 609 名同志“全国交通运输系统抗击新冠肺炎疫情先进个人”称号、309 个集体“全国交通运输系统抗击新冠肺炎疫情先进集体”称号，进一步激发交通人不畏艰难、勇于担当、顽强拼搏的昂扬斗志。会同人力资源和社会保障部联合表彰 679 名（个）全国交通运输系统先进集体劳动模范和先进工作者，号召全行业大力学习先进，践行劳模精神和新时代交通精神。会同中华全国总工会联合举办“2019 年感动交通年度人物”线上直播活动，通过“快手”账号直播，发布“特别致敬人物”“十大年度人物”先进事迹，13 地现场连线，1200 万人在线收看，网民点赞近600万；行业媒体开设“感动交通人物”系列宣传专栏，定期推出先进人物事迹报道，在全行业营造学习先进、争当先进的浓厚氛围。举办“最美搜救人”“最美公交司机”“最美货车司机”“最美快递员”等发布活动，充分发挥先进典型示范引领作用，营造发现最美、展示最美、学习最美、争做最美的浓厚氛围。召开全国交通运输行业精神文明建设工作视频会议，会上命名了 199 个单位为“全国交通运输行业文明单位”、211 个单位为“全国交通运输行业文明示范窗口”。持续深化“爱岗敬业 明礼诚信”社会主义核心价值观主题实践，开展“社会主义核心价值观主题实践教育月”活动，大力提倡艰苦奋斗、勤俭节约，组织开展以劳动创造幸福、安全生产等主题的宣传教育。

举办交通运输行业摄影、微视频、公益广告大赛，进一步丰富交通图片和视频库，指导各地

交通运输部门深入开展文明交通公益宣传。广泛开展志愿服务关爱行动，打造“春运情满旅途”等志愿服务品牌。推出“十大最美农村路”“加快建设交通强国”等群众性主题活动，突出线上带动线下、浸润式宣传与群众性创建相融特点，吸引网民参与分享交通故事和感人瞬间。组织开展“绿色出行宣传月”“公交出行宣传周”“诚信宣传月活动”等主题活动。

二、国家铁路局精神文明建设重要活动

（一）组织开展决胜全面建成小康社会建功立业竞赛活动

印发活动通知作出安排部署，动员激励国家铁路局干部职工聚焦铁路行业履职监管，发扬实干精神，立足岗位拼搏奉献，在全面建成小康社会中担当作为。75名同志获得“2019年度决胜全面建设小康社会建功立业竞赛先进个人”荣誉称号。

（二）大力表彰先进典型

召开表彰大会，对全局38名优秀共产党员、15名优秀党务工作者、15个先进基层党组织、73名优秀公务员、2个优秀事业单位、51名事业单位优秀人员、75名全面建成小康社会建功立业竞赛先进个人进行表彰，激励各级党组织和广大党员干部在推动铁路高质量发展过程中学先进、赶先进、当先进的积极性。

（三）加强精神文明建设

组织开展群众性精神文明创建活动，上海铁路监督管理局荣获第六届“全国文明单位”称号，铁路机车车辆驾驶人员资格考试中心被评为“全国交通运输行业文明示范窗口”，6个集体、12名同志被授予全国交通运输系统抗击新冠肺炎疫情“先进集体”“先进个人”称号。

（四）广泛开展群众性活动

围绕做好疫情防控，积极为干部职工发放防控用品，及时慰问疫情防控一线的干部职工和亲属，体现组织关怀。组织开展消费扶贫，购买榕江县农特产品34.72万元、购买湖北省扶贫产品10.94万元。关心干部职工身心健康，组织职工年度体检446人，办理女职工特殊保险111人，慰问困难职工。开展形式多样的文体活动，活跃工作生活氛围。

（五）加强青年思想政治引领

适应常态化疫情防控新形势，建立读书群组，灵活线上线下学习，就近利用红色教育基地、爱国主义教育基地组织团员青年接受爱党爱国教育。开展青年“学习标兵”评选，5名青年被评为交通运输部直属机关青年学习标兵。1名青年当选中央和国家机关青年联合会委员。3名团员、2名团干部被评为交通运输部直属机关优秀团员、优秀团干部，直属机关团委被评为交通运输部直属机关五四红旗团组织。积极开展“平安高铁”科普普法活动，1名青年在全国科普讲解大赛中获得三等奖。

三、中国民用航空局精神文明建设重要活动

实施“文化国门建设工程”，推动北京大兴国际机场成为中国航空口岸首个示范点。组织开展“打造中国标志、提升中华民族视觉形象”窗口工程。指导民航博物馆及科普基金会举办“逆行飞翔”书画摄影作品展、纪念新中国民航“七一”“八一”开航70周年档案图片展。认真做好局属院校疫情防控工和思想政治工作，在民航院校深入开展“三个敬畏”宣传教育，持续推进当代民航精神进校园工作。督促指导局属院校加强思政课建设。组织开展“我和我的祖国”文艺展演、“同读书·共圆梦”主题阅读活动、“同舟共济·强体战疫”第四届全国民航职工乒乓球比赛、“安康杯”职业技能竞赛等行业精神文明建设活动。支持拍摄推进民航精神文明建设的短视频、微电影等重点优秀作品。支持筹建“两航起义”纪念馆，协助拍摄展

现民航精神文明的重点影视创作。加强社会主义精神文明建设工作，认真开展第六届全国文明单位推荐评选和复查、首都文明单位等申报评选等民航行业精神文明创建工作，加强对中国民用航空湖北安全监督管理局、北京大兴国际机场、中国南方航空北京地服分公司、湖北机场集团有限公司等行业单位进行实地测评和督促指导。组织开展抗击新冠肺炎疫情遴选工作。积极推进全国巾帼文明岗、全国巾帼建功标兵评选活动，组织2018—2019年度全国交通运输行业精神文明建设先进集体评选和复核，申报中央和国家机关模范机关创建评选活动，筹备首都文明单位评选，推荐“2019年感动交通年度人物”。

四、国家邮政局精神文明建设重要活动

（一）持续深入开展关爱快递员“暖蜂行动”

坚持把学习贯彻习近平总书记关心关爱“快递小哥”重要指示精神作为重要政治任务，印发《中共国家邮政局党组关于深入推进习近平总书记关爱“快递小哥”重要指示精神工作落实的通知》和工作清单，在全行业启动并深入开展关爱快递员“暖蜂行动”，统筹谋划和全面加强快递员关心关爱和权益维护工作。与团中央联合开展2020年度“快递从业青年服务月”活动，各地组织慰问活动2500余次，新增爱心驿站等各类服务阵地9500余家，共为8万余名快递员提供免费体检和义诊，协调推动解决4000余套公租房，依托共青团12355维权服务热线为快递员提供劳动权益、职场适应、心理健康等内容的法律和心理咨询服务累计覆盖4万余人次，结合疫情防控编发推广《行业人员疫情防控指南（动画版）》。协调有关部门共同出台加强快递员权益保护等方面的专门文件600余项，推动工会组织为29万余名快递员购买或赠送社会保险或商业保险，协调推动快递员参加人大代表、政协委员面对面等相关活动700余人次。开展“快递从业群体的职业认同和权益维护”课题研究并出版发行。

（二）弘扬宣传“小蜜蜂”精神

依托邮政管理系统报、刊、网和新媒体平台，持续性、多角度挖掘和宣传“小蜜蜂”精神的实践典型事迹。关爱快递员“暖蜂行动”活动获得新华社、光明网等主流媒体平台大量报道转发。疫情期间，配合协调快递小哥代表参加政府新闻发布会，分享一线战“疫”故事。配合协调中央电视台《新闻联播》《面对面》和人民日报等主流媒体持续关注和报道快递小哥生存状况和行业复工复产情况。将“贯彻落实习近平总书记关心关爱快递小哥重要指示精神”作为《党建工作交流》重要部分，定期编辑印发，促进工作交流。指导组织召开两场以“学习寄语精神，展现青春担当”为主题的“中国青年五四奖章”获奖者（集体）线上事迹分享会，累计网络观看量达8500人次。鼓励基层首创，江苏省邮政管理局、北京市邮政管理局、辽宁省邮政管理局及中国邮政集团有限公司、苏宁易购集团股份有限公司、中通快递股份有限公司、北京宅急送快运股份有限公司等单位和企业通过举办“快递员节”、录制专题节目、发布倡议书等方式，积极向社会展示新时代快递员精神面貌。

第三节　年度精神文明建设先进集体与个人

一、交通运输部精神文明建设先进集体与个人

交通运输部与中华全国总工会联合发布《关于公布

“2019年感动交通十大年度人物”等名单的通知》（交政研发〔2020〕58号），公布“2019年感动交通年度特别致敬人物”10名（表3-14-1）、“2019年感动交通十大年度人物”10名（表3-14-2）、“2019年感动交通年度人物”40名，10家单位获得“‘2019年感动交通年度人物’推选宣传活动最佳组织贡献奖”。

印发《交通运输部关于表彰全国交通运输系统抗击新冠肺炎疫情先进个人和先进集体的决定》（交政研发〔2020〕98号），表彰先进个人609名、先进集体309个。

印发《交通运输部关于命名2018—2019年度全国交通运输行业精神文明建设先进集体的决定》（交政研发〔2020〕118号），授予199个单位“全国交通运输行业文明单位”称号，授予

表3-14-1　2019年感动交通年度特别致敬人物

序号	个人/集体	简　介
1	于正洲	齐鲁交通发展集团淄博分公司收费管理部部长
2	鲁力	湖南省长沙市交通运输综合行政执法局岳麓大队大队长
3	汪勇	湖北顺丰速运有限公司快递员
4	时爱东	江苏新安物流有限公司货车司机
5	戴文豪	广东交通集团云梧高速公路中心站副站长
6	长江航运总医院抗疫医疗队	
7	应对新型冠状病毒感染的肺炎疫情物资保障组物流保障办公室	
8	武汉铁路监督管理局	
9	首都机场航站楼管理部	
10	湖北省新冠肺炎疫情防控指挥部交通保障组	

表3-14-2　2019年感动交通十大年度人物

序号	个人/集体	简　介
1	马乔一	中国船级社上海分社高级验船师
2	王惠贤	河北省涿州市宇坤申通快递有限公司负责人
3	王光国	湖北省建始县店子坪村党支部书记
4	钟文新	招商轮船超大型油轮船长
5	景生启	中国铁路太原局集团有限公司重载列车司机
6	一“旅”阳光优质服务示范组	深圳航空公司
7	吴孝忠、杨柳工作组	四川省交通运输厅高速公路交通执法第四支队七大队
8	首都的士雷锋车队	北京市银山出租汽车有限责任公司
9	独龙江公路管理所	云南省怒江公路局贡山公路分局
10	塞尔维亚E763高速公路项目组	中国山东国际经济技术合作有限公司

211 个单位“全国交通运输行业文明示范窗口”称号。同时，185 个 2016—2017 年度全国交通运输行业文明单位和 201 个行业文明示范窗口经过复核确认继续保留称号。

印发《交通运输部关于在全国交通运输行业开展向“时代楷模”山东港口集团青岛港“连钢创新团队”学习活动的决定》，在全国交通运输行业开展向山东港口集团青岛港“连钢创新团队”学习活动。

据统计，第六届全国文明单位中交通运输系统有 137 家，其中交通运输部推荐 42 家、各省（自治区、直辖市）和新疆生产建设兵团推荐 95 家；大连海事大学当选第二届全国文明校园。交通运输部推荐的全国文明单位如表 3-14-3 所示。

二、国家铁路局精神文明建设先进集体与个人

2020 年，国家铁路局铁路机车车辆驾驶人员资格考试中心被评为“全国交通运输行业文明示范窗口”；上海铁路监管局荣获第六届“全国文明单位”称号；6 个集体、12 名同志被授予全国交通运输系统抗击新冠肺炎疫情“先进集体”“先进个人”称号。在全局评选表彰决胜全面建成小

表 3-14-3　交通运输部推荐的全国文明单位

序号	单 位 名 称	序号	单 位 名 称
1	上海铁路监督管理局	22	长江引航中心
2	民航湖北监管局	23	泰州海事局
3	民航山西监管局	24	长江宜宾航道局
4	民航青岛监管局	25	长江航运总医院
5	民航喀什监管局	26	中国船级社秦皇岛分社
6	首都机场集团公司北京大兴国际机场	27	交通运输部路网监测与应急处置中心
7	民航局审计中心	28	北京公共交通控股（集团）有限公司第四客运分公司
8	华北地区空管局	29	天津市市政工程设计研究院第二设计研究院
9	北京南航地面服务有限公司	30	上海中国航海博物馆
10	中国邮政集团有限公司北京市机要通信局	31	江苏省交通运输厅公路事业发展中心
11	中国邮政集团有限公司山东省分公司（本部）	32	合肥市交通运输局
12	湖北顺丰速运有限公司	33	福建省运输事业发展中心
13	天津市邮政管理局	34	青岛真情巴士集团有限公司
14	崇明海事局	35	河南省交通运输厅（机关）
15	威海海事局	36	汉江崔家营航电枢纽管理处
16	天津航标处	37	湖南省高速公路集团有限公司岳阳分公司
17	中山海事局	38	广东省路桥建设发展有限公司广韶分公司
18	宁波海事局（机关）	39	新疆维吾尔自治区公路管理局（机关）
19	三沙海事局	40	四川省交通运输厅高速公路交通执法第七支队
20	交通运输部上海打捞局	41	云南省交通运输厅（机关）
21	交通运输部东海第二救助飞行队	42	宁夏公路勘察设计院有限责任公司

康社会建功立业竞赛先进个人75名。

三、中国民用航空局精神文明建设先进集体与个人

民航系统8个单位荣获第六届“全国文明单位”称号，18家单位复查保留“全国文明单位”称号。民航行业13个单位荣获第六届“全国文明单位”称号、10个单位荣获“全国交通运输行业文明单位”称号、11个单位荣获“全国交通运输行业文明示范窗口”称号。推荐全行业11位同志荣获“全国抗击新冠肺炎疫情先进个人”称号、17个集体荣获“全国抗击新冠肺炎疫情先进集体”称号、9个党组织荣获“全国先进基层党组织”称号和188名“全国交通运输系统抗击新冠肺炎疫情先进个人”、110个先进集体、18名优秀共产党员、15个先进基层党组织。

四、国家邮政局精神文明建设先进集体与个人

（一）重大典型宣传

1. 汪勇事迹简介

汪勇，男，汉族，1985年12月出生，中共预备党员，湖北顺丰速运有限公司分部经理。新冠肺炎疫情来袭后，他瞒着家人成为武汉金银潭医院战疫一线医护人员后勤保障的“带头人”。自大年三十起，他带领的志愿者司机团队义务接送金银潭医院医护人员上下班，协调推动网约车企业参与接送医护人员，协调共享单车企业在医院周边投放单车。自行募集资金为医护人员提供泡面，“扫街”找餐馆、争取有关部门餐食供应，快速搭建起应急餐食免费配送备用网络。他的事迹在新闻联播和央视面对面等权威媒体报道，社会影响广泛，获得“感动中国2020年度人物”、第24届“中国青年五四奖章”、“全国抗击新冠肺炎疫情先进个人”、“2019年感动交通年度人物特别致敬人物”、“最美快递员”等荣誉称号。

2. 葛军事迹简介

葛军，男，汉族，1976年7月出生，中共党员，中国邮政集团有限公司格尔木市分公司邮递员。2010年，葛军同志主动请缨担负起格尔木至唐古拉山镇的邮路信使任务。此后十余年，在高寒缺氧的环境下，一个人、一辆车、一条往返近千里的“生命禁区”邮路，他架起了沟通内地与青藏高原偏远农牧区的桥梁。他不畏艰难、挑战极限，爱岗敬业、执着坚守，助人为乐、热情服务，把自己的青春与热血奉献给“鸿雁天路”寄递事业，先后获得“全国民族团结进步模范个人”“全国五一劳动奖章”“中国青年五四奖章”“第四届全国道德模范提名”“全国交通运输行业文明职工标兵”等荣誉。

（二）表彰情况

2020年，邮政快递业共有中25家单位荣获“第六届全国文明单位”称号；24人获得“全国劳动模范”称号；3人获得第二十四届“中国青年五四奖章”（表3-14-4）；3人获得“全国抗击新冠肺炎疫情先进个人”称号；3人获得“2019感动交通年度人物”称号；19人获得年度“最美快递员”（表3-14-5）称号。共有“2019年度全国青年安全生产示范岗”16个；“2018—2019年度全国交通运输行业精神文明建设先进集体”19个。

第四节　交通文化建设

一是深入推进交通文博工程建设。按照党中央、国务院部署要求配合推进落实黄河、长城、

表 3-14-4　第二十四届"中国青年五四奖章"名单

序号	个人 / 集体	简　介
1	汪勇	湖北顺丰速运有限公司分部经理
2	潘虎	江苏苏宁物流有限公司快递员
3	京东物流武汉亚一城配青年车队	

大运河、长征等国家文化公园建设方案。加大交通运输领域文化教育基地、博物馆、展览馆、纪念馆建设和数字化建设。

二是启动交通强国文化丛书建设。有序推进中国水运"一史一录"及《中国船谱（第二卷）》《中国桥谱（第二卷）》《中国科技之路——交通强国》等丛书编撰工作，推动交通强国有关知识进教材、进课堂。

三是打造交通主题文艺精品。由交通运输部指导拍摄的纪录片《寻路乡村中国》《交通中国》在中央电视台播出后，引发全行业的热烈反响。指导做好电影《紧急救援》发行工作，在全行业大力宣传推介救捞精神，邀请电影《紧急救援》主创团队到"最美搜救人"发布现场互动。积极参与第三批百部重点电视剧选题规划，开展"文化进万家"活动。出版《交通抗疫英雄谱》，营造学习先进、关爱先进、争当先进的浓厚氛围。

四是推进交通运输文化企业高质量发展。有序推进部管中央文化企业创新发展，完成国有文化企业 2018 年度社会效益考核。对部管报刊、图书出版社开展专项治理、舆论引导。开展中国政府出版奖、"五个一工程"等出版奖项的

表 3-14-5　第四届"最美快递员"名单

序号	个人 / 集体	简　介
1	徐龙	中国邮政集团有限公司武汉市江岸区分公司投递员
2	汪勇	湖北顺丰速运有限公司分部经理
3	葛军	中国邮政青海格尔木分公司投递员
4	刘平来	云南昭通市巧家县京东帮配送员
5	曹正富	中国邮政河北蔚县步班投递员
6	李成	中通快递甘肃天水公司负责人
7	潘虎	江苏苏宁物流有限公司快递员
8	林海原	百世快递福建泉州北峰分部快递员
9	刘忠鑫	圆通速递吉林敦化公司负责人
10	杨敬山	顺丰速运有限公司北京区北航经营分部收派员
11	李润峰	宅急送深圳分公司运营部副经理
12	严宝华	德邦快递西北事业部宝鸡大区快递员
13	赵华岳	韵达速递河南郑州分拨处理中心干线驾驶员
14	王惠贤（女）	河北涿州宇坤申通快递有限公司负责人
15	中国邮航团队	
16	京东物流武汉亚一城配青年车队	
17	顺丰航空团队	
18	圆通航空团队	
19	中通快递西藏日喀则团队	

评选推荐。配合组织在岗编辑人员培训和记者证考试。

第十五章　人才队伍建设

第一节　交通运输部人才队伍建设情况

一、不断完善人才工作体制机制

一是坚持以党的政治建设为统领。把学习贯彻习近平总书记关于干部和人才队伍建设的重要论述作为首要政治任务，增强“四个意识”、坚定“四个自信”、做到“两个维护”。二是坚持党管人才原则。在交通运输部党组的统一领导下，交通运输部人才工作、干部教育培训工作、教育工作领导小组牵头，统筹推进交通运输各领域人才和教育培训工作。发挥部长政策咨询委员会和部专家委员会建言献策作用。研究制定《中共交通运输部党组关于进一步推进交通运输部党校（管理干部学院）高质量发展的意见》。三是全面深入学习贯彻习近平新时代中国特色社会主义思想。交通运输部党组理论学习中心组开展11次集体学习领学促学。组织开展党的十九届四中全会精神轮训。高质量举办11期党校主体班次。成立266个习近平新时代中国特色社会主义思想理论学习小组，交通运输部党校开设专题课程108门、研究课题5个、汇编教材6本。

二、强化人才服务交通强国建设作用

一是开展人才发展和教育培训研究。围绕加快建设交通强国，服务构建新发展格局，组织开展交通运输人才发展研究。指导开展《交通运输人才中长期规划研究》项目研究。组织开展《干部教育培训工作条例》评估自查和《2018—2022年交通运输干部教育培训规划》中期评估。二是服务决战决胜脱贫攻坚。选派15名干部人才扶贫挂职，接收6名贫困地区干部到部机关挂职。系统总结十八大以来脱贫攻坚工作，第九批援疆团队被评为援疆工作先进集体，3位同志被评为援疆工作优秀个人荣誉，1名同志被评为“对口支援青海先进个人”。举办脱贫攻坚专题培训班34个，3000余人次基层干部、专技人员参训学习。坚持定点扶贫县送教上门教育扶贫工作，举办4期脱贫攻坚专题培训班，培训320人次，完成第二轮对口援助新疆交通职业技术学院行动计划。三是加大教育培训力度。全年培训计划执行104个培训项目，培训2.47万人次。围绕构建新发展格局、治理体系和治理能力现代化等部重点工作开展政策业务宣贯培训班29期，培训2248人次。举办行业管理领导干部培训班7期，878人次参训。举办行业网络培训10期，制作远程网络课程743门，15759人次受益。49名交通运输行业优秀人才获批国家留学基金委公派出国留学录取资格。

三、加强高端专业技术人才队伍建设

一是大力培养选拔创新领军人才。2人入选国家高层次人才特殊支持计划，2人入选百千万人才工程国家级人选，14人入选享受国务院政府特殊津贴人员。继续实施行业科技创新人才推进计划，16名中青年科技创新领军人才、8个重点领域创新团队、4个创新人才培养示范基地入选。142人入选交通运输青年科技英才，新增

1 个博士后科研工作站。二是深化职称制度改革工作。印发《交通运输部关于深化职称制度改革的实施意见》，完成部高级职称评审评委会备案。健全船舶专业技术人员职称制度，印发《人力资源社会保障部 交通运输部关于深化船舶专业技术人员职称制度改革的指导意见》。三是提升专业技术人才能力素质。推进落实行业专业技术人才知识更新工程，发挥国家级专业技术人员继续教育基地作用，完善高级研修班、急需紧缺人才培训班课程设置和教学管理。畅通疫情期间行业培训渠道，由传统的线下集中培训向线上培训转变，不断丰富在线学习平台课程资源，扩大网络培训受众面。

四、稳步推进技能人才队伍建设

一是与人力资源社会保障部签署备忘录。两部签署《共同推进交通运输行业技能人才队伍建设工作备忘录》，建立两部共同推进交通运输行业技能人才队伍建设联席会议制度。二是申报“轨道车辆技术”成为第 46 届世界技能大赛比赛项目。三是开展职业技能竞赛。在第一届全国技能大赛上，交通运输部代表团选手荣获轨道车辆技术项目金牌、货运代理项目银牌和汽车喷漆项目优胜奖。交通运输部代表团荣获参赛优秀组织单位。会同人社部、全国总工会、共青团中央举办第十二届全国交通运输行业职业技能大赛。四是推进职业资格管理和职业标准建设。会同住建部、人社部、水利部印发《监理工程师职业资格制度规定》和《监理工程师职业资格考试实施办法》。编制船闸及升船机运管员、城市轨道交通服务员等职业国家职业技能标准。五是促进行业职业教育。发挥交通运输职业教育教学指导委员会作用，推进高水平交通运输职业院校建设。完成 2020—2024 年全国交通运输职业教育教学指导委员会换届组建工作，举办京津冀沪宁晋川职教集团年会。

五、加强管理人才队伍建设

一是激励干部担当作为。印发《交通运输部办公厅关于进一步激励干部担当作为有关措施的通知》。二是提高选人用人科学性精准性。进一步强化党组织领导和把关作用。积极探索加强干部政治素质考察途径方法，重点选优配强各级班子。落实《干部考核条例》，调整优化考核内容方式，加强对实干实绩担当方面考核。开发《干部考核测评系统》，利用互联网优化提升考核效率质量，完成年度考核工作。三是提升干部队伍能力素质。制定《交通运输部 2020 年教育培训计划》《交通运输部 2020 年教育培训工作要点》。选派 48 人次参加中组部“一校三院”、中央和国家机关司局级干部专题研修等培训。高质量举办处级干部理论进修班等主体班次 12 期。组织干部轮岗交流，加强干部交流培养，坚持在脱贫攻坚一线、边远艰苦岗位、急难险重任务中锻炼干部。

六、营造吸引人才、留住人才、稳定人才的良好氛围

一是着力稳定和扩大就业。认真贯彻落实中央关于扎实做好“六稳”工作、落实“六保”任务的决策部署，坚持实施就业优先政策。支持和鼓励地方交通运输主管部门开发农村公路建设与管护等公益性岗位。支持发展新就业形态，促进平台经济健康发展，帮助更多劳动者依托平台灵活就业。制定部属单位应对疫情影响强化稳就业做好人员招聘工作的相关政策，鼓励部属单位适度扩大毕业生招聘规模。二是充分发挥先进典型示范作用。加强对先进工作者和先进集体的评选表彰力度。与人力资源社会保障部联合表彰全国交通运输系统先进集体劳动模范和先进工作者。积极开展“感动交通年度人物”“最美公交司机”“最美货车司机”推选宣传。

三是办好人民满意教育。推进修改完善两部委（教育部）《关于进一步提高航海教育质量的若干意见》。大连海事大学全面完成“双一流”周期建设任务，完成所属企业体制改革，新增硕士研究生招生计划206个，2020届学生总体就业率达87%。部公路院硕士研究生招生计划增加15个，8家部属科研院所获批博士后工作站。7所高校独立成为交通强国建设试点单位，职业院校积极参加试点工作，为服务国家战略积极建言献策30项。

第二节 铁路人才队伍建设情况

一、加强组织领导，统筹做好人才工作

一是积极发挥国家铁路局党组在人才工作中的核心领导作用，保证党的人才工作方针政策全面贯彻落实。坚持学习贯彻习近平总书记关于人才工作的重要论述，加强思想政治引领，强化人才思想意识形态领域建设。二是做好人才工作顶层设计，制定《国家铁路局2020年干部人事工作要点》。三是落实国家铁路局党组进一步激励广大干部新时代新担当新作为实施意见等文件精神，为敢担当的干部营造干事创业的良好氛围。四是着力优化人才结构，多渠道引进人才，2020年国家铁路局机关公务员考录7人、公开遴选2人、公开选调5人，接收安置军转干部1人；地区铁路监管局公务员考录17人；事业单位接收高校毕业生2人。

二、推进制度体系建设，完善人才评价机制

一是坚持把制度建设作为打基础、立长远、创始性的工作来抓，制定印发《中共国家铁路局党组关于贯彻新时代党的组织路线落实措施》《中共国家铁路局党组贯彻落实〈2019—2023年全国党政领导班子建设规划纲要〉实施意见》等21项制度办法。二是开展“三定”规定执行情况调研，形成《国家铁路局落实“三定”规定履职监管情况的报告》，修订印发《国家铁路局内设机构处室设置主要职责和人员编制规定》《国家铁路局地区铁路监督管理局主要职责内设机构和人员编制规定》《国家铁路局事业单位主要职责内设机构和人员编制规定》。三是进一步理顺职称评审机制，制定印发《国家铁路局关于深化职称制度改革的实施意见》《国家铁路局专业技术职务评聘工作规定》《国家铁路局专业技术资格评审规定》，向人力资源和社会保障部申请成立国家铁路局工程系列正高级职称评审委员会，组织开展高级职称评审工作。

三、强化教育培训，建设高素质专业化队伍

贯彻《国家铁路局2018—2022年干部教育培训纲要》，制定《国家铁路局2020年培训计划》。紧紧围绕贯彻新发展理念、构建新发展格局、扎实做好“六稳”工作、全面落实“六保”任务、应对重大突发事件等重点任务，加强干部人才教育培训。组织15名司局级干部参加上级调训和专题研修、29名新提任处级干部参加任职培训，全年完成各级各类干部脱产专题培训1096人次。组织司局级和处职干部参加中国网络学院在线学习。组织63名新任职公务员和新提任干部举行宪法宣誓，强化依法行政、遵纪履职意识。

四、注重人才实践锻炼，加快人才培养储备

一是贯彻落实党中央关于规划建设川藏线铁路的重大决策部署和习近平总书记等中央领导同志重要指示批示精神，设立川藏铁路工程

质量监督中心，扎实推进川藏线铁路高起点高标准高质量规划建设。落实《国家铁路局决胜全面建成小康社会行动计划（2018—2020年）》，选派干部赴湖南郴州、江西永丰、四川达州、湖北十堰挂职锻炼，推选专业人才参加中组部“博士服务团”服务挂职。二是有序推进工程系列职称评审，组织开展第二届全国创新争先奖评选、百千万人才工程国家级人选、享受政府特殊津贴人选等人才推荐。三是落实《中共国家铁路局党组关于加强年轻干部培养锻炼的实施意见》，以提升专业能力为重点，通过业务培训、“师带徒”活动、岗位实践锻炼等形式，拓宽人才培养途径，加强人才实践锻炼，盘活现有人才资源，提高人才使用效能。

第三节　民航人才队伍建设情况

一、持续提升直属院校人才培养质量

2020年，中国民用航空局直属院校获批国家一流本科专业3项，省级一流本科专业5项，国家级一流本科课程4门。新增获批1个本科专业和31个第二学士学位专业。招生规模2.32万人，在校生7.84万人、毕业生1.85万人。继续推进当代民航精神和“三个敬畏”精神进校园，鼓励和支持民航局共建院校、各招飞院校在民航相关专业中自主开展相关宣教活动。统筹协调招飞工作，前后组织召开八次民航招飞工作视频会议，制定民航招飞应对疫情防控工作预案。编制出台2020年民航招飞数据年度分析报告。

二、加强民航国际化人才培养和推送

积极争取国际民航组织总部、亚太办重点岗位，并做好后备人选推荐工作。推荐人选成功竞聘国际民航组织总部、亚太办等4个借调岗位，实现财务岗位的突破。充分发挥国际化人才储备库作用，研究制定2020年民航国际化人才储备库工作计划和重点任务并发布。首次通过在线直播形式开展民航国际化人才培养专题培训。基本完成民航国际化人才培养信息平台建设，对已入库人员基本信息及发展方向进行梳理。按照民航局党组要求推进落实国际组织人才推送工作。

三、积极做好疫情期间培训工作

积极落实中组部司局级干部调训和专题研修等培训项目调整任务，共组织12名干部到中央党校和浦东干院学习。结合疫情防控需要，做好民航局重点班次年度调训计划调整，协调学校全力保障民航秋季学期班次的组织实施，首次采取线上直播和线下集中形式开展行业主体班次。着眼提升干部“八种本领”和“七种能力”要求，调整中青班课程设置，形成规范化、标准化的五大课程模块。继续开展民航中小机场基层人员培养，组织新建机场170人到民航院校进行专业技能学习，强化对民航局定点扶贫地区的培训支持。对民航干部国内、国外培训工作进行梳理总结，提出“十四五”干部培训工作思路。

四、稳步深化民航职称改革

2020年是2019年版新评审条件实施第一年，共有3个层级7个专业11个评审会执行新评审条件。进一步提升评审质量，优化评委会工作程序，加强评审会议监督和管理，坚持条件放宽标准不降低，力保评审会议效率和专家评议质量稳中有升。努力克服疫情影响，加快工作进度，顺利召开10个主体系列14个评审会议。评审通过人员资格确认、资格证书办理和评审材料清退亦已按程序全部完成。继续组织中小航空公司飞行中级职称评审。顺利完成中南局、

新疆局、航科院等单位中评委会换届。做好非主体系列职称评审委托工作。

五、组织国家有关专家和人才计划落实

完成国家级百千万人才工程人选选拔推荐并成功获选。推荐首都机场集团申报博士后科研工作站并成功获批。布置2020年政府特殊津贴人选推荐选拔工作，及时组织召开2020年政府特殊津贴人选专家评议会议，按时完成人选推荐。组织2020年长江学者奖励计划人选申报。完成2020年按月享受的政府特殊津贴核对发放。

第四节　邮政人才队伍建设情况

一、选树先进典型，激励干事创业

组织邮政体制改革以来首次全国邮政行业评选表彰，表彰全国邮政行业先进集体145个、劳动模范96人、先进工作者10人。协调组织推荐邮政快递业3名个人、63个集体和138名个人分别获抗击新冠肺炎疫情国家级和省部级表彰。24人获全国劳动模范称号。

二、中高级快递工程师队伍不断壮大

开展高级职称评审调研，汇编全国快递工程技术人员职称评审材料，实行月报和月通报制度，着力推动中、高级快递工程师人数稳步上升。2020年通过8432人，其中中级887人、高级96人；历年累计通过25905人，其中中级3035人、高级126人。

三、职业技能培训“246”工程年度目标任务顺利完成

成立国家邮政局职业技能提升行动工作领导小组，印发做好2020年快递从业人员职业技能培训工作的通知，采取多种形式强化督促指导，推动大规模开展政府补贴性培训。2020年培训29.3万余人次，争取培训补贴资金1.5亿余元。

四、认真落实稳就业政策

联合教育部共同举办2020年邮政快递行业面向高校毕业生网络招聘活动，共提供岗位1.3万余个。落实扩大国企招聘规模的文件要求，推动邮政企业增加招聘高校毕业生。配合退役军人事务部做好行业企业招聘退役军人工作。组织开展邮（快）件安检员新工种研究和申报。

五、深化校企合作产教融合

组织遴选第三批全国邮政行业人才培养基地12个，总数达30个，人才培养支撑体系进一步完善。支持共建院校建设，协调推进邮政学科建设，四所邮电大学现代邮政学院在校生近四千人。

六、推动行业职业教育发展

协调推动《全国技工院校专业目录（2018年修订）》2020年增补快递安全管理专业。指导教育部快递运营管理专业教学资源库建设，推动向全社会开放使用，助力专业学生“停课不停学”。快递运营管理职业技能等级证书纳入教育部第三批1+X证书制度试点，近千名院校学生报名参加1+X证书试点考核。

第十六章 离退休干部工作

第一节 离退休干部工作综述

2020年，交通运输部离退休干部局深入贯彻落实全国离退休干部"双先"表彰大会、全国老干部局长会议和全国交通运输工作会议精神，积极克服疫情影响，化危为机、高质量推进全年50项重点目标任务和为老同志服务10件实事。

一、全面加强离退休干部"三项建设"

一是强化政治引领，引导老同志以高度政治自觉做到"两个维护"。面对突如其来的新冠肺炎疫情，坚决贯彻落实党中央、交通运输部党组部署要求，迅速部署行动，严格信息排查，跟进学习引导，加强服务保障，深入开展"党旗飘在一线、堡垒筑在一线、党员冲在一线"行动，确保了老同志思想稳定和平安健康"零感染"。

二是创新理论武装，引导老同志持续跟进学习党的科学理论。全年共组织老同志参加中组部网上专题报告会3场，收看国情教育大讲堂30期，举办2期党务工作人员培训班和4期离退休干部大讲堂，组织开展中心组集体学习12次。充分依托"学习强国"、手机智能平台等开展线上学习交流。

三是加强组织建设，大力推进党支部标准化规范化建设。高效完成与交通运输部机关11个司局的主题联学；指导支部在安全有序的情况下就近就便开展党建活动。和平里党支部工作法成功入选中央和国家机关党建创新案例。实施智慧助老，推动手机智能平台2期上线运行，实现离退休干部党支部网上组织生活常态化和党员管理全覆盖。圆满完成团结湖、和平里等4个支部的换届选举工作，新调整设立和平里第二党支部。

二、引导老同志围绕大局积极发挥优势作用

一是积极助力打赢疫情防控阻击战。引导老同志积极创作战疫主题书法、绘画、视频作品200余件。交通运输部机关531位老同志自愿爱心捐款43.78万元。

二是引导老同志助力脱贫攻坚。开展"爱心购"活动，引导老同志采购湖北等贫困地区农产品；在交通运输部系统老同志中广泛开展"我看脱贫攻坚新成就"主题征文、建言献策及书画作品"云展览"活动等。

三是借势借力推动"老交通"智库有关工作。作为首批理事单位入选交通运输新型智库联盟。举办"老交通"智库成立大会暨新基建高端学术沙龙；研究推荐首批专家组成员名单；开展相关课题专题研讨，及时报送智库建言等。

四是引导老同志推进家风建设融入基层治理。开展"不忘初心、弘扬优良家风"好家庭评选推荐活动，举办家风故事分享会，充分发挥老同志在家庭家教家风建设中的示范传承作用。

三、依托信息化用心用情扎实做好服务管理

一是扎实开展走访慰问纪念抗美援朝出国作战老战士老同志活动。交通运输部党组书记杨传堂、部长李小鹏亲自审定工作方案，要求及时安排并认真做好走访慰问工作。副部长戴东昌上门

看望慰问老战士代表并为他们佩戴纪念章。离退休干部局分别走访慰问了18位老战士及家属。

二是疫情期间深入开展“温暖陪伴，我在您身边”活动。在交通运输部党组和有关方面的重视支持下，想方设法为老同志购买发放防护用品及生活物资。全年密切关注老同志思想稳定和身体状况，扎实做好对高龄、独居及生活困难老同志的关心关爱工作。

三是精心组织开展“爱在金秋·情暖夕阳”敬老月系列活动。认真开展诵读助学、走访慰问、智慧助老、举办家风故事分享及养老大集等活动，持续推动形成孝老敬老的广泛共识和行动高潮。

四是创新开展为老同志服务的10件实事。开展养老服务试点工作，为离休干部和高龄、失能等6类老同志开展上门送餐、陪同就医等8项服务。积极协调有关医疗单位为老同志开辟绿色就医通道及送医上门服务。圆满完成交通运输部机关老年大学春季班、秋季班网络在线教学任务。

四、大力推进模范治机关建设

一是强化政治机关意识教育。充分发挥离退休干部局党委中心组领学促学作用，每月定期开展集体学习和党小组政治学习，每周组织开展政策微解读和政策微党课，每日跟进学习并推送习近平总书记系列重要讲话学习资料。

二是大力推进模范机关建设。离退休干部局党委书记带头讲好专题党课。坚持并用好专题党性分析、民主生活会整改落实等工作机制，开展经常性政治体检，加强干部职工的日常教育管理监督。

三是强化学习交流。认真办好离退休干部局微信公众号和《情况交流》双月刊。常态化交流借鉴中央和国家机关及地方老干部工作部门的经验做法，并结合交通运输部特点开展经验交流与介绍。重视指导部属单位认真做好离退休干部工作。

第二节　国家铁路局退休干部工作

一、坚持把政治建设摆在首位

认真抓好退休党员所在党支部“三会一课”和组织生活日（党日）学习，通过微信平台组织退休党员落实学习计划，深入系统学习习近平新时代中国特色社会主义思想和党的十九大、十九届二中、三中、四中、五中全会精神，认真学习习近平总书记关于新冠肺炎疫情防控的系列讲话精神，教育引导退休干部不断增强“四个意识”、坚定“四个自信”、做到“两个维护”，始终在政治立场、政治方向、政治原则、政治道路上同以习近平同志为核心的党中央保持高度一致。严格按照党的组织程序，组织退休党员做好中国共产党国家铁路局直属机关第一次代表大会代表酝酿推荐和选举工作，选举产生退休党员代表5名。以中国人民志愿军抗美援朝出国作战70周年为契机，开展主题党日活动，组织退休党员集体参观“铭记伟大胜利 捍卫和平正义——纪念中国人民志愿军抗美援朝出国作战70周年主题展览”，并观看《为了和平》专题纪录片。

二、全力保障退休干部“两项待遇”

认真落实中共中央办公厅、国务院办公厅联合印发的《关于进一步加强和改进离退休干部工作的意见》文件精神，全力保障国家铁路局退休干部政治待遇和生活待遇，把国家铁路局党组对退休干部的关怀落到实处。春节前组织召开退休干部新春团拜会，国家铁路局党组领导向退休干部拜年并通报局内工作。落实退休干部阅读文件、听报告活动制度。认真做好新修订《国家铁路局机关公费医疗管理办法（试行）》的宣贯工作，保障退休干部医疗福利。相关部门协调配合，确保退休金统筹外部分和冬季取暖费等生活待遇按时落实到位。结合疫情防控形势要求，研究推出节日慰问品配送上门服务，受到退休干部一致好评。扎实做好退休干部年度健康体检工作，及时掌握退休干部健康状况和家庭困难，认真做好慰问工作。

三、积极拓展退休干部活动平台

在常态化疫情防控形势下，充分依托国家机关事务管理局线上老年大学和微信平台，积极组织退休干部开展线上学习和文化活动，通过手机常用软件学习、厨艺作品摄影分享、党建知识答题等活动，进一步丰富退休干部疫情期间居家生活，让退休干部享受互联网生活便利。为全体退休党员购买新版《中华人民共和国民法典》，开展普法学习活动。

第三节　中国民用航空局离退休干部工作

2020 年，面对突发疫情的严峻形势，离退局在民航局党组的坚强领导下，认真学习贯彻党中央决策部署，坚决落实局党组关于老干部工作的批示指示精神，始终把党的政治建设摆在首位，着力推进机关党建与业务工作深度融合，统筹做好疫情防控和服务管理，进一步提升精准化、规范化、科学化水平，圆满完成全年各项任务。

一、突出政治属性，毫不懈怠抓党建

疫情期间，及时开设网上党支部学习栏目，组织老党员居家学习，收看专题报告、发放学习材料、开展网上答题，线上线下互为补充，学习覆盖全体党员。各党支部认真学习贯彻党中央重大决策，学习习近平总书记对老干部工作的重要论述，树牢“四个意识”，坚定“四个自信”，做到“两个维护”。

强化政治机关意识，出台离退局党委工作议事制度，增强规范性。召开党员代表大会，完成党委换届，机关党支部按程序完成改选，配齐配强各级党组织力量。在职党小组与老干部党支部“结对共建”，委派青年同志担任书记助理，以老带新，以新助老。

开展“云党建”，组织“云党日”，打造线上党支部。利用信息平台、公众号宣传党中央重大部署及民航局的重要决策，正向引导、凝心聚力。老同志积极参与社区防疫，247 名老党员捐款 10 余万元，发挥了党员干部的模范作用。

二、坚持精心服务，排忧解难见真情

积极应对疫情，第一时间关闭活动站，减少人员聚集。物资紧张时期，筹集发放口罩 3 万余只，及时发放防疫用品和生活必需品，为老同志居家抗疫提供保障。

做好老同志医疗保健工作。坚持每周 4 天到 4 个家属区送药，累计送药 3.3 万余盒，收取药费单据 1.5 万余张。保障民航总医院看病就医绿色通道畅通，经常性发布健康知识，线上开展疫情防控知识讲座，帮助老同志坚定可防、可治、可控的信心。

对困难老同志，给予关爱帮扶。聚焦高龄、独居、失能等特殊人群，开通爱心电话，做好心理疏导。在纪念中国人民抗日战争暨世界反法西斯战争胜利 75 周年和抗美援朝出国作战 70 周年之际，走访慰问老战士。做好重大节日慰问工作，选购定点扶贫产品，使老同志参与扶贫，贡献力量。

三、创新活动形式，文化生活有特色

结合疫情防控主题，先后组织网上书画影展

等主题活动，近20幅作品在民航局抗疫展览中展出。开展脱贫攻坚主题征文，83篇老同志征文感言在公众号连载发布。参与中央和国家机关工委组织的脱贫攻坚书画影展览，三位老同志的作品获奖展出，展现了民航人爱党爱国的高尚情怀，民航局获“优秀组织奖”。

及时接入中央国家机关网上老年大学平台，建立“课中课”学习模式，近千名在京老同志居家学习，真正做到停课不停学，精神文化活动丰富多彩。

四、强化制度执行，廉政防控有成效

加强干部队伍建设，完善规章制度，规范服务流程，出台《离退休干部服务指南》，确保各项工作有章可循。严格执行中央“八项规定”，厉行节约，严格服务用车管理。将廉政建设与老干部服务保障程序紧密结合，形成廉洁自律的工作氛围。

第四节　国家邮政局离退休干部工作

2020年离退休干部工作积极落实国家邮政局党组的部署，采取线上线下结合的方式，注重支部建设，加强对退休干部的思想引领，积极探索疫情常态化下的老年大学网络教学、精准服务等工作。

一、加强离退休干部党支部标准化规范化建设

一是加强思想政治建设。受疫情影响，不能开展线下学习活动，坚持每月10日整理学习资料，组织开展党员线上学习研讨活动。持续推送中组部离退休干部公众号相关文章，引导大家正确认识、加强防范。二是不断增强组织凝聚力。针对离退休干部党支部党员人数多、党代表多，且会期不确定、退休干部流动性大的情况，引导退休党员积极参与党内政治生活，参与推荐党代表，组织参加第四次党代会。积极组织党员参与推优评先，发挥先进典型的表率示范作用。组织党员为支持新冠肺炎疫情防控工作捐款。落实支部书记、副书记、支委和党小组长工作补贴。三是持续加强纪律建设。加强离退休干部微信群安全管理，及时传达机关警示教育电视电话会议精神，引导党员弘扬爱国主义精神，礼赞新时代、唱响主旋律。四是探索党支部建设和服务管理工作经验，撰写《加强离退休干部党支部标准化规范化建设，提升离退休干部工作水平》调研报告，荣获交通运输部党建课题研究一等奖。

二、抓住关键节点，传递组织关心关爱

组织2020年迎春团拜会，国家邮政局党组书记、局长马军胜出席会议并讲话，副局长杨春光传达了习近平总书记会见全国离退休干部先进集体和先进个人代表时的重要讲话精神。分别在新冠肺炎疫情发生初期、重阳节、元旦等节点，向离退休干部发出慰问信，强化政治引领，传达中央有关精神，转达局领导关心，鼓励大家树立坚定打赢疫情防控阻击战的决心和信心。

三、用心用情服务，服务保障落实落细

一是耐心细致地做好年度工资调整表、养老保险单和医疗证发放，以及因私出国、房产过户备案等，协助做好日常工资查询、医药费报账服务。二是认真做好在春节、“七一”等关心关爱老党员活动，慰问生病住院老同志18人次，陪同独居重病老干部看病，协调夕阳红康复护理项目，

安排 100 余次康复护理，申请救助资金 5 万元，新装“一键通”电话 3 人次。三是多次为老干部发放 84 消毒液、医用口罩等防疫物品，重点关注重病独居等特殊老同志思想、生活、健康和需求情况，确保组织关心及时到位。

四、不断丰富离退休干部文化生活

克服疫情影响，春季利用“睦课在线”、秋季利用中央国家机关老年大学资源线上共享平台，继续开办老年大学，做好老年大学平台维护和日常教学管理工作。参加机关文艺会演，《共青团员之歌》和《绣红旗》表演唱获得一等奖。组织“翰墨光影迎小康 助力脱贫展风采”书画摄影云展览活动，一幅书法作品入围展览。扩大报刊订阅选择范围，推荐“四选一”订报刊，集中订购生肖邮票，满足文化需求。

第四篇 重大工程

Section IV Major Projects

第一章　铁路重大工程建设项目

第一节　铁路重大工程建设情况概述

2020 年，在以习近平同志为核心的党中央坚强领导下，在习近平总书记对铁路工作特别是铁路建设工作的高度重视和亲切关怀下，国务院有关部门、国家铁路集团有限公司、各省、区、市，党委政府坚持以习近平新时代中国特色社会主义思想为指导，进一步增强“四个意识”、坚定“四个自信”、做到“两个维护”，深入落实习近平总书记对铁路工作一系列重要指示批示精神和党中央国务院对铁路工作的部署要求，铁路建设工作经受住了大疫大灾考验，圆满完成了各项目标任务。川藏铁路开工建设，基建投资实现逆势增长，一批重大工程项目建成投产，建设管理水平持续提升，为落实中央“六稳”“六保”决策部署作出重要贡献。全年全国铁路完成固定资产投资 7819 亿元，累计投产里程达 4933 公里，工程质量安全形势总体稳定。

经过广大参建单位的共同努力、接续奋斗，“十三五”铁路规划建设任务圆满完成，全国铁路营业里程由 12.10 万公里增加到 14.63 万公里，增长 20.9%，高速铁路营业里程由 1.98 万公里增加到 3.79 万公里，翻了近一番，复线率由 53.5% 增长到 59.5%，电气化率由 61.8% 增长到 72.8%，“四纵四横”高速铁路网提前建成，“八纵八横”高速铁路网加密成型。铁路对经济社会发展的支撑和保障能力显著增强，铁路工程建造技术实现重大进步，中国铁路的品牌形象和国际影响力显著提升。

第二节　铁路重大工程建设项目介绍

一、京雄城际铁路

京雄城际铁路是连接北京市与雄安新区的快速客运通道，对完善京津冀区域高速铁路网结构具有重要意义。线路全长 91 公里，设 6 座车站，设计速度 250 公里 / 小时（北京李营至大兴机场段）、350 公里 / 小时（大兴机场至雄安段），其中雄安站总建筑面积 47.52 万平方米，站场规模为 13 台 23 线，建筑总高度 47.2 米，自 2018 年 2 月 28 日开工建设，2020 年 12 月 27 日开通运营。京雄城际铁路是我国第一条全过程、全专业运用 BIM 技术设计的智能高速铁路，建设过程中取得智能梁场、智能装配式设计、钢筋自动化加工、智能建造等一系列成果。雄安站是全国首座大规模运用清水混凝土柱的铁路站房，地面候车大厅和城市通廊梁柱采用清水混凝土施工工艺，结构体系外露，通过清水混凝土开花柱头将自然、朴素的建构之美作为理念与特色，强化整体感，表达开放包容、兼容并蓄的建筑气质。在国内首次采用装配式站台吸音墙板，极大地降低了列车通行时产生的噪声，改善了旅客的出行体验。

图 4-1-1　跨大广高速公路彩虹桥

图 4-1-2　钢结构全封闭声屏障

图 4-1-3　雄安站全貌

图 4-1-4　雄安站清水混凝土建筑

二、京沈客专京冀段

京沈客专是我国"四纵四横"高速铁路网的重要组成部分，是沟通东北与华北地区的高速铁路客运通道，线路起自北京朝阳站，终至辽宁沈阳站，全长 698.29 公里。京沈客专京冀段长 290.05 公里，设计速度 350 公里 / 小时，设车站 9 座，其中北京朝阳站总建筑面积 18.3 万平方米，站场规模为 7 台 17 线，建筑总高度 46.3 米。京沈客专京冀段于 2014 年 7 月 1 日开工建设，2021 年 1 月 22 日开通运营。建设过程中，在机械化方面，积极运营成套施工装备和先进技术，全面推广铁路隧道衬砌施工成套技术和连续梁四固定及多孔振捣技术，提升隧道和连续梁施工质量。在信息化方面，全面推进路基连续压实、沉降变形观测、隧道监控量测、拌合站及实验室管理等信息系统建设应用。在望京隧道等重点工程施工中利用BIM技术的数字化、可视化、多维化、可操作及协调性，实现了对工程全生命周期的有效管理。北京朝阳站采用的折线玻璃幕墙是国内站房领域外幕墙单块玻璃最大的玻璃幕墙，折线玻璃幕墙简洁纯净明亮，提升了建筑美感和整体外观效果。北京朝阳站设置全覆盖雨棚屋面停车系统，结合站桥一体化设计，解决了人口密集老城区交通拥堵、停车空间不足、车场噪声污染等问题。

图 4-1-5　大跨度混凝土拱结构全封闭声屏障

图 4-1-6　夜色中的北京朝阳站

第二章　公路重大工程建设项目

第一节　公路重大工程建设情况概述

2020 年，交通运输行业坚持服务国家重大战略，服务全面建成小康社会和脱贫攻坚任务目标，加快推进重点公路工程项目建设，不断完善公路基础设施网络。

南京长江第五大桥、津石高速公路（天津西段、河北段）、延长高速公路龙井至大蒲柴河段、双嫩高速公路吉林双辽至洮南段、铁科高速公路吉林松原至通榆段、溧宁高速公路浙江淳安段和文成至泰顺段、长深高速公路浙江建德至金华段、莆炎高速公路福建永泰梧桐至尤溪中仙至建宁里心段、银白高速公路广西乐业至百色段、呼北高速公路广西荔浦至玉林段、蓉昌高速公路四川汶川至马尔康段、天猴高速公路云南墨江至临沧段、安来高速公路陕西平利至镇坪段、张汶高速公路甘肃张掖至扁都口段等一批重点项目建成通车。京哈高速公路长春至拉林河段、京沪高速公路山东莱芜至临沂段、京藏高速公路宁夏石嘴山至中宁段、包茂高速公路内蒙古包头至东胜段、长张高速公路湖南长沙至益阳段等国家高速公路网繁忙路段完成扩容改造，大大提升了通行能力和服务水平。到 2020 年底，国家高速公路网主线基本建成，高速公路总里程再创新高，覆盖约 99% 的城镇人口在 20 万人以上的城市及地级行政中心。

2020 年，天猴高速公路云南天保至文山段、宁芜高速公路皖苏界至芜湖枢纽段改扩建工程、京台高速公路山东济南至泰安段改扩建工程、大广高速公路江西吉安至南康段改扩建工程、张汶高速公路青海同仁至赛尔龙（青甘界）段、沪蓉高速公路四川南充至成都段扩容工程、宁上高速公路福建霞浦至福安段、纳兴高速公路贵州纳雍至晴隆段、京昆高速公路四川绵阳至成都段扩容工程、长深高速公路江苏连云港至淮安段扩建工程、京哈高速公路北京市东五环至东六环段加宽改造工程等一批国家重点公路建设项目初步设计通过交通运输部审批。

长延高速公路山西黎城至霍州段、首都地区环线高速公路河北承德至平谷段、吉黑高速公路黑龙江段、京昆高速公路陕西蒲城至涝峪段改扩建工程、连霍高速公路甘肃清水驿至忠和段扩容改造工程、杭宁高速公路杭州至绍兴段、泉南高速公路广西桂林至柳州段改扩建工程、本集高速公路吉林桓仁至集安段、延长高速公路大蒲柴河至烟筒山段、银昆高速公路宁夏太阳山开发区至彭阳段等一批重点公路建设项目开工建设。

第二节　公路重大工程建设项目介绍

一、江苏南京长江第五大桥

南京长江第五大桥是国务院批准的《南京城市总体规划》中“五桥一隧”过江通道之一，也是《长江经济带综合立体走廊规划（2014—2020）》确定的重点工程项目。该项目对于完善国家干线公路网络和长江下游区域过江通道布局、支持南京江北新区建设、推动长江经济带高质量发展具有重要意义。

南京长江第五大桥路线北起自宁合高速公路五里桥互通，主桥采用 2×600 米三塔双索面组合梁斜拉桥方案跨越长江主江，经梅子洲后，采用盾构法隧道方案（外径 15 米）下穿夹江，全长 10.33 公里，批复概算约 62 亿元。全线采用双向六车道一级公路标准建设，隧道段设计速度 80 公里 / 小时，其余路段设计速度 100 公里 / 小时。项目建设管理法人为南京市公共工程建设中心。

项目主体工程于 2017 年 5 月开工。2019 年 3 月，主桥索塔封顶。2020 年 6 月，夹江隧道双线贯通。2020 年 6 月，跨江主桥合龙。2020 年 12 月 24 日，项目建成通车。

主桥索塔创新采用了以纵横双向钢筋混凝土榫群为剪力连接件的钢壳 - 混凝土组合结构，与相同截面尺寸、含钢率的钢筋混凝土结构相比，承载力、延性分别提高约 49%、50%。同时，采用工厂化、装配化的建造方式，具有施工方便、外观质量好、耐久性出色等优点。“钢壳 - 混凝土组合索塔关键技术”获 2019 年度中国公路学会科学技术特等奖。

主桥主梁创新采用钢 - 含粗集料活性粉末混凝土桥面板结构，桥面板厚度由普通混凝土的 27 厘米降至 17 厘米，减轻主梁自重 30% 以上。其中，粗集料活性粉末混凝土具有抗裂性能优越、高弹模、低收缩、免蒸养等优点，有效解决了钢箱梁正交异性钢桥面板疲劳损伤、铺装早期损坏等技术难题。

夹江隧道工程建设中，系统研究了大直径盾构管片结构耐久性关键技术。采用 0.01 毫米级三维激光跟踪扫描技术检测管片模具，采用 API 跟踪仪检测环面平整度，开发管片上浮自动监测预警系统，对脱出盾尾管片位移状态进行全时程跟踪，保障了结构的耐久性。

项目建设管理以工程全生命周期内的管理需求为导向，研发基于 BIM（建筑信息模型）+ 物联网技术的全过程信息化管理平台。“南京长江第五大桥建设管理信息化、数字化 BIM 平台研发与应用”获得 2020 年度中国公路学会“交通 BIM 工程创新奖”特等奖。

图 4-2-1　南京长江第五大桥

图 4-2-2　南京长江第五大桥

图 4-2-3　南京长江第五大桥南主塔施工

二、浙江文成至泰顺高速公路

文成至泰顺高速公路位于浙江省温州市境内，是G4012溧阳至宁德高速公路的重要路段，也是浙江省高速公路主骨架的重要组成部分。项目路线起自文成县樟台，止于泰顺县友谊桥附近（浙闽界），接溧阳至宁德国家高速公路寿宁至福安段，全长约56公里，采用双向四车道高速公路标准建设，批复概算109.3亿元。项目于2018年1月正式开工建设，其中泰顺互通至浙闽界段于2020年1月1日正式通车，率先打通省际断头路；全线于2020年12月23日正式通车。

文成至泰顺高速公路的建成通车，圆满实现了“十三五”期浙江省陆域“县县通高速”的目标，进一步完善了区域高速公路网，极大拉近了泰顺与温州的时空距离，有力促进了长三角经济圈和海峡西岸经济区的互联互通，对推动沿线地区社会经济发展，发挥文成、泰顺生态环境优势，带动沿线旅游业发展等具有重要意义，是一条文成、泰顺70多万山区人民的希望路、发展路、致富路。

图4-2-4　文成至泰顺高速公路南浦溪特大桥

图4-2-5　文成至泰顺高速公路洪溪特大桥

作为浙江省内典型的山区高速公路，文成至泰顺高速公路沿线地形地质条件复杂，桥隧比达72%，建设条件差，施工难度大。控制性工程包括：飞云江大桥（波形钢腹板叠合梁桥）、南浦溪特大桥（主跨258米上承式钢管拱桥）、洪溪特大桥（主跨265米预应力混凝土矮塔斜拉桥）。

三、沙埕湾跨海公路通道

沙埕湾跨海公路通道工程是G1523宁波至东莞高速公路的重要组成部分。该项目的建成，进一步完善了区域高速公路网络，促进了海峡西岸经济区域与浙南、长江三角洲等经济发达地区的联系，有效辐射带动了闽东沿海经济和福鼎湾区经济的高质量发展。

路线起自福鼎市佳阳乡双华村（浙闽界），止于福鼎市店下镇洋中村，全长20.193公里，采用双向六车道高速公路标准建设，设计速度100公里/小时，批复概算42.57亿元。其中，沙埕湾跨海大桥长2.022公里，采用主跨535米双塔双索面单侧混合梁斜拉桥方案，是全线的关键控制性工程。

项目于2017年9月开工建设。2020年4月，跨海大桥主塔封顶。2020年8月17日，主桥钢箱梁合龙。2021年1月18日，项目正式通车试运行。

该项目作为福建省创建“绿色公路、品质工程”的双示范项目，围绕福建省高速公路建设指挥部提出的“6432”工地党建工作模式，创新采用“1+N党建联盟模式”，设立“党建促征迁办公室”，有效推动了征地拆迁、安全生产保障等工作；设立党员先锋队、党员先锋岗等方式，积极推广四新技术应用及小微改、小创新，提升工程品质。

项目建设实施中贯彻绿色公路的集约节约理念，集中规划建设生产场站、驻地、试验室等临建设施；加强全线土方调配利用，推动实现工程“零弃方”；全线混凝土拌合站安装砂石分离机和污水处理系统，配备环境监控仪，建泥浆集中处理厂，实现“零污染”和废物再利用。

图 4-2-6 沙埕湾跨海大桥

图 4-2-7 洋中互通式立交

四、广西荔浦至玉林高速公路

荔浦至玉林高速公路项目是 G59 呼和浩特至北海国家高速公路和广西高速公路网主骨架“纵 2”的重要组成部分，是广西一次性建成通车里程最长的高速公路项目。项目控制性工程包括：世界最大跨径拱桥——平南三桥、广西最大跨径斜拉桥——相思洲特大桥等。

路线起自荔浦县城东北蒙村，止于玉林市福绵区新桥镇，全长 261.6 公里，采用双向四车道高速公路标准建设，设计速度 100 公里 / 小时、120 公里 / 小时。项目于 2018 年底全面开工建设，2020 年 12 月 28 日建成通车。

项目在建设实施中积极贯彻“快、好、省”理念和“使用者优先”理念，开展多项课题研究，解决工程建设技术难题，成功申请 20 余项实用新型专利。平南三桥科技创新建设成果、新型装配式涵洞施工技术、山区高速公路桥梁装配式下构制运架施工关键技术研究三项案例获得广西壮族自治区交通运输厅 2020 年度“科技示范”创新典型案例。

平南三桥采用主跨 575 米中承式钢管混凝土拱桥方案，是目前世界最大跨径的拱桥。大桥建设中，将地下连续墙结构创新应用于拱桥

图 4-2-8 平南三桥

图 4-2-9 荔浦至玉林高速公路

图 4-2-10 相思洲特大桥

基础，为不良地质情况下建设大跨径拱桥积累了宝贵经验；应用北斗卫星定位系统、智能张拉等技术，精确控制高达200米的塔架顶部位移；首创基于影响矩阵原理的扣锁一次张拉计算理论，实现大跨径拱桥主拱圈线形控制技术新突破，拱肋合龙精度在3毫米以内；采用C70自密实膨胀混凝土，通过真空辅助连续四级泵送，圆满完成钢管内混凝土灌注施工。

五、四川汶川至马尔康高速公路

汶川至马尔康高速公路是G4217成都至昌都高速公路的重要组成部分，项目位于四川西北部的阿坝藏族羌族自治州，毗邻青海、甘肃，对于完善国家和区域高速公路网络，助力脱贫攻坚和乡村振兴，推动四川藏区经济社会跨越式发展和长治久安等均有重要意义。

项目路线起自汶川县凤坪坝，经桃坪、薛城、理县、朴头、米亚罗、梭磨，止于马尔康市城东的卓克基，全长约172公里，采用双向四车道高速公路标准建设，设计速度80公里/小时，批复概算约287亿元。

项目地处青藏高原东缘与四川盆地西北边缘交错接触带，地形复杂，相对高差大。汶川县海拔约1100米，鹧鸪山海拔达4780米，地势陡峭，峰峦叠嶂，沟壑纵横，桥隧比达86.5%。路线跨越主要河流有属岷江水系的杂谷脑河和属大渡河水系的抚边河、梭磨河等，沿岸泥石流、滑坡、崩塌等不良地质发育，高山区有冰雪灾害和季节性冻土。控制性工程包括狮子坪、赶羊沟、理县特长隧道以及鹧鸪山、米亚罗3号、王家寨1号高瓦斯特长隧道，克枯、下庄特大桥等。

鹧鸪山隧道平均海拔达3200米，长度超过8700米，是目前世界上规模最大的高原高瓦斯公路特长隧道工程。隧道穿越多条断裂破碎带，地质条件异常复杂，施工现场海拔高、气温低，施工难度大、风险高。

克枯特大桥长度超过6.4公里，是国内首座预应力钢管混凝土桁架梁桥。针对高地震烈度区域特点和桥址区地质条件，桥梁基础、桥墩、盖梁、桁架主梁均采用钢管混凝土结构，

图 4-2-11 克枯大桥

图 4-2-12 理县互通式立交

有效降低结构自重，提升抗震能力，也便于采取装配化施工。

六、云南保山至泸水高速公路

G5613 保山至泸水高速公路位于云南省西部地区，路线向东可连接大理和昆明，向西可通过片马口岸去往缅甸，向北可通往西藏东南部地区，是国家高速公路网的重要组成部分。

项目所在的保山市和怒江州均与缅甸接壤，是国家"一带一路"发展战略中的重要节点。两市州水能、矿产资源丰富，但区域地理环境特殊，自然条件较差，交通基础设施薄弱，人均地区生产总值远低于云南省平均水平。其中，怒江傈僳族自治州属于全国"三区三洲"深度贫困地区之一。

路线起于云南省保山市隆阳区瓦窑镇老营村，止于怒江州泸水市六库镇北小沙坝，是怒江州第一条高速公路，全长 85.17 公里，采用双向四车道高速公路标准建设，设计速度 80 公里 / 小时，批复概算 150.19 亿元。全线桥隧比近 78%，主要控制性工程有：老营特长隧道（长度超过 11.5 公里）、勐古怒江特大桥（主跨 240 米双塔双索面钢箱梁斜拉桥）等。

项目控制性工程于 2015 年底先行启动；2017 年 9 月，项目全面开工建设。2020 年 12 月 26 日，全线控制性工程——老营特长隧道双幅贯通；12 月 30 日，瓦房至六库段通车试运行。项目全线通车后，怒江至保山的行车时间从 3 个多小时缩短到 1 个小时左右，极大地便利了当地人流物流往来，成为区域社会经济发展的强大支撑，对于贯彻落实国家"一带一路"发展战略、助力脱贫攻坚和乡村振兴等均具有重要意义。

项目实施紧紧围绕"以工程建设助推地方脱贫攻坚"工作思路，采取"永临结合"方式在怒江上修建了勐古钢便桥、康浪大桥、勐赖大桥 3 座"爱心桥"，将 11 条（总长约 94 公里）进场道路延伸至村民出行的通村道路，在保障项目顺利建设的同时，也让沿线芒宽、瓦马、杨柳、瓦房、潞江、上江、民建等乡镇共计 20 余万人直接受益。

项目建设始终秉持绿色公路建设理念，统筹考虑公路规划、设计、建设、运营和养护等全寿命周期，在设计中灵活运用技术指标，尽量减少耕地占用，尽量避免对沿线地形环境的破坏。针对沿线环境特点，在施工中综合采用施工便道建设临永结合、弃土场表土收集复垦利用、混凝土集中拌和、隧道洞口施工"零"进洞、隧道洞渣加工利用、拌合站及隧道施工用水沉淀达标排放等措施，全力打造与自然和谐共生、可持续发展的公路工程。

图 4-2-13　保山至泸水高速公路

图 4-2-14　老营隧道

第三章　水路重大工程建设项目

第一节　水路重大工程建设情况概述

一、港口公用基础设施建设

继续推进湛江港30万吨级航道改扩建工程、连云港港30万吨级航道二期工程、唐山港京唐港区25万吨级航道等工程建设。北海国际客运港航道扩建工程、日照港岚山港区深水航道二期工程开工建设。广州港深水航道拓宽工程、钦州港东航道扩建工程（扩建10万吨级双向航道）二期工程交工验收。

二、大型专业化、智能化码头建设

日照港岚山港区南区12号、16号大型通用泊位工程，中科合资广东炼化一体化项目液化烃码头工程等工程开工建设。唐山港曹妃甸港区煤码头三期（后续）工程、天津港大港港区渤化液体化工码头工程（一期工程）、青岛港董家口港区原油码头二期工程、珠海港高栏港区集装箱码头二期工程等一批重大项目建成投运。全自动化集装箱码头建设稳步推进，广州港南沙港区四期工程、天津港北疆港区C段智能化集装箱码头等自动化集装箱码头项目有序建设，钦州港大榄坪港区南作业区9号、10号泊位工程开工建设，苏州港太仓港区四期工程水工主体工程完工。

三、长江黄金水道建设

服务长江经济带等国家重大战略，加快推进长江干线系统治理，构建长江经济带综合交通运输体系。长江上游库区炸礁二期工程和长江下游黑沙洲水道航道整治二期工程等通过竣工验收；长江上游九龙坡至朝天门段、中游蕲春水道、下游新洲至九江河段航道整治二期工程，长江口南槽航道治理一期工程等完成交工验收并试运行；长江干线武汉至安庆6米水深航道、芜裕河段、江心洲至乌江河段航道整治二期工程等持续推进建设。开工建设长江上游朝天门至涪陵河段航道整治工程，完成长江上游上白沙至羊石盘河段航道整治工程初步设计，指导推进荆江河段航道整治二期工程前期工作。

四、珠江黄金水道建设

服务粤港澳大湾区等国家重大战略，大力推进西江航运干线扩能工程和珠三角航道网完善工程建设。西江贵港二线船闸主体工程及上引航道完成交工验收并试通航，右江鱼梁航运枢纽完成竣工验收，贵港至梧州3000吨级航道工程、郁江西津二线船闸工程、柳江红花二线船闸工程等有序推进建设；右江百色水利枢纽通航设施工程完成工可批复。北江航道扩能升级工程清远枢纽二线船闸、濛里枢纽二线船闸、飞来峡枢纽二线、三线船闸和白石窑枢纽二线船闸开展调试运行，联石湾船闸工程通航试运行，开工建设崖门出海航道二期工程。

五、其他航道、通航设施建设

持续推进内河航道互联互通。引江济淮航运工程、京杭运河浙江段三级航道工程、小清河复航工程、淮河干流航道整治工程、湘江永州至衡阳三级航道一期工程、大芦线航道整治二期工程等重点项目稳步推进，左江崇左至南宁（宋村三江口）三级航道工程湖北省汉江碾盘山至兴隆段航道整治工程等完成竣工验收，京杭运河嘉兴段“四改三”工程、都柳江温寨航电枢纽工程、都柳江郎洞航电枢纽工程、江西赣江新干航电枢纽工程、大治河西枢纽新建二线船闸工程等完成交工验收，嘉陵江利泽、岷江犍为、龙溪口、赣江井冈山、信江八字嘴、汉江雅口等航电枢纽正在进行主体工程建设。

第二节　水路重大工程建设项目介绍

一、长江三峡水库变动回水区碍航礁石炸除二期工程

长江三峡水库变动回水区碍航礁石炸除二期工程位于长江上游涪陵至娄溪沟河段，河段全长138公里，航道建设等级为Ⅰ级，建设标准为3.5米×150米×1000米（水深×航宽×弯曲半径），通航保证率为98%。工程总投资为1.58亿元。工程于2017年1月开工建设，2020年12月通过竣工验收。工程的建成，有效提高了礁石河段航道尺度，适度缓解了中洪水期不良流态，航道条件明显改善，也为后续变动回水区航道水深提升至4.5米创造了条件。

工程实施过程中，落实各项环保措施，应用环保炸药、改造船舶防污设施、设置人工鱼巢、建设人工鱼礁、开展环境监测，建设绿色生态航道工程；开展环保爆破清礁技术的研究、复杂工况条件下的水下爆破技术研究和水下非爆式清礁施工工艺研究，建立了一套适合山区河段且安全、高效的钻孔爆破施工技术和方法，多项成果获国家专利、省部级工法，发展了长江上游航道治理新技术。

图4-3-1　黄草峡滩段清礁施工（图片由长江航道局提供）

图4-3-2　明月峡滩段完工后航道通航情况（图片由长江航道局提供）

二、长江下游黑沙洲河段二期航道整治工程

长江下游黑沙洲水道航道整治二期工程位于长江下游安徽省境内，上距铜陵市约62公里，下距芜湖市约50公里，航道建设等级为Ⅰ级，建设标准为6.0米×200米×1050米（水深×航宽×弯曲半径），通航保证率为98%。工程总投资3.65亿元。工程于2016年9月开工建设，2019年3月通过竣工验收。

工程的建成，稳定了南水道心滩滩体，有效地减弱了中枯水漫滩水流，增强了右槽的抗冲刷能力，航道尺度达到了建设目标要求，通航条件明显改善。工程建设过程中，深入开展“品质工程”“平安工地”创建活动，积极应用BIM技术，推动工程管理水平提升，为后续工程实施积累了经验。

图 4-3-3　联锁块沉排施工（图片由长江航道局提供）

图 4-3-4　天然洲右缘护岸加固工程（图片由长江航道局提供）

三、左江崇左至南宁（宋村三江口）三级航道工程

左江崇左至南宁（宋村三江口）三级航道工程整治航道里程总长约 206 公里，主要流经广西崇左、扶绥、南宁等县市。航道设计标准为三级双线内河航道，航道主要尺度为 3 米 ×60 米 ×480 米（航深 × 航宽 × 弯曲半径），特殊困难河段最小弯曲半径按不小于 200 米控制，设计代表船型为 1000 吨级货船和 1 顶 2×1000 吨级顶推船队，主尺度分别为 50 米 ×10.8 米 ×3 米、160 米 ×10.8 米 ×2 米（总长 × 型宽 × 设计吃水），航道设计通航保证率 98%。工程总投资约 4.6 亿元。工程于 2013 年 11 月开工建设，2020 年 12 月通过竣工验收。

图 4-3-5　左江崇左至南宁（宋村三江口）三级航道工程水下疏浚图（图片由广西壮族自治区港航发展中心提供）

图 4-3-6　左江崇左至南宁（宋村三江口）三级航道工程航道建成图（图片由广西壮族自治区港航发展中心提供）

图 4-3-7　都柳江温寨航电枢纽工程（图片由贵州省航务管理局提供）

四、都柳江温寨航电枢纽工程

都柳江温寨航电枢纽工程位于从江县下江镇，工程等级为Ⅲ等，工程规模为中型。通航船闸设计等级为Ⅳ级，通航船舶吨级为 500 吨；航道等

级为Ⅴ级，整治航道18公里；电站装机容量27兆瓦，总库容5274×10^4立方米，工程总投资8.479亿元。工程于2014年11月开工建设，于2020年交工验收并运行发电。

五、都柳江郎洞航电枢纽工程

都柳江郎洞航电枢纽工程位于从江县下江镇，工程等级为Ⅲ等，工程规模为中型。通航船闸设计等级为Ⅳ级，通航船舶吨级为500吨；航道等级为Ⅴ级，整治航道12.45公里；电站装机容量22兆瓦，总库容3655×10^4立方米。工程总投资7.035亿元。工程于2014年11月开工建设，于2020年交工验收并运行发电。

图4-3-8 都柳江郎洞航电枢纽工程（图片由贵州省航务管理局提供）

六、湖北省汉江碾盘山至兴隆段航道整治工程

汉江碾盘山至兴隆航道整治工程项目上起碾盘山水利枢纽，下至汉江兴隆水利枢纽坝址，全长110公里河段，按Ⅲ（2）级航道、通航1000吨级船舶组成的一顶四驳船队标准建设，设计代表船型尺度为67.5米×10.8米×2米（长×型宽×设计吃水），设计船队尺度为167米×21.6米×2米（长×宽×设计吃水），航道尺度为2.4米×90米×500米（航深×航宽×弯曲半径），通航保证率为98%。主要建设内容有丁坝74座、护滩带50条、护岸28处、洲头守护1处、填槽6处、疏浚挖槽（含清障）6处，以及信息化、助航等配套工程。工程总投资7.8亿元。

工程于2014年8月开工建设，于2020年10月竣工验收。工程在借鉴国内外内河航道应急抢通工程船舶实用技术的基础上，通过对汉江航道现状的调研与分析，设计并建造了一艘电推自航的航道抢通疏浚船，吸盘式挖泥船填补了国家在浅水航道抢通疏浚、清淤、吹填等功能的新型工程船舶研究的空白，为该类航道抢通疏浚船舶先进实用技术的推广应用提供了技术支撑和借鉴。

图4-3-9 汉江杜家滩沉排施工（李长贵 摄）

图4-3-10 汉江玉皇阁滩群丁坝群（李长贵 摄）

七、湖北省黄石港棋盘洲港区二期工程

黄石港棋盘洲港区二期工程位于长江下游蕲

春水道右岸、黄石市阳新县韦源口镇的棋盘洲江段，共建设8个5000吨级泊位（水工结构满足10000吨级船舶靠泊），利用岸线1024米。其中5号、6号为散杂货泊位（兼顾粮食），11~13号泊位为多用途泊位，21~23号为散杂货泊位。工程总投资约10.7亿元。工程于2014年开工建设，2020年整体交工验收。

工程建成后，黄石新港每年新增1000万吨的装卸能力，进一步提高了黄石新港的综合服务水平，有效助推了黄石新港高标准的建设成为内河一流绿色港口，加快了黄石市建设"现代港口城市"的步伐，为实现长江战略布局再添新动力。

图4-3-11　黄石港棋盘洲港区二期工程21~23号泊位设备安装（鲁岩山 摄）

图4-3-12　黄石港棋盘洲港区二期工程21~23号泊位完工（肖扬帆 摄）

八、江西赣江新干航电枢纽工程

江西赣江新干航电枢纽是交通运输部和江西省"十二五"重点建设项目，位于吉安市新干县三湖镇上游约1.5公里处，是一座以航运为主、兼顾发电等综合利用功能的航电枢纽工程。工程建设渠化航道56公里，通航标准为内河Ⅲ级；建设1000吨级船闸一座，船闸有效尺度为230米×23米×3.5米（长×宽×槛上水深），设计单向年通过能力1802万吨，并预留二线船闸位置；拥有24孔泄水闸，总净宽480米；装机容量112兆瓦（7×16兆瓦灯泡贯流式机组）发电站1座，年平均发电量5.34亿千瓦时。工程总投资38.45亿元。

工程于2015年8月开工建设，2017年11月船闸首次试通航，2019年11月底完成整体交工验收。工程建设以技术创新为突破口，不断提高工程质量和施工效率，多项施工技术获国家知识产权局颁布的实用新型专利和发明专利，"斜拉锚固

图4-3-13　江西赣江新干航电枢纽工程船闸施工图（图片由江西省交通运输厅提供）

图4-3-14　江西赣江新干航电枢纽工程建成图（图片由江西省交通运输厅提供）

模板体系施工泄水闸闸墩悬臂端混凝土工法”获得国家级工法。

九、江西九江红光码头一期工程

九江港彭泽港区红光作业区综合枢纽码头一期工程位于彭泽县定山镇和湖口县流泗镇交界处，靠近鄱阳湖汇入长江口的下游，是江西省与长江经济带和丝绸之路经济带的主要融合点之一。工程建设5000载重吨（DWT）集装箱泊位4个，设计年通过能力为68.56万标准箱（TEU），设计代表船型为400标准箱的集装箱船，占用岸线长度为572米，陆域最大纵深638米，陆域占地面积0.34平方公里，总建筑面积2.7万平方米。工程总投资11.89亿元。工程于2017年11月开工建设，2020年9月通过竣工验收。工程的建成对江西进一步打造多式联运的立体交通，整合沿江港口资源，加快形成畅通、高效、平安、绿色的现代水运体系具有重要意义。

图4-3-15 江西九江红光码头一期工程陆域施工图（图片由江西省交通运输厅提供）

图4-3-16 江西九江红光码头一期工程建成图（图片由江西省交通运输厅提供）

十、大治河西枢纽新建二线船闸工程

大治河西枢纽船闸建于1979年，地处上海市闵行区浦江镇大治河西端，距黄浦江约1000米，是黄浦江进入大治河的水运咽喉要道，包括一座净宽60米的节制闸和一座300吨级船闸。新建二线船闸位于原有节制闸南侧，新建Ⅲ级船闸一座，内、外闸首均为33米×62.6米，闸室总长350米、净宽27米，上游引航道长620米、下游引航道长750米，设计最大船舶载重1000吨级，年通过能力2900万吨（年单向过闸船舶总载重吨位），是目前长三角地区最大规模的内河船闸。工程总投资17.8亿元，2014年12月开工建设，2020年1月通过整体交工验收。2020年6月，船闸开通试运行。

工程获评上海市重大工程文明示范工地，也是上海首个提出创建交通运输部品质工程的内河水运工程。自试运行以来，船闸设备运行稳定，过船速度、船舶通过率均显著提升，同期过闸船舶数量，尤其是大吨位船舶过船量增加明显。

图4-3-17 大治河西枢纽新建二线船闸工程施工图（图片由上海市交通委员会提供）

图 4-3-18　大治河西枢纽新建二线船闸工程建成图（图片由上海市交通委员会提供）

十一、京杭运河嘉兴段“四改三”工程

京杭运河嘉兴段起自江浙两省交界处的鸭子坝，终于齐界桥西侧约 200 米处，总长度约 42.76 公里（其中嘉兴市与湖州市界河和插花段建设里程约 25 公里已纳入京杭运河浙江段三级航道整治工程湖州段实施）。工程主要建设三级航道约 17.7 公里，新建护岸约 18.6 公里，加固护岸约 13.5 公里，改建桥梁 4 座，新建钱码头村综合服务区和乌镇桃源服务区各 1 处，建设航标工程、信息化及绿化等配套工程。工程总投资 9.7 亿元。工程于 2017 年 3 月开工建设，2020 年 12 月交工验收。工程建设结合京杭运河大运河文化带和交旅融合需求，沿线绿化设置了春夏秋冬四景。航道建设在满足航运功能的前提下，同步改善生态环境。

图 4-3-19　京杭运河嘉兴段“四改三”工程施工图（图片由浙江省港航管理中心提供）

图 4-3-20　京杭运河嘉兴段“四改三”工程建成图（图片由浙江省港航管理中心提供）

十二、唐山港曹妃甸港区煤码头三期（后续）工程

唐山港曹妃甸港区煤码头三期（后续）工程建设 2 个 10 万吨级、2 个 7 万吨级和 1 个 5 万吨级泊位（码头结构均按 10 万吨级散货船设计）及相关配套设施。码头岸线长 1417.5 米，设计年通过能力 5000 万吨。工程总投资 51.34 亿元。项目先期工程于 2013 年 3 月开工建设，2020 年 5 月完成交工验收，形成年装船能力 3500 万吨。后续工程于 2019 年 3 月开工建设，已于 2020 年底完工，形成年装船能力 1500 万吨。项目在装

图 4-3-21　唐山港曹妃甸港区煤码头三期工程总平面图（图片由河北省交通运输厅提供）

卸工艺流程、工艺设备、水工建筑物设计等方面具有多处创新。

十三、天津港大港港区渤化液体化工码头工程（一期工程）

天津港大港港区渤化液体化工码头工程（一期工程）建设1个10万吨级液体化工品泊位、1个5万吨级液化石油气泊位和1个5万吨级液体化工品泊位，其中5万吨级液体化工品泊位可以同时兼靠2艘5000吨级化工品船舶，设计年通过能力780万吨，占用岸线910米。码头后方布置配套储罐区。项目总投资15.3亿元，于2020年12月通过交工验收。

图 4-3-22　大港港区渤化液体化工码头工程项目鸟瞰图（图片由天津市港航管理局提供）

十四、青岛港董家口港区原油码头二期工程

青岛港董家口港区原油码头二期工程建设1个30万吨级油品泊位，水工结构按靠泊45万吨油船设计建设，设计年通过能力1800万吨，泊位长455米；1个10万吨级油品泊位，水工结构按靠泊12万吨级油船设计建设，设计年通过能力750万吨，泊位长304米；建立相应的配套设施。项目总投资15.61亿元。2020年12月，项目通过竣工验收。项目在桩基设计、引桥施工工艺、混凝土保温养护、搅罐船研发等方面取得了创新成果。

图 4-3-23　引桥施工（李全文 摄）

图 4-3-24　原油码头二期工程全图（图片由青岛港集团提供）

十五、青岛港前湾港区自动化码头二期工程

青岛港前湾港区自动化码头二期工程建设1个10万吨级、1个3万吨级自动化集装箱泊位（水工结构均按靠泊10万吨级集装箱船舶设计）及相应配套设施。码头岸线长660米，设计年通过能力130

图 4-3-25　堆场施工完成（周兆君 摄）

图 4-3-26 岸桥安装到位（周兆君 摄）

万标准箱（TEU）。项目总投资 28.61 亿元，2020 年 5 月竣工验收。项目在 5G+ 自动化技术、自动化码头箱角梁施工工艺等方面取得了创新成果。

十六、珠海港高栏港区集装箱码头二期工程

珠海港高栏港区集装箱码头二期工程建设 1 个 10 万吨级和 2 个 5 万吨级集装箱泊位（水工结构按靠泊 10 万吨级集装箱船舶设计），年通过能力为集装箱 180 万标准箱（TEU）；建设 1 个 4 万吨级、2 个 3 万吨级和 1 万吨级件杂货泊位（预留改造为集装箱泊位的条件，水工结构按靠泊 10 万吨级集装箱船舶设计），年通过能力 304 万吨。项目总投资 38.6 亿元，2020 年 11 月通过竣工验收。

十七、钦州港东航道扩建工程（扩建 10 万吨级双向航道）二期工程

钦州港东航道扩建工程二期工程按 10 万吨级集装箱双向航道建设，航道里程全长 15.037 公里，设计底高程 -13.3 米，其中南段航道长约 10.799 公里，航道宽度 360 米；三墩航道长约 4.237 公里，航道宽度 390 米。设计代表船型为 10 万吨级集装箱船，兼顾船型为 10 万吨级油船和散货船。工程主要内容包括：疏浚工程、助导航设施、环保工程、临时工程、通航通信及配套工程。工程总投资 12.97 亿元，2019 年 10 月开工建设，2020 年 8 月完成交工验收。

图 4-3-27 珠海港高栏港区集装箱码头二期工程项目完工（图片由中交四航局提供）

图 4-3-28 航道疏浚施工（图片由广西壮族自治区港航发展中心提供）

第四章　民航重大工程建设项目

第一节　民航重大工程建设情况概述

2020 年，民航全系统着力推进机场基础设施建设，加快推进枢纽机场建设，全年完成 16 个 4E 机场总体规划批复，着力提升枢纽机场服务保障能力，适应快速增长的航空需求，满足广大人民群众便捷出行需要。补齐中西部机场覆盖不足，特别是边远地区、民族地区航空服务短板，建成投用玉林福绵、重庆仙女山、于田万方 3 个机场，迁建安康富强机场。

第二节　民航重大工程建设项目介绍

一、青岛胶东国际机场工程

青岛胶东国际机场飞行区等级 4F，一期工程占地 16.25 平方公里，总投资 360.39 亿元；建设 2 条平行远距跑道，航站楼（T1）面积 53.23 万平方米。预计 2025 年，可满足旅客吞吐量 3500 万人次、货邮吞吐量 50 万吨、飞机起降 30 万架次的保障需求。该工程自 2015 年底正式开工建设，已高质量完成行业验收。

胶东国际机场将四型机场建设贯穿始终。平安机场，建设全面的安全管理平台，安装 1.25 万余路数字摄像机，实现安全态势的全面感知；建设 SMS（安全管理系统）以及 SeMS（安保管理系统），构建信息化运行安全防控体系，提升预警联动和应急处置能力。绿色机场，建立独立的能源中心，搭建冷热电三联供能源系统，通过各种一次能源转换技术的集成，运用在一个区域内同时提供电、热、冷等多种终端能源，实现能源的高效利用。2017 年 5 月，绿色机场和海绵机场项目同时被住房和城乡建设部列入国家低能耗绿色建筑园（区）示范工程。智慧机场，建设配有集自助行李托运、自助值机、自助安检、自助通关在内的全流程自助设备，着力打造智慧运行、智慧安全、智慧管理、智慧服务和智慧交通，被列为民航首批“智慧型机场”示范项目之一。人文机场，以人为本，旅客安检后步行距离短；致力于打造融航空出行、零售、餐饮、休闲、游乐于一体的商业综合体，聘请专业设计单位重点打造新机场迎宾之门、航站楼中央景观区主题雕塑，促进“海之梦”文化主题的应用落实，胶东国际机场更加彰显青岛特色、体现青岛气质。

二、成都天府国际机场工程

成都天府国际机场本期新建 3 条跑道，长度分别为 4000 米、3800 米和 3200 米，新建 71 万平方米航站楼、246 个站坪机位，可满足年旅客吞吐量 5000 万人次、货邮吞吐量 130 万吨、飞机起降 32 万架次的使用需求。成都天府国际机场工程飞行区已完成校飞、试飞工作；航站区基本完成精装修工程、综合安装工程及消防工程；分批次开展竣工验收及行业验收。

成都天府国际机场，是我国“十三五”期间规划建设的最大民用运输枢纽机场项目，是全国地基处理最复杂的机场，20.2 平方公里的场地面积中，有 370 多个山丘，几百条冲沟纵横交错，挖填土方量达 1.8 亿立方米，地基处理难度极大。

针对成都天府国际机场全场地基处理和土石方填筑主要的五类工法及其相应的施工机械，为确保工程质量，开发了全场数字化施工质量监控系统，给全场所有进行地基处理和土石方填筑的施工机械上安装上数字化监控设备，成都天府国际机场工程施工现场成为国内最大规模的数字化施工现场。成都天府国际机场 PRT（个人捷运系统）为国内首创，线路为封闭环线，设计运输能力为 300 人 / 小时，设计最高运行速度 30 公里 / 小时，单线运行时长约 7 分钟。

成都天府国际机场建成投用以后，将成为成渝机场群的核心枢纽、西部高质量发展的新动力源，将极大地缓解成都地区民用机场基础设施紧张的局面，助力成都汇聚全国民航科技创新资源，创建国际一流的民航科技创新示范区，成为西部民航国际客货运航空枢纽和西向南向门户枢纽。

三、鄂州花湖机场工程

鄂州花湖机场是《国家综合立体交通网规划纲要》规划的我国四大国际航空货运枢纽之一，是我国第一个专业性货运枢纽机场，对构建国内国际双循环相互促进新发展格局、加快补齐航空货运短板、促进航空货运设施发展具有重要意义。

花湖机场定位为货运枢纽、客运支线机场，按照 2030 年货邮吞吐量 330 万吨、客运吞吐量 150 万人次的目标规划设计，建设 2 条跑道，长 3600 米、宽 45 米；126 个机位的站坪以及 75 万平方米货运分拣中心、1.5 万平方米客运航站楼、空管导航、航空公司基地和供油工程等项目群，总投资约 330 亿元，占地 11.89 平方公里。项目预计于 2021 年底建成并启动校飞，2022 年正式投入运行。

作为中国民用航空局确定的首批四型机场示范项目和住房和城乡建设部建筑信息化改革试点项目，鄂州花湖机场坚持建设运营一体化理念，以智慧机场建设为统领，统筹推进四型机场建设。全面推进数字化建造，打造数字孪生机场，深度应用 BIM 模型技术，将工程描述成构件和大数据，完成模型 2100 个，构件数量超千万个，全面实施数字化施工管控，实现项目全过程动态追踪管理、无纸化办公；通过应用全面感知及 5G 技术，开展无人驾驶（已完成 7 款样车研发）、智能分拣、模拟仿真、智能跑道、大面积光伏、地热、充电桩等 15 项创新项目，申报专利、著作权 60 余项。

四、乌鲁木齐机场改扩建工程

乌鲁木齐机场改扩建工程是国家、中国民用航空局和新疆维吾尔自治区重点建设项目。打造乌鲁木齐国际航空枢纽，既是落实“一带一路”核心区建设的重要举措，也是带动周边区域经济社会发展的强大动力源。乌鲁木齐机场改扩建工程飞行区设施，按满足 2030 年旅客吞吐量 6300 万人次、货邮吞吐量 75 万吨的目标一次建成，航站区按满足 2025 年旅客吞吐量 4800 万人次、货邮吞吐量 55 万吨的目标建设。机场工程主要建设内容为在现有跑道北侧规划建设第二、第三两条跑道，新建 45 万平方米的北区航站楼、综合交通中心和停车楼、180 个机位的站坪以及机务维修、消防救援等辅助生产生活设施和配套设施，飞行区等级指标为 4F。机场工程概算批复投资 417.87 亿元。2019 年 10 月，机场工程航站楼正式开工建设。

工程具有以下创新特点：一是国内首个按照政府和社会资本方合作建设管理模式实施的大型机场枢纽工程。二是国内首例全生命周期深度运用 BIM（建筑信息模型）+GIS（地理信息系统）技术打造的数字孪生机场。三是在施工过程采用数字化施工、航站楼减隔振、绿色三星标准设计、多种自助设施和 IBMS（智能化系统集成管理）平台、一体化市政配套工程管理平台、高效烟气余热回收“消白”系统、智能化安防系统等多种新技术及先进工艺。四是本工程是全国首个在初步设计阶段引入"四型机场"专题评审的大型枢纽机场工程。

五、北京首都国际机场西跑道大修工程

北京首都国际机场西跑道大修系列工程由西跑道大修、C滑大修、D2滑北延及相关助航灯光重建等7个项目组成，总投资8.4亿元。工程于2020年8月25日开工建设，同年10月19日通过验收，10月20日恢复使用。西跑道大修系列工程以"四个工程"为目标，实现了安全零事故、质量零缺陷、工期零延误、疫情零感染、环保零处罚、廉洁零违纪的"六个零"。通过"一次停航、集中实施"的不停航施工模式，有效解决了施工与运行的矛盾，实现施工与运行双正常，零服务投诉，零负面舆情。跑道采用"两端白、中间黑"的结构形式，保证道面长期可靠性和稳定性；建设跑道外来物（FOD）探测系统，实时查找外来物，确保飞行安全。助航灯具全部采用LED光源，较传统光源节能60%。

北京首都国际机场西跑道大修工程采用BIM技术，开展多项目协同，建成"现实与数字"两条西跑道，引入数字化施工监控平台，辅助道面施工质量管控，搭建跑道安全预警平台，实时监控跑道健康状态，提前预警潜在安全风险，可服务跑道全生命周期运维，并为未来跑道维修提供数据支持，使跑道运行感知更透彻、预警更精准、防范更有力。西跑道被媒体誉为"国内首条智能跑道"。

六、新疆于田民用机场工程

新疆于田民用机场工程是中国民用航空局、新疆维吾尔自治区"十三五"规划重点建设项目，是"30个国家重大机场项目"之一，是中国民用航空局脱贫攻坚重点支持项目和定点扶贫头号"民心工程"。新疆于田民用机场工程按照满足2025年旅客吞吐量18万人次、货邮吞吐量400吨为目标设计，飞行区指标为4C。主要建设内容包括：建设1条长3200米、宽45米跑道，主降方向设置I类精密进近系统；建设3000平方米的航站楼和6个机位的站坪；建设1座塔台和800平方米的航管楼；配套建设空管、供油、供电、消防救援等设施。工程概算批复投资7.72亿元。

根据2020年建成投运的总体目标，全体参建人员努力克服冬季停工、年内三轮新冠肺炎疫情和于田地区恶劣天气影响，团结拼搏，按照《新疆于田机场工程建设与运营筹备总进度综合管控计划》科学组织实施，338天完成工程全部建设内容，并顺利通过竣工验收和行业验收。

工程具有以下创新：总进度综合管控、建设运营一体化理念在支线机场成功应用，BIM手段优化工程设计，民航质监驻场并协助非专业工程监督，疫情防控状态下的工地"封闭式运行、闭环式管理"，建设物资的生产运输进场全环节监控，竣工验收期间行验、许可审查提前介入，试飞试验许可"一并启动，按序审批"，被称为创造了民航史上支线机场建设的"于田模式"，打造了"于田速度"，是当代民航精神的生动实践，也是"民航力量""民航效率""民航速度"的鲜活写照。

于田民用机场的建成投运，将进一步完善新疆维吾尔自治区综合交通运输体系，不仅有助于打破地方经济社会发展的瓶颈，为于田及周边县市群众提供安全舒适便捷的交通服务，促进当地经济发展，维护边疆社会稳定，而且还将大力推动旅游业和物流业的发展，有效促进当地经济高质量发展，更将成为于田巩固脱贫攻坚成果、实现乡村振兴的巨大动力源。

七、安康富强机场工程

安康富强机场于2016年3月开工建设，2020

年9月25日顺利实现首航。机场飞行区等级4C，新建1条长2600米的跑道、6个机位站坪、5500平方米航站楼。富强机场地质结构复杂，飞行区跨越4座山梁、3条深沟，是全国最大体量的膨胀土高填方机场工程。四年来，机场建设指挥部引领参建单位秉持“人文、智慧、绿色、平安”理念，突破征地拆迁、技术攻坚、防疫逆行三大难关，书写了“四型机场”建设的安康答卷，被中国民用航空局评为“全国四型机场示范项目”。

安康富强机场通航以来，陆续开通直达北京、上海、广州、杭州、重庆、天津等重点城市的航班，在疫情影响下仍然保持了客座率70%以上的较高水平。安康市已经部署“航空+”行动，以航空运输为引擎，助力乡村振兴、康养、物流、旅游、商贸业转型升级和高质量发展的格局正在加快形成，奋力贡献支线机场建设运营的安康方案。

八、民航运行管理中心和气象中心工程、民航情报管理中心工程

民航运行管理中心和气象中心工程、民航情报管理中心工程（以下简称“三中心工程”）是民航系统“十二五”“十三五”规划的重点基础设施建设项目，是中国民航打造世界一流空管运行管理体系的“一号工程”。工程建成后，将成为亚洲第一、世界第三大流量管理中心，亚太地区航空情报数据中心，ICAO（国际民用航空组织）第四个全球空间天气中心、全球第三个航空气象区域预报中心，将构建全国最大的协同运行、指挥高效的空中交通运行服务管理体系平台，也将为提升全行业的安全水平和运行效率发挥重要作用。

三中心工程总投资22.46亿元，于2017年9月开工建设，经过全体参建人员3年的共同努力，先后斩获了“中国钢结构金奖”“国家AAA级标准化工地”“北京市结构长城杯”等荣誉，已于2020年通过工程竣工验收，计划于2021年正式投运。

九、中国民用航空飞行学院天府校区工程

中国民用航空飞行学院天府校区，位于成都天府国际空港新城绛溪南片区，本期工程按照满足全日制学生2.5万人、在职人员周高峰实训量3580人的教学需求设计。天府校区占地0.96平方公里，新建各类建筑总建筑面积117.48万平方米，其中，地上建筑面积87.7万平方米、地下建筑面积29.78万平方米。项目总概算投资为98.46亿元。项目主要建设内容如下：新建公共主教学楼、公共教学及实验楼、机务专业教学用房、空管专业教学用房、飞行专业教学用房、图书馆、室内体育用房及游泳馆、校行政办公用房、会堂及师生活动用房、学生宿舍、学生食堂、教师及员工宿舍、地下室及后勤附属用房等养成教育用房及公安业务用房（不含校医院）；新建6个实训基地、12个科研实验室；新建高原医学中心及校医院。主要结构形式为钢筋混凝土框架结构，设计使用年限为50年，按抗震6度设防，耐火等级为地上二级、地下一级。配套建设智慧校园、给排水、消防、暖通、电气、燃气、总图等工程。

配置塔台模拟机、雷达管制模拟机、程序管制模拟机等实训设施设备共588台（套），飞行训练器、激光测风雷达系统等科研设施设备共430台（套），低压氧舱、核磁共振等医学研究设施设备共71台（套）。

十、民航科技创新示范区一期工程

民航科技创新示范区一期工程A区建设用地3.8万平方米，主要包括民航交通流技术研究中心、机场运行与控制工程技术研究中心、机场运行安全工程技术研究中心、航空公司运行控制技术研究中心、无人驾驶航空器运行管理技术研究中心、民航信息安全新技术研究中心、新兴技术应用研究中心、民航大数据及信息服务技术研究中心等

12个中心，51个研究平台，购置各类科研设备2234台（套），规划建设科研实验室并配套建设学术交流中心、科技服务和培训教室等科研服务设施，建设面积约25.59万平方米。

民航科技创新示范区一期工程B区建设用地1.11平方公里，B-01地块主要包括航空电信技术研究中心、通用航空工程技术研究中心等11个中心，65个研究平台，购置各类科研设备1541台（套），规划建设科研实验室和配套科研服务中心，建设面积约27.79万平方米。B-02地块主要包括民航科技创新示范区验证中心，建有空侧科技示范验证基础平台等四大验证平台，规划建设为模拟验证机场、模拟跑道和滑行道及科技示范验证楼。建设面积约9.27万平方米。

第五章　邮政重大工程建设项目

寄递渠道安全监管“绿盾”工程（一期）是经国家发展改革委批复的“国字号”工程，建设周期为2018—2020年。全面开展建设以来，“绿盾”工程（一期）工程稳步推进，相关建设成果已在重大活动安全保障、日常行业监管和政务服务等工作中实际运用，取得了良好成效。截至2020年底，104个计划内采购项目全部完成，2个现代化机房基本竣工，22个信息系统全部上线运行，278个安全监控中心基本建成。同时，“绿盾”工程还先后接受了国务院发展研究中心、国家发展改革委等部门的调研，发挥了重要的窗口作用。

一、完成国家邮政局重组以来规模最大的采购工作

“绿盾”工程预算内投资5.53亿元，是国家邮政局重组以来采购规模最大的项目。目前，计划内的104个项目采购工作已全部完成。一是实施阳光采购。通过公开招标方式采购的项目占全部项目合同总金额的97%，每个项目从提出采购需求到最后签订合同并支付首款，都历经专家咨询、意见征求、集体研究等流程，确保采购工作公开透明、规范有序、科学严谨。二是确保物美价廉。70个承建厂商大部分为相关行业内实力雄厚、专业领先的团队，并为后续运维工作和工程完善提供了支持。三是实现廉洁采购。严格依据政府采购相关法律规定，建立了一整套规范实用的采购招标工作程序。招标采购工作过程中未出现违规违纪事件，未接到有关信访举报。

二、邮政管理三级信息化保障体系逐步完善

“绿盾”工程为邮政管理三级机构打造了一套先进安全的信息基础设施，为行业监管信息化工作扎实推进奠定了坚实基础。一是进一步完善信息化基础架构。按照数据“大集中”模式和A级标准，建成国家邮政局主机房和安徽合肥灾备中心“一主一备”两个现代化数据中心机房。改造完善省、市两级邮政管理部门388个专用信息化机房，全部配备高性能服务器、网络设备和安全设备，各级管邮政管理局均具备了较强的数据存储和处理能力。二是进一步完善执法信息化终端设备体系。新建或改造国家、省、市三级邮政业安全监控中心，安装集成大屏显示、视频会议、应急指挥和融合通信等设备设施，为实现行业运行监测、远程监控、指挥调度和决策会商等提供基础支撑。完成892套现代化移动执法装备配备，重点向基层一线倾斜，进一步提升基层执法监管效能。

三、“互联网+监管”数据底盘全面强化

“绿盾”工程注重行业监管数据采集，筑牢数据底盘，同时坚持基础数据融合共享，推进政府信息数据部门间共享，充分发挥数据作用，增强用户、市场主体满意度和获得感。一是构建集中统一的数据底盘。建成云计算平台和大数据管理平台，强化对数据采集、存储、使用、交换、共享、利用全生命周期监测管控，实现监管数据整合和互联互通。大数据管理平台建有节点172个，已于2020年6月底正式上线运行，已处理数据量

约 1800 太字节。二是提升数据安全及应用保障能力。建成综合运维、统一用户管理、终端数据防泄漏和移动安全防护等支撑系统。三是完善数据采集通道。提升快递运单、实名收寄信息等结构化数据接入能力，新增视频、图像、音频等非结构化数据交互能力，完成 10 万路生产作业视频、2000 台安检机数据接入，基本实现视频联网、安检机联网在线监管，既可保证监管效果，又可有效减少对市场主体现场检查频次。四是着力推进部门间数据共享。国家邮政局与国家有关部门实现数据“总对总”共享，有力服务支撑公安、安全等部门基层监管执法及专案打击。

四、实用性信息化系统体系基本形成

“绿盾”工程通过建设完善六大类应用系统，基本实现邮件快件寄递“动态可跟踪、隐患可发现、事件可预警、风险可管控、责任可追溯”的“五可”目标，实现寄递全流程闭环管控，有效管理部门事中事后监管能力。一是建成运行监测系统。主要对全行业运转情况以及企业落实“收寄验视、实名收寄、过机安检”等安全管理制度情况进行监测，基本实现全流程动态跟踪监管。二是建成安全预警系统。主要采集企业生产运行、气象、交通运输等数据，运用大数据技术挖掘分析风险隐患，及时生成预警信息，加强事前风险防范。三是建成行政执法系统。严格按照“双随机一公开”和“互联网 + 监管”要求建设，完善执法基础信息和监管事项等功能，在一线集成应用便携执法装备，并通过与运行监测、安全预警、应急指挥等其他系统协同联动，基本实现行政执法、风险管控、责任追溯无缝衔接。四是建成应急指挥系统。实现预警发布、事件信息报送、应急处置、指挥调度等功能，实现政府、企业、一线作业人员应急联动。五是建成决策支持系统。深度运用大数据挖掘技术感知行业发展态势，畅通沟通渠道，辅助科学决策。六是建成公共服务系统。按照全国一体化在线政务服务要求建设，通过国家平台统一入口，为企业和公众提供全国“一网通办”服务，包括行政许可、查件、寄件、用户实名二维码等便利化服务。

“绿盾”工程（一期）的初步建成，更加坚定了邮政行业管理智能化、信息化、现代化道路的方向。在 2020 年底首届全国邮政行业先进集体、劳动模范和先进工作者表彰工作中，“绿盾”工程建设领导小组办公室获评先进集体。

第五篇
重大事件

Section V
Major Events

第一章 行业重大事件

一、铁路行业重大事件

5月6日，交通运输部、公安部、自然资源部、生态环境部、住房和城乡建设部、水利部、应急管理部联合发布《高速铁路安全防护管理办法》（以下简称《办法》），自7月1日施行。《办法》共6章48条，从高速铁路线路安全防护、高速铁路设施安全防护、高速铁路运营安全防护以及高速铁路监督管理方面，着力推进高速铁路安全防护"四个体系"建设，织密高速铁路安全防护网络。

6月20日，电子客票在全国普速铁路推广实施，覆盖1300多个普速铁路车站，给广大旅客群众出行带来极大便利。截至2020年7月，实现了内地高速铁路、城际铁路以及普速线路电子客票全覆盖，应用范围扩展至全国铁路2878个车站，惠及99%以上的铁路出行人群。旅客持有效身份证"一证通行"，极大提升了进出站效率，节约了旅客出行时间成本。

6月21日，由中车青岛四方机车车辆股份有限公司研制的时速600公里高速磁浮试验样车在磁浮试验线上成功试跑，标志着我国高速磁浮交通系统研发取得重要突破。

7月起，95306"数字口岸"系统在全国铁路各口岸站投入应用，改变了传统通关方式，实现铁路与海关部门信息互联互通、高度协同作业，取消了人工申报和纸质单据，货主足不出户即可完成海关申报、铁路流向变更等手续，口岸便利化程度和通关效率显著提升，申报到海关放行的时间由原来的半天左右缩短至30分钟以内，最快只需几分钟。

11月18日，川藏铁路（雅安至林芝段）开工动员大会在北京和川藏铁路控制性工程色季拉山隧道、大渡河特大桥三地，以视频连线的方式同时进行。中共中央政治局委员、国务院副总理刘鹤在大会上传达习近平总书记重要指示，为川藏铁路工程建设指挥部揭牌，宣布川藏铁路（雅安至林芝段）开工建设。

12月7日，《国务院办公厅转发国家发展改革委等单位关于推动都市圈市域（郊）铁路加快发展意见的通知》公布，从总体要求、明确功能定位和技术标准、完善规划体系、有序推进实施、优化运营管理、创新投融资方式和建立持续发展机制七个方面，对推动都市圈市域（郊）铁路加快发展提出意见。

12月23日，时速350公里高速货运动车组在中车唐山机车车辆有限公司正式下线，这对于支撑和引领我国快捷货物运输装备发展、畅通现代流通体系、深入落实《交通强国建设纲要》促进交通运输行业国内国际双循环的新发展格局具有十分重要的意义。

12月26日，银川至西安高速铁路正式开通运营，银川至西安铁路运行时间由14个小时左右大幅缩短至3小时左右。银西高速铁路连接宁夏、甘肃、陕西三省、自治区，是我国首条穿越毛乌素沙漠边缘和世界上规模最大黄土高原台塬区的高速铁路，也是我国一次性建成里程最长的有砟轨道高速铁路。银西高速铁路的建成通车，标志着宁夏正式接入全国高速铁路网。

12月27日，北京至雄安新区城际铁路大兴机场至雄安新区段开通运营，京雄城际铁路实现全线贯通，雄安站同步投入使用。北京西站至雄安新区间最快旅行时间50分钟，大兴机场至雄安新区间最快19分钟可达。京雄城际全线通车和雄安站的建成投用，将进一步完善京津冀区域铁路网布局，密切雄安新区与北京、天津等京津冀中心城市的联系，提高雄安新区的辐射能力，对便利京津冀地区群众往来、加快产业聚集和区域经济融合，有力推动雄安新区建设和京津冀协同发展，具有十分重要的意义。

二、公路行业重大事件

一是全国高速公路联网收费系统顺利切换。2020年1月1日零时起，全国高速公路联网收费系统顺利切换，487个省界收费站同步取消，完成了2019年《政府工作报告》提出的“两年内基本取消全国高速公路省界收费站”任务，彻底结束了高速公路省界拥堵的历史，给人民群众带来了“一脚油门踩到底”的全新体验。

二是全国收费公路免费通行79天。受新冠肺炎疫情影响，自2020年2月17日零时至5月5日24时，全国收费公路免收车辆通行费，共计79天。

三是开展限高限宽设施和检查卡点专项整治行动。2020年10月9日，国务院办公厅督查室公开通报了多地部分公路和城市道路违规设置限高限宽设施和检查卡点，严重影响货车通行效率和道路交通安全等问题。11月9日，交通运输部、公安部、生态环境部、住房城乡建设部印发《关于深入开展道路限高限宽设施和检查卡点专项整治行动的通知》，督促相关省份切实做好整改落实工作，保障全国公路和城市道路畅通。11月10日，四部门联合组织召开全国道路限高限宽设施和检查卡点专项整治工作视频会。

三、水路行业重大事件

（一）水运重大事件

1月17日，交通运输部、国家发展改革委、生态环境部、住房和城乡建设部联合印发了《长江经济带船舶和港口污染突出问题整治方案》，并于1月19日召开视频会进行动员部署。

1月21日，交通运输部、国家发展改革委、工业和信息化部、财政部、商务部、海关总署、国家税务总局联合印发《关于大力推进海运业高质量发展的指导意见》。

1月29日，星旅远洋国际邮轮有限公司（香港注册）马绍尔群岛籍邮轮“鼓浪屿”返回上海吴淞口邮轮港后停止营运。自此，受新冠肺炎疫情影响，7家国际邮轮运输企业经营的10艘国际邮轮全部暂停进出我国境内港口始发航线的营运。

1月29日，交通运输部印发《关于统筹做好疫情防控与水路运输保障有关工作的紧急通知》。

2月25日，交通运输部修订发布《国内水路运输管理规定》，于同年5月1日起施行。

3月4日，交通运输部印发《关于分区分级做好水路运输服务保障工作的通知》，指导地方统筹做好疫情防控和水路运输保障，服务经济社会平稳健康运行。

3月9日，交通运输部、国家发展改革委联合印发《关于阶段性降低港口收费标准等事项的通知》。

3月20日，水利部、公安部、交通运输部联合成立长江河道采砂管理合作机制领导小组。

4月11日，交通运输部印发《港口及其一线人员新冠肺炎疫情防控工作指南》，并于6月12日、7月22日、11月13日更新印发指南第2版、第3版和第4版。

4月20日，交通运输部、商务部、海关总署、国家铁路局、中国民用航空局、国家邮政局、中国国家铁路集团有限公司联合印发《关于当前更好服务稳外贸工作的通知》。

4月27日，国际海事组织（IMO）向所有成员国、政府间组织和非政府间组织推荐由我国交通运输部编制的《港口及其一线人员新冠肺炎疫情防控工作指南》。

5月9日，交通运输部印发《内外贸兼营散装液体危险货物运输船舶国际转国内航线疫情防控工作指南》。

5月26日，交通运输部印发《关于发布〈国内水路运输旅客禁止携带和禁止托运物品目录〉〈国内水路运输旅客限制携带和限制托运物品目录〉的公告》，印发《关于做好〈国内水路运输管理规定〉实施有关工作的通知》。

6月9日，交通运输部办公厅、广东省人民政府办公厅、广西壮族自治区人民政府办公厅、贵州省人民政府办公厅联合印发《关于珠江水运助力粤港澳大湾区建设的实施意见》。

6月28日，交通运输部、国家发展改革委联合印发《关于延续阶段性降低港口收费标准等事项的通知》。

7月11日，中国航海日论坛在上海举办，刘小明副部长出席论坛并作主旨演讲。

7月21日，交通运输部印发《关于稳妥有序恢复省际旅游客运切实做好旅游客运常态化疫情防控有关工作的通知》，并印发《国内游轮常态化疫情防控工作指南》。

8月11日，交通运输部印发《关于加强游轮疫情防控和运营安全工作的通知》。

9月25日，交通运输部、水利部联合印发《关于加强长江干流河道疏浚砂综合利用管理工作的指导意见》。

9月25日，交通运输部印发《水运工程建设标准管理办法》，进一步规范水运工程建设标准管理，促进水运工程技术进步和创新。

10月19日，中沙（特）海运协定正式生效。

11月2日，交通运输部印发《中韩客货班轮运输安全管理提升行动方案（2020—2022年）》，提出了4个方面16条措施。

11月9日，交通运输部办公厅印发《关于加强全国水路运输市场信用信息管理系统运行管理工作的通知》。

12月1日，交通运输部印发《关于贯彻落实〈海南自由贸易港建设总体方案〉实施方案的通知》，更好地服务中国特色自由贸易港建设。

12月7日，自然灾害综合风险公路水路承灾体普查工作领导小组办公室印发《关于印发〈自然灾害综合风险水路承灾体普查技术指南（试点版）〉及水路承灾体普查系统上线运行的通知》。

12月16日，交通运输部、国家铁路局、中国国家铁路集团有限公司联合印发《船舶碰撞桥梁隐患治理三年行动实施方案》。

12月17日，交通运输部印发《关于进一步加强水路客运安全管理的通知》。

12月20日，交通运输部印发《航道养护管理规定》，于2021年2月1日起施行。

12月20日，交通运输部修订发布《港口经营管理规定》，于2021年2月1日起施行。

12月28日，长江上游朝天门至涪陵河段航道整治工程开工建设。

（二）海上搜救重大事件

一是救助散货船“CHANG DA”轮遇险船员。

图5-1-1 救助“CHANG DA”轮

1月8日7时45分许，帕劳籍散货船“CHANG DA”轮在大连獐子岛东南约9海里处遇险，请求救助。辽宁省海上搜救中心立即协调专业救助力量前往救助，将其中9人安全转移。

二是液化气船“GAS PRODIGY”轮发生船载丙烯泄漏。2月10日15时57分，福州江阴中江化工码头利比里亚籍液化气船“GAS PRODIGY”轮发生泄漏。福建省海上搜救中心及时采取交通管制措施，科学应对。事故未造成人员伤亡和其他次生事故。

图5-1-2 救助“GAS PRODIGY”轮

三是救助“联航7”轮遇险船员。5月30日11时许，多用途船“联航7”轮在宁波象山以东10海里处进水后坐沉，船上14人遇险求救。浙江省海上搜救中心立即组织协调力量赶往现场救助。16时许，“东海救117”轮将13名遇险船员安全接下，1人落水失踪。

图5-1-3 救助“联航7”轮

四是救助“光汇616”轮遇险船员。6月4日10时许，油轮“光汇616”轮在山东石岛锚地发生液体化学品货物甲基叔丁基醚船内泄漏，请求救助。山东省海上搜救中心协调救援力量前往现场，将16名船员全部转移。

图5-1-4 救助“光汇616”轮

五是救助“凯胜2”轮遇险船员。7月10日13时许，货船“凯胜2”轮在广东茂名大竹洲岛海域遇险求救。广东省海上搜救中心立即协调力量前往现场救助。17时39分，专业救助直升机将12名遇险船员全部安全转移。

图5-1-5 救助“凯胜2”轮

六是救助“浙岭渔28916”遇险人员。8月8日2时30分，渔船“浙岭渔28916”在航经舟山水域时搁浅，船上13人遇险求救。浙江省海上搜救中心立即协调力量前往救助。5时55分，13名遇险渔民全部被安全转移。

图 5-1-6　救助“浙岭渔 28916”

七是搜救“隆庆 1”轮和“宁高鹏 688”轮遇险船员。8 月 20 日 3 时许，油船“隆庆 1”轮与砂石船“宁高鹏 688”轮在长江口灯船东南约 1.5 海里处碰撞，造成“宁高鹏 688”轮进水沉没，“隆庆 1”轮起火。交通运输部立即作出部署，上海海上搜救中心协调力量现场救助。经各方力量全力救助，3 人获救，12 人死亡，2 人失联，“隆庆 1”轮被拖带至上海锚地过驳卸载，未发生海域污染和次生事故。

图 5-1-7　救助“隆庆 1”轮

八是救助“大丰海运”轮遇险船员。11 月 7 日 12 时 50 分，巴拿马籍杂货船“大丰海运”轮在马祖东引岛以西海域进水，23 名船员遇险，请求救助。福建省海上搜救中心立即协调力量前往救助。16 时 15 分，23 名船员被全部救起。

图 5-1-8　救助“大丰海运”轮

九是搜救“新其盛 69”轮船员。12 月 13 日 23 时 30 分许，集装箱船“新其盛 69”与集装箱船“长锦海洋”在长江口深水航道发生碰撞，“新其盛 69”翻扣，16 人全部落水，请求救助。上海海上搜救中心立即协调力量开展搜救，经全力搜寻，8 人获救，4 人死亡，4 人失踪。

图 5-1-9　救助“新其盛 69”轮

十是救助“DONG YANG”轮船遇险人员。12 月 21 日，塞拉利昂籍散货船“DONG YANG”轮在南沙万安滩东北海域遇险，请求救助。中国海上搜救中心立即协调力量开展搜救。22 日 14 时 30 分，“DONG YANG”轮遇险的 10 名船员全部被安全救起。

图 5-1-10 救助“DONG YANG”轮

（三）海事系统重大事件

1 月 8 日，中国便利海上运输委员会第四次全体会议在北京召开，刘小明副部长出席会议。

1 月 24—26 日，天津、深圳海事局协调组织“歌诗达赛琳娜”号、“歌诗达威尼斯”号等邮轮靠港，疏散转运隔离在船游客近 9000 人，避免类似“钻石公主”号聚集式感染事件的发生。

1 月 29 日，交通运输部印发《关于统筹做好疫情防控与水路运输保障有关工作的紧急通知》。

2 月 4 日，交通运输部海事局在厦门向台湾地区船员签发首本新版海员证。

2 月 13 日，交通运输部海事局发布《新型冠状病毒感染肺炎疫情防控期间国际航行船舶船员证书再有效办理指南》。

3 月 2 日，交通运输部海事局编制发布《船舶船员新冠肺炎疫情防控操作指南（V1.0）》。3 月 18 日，国际海事组织（IMO）发布通函，向所有成员国、联系会员、政府间组织和非政府间组织推荐分享该指南。

3 月 9 日，交通运输部海事局联合工业和信息化部装备二司向国际海事组织（IMO）提交《关于不可预见的延迟交船的统一解释》并获通过。

3 月 13 日，财政部、交通运输部发布《关于减免港口建设费和船舶油污损害赔偿基金的公告》，明确自 2020 年 3 月 1 日零时起至 6 月 30 日 24 时止，减半征收船舶油污损害赔偿基金，对出口国外和国外进口货物免征港口建设费。

3 月 26 日，海事一网通办平台作为交通运输部唯一一个国务院部门垂直业务管理系统，完成了与辽宁、湖北省政务服务平台的对接试点工作。

4 月 1 日，交通运输部印发《关于进一步强化国际航行船舶中国籍船员境内港口换班管理工作的通知》，规范船员上下船换班操作。

4 月 11 日，马士基航运公司所属丹麦籍集装箱船“古杰多马士基”轮在完成船员换班后安全驶离宁波舟山港，标志着疫情发生以来，我国水运口岸输入的首例疫情案例在交通运输部牵头协调下得以成功处置。

4 月 12 日，交通运输部、外交部、国家卫生健康委员会、海关总署、国家移民管理局联合印发《关于疫情防控期间针对伤病船员紧急救助处置的指导意见》。

4 月 22 日，交通运输部、外交部、国家卫生健康委员会、海关总署、国家移民管理局和中国民用航空局联合印发《关于精准做好国际航行船舶船员疫情防控工作的通知》。

4 月 28 日，国际海事组织（IMO）发布通函，向所有成员国、联系会员、政府间组织和非政府间组织推荐分享由中国政府提交的《新冠肺炎疫情防控期间针对患病海员紧急救助处置指南（V1.0）》。

6 月 8 日，交通运输部海事局发布《水上交通安全专项整治三年行动实施方案》，开展突出问题集中整治。

6 月 25 日，在第十个“世界海员日”来临之际，交通运输部举行系列庆祝活动，向广大船员致以节日问候。李小鹏部长致信慰问全国船员，刘小明副部长出席活动并视频连线汕头海事局。同日，交通运输部发布《2019年中国船员发展报告》。截至2019年底，全国共有注册船员165.9万人，同比增长5.3%。

7月22日，全国交通运输系统规模最大、装备最先进的航标船“海巡173”正式列编南海航海保障中心。

8月1日，交通运输部和退役军人事务部共同实施“浪花计划”，为退役军人取得船员职业资格和就业安置创造条件、提供平台。

8月20日，交通运输部印发《400总吨以下内河船舶水污染防治管理办法》，并于同年10月1日起施行，有效期5年。

8月21日，交通运输部长江经济带船舶和港口防污染现场推进会在镇江召开。

9月11日，交通运输部印发《关于深化改革推进船舶检验高质量发展的指导意见》。

9月23日，第109次国务院常务会议审议通过了《中华人民共和国海上交通安全法（修订草案）》。

9月29日，我国万吨级大型海事巡逻船“海巡09”轮在广州下水。

10月24日，上海海事局陈维被授予2019年度全国三八红旗手标兵荣誉称号，并于11月12日在浦东开发开放30周年庆祝大会上受到习近平总书记亲切接见。

10月25日，“中新电子证书应用先导项目”在广州南沙港和新加坡港的实船测试成功，标志着中新“国家级海事单一窗口”系统实现对接。

11月13日，深圳海事局签发全国首份内河船舶船员电子证书。

12月4—5日，交通运输部党组书记杨传堂到黑龙江海事局开展专题调研，强调要推动作风建设不断向纵深发展，为加快建设交通强国履职尽责。

12月22—26日，十三届全国人大常委会第二十四次会议初次审议了《中华人民共和国海上交通安全法（修订草案）》。

12月29日，中国与意大利海事主管机关云签署海员证书互认谅解备忘录。国务委员兼外长王毅同意大利迪马约外长通过视频见证了文件的签署。

（四）救捞重大事件

6月12日，全国交通运输系统先进集体、劳动模范和先进工作者表彰大会在北京召开。救捞系统多人和集体荣获全国交通运输系统先进集体、劳动模范和先进工作者。

8月24日，“中国救捞”官方抖音号正式上线。

11月24日，北海救助局高级船长邹本波荣获“全国先进工作者”称号。

12月14日，全国交通运输行业精神文明建设工作电视电话会议在北京举行。救捞系统多个单位荣获全国交通运输行业文明单位和全国交通运输行业文明示范窗口称号。

12月18日，我国首部海上救助打捞题材电影——《紧急救援》全球公映。

四、民航行业重大事件

一是中国民航坚决打赢疫情防控阻击战。2月11日，中国民用航空局召开2月民航安全运行形势分析会，中国民用航空局局长冯正霖强调，全行业要深入学习贯彻习近平总书记重要讲话和中央政治局常委会会议精神，坚持“保安全运行、保应急运输、保风险可控、保精细施策”工作要求，深化细化防控措施，坚决打赢疫情防控阻击战。

二是中国民用航空局定点扶贫取得阶段性成效。12月26日上午12时05分，乌鲁木齐航空UQ2573航班（乌鲁木齐—于田）平稳着陆，标志着中国民用航空局定点帮扶新疆和田地区于田、策勒两县的头号“民心工程”——新疆于田万方机场正式建成投运。

三是中国民航创造“120+4”个月安全飞行记录。“十三五”期间，中国民航运输航空百万小时重大事故率和亿客公里死亡人数均为0，并连续18年确保了空防安全。截至2020年8月25日，全行业实现运输航空安全飞行10周年，在此基础上开始创造新的安全纪录，截至2020年底，持续安全飞行“120+4”个月，累计安全飞行8943万小时，安全水平稳居世界前列。

四是我国国际航空货运能力显著提升。6月，我国与45个国家的105个境外航点保持定期货运航班飞行，按照航班计划，中外航空公司平均每周执行定期货运航班2390班，比疫情前的每周1014班增加135.7%，比2月中旬的每周788班增加203.3%。通过各项政策措施的激励，我国民航货运能力得到大幅提升。

五是四型机场建设行动纲要出台。1月3日，中国民用航空局正式印发《中国民航四型机场建设行动纲要（2020—2035年）》，这是指导当前和今后一个时期四型机场建设的主导性文件。

六是海南自由贸易港试点开放第七航权。6月9日，中国民用航空局公布了《海南自由贸易港试点开放第七航权实施方案》，这是中国民用航空局对《海南自由贸易港建设总体方案》中有关“试点开放第七航权”政策的具体细化和落实。在海南试点开放第七航权是中国民用航空局落实党中央国务院决策部署、支持海南自贸港建设的具体措施。

七是民航科技创新示范区项目开工。9月10日，民航科技创新示范区项目在成都天府国际空港新城开工建设，标志着民航落实国家创新驱动发展战略迈上新台阶，将为新时代民航强国建设提供重要科技支撑。

八是全国民航流量管理系统启用。12月22日，吉林空管分局作为东北地区率先“对接”全国民航流量管理系统试验的运行单位，在原有的高扇指挥、高扇监控、低扇指挥、低扇监控等管制席位的基础上，增设了流量管理席位，并正式运行。

九是国内市场率先复苏“随心飞”产品拉动航联全产业链。6月，东方航空率先在业内推出“周末随心飞”产品，引来各家航空公司竞相追随，春秋航空“想飞就飞”、海南航空“嗨购自贸港”、南方航空“快乐飞”等产品相继推出，刺激国内旅客出行。

十是国有航企股权改革不断推进。6月公布的《国企改革三年行动方案（2020—2022年）》中，提出将对国有企业进行混合所有制改革。10月12日，中国东方航空集团有限公司正式宣布实施股权多元化改革，这是行动方案在央企总部层面进行股权改革的第一单。

五、邮政行业重大事件

（一）邮政快递业全力推进疫情防控和复工复产，服务经济社会发展有力有效

新冠肺炎疫情发生以后，国家邮政局组织邮政、快递企业第一时间开通全国驰援武汉救援物资和海外捐赠国内防疫物资两条运递“绿色通道”。2月7日，率先全面启动行业复工复产

图5-1-11　快递分拨中心工作人员在进行消杀（图片由国家邮政局提供）

工作。努力维系国际寄递渠道畅通，与万国邮联和各国邮政分享我国抗疫经验。制修订 6 版邮政快递生产作业场所操作规范，积极为企业争取口罩等防疫物资，推广定点收寄、定点投递等非接触投递模式，有效加强重点部位疫情防控。邮政快递业汪勇、徐龙、周培三人获得“全国抗击新冠肺炎疫情先进个人”称号。

图 5-1-12　顺丰速运华北转运中心的自动分拣系统（图片由国家邮政局提供）

（二）邮政快递业“十三五”圆满收官

10 月 22 日，国家邮政局局长马军胜在国务院新闻办新闻发布会上介绍了邮政快递业“十三五”发展成就。《中华人民共和国国民经济和社会发展第十三个五年规划纲要》提出，在“十三五”期间我国要实现“村村直接通邮”。2019 年 8 月，邮政行业提前一年多完成建制村直接通邮的任务，全国 55 万多个建制村的村民足不出村就可以收到邮政包裹。

图 5-1-13　邮政企业开通长春至首尔货运包机邮路（图片由国家邮政局提供）

（三）邮政快递业助力脱贫攻坚成效显著

9 月 21 日，国务院新闻办举行专题新闻发布会，介绍邮政快递业助力脱贫攻坚工作的有关情况。邮政快递业已经构建了广覆盖的物流网络、广对接的助贫平台、广吸纳的就业通道，较好地完成了党中央交办的脱贫各项任务，为全面打赢脱贫攻坚战贡献了行业力量。

（四）《邮政强国建设行动纲要》发布，描绘宏伟蓝图

3 月 26 日，国家邮政局发布《邮政强国建设行动纲要》（以下简称《纲要》）。《纲要》以党的十八大以来我国迈入世界邮政大国为时代背景，以党的十九大提出的分两步建设社会主义现代化强国为时代要求，描绘了我国邮政业到 21 世纪中叶全面建成人民满意、保障有力、世界前列的邮政强国的宏伟蓝图。

（五）“两进一出”工程加快推进

2020 年，国家邮政局启动“快递进村”工程，加快“快递进厂”工程，实施“快递出海”工程，以进一步完善邮政业高质量的服务民生体系和高效能的国际寄递体系。

图5-1-14　浙江省湖州市安吉县山川乡成立乡镇快递集散中心，对所有乡里的快件进行再分拣并搭载通往各村的公交车，打通快递进村“最后一公里”（图片由国家邮政局提供）

（六）“9792”工程深入开展，快递包装绿色治理取得积极进展

2020 年全国邮政管理工作会议提出加快快

图 5-1-15 北京苏宁物流负责人向媒体记者展示介绍绿色环保包装用品（图片由国家邮政局提供）

递包装综合治理，力争实现“9792”目标，即“瘦身胶带”封装比例达 90%，电商快件不再二次包装率达 70%，循环中转袋使用率达 90%，新增 2 万个设置标准包装废弃物回收装置的邮政快递网点。

（七）行业业务收入占 GDP 比重首超 1%，快递年业务量突破 800 亿件

2020 年，邮政快递业紧紧围绕主题主线，发展质效不断提升，全行业业务收入超过 1.1 万亿元，占 GDP（国内生产总值）比重首次超过 1%。12 月 21 日，2020 年我国快递业务量突破 800 亿件。这是继 2019 年我国快递年业务量突破 600 亿件之后，我国邮政快递业发展史上又一座里程碑。

图 5-1-16 2020 年 12 月 21 日，中央媒体记者在顺丰速运武汉吴家山中转场采访第 800 亿件快件中转作业（图片由国家邮政局提供）

（八）国家邮政局扎实推进关心关爱快递小哥工作

2020 年，习近平总书记多次就关心关爱快递员作出重要指示批示。在相关部门大力支持下，国家邮政局认真贯彻落实习近平总书记关心关爱快递员重要指示批示精神，在传递关心关爱、维护职工权益、促进职业发展、提升社会融入等方面开展了大量工作。

图 5-1-17 2020 年 11 月 10 日，关爱快递员“暖蜂行动”暨第五届“快递员关爱周”活动启动仪式现场（图片由国家邮政局提供）

（九）“绿盾”工程一期建设基本完成，合肥灾备中心启用

“绿盾”工程是国家邮政局的“三最工程”和“金字工程”。目前，“绿盾”工程已基本完成一期各项目建设，相关建设成果已逐步在重大活动安全保障、日常行业监管和政务服务等工作中实际运用，工程建设效果初步显现。

（十）全国邮政行业首次省部级评选表彰结果公布

2020 年 12 月 29 日，全国邮政行业先进集体、劳动模范和先进工作者表彰大会在北京举行。145 个“全国邮政行业先进集体”、96 名“全国邮政行业劳动模范”和 10 名“全国邮政行业先进工作者”受到表彰。

图 5-1-18 表彰大会现场（图片由国家邮政局提供）

第二章　重大宣传成就

一、交通运输部重大宣传成就

一是用心用情讲好交通战“疫”故事。主流媒体宣传“高峰”和新媒体现象级传播频现，“交通运输疫情防控”成为网络热词、引发社会好评。交通运输部出席国务院新闻办及国务院联防联控机制新闻发布会 20 场；《人民日报》刊发交通疫情防控和复工复产稿件 386 篇，央视《新闻联播》报道 451 条，其中《人民日报》头版头条 2 个、整版图片报道 11 个；交通运输部政务微博疫情防控话题阅读量超过 20 亿次，18 场疫情防控主题直播在线观看人数超过 1.2 亿人，相关短视频播放总量超过 8 亿次，有效凝聚了人心、鼓舞了士气，传递了交通运输抗击疫情正能量，充分发挥了交通抗疫强信心、暖人心、聚民心的重要作用。

二是精心组织开展脱贫攻坚主题宣传。制定小康宣传方案，细化全面宣传工作安排，调动各地积极开展宣传。积极协调中央媒体，在《求是》杂志刊发交通运输部党组署名文章，央视《新闻联播》、人民日报、新华社刊发交通扶贫宣传，形成强大舆论声势。指导中国交通报、中国水运报开辟专栏，提高扶贫工作关注度和参与度。精心设置议题，8 月 12 日和 9 月 28 日，在国务院新闻办举行新闻发布会，讲述交通扶贫故事，积极展现交通运输部门的担当作为。交通运输部微博等新媒体“线上 + 线下”联动，策划 10 场“走近四好农村路”快手系列直播，累计观看量近 2600 万次；开设微博话题“我家门口那条路”“2020 年度十大最美农村路”“十大最美农村路”，阅读量分别达到 5.7 亿次、4.1 亿次、2 亿次。组织开展“行在乡村　游在路上”自驾主题宣传活动，生动展示交通运输行业在推动经济社会发展、服务全面建成小康社会方面取得的成就。先后组织出版《我的扶贫故事》《殷殷小康梦　浓浓水运情》等书籍；指导制作《寻路乡村中国》，协助制作的脱贫攻坚政论专题片《摆脱贫困》在中央电视台播出后，引发全行业的热烈反响。

三是创新做好新闻发布工作。完善新闻发布制度，每月举行一场部例行新闻发布会，做好新闻信息发布和政策权威解读。重点围绕疫情防控、“两会”、脱贫攻坚、交通可持续发展白皮书等，不定期在国务院新闻办举办新闻发布会，交通运输部领导多次出席，加强和全行业的互动。在上海举行“携手同行　维护国际物流畅通”的中国航海日专题新闻发布会。在 2020 年度全国新闻发布会工作评估中获得优秀。2020 年 9 月 15—16 日，在交通运输部党校举行新闻发言人培训班，邀请共青团中央等新闻宣传走在前列的部委、人民网等主流媒体的专家进行课堂教学。安排专人全天候监测敏感舆情，及时发现舆情热点，协调处置，全年编发舆情简报 378 期。

四是加快构建全媒体传播格局。策划开展了“我家门口那条路”“我的公交我的城”“我家住在长江边”等主题宣传活动，全媒体发力，线上线下互动，生动宣传了交通运输发展给人民群众带来的获得感、幸福感、安全感。交通运输部微博“中国交通”于 2020 年 2 月 8 日正式上线，粉丝 505 万人，主持的 8 个微博话题阅读量过亿次，19 次登上微博热搜榜、要闻榜；22 家成员单位纳入微博矩阵平台，覆盖粉丝 1200 万人。

交通运输部微信全年共发布1483条信息，总阅读量超过5500万次，粉丝近158万人。交通运输部快手“中国交通”于2020年1月21日开通，粉丝153万人，全年播发短视频888个，总观看量突破17亿次，点赞量超过7665万次；组织开展68场直播活动，累计观看量2.25亿次，点赞量4900万次。交通运输部抖音发布112个短视频，阅读量超过2393万次，话题“回家过年那条路”总播放量超过64亿次。陆续开通“中国交通报”“中国水运报”“中国港口杂志”“大连海事大学”“中国公路”“长江航运”6个交通行业强国账号，交通运输新媒体传播大格局初具规模，成效显著。

二、铁路重大宣传成就

一是专项工作信息发布及时有力。在国家铁路局政府网站开设铁路安全专项整治信息发布专栏，集中发布铁路安全生产专项整治三年行动法规文件、工作动态、公示督办、宣传资料等各类信息，展示行动成果、接受社会监督，促进高质量完成专项整治各项任务。

二是日常新闻宣传工作不断加强。2020年，国家铁路局共参加国务院新闻办新闻发布会3场，围绕交通运输“十三五”发展成就、2020年春运形势和工作安排、交通可持续发展白皮书回应媒体关切。举行专题答记者问2次，就《高速铁路安全防护管理办法》和《市域（郊）铁路设计规范》发布工作开展政策解读，引导社会关注，推进办法规范实施。全年通过政府网站发布各类新闻信息1093篇，政务微博发布信息819条。

三、民航重大宣传成就

及时向央视、人民日报、新华社等中央主流媒体推送民航应急保障数据、航班运输情况等信息，协助中央电视台及央视网拍摄民航抗疫一线报道、多次在《新闻联播》播出，联系协助人民日报及人民网、新华社及新华网报道数千篇民航抗疫先进事迹。积极参与国务院新闻办专题新闻发布会13次，举办中国民用航空局新闻发布会15次，及时发布权威信息，做好政策解读，回应社会关切。在《中国民航报》推出《让党旗在疫情防控一线高高飘扬》等抗疫专栏，组织出版《中国民航抗击新冠肺炎疫情大事记》等抗疫专题图书。大力宣传党中央关于疫情防控方针政策，宣传解读中国民用航空局防控措施，宣传民航抗疫故事。利用全国民航工会、全国民航团委等微信公众号，广泛宣传抗疫故事。以党组名义和冯正霖个人名义分别在《旗帜》《人民论坛》杂志发表民航抗疫战线文章，提振全行业干部职工的抗疫信心决心。大力宣传民航系统抗击新冠肺炎疫情优秀共产党员和先进基层党组织以及先进典型和感人事迹，在《旗帜》杂志上刊发宣传全国抗击新冠肺炎疫情先进个人、全国优秀共产党员李卓明同志先进事迹，协助中央电视台拍摄全国抗击新冠肺炎疫情先进个人部扬同志先进事迹专题片。大力宣传北京大兴国际机场投运一周年工作座谈会，深入学习贯彻落实习近平总书记在北京大兴国际机场投运仪式上的重要讲话精神。印发《关于做好“三个敬畏”宣传教育工作的通知》，在全行业深入开展“敬畏生命、敬畏规章、敬畏职责”宣传教育活动。深入开展“七一”开航、“八一”开航70周年宣传活动。配合开展法治宣传教育第八个五年规划，组织参与第十七届全国法治动漫微视频作品征集展示活动，协调航空公司、机场做好《中华人民共和国民法典》专题公益宣传品播出工作。同时，及时宣传报道党的十九届四中、五中全会精神、“两会”精神、习近平总书记在脱贫攻坚、抗疫表彰大会上的重要讲话精神的学习动态和贯彻落实情况，营造了学习贯彻的浓厚氛围。

四、邮政重大宣传成就

一是深入学习宣传贯彻习近平新时代中国特色社会主义思想。国家邮政局深入学习贯彻《习近平谈治国理政》第三卷和习近平总书记最新指示精神，举办十九届五中全会精神培训班，切实把学习成效转化为提高应对风险挑战、推动行业发展的能力。

二是认真做好疫情防控、脱贫攻坚等重大主题宣传。自新冠肺炎疫情发生以来，国家邮政局通过国务院联防联控机制新闻发布会、媒体采访、政府网站和新媒体等多个渠道，及时发布行业重大信息；通过参加国务院新闻办新闻发布会、组织媒体集体采访、在国家邮政局网站和行业媒体开设专题专栏等多种形式，宣传邮政快递业助力脱贫攻坚和全面建成小康社会的工作和成效。

三是持续加强新闻发布和宣传报道。2020年，国家邮政局出席国务院联防联控机制新闻发布会和国务院新闻办新闻发布会8次，举行国家邮政局例行新闻发布会、专题新闻发布会、新闻通气会、集体采访12场，并通过人民日报、新华社、中央广播电视总台等权威渠道，及时主动发布信息、解读政策，回应社会关切，引导舆论。深入宣传全行业贯彻落实习近平总书记关于邮政快递业重要指示批示精神。

四是着力培育践行社会主义核心价值观。国家邮政局会同人力资源和社会保障部组织开展全国邮政行业先进集体、劳动模范和先进工作者评选表彰，开展第四届寻找“最美快递员”活动。24人获全国劳动模范，25家单位获全国文明单位，2人1集体获中国青年五四奖章，10人获全国青年岗位能手（标兵）等称号。组织开展关爱快递员“暖蜂行动”，在全社会推动营造理解、尊重、关爱快递员群体的良好氛围。

五是坚决落实意识形态工作责任制，加强意识形态阵地和队伍建设。制定《2020年全国邮政管理系统新闻宣传工作要点》，对2019年度全系统新闻发布和政务新媒体工作情况进行评估。充分发挥“3+X”行业新闻宣传平台和三级行业新闻宣传体系作用，研究打造新型行业融媒体，建设主流行业媒体。聚焦“四力”锻造一支坚强的行业新闻宣传人才队伍，加强思想教育、纪律教育和业务教育，推动行业宣传工作实起来、强起来。

第六篇
专题特辑

Section VI
Special Subjects

专题一 “四好农村路”

2020年是决战决胜脱贫攻坚的收官之年，交通运输行业深入贯彻习近平总书记关于“四好农村路”重要指示精神，全面推动“四好农村路”高质量发展。“十三五”期间，全国累计完成新改建农村公路146.9万公里，共解决了246个乡镇、3.3万个建制村通硬化路难题，新增1121个乡镇、3.35万个建制村通客车，实现了具备条件的乡镇和建制村通硬化路、通客车，为加快建设交通强国提供有力支撑，为实现巩固拓展脱贫攻坚成果同乡村振兴有效衔接、加快农业农村现代化提供坚实保障。

一、加强组织领导，强化工作部署

坚持以习近平总书记关于“四好农村路”重要指示精神为指导，学深悟透总书记重要指示精神，加强组织领导，强化工作落实，推动“四好农村路”高质量发展。交通运输部党组书记杨传堂、部长李小鹏多次组织召开党组会、部务会、党组中心组学习会、领导小组会，学习习近平总书记重要指示精神，对“四好农村路”工作进行安排部署。

制定并印发《推动“四好农村路”高质量发展2020年工作要点》（交办公路函〔2020〕238号），部署全年重点工作。在过去五年分别以“建设、管理、养护、运营、高质量发展”为主题召开现场会的基础上，2020年10月，在贵州省长顺县组织召开全国推动完善“四好农村路”高质量发展体系现场会，全面总结了“十三五”成绩、分析了形势和问题、围绕“八个体系”对当前和今后一段时期“四好农村路”发展工作作出详细部署。将具备条件的乡镇和建制村通客车、公路安全生命防护工程和危桥改造等工作任务纳入“2020年交通运输更贴近民生实事”进行重点部署，确保“四好农村路”各项工作任务切实落实。将“四好农村路”高质量发展、深化农村公路管理养护体制改革等内容纳入2020年交通运输综合督查，督促指导各地完善农村公路发展长效机制。

二、巩固提升农村公路建设成果

2020年，全国新改建农村公路26.9万公里，实施农村公路安全生命防护工程20.05万公里，危桥改造7041座。累计新增3650个撤并建制村等较大人口规模自然村通硬化路，不断巩固提升建制村通硬化路成果。

一是巩固乡镇和建制村通硬化路成果。印发《关于确保乡镇和建制村硬化路畅通的通知》（交办规划函〔2020〕532号）、《关于确保不具备通硬化路条件乡镇和建制村对外道路畅通的通知》（交办规划函〔2020〕647号），并组织全国再次开展乡镇和建制村通硬化路抽查检查，全面巩固乡镇和建制村通硬化路建设成果。

二是推进交通建设项目向进村入户倾斜。印发《关于印发2020年交通扶贫建设目标任务的通知》（交办规划函〔2020〕225号）、《关于做好贫困地区2020年交通建设项目更多向进村入户倾斜工作的通知》（交办规划函〔2020〕592号），督导贫困地区在巩固好乡镇和建制村通硬化路成果的基础上，加快推进撤并建制村和抵边自然村等通硬化路，加强资源路、旅游路、产业路改造建设，指导地方加大力度推进通组公路建设，推动农村公路更多向进村入户倾斜，不断提升广大农村地区交通基础设施水平。

三是强化建设资金保障。2020年，财政部联合交通运输部下达656.64亿元车购税资金支持农村公路建设。其中，较大人口规模撤并建制村、抵边自然村等自然村通硬化路补助157.75亿元。针对2020年洪涝灾害特别严重的情况，财政部联合交通运输部紧急下达车购税资金22.38亿元用于农村公路特别是乡镇和建制村通硬化路灾毁恢复重建，有力保障了通硬化路成果。

三、深化农村公路管理养护体制改革

2019年，国务院办公厅印发了《关于深化农村公路管理养护体制改革的意见》（国办发〔2019〕45号），交通运输部深入推进农村公路管理养护体制改革，加快完善农村公路管理养护长效机制。

一是完善改革政策措施。交通运输部联合财政部印发了《贯彻落实〈国务院办公厅关于深化农村公路管理养护体制改革的意见〉的通知》（交公路发〔2020〕26号），进一步明确改革目标、改革重点和改革路径。31个省（区、市）和新疆生产建设兵团制定了改革实施方案，确保各项改革措施落地。

二是开展改革试点工作。交通运输部联合财政部印发了《关于组织开展深化农村公路管理养护体制改革试点工作的通知》（交公路函〔2020〕686号），围绕“路长制、养护生产模式、信息化、美丽农村路、资金保障、投融资机制、信用评价、政府考核”8个主题，确定了167个省、市、县级农村公路管理养护改革试点区，探索改革有益经验。

三是全面推行“路长制”。交通运输部印发了《关于全面做好农村公路“路长制”工作的通知》（交公路发〔2020〕111号），全面推行县、乡、村三级路长制，提出了“路长制”工作目标，明确了“路长制”的组织体系和各级路长的工作职责。全国31个省（区、市）和新疆生产建设兵团全部都在省级层面出台了落实“路长制”的政策措施，河北、山西、内蒙古等11个省（区、市）出台了实施“路长制”的指导意见，“路长制”推进成效显著。

四是加大“四好农村路”就业岗位开发力度。人力资源和社会保障部会同交通运输部等联合印发《关于进一步用好公益性岗位发挥就业保障作用的通知》（人社部发〔2020〕38号），交通运输部印发《关于进一步开发“四好农村路”就业岗位着力稳定和扩大就业的通知》（交办公路函〔2020〕1226号），指导督促各地加大农村公路建设与管护等公益性岗位的开发力度，加强技能培训，全力做好就业困难人员就业安置工作。截至2020年底，全国共设置农村公路就业岗位70.8万个，平均年收入达1.2万余元，共吸纳建档立卡贫困户35.9万人。其中，设置公益性岗位28.8万个，平均年收入0.9万元，吸收建档立卡贫困户22.6万人。

五是完善技术标准体系。发布《农村公路养护预算编制办法》（JTG/T 5640—2020），组织开展《小交通量农村公路工程设计规范》《农村公路简易铺装路面设计施工技术规范》编制工作，不断完善技术标准体系。

四、提升农村公路运输服务水平

2020年，全国新增29个乡镇和1146个建制村通客车，实现所有具备条件的建制村通客车，农村地区客货运输服务水平持续提升。修订出台《道路旅客运输及客运站管理规定》（交通运输部令2020年第17号），明确规定“农村道路客运具有公益属性”，完善农村客运可持续稳定发展政策保障。

一是完成具备条件的建制村通客车任务。印发《关于全力推进乡镇和建制村通客车工作确保完成交通运输脱贫攻坚兜底任务的通知》（交运函〔2020〕206号）、《关于开展乡镇和建制村通客车质量第三方评估的通知》（交运函〔2020〕355号），部署各地加快推进剩余具备条件的乡镇和建制村通客车，全面开展通客车自查和质量评估，确保高质量完成通客车任务。中央安排城乡道路客运油补资金88.9亿元用于农村客运发展，为实现具备条件的乡镇和建制村通客车提供了有力的资金保障。

二是加强通客车工作督促指导。2020年4月，召开乡镇和建制村通客车工作电视电话会，督促仍有通客车任务8个省份的交通运输主管部门加快工作进度，多措并举完成通客车任务。5—9月，由部领导带队或司内组织赴四川、重庆、西藏开展乡镇和建制村通客车督导调研，督促指导各地因地制宜推进剩余具备条件的乡镇和建制村通客车。组织出版《全国农村客运发展典型案例集》，系统总结各地交邮融合、公车公营、全域公交等典型做法，多渠道、多维度宣传推广“四好农村路”发展成效和经验。

三是农村物流网络建设不断加强。深入推广农村物流服务品牌，持续推进交通运输与邮政快递融合发展，引导交通、邮政、快递、电商、供销、农业等农村物流资源高效整合，推动农村物流企业与供应链上下游企业协同协作，推进快递下乡进村，加快构建畅通便捷、经济高效、便民利民的县、乡、村三级物流服务体系，着力提升农村物流服务水平。

五、持续深化农村公路示范创建工作

通过开展“四好农村路”示范创建、城乡交通运输一体化示范县创建、“最美农村路”评选等，以点带面，推动“四好农村路”高质量发展。

一是深化“四好农村路”示范创建。研究起草了《关于深化“四好农村路”示范创建工作的实施意见》，推动“四好农村路”从区域示范引领向全域发展转变。指导各省份积极推进省级示范县、达标县、示范乡镇等创建工作，“十三五”期累计创建省级示范县902个。江苏、四川、河南等省份在开展省级示范县创建基础上，积极探索省级示范市创建。

二是开展运输服务示范创建。印发《关于开展第一批城乡交通运输一体化示范县创建工程验收工作的通知》（交运函〔2020〕503号），开展第一批城乡交通运输一体化示范县验收。印发《关于公布首批农村物流服务品牌并组织开展第二批农村物流服务品牌申报工作的通知》（交办运函〔2020〕838号），评选出首批25个农村物流服务品牌项目，通过宣传推广经验做法，不断提升农村物流服务水平。

三是创新宣传模式，推广发展经验。结合“我家门口那条路”主题活动，组织农村公路的线上线下展示活动，充分展现“四好农村路”服务脱贫攻坚、助推乡村振兴成效。开展“最美农村路”评选活动，评选出2019年度“十大最美农村路”，增强了农民群众的幸福感、获得感。启动了2020年度“十大最美农村路”推选宣传活动。

专题二　脱贫攻坚

2020年，交通运输部深入贯彻习近平总书记关于扶贫工作的重要论述和指示批示精神，坚决落实党中央、国务院决策部署，努力克服新冠肺炎疫情和严重洪涝灾害影响，扎实推进交通扶贫、定点扶贫、对口支援和联系六盘山片区工作，全面完成了“两通”等交通运输脱贫攻坚目标任务，为贫困地区实现“两不愁三保障”、全面打赢脱贫攻坚战提供了有力支撑。交通运输行业36个集体和43名个人分别荣获全国脱贫攻坚先进集体、先进个人荣誉称号。

一、交通运输脱贫攻坚工作情况

（一）加强组织领导，深入学习领会习近平总书记重要指示批示精神

一是坚决扛起政治责任。部主要领导挂帅，持续压实党组领导、脱贫攻坚领导小组主抓、司局分头落实的责任体系。落实奖惩机制，会同有交通扶贫任务的25个省级人民政府，加快完成部省共建协议约定的建设任务。二是全年召开部党组会议12次、部务会议16次、部脱贫攻坚领导小组会议1次，制定《关于贯彻落实习近平总书记重要讲话精神决战决胜交通运输脱贫攻坚的实施意见》，及时研究推进部署交通运输脱贫攻坚工作。三是及时组织部机关司局及部属在京单位党组织，结合理论学习中心组学习、“三会一课”、组织生活日等形式，深入学习习近平总书记关于扶贫工作的重要论述和指示批示精神。

（二）坚持从严要求，完成中央脱贫攻坚专项巡视“回头看”整改工作

针对中央脱贫攻坚专项巡视“回头看”反馈问题立即制定整改方案，建立问题清单、任务清单、责任清单。统筹“当下改”“重点盯”“长久立”，召开8次专题会研究推动整改工作。2020年10月底，整改方案确定的18项整改任务49项整改举措全面完成，构建起长效工作机制。

（三）持续加大资金投入力度，支持贫困地区决胜交通扶贫脱贫攻坚

一是对贫困地区优先安排项目、优先保障资金，全年累计安排超过2040亿元车购税资金支持交通扶贫项目建设，占全国车购税资金的62%，其中农村公路资金约363亿元。二是全力攻克深度贫困堡垒。新增资金、新增项目、新增举措进一步向深度贫困地区倾斜，全年安排车购税资金超619亿元，支持“三区三州”交通扶贫项目建设。

（四）克服新冠肺炎疫情和灾情影响，及时部署推动完成交通扶贫规划剩余任务

一是先后以统筹疫情防控和经济社会发展、交通扶贫、六盘山片区脱贫攻坚、“三区三州”交通扶贫、建制村通客车等为主题召开5次电视电话会议，系统部署全行业统筹做好疫情防控和交通运输脱贫攻坚工作。二是制定2020年交通扶贫建设分省份目标任务，针对“三区三州”深度贫困县、定点扶贫县、对口支援县、六盘山片区贫困县“一县一单”分解细化推进建设任务。

（五）全力推动“四好农村路”高质量发展

一是完善政策法规体系。研究起草《农村公路绩效管理考核办法》，加快《农村公路条例》立法进程。出台《农村公路养护预算编制办法》

并组织开展应用试点工作。二是深化管养体制改革。联合财政部印发《贯彻落实〈国务院办公厅关于深化农村公路管理养护体制改革的意见〉的通知》（交公路发〔2020〕26号）并开展试点工作。印发《关于全面做好农村公路“路长制”工作的通知》（交公路发〔2020〕111号），全国各地均在省级层面制定了落实“路长制”工作措施。三是大力开发“四好农村路”就业岗位。截至2020年底，全国共开发农村公路就业岗位70.8万个，共吸纳建档立卡贫困户35.9万人。

（六）着力提升贫困地区运输服务水平

一是开展农村客运补助政策调整成效考核，修订出台《道路旅客运输及客运站管理规定》（交通运输部令2020年第17号），加快《中华人民共和国道路运输条例》修订，压实地方主体责任。二是发挥示范引领作用，开展第一批城乡交通运输一体化示范县验收，城乡交通运输一体化发展水平达到AAAA级、AAA级以上的区县占比分别为79％和95％。三是联合国家邮政局开展“农村物流服务品牌”推广工作，指导各地加大对贫困地区农村物流资源整合力度。

（七）凝聚合力，扎实做好定点扶贫、对口支援和联系六盘山片区工作

一是部党组书记杨传堂、部长李小鹏先后赴定点扶贫县、对口支援县和六盘山片区督导调研并主持召开现场办公会，督导各地巩固脱贫成果，加快完成剩余脱贫任务。二是深化结对帮扶机制，制定年度工作计划，持续加大资金、项目、人才等支持力度，广泛开展党建扶贫、消费扶贫、教育培训、捐资助学。超额完成《中央单位定点扶贫责任书（2020年度）》上的全部任务，其中投入帮扶资金7.65亿元，引进帮扶资金1162万元，分别培训基层干部、技术人员181人和210人，购买定点扶贫县农产品约696万元、帮助销售156万元，购买其他贫困地区农产品667万元、帮助销售377万元。

（八）推进巩固拓展交通扶贫成果与乡村振兴有效衔接

一是巩固交通扶贫成果。督导各地抓好通硬化路项目管理养护，在2020年紧急下达的公路灾毁重建资金中，首次将通乡镇和建制村硬化路灾毁重建纳入支持范围，并安排了22.38亿元资金。组织各地开展通硬化路情况核查、通客车质量评估，针对问题及时整改，确保“两通”成色饱满。二是在“十四五”规划和农村公路中长期发展纲要编制工作中，调整优化交通扶贫政策，明确“十四五”政策方向。三是继续组织推进较大人口规模撤并建制村、抵边自然村通硬化路建设，推动交通建设项目尽量向进村入户倾斜。四是推动贵州乌江索风营等四库区航运建设工程、河南沙颍河周口至省界航道升级改造工程等，协调推进云南贫困地区通江达海工程，提升内河基础设施供给能力。

（九）扶志扶智，统筹做好干部扶贫挂职和教育培训工作

一是完成西部地区、老工业基地和革命老区对口扶贫干部人才轮换，选派14名干部挂职扶贫，接收贫困地区6名干部到部机关挂职。二是举办34期专题培训班，培训基层干部和专业技术人员近3000人次。完成第二轮对口援助新疆交通职业技术学院行动计划，指导大连海事大学开展社会实践和支教活动。三是印发实施方案，深化党建扶贫工作。以送教上门方式培训定点扶贫县党群干部40名，打造“不走的扶贫工作队”。

（十）持续开展交通扶贫领域腐败和作风问题专项治理

一是印发《关于决胜年深入开展交通扶贫领域腐败和作风问题专项治理的通知》，制定2020年工作要点和持续解决困扰基层的形式主义问题

具体措施及任务分工，组织开展专项治理，保障决胜小康。二是扎实推进2020年内外部监督检查发现的贫困地区交通运输有关问题整改，对整改问题一体推进、并账管理。三是组织各地开展交通扶贫资金专项审计调查"回头看""两通"检查核查，结合2020年交通运输综合督查、国务院扶贫开发领导小组脱贫攻坚督查等进行抽查，严防"数字脱贫""虚假脱贫"。

（十一）立体化多层次做好交通扶贫宣传报道

一是在《求是》杂志刊发交通运输部党组署名文章，在《人民日报》、新华社、《新闻联播》等中央主流媒体刊发、播出多篇报道。二是开展"脱贫攻坚网络展"，策划10场"走近四好农村路"快手系列直播，开展"十大最美农村路"评选活动，微博话题"我家门口那条路"阅读量突破5亿次。三是开展"小康路·交通情""行在乡村游在路上"大型主题宣传活动、"决胜小康交通力量"主题摄影和微视频大赛，生动展示交通运输服务全面建成小康社会取得的成就。

二、取得的成效

交通扶贫方面，在各方的共同努力下，贫困地区"外通内联、通村畅乡、客车到村、安全便捷"的交通运输基础设施网络和服务体系基本形成，出行难等长期没有解决的老大难问题普遍解决，为贫困地区带去了人气、财气，为党在基层凝聚了民心。一是解决了"出行难"。2012—2020年，贫困地区累计新改建农村公路超过120万公里，解决了约7万个建制村通硬化路问题，实现了具备条件的乡镇建制村100%通硬化路。二是打通了"大动脉"。超过93%的贫困县通了二级及以上等级公路，许多贫困县通了高速公路，干支衔接的高等级内河航道网络不断完善，不少地方还通了铁路、有了机场。三是畅通了"微循环"。实现了具备条件的乡镇和建制村100%通客车、通邮政，农村物流服务网络不断健全。四是走上"致富路"。带动了一批特色产业、特色小镇发展，探索形成了"交通+特色农业+电商""交通+文化+旅游""交通+就业+公益岗位"等模式，有效增强了贫困地区"造血"功能。

专项帮扶方面，2020年11月，六盘山片区剩余的宁夏西吉县，甘肃东乡县、临夏县、通渭县、岷县、镇原县先后退出贫困县序列，标志着交通运输部帮扶的4个定点扶贫县、1个对口支援县和61个六盘山片区县全部实现了脱贫摘帽。

三、交通行业各领域扶贫

（一）铁路方面

1. 抓好定点扶贫榕江县工作，坚决完成扶贫任务

印发《国家铁路局2020年扶贫工作方案》《国家铁路局定点扶贫榕江县2020年工作推进计划》《国家铁路局2020年度定点扶贫重点工作推进表》，对国家铁路局定点扶贫工作进行统一部署。国家铁路局党组领导带头，赴贵州省黔东南苗族侗族自治州榕江县开展调研，督促推进帮扶项目，了解榕江县脱贫攻坚进展，慰问当地贫困群众，指导县委县政府开展扶贫工作。新冠肺炎疫情期间，协调捐赠医用口罩两万只，为榕江县抓好疫情防控和复工复产工作提供支持。全年向榕江县捐赠资金110万元，培训技术人员52人、基层干部11人，直接采购榕江县农副产品45.26万元，帮助榕江县销售各类产品312.01万元，引进各类资金1190.75万元。积极联系国家林业和草原局，帮助榕江县新增护林员指标410名。协调贵阳职业技术学院、贵州铁路技师学校招收榕江籍学生110名。

通过倾情帮扶和大力支持，2020年11月23日，榕江县顺利实现脱贫摘帽。

2. 推动对口支援永丰县工作，持续助力老区发展

密切关注温武吉铁路项目在浙江、福建、江西三省间的前期沟通协调情况，全力推进该项目纳入国家铁路“十四五”规划。持续推进教育扶贫工作，协调铁路高职院校与江西省吉安市永丰县开展联合办学，助力打造铁路职业教育实训基地。完善多式联运扶贫模式，推动开通永丰至吉安城际公交线路，帮助赣州市大余县顺利建成江西省第二个高速铁路无轨车站。积极对接铁路企业，推动铁路机车车辆正式落户永丰县滨江公园铁路主题区域，引入社会资本，打造铁路文化产业新地标。

3. 强化集中连片特困地区扶贫工作，进一步完善路网建设

积极实施《铁路“十三五”发展规划》，提升沿边地区、中西部地区铁路网规模、覆盖率、电气化率和复线率。在推进《“十四五”铁路发展规划》编制过程中，注重加强14个集中连片特困地区铁路规划方案研究。坚决贯彻落实党中央国务院关于加快川藏铁路规划建设的决策部署，发挥专业优势和政府协调作用，推动川藏铁路项目高起点、高标准、高质量建设。及时开展成达万高速铁路等涉及连片特困地区的重大项目评审，出具行业意见，为项目开工建设积极创造条件。用好《集中连片扶贫开发地区和革命老区铁路网规划》等专项研究成果，持续开展中长期铁路网规划项目研究工作，有序推动开展新藏、滇藏铁路等路网骨干项目规划研究工作。

（二）民航方面

2020年是决战决胜脱贫攻坚之年，中国民用航空局具体做出了以下几项工作：

一是印发《中国民用航空局2020年脱贫攻坚工作计划》，从行业扶贫、定点扶贫和对口支援三方面提出了加快推进武隆等机场建设进度、做好医疗扶贫和产业扶贫、选派优秀干部到赣州挂职等具体工作任务。二是先后赴内蒙古、黑龙江、重庆等地开展脱贫攻坚调研，赴赣州开展对口支援调研，组织召开两次脱贫攻坚工作领导小组（扩大）会议，加快推进脱贫攻坚工作进展，按季度向驻交通运输部纪检监察组报送脱贫攻坚工作情况。三是加快贫困地区机场建设，协调武隆机场竣工验收，协调新建瑞金、朔州机场，开始改扩建兰州、西宁机场工程，协调国家发展改革委批复新建黔北、昭通机场可研报告，向国家发展改革委报送新建青海共和、乐山机场项目可研报告行业审查意见。四是继续加大对口支援赣州机场力度，选派华东管理局干部挂职南康区，推进赣州无人机试点扩大到四川、浙江、武汉等地开展松茸、杨梅以及防疫物资运输等，推进赣州无人机试验基地建设。

在定点帮扶方面，中国民用航空局定点帮扶的新疆和田地区于田、策勒两县均为国家脱贫攻坚挂牌督战县。一年来，中国民用航空局党组始终保持攻坚态势、落实攻坚责任，以高度的政治自觉和责任担当，不断深化构建民航大扶贫格局，结合两县实际，持续推进定点扶贫“六大工程”，取得显著成效。全年共计投入帮扶资金3859.7万元，引进帮扶资金7.17亿元，培训基层干部810名，培训技术人员3239名，购买贫困地区农产品3246.2万元，帮助销售贫困地区农产品915.7万元，大幅超额完成责任书承诺的任务指标。

1. 加快推进机场建设

在中国民用航空局的大力协调下，总投资7.71亿元的于田机场于2019年10月25日开工，2020年12月26日通航。建设期间，面对冬休期和新冠肺炎疫情影响，在实际工期仅有11个月的情况下，民航系统各单位（部门）抢工期、保投运，高质量推进和完成机场建设各项任务。

2. 切实加大产业扶贫

共计投入1300余万元，帮助两县发展庭院经济、扩建饲料加工厂、开展温室大棚滴灌项目、支持公益性岗位、建立物资储备库和创业市场等8个产业项目。积极引入企业力量，将两县列为红枣深加工厂的原料长期供应基地，让两县“优势资源”变成“优势产品”。中国民用航空局机关直接拨付60万元，对两县800余名劳动力开展就业技能培训。

3. 大力开展消费扶贫

积极推动两县扶贫产品“进机场”“上飞机”，先后在首都机场集团、西部机场集团等十余个大型机场集团设立扶贫产品专店、专柜，积极帮助开拓线上销售渠道。面对新冠肺炎疫情给两县造成的农产品滞销危机，专门开展“消费扶贫专项行动”，得到行业单位的积极响应，全年购买和帮助销售扶贫产品超过4100万元。

4. 积极开展医疗扶贫

针对疫情防控需要，先后筹集捐款400万元，用于两县购买防疫物资、助力复工复产。在中国民用航空局的号召下，行业单位分多批向两县运送口罩、消毒液、防护服等防疫物资。2020年，继续组织民航总医院赴两县开展义诊和捐赠药品器械。着眼长远，组织民航总医院与两县人民医院开展共建，动员行业单位捐赠救护车，改善当地医疗条件和水平。

5. 持续开展教育扶贫和扶智扶志

继续参加中国扶贫基金会“新长城”项目，开展“民航蓝天助学行动”。帮助两县新建和修缮贫困村党组织活动中心，发挥基层党建的引领作用。在两县举办“脱贫攻坚带头人强化班”“就业技能培训班”，提升贫困群众自我发展能力。

在中国民用航空局的大力帮扶和两县广大干部职工与贫困群众的共同努力下，策勒、于田两县贫困发生率降为0，于2020年11月14日顺利退出贫困县序列。

（三）邮政方面

2020年，面对突如其来的新冠肺炎疫情，国家邮政局党组认真学习贯彻习近平总书记关于统筹疫情防控和决战脱贫攻坚的重要论述，坚持抓好疫情防控不懈怠、推进脱贫攻坚不动摇，汇聚行业力量、保持攻坚态势，以强烈的政治责任感和历史使命感，推动扶贫工作取得新的更大成效，为全面打赢脱贫攻坚战贡献了行业力量。

1. 坚持高位推动，扛起政治责任

国家邮政局全年召开4次领导小组会议研究扶贫工作，党组书记、局长马军胜两次深入定点扶贫县考察调研督导。定点扶贫工作在疫情防控中逆势上扬，投入帮扶资金302.62万元，引进帮扶资金7944.6万元，培训基层干部450名，培训技术人员计划300名，购买贫困地区农产品42.89万元，帮助销售贫困地区农产品2285.31万元，向中央承诺的“6项指标”全面超额完成。脱贫攻坚最后决战关头，党组成员牵头成立4个督战工作组，对全邮政系统定点帮扶的深度贫困地区6个村开展督战，投入帮扶资金100万元、实施精准帮扶项目7个，确保全系统定点帮扶无一掉队、211个村如期打赢脱贫攻坚收官之战。

2. 坚持网络带动，实施“三大工程”

通过实施空白乡镇局所补建、快递下乡、建制村通邮“三大工程”，构建起覆盖城乡、惠及全民的网络体系，极大改善了贫困地区人民的用邮环境，为脱贫和繁荣农村经济奠定了基础。截至2020年底，我国邮路与快递服务网络条数为20.3万条，邮政农村投递路线达10.2万条，全国邮路和快递服务网络总长度（单程）4085.9万公里，农村100%的乡镇建有邮政局所，100%的建制村实现了直接通邮，97%的乡镇有了快递网点。2020年，农村地区收投快件超过300亿件，带动工业品下乡和农产品出村销售超过1.5万亿元，邮政快递网络已经成为城乡经济循环的重要渠道，成为农民增收的重要手段。

3. 坚持产业驱动，强化精准造血

积极推广"寄递＋农村电商＋农特产品＋农户（合作社）"的产业扶贫模式，通过微商、直播平台销售农特产品，大力促进邮政快递服务现代农业，多渠道解决农产品销售难、出村难等问题，推动从"寄包裹""收包裹"到"产包裹"的转变，积蓄起贫困地区产业转型和激励脱贫的新动能。培育出业务量超百万件的快递服务现代农业"一地一品"优质项目163个，打造出沐阳花木、安溪铁观音、柳州螺蛳粉、赣州脐橙、苏州大闸蟹、玉林百香果、洛川苹果等年快递业务量超千万件的"快递＋"金牌项目37个；中国邮政培育"一市一品"项目712个。

4. 坚持志智联动，创新创业并举

邮政快递业在扶贫过程中注重发挥行业优势，大力开展"扶智扶志"行动，将提升贫困地区劳动力就业技能、拓展青壮年劳动力就业渠道作为扶贫工作重点，多措并举开展就业扶贫。2020年，邮政快递业为农村地区新增就业岗位超过20万个。全国400万名快递员大部分来自农村地区，其中有不少来自贫困地区。在平常的日子，他们是"美好生活的创造者和守护者"，在危难关头，他们是"冒疫前行"的无名英雄，他们如勤劳的"小蜜蜂"，用辛劳和汗水书写了"一人就业、全家脱贫"的中国故事，涌现出了"抗疫英雄"汪勇等先进模范。

专题三 服务国家重大战略

一、“一带一路”倡议

2020年是全面建成小康社会和“十三五”规划收官之年，也是“一带一路”交通互联互通迎难而上取得重要进展的一年。面对严峻复杂的国际形势和新冠肺炎疫情的严重冲击，交通运输行业认真贯彻落实党中央、国务院的决策部署，围绕“六廊六路多国多港”总体布局，统筹“一带一路”境外疫情防控和项目建设，同步推进交通基础设施“硬联通”和政策规则标准“软联通”取得重要的阶段性进展。

（一）加快交通基础设施“硬联通”，推动重大项目建设新突破

中蒙俄经济走廊方向。中俄黑河公路大桥建设完工，具备通车条件。

新亚欧大陆桥经济走廊方向。中国企业承建的塞尔维亚E763高速公路部分路段完工，黑山南北高速公路、克罗地亚佩列沙茨大桥等工程项目建设顺利推进。

中国—中南半岛经济走廊方向。雅万高速铁路、中老铁路进展总体顺利。中泰铁路建设稳步推进。澜沧江—湄公河海事安全监管设施建成。

中国—中亚—西亚经济走廊方向。中吉乌铁路前期工作持续推进。

中巴经济走廊方向。中巴“两大”公路——喀喇昆仑公路二期升级改造（赫韦利扬—塔科特段）、白沙瓦—卡拉奇高速公路（苏库尔—木尔坦段）竣工通车并移交巴方。拉合尔轨道交通橙线项目建成通车。巴一号铁路干线（ML1）项目立项审批程序完成，具备招标条件。

孟中印缅经济走廊方向。中尼跨境铁路可行性研究深入推进。木姐—提坚—曼德勒高速公路和皎漂—内比都高速公路可研报告初步审查正在推进。木姐—曼德勒铁路可研报告初步审查完成。皎漂深水港项目股东协议及特许经营协议签署。

海上丝绸之路方向。比雷埃夫斯港地中海第一大港地位进一步巩固，中欧陆海快线运量稳步增长，瓜达尔港、吉布提港、汉班托塔港、阿布扎比港哈利法码头等业务开展顺利，服务当地经济发展，拉动当地就业。

（二）深化政策规则标准“软联通”，推进行业标准走出去

公路方面。《上海合作组织成员国政府间国际道路运输便利化协定》规定的6条线路开通。《沿亚洲公路网政府间国际道路运输协定》实施工作稳步推进。《公路交通安全设施设计规范》等6项公路工程行业标准英文版发布。

海运方面。《中华人民共和国海上交通安全法》《中华人民共和国海商法》修订取得重要进展。《煤炭矿石码头粉尘控制设计规范》等4项水运工程建设行业标准外文版翻译发布。我国主持制定的疏浚装备、港口机械等5项国际标准发布实施。

铁路方面。中欧班列数量总计突破3万列，到达境外21个国家、92个城市。《高速铁路设计规范》等32项铁路标准外文版和2项标准翻译词典发布。

民航方面。正式成立“中国民航‘一带一路’合作平台”，吸收146家成员单位。印发《关于

支持粤港澳大湾区民航协同发展的实施意见》和《西安国际航空枢纽战略规划》。

邮政方面。形成波兰、立陶宛铁路运邮“入欧双通道”，到达欧洲36个国家。开辟中欧班列沿线国家邮件快件运输信息平台。推动瑞丽、石家庄、连云港设立国际邮件互换局（交换站）和苏州国际邮件互换局叠加交换站功能。重点快递企业已在境外建立130余个海外仓，快递企业网络已覆盖60余个国家。

二、京津冀协同发展战略（含雄安新区建设）

2020年，交通运输部坚持以习近平新时代中国特色社会主义思想为指导，深入学习贯彻习近平总书记关于京津冀协同发展系列重要指示批示精神，以及习近平总书记在京津冀地区考察并主持召开座谈会的重要讲话精神，落实首都规划建设委员会、京津冀协同发展领导小组的工作安排，努力克服新冠肺炎疫情影响，扎实推动京津冀交通一体化和雄安新区综合交通运输体系建设，为加快建设交通强国积累了经验，为深入实施京津冀协同发展战略提供了有力支撑。

一是切实加强组织领导。对京津冀交通一体化和雄安新区综合交通运输体系建设同部署同落实，组织召开京津冀暨雄安新区交通建设领导小组第10次会议，印发了2020年工作要点。支持天津市、河北雄安新区开展交通强国建设试点。深入实施《京津冀协同发展交通一体化规划》《河北雄安新区综合交通专项规划》，圆满完成“十三五”时期各项目标任务。

二是推动交通基础设施互联互通。铁路方面，加快推进京唐、京滨城际铁路等建设，开工建设石衡沧港、津兴城际铁路，制定《天津市市域（郊）铁路专项规划》。公路方面，建成迁曹高速公路沿海高速公路至国道G205段、国道G105京冀接线段，天津滨海新区绕城高速公路全线贯通，推进京秦高速公路遵化至秦皇岛段、国道G109新线高速公路北京段、国道G230良常路南延等建设，建成邦喜公路、滨玉公路等省际接口路。水运方面，推进唐山港京唐港区25万吨级航道、天津港高沙岭港区10万吨级航道一期、中石化LNG（二期）码头等建设，完成北京燃气天津南港液化天然气应急储备项目配套码头工程的初步设计审批，天津港集团与河北港口集团签署了《世界一流津冀港口全面战略合作框架协议》。民航方面，完成京津冀机场群协调发展战略研究，北京市、河北省、首都机场三方正式签订机场运营期收入分享框架协议，北京大兴国际机场连通国际航点12个、国内航点138个，实施3次大规模转场，邯郸机场建成投产。枢纽方面，建成天津航空物流园区大通关基地一期等综合交通枢纽项目，天津国际邮件互换局进驻空港大通关基地。

三是推进雄安新区综合交通运输体系建设。印发《雄安新区邮政业发展规划》，明确落实措施及分工方案，研究编制雄安新区智能交通专项规划，编制完成支撑雄安新区交通运输高质量发展标准体系。雄安新区对外骨干交通路网基本建成。京雄城际铁路全线贯通，雄安高速铁路车站建成投产。雄安新区到北京大兴国际机场快线开工建设。津石高速公路河北段和天津西段、G230京冀界至码头镇段建成通车，京雄高速公路河北段、荣乌高速公路新线河北段、京德高速公路河北段一期工程以及容易线、安大线主体建成，加快推进京雄高速公路北京段、津石高速公路天津东段等建设。实施荣乌高速公路新线河北段、京德高速公路河北段智建智行绿色公路试点和津石高速公路天津段绿色公路试点。

四是提升一体化运输服务品质。深化北京

市怀柔区、河北省平泉市、晋州市等城乡交通运输一体化示范县创建。促进邮政和农村电商协同发展，新增村级邮乐购站点426个，助力农民增收。提升客运服务水平，优化北京西站、北京南站、清河站、天津站、天津西站、天津南站等枢纽站场旅客安检流程。京津冀地级以上城市实现市区公交轨道交通一卡通互联互通，覆盖2753条公交线路和31条轨道交通线路，累计发行互通卡2100万张。完善京津冀道路客运信息联网工程，开展道路客运电子客票试点，京津冀90个二级及以上客运站应用电子客票。深化国家公交都市建设，优化调整13条跨京冀两地公交线路。推动货运降本增效，实施"东部沿海—京津冀—西北通道"集装箱海铁公等国家多式联运示范工程。召开京津冀及周边地区运输结构调整示范区区域协同座谈会，实施铁路专用线建设等运输结构调整"九大工程"，推动唐山港、黄骅港矿石装车系统和管带机廊道等建设，鼓励不具备专用线条件的企业推进煤炭、粮食等大宗货物"散改集"运输。《关于加快天津北方国际航运枢纽建设的意见》印发实施，支持企业开辟集装箱干线航线，天津港、黄骅港联合发展"天天班海上快线"。

五是提升交通运输治理能力。京津冀三省市联合发布《五米以下小型船舶检验技术规范》等一批区域一体化地方标准，推进行政规范性文件交叉备份。制定《京津冀公路超限非现场执法操作细则》，开展跨省运输违法违章联合治理行动，相互移送、联合查处跨省（市）违法违章案件20余件。开展了"战疫情、强共治、保畅通"京津冀联合治超专项行动，北京市、河北省签署了京外检查站联合执法协作框架协议。

三、长江经济带发展战略

交通运输部深入贯彻习近平总书记关于长江经济带发展的重要指示精神，认真落实推动长江经济带发展领导小组工作部署，专项推进船舶和港口污染突出问题整治，成效显著，积极推进综合立体交通运输体系建设，综合运输大通道加速形成。

（一）狠抓突出问题整改，推进生态环境保护修复

印发《关于进一步做好长江经济带生态环境突出问题整改工作的通知》，指导督促地方压实主体责任，扎实推进涉及交通运输的长江经济带生态环境突出问题整改。会同国家发展改革委、生态环境部、住房和城乡建设部印发实施《长江经济带船舶和港口污染突出问题整治工作方案》，船舶垃圾、生活污水和含油污水码头接收设施或船舶移动接收实现港口全覆盖，完成船舶生活污水收集或处理装置改造，长江干线10座新建、2座改建水上危化品洗舱站全部投入试运行，超额完成了长江经济带港口岸电布局方案任务，岸电使用率显著提升等。联合自然资源部、生态环境部、水利部、国家林业和草原局办公厅印发《关于继续做好长江主要支流非法码头整治工作的通知》，岷江、沱江、赤水河、嘉陵江、乌江、清江、湘江、汉江、赣江9条主要支流全部完成非法码头清理取缔并复绿相应岸线。

（二）加快推进综合交通运输体系建设，综合交通运输网络进一步完善

长江黄金水道功能持续提升。航道方面，长江干线武汉至安庆6米水深航道部分单位工程交工验收，长江口南槽一期、朝天门至九龙坡等项目建成投入试运行，上游朝天门至涪陵段、下游江心洲至乌江河段二期等工程稳步推进，上游羊石盘至上白沙段已完成初步设计。三峡枢纽水运新通道和葛洲坝航运扩能改造工程前期工作协同推进。岷江犍为航电枢纽船闸

工程具备通航条件，赣江井冈山航电枢纽船闸完成通航前阶段验收，京杭运河浙江段三级航道整治工程杭州段、引江济淮航运工程、乌江库区航运工程等有序推进。港口方面，组织研究深化上海国际航运中心建设提升全球航运资源配置能力的实施意见，推进省内港口资源整合，推动跨省区港口合作与长三角港航协同发展。运力方面，加强江海直达船型研发和推广应用，1 艘 2 万吨级江海直达散货船和 2 艘 124 标准箱河海直达、5 艘 1140 标准箱江海直达集装箱船投入营运。

综合运输网络持续完善。铁路方面，商合杭高速铁路、合安高速铁路等开通运营，渝昆高速铁路、郑万高速铁路襄阳—万州段、上海—苏州—湖州铁路等项目加快建设，沿江高速铁路前期工作加快推进，14 个长江干线港口铁水联运设施联通项目建设全面推进。公路方面，呼北高速公路宜都至鄂湘界段、安康至来凤高速公路重庆奉节至巫山段开工建设，成都至丽江高速公路新市至攀枝花段等建设有序推进，呼北高速公路炉红山至慈利段、都香高速公路西昌至香格里拉段等前期工作加快推进。航空方面，贵阳龙洞堡机场东跑道建成投产，湖北荆州、芜湖宣州等机场竣工，成都天府、湖北鄂州、贵州威宁机场等建设稳步推进，重庆机场改扩建、上海浦东机场四期改扩建（前期工程）和江西瑞金、浙江丽水机场等开工建设，合肥机场飞行区改扩建等前期工作加快推进。

四、粤港澳大湾区战略

2020 年，交通运输部坚持以习近平新时代中国特色社会主义思想为指导，深入学习贯彻习近平总书记关于粤港澳大湾区规划建设系列重要指示精神以及在深圳经济特区建立 40 周年庆祝大会上的重要讲话精神，认真落实《粤港澳大湾区发展规划纲要》要求，按照推进粤港澳大湾区建设领导小组工作安排，努力克服新冠肺炎疫情影响，扎实推进粤港澳大湾区交通运输创新发展，为加快建设交通强国积累了经验，为粤港澳大湾区建设富有活力和国际竞争力的一流湾区和世界级城市群提供了有力支撑。

一是加强组织领导。统筹部署推进粤港澳大湾区交通运输重点工作，组织召开推进粤港澳大湾区交通运输发展工作组第一次会议，印发 2020 年工作要点。加强粤港澳大湾区综合立体交通网规划研究论证，积极谋划“十四五”时期推进粤港澳大湾区交通运输发展重点目标任务以及重大工程项目、重大政策、重大改革举措。深入实施《关于支持粤港澳大湾区交通运输发展的实施意见》，印发《关于珠江水运助力粤港澳大湾区建设的实施意见》《关于海事服务粤港澳大湾区发展的意见》《关于支持粤港澳大湾区民航协同发展的实施意见》《关于促进粤港澳大湾区邮政业发展的实施意见》。

二是加强交通基础设施互联互通。铁路方面，《粤港澳大湾区城际铁路建设规划》批复实施。广清城际广州北至清远段、新白广城际广州北至白云机场段、珠机城际拱北至横琴段开通运营。推进赣深高速铁路、广汕高速铁路、广湛高速铁路等建设，开工建设深茂铁路深江段、穗莞深城际深圳机场至前海段。公路方面，印发《广东省高速公路网规划（2020—2035 年）》。汕湛高速公路惠州至清远段、深圳外环高速公路一期等建成通车。继续推进深中通道、沈海高速公路广东段改扩建等建设，开工建设黄茅海通道以及南沙至中山、从化至黄埔等高速公路。水运方面，印发《广东省航道发展规划（2020—2035 年）》，修订深圳市港口公共基础设施名录。推进广州、深圳、珠海等沿海主要港口专业化深水泊位建设，珠海港高栏港区集装箱码头二期工程竣工验收，实施深圳湾妈湾港区海星码头20万吨级集装箱码头改建工程。广州港深水航道拓宽工程投入试运行，推进北江航道扩能工程、崖门出海航道二期工程等建设。右江鱼梁航运枢纽完成竣工验收，西江航运枢纽、柳江红花水利枢纽二线船闸工程等加快建设。组织出版《粤港澳大湾区港航图集》。民航方面，实施珠海机场改扩建工程，开工建设广州白云国际机场三期、深圳机场三跑道扩建工程。

三是提升运输服务水平。持续巩固具备条件的乡镇、建制村通硬化路、通客车、通邮成果，印发《广东省“四好农村路”建设攻坚方案》，加快推进“四好农村路”建设，100人以上自然村通硬化路，农村公路等级率达到99.97%、铺装率达到100%。改善旅客出行体验，广州东站、广州站等枢纽站场安检流程进一步优化。推进广州、深圳、佛山等城市国家公交都市建设。推进“快递进村”，促进邮政快递和农村电商协同发展，助力农民增收。推动货运降本增效，实施国家多式联运示范工程，推进多式联运信息共享。推进广州、深圳、佛山、珠海等市持续开展城市绿色货运配送示范工程创建。推进交通运输绿色发展，广东省65对高速公路服务区新建充电站127座，基本实现干线高速公路充电设施全覆盖。

四是深化交通运输开放发展。加强内地与港澳交通运输合作，召开海事服务粤港澳大湾区建设推进会，与香港、澳门特别行政区海事主管部门签署《粤港澳大湾区海事合作协议》，促进大湾区海事合作项目活动的实施。结合《游艇操作人员培训、考试和发证办法》修订，推动内地与港澳有关技术标准协同。加快广州国际航运中心、深圳国际高端航运服务中心建设，完善国际海运网络，集聚航运业和高端航运服务业资源，支持广州航运交易所开拓航运保险、租赁等现代航运服务业务。深圳机场开通至芝加哥等8个城市的全货机国际货运航线。

五是提高交通运输治理能力。加强交通运输大数据管理平台建设，整合各方数据，提升“一张感知传输网、一张立体粤政图、六项公共支撑能力”的基础通用能力。加强基础设施数字化资产管理、路运一体化车路协同、“互联网+”服务、路网综合分析决策在高速公路运营管理及服务等领域的示范应用。完善严重违法超限超载运输失信当事人名单认定、公示、发布和报送机制，加强失信联合惩戒。

五、长三角一体化战略

2020年，交通运输部坚持以习近平新时代中国特色社会主义思想为指导，深入学习贯彻习近平总书记关于推进长三角一体化发展系列重要指示批示精神，以及习近平总书记在扎实推进长三角一体化发展座谈会、浦东开发开放30周年庆祝大会上的重要讲话精神，落实《长江三角洲区域一体化发展规划纲要》要求，按照推动长三角一体化发展领导小组工作安排，努力克服新冠肺炎疫情影响，扎实推进长三角地区交通运输更高质量一体化发展，探索交通出行“同城待遇”，为加快建设交通强国积累了经验，为长三角一体化提供了有力支撑。

一是切实加强组织领导。部主要领导赴长三角四省市开展专题调研，组织召开推进长三角地区交通运输更高质量一体化发展领导小组第二次会议，印发了2020年工作要点。交通运输部联合国家发展改革委制定了《长江三角洲地区交通运输更高质量一体化发展规划》。交通运输部印发了《交通运输部关于贯彻落实习近平总书记重要讲话精神　扎实推进长三角地区交通运输更高质量一体化发展的意见》。中国民用航空局编制完成了《长三角民航协同发展战略规划》，交通运输部海事局制定了《关于推进长三角海事一体化融合发展的意见》。长三角四省市组织召开交通部门座谈会，签署了长三角地区省际交通互联互通建设合作协议。

二是加强交通基础设施互联互通。铁路方面，商合杭、合安、盐通高速铁路，沪苏通、连淮扬镇铁路淮安至镇江段、衢宁铁路等投产运营，推进安庆至九江、合肥至新沂高速铁路、南沿江、杭义温、杭绍台城际、沪通铁路二期，沪苏湖铁路及湖杭联络线、甬金铁路、上海机场联络线、长江干线港口铁水联运工程等建设。公路方面，沪苏通长江公铁大桥、杭州绕城西复线、滁州西环、南京长江五桥、杭州湾跨海大桥北接线二期工程以及G228、G320部分段建成通车，宜兴至长兴高速公路江苏段基本建成。加快推进宁马、宁合高速公路江苏段改扩建工程等建设。城北路至岳鹿路、东航路至康力大道、叶新公路至姚杨公路建成通车，复兴路至曙光路基本建成。水运方面，协同推进长三角港航一体化发展六大行动，洋山深水港区小洋山北作业区规划方案通过审查。推进吕四作业区西港池、海门作业区一港池等建设。长江口南槽航道治理一期工程交工投入试运行，京杭运河浙江段"四改三"交工验收，加快实施浙北高等级航道网集装箱通道、长江口12.5米深水航道减淤工程南坝田加高完善、引江济淮航运、淮河干流航道整治等工程。民航方面，禄口国际机场T1航站楼改扩建工程投产运营，上海浦东国际机场三期主体部分、宁波栎社国际机场三期、舟山普陀山机场国际航站楼二期等工程基本完成。推进实施杭州萧山机场、温州龙湾国际机场、台州路桥机场、阜阳机场、池州九华山机场改扩建工程以及丽水机场新建、连云港民用机场迁建工程。枢纽场站方面，推进温州龙湾国际机场综合交通中心、杭州萧山国际机场三期项目陆侧交通中心、芜湖宝特铁路物流综合基地等综合交通枢纽建设，实施了一批快递物流园区项目。

三是提升一体化运输服务水平。大力推进"四好农村路"建设，推动省级人民政府制定"路长制"实施方案，创建省级试点1个、市级试点8个、县级试点12个。促进邮政和农村电商协同发展，新增村级邮乐购站点1294个，助力农民增收。改善旅客出行体验，推动上海虹桥站、南京站、南京南站、苏州站、无锡站等安检流程优化，基本实现地级以上城市交通一卡通互联互通。深化国家公交都市建设，对合肥等城市授予"国家公交都市建设示范城市"称号。推动货运降本增效，实施江苏新亚欧大陆桥集装箱等多式联运示范工程。深化运输结构调整，沿海主要港口煤炭集港全部改由铁路或水路运输，矿石、焦炭等大宗货物铁路和水路疏港比例明显提升。加快推进苏州、南京、无锡、徐州、南通、温州、台州等开展城市绿色货运配送示范工程创建。推动交通运输与旅游融合发展，千黄高速公路浙江段建成通车，有序发展水上旅游、邮轮旅游、房车旅游、观光列车、观光巴士等业态。

四是推动交通运输创新绿色发展。批复上海、江苏、浙江、安徽交通强国建设试点方案，支持在打造世界一流国际航运中心、平安百年品质工程建设、构筑现代综合立体交通网络、皖南"交通＋旅游"融合发展等领域先行先试，为加快建设交通强国积累了先进经验和典型成果。组建成立长三角交通一体化研究中心示范区联合研究基地、铁路与轨道交通联合研究基地。推进长三角船舶评估示范中心建设。开展长三角智慧公路建设方案研究，杭绍台高速公路鉴湖枢纽至镜岭先行段投产，基本完成沪杭甬高速公路首期智慧化改造。苏州港太仓港区四期自动化码头水工工程交工验收。有序实施洋山港自动驾驶集装箱货车示范项目。积极推广新能源、清洁能源汽车使用，推进内河运输船舶生活污水接收设施改造，全面完成400总吨以上船舶改造。港口船舶垃圾、含油污水接收设施实现了基本覆盖。

五是提升交通运输治理能力。启动市域快速轨道交通客运服务规范编制工作。建立治理超限超载区域协作机制，联合印发了《关于开展长三角地区严厉打击“百吨王”超限超载货车百日联合整治行动的通知》，定期组织开展联合治超行动。深化“放管服”改革，加快推进内河船舶证书“多证合一”。使用“单一窗口”信息平台将常规的进口岸申请、进口岸查验、出口岸查验审批均需要现场办理的模式，优化为进口岸申请和出口岸查验审批远程办理、仅需进口岸查验现场一次性提交相关资料单证的“最多跑一次”模式。

专题四　抗击新型冠状病毒肺炎疫情

一、交通运输“抗疫”保障总体情况

2020年，新冠肺炎疫情暴发，给人民生命安全和身体健康、经济社会发展带来严重冲击。疫情就是命令，防控就是责任。4000万交通运输抗疫大军，有力发挥了抗击疫情的“先行官”“保障队”“防火墙”作用，为我国疫情防控取得重大战略成果提供了坚强保障。

（一）闻令而动，全员皆兵，坚决把党中央、国务院决策部署落到实处

交通运输部迅速动员部署，构建并不断完善强有力的作战指挥体系、政策体系、力量体系、保障体系，形成了部门协同联动、部省合作互动、整体协调推动的联防联控工作格局，构建了有战斗力的工作体系，确保了防控“一盘棋”、运行“一张网”、作战“一张图”，有效提升了交通运输抗疫的战斗力。

一是交通运输部靠前指挥，迅速建立科学高效的交通抗疫作战指挥体系。1月3日，收到国家卫生健康委员会的第一份疫情通报后，交通运输部立即就行业做好疫情应对工作作出安排部署。1月21日，交通运输部建立应对新冠肺炎疫情联防联控机制（简称“联防联控机制”），启动II级应急响应。1月25日，交通运输部成立应对新冠肺炎疫情工作领导小组（简称“领导小组”），统筹指挥交通运输疫情防控和运输保障各项工作。2月12日，交通运输部成立部复工复产推进工作机制（简称“复工复产机制”），统筹指挥疫情防控和交通运输复工复产各项工作。

二是全行业总动员，迅速建立协同有力的交通抗疫作战力量体系。部内层面，整合部内各司局力量，在领导小组下成立了联防联控机制、复工复产机制，组建预备队和应急队并成立临时党支部。部际层面，会同有关部门成立物流保障办公室、国际物流工作专班和推动产业链协同复工复产工作专班，一事一协调，汇聚各方强大力量。部省层面，疫情防控关键阶段，针对“湖北和武汉外防输出”“边境和沿海地区外防输入”“重点地区防控”等重点工作，加强部省协同，加密调度督导形成部省抗疫合力。行业层面，调动全行业、各方式优势资源，形成扁平化工作体系，政企互动，千方百计控疫情、畅运输、保安全，凝聚起疫情防控强大力量。部系统层面，建立部内司局、部属单位分工负责、共同参与的工作运行机制。建立特殊时期应急值守制度，组建交通运输部机关应急值守预备队，指导部系统各单位落实落细各项防控工作。

三是落实精准防控策略，有序建立精准施策的交通抗疫作战政策体系。坚持“一阶段一策略，一领域一政策”，紧盯疫情形势变化，及时调整行业疫情防控策略。疫情暴发伊始正值春运，把“断传播途径、保防控大局”作为交通抗疫工作的重中之重，果断采取暂停运输服务、封闭离汉离鄂通道、保障应急物资运输畅通等措施，坚决遏制疫情通过交通工具传播。疫情蔓延势头得到初步遏制后，全力抓好“促复工复产、稳经济运行”各项工作，充分发挥了交通运输在复工复产中的“先行官”作用。全球疫情大流行后，及时调整工作重点，紧紧围绕“防境外输入、助国际抗疫”工作主线，全力做好交通运输领域境外疫情输入防

控工作，统筹各种运输方式保障国际物流供应链畅通，为国际抗疫合作、稳定全球供应链提供了有力支撑。

四是全力以赴加大投入，全力构建坚强有力的交通抗疫作战保障体系。发挥综合交通运输合力强化应急运输保障，围绕湖北地区重点医疗物资动态库存保3天、基本生活物资保供30天等目标任务，指导安排133家道路客运企业、174家道路货运企业参与应急运输，确保运力组织到位、应急调度到位。物资保障实行统一管理、统一调度、统一协调，确保为疫情防控、复工复产、境外疫情输入防控提供有力物资保障。建立加密会议调度制度、视频远程调度制度、每日工作单制度、晨例会制度、会商会制度、晚会商、任务清单等制度，强化信息互通共享，做到底数清、情况明。

（二）舍生忘死、全力驰援保障重点战场，助力打赢武汉保卫战、湖北保卫战

一是最严措施实施离汉离鄂通道管控。1月23日，交通运输部紧急部署暂停发送进入武汉的公路、水路客运。办理涉及武汉的铁路、公路、民航退票共93.2万张。交通运输部门会同公安、卫生健康等部门联合设立543个环鄂省际公路检疫站点，全力做好离汉离鄂人员防疫检查工作。组织对1月7—23日期间乘坐班线客车离开武汉市的乘客实名制购票信息进行汇集，提供有关部门做好人员信息溯源参考。

二是最高礼遇圆满完成援鄂医护人员运输任务。坚持“闻令而动、不讲条件、不计代价”，全力以赴完成了4.2万余名援鄂医护人员的运输任务。

三是最短时间保障防疫物资快速进鄂进汉。部署落实应急运输“绿色通道”政策，保障应急运输车辆“三不一优先”。坚持“急事急办、特事特办、一事一策”，争分夺秒运送防疫物资抵鄂抵汉，确保应运尽运，确保不因运输问题影响医疗物资供应。

四是高效组织重要生产生活物资运输。统筹各种运输方式，全力做好湖北、武汉的重要生产生活物资运输保障，派出工作小组赶赴武汉，协调新增建5个进鄂应急物资道路运输中转调运站，大幅提升物资进鄂进汉周转效率。建立部省协调对接机制，指导建立重点物资公路、水路运输“绿色通道”，保障运输鲜活农产品等车辆、船舶优先通行。

五是精准保障离汉离鄂人员有序流动。经中央批准，3月中旬起，湖北省内交通运输秩序逐步恢复。交通运输部部署指导各地交通运输主管部门做好“点对点”返岗返乡包车；有序恢复进出湖北道路客运服务。3月25日零时离鄂通道管控解除，除武汉外，湖北其他地区铁路、公路、水路、民航客运有序恢复；单向恢复进入武汉道路客运；所有市际、省界通道卡点在两日内全面有序撤除，3月28日起单向恢复进入武汉铁路客运，3月29日起恢复武汉以外其他机场国内客运航班。4月8日零时离汉通道管控解除，进出武汉铁路、公路、民航客运逐步恢复。

六是靠前指导交通运输疫情防控工作。第一时间响应中央部署，派出4名同志参加中央指导组工作，全面加强对一线物资运输保障的协调和指导，研究推动出台援汉医疗人员交通运输保障专项方案，解决城市配送运力和驾驶员不足等问题。5月4日，再次派出两名同志参加国务院联防联控机制联络组，协调指导湖北省、武汉市交通运输疫情防控和复工复产工作，推动中央支持湖北一揽子政策落实落地。

七是贯彻落实党中央支持湖北省经济社会发展“一揽子”政策。部省主要领导视频连线，了解地方需求，解决实际困难，全力支持湖北省经济社会发展交通运输工作。调整资金加大对湖北省交通建设支持力度。支持湖北省交通强国试点工

作，鼓励湖北省在发挥长江黄金水道优势等方面开展试点工作。支持湖北省加快高速铁路、机场、轨道交通、邮政等重大项目开工建设，支持湖北省打造综合交通枢纽。

（三）全力阻断疫情传播，坚决筑牢人民生命安全和身体健康的“防火墙”

铁路部门加大列车和场站通风、消毒等力度，公路实施“一断三不断”，水路实施“四优先”，民航实施“五个一”，坚决阻断病毒通过交通运输传播，全力支撑国家疫情防控大局。

一是抢前抓早暂停部分客运线路。1月23日，交通运输部立即下发紧急通知，部署各地交通运输部门暂停进入武汉的公路水路客运班线发班和省际、市际包车客运业务；严禁在汉的营运车船载客驶离武汉。1月25日，印发《交通运输部关于坚决遏制通过客车传播疫情的紧急通知》，部署一级响应地区全面暂停省际包车、暂停进出北京道路客运。指导7家国际邮轮运输企业经营的10艘国际邮轮到港后全部停航，并免费办理旅客退票或改签。2月12日，印发《关于做好疫情期间道路运输车辆技术保障工作的通知》，自动延长到期的道路运输车辆年审周期，全力维护道路运输市场经营秩序稳定。

二是全面织密交通防控网。指导经营单位做好客运场站和交通运输工具的消毒、通风、卫生清洁工作，做好乘客体温检测、发热乘客移交、乘客信息登记等疫情防控措施，按照防疫要求督促做好船舶、船员、旅客防控措施，全面阻断病毒传播。指导各地交通运输部门会同公安、卫生健康等部门，设置卫生检疫站约2.3万处，每天投入一线疫情防控人员60万~80万人，有效控制疫情通过交通在全国的快速大面积蔓延，有力遏制了病毒传播的危险进程。

三是坚决筑牢首都疫情安全防线。自1月25日起，部署各地暂停发送进出北京的省际道路客运。指导督促各网约车平台公司全面暂停进出北京网约车业务，督导北京及环京“护城河”地区、湖北及环鄂省份交通运输部门，会同公安部门加强进京、离鄂省际通道检查，严厉打击非法营运。离鄂通道解除后，全力做好离鄂人员返京运输和通行保障，确保返京人员防疫闭环管理。

四是全力配合做好乘客信息登记和溯源工作。部署对三类以上客运班车和旅游包车旅客开展乘客身份证件、联系电话等信息登记，供人员信息溯源参考。上线“防疫期道路水路旅客信息登记系统”，开展互联网乘客信息登记。充分发挥国家综合交通运输信息平台作用，支撑全国统一“健康码”在国务院客户端、国家政务服务平台提供服务，有力支撑密切接触者排查溯源和防疫管理工作。

五是慎终如始抓好常态化疫情防控。全国疫情防控进入常态化后，及时部署加强交通运输行业常态化疫情防控工作，并配套出台动态调整客运场站和交通运输工具疫情分区分级防控指南等文件，加强全国“两会”、清明节、劳动节、端午节、北戴河暑期等重点时段专项部署，指导行业分区分级科学精准做好常态化防控工作。加强交通运输运行监测，科学研判流量变化情况，及时发布交通运输情况和交通管制等信息，保障网、站交通安全畅通。指导黑龙江、吉林、辽宁、北京等地切实加强疫情防控和运输保障工作，精准高效地应对疫情零星反弹。

六是加强行业从业人员自身防护。建立防疫物资保障战时机制，实行24小时运输值守制度，保障行业基层一线人员防疫物资供应，实现全国31个省（区、市）和新疆生产建设兵团防疫物资保障全覆盖，有效缓解行业物资紧缺的困难。积极协调将长航系统纳入湖北省防疫物资保障体系。指导系统单位建立疫情防控战线和应急处置机制，共处置全系统确诊病例153例（含86例医护人员），4月3日实现确诊病例“清零”，治愈率为90%。

（四）综合交通合力保障应急运输，全力疏通疫情防控“生命线”

交通运输部坚决贯彻习近平总书记“把人民群众生命安全和身体健康放在第一位”的指示要求，自1月24日起指导各地建立防疫应急物资运输绿色通道，对运输应急物资和人员的车辆实施“三不一优先”政策（不停车、不检查、不收费、优先通行），全面确保了运输疫情防控应急物资、生活物资、重点生产物资、医护人员等的车辆免费、优先、便捷通行。

一是成立物流保障办公室，一事一协调，全天24小时实体化运转。1月27日，交通运输部会同工业和信息化部、公安部、海关总署等成立物流保障办公室，统筹调度疫情应急物资、生活物资、重点生产物资、医护及防护人员等运输保障工作，实行“一事一协调、一事一处理”，全天24小时实体化运转。

二是综合交通协同发力，为应急运输接力开通“绿色通道”。统筹各种运输方式，打好组合拳，接好接力棒，实行公路“三不一优先”，铁路“七快速”，水路“四优先”，民航客运“减而不断”、货运“运贸对接”，邮政快递海内外“绿色通道”等政策，形成了综合交通协同联动保障应急运输的强大合力，为生命救援腾出了宝贵时间。

三是简化办证工作流程，保障车辆便捷通行、船舶便利运营。1月24日—4月30日，连续三次简化应急运输车辆相关证件办理流程，保障车辆便捷通行。船舶运营方面，针对船舶证书办理，进一步简化材料收取、合并审查流程和精简档案管理要求，业务办结时限缩短为1.4天，为航企新船交付及抵押融资等经营运输需求提供服务保障。

四是打通末端配送“最后一公里”，保障重点物资运输微循环畅通。联合印发《关于做好疫情防控期间邮政快递寄递服务保障的紧急通知》，出台保障末端投递相关政策，部署各地保障邮政快递车辆优先便捷通行，努力满足人民群众正常寄递服务需求。指导各地优化货车进城通行管理，便捷城市物流配送，减少限行区域，缩短限行时间，延长进城期限，287个地市允许所有货车免办通行证直接通行。

五是汇聚各类运输主体合力，强化应急运输保障。充分发挥中国国家铁路集团有限公司、中国邮政集团有限公司等大型国有企业和顺丰速运有限公司、京东物流集团等骨干民营企业作用，全力保障应急物资运输。协调增加防疫检测力量，快速检测通行，减少车辆排队和拥堵。指导港口企业加快冷藏箱专用堆场改造，畅通港口集疏运体系，解决了上海、天津港集装箱滞港问题。指导做好干线航道、船闸等设施运行维护及应急抢修工作，三峡船闸停航检修推迟一年，确保了疫情防控期间水路运输通道运行平稳有序。

（五）科学有序做好春运错峰返程，全力为人民生命安全和身体健康保驾护航

交通运输部认真落实党中央、国务院确立的“春运错峰返程”的总体策略，按照“防运并举、分类指导，突出重点、周密部署”的原则，有力有序有效做好各项工作，没有因春运返程造成聚集性疫情感染。

一是利用大数据科学预测引导错峰返程，有效降低了疫情蔓延扩散风险。充分利用百度、携程、高德等平台大数据资源，指导各地对春运客流规模等进行系统分析、预测研判、科学应对，有效把控了节后返程客流运行平稳有序，未出现往年的返程客流高峰，极大地降低了疫情蔓延扩散风险。

二是强化春运返程疫情防控措施，坚决阻断疫情传播途径。认真做好交通工具、场站和乘

客疫情防控措施。加强途中及事后疫情防控，及时做好途中发热乘客移交。加强一线从业人员安全防护，避免交叉感染。全力组织企业做好乘客信息采集和信息安全工作，推动在综合交通出行大数据开放云平台上线道路客运乘客信息登记系统，免费供公路客运企业使用，保障旅客信息可追溯、风险可控。

三是严控客座率和出行密度，有效降低交叉感染风险。按照不同风险等级严格控制火车、客运包车、客船、飞机等交通工具的客座率。长途客运班车、班轮和农民工包车客座率原则上不超过50%。疫情防控常态化后，延续中、高风险地区长途客运班车、包车客座率不超过50%要求，并设置留观区域，为乘客隔位、分散就座和途中应急处置创造条件。

四是组织“点对点、一站式”直达运输，有效保障农民工等重点群体安全返岗。春节假期过后，立即针对春节后错峰返程、农民工“点对点”运输保障、农民工包车免收公路通行费等连续下发文件，对农民工返岗运输服务保障工作进行系统部署，将农民工返岗包车纳入绿色通道政策范围，实行“三不一优先”政策，共减免公路通行费超2亿元。

（六）打通“大动脉”，畅通“微循环”，为复工复产当好“先行官”

习近平总书记强调，复工复产，交通运输是“先行官”，必须打通“大动脉”，畅通“微循环”[1]。交通运输部第一时间建立工作机制，扎实做好“六稳”工作，全面落实“六保”任务，制定一系列纾困惠企政策，为统筹 做好疫情防控和经济社会发展当好先行。

一是有序恢复交通运输秩序，为全国复工复产当好“先行官”。全力确保交通网络畅通。联合公安部门开展督查清理，优化检疫站点设置，打通阻断的549处国省县乡道，恢复开通因疫情封闭的高速公路收费站2468个，公路和公路卫生检疫站点实现了应通尽通、应撤尽撤。分区分级恢复交通运输服务。根据疫情防控形势变化以及精准防控工作要求，逐步恢复道路客运服务。全力确保物流畅通，着力保障农资等生产生活物资运输和邮政快递、城市配送正常运营。

二是分区分级采取防控措施，有序推动行业复工复产。制定行业复工复产防疫工作指南。印发《企事业单位复工复产疫情防控措施指南》《交通运输部关于精准有序恢复运输服务 扎实推动复工复产的通知》等，指导各地交通运输部门在做好疫情防控的基础上有序推进复工复产复运。分区分级精准防控疫情。及时发布并修订《客运场站和交通运输工具新冠肺炎疫情分区分级防控指南》。指导各地稳妥有序恢复省际旅游客运，切实做好旅游客运常态化疫情防控。印发《国内游轮常态化疫情防控工作指南》《交通运输部关于加强游轮疫情防控和运营安全的通知》，指导统筹做好国内游轮复航和常态化疫情防控工作。

三是坚决克服疫情影响，确保打赢交通扶贫脱贫攻坚战。坚决克服疫情影响，聚焦“两通”兜底性目标，以“三区三州”为重点，安排车购税资金1932亿元，加快交通扶贫建设，全国所有具备条件的乡镇和建制村基本实现通硬化路，所有省份具备条件的乡镇和建制村基本实现了通客车。有序有效推进定点县扶贫、对口县帮扶，指导六盘山片区扶贫，全面实现“摘帽”。

四是加大交通投资力度，把疫情造成的损失抢回来。分类有序保在建项目。抢抓施工黄金期，分类有序推进交通建设项目应开尽开、能开

[1] 引用自《人民日报》（2020年02月22日011版）。

快开，监测的铁路、公路、水运、民航等625个在建重点项目已全面复工。在线审批促新开。积极改进招标方式、优先采用电子招标。会同有关部门下达三批次车购税预算资金超过3031亿元，新开工项目338个。提前启动符合国家战略、符合规划方向的建设项目，协调有关部门加大用地、用海等要素保障，新增储备项目预计总投资8000亿元。

（七）民生为先，为企纾困，与人民群众同舟共济、共克时艰

交通运输部坚决贯彻党中央、国务院部署，全力做好纾困解难工作，着力保基本民生、保居民就业、保市场主体，切实减轻市场主体运营负担，帮助重点群体渡过难关。

一是免费退票，减少公众聚集性出行。累计办理免费退票超2亿张，减少了公众聚集性出行。

二是免收高速公路通行费，降低聚集性传染风险，助力复工复产。经国务院同意，2020年疫情期间共实施3次免费通行政策，时间长达79天，全国共免收车辆通行费累计1593多亿元，有力支持了企业复工复产，提升了公众自驾返程意愿，降低了返程期间聚集性传染风险。

三是多措并举减税降费，努力克服疫情影响为市场主体纾困解难。认真落实党中央、国务院关于降费减税的决策部署，2020年上半年交通运输部门可量化减税降费超过1900亿元。

四是加大对行业企业支持力度，努力保市场主体。对超过万家运输企业复工复产情况进行定期跟踪，帮助企业纾困解难。协调人民银行、国家发展改革委，以及银行金融机构、保险公司，加大对参与疫情防控运输企业金融支持力度。对疫情防控期间执行应急运输任务的交通运输、物流企业加大应急运输补偿支持力度，推动对相关企业提供优惠利率贷款。协调银保监会明确对货车驾驶员、出租汽车驾驶员等特殊群体的个人经营性贷款。

五是实施就业优先政策，努力保障居民就业。支持和鼓励地方交通运输主管部门开发交通行业公益性岗位，发挥就业保障作用。支持发展新就业形态，促进平台经济健康发展，帮助更多劳动者依托平台灵活就业。指导部属高校制定毕业生就业工作预案，拓展招聘资源，并按要求扩大研究生招生规模，鼓励和指导部属单位适度扩大毕业生招聘规模，新增招聘计划以毕业生为主。

（八）全力保障国际物流供应链稳定畅通，确保出口货物“出得去”，进口货物“进得来”

交通运输部迅速采取了有效的国际运输疫情防控措施，努力克服全球疫情影响，保障了我国国际物流畅通。

一是认真履行国际物流工作专班职责，全力做好国际物流运输疫情防控和保通保畅工作。按照国务院部署要求，交通运输部会同外交部、工业和信息化部、商务部等12个部门，在国务院复工复产推进工作机制下成立了国际物流工作专班，实行全天24小时实体化运行。

二是全力做好国际货运物流从业人员疫情防控，坚决防范疫情境外输入。国际铁路货运方面，对短期向疫情重点区域运送物资的中欧班列集装箱运输车辆驾驶员、装卸工人等，在符合一定条件下采取免隔离措施。严格落实公路水运口岸“货开客关”的原则，重点加强陆海口岸疫情防控统筹，坚决做好外防输入工作。国际道路货运方面，加强国际道路货运驾驶员的封闭管理，对入境货车实行指定地点卸货、当日返回等封闭措施。国际海运方面，强化国际航行船舶船员换班和伤病船员救助保障。停止外籍船员在中国港口换班。国际航空货运方面，优化国际航空货运机组人员出入境防控措施。

三是坚决克服疫情影响，全力保障出口货物

“出得去”、进口货物“进得来”。铁路运输方面，适度增加中欧班列频次、密度，中欧班列货运量实现逆势增长，为全球抗疫提供坚强运输保障。公路运输方面，加强运力调配，通过在边境口岸接驳等方式，确保国际道路货运正常运行。海运方面，建立船员换班绿色通道，迅速畅通港口集疏运体系。加强与国际组织沟通协调，防止对国际航行船舶出台过度检疫措施。民航方面，提升国际航空货运能力，采用“点对点”包机、“客改货”等措施提升国际航空运力。开辟国际快船运输，积极协调解决国际邮件快件大量积压问题，推动开通中欧班列运送邮件，协调指导中国远洋海运集团有限公司和中国邮政集团有限公司对接开辟国际邮件的快船运输。

（九）坚持命运与共、合作抗疫，为全球抗疫贡献中国交通智慧和力量

一是严格陆海空口岸防控，严防疫情跨境传播。认真落实“稳住人心、稳在当地”要求，采取一系列措施，最大限度地减少国际间非必要人员流动。

二是安全有序接回我国公民，强化入境人员查测、转运和管理。第一时间回应我国境外公民关切。指导各地交通运输部门按照高风险区防控标准组织做好公路口岸入境人员“点对点”接运工作。

三是主动分享防疫经验，促进国际抗疫合作。

四是全力保障援外运输，为构建人类卫生健康共同体提供坚强交通运输保障。按照“一国一方案、一单一落实”的原则，制定了43个重点国家援外物资运输保障方案。

五是妥善处置涉外船舶疫情，体现负责任大国担当。

（十）加强信息发布和宣传引导，营造全行业合力抗疫的良好氛围

一是加强传统媒体纵深式宣传报道，汇聚交通抗疫强大合力。用好中央媒体、行业媒体进行广泛权威和深度报道。利用“车、船、机、路、港、站”开展社会宣传，通过制作宣传语、宣传海报等，加强对疫情防控政策的宣传解读。

二是加强舆情监测引导，及时公开透明发布信息。全天候关注、及时发现舆情热点，每日梳理汇总问题线索，及时查实解决，有效消弭舆情风险点。

三是做好典型人物宣传，见人见事见精神。大力宣传交通系统一线干部职工不畏艰险、忠于职守、千方百计做好防控工作的感人事迹，进一步激发和凝聚交通广大干部职工众志成城、共克时艰的正能量。

（十一）防患未然、守住底线，全力维护疫情防控期间行业安全稳定

一是注重研究在先“查隐患”。召开防范化解“疫后综合征”专题会，组织部内各司局、行业协会商会，开展交通运输“疫后综合征”研究，系统梳理交通运输行业风险隐患苗头，制定针对性应对措施。

二是注重防范在前“治未病”。建立疫情期间行业稳定工作“零报告”制度，畅通涉稳信息报送渠道，督促行业系统各单位按要求报告社会稳定情况。

三是注重处置在小“抓苗头”。指导各地交通运输部门妥善处置了十余起出租汽车行业不稳定事件。指导地方交通运输主管部门妥善解决船员换班系列事件，确保行业安全稳定。

（十二）让党旗高高飘扬在一线，大力弘扬新时代交通精神，汇聚起交通抗疫强大力量

一是抓牢战时政治引领，始终做到“两个维护”。交通运输部各级党组织把坚决贯彻落实党中央决策部署和习近平总书记重要指示批示精神，打赢疫情防控阻击战，作为践行“两个维护”、体现初心使命的“试金石”，作为建设模范机关的“磨刀石”。

二是充分发挥党组织战斗堡垒作用。各级党组织坚决落实习近平总书记关于基层党组织发挥战斗堡垒作用的重要指示精神，把疫情防控作为最重要的工作来抓，深入开展“党旗飘在一线、堡垒筑在一线、党员冲在一线”突击行动，把党的组织和党的工作覆盖到疫情防控工作的各领域、各环节。

三是充分发挥党员先锋模范作用。激励党员干部工作在前、战斗在前、引领在前。

四是践行新时代交通精神，汇聚起抗疫强大力量。在疫情防控阻击战中，广大党员干部坚守一线，战在前线，践行了伟大的抗疫精神，弘扬了以“两路”精神为代表的新时代交通精神，汇聚起抗疫强大的精神力量。

二、铁路“抗疫”保障情况

（一）坚持把疫情防控作为重大政治责任

新冠肺炎疫情发生以来，国家铁路局坚决贯彻落实习近平总书记重要指示精神和党中央国务院决策部署，迅速把思想和行动统一到习近平总书记的重要指示精神上来，统一领导、统一指挥、统一行动。2020 年 1 月 21 日，国家铁路局按照突发事件应急预案，启动应急响应，成立国家铁路局疫情防控领导小组，党组书记、局长任组长，部署安排、推进落实疫情防控工作。各地区铁路监督管理局均启动应急响应，成立工作机构，迅速投入疫情防控阻击战。特别是武汉铁路监督管理局身处疫情中心，积极承担湖北省疫情防控任务，为打赢湖北保卫战、武汉保卫战作出了重要贡献。

（二）强化行业监督检查

精准抓好“外防输入、内防反弹”疫情防控工作，督促检查铁路企业落实国家联防联控机制和属地防控措施要求，做好进站查验、站车消毒、接驳对接、服务引导等工作。协调组织设立绿色通道，保障防疫物资、春耕备耕物资、生活物资和医疗救援人员运输。研究制定《铁路进口冷链食品物流新冠病毒防控和消毒技术指南》，指导铁路运输企业把控冷链运输防扩散环节。2020 年，全国铁路运输安全持续平稳，各项防疫措施在铁路有效落实，阻断疫情通过铁路运输传播扩散，为打赢疫情防控阻击战提供有力运输保障。同时，加强内部防控，保持了全局“零感染”的良好局面。

（三）有序推动复工复产

针对疫情给铁路行业生产经营造成的严重冲击和影响，深度调研，助企纾困解难，协调畅通铁路场站周边物流“微循环”、开好复工人员专列，指导依法合理调整项目工期，帮助解决建设项目人员、资金、物料运输等困难，保障装备制造物流供应链稳定畅通，有力推动铁路运输、建设、制造企业复工复产。加强协调服务，确保国际通道安全畅通，中欧班列实现逆势大幅增长。对机车车辆驾驶资格考试实施送考上门，适当延长设备许可证有效期，为企业正常生产经营提供有力保障。

三、民航“抗疫”保障情况

2020 年 1 月 20 日，新冠肺炎疫情暴发。中国民用航空局认真贯彻习近平总书记就疫情防控工作的重要指示批示精神，坚决落实党中央、国务院统一部署，迅速启动突发公共卫生事件 II 级应急响应，成立民航新冠肺炎疫情防控领导小组，按照“认真、科学、冷静”的原则，提出“保安全运行、保应急运输、保风险可控、保精准施策”的“四保”工作思路，抓紧、抓实、抓细民航疫情防控工作，奋力夺取疫情防控和民航安全发展的双胜利。

（一）动态调整防控技术标准，打好抗疫主动仗

截至 2020 年底，先后推出六版《运输航空

公司、机场疫情防控技术指南》（以下简称《指南》），指导全国民航单位做好防控工作，严防疫情通过航空运输渠道传播扩散。《指南》综合航班始发地疫情形势、航班客座率、空中飞行时间、始发地和目的地气温等多个指标，制定可量化的评分标准，将客运航班和货运航班防疫等级划分为高、中、低3个风险等级。针对不同的风险等级，明确相应的旅客体温筛查、机上服务、机组防护、航空器及货物清洁消毒流程等要求。

随着疫情形势发展变化，不断升级优化各项防控举措，做到精准防控、精细施策、人物同防。针对进口冷链在国内多地引发疫情的情况，及时调整国际货运航班风险等级评价指标及标准，强化对涉及冷链运输、寒冷地区的高风险航班的防控措施。细化机场进口货物转运防控要求，依据进口货物航班风险等级，对货站及转运区域实施分区管理，同时加强对货运人员的个人防护和健康监测管理。审慎调整机组入境隔离及健康监测措施，进一步加强和细化机组境外过夜期间防控管理。

（二）着力遏制境外输入风险，守住抗疫主阵地

2020年6月以来，针对部分国家“带疫解封”，按照“外防输入、内防反弹”和“人物同防”的工作要求，根据疫情不同阶段的发展形势，科学动态调整国际客运航班。

在北京首都国际机场设立国际航班保障专区，采取第一入境点方式分流北京首都国际机场国际客运航班，动态实施“五个一”“一国一策”“航班熔断与奖励”等措施，织密航空口岸联防联控网络，最大限度遏制境外疫情输入性风险。截至2020年底，国际客运航班由疫情前的9191班/周调减至321班/周，累计通过熔断措施取消航班288班（国内航司104班、外航184班），以超低位航班数量保持同57个国家通航。

（三）助力全球民航疫情防控，分享抗疫好经验

中国民用航空局积极参与国际民航组织疫情防控和恢复运行多边合作，通过线上会议及邮件信函等多种形式，分享中国防疫经验，贡献中国智慧，为全球民航携手做好疫情防控和行业恢复发展提供中国方案。

主办或参与各类疫情防控相关国际会议300余场，双边线上会议45次，参与国际民航组织《新冠肺炎公共卫生危机期间航空旅行指南》编写。中国民用航空局发布的《运输航空公司、机场疫情防控技术指南》受到各国、各地区民航当局和有关国际组织的重视，得到不同程度借鉴采用。同时，积极推动与重点国家民航主管部门的对话交流，对疫情期间采取的国际客运航班临时管控政策和措施做好协调解释工作，争取通航国家对中国政策措施的理解与配合。

（四）协调行业内外联防联控，打赢抗疫总体战

按照国务院联防联控机制统一部署，加入机制疫情防控组、宣传组、医疗生活物资保障组、社会稳定组和外事组，并在有关专班中积极发挥作用，与外交、海关、公安、卫生健康、移民等部门，以及相关地方政府密切协同配合，开展联防联控，切实抓好各项防控措施落实。

高效协调防疫物资、医护人员及特殊旅客等紧急重大运输任务，全力保障重大紧急运输“空中生命线”畅通。承担了全部援鄂医护人员中79.7%的赴鄂及92.7%的撤离返程运输任务；协调航空公司等在退改票等问题上顾大局、听指挥，先后4次发布客票免费退改政策，引导人员减少流动；做好民航防控政策宣传解读和科普宣传，赢得了人民群众的理解和支持。

四、邮政“抗疫”保障情况

（一）周密部署行业疫情防控工作

制定《国家邮政局防范和应对新型冠状病毒感染的肺炎疫情工作方案》和春节期间专项值班方案，印发系列通知，统筹协调和组织各级邮政管理部门、各寄递企业总部做好疫情防控和复工复产等工作，及督促抓好工作落实。做好疫情期间每日行业运行监测和数据统计工作，及时报送相关方面。部署各省邮政管理局实行疫情防控每日零报告，并安排专人负责收集、督办和统计汇总。未发生从业人员聚集性感染，无人因疫情病亡。

（二）组织疫情防控应急物资寄递运输

组织寄递企业合理调配资源、优化网络运行，积极寄递、承运湖北武汉等重点地区疫情防控应急物资和基本生活物资，组织中国邮政、顺丰等企业开通海外捐赠物资“绿色通道”，努力满足春节及疫情期间人民群众基本生活物资寄递服务需求，获得中央领导同志、相关部门、社会各项广泛赞誉。参加交通运输部牵头的跨部门物流保障办公室，协调寄递企业为工业和信息化部、国家发展改革委等部门提供疫情防控应急物资寄递运输服务。全行业累计发运车辆 8.75 万台次、货运航班 779 架次，寄递防疫物资 48.98 万吨。

（三）为复工复产当好先行

按照“四保障、三优先、梯度推进”原则，精准有序高效推进复工复产，2020 年 2 月 7 日在全国率先全面启动复工复产，3 月底行业生产能力已恢复到正常水平，切实发挥了“先行官”作用。及时出台暂缓消费者申诉考核、延长许可到期办理时限等措施，推动出台 36 项涉邮惠企政策，协调解决企业在复产用工、车辆通行、末端投递、复工审核等方面存在的困难，千方百计帮助企业纾困解难。协调国家卫生健康委员会、国家发展改革委、工业和信息化部、交通运输部等部门，将邮政业纳入疫情防控和民生保障必需服务范畴，推动邮政业纳入国家应急物资保障体系，积极为行业争取道路通行、口罩供应、优先复工等政策支持，及时收集各地工作成果予以推广交流，促进全国全行业整体工作局面良好发展。解决疫情初期基层快递员缺乏口罩问题。

协调有关部门为行业调拨口罩，加大行业口罩供应保障力度。全国各级邮政管理部门通过各种渠道争取口罩共计 2500 余万个，在口罩供应最紧张的时候缓解了邮政行业燃眉之急，有力保障了基层一线从业人员的防疫安全，支持了邮政行业疫情防控和复工复产。

（四）保障国际寄递服务渠道安全畅通

针对国际航空货运资源锐减、出口邮件快件运输困难、企业普遍存在境内积压、跨境寄递服务用户退件和申诉数量增加明显的情况，及时印发通知，要求企业运用航空、铁路、公路、海运等多种方式增加或者补充出口运力。认真落实《交通运输部　国家卫生健康委　海关总署　国家移民管理局　中国民用航空局　国家邮政局关于精准做好国际航空货运机组人员疫情防控工作的通知》，推动加强国际航空货运机组疫情防控，同时简化检测、隔离操作程序，减少对机组人员生理、心理的影响，努力维护国际寄递服务渠道畅通。

（五）做好常态化疫情防控工作

开展《疫情防控期间邮政快递业生产操作规范建议》修订工作，已更新至第 6 版。制定《邮政快递业疫情防控与寄递服务保障工作指南（试行）》，指导各地切实做好疫情常态化防控与寄递服务保障工作。针对北京、河北、辽宁、吉林、黑龙江、广东、新疆、山东等省（区、市）出现的新疫情，指导相关省（区、市）局切实做好当地发生新疫情之后行业疫情防控工作，恢复每日疫情“零报告”，及时掌握最新情况，加强沟通联系和工作对接。针对秋冬季、冬春季、元旦、春节期间行业疫情防控工作进行专门部署。对组织行业从业人员接种疫苗相关工作进行研究和部署。

专题五　取消高速公路省界收费站并实现平稳运行

一、工作背景

深化收费公路制度改革取消高速公路省界收费站（以下简称“改革撤站”），是党中央、国务院部署的一项重大改革任务，是关系人民群众切身利益的重大民生工程。2019年5月以来，交通运输部会同各地、各有关部门，统筹改革发展稳定大局，科学谋划，协同攻坚，于2019年12月31日24时，顺利实施高速公路联网收费系统切换，如期完成了取消全国高速公路省界收费站的目标任务，实现了不停车快捷收费，彻底结束了高速公路省界拥堵的历史，给人民群众带来了“一脚油门踩到底”的全新体验，开创了高速公路“一张网运行、一体化服务”的全新局面。

二、工作措施

（一）建立科学高效指挥体系

改革撤站工作涉及主体多、任务重、领域广。交通运输部广泛动员、全面部署，迅速构建起部门协同、上下联动、运转高效的作战指挥体系。成立了交通运输部、国家发展改革委、工业和信息化部、公安部、司法部、财政部、人力资源社会保障部、人民银行、国资委和银保监会十部门参加的部际工作领导小组；交通运输部成立了总指挥部，先后召开320余次专题会议、14次行业推进会议，统筹指导协调相关工作；各地相应成立了省级工作领导小组和指挥部，倒排工期，挂图作战，形成了部门协同、上下联动、整体推进的良好格局。

（二）抓好改革路径顶层设计

立足当前，着眼长远，综合分析比对国内外各种收费技术，确定了“电子不停车快捷收费、辅以车牌图像识别、多种支付手段融合应用”的技术路线，印发总体技术方案、工程建设方案等30余项标准规范和技术要求，制定改革撤站攻坚作战总方案和“九大战役”详细作战计划，为工作开展提供了指导和遵循方法。

（三）修订完善法规和政策

探索建立了鲜活农产品、国际标准集装箱、联合收割机运输车辆通行费优惠预约通行制度。清理规范150余项地方性通行费减免政策。清理了城市周边高速公路站外收费里程。调整货车计费方式，完成货车收费督查和收费标准调整实施效果评估优化，实现了“确保不增加货车通行费总体负担”的目标。积极推动司法部加快公路法、收费公路管理条例修订审核工作。

（四）优质高效完成工程建设

财政部审核下达车购税补助资金，各地多方筹措资金，按照应急工程简化基建程序，如期完成工程建设和联网收费系统联调联试，共建成ETC门架系统24588套、改造ETC（电子不停车付费）车道48211条、安装入口不停车称重检测系统11401套、完成487个省界收费站正线改造。2019年12月31日24时，高速公路联网收费系统顺利切换，487个省界收费站同步取消。

（五）大力推动ETC安装使用

国家发展改革委和交通运输部联合印发了加

快推进高速公路电子不停车快捷收费应用服务实施方案；人民银行和银保监会出台政策，指导金融力量协同发力，全力支持ETC推广；工业和信息化部组织制定发布《不停车收费系统　车载电子单元》（GB/T 38444—2019）。各地充分发挥政府和市场两方面作用，利用线上和线下两种渠道，组织力量深入居民小区和村镇，进驻收费站、停车场、高速公路服务区等车辆密集场所，全方位开展宣传和安装服务。开展ETC服务专项提升行动。会同相关部门，开展ETC预置安装。加快拓展ETC服务功能。会同中石油、工商银行联合推出“昆仑”ETC产品，在全国中石油加油站享受加油优惠，并积极争取有关单位支持，推动ETC加油普惠。拓展ETC在停车场的应用，选定北京等27个城市作为试点城市、江苏省作为省级示范区，先期开展ETC智慧停车试点工作，围绕数字赋能产业融合、区域示范带动周边、ETC+车生活服务、交旅融合绿色通行、静态交通治理、省级示范区6个主题组织实施。加快货车ETC应用推广，让广大货车驾驶员出行更便捷。截至2020年12月31日，ETC使用率超过67%，全国ETC客户累计超过2.2亿人。

（六）顺利完成系统转换磨合

自2020年1月1日联网收费系统切换以来，改革撤站工作进入运行管理的新阶段。交通运输部高度重视并认真贯彻落实中央领导同志的重要批示精神和总指挥部的安排部署，针对系统运行初期及转换磨合过程中可能出现的问题，提前进行了风险评估，制订了应急预案，全面优化完善系统，紧紧围绕“保系统稳定运行、保路网通行顺畅、保舆情总体平稳”的目标要求，聚焦系统“稳不稳”、计费“准不准”、费用“涨没涨”、费额“显不显”、站点“畅不畅”、服务“好不好”等重点和焦点问题，研究拟定并实施第十战役，强化组织领导，加强部省联动，完成系统优化升级、系统问题“清零”和积压数据“清零”，实现系统稳定运行。主动回应社会关切，完成ETC车道“费显”攻关，全国9263个收费站、68604条收费车道全部实现通行费额实时显示。完善在线计费服务，实现科学精准计费。建立部、省级交通运输主管部门、收费站三级联动指挥调度机制，强化收费站保通保畅。

以发现和解决问题为重点，全力推进实车测试工作。印发实车测试实施方案、技术指南、全网复检方案，编制实车测试记录表格和报告标准格式。研究确定省内自检、省际互检、全网复检三种测试类型，以及相应的测试覆盖率和验收规定，制定高速公路联网收费系统考核验收“一票否决”项清单。开展测试宣贯和培训工作，录制培训视频，通过网络远程开展培训，并与各地建立“一对一”联络机制，派出9个工作组86名技术人员进行现场指导，建立测试进度台账和问题整改台账。研究制定社会力量参加实车测试实施方案，邀请运输企业、社会机构和知名人士代表参加测试工作，提升测试工作透明度。认真组织各项测试工作。指导各地制定省内自检、省际互检方案，于5月3日前完成各项测试工作。对测试中发现的1770个问题，督促指导各地边测边改、以测促改，进一步优化完善系统。

以实现科学合理计费为核心，全力推进货车费率和站外里程“两个调整”。完成货车费率调整。深入研究分析各地货车通行费收费标准，交通运输部会同国家发展改革委、财政部联合印发通知，通过调整收费标准或者出台差异化收费政策等方式，优化了相关车型的收费标准。印发通知督促各地开展城市周边高速公路站外收费里程清理规范工作，确保公众交费里程和车辆通行里程一致。

加强客服能力建设，全力优化完善客户服务。在“中国ETC服务小程序”上开通自助投诉服务，推动95022、12328及各地服务热线协同联动，共同为ETC客户提供服务；督促指导各地增加客服座席，客服接通率保持在98%以上，及时处理率和结案率均达到100%。大力整治ETC发行乱象，督促各地全面排查并彻底解决强行推广ETC、违规冒名办理ETC等问题，在“中国ETC服务小程序”开通自助解除车牌占用服务功能，为客户自主办理ETC发行提供服务。完善客户投诉处理机制。制定客户投诉处理细则、客户服务质量考评规定、客户回访工作规定等文件，建立路网中心牵头负责、相关省份协作配合的跨省争议快速处理机制，规范高效处理跨省争议。通行费电子发票开具取得突破。交通运输部会同财政部、国家税务总局和国家档案局，发布《关于收费公路通行费电子票据开具汇总等有关事项的公告》（交通运输部公告2020年第24号），制定出台通行费电子发票汇总单制度，便利ETC客户电子票据财务处理和增值税抵扣，实现“一次通行、一张票据”，有效解决了公众一次出行多张发票的烦恼。进一步规范通行费查询服务和银行扣费短信。督促指导30个省份（海南省除外）为公众提供App（应用程序）、微信小程序或微信公众号等查询服务功能。印发《ETC交易扣费短信优化方案》，督促指导各地协调发行服务机构和417家合作银行，完成相关系统完善升级，全面规范发送短信，切实方便公众查询和监督。加快拓展ETC服务功能。推动实施ETC客户加油普惠政策，会同中石油、工商银行联合推出“昆仑”ETC产品，在全国中石油加油站享受加油优惠，积极争取有关单位支持，推动ETC加油普惠。

（七）强化安全稳定和人员安置工作

交通运输部组织建设了联网收费系统“双活”中心和灾备中心，加强系统网络安全保障，构建起全网一体化的网络安全防护体系；强化产品质量安全，完成ETC产品质量监督抽查，合格率达到100%。交通运输部、公安部会同有关部门，指导各地全面实施高速公路入口不停车称重检测，货车违法超限超载率下降至0.06%；出台了危险货物道路运输安全管理政策。交通运输部、财政部、人力资源社会保障部、国资委联合印发人员安置工作指导意见。各地按照“属地负责”和“转岗不下岗”原则，多渠道分流，改革涉及人员得到妥善安置，行业总体保持安全稳定。

三、工作成效

建成了世界上规模最大的高速公路电子不停车收费系统，形成了一批具有自主知识产权、可复制、可借鉴的技术标准规范和产品体系，推动了高速公路制度、管理和服务创新。取消高速公路省界收费站一年以来，联网收费系统运行稳定，路网通行顺畅，人民群众出行更加安全便捷，为促进物流降本增效、服务构建新发展格局奠定了坚实基础。

（一）促进了路网通行效率提升

形成一张主线无障碍通行的全国高速公路网，彻底结束高速公路省界拥堵的历史，给人民群众带来了“一脚油门踩到底”的全新体验。

截至2020年12月31日，全国高速公路日均车流量达到3173.5万辆次、同比增长7.8%，ETC平均使用率达到67.6%，全网车辆平均通行速度从61公里/小时提高到71公里/小时、提高了16.4%，日均拥堵缓行收费站数量减少了66.8%，路网运行更加顺畅，推动了综合交通运输网络效率提升。

（二）促进了物流降本增效和节能减排

对ETC车辆统一给予不少于5%的通行费无差别基本优惠，每年减少通行费约170亿元。将8座和9座小型客车收费类型由二类调整为一类，大幅降低收费标准，650余万车主直接受益。清理城市周边高速公路站外收费里程，每年减少通行费约31亿元。全国货车高速公路通行费同比减少166亿元，下降了5.17%，并基本覆盖邮政、快递等轻载车辆。货车空载率降低了14.6%，物流更加集约高效。据初步测算，因不停车收费减少车辆启停，全网日均节省燃油730.4吨，减少一氧化碳排放217.2吨、氮氧化物排放1.7吨、碳氢化合物排放5.8吨，促进了节能减排，助力打赢污染防治攻坚战。

（三）促进了国内大市场建设

取消全国高速公路省界收费站，清理规范150余项妨碍公平竞争和影响不停车快捷收费的地方性通行费减免政策，统一全国鲜活农产品运输"绿色通道"政策，消除车辆在省际快速通行的物理和政策障碍，加快了区域交通一体化进程，开创了高速公路"一张网运行、一体化服务"的全新局面，提高了流通效率，推动了要素自由流动和资源有效配置，促进了内外联通、安全高效的物流网络和统一、开放、竞争、有序的现代市场体系建设，为加快构建新发展格局创造了有利条件。

（四）促进了公路创新发展

促进技术创新，提出一整套具有中国特色的公路电子收费技术解决方案，率先开启了公路交通领域的新型基础设施建设。促进制度创新，形成了一系列科学适用、规范统一的公路行业制度和标准体系。促进管理和服务创新，建立新型高效的高速公路收费体系，降低了建设和运营成本，为公众出行提供了及时精准的信息服务。加快ETC推广应用带动相关产业发展，2019年累计带动产业规模约1000亿元，比2015年增加了近9倍。

专题六　民生实事与建议提案办理

一、交通运输部民生实事完成情况

2020年，交通运输部推出9件民生实事，已全部按期完成。一是已实现所有具备条件的乡镇和建制村通客车。二是完成安全生命防护工程18.5万公里、危桥改造6692座，分别超过年度目标3.5万公里、3692座。三是推动交通一卡通便捷应用，已实现303个地级以上城市、505个县级城市交通一卡通互联互通。四是联合中华全国总工会共同推进“司机之家”建设，新增“司机之家”241个。五是拓展ETC服务功能，选定北京等27个城市作为试点城市、江苏省作为省级示范区，开展ETC智慧停车试点工作；会同中石油和工商银行联合推出“昆仑”ETC产品。六是全面落实船员服务便利工程，完善船员管理系统，开发运行船员办证信息远程采集系统，实现船员个人信息采集和上下船任解职手续不见面办理、直属海事系统船员政务全流程一网通办。七是完成公路服务区厕所建设改造945个，其中高速公路360个、普通国省干线公路585个。八是推进重点水域电子船票应用，琼州海峡、渤海湾、长江干线省际水路客运已实现电子船票应用。九是全面实现了琼州海峡客滚运输班轮化常态运营，投入使用微信、网站和手机App售票系统，班轮准点发班率保持在95%左右，旅客平均过海时间较2019年再缩短30分钟。同时，交通运输部继续委托第三方开展了评估，群众满意度继续保持在较高水平。

二、12328交通运输服务监督电话系统运行情况

2020年，全国12328交通运输服务监督电话系统运行总体平稳，服务能力不断提升，服务质量持续改善。一是业务总量保持高位。全国共受理有效业务量（以下简称业务量）2575.67万件，比去年增加252.89万件，同比增长10.89%。其中，投诉举报、意见建议、信息咨询三类业务量分别为130.90万件、67.12万件和2377.65万件，分别占业务总量的5.08%、2.61%和92.31%。业务总量中的人工受理业务量为1952.70万件，投诉举报、意见建议、信息咨询三类业务量分别为130.90万件、59.66万件和1762.14万件，分别占业务总量的6.70%、3.06%和90.24%；自助语音受理业务量为622.96万件，主要为高速公路信息咨询类业务。二是高速公路业务量占比近七成。从业务领域看，高速公路、城市客运、道路运输以及普通公路领域业务量分别为1791.30万件、406.85万件、96.37万件和62.42万件，分别占业务总量的69.55%、15.80%、3.74%和2.42%；涉及水路、海事、海上搜救、救助打捞4个领域的电话业务量共计1.18万件，占业务总量的0.05%。三是业务构成季度变化明显。一、二季度高速公路业务量占比相对较高，三、四季度趋于稳定。四是电话系统服务质量保持稳定。全国12328电话接通平均等待时长约34秒（含语音导航提示时间），信息咨询类及时答复率98.13%，限时办结率93.87%，投诉举报类限时办结率97.36%，回访满意率97.81%。五是8个省份业务总量超百万件。从区域分布看，河北、江苏、山西、辽宁、重庆、河南、云南、江西8个省份业务总量超过100万件；陕西、湖南、北京、广东、天津、黑龙江、

贵州7个省份业务总量超过50万件；甘肃、上海、安徽、浙江、四川、湖北、宁夏、内蒙古等14个省份业务总量超过10万件；海南、西藏等地和新疆生产建设兵团业务量相对较少。

表6-6-1 12328交通运输服务监督电话系统运行情况统计表

划分标准	全国排名前十位的省（自治区、直辖市）	备 注
人均投诉举报业务量	上海、北京、海南、江苏、天津、重庆、辽宁、安徽、青海、宁夏	各省（自治区、直辖市）常住人口按2019年底国家统计局公布的统计数字计算
人均意见建议业务量	北京、上海、广东、江苏、重庆、青海、福建、天津、新疆、辽宁	
人均信息咨询业务量	重庆、天津、北京、山西、上海、青海、宁夏、贵州、辽宁、江西	
限时办结率	重庆、山东、浙江、黑龙江、甘肃、天津、西藏、四川、贵州、江苏	
即时答复率	湖北、重庆、山东、浙江、上海、广西、天津、贵州、湖南、四川	
回访满意率	西藏、吉林、兵团、重庆、贵州、江西、山西、辽宁、山东、湖北	

三、交通运输部建议提案办理情况

（一）办理情况

2020年，交通运输部承办人大代表建议和政协委员提案共计1108件（含议案54件），其中主办（含分办、独办）372件、协办630件、参阅106件。承办建议提案总数同比增加34.1%，为历年来最多。从内容上看，综合类占31.2%，关注统筹新冠肺炎疫情防控与经济社会发展、落实重大国家战略、重要运输通道建设、综合交通及区域一体化发展等方面；公路类占21.9%，主要涉及公路收费政策、进一步提升ETC消费者体验、完善高速公路限速管理、交通扶贫与农村公路、严查超载超限运输等方面；运输与城市交通类占15.9%，主要涉及推进区域多式联运一体化协同发展、补好农产品冷链物流设施建设短板等方面；水路类占12.5%，主要涉及港口智能化升级应对重大疫情及疫后经济复苏、综合施策促进港口岸电健康可持续发展、水利枢纽过船设施建设等方面；铁路类占18.5%，主要涉及铁路规划建设方面。上述建议、提案已全部按要求保质保量实现了100%办结。

全国人大、全国政协重点督办建议提案涉及交通运输部的共9项，其中牵头办理1项、参加办理8项。交通运输部研究确定了5项部内重点建议提案，均邀请相关代表、委员参加座谈或赴实地调研，面对面听取意见。

（二）主要做法

一是加强组织领导。部党组书记杨传堂、部长李小鹏主持召开会议，要求把建议提案办理工作作为践行以人民为中心发展思想的重要抓手，做到“抓紧抓实抓准，求质量求速度求态度”。

二是注重统筹谋划。全国“两会”前夕，制定印发办理工作方案，明确任务目标和举措分工。“两会”闭幕后，迅速建立办理工作台账，明确承办任务和办理要求。利用行业报刊、政务微信等刊发典型案例6篇。

三是建立工作专班。针对新冠肺炎疫情影响带来的会议新变化新要求，全国“两会”召开前，成立由分管部领导任召集人、抽调14名业务骨干组成的工作专班，24小时值班值守，圆满完成视频连线相关会议、接收转部外函件、汇总梳理大会简报等任务。截至大会闭幕，会议期间收到的235项意见建议全部完成反馈。

四是注重分析研判。连续6年组织开展建议提案分析工作，对交通运输部年内承办建议提案中反映的关注重点，以及关注趋势、办理重点难点与成因等问题进行深入分析，研究提出相应政策建议。

（三）工作成效

一是服务推进常态化疫情防控与国家重大战略实施，为做好“六稳”工作、落实“六保”任务提供了坚强的交通运输保障。二是进一步深化交通运输供给侧结构性改革，持续补短板、降成本、优环境、强服务。三是逐步抓实推进建议提案答复承诺事项跟踪落实，做好B类建议提案答复承诺事项的统计、跟踪、督办落实等工作。

四、国家铁路局建议提案办理情况

（一）基本情况

2020年，“两会”代表委员提出的涉及国家铁路局工作的议案、建议和提案共378件，与2019年相比增加137件。2020年也是国家铁路局组建以来承办数量最多的一年，其中，人大议案1件、人大建议304件、政协提案73件。从承办方式上看，分办4件，主办、合办366件，参阅办理7件。从建议提案内容上看，主要集中在加强铁路规划建设、加快铁路修法立法、加强铁路运输安全等方面。截至2020年11月底，建议提案办理工作全部完成，办复率为100%。

（二）主要做法

一是局党组高度重视。为有效应对新冠肺炎疫情对办理时限的影响，局党组高度重视，专题研究，要求加快工作进度，提高办理质量，局党组书记、局长刘振芳同志专门作出批示：“办好人大建议和政协提案是政府部门的法定职责和政治任务。我们要认真研究办理好人大建议和政协提案，提高办理质量，让人大代表和政协委员满意。”局党组成员、副局长刘克强同志主持召开交办会，要求承办部门打破常规，加大力度，加强沟通协调，提高办理效率，按时高质量完成议案、建议和提案办理任务。

二是重点提案重点办理。2020年，需要国家铁路局办理的重点提案有3件，全部为会办提案，内容主要为促进长三角地区现代综合交通运输体系建设一体化高质量发展、进一步优化高速铁路服务质量、加强西部陆海新通道统筹协调力度助推西部大开发形成新格局等，承办部门拟定办理方案，抓住关键环节，深化沟通协商，确保重点提案办理工作顺利完成。

三是注重加强联系沟通。承办部门在建议提案办理过程中，通过电话协商、网络视频交流等方式，积极与代表委员沟通联系，确保双方对接紧密、信息对称，切实让代表委员了解掌握政府部门的工作实际。对于有条件解决的建议提案，做到抓紧解决；一时难以解决的建议提案，做到统筹考虑，明确进度，抓紧研究，逐步加以解决。对目前尚不具备实施条件的建议提案，明确专人进行跟踪，及时向代表委员反馈办理情况，让代表委员满意。

四是强化办理质量和公开力度。加大督办力度，通过月度通报等形式，有效推动建议提案办理工作。坚持由分管局领导审核把关签发所有复文，确保复文简洁明了、直奔主题、实话实说。同时，认真落实国务院办公厅关于做好全国人大代表建议和全国政协委员提案办理结果公开工作的有关规定，对可以公开的建议提案办理复文，在国家铁路局政府网站全文公开，主动接受社会和公众的监督。

五、中国民用航空局建议提案办理情况

2020年，中国民用航空局办理人大代表建议128件、人大议案6件、全国政协委员提案45件，共计179件（含闭会件6件），其中主（分）办68件，会（协）办97件，参阅14件。

（一）基本情况

从建议提案的意见建议看，涉及机场项目建设40条，航空枢纽、口岸、临空经济区建设31条，航空物流29条，通用航空13条，航空卫生、疫情防控11条，航空应急救援10条，空域管理改革6条，个别涉及航线时刻、除冰污水排放、机载网络安全、空警队伍建设等。从办理效果看，所有建议提案包括闭会件，全部按时间要求如期办理完毕，

办结率达 100%；牵头办理的建议提案问题已解决、采纳和已制定解决措施、已列入工作计划的占比为 68.65%；结合建议提案办理工作，制定出台相关政策措施 11 项，采纳建议提案意见 11 项。从目前反馈的情况看，代表委员对中国民用航空局办理工作满意率达 100%。

（二）主要做法

一是切实加强组织领导。2020 年，在疫情防控要求下，中国民用航空局严格按照国务院办公厅有关会议要求，制定"两会"工作保障方案，成立工作专班，统筹安排布置建议提案办理工作。全国"两会"闭幕后，中国民用航空局迅速召开全系统电视电话会议，对做好建议提案办理工作提出明确要求。

二是夯实责任落实机制。中国民用航空局已形成了主要领导牵头、局党组成员分工负责、综合司统筹协调、司局承办的责任落实机制。2020 年，进一步夯实工作机制，制定了工作方案，整体安排，明确任务分工；修订了办理指南，规范办理程序、办理要求和复文标准；制定了办理工作日历和电子工作台账；建立重点建议提案办理制度，选择 7 件建议提案，作为内部重点件。

三是积极主动联系沟通。由于疫情的原因，与代表委员的沟通主要以电话、微信等方式进行。在中国民用航空局主办的建议提案中，56 件办理过程中，与代表委员进行过电话沟通，占比 80% 以上。对短期内不能解决的问题，做到在沟通中详细解释原因。对于会（协）办的建议提案，中国民用航空局主动与主办单位沟通，结合工作职责，认真提出办理措施，积极推动事项的解决，特别是在与财政、发展改革等部门的协作配合中主动作为，得到了充分认可。

四是加强宣传公开力度。在中国民用航空局政府网站设置专题公开建议提案复文，除不宜公开的，100% 实现网上公布。连续第 5 年在《中国民航报》设置"全国两会建议提案回声"专栏，2020 年 9 月 16 日—11 月 2 日，以"倾听呼声，凝聚共识，提升行业治理效能"为主题，在头版刊发专栏文章 20 篇，对涉及公众利益、社会关切的建议提案办理成果进行公开。所有专栏文章同步在中国民航网、民航微信客户端推送，受到地方政府、代表委员等社会各界的广泛关注。同时，将宣传报道汇编成册，送有关代表委员和部门参阅。

五是大力推动成果转化。注重挖掘建议提案价值，收集对民航高质量发展具有重要参考价值的建议，在每年例行的"民航深化改革任务"滚动修订中作为重要参考。在内部刊物《民航行业动态》上，选登部分人大代表、政协委员的意见建议。具体办理中，将办理成果与"十四五"规划相结合，涉及机场布局、建设的 40 条建议，视情统筹考虑；将办理成果与促进国内大循环、畅通物流供应链等相结合，会同国家发展改革委联合印发《关于促进航空货运设施发展的意见》（发改基础〔2020〕1319 号）；将办理成果与疫情防控相结合，成立专门工作小组，对涉及航班疫情防控、入境点设置、航空医疗救助等内容的建议提案，认真研究采纳；将办理成果与空域改革等行业热点问题相结合，制定下发了《低空飞行服务保障体系建设总体方案》。

六、国家邮政局民生实事与建议提案办理情况

（一）更贴近民生实事完成情况

一是在"快递进村"方面。出台三年行动方案，推广交快、邮快、快快、商快等合作模式，全国直投到村比例超过 50%。累计打造年业务量超千万件金牌项目 60 个、超百万件项目 260 个，农村地区收投快件超过 300 亿件，带动工业品下乡和农产品进城销售超过 1.5 万亿元。

二是在全面助力精准脱贫方面。大力推广产业扶贫模式，在贫困县培育出年件量超 10 万件项目 259 个。积极扩大就业扶贫效果，全年为农村地区新增就业岗位 15 万个。切实担负起定点扶贫政

治责任，全系统先后选派扶贫挂职干部339人，帮助建档立卡贫困户实现劳务就业4022人，助力脱贫6.8万余人。

三是在推动邮政综合服务平台建设方面。警邮合作上，全国10801个邮政网点开办交管业务，达到市级全覆盖。税邮合作上，7437个邮政网点开办代缴税款业务。政邮合作上，邮政企业实现与31个省级政务系统全对接、966个市级政务大厅全覆盖。特别是在疫情期间开办了"邮寄办"政务服务，有效降低了群众外出风险。

四是在实施"放心消费工程"方面。开展乡镇局所专项检查，督促邮政企业加大投入、增配人员，普遍服务能力水平不断提升。加强邮政市场监管，及时查处侵害消费者权益行为，全年处理有效申诉1.9万件，为用户挽回损失6939万元。开展安全生产专项整治三年行动，狠抓"三项制度"落实，完成"绿盾"工程一期建设，切实维护寄递渠道安全畅通。

五是在加快快递包装绿色治理方面。推动在固废法、邮政业寄递安全监督管理办法中增加包装治理条款。印发施行加快推进快递包装绿色转型的意见。推进重金属和特定物质超标包装袋专项治理。"9792"工程完成预期目标，实现45毫米以下瘦身胶带使用率达96.4%，电商快件不再二次包装率达72.1%，循环中转袋使用率达93.8%，新增5.6万个设置标准包装废弃物回收装置的营业网点，新能源和清洁能源车辆保有量达4.89万台。

六是在提高从业人员素质方面。实施职业技能培训"246"工程，培训29.3万余人次。全年8423人通过快递工程技术人员职称评审，其中高级职称96人。推进邮政学科建设，四所现代邮政学院在校学生近4000人。

七是在加强快递员（投递员）权益保护方面。试点开展快递末端结算指引工作。深入开展"暖蜂行动"和"快递从业青年服务月"等活动，各地出台关心关爱快递员文件600余份，组织慰问2500余次，新增爱心驿站等服务阵地9500余家，为快递员免费体检和义诊8万余人次，累计为快递员争取公租房廉租房4000余套。

（二）建议提案办理情况

1. 基本情况

2020年，国家邮政局共收到建议提案共58件，其中主分办件24件（建议15件，提案9件），协办会办件31件（建议21件，提案10件），参阅件3件（建议2件，提案1件）。内容主要涉及邮政快递业绿色发展、快递员权益保护、邮政快递进村、行业应急管理体系建设、快递末端管理、快递车辆通行、公文寄递、纪念邮票发行、寄递安全管理等方面。

2. 主要做法及取得的成效

一是领导重视，高位推动。党组书记、局长马军胜就做好建议提案办理工作作出重要批示。办理任务确认后，党组成员、副局长赵民第一时间主持召开交办会，周密部署2020年办理工作。

二是精心组织，压实责任。实行一把手负总责、分管领导具体负责，把建议提案办理工作纳入整体工作布局。压实单位负责人、处室负责人、具体承办人的三级责任制。对重点建议、热点难点问题，合力调配资源，强力推进。

三是加强沟通，密切联系。坚持把做好与代表委员直接沟通联系作为办理工作硬要求，健全与代表委员办理前沟通、办理中调研协商、办理后交流机制。

四是注重转化，推动发展。坚持把办理建议提案同党中央决策部署结合起来，同解决群众普遍关心的突出问题结合起来，同统筹疫情防控和行业发展情况以及"两进一出"工程等重点工作落实情况结合起来，努力将有价值、高质量的建议转化为深化行业改革、化解难点问题、推动发展的政策措施，使建议提案发挥更大效用，让群众得到更大实惠。

专题七 节假日和快递高峰运输

一、节假日出行保障总体情况

2020年春运期间，全国铁路、公路、水路、民航共发送旅客14.8亿人次，比2019年同期下降50.3%。其中，铁路2.1亿人次、下降47.3%，公路12.1亿人次、下降50.8%，水路1689万人次、下降58.6%，民航3839万人次、下降47.5%。

一是全面部署加强疫情防控工作。正月初一，习近平总书记主持召开中央政治局常委会会议，统筹部署疫情防控工作。交通运输部立即升级应急响应，成立工作领导小组，部主要领导担任组长，下发系列文件，对交通运输领域疫情防控工作进行全面部署。发布《客运场站及交通运输工具卫生防护指南》，指导各地加强汽车、船舶、车站、码头、高速公路服务区等通风、消毒、体温检测等工作。优化运输组织调度，将交通运输工具上座率控制在50%以下，并设置留观区域，坚决遏制疫情通过交通工具传播扩散。做好乘客信息采集工作，保障乘客信息可追溯。牵头组织工业和信息化部等7部门成立了物流保障办公室，实体化24小时运转，统筹调度疫情应急物资、生活物资、重点生产物资、医护及防控人员等运输保障工作。1月27日—2月18日，累计向湖北地区运送防疫物资和生活物资33.52万吨，运送电煤、燃油等生产物资88.5万吨。

二是着力加强路网通行保障。指导各地加强路网运行管理，坚决制止阻断公路通行行为，确保“一断三不断”。加强绿色通道运行管理，对运送应急物资和医护人员车辆、重要生产生活物资车辆实行“三不一优先”政策（不停车、不检查、不收费、优先通行）。结合春节假期调整，将小型客车节假日免费通行政策延长至2月8日，并于2月17日起至疫情结束，免收全国收费公路车辆通行费，鼓励车辆通行，促进复工复产。

三是认真做好返程客流运输保障。落实中央错峰返程部署，会同国家发展改革委等6部门印发专项通知，统筹部署铁路、公路、水路、航空各种运输方式错峰返程疫情防控和运输保障工作，指导各地积极稳妥恢复客运班线、城市公交等交通运输服务。截至2月18日，天津、河北、江苏等20个省份恢复了省际客运班线或省际包车，9个省份恢复省内公路客运；65个地级市、69个县级市恢复城市公交运营；长春、宁波市部分轨道交通线路恢复运营。总结推广四川省农民工“春风行动”做法，指导各地积极开行农民工包车，提供“点对点”直达运输，将农民工返岗包车纳入绿色通道政策范围。截至2月18日，已有四川、山东、安徽、浙江等21个省份开通了农民工返岗包车，累计运送7.6万人。

四是统筹加强综合运输组织调度。会同国家发展改革委、中国民用航空局、中国国家铁路集团有限公司等联合发文，并召开电视电话会，统筹部署综合运输衔接、安全监管、运输服务等工作。组织各地通过增开加班车船、优化运行时刻、加密发班频次等措施，全面提高运输保障能力。春节放假前，全国每日开行铁路旅客列车5300对，投入道路营运客车79万辆、2031万个客位，客运船舶1.9万艘、83万个客位，日均航班1.7万余架次，邮政快递企业节日期间安排专人保障包裹、快件投递服务。

五是细化实化便民利民服务举措。依托行业信息平台，以及高德、百度、中国联通等大数据资源，深入分析研判客流规律，及时发布客流预测分析报告，引导旅客合理出行。继续开展“情满旅途”活动，组织各地开展形式多样的便民利民服务。加强12328交通运输服务监督电话运行管理，畅通旅客诉求渠道。第三方调查显示，79%的调查旅客对2020年春运服务表示满意或认为较往年有所改善。

六是切实加大安全应急工作力度。将安全作为春运工作的重中之重，组织开展了3个跨部门检查组、5个行业检查组、5个地方检查组，深入基层一线暗访检查。召开电视电话会议，并印发情况通报，点名通报问题隐患，督促立行立改。完善春运应急运输联动机制，加强跨方式的协同联动与应急响应。密切与气象部门的协同合作，及时发布恶劣天气监测预报预警信息。组织各地科学配置应急队伍、物资和设备，并严格执行24小时值班制度。

二、铁路节假日保障情况

（一）春运监督检查

一是强化组织领导，成立由局党组书记、局长担任组长，局党组成员任副组长的春运监督检查工作领导小组和5个春运督查组及舆情应对小组等工作组。二是深入分析2020年铁路春运形势特点，印发《国家铁路局关于做好2020年春运监督检查工作的指导意见》，明确春运工作主要任务、监督检查重点、工作要求、保障措施等。细化春运监督检查指导手册，包含16个类别、49个项目、115个检查项点。制定新开通高速铁路运营安全监督检查指导手册和监督检查工作写实表，做到统一检查方式、统一检查内容、统一检查标准。三是将春运监督检查和铁路疫情防控相结合，共派出检查组354个、检查人员1061人次，检查铁路相关单位和场所616家，添乘动车组和列车220趟，累计67631公里。四是会同交通运输部、应急管理部成立3个跨部门联合检查组，围绕安全生产规章制度建设、安全隐患排查整改、综合运输组织调度衔接等情况，对河南、广西、广东、重庆、湖北、安徽开展春运安全检查，督促被检查地区整改隐患问题，消除事故隐患。

（二）暑运监督检查

一是暑运前组织对部分较大车站和旅客列车开展安全及服务质量交叉暗访检查。以疫情防控、客运安全、应急管理、设备设施、服务质量、环境卫生等为检查重点，通过“四不两直”方式，以普通旅客身份深入现场，从购票、安检、进站、候车、乘车、出站等环节全流程体验站车服务，发现现场作业存在的问题和隐患。共派出7个交叉暗访检查组，检查14个铁路局集团有限公司的40个车站，添乘26趟旅客列车。二是推进常态化疫情防控形势下的暑期监督检查。按照2020年实施的《铁路旅客运输服务质量　第1部分：总则》（GB/T 25341.1—2019）及《铁路运输标识　第2部分：客运》（TB/T 3509.2—2019），整理修订包括7个类别、42项，161个项点的暑运监督检查指导手册，规范检查项点。暑运期间，国家铁路局共派出督导检查组211组次，执法检查人员711人次，检查车站406个、列车380趟，督促企业保障暑期旅客运输安全稳定。

三、公路节假日保障情况

2020年节假日期间，全国公路网运行总体平稳有序，高速公路、普通国省干线公路未发生长时间、大范围拥堵情况。节假日期间，收费与免费平稳有序转换，疫情防控和公众出行服务保障工作有序开展，高速公路拥堵缓行收费站数量较往年同比下降明显，通行效率大幅提升。

一是强化工作部署。春节、国庆等节假日前，分别印发关于做好节假日期间公路网运行服务保障工作的通知，指导各地做好公路交通疫情防控、保通保畅、应急物资运输保障、出行服务等工作。

二是加强数据分析，提前研判，组织相关单位，综合运用大数据、云计算等科技手段，初步尝试多元数据融合，形成较为全面的路网运行分析研判报告。

三是开展气象会商，提前预报预警，结合历年节假日期间气象特征，研判、分析、梳理受影响路段，针对可能发生的长时间、大范围恶劣天气，及时预报预警，指导相关省份加强工作部署，强化防范措施。

四是加强技术应用，提升路网运行状态监测水平，利用全国智慧路网监测平台和视频监控云平台，实时监控全国路网运行情况，针对出现的恶劣天气、拥堵缓行、地质灾害等情况，及时通过部、省、收费站（路段）协调联动机制进行调度，指导地方做好突发事件处置工作。

五是做好重点站段疏堵保畅工作，以日常拥堵排名前50位的拥堵收费站和路段为重点，加强路网运行监测，强化拥堵分析研判，指导地方按照“一站一策”要求，细化疏堵保畅方案。

六是严格执行疫情防控相关措施，印发《公路服务区和收费站疫情防控工作指南》，指导各地完善收费站、服务区疫情防控应急预案，针对性加强物资储备、应急演练与安全防护，科学指挥调度，做好防控应急物资运输保障工作。

七是加强出行信息服务，及时通过网站、微博、微信、广播、可变情报板等各种媒体和渠道发布节假日期间公路网运行预判、实时路况、公路气象等服务信息，引导公众合理安排出行。

四、水路节假日保障情况

2020年，各级交通运输管理部门统筹做好春运和国庆假期疫情防控和水路运输服务保障工作，加强运行监测和形势研判，强化运输组织调度，确保重要水路运输通道畅通和人民群众安全便捷出行。

一是指导地方交通运输管理部门和港航企业按照有关防控指南要求，严格落实“外防输入、内防反弹”措施，加强重点场所、重点环节、重点人员疫情防控，严密防范疫情通过水运环节传播。

二是做好重点生产生活物资运输保障，督促地方交通运输管理部门采取“优先引航、优先过闸、优先锚泊、优先靠离泊”措施，加强运输组织，强化运力调度。

三是开展主要外贸集装箱班轮航线运行情况监测，引导班轮企业继续加大中国航线运力投入，加快空集装箱回运，会同有关部委协调加大新集装箱生产力度，服务稳外贸。

四是指导长江航务管理局、珠江航务管理局和相关省区交通运输主管部门假期加强对长江干线、西江干线、京杭运河及其他高等级航道航标的维护巡查，做好三峡船闸、长洲枢纽船闸、京杭运河船闸等干线船闸的运行监测和维修保养。

五是督促水路客运企业做好重点群体服务，落实军人依法优先出行措施，完善老年人和残疾人水路出行便利设施，提升水路客运服务品质。

六是统计重点水域夜间水路客运班期信息，加强水路与其他运输方式衔接和信息实时共享，增加运力投入，延长运营时间，确保接续接驳衔接顺畅。

七是跟踪重点水域水路客运运行情况，指导完善应急预案，加强应急防范，妥善做好重点水域旅客应急疏运工作和干线船闸通航保障工作。

2020年1月10日—2月18日，全国水路客运总体运行平稳。受新冠肺炎疫情影响，全国水路共发送旅客1689.09万人次，比去年同期下降58.57%。其中，重点水域发送旅客394.07万人次，比去年同期下降50.02%。三峡枢纽和长洲水利枢纽畅通，船舶运力供给充足，未发生大面积拥堵或旅客大规模滞留情况。

五、道路运输节假日保障情况

交通运输部认真落实党中央、国务院部署，按照“防运并举、分类指导，突出重点、周密部署”的原则，有力有序有效做好各项工作，没有因春运返程造成聚集性疫情感染。一是利用大数据科学预测引导错峰返程，有效降低了疫情蔓延扩散风险。充分利用百度、携程、高德等平台大数据资源，指导各地对春运客流规模等进行系统分析、预测研判、科学应对，有效把控了节后返程客流运行的平稳有序。二是强化春运返程疫情防控措施，坚决阻断疫情传播途径。认真做好交通工具和场站消毒、通风、卫生清洁工作，严格做好乘客体温检测、发热乘客移交等疫情防控措施，做好公路卫生检疫站驾驶和乘坐小轿车、货车等人员的体温检测工作。加强途中及事后疫情防控，及时做好途中发热乘客移交。加强一线从业人员安全防护，强化交通运输经营者和一线从业人员防疫物资保障，避免交叉感染。三是严控客座率和出行密度，有效降低交叉感染风险。按照不同风险等级严格控制火车、客运包车、客船、飞机等交通工具的客座率。长途客运班车、班轮和农民工包车客座率原则上不超过50%，疫情防控常态化后，延续中、高风险地区长途客运班车、包车客座率不超过50%的要求，并设置留观区域，为乘客隔位、分散就座和途中应急处置创造条件。交通运输部、中国民用航空局、中国国家铁路集团有限公司先后11次公告免收特定时段客票退票费，减少公众出行约2亿人次，其中1月23日—4月17日，道路客运领域累计减少人员流动约24.8亿人次。两次延长春节假期收费公路免收小型客车通行费时段，提升公众自驾返程意愿，降低聚集性传染风险。

六、航空节假日保障情况

2020年春节等节假日期间，民航系统各单位严格落实国务院关于假期运输工作的总体部署和疫情防控各项具体要求，坚持一切工作以国家大局为重，不计经济利益得失，实现了全年节假日期间疫情防控有力，运行安全平稳，运输保障顺畅，旅客服务到位。

春节假期期间，受突如其来的新冠肺炎疫情影响，旅客纷纷取消出行计划。为响应国家防控要求，中国民用航空局先后4次发布机票免费退改政策，最大限度鼓励旅客减少出行。假期期间，仅除夕当日运输量尚能与2019年农历同比持平，其后民航旅客运输量出现断崖式下降，至正月初九单日运输量农历同比下降76.5%，引导旅客减少出行的各项措施取得明显成效。春节假期10天，民航共运输旅客795.9万人次，比2019年农历同期减少57.1%，平均客座率仅49.23%，农历同比下降37.8个百分点。假期期间，国内外航空公司共办理旅客退票1126.2万张；利用4330个航班运送防控物资604563件，累计4671.54吨，运输防控相关人员7957人次（其中医护人员7558人次），海外撤侨399人次。

清明假期期间，民航在继续严格落实疫情防控措施的基础上，共运输旅客121.4万人次，比2019年清明假期同期下降74.9%，平均客座率

65.32%，比2019年清明假期同期下降17.1个百分点。

端午假期期间，随着国内疫情得到有效控制，民航客运市场明显恢复。假期期间共运输旅客264.89万人次，比2019年端午假期同期下降46.7%，平均客座率69.4%，比2019年端午假期同期下降13.4个百分点。

国庆及中秋假期期间，国内旅游出行需求集中释放，民航客运市场恢复至疫情暴发以来最高点，个别日期旅客运输量已接近2019年同期水平。假期8天共运输旅客1325.68万人次，比2019年同期下降8.8%，平均客座率78.6%，比2019年同期下降5.7个百分点。

七、邮政服务保障情况

针对“双11”旺季期间行业内外存在的“疫情影响、上游变化、末端炒作”等多重不利因素，国家邮政局提前谋划、精心组织、积极应对，采取多重措施加强“双11”旺季服务保障工作，实现了“两不三保”工作目标。2020年11月1—17日，邮政快递业业务量完成60.7亿件，同比增长43.2%，11月11日当天揽收6.75亿件，是日常量的2.8倍。

国家邮政局指导邮政快递企业加强与上游商家的对接，动态调节运力和人力，有力保障了生产旺季及相关节假日服务有序进行。督促各级邮政管理部门和寄递企业加强旺季期间值班值守，建立行业涉稳信息收集、报告和指挥调度机制，确保应急管理工作机制有效运作，做好快递业务旺季期间维护行业稳定工作。

第七篇
地方篇

Section VII
Provincial Subjects

北京

第一节　整体概况

2020年，面对百年未遇的全球新冠肺炎疫情考验，北京市交通行业坚持三防思路，一手抓行业疫情防控，实现交通场站、交通工具“零传播”“零扩散”和交通从业人员“零感染”；一手抓交通发展，因势利导、化危为机、创新发展，积极培育先进交通出行文化，全力保障城市交通服务安全平稳。受疫情影响，全年完成轨道交通客运量23.1亿人次，日均客运量631万人次，同比下降41.7%；地面公交客运量18.2亿人次，日均客运量497万人次，同比下降42.0%；绿色出行比例72%，下降2.1个百分点。中心城区高峰时段平均交通指数5.07，同比下降7.48%。交通行业未发生较大以上等级安全生产责任事故，交通运行总体安全平稳有序。

第二节　交通基础设施建设

固定资产投资稳定增长。加大力度推进重点交通项目进度，全力推进交通基础设施社会化引资工作，签署国道109新线PPP（政府和社会资本合作）项目合同，京雄高速公路通过公开招标引入社会资本65.7亿元。全年完成固定资产投资427.6亿元，完成建安投资215亿元，超额完成年度任务目标。

轨道交通建设有序推进。建成地铁16号线中段、房山线北延、亦庄T1线，轨道交通运营里程726.9公里，新增27.6公里。建成市郊铁路通密线、副中心线西延、市郊铁路364.7公里，新增123.4公里。轨道交通运营总里程达到1091.6公里。

城市路网日趋完善。做好京津冀协同发展和2022年冬奥会等重大战略活动交通保障，建成延崇高速公路（北京段）、国道G105线等重点工程。围绕城市副中心建设、回天行动计划等，建成林萃路、宋梁路北延（通州段）、宋梁路北延（顺义段）、通怀路三期密云段、化工路等城市主干路。推行城市道路和公路“巡养一体化”“24小时修复”机制，在全国干线公路养护管理检查中保持全国领先。

第三节　运输服务保障能力

轨道交通运营模式突破创新。强化运力提升，突破传统调度运营思维模式，探索大站快车、大中小交路套跑、上下行不平衡运行等多种运营组织方式，在全网实现了“多快好省”的效果。10条线路跑进2分钟间隔，最大运力提升幅度达到83.3%；6条线路列车运行速度得到提高，速度最大提升8%；北京地铁首次在全网公布了列车时刻表，完成7号线双井站等改造工程，方便市民出行；年走行降低约1000万车公里，降幅达2.1%，节省运营成本约1.35亿元；在昌平线沙河站、5号线天通苑站、6号线草房站3

个大客流车站开展预约进站试点，预约乘客较常态下每人可节省10～20分钟的站外排队时间。

地面公交线网持续优化。发布《北京地面公交线网总体规划》，并全面实施线网优先调整，明确"棋盘＋环线＋枢纽"的线网形态，确定"干线、普线、微循环线"三级线网，确定27条公交干线走廊。编制完成《公共汽电车线路设置规范(试行)》《公共汽电车运营服务规范(试行)》，同步监测相关运营指标，推出升级版定制公交，共开行248条，日客运量达到9000余人次。其中推出18条通学线路，日均运送学生900余人次，受到广泛好评。优化调整线路205条，解决167.8公里有路无车问题，方便440个小区居民出行。实现公交App（应用程序）线路全覆盖，增加"车厢拥挤度"查询等功能，提升乘客体验。

慢行出行环境有效改善。实施慢行交通品质提升行动计划，出台《北京市步行和自行车交通设施改善技术指南》等标准规范，进一步明确慢行系统设置标准。整改影响慢行通行的23条道路、2094个停车位。完成378公里自行车道整治任务，建成自行车专用路西延，推进9个慢行系统示范区、两广路10个慢行路口优先、11条巡河路、绿道与慢行系统融合试点等工作；推进清河、凉水步道和自行车道建设；开展城六区和通州区慢行交通绩效考核；持续规范轨道交通站点自行车停车秩序；加强机动车违章执法，同时将回头开门法纳入《北京市文明行为促进条例》，并纳入驾校培训课程和考试内容，进一步提升慢行出行品质。

第四节　行业治理体系建设

道路停车改革逐步深化。不断扩大道路停车改革覆盖面，推进"待改革道路"和支路及以下等级道路纳入改革范围，印发实施《推进支路及其等级以下道路停车改革工作的意见》。全年新增255条道路、1.5万个车位纳入电子收费管理。进一步加强停车执法，推动道路停车高位视频设备赋能、停车协管员赋权，强化催缴、处罚执行力度，道路停车收费实缴率达90.4%。加强路外停车资源的统筹利用，开展停车资源有偿错时共享，2020年全市在145个街乡镇共开展330个试点，提供2.8万个共享停车位。

堵点分级治理深入推进。按照治理难度、治理周期、对系统影响程度，将北京全市堵点分为三级进行综合治理，推进完成CBD（中央商务区）、中关村软件园、回天地区等10处一级堵点、57处二级堵点以及266处三级堵点年度治理任务。强化学校和医院周边交通综合治理，全市二级以上医院非急诊全面预约就诊，上下午号源比例实现1.2:1，缓解了集中就诊引发的交通拥堵。

小客车调控政策进一步优化。发布《北京市小客车数量调控暂行规定》和《<北京市小客车数量调控暂行规定>实施细则》（2020年修订）。优先照顾"无车家庭"群体的用车需求，赋予"无车家庭"明显高于个人的普通指标摇号中签率和新能源指标配额数量。治理"一人多车"，推动个人名下第二辆及以上在本市登记的小客车有序退出，增强社会公共资源分配的公平性。取消申请更新指标的时限要求，方便市民根据实际需要安排申请更新指标的时间，放缓机动车数量增速。服务高精尖产业，允许制造业企业、信息传输、软件和信息技术服务业企业以"完成固定资产投资额"为条件申请指标。面向"无车家庭"增发2万个新能源汽车指标。

交通运输重点行业转型升级。持续推进巡游车与网约车融合发展改革，拓宽网约车合规渠道，实现巡游车服务品质可评价，逐步建立规模适度合理、服务品质提升、行业监管有力的出租汽车行业。进一步推动客运行业转型升级，实施《道路旅客运输及客运站管理规定》（交通运输部令2020年第17号），做好定制客运服务、旅游包车运力投放、800公里以上客运班线退出、“互联网+”审批等改革任务。规范引领“互联网+货运”发展，对网络货运企业开展线上服务能力认定、经营许可发放和监管工作。

交通依法行政能力进一步增强。综合执法改革全面落地，整合市交通执法总队、10个郊区公路分局、城区6个运输管理分局以及市交通委内设和所属单位等涉及交通运输的执法职责，组建北京市交通运输综合执法总队，以北京市交通委的名义执法，重塑交通行业执法理念、机制和队伍。启动高速公路入口超限执法工作，推进普通公路非现场建设，路网超限率0.3%；建立“黑车”治理长效机制，交通运输秩序逐渐向好。

世界银行评价营商环境战绩优异。道路养护招投标时限由227天压减到37天，环节由16个减至11个，全流程电子化，推动北京公共资源交易平台与北京国库支付系统对接，实现工程款合同网上支付，2019—2020年度世界银行评价全球效率最优，5项成果在全国可复制，4项成果在全国可借鉴。

交通信用、审批信息系统上线。推进信用、许可、执法、事中事后监管系统的四网融合。构建以信用为基础的监管制度，出台信用管理办法、搭建信用管理平台，研究制定11个行业评价指标，推出公交评价指数，发布公交线路综合评价等8个行业信用排行榜，推进交通行业信用分级分类监管。全面启动驾驶员诚信考核工作和继续教育。审批系统上线运行，启动交通运输政务服务一网通办、全程网办、跨区协办、全市可办。

第五节　科技创新

智慧交通应用逐步落地。建设新型智慧交通基础设施，构建绿色安全智慧的交通出行体系。编制《北京市智慧交通（车联网）工作方案》，专项推进新一代国家交通控制网延崇高速公路智慧公路（北京段）。在公共交通领域推出“一码通乘”服务，使用范围覆盖北京地区全部公共交通。支持企业开展自动驾驶道路测试工作，已开放40平方公里测试区域，测试道路达200条、约700公里，实际测试超200万公里。

绿色出行一体化服务平台功能不断拓展。推进国内首个绿色出行一体化服务平台功能建设，陆续上线实时公交车到站预报、全程出行引导、公共交通综合出行规划、错峰出行引导、机场枢纽停车引导等功能，覆盖95%以上的公交线路，实时信息匹配准确率超过97%，为市民提供城市内“门到门”出行智能诱导以及城际出行全过程规划服务。启动“MaaS出行　绿动全城”碳普惠行动，首次将个体全方式绿色出行碳减排纳入碳交易市场，实现绿色出行的可持续激励机制。

能源结构调整初见成效。持续推动货物“公转铁”，通过实施重点货类公铁联运等六大工程，全市货物到发铁路运输比例达到9.6%左右，生产用煤全部实现铁路运输。推动行业营运车辆能源结构优化，更新和新增的公交车全部为新能源车辆，在用公交车清洁新能源车辆占比超过90%；更新和新增纯电动出租汽车6877辆；通过运营和路权激励政策推动货运车辆电动化，与市财政局联合印发《2020年北京市新能源轻型货车运营激励方案》，对符合条件货运企业更新的新能源轻型货车给予每车7万元的运营激励，2020年四季度发放的通行证中，4.5吨以下轻微型货车（不含危险废物运输车和冷链运输车）的新能源车辆占比为94.2%。

第六节 安全与应急

推进交通运输安全专项整治三年行动工作和为期50天的“十大专项整治行动”。研究制定8个行业安全隐患目录，为行业隐患排查提供统一标准。制定道路运输和道路交通应急预案，编制道路桥梁应急抢险队伍建设规范，开展自然灾害风险普查试点，提升应急处置能力。进行国家安全形势研判，开展公共交通安全领域监测预警，统筹开展社会稳定风险评估、重大活动保障，实现疫情、重大活动期间及重大政策落地实施阶段行业安全稳定。2020年，北京市交通安全应急指挥部办公室共接报行业各类突发事件47起，同比下降31.9%，平安交通建设水平显著提升。

第七节 合作与交流

推动高质量雄安新区规划建设。京雄高速公路（北京段）完成社会投资人招投标，主体工程建设加快推进；良常路南延、北京大兴国际机场北线高速公路西延段加紧建设；京雄城际北京大兴国际机场至市界段建成；雄安新区至北京大兴国际机场快线（R1线）北京大兴国际机场段线位获中国民用航空局批复，加快推进前期手续。

建设高品质综合立体交通网络体系。推进市郊铁路建设，开通通密线、城市副中心线西延，怀柔—密云线引入北京北站，推动东北环线建设。完善区域公路网络，推进国道G109新线高速公路、国道G105线、国道G230线等国省道干线建设，开工建设北京大兴国际机场高速公路东西延，推动承平高速公路前期工作。推动综合客运枢纽建设，清河交通枢纽按期完工，望京西交通枢纽取得突破，东夏园和城市副中心站等枢纽开工。围绕铁路新站开通运营目标，朝阳站配套枢纽已开工，丰台站配套枢纽已取得多规合一协同意见，丽泽航站楼加快推进。

提供高水平区域交通运输服务。优化调整跨京冀公交线路，结合实际客流需求和公交设施条件变化，通过调整路由、增设站位、增发班次、调整运营时间等方式，优化调整13条跨京冀线路。发行京津冀互联互通卡，实现与全国288个城市互联互通，初步形成一卡走遍京津冀乃至全国的出行模式。持续推进多式联运示范工程，实施驮背运输（公铁联运）、中国物流三区六品多式联运、中欧班列集装箱多式联运信息集成应用等示范项目。

构建高效率交通协同治理体系。以保障春运、服贸会等重大活动为主线，与张家口等河北交通执法部门开展跨省运输违法违章联合治理行动；以北京大兴国际机场为试点，推进交通运输综合执法新型合作机制；与廊坊市交通局组成联合执法分队，在北京大兴国际机场开展联合执法。京冀签署《京外检查站联合执法协作框架协议》，各区与津冀毗邻地区陆续签订疫情防控工作机制、治超友好合作框架协议、共建治超友好站协议等，深化区域治超合作。

第八节 疫情防控

进京交通防输入。坚持“控”与“查”相结合，控制源头输入，根据疫情防控形势和北京市防控要求，有序恢复相关线路。对铁路、民航旅客实施高风险人员进京管控，严格落实远端测温和进京复测，全面采集进（出）京旅客信息；严格查控公路进（出）京车辆。

市内交通防扩散。在市内公共交通工具、场所严格落实通风、消毒、测温、戴口罩等防控措施，加大运力保障，严格控制公共交通工具满载率，引导市民有序错峰出行，确保公共交通安全。持续开展安全隐患排查治理。通过乘客信息系统（PIS）、车站广播、海报、条幅等方式，提示乘客戴口罩进站乘车，制作播出公共交通防疫指南。

从业人员防感染。加强物资统筹保障力度，确保从业人员安全。加强人员管理，严格统计核查、请销假等管理制度，及时掌握从业人员健康、出入境、出入京等情况，配合疾控部门做好响应处置。抓好内部防控，严格执行交通行业一线人员全员戴口罩上岗及体温检测，落实公共场所消毒、通风、一米线等措施，防止人员聚集。组织公共交通企业集中开展核酸检测。

北京市交通行业将继续按照交通运输部和市委市政府要求，做好疫情常态化防控工作，努力保持交通工具、场站“零扩散”、一线从业人员“零感染”的成果，不断固化前期好的做法，持续培育绿色出行文化、预约出行文化、文明出行文化，为市民提供更加安全便捷的出行服务，实现首都交通的健康、可持续发展。

天津

第一节　整体概况

2020年，天津市交通运输系统全年累计完成交通运输固定资产投资累计152亿元，超额完成全年目标5.2%。落实“四个战时”，全面打好疫情防控“三大战役”。瞄准世界一流，奋力建设智慧绿色枢纽港口，北疆C段智能化集装箱码头首个泊位建成，海铁联运超过80万标准箱（TEU）。紧抓协同发展，完善综合立体交通网，建设便捷畅通的公路网，津石高速公路西段与河北省段同步建成通车，全力推进津石高速公路东段建设；加快建设“轨道上的京津冀”，京滨、京唐铁路全线进场施工，完成固定资产投资48.7亿元；推进国际航空物流中心建设，建成天津机场大通关基地一期工程，国际邮件互换局落户大通关基地。

第二节　交通基础设施建设

一、铁路

开工建设津兴铁路，加快京滨铁路、京唐铁路等续建工程建设，四条高速铁路线路（京津、京沪、京滨、津兴铁路）通北京正在形成，初步实现京津雄0.5～1小时通达；开通运营南港铁路，开通南港港铁物流铁路专用线，建成天津忠旺铝业有限公司、华电国际天津开发区分公司专用线，推动“公转铁”运输结构调整；推进津静市域（郊）铁路、津潍铁路、京滨铁路至天津西站联络线、津承城际铁路等项目前期工作，进一步提升天津铁路枢纽地位。完成《天津市市域（郊）铁路专项规划》，获得市政府批复，规划形成由7条走廊线和2条联络线构成的市域（郊）铁路网络，总规模681公里。

二、公路

2020年公路建设工程固定资产投资计划为64亿元，总计31个项目，其中高速公路10项，投资计划为40亿元；普通公路21项，投资计划为24亿元。

（一）四项国道外迁项目圆满收官

国道G104线、九园公路、杨北公路等项目陆续完工通车；12月31日津汉公路（宁河汉沽界—滨玉公路）完工通车。

（二）三项京津冀一体化项目建成通车

京津冀一体化项目中邦喜公路三季度交工通车，滨玉公路12月31日通车。津石高速公路西段12月22日与河北省段同步通车，增加一条雄安新区出海通道。津石高速公路东段路基完成85%，桥梁预制梁完成100%。

（三）两项多年甩尾工程取得重大突破

滨海新区绕城高速公路自2010年开工建设以来，克服征地拆迁困难，破解海河航道等级制约，战胜年初疫情突袭后，于9月30日实现全线贯通。塘承高速公路一期滨海新区段历时8年停滞后重新启建，2020年北段实现建成通车，南段经多次协调推动，12 月开始进场施工。

（四）四好乡村路建设扎实推进

全年共完成 533 公里乡村公路提升改造工程，完成投资约 6 亿元。全市中等以上公路占比保持在 89% 以上，宽度 6 米及以上的农村公路占总里程的 31%；完成 16 条市级美丽乡村示范路和 10 个示范镇创建工作。

三、港口

重点码头工程完工、投入使用。天津港大港港区建材码头升级改造工程、天津港大港港区渤化液体化工码头工程（一期工程）等重点项目完成竣工验收投入使用。高等级深水航道工程天津港高沙岭港区 10 万吨级航道一期工程完工并通过交工验收。重点工程全力提质增效，天津港北疆港区 C 段智能化集装箱码头首个泊位建成；天津港大港港区渤化液体化工码头工程（一期工程）已完成竣工验收；天津海洋工程装备制造基地建设项目码头工程（一期）、天津港北港池海嘉汽车滚装码头工程等重点项目进入全力增值提效阶段。重大战略、民生工程取得突破性进展，中国石化天津液化天然气（LNG）项目扩建工程（二期）码头工程已于 7 月开工建设，北京燃气天津南港 LNG 应急储备项目（码头部分）已进入施工监理招标阶段。

第三节　运输服务保障能力

一、铁路

截至 2020 年底，天津市铁路主要由津山、京沪、京哈、大秦 4 条普速干线和京津城际、京津城际延伸线、京沪、津秦、津保 5 条高速铁路线路以及若干支线和联络线构成，形成以天津站、天津西站、滨海西站为主要客运站的“三主三辅”客运枢纽格局；货运系统南仓站为区域性编组站，已建成西南环线、大北环铁路、进港三线和新港北集装箱中心站，基本形成“南进南出、北进北出”的“C 字形”集疏港通道。现有铁路共计 22 条，营业里程 1368 公里。其中高速（城际）铁路 5 条，营业里程 311 公里，铁路运营里程密度全国第一。

全市全年铁路旅客运量 2636 万人次，货物运输量 11124 万吨。

二、公路

截至 2020 年底，天津市共有道路旅客运输企业 232 家，客运汽车车辆总数 9287 辆，客运班线 734 条；道路货物运输企业 23436 家，货运车辆 111945 辆。全年累计道路货物运输量 32261 万吨，同比增长和 3.2%，周转量 6401195 万吨公里，同比增长和 6.8%；完成道路客运量 7925 万人次，周转量 474706 万人公里，打造东疆网络货运企业聚集高地，整合 39 家网络货运平台公司车辆 65 万余辆。

全年累计完成货物运输 9618 万吨，合计运费 150 亿元。淘汰国三柴油货车 17676 部，超额完成全年淘汰总量 75% 的目标。

三、港口

持续扩大 5G 网络在集装箱码头区域的覆盖，批准天津港建设全球首个港口自动驾驶示范区，实现 25 台电动无人集卡规模化应用。建成集装箱堆场自动化操作控制系统、智能抑尘环保系统。推动天津港建成京津冀港口智慧物流协同平台，实现集装箱单证电子化和无水港集港直通比例达到 100%，网上集疏港预约比例达到 99%。

2020 年，天津市共计完成水路货运量约 9134 万吨，完成水路货物周转量约 1442 亿吨公里。水路货物周转量完成情况高于全国平均水平。开行赤峰、巴彦淖尔、长春至天津海铁联运班列，海铁联运超过 80 万标准箱，同比增长超过

40%。天津港铁矿石铁路运输占比2020年底已突破65%。新华—波罗的海国际航运中心发展指数达全球第20位、国内第6位，实现两年跃升10个位次；2020年集装箱吞吐量完成1835万标准箱，同比增长6.1%，创下年度集装箱吞吐量历史新高。

四、航空

2020年，天津机场完成旅客吞吐量1328.5万人次，同比减少44.2%。其中国内1291万人次，同比减少36.8%；国际及地区37.5万人次，同比减少88.9%。完成货邮吞吐量18.5万吨，同比减少18.2%；其中国内10.7万吨，同比减少18.7%；国际及地区7.8万吨，同比减少88.9%。完成运输架次11.3万架次，同比减少31.7%。全年先后执行正班航线257条，同比减少24条；其中国内航线226条（含港澳台4条），国际航线31条。正班通航城市157个，同比减少10个；其中国内城市130个（含港澳台3个），国际城市27个。平均每周执行航班2163架次，同比减少31.7%。

五、邮政

邮政业务总量完成194.60亿元，比2019年增长30.78%；业务收入完成137.97亿元，同比增长19.04%。快递业务量9.28亿件，比2019年增长33.03%；快递业务收入115.60亿元，增长20.62%。行业服务制造业年快件量达6300万件，支撑制造业产值超270亿元。累计寄递涉农快件超3500万件，带动农产品产值达7亿元。

全市累计建成快递末端网点3227个，布设智能快件箱5800组，格口56.6万个；其中完成1000个困难村村邮站提升改造。

全年共受理消费者申诉2.8万件，为消费者挽回经济损失59.8万元。

六、城市交通

轨道交通线网共开行列车645999列次，列车运行图兑现率和准点率分别为100%和99.97%，未发生一起运营险性事件，运送乘客3.39亿人次。公共汽电车车辆总数12399辆，公交线路1002条，线路长度27139.8公里，全年客运量6.3亿人次，新开线路14条，优化调整线路55条。全市中心城区共享单车投放34万辆。全年骑行总量30044万单，日均订单82万单，活跃单车数18万辆，日周转率1.54次/辆。巡游车31940辆，其中取得《网络预约出租汽车运输证》车辆17907辆。完善小客车调控政策，新增区域指标14.8万个，完成购车上牌10.9万辆。

第四节　行业治理体系建设

一、法规体系

重点领域立法项目不断突破，将共享单车治理纳入《天津市道路交通安全若干规定》地方立法并颁布实施；《天津市铁路道口安全管理办法》修订出台；轨道交通运营安全、地方铁路沿线安全等领域立法加快推进。交通运输法治建设配套制度更加完善，修订完善配套制度31个项目并编制成册印发实施。严格落实规范性文件管理。落实审查备案、合法性审查等规范性文件管理制度，完成《天津市客运出租汽车企业对驾驶员管理责任实施细则（试行）》《天津市巡游出租汽车企业服务质量信誉考核办法（试行）》《关于开展天津市普速铁路沿线安全专项整治的工作方案》等11个规范性文件审核工作，完成京津冀区域行政规范性文件交叉备份。及时开展法规规章清理和意见反馈。

二、执法监督

严格执行执法监督各项制度。全面落实行政

执法“三项制度”，利用执法监督平台做好执法情况统计归集，行政处罚信息全部实现对外公示，执法全过程实现音视频记录，7类执法决定纳入法制审核。采取“四不两直”方式对有关执法单位开展监督检查，推动“双随机、一公开”有效落实，共检查企业836户次，出动执法人员2061人次，共查出251处安全隐患问题，目前已全部整改完毕。查摆“典型差案”，形成反面警示效应。督促指导各区加快推进综合执法改革进程。依法化解矛盾纠纷。坚持将调解、监督贯穿执法投诉、行政复议和行政诉讼办理过程，全年共办理行政复议案件20件，错案率为零；诉讼案件9件，劳动争议仲裁3件，无败诉案件。

三、综合执法能力建设

统筹推动综合执法能力建设，把信息化作为推动执法工作创新发展的大引擎。大力推进“互联网＋执法”建设，探索形成大数据执法、非现场执法、精准执法新模式。开通使用权限系统198个，App使用权限297个。通过多功能聚合手持移动终端的配备，多渠道、多手段汇聚执法对象信息、违法行为信息、证据信息等，并集中进行分析，实现了对过去不好识别、不易取证领域违法行为的精准打击，一线执法能力大幅提升，精准拦截办案70余件，成功查处3000余件难取证案件，真正做到了深挖问题线索，不让违法违规行为有可乘之机。

第五节　科技创新

一、加强科技管理，推动科技成果转化

组织开展《天津市交通运输科技创新三年行动计划（2021—2023年）》编制工作，在科技创新体系建设、关键技术研发、科技成果转化三方面制定行动计划。推动《电动汽车维修场地高压安全评价规范技术研究》等23项课题结题验收，形成23项科研成果、6项标准规范、7项实用新型专利、2项发明专利、1套应用程序及20余篇学术论文；推动科技成果转化，完成天津交通运输新技术推广清单项目征集，发布首批15项新技术推广项目。

二、推动科技创新人才队伍建设

完成交通运输部创新人才推荐工作，其中1个团队、1个基地进入复审，创新人才基地最终排名第六；完成天津市交通运输委专家委员会换届工作，组建了327人的新一届专家委员会。

三、做好标准行业管理，开展产品质量检测工作

完成了交通标准化“十四五”规划初稿，完成了22项2020年度地方标准立项，1项京津冀一体化地方标准立项和12项天津公路工程标准立项；完成了《高速公路桥梁预防性养护指南》《公路工程资料管理技术规程》等11项标准制修订工作，并于年内发布实施。组织开展“世界标准日”暨重点标准宣贯活动；向道路运输行业各企事业单位，宣贯2020年初发布实施的《营运车辆驾驶安全智能防控系统技术规范》。落实交通运输部2020年公路水路行业产品质量监督抽查工作要求，在津石高速公路（海滨大道—荣乌高速公路）工程第三标段等4个项目上，共抽检3批桥梁支座、2批标线涂料、2批玻璃珠、1批波形梁钢护栏，圆满完成年度抽检任务。

第六节　安全与应急

一、组织开展安全生产专项整治三年行动

全力推进天津市交通渔业和道路运输专项整

治工作，成立天津市交通运输委安全生产专项整治三年行动领导小组和工作专班，累计成立检查组204个，开展督导检查674次，检查单位1532家，排查隐患10431处，行政处罚8667次，责令停产整顿3家，暂扣吊销证照2家，罚款4006万元。制定《轨道交通安全生产隐患排查治理管理制度》《天津市道路运输行业安全隐患排查整治信息统计报送制度》等一批制度措施。

二、着力管控安全生产风险

推广“双控体系”建设，完成行业总体风险评估，形成安全风险“一张图”“一张表”，编制涵盖各领域27类企业的“双控体系”建设指南和风险辨识评估防控手册，3290家企业完成“双控体系”平台注册工作，排查出风险事件2717个，制定管控措施65399项。天津在全国率先实施交通运输安全生产责任保险，318家企业、4条轨道交通运营线路、81个项目标段完成参保。对全市交通主管部门和重点企业开展安全巡查，发现隐患问题202项，解决了一批难点问题，总结了一批典型经验。开展行业安全生产信用评价工作。完成108家企业安全标准化考评。

三、加强重点领域安全监管

天津市组织完成7571.8延米高速公路隧道提质升级改造和48座Ⅲ类桥梁护栏提升改造工作，建设农村公路安全生命防护工程101公里，组织轨道交通全线网运营期间安全评估，实施地铁1、2、3、9号线公安无线及信息网系统改造工程，推动公路、地方铁路建设工程安全隐患排查治理，推行公路建设项目“零死亡”目标，实现平安工地建设全覆盖，将地方铁路审批事项纳入市政务服务目录。制定出台《关于全面加强危险化学品道路运输安全生产工作的实施意见》，将22处“两客一危”较大风险管控对象列入重点监管名单，全面启动道路运输企业负责人、安全管理人员考核。组织全部港口危货企业开展地毯式隐患排查，突出加强港口基础设施、内河水上交通、水运工程建设等领域43项较大风险管控，累计检查港航企业1200余家次，督促整改隐患3300余项，行政处罚企业150家次。组织开展“猎鹰”“出清”“护网”等专项行动和超限运输治理，全年累计检查车辆254465部，检查企业3783家，检查公路设施16442次，累计处罚各类违规行为17623件。

四、强化行业应急管理

天津市交通运输系统组建公路、轨道运营、道路运输3支市级专业应急救援队伍，新投入600万元用于购置公路抢险应急设备物资。开展轨道运营、道路桥梁、公共汽电车3个市级专项预案和市交通运输委综合预案修订。组织市轨道运营应急预案实战演练，开展市公共汽电车、道路桥梁应急预案桌面推演和港口危险货物泄漏火灾事故应急演练。建立天津市抢险救灾车辆免费快速通行机制。

第七节　合作与交流

一、跨域协同合作，有效提升交通运输执法合力

天津市交通运输系统采取跨领域协作模式，综合行政执法总队与公安治安、交管，市场监管、场站管理等部门开展各类联合行动130余次，建立数据互联、案件移交、联合执法等模式，打出违规治理“组合拳”。注重跨区域联动，与各省市、各区交通运输综合行政执法部门建立线索移交、信息共享等合作态势，开展跨区域联合执法行动。至今已和京、冀、鲁、豫、鄂、湘、粤、滇等省市协同办案20余件。做到跨流程衔接，注重与政府职能部门理顺权责关系，建立首问负责、联

合会商、信息互通、资源共享等机制，重大案件实行信用联合惩戒，重点领域开展联合检查约谈，争取达到事前事中事后有效衔接、闭环管理效果，以抓智慧执法、强查处能力。

二、京津冀交通应急联动合作，提升行业应急处置能力

会同京冀成功举办三地交通应急联动合作第五次、第六次联席会议，开展了2020京津冀相邻区域防汛应急联动处置演练。宁河区、武清区交通局与相邻的北京市、河北省相关交通运输部门签署了《京津冀三地相邻区域交通应急保障联动合作协议书》。

第八节　特色工作

一、全面打好疫情防控“三大战役”

面对突如其来的新冠肺炎疫情，天津市交通运输系统坚决贯彻习近平总书记提出的“坚定信心、同舟共济、科学防治、精准施策”总要求和在全国抗击新冠肺炎疫情表彰大会上的重要讲话精神，全力投入“三站一场”、公路卡口、城市交通、港口水运等重点领域防控工作。坚决打赢城门守卫战。在273个公路卡口、16个枢纽场站，3400余名干部职工日夜值守。完成“歌诗达赛琳娜号”邮轮3700名入境旅客紧急疏散，33小时抢通海河医院出入道路。坚决打赢通道阻击战。在公共汽电车、轨道交通、出租汽车、共享单车等城市交通领域，严格落实防疫要求，累计检测乘客7亿人次。坚决打赢运输畅通战。落实“一断三不断”“三不一优先”，完成“点对点”“直通车”2.5万余趟次，累计运送应急物资1.8万吨，保障人员运输84万人次。持续做好常态化疫情防控工作。切实强化“外防输入、内防反弹、人物同防”。累计完成北京首都国际机场第一入境点国际航班疏解274余架次、转运旅客6.58万人；配合1.1万余名出入境船员完成换班。对冷链食品集装箱运输实行选定路线闭环管理，24小时全天候追踪监测。

二、加快建设交通强国

以天津市委、市政府名义印发《关于贯彻落实〈交通强国建设纲要〉的实施意见》，明确两阶段目标、八项重点任务，全面勾勒出天津市交通运输行业未来发展总蓝图。交通运输部批复天津市建设世界一流港口、构建新型监管机制等五项交通强国试点任务，建立领导协调机制，细化任务分工，全面推进各项任务落地落实。编制天津市综合立体交通网规划、综合交通运输“十四五”规划，正在征求相关部门意见。

三、探索“农村公路+”模式，打造“最美乡村路”

制定《天津市“四好农村路”示范街镇创建评分标准（试行）》和《天津市美丽乡村示范路创建评分标准（试行）》，完成16条市级美丽乡村示范路和10个示范镇创建工作。持续加大“农村公路+”模式建设，服务特色旅游村、农业产业园区和农业生产基地，特色小镇和美丽村庄发展，打造“农村公路+”旅游路、产业路、资源路，加快推动公路与生态环境，与人文景观深度融合，为农民增收，为乡村旅游、乡村产业快速发展提供可靠的交通基础设施保障。积极推进生态屏障区游览路建设，完工36公里，打造生态屏障区景观通道和绿色廊道。2020年，蓟州区渔阳镇西井峪路荣获全国“十大最美农村路”荣誉称号。

四、推进信用信息管理应用，加快推进“信用交通省”建设

通过“天津市交通运输信用信息管理系统”

及“天津市交通运输行业数据资源交换共享与开放应用平台”，持续归集行业信用信息，涉及数据134类、2527个信息项，数据总量达4723万条；接入全国红黑名单1400万余条，为全市3.5万余户企业、88万余从业人员建立一户式信用档案，为精准实施“信用画像”提供基础；建立信用数据共享库，持续共享数据631万条。全面归集行业内双公示信息77005条，并实现7个工作日在“天津信用交通”网站公示；推动信用联合奖惩，实现限制失信被执行人参与小客车摇号、超限超载黑名单等行业内外联合奖惩，共形成联合奖惩案例4762条；获得国家发展改革委、交通运输部2020年度“信用交通省”建设典型省份荣誉称号。

附表

天津市交通运输主要指标统计表

指标			2019年	2020年	备注
基础设施投资（亿元）	综合交通固定资产投资		153.11	151.91	
	铁路投资		45.92	48.74	
	公路投资		81.84	69.19	
	#[1]高速公路投资		42.37	32.12	2020年不含取消省界收费站项目
	水运投资		25.35	33.99	
铁路	通车总里程（公里）	国家铁路营业里程	—[2]	—	
		# 国家铁路	—	—	
		# 合资铁路	—	—	
		# 地方铁路	—	—	
	运输情况	旅客发送量（万人次）/货物发送量（万吨）	—	—	
		旅客周转量（亿人公里）/货物周转量（亿吨公里）	—	—	
公路	通车总里程	公路通车总里程（公里）	16131.88	16411.02	
		#高速公路通车里程(公里）	1295.19	1324.79	
		# 等级公路里程（公里）	14836.69	15086.24	包含一级公路～四级公路
		# 农村公路里程（公里）	11215.94	11380.96	包含县道、乡道、村道
		# 桥梁（座）	2951	3160	
		桥梁总长（万延米）	50.79	58.57	
		# 隧道（座）	5	5	
		隧道总长（万延米）	0.80	0.80	

续上表

指标			2019年	2020年	备注
公路	运输情况	客运量（万人次）/货运量（万吨）	12205.88/31250	7925.66/32261.07	
		旅客周转量（万人公里）/货物周转量（亿吨公里）	786690.83/599.4	474705.96/640.1	
水路	航道及码头情况	内河航道通航里程(公里)	88.00	91.90	
		# 高等级航道通航里程（公里）	—	39.50	三级及以上航道里程
		港口生产用码头泊位拥有量（个）	144	144	
		# 万吨级泊位（个）	118	117	
	运输情况	客运量（万人次）/货运量（万吨）	140.74/9166.18	38.8/9133.99	
		旅客周转量（万人公里）/货物周转量（亿吨公里）	2152.07/1470.2	562.19/1442	
民航	机场数量（个）		1	1	
	运输总周转量（万吨公里）		—	—	
	# 国内运输总周转量（万吨公里）		—	—	
	# 国际运输总周转量（万吨公里）		—	—	
	旅客运输量（人次）/货邮运输量（万吨）		23813000/22.6	13285000/18.5	
	旅客周转量（万人公里）/货邮周转量（万吨公里）		—	—	
邮政	邮政行业业务总量（万元）		1487971	1946017	
	快递业收入（万元）		958419	1156021	
	邮政邮路总条数（条）		157	201	
	邮政邮路总长度（单程/公里）		13608.5	16179	

❶# 表示分项。
❷—表示无统计数据。

河北

第一节　整体概况

2020年，河北省交通运输厅全面落实习近平总书记对河北工作、对交通运输工作的重要指示精神，落实“三六八九”工作思路，扎实开展“三创四建”活动，全力防控疫情，聚力三件大事，强力三大攻坚，奋力改革创新，着力编制规划，坚强有力抓党建，年度目标和“三个圆满收官”任务全面完成，扎实推进全省交通运输事业高质量发展。

第二节　交通基础设施建设

2020年，河北全省交通基础设施固定资产投资完成1389亿元，为年计划的118.7%。雄安新区对外路网项目——京雄城际高速铁路全线运营，津石高速公路全线通车，京雄高速公路、荣乌高速公路新线、京德高速公路一期工程和容易、安大建材通道主体建成，省委省政府主要领导给予了高度评价。

京津冀交通一体化项目新机场北线高速公路廊坊空港段通车，京秦高速公路遵秦段加快推进，首都地区环线高速公路承平段开工建设。国道G205线津冀界至黄骅段通车，国道G105线京冀接线段建成。唐山港曹妃甸港区华电煤三期（续建）工程投用，黄骅港综合港区矿石码头一期（续建）工程等项目开工。邢台军民合用机场主体建成。2022年冬奥会张家口赛区核心区“6+1”项目和张家口宁远机场改扩建工程投用，崇礼综合客运枢纽具备使用功能。

贫困地区新改建农村公路3982公里，为年计划的265.7%。实施安防工程1612公里，为年计划的161%。建设改造桥梁248座，为年计划的165%。

民生建设项目普通干线完工406公里，为年计划的135.3%。

农村公路新改建6540公里，为年计划的164%。

第三节　运输服务保障能力

2020年全年，公路、地方铁路货运量分别完成21.2亿吨、4.93亿吨，分别增长0.2%、2.1%。开行中欧中亚班列193列，完成机场国际货邮2.11万吨、增长177倍，港口外贸货物吞吐量3.68亿吨、增长10%。

扎实推进运输结构调整，公路货运比重由2017年的90.7%降至85.7%，铁路货运比重由2017年的7.5%升至12.4%。完成多式联运集装箱38.4万标准箱，为年计划的128%。

运输服务能力稳步提升，站场建设步伐不断加快，完成投资15.3亿元，为年度计划的102%，提前完成年度目标任务。积极推进城乡客运一体化工作，全省县城20公里范围内农村客运班线公交化运行率达到86%，70%乡镇农村客运班线完成公交化改造。

行业转型升级不断深化，网络货运新业态发展迅速。印发《关于进一步落实〈网络平台道路货物运输经营管理暂行办法〉的通知》，规范经营行为，升级交通物流公共服务平台，强化网络货运监测，组织线上服务能力认定，严格准入管理。截至2020年底，已有两批45家企业通过认定，网络货运新业态发展态势良好。绿色货运配送示范城市创建深入开展，3个创建城市已新增新能源配送车辆14176辆。"司机之家"试点建设推进顺利。配合做好第三批"司机之家"建设试点申报工作，16个项目单位被确定为试点，"司机之家"试点范围进一步扩大。

汽车维修电子健康档案和客运电子客票推广应用加快。在一、二类维修企业电子健康档案系统全覆盖的基础上，拓展对三类维修企业进行对接，并积极向大众推广手机App和网络客户端应用。系统已注册三类维修企业1077家，对接企业323家；采集近2300万条维修记录，为620多万车辆建立了电子档案。同时，河北省交通运输厅印发《关于做好2020年全省道路客运联网售票工作的通知》，督导在二级以上客运站做好道路客运电子客票推广应用。

第四节　行业治理体系建设

积极推进交通运输行业治理体系和治理能力现代化。河北省交通运输厅印发《关于加强和完善交通运输制度体系建设协同推进社会治理能力现代化建设的实施意见》，推进交通运输治理体系建设。印发《制定相关制度推动综合交通运输发展任务清单（2020年度）》，从完善综合交通运输发展规划计划体系、优化要素体系、筑牢保障体系等方面建章立制，推动行业治理体系现代化水平。

贯彻落实优化营商环境有关法规政策，制定《关于进一步优化营商环境促进交通运输高质量发展的实施意见》，印发《2020年建设一流营商环境体系责任分解方案》，及时向有关部门报送优化营商环境有关落实举措、典型案例，对优化营商环境工作情况、《优化营商环境条例》落实情况开展回头看，不断构建市场化、法治化、国际化的交通运输营商环境。加快推进交通运输法治建设。

加强重点领域行业立法，2020年河北交通运输领域两部地方性法规列入年度立法计划的调研项目。经过深入调研论证，《河北省公路条例》列入2021年一类立法计划，《河北省民用航空条例》列入2021年二类立法计划，立法工作步伐不断加快。组织开展涉及疫情防控、《中华人民共和国民法典》的规章、规范性文件清理工作，对7件省政府规章、21件规范性文件进行全面清理。修订印发《重大行政决策暂行办法》《重大行政决策合法性审查办法》，健全依法决策机制。制定《行政规范性文件管理办法（修订）》《关于进一步做好行政规范性文件监督管理工作的通知》，做好文件审核把关和政策解读，2020年以来共审核把关政策文件268件，对规范性文件出具合法性审查意见3件。制定《河北省交通运输部门法律顾问工作实施办法》，切实发挥法律顾问作用。重新修订《河北省交通运输行政执法公示办法》《河北省交通运输行政执法全过程记录办法》《河北省交通运输重大行政执法决定法制审核办法》，促进交通运输领域严格规范公正文明执法。强化"谁执法谁普法"，制定《2020年度政策宣传解读方案》，部署4项重点任务，加大宣传力度，加强政策解读。制定《2020年度学法工作计划》，印发《关于做好"七五"普法工作"回头看"的通知》，对全年普法工作和"七五"普法工作进行全面总结。稳步推进交通运输综合行政执法改革。稳步推进执法改革，省级综合行政执法队伍组建方案已获中央编办批准，全省11个设区市和雄安新区均已印发改革实施方案和队伍组建方案，完成率100%；149个有改革任务的县（市、区）均已起草完成综合行政执法改革改革方案，完成率100%。对照交通运输部执法事项编制体例格式，编制印发《河北省交通运输省级执法事项清单》，每年动态调整执法事项清单和罚没事项清单,不断规范执法行为,提高执法水平和服务质量。

持续深化“放管服”改革。推进简政放权，精准衔接国务院取消“通航建筑物设计文件和施工方案审批”事项，研究制发衔接落实方案和事中事后监管措施，确保衔接落实到位。印发《关于进一步深化“放管服”改革做好取消或下放行政许可事项全面精准衔接落实工作的通知》，将各市行政审批局纳入省厅行业指导范围，对向4个开发区、2个自贸区片区下放的44项许可事项制定方案做好工作衔接。印发《关于优化涉路施工许可办理流程加强事中事后监管工作的通知》，通过对办理流程进行规范优化，方便群众办事创业。印发《全省交通运输领域“证照分离”改革全覆盖工作配套文件》，从告知承诺、优化审批服务等方面落实证照分离改革要求。印发《关于进一步做好自由贸易试验区交通运输“证照分离”改革全覆盖试点工作的通知》，细化自贸区证照分离改革落实举措。印发《关于开展“放管服”改革自查自纠专项行动的通知》，组织全省交通运输系统对2017年以来国家和本省“放管服”改革政策措施落实情况进行全面评估问效，在此基础上形成《“放管服”改革自查自纠情况报告》和《全系统深化交通运输改革工作情况的通报》。出台《厅监管企业混合所有制改革操作指引》《监管企业授权放权清单（2020版）》，推动出台《监管企业发展战略和规划管理办法(试行)》《监管企业投资监督管理暂行办法》《监管企业财务决算报告管理暂行办法》等10余项监管制度，不断丰富和完善企业监管制度体系。研究起草《监管企业国企改革三年行动任务清单》，不断深化监管企业改革，推动企业监管工作再上新台阶。

不断完善交通运输现代市场体系。逐步提升“信用交通省”创建水平。以“信用交通省”创建为载体，加强交通运输信用信息记录、公开、奖惩和修复。不断完善交通运输市场信用体系，加强信用信息归集应用，搭建信用信息平台，汇集42.6万家企业、182万名从业人员基本信息，覆盖全省所有设区市，实现交通运输领域行政处罚信息自动归集。对192家全省高速公路设计、施工企业进行信用评价，对389家出租汽车客运企业进行考核。制发专项工作方案，组织开展“诚信建设万里行”“信用宣传月”“诚信兴商宣传月”活动，进一步营造“学信用、懂信用、用信用、守信用”的良好氛围。

第五节 科技创新

体制机制建设与政策出台方面，制定并印发了《河北省交通运输科技创新三年行动计划（2021—2023年）》《河北省交通运输新型基础设施建设三年行动计划（2021—2023年）》《河北省智慧交通专项行动计划（2020—2022年）》，明确未来三年全省交通运输科技创新和智慧交通发展目标、重点任务，指导全省交通运输科技创新及智慧交通建设提质增效。

重大科技创新成果方面，依托“自动驾驶技术与装备交通运输部行业研发中心”，研发了具有自主知识产权的主动控制系统、车基反馈系统、云控平台、超距雷达四项智慧高速公路核心技术，在新元高速公路建设了智慧交通测试场，搭建了智能网联测试平台，开发了千米超距交通毫米波雷达等智慧交通相关产品，形成了“雄安新区对外骨干路网车路云网一体化智慧高速公路解决方案”。

创新能力建设方面，“河北省车路云网工程

研究中心”和“河北省公路安全感知与监测重点实验室”通过省发展改革委和省科技厅评审，列入省级科研平台建设序列，省部级科研平台布局进一步完善，目前河北省交通运输厅共有省部级以上科研平台9个。同时，加快推进延崇高速公路、京雄高速公路智慧公路试点建设工作。完成延崇高速公路智慧公路试点工可的批复等前期工作。组织编制完成京雄高速公路（河北段）智慧公路试点建设方案并推进方案审核工作。修订《河北省交通运输信息化建设管理办法》，编制《河北省数字交通建设项目管理办法（试行）》，规范全省交通运输信息化建设项目管理，加快推进全省交通运输信息化建设。完善提升河北省交通综合运行协调与应急指挥中心，加强数据监测、分析和应用。整合接入厅直单位公路、运输、安全等行业的14个业务系统，接入正定、唐山、张家口、承德机场视频图像，实现与秦皇岛、衡水、廊坊、张家口4个市级分中心的全面对接。

标准体系建设及科技创新人才方面，围绕适应交通运输高质量发展的标准需求，河北省交通运输厅会同交通运输部科学研究院联合开展了《支撑雄安新区交通运输高质量发展标准体系研究》，构建了支撑雄安新区交通运输高质量发展的标准框架及层级，梳理出标准项目编制明细表；围绕京津冀交通一体化率先突破，会同京津两地积极开展了京津冀交通区域协同标准化工作，共编制完成了10项京津冀区域交通协同标准。“河北省交通规划设计院高性能橡胶沥青材料产业创新团队”通过省科技厅评审，列入省级科技创新团队建设序列。“新型钢混组合结构桥梁建造关键技术与产业化应用”项目获2020年河北省科技进步二等奖。

第六节　安全与应急

2020年，河北省交通运输系统防范化解重大风险取得显著成绩，交通债务总体可控，高速公路集团、交投集团负债率分别降至66.7%和75.7%。

安全生产持续稳定，成立省交通运输厅平安建设领导小组，制定三年行动实施方案，突出全国“两会”、暑期、汛期等重大活动和重点时段，发现整改隐患137项，道路运输事故起数和死亡人数同比分别下降50%和60%，未发生重大及以上安全生产事故。铁路沿线环境安全整治，得到交通运输部党组书记杨传堂肯定性批示。群众信访量同比下降24%，实现三年连续下降。

第七节　特色工作

2020年，面对突如其来的新冠肺炎疫情，河北省交通运输厅全面贯彻坚定信心、同舟共济、科学防治、精准施策总要求，在抗击新冠肺炎疫情大战大考中夺取了重大胜利。

交通检疫有力有效。牵头交通检疫组，设置公路、水路、航空、铁路、联程运输5个专项组，制定工作方案、应急方案和6个指南，实行集中办公、统一指挥。党员、干部冲锋在前，日均投入12万人次，设置检疫站1090个、留观室1390个，筛检6.9亿人次，分流北京国际航班旅客1.8万人次。深入开展爱国卫生运动，严格冷链运输管理，严格运载工具、服务站所、工作场所消杀管理，实现阻疫情于“站外车下”。

运输服务高质高效。加强运力调配和应急储备，最高礼遇完成援鄂医护人员运送，最高效率保障应急物资通行，组建志愿者车队驰援湖北、保供北京。分区分级精准恢复道路客运和城市交通服务，实施春运错峰返程，“点对点”服务农民工返岗复工。

河北交通运输行业广大干部职工发扬伟大抗疫精神，作出了应有的贡献，得到了充分肯定：2名同志获全国先进个人，14个单位、24名同志获省部先进集体、先进个人。

附表

河北省交通运输主要指标统计表

指标			2019年	2020年	备注
基础设施投资（亿元）	综合交通固定资产投资		908	1128	
	铁路投资		20.01	107.1	地方铁路
	公路投资		785	956	
	# 高速公路投资		490	600	
	水运投资		30	39	
铁路	通车总里程（公里）	国家铁路营业里程	—	—	
		# 国家铁路	—	—	
		# 合资铁路	—	—	
		# 地方铁路	1290	1203	正线里程
	运输情况	旅客发送量（万人次）/货物发送量（万吨）	—/8409.7	—/1074.3	地方铁路货运发送量
		旅客周转量（亿人公里）/货物周转量（亿吨公里）	—/337.93	—/328.78	地方铁路货运周转量
公路	通车总里程	公路通车总里程（公里）	196983	204737	
		# 高速公路通车里程(公里)	7476	7809	
		# 等级公路里程（公里）	193001	204549	
		# 农村公路里程及专用公路（公里）	169914	177018	
		# 桥梁（座）	43882	44693	
		桥梁总长（万延米）	344	362	
		# 隧道（座）	779	801	
		隧道总长（万延米）	79	82	
	运输情况	客运量（万人次）/货运量（万吨）	31718.7/211461.31	10575.2/217321.15	
		旅客周转量（万人公里）/货物周转量（亿吨公里）	2214741.04/8027	830956.46/8286	
水路	航道及码头情况	内河航道通航里程(公里)	—	—	
		# 高等级航道通航里程（公里）	—	—	
		港口生产用码头泊位拥有量（个）	222	237	
		# 万吨级泊位（个）	201	204	

续上表

指标			2019年	2020年	备注
水路	运输情况	客运量（万人次）/货运量（万吨）	1.19/4160.02	—/4575.38	
		旅客周转量（万人公里）/货物周转量（亿吨公里）	895.29/599	—/654.7	
民航	机场数量（个）		6	6	
	运输总周转量（万吨公里）		—	—	
	#国内运输总周转量（万吨公里）		—	—	
	#国际运输总周转量（万吨公里）		—	—	
	旅客运输量（人次）/货邮运输量（万吨）		14633604/5.58	10468020/8.85	
	旅客周转量（万人公里）/货邮周转量（万吨公里）		—	—	
邮政	邮政行业业务总量（万元）		—	—	
	快递业收入（万元）		—	—	
	邮政邮路总条数（条）		—	—	
	邮政邮路总长度（单程/公里）		—	—	

山西

第一节 整体概况

2020年是“十三五”规划的收官之年。山西省交通运输厅紧紧抓住交通基础设施发展、服务水平提高和转型发展的黄金时期，充分发挥交通运输“先行官”职能，为山西全面建成小康社会贡献交通力量。

厅党组坚决贯彻落实中央及省委、省政府决策部署，精准对接国家战略，高起点布局交通强国建设。主动对接“一带一路”倡议、京津冀协同发展等战略，紧抓国家推进交通强国建设的机遇，坚持规划引领、政策先行，全力推动全省交通强国建设顺利起步、强势开局。一是加强顶层设计。成立推进交通强国建设领导组，建立工作专班，专门聘请曾参与《交通强国建设纲要》起草工作的交通运输部科研院所提供智力支持，高质量编制全省《关于贯彻落实〈交通强国建设纲要〉的实施意见》和《推进交通强国建设行动计划（2021—2022年）》，并以省委省政府名义印发实施。二是坚持规划引领。统筹推进“十四五”现代综合交通运输体系发展规划和各专项规划编制工作，全省交通运输“十四五”发展规划、综合立体交通网规划纲要、交通基础设施国土空间规划3项龙头规划已形成初稿，省道网规划（2021—2035年）已报省政府审批，交通新基建等其他专项规划全部形成了征求意见稿，“十四五”期乃至今后15年的规划体系架构基本形成。三是深入研究试点方案。按照交通运输部要求，围绕交通强国建设整体布局，结合山西省实际，认真研究制定全省试点实施方案，最终明确了开展交旅融合、城市交通治理、车路协同、智能物流、重载公路5个方面的试点任务，11月获得交通运输部正式批准。

一年来，山西交通固定资产投资实现逆势增长、运输服务水平持续提升、三大攻坚战成果显著、交通强国建设高起点开局、行业治理迈上新的台阶，为山西省高质量转型发展提供有力支撑，向省委省政府和全省人民交出优秀的“交通答卷”。

第二节 交通基础设施建设

紧抓国家重点支持“两新一重”建设的政策机遇，统筹推进公路、民航、水运、枢纽发展，坚决落实山西省委省政府“项目为王”的要求。一是固定资产投资再创新高。据交通运输部统计显示，全年公路水路交通固定资产投资累计完成636.6亿元，增长16.8%，保持了继2018年以来固定资产投资高速增长的强劲态势，为全省全社会固定资产投资实现10.6%的增长速度作出了积极贡献，创“十三五”以来年度投资最高纪录。二是综合交通基础设施网络更加完善。高速公路方面，新开工2个项目、续建11个项目，太原东二环高速公路顺利建成，规划的33个出省口已建成27个。普通国省干线方面，重点实施的2214公里路面改造工程和1637公里生命安全防护工程全面完工，普通国省干线路况水平和安全保障能力进一步提升。“四好农村路”和旅游公路方面，大力推进农村公路提质改造工程，全省“四好农村路”新改建1.82万公里，2018—2020年规划实施的新改建农村公路6万公里目标任务全面超额完成；黄河、长城、太行三个一号旅游公路新开工1501公里，完工1481公里，三个“零公里”标志文化驿站建成并正式投入使用，极大地提升山西全域旅游关注度、美誉度，成为广大游客的“网红打卡地”。民航机场方面，重点推进运城、长治机场改扩建和芮城通用机场建设，有序推进太原、大同、临汾机场改扩建及朔州机场建设等项目前期工作。水运工程方面，完工偏关老牛湾客运码头主体工程和东寨等18个渡口码头改造工程。综合交通枢纽方面，阳泉综合客运枢纽竣工投运，大同、长治综合客运枢纽站场项目前期工作加快推进。三是统筹抓好项目谋划。为深入贯彻落实省委省政府关于“三个一批”的要求、抓好交通建设项目成批次滚动实施，山西省交通运输厅领导先后深入全省11个市，分别与市政府主要领导进行项目对接，一方面力争有条件的“十四五”项目提前至“十三五”开工，增加当年投资，另一方面加大项目谋划力度，累计储备项目166个、匡算投资6046亿元，为“十四五”开局起步打下坚实基础。四是切实保障工程质量。推进“工程质量安全红线”专项行动、工程建设领域安全专项整治三年行动，6个在建项目案例被交通运输部评为“平安交通”优秀案例，在2020年11月召开的全省公路平安百年品质工程建设推进会上，相关质量管理办法和技术得到行业专家高度肯定。

第三节　运输服务保障能力

坚持以供给侧结构性改革为主线，持续提升运输服务水平。统筹推进调结构、降成本、强服务、增动能，运输供给质效明显提升。一是大力推进运输结构调整。紧盯“公转铁”目标任务，主动克服疫情带来的不利影响，成立推进运输结构调整攻坚行动指挥部，逐级压实责任、形成攻坚态势，全年实现铁路货运量9.42亿吨，圆满完成九部委下达的三年运输结构调整目标任务。二是持续推动物流业降本增效。进一步扩大差异化收费优惠类型和范围，基本实现优惠政策全覆盖，累计优惠货车通行费11.5亿元，加上2月17日—5月5日共免收各类车辆公路通行费51亿元，降低物流成本的力度为历年最大。三是加快推进城乡区域公共交通一体化发展。深入实施公交优先发展战略，全省11个设区市城市建成区更新公交车1622辆，全部为新能源汽车。指导太原市完成公交都市建设示范城市考评与验收工作，指导平顺县、平定县开展城乡交通运输一体化示范县创建和验收工作。四是民航机场管理迈上新台阶。积极协调运城、临汾等五市政府与山西航产集团签订了《机场委托运营管理协议》，顺利实现山西省民航机场一体化运营管理，有力促进全省民航产业转型升级、做大做强。持续推进航班加密工作，太原至上海、天津等重点航班实现“公交化”运营。五是省界收费站撤站工作高质量完成。充分利用疫情防控期间高速公路免费通行的窗口期，深入开展收费系统升级完善等各项工作，2020年5月恢复收费后，山西省收费系统运行稳定、高速路网畅通、舆情平稳可控。

第四节　行业治理体系建设

2020年，山西省交通运输厅始终把改革作为破解发展难题、推动高质量发展的关键举措，积极构建系统完备、科学规范、运行有效的交通运输制度体系，着力把制度优势更好转化为治理效能。一是深入推进事业单位改革。6个新组建事业单位完成班子任命、党组织设置，各项工作全面步入正轨；一所职业院校整合划转省教育厅管理；公路系统改革与所属事业单位转企改制、所办企业脱钩改革同步推进，改革后将彻底实现政事分开、事企分开。二是深入推进综合行政执法改革。根据中央编办批复及省委编委“三定”规定，省高速公路综合行政执法总队资产清查、执法人员划转、主要领导任命和机构挂牌等工作相继完成，组织建设等后续工作加快推进。三是深入推进出租汽车行业改革。针对全省出租汽车行业经营权配置管理不规范等问题，明确从改革经营权管理制度等7个方面进行重点改革，主动对标先进地区经验，高标准制定《山西省深化出租车汽车行业改革试点工作方案》，已经省政府审议通过，并已报送省委审定。四是全面深化“放管服”改革。再次下放行政审批事项2项；11万件省级行政审批事项全部按时办结，全程网办率达到94.7%；超限运输许可等43项审批事项实现“一网通办”“不见面审批”。五是法治政府部门建设不断深化。全年共办理行政复议31件、应诉案件9件，完成规范性文件合法性审核26件、公平审查3件、重大行政决策和合同等审查33件，重大行政决策程序、规范性文件制定、依法行政复议和应诉更加规范化、制度化。《山西省旅游公路管理办法》《山西省高速公路非公路标志设置管理办法》分别以省政府第280号、第282号令颁布实施，同步协调推进5部交通运输地方性法规和1部政府规章修订工作。六是规范全省干线公路速度管理工作圆满完成。对全省高速公路和普通国省干线公路限速标志进行全面调整和规范，整体路网运行速度和运行效率实现较大提升，人民群众反映强烈的公路限速值变化频繁、“隐蔽式”“断崖式”不合理限速等问题得到有效解决。七是公路限高限宽设施和检查卡点专项整治行动扎实开展。全省共拆除取缔非法限高限宽设施和检查卡点131处，整改完善限高限宽设施1556处。

第五节　科技创新

完善机制，落实责任，加快推动实现全省交通运输行业创新引领和关键核心技术突破，全面推进各项工作的健康发展。一是积极开展科技攻关和研发。进一步优化评审流程，完善评分方法，完成全年科研项目立项评审工作；支持开展符合生产实际的交通建设科技项目课题。严格要求各项目承担单位履行好科研项目管理的主体责任，保质保量按期完成研究工作。二是完成科研项目验收工作。认真组织、严格流程，通过优秀科研成果产生的良好经济和社会效益，有效提高全省乃至全国同类工程的技术水平，有效提升交通基础设施工程质量和建养品质。三是创新完善科技管理机制。修订《山西省交通运输厅科研项目管理办法》。在年度科研计划项目、交通建设科研项目的基础上，探索企业单位自筹资金科研项目的立项工作，充分鼓励和激发企业在科技创新中的主体作用。四是加强科技交流与培训。继续积极组织参加交通运输部“交通科技大讲堂”视频讲座。开展固体废弃物资源循环利用等专题研讨会，邀请行业知名专家、重点企业开展充分研讨，有针对性地解决当前交通运输行业存在的实际问题。创办并长期开展“山西交通科技大讲堂”活动，持续推进全省交通运输行业管理思维、体制机制、发展模式、科学技术、文化建设等创新，提升人员队伍素质，形成推动全省交通运输科技创新、支撑交通运输高质量发展的合力，为全省交通强国建设工作提供支撑。五是做好标准化改革试点建设和标准修订工作。积极配合省标准化工作领导小组做好山西省国家标准化综合改革试点建设工作，对照试点方案确定的目标任务，将标准化改革总体要求与山西交通运输实际紧密结合，充分发挥标准化的基础性、引领性、战略性作用。同时，结合当前交通运输发展重点方向和需求情况，优先加强行业重点领域的地方标准制修订，组织完成年度山西省地方标准制修订项目计划的征集、评审和报送工作。六是进一步提升标准制修订水平和标准化队伍建设水平。主动对标国内一流标准，突出技术创新、成果转化对标准的基础作用，在持续加强技术类标准制修订工作的基础上，加大政务办公等管理类标准的研究工作力度，大力提升标准的服务支撑水平。切实抓好标准化人才队伍建设，培养一批能编标准、会用标准、善讲标准的高端标准化人才，促进标准化建设水平不断提升，推动标准化改革试点工作不断向纵深发展。

第六节　安全与应急

切实把安全生产工作摆在头等重要位置，牢牢守住底线红线。一是扎实开展安全生产专项整治三年行动。制定印发安全生产专项整治三年行动方案，梳理形成任务清单，146 项整治任务全部细化分解到具体部门，安全生产责任进一步夯实。聘请行业专家对 139 家企业（项目、单位）开展安全生产督导检查，对发现的问题逐一推动整改落实，真正做到防范在早、化解在小。二是深入推进重点领域专项治理。以公路桥梁、连续长陡下坡路段、隧道等为重点开展安全能力提升专项行动，累计完成 163 座公路桥梁护栏、62 段连续长陡下坡路段安全隐患整治，改造完善高速公路、普通国省干线公路共 829 道隧道照明、通风和交安设施，增设农村公路平交路口减速带 6666 个，安全生产基础进一步加强。三是持续提升道路运输安全能力。安装“雾区引导防撞系统”5 处 14 公里、“能见度检测仪”252 处 1260 公里，继续推进公交车驾驶区域安装安全防护设施，安装率达到 85.4%。全面完成“两客一危”重点营运车辆智能视频监控报警系统安装工作，在全国率先出台了营运高速公路服务区危化品运输车辆停放管理办法，并在全省 64 对服务区设置危化品车辆停放专区，选派专人 24 小时值守，主动安全性进一步提升。四是全面加强应急保障工作。修订完善山西省交通运输厅“1+6”应急预案体系，巩固加强多部门应急联动机制，圆满完成“春运”、全国“两会”等重点时段和重大活动期间的应急值守与保障任务。通过努力，全省交通运输安全生产形势总体保持稳定，未发生重特大事故，重点监管领域共发生安全生产事故 7 起、死亡 7 人，分别下降 46.2% 和 75%。在 2020 年度全省安全生产和消防工作考核中，山西省交通运输厅被评为“优秀”，排省直属单位第四名。五是社会治安综合治理得到加强。统筹推进“零上访、零事故、零案件”单位创建工作，深入排查化解不稳定因素，定期向省政法委报送防化成果。积极开展维护国家安全、扫黑除恶、反恐维稳、扫黄打非、禁毒等工作，持续构建横向到边、纵向到底、全面覆盖的综治工作责任体系。

第七节　合作与交流

围绕全面建成小康社会战略部署，坚持抓重点、补短板、强弱项，三大攻坚战交通战役取得重大成果。一是债务风险总体可控。针对普通收费公路因疫情影响导致通行费收入大幅下降、还贷资金压力剧增的严峻形势，山西省交通运输厅积极争取省财政部门和相关金融机构支持，通过安排预算资金、延后支付贷款本息、努力增收节支等方式，做到了贷款展期后本息按期偿还，有效避免了债务风险。二是交通扶贫成效显著。坚持对扶贫项目优先安排、工作优先对接、措施优先落实、资金优先保障，全年安排贫困地区农村公路建设资金28亿元，占全省补助资金的70%；完成农村公路窄路基路面改造2320公里；完成县乡道安防2546公里、危桥改造39座，村道安防2040公里；新开工4个县级客运站和17个乡镇综合服务站。采取“一县一方案、一村一策”办法全力推动村通客车工作，26186个具备条件的建制村100%通客车，提前4个月完成国家下达的目标任务。“交通＋产业”“交通＋旅游”等扶贫模式实现快速发展。三是交通运输污染防治全面加强。中央生态环境保护督查5项整改任务全部销号清零，省政府“打赢蓝天保卫战”三年行动交通运输领域相关任务如期交账。推动建立机动车排放检测与维护制度（I/M制度），组织建设两批196家符合条件的M站，经M站维修治理后车辆复检合格率超过90%，I/M制度实施效果初显。持续加大攻坚力度，全年淘汰国三及以下排放标准营运柴油货车68710台，完成年度任务的128%。顺利完成太原环城高速公路过境货车“整体分流管控”阶段性工作，有力助推全省环境空气质量明显好转。

第八节 特色工作

一、党的建设

坚持以党的政治建设为统领，持续改进和加强党的领导，扎实推动各级领导班子和干部队伍以过硬的党性践行忠诚、担当使命、履职尽责。一是坚持把政治建设摆在首位。教育引导广大干部职工不断增强“四个意识”、坚定“四个自信”、做到“两个维护”，不折不扣贯彻执行中央大政方针和省委省政府决策部署。全年开展党组理论中心组集体学习17次、专题交流研讨7次；先后举办全系统领导干部党性修养、履职能力研修班暨交通基础设施建设高质量发展业务能力提升培训班以及基层党组织书记培训班，采取线上线下多种形式宣讲党的理论政策，着力提升党员领导干部政治素养。严格落实意识形态工作责任制，定期开展分析研判并按时报告情况。坚决落实省委专项巡视整改任务，累计完成119条整改举措，整改结果全部上报省委巡视办。二是全面加强基层组织建设。在推进事业单位改革中同步推进新组建单位党组织建设工作，及时印发《关于厅属事业单位改革期间建立健全党组织的实施方案》，从顶层设计上为涉改单位提供基本遵循和指引，新组建单位党组织全部完成换届选举。三是持续抓好干部队伍建设。坚持党管干部原则，树立良好用人导向，全年共提任处级干部2名、平级调整干部18名、推荐交流干部14名；积极落实省委“墩苗”行动，推荐4名干部到地方任职，有效激励了党员干部干事创业、担当作为。四是持之以恒正风肃纪。严格落实中央八项规定精神，驰而不息整治“四风”。加大违纪违法案件查处力度，处置问题线索92件，给予党纪政务处分5人、提醒谈话31人、批评教育11人、诫勉谈话6人，全系统风清气正的政治生态进一步巩固和加强。探索建立纪检监察组与审计处联动协作机制，充分发挥审计监督作用，通过领导干部经济责任审计发现并督促整改8个方面相关问题近百个。五是着力提升行业软实力。弘扬新时代交通精神，深入推进工青妇等群团组织建设以及交通战备、史志宣传、离退休人员管理、后勤服务等工作。强化精神文明建设，表彰了一批先进典型荣获文明单位称号，行业凝聚力和向心力不断增强。

二、打好交通运输疫情防控阻击战

自2020年1月新冠肺炎疫情暴发以来，全省交通运输系统1.6万余名干部职工投身疫情防控一线，坚守疫情防控“交通阵地”，确保疫情不通过交通运输途径传播。一是全方位部署防控工作。疫情暴发后，第一时间成立由厅主要领导任组长的疫情防控领导组和12个专项工作组，先后22次召开会议，及时分析研判形势，有针对性地做好部署。各级交通运输部门在全省设置73个出入省口联合防疫点，全力配合卫生健康部门做好卫生检疫、隔离、留验、转运等工作，坚决阻断病毒传播渠道。同时，暂停省际旅游客运，督促指导有关企业严格落实客运场站和交通工具疫情防控措施，确保运输领域不发生疫情燃点。二是全力保障应急运输。坚决落实保通保畅职责，做到公路交通网络不断、应急运输绿色通道不断、必要的群众生产生活物资运输通道不断、应急车辆免费优先通行，累计发放通行证1.01万张。坚持做好国际航班经停太原服务保障工作，共保障分流国际航班42班次，转运人员7302人次。三是为复工复产当好先行。坚持分区分级恢复道路客运和城市客运服务，采取“点对点”运输方式保障近7万名农民工及时返岗。通过“一企一策”精准帮扶等措施，全力帮助交通运输企业纾困解难，累计减免出租汽车服务管理费1000余万元、车辆承租费2.2亿元。四是慎终如始，推进常态化疫情防控工作。持续做好道路客运和城市公交场站、冷链物流、交通运输工具、高速公路服务区和收费站、民航机场、水路客运船舶和渡口码头、公路水运工程建设项目等领域的防控工作，坚决克服麻痹思想、厌战情绪、侥幸心理、松劲心态，牢牢守住交通运输领域防输入、防反弹、防复燃底线。

附表

山西省交通运输主要指标统计表

<table>
<tr><th colspan="3">指　标</th><th>2019年</th><th>2020年</th><th>备　注</th></tr>
<tr><td rowspan="5">基础设施投资（亿元）</td><td colspan="2">综合交通固定资产投资</td><td>—</td><td>—</td><td></td></tr>
<tr><td colspan="2">铁路投资</td><td>—</td><td>—</td><td></td></tr>
<tr><td colspan="2">公路投资</td><td>545.0</td><td>636.6</td><td></td></tr>
<tr><td colspan="2"># 高速公路投资</td><td>131.9</td><td>209.8</td><td></td></tr>
<tr><td colspan="2">水运投资</td><td>—</td><td>—</td><td></td></tr>
<tr><td rowspan="6">铁路</td><td rowspan="4">通车总里程（公里）</td><td>国家铁路营业里程</td><td>5890.0</td><td>6247.0</td><td></td></tr>
<tr><td># 国家铁路</td><td>—</td><td>—</td><td></td></tr>
<tr><td># 合资铁路</td><td>—</td><td>—</td><td></td></tr>
<tr><td># 地方铁路</td><td>—</td><td>—</td><td></td></tr>
<tr><td rowspan="2">运输情况</td><td>旅客发送量（万人次）/货物发送量（亿吨）</td><td>8153.0436/9.13</td><td>4980.4/9.2</td><td></td></tr>
<tr><td>旅客周转量（亿人公里）/货物周转量（亿吨公里）</td><td>236.69/2774.75</td><td>135.7/2926.7</td><td></td></tr>
</table>

续上表

指　标			2019 年	2020 年	备　注
公路	通车总里程	公路通车总里程（公里）	144282.5	144322.9	
		#高速公路通车里程(公里）	5711.0	5744.6	
		# 等级公路里程（公里）	144282.5	144322.9	
		# 农村公路里程（公里）	125624.2	125663.4	
		# 桥梁（座）	15232.0	15450.0	
		桥梁总长（万延米）	138.8	141.5	
		# 隧道（座）	1025.0	1040.0	
		隧道总长（万延米）	114.4	115.1	
	运输情况	客运量（万人次）/ 货运量（万吨）	14010/100847	7460.983/98206	
		旅客周转量（万人公里）/ 货物周转量（亿吨公里）	1588194/2691.5974	905600/2785	
水路	航道及码头情况	内河航道通航里程(公里）	1391.0	1391.0	
		# 高等级航道通航里程（公里）	0.0	0.0	
		港口生产用码头泊位拥有量（个）	6.0	6.0	
		# 万吨级泊位（个）	0.0	0.0	
	运输情况	客运量（万人次）/ 货运量（万吨）	142/24	108/24	
		旅客周转量（万人公里）/ 货物周转量（亿吨公里）	604/0.13	403/0.06	
民航	机场数量（个）		7.0	7.0	
	运输总周转量（万吨公里）		—	—	
	# 国内运输总周转量（万吨公里）		—	—	
	# 国际运输总周转量（万吨公里）		—	—	
	旅客运输量（万人次）/ 货邮运输量（吨）		2037.1/67449	1298.65/58542	
	旅客周转量（万人公里）/ 货邮周转量（万吨公里）		—	—	
邮政	邮政行业业务总量（万元）		1163466.3	1507207.8	
	快递业收入（万元）		494196.7	670926.3	
	邮政邮路总条数（条）		642.0	642.0	
	邮政邮路总长度（单程 / 公里）		50844.0	50844.0	

内蒙古

第一节　整体概况

2020年是极不平凡的一年，面对新冠肺炎疫情带来的严重冲击和重大挑战，内蒙古自治区交通运输系统统筹做好疫情防控和交通运输工作，为决胜全面建成小康社会和“十三五”规划圆满收官提供了坚实保障。

一是高质量完成三大攻坚战任务。深入推进“四好农村路”建设，开工建设农村牧区公路11363公里、建成8071公里，新增167个撤并建制村通硬化路，提前完成“两通”兜底性指标，全面完成交通扶贫各项任务，实现所有贫困旗县通一级及以上公路。坚决贯彻生态优先、绿色发展理念，扎实推进运输结构调整、柴油货车污染治理、清洁高效交通装备推广、公路建设污染防治等工作，建立实施在用机动车排放检测和强制维护制度，取消符合技术条件的城市配送车辆通行限制，公路改扩建及养护工程旧路面材料利用率达到85%。自治区本级“统贷统还”存量公路建设政府隐性债务化解年度任务全面完成，盟市“统贷分还”存量公路建设政府隐性债务化解工作稳步推进。

二是加快推进交通强国建设。深入落实《交通强国建设纲要》，推动自治区党委、政府出台《内蒙古自治区贯彻〈交通强国建设纲要〉实施方案》。落实《交通运输部关于内蒙古自治区开展交通运输高水平对外开放等交通强国建设试点工作的意见》，按照《交通强国试点工作推进方案》相关要求，积极协调推进高水平对外开放、智慧物流枢纽、交通与旅游融合发展、特色冷链物流、“四好农村路”高质量发展等试点工作，着力打造一批具有内蒙古特色样板工程，力争用1～2年时间取得阶段性成果，用3～5年时间形成一系列可推广、可复制的试点经验和模式，为交通强国建设探索具体路径。

三是统筹谋划“十四五”交通运输发展。按照国家和内蒙古自治区“十四五”规划编制相关要求，组织开展《自治区综合立体交通网规划（2021—2050年）》《自治区交通基础设施国土空间控制规划》《自治区交通与文化旅游融合发展规划》等中长期交通运输发展规划编制，以及《自治区“十四五”综合交通运输发展规划》《自治区“十四五”公路水路交通运输发展规划》等“十四五”规划编制工作，推进“多规合一”体系建设，各项规划均已形成衔接稿。

第二节　交通基础设施建设

一是扎实推进公路网建设。全年落实公路建设补助资金173.4亿元，其中，中央车购税资金63.5亿元、成品油价格和税费改革交通专项资金20亿元、自治区财政预算内资金4.4亿元、一般债券资金9.7亿元、收费公路专项债券资金75.75亿元，累计完成固定资产投资422.7亿元，公路建设规模1.9万公里。开工建设G5511二广高速公路集阿联络线公主埂至经棚、集阿联络线大板至查白音塔拉、集阿联络线草高吐至乌兰浩特，G1817 乌银高速公路巴音呼都格至巴彦浩特，G55 二广高速公路二连浩特至赛汉塔拉等重点公路项目，建成G5516苏尼特右旗至化德高速公路、S31 大饭铺至龙口高速公路、G110 呼和浩特至毕克齐一级公路、G306 乌里雅斯太至珠恩嘎达布其一级公路等重点项目。截至 2020 年底，内蒙古公路总里程达到 21 万公里，其中高速公路 6985 公里、一级公路 8785 公里、二级公路 1.99 万公里。12 个盟市政府所在地全部连通高速公路，103个旗县（市、区）全部通一级及以上公路，具备条件的建制村嘎查全部通硬化路。

二是完善运输场站布局。加快推进乡镇汽车客运站和农村牧区公路客运候车亭建设，新建 4 个乡镇运输服务站和 80 个农村公路客运候车亭。截至 2020 年底，内蒙古建成三级以上客运站 137 个，其他客运站 2868 个，货运站 61 个。12 个盟市政府所在地及二连浩特、满洲里口岸均建有一级客运站，全区 97% 的旗县拥有二级及以上客运站，65% 的乡镇拥有乡镇客运站。

三是强化基础设施管养。全年实施公路路面灌缝 3171 万延米，修补病害 142 万平方米，完成预防性养护 378 万平方米，更换标志 10.6 万块，施划标线 73 万平方米，修复防护设施 11.5 万立方米。圆满完成养护专项工程，其中干线灾害防治工程 137 公里、安防工程 209 公里、危桥改造 57 座。开展公路网路况、重点桥梁、隧道技术状况检查，完成路况自动化检测 1.7 万公里，列入年度计划的养护大中修工程 50 项，开工率 100%，废旧路面材料回收率达 98%。高质量完成“十三五”全国干线公路养护管理治理能力评价工作，得到交通运输部评价组肯定。截至 2020 年底，内蒙古自治区普通国省干线公路优良路率达 74.1%，农村公路优良路率达 61%。

第三节　运输服务保障能力

一是提升客运服务质量。强化与民航、铁路的接驳运输，推动交通运输与旅游融合发展，初步形成广覆盖、深通达、可持续、惠民生的城乡客运网络。2020 年，内蒙古共有客运业户 935 户，从业人员 7.8 万人，营运客车 10734 辆，开通客运线路 4231 条，日均发送班次 0.8 万班次，跨省班线通达全国 24 个省（市、区），运距最长达 2400 多公里。深入落实四好农村路“运营好”工作任务，全区具备通车条件乡镇和建制村 100% 通客车，实现农村客运“开得通”“留得住”，顺利通过交通运输部组织的乡镇和建制村通客车质量第三方评估。呼和浩特市被命名为“国家公交都市建设示范城市”，社区公交、定制公交、学生公交、夜间公交等多种模式有效满足多元化出行需求。全年内蒙古累计完成营业性公路客运量 3224 万人次、旅客周转量 49.4 亿人公里，分别占综合运输量的 43.6% 和 30.0%。

二是推进货运物流降本增效。严格落实公路通行费减免政策，联合内蒙古自治区发展改革、财政部门对各类货车给予进一步的优惠措施，一般高速公路 1 ~ 6 类货车收费标准分别下调 20% ~ 40%，全年免征公路通行费 51.64 亿元。与重点运输企业建立“一对一”服务联络机制，大件运输许可平均办结时限压缩至两个工作日。积极发展网络货运，46 家货运企业取得网络货运经营许可证，有效整合社会闲散运力和分散货源，实现人、车、货、线等物流要素的精确匹配。“西北地区—京津冀多功能智慧公铁水联运示范工程”进展顺利，场站基础设施已投入使用，全年铁路多功能驼背运输车共计开行 54 列，运送货物 10.5 万吨。鄂尔多斯市城市绿色货运配送示范工程建设取得明显成效，车辆利用率提高 17%、能耗降低 2.5%、城市配送成本降低 8%。截至 2020

年底，内蒙古货运业户共13.5万户，从业人员32.3万人，营业性载货汽车25.1万辆、316.7万吨位。全年累计完成营业性公路货运量10.9亿吨，货物周转量1888.79亿吨公里，分别占综合运输量的63.9%和42.6%。

三是提高公路服务水平。全力打赢撤销高速公路省界收费站第十战役，高速公路联网收费系统运行稳定，收费站拥堵数量和拥堵时间“双降低”。不断优化ETC服务，客服热线接通率跃升至99%以上，实现ETC用户“一次行程，一个账单、一次扣费、一次告知”。持续拓展ETC覆盖范围，年内建成39个ETC智慧停车场，涵盖高速铁路车站、汽车站、大型医院、核心商圈等场景，鄂尔多斯市成功申请为ETC智慧停车城市试点。建设改造普通公路服务设施59处、服务区公共卫生间44处，建成“司机之家”3个。

第四节　行业治理体系建设

一是持续深化法治政府部门建设。积极推动行业立法。《内蒙古自治区农村牧区公路条例》完成立法程序，并于2021年1月1日正式实施。定期开展规范性文件清理，编制交通运输制度库。完善健全科学、民主、依法决策机制，健全法律顾问机制，实现法律服务资源共享。以落实“谁执法谁普法”责任制为抓手，圆满完成“七五”普法任务。行政执法“三项制度”深入落实，“四基四化”建设逐步推开，“双随机、一公开”监管全面覆盖，清理整顿执法证件和整治路域执法问题专项行动顺利完成。2020年，内蒙古交通运输厅被评为全区法治政府建设示范部门。

二是进一步完善管理体制机制。自治区本级交通运输综合执法机构挂牌组建，初步构建了权责统一、权威高效、监管有力、服务优质的自治区本级综合执法队伍。盟市及以下交通运输综合执法改革压茬推进，综合执法体系初步建立。厅本级事业单位改革稳步推进，“三定”方案获批印发，厅直属事业单位整合率达到55%，职能职责实现重塑再造，功能作用更加明确清晰，布局结构更加科学合理。

三是不断深化重点领域改革。“放管服”改革成效明显，自治区本级交通运输36项政务服务事项和11项公共服务事项全部进驻实体政务服务大厅，并接入一体化政务服务平台，基本实现“一门办、一网办”。交通运输领域财政事权和支出责任划分改革走向纵深，推动自治区政府出台《内蒙古交通运输领域自治区以下财政事权和支出责任划分改革实施方案》。内蒙古公路交通投资发展有限公司移交国资委统一监管，厅直属国有企业改革任务全面完成。印发自治区《公路建设项目招标投标备案管理办法》《公路建设项目评标专家库管理办法》和自治区公路工程标准招标文件，开展建设市场督查，公路建设信用工作取得良好成效。

第五节　科技创新

一是关键技术研究应用取得突破。公路建设与养护技术、新材料新技术推广应用、高纬度冻土地区公路建设技术、公路长期服役性能监测等方面取得重大技术突破，获得自治区科技进步一等奖1项，中国公路学会特等奖1项、二等奖1项，中国技术市场项协会金桥奖项目一等奖1项。“东北多年冻土区交通基础设施长期性能交通运输行业野外科学观测研究基地”入选交通运输部首批行业野外观测研究基地，并设立了国家博士后科研工作站。

二是科研成果转化取得成果。加大科技成果推广应用力度，发布了《内蒙古交通运输科技成果推广目录》，推动科技成果转移转化，为行业高质量发展提供技术支撑。编制《内蒙古自治区交通运标准体系建设指南》，发布实施《热拌沥青混合料路面施工技术规范》等5部地方标准，启动编制《高纬度多年冻土交通基础设施高质量标准体系》。

三是行业信息化建设稳步推进。建成综合交通运输调度和应急指挥中心，协调内蒙古自然资源、气象、文旅、铁路、民航等行业数据资源接入数据交换共享平台。深化行业协同电子政务服务，开发行业政务信息资源目录管理信息系统。进一步完善行业运行监测监控体系，建立网络安全应急处置体系，组织开展网络安全检查和应急演练，加强系统网络安全管理，切实保障网络安全稳定运行。

第六节　安全与应急

一是提升本质安全水平。扎实开展安全生产专项整治三年行动，深入排查治理安全生产风险隐患。处置县乡道安全隐患里程1910公里、村道安全隐患里程1028公里，改造县乡道危桥89座、村道危桥51座。持续强化营运车辆安全监管，实现"两客一危"车辆动态监控全覆盖。加大非法超限运输打击力度，累计规划157个治超站、66个治超点、79处非现场执法点位，基本实现公路网关键节点全覆盖，高速公路和干线公路超限率分别下降至0.2%和2.2%。全年交通运输安全生产责任事故起数和死亡人数同比分别下降66.7%和77.8%，未发生较大及以上安全生产责任事故。

二是提高工程质量。大力推进"平安百年品质工程"建设，推进"施工班组规范化管理攻关行动"示范项目实施，编制完成《施工班组规范化管理指南（送审稿）》，已提交交通运输部审议。开展"坚守公路工程质量安全红线"专项行动工作，健全工程质量监督管理机制，落实施工质量样板引领、隐蔽工程影像资料留存、实体质量实测实量标识等制度，强化工程建设全过程质量监督，高速公路、一级公路监督到位率100%、质量鉴定合格率100%。推进公路水运建设工程领域电线电缆及电器设备综合治理，整顿规范监理检测市场，加强检测设备计量工作。

三是强化应急管理。建成综合交通运输调度和应急指挥中心，建立水上搜救联席会议制度，基本形成部、区、市、县四级运行协调与应急指挥体系。健全风险防范化解机制，加强运行监测和应急调度指挥。结合机构改革，修订完善应急预案，加强应急队伍建设，强化科技兴安能力和装备技术支撑，组织开展多区域、多部门的应急演练，不断增强应急处置能力。

第七节　合作与交流

深化对外交流合作。参加中俄总理定期会晤委员会运输合作分委会第二十四次会谈，就《中华人民共和国政府与俄罗斯联邦政府国际道路运输协议》实施以及其他推进中俄国际道路运输合作的事项进行磋商。完成2021年中蒙行车许可证交换工作。坚持公路口岸"货开客关"的总原则，严格跨境货运驾驶员管控，督促指导相关运输企业全力做好进口冷链食品运输车辆消毒工作。实施每日上报接运旅客数和货运量制度，确保入境人员信息与管理在交通运输环节实现全覆盖、全闭环、全防控。截至2020年底，内蒙古自治区与蒙古国、俄罗斯达成开通协议国际道路客货运输线路共有42条，基本形成了以边境口岸为节点、覆盖蒙、俄边境地区重点城市、重点矿区的道路运输网络。全年国际道路运输累计完成客运量约224.3万人次，货运量约为2837.1万吨，货运量连续14年排名全国第一。

第八节　疫情防控

一是全力构筑新冠肺炎疫情防控的坚固防线。面对突如其来的严重疫情，内蒙古自治区交通运输系统闻令而动、迅速集结，第一时间形成了上下联动、左右协同、整体推进的联防联控工作格局，构建了稳固有力的交通抗疫作战体系。抢前暂停部分客运线路，实施国际道路运输“货开客关”政策，开展“党旗飘、战疫情、我先行”活动，全部位、全环节落实交通运输工具和场站防控措施，日均查验车辆逾 14 万辆、乘客 20 余万人次，有效阻断了疫情通过交通运输渠道传播。4 名个人和 2 个集体荣获“全国交通运输系统抗击新冠肺炎疫情先进个人和先进集体”荣誉称号。

二是全力保障交通畅通。全面落实“一断三不断”“三不一优先”工作措施，迅速恢复公路通行。根据人员运输和物资保障需要，及时开通 400 条应急运输绿色通道，组建 14 支应急运输车队，全力畅通应急运输“生命线”，优先保障防疫物资人员、煤炭、“米袋子”“菜篮子”等生产生活物资“零阻碍”通行，累计发送医护人员、防疫物资和重要生产生活物资近 5000 批次，有力保障了重点人群及时到位、物资供应稳定畅通，坚决完成了保障交通畅通任务。

三是及时推进复工复产。分区分级恢复道路客运、城市交通服务，全力做好春运错峰返程工作，采取“点对点”“一企一策”“定制客运”等方式，发送包车近 400 辆次、保障 1.4 万余名农牧民工返岗就业。针对疫情对道路运输造成的严重冲击，积极协调财政、税务等部门出台纾难解困政策，助力市场主体渡过难关、恢复正常运营，营业性公路货运量自 2020 年 5 月实现正增长，有力对冲经济下行态势。

附表

内蒙古自治区交通运输主要指标统计表

指　标			2019 年	2020 年	备　注
基础设施投资（亿元）	综合交通固定资产投资		—	—	
	铁路投资		—	—	
	公路投资		407	422.7	
	# 高速公路投资		97.6	148.1	
	水运投资		0.3	0.2	
铁路	通车总里程（公里）	国家铁路营业里程	—	—	
		# 国家铁路	—	—	
		# 合资铁路	—	—	
		# 地方铁路	—	—	
	运输情况	旅客发送量（万人次）/货物发送量（万吨）	—	—	
		旅客周转量（亿人公里）/货物周转量（亿吨公里）	—	—	

续上表

指　标			2019年	2020年	备　注
公路	通车总里程	公路通车总里程（公里）	206089	210217	
		#高速公路通车里程(公里)	6633	6985	
		#等级公路里程（公里）	199362	205313	
		#农村公路里程（公里）	165281	169254	
		#桥梁（座）	22135	23106	
		桥梁总长（万延米）	109.7	118.3	
		#隧道（座）	45	49	
		隧道总长（万延米）	6.8	7	
	运输情况	客运量（万人次）/货运量（万吨）	6518/110874	3224/109002	
		旅客周转量（万人公里）/货物周转量（亿吨公里）	1016393/1954.5	493971/1888.8	
水路	航道及码头情况	内河航道通航里程（公里）	2403	2403	
		#高等级航道通航里程（公里）	—	—	
		港口生产用码头泊位拥有量（个）	—	—	
		#万吨级泊位（个）	—	—	
	运输情况	客运量（万人次）	56	52	
		旅客周转量（万人公里）	478	376	
民航	机场数量（个）		—	—	
	运输总周转量（万吨公里）		—	—	
	#国内运输总周转量（万吨公里）		—	—	
	#国际运输总周转量（万吨公里）		—	—	
	旅客运输量（人次）/货邮运输量（万吨）		—	—	
	旅客周转量（万人公里）/货邮周转量（万吨公里）		—	—	
邮政	邮政行业业务总量（万元）		—	—	
	快递业收入（万元）		—	—	
	邮政邮路总条数（条）		—	—	
	邮政邮路总长度（单程/公里）		—	—	

辽宁

第一节　整体概况

2020 年，辽宁省交通运输系统坚持以习近平新时代中国特色社会主义思想为指导，认真落实省委、省政府和交通运输部的部署要求，统筹疫情防控和交通运输发展，全年累计完成交通固定资产投资 268.1 亿元，增长 23.2%。其中，公路、水路投资增幅全国领先，为全省经济稳增长作出重要贡献。铁路营运里程达到 6637 公里，其中，高速铁路 2092 公里，基本实现市市通高速铁路。公路通车里程达到 13 万公里，其中高速公路 4331 公里，所有陆地县（市）通高速公路，全部撤并村通硬化路。"辽满欧""辽蒙欧"和"辽海欧"综合运输通道开通运营，实现市级高速铁路车站综合客运枢纽、市县二级以上客运站全覆盖。港口生产性泊位达到 432 个，其中万吨级以上泊位 241 个，集装箱班轮航线达到 173 条。民用运输机场达到 8 个、通用航空机场 13 个，完成旅客吞吐量 4202 万人次、货邮吞吐量 36.8 万吨，沈阳、大连机场旅客吞吐量双双突破 2000 万人次，共同跻身国内繁忙机场行列。

一、综合交通重大项目进展顺利

坚持高位推进，组建工作专班，建立领导包保、定期调度、归口协调、上下联动、督导督办机制，全领域、全周期、全方位推动项目建设。

公路方面，沈康四期高速公路整体进度完成 75%；阜奈高速公路比原计划提前 3 个月进场；东双高速公路开工建设；沈山高速公路扩能改造、本桓（宽）高速公路建设方案报交通运输部待批复。全年维修改造干线公路 1610 公里，实施绕城路、低标准路段等建设工程 108 公里。

铁路方面，沈白高速铁路前期要件全部获批，新宾隧道控制性工程开工建设。赤喀客运专线开通运营。朝凌客运专线主体完工。金凤扩能项目征地拆迁基本完成。

水运方面，盘锦港 10 万吨级航道等 11 个项目稳步推进，葫芦岛绥中港、营口仙人岛港、丹东大东港 LNG 码头规划完成批复。

民航方面，沈丹铁路桃仙机场段外迁方案确定，用地预审、可研报告、环评报告获批。

同时，阜奈高速公路等规划项目全部纳入交通运输部"十四五"规划项目库，全年累计争取债券和中央资金支持 45.8 亿元。

二、服务国家及区域重大战略取得重大进展

交通脱贫攻坚成效显著，实施农村公路新改建和维修改造 7171 公里，其中贫困地区农村公路新改建 1512 公里。新建产业路、旅游路、资源路 140 公里。开展农村公路工程质量督导检查和"十三五"脱贫路建设"回头看"。新增省级"四好农村路"示范县 7 个、示范乡镇 24 个。巩固绿色交通省创建成果，中央环保督察整改"回头看"反馈问题全部整改销号。公交车和出租

汽车清洁能源或新能源占比达 85.5% 和 99.7%。风险隐患妥善处置，完成农村公路审计问题专项整治，全年开展资金审计检查 5 次、整改问题 223 项。编制网络安全综合治理“三个清单”，累计发布安全预警 95 次，排除风险隐患 174 个。

三、交通强国建设加快推进

辽宁省制定出台了贯彻落实交通强国建设纲要的意见和行动方案。“四好农村路”、多式联运、城市公交、平安交通 4 个试点任务在全国率先获批。编制《辽宁省“十四五”综合交通运输发展规划》和《辽宁省综合立体交通网规划》，保证了规划任务与交通强国建设统筹衔接。

开展“四好农村路”高质量发展试点。制定出台《农村道路建设技术要点》等 3 项技术（标准）研究项目和《辽宁省深化农村公路管理养护体制改革实施方案》《辽宁省农村公路绩效考评办法》等制度。加大农村客运发展督导力度，全省所有县区一体化水平均达到 AAA 级以上水平。农村客运车辆安全状况得到改善，10 个市 5680 台农村客车完成主动安全预警技术装备安装任务，完成任务总量的 72%。

开展城市公交高质量发展试点。进一步完善标准体系框架，完成《城市公共汽电车驾驶员操作规范》等两部标准规范的起草工作。以省人大审议立法形式积极推进公交车驾驶区域安全防护隔离设施安装工作。制定印发《关于进一步加快城市公交专用道路发展全力促进公交优先战略实施的意见》，实现全省公交专用道突破 1200 公里，里程翻一番。

开展平安交通建设试点。编制《辽宁省公路水运工程建设领域安全生产监督管理“四张清单”》和监督检查标准，建设危险货物道路运输安全监管信息系统和港口危险货物作业安全监管信息化体系，全力推进公路桥梁通行安全非现场执法。

开展多式联运高质量发展试点，制定出台《关于融入国家“一带一路”发展战略构筑“辽满欧”综合交通运输大通道的实施意见》及《辽宁省加快推动多式联运发展的实施方案》，与中国铁路沈阳局集团有限公司签署战略合作协议，并会同黑龙江省、吉林省、内蒙古自治区交通运输主管部门，建立辽吉黑蒙“三省一区”交流合作机制和加快多式联运发展联合推进机制。加快建设沈阳港多式联运物流中心，构建“班轮 + 班列”多式联运新模式；构建多式联运路港枢纽数字化运营新模式；推进多式联运技术标准体系建设。

第二节　交通基础设施建设

一、高速公路

全力实施高速公路建设、养护工作，完成投资 31.9 亿元，全面提升了全省高速路网运营服务水平。大力实施沈山高速公路维修改造续建工程，完成路面维修 1210 公里、病害处理 4842 万平方米、桥梁维修 1589 座，线路主要行车道路面使用性能指数（PQI）均值提升至 92.5，有效改善了路面通行状况。积极开展预防性、修复性养护工程，沈彰、沈吉、本辽辽高速公路预防养护工程完成投资 1.7 亿元，预防性养护 596 公里；积永桓、西开、丹阜高速公路修复养护工程完成投资 4.99 亿元，路面维修 1071 公里。高标准落实交通运输部关于“一次行程、一张账单、一次扣费、一次告知”的任务部署。2020 年 4 月 27 日，辽宁省作为全国第一批五个省份之一完成了全路网复检工作，5 月 6 日全省顺利恢复正常收费，开具了全国第一张通行费电子发票，标着全国取消省界站系列战役在辽宁全面告捷。高速公路服务区生产经营新业态、新模式快速发展，实施辽中、兴城、甘泉服务区商业综合体改造，进一步提升运营服务品质。

二、普通公路

全年完成投资 87.3 亿元，比年度目标超额完成

7.2%。不断完善国省干线路网，实施干线公路建设改造工程1610公里，完成干线公路危桥改造185座、隧道提质升级19处，有效消除干线公路安全隐患。加强干线公路工程质量安全监管，开展国省干线项目进场原材料、产品质量等情况抽检，发现质量问题与安全隐患174处，全部整改到位。扎实开展“项目管理年”活动。对各市普通公路项目开展了三次行业督导，及时发现并督促整改相关问题。实施农村公路进村入户等新改建工程3594公里，维修改造工程3577公里，实施农村公路危桥改造183座，村道安防工程4000公里，全面完成“四好农村路”建设三年行动计划目标任务。对15个省级贫困县“十三五”期间实施的1.3万公里路面、1566座桥梁的建设情况开展“地毯式”复检，对发现的问题跟踪整改到位，有效保障了交通脱贫项目质量。

三、水路建设与发展

加快太平湾体制机制创新。辽宁省政府、大连市和招商局集团有限公司共同出资组建招商局太平湾开发投资有限公司，大连市正式出台《大连太平湾合作创新区体制机制改革方案》。丹东港重组圆满完成。深入谋划“十四五”港航理论研究和发展，编制《关于加快推进大连国际枢纽港建设的有关意见》《辽宁省港口航运“十四五”发展规划报告》等行业规划意见，促进港口和航运业发展。落实交通运输部与国家发展改革委关于阶段性港口降费要求，货物港务费、港口设施保安费两项港口经营服务性收费标准分别降低20%。与山东省协同推进渤海湾省际水路客运电子船票项目，实现旅客从网上预订、购票、进站检票、登船全程电子化，全面提升售检票效率，提升公众出行体验。

四、铁路建设与发展

全省在建铁路项目4个，共完成投资110亿元。新建沈阳至白河高速铁路，线路全长428公里，辽宁省境内172公里，项目环评、水保、初步设计等前期要件已全部获批，年内完成投资12亿元。朝阳至秦沈高速铁路凌海南站铁路联络线工程全长105.7公里，完成投资37.2亿元，主体工程基本完工，计划2021年8月开通运营。赤峰至京沈高速铁路喀左站铁路全长157公里，总投资170亿元，其中，辽宁省段长56公里，投资63亿元，2020年6月30日开通运营。沈丹铁路凤凰城至金山湾段扩能改造工程投资总额12.9亿元，2020年完成投资4亿元，计划2021年12月开通运营。

五、邮政建设与发展

全省邮政行业业务收入累计完成186.52亿元，同比增长19.87%；业务总量累计完成278.34亿元，同比增长37.31%；快递服务企业业务量累计完成111978.01万件，同比增长40.83%。重点实施辽宁西部和农村地区邮政普遍服务以及邮政机要通信基础设施建设项目，其中邮政普遍服务局所整修项目61处、更新邮运投递车辆165辆。“快递进村”工程启动，全省已通快递的建制村数量9900个，建制村快递网点覆盖率上升到87.35%。

第三节　运输服务保障能力

2020年，全省公路运输完成客运量2.6亿人次，同比下降52.0%，比2019年同期增幅回落48.9个百分点；旅客周转量141.7亿人公里，同比下降49.8%，比2019年同期增幅回落46.7个百分点。全省公路运输完成货运量13.9亿吨，同比下降4.1%，比2019年同期增幅回落5.3个百分点；货物周转量2548.3亿吨公里，同比下降4.3%，比2019年同期增幅回落5.8个百分点。

水路运输完成港口货物吞吐量8.2亿吨，同比下降4.8%，比2019年同期增幅加快9.5个百分点，其中外贸吞吐量30863万吨，同比增长6.7%，比

2019年同期增幅加快8.2个百分点；集装箱吞吐量1310.8万标准箱，同比下降22.4%。全年完成水路客运量228万人次、旅客周转量15991万人公里，同比2019年分别下降58.8%、67.5%，完成货运量4797万吨、货物周转量1576亿吨公里，同比2019年分别下降61.5%和69.5%。

全省民航运输完成客运量939万人次，同比下降45.1%，比2019年同期增幅回落44.7个百分点；旅客周转量148.9亿人公里，同比下降43.7%，比2019年同期增幅回落44.5个百分点。完成货运量9.6万吨，同比下降35.4%，比2019年同期增幅回落37.9个百分点；货物周转量1.8亿吨公里，同比下降32.4%，比2019年同期增幅回落36.9个百分点。

铁路运输发送量10749万人次，旅客周转量计划400亿人公里；货物发送量计划39255万吨，货物周转量计划2470亿吨公里。

一、落实"六稳""六保"政策

制定《辽宁省"保市场主体"专项行动交通运输调研工作方案》，编制调查问卷，组织开展专项调研。多次深入企业进行实地调研，联合省财政厅等四部门制定出台支持道路运输复工复产政策措施，累计为5730余家业户减免服务费658万余元。配合省级财政专项扶持资金政策，安排5000余万元用于全省班车、包车、客运站和公交车等重点纾困，辽宁省的做法被交通运输部转发至全国各省借鉴。印发《辽宁省交通运输厅关于认真做好机动车驾驶培训和道路运输从业资格复训复考助力"六稳""六保"工作落地见效的紧急通知》，及时改进道路运输从业人员网上办事系统，为7万余人就业核发了从业资格证。按时完成"一网通办"相关工作8项，推动汽车维修电子健康档案系统建成应用。

二、道路货运物流

全力支持网络货运新业态模式发展，完成19家网络货运平台企业线上服务能力认定，配合省税务部门实现了网络货运平台代开增值税发票。制定加快推进货车"司机之家"建设发展意见，出台奖补扶持政策。推进"司机之家"品牌示范创建，获评全国5A级4个、4A级3个，在全国现场会议上作交流经验发言。便民服务效果显著，指导为1.65万台普通货物运输车辆网上年审，5名驾驶员获评全国"最美货车司机"。强化科技支撑作用，积极推进危险货物电子运单系统应用和危险货物运输监管系统建设。

三、平安运输建设

认真开展全省"两客一危"运输企业车辆专项调研和全省出租汽车行业发展专题调研，为精准施策和强化监管提供支撑。组织开展了全省道路运输安全生产百日专项整治、危险货物运输专项整治、危险化学品道路运输安全集中整治、重点营运车辆联网联控专项整治、机动车驾驶培训机构专项整治等系列行动。联合省公安厅、发展改革委等四部门制定印发专项方案，开展了服务区餐馆经营者勾结客车驾驶员宰客乱象专项整治。全面总结三年旅游包车客运整治工作，完成了长途客运接驳运输企业车辆信息上报，建立了卧铺客车和800公里以上班线台账。

制定了运输企业主要负责人和安全管理人员安全考核配套政策，强化组织调度和督促指导，全省累计4999人参加考试、2548人通过。助力行业安全管理水平提升，组织编制了《道路运输重特大交通事故调查处理报告汇编》《道路运输安全管理规范性文件汇编》。着力加强"两客一危"车辆联网联控考核和抽查，累计印发考核通报4期，对8个市进行了专项安全约谈。

第四节　行业治理体系建设

一、深化体制改革

深化公路建设体制改革，确定普通国省干线公路建设养护为省级事权，进一步明确省与市财政事权和支出责任，明确交通运输主管部门与事业单位职能分工、建设养护项目法人责任、市场化改革、预算资金使用等一系列问题。推进交通运输综合行政执法改革，组建了交通运输综合行政执法规范化领导小组和工作专班，协调推动各市、县交通运输综合执法改革工作。市级交通运输部门将市及市辖区道路运政、公路路政、水路运政等9个领域整合组建市级交通运输执法队，县级交通运输部门将县辖区道路运政、农村公路路政、水路运政等领域整合组建县级交通运输执法队，实行局队合一体制。2020年底，辽宁省14个市及所辖县区全部完成机构挂牌、人员整合工作。加强简政放权工作，取消下放调整行政权力37项，占辽宁省交通运输厅行政事项的49%，进一步提高了行政执法和审批工作效率。

二、建设法治政府

加强交通运输行业立法，起草完成《辽宁省铁路安全管理条例》等，进一步明确省及铁路沿线市、县政府及其有关部门、铁路监督管理部门、铁路运输企业安全责任，细化线路安全措施。完成《辽宁省公路水运工程建设领域农民工工资支付管理办法》等公平竞争审查14件，《辽宁省交通运输厅关于加强公路水运工程质量监督管理工作的意见》等合法性审查32件，做到应审尽审、应查尽查。进一步完善权责清单，形成《辽宁省交通运输厅权责事项目录（2020版）》，通过辽宁省交通运输厅门户网站向社会公示。同时，加强执法监督，制定《辽宁省交通运输厅2020年度涉企行政执法检查计划》。开展交通运输综合执法检查，对各市交通运输局、综合执法机构执法案卷、法治政府档案资料等内容进行了检查，及时发现行业内存在的问题。通过视频的形式对全省交通运输执法人员开展了培训，提高队伍的执法能力和水平。

第五节　科技创新

一、科技创新能力稳步提升

公路基础设施绿色材料等5个省级工程研究中心获批成立，同步纤维磨耗层等一批新技术加快应用。全年实施科技项目29项，获省部级奖励11项。入选地方标准14项，创历史新高。智慧交通建设取得积极进展，辽宁省交通运输综合管理系统上线运行，实现用户“一站式”信息服务。大连港“壹港通”智慧物流完成系统升级。危险货物运输电子运单广泛推广，渤海湾水路客运电子船票落地应用。与深圳航天科技创新研究院签署战略合作协议。

二、加强科技成果推广应用

开展水泥路面碎石化、高掺配比例场拌热再生技术在农村公路的试点应用工作，力求降低农村公路建设养护成本及解决水泥路面大修处治困难等问题。继续推广温拌沥青混凝土、面层基层再生、高模量沥青混凝土、复合式混凝土路面等成熟技术应用300余公里，推动科研成果转化为生产力。加强科研平台建设，继续支持重点实验室、研发中心等部省科研平台建设，推进“公路基础设施智慧养护技术国家重点实验室”申报工作。

三、信息化管理水平进一步提高

行业信息资源整合共享工作成效显著，行业监管与服务能力不断增强，网站管理有序开展，网络安全保障能力稳步提高。按照国家相关要求开展信息资源整合共享工作，梳理出资源项662项，数据项13539项。借鉴交通运输部国家综合交通运输信息平台建设思路，积极开展信息系统整合工作，关停系统57个，下放地方管理系统3个，保留系统51个，以全厅身份认证系统和单点登录系统为依托，整合全厅业务系统，并增加日常管理等相关功能，实现统一的登录入口、统一门户展现、统一办公平台，为交通运输系统的高效运转提供了强有力的支撑。

第六节　安全与应急

一、安全监管体系不断健全

印发《安全生产专项整治三年行动实施方案》，制定公路水路工程建设领域安全生产监督管理“四张清单”和检查标准，印发《安全生产约谈办法》等规章制度。安全生产专项整治三年行动相关工作获全国推广。圆满完成了3次国务院安委会及两次省、部级安委会安全检查的迎检任务，见证材料完备，工作成效得到检查部门的充分肯定。

二、加大监督指导和隐患排查

道路运输领域，组织开展了全省道路运输安全生产百日专项整治，抽查道路运输企业51家、客运站17家，发现整改隐患问题103项。

港口水运领域，在贝鲁特港爆炸事件发生后，会同辽宁省应急管理厅、辽宁省公安厅等单位，对全省港口危险货物装卸储存作业安全生产情况进行两次专项督查，共检查港口危险货物作业企业18家，发现整改隐患问题93项。

工程建设领域，开展“安全生产突出问题”专项整治，及时总结成绩和不足，督促参建单位全面履行安全质量职责。

公路运营领域，开展自然灾害综合风险公路水路承灾体普查工作，制定印发了《辽宁省交通运输厅关于开展自然灾害综合风险公路水路承灾体普查工作方案》。

三、强化应急体系建设

完成了省级专项预案《辽宁公路水路重特大突发事件应急预案》的修订工作，并指导厅直各单位结合机构改革后职责变化，修订完善了各类部门应急预案10余个。扎实做好节假日、汛期、全国“两会”等重点时段的应急值守和信息报送工作。加强突发事件应急信息的收集、整理和报告，并指派专人负责，确保应急信息报送渠道的畅通。组织开展了大连市港口旅客紧急疏散和救援演练、盘锦港口设施保安综合演练、危险货物运输车辆事故应急演练等活动，锻炼提升了交通运输整体应急救援能力。

第七节　疫情防控

2020年，辽宁省交通运输厅坚决贯彻落实习近平总书记关于统筹推进疫情防控和经济社会发展重要讲话和指示批示精神，全面贯彻落实党中央、国务院的决策部署和辽宁省委省政府及交通运输部的指令要求，树立大局观，当好“先行官”，慎终如始抓好疫情常态化防控，坚决打好新冠肺炎疫情攻坚战。

认真履行口岸交通组组长单位职责，统筹铁路、民航、海关、交投集团等单位，完成体温检测、入辽人员登记、查验车辆等任务，有效阻断疫情传播渠道，织密交通立体防控网。坚持“一断三不断”，建立24小时不间断对接服务和“点对点”转运保障机制，布设防疫绿色通道，调集应急车辆，有效保障了应急物资和民生物资的优先通行。当好复工复产“先行官”，分区分级精准恢复交通秩序和运营服务，帮助解决复工复产问题，提供通勤服务，保障了农民工“点对点”返岗就业。全年减免高速公路通行费近90亿元、出租汽车租赁费4200万元、港口经营性收费4900万元，给予公路客运企业财政资金支持5255万元。推动复工复产举措在中央应对疫情工作领导小组专报刊发；水路疫情防控措施得到国务院督导组充分肯定；帮扶客运企业的做法得到交通运输部推广。

吉林

第一节　整体概况

2020年末，全省公路总里程达到107848公里，等级公路103670公里，占总里程的96.1％。全省公路密度为57.55公里／百平方公里。所有乡镇和建制村100％实现通达通畅。全省交通运输基础设施完成投入225.7亿元，同比下降25.1％，其中，公路建设投入221.7亿元，同比下降25.9％，运输场站投入2.92亿元，同比增长57.8％，水运设施投入399.6万元同比下降63.7％，信息化建设投入9000万元，同比增长807.3％，支持系统投入1000万元。全省公路养护投入25.9亿元，其中高速公路投入17.3亿元，普通公路投入8.6亿元。全省通行费征收43.09亿元，其中高速公路通行费征收40.24亿元，普通公路通行费征收2.85亿元。

全省有营业性汽车25万辆，其中载客汽车1.3万辆，载货汽车23.7万辆。完成营业性公路客运量11438万人次、旅客周转量77.9亿人公里；完成营业性公路货运量38274万吨、货物周转量1294.8亿吨公里。

全省拥有船舶769艘（包含机动船、挂桨机船、快艇、驳船、工程船、趸船）、5.02万总吨，净载重量3.55万吨，载客量1.2万客位。完成营业性水路客运量37.74万人次、旅客周转量395.27万人公里。全省通航里程为1621.06公里，其中三级航道128.5公里、四级航道251.37公里、五级航道730公里、六级航道312.42公里、七级航道123.65公里、七级以下航道75.12公里。

第二节　交通基础设施建设

一、高速公路

全年完成高速公路投资131.88亿元，同比下降37.1％。双辽至洮南、松原至通榆、京哈高速公路长春至拉林河段改扩建项目、集双高速公路东丰至双辽吉林段、龙井至大蒲柴河5条高速公路建成通车，高速公路通车总里程达到4306公里，中东西“三大板块”实现高速联通，环长春四辽吉松工业走廊大环线基本形成。

二、干线公路

全年完成国省干线公路建设投资24.35亿元，为年度计划的121.8％，建设27个项目587.4公里，建成理化洞至新光、天池西山门至松江河段、西炮台子至长岭子（口岸）3个国省干线公路项目共计34.5公里。全年完成干线公路养护投资8.6亿元，新改建服务区和停车区18处、施划标线672公里，实施长陡下坡路段通行能力提升改造工程4处、安防工程113公里、危桥改造20座，整治严重安全隐患和事故多发路段23处，公路网整体服务水平明显提升。

三、“四好农村路”建设

全年完成农村公路投资65.4亿元，新改建农村公路4472公里，完成安防工程1709.7公里、危桥改造133座，分别为年度目标的4.5倍、1.7倍和2.7倍。其中，贫困地区建成旅游路、资源路、产业路117.1公里，完成安防工程406.8公里、危桥改造34座，分别为年度目标的111.5%、162.7%和141.6%，全面完成交通脱贫攻坚任务。

第三节　运输服务保障能力

一、客运服务

2020年，全省现有一级客运站25个，二级客运站50个，三级客运站34个，便捷客运站449个。全省开通客运班线5163条，同比减少7.4%，线路平均日发2.29万班次，同比减少14%。其中，开通定制客运班线208条，一类客运班线226条，二类客运班线696条，三类客运班线655条，四类客运班线3586条；一类客运班线日发556.6班次，二类客运班线日发1615.3班次，三类客运班线日发3086.5班次，四类客运班线日发17606.7班次。

大力实施客运班线公交化改造，引导客运企业整合优化线路资源。全年新开通长春至榆树等74条公交化运营线路，公交化运营线路票价大幅下降，公交化运营线路客运票价平均下降50%，行车间隔缩短，运输服务品质提升。

积极推广定制客运服务新模式，推动始末一端在机场、高速铁路车站的定制客运发展，指导各地开展点到点、门到门等灵活多样的定制服务，满足群众多样化出行需求。

推进农村客运发展。全省共有农村客运站1744个，投入运营的农村客运车辆6242辆，其中农村公共汽电车843辆，农村班线客车5399辆。研发应用了村村通客车监测系统，实现实时动态监控，提高了管理精准度，有效防止了"虚假通车、数字通车"和通返不通问题发生，巩固建制村100%通客车成果。在距离偏远、人口少、出行需求低的农村客运采取一车多线、电话网络预约、片区经营的运营模式，解决偏远地区"冷线"客运班车利用率不高、资源浪费的问题。积极推动地方建立完善农村客运可持续发展的资金保障和运营机制，保证农村客运班线"开得通、留得住"。

指导各地积极组织客运站申报城市旅游集散中心，拓展服务功能，提高经济效益和社会效益。9月8日，会同省文化和旅游厅印发《关于公布2020年全省城市旅游集散中心名单的通知》，2020年，全省共评出18家城市旅游集散中心，其中包含图们市公路客运总站等15家客运站城市旅游集散中心。

二、货运服务

加快推进运输结构调整步伐，联合多部门科学分析，将国家下达的铁路货运增量指标由增长3%提高到增长10%。与中国铁路沈阳局集团公司、省发展改革委等18个部门建立了常态化工作机制，定期研讨工作中存在的问题和解决办法。将铁路货运增长量作为督查、考核的重要指标，定期调度，及时向省、部报送工作进展情况。2020年，全省铁路货运量完成6843.97万吨，超额完成运输结构调整三年任务目标的200%。

推广网络货运新模式，搭建省级网络货运信息监测平台，制定网络货运监管平台使用手册，开展网络货运经营线上服务能力认定及许可工作。2020年，许可网络货运企业2户，累计上传运单1.9万单，整合货运车辆1716辆，完成运量31.5万吨，运输费用总额达到3369万元。

加快农村物流建设，形成以县级物流中心、乡镇服务站、村级服务点为框架的三级物流网络，县级运输网络在全省范围内已实现全覆盖，乡级运输网络覆盖达80%。积极开展"客货同站"改造，全省改造6个乡镇客运站，累计完成"客货同站"改造37个。大力推广特色农村物流模式，总结并推广了"网红＋特色产品""互联网＋物流""商超＋物流""货运公交＋物流"等模式，磐石市"多

站合一 + 客货同网”品牌被交通运输部确定为首批农村物流服务品牌。

三、机动车维修、检测与驾驶员从业资格培训

进一步推进汽车维修电子档案系统建设。截至2020年底，全省已有1151户汽车维修企业使用电子档案系统，累计上传维修信息记录125.7万条。统筹推进落实I/M制度工作，在“吉林省道路运输服务经营者自助端”增设维修企业申请M站功能，完成了汽车电子健康档案系统与省生态环境厅排放检验信息系统对接功能的准备工作，对首批53家吉林省汽车排放性能维护维修站（M站）进行了媒体公告。2020年，全省共有机动车维修经营业户3878户。

汽车综合性能检测站全部实现了“三检合一”，做到“一次上线、一次检测、一次收费”，普通货车、各类挂车已全面实现网上年审、网上签注。2020年，全省共有汽车综合性能检测站235个，全年检测37.66万次。

深化道路运输驾驶员从业资格“放管服”改革，取消除道路危险货物运输以外的道路货物运输驾驶员从业资格考试，将相关考试培训内容纳入相应等级机动车驾驶证培训，驾驶员凭培训结业证书和机动车驾驶证申领道路货物运输驾驶员从业资格证。完善从业资格管理系统，推广应用道路运输从业人员资格管理自助端和手机App端，实现从业人员资格考试网上申报、网上预约、证件网上补换、网上继续教育、网上诚信考核签注等服务功能。2020年，使用自助系统办理业务注册人数25万人，申请报名考试6.9万人次、网上约考5.9万人次、申请补换证4838人次。

四、国际道路运输

落实国务院关于压缩口岸通关时间，提升口岸通关效率，完成“不停车查验”系统程序的研发以及设备的安装工作。对与中方合作开展从事液化石油气试运输的俄罗斯滨海边天然气股份公司发放“特别行车许可证”。2020年，全省从事国际道路运输的经营业户共有31户，其中旅客运输经营业户4户，货物运输经营业户26户，客货运输兼营经营业户1户；投入从事国际道路运输的载客汽车55辆，载货汽车932辆；开通国际道路运输客运线路10条，货运线路14条。全年完成旅客通过量1.80万人次，旅客周转量215.4万人公里，受疫情影响，同比下降95.8%和下降95.7%；货物通过量5.1万吨，货物周转量557.5万吨公里，同比下降84.3%和下降62.8%。

五、城市公共交通运输服务

2020年，全省共有公共汽电车12744辆，运营线路1315条，运营线路总长24505.1公里，运营里程59201.1万公里，年客运量107672.4万人次；设有公交专用车道331.3公里，综合客运枢纽3个，公共汽电车停保场136.2万平方米；经营业户117户，其中国有企业21户，国有控股企业6户，私营企业75户，个体经营业户10户，其他5户。

全省共有巡游车69166辆，其中个体车辆32586辆，载客车次总数83923.3万车次，客运量151606.1万人次，营运里程595032万车公里；巡游车经营业户32874户，其中车辆301辆以上的企业36户，车辆数在101～300辆的企业有52户，车辆数在51～100辆的企业有60户，车辆数在50辆以下的企业有140户，个体经营业户32586户。

全省有城市轨道交通运营线路7条，分别为地铁线路2条（长春地铁一号线、二号线），轻轨线路3条（长春轻轨三、四、八号线），有轨电车线路2条（长春有轨电车54、55路）；全省拥有轨道客车839辆，其中地铁264辆，轻轨528辆，有轨电车47辆，线路总长度达到117.6公里。全年完成

客运量16435.9万人次，旅客周转量89454.6万人公里。

六、水路运输

7月13日，中华人民共和国吉林渔业船舶检验局挂牌成立。吉林省水利厅所属的省渔政渔港监督管理站、图们江边境渔政渔港监督管理站、云峰水库边境渔政渔港监督管理站3个事业单位承担的渔船检验职责全部划转省地方海事局。全年共完成船舶检验598艘，总吨位42836吨位、总功率52141千瓦、总客位17116个、总载货量23881吨。

强化船舶港口污染控制与监管，全年累计建设船舶港口污染控制设施数量184个，按设施类别分为垃圾点及垃圾桶153个（垃圾桶148个，垃圾点5个）、污油桶20个、污水桶5个、垃圾车3辆、吸污船3艘。按地区分布长春19个，吉林11个，延边47个，白城10个，松原49个，通化20个，白山28个。港口和船舶污染物接收转运及处置设施全部建设完成，完成率100%。

加大水上执法监督检查力度，全省各级海事机构共组织检查1000余次，出动执法人员2000余人次，开展巡航50余次，检查船舶2000余艘，检查企业50户次，约谈企业10户次，取缔非法渡口3处，拆除5艘三无船舶动力装置，并实施处罚。

全年投入航道养护资金171.8万元，布设航标107座（浮标78座、岸标29座），航标维护总里程8279公里，维护船舶行驶里程19530公里，维护航标17517座天，航标维护正常率达98%以上。

七、邮政快递

推进"快递进村"，通过推行交邮合作、快交合作、邮快合作、快快合作等模式，全省建设村级服务点数量达到5823个，快递服务建制村通达率达到63.24%，提前完成通达率50%以上的目标。推进"快递进厂"，快递服务制造业业务量3303.36万件，累计实现业务收入9559.87万元，直接服务制造业产值6.5亿元。

全省累计建成快递园区12个，入驻企业43家。京东集团吉林智能物流基地项目、长春顺丰丰泰产业园物流装备制造建设项目有序推进，顺丰二期产业园项目年度投入资金2500万元。末端投递服务能力显著提升，累计建立快递末端公共服务站627个，同比增长99.04%；累计布放智能快件箱1984组，箱递比例达到10%。

深化"警邮""税邮""政邮"合作模式，全省建成警邮合作网点193个、税邮合作网点720个，"邮寄办"政务服务产生寄递业务量248.5万件，实现业务收入4027.8万元。推进"一市一品"农特产品进城项目，邮政自营和参与配送农特产品进城总量14108.84吨，实现交易总额18944.37万元。打造"一地一品"项目12个，金牌储备项目1个，快递服务农业累计业务量751.6万件，业务收入5130.95万元，直接服务农业产值3.88亿元。

第四节　行业治理体系建设

12月30日，吉林省交通运输综合行政执法局正式挂牌成立。此次交通运输综合行政执法改革，整合了省高速公路管理局、省公路路政管理局、省交通基本建设质量监督站以及省航道管理局部分职责，组建省交通运输综合行政执法局，加挂省高速公路行政执法总队牌子。

加强交通行政执法监督，修订《吉林省交通运输行政处罚裁量规则》《吉林省交通运输行政处罚裁量基准》，对2000余条裁量基准逐条进行审核修正，减少自由裁量空间，确保行政处罚裁量公平、公正、合理。开展执法评议考核暨"典型差案"评查活动，对全省54个市、县交通运输部门及执法单位进行考评，编写了《全省交通运输系统行政执法"典型差案"案例汇编》。制发了《吉林省交通运输厅关于印发全面推行包容审慎监管执法“四张清单”的通知》，对117项行政处罚事项、21项行政强制事项形成了《不予处罚事项清单》《从轻处罚事项清单》《减轻处罚事项清单》《免于行政强制事项清单》。

严格治理车辆超限超载，对全省普通公路流动超限检测点布局进行优化调整，调整后全省普通国省干线公路共设置固定检测站50个、流动超限检测点186个。高速公路收费站全部安装称重检测设备，实行“货车必检、超限禁入”，实现入口称重检测数据与部联网上传达到100%。全年累计查处违法货车49912辆次，记256026分，车辆超限超载违法行为得到有效遏制。

第五节　科技创新

开展路基路面、桥梁隧道、附属设施等建设养护及运营重大关键技术和智慧交通重大关键技术研究：完成“基于加速加载的季冻区公路沥青路面建设与养护典型结构与材料研究”“季冻区公路工程管养一体化系统研究”“季冻区高速公路磁性材料智能路面研究”“车载式公路工程智能无损检测装备集成及系统研发”“吉林省美丽农村公路建设研究”5项科技项目的立项及年度合同规定的研究工作；完成“公路工程抗冻设计与施工关键技术研究”等25项科研项目验收，完成省市场监督管理厅2项地方标准编制并已发布实施。12月17日，“寒区路基路面结构性能动态演化机理与控制关键技术”获得中国公路学会科学技术一等奖，24项科研成果获得省部级奖项。

开展“交通强国”建设试点工作。9月16日，交通运输部批复了《吉林省交通强国建设试点实施方案》《“互联网+”交通运输监管与服务系统》《交通运输安全风险分级防控和隐患排查治理双重预防机制构建与安全智能管控》交通强国试点项目。白山至临江、松江河至长白、珲春至防川、长春都市圈环线高速公路和临江至漫江等7条普通公路纳入国家综合立体交通网规划，沿边开放旅游大通道纳入国家交通运输“十四五”规划项目库。

11月2日，吉林省交通科学研究所获批国家博士后科研工作站。工作站主要结合“十四五”交通运输重点工作，面向“交通强国试点任务”和“数字交通建设任务”等研究方向，开展跨学科、跨领域、原始性、创新性研究，支撑全省交通运输事业高质量发展。

第六节　安全与应急

积极构建交通运输安全监管标准化体系，编制并下发了《吉林省交通运输行业安全生产监督检查指导手册》，对5个重点行业21个业务领域520多项督查检查内容进行了规范。持续推进安全生产责任体系，完善了省、市、县、乡四级“网格化”安全监管责任体系。进一步压实各级安全监管责任，坚持“领导＋干部＋专家”“四不两直”安全生产督查检查常态化。完成了《吉林省公路水路行业安全生产风险分级管控和隐患排查治理双重预防机制建设通用规范》《交通设施养护工程施工企业安全生产风险分级管控和隐患排查治理双重预防机制建设实施规范》两个地方标准的编制发布工作。

不断增强应急保障救援能力，高效应对了“巴威”“美莎克”“海神”3次强台风影响，组织抢险队伍抢通了2685处水毁路段，第一时间打通了生命通道。采取超常规措施，第一时间将5批18台运送电力抢险设备运抵长春，为电力抢通赢得了时间。建立了省、市、县三级联勤联动机制，加强了与各市（州）国土、应急、地震等部门间的协同联动工作方案和会商机制。及时有效处置了四平、通化、白山地区山体滑坡和泥石流等突发事件。

第七节　特色工作

一、扎实有力阻断疫情通过交通运输传播

在公路保畅方面，代省疫情防控工作领导小组办公室起草发布多个公告，组织各地严格按照"一断三不断"的要求，在保障公路路网畅通的同时，及时阻断疫情传播渠道；在物资保运方面，开辟420余条绿色通道，协调各地落实应急保障车辆1200余台，按照"三不一优先"要求，保障应急车辆快速通行。先后圆满完成了支援"火神山"医院建设、援助西藏日喀则酒精等指令性运输任务，并协调沈阳铁路局集团有限公司，保障一汽零部件运输；在人员转运方面，全力保障疫情期间公共交通运营，开通农民工包车436趟，运送农民工8955人次。紧急派出工作人员4名赴沈阳、大连、青岛、威海，圆满完成境外人员转运工作，转运境外返吉人员866人。圆满完成了绥芬河转运工作，共安全转运400余人。在常态化疫情防控方面，科学制定并动态调整道路客运、冷链物流等11个方面的疫情分区分级防控指南，从严落实防控举措，实现了交通运输疫情防控的常态长效；在复工复产方面，及时撤销公路防疫"卡点"，恢复运输服务，全力打通"大动脉"，畅通"微循环"。全力推动重大项目早复工早开工，双辽至洮南、松原至通榆等5个高速公路项目提前建成通车。全省交通系统以最实举措服务复工复产，得到了部、省领导的充分肯定。全省4名同志和2个集体获得"全国交通运输系统抗击新冠肺炎疫情先进个人和先进集体"称号。

二、高速公路建设实现历史性突破

全力克服疫情影响，抢时间抓建设，双辽至洮南、松原至通榆、长春至拉林河改扩建、东丰至双辽吉林段、龙井至大蒲柴河5个项目869公里全部提前建成通车，新增通车里程718公里，位居全国第5位，是历年来建成规模最大、通车里程最多的一年。交叉并联推进前期审批，东丰至双辽辽宁段等6个项目全部开工建设，集安至桓仁、大蒲柴河至烟筒山、烟筒山至长春3个国高网项目仅用10个月就完成PPP所有流程，为项目顺利开工创造了条件。

三、交通信息资源整合与应用取得新成果

"高速公路视频云联网"重大项目已完成一期工程投资2.2亿元，实现对全省高速公路重点路段运行监测，1290路高清摄像头与部平台联网。6月24日，"吉林省交通运输厅数据中心工程（一期）""吉林省交通运输统计分析监测和投资计划管理信息系统"项目通过竣工验收。9月15日，"吉林省公路水路安全畅通与应急处置系统（一期）"和"吉林省交通运输地理信息平台"两个项目通过竣工验收。11月12日，正式启用道路运输电子证照，是继北京、广东后全国第三个启用道路运输电子证照的省份，并首个成功实现全域、全类别道路运输证照电子化，全省制作各类电子证照9.5万余个。

四、交通脱贫攻坚取得决定性成果

贫困地区新改建农村公路8218公里、实施安防工程2372公里，提前完成"两通"兜底性目标任务，贫困地区自然屯通硬化路率达到98.1%，超省政府目标18.1个百分点，在全国乡镇和建制村通客车质量考核评估中获得第一等次第三位。建设563公里资源路、旅游路、产业路，"交通+特色产业""交通+旅游"等新型扶贫模式蓬勃发展，交通扶贫先行引领作用进一步凸显。省交通运输厅包保帮扶的龙井市明东村被评为"吉林美丽休闲乡村""朝鲜族传统村落"。

附表

吉林省交通运输主要指标统计表

指标			2019年	2020年	备注
基础设施投资（亿元）	综合交通固定资产投资		299.32	221.74	
	铁路投资		—	—	
	公路投资		299.3	221.7	
	# 高速公路投资		209.7	131.88	
	水运投资		0.015	0.04	
铁路	通车总里程（公里）	国家铁路营业里程	—	—	
		# 国家铁路	—	—	
		# 合资铁路	—	—	
		# 地方铁路	—	—	
	运输情况	旅客发送量（万人次）/货物发送量（万吨）	—	—	
		旅客周转量（亿人公里）/货物周转量（亿吨公里）	—	—	
公路	通车总里程	公路通车总里程（公里）	106660	107848	
		# 高速公路通车里程(公里)	3584	4306	
		# 等级公路里程（公里）	98383	103670	
		# 农村公路里程（公里）	90057	90542	
		# 桥梁（座）	17052	17637	
		桥梁总长（万延米）	75.04	81.17	
		# 隧道（座）	210	224	
		隧道总长（万延米）	27.3	31	
	运输情况	客运量（万人次）/货运量（万吨）	22881/37217	11438/38274	
		旅客周转量（万人公里）/货物周转量（亿吨公里）	1485925/1263	779176/1295	
水路	航道及码头情况	内河航道通航里程（公里）	1621	1621	
		# 高等级航道通航里程（公里）	—	—	
		港口生产用码头泊位拥有量（个）	31	31	
		# 万吨级泊位（个）	—	—	
	运输情况	客运量（万人次）/货运量（万吨）	94.4/14.4	38/—	
		旅客周转量（万人公里）/货物周转量（亿吨公里）	1433.3/0.06	395/—	

续上表

指　标		2019年	2020年	备　注
民航	机场数量（个）	—	—	
	运输总周转量（万吨公里）	—	—	
	# 国内运输总周转量（万吨公里）	—	—	
	# 国际运输总周转量（万吨公里）	—	—	
	旅客运输量（人次）/ 货邮运输量（万吨）	—	—	
	旅客周转量（万人公里）/ 货邮周转量（万吨公里）	—	—	
邮政	邮政行业业务总量（万元）	945500	1221900	
	快递业收入（万元）	483300	607300	
	邮政邮路总条数（条）	538	704	
	邮政邮路总长度（单程 / 公里）	186100	146200	

黑龙江

第一节 整体概况

2020年，黑龙江省交通运输系统以习近平新时代中国特色社会主义思想为指导，全面贯彻落实黑龙江省委、省政府、交通运输部的工作部署，准确把握建设交通强国要求，坚持稳中求进工作总基调，紧扣全面建成小康社会和“十三五”规划圆满收官，围绕服务和落实“五大安全”“六个强省”等重大战略，加快推进交通运输重点项目建设，深入推进综合交通一体化融合发展，持续推进行业治理体系和治理能力现代化，全面推进全省交通运输高质量发展，牢牢守住安全发展底线，努力建设人民满意交通，为黑龙江全面振兴发展当好先行。

一、抗击疫情彰显交通力量

一年来，全省交通运输系统统筹推进新冠肺炎疫情防控和交通建设发展。面对突如其来的疫情，全系统闻令而动、迅速响应，充分发挥交通运输牵头部门作用，建立省、市、县三级防控体系。全省30万交通人逆行出征、奋战一线，严把车门、站门、城门、省门、国门交通防控关口，坚决阻断疫情传播，全力保障运输畅通，奋力助推复工复产，为全省经济由负转正作出了积极贡献，交通运输部党组书记杨传堂、部长李小鹏专门致信给予肯定。

二、综合交通网络更加完善

全省综合交通网总里程达到18.5万公里，实现由“瓶颈制约”向“总体适应”跨越。铁路运营里程6666公里，其中快速铁路994公里，初步形成以哈尔滨为中心的“一小时两小时交通圈”。高速公路4512公里，基本形成以哈尔滨为中心的4小时高速公路经济圈。二级以上公路比重提升到59%。农村公路覆盖深度和服务能力进一步提升。高等级航道通航里程达2866公里，水运条件持续改善。民用运输机场达13个，通用机场达88个，机场密度高于全国平均水平。

三、扶贫攻坚夺取决战决胜，开启“交通强国”黑龙江篇章

提前一年完成全省具备条件的891个乡镇、8974个建制村100%通硬化路、通客车的兜底目标，并通过交通运输部核查验收，有力支撑了28个贫困县如期“摘帽”。编制黑龙江省综合立体交通网规划和“十四五”综合交通运输规划，制定《交通强国建设试点实施方案》，获交通运输部批准。

四、综合运输效能显著提升，行业改革发展成效明显

城际客运规模化、集约化水平大幅提升，70%的县（市）城乡客运一体化达到3A级以上等级。哈尔滨太平国际机场旅客吞吐量连续4年位列东北三省第一。货运转型发展步伐加快，运输结构调整取得实效，跨境运输迈上新台阶。“大交通”管理体制初步建立，事业单位分类改革、

政企事企分离改革全面完成。推进交通投融资改革，已有3条高速公路、5条普通国省道项目采取PPP模式建设，为解决资金难题、加快重大项目建设积累了宝贵经验。扎实推进“信用交通省”创建，行业信用体系不断完善。扎实开展安全生产专项整治三年行动，行业安全生产形势稳中向好。

截至2020年底，全省公路总里程168119公里，二级以上公路20234公里，其中高速公路4512公里、一级公路3140公里、二级公路12583公里、三级公路33237公里、四级公路91397公里、等外公路23250公里；全省1082个乡镇全部实现通畅，通畅率100%，10920个行政村10851通畅，通畅率99.4%。全省铁路线路95条，其中客运专线4条、干线23条，支线20条、联络线48条，铁路正线延展长度9751.648公里。全省机场13个，通航城市120个，航线372条，其中国内航线348条、国际航线23条，特殊管理地区航线1条。

第二节　交通基础设施建设

积极发挥交通基础设施建设稳投资、促增长作用，助力全省经济社会发展。通过“一会三函”、并联审批、提前组卷等措施，35个项目打破惯例于3月（比以往提前1个月）全面开复工，取得首季“开门红”。全年完成综合交通基础设施投资459亿元，同比增长12%，其中公路投资增速达36%。全年超额完成“百大项目”目标，获得黑龙江省政府奖励。其中，铁路完成年度投资123亿元。牡佳高速铁路、佳鹤铁路改造工程取得阶段性成果，哈尔滨至伊春高速铁路铁力至伊春段开工建设，牡丹江至敦化高速铁路项目顺利启动，全省高速铁路网基本形成。宝清至迎春、龙镇至黑河地方铁路顺利开工。公路完成年度投资303亿元。建设高速公路588公里，京哈高速公路拉林河至哈尔滨段实现半幅双向通车，哈肇高速公路、绥大高速公路、吉黑高速公路山河至哈尔滨段等项目加快建设；建设普通国省道1172公里，交工502公里，全省公路网络更加完善。机场完成年度投资24亿元。哈尔滨机场北扩机坪、木兰通用机场项目等新开工项目有序推进，绥芬河机场、富裕通用机场、哈尔滨机场本期扩建工程等续建项目全面实施，哈尔滨机场二期扩建工程实施主体跑道处理试验段及施工道路等附属工程，机场网络进一步完善。

第三节　运输服务保障能力

着力在服务中践行为民宗旨，持续提升交通运输保障能力。积极应对新冠肺炎疫情影响。奋力助推复工复产，科学组织春运返程运输，采取“点对点”等措施保障83万人返岗就业；分区分级恢复道路客运和公交，畅通群众出行；全力做好医疗物资和重点生产生活物资应急运输，调用应急货运车辆1.1万台次，运送防疫、生产生活和春耕备耕物资53.7万吨，农机器具2620件；出台稳企稳岗扶持政策，发放补助资金2.2亿元，帮助交通企业渡过难关。

全面推进道路客运发展。开展农村客运班线公交化改造，完成公交化改造线路67条，投入运力323台。加快县乡村物流节点体系建设。完工木兰、克山等县16个物流节点项目，建设“司机之家”3处，依托服务区提供停车休息、餐饮便利、加油住宿、汽车维修等功能。积极推进物流降本增效。建立省级常态化会商机制，狠抓运输结构调整，加快推进大宗货物“公转铁”进度，2020年完成铁路货物货运量12602万吨，超额完成年度目标。扎实推进公交都市建设工作。哈尔滨市被正式授予“国家公交都市建设示范城市”称号。积极推广哈尔滨公交都市建设经验，牡丹江市建设工作稳步推进。启动绿色出行创建行动。经城市申报、省级评估，确定哈尔滨、牡丹江、大庆3地为黑龙江省绿色出行创建行动城市。持续推进一卡通工作。2020年12月，全省实现13个市（地）交通一卡通互联互通工作，为全国首批使用国产密码算法的省份，发行互联互通卡片171万余张，应用线路约637条、涉及公交车辆约11653台，黑龙江省居民持交通联合卡片可在全省地级以上所有城市和国内300多个城市刷卡乘车。

全年黑龙江省三级及以上客运站222个，开通客运线路6437条，乡镇通车率100%，建制村通车率100%，累计完成公路营业性客运量、旅客周转量、货运量和货物周转量分别为0.8亿人次、54.2亿人公里、3.6亿吨和694.0亿吨公里，占全省全社会综合运输的比重分别为54.6%、11.3%、63.4%和36.2%。

第四节　行业治理体系建设

把加强行业管理作为永恒主题，贯穿交通运输全过程、各方面，确保各项工作依法、有序、规范、高效运行。法治政府部门建设深入推进，牵头推进《黑龙江省铁路安全管理规定》立法。营商环境进一步优化，落实“双随机、一公开”等监管机制，在省直部门率先实现厅本级政务服务事项100%可网办和“零跑动”办理，市县交通审批事项网办率不断提升。

黑龙江省交通运输综合行政执法局挂牌成立，市（地）综合执法改革基本完成，69个县（市、区）改革方案获批执行。深入推进扫黑除恶专项斗争，全面开展重点领域专项治理，严肃查处超限超载，整治道路运输行业乱象，查处违法违规行为3.2万起。

第五节　科技创新

大力推进智慧交通建设，以信息化引领交通管理现代化。积极开展科技创新工作。完成科技项目鉴定验收23项，其中达到国际先进水平2项，国内领先水平5项，有效解决了交通运输建设与管理过程中的技术难题，发挥了重要的技术支撑作用。开展科研项目32项，投入科研经费868万元，为工程建设一线提供技术支持和保障。完成《“十四五”突出交通运输科技创新提供发展新动能思路研究》专项研究，为黑龙江省交通运输厅“十四五”规划编制提供支持。

加强交通运输行业标准建设，开展行业地方标准类科研项目12项，促进科技成果在生产实践中转化落地。大力推进行业信息化建设。强化顶层设计，完成“十四五”信息化发展规划编制工作，明确了发展思路和目标，确定了14项重点工程。扎实推进项目实施。完成黑龙江省道路运输行业数据挖掘与综合分析系统和省运政管理系统升级改造2个项目立项，有力推进公路综合管理系统、水路综合管理系统（一期）、治超联网管理信息系统3个项目建设，完成道路客运联网售票系统、厅网络安全监管平台（一期）、网上政务服务平台升级改造、2019版政务信息资源目录和交通运输技术规范（二期）5个项目竣工验收。

有力推进资源交换共享。与黑龙江省政务服务网对接完成道路旅客运输企业（班线）信息查询等20项公共服务事项和企业行政许可等30项行政权力事项资源交换共享，加快推进了全省道路运输领域政务服务事项“一网通办”进程。全面加强网络安全管理。开展厅直系统网络安全检查、实战攻防演练，完成高速公路联网收费系统网络安全调研、交通基础通信网省中心网络安全等级保护第三级网络安全整改、厅网络安全监管平台（一期）建设。

第六节 安全与应急

全省交通运输安全生产形势总体稳定。2020年，全省水路运输、港口码头、铁路无人看守道口领域无事故发生；工程施工领域无较大及以上事故；道路运输领域未发生重大及以上事故，与2019年同比，“两客一危”运输领域事故起数下降45.45%、死亡人数下降30%、受伤人数下降69.44%。大力推进安全生产专项整治三年行动。成立专项整治领导小组，印发《黑龙江省交通运输安全生产专项整治三年行动工作方案》和《安全生产专项整治三年行动任务清单》，明确了5个方面75项重点任务，制定“问题隐患清单”和“制度措施清单”，建立月例会、月调度、月收集反馈信息、重点工作督查督办等制度。持续强化安全生产督导检查。

紧盯长途客运、农村客运、危险货物运输、交通基础设施建设等重点领域安全，开展省级综合检查4次、专项检查6次、市（地）重点检查513次，排查交通运输企业952家，发现一般性问题隐患2390个，整改率达100%。各级交通运输行政执法部门加大执法力度，行政处罚93次、责令停产84家，罚款5.84万元，约谈企业21家，联合惩戒9家。

扎实开展安全生产“四大”行动。下发《黑龙江省交通运输厅关于深入开展安全生产大体检大执法大培训大曝光“四大”行动的工作意见》，明确2020年四大行动的重点单位、工作范围、时间节点与任务目标。全省交通运输企业参加体检1150家，省、市、县三级抽查检查2100余家，逐级开展安全培训实现全覆盖。持续强化应急保障。及时组织开展以道路、桥梁、隧道等防御洪灾为主的应急演练，有效应对3次台风等各类极端天气影响，圆满完成应急保通保畅保运任务。

第七节 合作与交流

主动融入“一带一路”建设，积极服务对俄延边开发开放。加快推进跨境基础设施互联互通，中俄黑河公路大桥已通过交工验收具备通车条件，同江铁路大桥中方工程全部完成并通过初步验收。着力推进国际道路运输发展，加强与俄方交通运输部门沟通联系，建立常态化工作联络机制。

推进黑龙江省5家国际道路运输企业纳入第一批国际运输重点联系企业，确保国际物流供应链稳定，发放国际道路运输行车许可证A证51张、B证245张、C证8300张。有力组织开展进口俄罗斯液化石油气试点运输，拓展对俄贸易份额。

开展多式联运试点工作，加快牡丹江国际（国内）陆海联运通道、哈尔滨局“一核心两网络通道”多式联运示范工程建设，两个项目示范线路已辐射国内22个地级市和国际19个城市。持续强化中俄界河管理，通过视频方式召开中俄航联委第61次工作例会，认真开展界河联检任务，切实维护国家事权。

上海

第一节　整体概况

2020年，面对严峻复杂的形势任务和前所未有的风险挑战，在市委、市政府的坚强领导下，上海市交通行业以习近平新时代中国特色社会主义思想为指导，深入学习贯彻习近平总书记考察上海重要讲话和在浦东开发开放30周年庆祝大会上的重要讲话精神，自觉践行“人民城市人民建，人民城市为人民”重要理念，以全面完成综合交通和上海国际航运中心“十三五”规划为主线，以抓落实、求突破、见实效、干成事为导向，继续完善和提升一体化综合交通体系，服务构建新发展格局。新冠肺炎疫情防控取得阶段性成效。上海国际航运中心基本建成。重大战略规划和交通工程建设有力推进，交通强市加快建设。第三届中国国际进口博览会交通保障任务圆满完成。加大改革创新力度。智慧绿色交通加快建设。行业安全有力保障。完成了全年及“十三五”各项工作目标。

第二节　交通基础设施建设

一、重大战略规划有力推进

《上海市综合交通发展“十四五”规划》《“十四五”时期提升上海国际航运中心能级规划》形成初步成果。市委、市政府审议通过《交通强国建设上海方案》。深化完善《上海综合立体交通网规划》编制。完成《自贸区临港新片区综合交通规划（2019—2035年）》编制及报批相关工作。组织开展《长三角生态绿色一体化发展示范区综合交通专项规划》编制。深化完善《浦东综合交通枢纽规划》《上海市内河港区布局规划修编》。浦东国际机场总体规划调整获中国民用航空局批复，四期扩建工程启动项目前期工作。南通新机场选址规划取得实质性进展。推进项目前期及储备研究近60个。

二、交通工程建设超额完成

重大项目建设任务超额完成。2020年推进市重大交通工程57项，完成投资611.76亿元，超额完成11.2%。2020年开工沪苏湖铁路、苏申内港线西段、嘉松公路越江、S4奉浦大桥东桥、G40长兴岛服务区、吴淞邮轮码头东方之睛、S3公路、沿江通道浦东段、机场联络线东段、G15嘉浏段、徐汇滨江公共客运码头、崇明岛公共货运码头、虹桥机场东片区市政配套二期、浦业公路等。完工沪通铁路一期、龙耀路越江隧道、S2广祥路下匝道、北横通道隆昌路下立交、昆阳路越江大桥、北翟路地面道路、昌平路—恒通路跨苏州河桥、赵家沟东段航道整治、G228金山段、轨道交通10号线二期、15号线、18号线一期部分区段（航头—御桥）、外高桥造船邮轮总装船坞接长工程、杨浦时尚中心客运码头等项目；省界断头路城北路、东航路、叶新公路3条；区区对接平凉路、书林路—茜昆路等10条。

图7-9-1　昆阳路越江大桥（闵浦三桥）建成通车［图片由上海城投（集团）有限公司提供］

第三节　运输服务保障能力

一、世界级海空枢纽地位持续巩固

上海国际航运中心基本建成。

海港方面，全港完成集装箱吞吐量4350万标准箱，再创历史新高，连续11年保持全球首位，其中，内贸箱量同比增长12.5%，国际中转箱量同比增长14.4%，有力支撑了国内国际双循环畅通。

航运保险中船舶险、货运险业务全国占比分别达41%和14%，上海航运指数成为全球航运市场的风向标。正式发布上海出口集装箱结算运价指数。

航空方面，上海两机场全年承担了我国约1/3出入境航班、1/2进出境抗疫物资的保障和防疫工作，两机场全年实现航班起降54.51万架次，旅客吞吐量6164.2万次，货运吞吐量达到402.5万吨，机场旅客运输量位居全球城市第一，浦东机场旅客满意度排名全球第一。

铁路方面，上海市铁路营业里程490.9公里，全年铁路旅客发送量7604.6万人次。铁路货物发送量478.2万吨，同比增长1.4%。

邮政方面，上海一级干线邮路共计127条，邮路总长112060公里。全市邮政企业和快递服务企业业务收入（不包括邮政储蓄银行直接营业收入）累计完成1503.4亿元，同比增长10.1%；业务总量累计完成848.1亿元，同比增长10.1%。全市快递服务企业业务量累计完成33.6亿件，同比增长7.3%；业务收入累计完成1428.2亿元，同比增长10.8%。

二、集疏运体系优化

发展港口水路集疏运。长江口南槽航道治理一期工程通过交工验收。赵家沟东段航道建成，大芦线二期、平申线航道（上海段）分别具备Ⅲ级、Ⅳ级航道通航条件。大治河西枢纽二线船闸试运行。上海宣桥水上服务区投入营运。特定航线江海直达船舶船员发证和现场监管实现一体化。2020年，集装箱水水中转比例达到51.6%。优化陆路集疏运网络。《上海浦东综合交通枢纽专项规划》获批，沪苏湖铁路、机场联络线（浦东段）开工。沪苏通铁路通车，沪通铁路二期先行段按计划推进。芦潮港铁路中心站海铁联运业务对接8省21市，初步实现“一次委托、全程服务”。全港完成海铁联运26.8万标准箱，同比增长88%，有力促进了本市绿色交通运输体系构建。

三、新冠肺炎疫情防控取得阶段性成效

第一时间成立疫情防控领导小组，启动交通行业公共卫生突发事件应急预案Ⅰ级响应，建立长三角区域、市、区联防联控机制，制定交通行业疫情防控措施11项，开展“四不两直”专项督导检查，累计督查730家单位（点），发现并整改问题120项。组建重点物资运输车队，向湖北地区运送医疗、生活紧急物资6000余吨。从严从紧，坚决守住“入城口”、管好“流动中”。

口岸方面，强化管控，国际航班转场至浦东机场运营，严格执行航班“熔断”措施，推进浦东机场疫情防控流程再造、分区风险管理，实施入

境机组人员“五分离”，做好高风险地区来沪人员健康码查验，落实进口冷链运输密接人员“两集中、四固定”。设置境外来沪船舶船员专用隔离点，率先发布并严格落实国际航行船舶船员换班规则，累计完成船员换班2.6万人。暂停国际邮轮航线运营，上海邮轮口岸实现“零输入、零输出、零感染”。

省界入口方面，落实队伍，加强值守，精准精细做好铁路、省界道口、内河省际口门等入沪通道防疫工作。

市内交通方面，抓实分级管控和常态化防疫工作，严格执行轨道交通进站测温、佩戴口罩，落实地面公交清洁消毒等防疫措施。

图7-9-2　交通执法人员道口指导入沪人员填报健康信息（图片由上海市交通委员会执法总队提供）

图7-9-3　上海市虹桥国际机场手推车消毒设备［图片由上海机场（集团）有限公司提供］

纾困解难，及时保障行业企业复工复产。帮扶企业享受税收减免。预拨部分公交综合补贴、水上客运补贴及金山铁路政府购买服务费用，全额拨付轨道交通准许收支缺口市级补贴，协助航空企业申请优惠政策，督促降低港口相关费用，有效缓解企业困难。规范本市高速公路起始路段计费里程，降低公路通行成本。

第四节　行业治理体系建设

一、行业改革加快推进

综合行政执法改革持续推进。实施水陆交通综合执法，新的执法总队和港航中心正式运转，9个郊区改革基本到位。行政审批制度改革深入推进，下放临港新片区79项、浦东新区12项、张江2项。13个事项实现自动办理，年办理量共计40万件。192个业务情形实现当场办结，135个业务情形实现“零材料”，占全委审批事项的45.7%和32%。实施重大项目审改23条措施，推动S3公路、军工路快速路等项目加快审批速度。重点行业改革不断深化，实施轨道交通建设运营体制机制改革，清理800公里以上的道路客运班线158条，推进危险货物道路运输电子运单应用，制定公交行业深化改革方案，开展出租汽车行业改革顶层设计，启动深化驾驶员试点工作。深化农村公路管理养护体制改革，推进实施《上海市深化农村公路管理养护体制改革实施方案》。

二、精细化管理不断深入

城市交通服务品质持续提升。公共交通吸引力持续增强，完成公共交通客运量42.3亿人次，其中轨道交通完成客运量28.3亿人次，占公共交通出行比重达66.9%。截至2020年底，上海轨道交通全网络运营线路长度增至729公里，运

图 7-9-4　最美乡村公路之一宝山区罗泾镇沪新路（图片由上海市道路运输事业发展中心提供）

营车站数增至 430 座。车辆超过 7000 辆。轨道交通积极实施增能提效补短板项目，16 号线完成列车“3 改 6”扩编，中心城区线路高峰时段最小运行间隔均小于 3 分钟，6、7、9、11 号线达到 2 分钟的设计最小发车间隔。地面公交服务品质持续提升，实施逸仙路公交骨干通道建设，配合大居、新城等建设优化公交线路 149 条。65 条公交线路、498 个站点实现到站信息实时预报，新增公交专用道（包括合乘车道）71.3 公里，总里程达到 500 公里。公交港湾式站点规模化效应逐步显现。两网进一步融合，换乘环境得到提升，通过延长运营时间实现了全市 218 条公交线路和轨交末班车衔接。全市轨道交通站点周边 50 米、100 米半径范围内公交服务覆盖率分别达 76.1%、89.1%。道路交通服务水平不断提升。市政府实事工程超额完成，完成 96 个交通拥堵节点改造项目，中心城区新增 110 个出租汽车候客站点并启动“一键叫车”信息化服务，完成停车资源共享利用项目 168 个，共计 8887 个泊位。顺利完成“十三五”全国干线公路养护管理评价工作。全年完成人行道整治 190 万平方米，创建 102 条精品示范路。浦东、松江、奉贤、青浦等区积极贯彻乡村振兴战略，完成 622 公里农村公路提档升级改造，创建 11 个示范镇、100 条示范路。《上海浦东机场航班时刻管理实施细则》公布，时刻量化配置试点启动。上海浦东、虹桥国际机场放行正常率分别为 89.47%、92.22%，同比分别提高 4.66 个百分点、3.36 个百分点。为缓解疫情期间市民买菜难问题，上海邮政利用同城冷链寄递服务优势，联手多家知名企业与农村合作社，为上海市民第一时间送菜上门。配合沪上中小学校从 3 月 2 日起开展在线教育，上海邮政与全市 1303 所中小学完成对接，配送完成 144.28 万份教材。

三、法治政府部门建设持续深化

法制保障更加健全，出台了《上海市铁路安全管理条例》。对《上海市公路管理条例》进行修正。出台《快递包装基本要求》地方标准。推动将智能快件箱纳入上海市新型基础设施建设范畴，出台系列推进文件。首创全国邮轮港口服务标准《邮轮港服务规范》。做好交通运输综合行政执法改革相关的执法证件换发和执法文书更新。出台《上海市交通运输行业行政执法音像记录管理规定》《上海市交通运输行业行政执法音像记录资料归档和档案管理规定》《上海市交通委员会重大行政执法决定法制审核目录清单》3 项规章制度。修订出台轨道交通、航道行政处罚裁量基准。组织开展 2020 年度交通运输综合执法检查。执法监管手段不断创新，充分运用条块联动、市区联动、跨省联动等机制，创新非现场执法、“互联网 + 监管”等监管模式。全年查处非法客运、超限超载等各类交通违法案件 24121 起。加大对邮政市场的行政执法检查工作力度，共对快递、集邮、邮政用品用具市场执法检查 1275 次、2852 人次，检查单位 1275 家，其中双随机检查 436 次，查处违法违规行为 316 次，下达整改通知书 258 件。办理行政处罚 62 起，罚款 37.65 万元。

第五节 科技创新

一、智慧交通水平稳步提升

智慧交通不断发展，嘉定、临港、奉贤、金桥4个区域开放243条、559.9公里自动驾驶汽车测试道路。洋山港自动驾驶集卡运输完成2万标准箱。推进14项智慧高速公路试点项目。巡游出租汽车统一预约服务平台"申程出行"、市级公共停车信息平台"上海停车"上线试运行。优化综合业务平台功能，支撑政务"一网通办"。大客流、轨道交通、停车监管3个应用场景上线运行，支撑"一网统管"。大力推动网络平台货运，有序引导并发挥第三方信息平台作用，完善集装箱货车运输的组织。推动危险货物运输车辆安装视频监控。根据《危险货物道路运输安全管理办法》（交通运输部令2020年第29号）要求启动危险货物运输电子运单宣贯、培训和填报工作。长江港航区块链综合服务平台上线。提货单换单委托书和电放保函等实现无纸化。洋山港智能重卡准商业化示范运营启动。跨境贸易大数据平台应用深化。"单一窗口"实现海运口岸一站式查询与业务办理，实现空运口岸"通关＋物流"业务功能。上海虹桥国际机场国内首批试点RFID（射频识别技术）行李全流程跟踪系统，上海浦东国际机场深化无纸化便捷出行。两机场5G信号实现近机位100%覆盖。登机口新型自助登机设施投入试点。

二、绿色交通发展大力推进

绿色交通建设成效明显，新增及更新2618辆新能源公交车，本市建成区公交车全部更换为新能源车辆。新增新能源出租汽车2608辆。新增城市物流配送车辆实现100%新能源化。建成各类充电桩37.7万个。扩大国三标准柴油货车限行范围。制定发布《绿色公路技术标准》，建立绿色公路评估指标体系。积极推进港口岸电设施建设和使用，建成五类专业化岸电泊位68个，覆盖率达78%。老港固废基地LNG（液化天然气）船舶加注站投运，崇明LNG加注码头开工。400总吨以下船舶环保改造工作全面完成，对船舶水污染物实施信息化监管。建立上海绿色机场发展评价指标体系。机场实现近机位辅助动力装置替代设备全覆盖，场内运行新能源车辆数量达346台。上海浦东国际机场完成空侧52个新能源汽车充电桩设备施工建设项目试运行，上海虹桥国际机场T2出租汽车蓄车场充电示范点投运，与上汽集团在加氢站、氢燃料电池车应用上全面推进深度合作。

第六节 安全与应急

行业安全有力保障，安全管理体系不断完善。积极推进落实本市交通行业安全生产工作"主体责任、监管责任、属地责任""党政同责"和"三个必须"安全责任体系建设，推行安全生产责任清单化管理，编制"边界清单"，完善"权责清单""红线清单"。行业风险隐患排查和整治有力开展。着力推进安全生产专项整治三年行动计划各项节点任务有效落实，持续深化重大隐患排查治理，排查各类问题隐患7900余项，责令停产整顿37家，暂扣吊销证照企业2家，约谈警示36家，推动重大隐患清零。加强对城市道路和公路桥梁的检测。开展道路塌陷隐患排查治理工作。完善公交车驾驶区域防护隔离设施。加强"两客一危"行业安全督查。发布《关于进一步加强本市道路危险货运车辆动态监督管理工作的通知》和《关于推进本市道路危险货运行业安装和使用智能视频监控系统的通知》。建立行业动态榜单制度。完成上海虹桥国际机场全部国际航班和北京首都国际机场的部分国际分流航班转场上海浦东国际机场运行。上海浦东国际机场顺利举办我国民航史上规模最大、科目最全、涉及单位最多、复杂程度最高的机场应急救援综合演练。长江口深水航道边坡利用通航保障项目常态化运行。长江口和洋山港E航海平台加强数据融合，洋山港助导航服务得到完善。气象服务精细化水平提升，码头作业时长增加。外高桥港区三期危险品堆场恢复使用。打击行业非法违法行为。行业稳定基础持续巩固。信访市民测评满意率97.54%，全市信访工作目标责任考核名列第三。积极开展精神文明建设、做好社会舆论引导，顺利完成各项国防战备保障任务。

第七节 合作与交流

长三角交通更高质量一体化发展深入推进。长三角交通一体化发展深入推进，协作机制更加健全，推进落实《长三角地区省际交通互联互通建设合作协议（2020—2022年）》等4项合作协议。推动“五个方向、十二条干线”的对外通道布局，促进不同层次轨道网络相互融合。基本建成以高速公路为骨架以国省干线公路为基础的骨干路网。初步建立多层次对接路网。启动G60、G15等智慧高速公路示范项目。与南通市签订《南通新机场合作共建协议》，共同规划建设南通新机场，作为上海航空枢纽的重要组成。本市9座省界收费站全部取消。省界断头路城北路、东航路、叶新公路建成通车。同步开通嘉定至太仓等跨省公交线路。开设毗邻地区公交客运衔接线路共28条，其中，跨省城市公交线路24条，省际道路客运班线公交化运行线路4条。落实交通运输部“司机之家”相关工作要求，枫泾服务区和练塘服务区“司机之家”投入使用。

附表

上海市交通运输主要指标统计表

指标			2019年	2020年	备注
基础设施投资（亿元）	综合交通固定资产投资		651.32	628.62	
	铁路投资		15.51	9.06	
	公路投资		162.58	160.89	
	# 高速公路投资		—	—	
	水运投资		24.02	41.68	
铁路	通车总里程（公里）	国家铁路营业里程	466.5	490.9	
		# 国家铁路	225.5	234.3	
		# 合资铁路	241	256.6	
		# 地方铁路	—	—	
	运输情况	旅客发送量（万人次）/货物发送量（万吨）	12833.8/471.8	7604.6/478.2	
		旅客周转量（亿人公里）/货物周转量（亿吨公里）	117.7/14.4	69.59/15.7	

续上表

指　标			2019年	2020年	备　注
公路	通车总里程	公路通车总里程（公里）	13044.6	12916.6	
		#高速公路通车里程(公里)	844.67	844.67	
		#等级公路里程（公里）	13044.6	12916.6	
		#农村公路里程（公里）	11231.3	11095.4	
		#桥梁（座）	11438	11452	
		桥梁总长（万延米）	77.57	78.27	
		#隧道（座）	2	3	
		隧道总长（万延米）	1.08	1.58	
	运输情况	客运量（万人次）/ 货运量（万吨）	3167/50656	1332/46051	
		旅客周转量（万人公里）/ 货物周转量（亿吨公里）	1084864/839.2	444701/684.6	
水路	航道及码头情况	内河航道通航里程(公里)	1909.67	1589.49	
		#高等级航道通航里程（公里）	353.51	316.65	
		港口生产用码头泊位拥有量（个）	560	560	海港
		#万吨级泊位（个）	185	185	海港
	运输情况	客运量（万人次）/ 货运量（万吨）	444/98559	322/92294	
		旅客周转量（万人公里）/ 货物周转量（亿吨公里）	—/32692	—/32095	
民航	机场数量（个）		2	2	
	运输总周转量（万吨公里）		—	—	
	#国内运输总周转量（万吨公里）		—	—	
	#国际运输总周转量（万吨公里）		—	—	
	旅客运输量(亿人次)/货邮运输量(万吨)		1.22/405.8	0.62/402	
	旅客周转量（万人公里）/ 货邮周转量（万吨公里）		—	—	
邮政	邮政行业业务总量（亿元）		770.0	848.1	
	快递业收入（亿元）		1288.8	1428.2	
	邮政邮路总条数（条）		69	127	
	邮政邮路总长度（单程/公里）		106703	112060	

江苏

第一节　整体概况

2020年，江苏省交通运输系统坚持以交通先行激活区位优势、提升竞争优势、塑造发展优势，全面推动现代综合交通运输体系建设，各项工作取得了令人瞩目的成效。

全力推动交通强国试点。2020年4月，提请省委省政府在全国率先印发《交通强国江苏方案》，提出建设交通强国十大样板，年度重点打造的28个亮点任务总体进展良好，京杭运河绿色航运示范区建设等样板取得明显成效。8月，交通运输部批复江苏省开展品质工程建设等交通强国建设试点工作的意见，明确江苏11项试点任务、51项试点内容。

系统谋划综合交通运输长远发展。积极争取江苏省110个交通基础设施项目列入国家长三角规划纲要和交通专项规划。全省44座过江通道纳入国家《长江干线过江通道布局规划（2020—2035年）》；密切跟踪《国家综合立体交通网规划纲要（2021—2050年）》进展，积极争取南京高速公路外环、通州湾综合集疏运体系、徐州国际公铁联运枢纽、苏州机场等一些事关全省长远发展的重大事项能够在国家规划中体现。新江海河、芒稻河等干线航道新增纳入国家高等级航道网布局方案。

第二节　交通基础设施建设

2020年，江苏省公铁水空完成投资1652.2亿元，同比增长18.3%，为全省"稳投资"提供了有力支撑。全年新增高速铁路里程654公里，创历史新高。南京禄口国际机场T1航站楼改扩建工程建成投运，建成溧阳至高淳、常州至宜兴高速公路。建成普通国省道348公里，新改建农村公路5261公里、改造桥梁1555座；"十三五"干线公路养护管理国评获得交通运输部评价组充分肯定。建成干线航道44公里，船闸1座。

综合交通网络更加完善。全省高速铁路主骨架基本建成。沪苏通铁路、连淮扬镇铁路全线开通运营，盐通铁路2020年底前具备通车条件，连徐铁路2021年春节前具备通车条件。届时全省干线铁路运营总里程将达到4204公里，其中高速铁路2215公里，设区市全部通动车。开工建设沪苏湖铁路。南沿江城际铁路、宁淮城际铁路加快推进。跨江融合发展加快推进。建成沪苏通长江公铁大桥、五峰山长江大桥、江心洲大桥3座过江通道，开工建设江阴第二过江通道，过江通道累计建成17座，在建6座，沿江两岸设区市之间均有过江通道直通。助力"长三角机场群"。南京禄口国际机场T1航站楼改扩建工程建成投运，实现双航站楼联合运行。连云港新机场年内完成各单体主体结构。南通新机场选址已获批复。公路网络进一步完善。

溧高高速公路、常宜高速公路建成通车，高速公路里程达到4917公里。宜长高速公路通车，比原先目标提前近一年。苏锡常南部高速公路路基桥梁工程已完成。建成普通国省道公路304公里，普通国省道里程达到12350公里，一级公路占比78%，全国第一；新改建农村公路4462公里、改造桥梁1355座，在全国率先实现行政村双车道四级公路全通达。水运优势得到更好发挥。建成港口项目8个，航道44公里，9个干线航道项目通过竣工验收。

邮政基础设施方面，推动落实邮政服务用房、智能信报箱、智能快件箱等建设管理的意见，智能信报箱列入江苏省新版《住宅设计标准》。积极推进、共同参与住宅小区邮政服务用房、智能信报箱的规划、建设和验收，新增智能信报箱格口近4万个。省内主要智能快件箱运营企业建成或使用的智能快件箱达3.8万组、格口达482万个，快件箱投率达13%。深入推进快递网点标准化建设，首次开展标杆网点建设，全年建成省级标杆网点44个。淮安航空货运枢纽建设取得实质性进展，顺丰、中通全货机货运航线相继开通。全省已建成村级快递服务点1.26万个。继续深化警邮、政邮、税邮、法邮合作，实现设区市全覆盖，其中警邮、政邮合作实现了县（市）全覆盖。

第三节　运输服务保障能力

全面提升客货运输服务品质，综合运输服务能力得到有效提升。

货物运输结构不断优化。运输结构调整成效显著，在全国率先出台运输结构调整补助政策。坚持以大宗货物运输“公转铁、公转水”为主攻方向，不断完善综合运输网络，全省集装箱公铁联运量77.16万标准箱，同比增长49.1%；集装箱铁水联运量62.8万标准箱，同比增长55.2%，沿海主要港口大宗货物铁路和水路集疏港比例由91.9%提升至94.2%，公路疏运量同比减少16%。2020年以来，铁路货运量长三角地区仅江苏实现正增长，增幅居国内首位。推动成立“江苏省国际货运班列有限公司”，省市、路地多方协调新机制正加速形成，中欧（亚）班列开行1395列、同比增长24.7%，开行数量创历史新高。积极引导省内机场通过全货机、“客改货”等方式加快开通国际货运航线，全年国际货邮吞吐量完成近8.03万吨，同比逆势增长16%。

民生保障不断强化。设区市省级公交优先示范城市实现全覆盖。积极推广空巴联运、高速铁路接驳等多种定制、联程运输服务，累计开行定制班线157条。所有设区市实现公交地铁手机NFC（近场通信技术）支付。南京、无锡已实现部分高速铁路枢纽换乘地铁免二次安检。在全国率先建成并推广内河船舶智能过闸系统。

运输融合发展取得突破。推动城乡客货运输融合发展，全省镇村公交实现全覆盖，在此基础上，试点启动11个城乡公交一体化示范县和3个农村物流示范县建设，印发“交邮融合”城乡物流服务一体化实施方案；培育完成农村物流服务品牌，其中两个入选部品牌名单。鼓励镇村公交与农村物流、乡村旅游融合发展，太仓等5县（市、区）探索开展镇村公交代运邮件、快件服务。推动客货运输与其他行业融合发展。开行运游结合线路159条，全省依托镇村公交运行乡村旅游直通车共计11条，依托农村客运设置乡村景点261个。

第四节　行业治理体系建设

一是加强法治政府部门建设。《江苏省农村公路条例》经省人大常委会审议通过，正式施行。《江苏省公路条例（修正草案）》《江苏省普通国省道管理办法》等立法项目有序推进。修订出台《江苏省交通运输厅重大行政决策程序规定》。

二是深入推进“放管服”改革。推进自贸区“证照分离”改革，41项交通运输涉企经营许可事项全部实施“证照分离”改革。组织全面梳理、修订全省各级交通运输行政权力事项清单，形成6类行政权力事项552项、公共服务事项21项事项实施清单及办理材料标准化成果。进一步精简行政审批，提交了5项可取消事项。协同浙江省、上海市、安徽省有关部门开展了5类交通运输证照电子化及场景应用工作，顺利实现长三角区域共享互认。

三是构建以信用为基础的监管机制。出台《江苏省交通运输守信联合激励和失信联合惩戒对象名单管理办法》。在行政审批、招投标、财政资金申请、科技专项资金申请等领域，推进信用承诺制应用。在交通运输部、国家发展改革委联合组织的“信用交通省”建设评估中得分全国第一，获评2020年“信用交通省建设典型省份”。

四是加强长江生态问题整改。提请江苏省政府召开全省长江经济带船舶和污染突出问题整治工作会议。牵头建立长江港口船舶污染防治省级联席机制，完成18项国家级、8项省级长江生态问题整改。214个港口规划范围内长江岸线利用项目清理整治全部完成。5个长江洗舱站年底前全部投入使用。推动交通领域大气、水污染防治。江苏省籍400总吨以下货运船舶完成改造16345艘，实现“应改尽改”；沿江及内河沿线共建成船舶垃圾接收设施5762套、生活污水接收设施2544套（含油污水接收设施2212套），实现了“应建尽建”。做到船舶垃圾、生活污水、含油污水接收设施的全覆盖。加强码头粉尘治理，新建码头粉尘综合防治率达100%，完成515家沿海及内河港口企业粉尘在线监测系统建设。大力推广使用绿色装备、设施。累计建成港口岸电设施2176套，覆盖泊位2621个，以五部门名义共同出台推动靠港船舶使用岸电的指导意见，13个设区市的沿江、沿海及内河主要港口基本具备了岸电供应能力。

第五节　科技创新

一是提升创新驱动效能。新认定“大跨索承桥长期性能野外观测基地”“自动化作业技术及装备”等3家交通运输行业研发中心。“水下隧道智能建造”“智慧管控关键技术及产业化”两个项目获批江苏省发改委战略性新兴产业项目。取得全国唯一的国家级智能商用车检测中心资质。建成沪宁高速公路无锡段45公里精细化主动管控示范区，形成“感知、决策、控制”三位一体全景管控体系。

二是推动交通新型基础设施建设。抢抓新基建机遇，在全国交通运输系统率先与三大运营商、铁塔公司签订战略合作协议。召开全省交通运输新基建工作推进会，制定了《智能交通建设实施方案》《交通运输大数据发展三年行动计划》《交通运输新型基础设施建设行动方案》，聚焦“新网络、新设施、新集群、新平台、新应用”五大方向，明确了智慧基础设施建设、交通大数据应用等七大专项行动、27项具体任务事项，拟订2020—2025年第一批93项新基建项目清单，投资规模约33亿元。

三是推进政务信息化和网络安全工作。持续推进一体化在线政务服务系统、数据资源管理系统、行业移动应用平台等政务信息系统。重点关注重要时期行业网络安全工作，编制信创工程2020年实施计划、做好“网安2020”专项行动，全省交通系统网络安全形势总体稳定。

第六节　安全与应急

深入推动安全生产专项整治，行业安全生

产形势保持平稳有序，安全生产形势取得了明显好转，全年运输事故和死亡人数分别同比下降 68.88% 和 65.4%。

一是开展专项整治落实行业责任。压实道路运输、水上交通、铁路专项整治方案行业责任，分解 79 项任务，明确 70 项工作要点。印发《安全责任考核评实施方案》，制定警示提示、约谈、督办三项制度，组织开展 10 项省级综合督查，每月编制简报，发布通报，全力组织推进、高质量完成整治任务。印发三年安全生产专项整治任务分工和实施方案，分解 225 项任务，做好“小灶”“大灶”的衔接。

二是加强督导问题整改。加强问题督办，国务院督导组反馈的涉及交通运输部门的 33 项典型问题、重大风险已基本完成整改、落实管控措施。江苏省委第九安全生产巡查组反馈的 97 个问题、交通运输部检查反馈的 116 项问题，也已基本整改完成。

三是创新安全管理方法，针对“两客一危”、港口危化品和长江客汽渡等领域，创新应用五步工作法；全面取消经营期限届满的 800 公里以上省际客运班线经营权；顺利完成“两客一危”挂靠车辆清零攻坚战；全面实施江苏境内长江全线 0 ~ 3 时夜间禁渡举措；在全国率先禁止吸毒人员从事“两客一危”和公交车驾驶工作；实施“三把关一执法”打击超限超载，“百吨王”车辆数量下降 90% 以上，普通公路超限率降至 0.42%，高速公路超限率降至 0.15%。

四是提升行业应急能力。江苏省交通运输厅提请省政府办公厅印发了《江苏省铁路交通事故应急预案》，编制《江苏省港口危险化学品应急预案》《江苏省处置城市轨道交通运营突发事件应急预案》，并已提交省政府。修订发布 14 项专项应急预案，初步构建完成行业应急预案体系。

第七节　疫情防控

2020 年，江苏交通运输全行业积极应对新冠肺炎疫情，为全省经济社会稳定有序发展提供了坚强支撑。

一是突出抓好疫情防控交通管控。牵头省疫情防控领导小组交通防控组工作，累计印发近 160 个疫情防控文件，召开 35 次交通防控组工作会议。坚持早启动、早部署，在全国率先停发武汉、湖北的客运班车和旅游包车，并迅速扩大到所有省际客运班线和省际包车，在人员流动高峰来临之前，及时阻断疫情传播途径。坚持严查验、严管控，在高速公路出入口、省界入苏主通道等实施“逢车必查、逢人必测、逢公路出口必登记”路网全控，高峰时全行业日均投入干部职工 5 万人，累计检查车辆 1755.9 万辆，检测人员 8479.8 万人次，移送发热人员 2674 人。全球疫情大流行后，把严防境外输入作为重中之重，全力做好国际航班入境人员疏运保障，日均接转入境来苏人员 238 人，日均投入转运车辆 48 辆、驾驶员 51 人、陪护人员 93 人。

二是落实常态化疫情防控各项措施。严格执行“两站一场一码头”、服务区等重点场所和交通工具通风消毒措施，严格落实运输全过程佩戴口罩等制度，严防疫情通过交通工具传播扩散。

三是全力做好复工复产保障。全面加强复工复产运输保障，累计组织运力 7.1 万辆次、船舶 1834 艘次，运送应急及重要生产生活物资 1354 万吨，组织公路包车运输 766.1 万人次，专列运输 41 列、12591 人次，包机运输 39 班、5102 人次，做到了应运尽运、应保尽保。拨付 3739 万元现代服务业发展专项资金，对受疫情影响较大的 159 家物流企业给予补助；首批 227 家交通运输企业通过“绿色通道”获得企业发展融资达 8 亿元。

附表

江苏省交通运输主要指标统计表

指标			2019年	2020年	备注
基础设施投资（亿元）	综合交通固定资产投资		1396.5	1652.2	
	铁路投资		501	561	
	公路投资		733.4	901.4	
	# 高速公路投资		178	218.1	
	水运投资		129	154.5	
铁路	通车总里程（公里）	国家铁路营业里程	3539	3998	
		# 国家铁路	—	—	
		# 合资铁路	—	—	
		# 地方铁路	—	—	
	运输情况	旅客发送量（万人次）/货物发送量（万吨）	22880/6170	15038/6866	
		旅客周转量（亿人公里）/货物周转量（亿吨公里）	846.8/322.4	518.6/320.7	
公路	通车总里程	公路通车总里程（公里）	159937	158101	
		# 高速公路通车里程(公里)	4865	4925	
		# 等级公路里程（公里）	157954	1580101	
		# 农村公路里程（公里）	142801	140616	
		# 桥梁（座）	71282	71544	
		桥梁总长（万延米）	376.5	381.8	
		# 隧道（座）	34	34	
		隧道总长（万延米）	3.8	3.8	
	运输情况	客运量（万人次）/货运量（万吨）	94475/164577	67664/174624	
		旅客周转量（万人公里）/货物周转量（亿吨公里）	6981857/3234.8	4142178/3524.5	
水路	航道及码头情况	内河航道通航里程（公里）	24354	24354	
		# 高等级航道通航里程（公里）	2384	2423	
		港口生产用码头泊位拥有量（个）	5563	5684	
		# 万吨级泊位（个）	509	524	
	运输情况	客运量（万人次）/货运量（万吨）	2083/95541	1562/93467	
		旅客周转量（万人公里）/货物周转量（亿吨公里）	35819/6841.3	12947/7038.6	

续上表

指标		2019 年	2020 年	备注
民航	机场数量（个）	9	9	
	运输总周转量（万吨公里）	176800	106428	
	# 国内运输总周转量（万吨公里）	—	—	
	# 国际运输总周转量（万吨公里）	—	—	
	旅客运输量（人次）/ 货邮运输量（万吨）	13641400/7.4	8031900/6.7	
	旅客周转量（万人公里）/ 货邮周转量（万吨公里）	1884370/10832	1094984/9260	
邮政	邮政行业业务总量（万元）	—	—	
	快递业收入（万元）	—	—	
	邮政邮路总条数（条）	—	—	
	邮政邮路总长度（单程 / 公里）	—	—	

浙江

第一节　整体概况

2020 年是极不平凡、极为难忘的一年。面对新冠肺炎疫情带来的严峻挑战，浙江省交通运输系统认真贯彻习近平总书记考察浙江重要讲话精神，坚决落实部省要求，统筹疫情防控和交通运输发展，较好地完成了“十三五”规划目标任务。

第二节　交通基础设施建设

受疫情影响，浙江省交通投资断崖式下跌，特别是 2 月，同比下降 79%，交通工程几乎处于停摆状态。面对异常严峻的形势，全省交通运输系统以超常规力度狠抓投资建设，实现综合交通投资 5 月提前翻红转正，超额完成全年目标，达到 3600 亿元，同比增长 17%。其中，公路水运投资 1883 亿元，居全国前列、华东地区首位，连续两年获国务院通报表扬，为“六稳”“六保”发挥了主力军作用。

坚持项目为王。浙江省政府每季度召开“稳投资抓项目”推进会，省厅迅速组建专班，紧盯 180 个重大项目，制定进度、问题、责任清单，构建赛马机制和“一图一表一指数”评价体系。首创数字化作战指挥平台，覆盖全部市县、各种交通方式、所有重大项目和建设全过程。抢抓国家专项债增发、用地审批下放试点等有利契机，与财政、自然资源等部门反复对接，逐项研究，有力强化土地、资金等要素保障。

坚持破难为先。建立省级部门常态化会商机制，强化省市县三级联动，组建攻坚组一线服务，累计解决 300 多个项目难题。针对杭绍甬高速公路杭绍段开工难问题进行 18 次专题协调，有效破解投融资模式变更、土地预审等难题，仅用 2 个月完成工可、初步设计和施工图批复，创高速公路项目审批时间最短纪录。临建、瑞苍、六横大桥等一大批久拖不决的项目也取得实质性突破。

坚持落地为本。建成龙丽温文泰段、杭州绕城西复线、杭绍台、千黄等 9 项 551 公里高速公路和 290 公里普通国省道，长湖申线西延等 68 公里内河千吨级航道，穿山 1 号集装箱码头等 14 个沿海万吨级以上泊位，舟山普陀山机场国际航站楼二期等项目。开工杭绍甬杭绍段、湖杭等 12 项高速公路，浙北集装箱主通道、嘉兴 LNG 应急调峰储运站码头、丽水机场等项目。杭绍甬高速公路宁波段二期、衢州机场迁建等项目前期工作取得突破。杭金衢高速公路改扩建、京杭运河浙江段、杭州机场三期等项目加快推进。同时，做好干线公路迎国检工作，加强干线公路养护管理，利用全过程咨询服务提高交通工程项目决策及管理能力。

第三节 运输服务保障能力

这次疫情对经济社会各个方面都带来重大影响，交通运输领域更是首当其冲。作为行业主管部门，省厅急企业之所急，迅速实施助企纾困“组合拳”，落实收费公路免通政策，实施减税、减租、减息等12项举措，节约企业成本197.6亿元。

全省综合运输客货运量低开稳走、向上向好，实现“V”形反弹。货运量连续8个月保持正增长，同比增长4.1%。客运量持续稳定恢复，达2019年同期的57%。沿海港口货物、集装箱吞吐量14.1亿吨、3219万标准箱，同比增长4.5%、5.1%。宁波舟山港完成货物、集装箱吞吐量11.7亿吨、2872万标准箱，同比增长4.7%、4.3%。

虾峙门航道渔船碍航等“老大难”问题加快解决。浙沪跨港区供油实现首单突破。宁波舟山港与世界最大矿产公司淡水河谷开展战略合作，实现强强联合。

民航机场完成旅客吞吐量4996万人次，升至全国第4。货邮吞吐量102万吨，同比增长13.3%。杭甬温机场新一轮总规获中国民用航空局批复、轨道交通全面通达。杭州萧山国际机场实现双跑道独立运行，宁波栎社国际机场空域扩容40%。

“四港”联动深入推进。完成运输结构调整三年行动计划。成立“四港”运营商联合会，联盟成员增至38家。上线运行智慧物流云平台1.0版，新签订快递出海、中欧班列集货疏运等合作项目。海铁联运、内河集装箱吞吐量同比分别增长24.2%和13.6%。

第四节 行业治理体系建设

一、实施重点改革

2020年是交通运输行业的改革大年，各方面任务极为繁重。特别是按照国家关于财政事权与支出责任划分改革部署，浙江通过系统谋划、深入研究，广泛凝聚各方智慧与共识，整体构建“1+1+N”改革体系，进一步明确各级财政权责关系，形成可持续发展机制，有力破解长期制约行业发展的资金保障问题。

出台《交通领域财政事权与支出责任划分改革总体方案》。重点加大省级财政对快速路网、干线路网投入力度，强化市县财政对基础路网投入主体责任，构建集中财力办大事政策体系。修订《交通运输发展专项资金管理办法》。统筹调整省级专项资金支持方向，优化整合分配因素，充分发挥“四两拨千斤”作用，集中支持牵一发动全身的重大工程、重点领域。研究制定6项专项配套政策。出台《深化铁路、高速公路投融资改革若干意见》，建立“分类管理、分级负责”机制，明晰省级与地方出资比例和补亏责任，创新“交通+”融资模式。出台《深化农村公路管理养护体制改革实施意见》，提高公共财政投入标准，完善省、市、县、乡、村协同机制，强化乡镇对乡、村道管养责任。制定普通国省道建设养护、通用航空、水运设施和综合运输转型升级等配套政策。

二、加强法治保障

首次统筹谋划地方交通法规体系建设，出台《完善浙江省综合交通运输法规体系的实施意见（2020—2025年）》；高质量制定《浙江省公路条例》；首次开展交通立法后评估探索构建长效机制，形成《浙江省交通建设工程质量和安全生产管理条例》评估报告。深化交通综合行政执法改革，推进“四基四化”，举办首届交通综合执法比武，首推执法能力第三方评估，首推轻微违法告知承诺制并获全国推广。推进数字执法建设，整合公航运等各类行政处罚系统，建成并启用全省统一交通行政执法平台，为交通综合执法改革提供信息化支撑；编制全国首本交通运输教科书式执法范本——《交通运输行政执法案卷规范》（1.0版），并植入系统指导一线执法。成功创建信用交通典型省份，有关经验获交通运输部主要领导批示肯定。2020年全国交通运输综合执法检查荣获总分第三名、案卷评查成绩第一的成绩。

第五节　科技创新

大力推动科技创新。与省科技厅签订战略协议，共同推进创新型省份和交通强省建设。做强未来交通科创中心，优化重点学科布局，加快科创平台合作共建和高端人才引进培育，新增智慧港航、航空等专业研究机构和院士工作室，初步形成了七大专业研究平台框架。开展智慧高速公路、智能航运等4项省重大科技专项攻关，厅科技计划项目立项62项，列入交通运输部重点项目清单7项。获部省科学技术奖8项，开展4项省重大科技专项攻关，获部省重大科技创新奖8项，发布地方标准5项。

着力推进数字交通建设。出台数字交通建设方案，明确“1+3+N”构架，初步实现厅信息化“四统一”管理，“互联网＋政务服务”核心竞对指标走在全国前列。出台智慧高速公路建设指南，完成沪杭甬高速公路首期智慧化改造，推进杭绍甬智慧高速公路、梅山自动化码头等试点建设。

培育综合交通产业。成功举办第三届浙江国际智慧交通产业博览会，线上线下观展超735万人次，项目签约总投资达480亿元。布局智慧交通小镇，全力培育省级示范园。

第六节　安全与应急

一、严抓危险货物运输整治

2020年6月13日16时46分，G15沈海高速公路浙江省台州市温岭市大溪镇良山村附近高速公路上发生槽罐车爆炸事故（以下简称“6·13事故”）。2020年6月14日，国务院安委会决定对该爆炸事故查处实行挂牌督办。截至2020年6月15日7时许，该事故共造成20人死亡。

“6·13”事故教训非常惨痛，也对行业发展带来了巨大影响。省厅出台10条最严举措，集中实施专项整治，坚决遏制危货运输领域乱象。同时，坚持举一反三、标本兼治，实施“人、车、路、企、机制、平台”全要素闭环治理，实现全省危险货物道路运输“一升两降”，案件查处量上升149%，车辆超速量下降88%，事故起数下降47.3%，获国务院安委会和交通运输部肯定。

全面建立“两长四员”网格责任体系。明确482名交通运输部门“监管责任网格长”、720名企业“主体责任网格长”，落实2833名行业监管员、企业安全员、乡镇街道和保险网格员，实现责任全覆盖、无盲区。

重拳整治违法违规问题。出动执法人员22万人次，对全行业开展地毯式排查整治，实现全省所有危险货物道路运输企业、车辆、人员全覆盖，停业整顿及注销淘汰企业107家、停运车辆1500余辆、清退人员417人。特别是针对挂靠、“两外”车辆等突出问题，集中开展专项整治行动，全面清理6648辆挂靠车辆、3317辆“两外”车辆。

首创危险货物运输智控平台。实施“大数据＋网格化＋全链条”闭环管控，全面推广从业人员安全码，实现全要素责任闭环、全过程监管闭环、全方位信息闭环。制定《危险货物道路运输安全管理办法（试行）》，进一步完善长效机制，努力为全国探索新路。

同时，统筹推进安全生产专项整治三年行动，加强复工复产安全保障，抓好事故多发点段、道路客运打非治违、公路治超等工作。开展水路危险货物运输“铁拳整治”，完成 1875 个隐患问题整改。实施普速铁路沿线安全整治，获交通运输部党组书记杨传堂批示肯定。做好重大活动、超强台风“黑格比”、新安江水库九孔泄洪等应急保障和救援处置。行业事故起数、死亡人数同比分别下降 14% 和 5.8%。

二、开展普速铁路沿线安全环境治理

2020 年，浙江省深入贯彻习近平总书记关于铁路安全的重要指示精神，坚决落实党中央、国务院决策部署和《铁路安全生产专项整治三年行动计划》（国铁安监〔2020〕29 号），在交通强省战略中始终把铁路发展放在重中之重，将铁路建设发展、铁路沿线安全环境治理作为彰显“美丽浙江”“平安浙江”“平安交通”成果的“重要窗口”来抓，落实责任、突出重点、依法依规、综合治理，取得积极成效。普速铁路沿线 3186 个问题点位已整治 3178 个，整治率达 99.8%，有整治任务的 9 个地市中 8 个市实现清零，铁路控制区划定和公铁立交交接全面完成。

2020 年浙江铁路路外相撞事故、死亡人数均下降至个位数（6 起、4 人），同比分别减少 66.7% 和 73.3%。浙江省铁路沿线安全环境治理工作得到了交通运输部、国家铁路局的大力支持与帮助，全国政协副主席、交通运输部党组书记杨传堂同志作了 2 次重要批示予以肯定。

第七节　合作与交流

扎实推进长三角交通高质量一体化发展。以浙江省作为长三角合作与发展工作轮值方为契机，全力落实部省工作领导小组会议和长三角主要领导座谈会部署。加快推动省际互联互通项目。三省一市第一轮协议涉及浙江省的 9 条“断头路”实现全部开工，姚杨公路等 5 个项目建成。签订新一轮互联互通协议，涉及浙江 21 个重点项目全面推进。深化小洋山合作开发，北侧码头规划调整方案通过部省联合审查。全力助推一体化示范区建设。指导编制嘉善片区综合交通规划，出台 22 条支持政策，与嘉善签订合作共建协议，建立常态化、一对一服务机制。加快运输服务和管理一体化。实现道路运输经营许可证等 6 类电子证照共享互认，新增省际毗邻公交线路 4 条、总数达 20 条。同时，认真落实“一带一路”、长江经济带建设等重点任务。

第八节　特色工作

一、内河船舶“多证合一”改革取得重大突破

2020 年 8 月，上海、江苏、浙江、安徽一市三省交通运输及政务服务主管部门联合出台了全国第一份区域性、行业性电子证照互认文件《关于长三角地区交通运输电子证照互认事宜的通知》，将《内河船舶证书信息簿》《国内水路运输经营许可证》《普通货船船舶营业运输证》等证照纳入长三角地区交通运输电子证照互认首批范围，于 9 月 1 日正式实施。9 月 24 日，长三角交通运输电子证照共享互认推进会召开，经现场扫码核验，共享互认成功。10 月 29 日，交通运输部正式下发《交通运输部办公厅关于推广浙江籍内河普通货船“多证合一”改革举措的通知》（交办海函〔2020〕1721 号），决定在长三角区域推广浙江省内河普通货船“多

证合一”试点改革成果，标志着长三角一体化取得了实质性的标志性成果。

二、打造清廉浙江交通单元的标杆和示范

2020年4月，浙江省委省政府组织召开高水平交通强省动员大会，明确要求“坚持综合交通发展和清廉交通建设两手抓、两手都要硬”，实现“清廉干事、建功立业、安全无恙”。根据部署，省交通运输厅迅速成立专班，坚持源头治理、系统治理、科学治理，建立工作机制，谋划构建了清廉交通“1+N”工作推进体系。“1”是出台《关于纵深推进清廉交通建设为高水平交通强省建设提供坚强保障的指导意见》，于9月以省委省政府办公厅名义印发，省政府召开全省清廉交通建设工作推进大会，袁家军书记、郑栅洁省长作出重要批示；“N”是设计一批精准管用的载体抓手，先行设计了交通行业廉政风险排查评估机制、交通工程阳光监管平台、廉政制度规范体系、清廉交通建设系列专项整治4项工作载体。印发《2019年度全省交通运输系统廉政风险分析评估报告》；首创交通工程阳光监管平台1.0版上线，积极探索整体智控。2020年，全系统实现违纪违法案件总量和当年案件数“双下降”，分别下降18.3%和32.6%。

三、转变执法理念，“首违免罚”提升执法温度

出台《关于在交通运输领域推行轻微违法行为告知承诺制的意见（试行）》，在全国率先推行交通运输轻微违法行为告知承诺制，坚持教育与处罚结合、普法与执法融合，通过审慎包容、帮扶指导，引导当事人自律守法、诚信守法。在范围上，梳理23项高频违法行为，明确情节轻微、及时改正等共性条件，细化个性判断要素，形成“首违免罚”清单。在程序上，经“批评教育、承诺改正、按时核查”后不予处罚，实现闭环管理。在实施上，通过全省数智执法平台，对轻微违法行为进行自动判别，实现线上全过程管理。积极践行“执法既有力度、更有温度”的理念，得到交通运输从业者、基层部门和社会广泛好评。

安徽

第一节　整体概况

2020年，面对突如其来的新冠肺炎疫情和百年未有的“大汛情”带来的严峻挑战和重大考验，安徽省交通运输系统深入学习贯彻习近平总书记考察安徽重要讲话指示精神，贯彻落实党中央国务院和省委省政府决策部署，统筹推进疫情防控和经济社会发展交通运输工作，取得了一系列事关行业全局性、关键性、突破性的成效。

安徽省统筹推进综合立体交通网规划纲要、高速公路网规划修编等行业和专项规划编制，科学谋划“十四五”交通运输规划总体思路、目标定位以及2035年远景目标，交通运输行业规划体系进一步健全完善。省委省政府出台了《关于贯彻〈交通强国建设纲要〉的实施意见》，交通强省建设全面启动。交通强国试点实施方案获交通运输部正式批复，试点任务有序展开。积极克服疫情、汛情等不利影响，在规划、前期、建设、要素等方面综合施策，有效扭转了困扰多年的项目建设举步维艰的局面，交通固定资产投资累计完成834.7亿元、同比增长5.9%。

第二节　交通基础设施建设

一、公路

实施“县县通高速”攻坚行动，芜黄高速公路、池祁高速公路池州至石台段、固蚌高速公路3个“县县通高速”项目全面提速。滁州西环高速公路建成通车，阜阳至淮滨等7个高速公路项目开工建设。

推进干线路网优化升级，新增一级公路396公里，一级公路网化工程初具规模，70%的县实现与所在市一级公路连接。建成农村公路扩面延伸工程1.1万公里，硬化路通达由建制村向较大自然村延伸，基本实现村民组通硬化路。

积极破解要素瓶颈制约，用足用活自然保护地整合优化和生态保护红线评估调整、项目用地国家委托审批试点、抗疫特别国债等政策，全年争取债券资金104亿元，高速公路项目获批生态红线论证16个、用地预审6个、建设用地10个，普通国省干线公路获批生态红线论证7个，要素供给为近年之最。

二、水运

引江济淮航运工程、淮河等干支流航道整治工程，以及灵璧船闸、裕溪一线船闸扩容改造建设项目有序推进。

合肥派河国际综合物流园港区项目一期工程、芜湖港朱家桥外贸综合物流园区一期项目码头工程、芜湖LNG加注站码头工程、安庆港长风一期陆域改造工程等4个重点港口项目开工建设。

三、民航

芜宣机场成功试飞，砀山通用机场开工建

设，阜阳、池州、安庆机场改扩建工程稳步实施。官亭、白龙、旌德和界首等通用机场，以及亳州、蚌埠运输机场前期工作加快推进。

四、邮政

多个省级快件转运中心增资扩建，一大批项目正式投入运营。配合建设的国家邮政局合肥容灾备份中心正式投入使用。

截至 2020 年底，安徽省所有建制村全部实现直接通邮，快递网点基本实现乡镇全覆盖，覆盖城乡、惠及全民的邮政快递服务网络体系基本构建形成。

第三节　运输服务保障能力

一、客运服务保障

全面完成取消高速公路省界收费站和全国干线公路养护管理治理能力评价工作。国省道路况水平连续五年稳居全国第一方阵。6 对服务区入选全国百佳服务区，8 个“司机之家”投入使用。

深入推进“四好农村路”通达工程，通客车条件全面改善，全省纳入统计范围的 1233 个乡镇、14393 个建制村 100% 通客车。

加快推进城乡客运公交化改造，20 个县基本实现公交全覆盖，六安市实现全域城乡公交一体化。全省城乡客运一体化发展水平评价 4A 级及以上的县达 98.4%。道路定制客运创新发展，运输服务与旅游加速融合。以公共汽电车为主体、共享单车为补充的城市交通绿色出行体系已具雏形。

2020 年，安徽省完成公路客运量 2.3 亿人次、旅客周转量 168.1 亿人公里；完成水路客运量 111 万人次、旅客周转量 1519 万人公里；城市客运系统运送旅客 26.4 亿人次。

二、货运服务保障

运输结构调整持续推进，实施铁路运输升级行动，新增“公转铁”项目 41 个，2020 年铁路货运量、货物周转量分别完成 7735 万吨、733.7 亿吨公里。两个国家级和 10 个省级多式联运示范项目创建工作进展有序。

网络货运平台等新业态蓬勃发展，59 家企业通过网络货运平台线上服务能力认定。建成 100 个乡镇综合运输服务站，县乡村三级物流节点基本全覆盖。合肥至上海直达航班、郑蒲港首条江海直达航线、蚌埠至太仓“港航巴士”正式开通，“一核两翼”集装箱班轮运输发展迅速，芜湖港口型国家物流枢纽申报成功。

“交通 +”旅游、电商等模式迅速发展，打造 1 个部级农村物流服务品牌，建成 100 个乡镇综合运输服务站，县乡村三级物流节点基本全覆盖。

2020 年，安徽省完成公路货运量 24.4 亿吨、货物周转量 3412.2 亿吨公里；完成水路货运量 12.3 亿吨、货物周转量 6095.8 亿吨公里；完成港口吞吐量 5.4 亿吨、集装箱吞吐量 194.4 万标准箱。

三、运输装备

截至 2020 年底，安徽拥有公路营运汽车 62.7 万辆，比 2019 年末下降 6.5%。其中载客汽车 2.0 万辆、63.3 万客位，比 2019 年末分别下降 13.4% 和 10.9%；载货汽车 60.7 万辆、906.5 万吨位，比 2019 年末分别下降 6.2% 和增长 11.7%。

拥有水上运输船舶 2.5 万艘；净载重量 5142.7 万吨，同比增长 6.2%；平均净载重量 2095.7 吨 / 艘，同比增长 8.0%；载客量 1.4 万客位，同比增长 7.1%；集装箱箱位 13.8 万标准箱，同比增长 5.0%；船舶功率 1086.5 万千瓦，同比增长 0.8%。

城市及县城拥有公共汽电车 2.8 万辆、3.3

万标台，比上年末分别增长3.4%和3.8%，其中BRT车辆1235辆，同比下降18.3%；出租汽车营运车辆5.4万辆，同比下降2.0%。全省拥有地铁运营车辆732辆，比上年末增长23.2%。

第四节　行业治理体系建设

一、交通运输体制机制改革

政事分开改革巩固深化，"1+5+1+X"内部运行机制印发试行，新的行业管理体制机制加快重塑。

综合执法改革基本完成，省、市、县三级改革实施方案全部出台，执法机构全部挂牌，队伍组建基本到位。

民航管理体制逐步理顺。低空空域管理改革试点工作取得新突破，安徽省被中央空中交通管理委员会办公室批准为低空空域管理改革试点省份。

二、法治政府建设

加快推进法治交通建设，制定出台行业治理体系和治理能力现代化实施意见。

修订港口条例、道路运输管理条例。执法辅助人员管理、非现场执法程序以及执法司法衔接机制等配套政策日益完善。

"科技创新助推执法规范"入选"法治政府建设单项示范创建项目"。

"放管服"改革进一步深化，80个事项入驻"7×24小时不打烊服务地图"，部分事项实现"掌上办"，6类电子证照实现"长三角"互认共享，跨省大件运输审批入选十大"法治为民办实事项目"。

第五节　科技创新

一、科技创新与标准化建设

加强科技研发，推进"高速公路工业化智能建造技术科技示范工程"等一批关键核心技术研究，获安徽省科技进步奖一等奖1项、二等奖1项，三等奖3项。获国家级学会科技奖二等奖2项。推进部科技示范工程项目进展。"安徽长江公路大桥建设部科技示范工程"顺利通过部级验收；"高速公路工业化智能建造技术科技示范工程"入选交通运输部2020年度科技示范工程。

加快构建交通行业创新平台体系。截至2020年底，安徽省共有6个省部级科技创新平台。

加强标准制修订工作，完成13项省地方标准计划立项、26项地方标准报批，发布首个长三角区域性标准《船舶水污染物内河接收设施配置规范》。

二、信息化与网络安全

加强交通信息化顶层设计和系统谋划，编制《安徽省交通运输厅智慧交通建设方案（2021—2023年）》《安徽省综合交通运输大数据发展行动实施意见（2020—2025年）》。

持续推动行政执法综合管理信息系统、信用交通、"互联网+"政务服务、危险货物道路运输安全监管系统、公路网交通情况调查数据采集与服务系统等重点信息化项目建设。

加强网络安全工作，全力做好疫情期间和全国"两会"、中国国际服务贸易交易会、中国国际进口博览会等重点时段的网络安全重点工作。组织开展网络安全专项检查，常态化做好网络安全风险隐患排查及漏洞整改，有力地保障重要时期网络安全。2020年未发生一起网络安全事件。

第六节　安全与应急

一、安全生产

狠抓安全隐患排查治理，累计排查隐患3622个、整改3325个，制定制度措施29项。

多次开展全省性执法专项检查、跨区域违法违规客运行为专项整治，建立公安、交通常态化联合执法机制。举一反三开展脱管车辆、船舶专项整治，查处非法客运企业22家、车辆190台、船舶1944艘，严厉打击和有效遏制非法违法运输行为。合裕线航道通航秩序、治超、有限空间、工程建设领域等专项整治取得明显成效。加强危化品运输安全监管，组织开展危化品交通运输安全生产工作专项调研、专项整治，对39家港口危货经营企业实现现场检查全覆盖。

积极开展重点领域专项整治，建成公路安全生命防护工程6375公里、改造加固公路危桥139座，拆除非法建筑物和构筑物55平方米，清理各类堆放物1.36万平方米。联合相关部门开展治理超限超载、餐饮经营者勾结客车驾驶员宰客等专项整治活动，查处超限超载运输车辆3.2万多台次、客运"黑站点""黑服务区"39个。开展内河船舶非法从事海上运输常态化治理，通报查处安徽籍船舶357艘次；开展水上无线电秩序管理专项整治，检查船舶7122艘次，纠正违法船舶221艘次；开展合裕线航道通航秩序突出问题专项整治行动，执法巡航1996次，检查船舶12088艘次，罚款358.38万元。

2020年，安徽省共接报公路水路行业安全生产事故77起、死亡100人，同比分别减少31.5起、25人；未发生重特大事故，发生较大事故6起、死亡22人，同比分别减少2起、8人。

二、应急管理

出台首个省级层面水上搜救文件，修订完善各类交通运输突发事件应急预案，行业"1+9"预案体系逐渐完善。

调整应急指挥部领导机构，完善日常工作机制，进一步明确职责和任务分工，严格落实24小时值班和领导带班制度，确保政令畅通和信息报告及时。

扎实开展应急演练，先后组织大雾、冰雪天气应急处置演练，危险品码头安全环保综合演习，交通重点工程防灾减灾应急演练，确保紧急情况下科学有效处置各类突发事件。

三、工程质量监管

深入推进"坚守公路水运工程质量安全红线"专项行动，扎实开展平安百年品质工程建设。梯次推进国省干线公路工程项目质量安全第三方巡检，切实加强普通公路建设质量安全管理。

徐州至明光高速公路安徽段荣获第十七届中国土木工程詹天佑奖；北沿江高速公路马鞍山至巢湖段、岳西至武汉高速公路安徽段项目双双荣获2018—2019年度李春奖。

第七节　合作与交流

2020年，安徽省交通运输厅加速推进"长三角"交通一体化发展，立足加快补齐短板，提请安徽省政府出台加快推进高速公路建设政策文件，谋划实施新建高速公路2786公里、改扩建高速公路456公里。

签订省际互联互通建设合作协议，省道S205线铜城至冶山省际公路建成通车，黄千、宁马、宁安、来六高速公路加快建设。长三角地区毗邻公交线路开通两条。

积极助力美丽长江（安徽）经济带建设，深入实施船舶港口污染防治，安徽100～400总吨运输船舶实现生活污水防污染改造全覆盖，建成船舶污染物固定接收设施2985个、岸电设施553套，泊位岸电设施覆盖率达80%，建成运营安庆化学品洗舱站，开建芜湖LNG加注站。长江经济带生态环境警示片、中央生态环境保护督查"回头看”“23+80+N”等反馈问题完成整改。

第八节　抗疫与防汛

一、抗击新冠肺炎疫情

2020 年，面对突如其来的新冠肺炎疫情，安徽省交通运输系统迅速进入战时状态，全面构筑“一圈一带一网”防控体系，日均投入 1.6 万人次，累计检查车辆 527 万辆，坚决阻断疫情传播渠道。

建立三级应急运输协调联动机制，完成 15 批次国家应急物资运输任务、958 万吨全省应急物资运输，始终做到“一断三不断”“三不一优先”。客运站场、运输工具、冷链运输、机关学校等常态化防控扎实有效。

安徽交通运输系统主动服务保障复工复产。严格落实收费公路免费通行政策，免收通行费 65 亿元，做到免费不免责、不免服务。在全国率先启动跨省和省内跨市客运包车业务，“点对点”“零伤亡”运送 51.7 万人次。坚决贯彻“六稳”“六保”部署，出台 18 条统筹疫情防控和交通运输发展措施，有序推动 142 个交通续建项目全面复工，全力对冲疫情影响。

积极指导运输企业用活用好政策，不到 3 个月时间，公路货运增速实现“由负转正”再到保持 7% 以上增长，全年增速高出全国平均增速 4.7 个百分点，水路货运量、民航货运量基本恢复至 2019 年水平。

二、防汛救灾

面对“南北夹击、三线作战”的严峻形势，第一时间完善启动防汛Ⅰ级应急响应机制、投入实战状态，紧急调配人力 192 万人次、机械设备 6 万台套，抢通公路 2567 条、4066 处。

及时制定下发《安徽省公路灾毁恢复重建实施方案》，坚持脱贫优先、应急与长远相结合、重建与提高相结合、专项修复与日常改建相结合，加快灾后重建工作，争取交通运输部灾毁补助资金 11.24 亿元、安排省级财政资金 5486 万元，全力保通保畅，做到水退路通、重建跟进，实现一般灾毁项目全部修复完成。

福建

第一节 整体概况

2020 年，福建省交通运输系统按照福建省委、省政府和交通运输部工作部署，凝心聚力、共克时艰，夺取疫情防控阻击战和交通运输发展攻坚战“双胜利”，有力服务和保障全省经济社会发展大局。

扎实做好疫情防控、持续强化运输保障、迅速实现复工复产、全力保障物流供应链畅通，实现全过程“零失管、零感染、零事故”。2020 年，福建省综合交通固定资产投资累计完成 966.48 亿元，其中铁路投资完成 225.87 亿元，公路水路投资完成 740.61 亿元。截至 2020 年底，福建省公路通车里程 110118 公里，公路密度达 90.71 公里 / 百平方公里，铁路运营里程 3884.15 公里，已开通运营的民航运输机场共 6 个，沿海港口生产用码头泊位达 420 个，内河航道通航里程 3245.28 公里，全省综合运输通道全面建成，域内互通、域外互联、便捷通畅的现代综合交通运输体系基本形成。全省完成沿海港口吞吐量 6.21 亿吨、集装箱 1720 万标准箱，公路、水路货运量分别增长 4.4% 和 6.5%，均居东部地区第三位。减免车辆通行费 95.3 亿元，降本力度为历年最大。取消高速公路省界收费站并实现平稳运行，高速公路入口 ETC 使用率等 12 项指标居全国第一。交通运输现代服务业发展步伐加快，全年完成投资 320 亿元，同比增长 72%。邮政业运行实现逆势增长，全年完成邮政业业务总量和业务收入 856.48 亿元和 368.88 亿元，同比分别增长 32.58% 和 13.99%。

综合交通运输发展规划编制工作扎实推进，《福建省综合立体交通网规划》已形成阶段性成果，《福建省“十四五”综合交通运输发展专项规划》基本形成送审稿。印发《交通强国建设试点任务推进方案》，强化政策支持，有序推进试点建设。研究制订《福建省交通强国先行区建设实施方案》，梳理形成全省综合立体交通主骨架重大建设项目，加快推进福建交通强国先行区创建工作。

第二节 交通基础设施建设

一、公路

高速公路方面，2020 年福建省累计完成高速公路固定资产投资 261.6 亿元，建成世界最长跨海峡平潭公铁两用大桥、莆炎梧桐至尤溪中仙段、漳州云平、龙岩永杭、北城互通、福州长福、京台平潭段等 7 个项目（路段）468 公里，全省高速公路建成通车里程 5634.52 公里，3 万以上人口的乡镇基本全覆盖，陆域乡镇覆盖率达 80.3%。

普通公路方面，普通公路建设项目完成固定资产投资 382.3 亿元，累计开工项目 25 个约 196.5 公里，完工项目 42 个约 364 公里，累计在建148个项目1300公里，省道S207线寿宁下党至尤溪段公路、国道G355线(纵四线)芗城区石亭秋坑至天宝珠里公路等工程建成通车。建成农村公路1886公里、新增“单改双”1280公里，安保工程5235公里、完成危桥改造221座、撤渡建桥4座。新增“四好农村路”省级示范县8个，泉州市政府出台创建“四好农村路”示范市实施方案，福州市晋安区北峰环线全景公路鼓宦线被评为“全国十大最美农村路”。

二、水运

2020年，福建省港航固定资产累计完成83.34亿元，新开工建设福州港三都澳港区漳湾作业区21号泊位工程、福州港白马港区坪岗作业区4～5号泊位、湄洲湾港肖厝港区鲤鱼尾作业区4号泊位工程及仓储项目、泉州围头湾石井航道二期工程、闽江沙溪口至三明台江航道整治工程等重要项目；建成中化泉州100万吨/年乙烯及炼油改扩建项目配套码头工程、厦门港古雷港区古雷作业南8号泊位工程、闽江水口至沙溪口航道整治工程、闽江干流马尾罗星塔至水口航道整治工程等项目。截至2020年底，福建省沿海万吨级以上泊位达184个，内河高等级航道通航里程277.9公里。

三、铁路

2020年，福建省累计完成铁路投资225.87亿元，福平铁路、衢宁铁路建成通车，浦梅铁路(建宁至冠豸山段)、兴泉铁路(福建段)、福厦客专、龙龙铁路(龙岩至武平段)等干线铁路建设稳步推进。

四、民航

2020年，福州长乐国际机场二期扩建工程可研获国家发展改革委批复；泉州晋江国际机场扩能改造工程完成初设评审，安防提升改造工程完成竣工验收，航空保障楼建设进展顺利；三明沙县机场完成机坪扩建工程并通过验收；冠豸山机场完善部分安防提升改造工程，龙岩新机场选址于9月获中国民用航空局批复。

五、邮政

在福州市试点开展邮政快递服务末端基础设施基本公共服务设施属性工作，受到国家邮政局批示肯定。积极推进园区建设，中通连江产业园、顺丰泉州创新基地等一批行业重点项目陆续建设，京东福州“亚洲一号”物流园等相继投产。顺丰航空新开通福州至泰州线路，翔安机场达成建设东南航空基地意向。云途物流开通福州至洛杉矶包机专线，厦门新增多条欧洲包机线路，中国邮政经台中转业务增势明显。

第三节　运输服务保障能力

一、道路运输

城市公共交通运输方面，截至2020年底，福建省共有公共汽电车经营业户115户，同比增长9.5%；共有运营车辆2.08万辆、折合2.28万标台，同比分别增长1.2%和1.0%；运营线路2255条、总长度4.10万公里，同比分别增长7.9%和10.6%；年客运量14.30亿人次，同比下降33.9%。全省共有地铁经营业户3户，与2019年持平；地铁运营线路4条，与2019年持平；运营里程130.4公里，同比增长4.1%；配属车辆数870辆，同比增长4.3%；年客运量2.09亿人次，同比增长26.2%。全省共有巡游出租汽车经营业户181户，同比下降2.2%；运营车数2.18万辆，同比下降4.8%；年客运量4.45亿人次，同比下降23.4%。

道路旅客运输方面，截至2020年底，福建省共有道路旅客运输经营业户 462 户，同比增长 5.5%；共有营运载客汽车 1.33 万辆、40.32 万客位，同比分别下降 9.0%、7.3%；完成公路客运量 1.49 亿人次、旅客周转量 90.64 亿人公里，同比分别下降 52.3% 和 52.3%。

道路货物运输方面。截至 2020 年底，福建省共有道路货物运输经营业户 4.59 万户，同比下降 12.6%；共有营运载货汽车 21.82 万辆、341.30 万吨位，同比分别增长 11.8% 和 18.1%。2020 年，福建省完成公路货运量 9.11 亿吨、货物周转量 1021.69 亿吨公里，同比分别增长 4.4% 和 6.2%。

二、铁路

旅客运输方面，2020 年，福建省铁路旅客发送量 7539.34 万人次、旅客周转量 223.16 亿人公里，同比分别下降 40.8% 和 43.7%。

货物运输方面，2020 年，福建省铁路货物发送量 3749.92 万吨、货物周转量 180.90 亿吨公里，同比分别下降 8.2% 和 5.6%。

三、水路

旅客运输方面，2020 年，福建省完成营业性水路客运量 741.5 万人次、旅客周转量 7678.0 万人公里，比上年分别下降 59.3% 和 71.1%。

货物运输方面，2020 年，福建省完成水路货运量 4.5 亿吨、货物周转量 7811.7 亿吨公里，同比分别增长 6.5% 和 9.5%。沿海港口货物吞吐量完成 62132.47 万吨，同比增长 4.5%，其中，集装箱吞吐量完成 1720.19 万标准箱，同比下降 0.3%。全省沿海港口集装箱航线总数共 292 条，全年累计开行航班 23035 班。

四、民航

机场旅客吞吐量方面，2020 年，福建省 6 个运输机场累计完成旅客吞吐量 3181.85 万人次，同比下降 38.5%，其中，福州长乐国际机场完成 886.18 万人次，同比下降 40%；厦门高崎国际机场完成 1671.02 万人次，同比下降 39%；泉州晋江国际机场完成 562.06 万人次，同比下降 33.4%；武夷山机场完成 23.05 万人次，同比下降 64%；龙岩冠豸山机场完成 14.57 万人次，同比下降 36.4%；三明机场完成 24.97 万人次，同比下降 2.3%。

机场货邮吞吐量方面，2020 年，福建省 6 个运输机场累计完成货邮吞吐量 47.69 万吨，同比下降 11.4%。其中，福州长乐国际机场完成 11.99 万吨，同比下降 8.5%；厦门高崎国际机场完成 27.83 万吨，同比下降 15.8%；泉州晋江国际机场完成 7.75 万吨，同比增加 2.9%；武夷山机场完成 292 吨，同比下降 64.2%；龙岩冠豸山机场完成 390 吨，同比下降 17.4%；三明沙县机场完成 448 吨，同比下降 72.8%。

五、邮政

2020 年，福建省完成邮政业业务总量和业务收入分别为 856.48 亿元和 368.88 亿元，同比分别增长 32.58% 和 13.99%；完成快递业务量和业务收入分别为 34.32 亿件和 302.56 亿元，同比分别增长 31.01% 和 16.75%。支撑网络零售额 4100 亿元以上，从业人员突破 10 万人。泉州、厦门、福州 3 个城市快递业务量和业务收入持续保持在全国城市 50 强。全省共有邮政普遍服务网点 1359 个，快递许可企业 437 家、分支机构 1125 个、快递末端网点 8224 个，企业配备安检机 349 台，安检机视频监控联网摄像头 1013 组。拥有泉州、福州、厦门、晋江 4 个“中国快递示范城市”。

邮政快递业“两进一出”工程稳步前行。快递进村工程进展顺利，全省建制村快递服务覆盖率达 91.5%，涌现出千万级服务农业项目 6 个、百万级项目 13 个。快递进厂工程初见成效，印发《关于促进福建省快递业与制造业深度融合发展的指导意见》，培育福州顺丰服务星网锐捷、厦门邮政服务戴尔公司等一批精品项目。目前，全省纳入系统统计的服务制造业项目共35个，服务制造业的快递业务收入4.08亿元。快递出海工程加快启动，在厦门全国率先实现“三关合一”，立足平潭对台海运优势，支持省内陆地港应用平潭等对台海运快件，形成稳定、可预期的国际物流新通道，立足中国（福建）自由贸易试验区，积极打造“快递出海”基地。北京燕文、递四方、云途等知名国际快递服务公司在福建新设或增设机构。至12月，全省国际业务量比增达45.54%，增速约为2019年同期的1.7倍。

第四节 行业治理体系建设

重点领域改革持续深化。撤销福建省交通综合行政执法总队、福建省交通建设发展中心，成立福建省交通运输厅交通综合执法监督局、福建省交通运输综合保障服务中心，交通运输综合执法改革进入全新阶段；研究制定《福州港航务工程处转企改制方案》，经营性事业单位改革取得阶段性进展。

法规标准体系不断完善。《福建省渡运管理办法》《厦门经济特区邮政条例》分别于2020年8月1日、10月1日起正式实施；《福建省交通建设质量安全监督条例》于2020年12月3日由福建省第十三届人大常委会第二十四次会议表决通过，2021年1月1日起实施；《福建省邮政条例（修订）》已经进入省司法厅提起省政府审议阶段。福建省地方标准《智能信包箱技术规范》于2020年9月正式颁布；福建省交通运输厅牵头研究的《公路水运工程淘汰危及生产安全施工工艺、设备和材料目录（第一批）》由交通运输部、应急管理部于2020年10月30日正式发布实施。

“放管服”改革任务持续深化。省级交通审批和公共服务事项同比精简54.4%，“即办件”事项占比提升26.8%，“一趟不用跑”事项占比100%。2020年5月19日，福建省交通运输厅行政服务中心被人力资源和社会保障部、交通运输部联名表彰为“全国交通运输系统先进集体”。《福建省海船检验工作机制创新方案》获交通运输部海事局批复，全省海船检验“检管分离”创新试点工作正式开始。科技治超工作加快推进，建立省级治超工作协调机制，出台全省公路科技治超三年规划，在南平市开展公路治超非现场执法试点，为全省推广科技治超奠定良好基础。

第五节 科技创新

积极推进交通科技创新，着力提升创新能力建设，立项开展补助类科技项目42项。“高温多雨地区耐久沥青路面建造关键技术”等3项成果获得福建省科技进步奖；组织开展9项技术标准和两项省地方标准编制工作，完成两项省地方标准编制；京东与厦门金龙达成共建无人车生产基地项目。积极培育科技创新平台建设，福建省高速集团“自动化作业技术”研发中心获得交通运输部行业研发中心认定，新大陆自动识别公司成功入选国家邮政局行业技术研发中心。

交通一卡通全省覆盖超90%，高速公路入口ETC使用率等12项指标居全国第一。公路路网运行监测全网覆盖，重大桥梁、重点路段实现全天候运行监管，农村公路实现智能管护。建成全国首个省级港口危险货物安全监管平台。营运车辆联网联控平台实现“车子一动，全程受控”，率先实施道路货运车辆“三检合一”，实现“一站式”检车、普通货车全国“通检”。交通执法三级联网联动体系进一步完善，交通运输数据共享能力进一步提升。全国快递大数据东南研究院落地福州。“绿盾工程”涉省项目建设全面完成，福建共186家重点企业、重点场所、重点部位监控联入绿盾视频联网平台。

第六节 安全与应急

2020年，面对新冠肺炎疫情带来的严峻复杂形势，交通运输行业有力保障复工复产，防控重大安全风险，安全生产总体保持平稳，全年接报安全生产事故96起、死亡114人，同比分别下降18.64%和16.18%，未发生重大以上交通运输事故。

聚焦机制建设，深化安全生产责任落实。严格落实“党政同责、一岗双责”和“三个必须”要求，健全完善挂牌督办、约谈警示、会议通报制度。福建省交通运输厅建立厅领导挂钩指导服务制度，组建10个安全生产指导服务小分队，每月下沉地市，深入一线现场督导安全生产，落细落实企业主体责任和行业监管责任。

聚焦隐患整改，扎实推进安全隐患大排查大整治和安全生产专项整治三年行动。全面排查重点领域、重点路段、重点项目，建立统筹推进、定期督办、协同联动的长效工作机制，落实隐患“一抓到底、见底清零”，逐项落实隐患整改闭环。

聚焦科技创新，全面提升安全监管水平。启动交通运输行业安全监管监察系统建设，建成闽粤浙赣四省联盟联网联控平台，应用危险货物道路运输电子运单，启用电子治超非现场执法试点，实现港口危险货物重大危险源实时监测监控，推动安全监管向区域联防、精准监管转变。

第七节 合作与交流

深化闽台交通融合发展。在2020年2月10日台湾方面暂停两岸海上客运航线航班的情况下，对台货物运输持续增长。2020年，福建沿海港口对台货物吞吐量1707.69万吨，同比增长16.76%；对台集装箱吞吐量66.28万标准箱，同比增长6.37%。金门、马祖同福建沿海地区通桥、通气工作持续推进。深化“台海通道”项目研究论证，2020年12月成功举办第十二届台海通道研讨会。经交通运输部、人力资源和社会保障部同意，福建省开展直接承认台湾地区汽车修护技工执照职业资格试点工作。

“丝路海运”探索实践走深走实。成功举办2020年“丝路海运”国际合作论坛，“丝路海运”联盟境内外成员单位突破200家，“丝路海运”命名航线70条，品牌影响力不断提升。2020年，福建省66条“丝路海运”命名航线共开行2455个航次，完成集装箱吞吐量237.47万标准箱。在福州港、厦门港成功开行“丝路海运”快捷航线，正式发布“丝路海运”快捷航线6条，合计开行216个航次，完成集装箱吞吐量31.18万标准箱。

第八节 福建交通运输现代服务业提质“三优化”

2020年，福建省交通运输部门通过“三优化”，即优化服务方式、优化工作抓手、优化发展重心，实施交通运输现代服务业提质计划，推动交通运输服务品质提升、管理协同高效、产业体系发展可持续。印发《应对新冠肺炎疫情支持交通运输现代服务业若干措施》等扶持政策，全年完成投资320亿元，同比增长72%，生成169个项目，新培育11家月营收超5000万元的网络货运企业，全省网络货运企业总营收500亿元，年创造税收数十亿元。快递方面，发展交通运输服务业以来，已累计对接、生成快递项目21个，均为区域总部级，总投资达228亿元，直接、间接带动超过500亿元综合经济产值，直接创造就业岗位约5万个，总收入超过1000亿元，业务量超100亿件，支撑福建省网络零售额超5000亿元，国际快递业务覆盖60多个国家和地区。农村快递服务水平明显提升，县乡物流节点覆盖率分别达到100%和91.3%。

附表

福建省交通运输主要指标统计表

指标			2019年	2020年	备注
基础设施投资（亿元）	综合交通固定资产投资		1011.38	966.48	
	铁路投资		247.1	225.87	
	公路投资		673.38	656.21	含普通公路、高速公路及场站
	# 高速公路投资		261.44	261.62	
	水运投资		90.02	83.34	
	其他投资		0.88	1.06	
铁路	通车总里程（公里）	国家铁路营业里程	3615.85	3884.15	
		# 国家铁路	1467.3	1467.3	
		# 合资铁路	2148.55	2416.85	
		# 地方铁路	0	0	
	运输情况	旅客发送量（万人次）/货物发送量（万吨）	12741.12/4085.53	7539.34/3749.92	
		旅客周转量（亿人公里）/货物周转量（亿吨公里）	396.25/191.61	223.16/180.90	
公路	通车总里程	公路通车总里程（公里）	109785.16	110118.21	
		# 高速公路通车里程(公里)	5346.59	5634.52	
		# 等级公路里程（公里）	93752.95	95315.90	
		# 农村公路里程（公里）	93267.27	93291.83	
		# 桥梁（座）	31174	31759	
		桥梁总长（万延米）	289.6	315.2	
		# 隧道（座）	1747	1826	
		隧道总长（万延米）	223.6	235.9	

续上表

指标			2019年	2020年	备注
公路	运输情况	客运量（万人次）/货运量（万吨）	31199.27/87317	14882.10/91136.61	
		旅客周转量（万人公里）/货物周转量（亿吨公里）	1899861.85/962.48	906371.90/1021.69	
水路	航道及码头情况	内河航道通航里程（公里）	3245.28	3245.28	
		# 高等级航道通航里程（公里）	277.9	277.9	三级及以上航道里程
		港口生产用码头泊位拥有量（个）	521	420	
		# 万吨级泊位（个）	185	184	
	运输情况	客运量（万人次）/货运量（万吨）	1820.6/42262.6	741.5/45017.6	
		旅客周转量（万人公里）/货物周转量（亿吨公里）	26596.8/7135.6	7678.0/7811.7	
民航	机场数量（个）		6	6	根据民航统计口径和办法，机场运输指标统计的是旅客吞吐量和货邮吞吐量
	运输总周转量（万吨公里）		—	—	
	# 国内运输总周转量（万吨公里）		—	—	
	# 国际运输总周转量（万吨公里）		—	—	
	旅客运输量（人次）/货邮运输量（万吨）		5173.75/53.91	3181.85/47.69	
	旅客周转量（万人公里）/货邮周转量（万吨公里）		—	—	
邮政	邮政行业业务总量（万元）		6460111.27	8564801.11	
	快递业收入（万元）		2591559.72	3025580.41	
	邮政邮路总条数（条）		967	1100	
	邮政邮路总长度（单程/公里）		683020	298991	因疫情影响，2020年邮政邮路总长度不含国际、港澳台地区速递数据

江西

第一节　整体概况

2020 年，江西省持续推进综合交通基础设施建设，“四纵六横八射十七联”高速公路网、“两横一纵”内河高等级航道基本形成，既打通了横贯东西、连通南北的跨区域流通“大动脉”，又构建了贯通“一圈三区”和主要产业带的省内综合运输“主网络”，基本形成了功能清晰、层次分明、衔接顺畅的综合交通运输网络，为全省高质量跨越式发展提供了有力支撑。

对接重大战略主动高效。主动服务江西省对接“一带一路”、长江经济带发展、粤港澳大湾区、交通强国建设等国家重大战略实施，坚持以全局视野和系统观念谋划推动交通运输工作，统筹编制综合立体交通网、高速公路、内河水运等重大发展规划，进一步优化完善了省际省内综合运输通道布局。建设投资力度再创新高。综合交通累计完成投资 4481 亿元，是“十二五”完成投资的 1.38 倍，是江西省交通发展史上建设投资规模最大的五年。特别是 2020 年在受新冠肺炎疫情和严重洪涝灾害的不利影响下，全省公路水路投资仍然突破 1000 亿元大关，同比增速连续 6 个月排名中部第一，创造了年度投资历史最高值，为扩内需、稳增长作出了重大贡献。

综合枢纽加快建设。布局“一核三极多中心”综合交通枢纽，在沪昆、京九高速铁路经济带沿线和干支线机场建成一批综合客运枢纽。持续推进九江区域性航运中心、赣州国际陆港、南昌向塘铁路物流枢纽等一批综合货运枢纽建设。建成抚州、萍乡、上饶等 6 个综合客运枢纽，吉安、井冈山、宜春等 6 个公路货运枢纽，新干、龙头山 2 个航电枢纽，南昌龙头岗码头和全省最大的集装箱码头九江红光国际港。

服务效能持续提升。国家公交都市或省级公交城市建设覆盖全省。“交通一卡通”实现 11 个设区市互联互通，并与全国 303 个地级以上城市基本实现联通。镇村公交发展试点县（市、区）达到 40 个。在全国率先推行道路客运“线长制”。加快推进多式联运发展，赣州港成功入选国家第二批多式联运示范工程，首批组织了 5 家单位开展省级多式联运示范工程建设试点。

第二节　交通基础设施建设

加强铁路建设。2021 年，确保赣深客专、兴泉铁路兴泉至宁化段建成通车，开工建设瑞梅、长赣铁路，加快形成“两纵三横两放”铁路网布局。

全省公路总里程居全国第 9 位，超 21 万公里，较“十二五”增长 34.5%。高速公路路网密度为每百平方公里 3.7 公里，是“十二五”时期的 1.2 倍、全国平均水平的 2.5 倍，打通了 28 个出省通道。普通国道二级及以上公路比例达到 92%。全面推进干线公路养护管理制度化、规范化、信息化，国省干线公路服务水平实现大幅提升。在全国率先实现25户以上自然村“村村通”和“组组通”水泥路，所有乡镇、建制村100%通客车和邮政车辆。高等级航道里程达到870公里，赣江、信江基本具备三级通航条件。

2020年，江西省机场集团狠抓重点项目建设管理，各重点建设项目顺利推进。加速推进南昌机场T2航站楼C指廊延伸及飞行区配套工程工作，南昌昌北国际机场总体规划修编获批，完成航站楼方案征集工作，南昌昌北国际机场三期建设预可研获得行业审查意见，同时积极推进可研工作。口岸建设取得重大进展，积极推进南昌昌北国际机场“一货站三中心”项目建设，快件中心、邮件中心、通关中心、新国际货站已全部开通运行。加速推进南昌昌北国际机场安全保卫工程、围界更换工程。省市联合出台《南昌昌北国际机场客货运发展专项资金奖励暂行办法》，省市政府客货管理机构和补贴政策有效整合。顺利完成南昌昌北国际机场飞行程序调整优化真机验证试飞，进离场航线分离工作取得实质性进展。全力协同南昌市政府引进春秋航空成为南昌昌北国际机场第四家基地公司，全服务加低成本的“3+1”科学发展格局初步形成。南昌昌北国际机场年货邮吞吐量18.2万吨，同比增长48.7%，连续三年增速位居全国前列。全国机场货运量排名18位，较2019年上升8位。其中，国内货邮10.5万吨，同比增长2.2%；国际货邮7.7万吨，同比增长296.9%。在货运航线网络方面，货运航线增至9条，每周47班。其中，国内货运网络通航点不断增加，目前国内及地区货运航线网络覆盖中部的郑州，东部的南京、上海、杭州，西北的乌鲁木齐，南端的深圳、南宁、香港；国际通航城市包含欧洲列日，美洲洛杉矶，东南亚金边，航线网络覆盖3大洲。

第三节　运输服务保障能力

2020年，中国铁路南昌局集团江西省铁路营运里程4563.3公里，铁路客运量7962.7万人次，周转量450.29亿人公里，货运总发送量4490.0万吨，货运总周转量496.58亿吨公里。

2020年，江西省机场集团开展服务质量品牌建设专项行动，着力提升航班正常水平和服务品质，树立特色服务品牌。南昌昌北国际机场航班放行正常率为90.90%，在全国千万级大型机场中排名第19。与中国国际航空公司等8家航空公司建立行李运输数据共享机制，推进跨航空公司行李直挂服务；开通旅客遗失物品查询平台，提高旅客遗失物品的找寻效率。开通残疾人线上预约服务，推出“赣悦飞 · 特享”服务品牌。旅客满意度稳步提升，2020年，南昌昌北国际机场ACI（旅客满意度）达到4.93分。

2020年，江西省邮政快递业务总量和业务收入分别完成311.34亿元和173.69亿元，同比增长35.26%和24.93%，排全国第14位，增速位居全国“第一方阵”。其中，快递业务量和业务收入分别完成11.2亿件和114.66亿元，同比增长44.11%和36.02%。全省人均年使用快递服务67次。支撑网络零售额1300亿元以上。邮政普遍服务和快递服务满意度稳中有升，消费者申诉处理满意率达到99.6%。

组织开展“行政执法规范月”活动和乡镇局所专项整治行动，督促邮政企业加大投入、增配人员、委代办改自办，普遍服务水平显著提升。全省农村局所委代办改自办134个，委代办率下降25%，自办率达79.6%。认真开展《众志成城　抗击疫情》等重点题材纪特邮票销售监督检查。全力保障各级党委（党组）巡视巡察专用邮箱邮件寄递服务。持续提升机要通信保密安全能力，与保密部门建立长效工作机制，实现联合检查常态化、规范化，全省邮政机要通信连续 25 年质量全红。做好“扫黄打非”工作，查堵违禁品成效明显，省局普服处获评全国“扫黄打非”先进单位，3 个市局和 4 名个人分别获评省“扫黄打非”先进单位、先进个人。

第四节　行业治理体系建设

科学谋划“四梁八柱”架构。推动江西省政府办公厅印发《关于实施“三大攻坚行动、三大提升工程”推动全省交通运输高质量发展的意见》，印发《关于加快水运改革发展的实施意见》（以下简称“6+1 方案”），在全省交通运输系统集中实施为期两年的攻坚提升活动，系统谋划了 2020—2021 年的任务书和路线图。2020 年，“6+1 方案”多项工作接连取得突破性进展，工作成效得到省委、省政府和交通运输部的充分肯定。

积极开展重点领域改革。体制机制改革方面，理顺全省综合交通运输规划、运输综合协调、渔船检验和监管等职能，推进形成有利于综合交通运输发展的协调管理机制。机构改革方面，进一步理顺厅属单位职责，组建了省高等级航道事务中心、省综合交通运输事业发展中心、省交通运输综合行政执法监督管理局和省港口集团。“放管服”改革方面，压减行政权力清单 38 项，取消行政许可证明 15 项。线下统一推行“四有四免”、延时错时服务，线上积极对接应用“赣服通”，68 项事项实现“网上办”。“ETC 办理一次不跑”被国务院作为经验典型推广。

持续提升行业治理水平。法治政府建设方面。推动颁布《江西省道路运输条例》等 3 部地方性法规规章，《江西省水路交通条例》等 4 部法规列入全省立法规划。信用体系建设方面。连续 5 年获评全面依法治省、法治政府建设优秀单位和全省社会信用体系建设优秀单位。2020 年荣获全国法治交通先进集体、全国“信用交通省”十大典型省份。

绿色交通建设方面。积极推广绿色公路建设，广吉高速公路被列入全国第一批绿色公路建设典型示范工程；船舶和港口污染治理能力明显增强，建成 21 个船舶污染物接收站，在全国率先完成 100 ~ 400 总吨船舶加装生活污水收集处理装置；纳入整治清单的 137 座内河非法码头基本完成整改；淘汰营运黄标车和老旧车辆 8.86 万辆；新能源公交车占比达到 69.6%。

第五节　科技创新

获得国家科技进步二等奖 1 项、省部级科技奖励 33 项；“装配式桥涵工业化建造关键技术”研究成果达到国际先进水平；“宁定高速公路智慧运营与服务提升”成果具有重大示范推广意义；信江航电枢纽绿色智慧工程获批交通运输部科技示范工程；获批组建了 5 个省部级科技平台，省部级科技平台总数达 10 个；制定发布了 50 余项地方标准或行业指南。

智慧交通建设方面，系统整合行业 30 个信息化项目，基本建成以智慧交通大数据中心 + 智慧交通政务管理与服务平台、智慧交通综合监管平台、智慧出行与物流信息服务平台为主架构的“一中心、三平台”。

人才培养方面，大力引进院士、国家双千学者，培养了一批交通高级技术人才，培育推荐了一批科技人才入选省百千万人才工程、荣获国务院或省政府特殊津贴和当选交通运输部科技英才。

职业教育方面，江西交通职业技术学院入选国家“双高计划”高水平专业群建设单位，江西交通技工学校升格为高级技工学校。

第六节　安全与应急

扎实开展了安全生产专项整治三年行动。

持续安全生产基础推进重点领域专项整治。实施了公路安全隐患“扫雷”清零专项行动。普速铁路沿线环境安全隐患整治提前完成年度任务。创新开展治超非现场执法，建成197个治超不停车检测点。加强源头治超工作，明确重点源头单位586家。高速公路治超成效进入全国第一方阵。全省所有营运客车、危险货物运输车辆全部安装4G视频实时监控设备和主动安全智能预警装置，在全国率先联合开展动态监控违法违规行为分类闭环处理试点。全省16家水路危险品运输企业全部建立视频监控系统平台。组织编制了“一图一牌三清单”通用参考指南和风险等级判定指南。

应急保障能力进一步提升。全省交通应急指挥系统经受住新冠肺炎疫情、超历史水毁灾情等重大突发事件的严峻考验，保通保畅保运工作成效突出。建成智能交通管理与路网监控系统。加强应急基地建设，建成17个集“养护、应急、服务”三位一体的高速公路区域性养护综合基地、82个路段级基地、7个省级普通公路应急保障基地，新改建81个市（县）级综合养护中心。加强应急队伍建设，组建了200余支行业安全监管和应急救援队伍。

抓实国防路网和战备体系建设，交通战备应急保障能力进一步提升。和谐稳定局面进一步巩固。贯彻总体国家安全观，认真做好国家安全领域交通运输工作。强化网络安全管理，加强交通运输基础设施信息和关键数据资源保护。

加大矛盾纠纷隐患排查力度，全力做好信访事项化解稳控工作。常态化开展交通运输领域扫黑除恶专项斗争工作，努力营造和谐稳定的交通运输发展环境。

第七节　特色工作

一、交通脱贫攻坚更加显著

交通扶贫持续推进。先后出台《江西省交通运输打赢脱贫攻坚三年行动实施方案（2018—2020年）》《支持全省269个深度贫困村公路建设实施方案》等文件，全省贫困地区省级直接投入和补助资金累计达到1035亿元，占“十三五”公路水路固定资产投资的近30%，其中普通国省道和农村公路分别投入补助资金240亿元和187亿元，分别比“十二五”增长77%和274%。

贫困地区交通条件持续改善。新增高速公路里程1060.5公里，完成国省道升级改造2448公里，25户以上自然村通水泥路15631公里，“组组通”水泥路3804公里，贫困地区公路路网规模显著增加。2020年9月，全省贫困地区实现建制村全部通客车。贫困地区尤其是赣南等原中央苏区、罗霄山集中连片特困地区运输条件得到明显改善。

脱贫致富内生动力稳步增强。强化农村公路对乡村产业发展的支撑作用，贫困地区累计完成旅游路、资源路、产业开发路建设1620公里。加快推动“交通＋特色产业”“交通＋旅游”等发展，当好脱贫攻坚、农村产业发展和乡村振兴的“助推器”，为地方旅游、特色加工、矿物开发、商贸物流等产业落地发展创造条件。落实省派单位定点帮扶任务，累计选派119名驻村第一书记和扶贫干部、争取资金6732万元，在基础设施补短板、扶贫产业发展和消费扶贫等方面精准发力，定点帮扶村顺利脱贫摘帽，扶贫长效机制进一步健全。

二、疫情防控有力有效

坚决阻断疫情通过交通工具输入和传播扩散。拥有全国率先取消省内（县市）之间高速公路、国省道出入口的检疫站点，制定印发《江西省交通项目工地新型冠状病毒肺炎疫情防控指南》，均得到交通运输部肯定并在全国推广。迅速落实防疫期间免收通行费政策，共免费放行车辆6000万辆次，免收车辆通行费61.5亿元，强化应急运力调配，畅通“绿色通道”保证防疫生活物资的运送。优化运输组织，加快企业复工复产。全省交通运输疫情防控工作得到国务院领导的充分肯定，3个集体、7名个人荣获全国交通运输系统抗击新冠肺炎疫情先进集体和个人，获表彰数量居全国第三。

附表

江西省交通运输主要指标统计表

指　标			2019年	2020年	备　注
基础设施投资（亿元）	综合交通固定资产投资		1127.9	1425.59	
	铁路投资		425.2	403.19	
	公路投资		655.4	957.1	
	# 高速公路投资		139.7	377.4	
	水运投资		47.3	65.3	
铁路	通车总里程（公里）	国家铁路营业里程	4534.7	4546.3	
		# 国家铁路	2485.9	2485.0	
		# 合资铁路	2048.8	2061.2	
		# 地方铁路	—	—	
	运输情况	旅客发送量（万人次）/货物发送量（万吨）	11728.2/4961.4	7962.7/4490.0	
		旅客周转量（亿人公里）/货物周转量（亿吨公里）	739.72/563.08	450.29/496.58	
公路	通车总里程	公路通车总里程（公里）	209131.109	210641.496	
		# 高速公路通车里程(公里)	6144.476	6234.111	
		# 等级公路里程（公里）	195458.096	205121.588	
		# 农村公路里程（公里）	184404.325	185785.426	
		# 桥梁（座）	28061	27778	
		桥梁总长（万延米）	173.41	178.65	
		# 隧道（座）	310	326	
		隧道总长（万延米）	29.96	31.81	
	运输情况	客运量（万人次）/货运量（万吨）	45933/135554	33643/141899	
		旅客周转量（万人公里）/货物周转量（亿吨公里）	2442452/3040.3	1808853/3247.1	

续上表

指标			2019年	2020年	备注
水路	航道及码头情况	内河航道通航里程(公里)	5716	5716	
		#高等级航道通航里程（公里）	688	871	
		港口生产用码头泊位拥有量（个）	574	628	
		#万吨级泊位（个）	0	0	
	运输情况	客运量（万人次）/货运量（万吨）	197.7/10330.6	113.2/10696.7	
		旅客周转量（万人公里）/货物周转量（亿吨公里）	2751/255.4	1767/266.4	
民航	机场数量（个）		7	7	
	运输总周转量（万吨公里）		—	—	
	#国内运输总周转量（万吨公里）		—	—	
	#国际运输总周转量（万吨公里）		—	—	
	旅客运输量（人次）/货邮运输量（万吨）		18457127/12.99	12727934/18.74	
	旅客周转量（万人公里）/货邮周转量（万吨公里）		—	—	
邮政	邮政行业业务总量（万元）		2301800	3113400	
	快递业收入（万元）		843000	1146600	
	邮政邮路总条数（条）		377	864	
	邮政邮路总长度（单程/公里）		72358	267100	

山东

第一节　整体概况

2020年，山东省交通运输系统创新体制机制，加快基础设施建设，服务能力和保障水平全面提升。

行业改革攻坚取得重要突破。按照精简、统一、效能的原则，省、市、县三级建立起综合交通运输管理体制，实现公路、地方铁路、机场、水运、城市轨道交通一体化管理。整合交通运输资源，组建省铁路投资控股集团、港口集团、机场管理集团，在海洋集团内组建海运和内河水运集团，整合高速公路集团和齐鲁交通集团，组建新的山东高速公路集团，构建起五大省属交通运输投融资、建设和运营大平台。交通运输综合行政执法改革基本完成，实现一个行业一支执法队伍。

交通强国建设试点全面启动。山东省是交通运输部确定的交通强国第一批试点单位，按照“走在前列、全面开创”的目标定位，省交通运输厅研究制定了交通强国试点方案。2020年5月，试点方案获交通运输部首批批复，批准山东省在高速铁路建设管理模式、“四好农村路”乡村振兴齐鲁样板、智慧高速公路系统工程研究及实践、智慧港口建设和综合交通体制机制改革5个方面开展试点。省交通运输厅开展了交通强省发展战略等10个方面专项研究，对5项专题试点逐一成立工作专班，制定具体方案，以试点建设带动整体工作提升。2020年10月，山东省委、省政府印发《山东省贯彻〈交通强国建设纲要〉实施意见》，全面贯彻《交通强国建设纲要》，正式启动交通强省建设。强化综合交通规划引领，完成《山东省综合交通运输“十四五”发展规划》和《山东省综合立体交通网规划（2021—2035）》征求意见稿。

交通基础设施建设实现跨越。截至2020年底，山东省铁路运营里程达到7061公里，其中高速铁路运营里程达到2110公里，居全国第三位。全省公路通车里程达到28.68万公里，公路密度达每百平方公里183公里，均居全国第三位；高速公路通车里程达到7473公里，六车道以上占比达到26%。普通国省道一级公路以上占比达到50%。行政村通沥青（水泥）路率达到100%，基本实现村内道路硬化“户户通”。沿海港口生产性泊位达到607个，其中万吨级以上泊位340个，总通过能力达到9.6亿吨。民用运输机场达到10个，形成“两枢一干七支”机场格局，居华东地区首位，通用机场达到13个。城市轨道交通通车里程达到339公里，济南、青岛城市轨道交通加速成网。等级客运站、货运站分别达到243个和104个，初步形成以济南、青岛为核心，烟台、潍坊、临沂、菏泽为重要节点的“2+4+N”综合交通枢纽布局。

第二节　交通基础设施建设

面对新冠肺炎疫情带来的严重冲击，山东省交通运输系统坚决落实省委、省政府全面加大交通基础设施建设投资的部署要求，开展“战疫情、保工期、比贡献”劳动竞赛。全年完成基础设施建设投资2356亿元，投资总量、建设规模再创历史新高。

铁路建设取得重要进展。潍烟、莱荣、济枣3条高速铁路线路开工建设，潍莱高速铁路建成通车，新增高速铁路里程123公里。岚山港疏港铁路、临沂临港疏港铁路等18条铁路专用线开工建设，黄大铁路开通运营，东营港疏港铁路等13条铁路专用线投用。

公路建设实现重要突破。枣庄至菏泽、济南至泰安等15条、1280公里新建、改扩建高速公路建成通车，新增通车里程1026公里，高速公路通车里程重回全国前列。临淄至临沂等5条、598公里高速公路开工建设。组织“公路服务品质提升年”活动，普通国省道实施新改建529公里、养护大中修1134公里。“四好农村路”建设成效显著，全年完成新改建农村公路1.08万公里，自2018年起，累计新改建农村公路4.3万公里，超额完成“三年集中攻坚”专项行动任务，烟台市欧邱线乡道获评全国“十大最美农村路”。全年完成2.7万个行政村通户道路硬化，基本完成“户户通”建设任务。

水运建设迈上新台阶。具有全球领先水平的青岛港自动化集装箱码头二期工程竣工投产，青岛港董家口港区30万吨级原油码头、日照港石臼港区大型通用泊位工程等一批沿海港口重点项目完工，沿海新增万吨级以上泊位14个。京杭运河主航道升级改造工程（济宁段）、湖西航道整治工程加快推进，韩庄复线船闸工程完工。小清河复航工程全面开工建设，超额完成年度投资目标。

机场建设取得新进展。济宁机场迁建、临沂机场航站楼改扩建工程开工建设，菏泽牡丹机场、济南机场北指廊、山东威海机场停机坪3个项目建成。济南遥墙国际机场二期改扩建工程预可研报告已由中国民用航空局出具行业意见，工作区先期开工。济南商河等6个通用机场开工建设。

城市轨道交通建设有力推进。青岛地铁1号线北段和8号线北段、济南轨道交通2号线建成，全省新增通车地铁线路3条、106公里，总通车线路达到10条。

第三节　运输服务保障能力

综合客运货运持续稳定恢复。2020年，山东综合客运量达到3.36亿人次，恢复到同期的45%。综合货运量达到31.5亿吨，同比增长1.3%，其中铁路货运量完成3亿吨，比2017年底增加7600万吨，超额完成国家下达的运输结构调整任务目标。营业性客车中高级客车占比达到97%，重型营运货车占比达到68%。运输船舶净载重量达到1681万吨，其中山东海运运力规模达到1280万载重吨，居全国第三位。城市公共汽电车达到6.5万辆，公交运营线路达到6300余条，出租汽车达到7.1万辆。全省所有乡镇和具备条件的建制村全部实现通客车，其中客运公交化改造比例超过90%。全面形成县、乡、村三级农村物流网络体系。济南、临沂通过国家第一批综合运输示范城市验收。济南、青岛被列为国家物流枢纽。建成“司机之家”36个。网络货运加快发展，全省网络货运企业整合社会车辆40余万辆，货运总量达8300万吨。

沿海港口一体化改革成效显著。以建设世界一流海洋港口为目标，省委省政府整合沿海7个港口组建山东港口集团，构建起沿海港口一体化发展的新格局。全省沿海港口吞吐量逆势增长，货物吞吐量达到16.9亿吨，居全国第二位，集装箱吞吐量达到3191万标准箱，居全国第四位，分别增长4.9%和6.0%。其中，山东省港口集团货物吞吐量和集装箱吞吐量突破14亿吨和3000万标准箱。全省内河港口吞吐量完成5725万吨。

多式联运服务体系进一步完善。山东多式联运国家级示范工程达到4个、省级示范工程达到

33个，累计开通海铁联运班列线路70条，基本形成多式联运国际物流大通道。创新开展干散货“铁路＋公路”全程物流模式，探索开展多式联运“一单制”改革，青岛港集装箱“海铁公”多式联运工程被评为国家多式联运示范工程，完成量连续5年保持全国沿海港口第一位。

服务外贸工作成果丰硕。省政府成立由省交通运输厅牵头的交通运输服务外贸出口工作专班，用足用好国际货运航线补贴政策，全省新开通或加密国际全货机航线34条、新开通海上外贸航线18条；“齐鲁号”欧亚班列开行达到1506列，同比增长43%，线路增加至40条，为稳外贸作出突出贡献。积极推动交通运输部与韩国国土交通部召开中韩陆海联运整车运输试运行筹备会议，并签署会议纪要。全省国际道路货物运输企业达到20家，首次开通“上合TIR定班专线”。

第四节　行业治理体系建设

交通运输法规政策体系进一步健全。山东省人大常委会修订《山东省水路交通条例》《山东省公路路政条例》《山东省道路运输条例》，省政府办公厅印发实施《关于支持铁路发展实施土地综合开发的意见》《关于加快民用机场建设发展的意见》。省政府常务会议审议通过《加快建设世界一流海洋港口的意见》。

交通运输领域营商环境不断优化。持续深化“放管服”改革，山东省交通运输厅委托或直接下放27项省级权力事项，完成48项依申请办理的政务服务事项流程再造，超限运输车辆行驶公路许可实现“零接触”审批。加快构建以信用为基础的行业新型监管机制，山东省被交通运输部评为2020年“信用交通省”建设典型省份。全面推进全省交通运输工程招投标改革，列入《山东省公共资源交易目录》的交通运输工程公共资源项目，全部进入山东省公共资源交易中心交易。

执法建设和治超工作成效显著。完善全系统执法制度规范和工作流程，梳理行政处罚、行政强制事项，编制行政处罚18项“不罚清单”、8项“轻罚清单”。全面推广使用“山东省交通运输综合执法管理系统”，实现行政处罚全部网上运行。强力推进高速公路入口治超，开展非法超限超载“百日攻坚”整治行动，高速公路超限率下降至0.2%～0.3%。省交通运输厅联合省公安厅、省法院、省检察院，严厉打击交通运输领域涉黑涉恶势力妨害公务等违法犯罪行为，建立了打击“黑车”非法营运联动机制。

行业文明建设取得重大成果。山东省港口集团青岛港“连钢创新团队”被中宣部授予“时代楷模”称号。山东高速公路集团驻塞尔维亚E763项目组获评交通运输部“全国感动交通十大年度人物”，于正洲同志荣膺“特别致敬人物”。在全省组织开展了首届感动交通年度人物、山东交通工匠和最美城市公共交通驾驶员推选活动。青岛真情巴士荣获全国文明单位称号，行业内14个单位（集体）荣获全国交通运输行业文明单位和文明示范窗口称号。

第五节　科技创新

科技创新引领步伐加快。建立交通强省重点科技创新项目库，入库项目达439项。山东省港口集团“自动化码头技术研发中心”被批准为全国交通运输行业研发中心。智慧交通重点实验室被认定为省级行业重点实验室，并纳入山东省重点实验室筹建名单。“车路协同关键技术研究与应用”“车辆智能监管与安全营运关键技术研究及应用”纳入2020年山东省重大科技创新工程项目指南。山东省交通运输厅数字政府建设“四个一”攻坚重点任务全部完成。

新型基础设施示范项目建设快速启动。智慧高速公路济青中线、京台高速公路山东段正式启动建设，加快打造融“智能运输网、传感通信网、绿色能源网”于一体的全国领先、具有示范带动作用的智慧高速公路项目。青岛港“云港通”电商平台建成运行。青岛港全自动化集装箱无人码头等智慧港口项目加快建设。

第六节　安全与应急

行业安全水平进一步提升。印发《山东省交通运输安全生产信用管理实施办法》，建成安全生产信用信息化平台，加快构建以安全生产信用评价为基础、以信息化为保障的新型交通运输安全监管机制，全面推进企业主体责任落实。积极建立行业安全监管工作评价体系，全面推进行业安全监管责任落实。全省 9 个项目被交通运输部安全委员会评为 2020 年“平安交通”创新案例，数量居全国前列。

安全生产专项整治三年行动扎实推进。印发《山东省交通运输安全生产专项整治三年行动工作方案》，建立制度措施和问题隐患“两个清单”，在全省开展安全隐患大排查大整治，累计排查各类问题隐患 3.64 万个，整改完成率达 94% 以上。危险货物道路运输安全监管系统上线试运行，电子运单制度全面实施。

应急管理水平稳步提高。制定印发《交通运输综合应急预案》《交通运输防汛抗旱应急预案》及应急工作手册。组织开展 2020 年全省水上交通应急演练。坚决落实汛期各项防范措施，确保了交通运输安全度汛。

第七节　特色工作

一、为民与服务

绿色交通运输体系建设取得新进展。全年淘汰国三及以下排放标准营运柴油货车 19.18 万辆，超额完成国家下达的任务。大力发展清洁能源运输工具，新能源及清洁能源公交车、出租汽车比例均超过 90%。沿海主要港口 50% 以上的专业化泊位具备向船舶供应岸电能力，京杭运河基本实现岸电全覆盖。开展内河船舶和港口污染专项整治，提前一年半完成国家下达的全部 2557 艘 400 总吨以下内河船舶防污改造任务。

交通精准扶贫成效显著。全年新改造提升省定扶贫村道路 218 公里，所有省定扶贫村基本实现与邻近路网有等级路衔接、拥有 1 ~ 2 条穿村公路，累计建设黄河滩区迁建撤离道路 473 公里，贫困地区交通基础设施全面改善。

为民服务能力显著提升。大力发展公共交通，济南、青岛创建成为国家公交都市建设示范城市，全省 16 市主城区与全国 300 余个中心城市实现公交卡互联互通。577 所汽车检测机构和超 1 万家汽车维修企业联网运行。推进驾驶员培训服务线上监管，852 所驾校、3 万余辆教练车接入平台。积极回应群众关切，会同公安部门深入开展全省高速公路限速标志整治和公路限高限宽设施“再排查、严整治”专项行动，规范全省高速公路限速标志，拆除 7346 处不符合保留条件的限高限宽设施，全面完成整治任务。

二、疫情防控

2020 年新冠肺炎疫情发生后，山东省交通运输系统以高度的政治担当，守住交通行业防控线，保障应急物资运输线，开辟复工复产交通线，为打赢疫情防控总体战、阻击战贡献了交通力量。

全面防控疫情输入传播。严格落实“外防输入、内防反弹”的总体防控策略，制定实施道路客运、城市公交、出租汽车等各个运输门类疫情防控规则和机场、港口水运严防境外疫情输入防控指南，严格落实客运场站和交通运输工具消杀等各项防控措施，实施全过程动态管控。印发《山东省交通运输行业做好新冠肺炎疫情常态化防控工作细则》，进一步加强科学精准的常态化疫情防控，巩固疫情防控成效。自 2020 年 1 月 24 日启动重大突发公共卫生事件 I 级响应以来，全系统累计投入一线职工545万人次、交通执法和路政人员27万人次，在交通运输领域有力防控了疫情输入和传播。

全面保障公路网络畅通。严格落实国家“五个严禁”和“一断三不断”要求，与公安部门开展联合执法，坚决纠正和处置阻断公路网的行为。自2月21日起，受疫情影响封闭的高速公路收费站、服务区全部恢复正常通行；自3月24日起，疫情防控期间设置的公路检疫站点全部撤销，全省路网恢复正常通行秩序。严格执行收费公路免费通行政策，全省高速公路累计减免通行费98亿元，并于2020年9月1日—2021年6月30日，对在山东省高速公路上行驶并安装ETC套装设备的货车给予8.5折通行费优惠。强化路网监测、应急指挥调度和执法监管，从严查处非法运营和黑车。

全面保障重要物资运输。严格落实应急运输绿色通道政策，简化“通行证”办理程序，建立省际运输通行证互认机制，全力保障应急防疫、重要工业农业生产物资等运输车辆优先快速通行。全省储备应急运力2500余辆，累计组织应急运力1.1万辆次，运输防疫物资近20万吨。做好支援湖北黄冈应急物资运输工作，组建应急车队，建立物资储运站，实行“点对点”运输和全过程封闭管理，圆满完成对口支援湖北黄冈运输保障任务。

全面恢复客运服务。分区分级恢复道路客运、城市公交、出租汽车服务，制定支持道路客运企业恢复正常运营的工作措施。2020年3月11日起，全面恢复省内道路客运市际班线和农村客运；3月13日起，渤海湾鲁辽6条客运航线全面恢复；3月30日起，恢复省内道路包车客运服务；5月31日起，恢复山东省至湖北省省际道路班线客运。精准开展定制化包车运输，开行点对点务工返岗包车近2万趟次，接送务工人员42.5万人次。

全面推进交通基础设施建设复工。省政府办公厅印发《关于加快交通基础设施重点工程复工的通知》，省政府召开专题会和复工动员视频会，54个交通重点项目于2020年2月24日起全部复工复产。

附表

山东省交通运输主要指标统计表

指标			2019年	2020年	备注
基础设施投资（亿元）	综合交通固定资产投资		1750	2356	
	铁路投资		375	510	
	公路投资		1158	1323	
	#高速公路投资		680	772	
	水运投资		105	142	
铁路	通车总里程（公里）	国家铁路营业里程	—	—	
		#国家铁路	—	—	
		#合资铁路	—	—	
		#地方铁路	—	—	

续上表

指　标			2019年	2020年	备　注
铁路	运输情况	旅客发送量（万人次）/货物发送量（万吨）	—	—	
		旅客周转量（亿人公里）/货物周转量（亿吨公里）	—	—	
公路	通车总里程	公路通车总里程（公里）	280324	286814	
		# 高速公路通车里程（公里）	6447	7473	
		# 等级公路里程（公里）	279930	286590	
		# 农村公路里程（公里）	251996	257531	
		# 桥梁（座）	50332	51584	
		桥梁总长（万延米）	249	282	
		# 隧道（座）	98	138	
		隧道总长（万延米）	10.5	15.8	
	运输情况	客运量（万人次）/货运量（万吨）	49581/266124	19475/267230	
		旅客周转量（万人公里）/货物周转量（亿吨公里）	4925562/6746	1593138/6784	
水路	航道及码头情况	内河航道通航里程（公里）	1150	1150	
		# 高等级航道通航里程（公里）	—	—	
		港口生产用码头泊位拥有量（个）	804	820	
		# 万吨级泊位（个）	324	360	
	运输情况	客运量（万人次）/货运量（万吨）	2014/17758	824/18208	
		旅客周转量（万人公里）/货物周转量（亿吨公里）	143864/1895	39535/1990	
民航	机场数量（个）		—	—	
	运输总周转量（万吨公里）		—	—	
	# 国内运输总周转量（万吨公里）		—	—	
	# 国际运输总周转量（万吨公里）		—	—	
	旅客运输量（人次）/货邮运输量（万吨）		—	—	
	旅客周转量（万人公里）/货邮周转量（万吨公里）		—	—	
邮政	邮政行业业务总量（万元）		—	—	
	快递业收入（万元）		—	—	
	邮政邮路总条数（条）		—	—	
	邮政邮路总长度（单程/公里）		—	—	

河南

第一节 整体概况

2020年是河南省交通运输发展进程中极不平凡的一年，面对突如其来的新冠肺炎疫情冲击，河南省紧扣全面建成小康社会目标任务，统筹推进疫情防控和交通运输发展。截至2020年底，全省公路通车总里程达27万公里，居全国第5位；公路密度达161.84公里/百平方公里。其中，高速公路7100公里，继续保持全国前列。新改建普通干线公路573公里，国道G310三门峡、国道G107新乡段等一大批重大项目建成通车；新改建农村公路1.35万公里，实施安防工程1.3万公里，危桥改造2.8万延米。全省内河通航里程1725公里，港口码头泊位97个，年吞吐能力1967万吨，沙颍河、唐河、黄河小浪底库区等航运项目建设持续加快。

2020年，提请省政府印发《河南省高速公路网规划（2021—2035年）》《关于加快高速公路建设的意见》。制定“一指南、一手册、两意见、三办法、三范本”，形成配套制度体系，闭环管理。全面启动实施高速公路“13445工程”，至2025年末，全省高速公路通车里程达10000公里以上，新增通车里程3000公里以上，完成投资4000亿元以上，力争通车里程居全国第4位，路网密度居全国第5位。调整投融资体制，有效减轻市县财政负担，创新采用BOT（建设-经营-转让）+EPC（设计-采购-施工）模式与社会资本合作，拟定下达第一批17个、总里程1063公里切块项目安排，推进20个、1241公里、总投资1792亿元项目前期工作。郑州至西峡高速公路尧山至栾川段等3个项目建成通车。

图7-16-1 尧栾西高速公路建成通车

图7-16-2 济洛西高速公路黄河大桥建成通车

图7-16-3 台辉高速公路建成通车

加快交通强国试点建设。加快“四好农村路”建设，启动“四好农村路”市域创建工作，提请省政府印发《河南省深化农村公路管理养护体制改革实施方案》，实现 89% 以上的自然村通硬化路，“林石公路”获评年度“全国十大最美农村公路”。推进多式联运发展，完成第一批省级示范工程验收，实施第三批示范工程项目，启动多式联运试点建设“1810”行动计划，提单物权化取得阶段性成果。

图 7-16-4　河南省安阳市林州市林石公路

科学编制“十四五”综合交通规划。高标准启动《河南省综合立体交通网规划(2021—2050 年)》《河南省“十四五”综合交通运输发展规划》、大别山地区综合交通发展规划编制工作。交通运输部启动编制《大别山革命老区综合交通基础设施发展规划》，明确郑州为第一层级的国际性综合交通枢纽、国际性航空货运枢纽、国际性铁路枢纽，新增南阳为全国性综合交通枢纽。

第二节　交通基础设施建设

2020 年，全省交通基础设施建设投资累计完成 675.2 亿元，为年度目标的 112.5%。其中：高速公路完成投资 373 亿元，为年度目标的 103.6%；普通干线公路完成投资 130.7 亿元，为年度目标的 130.7%；农村公路完成投资 121.5 亿元，为年度目标的 121.5%；运输场站完成投资 17.5 亿元，为年度目标的 102.9%；内河水运完成投资 17.7 亿元，为年度目标的 110.6%；支持保障系统完成投资 14.8 亿元，为年度目标的 211.4%。郑州机场 2020 年客货吞吐量分别达到 2140.7 万人次、63.9 万吨，继续保持中部地区“双第一”，其中货运增速居国内大型机场首位。截至 2020 年底，河南省高速铁路营业里程达 6453 公里，其中，高速（含城际）铁路 1980 公里。河南省形成“四纵（浩吉、焦柳、京广、京九铁路）五横（瓦日、新菏兖日、陇海、孟平—漯阜、宁西）”大能力普速铁路网格局，全部实现复线电气化。郑州新郑国际机场年货邮吞吐量首次突破 60 万吨。

第三节　运输服务保障能力

客运服务便民惠民水平显著增强。制定《公交优先城市创建指南》，“公交都市”和“公交优先”示范城市创建活动已覆盖 75% 的省辖市和直管县。“万村通客车提质工程”扎实推进，拉动社会投资 15 亿元，50 多个县建立补贴机制。新改建县级客运场站 19 个，新增（优化）农村客运线路 1000 余条，96% 的建制村实现直达或一次中转到达县城。出台《河南省班线客运定制服务试点工作方案》，开通 8 市 14 条线路，推动道路客运转型升级。在交通运输部 2020 年农村客运质量评估中，获得等次为“好”。省“12328”服务平台获评全国交通运输系统先进集体和全国“十大运输服务榜样品牌”。

图 7-16-5　郑州 BRT（快速公交系统）

货运服务集约高效发展。在全国率先出台《网络平台道路货物运输经营管理实施细则》《“司机之家”建设基本标准》，新增23个全国“司机之家”，4个单位被评为全国5A级“司机之家”，26家企业获网络货运经营资质。栾川、卫辉获批交通运输部第一批农村物流服务品牌。顺丰郑州丰泰等8个物流园区建设快速推进。

路网通行能力持续提升。全面提升路况水平，高质量完成综合质量效益、治理能力、公众满意度评价等工作，全省公路整体路况有效改善，高速公路优良路率稳定在98%以上。交通脱贫攻坚成效显著。2020年，新增1.69万个自然村通硬化路，全省20户以上自然村通硬化路率达到89%，第二批45个县（区、市）通过“万村通客车提质工程”示范县验收。落实“四个不摘”要求，全省新改建农村公路1.35万公里，其中，贫困地区新改建普通干线公路237公里；新改建农村公路8851公里，实现“县县通国道、乡乡有干线、村村硬化路”。实施安防工程8475公里，改造危桥2万延米。安排脱贫攻坚资金13.5亿元，加大对20个脱贫攻坚重点县农村公路投资力度；制定“一村一策”支持措施，助力52个未脱贫村集中攻坚。2020年启动实施高速公路“13445工程”，第一批20个项目中19个位于“三山一滩”等贫困地区。具备条件的建制村全部通客车，以县城为中心、乡镇为节点、建制村为网点的三级客运与物流网络基本形成。创新开展高速公路服务区消费扶贫，先进经验被交通运输部等国家部委联合推广，在全省脱贫攻坚考核中，交通运输行业名列第二，综合评价为“好”。

图7-16-6　栾川县秋扒乡农村公路

有效防范化解债务风险。顺利完成收费还贷中心转企改制为省交通发展集团。科学调整高速公路建设模式，河南交通投资集团、河南省交通发展集团资产优良，吸引社会投资稳健可行，行业债务风险整体可控。

坚决落实行业污染防治任务。印发《河南省淘汰国三及以下排放标准营运柴油货车工作实施方案》，注销营运证14.4万个、登记证17万个，报废机动车回收3.3万辆。扎实推进运输结构调整，全面做好工程施工和公路扬尘防治工作。

第四节　行业治理体系建设

依法行政工作持续加强。推进《河南省高速公路条例》修订立法工作。制定《重大执法决定法制审核清单》，行政规范性文件审查、行政复议和应诉、普法宣传等工作扎实有效。

决策制度不断健全。制定“三重一大”事项集体决策制度实施办法等一系列议事决策制度，进一步明晰责任、明确程序，做到依法决策、集体决策、科学决策。

交通执法工作不断完善。集中治理“黑客车”“黑出租”、旅游包车异地经营等突出问题，严厉打击“两客一危一货”违法违规行为，全年查处违法违规经营车辆1.6万台次。严肃整治公路违规设置限高限宽设施。联合公安等部门开展清剿“百吨王”专项行动，对838台“百吨王”落实“一超四罚”，追踪处罚货运源头企业866家，交通运输秩序和环境得到改善。

“扫黑除恶”专项斗争圆满收官。将扫黑除恶专项斗争与平安建设紧密结合，开展专项整治行动，推进行业乱象清源见底，治理效果走在行业前列。打击枪爆专项行动和行业信访稳定工作成效显著。

第五节 科技创新

“一中心、四平台”建设全面启动。通过提升完善高速公路管理平台功能，建设综合交通运输监管平台、农村公路管理平台，新建普通公路和水路管理平台，构建基于大数据的综合交通运行监测与指挥调度中心，全面整合行业信息平台和数据资源，加快打造全省交通运输“智慧大脑”。

交通科技创新步伐加快。新一代国家交通控制网和智慧公路试点工程进展顺利，机西高速公路和国道G310线试点路段开展车路协同技术应用，省危险货物道路运输监管平台和交通运输生态环保监管与服务平台投入试运行。

图7-16-7 郑州市公共交通总公司GPS（全球定位系统）智能监控指挥中心

绿色交通发展有序推进。联合省发展改革委下发《绿色出行创建行动方案通知》，以郑州市、洛阳市、南阳市、许昌市、驻马店市、开封市、商丘市、平顶山市作为创建对象，鼓励支持省内其他城市积极参与绿色出行创建行动。

第六节 安全与应急

安全生产监管能力持续加强。2020年，制定出台《河南省道路运输安全生产违反“四个严禁、四个一律”调查处理工作细则》等行业管理规范，完善安全监管制度体系，对问题隐患多发的市县实行挂牌督办。

交通安全工作进一步明确。在全省道路运输安全生产执行“四个严禁、四个一律”，明确交通运输安全生产的底线红线，对各类违法违规行为“零容忍”，注重“两个延伸”，开展普通公路设施安全隐患排查整治，累计排查里程12.9万公里，先期整改隐患4958个，交通运输行业本质安全得到提升，有效杜绝了重特大事故发生，遏制了较大事故，减少了一般事故。

安全生产专项整治三年行动深入推进。建立问题隐患、制度措施、重点任务“三个清单”，共排查企业4.7万家，发现隐患4万余项，约谈企业1160家、停业整顿71家、关闭取缔53家。

第七节 合作与交流

2020年，河南省交通运输厅与国家开发银行河南省分行、中国工商银行股份有限公司河南省分行等25家银行和河南交通投资集团、河南省交通发展集团2家企业共谋银企发展合作，保障了交通基础设施建设的资金需求；与河南省文化和旅游厅签约战略合作协议，推动“交通+旅游”融合发展。河南省高速公路“13445工程”首批9个项目集中与中国交通建设集团、中国铁路工程集团有限公司、中国建筑集团有限公司、河南省公路工程局、上海路桥集团、浙江交工集团有限公司、河南省交通规划设计研究院股份有限公司、华设设计集团股份有限公司等20余家大型企业合作签约，为项目顺利开工建设奠定了坚实基础。

第八节 疫情防控政治责任有效落实

2020年，河南省落实疫情防控要求，强力落实“一断三不断，三不一优先”防控措施，果断暂停省际班线客运，参与设置疫情防控卡点2638个，累计投入619万人次，有效阻断了疫情通过交通运输渠道传播。全力保障应急运输，开辟应急物资绿色通道825条，累计运输应急物资470万吨，免收车辆通行费96.7亿元，受益车辆1.1亿辆次。组织“点对点”专车包车和农民工返岗集中包车，累计完成返岗客运包车、定制公交3.1万班次，运输返岗人员66.3万人次，为经济“重启”提供服务保障。

附表

河南省交通运输主要指标统计表

指 标			2019年	2020年	备 注
基础设施投资（亿元）	综合交通固定资产投资		1911.4	1300.4	重大基础设施
	铁路投资		349.3	215.9	
	公路投资		554	625	
	# 高速公路投资		328	373	
	水运投资		12.9	17.7	
铁路	通车总里程（公里）	国家铁路营业里程	6372	6518	
		# 国家铁路	—	—	
		# 合资铁路	—	—	
		# 地方铁路	—	—	
	运输情况	旅客发送量（万人次）/货物发送量（万吨）	17200/10128	11200/10300	运输量
		旅客周转量（亿人公里）/货物周转量（亿吨公里）	1091.34/2061.61	591.31/2012.14	
公路	通车总里程	公路通车总里程（公里）	269832.219	270270.788	
		# 高速公路通车里程(公里)	6966.757	7099.501	
		# 等级公路里程（公里）	248154.759	254004.209	
		# 农村公路里程（公里）	231965.743	232298.862	
		# 桥梁（座）	54428	55657	
		桥梁总长（万延米）	314.6	330.1	
		# 隧道（座）	513	530	
		隧道总长（万延米）	26.5	29.4	
	运输情况	客运量（万人次）/货运量（万吨）	91281/190884	46322/193631	
		旅客周转量（万人公里）/货物周转量（亿吨公里）	6990287/5299.8	3142015/5572.6	

续上表

指标			2019 年	2020 年	备注
水路	航道及码头情况	内河航道通航里程（公里）	1675	1725	
		# 高等级航道通航里程（公里）	—	—	
		港口生产用码头泊位拥有量（个）	71	71	
		# 万吨级泊位（个）	—	—	
	运输情况	客运量（万人次）/货运量（万吨）	306/17236	172/15150	
		旅客周转量（万人公里）/货物周转量（亿吨公里）	6556/1212.3	3417/1101.1	
民航	机场数量（个）		4	4	
	运输总周转量（万吨公里）		—	—	
	# 国内运输总周转量（万吨公里）		—	—	
	# 国际运输总周转量（万吨公里）		—	—	
	旅客运输量（万人次）/ 货邮运输量（万吨）		3184.7/52.4	2405.8/64.1	吞吐量
	旅客周转量（万人公里）/货邮周转量（万吨公里）		—	—	
邮政	邮政行业业务总量（万元）		5904500	8296500	
	快递业收入（万元）		1886400	2490500	
	邮政邮路总条数（条）		879	891	
	邮政邮路总长度（单程 / 公里）		120899	151529	

湖北

第一节　整体概况

截至2020年12月底，湖北省综合交通网总里程突破31.1万公里(不含民航航线、城市内道路)，综合交通网密度达到167.3公里/百平方公里。全省公路总里程29万公里，其中高速公路7230公里；铁路营业里程5259公里，其中高速铁路1639公里；内河通航里程8667公里，其中高等级航道2090公里；油气管道7404公里，其中天然气管道5600公里。全省港口吞吐能力4亿余吨，集装箱吞吐能力500万标准箱；全省民航旅客吞吐量1776.1万人次，货邮吞吐量19.68万吨。

推进交通强国建设。加快推进现代内河航运、“四好农村路”、智慧交通、交通运输领域信用体系建设、投融资体制改革、多式联运6个方面试点建设。即重点建设绿色航道、智慧港口、危化品洗舱站和水上绿色航运综合服务区；加快建设覆盖广泛的农村公路基础网，加快建立运转高效的农村公路治理体系，全面启动公路桥梁“三年消危行动”；重点推进智慧公交、智慧地铁、智慧公路、智慧机场等建设；加快完善信用信息平台，推进信用信息公开共享，进一步规范信用评价工作；会同省财政厅、省发展改革委出台《湖北省交通运输领域省与市县财政事权和支出责任划分改革实施意见》；着力推动湖北省多式联运示范工程建设，不断提升示范项目运营效率。

推动长江经济带交通运输发展。推进生态环境保护修复。开展船舶和港口污染突出问题专项整治，全省船舶污染物港口接收设施基本全覆盖、全衔接；加强长江、汉江港口岸线资源管控，持续推进长江及其支流港口码头分类处置。推进黄金水道建设。长江“645工程”稳步推进，港口能级不断提升。继续打造沿江综合立体交通走廊。提高长江经济带运输服务能力。铁水联运骨架网初步形成。全省货物运输结构持续优化。多式联运示范工程建设进展顺利，武汉市推进“一带一路、长江经济带发展集装箱铁水联运示范工程”通过交通运输部验收。

促进武汉城市圈发展。“十三五”以来，积极推进武汉城市圈交通基础设施建设，着力提升公路水路运输能力，打造交通综合枢纽，推进交通信息化管理，有力促进武汉城市圈交通一体化发展。

推进综合交通运输体制改革。2020年4月，省政府印发《湖北省综合交通运输体制改革方案》，综合交通运输体制改革工作正式全面启动。省交通运输厅党组积极推进以高速公路体制改革为主要内容的全省综合交通运输体制改革工作，平稳顺利完成6个高速公路管理处人员划转移交。

第二节　交通基础设施建设

铁路建设方面，郑渝高速铁路郑州至襄阳段等建成通车，武汉至仙桃城际铁路正式开通，黄冈至黄梅高速铁路等加速实施，沿江高速铁路汉宜段、西十高速铁路湖北段建设全面启动。全省已建在建高速铁路网覆盖全省所有市州，“五纵三横”铁路通道全面建成。

公路建设方面，武深高速公路、枣潜高速公路等通道相继建成，武汉城市圈环线高速和武汉市四环线高速成功“画圆”。“十三五”以来，建成青山、石首等9座世界级长江桥梁，长江大桥建设力度和速度创历史之最。普通国省干线加快提档升级，“四好农村路”建设强力推进。

水运建设方面，长江干线武汉至安庆6米水深航道整治工程即将完成，汉江武汉至碾盘山段千吨级航道实现贯通，汉江河口至蔡甸段2000吨级航道整治基本完成，雅口、孤山等汉江梯级枢纽加速实施。武汉阳逻集装箱港区三期、黄石棋盘洲港区一期、宜昌白洋港一期工程等建成运营。

民航建设方面，湖北国际物流核心枢纽项目全面推进，荆州民用机场全面建成，宜昌三峡机场改扩建工程加快推进。武汉天河国际机场总体规划获批。通用航空发展迅速，麻城等一批通用机场加快建设。

综合交通枢纽建设方面，武汉天河国际机场交通中心、襄阳东津综合换乘中心、荆门汽车客运南站北站等一批综合客运枢纽建成运营。武汉阳逻港集装箱铁水联运一期、宜昌东站物流中心等货运枢纽项目投入运营。枢纽集疏运体系取得突破性进展，长江主要港口均实现疏港铁路连接，全省铁水联运骨架网初步成形。

管道建设方面，干支管道及联络线建设重点开展，新疆煤制气外输通道湖北段一期工程、荆门—襄阳成品油管道等项目建设加快推进，管道网络进一步完善。

第三节　运输服务保障能力

2020年，湖北省完成客运量3.09亿人次，比2019年下降65.3%，旅客周转量612.42亿人公里，比2019年下降55.8%；完成货运量16.04亿吨，比2019年下降14.8%；完成货物周转量5295.68亿吨公里，比2019年下降13.9%，货运恢复势头强劲，全年货运量降幅较上半年收窄36.0个百分点。

铁路客流减少过半，货运量保持稳定。铁路客运量受疫情冲击较大，2020年，全省铁路发送旅客8148.04万人次，比2019年下降52.7%；旅客周转量390.31亿人公里，比2019年下降51.4%。全省铁路货运量5362.7万吨，比2019年下降2.1%；货物周转量915.1亿吨公里，比2019年下降2.5%。

道路客运同比降幅扩大，货运量快速回暖。2020年，全省完成公路客运量2.17亿人次，比2019年下降68.8%。完成公路货运量11.43亿吨，比2019年下降20.3%。一季度货运量受疫情影响呈断崖式下跌，4月疫情进入常态化防控阶段，公路货运量保持较快增势。

水路客运降幅明显，主要货运指标创新高。2020年，全省完成水路客运量232.90万人次、旅客周转量10075.19万人公里，比2019年分别下降63.1%和78.8%。完成水路货运量40713.00万吨，比2019年增长3.8%，4月货运量同比转正。全年完成港口货物吞吐量3.8亿吨，比2019年增长23.9%；集装箱吞吐量229万标准箱，比2019年增长9.4%。

民航客流回暖升温，货运增速略有回落。2020年，全省民航运送旅客788.40万人次、旅客周转量89.50亿人公里，比2019年分别下降47.2%和52.0%。湖北机场集团完成货邮吞吐量19.28万吨，比2019年下降22.2%。

邮政行业逆势增长，快递业务恢复迅速。2020年，全省邮政业务总量和业务收入分别完成471.77亿元和276.41亿元，比2019年分别增长2.9%和1.4%；快递业务量和业务收入分别完成17.85亿件和178.69亿元，比2019年分别增长5.9%和2.8%。

城市出行服务优化便捷度提升。受新冠肺炎

疫情冲击，城市公交市场需求有所下降。2020 年，武汉市城市公共交通完成客运量 14.05 亿人次，比 2019 年下降 52.1%；轨道交通运营线路 12 条，总运营里程 409 公里。加快推广新型公交运营模式，全省开通公交微循环线路 500 余条，定制公交线路 700 余条，定制公交 1500 余辆。

多式联运加快发展。全省铁水联运业务发展突出，2020 年铁水联运共发送货物 778.1 万吨，较 2019 年增加 287.6 万吨，同比增长 42%。多式联运通道网络构建升级，阳逻国际港开出首单铁矿砂铁水联运业务；新开通日本—武汉—欧洲水铁联运国际中转新通道。多式联运信息共享平台“云上多联”实现与阳逻港、中国国家铁路集团部分数据对接。

物流市场活力进一步增强。2020 年，全省物流行业景气指数（LPI）均值为 50.9%，低于全国同期 0.8 个百分点。全省物流园区 200 余个，其中有 2 家国家示范物流园区和 8 家省级示范物流园区。全省 A 级物流企业保有量达 669 家。

农村物流畅通高效创新发展。“工业品下乡，农产品进城”的农村物流通道基本通畅，农村三级物流节点体系基本建成，农村综合运输服务站 433 个。“十三五”期间，全省培育建设 23 个农村交通物流试点示范项目，赤壁市“交邮融合 + 电子商务”和竹山县“信息平台 + 统一配送”2 个项目入选交通运输部首批农村物流服务品牌名单，十堰市竹山县和宜昌市远安县通过国家第一批“城乡交通运输一体化示范县”创建验收。

第四节　行业治理体系建设

2020 年，湖北省交通运输厅按照行政职能回归机关、执法职能综合行使、公益服务得到强化改革方向，平稳有序推进职能调整、人员安置等改革任务。湖北省公路、运输、港航 3 个事业发展中心机构明确为副厅级单位。完成 6 个高速公路管理处机构划转和 7000 余名相关人员信息移交工作。

2020 年，湖北省交通运输厅建立“全面统筹的科学决策机制、规范有序的高效运行机制、务实细致的后勤保障机制、奖罚分明的落实问责机制”四大机制，先后对高速公路建设管理体制改革、高速公路服务区管理、道路运输企业及从业人员守信联合激励和失信联合惩戒对象名单管理、公路桥梁工程违法分包突出问题专项整治等重大事项组织合法性审查和集体决策，无一件重大决策事项因违法被省政府撤销。

完善依法行政制度体系。申报《湖北省高速公路管理条例（修订）》为省人大常委会 2021 年度立法调研项目。申报《湖北省高速公路服务区管理办法》《湖北省小型客船运输管理办法》为省政府 2021 年度立法计划项目。开展与《中华人民共和国民法典》、优化营商环境要求不一致，妨碍市场公平竞争的政策法规文件清理。开展湖北交通立法评估工作及“十四五”交通法治建设规划研究。对《湖北省交通运输常用行政处罚自由裁量标准（试行）》进行实施后评估。

持续优化营商环境。制定 16 条优化交通运输营商环境措施。全面深化“放管服”改革，为市场主体创业创新营造便利发展环境，提供优质高效服务。完成政务服务事项清理，下放精简审批事项，增加即办件，时限压缩 66%。省级政务服务事项全部实现网上办理，均实现“最多跑一次”。44 项便民服务事项对接“鄂汇办”。牵头组织实施“我要开物流公司（货运）”联办工作。全省范围组织实施“证照分享”改革全覆盖试点。

加强事中事后监管。创新监管方式，加强信用监管，开展公路水运建设市场信用评价。推动“互联网 + 监管”，认领 161 项交通运输部监管事项目录，填写完成 140 项检查实施清单要素，向湖北省大数据平台传输 1500 余条监管信息。

第五节　科技创新

2020 年，湖北省交通运输围绕应用基础、交通运输建设养护、软科学、信息化技术，标准化、企业技术创新等研究领域，确定 2021 年度科技计划项目立项 41 个，预算补助资金 432 万元。完成科技计划项目验收 16 个。编制完成《湖北省"十四五"交通运输科技创新发展规划（初稿）》。湖北国创高新材料股份有限公司申报的"湖北省资源循环利用及装备创新中心"通过湖北省经济和信息化厅认定。

科技创新及成果方面，"以片麻岩和钢渣为全部矿质原材料的沥青混凝土抗水损害性能研究"入选科技论文类 2020 年度交通运输重大科技创新入库成果。依托湖北国创高新材料股份有限公司的交通运输部"公路交通节能与环保技术及装备交通运输行业研发中心"获授权发明专利 1 件，"橡胶高黏高韧复合改性沥青"列入湖北省创新产品应用示范名单。完成湖北省技术创新专项重大项目"自修复沥青混凝土路面工程化研究及应用"技术推广及项目验收工作。依托湖北省交通投资集团有限公司的交通运输部"公路建设与养护技术、材料及装备研发中心"获发明专利 1 项、软件著作权 7 项，实用新型专利 1 项。研发的"基于阵列光栅传感的智能感知技术"实现由点式传感向线面式传感的突破，已通过中试验证；"基于中台理念的数据分析系统建设"项目研究，可通过一套数据中台，融合公路资产、结构、病害、评估、收费、气象等多源数据，供多种功能定位的业务系统使用。被交通运输部、工业和信息化部认定的"智能网联汽车自动驾驶封闭场地测试基地（襄阳）"成为氢能源整车开发试验基地。

信息化与网络安全方面，完成《湖北省交通运输信息化"十四五"发展规划（初稿）》编制。编制完成《湖北省疫后重振补短板强功能交通新基建工程三年行动实施方案》。完成"一厅五局"网站集约化建设，主动公开政府交通信息 11767 条。完成与"一网通办""互联网 + 监管"平台对接，

表 7-17-1　科技成果获奖情况（2020 年）

项目名称	所获奖项
深长隧道施工安全风险与灾害控制关键技术及应用	湖北省科学技术进步二等奖
变质软岩区公路隧道建设关键技术及应用研究	湖北省科学技术进步三等奖
湖北省麻城至武穴高速公路综合勘察	公路交通优秀勘察一等奖
秭归（香溪）长江公路大桥工程地质综合勘察	公路交通优秀勘察二等奖
利川至万州高速公路湖北段	公路交通优秀设计一等奖
秭归（香溪）长江公路大桥	公路交通优秀设计一等奖
湖北省麻城至武穴高速公路	公路交通优秀设计二等奖
石首长江公路大桥	公路交通优秀设计二等奖
武汉城市圈环线高速公路孝感南段	公路交通优秀设计三等奖
宜来高速公路宜昌段 BIM 正向设计	中国公路学会交通 BIM 工程创新奖二等奖
秭归长江公路大桥（又称香溪长江公路大桥）	国际桥梁大会（IBC）古斯塔夫斯・林德撒尔奖
武汉市四环线沌口长江公路大桥	中国公路建设行业协会李春奖（公路交通优质工程奖）
黄石至阳新一级公路大冶湖特大桥及接线工程	中国公路建设行业协会李春奖（公路交通优质工程奖）
东北寒冷季冰冻地区多跨钢混组合梁矮塔斜拉桥设计施工关键技术研究	中国公路学会科技技术二等奖
基于表面自由能理论的沥青路面材料高效利用研究	中国公路学会科学技术二等奖
老龄在役文物三铰钢拱桥整体保护式修缮成套技术	中国公路学会科学技术二等奖
提升普通国省干线公路改扩建质量的技术政策研究	中国公路学会科学技术三等奖

通过省交通运输共享平台，向省直部门和市州交通运输主管部门共享交通行业数据资源。建立全省交通运输网络安全通报体系，全年向交通运输部报送网络安全工作月报12期、季报4期，发布省交通运输厅网络安全通报3期。

标准体系建设方面，湖北省地方标准《公路工程试验检测设备期间核查规范》于2020年4月2日实施。《公路路基填筑工程智能压实控制技术规程》等5项湖北省级地方标准进行编制，列入2020年度湖北省地方标准制修订项目计划（第二批）。

第六节　安全与应急

2020年，制定湖北省交通运输安全生产专项整治三年行动工作方案，明确任务分工，将重点工作细化为77项任务清单，建立联络员制度和信息报送制度。重点开展汽车客运站、旅游客运、危险货物运输等专项整治，聘请第三方机构对全省港口危险货物企业进行“专家会诊”，强化安全评估。巩固和完善闭环处理工作机制，运用五种形态对“两客一危”实施闭环处理。组织开展公路水路自然灾害综合风险普查试点工作，3个试点县区审核质量通过率排列全国第一。全省排查普通公路急弯陡坡、临崖临水等路段安全隐患1062次，完成隐患整治582次；完成普通公路安全生命防护工程建设123公里，投入资金1098万元。1500座危桥改造项目完成前期工作或已开工；12个共403.8公里公路地灾整治项目跨年度计划全面完成；改善179座隧道出入口安全状况。

平安工地方面，以新开工项目和危大工程开工前安全生产条件核查为切入点，加强日常安全监督检查，督促全省公路水运重点工程项目开展平安工地建设，完善施工安全管控措施。2020年，全省公路水运工程开展平安工地考核2次，累计检查公路重点项目14个，抽查监理合同段20个，监督覆盖率48%，抽查施工合同段26个，监督覆盖率37%。

品质工程方面，2020年，全省新开工山区高速公路项目较多，隧道里程占比大，针对省内隧道工程施工工艺、工装设备较为落后、不同程度存在质量安全风险等实际情况，在新开工项目启动时，通过实地调研、考察学习、联学共建，积极引导项目建设单位、施工单位引进先进工装设备，彻底提升隧道施工质量安全管理水平，确保工程质量安全。

应急管理方面，做好疫情防控应急保障。武汉封城期间，全省5个应急物资中转调运站为292辆次货车、5293吨货物提供中转服务。组织各类应急保障车辆5.65万辆，运送人员1154万人次，运送物资113万吨。组织水路转运物资1044万吨、集装箱8万标准箱、防疫物资近3万吨。高速公路日均开启应急运输绿色通道490余道，保障防疫物资和人员运输车辆238万辆、1626万吨防疫物资安全快速通行。提升应急处置水平。全省建成县区级养护应急中心50个，形成省市县三级公路交通应急物资储备基地网络体系。普通公路储备各类应急装备2720台套。

第七节　疫情防控交通运输保障

2020年上半年，湖北省交通运输厅作为湖北省疫情防控指挥部交通保障专班牵头单位，统筹铁路、水路、公路、航空、邮政、管道和省公安交管等单位，精准做好城市交通封控和解封工作，努力做到应急物资保畅、专项运输保通、运输服务保优。医疗救援物资实行“三不一优先”，重要医疗援助物资全程接力护送，其他应急物资依规保障。应急防控期间，累计协调公路运输物资7800余批次，水路运输进出武汉港物资2800多万吨。完成上级临时交办的重要交通运输保障事项239件。

坚持科学防控。根据阶段性特征调整工作方向和重点，制定交通运输专项政策12项。针对进鄂物资中转难题，研究设置“3+2”进鄂应急物资中转调运站，累计接收物资5300吨、未计重物资近20万件；针对卡口多、重复检查等问题，出台政策实施“多线管控合一”查验模式；针对车辆管控，组织研发“应急车辆通行管理平台”，提高通行效率；针对援鄂医疗队通勤保障，共安排8250台公交车，累计运行24.6万趟；针对四类人员，专班专人跟踪服务；针对离鄂人员运输问题，采取“点对点、一站式”集中精准运送。累计保障援鄂医疗队运输219.9万人次，协调应急人员运输9.4万人次，“点对点”运送务工人员58.3万人次。

附表

湖北省交通运输主要指标统计表

指标			2019年	2020年	备注
基础设施投资（亿元）	综合交通固定资产投资		1447.6	1241.41	
	铁路投资		282	225	
	公路投资		1107	949.69	
	# 高速公路投资		467.1	372.39	
	水运投资		58.6	66.72	
铁路	通车总里程（公里）	国家铁路营业里程	5238.688	5258.672	
		# 国家铁路	2555.757	2556.317	
		# 合资铁路	2476.592	2479.179	
		# 地方铁路	206.339	223.176	
	运输情况	旅客发送量（万人次）/货物发送量（万吨）	17216.06/5479.9	8148.04/5362.7	
		旅客周转量（亿人公里）/货物周转量（亿吨公里）	803.5/938.73	390.31/915.1	
公路	通车总里程	公路通车总里程（公里）	289029	289960.442	
		# 高速公路通车里程(公里)	6860	7229.809	
		# 等级公路里程（公里）	281422	283052.973	
		# 农村公路里程（公里）	254920	255398.23	
		# 桥梁（座）	42900	42562	
		桥梁总长（万延米）	305	325	
		# 隧道（座）	1072	1141	
		隧道总长（万延米）	107	117	

续上表

指标			2019 年	2020 年	备注
公路	运输情况	客运量（万人次）/货运量（万吨）	69584.37/176401.96	21730.86/114345.95	
		旅客周转量（万人公里）/货物周转量（亿吨公里）	3920924.35/3372.22	1316012.69/1639.91	
水路	航道及码头情况	内河航道通航里程（公里）	8666.94	8666.94	
		# 高等级航道通航里程（公里）	2038	2090	
		港口生产用码头泊位拥有量（个）	689	828	
		# 万吨级泊位（个）	—	—	
	运输情况	客运量（万人次）/货运量（万吨）	631.63/39104.66	232.9/40713	
		旅客周转量（万人公里）/货物周转量（亿吨公里）	47583.46/2925.55	10075.19/2739.94	
民航	机场数量（个）		6	6	
	运输总周转量（万吨公里）		—	—	
	# 国内运输总周转量（万吨公里）		—	—	
	# 国际运输总周转量（万吨公里）		—	—	
	旅客运输量（万人次）/ 货邮运输量（万吨）		3530.9/25.33	1776.1/19.68	
	旅客周转量（万人公里）/货邮周转量（万吨公里）		—	—	
邮政	邮政行业业务总量（万元）		458.5	471.77	
	快递业收入（万元）		173.9	178.69	
	邮政邮路总条数（条）		778	3746	
	邮政邮路总长度（单程 / 公里）		82410	241103	

湖南

第一节 整体概况

2020年是"十三五"收官之年，湖南省交通运输"十三五"规划目标任务圆满完成。五年累计完成交通投资3492亿元，湖南省公路总里程达到24.1万公里，建成高速公路1298公里、通车总里程近7000公里，新改建干线公路4728公里、农村公路10.5万公里；新增1000吨级及以上航道509公里、泊位31个；100%的乡镇和具备条件的建制村通客车全面实现；政事政企分开、"放管服"、高速公路体制、承担行政职能事业单位、取消高速公路省界收费站等重大改革圆满完成；公路治超、隐患清零、"两客"智能监管、铁路安全整治屡获部省表扬。湖南交通形成高速公路内联外畅、国省干线纵横三湘、农村公路进村入户、水运航道通江达海的格局，阔步迈向交通强国建设新征程。

2020年是极不平凡的一年。面对严峻复杂的发展环境、艰巨繁重的发展任务，特别是新冠肺炎疫情的严重冲击，在交通运输部、省委省政府的坚强领导下，湖南省交通运输厅准确判断形势、抢抓发展先机、精心谋划部署，团结带领全系统广大干部职工坚定不移抓重点、抓关键，扎硬寨、打硬仗，共同度过了奋斗的一年、奉献的一年、担当的一年，交出了一份来之不易的亮丽成绩单，在湖南省交通运输发展史上留下了浓墨重彩的一笔。

一、综合交通运输管理体制改革不断深化

湖南省于2017年10月在协调机制层面成立了省综合交通运输工作领导小组，由分管副省长担任组长，省政府副秘书长、省交通运输厅厅长担任副组长，办公室设在省交通运输厅。2020年，省综合交通运输工作领导小组在公路治超、高速公路开工、综合立体交通网规划编制等工作层面上发挥重要的统筹协调作用，有效地推动了工作开展。"十三五"累计完成投资3492亿元，全面完成了"十三五"规划目标，特别是出色完成了25户/100人以上自然村通硬化路全覆盖、所有具备条件建制村通客车、"县县通高速"、污染防治、防范化解债务风险等关键性目标。

二、积极服务区域及国家重大战略

加快推进广清永铁路前期工作，加快融入粤港澳大湾区。渝怀铁路梅江至怀化段增建二线、焦柳铁路怀柳段电化项目建成通车，湘江永州至衡阳航道二期工程开工建设，长岳九铁路相关研究工作有效推进，加快融入长江经济带发展。醴茶铁路恢复客运，推进湘赣边区域合作综合交通服务体系战略研究，合作共建"湘赣边区域合作示范区"，推动中部崛起。长株潭城际铁路与石长铁路联络线建成投运，实现了长株潭主城区与湘西北地区铁路的便捷通达，引领全省交通发展格局不断优化。

三、交通强国试点建设有序推进

2019 年 10 月，湖南省获批交通强国建设首批 13 个作试点单位之一，试点推进城乡客运一体化、交通科技兴安、湘赣边区域合作示范区综合交通运输发展、全域旅游生态景观路建设 4 个专项工程，现正按《交通强国建设湖南试点项目落地见效方案》稳步推进。

四、交通规划编制获得重大成果

高起点、高水平编制“114”水运规划（2021—2050）和公路网布局规划（2021—2050），到 2050 年，将全面构建起以“一江一湖四水”为骨干的航道网布局和“一枢纽、多重点、广延伸”的港口体系总体布局；构建形成规模适度、内畅外联的高速公路网，基本形成结构合理、衔接高效的普通国省道网，打造形成覆盖广泛、便民惠民的农村公路网。高质量编制“十四五”规划，率先开发和推广应用基于地理信息平台的规划编制与管理系统，“1+2+7”规划体系基本形成。

第二节　交通基础设施建设

一、交通基础设施建设投资

2020 年，全省完成公路水路交通固定资产投资 734.37 亿元。其中高速公路、国省干线、农村公路、站场和水运（信息化）分别完成投资 278.66 亿元、235.54 亿元、156.13 亿元、43.07 亿元和 20.98 亿元。

二、重大项目建设

长益复线高速公路全线贯通，龙琅、安慈高速公路部分贯通，新增通车里程 149 公里；新开工高速公路项目 13 个近 1000 公里，总投资达 1495 亿元，年度实质性开工建设规模和争取资金规模均创历史新高。新改建国省干线 647 公里，启动建设路网有效衔接项目 27 个、完成 14 个。建成农村公路 2 万公里，完成自然村通水泥（沥青）路建设 7904 公里，全省“组组通”全面实现，改造危桥 484 座，完成安保工程 1.6 万公里。湘江二级航道二期、岳阳城陵矶港区二期工程建成投产，湘江永州至衡阳航道二期工程启动建设。长沙机场改扩建项目启动实施。“两线一站”铁路项目正式投运。

三、综合交通枢纽

建成新化南综合客运枢纽，充分发挥各种运输方式的整体优势和组合效率，满足零距离换乘要求。货运枢纽（物流园区）建设迅速，开工建设 6 个货运枢纽（物流园区），建成 13 个货运枢纽（物流园区），加快交通供给侧结构性改革、推动全省物流业降本增效、培育经济发展新动力。

第三节　运输服务保障能力

一、公路运输量

2020 年，湖南省客运车辆 3.43 万辆，客位数 86.57 万客位。货运车辆 24.69 万辆，吨位数 344.88 万吨。公路客运量 4.41 亿人次，公路旅客周转量 244.84 亿人公里。公路货运量 17.64 亿吨，公路货物周转量 1350.55 亿吨公里。

二、水路运输量

机动船 4312 艘，总载重量 4350652 吨位；载客量 60167 客位；标准箱位 9704 标准箱。驳船 239 艘，净载重量 34267 吨位；载客量 1924 客位。水路客运量 840.45 万人次，水路旅客周转量 18859.58 万人公里。水路货运量 19844.17 万吨，水路货物周转量 3952832.37 万吨公里。

三、城市客运

公共汽车运营车辆32229辆，运营线路2501条，运营线路长度45731.8公里，客运量209775.5万人次。巡游出租汽车营运车辆35561辆，客运量120198.3万人次，载客车次60826.1万车次，运营里程374592.9万公里。长沙市轨道交通运营车辆891辆，运营线路长度158公里，客运量38576.3万人次。

四、邮政

湖南省邮政普遍服务网点2674个，投递道段9143条，单程总长度293742公里；运营"邮乐购"站点2.5万余个，许可企业753家，末端网点6713个，建成村级快递网点8233个，快递服务直接覆盖6380个行政村。

五、综合运输

编制"十四五"运输服务专项规划，逐步增强客运"零距离换乘"、货运"无缝衔接"，提升综合运输服务供给能力。启动省级公交优先示范城市创建工作。组织开展绿色出行宣传月活动。新能源公交车占比居全国前列。大件运输审批优化提速。

第四节 行业治理体系建设

一、综合执法改革创造湖南经验

湖南省省级改革全面完成。调整下放交通运输行政执法职责，划转高速公路路政执法和省管干线航道航政执法编制483名。从2021年4月1日零时起，市州正式全面承接高速公路路政执法职责。14个市州、103个设置综合执法队伍的县级行政区机构全部挂牌。湖南省交通运输综合执法机构精简82%，执法人员精简47%，全行业实现一支队伍管执法。行政执法综合管理信息系统完成初步设计。2020年11月交通运输部在湖南长沙召开综合执法改革现场会。

二、"放管服"改革形成交通品牌

调整完成2020版权力清单。简政放权激发市场活力，下放行政审批事项9项。商事制度改革持续推进，运输领域7个项目实施"证照分离"改革，推行证照电子化。减证便民服务优化，清理证明事项191项，保留38项，精简80%。"三集中三到位"改革落地，依申请事项省市县三级实现"一门一窗一网一次"办理。2020年省本级网上办件88341件，一网办结率达到99.82%。"互联网＋监管""双随机、一公开"、信用监管全面推行，成效明显。

三、交通运输法治政府部门建设成色更足

党政主要负责人第一职责落实到位。合法性和公平竞争审查得到加强，全面审查行政规范性文件18个，出具法律审查意见33份。行政复议应诉止纷定争作用充分发挥，依法妥处行政复议案件5件。行政执法"三项制度"有效推行，建立完善法制审核人员岗前培训和岗位培训制度、行政执法档案管理办法，修订启用新版执法文书样式，建立执法培训考试题库。完成年度执法评议考核和综合执法大检查任务。"谁执法谁普法"普法责任制全面落实，"七五"普法任务如期完成，"12·4"宪法宣传日活动扎实开展。《湖南省铁路安全管理条例》颁布施行，《湖南省道路运输条例》等5部地方性法规已修正，《湖南省货物运输车辆超限超载治理条例》《湖南省高速公路条例（修订）》分别列入2021年湖南省地方性法规出台计划和重点调研论证项目。

四、行业治理能力稳步提升

重大遗留问题逐步化解。潭衡西高速公路仲

裁案法院裁定仲裁条款无效，仲裁程序终止，为行业类似问题处理确立范例；长潭西高速公路仲裁案、邵新二级公路仲裁案、东常高速公路遗留问题化解稳步推进；岳望、常安高速公路解除特许合同行政诉讼案、澧东一级公路诉东常高速公路建设侵权案终审胜诉；潭衡西、长浏高速公路收费权拍卖顺利完成。重大遗留问题处置未出现不利情况，切实维护了国有资产安全、高速公路网平稳运行和行业大局稳定。严格审核工程建设、政府与社会资本合作领域10个招标文件范本，风险管控力度加大。

第五节　科技创新

一、推进科技创新项目立项研究，开展重点领域科技攻关

结合行业发展重点和难点，围绕综合交通、智慧交通、平安交通、绿色交通、品质交通5个领域，开展系列重点科技攻关。支持56项交通科研课题研究；推动《桥隧频散介质中隐蔽病害精确探测关键技术研究》《独塔非对称自锚式悬索桥设计施工关键技术研究》《山区深部地层围岩超常损裂隧道的修建技术研究》等29个科技创新项目取得创新性研究成果。

二、提升发展质量，稳步推进智慧交通与信息化发展

完成省级信息化系统清理，形成信息化系统整合方案。出台《湖南省交通运输信息化项目建设管理办法（试行）》。

三、加强科研成果推广应用，促进交通科技成果向现实生产力转化

遴选7项优秀科研成果列入2020年度《湖南省交通运输科技成果推广目录》进行推广。对于先进适用、有推广价值和意义重大的优秀成果，给予政策和资金支持，建立推广激励机制。

四、推进行业地方标准制修订工作

向省地方标准主管部门争取到13项行业标准为地方标准计划项目，推荐15项交通行业地方标准参与2021年度省地标立项审查。

五、推动科技创新人才建设，争取部省科技奖励与支持

2020年下达8个专项31个教育培训项目，培训人员5000余人次。湖南省交通规划勘察设计院王海林、湖南省交通科学研究院有限公司郑祖恩被授为交通运输部青年科技英才。批准交通运输部“交通运输卫星技术空天地海一体化应用交通运输行业研发中心”。

第六节　安全与应急

一、交通运输安全生产

水上运输、港口运营、铁路专用线、城市轨道交通运营等领域实现“零事故”，2020年安全生产事故死亡人数和受伤人数同比分别下降31.7%、58.8%，未发生重大或以上等级生产安全责任事故，圆满实现“三坚决两确保”目标。专项整治强力推进。安全生产专项整治三年行动、交通顽瘴痼疾整治等扎实开展。马路市场整治提前清零。在建高速公路II级以上风险源监管实现全覆盖。淘汰800公里以上班线客车520台。撤销关停渡口254个。整治普速铁路安全隐患9380处，工作经验在全国范围内推介。科技兴安实效明显。“两客”安全智能监管平台高效运行，及时发现处理安全风险5.6万起，联网联控考核23个月稳居全国第一。危险货物智能监管系统建成上线。科技治超稳步推进，不停车检测非现场执法实施办

法和治超网规划相继印发。安全保畅成效突出。57 处国省干线、342 处农村公路水毁路段全部抢通，有效解决了农村公路“通返不通、畅返不畅”问题。

二、应急处置管理

强基础、抓重点、谋创新、求突破，努力构建统一领导、综合协调、分类管理、分级负责的交通运输应急管理体系，全力防控重大安全风险，有效应对新冠肺炎疫情防控、防汛救灾、“10 · 25”雪峰山隧道内货车起火燃烧事故等突发事件，为全省社会稳定、经济发展创造了良好环境。

三、工程质量监督

持续推进品质工程建设。大力弘扬“心忧天下、敢为人先、经世致用、坚忍不拔”的湖湘精神和“品质匠心、精益建造”的工匠精神。创新管理手段，积极运用“互联网 +”信息化手段护航工程品质，大力推广应用新技术、新工艺，继续推进标准化建设。推行生态环保设计，积极应用节能技术和清洁能源，大力推行资源再生循环利用，打造绿色公路典型示范工程，长益扩容入选交通运输部绿色公路创建示范项目。强化平安工地建设。加强安全生产双重防控体系建设，按照“计划、实施、检查、改进”的动态循环模式加强风险辨识、评估、管控和隐患日常、定期、专项排查治理。推进重大风险监管监测智能化、日常安全生产管理信息化、安全生产管理考核一体化，不断健全安全生产管理体系、落实安全生产责任、确保安全生产条件。

第七节　合作与交流

湖南交通国际经济工程合作有限公司是国家商务部最早授予有对外承包经营权的企业之一。2020 年，该公司在“稳中求进”的发展总基调下积极拓展海外业务，在原有深耕市场的基础上，稳步推进新市场，逐步探索新业务领域和新发展模式；在新冠肺炎疫情全球肆虐的大环境下，海外共中标项目 2 个，承接合同额 11 亿元人民币，实现营收 3 亿元人民币。该公司海外业务主要分布在中、西非和南部非洲，除了传统的公路、桥梁、场馆建设等业务领域以外，还包括市政道路、污水处理、农田建设等新业务领域。

跨境寄递情况。2020 年中国邮政集团公司湖南省国际速递分公司共计实现物流服务收入 2.3 亿元，业务量 612 万件。开行“中国邮政号”出口中欧班列 131 趟，发运集装箱 5520 个，进口班列 35 趟，集装箱 1638 个，运输线路覆盖亚欧大陆，运输货物 121440 吨，货值 27.4 亿元，收入约 1.38 亿元。

第八节　湖南交通运输系统抗疫工作情况及重要成效

一、敢于担当，勇于奉献，采取强有力措施打好疫情防控人民战争、总体战和阻击战

坚决扛起疫情防控重大责任，按照交通运输部、省委省政府统一部署，以战时思维及时决策、快速反应。

（一）坚决阻断疫情通过公共交通工具和场所扩散传播

疫情发生后，立即全面停运发往湖北的省际客运班线车辆和往返湖北的渡口及水上客运班线，暂停省、市、县际及县内所有旅游包车客运。全面开展由鄂入湘人员测温和车辆消毒工作，在环鄂入湘公路交通入口处设立卫生检疫站 113 个，对入境湖南省车辆和人员开展检查。加强交通运输站点的疫情防控，确保了省内 8 个机场、63 个

火车站、145对高速公路服务区、142个客运站（码头）等交通场站全面实行消毒防疫和旅客测温工作。疫情高峰期湖南省交通运输行业日均超过5万人次奋战抗疫一线，确保疫情防控无死角，有效阻断了疫情通过交通运输环节传播扩散。

（二）全力保障公路路网畅通和应急运输

严格落实“一断三不断”和“三不一优先”要求，强化协调调度，切实做好高速公路重点收费站疏堵保畅工作，并严格暗访巡查，坚决撤销违规防疫站点，确保了全省公路交通路网畅通。湖南省道路运输储备应急运力2057台、水路运输、储备应急运力73艘（15万载重吨），完成交通运输部紧急运输任务指令11次，免费放行应急运输车辆3.36万台次，确保紧急物资运输便捷畅通。

（三）创新交通防控手段，实施科学精准防控

结合交通运输防控实际，运用科技化、信息化手段保障快速检疫和交通畅通，专门研发App、小程序，实时掌握高速公路出口由鄂入湘的车辆信息，累计监测车辆261.9万台次，实现对湖北高风险地区车辆精准识别和预警处置。为引导疫情期间湘鄂边界公众合理出行，累计推送湘鄂边界交通通行情况信息1065.09万条。

（四）积极协调，做好防疫物资及资金保障

对环鄂入湘高速公路交通入口设立的7个联合检疫站，紧急研究安排对各检疫站补助工作保障资金。积极协调部省两级调拨口罩额度13万余只，以及电子测温枪、免洗洗手液、84消毒液、医用酒精等防疫物资，为交通一线疫情防控工作的开展提供强有力的保障。

（五）全面统筹疫情防控和经济社会发展，推动复工复产

严格落实高速公路免费政策，免费放行车辆1.8亿台次，免费金额约59亿元。协调运输企业开通专车专列、点对点一站式包车运输服务，累计发送返岗包车3149趟次、开通专列85趟次、运送复工复产人员123423人。编印公路、水运、交通建设工程项目《复工复产防护手册》1.8万份，深入高速公路在建项目和基层站场进行防疫指导，确保全省交通重点项目、重点企业安全有序全面复工复产。安排5002万元专项资金帮助运输企业减压纾困。

二、慎终如始，持续抓好常态化疫情防控工作

严格按照《湖南省冷链食品新冠肺炎疫情常态化防控工作指南》和交通运输部最新版《客运场站及交通运输工具新冠肺炎分区分级防控指南》《港口及其一线人员新冠肺炎疫情防控工作指南》等有关要求执行防控措施，强化责任担当，压实工作责任，扎实推进疫情防控各项措施落实到位。

（一）依法科学防控

配合湖南省联防联控机制建立和完善智慧化预警多点触发机制，多渠道监测预警，切实落实“四早”措施。完善常态化精准防控与局部应急处置有机结合机制，编制《湖南省交通运输公共卫生事件应急预案》，并将新冠肺炎疫情防控纳入其中，依法依规分区分级精准落实各项防控措施。

（二）突出防疫重点

做好汽车客运站、客运码头、机场、火车站、高速公路服务区（收费站）、城市公共汽电车、城市轨道交通、出租汽车等客运场站和交通运输工具的消毒、通风、卫生清洁等防疫工作。道路客运做到“四个100%”（乘客口罩佩戴率、乘客体温测量率、站务人员口罩佩戴率、驾乘人员口罩佩戴率），城市轨道交通、水路客运“三个100%”（乘客口罩佩戴率、乘客体温测量率、工作人员口罩佩戴率），城市公共汽电车、出租汽车“两个100%”（乘客口罩佩戴率、工作人员

口罩佩戴率），汽车租赁"一个100%"（工作人员口罩佩戴率），并重点加强督促指导冷链食品运输环节的疫情防控工作。

（三）加强督促指导

持续抓好秋冬季疫情防控，进一步强化冷链物流渠道疫情防控工作。将疫情防控工作具体责任细化分解，明确具体工作措施和时限要求。分批分次对高速公路服务区、高速公路收费站、客运场站、渡口码头以及冷链运输企业等进行暗访督查，及时指出并交办暗访督查中发现的问题，确保全省交通运输行业疫情防控各项措施落地、落实、落细。

广东

第一节　整体概况

2020年，广东省交通运输系统一手抓疫情防控，一手抓交通建设发展，全面圆满完成年度工作任务，实现了“十三五”工作圆满收官。

铁路路网布局持续优化。截至2020年底，广东省铁路运营里程达4869公里，其中高速铁路2065公里。全省21个地级市中已有20个地级以上市通高速铁路，初步形成以广州枢纽为中心、连通珠三角和粤东西北、辐射华东中南西南地区的放射型路网格局。城际铁路运营总里程达到475公里。城市轨道交通运营规模持续扩大，运营线路31条，运营总里程达到1028.5公里。

公路路网质量显著提升。公路通车里程22.2万公里，其中高速公路通车里程达10488公里，通车里程连续7年全国第一。完成普通国、省道新改建和路面改造3170公里，技术等级和路况水平稳步提升。全省农村公路以县乡公路作为公路网的“小动脉”，支撑农村农业发展的作用日益凸显。

航道港口提档升级。截至2020年底，内河航道通航总里程1.2万公里，其中内河高等级航道1397公里。随着北江1000吨级航道扩能升级项目总体完工，广东基本形成以西江干线和珠三角高等级航道为主的内河航道网。全省港口码头泊位2127个，其中亿吨大港5个，万吨级泊位342个，形成以广州、深圳、珠海、湛江、汕头5个沿海港口和佛山、肇庆2个内河港口为主要港口，其他港口为地区性重要港口的发展格局。

机场群地位更加凸显。全省民航机场共8座，广州白云国际机场、深圳宝安国际机场两大机场跻身全球最繁忙大型机场行列，粤港澳大湾区世界级机场群加速构建。2020年，广州白云国际机场实现单体机场旅客吞吐量全国第一。

邮政行业业务增长快。2020年，广东邮政业务总量5807.8亿元，同比增长31.9%；邮政业业务收入（不含邮政储蓄银行直营业务收入）2401.5亿元，同比增长15.8%。快递业务量220.8亿件，同比增长31.4%；快递业务收入2182.5亿元，同比增长18.1%。行业从业人员超过50万人。全省邮政普遍服务营业场所2999处，投递邮路1.89万条，投递路线（单程）总长度59.3万公里。

交通规划先行引领。科学编制全省综合立体交通网规划，出台省高速公路网规划、航道发展规划等专项规划，为交通强国、粤港澳大湾区和“一核一带一区”等战略提供有力支撑。

第二节　交通基础设施建设

交通基础设施建设项目稳步推进。2020年，广东交通按照省委、省政府的部署，将2020年公路水路交通投资目标由年初的1300亿元增至1850亿元，实际完成投资2186.9亿元，为年计划的118.2%，同比增长19.3%。

铁路建设新推进。珠海市区至珠海机场城际轨道交通工程（一期）等77公里城际铁路开通运营；广湛高速铁路、梅龙高速铁路全线等顺利开工。

高速公路及过江通道建设新突破。完成高速公路建设投资超1200亿元，超额完成年度投资计划。续建高速公路建设项目共55项（段）2743公里，汕湛高速公路惠州至清远段等建成通车新建、改扩建建成高速公路26项约1300公里（新增里程约1200公里）。重大工程进展顺利，深中通道岛隧工程沉管隧道已沉放近千米，黄茅海通道提前开工建设，狮子洋通道前期工作有序推进。

普通国省道建设攻坚提速。完成普通国、省道新改建和路面改造3170公里；全面完成普通国省道公路安全生命防护工程并开展治理效果评价工作；完成普通国、省道危桥改造项目110座、灾害防治工程50公里。顺利完成“十三五”干线公路养护管理评价任务。

深入开展“四好农村路”建设攻坚。截至2020年底，广东省农村公路总里程18.3万公里，其中县道里程为11080公里，乡道里程为85494公里，村道里程为86453公里。实现全省农村公路等级公路比例达到99.9%，路面铺装率达到100%，乡镇通客车率和100人以上自然村路面硬化率均达到100%，农村公路列养率达到100%。截至2020年底，广东共有“四好农村路”省级示范县36个，其中7个为全国示范县。

水运工程项目建设稳步推进。2020年，广东省完成投资132.85亿元，为调整后年度计划的116.1%。续建35项进展顺利，开工12项。其中，广州港深水航道拓宽工程通航，为广州港出海航道实现全线10万吨级集装箱船与15万吨级集装箱船（减载）双向通航；北江（韶关至乌石）航道扩能升级工程孟洲坝枢纽二线船闸工程通航，实现千吨级船舶通过北江航道从佛山三水直达韶关市区；全球最大的客滚轮渡码头——湛江港徐闻港区南山作业区客货滚装码头工程投入运营，为琼州海峡交通大动脉提速。

邮政基础设施新发展。2020年，发布实施《关于促进粤港澳大湾区邮政业发展的实施意见》。揭阳完成首轮创建后再次获评“中国快递示范城市”，广州成功获评第二批“中国快递示范城市”。智能快件箱等智能投递终端纳入省新型基础设施建设范畴。全省2.5万个城市末端服务站、4.6万个农村快递公共取送点和6.1万组智能快件箱构建起强大的末端服务体系。

第三节 运输服务保障能力

交通防疫和运输保障全面有效开展。2020年初，面对突如其来的新冠肺炎疫情，广东省交通运输系统干部职工危难时刻慎终如始，守土尽责，牢牢把住疫情防控“入粤第一关”，全面织密交通“防控网”，迅速打通应急物资运输“绿色通道”，奋力当好复工复产“先行官”，充分彰显了新时代共产党人的政治本色和交通人的精神面貌。在这场抗疫阻击战中，广东按照疫情防控不同阶段情况，先后6次优化调整交通检疫站点设置；累计组织设置省界交通联合检疫站259个，日均设置交通卫生检疫站点1398个，实现对全省交通卫生检疫全覆盖。全力保障疫情防控应急运输，有序恢复客货运输生产，共协调应急物资运输及生产企业运输保障事项21334车次，运输物资1168100吨（车货重），圆满完成4项紧急运输指令。指导各地开展“点对点、一站式”运输服务，累计组织湖北返岗包车434趟次，运送旅客10506人。邮政运输累计发运医疗、防控物资约1147.76万件，发运超过2968车次、50个航班，为广大群众配送防疫物资和生活必需品超过13.2

亿件。全面加强各类运输站场和交通工具消毒清洁通风，督促广州、深圳、珠海等城市和琼州海峡、港珠澳大桥等区域抓好交通防疫等。积极落实便民惠企政策，对政府组织的农民工包车免收通行费，共开通绿色通道1021条，通行货运车辆82064辆次，减免通行费用51.2亿元。2月17日—5月5日，累计对全省3.67亿车次免收车辆通行费142.76亿元，延长营运车辆、从业资格年审期限，免费发放2万张“全国一卡通”公交纪念卡，有力推动运输企业和从业人员尽快恢复发展。

客运服务更加便民惠民。2020年，广东城乡客运基本公共服务均等化水平稳步提升，乡镇和建制村通客车率达100%。城乡道路客运一体化发展评价达AAA以上的县（市、区）115个，占比100%。进一步完善全省农村交通运输物流节点体系。全国交通一卡通终端设施实现全省21个地市市区公交及地铁100%覆盖。截至2020年底，广东省道路客运联网售票平台接入站场370家，年联网售票约1200万张。扎实开展出租汽车文明服务拓展行动。建设完成40个“司机之家”。“出租汽车文明服务九大提升行动”受到广东省委省政府表扬肯定。

货运物流体系更加集约高效。2020年，广东省运输结构不断调整优化，加快构建铁路、公路、水路和航空等有效衔接的综合交通运输体系，多式联运、甩挂运输、城市配送集约化取得积极进展。“公转铁”顺利完成国家下达的铁路货运量9350万吨目标。

水运能力持续提升。2020年，大湾区水上高速客运航线增至29条。积极对接海南自贸港建设，完成琼州海峡北岸航运资源整合。广州、深圳邮轮业务跃居全国前列。

高速公路运营服务水平显著增强。实施多种形式的差异化收费政策。2020年减免通行费202.76亿元。打造顺德等一批“旅游型”“休闲型”“复合型”服务区。深入推进服务区服务质量提升工作，继续大力推进交通系统“厕所革命”，完成新建、改建交通系统厕所97处的年度目标任务。继续推进高速公路服务区“垃圾分类”工作，对垃圾收集房进行标准设计，印发全省实施。推动服务区充电桩建设，176对服务区共建充电桩837座，基本实现干线高速公路充电设施全覆盖。2020年，广东完成铁路货运量9510万吨。完成城际铁路运营旅客发送量4132.8万人次，其中广清、广州东环城际铁路探索由城市轨道交通企业运营，实现了广州北、白云国际机场、清城等重要交通枢纽的连接。完成城市轨道交通运营客运量40.78亿人次。完成公路水路货运量33.5亿吨、客运量5.6亿人次、港口货物吞吐量20.2亿吨、集装箱吞吐量6729万标准箱。

图7-19-1　广清、广州东环城际铁路2020年11月30日开通，清远到广州花都最快16分钟

邮政方面，广东省入围快递“两进一出”工程全国试点省份。形成业务收入超亿元的快递服务制造业项目3个、超千万元项目10个。建制村快递服务覆盖率达到89.4%。形成“梅州金柚”“茂名荔枝”等快递服务现代农业金牌项目2个、超百万件项目5个。全年完成国际/港澳台快递业务量10.6亿件，同比增长33%，占全国比重达到57.6%。2020年“双11”期间实现18天累计处理邮件快件23.2亿件，增速达45.6%，最高峰值达1.82亿件。

第四节　行业治理体系建设

推动法治政府建设。2020年，广东省积极推进地方性立法工作，健全交通运输法规体系。颁布实施《广东省城市轨道交通运营安全管理办法》，出台新修订的《广东省快递市场管理办法》《广东省邮政行政执法监督办法》。

行业治理更加规范高效。推动信用体系建设规范化、制度化、常效化。编制“信用交通省”数据资源目录，数据存储总量达8.1亿条。2020年，广东省被交通运输部和国家发展改革委授予“信用交通省”建设典型省份。依法鼓励和引导行业各种新业态规范发展，网约车驾驶员证、运输证核发量居全国前列。全省机动车驾驶培训“一张网”监管模式改革走在全国前列。行业扫黑除恶累计摸排移交涉黑恶线索787条，部署开展行业乱象整治行动40余项。建立涉及末端服务违规问题投诉申诉监测工作机制，受理邮政业消费者申诉2.96万件，为消费者挽回经济损失1032.29万元。人大建议、政协提案办理数量居省直单位前列。

优化营商环境便民利民提速增效。2020年，实现政务服务事项标准化国家、省、市、县“四级四同”。分类推进涉及广东交通运输领域25项涉企经营许可事项审批制度改革，破解“准入不准营”难题，提升便民利民服务水平。其中，道路货运车辆“三检合一”机构数量和检测量跃升全国第一。水路运输领域在全国率先实行“容缺受理”办理许可业务和“承诺制”办理《船舶营业运输证》。在全国率先实现企业船舶过闸费全免。落实大件运输“一扇门”办理和“首站式”服务，2020年办理省内大件运输许可4178宗，同比增长940%；办理跨省大件运输许可13037宗，同比增长326%，其中起运件3565宗、沿线件9472宗。

交通运输市场秩序明显好转。大力开展非法营运、变相挂靠、危险货物运输、出租汽车客运、干线公路路域环境、高速公路违法广告标牌设施、非法码头、航道桥涵标、四类重点船舶等专项整治。全省高速公路、普通公路货车超限率较“十二五”分别同比下降80%和60%。

第五节　科技创新

交通运输新技术新业态蓬勃发展。2020年春节期间，广东交通联合省相关部门紧急开发上线“入粤登记”系统，高效做好疫情防控和交通保畅顺工作。深化全省联网售票应用，在全省道路运输客运站推行标准化站务云系统和电子客票建设，提升疫情常态化科学精准防控和应急处置能力。2020年11月，广东省开通广清、广州东环等城际铁路，其配备的多元乘车支付票务系统得到了社会公众的高度认可。做好高速公路视频云平台建设工作，实现首个与交通运输部级云平台对接，截至2020年底，云平台已覆盖全省136条高速公路和所有服务区，接入10630路视频，在线率达97.13%。印发《关于促进全省交通运输科技协同创新的意见》《推进全省高速公路项目5G网络覆盖和应用示范工作的实施方案》等，打造交通运输协同创新体系，推进智慧公路试点项目建设。依托港珠澳大桥、深中通道等重大工程进行技术攻关。智慧水运建设取得重要进展，建成了“广东省航运公共信息服务平台”，首次集成整合现有水运、港口、航道等涉水基础数据及部分动态运行信息。省邮政业信息化安全监管平台全面投入使用，“绿盾”工程一期视频联网项目总体接入率达100%。“数字政府”改革建设评估名列全省前茅。2020年，广东省交通运输系统获批1个国家级科普基地、1个部级行业野外科学观测研究基地、2位部级领军人才、2项部级科技示范工程、3项部级科技清单项目、8项部级成果入库项目、1项省级科技计划项目；获得中国公路学会科学技术奖特等奖1项、一等奖2项、二等奖2项、三等奖3项。

加快推广应用新能源公交车辆。2020年，全省已累计推广12.5万辆，城市公交电动化率达94.8%，纯电动车型占新能源公交总量的比例为92.6%。

绿色水运发展取得新突破。全国第一艘碳纤维高速客船和第一艘纯电动力货船在大湾区投入运营。大宗货物水路运输比重提升至50%。沿海港口岸电建设超额完成国家任务目标，内河港口岸电在全国率先实现省级全覆盖。建成珠海鹤港高速公路部、省级绿色公路示范项目。

邮政环保新举措。在广州、深圳等10个城市和邮政企业、部分快递企业开展绿色网点、绿色分拨中心建设试点。“9792”工程既定目标任务超额完成，45毫米及以下“瘦身胶带”封装比例达99.8%，99.38%以上电商快件不再二次包装，循环中转袋使用率99.9%，邮政快递网点设置包装废弃物回收装置率43.6%，行业新能源汽车保有量达2.2万辆。

第六节　安全与应急

交通运输安全与质量工作扎实推进。2020年，广东省交通运输系统建立完善安全生产双重预防机制、安全生产责任制考核和“一票否决”制度。牵头开展道路运输和交通运输（民航、铁路、邮政、水上和城市轨道交通）安全专项整治三年行动，深入开展“两客一危一重”监管建设、普速铁路安全隐患综合治理和货运行业治乱工作。重点整治道路客运“变相挂靠”行业乱象；强化道路运输车辆动态监督管理，开展网约车安全管理专项整治行动。加大对重点水域及“四类重点船舶”的督查检查力度。针对易堵路段、收费站和事故多发点，各路段实施“一堵点一方案”。特别是2020年“五一”及“中秋”“国庆”双节期间，全省车流量屡创新高，高峰期分别达到804万辆和814万辆，高速公路整体运行畅通，没有出现长时间大面积交通拥堵。全力落实习近平总书记“用好管好大桥”重要指示精神，增强三地联动，港珠澳大桥运行安全、便民、有序、通畅。交通运输安全形势保持总体平稳。全年共发生交通运输安全生产事故142起、死亡164人，同比全年行业事故起数和死亡人数同比分别下降10.13%和13.68%。精准施策、及时妥善处置虎门大桥悬索桥涡振事件，全力保障群众出行和生命财产安全。工程建设质量安全治理体系和治理能力现代化水平得到提升。加强应急救援队伍和装备建设，指导行业做好防汛、防风等安全应急联动工作。开展邮件快件实名收寄工作专项整治行动。开展应急处置演练活动200余场次。

工程质量与造价管理水平稳步提升。2020年，广东省推进“平安百年品质工程”建设，标准化体系建设、实名监管等创新经验为全国提供了典型范本。开展沿海桥梁、沉管隧道等大型跨海（江）通道工程定额成套技术研究，“广东交通造价”成为全国交通造价创新品牌，多项先试先行的管理经验得到交通运输部推广。建立全省邮政快递业安全生产协调领导机制。

第七节　合作与交流

2020年10月25日，由广州地铁集团有限公司和巴基斯坦DW公司等组成的联合体运营维护的巴基斯坦首条地铁开通运营，该项目为“一带一路”倡议下中巴经济走廊首个轨道交通项目。截至2020年底，广东省港口共开通国际集装箱班轮航线349条，缔结友好港口86对。

第八节　特色工作

2020年12月1日，广东省交通运输行业获得2项国家优质工程金奖，4项国家优质工程奖。其中，广州市轨道交通14号线一期工程、深圳市城市轨道交通9号线工程两项获评“国家优质工程金奖”；广州市城市轨道交通13号线首期工程、广州港南沙港区三期工程、深圳港盐田港区西作业区集装箱码头工程、广东省龙川至怀集公路（龙川至连平段）4项获得“国家优质工程奖”。2020年12月10日，广州增城沙庄至花都北兴公路二期工程、江门至罗定高速公路2项高速公路获评“2020—2021年度（第一批）李春奖（公路交通优质工程奖）”。

附表

广东省交通运输主要指标统计表

指标			2019年	2020年	备注
城际铁路	通车总里程（公里）	#城际铁路营业里程	397	475	
	运输情况	旅客发送量（万人次）	6841.4	4132.8	
城市轨道交通	通车总里程（公里）	#城市轨道交通营业里程	885.2	1028.5	
	运输情况	客运量（亿人次）	53.9	40.8	
基础设施投资（亿元）	公路投资		1719.10	2054.01	
	#高速公路投资		1185.90	1346.03	
	水运投资		114.38	132.85	
公路	通车总里程	公路通车总里程（公里）	220290.40	221872.57	
		#高速公路通车里程(公里)	9495.00	10487.77	
		#等级公路里程（公里）	214922.54	221650.55	
		#农村公路里程（公里）	182660.05	183159.38	
		#桥梁（座）	49685.00	50036.00	
		桥梁总长（万延米）	439.77	469.37	
		#隧道（座）	804.00	846.00	
		隧道总长（万延米）	89.42	92.83	
	运输情况	客运量（亿人次）/货运量（亿吨）	10.1/23.97	5.49/23.12	
		旅客周转量（亿人公里）/货物周转量（亿吨公里）	1092.97/2563.96	556.31/2524.2	

续上表

指标			2019年	2020年	备注
水路	航道及码头情况	内河航道通航里程（公里）	12111.00	12252.00	航道码头数据部级未审定
		# 高等级航道通航里程（公里）	1380.00	1397.00	
		港口生产用码头泊位拥有量（个）	2273.00	2127.00	
		# 万吨级泊位（个）	322.00	342.00	
	运输情况	客运量（亿人次）/货运量（亿吨）	0.27/11.32	0.13/10.38	
		旅客周转量（亿人公里）/货物周转量（亿吨公里）	10.04/24432.75	4.27/24404.83	
邮政	邮政行业业务总量（万元）		44034000.00	58078000.00	
	快递业收入（万元）		18479000.00	21825000.00	
	邮政邮路总条数（条）		10555.00	18900.00	
	邮政邮路总长度（单程/公里）		446000.00	593000.00	

广西

第一节　整体概况

2020年，广西统筹疫情防控和经济社会发展，在“六稳”“六保”中实现交通运输新作为；如期完成交通运输脱贫攻坚目标任务；完成全年各项任务，实现交通运输“十三五”规划圆满收官。

交通建设获国务院督查激励。国务院督查激励通报表扬广西“公路水路交通建设年度目标任务完成情况好、地方投资落实到位、促进社会资本进入交通建设领域措施有力、交通债务风险防控工作落实有力”。

全力打好交通运输疫情防控阻击战。第一时间成立应急指挥部，建立交通运输疫情防控工作专班。精细落实“一断三不断”“三不一优先”和分区分级精准防控措施。制定实施交通运输复工复产“三步走”方案，实施“一企一策”精准帮扶，全面助力复工复产。广西作为面向东盟的沿海沿边省份，实现了境外病例通过公路和水路零输入。以自治区交通运输厅为牵头单位的自治区疫情防控指挥部交通运输协调专项小组获得“全国交通运输系统抗击新冠肺炎疫情先进集体”称号。全区交通运输系统共有4个集体和10名个人获得表彰。

交通强国试点迈出实质性步伐。自治区党委、政府印发《广西贯彻落实〈交通强国建设纲要〉实施方案》；5项试点工作任务获交通运输部批复。

交通固定资产投资再创历史新高。打响“交通网”三年大会战，完成综合交通固定资产投资1780亿元，同比增长34.7%。其中，公路完成投资1334.2亿元，首次突破1000亿元，同比增长35.7%；铁路完成投资240.7亿元，同比增长67.5%，连续两年实现40%以上高位增长；水运完成投资92.9亿元，同比增长54.5%。

重大项目建设刷新多项纪录。全年建设高速公路项目54个、4765公里，创广西高速公路年度建设里程史上之最；其中新开工22个项目1726公里，年度新开工项目个数、里程创广西高速公路史上之最；建成7个项目、777公里。建成“世界跨径最大拱桥”荔浦至玉林高速平南三桥，刷新广西高速公路一年内一次性建成通车里程最长、投资规模最大的纪录，新增蒙山县等4县通高速公路。北钦防一体化“卡点”工程——龙门大桥、大风江大桥等一批公路重大项目开工建设。全面对接粤港澳大湾区的柳广铁路柳州至梧州段、南深铁路玉林至岑溪（桂粤省界）等铁路项目开工建设，西部陆海新通道东通道焦柳铁路怀化至柳州段电气化改造如期完工。世纪工程——西部陆海新通道（平陆）运河项目纳入国家发展规划，列为交通运输部加快建设交通强国的重大工程。交通运输部脱贫攻坚重大项目——百色水利枢纽通航设施工程工可报告获批，前期工作推进取得重大阶段性成果。全球第一个堆场装卸系统采用U形布局方案的自动化集装箱码头、全国第一个海铁联运自动化集装箱码头——钦州港大榄坪南作业区9号、10号泊位工程开工建设。玉林福绵机场建成运营，填补了桂东南地区民航机场的空白。

创新投融资方式。全年争取中央补助资金141.12亿元，较2019年增加54.94亿元；发行公司债、企业债券、中期票据等433亿元，争取政府债券472.52亿元，创历史新高。召开广西交通基础设施建设合作座谈会，面向央企推出95个项目、总投资1.14万亿元；全年落实8个总投资875亿元高速公路项目招商工作；启动22个经营性高速公路PPP项目申报入库和招商引资工作、总投资2467亿元。创新普通国省干线公路养护“先养后补”模式，由企业先行筹资8.88亿元实施公路养护大中修工程。争取金砖国家新开发银行、亚洲基础设施投资银行8亿美元贷款用于国省干线公路服务能力提升和崇左边境互联互通改善项目。

安全管理和应急保障工作再上新台阶。自治区交通运输厅推动成立的“广西交通安全研究中心”，是西部地区首个由行业主管部门推动成立的安全生产专业性研究机构。全区高速公路入口检测平均违法超限超载率0.17%，超额完成国务院降至0.5%以下的既定目标。提前两个月完成全区普速铁路12922处隐患整治工作任务。成功应对暴雨洪灾，抢通普通公路537次，完成史上规模最大的公路灾毁重建工程。

船舶建造有新增长。建造完工船舶702艘110万总吨，同比分别增长66%和95.1%，在建船舶1340艘，造船量增速和船舶检验业务量增速位居全国前列。全国首创船舶检验智慧移动平台，实现船舶营运检验申请、进度查询等功能移动客户端操作。

第二节　交通基础设施建设

一、公路建设情况

加快高速公路建设。计划新开工高速公路项目15个，已开工14个，开工里程1145公里。

完善路网项目。2020年，计划新开工路网项目28个，均为国省干线项目，计划新开工里程1428公里，计划总投资245亿元。截至2020年12月底，27个1360公里高速公路项目实现开工，开工率为96%。新开工项目共完成投资31.97亿元，为年度投资责任目标的78%。国道G219线靖西市安宁至湖润项目施工图设计已完成外业验收，并上报至自治区厅审批。2020年，续建项目101个，其中国省干线项目60个，滨海公路项目7个，红色旅游项目1个，其他路网项目33个，计划续建里程3274公里，计划总投资685.23亿元。

以“四建一通”工程建设为抓手，补齐农村公路短板。2020年末，农村公路总里程达10.55万公里，乡乡通二（三）级公路比例提升到83%，全区建制村通硬化路率100%，建制村通客车率100%。全区“四建一通”工程在建项目10294个，总投资626亿元，完成投资210.23亿元，为年度投资任务的93%；已开工项目10268个，开工率99.8%，其中完工项目9964个，完工率97%。截至2020年12月底，全区本年完成整治安全隐患路段28031公里、危桥改造项目358座、窄路拓宽改造里程2132公里（含非“四建一通”项目），新增78个乡镇通二级或三级公路，全区通三级以上等级公路的乡镇达928个，乡镇通二级或三级公路比例达83%。

二、水运建设情况

2020年，全区水运基础建设投资再创历史新高，累计完成投资928998万元，较2019年同期增加54.5%。其中，内河完成25.13亿元，比2019年同期增加34.8%，沿海完成54.80亿元，比2019年同期增加85.8%，全社会其他水路交通基础设施投资完成12.98亿元，比2019年同期增加8.1%。

沿海方面，重点围绕聚焦北部湾国际门户港建设，高质量建设陆海新通道。2020年，新开工建设 9 个项目。续建防城港企沙港区赤沙作业区 1 号、2 号泊位等 7 个项目。建成钦州 30 万吨级码头等 4 个项目。

内河方面，主要推进内河航道、码头、过船设施建设，加快提升西江干线和支流通航能力。2020 年，新开工建设广西左江山秀船闸扩能工程等 4 个项目；续建贵港至梧州 3000 吨级航道工程、西津水利枢纽二线船闸工程等项目；建成西江航运干线贵港航运枢纽二线船闸主体工程及上引航道等 3 个项目。世纪工程——西部陆海新通道（平陆）运河项目纳入国家发展规划，列为交通运输部加快建设交通强国的重大工程，完成多个关键性技术课题研究，并已编制完成平陆运河项目建议书；交通运输部脱贫攻坚重大项目——百色水利枢纽通航设施工程工可报告获批，前期工作推进取得重大阶段性成果。

三、铁路建设情况

2020 年，全年铁路建设完成投资 240.7 亿元，同比增长 68%，其中，续建项目完成投资 169 亿元，占年度任务的 108%；收尾销号项目完成投资 71.7 亿元。建成投产北海铁山港 1 ~ 4 号泊位铁路专用线、焦柳铁路怀化至柳州段电气化改造工程等 2 个项目；开工建设崇左至凭祥铁路、湘桂铁路柳州枢纽扩能改造、南深铁路玉林至岑溪段、柳广铁路柳州至梧州段 4 个重点项目；续建贵阳至南宁铁路、南宁至崇左城际铁路、南宁至玉林城际铁路、防城港至东兴铁路、南宁国际空港综合交通枢纽工程等 5 个项目。

四、民用机场建设情况

2020 年，广西在用民用机场 8 个（南宁、桂林、北海、柳州、梧州、百色、河池、玉林机场），由广西机场管理集团有限责任公司管理。广西重点推进“4+3”重大项目（4 个在建项目和 3 个项目前期）建设，完成固定资产投资 5.5 亿元，年旅客保障能力提升至 3820 万人次，较“十二五”末提高 36%；机位数达到 190 个，较“十二五”末新增 40 个，达到历史最好水平。

五、邮政建设情况

全区共有普遍服务邮政营业场所 1503 处，其中城市自办营业场所 259 处，占 17.23%；城市代办营业场所 28 处，占 1.86%；农村自办营业场所 749 处，占 49.83%；农村代办营业场所 467 处，占 31.07%。平均服务人口 3.7 万人 / 网点，服务半径 18.81 公里 / 网点。所有乡镇均设置邮政局所，覆盖率达 100%，建制村直接通邮率达 100%，全部普遍服务营业场所开办四项普遍服务业务，县级行政区内开办国际及港澳台邮件业务的邮政营业场所 203 处，电子化营业场所 1499 处，其中城市 287 处，农村 1212 处。

第三节　运输服务保障能力

道路运输方面，全年公路客运量 2.68 亿人次、旅客周转量 351.10 亿人公里，公路货运量 15.34 亿吨、货物周转量 2683.05 亿吨公里，同比分别下降 5.12%、5.21% 和增长 9.88%、9.21%，占全社会客货运输量的比重分别为 71.3%、43.0%、80.4% 和 53.8%。春运期间投入营运客车 2.74 万辆，开行 111.8 万个班次（其中加班班次 5298 个、包车 9267 个），完成客运量 1439.67 万人次，同比下降 57.68%；其中春节黄金周客运量 242.43 万人次，同比下降 53.15%。国庆、中秋节假日（10 月 1—8 日）期间，全区道路运输行业共投入客车 2.12 万辆，开行 26.7 万个班次（其中加班班次 3091 个、包车 2574 次），完成客运量 314.82 万人次。其中 10 月 1—7 日完成客运量 276.87 万人次，比 2019 年国庆节黄金周下降 57.22%。

水路运输方面。全年完成水路货运量3.29亿吨（其中内河2.64亿吨，沿海0.65亿吨），完成货物周转量1918.51亿吨公里（其中内河1087.62亿吨公里，沿海830.26亿吨公里，远洋0.63亿吨公里）。全年完成水路客运量339万人次（内河115万人次，沿海224万人次），旅客周转量15082万人公里（内河3710万人公里，沿海11372万人公里）。长洲水利枢纽船闸年货物通过量突破1.5亿吨，首次实现年度过货量超越三峡，成为全国天然河流第一船闸。贵港港货物吞吐量首次突破1亿吨，达1.06亿吨，同比增长30.9%，成为珠江水系首个内河亿吨大港。北部湾港货物吞吐量超过深圳、湛江，成为华南地区仅次于广州港的第二大港口；集装箱吞吐量首次突破500万标准箱，达505万标准箱，同比增长32.2%，总量跻身全国沿海港口集装箱吞吐量前10、世界前40行列；新增开内外贸集装箱班轮航线9条，全年集装箱船舶到港7500艘次，首迎10万吨级大型集装箱船舶，北部湾港正式进入1万标准箱大船时代。

第四节　行业治理体系建设

深化“放管服”改革，优化营商环境。2020年，疫情防控和政务服务工作有力有序有效。通过推行“网上办”“邮寄办”“不见面办”“即时办”“承诺办”以及压时限、减材料等一系列措施，积极助力交通建设复工复产，共办理政务服务事项85167件，实际办理时间比法定办结时限提速率超过90%，好评率超过99.99%，窗口全年无超时办件，无投诉案件。

加强交通运输地方性立法工作。2020年，交通运输厅负责起草的《广西农村公路条例》《广西高速公路条例》分别列入自治区政府2020年度立法工作计划的当年完成项目、调研项目。形成《广西农村公路条例》修订草案，经自治区人民政府常务会议审议通过，已提请区人大常委会审议。

扎实推进交通运输综合执法改革。2020年12月底，获批将厅属的自治区港航发展中心、道路运输发展中心、公路发展中心、高速公路发展中心和交通运输工程质量监测鉴定中心等事业单位承担的行政执法职能整合，组建自治区交通运输综合行政执法局，作为交通运输厅管理的正处级机构。该局下设自治区交通运输综合行政执法局第一支队至第十二支队、中华人民共和国东兴口岸国际道路运输管理处和友谊关口岸国际道路运输管理处等14个副处级执法机构，锁定事业编制1387名。截至2020年12月底，全区14个设区市、71个县（县级市）已全部完成执法队伍整合组建（城区不单独设置执法机构）。其中，市级执法队伍核定人员编制共计2163名（已到位2068人），县级执法队伍人员核定人员编制共计3587名（已到位3256人）。

第五节　科技创新

探索科技创新新思路、新办法。开展钦州至北海段改扩建工程项目现场核验准备工作。开展2020年度广西交通运输行业重点科技项目清单申报工作，向交通运输部推荐28项重点科技项目清单项目，公布2020年度三批广西交通运输行业重点科技项目清单。评选2020年度广西交通运输科技示范工程6项、创新典型案例38个，深化科技创新对交通运输发展的引领支撑。将8项智慧交通领域试点示范项目（同时为交通强国建设试点项目）凝练成智慧交通主题项目，向自治区科技厅申报2020年度广西科技重大专项。

强化交通运输行业标准体系建设。地方标准“装配式混凝土梁式桥检测评定和维修加固技术规范”获2019年广西重要技术标准项目奖项，这是自治区交通运输厅组织编制的地方标准连续第7年获得该殊荣。2020年度获批准立项广西交通运输地方标准37项，获批准颁布实施广西交通运输地方标准19项，发布广西交通运输行业指南14项，为科技成果转化为标准提供保障。2020年累计完成大纲评审8项，征求意见初稿讨论32项，开展征求意见工作32项，组织审定34项，申请报批13项。

科技项目推优报奖再创佳绩。8项成果荣获2019年度广西科学技术奖，其中“南宁强透水复杂地层地铁深大基坑设计施工关键技术创新与应用”获科学技术进步类一等奖；提名“超大跨混凝土拱桥设计、施工与材料成套关键技术体系”等14项候选项目参加2020年度广西科学技术奖评审。提名论文“南宁市运营车辆的违规识别和系统功能研究”为广西壮族自治区第十六次社会科学优秀成果奖候选作品。开展交通运输重大科技创新成果库入库成果征集工作，向交通运输部推荐12篇论文、2个专利、2个交通运输科技项目。广西交通职业技术学院被评为广西“高水平高职学校和高水平专业”建设院校，“道路桥梁工程技术”“汽车运用与维修技术”2个专业群入围高水平专业。

加速推进智能交通“新基建”。广西交通强国建设试点实施方案获交通运输部批复，将通过3～5年时间，推进大数据中心、智慧高速公路、智慧服务区、公路智慧监测体系建设，推广基础设施建管养全生命周期应用。其中，已建成广西交通运输云数据中心（一期），承担广西交通运输政务数据“聚通用”工程的具体实施任务。疫情防控期间，数据中心向广西疫情防控指挥部共享近40亿条高速通行数据以及600多万客票数据。智慧高速公路、智慧服务区、基础设施建管养全生命周期应用项目已完成项目建设方案编制工作。

第六节　安全与应急

2020年，全区交通运输安全生产形势总体保持平稳。全年发生涉及人员死亡的道路运输行车事故176起、死亡220人，同比分别下降35.53%和29.49%。公路水运工程建设发生涉及人员死亡的生产安全事故9起，死亡11人，事故起数同比增加2起，死亡人增加1人。港口生产发生涉及人员死亡的事故2起、死亡2人，港口生产上年无事故。交通运输企业发生较大事故7起、死亡26人（均为较大道路运输行车事故），同比2019年分别持平、增长4%。未发生重特大生产安全事故和火灾事故。

扎实开展安全生产专项整治三年行动。公路水路行业累计排查隐患总计8093个。其中，一般隐患7986个，已整改6453个，整改率81%；重大隐患107个，已整改98个，整改率92%。普速铁路整治12922处隐患，提前2个月完成普速铁路环境安全隐患综合整治安全隐患整治任务。组织全州、东兴、南丹3个县（市）开展全国自然灾害综合风险普查地方试点工作，公路已完成普查1892.603公里，发现自然灾害风险点750个，完成整治20个地质灾害隐患点、10处地质灾害易发区。公路超限超载风险大幅降低，全区高速公路入口检测违法超限超载车辆157.8万辆次，其中“百吨王”655辆次，较2019年上半年分别下降49.2%、97.2%。

第七节　合作与交流

打造内联外通的出省通道。一是桂粤省际通道。截至2020年，已建成7条，在建4条，南深高速铁路玉林至深圳段，柳州经梧州至广州铁路，岑溪至罗定铁路，合浦至湛江高速铁路等项目加快推进。二是桂湘省际通道。已建成5条，在建1条，衡柳铁路提速、益湛铁路永州至玉林段、湘桂铁路衡柳段普速线等扩能改造项目有序推进，南宁经桂林至衡阳高速铁路、张海高速铁路怀化至桂林段等项目加快推进。三是桂黔省际通道。已建成4条，在建2条。四是桂滇省际通道。已建2条，在建1条，连接云南的千吨级航道正式开工建设。右江航道整治工程（两省界—百色）开工，标志着连接云南的千吨级航道正式开工建设。航道里程全长71公里，工程估算总投资为32612万元，计划建设工期15个月。

打造互联互通的出海出边通道。一是出边通道。按照广西高速公路网规划（2018—2030年）布局，共规划9个通往越南的国际高速公路通道接点，总计13条通道，目前已建成4条，在建6条。二是出海通道。共规划出海通道11条，在建1条。天津至钦州集装箱直航航线开通。连接京津冀和西南地区的首个海上内贸直航大通道——天津至钦州集装箱新航线开通运营。

第八节　坚持党建引领高质量推进脱贫攻坚工作

在部署上精准谋划，主动赶早赶前。成立以厅党组书记为组长的交通扶贫工作领导小组，按照“赶早赶前”的原则加强谋划。提前1年实现全区所有建制村通硬化路，提前4个月实现全区所有建制村通客车，提前1个月完成与自治区签订的“十三五”《脱贫攻坚责任书》，超额完成了交通运输行业脱贫攻坚兜底性目标任务。“十三五”全区累计完成建制村通硬化路6530公里、窄路加宽9173公里、县乡道联网路3256公里、县乡道安全隐患治理17203公里、村道安全隐患治理27419公里；建成三级及以下农村客运站688个、便民候车亭8914个，基本实现所有县城建有二级及以上客运站；实现乡镇快递网点全覆盖，全面实现100%建制村直接通邮。

在行动上精准施策，自觉提档提标。一是最大规模建设“四好农村路”。推动自治区政府印发《广西加快实施“四建一通”工程 推进“四好农村路”高质量发展工作方案（2019—2021年）》，总投资742.61亿元，实施1.4万个项目，其中贫困县投资546亿元，实施项目约9700个。这是广西史上“时限最短、投资最大、数量最多”的农村公路专项建设方案。二是在政策上重点倾斜，全力支持脱贫攻坚。大幅提高贫困地区“十三五”普通公路建设补助标准，农村公路三级公路补助较一般地区多60万元/公里，建制村通硬化路补助较一般地区多25万元/公里，安防工程较一般地区多2万元/公里。2016—2020年累计补助地方“四好农村路”建设101.33亿元，其中投向54个贫困县70.77亿元，占69.84%。特别安排1000万元专项资金用于支持贺州市平桂区“土瑶”深度贫困村通村公路安全生命防护工程建设。自2018年7月起，停收贫困地区7条高速公路Ⅰ类桥隧车辆通行费，截至2020年11月共减免车辆2480.77万辆，减免通行费2.41亿元；自2020年5月25日起，进一步停收12条途经20个深度贫困县高速公路的货车桥隧车辆通行费，截至11月底共减免通行费6789.38万元。

在效果上精准落地，坚持扶贫扶智。“十三五”期间，全力构建贫困地区外通内联的交通运输体系，其中2020年全区完成交通固定资产投资1600亿元，同比增长约31%，到2020年底全区综合交通实体线网总里程突破14万公里（其中农村公路10.55万公里），高速铁路营业里程达1792公里（排西部第一），高速公路通车里程达6800公里，县县通高速公路比例达96%，普通国省道二级及以上公路比例达72%，乡乡通二（三）级公路比例达83%；12个设区市通高速铁路，1小时内通达机场。拓展“交通+”扶贫富民新模式，以“四建一通”

工程推动“交通＋扶贫”，带动社会投资近2200亿元，直接为公路建筑业创造吸收包括贫困户在内的约140万个劳动力就业机会，为相关产业提供吸收包括贫困户在内的约370万个劳动力就业机会。创建“四好农村路”示范县，全区国家级示范县5个、自治区级示范县30个，带动各地拓展“农村公路＋产业”“农村公路＋文化旅游”“农村公路＋体育”“农村公路＋电商”等扶贫富民新模式。助力定点扶贫联系点、全国唯一的仫佬族自治县——罗城仫佬族自治县如期脱贫摘帽。“十三五”期间在罗城县累计投入扶贫资金1160万元，狠抓扶贫产业培育和村公共服务设施等建设，帮扶1197户建档立卡贫困户、4940人贫困人口摆脱深度贫困，11月20日罗城仫佬族自治县脱贫摘帽，贫困村、贫困户实现“双清零”。定点帮扶村龙腾村荣获2018年自治区“美丽广西・清洁乡村”示范村称号；2020年定点帮扶的4个村集体收入达102.24万元，较2019年提高了193.46%。

附表

广西壮族自治区交通运输主要指标统计表

指标			2019年	2020年	备注
基础设施投资（亿元）	综合交通固定资产投资		1172.21	1667.89	
	铁路投资		143.65	240.7	
	公路投资		982.96	1334.29	
	# 高速公路投资		723.68	964.95	
	水运投资		45.53	92.9	
铁路	通车总里程（公里）	国家铁路营业里程	5206	5206	
		# 国家铁路	2751	2751	
		# 合资铁路	2455	2455	
		# 地方铁路	0	0	
	运输情况	旅客发送量（万人次）/货物发送量（万吨）	11776.91/8405.02	7837.66/9268.63	
		旅客周转量（亿人公里）/货物周转量（亿吨公里）	480.21 / 752.75	300.84 / 754.15	
公路	通车总里程	公路通车总里程（公里）	127818.525	131642.454	
		# 高速公路通车里程(公里)	6026.08	6803.41	
		# 等级公路里程（公里）	118792.911	124234.895	
		# 农村公路里程（公里）	102058.76	105099.44	
		# 桥梁（座）	19975	21273	
		桥梁总长（万延米）	137.57	164.63	
		# 隧道（座）	843	977	
		隧道总长（万延米）	61.91	78.04	

续上表

指标			2019年	2020年	备注
公路	运输情况	客运量（万人次）/货运量（万吨）	34539/142749	26771/145323	
		旅客周转量（万人公里）/货物周转量（亿吨公里）	3326552/1470.88	2508919/1486.86	
水路	航道及码头情况	内河航道通航里程（公里）	5873	5873	
		# 高等级航道通航里程（公里）	1531.7	1531.7	
		港口生产用码头泊位拥有量（个）	796	799	
		# 万吨级泊位（个）	95	98	
	运输情况	客运量（万人次）/货运量（万吨）	769.6/31881	338.6/32852	
		旅客周转量（万人公里）/货物周转量（亿吨公里）	35044/1765.46	15081/1918.51	
民航	机场数量（个）		7	8	
	运输总周转量（万吨公里）		—	—	
	# 国内运输总周转量（万吨公里）		—	—	
	# 国际运输总周转量（万吨公里）		—	—	
	旅客运输量（人次）/货邮运输量（万吨）		29037844/—	18081660/—	
	旅客周转量（万人公里）/货邮周转量（万吨公里）		—	—	
邮政	邮政行业业务总量（亿元）		159.44	215.30	
	快递业收入（亿元）		74.65	90.24	
	邮政邮路总条数（条）		798	943	
	邮政邮路总长度（单程/万公里）		7.9	7.4	

海南

第一节　整体概况

2020 年，海南省公路水路固定资产完成约 182.7 亿元，同比增长 12.2%，超过交通运输部下达任务计划 35 个百分点。截至 2020 年底，全省公路通车总里程 40118 公里，其中高速公路 1254 公里，普通国省干线 3564 公里，农村公路 3.53 万公里，公路网密度达到 118.5 公里 / 百平方公里，高速公路网密度提升至 3.7 公里 / 百平方公里。高等级公路比例显著提升，路网技术等级和服务水平有了新的提高。

目前，海南省已建成以“田”字形高速公路为主动脉，以“三纵四横”的国省道公路为主骨架，旅游公路为补充，高等级公路沟通市县，辐射开发区和旅游区，乡乡通油路，村村通公路，县乡村道支干相连，各市县互联互通、贯通东西南北、辐射全岛的“安全、高效、集约、绿色”的公路网格局。随着儋州至白沙、五指山至保亭至海棠湾高速公路的建成通车，全省实现了“县县通高速”的目标。

第二节　交通基础设施建设

一、公路方面

综合交通网络日臻完善。陆域交通迈进“田”字形路网新时代，“五化”公路成为海南亮丽的风景线，公路网进一步织密。全省公路总里程超 4 万公里，其中高速公路 1254 公里，普通国省干线 3564 公里，农村公路 3.53 万公里，分别较“十二五”末增长 49.5%、56.2%、30.6% 和 51.7%。“田”字形高速公路网全面贯通，具备条件的自然村 100% 通硬化路。公路网密度从“十二五”末的 79.2 公里 / 百平方公里提升至 118.5 公里 / 百平方公里，高速公路网密度提升至 3.7 公里 / 百平方公里，在全国排名均上升至第 13 位。全年全省 15 个项目全年完成投资 95.98 亿元，完成投资任务的 116.69%。G15 沈海高速公路海口段、国道 G540 毛九线、省道 S203 铺文线开工建设，G9812 高速公路延长线等前期工作压茬推进。儋白高速公路、山海高速公路保亭至海棠湾段、环岛旅游公路琼海博鳌段、省道 S308 美洋线、省道 S317 金马大道等建成通车。海南迈入“县县通高速”的时代。

图 7-21-1　2020 年 12 月 29 日，儋州至白沙高速公路通车仪式在位于白沙县境内的牙叉隧道出口处举行。该高速路通车后，儋州至白沙的开车用时由 1 小时缩短至 20 分钟

2020 年，海南省全面加强公路养护工作，保障公路畅通安全，顺利完成迎国评工作，交通运输部考核组反馈良好。

强化路面养护。坚持以路面养护为中心，加强日常性养护，及时处治路面病害，全省共修补沥青路面病害 12.2 万平方米，修补水泥混凝土路面病害 7.7 万平方米，处治裂缝类病害 22.5 万米，累计建成“五化”公路 3784 公里，确保公路安全畅通。高标准完成春运、文昌航天发射等重大活动和重大节日公路保障工作，省道 S219 博机线、S206 铺龙线作为“五化”公路优秀范例，入选海南首批智能汽车开放测试和示范应用道路。

加强桥隧养护管理。设立桥梁管理办公室，成立桥梁养护工程师团队，认真组织桥隧定期检查、特殊检查工作，完成青岭隧道维修加固工程，牛岭、大茅隧道土建结构病害处治工程及加章、新平等 9 座隧道洞口防护、洞口诱导系统（自发光）安全设施工程的公路隧道提质升级改造，完成挂牌督办的 G98 高速公路万泉河大桥加固工程，已向交通运输部公路局备案摘牌。

提升公路出行信息服务水平。高质量打造微信公众号、微博、抖音等新媒体平台矩阵及时更新干线公路通行信息，密切与省内电视台、广播电台、报刊等 10 余家省级媒体的合作，利用“海南省交通媒体”微信群实时在线互动，及时发布实时路况信息、交通专项气象预警、交通新闻资讯以及各类信息反馈等，拓宽出行信息服务渠道，提供高效、便捷的公众出行服务信息。

持续加强高速公路服务区整治提升工作。及时理顺高速公路服务区管理模式，组织制定服务区管理方案、考核及等级评定方案、服务区考核内容及评分标准等，明确由海南省公路管理局监管考核、高速公路养护管理中心监督检查和经营单位具体管理的三级管理体制，健全管理队伍，设立 3 个工作站，开展日常检查、每月评分、半年和年终考核工作，建立长效管理机制，努力打造“功能齐全、卫生干净、环境优美、管理规范、服务优质、群众满意”的高品质服务区。

高标准打造公路驿站。通过利用道班自建自管、与公路沿线连锁餐饮企业合作共建、参与市县全域旅游服务中心合作共管和提供空闲道班用地委托海南交控建设运营 4 种模式，将公路驿站打造成公路服务的新平台和公路文化传播的重要载体。全年改造服务设施 11 个，总投资 737 万元。目前已建成 75 个具备停车场、公共洗手间、室内（外）休息区、充电桩、健身器材、免费热水点等功能设施的公路服务驿站。

推进“四好农村路”建设。指导全省各市县制定了《农村公路管理养护路长制实施方案》，督促逐渐完善农村公路养护管理“路长制”，加强培训指导，以定期巡查和抽检等形式逐步推动建立主体责任明确、养护分类全面、质量评价体系完备的农村公路养护管理机制，目前乡镇农村公路养护机构 100% 成立，人员配备基本到位。

二、水路方面

港口通过能力显著提升。新海港区客滚装码头一期、二期等一批项目建成投入使用。全省拥有港口生产性泊位 149 个，其中万吨级及以上深水泊位 78 个，分别较“十二五”末增加 27 个和 28 个。全省港口综合通过能力达 2.6 亿吨，较“十二五”末增长 54.8%。其中，集装箱通过能力达 166 万标准箱，较“十二五”末增长 64.4%。“十三五”期，全省港口货物吞吐量 9.3 亿吨，外贸吞吐量 1.7 亿万吨，分别较“十二五”期增长 42.7%、40.3%。

全省已初步建成北有海口港、南有三亚港、东有清澜港、西有八所港和洋浦港的“四方五港”

格局，以上港口均为国家一类口岸。截至2020年底，全省港口共有生产性泊位149个，其中万吨级以上深水泊位78个。万吨级以上深水泊位中海口港34个、洋浦港30个、八所港9个、三亚港4个、乐东1个。全省继续推进港口资源整合，构建全省港口"一盘棋"格局，完善"四方五港"建设，提升港口服务能力和管理水平，促进港、产、城联动融合发展，将海南打造成为面向东南亚的航运枢纽、物流中心和出口加工基地。

2020年，全省管理内河航道434.24公里（其中维护里程343.04公里），沿海航道93.07公里（其中维护里程25.197公里）。全年完成航道疏浚工程量35万立方米，航道扫床66公里/3.44平方公里，航道测量13条/20.92平方公里，航道巡查683次/8746.5公里。管养航标154座，全年完成航标巡检655次、瞭望3259次、浮鼓灯架轮换保养75套、紧急抢修41次，确保航标维护正常率达100%。积极提升航道航标管养水平，全年没有发生因航道问题导致的安全事故，组织推进三亚南山港区航道维护疏浚工程和清澜航道导流堤坝航标工程，完成三亚河、万泉河5座桥梁助航标志布设工作，推动141座发光航标完遥测遥控改造，航标遥测遥控技术覆盖率达100%。在八所港探索利用无人机辅助巡查航道航标，取代船舶巡查工作方式，提高工作效率和降低能耗。开展航道及其保护范围内碍航渔船、渔具整治、清理工作，组织航道行政检查次数168次，与航道工程有关的工程管理42次，航道范围内采砂管理27次，非法弃土管理6次，其他破坏航道行为17次，并跟踪督促当事人整改落实。

三、民航方面

民航发展取得积极进展。博鳌、永兴机场建成投运，三亚凤凰国际机场三期改扩建、海口美兰国际机场二期主体工程建设完成。全省开通国内航线400余条，货运航线8条，境外客运航线100余条。"十三五"期，全省机场旅客吞吐量从3235万人次提升至4501万人次，年均增速达8.6%，海口美兰国际机场、三亚凤凰国际机场年旅客吞吐量双双突破2000万人次；货邮吞吐量从22.1万吨提升至27.7万吨，年均增速达5.7%。

四、客货站场建设方面

道路运输服务水平和能力进一步提升，严格规范道路运输行政许可，做好客货各项审批业务服务。全省28个汽车客运站全部实现联网售票及电子客票，全省2562个具备通车条件的建制村通客车全部保持正常运营，陵水县率先在全省实现自然村100%通公交。"司机之家"按期投入运营，提升了货车驾驶员获得感。积极推进和支持网络货运新业态的发展壮大，全省27家网络货运企业完成近116万单，总货运量约4010万吨，运费34亿多元。实现旅游客运电子包车牌的应用管理，每年为财政节省牌证印制费近90万元。制定《海南省道路旅游客运企业质量信誉考核办法》，对全省45家企业开展道路旅游客运服务质量信誉考核，强化了道路旅游客运企业经营行为监管。定期发布旅游客运投资风险预警，引导企业理性进入旅游客运市场。旅游客运市场化改革活力显现，全年新增旅游客运企业60家，旅游客车近2500辆。

第三节　运输服务保障能力

2020年，海南省水路货运量1.13亿吨，同比增长6.9%，货物周转量306.16亿吨公里，同比增长91.2%，全省水路客运量1015.62万人次，同比下降37.3%，旅客周转量2.45亿人公里，同比下降39.9%。全年全省港口货物吞吐量完成1.99亿吨，同比增长0.28%，其中外贸吞吐量3821万吨，增长6.7%；集装箱业务量完成近300万标准箱，同比增长11.78%，旅客吞吐量1181.63万人次，同比下降22.1%，滚装汽车完成347.97万辆，同比增长2.8%。全省完成公路客运量4566万人次、公路旅客周转量356082万人公里，同比分别减少51.25%和51.66%；公路货运量6852万吨、公路货物周转量413408万吨公里，同比分别增加1.23%和1.32%。

客运服务能力有效提升。道路客运转型升级步伐加快，琼南、琼北道路运输一体化稳步推进，空地联运取得明显进展，海口美兰国际机场城际班线开通。公交优先战略深入实施，岛内所有市县实现公交化，三亚列入国家公交都市建设示范城市，海口开通国内第一条利用高速铁路开行的市郊列车。城乡交通运输一体化水平显著提升，岛内所有市县均达3A级，4A级以上占比提升至89%，东方市入选交通运输部首批城乡交通运输一体化示范县创建名单。大力推进农村客运候车亭建设，提前一年实现100%具备条件的行政村通客车。综合客运枢纽体系更加健全，海口美兰国际机场GTC（地面交通中心）和海口火车东站交通枢纽建成投入使用，多种交通方式无缝衔接；海口总站、东方、琼海、陵水、洋浦等汽车客运站建成，全省所有市县实现二级以上汽车客运站全覆盖。琼州海峡客运服务能力大幅提升，“十三五”末旅客运输能力达2110万人次、汽车过海能力达467万标辆，分别较“十二五”末增长580.6%和137.1%。

货运物流组织效率不断增强。出台《海南省加快推进物流降本增效促进实体经济发展实施方案》等多项利好政策，促进物流产业蓬勃发展。逐步完善物流基础设施建设，海口美安、澄迈金马、琼中湾岭等物流园区先后投入使用。大力发展“互联网＋物流”，网络平台道路货运经营进一步规范，普通货运车辆实现网上年审。协同推进城市配送发展，海口城市共同配送典型经验得到全国推广。出台《海南省深化交通运输与邮政快递融合促进农村物流高质量发展工作方案》，实现具备条件的乡镇100%覆盖快递服务网点、具备条件的行政村100%通快递。全省物流总费用占GDP比例由“十二五”末的18.86%下降至14.96%，“降本增效”成效显著。

重大战略活动运输服务保障有力。建立军地联动保障机制，火箭军跨海拉练演习、空军跨海支援投送训练、天舟一号航天发射等重大军事运输保障任务圆满完成。不断加强运输组织和应急协调，春运、博鳌亚洲论坛、环岛自行车赛等重点时段、重大活动运输保障有力。

第四节　行业治理体系建设

大力推进机构改革。优化省厅机关处室职能设置，增设水运处强化港口、航运、邮轮游艇管理职能；划转民用航空办公室，为“大部制”改革奠定基础；成立厅交通运输行政执法局，完成高速公路三个执法分局的改革转隶任务；加快推进农村公路管理养护体制机制改革，完成省管县道移交地方政府管理工作。同时，加快推进通用航空分类试点改革、工程建设项目审批制度改革等，全面深化海南交通运输改革开放取得重大进展。

持续推进“放管服”，推动“证照分离”改革。“十三五”期优化审批事项清单159项，取消下放行政审批事项32项，大件运输许可等政务服务实现“一网通办”“跨省通办”。加快推进“信用交通省”建设，逐步构建以信用为基础的事中事后监管体系，开展双随机检查140余次，检查人员560余人次，涉及监管对象840余家次。法治政府部门建设和信用工作均被评定为省级优秀等次。

稳步推进港口资源整合。印发《海南省港口资源整合方案》，完成对海南港航控股的重组，为推进琼州海峡港航一体化发展、建设西部陆海新通道、重构海南“四方五港”新格局、打造洋浦港区域性国际集装箱枢纽打下坚实基础。

积极推进旅游客运市场化改革。在全国率先实现全省旅游交通同城化管理，进一步激发市场活力。全省道路旅游客运企业增至74家，道路旅游客车超过3000辆，旅游客运市场主体呈现多元化，旅游车辆结构进一步优化。

第五节　特色工作

一、交通安全管理

平安交通建设稳步推进。全省安全生产形势稳中向好，未发生重大安全责任事故。深入开展安全生产专项整治三年行动计划，积极创建“平安公路”“平安港口”“平安工地”等，安全管理水平不断提升。强化重点领域安全监管，持续开展道路交通安全专项整治、超限超载治理专项行动等，实现交通事故起数、死亡人数连续三年下降的工作目标。加大“两客一危”营运车辆联网联控和动态监管，营运车辆入网率上线率均保持在95%以上。圆满完成高速公路沿线高杆广告牌清理整治等专项行动，获省政府领导充分肯定。夯实安全发展基础，持续推进安保工程和危桥改造，公路路况和安全水平逐年提升，路域环境进一步改善，普通公路路况水平位列全国前十。屯琼高速公路项目被交通运输部和应急管理部评为公路水运建设“平安工程”。积极应对台风等各类恶劣极端天气和自然灾害，强化交通应急预案体系建设，制定完善《公路水路突发事件应急预案》，应急保障能力进一步提升。深入开展道路交通安全专项整治三年攻坚战，强化行业重点领域和重点时段安全生产监管，坚决清剿安全隐患。广泛开展疫情防控、扫黑除恶、禁毒、“扫黄打非”、消防安全等专项行动，有效维护全省道路运输市场秩序和持续稳定，修订制定全省道路运输安全生产应急预案，开展安全生产法律法规的宣传教育，提升行业安全管理应急能力水平。

二、交通扶贫

2020年，全面完成贫困地区交通建设任务，助力海南5个国贫县脱贫摘帽。农村公路六大工程顺利收官，累计完成里程1.49万公里，完成投资206亿元。创建海口市美兰区和五指山市两个“四好农村路”省级示范县，五指山、文昌、昌江、琼海、儋州成为全国农村公路管理养护体制改革试点，一批美丽农村路和公路驿站建设完成，有力带动乡村旅游发展。同时，继续推进消费扶贫，组织全行业和代建企业积极参与“春风大行动”等消费扶贫活动，消费金额达73万元。扎实推进产业扶贫，推动定点扶贫村白查村三角梅、农家鸡等种养产业发展，销售收入达51万元，村内人均纯收入突破万元。安排81名乡村振兴工作队队员扎根基层，指导市县公路、征稽部门积极投身市县扶贫工作，驻点村庄全部实现脱贫目标。

三、疫情防控取得阶段性胜利

一是全力阻断疫情蔓延。坚决落实“外防输入、内防反弹”要求，关口前移，严把机场、码头入琼关，构建海陆空联防联控网，阻隔疫情传播入岛。严格落实交通运输工具及场站防控要求，做好消毒通风、旅客100%测温、扫健康码等防控措施，阻断疫情在岛内蔓延。

二是全力保障应急运输。高效组织防疫物资和重要生产生活物资运输，开辟琼州海峡应急物资绿色通道，主动靠前对接企业、全程跟踪做好服务，对运输防控应急物资车辆一律免收琼州海峡过海费、车辆通行附加费等费用，返回空载车辆享受同等政策。协调空运海外防疫物资6批次。实施燃油通行附加费减免政策，免收机动车辆通行附加费共计5.4亿元。

三是全力抓好常态化疫情防控。指导机场、码头、车站、运输企业等持续落实防控措施；切实做好行业从业人员疫情防控，有序开展国际航行船舶船员换班工作；强化进口冷链食品疫情防控，杜绝承运无手续冷链食品等，2020年重大节假日期间的防控目标全部实现，共有16名个人和5个集体荣获抗击新冠肺炎疫情省部级以上表彰奖励。

四是力克多重困难，着力推进重点项目建设。一手抓疫情防控，一手抓建设进度，及时组织工人“早返回、早隔离、早返岗”，全省公路建设项目5月底前全面复工复产，全力加快施工进度。

五是分区分级落实防控措施，及时恢复运输生产。落实交通运输部疫情防控公路保通保畅“一断三不断”总体要求，全省19个市县客运班线、客运包车、公交线路、巡游车、网约车以及旅游客运及时恢复运营。积极推动洋浦加密内外贸航线网络，内外贸同船运输航线增加3条、香港线转移4条。在国内率先恢复游轮旅游，西沙游轮复航运营。海口美兰国际机场、三亚凤凰国际机场国内航班量率先实现正增长，海口美兰国际机场、三亚凤凰国际机场、琼海博鳌机场年旅客吞吐量全国排名较2019年度分别提升1位、5位和20位。

图 7-21-2　港口工人做好疫情防控车辆进出岛登记

重庆

第一节 整体概况

2020年，重庆交通贯彻党中央、国务院决策部署，认真落实交通运输部和市委、市政府工作要求，聚焦服务“六稳”“六保”，统筹抓好疫情防控和交通发展，抢抓成渝地区双城经济圈建设、加快建设交通强国等重大战略机遇，大力实施交通建设三年行动计划和高速铁路建设五年行动方案，全力战疫情、战复工、战脱贫、战洪水，圆满完成年度各项目标任务。

全年完成投资916.7亿元、同比增长6.2%，如期完成“十三五”和“交通建设三年行动计划”，“四好农村路”加快进村入户，建成1.4万公里，全市建制村实现100%通硬化路、100%通客车。“三环十二射多联线”高速公路网基本建成，开工270公里，建成167公里，在建里程近1500公里。普通干线公路等级大幅提升，完成改造5700公里，3A级旅游景区和市级重点工业园区基本实现三级及以上公路连接。长江上游航运中心加快建设，“一大四小”机场格局全面形成。高品质出行需求基本满足，创新开行小巷公交、城际公交，公共交通实现全国一卡通，公交都市建设通过验收。建好经济圈交通开局良好，交通强国建设试点有序实施。交通运输对经济社会发展作用开始从适应型转向引领型。

第二节 交通基础设施建设

2020年，重庆交通统筹推进铁路、公路、水路、航空等交通建设，加快推动各种交通方式融合发展，推动基础设施联网优化、运输水平持续提升、治理能力稳步提高，人民群众获得感、幸福感、安全感持续增强。

2020年，重庆交通三年行动计划如期完成。“四好农村路”加快向进村入户倾斜。建设1.4万公里，三年累计建设6.26万公里，路网密度西部领先。建制村实现100%通硬化路、100%通客车，具备条件的村民小组通达率、通畅率分别提高到100%和92%。其中18个深度贫困乡镇具备条件的村民小组通畅率均达100%、均有1条以上便捷的对外连接通道，“晴天一身灰、雨天一身泥”成为历史，“出门水泥路、抬脚上客车”成为现实，兑现了“小康路上绝不让任何一个地方因交通而掉队”的庄严承诺。“三环十二射多联线”高速公路网基本建成，高速公路出口通道西部领先。开工270公里、建成167公里、在建里程近1500公里，三年累计开工1001公里、建成647公里、开展前期工作1300公里，高速公路通车总里程达到3402公里，省际出口通道从16个增加到24个，中心城区射线通道达到12个，每百平方公里路网密度达到4.13公里，均居西部城市前列，有力支撑了区域经济和社会民生发展。普通干线公路建设规模创历史新高，路网等级大幅提升。改造5700公里，三年累计改造10158公里，路面铺装率达到100%，国道二级及以上、省道三级及以上占比分别达到90%和70%，其中省道三级及以上占比超既定目标5%，基本实现3A级旅游景区和市级重点工业园区均有三级及以上公路连接，对全域旅游、产业发展的支撑作用明显增强。

图7-22-1　巫溪至巫山高速公路巫山至大昌段寨子崖大桥施工场景（陈晓龙 摄）

2020年，重庆交通国际综合交通枢纽功能显著增强。“米”字形高速铁路网建设逐步铺开，高速铁路开工项目为历史之最。按照“五年全开工、十年全开通”目标，大力实施高速铁路建设五年行动方案，历史性实现渝万和成达万2条高速铁路启动建设，三年累计开工及启动建设4条高速铁路643公里，高速铁路在建规模超过800公里。涪怀二线建成通车，成渝客专提质改造如期完成，郑万高速铁路等在建项目快速推进，正加快融入国家高速铁路网。长江上游航运中心加快建设，黄金水道黄金效益更好发挥。长江朝天门至涪陵段4.5米水深航道整治开工建设，合川渭沱港建成投用，嘉陵江利泽等航电枢纽加快推进，主城果园等现代化港口不断完善，全市三级及以上航道里程达到1111公里，港口货物、集装箱吞吐能力分别突破2亿吨、500万标准箱，周边地区货物经重庆港中转比重达到45%，航运集聚辐射能力不断增强。“一大四小”机场体系全面形成，航空枢纽功能持续增强。重庆江北国际机场T3B航站楼及第四跑道开工建设，年旅客吞吐量保持全国前10强、进入全球前50强，重庆与世界的直接联系日益密切。仙女山机场建成通航，万州和黔江机场改扩建加快推进，全市民用运输机场旅客、货邮吞吐能力分别达到4664万人次、110万吨。重庆新机场完成选址研究。

水陆空综合通道体系不断完善。东向，以长江黄金水道及沿江铁路干线为依托，开通沪渝直达快线和渝甬等班列。南向，累计开行铁海联运班列2877列、跨境公路班车4998车、国际铁路联运班列303列，西部陆海新通道通达全球96个国家和地区、260个港口。西向，中欧班列（渝新欧）累计开行超过7000班，成为亚欧间重要陆上大通道。北向，渝满俄班列联通中蒙俄经济走廊。空中，国际航线增至101条。随着开放通道的持续拓展，让重庆站在了内陆开放前沿。

第三节　运输服务保障能力

公共交通优先发展。重庆主城区公交优先道达到217公里，布设开行小巷公交5条和穿梭巴士186条，轨道交通运营里程达到343.29公里，覆盖主城全域，最高日客运量387.2万人次，轨道出入口100米范围内基本实现公交换乘设施全覆盖，公共交通机动化出行分担率达到58.5%，公共交通实现全国“一卡通”，“公交都市建设示范城市”通过验收。

运输保障持续加强。交邮合作不断深化，建制村直接通邮率、快递乡镇网点覆盖率均达

100%。定制客运发展进入快车道，开通旅游直通车线路251条。圆满完成智博会、西洽会等重大活动运输保障任务，成功协调150多亿元重点物资优先通过三峡船闸，有力保障了工厂生产和机场用油，大宗货物运输“公转铁”“公转水”成效明显，铁水联运比重提高到12%。

品质提升扎实推进。重庆江北国际机场航班放行正常率上升至92%，处于行业领先水平。高速公路省界收费站全部取消，在全国率先完成高速公路“费显”试点，客车、货车通过省界时间较撤站前分别下降86.7%和89.7%。调整优化高速公路货车通行费标准，严格执行绿色通道、节假日减免等通行费优惠政策。高速公路隧道照明条件和交安设施显著改善，打造中心区域服务区25对、星级服务区39对。出租汽车服务质量明显改善，有责服务投诉率大幅下降。网约车发展逐步规范，审批办理网约车平台公司46家、网约车许可6.7万辆。

全年铁路完成旅客发送量5231万人次、旅客周转量128亿人公里，货物发送量1878万吨、货物周转量197亿吨公里；公路完成客运量31450万人次、旅客周转量141亿人公里，货运量10.0亿吨、货物周转量1055亿吨公里；水路完成客运量523万人次、旅客周转量2.1亿人公里，货运量2.0亿吨、货物周转量2270亿吨公里；民航完成旅客运输量2593万人次、旅客周转量3635万人公里，货邮运输量13万吨、货邮周转量2.2亿吨公里；邮政行业业务总量202亿元，快递业收入83亿元，邮政邮路总条数542条，邮政邮路总长度127335单程/公里。

第四节 行业治理体系建设

行业改革平稳有序。行政体制改革和事业单位改革稳步推进，重庆市交通局机关机构设置更加清晰高效，局属单位职能职责不断优化，“三中心一总队”机构编制执行全部到位，区县交通部门机构改革全面完成。行政执法体制改革不断深化，新组建指挥中心和质量监督、港航海事、轨道交通支队。国有企业改革任务圆满完成。船舶检验中心组建成立、获得资质认可。交通投融资体制改革深入推进，创新PPP模式招商引资，下放地方高速公路招商和建设管理事权。推动市政府出台《深化农村公路管理养护体制改革实施方案》，完善农村公路管理养护体制。交通领域市级与区县财政事权和支出责任划分等重点领域改革取得突破。

法治交通扎实推进。认真落实法治政府部门建设任务，坚持将法治建设纳入目标考核管理，组织《中华人民共和国宪法》《中华人民共和国民法典》等学习206场次、培训干部252期。坚持科学立法、民主立法、依法立法，《重庆市道路运输管理条例》（修订）等6个立法项目有序推进。强化执法队伍建设，全面推行行政执法公示、执法全过程记录、重大执法法制审核三项制度，动态调整行政处罚裁量基准，严格规范公正文明执法，持续加强执法监管，扎实开展扫黑除恶，行业运行总体规范有序。

行政效能显著提高。取消、下放行政权力15项，所有行政审批事项纳入全市一体化政务服务平台办理，审批办理时间较法定时限压缩75%，即办件比例提升至50%，政务服务能力建设获市级部门第二名。深化“信用交通市”建设，扎实开展行业诚信缺失突出问题专项整治，行业营商环境持续优化。

第五节 科技创新

科技管理与改革创新。积极推动构建综合交通运输科技新格局。重庆市交通局与重庆市科技局建立联合推动交通领域重点示范项目，共同开展《重庆市交通基础设施领域“十四五”专题研究》编制。加强项目创新管理、持续优化服务。增加需求征集与发布环节，引入公开竞争机制，通过公开发布需求指南和竞争性比选方式择优立项，制定评分细则，严把立项专家审查，从源头上保障科技项目的质量。强化第一承担单位的主体责任，实施大纲评审及中期专家咨询制度，严控项目变更，提升科技管理服务水平，提高科技项目成果质量。

重大科技创新成果相继问世。“8编组单轨车辆救援问题改善的研究”“重庆市小半径曲线轨道降噪技术研究”“太洪长江大桥基于BIM的数字化设计及建造关键技术研究”“中小跨径新型钢箱组合梁桥关键技术研究”等一批科技创新成果的相继问世并转化为生产力，极大地提升了重庆交通的生产力水平和科技含量，攻克、破解了交通建设、行业管理和安全生产中存在的一批重大技术难题。

创新能力建设再上台阶。国家重点实验室建设取得新突破。依托重庆交通大学建设的山区桥梁及隧道工程国家重点实验室获得国家重点实验室认定，自动驾驶技术和新一代人工智能技术应用等2个研发中心获得交通运输部行业研发中心认定。截至2020年底，重庆市交通运输部级创新平台达到6个。通过持续建设和夯实科技创新平台载体，为促进科技研发能力提升奠定了良好基础。初步形成了以企业为主体、以市场为导向、产学研相结合的技术创新平台体系。

行业监管能力持续提升。开展巡游出租汽车智能终端研究，推动巡游出租汽车新型智能终端试点工作，在主城区500辆出租汽车上进行了测试验证。通过驾驶员手机客户端“的哥通”实现出租汽车驾驶员在线培训、服务质量考核，提高从业素质，规范从业行为。推广“勤务通App”，在移动端实现了案件信息及时采集、办理，实时指令下达和接受，并完成相关执法任务，提高了基层执法效率，实现电子化留痕追溯。

智慧出行服务更加便捷。通过物联网、北斗定位和边缘计算等新技术融合运用，实现包含隧道等区域的C-V2X网络、定位、重点区域感知全覆盖。四公里枢纽和合川智慧车站于2020年8月进入试运行阶段，有效推动了“刷脸购检票”“智能排班”“智能资质审查”等功能应用，旅客在站时间大幅下降，站场疏运效率提升50%，综合成本降低近30%，取得了较好的试点效果。

信息安全保障能力显著增强。印发《重庆市交通局网络安全工作考核评价办法（试行）》。构建交通行业网络安全保障体系，建设交通行业网络安全态势感知平台，对行业信息系统开展24小时监测，定期开展网络和信息系统安全漏洞检测，及时对存在的问题进行整改。2020年重庆市交通运输行业未发生重大网络安全事件，行业网络信息安全保障能力进一步加强。

标准体系建设扎实推进。启动重庆市“十四五”交通运输标准化规划编制工作，开展了基础设施建设、运输行业管理等方面标准化制修订工作。申报《危险货物道路运输车辆停车场》行业标准1项，发布2项地方行业标准。《重庆市公路沥青路面预防养护技术指南》规范重庆市公路沥青路面预防养护工作，促进预防养护工作科学化、规范化和制度化；《重庆市公路客运联网售票运营指南》为提高服务管理水平，提升公路旅客运输服务质量提供了遵循。

绿色交通发展水平稳步提高。完成全市138艘餐饮船舶治理、“两江四岸”162艘停泊船舶和28座货运码头整治，关闭非法码头170

余座，实现港口垃圾污水接收设施全覆盖，完成400总吨以上船舶防污染改造，具备岸电能力泊位达到203个，建成三峡船型船舶26艘，淘汰老旧营运柴油货车2.7万辆，主城区新增及更新新能源公交车1494辆，基本实现公交车、出租汽车使用清洁能源或新能源。

人才队伍建设持续加强。以重点科研项目和重大建设工程为依托，培养了一批交通运输主干专业领域技术骨干和学术带头人，其中2人获得交通运输青年科技英才、3人获得重庆英才名家名师、1人获得重庆市青年拔尖人、4人获得重庆英才创新创业领军人才、“沙漠土壤化”快速生态恢复技术创新团队获得重庆市创新创业示范团队。

第六节　安全与应急

2020年，重庆市交通以“平安交通”为统领，以“防风险、除隐患、遏事故”为主线，扎实推进“五个体系”建设，稳步推动安全生产领域改革向前发展，确保了安全生产整体形势持续平稳向好。全年共发生生产经营类死亡事故68起、死亡76人，同比分别下降4.4%和3.8%。

安全治理成效明显。“平安交通三年攻坚”等专项行动深入开展，安全风险管理和隐患治理双重预防机制扎实推进，高速公路超限治理成效全国第二、涉货交通事故下降35%、百公里死亡人数降至2.75人，创历史最低，比“十二五”末下降64.5%，地方水域较大事故“零发生”。新建公路安防工程3000公里，实现乡道以上全覆盖，具备条件的1.39万辆公交车全部安装防护设施。公路应急抢险及物资储备中心基本建成，“1中心、6基地、8站点”地方水上应急救援体系不断完善，成功应对强降雨、洪峰过境等突发事件。安全部署及时到位。面向全市交通行业召开安全生产视频相关会议6次，对发生多起涉危运输和交通建设事故的相关区县交通局、企业进行警示约谈。全年下发警示通报达到38期，其中事故类占三分之二。认真开展疫情防控与安全生产专项督查。累计实施现场督察575次，视频巡查1040处。针对发现的174项安全问题，下发督查通报，形成整改闭环。强化协调联动机制。严格落实“党政同责、一岗双责”和“三个必须”要求，健全“一把手”负总责、分管领导具体负责、班子成员“一岗双责”、相关部门各司其职的安全生产责任制。积极主动向市政府汇报，建立全市水上搜救联席会议制度，市政府分管副市长担任召集人。在市安委会下设轨道交通安全办公室、水上交通安全办公室，与公安、应急、海事、住房和城乡建设等部门共商监管重点难点问题。持续推进标准化建设。通过购买第三方服务等方式，对150家交通企业安全生产标准化建设和安全运行情况进行抽查，评价结果作为实施分类指导、差异化监管和评先评优的重要依据。目前，1400余张企业证书有效运行。确保行业平安度汛。严格落实防汛Ⅰ级应急响应措施，成功应对嘉陵江2号、长江5号洪峰过境，累计发布水情、气象信息427条，妥善处置险情30余起，成功救助遇险船舶30余艘、转移遇险人员300余人，挽回经济损失6000余万元，累计抢通国省道干线613处，投入抢险设备近1万台班，未发生次生事故和灾害。专项整治三年行动取得阶段性成效。重庆市交通局成立领导小组，组建工作专班，细化319项任务，通过各级各类检查和专项行动等，共排查交通行业各领域安全问题隐患63614个，其中重大安全隐患8个，整改完成62701个，其中重大安全隐患6个，总体整改完成率达到98.6%，其中重大隐患整改完成率75%。防汛抗洪处置有效。建立市区两级应急联动联调机制，发布水情、气象信息427条，出动应急救援人员500余人次、救援船艇100余艘次，处理汛情险情30余起，成功救助遇险船舶30余艘、转移遇险人员300余人，直接挽回经济损失6000余万元，实现洪峰过境“零事故”“零死亡”。下达中央车购税灾毁恢复重建资金8亿元，安排深度贫困乡镇水毁恢复市级财政资金4100万元，投入抢险设备近1万台，及时抢通因灾阻断路段613处，影响“两通”兜底目标任务的18条建制村硬化路全部恢复通行。

图7-22-2　11月27日，2020年重庆市水上应急救援综合演练在嘉陵江重庆中心城区段举行（图片由重庆市港航海事中心提供）

第七节　合作与交流

深化川渝交通合作共建。建立工作推进机制，川渝两省市交通部门主要领导先后多次座谈会商，签署深化川渝交通运输合作会议纪要两份，成立推动成渝地区双城经济圈交通发展工作推进领导小组，建立厅局级定期沟通磋商机制，规划编制、建设协调等专项小组开展常态化对接。加快区域协同发展，组织召开成渝地区双城经济圈毗邻地区交通融合发展推进会，签署《成渝地区双城经济圈交通发展三年行动方案（2020—2022年）》及普通公路、内河水运、运输服务、智慧交通、执法管理和万达开交通融合发展等“1+6”框架合作协议，川渝交通全面深化合作进入新境界。

协同谋划区域交通发展。围绕“两中心两地”战略目标，群策群力、开门问计，协同绘制交通一张蓝图。谋划布局中长期发展规划，会同四川省交通运输厅联合委托开展成渝地区双城经济圈综合交通发展规划研究，先后召开“一区两群”和万达开川渝统筹发展示范区征求意见会议，为交通运输部编制出台《成渝地区双城经济圈综合立体交通规划》做好支撑。编制实施三年行动方案，按照市委、市政府关于“编制实施7大行动方案”的工作要求，重庆市交通局积极对接四川方面及市住房和城乡建设委员会、市能源局等市级有关部门，编制形成《推动成渝地区双城经济圈建设加强交通基础设施建设行动方案（2020—2022年）》并报送市政府审议后印发实施，为成渝地区双城经济圈建设开好头、起好步。

共同争取国家部委支持。会同四川省交通运输厅共同争取交通运输部同意将成渝地区双城经济圈交通一体化发展纳入两省市交通强国建设试点任务。交通运输部给予大力支持，下发文件正式同意重庆市包含成渝地区双城经济圈交通一体化发展在内的5大交通强国建设试点任务，将重点围绕成渝地区双城经济强化基础设施互联互通、推动运输服务便捷高效、建立健全协同一体化管理机制等方面先行先试。

第八节　应对疫情有力有效服务国家战略当好先行

战疫抗疫成效显著。2020年，重庆交通全系统坚持防疫情和保通畅双线作战，大交通总动员、水陆空齐发力，20多万干部职工闻令而动、冲锋在前。重庆市交通局系统成立抗疫一线临时党支部17个、组建党员先锋队42个。设置省界公路疫情防控点97个，在环鄂高速公路省界设置现场指挥部4个，检查车辆155.5万辆次，检查人员421万人。在全国首批实施暂停省际客运线路、公共交通强制佩戴口罩乘坐、实施铁路民航进出站"双向"检疫，减免出租汽车份子钱58天、4.7亿元。严格落实"一断三不断""三不一优先"政策，免收高速公路通行费35.75亿元，办理绿色通行证1708个，4万多吨物资免费便捷通行，有力发挥了交通"先行官""保障队""防火墙"作用。

复工复产快速有力。2020年，重庆市交通局成立9个督导组，深入区县、项目、部门逐一协调服务，分区分级恢复道路客运、城市交通，及时开行复工返岗包机19架次、"点对点、一站式"直达返岗务工专列64列、农民工返岗包车和应急班线3万余班次，帮助解决人员返岗、防疫物资、材料供应等难题。2月底交通重大项目全部复工，5月起交通累计投资增速由负转正，一批重大项目相继开工竣工。

建好经济圈交通开局良好。与四川方面签署交通一体化发展三年行动方案、运输服务一体化发展等"1+6"合作协议，与毗邻市召开座谈会、协调会10余次，交通运输互联互通加速推进，成渝高速铁路提质改造完成，成为西南地区首条运营时速350公里的高速铁路线路，实现成渝间1小时公交化互通。成渝中线高速铁路取得积极进展，成达万高速铁路、渝万高速铁路和开江至梁平高速公路等项目启动建设，永川至泸州重庆段、渝广支线等高速公路建成通车。川渝两地开启国内首次"铁江联运一单制"试点、开通7条跨省城际公交，实现嘉陵江川渝航线常态化运营，重庆中心城区和成都主城实现公交"一卡通"。

交通强国建设试点有序实施。成功获批国家首批试点，试点任务获交通运输部批复，内陆国际物流枢纽高质量发展、成渝地区双城经济圈交通一体化发展、重庆东站站城一体化发展、山水城市交旅融合发展、内河水运集约绿色发展和智慧交通提质升级发展"5+1"试点拉开序幕，一批重大交通项目扎实推进。

附表

重庆市交通运输主要指标统计表

指　标		2019年	2020年	备　注
基础设施投资（亿元）	综合交通固定资产投资	863	917	
	铁路投资	209	231	
	公路投资	612	630	
	#高速公路投资	327	330	
	水运投资	25	28	

续上表

指　标			2019 年	2020 年	备　注
铁路	通车总里程（公里）	国家铁路营业里程	2394	2394	
		# 国家铁路	2303	2303	
		# 合资铁路	—	—	
		# 地方铁路	91	91	
	运输情况	旅客发送量（万人次）/ 货物发送量（万吨）	8406/1692	5231/1878	
		旅客周转量（亿人公里）/ 货物周转量（亿吨公里）	236/202	128/197	
公路	通车总里程	公路通车总里程（公里）	174284	180796	
		# 高速公路通车里程(公里)	3233	3402	
		# 等级公路里程（公里）	155186	164865	
		# 农村公路里程（公里）	155594	161921	
		# 桥梁（座）	12911	13195	
		桥梁总长（万延米）	92	96	
		# 隧道（座）	729	776	
		隧道总长（万延米）	75	83	
	运输情况	客运量（万人次）/ 货运量（万吨）	50990/89965	31450/99679	
		旅客周转量（万人公里）/ 货物周转量（亿吨公里）	2429780/953	1406047/1055	
水路	航道及码头情况	内河航道通航里程（公里）	4353	4353	
		# 高等级航道通航里程（公里）	1204	1239	四级及以上等级航道
		港口生产用码头泊位拥有量（个）	632	610	
		# 万吨级泊位（个）	0	0	
	运输情况	客运量（万人次）/ 货运量（万吨）	756/21094	523/19819	
		旅客周转量（万人公里）/ 货物周转量（亿吨公里）	57294/2453	21432/2270	
民航	机场数量（个）		4	5	
	运输总周转量（万吨公里）		367177	320452	
	# 国内运输总周转量（万吨公里）		352055	315205	
	# 国际运输总周转量（万吨公里）		15093	5247	
	旅客运输量（人次）/ 货邮运输量（万吨）		35058988/15	25932800/13	
	旅客周转量（万人公里）/ 货邮周转量（万吨公里）		5129144/22839	3635044/21735	

续上表

指　标		2019 年	2020 年	备　注
邮政	邮政行业业务总量（万元）	1663120.6	2021012.9	
	快递业收入（万元）	704509.65	830284.19	
	邮政邮路总条数（条）	391	542	
	邮政邮路总长度（单程 / 公里）	57114	127335	

四川

第一节　整体概况

2020 年，四川省交通运输系统取得了十个方面的成绩：一是坚持防控一线当先锋、运输一线保畅通，扎紧筑牢疫情防控交通防线。二是聚焦“两通”，挂牌督战、蹲点攻坚，高质量全面完成交通脱贫任务。三是认真落实“投资唱主角”要求，严格“红黑榜”看板管理加快建设，连续 10 年投资超千亿元。四是交通强省建设进入全面加速期，四川省委省政府《加快建设交通强省的实施意见》出台。五是与重庆对接签订“1+6”合作协议，扎实贯彻成渝地区双城经济圈建设战略部署，推动川渝交通一体化发展先行突破。六是持续推动客运服务提质转型、货运物流降本增效，创新打造了“金通工程”等一批运输服务亮点品牌。七是坚持创新驱动，绿色发展，智慧绿色交通动能持续增强。八是行业治理能力和治理体系现代化水平不断提升。九是坚守安全底线，全力防灾救灾，平安交通建设扎实推进。十是全面从严治党扎实推进。

第二节　交通基础设施建设

高速公路建成里程持续增长。新建成通车攀大高速公路（38 公里）、广安过境高速公路省界段（45 公里）、汶马高速公路剩余段（13 公里）、成资渝高速公路（110 公里）、宜宾过境高速公路西段（32 公里）、成都天府国际机场高速公路（70 公里）、德简高速公路剩余段（40 公里）、成宜高速公路（156 公里）、仁沐新高速公路部分路段（76 公里）、蒲都高速公路剩余路段（40 公里）10 个项目（路段），新增通车里程 620 公里，全省高速公路通车总里程达到 8140 公里。实现所有市（州）政府所在地通高速公路，新增3条出川高速公路大通道，出川高速公路通道达到 24 条。新开工泸州至永川、古蔺至金沙、天府新区至邛崃、南充至潼南、南充绕城北段、内江至大足、开江至梁平、G5 高速公路广元至绵阳段扩容、镇巴至广安高速王坪至通江段、镇巴至广安高速公路通江至广安段等 10 个项目 597 公里，高速公路建成和在建总里程达到 1.15 万公里。

国省干线、重点水运、站点建设顺利推进。国省干线新改建完成 2355 公里，实施大中修工程 1824 公里，圆满完成“十三五”干线公路迎部检工作，路面使用性能指数（PQI）接近 90，达到历史最高水平。内河水运新增高等级航道 116 公里，四级以上高等级航道达到 1648 公里。岷江犍为枢纽完成一期蓄水并网发电，龙溪口枢纽等项目加快建设，老木孔和渠江风洞子枢纽开工建设。综合枢纽建设提速，建成攀枝花客运南站等 4 个综合客运枢纽，全省建成和在建综合客运枢纽达 52 个，覆盖 95% 高速铁路车站。建成宜宾传化公路港等 3 个公路货运枢纽，实现70%以上市（州）均建有公路货运枢纽（物流园区）。

高质量全面完成交通脱贫任务，接续推进乡村振兴发展。2020年6月30日，全国最后一个通公路的村——阿布洛哈村开通乡村客运，标志着四川全省提前3个月全面完成“两通”目标。全年新改建农村公路1.68万公里。省政府印发《深化农村公路管理养护体制改革实施方案》和《“四好农村路”示范市示范县评选办法》，“四好农村路”高质量发展体系加快构建。扎实抓好定点帮扶，省交通运输厅被省委省政府表彰为定点扶贫先进集体。高速公路服务区“交通扶贫专柜”获评2020年全国消费扶贫优秀典型案例。

第三节　运输服务保障能力

持续推动客运服务提质转型、货运物流降本增效。在全国率先实施建设人民满意乡村客运“金通工程”，推动农村客运站（牌）、车身标识、驾驶员着装、监管系统“四统一”，推进农村客运与乡村旅游、电商物流、邮政快递等融合发展。县级以上城市定制客运实现全覆盖。全省城市公共交通覆盖率达99%，绵阳市涪城区通过全国城乡交通运输一体化示范创建验收。试点建设“司机之家”6个。累计新改建行业厕所1155座，完成“厕所革命”三年行动任务。全省70%的营运高速公路成功创建“五好高速公路”。深入推进大宗货物“公转铁”“公转水”，完成运输结构调整三年目标任务，全省铁水联运班列达11条，集装箱铁水联运量达4.3万标准箱。颁发首张网络平台道路货运经营许可证。全年完成公路水路货物周转量1909亿吨公里，比2019年增长4.2%。深化“交邮合作”，全省乡镇和建制村邮政网点覆盖率均达100%。攀枝花盐边“聚优购”、成都金堂“金乡运”成功创建全国首批农村物流服务品牌。

全年全省道路运输客运量、旅客周转量、货运量、货物周转量分别完成4.5亿人次、289.8亿人公里、15.8亿吨和1617.7亿吨公里，比2019年分别下降37.5%、33.8%、3.1%和增长5.9%。水路运输客运量、旅客周转量、货运量、货物周转量、集装箱吞吐量分别完成954万人次、1亿人公里、6527万吨、292亿吨公里和27.4万标准箱，比上年分别下降51%、45%、5.4%、4.6%和37.8%。

运输服务能力明显提高，道路客运运力结构进一步优化。2020年四川全省高级客车保有量达1.5万辆；城市公交车总数达3.4万辆；“门到门”服务网络扩大，定制客运线路168条，车辆1746辆；基本出行服务保障增强，农村客运车辆29258辆；超长客运车辆退出294台。提前3个月实现全省具备条件的乡镇和建制村100%通客车。创新实施乡村客运“金通工程”，巩固脱贫攻坚成果并“无缝衔接”乡村振兴发展战略，结构性调整交通财政专项资金1.2亿元。旅游包车信息平台建设加快推进，“交通＋旅游”融合发展趋势明显。全省204个三级以上车站实现联网售票，38个车站开展电子客票试点。21个市州实现公交“一卡通”互联互通。制订出台《四川省出租汽车服务质量信誉考核办法》。12328电话系统受理业务共29.5万件，比2019年上升5.8%；限时办结率为97.6%，抽查回访满意率为97.8%。

道路水路货运物流体系建设加快推进。全省营运货车保有量41.8万辆（比上年下降15.2%）、总吨位539.2万吨（比上年增长10.3%），集装箱车辆2532辆（比上年增长6.5%）。货运集约发展取得突破，发展网络平台道路货物运输经营者8家，整合货车9.9万辆，单车里程利用率70%以上，交易成本降低10%。全省水路运输企业从个体经营向公司化运营转变，新增运输企业149家、达到344家，港口企业60家，可为腹地提供各类专业化服务。船舶逐步大型化、专业化、标准化，从11982艘减少到8616艘，过三峡船闸船舶标准化率达90%。水运多式联运发展成效明显，川南港口运营管理平台挂牌运行。深化川渝合作，泸州、宜宾港至重庆“水水中转”班轮常态化运行，新增泸州至九江、广元至重庆集装箱班轮航线。积极推进运输结构调整，开通集装箱班轮航线12条，铁水联运班列11条，全年完成铁水联运集装箱量4.29万标准箱。

第四节　行业治理体系建设

2020年，四川通过持续深化改革，行业治理能力和治理体系现代化水平不断提升。省交通运输综合行政执法总队挂牌成立，攀枝花、泸州等15个市（州）和127个县（市、区）明确组建综合执法管理机构。《四川省道路旅客运输管理办法》修订实施，在全国率先将定制客运纳入政府规章。出台《四川省高速公路车辆通行费定价办法》，完成高速公路货车收费标准优化调整工作。内遂高速公路率先试点REITs（房地产信托投资基金）。深化“放管服”改革，被省政府表彰为先进集体，实现省市县交通运输行政许可办理“一张网”全覆盖，全年办件118万件，好评率100%。深入推进“证照分离”改革。明确全省自由贸易试验区交通运输24项事项实施“证照分离”改革，并建立清单管理制度。规范经营性高速公路项目公司股权转让，出台《四川省交通运输厅关于做好经营性高速公路项目公司股权转让工作的通知》。推进道路客运价格市场化改革，研究出台《四川省出租汽车价格管理规定》，启动社会稳定风险安全评估工作。制定《四川省交通运输严重违法失信行为联合惩戒实施办法》，高速公路等重点领域实现多部门信用联合惩戒。完成扫黑除恶专项斗争三年行动目标任务，道路运输等五大重点领域乱象治理成效明显。共建共治共享的行业治理新格局加快形成。

法治政府建设方面，完善行业法规制度体系。强化重点领域立法，《四川省交通运输行政执法条例》已通过省行政立法项目专家论证评审，以地方立法的形式保障中央综合执法改革精神的贯彻落实在全国尚属首次。严格行政规范性文件管理，全面落实合法性审查、公平竞争审查、集体讨论决定、备案审核、公示公报等程序。强化法制审查，完善四川省交通运输厅重要政策文件的全过程法治审核机制。深入推进行业依法行政。强化依法防控疫情，提升行政决策质量，积极发挥法律顾问作用，持续开展普法宣传，积极推进基层依法治理。严格规范公正文明执法。深化综合行政执法改革，完成省级交通运输综合执法机构挂牌组建，督促指导市、县交通运输部门做好综合行政执法改革。加强重点领域执法，督促全省交通运输系统开展打击非法营运、违法超限等威胁人民群众切身利益的违法行为。推动“双城经济圈”执法管理协同发展，加强行政执法监督，推进行政执法规范化建设。

第五节　科技创新

坚持创新驱动，绿色发展，智慧绿色交通动能持续增强。获得省部级科技进步奖等奖项14项，自动化作业技术和卫星技术应用两个行业研发中心获部批准授牌。圆满完成“两院”院士四川行专题活动。全年获得部省级项目11

个，新立项18项厅级科技项目。交通运输部科技示范项目“高寒高海拔地区公路工程质量监测与控制科技示范工程”通过预评审并提交正式验收申请。新建3个重点科技平台，部级科研平台2个，省级科研平台1个。行业科技成果获得2020年度四川省科技进步一等奖1项、三等奖3项，中国公路学会科技奖二等奖2项。

依托行业科技成果，转化为标准规范直接指导交通发展。组织完成《公路旅游标志设置规范》等4项地方标准的编制修订并进入审查发布环节。新获批《公路隧道超前地质预报技术规程》等12项地方标准立项，是地方标准立项最多的一年。获批发布行业标准《公路瓦斯隧道设计与施工技术规范》，获批发布地方标准《四川省高速公路服务区设计与建设标准》，并新获批主编行业标准《川藏公路工程建设项目专项概算预算编制办法及配套定额》。

高速公路监控结算及灾备中心提前建成投运。四川交投都汶高速公路龙池连接线车路协同试验场基本建成。四川铁投成都二绕西段等平安智慧高速公路建设取得初步成果。成宜高速公路启动全线数字高速公路建设，持续推进智慧交通重点任务、交通强国车路协同技术发展试点任务、成渝地区双城经济圈智慧交通建设，推进业务系统深化应用和“互联网＋政务服务”。

智慧交通建设方面，道路运输综合管理与服务、高速公路监控中心和灾备中心改造、交通运输物流公共信息平台、交通运输投资计划综合统计大数据应用、智能公交系统示范试点、智慧综合客运枢纽信息系统及客运站智能化升级改造试点6个项目建成投用，新开工交通旅游大数据应用、交通运输综合执法系统、宜宾港智慧港口3个项目。全省高速公路3.2万余路视频、普通公路国省干线1354个重点路段实现联网监控。全省3.13万辆“两客一危”车辆实现主动安全智能防控系统全覆盖。10个市（州）完成交通运行监测与应急指挥系统市州级建设任务。视频会商系统实现“两个基层一线”全面覆盖。道路运输等行业龙头平台在省市县三级全面推广应用。交通运输物流公共信息平台接入8家网络货运平台数据，实现对网络货运数据的实时监测分析。

印发实施《四川省交通运输厅网络安全管理办法》《四川省交通运输厅网络安全事件应急预案》。完成7个系统等保定级备案和4个系统等保测评。深入开展网络安全隐患排查整治工作，组织完成针对厅直单位的网络安全攻击演练，全年未发生网络安全事件。

全面完成长江经济带船舶和港口污染突出问题整治，全省经营性港口码头船舶垃圾、生活污水、油污水接收设施实现全覆盖，经营性集装箱码头全面建成港口岸电。成都、泸州城市绿色货运共同配送项目通过国家初审验收。新增和更新公交车辆中新能源车辆占比超过90%。

第六节 安全与应急

2020年，全省交通运输安全生产事故起数123起、死亡人数153人，同比分别下降28.5%和26.4%，全年未发生重特大事故。针对性出台安全管理硬措施，深入开展各类安全专项整治行动。新建农村公路生命安全防护工程8433公里，完成渡改桥31座、危桥改造188座。全省3.13万辆“两客一危”车辆实现主动安全智能防控系统安装全覆盖。有力应对“8·10”暴雨洪灾等重大自然灾害。圆满完成“9·20”雅西高速公路姚河坝大桥高位塌方抢通保通和恢复重建。组建了省级常备应急抢险队伍。

平安工地建设方面，建立完善重大风险及重大事故隐患管控制度。深入推进红线行动，细化4类14项红线问题处理措施，督导市（州）及在建高速公路项目全面开展专项整治；建立全省高速公路建设项目特大桥、瓦斯隧道管理等台账，对138座特大桥梁，28座瓦斯隧道、38处重大风险实施跟踪监管和重点督查；对发生安全生产事故的单位，综合运用通报、约谈、信用评价等过硬措施加大处罚力度；深入开展特种设备安全整治专项行动，建立全省高速公路建设项目架桥机台账，会同省市场监督管理局、应急管理厅和成都市铁路监督管理局抽取16个项目联合开展大型起重机械专项监督检查；持续开展“森林防火”“电气火灾”“瓦斯隧道专项检查”等安全生产专项行动。

品质工程建设方面，全省各项目全部实现混凝土集中拌和、钢筋集中加工、人员集中管理，实现“工地＋工点＋工艺”三个标准化。35项禁止、限制使用的落后工艺、设备、材料在所有建设项目不同程度淘汰和限制，其中闪光对焊、自卸车运输混凝土、隧道矮边墙等工艺实现100%淘汰和限制。24个高速公路项目7607个班组已完成改造6550个，改造率达86%。其中，小型构件预制、梁板预制、混凝土拌和等集中场地作业班组改造率均超过90%。11项“四新技术”得到全面应用，并在全省项目建设中引入100余项“四新技术”。隧道门禁系统、有毒有害气体连续监控广泛使用，多功能立拱台车应用率超过60%，TBM掘进机（全断面硬岩隧道掘进机）已在个别项目试点采用。在2020年的交通运输部平安百年品质工程现场会上，四川省得到了展板和工艺手册的“双展示”机会。

应急体系建设方面，四川高效应对并妥善处置了汛期公路水路特大灾害，完成抢通保通保运保安全工作任务。2020年主汛期（6月1—9月30日），全省各地采取强力措施，有力处置普通国省干线因灾断道64条757处（近5年最严重一次），高速公路因灾断道40处。截至2020年底，已抢通普通国省干线57条749处和全部高速公路，确保生命通道畅通。完成“9·20”京昆高速公路姚河坝大桥抢通保通和灾后重建工作。“8·18”特大洪灾中，在乐山凤洲岛、宜宾泥溪等地投入船艇1000艘次，安全及时转移受困群众3.8万人次。

第七节　合作与交流

2020年，四川交通运输积极加强合作交流，重视交通运输国际合作及与区域各省份的合作交流；与北京、重庆、广东、湖北、云南等多个省（自治区、直辖市）开展多方交流合作；同周边省市联合共商省际大通道建设、开行跨省城际定制客运、开展各项专项整治行动。加快西部陆海新通道建设，完善南向通道及枢纽布局，推动组建西部陆海新通道物流产业联盟。

为共商成渝地区双城经济圈交通运输合作事宜，川渝交通运输部门建立定期磋商和常态化对接机制，召开川渝毗邻地区交通融合发展推进会等7次联席会议，与重庆对接签订“1+6”合作协议，推动川渝交通一体化发展先行突破。建成通车成资渝、广安绕城高速公路，新开工开江至梁平等4条高速公路，川渝间建成及在建高速公路通道达17条。深化港口合作联动，泸州、宜宾港至重庆“水水中转”班轮实现常态化运行，嘉陵江广元—重庆集装箱班轮成功首航，集装箱班轮航线达到12条。实现成渝公交、轨道“一码”通乘，开通8条省际公交线路。两地数据中心开通了通信专线，实现监控视频互通和数据交换共享。试点跨区域组建联合执法队伍，开启了两地交通运输“跨界＋联合”执法新模式。

第八节　特色工作

一、坚持防控一线当先锋、运输一线保畅通，扎紧筑牢疫情防控交通防线

作为省应急指挥部交通运输组组长单位，四川省交通运输厅牵头会同海关、民航、铁路、公安等部门，建立“铁、公、水、航”立体大交通联防联控机制，率先提出交通运输应对疫情的“八项举措”和客运“七不出站”，率先提出保障公路畅通“七条措施”和“一检通认”，有效阻断了疫情通过交通工具传播，保障了防疫物资和生产生活物资运输。创新实施农民工返岗“春风行动”“零事故”，开行专车专列专机3.4万趟次，有力保障了80余万农民工安全有序返岗，受到交通运输部通报表扬并在全国推广。同时，坚持“两线作战”，复工复产争先行，一手抓疫情防控、一手抓复工复产，及时提出转段翻篇，率先全面复工。推动省政府出台缓解疫情期间交通运输企业生产经营困难十条措施，减免收费公路车辆通行费63亿元。

二、创新实施农民工返岗“春风行动”

疫情暴发伊始，全国多地停运省际班线，四川省农民工返岗出行困难。四川省交通运输厅充分调研、分析论证后，率先在全国实施农民工安全有序返岗的“春风行动”。一是加强组织领导。“春风行动”报省政府印发工作方案，在各级党委政府领导下由交通运输部门牵头，联合人社、卫生健康和公安等部门共同实施。二是集中统一组织。以县为单位，按照“集中统一、成规模、成批量”原则，收集农民工超长客运出行需求，并报市级交通运输主管部门汇总。以市为单位，尽可能将发往相同目的地的客运车辆集中，编班编组，统一组织运行，每班（组）确定一名班（组）长，每车选2名乘客作为车长、副车长，督促做好全程疫情防控、安全生产和旅客服务等工作。交通运输厅建立与相关省交通运输主管部门的对接协调机制，提前函告疏运信息，及时衔接人员运输和接收工作。三是全程加强防控。确定要出行的农民工，须到乡镇卫生院（社区医院）及以上的医院开展体温检测和医学观察，在检查健康的前提下购票上车。确定要开行的客运车辆，须严格执行交通运输行业疫情防控“八项举措”，重点包括乘客信息登记、驾乘人员和乘客全程佩戴口罩、车辆发班前消毒和运行途中定期通风、途中就餐休息点体温检测以及遇病例或疑似病例应急处置等。四是实在惠企惠民。参加“春风行动”的省际超长客运车辆，享受省内高速公路通行费免收政策。运输企业随车免费提供矿泉水、湿纸巾以及方便食品；符合安全条件的，免费从乡镇接送农民工上车；对农民工携带的超限行包，免收行包费。五是强化政治保障。开展亮明共产党员身份活动，组织开行共产党员先锋模范车，团结带领和紧紧依靠运输企业和一线人员，统筹完成好疏运任务。

随着春节假期结束、农民工返岗高峰出现，公路出行需求强烈，实施“春风行动”具有重要意义。一是坚持“一断三不断”，统筹做好疫情防控和交通运输保障工作需要。“春风行动”把全程落实疫情防控措施作为基本前提，贯彻落实了公路交通不中断的工作要求，更可有效消除农民工无组织出行特别是通过“黑车”出行带来的出川人员健康状况、流向信息不明造成更大的防疫隐患。二是坚持安全第一，维护交通运输市场

秩序的需要。农民工返岗出行历来是“黑车”的高发领域。班线客车的停运，给“黑车”提供了非法营运空间。通过政府组织引导，充分保障农民工返岗出行需要，切实避免因道路客运服务缺位导致“黑车”泛滥、市场扰乱和安全隐患的发生。三是坚持以人为本，服务农民工兄弟返岗出行的需要，有利于帮助农民工兄弟安全有序返岗、提升行业形象，有利于支持相关企业尽快复工复产、促进经济发展。

开行首趟赴湖北农民工“春风行动”专车，实现全国31个省（自治区、直辖市）全覆盖。为支持湖北省复工复产，四川省交通运输部门根据湖北省用工企业需求，迅速组织开行首趟赴湖北省的农民工安全返岗“春风行动”客运专车。四川蜀通运业有限责任公司的4辆省际包车，于2020年3月17日从四川省雅安市芦山县出发至湖北省黄冈市红安县，共计输送农民工98人，每辆车安排经验丰富技术过硬的3名驾驶员，确保四川省首趟通过“春风行动”客运专车进入疫区的农民工平安出行、安全到岗。自农民工安全有序返岗“春风行动”开展以来，全省各地道路运输管理机构按照“省级统筹、属地负责”和“政府牵头、部门协同，统一组织、供需对接，全程管控、安全温馨”原则，实行统一收集信息、统一健康服务、统一运输组织，全程严防严控、全程温馨服务、全程跟踪监管，高效组织“点对点、一站式”直达运输服务和公路铁路旅客联程运输，安全有序地将经健康检测和体温测量合格的返岗农民工朋友运送至工作岗位，交通运输部门还对参与“春风行动”的客车按每台3000～6000元的标准给予专项补助，切实为广大客运企业减轻生产经营负担。

全面恢复除北京、武汉外省际客运班线，“春风行动”转为常态化运输。3月22日，除到北京、湖北的省际客运班线外，四川省际客运班线全面恢复，运送农民工安全返岗“春风行动”也从3月21日起零时起转为常态化运输。截至3月20日，全省共开行“春风行动”专车28897辆，运送返岗农民工55.2万余人，省外目的地覆盖全国除港澳台地区以外所有省份、250个地级市。由于全省农民工跨省外出务工返岗率达96.8%，大规模返岗运输基本结束，加上省际客运班线陆续恢复，“春风行动”从21日零时起转为常态化运输。

四川省交通运输系统率先在全国策划农民工安全有序返岗“春风行动”的做法受到广泛肯定并在全国推广。2月1日，交通运输部向各省厅印发了四川省即将实施的“春风行动”主要做法，供全国交通运输系统学习借鉴。2月15日，在国务院新闻办公室召开的国务院联防联控机制新闻发布会上，交通运输部副部长刘小明介绍春运返程疫情防控的有关情况，并指出统筹做好优化运力和班次安排，加大运力、场站、人员等投入，保障返程客流需求。严格控制交通运输工具上座率，推广四川省农民工返岗“春风行动”经验做法，开展“点对点、一站式”直达运输服务，降低乘客在途交叉传染风险。指导各地稳妥有序恢复城市公交、客运班线等交通运输服务。2月13日，交通运输部发文推广四川省交通运输厅统筹做好工程项目复工和工地疫情防控的经验做法。

附表

四川省交通运输主要指标统计表

指　标			2019 年	2020 年	备　注
基础设施投资（亿元）	综合交通固定资产投资		—	—	
	铁路投资		—	—	
	公路投资		1715.9	1833.86	
	# 高速公路投资		894.17	1044.5	
	水运投资		45.5	52.66	
铁路	通车总里程（公里）	国家铁路营业里程	—	—	
		# 国家铁路	—	—	
		# 合资铁路	—	—	
		# 地方铁路	—	—	
	运输情况	旅客发送量（万人次）/货物发送量（万吨）	—	—	
		旅客周转量（亿人公里）/货物周转量（亿吨公里）	—	—	
公路	通车总里程	公路通车总里程（公里）	337094.898	394369.562	
		# 高速公路通车里程(公里)	7520	8140	
		# 等级公路里程（公里）	318092.006	379258.892	
		# 农村公路里程（公里）	286403	347302	
		# 桥梁（座）	—	—	
		桥梁总长（万延米）	—	—	
		# 隧道（座）	—	—	
		隧道总长（万延米）	—	—	
	运输情况	客运量（万人次）/货运量（万吨）	72387/162668	45258/157598	
		旅客周转量（万人公里）/货物周转量（亿吨公里）	4376586/1527.5472	2898118/1617.7301	
水路	航道及码头情况	内河航道通航里程（公里）	10540	10540	
		# 高等级航道通航里程（公里）	—	—	
		港口生产用码头泊位拥有量（个）	—	—	
		# 万吨级泊位（个）	—	—	
	运输情况	客运量（万人次）/货运量（万吨）	1929.7708/6896.4567	953.7691/6526.8771	
		旅客周转量（万人公里）/货物周转量（亿吨公里）	18191.671/305.5727	10414.8922/291.7551	

续上表

指标		2019 年	2020 年	备注
民航	机场数量（个）	—	—	
	运输总周转量（万吨公里）	—	—	
	# 国内运输总周转量（万吨公里）	—	—	
	# 国际运输总周转量（万吨公里）	—	—	
	旅客运输量（人次）/ 货邮运输量（万吨）	—	—	
	旅客周转量（万人公里）/ 货邮周转量（万吨公里）	—	—	
邮政	邮政行业业务总量（万元）	—	—	
	快递业收入（万元）	—	—	
	邮政邮路总条数（条）	—	—	
	邮政邮路总长度（单程 / 公里）	—	—	

贵州

第一节　整体概况

2020 年，贵州省完成公路水运固定资产投资 1138.87 亿元，连续 7 年超千亿元，公路货物周转量增速连续 10 个月保持全国第一，夺取了新冠肺炎疫情防控和交通运输发展双胜利。建成贫困地区高速公路、普通国省道里程占全省总数的 85% 以上，贫困地区县乡公路提升工程实现率先开工、率先建成；打造交通就业脱贫“从江模式”，全面打赢交通脱贫攻坚战。建立化债机制，开展“四项行动”，提出“23556”化债办法，实施督查审计合规化债 943.6 亿元。着力推进交通强国试点，获批全国首个交通强国建设试点方案，交通运输投融资模式创新、“四好农村路”高质量发展等 5 个试点加快推进。

第二节　交通基础设施建设

一、公路

高速公路建设方面，2020 年，贵州省在建高速公路项目共 20 个 1785 公里（其中在建里程 1547 公里），总投资 2888 亿元；开展前期工作项目 10 个共 1045 公里，总投资 1894 亿元。截至 2020 年 12 月底，在建、新开工项目完成投资 840 亿元。年内建成剑河至榕江、都匀至安顺、凯里环线等 11 个项目（路段）共 602 公里，全省建成高速公路总里程达到 7607 公里。截至 2020 年底，纳雍至赫章、桐梓至新蒲、武隆至道真、贵阳经金沙至古蔺、纳雍至晴隆、金沙经仁怀至桐梓、剑河至黎平、德江至余庆 8 个项目初步设计获批复。武隆至道真、纳雍至赫章、桐梓至新蒲、德江至余庆、贵阳经金沙至古蔺、剑河至黎平 6 个项目完成施工图设计审查。纳雍至赫章项目施工图设计获批复。

普通国省干线公路建设方面，2020 年全省普通国省干线建设目标任务为实施 2000 公里以上，其中新开工 100 公里，建成 600 公里，完成投资 60 亿元。截至 2020 年 12 月底，新开工 105 公里，累计完成投资 69 亿元，累计建成路基 1300 公里、路面 950 公里（不含路面改造）。

农村公路建设方面，截至 2020 年 12 月底，累计完成固定资产投资 148 亿元，完成新（改）建农村公路 10514 公里，其中累计建成县乡公路路面改善提升工程 9067 公里，完成农村公路安全生命防护工程 23775 公里，完成危桥改造 582 座。“四好农村路”累计创建全国示范县 9 个、省级示范县 47 个。2020 年全国推动完善“四好农村路”高质量发展体系现场会在贵州省长顺县召开，贵州省作交流发言，交通运输部主要领导给予高度评价。

汽车场站建设方面，全面完成 14 亿元固定资产投资目标。深国际贵州物流港、毕节梨树高速铁路客运枢纽中心 2 个重点枢纽项目均进入收尾及附属工程完善阶段。全省 97 个乡镇客运站中，开工建设 5 个，在建 51 个，基本完工 12 个。

二、水路

2020 年，贵州省在建水运建设项目主要有都柳江温寨、郎洞航电枢纽工程，清水江平寨、旁海航电枢纽工程，乌江渡库区航运建设工程，乌江索风营 4 个库区航运建设工程，共计 6 个建设项目。全省年度水路交通固定资产投资完成 9.14 亿元，同比增长 6.8%。超额完成省交通运输厅下达 8 亿元年度目标的 14.2%。

三、民航

2020 年，贵州省机场集团工程建设项目加快推进，三期建设全面加速。飞行区方面，东跑道建成投入使用，西跑道延长段施工加快推进，西南站坪高速铁路保护区土石方填筑、油管迁改取得进展。航站区方面，3 号航站楼主体混凝土结构、钢结构封顶。配套方面，股份大楼、公安武警大楼等 9 个项目完工，能源中心、信息中心基本完成建设。荔波机场改扩建工程 4 月开工奠基，完成投资 2.01 亿元。黎平机场改扩建工程、黄平机场站坪改造项目积极推进。三期站前综合体成立项目管理公司，冷链物流仓库、二级货代库建成投用，2 号航站楼地下室改造计划 2021 年 2 月竣工。

四、邮政

贵州省邮政综合服务平台建设在邮政管理部门协调下，邮政与政务服务中心进一步合作，推动“服务政务、网办邮寄”降本增效，将政务服务“最多跑一次”提档升级为“一次都不跑”的便利。全省邮政共计开通便民办税业务网点 745 个，区县覆盖率 100%；开通警邮业务网点 334 个，区县覆盖率 100%；开通政邮服务网点 110 个，区县覆盖率 100%。全年警邮、税邮、政邮寄递业务量分别为 88.74 万件、33.90 万件和 41.46 万件。

第三节　运输服务保障能力

一、道路运输

疫情防控方面，严格落实班车客运、包车客运、城市公交及出租汽车客运疫情防控措施，坚决遏制通过道路客运传播疫情。组织完成援鄂队员转运 175 车次共计 3293 人次，占各类运输总人次的 96.3%；组织完成援鄂物资运输 66 车次、物资 15 万余件。截至 2020 年 2 月底，全省三级以上客运站和 88 个县（市、区）县际县内客运班车、公交车、出租汽车全部恢复运营；1150 家一、二类维修企业复工复产，占比 75.31 %；166 家检测检验机构复工复产，占比 69.75 %。2020 年 2 月 13 日—4 月 26 日，累计组织 1946 批次农民工返岗运输，安排返岗指令性包车 6603 辆，输送农民工 169036 名。

运输服务方面，货物运输有力正向增长，2020 年全省完成货运量 7.9412 亿吨、货物周转量 609.7964 亿吨公里，分别同比增长 4.22% 和 11.18%。旅客运输持续稳定恢复，全年全省完成客运量 3.3584 亿人次、旅客周转量 295.8403 亿人公里，分别同比恢复至 39.98% 和 62.81%。固定资产投资超额完成，完成公路运输场站建设固定资产投资 13.4 亿元，建成深国际贵州物流港、毕节梨树高速铁路客运枢纽中心 2 个重点枢纽项目和 12 个乡镇客运站。运输服务品质提升深入开展，全面完成 88 个二级及以上客运站电子客票推广应用；持续开展乡镇运输服务站、“司机之家”建设运营；完成全省 499 家驾驶员培训机构计时培训应用平台、计时终端与监管服务平台间数据交互，实现全省“一张网”；实现汽车维修电子健康档案全省覆盖。

二、内河航运

2020 年，贵州省客船拥有量为 1654 艘，总载客量为 55278 人。水路运输旅客客运总量为 1017 万人次，旅客周转量为 36482 万人公里。水路客运企业 102 家。2020 年，贵州省货船拥有量为 377 艘。水路运输货运总量为 1230 万吨，货物周转量为 375280 万吨公里。

三、民航

2020 年，在运行保障资源紧张、条件限制等情况下，贵州省机场集团成立领导小组，安全有序实现新旧跑道交替。完善航班协同工作机制，全年航班放行正常率达到 88.93%，比 2019 年度增长 1.83 个百分点。全年收到投诉 118 件，比 2019 年度减少 71.84%。完善“大数据平台”，完成各类生产保障数据采集，建成综合管理平台。自主研发疫情数据监测、扫码数据统计分析等平台。开发 FDSS（民航运行数据共享与服务平台），成为中国民用航空局首批开展中小机场数据共享工作的试点单位。毫米波设备、旅客行李图像及信息查询、“智慧航显”、机坪塔台全景、支线视频融合、机坪车辆监控等系统持续完善。

2020 年，贵州省机场完成旅客吞吐量 2253.15 万人次，起降航班 22.64 万架次，完成货邮 11.81 万吨。其中，贵阳龙洞堡国际机场完成旅客吞吐量 1658.36 万人次、货邮 11.35 万吨、起降 13.46 万架次。遵义、茅台、兴义机场旅客吞吐量保持在 100 万人次以上，黄平、黎平在疫情下同比实现正增长。

四、邮政

2020 年，贵州省邮政业务总量完成 85.48 亿元，比 2019 年增长 12.40%；业务收入完成 86.72 亿元，比 2019 年增长 9.84%。快递业务量累计完成 28156.99 万件，比 2019 年增长 14.53%；快递业务收入完成 52.51 亿元，比 2019 年增长 13.24%。全省邮政函件业务累计完成 3809.24 万件，比 2019 年下降 37.47%；邮政包裹业务累计完成 6.52 万件，比 2019 年增长 13.19%。

第四节 行业治理体系建设

一、交通体制改革

2020 年，贵州省交通运输厅坚持以交通运输高质量发展为主题，以深化供给侧结构性改革为主线，扎实做好“六稳”工作、落实“六保”任务，为全省高质量打赢脱贫攻坚战提供了坚实的交通运输保障。

创新筹资模式。探索推出高速公路“四化合一”PPP、县乡公路路面改善提升工程“借、用、还”一体化政银企合作筹资等融资新模式，并通过做大交通产业发展基金、化解交通政府隐性债务和支持交通企业开展黄金租赁、保险资金债权投资等措施，拓宽交通投融资渠道。

创新扶贫举措。充分整合行业资源，开创劳务就业“从江模式”并在全省推广，通过“交通企业 + 扶贫就业专业合作社”、开发交通项目建设扶贫岗和农村公路养护公益岗等措施，定向新增建设项目扶贫岗位 10000 余个，定向提供“9+3”县（区）农村公路养护员岗位 11058 个。全力推动“美丽农村路 +‘三变’改革”，全省贫困地区累计建成普通国省道 4064 公里，累计完成农村公路生命防护工程 7.5 万公里、危桥改造 1552 座、窄路基路面改造 8027 公里。

创新管理服务。坚持以全行业响应、全过程防控、全方位服务的“三全”举措打好疫情防控阻击战，坚决打通物资供应“生命线”、恢复流通“运输线”和复工达产“生产线”，在全国率先恢复交通流通并“点对点”运送1946批次共16.9万农民工返岗，全面实行“服务不打烊·周末我在岗”大件运输许可便民服务行动，保障全省防疫抗疫、恢复经济。深入推进“全省通办、一次办成”，省市县三级交通运输主管部门40个事项100%实现政务服务网上办理。深入实施安全生产专项整治三年行动，开创行业安全“风险树”管理模式，健全完善边坡防塌、船舶防翻、客车防撞等“八防”风险防控体系。深入推进“最美高速”创建和“四好农村路”建设，新建省级示范服务区13对、省级优秀服务区15对，累计打造“美丽乡村路”2.3万公里，累计创建“四好农村路”全国示范县9个、省级示范县33个。

二、交通法制建设

（一）深化“放管服”改革

一是精简规范行政权责事项，推进简政放权。扎实推进“全省通办、一次办成”和“一窗式”两项改革。将40项省市县三级事项纳入“全省通办、一次办成”改革；将厅系统除涉密和办理程序特别复杂外的19个事项纳入“一窗式”改革；对省、市、县三级交通运输系统公共服务事项进行了动态调整，并对照目录清单完善了27项公共服务事项的办事指南。2020年“绿色通道”累计减免通行费5.3亿元；实行各类高速公路差异化收费减免措施以及ETC无差别9.5折基本优惠政策，推进货运车辆计重收费向按车（轴）型计费方式转变，降低货车通行费成本，全年累计减免通行费9.1亿元；落实国家重大节假日小型客车和新冠肺炎疫情期间免收高速公路通行费政策，助力复工复产，2020年春节期间共减免通行费2.5亿元，2月17日—5月5日疫情期间，全省行驶高速公路车辆约8700余万辆，免收通行费约64.3亿元，国庆节期间减免通行费5.4亿元。

二是创新行业市场监管方式，抓好放管结合。全面推行“双随机、一公开”监管方式，强化主动监管、认真履职意识，进一步明晰监管责任。加大对“证照分离”“多证合一”“双公示”、市场准入负面清单试点等各项工作的推进落实，促进行业有序监管。按照《贵州省推进“证照分离”改革全覆盖实施方案》对涉及交通运输系统的事项结合实际实行“证照分离”改革全覆盖。

三是大力推进“互联网+政务服务”，优化公共服务。设置“一个窗口”优化服务，全年共办理服务事项61238件，其中大件运输办件59900件，约占总办件量97.82%，较2019年增长了66.45%。通过线上“一张网”、政务“一朵云”，以全国“道路运输服务系统”为支撑，实现全省县县“三检合一”机动车检验检测机构全面开展网上预约检测服务。

四是依法防控新冠肺炎疫情。成立厅防控工作领导小组、交通工作专班，联合卫生健康委员会、公安厅、发展改革委等多部门统筹保通保运；成立复工复产工作专班，统筹全行业交通建设项目复工复产。起草、印发行业疫情防控文件17份。广泛动员交通运输一线防控人员，加大对过往驾乘人员有关传染病防治法和国家、省委省政府关于疫情防控要求的宣传教育。春节至2月15日封控点撤除期间，2100余名路政执法人员在全省各高管公路匝道收费站、省界收费站防控宣传点、190个服务区、停车区（独立加油站）宣传点，向过往车辆及驾乘人员开展防控法治宣传，悬挂宣传标语1000余条，累计发放宣传资料10万余份。

（二）完善法律法规制度

一是积极推进行业立法。启动《贵州省交通建设工程质量安全监督条例》的立法调研工作。二是加强规范性文件监督管理。严格执行《国务院办公厅关于加强行政规范性文件制定和监督管理工作的通知》等文件要求，及时对以省交通运输厅名义印发的规范性文件进行合法性审查。三是推进依法决策。制定和完善了《贵州省交通运输厅重大行政决策程序规定》等制度和办法。四是充分发挥法律顾问作用。逐步建立以法制工作机构人员为主体，外聘法学专家和律师参与的法律顾问工作团队，就重大行政决策、重要文件出台、重大项目立项与建设、行政合同签订等工作提前介入，提出意见建议。五是注重决策评估效果作用。对事关经济社会发展全局和涉及群众切身利益的重大行政决策事项，通过召开各种座谈会、听证会等方式，广泛听取社会各方面的意见和建议。

（三）规范公正文明执法

一是稳步推进交通运输综合行政执法改革。坚决贯彻落实《关于深化交通运输综合行政执法改革的指导意见》，成立厅综合行政执法改革领导机构，全面指导和推进交通运输综合行政执法改革工作。二是普遍推行行政执法“三项制度”。印发实施《省交通运输厅关于全面推行行政执法公示制度全过程记录制度重大执法决定审核制度的实施方案》。三是高度关注重点行政执法领域。与公安等职能部门联合在治超领域印发实施治超工作“五个专项行动方案”。四是创新行政执法方式。依托“智能交通云”平台，建成全省统一视频监管平台和数据中心。通过“云上贵州”交换共享平台，推进跨行业与公安、旅游、气象等部门在线协作。与交警已实现视频数据共建共用及卡口（110万条/天）、接入机动车数据900万条，在路网运行管理、查车找车、应急救援和公众服务等方面提升大数据应用能力。五是强化行政执法保障。统筹推进以交通运输基层执法队伍职业化、基层执法站所标准化、基础管理制度规范化、基层执法工作信息化为重点的行政执法“四基四化”建设。六是加强执法队伍管理。充分利用交通运输行政执法综合管理信息系统加强对执法人员信息、执法证件、执法车辆的统一管理。

（四）加强对依法行政的监督

一是全面推行政务公开。坚持“公开为常态、不公开为例外”原则，印发《贵州省交通运输厅政府网站工作手册》。二是自觉接受人大、政协监督。2020年，共办理省人大、省政协建议、提案答复160件，各类建议、提案办结答复率100%。三是强化行政监督和审计监督。进一步完善内部权力的监督制约，强化内部流程控制，逐步实现了对公共资金、国有资产、重点项目和领导干部履行经济责任情况审计全覆盖。四是扩大社会各界监督。2020年接待群众来访95批共443人次，政务信箱收件165件，均回复；上级部门及有关单位转办件328件，办理328件；群众来信45件，办理45件。五是依法开展行政复议应诉工作。2020年，向省政府行政复议办转办4个复议案件；厅本级2起行政应诉案件均胜诉。同时，依法配合省政府行政复议办公室办理行政复议案件和配合法院审理行政诉讼案件，厅本级配合办理行政复议案件1件，配合法院审理行政诉讼案件2件。

第五节 科技创新

一、科学规划引导交通科技方向

修订《贵州省交通运输厅科技项目管理办法》，规范科技项目日常管理，激发科研人员创新积极性。编制《贵州省“十四五”交通运输科技创新发展规划》，同时通过发布省地方标准1项、厅行业技术指南5项，不断完善规范行业标准，为交通高质量发展提供强有力的标准指南支撑。

二、攻克难点引导行业突破创新

全年共验收往年科技项目40项，评审完成

2021 年度立项申报项目 141 项。其中，德江特长隧道高压涌水注浆堵水施工工法，为我国的富水隧道施工提供了极具价值的解决方案。在贵（阳）黄（平）高速公路阳宝山特大桥组织开展悬索桥主缆施工空中纺丝法（简称 AS 法）研究，是首次在我国内地悬索桥主缆架设施工领域应用该技法。

三、示范带头加速先进成果推广

着力打造具有贵州特色又能在行业中普遍参考应用的科技示范性项目，力争在交通技术和科技应用领域探索出“贵州战法”。大力推动贵州兴义环城高速公路绿色建造科技示范工程建设，争取纳入 2020—2021 年启动实施的交通运输部科技示范工程，着力向全国推广块片石自密实混凝土、隧道智能光伏照明、生态环境脆弱地带隧道安全环保进洞等 10 余项先进技术成果。

四、打造平台提升科研创新能力

山区公路自然灾害防治野外科学观测研究基地成功认定为全国交通运输行业野外科学观测基地，将开展典型地质条件下滑坡、团雾、凝冰等自然灾害监测、分析、预警，提高多灾种和灾害链综合监测、风险早期识别和预报预警能力，支撑建立高效的交通运输自然灾害防治体系。

贵州省交通系统获 2019 年度省科技进步二等奖 1 项、三等奖 4 项，推荐申报 2020 年度省科技进步奖 6 项，系统总结了当前先进科技成果，并培养了一大批年轻科研人员。

五、攻坚交通强国试点任务，完成多个平台建设

贵州省交通运输厅科技处牵头组织交通强国“智慧交通建设”试点全部及“交通旅游融合发展”试点中的 1 项任务。依托沪昆高速公路贵阳至安顺段扩容工程，打造智慧高速公路样板工程，面向全省建设基于云边端架构的大数据支撑平台，促进高速公路信息技术与智能网联汽车技术双向优化和协同发展，目前项目已进入初步设计阶段。在交通建设质量监督、投资预警监督、新农村交通综合服务、综合交通出行、交通旅游大数据融合等方向开展平台建设和指南发布，2020 年内各平台建设基本完成。

六、推进数据赋能行业基础，提升行业数字化水平

申请省级财政专项资金 4650 万元用于综合交通大数据中心建设（到位 850 万元），将为政府、行业、民众提供泛在服务，打通数据到服务的“最后一公里”，有效支持数据分析挖掘、辅助决策及各领域的应用创新。建设数字交通创新示范基地，推进 5G、区块链、BIM 等技术在行业的应用，探索数据作为生产要素参与分配的机制。推动安全生产监管监察和工程质量监督信息系统、“四好农村路”管理、交通运输行政执法综合管理等系统建设。

七、夯实网络安全基础，营造安全网络环境

制定发布《贵州省交通运输厅厅属单位网络安全工作考核评价规则》，牵头组织省两会、全国两会等重要活动期间的网络安保，快速处置网络安全事件。软件正版化工作走在全省前列，在全省软件正版化工作会议上作经验交流。信创工作高效推进，成为全省首批替代计划中争取资金最多、配发规模最大的单位。

云南

第一节　整体概况

2020年是极不平凡、极具挑战的一年。面对新冠肺炎疫情严重冲击，在省委、省政府和交通运输部的坚强领导下，云南省交通运输行业保持战略定力，抢抓政策机遇，统筹抓好疫情防控和交通运输工作，为全省保持经济平稳运行提供了坚实的交通运输保障，圆满完成“十三五”收官、决战脱贫攻坚、疫情防控等重大任务。

2020年，云南省全力保持交通投资高位增长。坚持把扩大有效投资作为对冲疫情影响、保持经济平稳运行的关键一招，加快推动交通建设项目复工达产，创新筹融资举措，争取到中央车购税和港建费246.8亿元、专项债券资金777.82亿元，有力保障了交通项目建设需求。2020年4月，全省综合交通建设投资同比增长率在全国率先扭负为正，并加快恢复至正常发展水平。全年投资完成3152.79亿元，同比增长18.16%，完成省委、省政府年初下达的综合交通投资增长15%以上的目标任务。其中，公路完成投资2751.77亿元，同比增长18.09%；铁路完成投资339.96亿元，同比增长20.63%；民航完成投资47.83亿元，同比增长5.1%；水运完成投资11.73亿元，同比增长11.4%；其他完成投资1.5亿元。公路水路固定资产投资连续三年位居全国第一。

第二节　交通基础设施建设

按照省委、省政府的安排部署，自2月12日起，全省交通运输行业有序复工复产。交通建设项目“应复尽复、应开尽开、能开快开”，78个项目在3月底实现复工。贯彻落实云南省《关于贯彻落实〈交通强国建设纲要〉的实施意见》，加快补齐交通基础设施短板，加快构建现代综合交通体系。

公路方面，129个县全部通高等级公路；省委、省政府出台《云南省县域高速公路“互联互通”工程实施方案》，“能通全通”“互联互通”加快推进，新增建成通车里程超3000公里，实现110个县（市、区）通高速公路。新改建农村公路12084公里，公里通车总里程达292479公里；持续推动“四好农村路”高质量发展，印发《云南省深化农村公路管理养护体制机制改革实施方案》，昆明、临沧、楚雄3个州（市）和昌宁、鹤庆、香格里拉3个县（市）被确定为全国深化农村公路管理养护体制改革试点地区。

铁路方面，中越铁路境内段建成通车；中老铁路预计2021建成通车；渝昆高速铁路先开段有序推进；大临铁路建成通车；玉磨铁路主体工程进入收尾阶段；大瑞铁路控制性工程取得重大突破。铁路运营里程达4233公里，其中高速铁路及动车运营里程1105公里。

民航方面，瑞丽陇川通用机场于9月28日

正式通航，昆明机场S1卫星厅主体工程、迪庆机场四期改扩建、临沧机场航站楼和弥勒通用机场主体工程等完工，凤庆通用机场、蒙自机场开工建设。

水运方面，金沙江溪洛渡至水富高等级航道建设开工，右江百色水利枢纽通航设施工可获批，新增航道里程570公里，航道通航里程达5108公里，其中四级以上高等级航道达1725.3公里，港口生产用码头泊位达217个。

城市交通方面，昆明市轨道交通4号线、6号线二期于9月23日开通初期运营，全市轨道交通运营里程达139.4公里；轨道交通1号线西北延、2号线二期、5号线建设全面推进，在建地铁线路总里程48.33公里。文山壮族苗族自治州丘北县轨道交通4号线主体工程建设已完工，拟于2021年4月试运营。昆明"公交都市"建设通过验收，保山、玉溪创建有序推进，安宁、昌宁"城乡交通运输一体化示范县"创建通过交通运输部验收，全省127个县市区开通了公交车，城市公交基本实现与高速铁路、地铁、机场、码头等多种基础设施无缝衔接的出行服务。除常规公交线路外，开通跨县公交线路164条、定制公交线路216条、改造城乡公交线路501条，公共服务均等化持续提升。

第三节　运输服务保障能力

持续提升交通运输服务品质。新开和加密省内环飞航线18条，有力服务全省航空运输和旅游市场恢复。云南省交通运输厅联合省财政厅，出台支持交通运输企业恢复生产经营的10条措施并落地见效，运输企业获省级财政贴息资金9882.84万元，28家企业获交通安全统筹理赔准备金补助1.3亿元。出台云南省运输结构调整"公转铁"补助方案和专项资金管理办法，下拨首批专项资金4995.8万元，补助铁路冷链、鲜活农产品运输等22家企业。落实免收客货车通行费政策，助力企业复工复产，全年全省收费公路共减免车辆通行费67.11亿元（其中，绿色通道减免10.47亿元，新冠肺炎疫情防控期间免收约45.46亿元，重大节假日减免6.61亿元，安装ETC优惠减免5.11亿元，差异化收费减免700万元）。生鲜物资铁路冷链破冰，有力助推"云品"出滇。启动服务区二次升级改造，建成192座交通沿线厕所和4个"司机之家"，拆除公路广告设施沿线80490块、铁路沿线广告设施393块，群众出行体验进一步改善。

公路运输方面，2020年，完成货物周转量1115.39亿吨公里，同比增长7.2%；完成客运量1.92亿人次、旅客周转量138.47亿人公里，同比分别下降37.3%和44.9%；完成货运量11.56亿吨、货物周转量1101.54亿吨公里，同比分别下降1.3%和增长8.5%。全省所有建制村通硬化路、通邮，新增通客车建制村251个，具备条件建制村100%通客车，农村出行条件明显改善。按照常态化疫情防控要求，严格落实道路运输"货开客关"举措，保障国际产业链供应链畅通。

铁路运输方面，2020年，完成铁路运输总周转量5588.86亿吨公里，同比下降16.8%；完成客运量5245万人次、旅客周转量117.39亿人公里，同比分别下降34.2%和35.5%；完成货运量1.42亿吨、货物周转量441.38亿吨公里，同比分别下降0.1%和9.9%。2020年持续实现"云花出滇""云果出滇""云菜出滇"新突破，全年铁路冷链运输收入同比超232%。2020年，铁路累计完成集装箱运输82.4万标准箱、1845.6万吨，同比增加10.7万标准箱、350.7万吨，增幅达23.5%。

民航运输方面，2020年，新增运行通用机场 1 个，云南省内运行机场总数达 17 个（其中运行民用机场 15 个、通用机场 2 个）。全年完成民航运输总周转量 11.56 亿吨公里，同比下降 38.9%；完成客运量 956.44 万人次、旅客周转量 119.46 亿人公里，同比分别下降 35% 和 39.4%；完成货运量 6.23 亿吨、货物周转量 0.97 亿吨公里，同比分别下降 28.8% 和 37%。

全年共保障运输航班起降 43.6 万架次，旅客吞吐量 4983.7 万人次，货邮吞吐量 36.9 万吨，分别恢复至 2019 年同期的 79.8%、70.7% 和 79.7%。其中，昆明长水国际机场完成运输航班起降 27.3 万架次，旅客吞吐量 3298.9 万人次，货邮吞吐量 32.5 万吨，分别排名全国第 7 位、第 6 位和第 12 位。

水路运输方面，2020 年，完成水路运输总周转量 7.43 亿吨公里，同比下降 59.2%；完成客运量 505 万人次、旅客周转量 0.74 亿人公里，同比分别下降 55.9% 和 67.6%；完成货运量 519.14 万吨、货物周转量 7.18 亿吨公里，同比分别下降 25.4% 和 58.8%。暂停澜沧江—湄公河国际客货运输和国际渡运，积极协调滞留境外船员和船舶顺利回国。

邮政服务方面，2020 年，全年完成邮电业务总量 5805.92 亿元，比 2019 年增长 34.9%。其中，邮政业务总量 158.10 亿元，增长 16.1%；电信业务总量 5647.82 亿元，增长 34.9%。邮政业全年完成邮政函件业务 876.53 万件，包裹业务 21.29 万件，快递业务量 62974.08 万件，快递业务收入 73.75 亿元。乡镇快递网点达 3424 个、城市末端公共服务站点达 2256 个、投入运营智能快件箱 3767 组、主要品牌快递企业城区自营网点 4037 个。

城市交通方面，指导出租汽车行业转型升级，全省核发《网络预约出租汽车经营许可证》493 户。网约车合规化进程持续加快。新能源车辆在公交车、网约车、巡游车领域应用加快，推广新能源公交车 7870 辆，占全省公交车总量的 46.02%。加快汽车排放污染维修治理站建设，已建设 74 个 M 站。全省 16 个州（市）的主要城市已完成交通一卡通互联互通工作，其中，昆明公交信息服务功能达到国内先进水平，初步实现“人便于行”的宜居城市目标，建设公交“春城 e 路通”，完成地铁 AFC（自动售检票）系统接入交通一卡通升级改造项目，实现全国 397 个城市交通一卡通互联互通；完成昆明地铁多元化互联网票务支付项目建设，累计注册用户数已达 500 多万人。昆明地铁完成客运量 2.14 亿乘次，受疫情影响同比下降 25.7%。

第四节 行业治理体系建设

全省高速公路省界收费站取消任务如期顺利完成，省级交通运输综合行政执法队伍组建工作取得突破，《云南省交通运输领域财政事权和支出责任划分改革实施方案》《云南省绿色出行创建行动实施方案》《云南省小型渔船检验办法》等一批政策措施出台。注销淘汰 33001 辆国三排放标准柴油货车，提前超额完成国三排放标准柴油货车淘汰任务；有序推进爱国卫生运动涉及交通运输的 5 个行动。大力推进长江经济带船舶和港口污染突出问题整治，5 个重点港口垃圾、生活污水接收设施全覆盖，618 艘船舶生活污水收集或处理装置完成改造。落实长江流域重点水域“十年禁渔”部署，36 艘有证渔船和 171 艘涉渔“三无”船舶全部上岸拆解。旅游客运转型升级、“三检合一”、4.5 吨以下普通货运车辆取消许可手续等一系列重大改革顺利完成。行政许可事项减少 36.4%，“智能审批”效率大幅提升，完成办件 5.66 万件；行业 89 个事项基本目录和省级 30 个事项实施清单编制及自贸区“证照分离”改革全覆盖试点工作高质量完成。印发《云南省县域高速公路“能通全通”“互联互通”工程创建“阳光工程 · 廉洁通道”长效机制（试行）》；推动行业精神文明建设，深入开展“四标”行动，全省 4 个单位和 13 名同志获全国交通运输系统先进集体、劳动模范和先进工作者称号，厅防控办被评为全国疫情防控工作先进集体，厅机关荣获全国文明单位。云南在西部省份中率先进入“信用交通省”建设典型省份行列。

第五节　科技创新

9 项科技成果获省科技进步奖，其中一等奖 1 项，实现历史性突破。2020 年 5 月，省政府办公厅印发《云南省数字交通总体方案》，省交通运输厅出台《云南省智慧交通建设纲要》《云南省智慧高速建设实施方案》，持续开展“智慧路网、智慧出行、智慧管理、智慧应急、智慧运输”等系统应用建设，12 个厅主管项目入选云南省新基建项目（2020—2022 年），省综合交通指挥中心于 2020 年 12 月正式投入使用，综合交通大数据中心已初具规模，全省交通 GIS（地理信息系统）一张图初步建成。“一机游”平台上线“游云南”官方小程序电子客票功能，覆盖全省 130 个客运站，累计超过 1121 个停车场接入“一机游”平台，完成 190 个服务区信息上线“一机游”平台；“信用信息交换与共享平台”进入试运行阶段。

第六节　安全与应急

出台更加严格的安全生产监管举措，安全生产事故数和死亡数双下降；围绕安全工程三年行动计划，云南省交通运输厅召开 4 次厅安委会全会和 3 次安全工作视频会，组织开展安全生产“6+1 专项整治”行动，完成农村公路、普通国省干线安全生命防护工程 29180 公里、4972 公里，危桥改造 483 座，“6+1 专项整治行动”成果显著。平安建设纵深推进，行业发展形势持续稳定。

第七节　合作与交流

8 月 17—21 日，厅路网应急中心有关人员，先后前往北京市交通运行监测调度中心和江苏交通控股有限公司对路网监测、应急处置工作进行调研学习。

8 月 18—22 日，联网公司有关人员先后前往河南省、江苏省、浙江省高速公路联网收费管理对口单位、ETC 发行单位及阿里巴巴集团进行调研交流学习。

9 月 27 日，云南省交通投资建设集团有限公司与工商银行云南省分行、国家开发银行云南省分行、富滇银行等 22 家银行业金融机构签署“十四五”高速公路“互联互通”工程融资战略合作协议，以全面保障集团接续推进“互联互通”工程的资金需求。

11 月 26 日，经交通运输部同意和云南省人民政府批准，中国、老挝、缅甸、泰国澜沧江—湄公河商船通航协调联合委员会（航联委）第十八次会议通过视频方式召开。会议由交通运输部国际合作司主持。中国、老挝、缅甸、泰国四国交通运输部门有关司局领导率团参加会议，云南省交通运输厅代表中方发言。会议指出，此次会议显示了四方共同克服新冠肺炎疫情影响的决心，希望各方按照会议共识加强交流合作，促进国际航运持续发展。老挝、缅甸、泰国三方感谢中方组织召开此次视频会议，愿意继续不断深化航联委框架下的国际航运合作。

12 月 15 日，中国、老挝、缅甸、泰国以视频连线的方式，举行了澜沧江—湄公河水上联合搜救桌面推演。本次推演由中国海上搜救中心常务副主任李国平担任总指挥，中方主会场设在西双版纳。云南省交通运输厅、省水上搜救应急中心、西双版纳州政府、省、州应急部门，澜沧江海事局和西双版纳海事局均派员参演。老挝公共工程和交通运输部水路司、缅甸交通通信部水资源和河流改善司及泰国交通部海事局作为外方单位参演。

12 月 24 日，2020 年滇黔桂共管库区水上交通安全管理联席会议在昆明召开。会议总结 2020 年共管库区水上交通安全管理工作，分析研判形势，部署 2021 年重点工作。三省（区）交通运输行政主管部门、海事部门就有关工作建议进行了交流研讨。

第八节　特色工作

一、全力夺取疫情防控阶段性胜利

第一阶段，重点是防范国内疫情输入。坚持疫情就是命令，云南省交通运输厅第一时间成立领导小组，先后召开 18 次疫情防控领导小组会议，建立交通运输疫情防控机制，严把入滇防控关，强化入滇检测，设置 28 个省界检测点进行公路入滇检测，开发应用“入滇登记”小程序，做到“逢车必查”“逢人必测”共检测车辆 435002 辆，人员 916920 人。制定公路水运工程防疫情防控专项应急预案，抓实抓细交通建设工地防控措施，严格落实清洁消毒，严防疫情通过交通工具传播；多方筹措协调，为行业疫情防控争取口罩 8.9 万个、防护服 1 万套等物资，守护交通防控一线职工健康；落实“一断三不断”“三不一优先”要求，开通防疫物资和“米袋子”“菜篮子”生活物资运输“绿色通道”，全力保障和接力护送云南援助湖北医疗队、物资及时到达，累计运送捐赠湖北农产品、医疗物资等 11975.3 吨（其中公路 10048 吨，铁路 1871.3 吨，航空 56 吨），运输援助湖北省医疗队 1148 人。

第二阶段，重点是防范境外疫情输入和复工复产。全面服务保障“六稳”“六保”，纾困惠企 10 条措施落地见效，全力支持运输企业恢复生产制定涉农物资运输保障方案，将春季农业生产物资和农机具转运纳入应急运输绿色通道政策范围予以支持。开展“点对点、一站式”直通车服务，接运 15 万名农民工返岗、9 万名学生返校，“点对点”接运约 65 万人入境。第三阶段，常态化疫情防控。围绕境外疫情蔓延形势和云南边境特点，紧扣“外防输入、内防反弹”要求，暂停国际水路客货运输，严格道路运输落实货开客关举措，实行跨境道路货运“人货分离、分段运输、封闭管理”，保障国际产业链供应链畅通，做好进口冷链食品交通运输疫情防控。

云南省交通运输厅疫情防控工作领导小组办公室、昆明长水国际机场党委荣获“全国抗击新冠肺炎疫情先进集体”荣誉称号。王雪根等 4 名个人、省交通投资建设集团有限公司防控办等 2 个集体被交通运输部表彰为全国交通运输系统抗击新冠肺炎疫情先进个人和先进集体，行业 9 名个人、8 个集体被云南省表彰为抗击新冠肺炎疫情先进个人和先进集体。

二、完成交通脱贫攻坚兜底任务

云南省交通运输厅始终将脱贫攻坚工作列为首要政治任务，始终将打赢脱贫攻坚战列为头等大事。自 2016 年以来，紧紧抓住国家脱贫攻坚和扶贫开发的重大机遇，以贫困退出机制和“十三五”交通扶贫规划为主线，以“三区三州”等深度贫困地区为主战场，较好地完成贫困退出和“十三五”交通扶贫规划确定的主要目标任务。

（一）聚焦重点，完成乡镇和建制村“三通”兜底任务

全省1400个乡镇和14449个建制村已实现100%通硬化路、100%通邮，乡镇100%通客车、14448个具备条件建制村100%通客车（西双版纳州景洪市勐波村委会因修建铁路占用建制村公路，暂不具备通客车条件延期通车）。

（二）聚焦难点，全力打通贫困地区对外连接大动脉

通过加快推进县域高速公路“能通全通”“互联互通”工程建设，全省16个州市政府所在地实现通高速公路，110个以上的县通高速公路，全省129个县（市、区）100%通高等级公路。

（三）聚焦关注点，加快推动“四好农村路”融合发展

“十三五”时期，努力把农村公路“建好、管好、护好、运营好”。

在建好农村公路方面，一是重点建设“幸福小康路”。全省累计建成建制村通硬化路约3.18万公里，实现3628个建制村通硬化路；建成自然村通硬化路约5.8万公里，实现81298个自然村通硬化路，完成边远山区199座“溜索改桥”项目建设，帮助全省15个州市、2153个村小组、122.9万人告别“溜索时代”。二是重点建设“特色致富路”。累计支持贫困地区改造资源路旅游路产业路3150公里，推动“交通＋特色产业”扶贫工作；支持国有林场通硬化路228公里项目建设。三是重点建设“平安放心路”。实施路面加宽改造7790公里、安全生命防护工程10.8万公里、危桥改造992座，基本完成县乡道公路安全隐患治理，农村公路交通事故发生率显著下降。新改建农村公路10.75万公里，完成固定资产投资908亿元，为新中国成立以来5年规划最高值。

在“管好”和“养好”农村公路方面，一是出台了《云南省深化农村公路管理养护体制改革实施方案》，农村公路养护省级财政补助资金从2016年的7.78亿元增加到2020年的9.27亿元，合计43.32亿元，5年间实施农村公路养护大中修工程13150公里，全省农村公路列养率达100%。二是大力推行农村公路管护“路长制”，推行农村公路路政联动协管机制。三是加快推动“四好农村路”示范创建，7个县（市）列为全国“四好农村路”示范县、15个县（市、区）列为全省“四好农村路”示范县，落实国家和省级奖励资金1.7亿元。四是完成2.48万公里农村公路“美丽公路”示范创建。

在“运营好”农村公路方面，一是全省新增5个三级及以上客运站，共建成991个乡镇运输服务站，开通农村客运班线5116条；二是与省邮政管理局联合下发《关于推进运邮结合加快全省农村三级物流服务网络建设的意见》，以农村客运线路网络为基础，构建县、乡、村三级农村物流配送网络，畅通农村物流服务体系。

（四）全面完成定点扶贫工作任务

一是负责牵头挂联县和挂联帮扶村均已完成脱贫攻坚任务。自2015年以来，云南省交通运输厅作为省级挂联牵头单位，每年在兰坪县召开一次省级挂联单位脱贫攻坚工作现场推进会，充分运用行业优势帮助兰坪县脱贫，兰坪县于2020年11月脱贫出列，挂联帮扶的凤塔村于2019年脱贫出列。二是配齐配强驻村工作队、精准选配第一书记，配合地方党委政府积极做好定点帮扶工作。三是累计投入6000余万元建成了凤塔村通村硬化路、客运综合服务站、人畜饮水工程、养老互助服务站等基础设施，持续改善凤塔村条件。

（五）全面贯彻落实国家和省就业扶贫、消费扶贫、产业扶贫工作部署

一是就业扶贫方面，2020年，全省共吸纳33949名农民群众，其中20160名建档立卡贫困

群众户从事公路养护的护路员工作。国家扶贫简报专门刊登了《云南公路养护带动万名贫困人口脱贫》（2019 年第 61 期），2020 年 11 月国务院扶贫开发领导小组办公室和省政府网站再次进行了宣传报道。

二是消费扶贫方面，动员全省交通运输行业深入开展消费扶贫工作，2020 年完成“扶贫832”销售平台采购指标任务 168.74 万元，多方面组织开展全省 2020 年消费扶贫月活动。

自 2016 年以来，云南省交通运输厅行业扶贫工作受到省扶贫开发领导小组的肯定，连续 4 年考核均为“好”等次；省交通运输厅扶贫工作领导小组办公室被评为 2018 年、2020 年全省脱贫攻坚先进集体。

附表

云南省交通运输主要指标统计表

指标			2019 年	2020 年	备注
基础设施投资（亿元）	综合交通固定资产投资		2668.28	3152.79	
	铁路投资		281.83	339.39	
	公路投资		2330.31	2751.77	
	# 高速公路投资		2020.1	2523.56	
	水运投资		10.53	11.73	
铁路	通车总里程（公里）	国家铁路营业里程	4031	4233	
		# 国家铁路	3965	4177	
		# 合资铁路	—	—	
		# 地方铁路	56	56	
	运输情况	旅客发送量（万人次）/货物发送量（万吨）	7972/14224	5245/14214	
		旅客周转量（亿人公里）/货物周转量（亿吨公里）	181.95/489.86	117.39/441.38	
公路	通车总里程	公路通车总里程（公里）	262409	292479	
		# 高速公路通车里程(公里)	6003	8406	
		# 等级公路里程（公里）	231741	272273	
		# 农村公路里程（公里）	226363	255066	
		# 桥梁（座）	30563	35335	
		桥梁总长（万延米）	330.6	458.6	
		# 隧道（座）	1263	2079	
		隧道总长（万延米）	116.08	228.73	

续上表

指　标			2019 年	2020 年	备　注
公路	运输情况	客运量（万人次）/货运量（万吨）	30681/117145	19232/115620	
		旅客周转量（万人公里）/货物周转量（亿吨公里）	2512718/1015.2	1384663/1101.54	
水路	航道及码头情况	内河航道通航里程（公里）	4538	5108	
		# 高等级航道通航里程（公里）	1374	1725.3	
		港口生产用码头泊位拥有量（个）	196	217	
		# 万吨级泊位（个）	0	0	
	运输情况	客运量（万人次）/货运量（万吨）	1146.85/695.77	505.3/519.14	
		旅客周转量（万人公里）/货物周转量（亿吨公里）	22955/17.44	7436.48/7.18	
民航	机场数量（个）		16	17	其中运行民用机场 15 个
	运输总周转量（万吨公里）		189199.04	115598.61	
	# 国内运输总周转量（万吨公里）		—	—	
	# 国际运输总周转量（万吨公里）		—	—	
	旅客运输量（人次）/货邮运输量（万吨）		70531518/46.27	49837162/36.88	
	旅客周转量（万人公里）/货邮周转量（万吨公里）		1969927.98/15425.83	1194583.98/9721.46	
邮政	邮政行业业务总量（万元）		1183200	1581000	
	快递业收入（万元）		576400	737500	
	邮政邮路总条数（条）		2068	—	
	邮政邮路总长度（单程/公里）		335965.5	—	

西藏

第一节　整体概况

截至2020年12月底，全区公路总里程为118832.91公里（含青海省境内国道G109线格尔木至唐古拉山路段594.71公里）。二级及以上公路总里程为2342.98公里，铺装路面里程46145.69公里，同比分别增长3.23%和26.1%。全区公路养护里程为114892.09公里，同比增长14.34%。国道设养率达100%，农村公路设养率达95.58%。

全区公路交通固定资产完成投资435.14亿元，超额完成年度目标任务。交通强国试点省区近期已获批复。《西藏自治区综合交通运输"十四五"发展规划》《西藏自治区"十四五"时期公路养护管理发展规划》《西藏自治区"十四五"时期智慧公路交通发展规划》等一系列交通运输发展规划编制进展顺利。

西藏自治区交通运输综合行政执法总队揭牌运行；西藏自治区公路事业发展和应急保障中心获中央编办批复。积极推进国有企业改革，完成4家监管企业及其39家子公司整合重组，西藏自治区交发集团本部和二级公司机构批复成立。

第二节　交通基础设施建设

"十三五"规划内29个重点公路续建项目全部建成通车；计划新建项目中除斜尔瓦桥外，其余14个项目全部开工建设。

高等级公路方面，G4218拉萨至日喀则机场段高速公路控制性工程拉萨段已顺利通车，中间段已开工建设。交通运输部批复G6那曲至拉萨高速公路工可和初步设计，控制性工程已顺利通车，那曲至羊八井段正在建设中。

普通国省道方面，国道G219线措美县古堆乡至朗县金东乡、省道S303线羊八井至大竹卡、国道G560线琼结至错那县城、省道S345线青藏界至聂荣、丁青至斜拉山、省道S203线昌都嘎马（青藏界）至柴维等项目顺利建成。国道G559线波密至墨脱新改建工程黑色路面贯通，全区74个县全部通油路。金沙江堰塞湖省道S201线灾毁恢复重建工程、墨脱至察隅公路多龙岗至布孔拉山段、国道G216线孔塘拉项目、国道G318线竹巴笼至林芝公路重点路段整治改建工程进展顺利。

农村公路方面，实施农村公路项目789个，完工754个。出台《西藏自治区深化农村公路管理养护体制改革的实施方案》《西藏自治区农村客运补贴实施细则》等4项政策。新增41个乡镇、180个建制村通客车，具备条件乡镇、建制村全部通客车。乡镇、建制村通达率分别达到100%和99.96%，通畅率分别达到93.72%和73.91%。完成农村公路"油返砂"项目47个，整治里程264.59公里。

第三节　运输服务保障能力

运输服务方面，2020年，西藏自治区共有经营性客货运车辆54922辆，道路运输从业人员143306人。客货运输场站84个，其中等级客运站71个；开通客运班线509条，其中跨省12条，跨地（市）59条，跨县156条，县内272条。完成客运量576.39万人次，旅客周转量14.61亿人公里，完成货运量4038.97万吨，货物周转量116.73亿吨公里。开通农村客运班线294条，运营车辆377辆。全区七（市）地均实现公交车运营覆盖，现有城市公交企业9家，公交车辆共747辆。出租汽车行业改革持续深化，共有巡游出租车经营企业35家、巡游出租汽车2611辆。许可网约车平台公司8家。制定印发《拉萨市网络预约出租汽车经营服务管理实施细则（试行）》，规范网络平台道路运输经营许可流程，加快推进网约车监管信息平台建设。全区农村客运车辆联网联控不断完善，12吨以上货车全部接入全国货运平台。全区一、二级客运站及35个三级客运站实现联网售票，16万余人次通过网上购票。

公路保通方面，按照《迎接"十三五"全国干线公路养护管理评价的方案》，形成102套自评材料，圆满完成"全国路评"工作。持续加强公路养护管理，实施大中修189公里，危桥改造工程69座，公路安全生命防护工程3798公里，服务设施、灾害防治等项目15个。全力提升公路通行水平，完成全区19条国道、34条省道里程桩号传递工作。完成国省干线公路限速值调整优化工作。

第四节　行业治理体系建设

2020年，西藏自治区交通运输厅完成交通运输权责清单调整，新增8项行政事项，取消9项行政事项，下放1项行政事项。推动"互联网＋政务服务"，29项公共服务事项进驻政府服务大厅，实现网上通办。

信用交通工作深入推进，认真落实"红黑名单"制度，信用评价体系进一步完善，公路建设领域开展失信受戒的专项治理，在道路运输领域开展信用评价，建立联合惩戒机制。成立公职律师办公室，完成交通运输厅6名公职律师受聘工作，已办理2起行政复议。

完成交通运输综合行政执法机构改革，自治区、市地、县三级交通运输综合行政执法机构挂牌成立。

制修订公路建设招标和项目管理、公路工程施工分包管理、公路工程设计变更管理等24项管理办法和规范性文件，加大管理措施，项目管理混乱局面得到初步遏制。

加强质量安全监督，检查重点项目覆盖率100%，对12家企业进行通报。督促完成393个农村公路、31个重点公路项目审计问题整改落实工作。抽调50余人成立工作专班，全力协调各级各部门，完成所有历史遗留的164个公路建设项目用地手续报批，已陆续取得项目用地批复。

第五节　科技创新

2020年，共立项"西藏地区耐候工字钢现浇桥面板组合梁桥建设关键技术研究""高海拔高寒地区基于全寿命周期的路面建养一体化设计研究"等8项科研课题。

"西藏地区典型路面结构及筑路材料研究"项目获中国公路学会科学技术奖一等奖。"SWFC复合结构在西藏地区连续刚构桥中的应用技术"项目获中国公路建设行业协会科技进步一等奖。通过项目课题研究培养了一批科研技术人才，进一步提升了西藏自治区交通运输行业科研人才技术水平。

第六节　安全与应急

安全生产方面，先后制定印发《2020年安全生产工作要点》《关于开展坚守公路工程质量安全红线专项行动方案》等56份安全生产相关文件。深入开展“安全生产月”和“安全生产西藏行”宣传活动。组织开展公路工程施工企业主要负责人和安全生产管理人员考核，300余家企业共1200余人参加考核，有力提升了行业安全生产综合管理水平。按照党中央、国务院三年行动相关工作部署，成立了三年整治工作领导小组，设立三年行动工作专班，制定印发《西藏自治区交通运输厅安全生产专项整治三年行动方案》《西藏自治区交通运输厅安全生产专项整治三年行动任务清单》，组织开展4次专项督导检查，对本行业领域和重点单位场所、关键环节安全风险隐患进行全面深入细致的排查治理。圆满完成“三大节日”“三月敏感月”、雪顿节等节假日及敏感时段安全生产工作。

应急处置方面，制定印发《西藏自治区2020年交通运输应急管理工作要点》，进一步完善编制《交通运输厅应急值班值守制度》《西藏自治区公路交通事件应急预案》《西藏自治区水上交通事件应急预案》。2020年，西藏国省干线公路共发生断通697次，受阻车辆27269辆、人员54878人，救助社会车辆2821辆、人员5799人。交通运输部门累计组织保通人员20093余人次、投入机械6528余台次，清理清理泥石流、塌方71.2万立方米，清雪除冰1130.8万立方米，全力保障公路安全畅通。圆满完成中央领导赴藏调研、第三届环喜马拉雅公路自行车极限赛等10余次重大专项保通任务。不断提升公路交通应急保障和综合处突能力，组织开展“玉麦公路应急保通暨2020年公路雪灾应急实战演练”等2次演练。积极化解调处矛盾纠纷，共办理（接待）群众来信来访1041批（件)2629人次，办结1014批（件），信访化解率97.4%。

工程质量监督方面，共承担33个重点建设项目及20个农村公路项目的质量安全监督工作，完成6个项目质量安全监督交底工作。派出监督人员100余人次参与综合督查、专项督查及随厅督查工作，就监督检查发现的问题形成督查报告7份、质量抽查意见通知书56份；现场检查发现质量安全问题2709条，提出整改要求596条。对14个重点公路项目开展了整治虚假回复的现场复查。完成西藏地区试验检测机构、监理企业、从业人员的资质管理、人员信息变更登记工作；完成西藏地区试验检测机构、重点公路建设项目工地实验室、试验人员及西藏地区重点公路建设项目监理企业、监理人员信用评价录入、公示等工作。

第七节　合作与交流

省际客运安全运行。全区开通省际客运班线12条，共有省际客运车辆33辆，通达成都、香格里拉等邻省城市。

国际道路运输方面，目前除尼泊尔借道运输外，未开展国际客货运输业务。共开通借道运输路线8条，2020年因疫情原因，未办理借道运输业务。

第八节　特色工作

一、“两路”精神

“两路”精神纪念馆被国家民族事务委员会命名为“第六批全国民族团结进步教育基地”。自开馆以来，累计接待区内外200余家单位、1.3万余人次。在开展“十八军后代重走父辈路”活动时，中国人民解放军原第二野战军、第十八军军长张国华将军之女张小康等军属后代到西藏自治区“两路”精神纪念馆参观指导。林芝分馆自开馆以来，累计接待82家单位2500余人参观。拉萨市道路运输管理局等4个单位荣获“全国交通运输系统先进集体”“全国交通运输系统抗击新冠肺炎疫情先进集体”，永嘎等6位同志荣获“全国交通运输系统劳动模范”“全国交通运输系统先进工作者”“全国交通运输系统抗击新冠肺炎疫情先进个人”称号。

各驻村工作队为群众办实事解难事 179 件、投入资金 77.2 万元；走访农牧民群众 1161 户，发放慰问金 71.13 万元；为重症病人捐款 20 人次，捐款金额 4.54 万元；组织捐赠衣物 36 次，捐赠衣物 1776 件；资助困难学生 14 名，资助资金 4.08 万元；组织孕产妇入院分娩 17 次；开展棘球蚴病防治工作 37 次，3013 人受益。

二、党建工作

截至 2020 年 12 月底，西藏交通运输系统共有党员 3296 名，占干部职工总数的 41.12%，其中在职党员 1999 名，离退休党员 1297 名；党组织 128 个，其中党委 17 个，党总支 8 个，党支部 103 个（其中厅机关有 4 个党支部，96 名党员）。

为党员干部订阅《习近平谈治国理政》等学习资料 4200 册。印发《关于做好“不忘初心、牢记使命”主题教育检视问题整改“回头看”工作的通知》等主题教育相关通知，检视出来的 15 条问题，已经整改完成 5 条，需长期整改已取得阶段性成效 10 条。组织开展党委理论中心组学习会 15 次，厅直属机关党委会 5 次，围绕脱贫攻坚、民族团结、中央第七次西藏工作座谈会等开展研讨交流 5 次。制定印发《关于成立青年理论学习小组的通知》。全系统各级党组织成立青年理论学习小组 85 个，开展学习 603 次，参学 2805 人次。举办党的十九届四中全会精神、入党积极分子等培训班 6 期，培训 432 人次。做到支部建在项目上，在项目实施地开展爱国主义活动 100 余场次。严把党员“入口关”、提升党员质量，发展党员 177 名。举办了“弘扬‘两路’精神践行初心使命——庆祝中国共产党成立 99 周年、西藏和平解放 69 周年”演讲比赛活动和“加强民族团结铸牢中华民族共同体意识——庆祝西藏自治区成立 55 周年”书法摄影展活动，丰富了机关党建内容和载体。

严格按照“一岗双责”要求，厅党委书记与班子成员、厅属单位、机关各处室负责人分别签订《党风廉政建设责任书》《领导干部落实党风廉政建设“一岗双责”责任书》《处室党风廉政建设责任书》。先后 2 次组织干部赴拉萨市廉政教育基地参观学习。制定《关于公路建设招标和项目管理工作的若干规定》《西藏自治区公路工程施工分包管理实施办法》，修改完善《西藏自治区重点公路工程资金支付管理（暂行）规定》《西藏自治区交通运输厅厅机关差旅费管理办法》等规章制度，完善监管机制，健全决策程序，规范权力运行。先后开展了 4 次自查、清理、纠治工作，并分别向区党委督查室、区纪委监委党风政风监督室和第二纪检监察室以及驻厅纪检组报送了相关情况报告。实施党建工作要点月发布和“学习强国”学习平台学习情况月通报制度，制定印发《“西藏交通行业党建工作管理系统”平台信息发布管理办法（试行）》。建立了短信（微信）廉政警示周提醒制度。在重要节点发送廉政警示信息 20 条，覆盖 1000 余人次。

三、抗击疫情工作

2019 年新冠肺炎疫情发生以来，西藏交通运输系统上下深入贯彻习近平总书记重要指示精神和党中央、国务院决策部署，全面执行自治区党委、政府和交通运输部的要求，立即成立交通运输厅应对新型冠状病毒感染的肺炎防控工作领导小组，扎实有序开展各项工作任务，并取得了阶段性成效。制定印发《全区交通运输行业疫情防控工作应急预案》《关于全力做好疫情防控期间客运服务的有关通知》等文件，加强客运（场）站等人员密集场所的防控工作的宣传，做好场站、交通运输工具消毒通风、人员防护、乘客体温检测、乘客实名制登记等疫情防控工作。建立项目参建人员实名制管理台账，做好人员每日考勤，实行体温日报告等制度。做好单位内部疫情防控工作。严格实行对所有进出单位人员进行体温检测及登记工作，对进出藏干部职工及家属旅居史行程进行登记管控；对单位办公区、职工周转房、食堂等公共区域消毒通风。制定印发《关于进一步做好当前疫情防控和维护稳定及安全生产有关工作的通知》《关于认真做好疫情防控期间农民工返岗包车运输服务保障工作的通知》《区交通运输厅关于有序恢复全区道路运输服务的通知》等相关文件，组织召开"统筹抓好交通运输新冠肺炎疫情防控和安全生产工作视频会议"，坚持不懈统筹疫情防控和行业发展。

疫情期间，全区国省干线日均布置抢险保通人员3000余人次、投入机械设备700余台次。制定印发《新型冠状病毒感染的肺炎疫情防控应急物资运输保障工作方案》，制作"应急物资运输车辆通行证"，对接相关部门，为疫情防控应急物资开通"绿色通道"。发动行业力量，储备应急运输车辆20台。调运应急车辆8887车次，接送旅客17.31万人次，运输和运送应急物资5285万吨。全力保障公路安全畅通，未发生长时间的阻车现象，未发生擅自封闭高速公路出入口和阻断国省公路情况，也未发生硬隔离或挖断农村公路情况。通过西藏商报发布《关于疫情期间道路运输车辆和从业人员相关业务临时延后工作的公示》，对道路运输车辆年审，道路运输从业人员资格证年审和换发、继续教育和诚信考核等相关工作，允许其周期自动向后延续至疫情结束之后45天。全行业系统干部职工共计捐款175.88万元；行业系统党员捐款111.73万元，覆盖面达到了100%。

附表

西藏自治区交通运输主要指标统计表

指　标			2019年	2020年	备　注
基础设施投资（亿元）	综合交通固定资产投资		457	435.14	
	铁路投资		—	—	
	公路投资		—	—	
	# 高速公路投资		—	—	
	水运投资		—	—	
铁路	通车总里程（公里）	国家铁路营业里程	—	—	
		# 国家铁路	—	—	
		# 合资铁路	—	—	
		# 地方铁路	—	—	
	运输情况	旅客发送量（万人次）/货物发送量（万吨）	—	—	
		旅客周转量（亿人公里）/货物周转量（亿吨公里）	—	—	

续上表

指标			2019年	2020年	备注
公路	通车总里程	公路通车总里程（公里）	104546.148	118832.905	
		#高速公路通车里程(公里)	37.837	105.824	
		#等级公路里程（公里）	92357.007	99272.16	
		#农村公路里程（公里）	74805.57	88967.162	
		#桥梁（座）	11945	12991	
		桥梁总长（万延米）	48.13	53.40	含青海省境内G109线格尔木至唐古拉山路段桥梁66座/6530.33延米
		#隧道（座）	101	114	
		隧道总长（万延米）	7.22	8.88	
	运输情况	客运量（万人次）/货运量（万吨）	1016/2545.31	576.3876/4038.9727	
		旅客周转量（万人公里）/货物周转量（亿吨公里）	271800/125.52	146126/116.7334	
水路	航道及码头情况	内河航道通航里程（公里）	—	—	
		#高等级航道通航里程（公里）	—	—	
		港口生产用码头泊位拥有量（个）	—	—	
		#万吨级泊位（个）	—	—	
	运输情况	客运量（万人次）/货运量（万吨）	—	—	
		旅客周转量（万人公里）/货物周转量（亿吨公里）	—	—	
民航	机场数量（个）		—	—	
	运输总周转量（万吨公里）		—	—	
	#国内运输总周转量（万吨公里）		—	—	
	#国际运输总周转量（万吨公里）		—	—	
	旅客运输量（人次）/货邮运输量（万吨）		—	—	
	旅客周转量（万人公里）/货邮周转量（万吨公里）		—	—	
邮政	邮政行业业务总量（万元）		—	—	
	快递业收入（万元）		—	—	
	邮政邮路总条数（条）		—	—	
	邮政邮路总长度（单程/公里）		—	—	

陕西

第一节 整体概况

2020年，陕西省交通运输厅面对严峻复杂的形势、艰巨繁重的任务，特别是在新冠肺炎疫情的严重冲击下，在中共陕西省委、省人民政府和交通运输部的坚强领导、大力支持下，全系统保持发展定力，坚定必胜信心，坚决夺取疫情防控和交通运输发展双胜利，为做好"六稳"工作、落实"六保"任务作出积极贡献。

综合交通建设实现跨越式发展。2020年末，陕西省公路总里程180660.33公里，其中高速公路通车里程6171.03公里，二级以上公路里程18321.93公里（含高速公路），农村公路通车里程154370.85公里。结束了镇坪县、子长市、太白县、凤县、镇巴县、黄龙县、麟游县、岚皋县八县（市）不通高速公路的历史，实现了全省县县通高速公路的目标；路网密度达到88公里/百平方公里。铁路营业里程突破6000公里，其中高速铁路营业里程达到1019公里。2020年12月28日，西安市地铁5号线、6号线一期和9号线建成开通初期运营，新增运营里程83公里，创西安市地铁年新增运营里程新高。截至2020年底，西安市地铁开通运营线路8条，运营里程245公里。民航基本建设取得重要进展，开工建设西安咸阳国际机场三期扩建工程，安康富强机场顺利通航，榆林机场二期扩建航站楼建成投运。内河航运通航里程达1146公里。邮政普遍服务网点、快递服务网点分别达到1823个、7706个。横贯东西、纵贯南北的综合交通运输大通道基本形成。

综合交通运输平稳运行。2020年末，陕西省有道路客运经营业户336户，货运经营业户9.2万户（不含4.5吨及以下普通货运车辆经营业户）；载客汽车1.8万辆，载货汽车24.4万辆（不含4.5吨及以下普通货运车辆）；三级以上汽车客运站140个，货运站（场）33个；客运班线4214条；公路运输从业人员61万人。全年完成公路客运量3亿人次，旅客周转量148.8亿人公里；公路货运量11.6亿吨，货物周转量1831.1亿吨公里。完成水路运输客运量172.55万人次，货运量146.82万吨。2020年，西安市地铁运送乘客7.26亿人次，日均客流量198.16万人次，单日最高客流量404.81万人次，线网客流强度居全国前列。西安咸阳国际机场客货运吞吐量分别为3108万人次和37.63万吨。

"四好农村路"建设服务乡村振兴战略。2020年底，陕西省礼泉县、大荔县、宝塔区、眉县、合阳县、石泉县、鄠邑区、商南县8个县（区）成为"四好农村路"全国示范县，富平县、镇坪县、旬邑县、榆阳区、柞水县、平利县、蒲城县、扶风县、高陵区、印台区、佛坪县11个县（区）成为创建"四好农村路"省级示范县，52个县（区）施行农村公路"路长制"，16个县（区）对农村公路进行投保，进一步落实县级政府主体责任，夯实"两个纳入"基础，为服务脱贫攻坚、实施乡村振兴战略和加快推进农业农村现代化提供了更好的交通运输保障。12 月 4 日，省政府召开“四好农村路”高质量发展助推乡村振兴现场会；12 月 11 日，省政府办公厅印发《深化农村公路管理养护体制改革实施方案》。2020 年 10 月 23 日，交通运输部致信，对陕西省“四好农村路”建设成效给予了充分肯定。

交通脱贫攻坚任务全面完成。一是“两通”目标全面完成。实施生命安全防护工程约 1 万公里、桥涵配套和危桥改造约 1 万延米，解决了最后 19 个建制村通客车问题，实现了 100% 建制村通沥青（水泥）路、通客车。二是切实做好农村公路水毁修复。加大支持力度，建立工作台账，加强现场技术指导和检查督办，影响建制村通畅的通村公路水毁路段全部完成修复，保证群众出行通畅。

第二节　交通基础设施建设

2020 年，陕西省累计完成交通建设投资 666 亿元，其中公路水路完成固定资产投资 626 亿元，圆满完成省委、省政府确定的目标任务。

一是加快高速公路建设。全省在建高速公路项目共 22 个 1559 公里。平利—镇坪、子长—姚店、湫坡头—旬邑、太白—凤县、宝鸡—坪坎高速公路岩湾—坪坎段、清涧—子长、西乡—镇巴、黄龙—蒲城高速公路黄龙—白水段、安康—陕渝界高速公路安康—岚皋段、旬邑—凤翔高速公路太峪—良舍段、合阳—铜川高速公路合阳东—林皋段等 11 个条（段）共 578 公里高速公路建成通车，是陕西省高速公路通车里程最多的一年，截至 2020 年底，全省高速公路通车里程 6171.03 公里。此前不通高速公路的镇坪县、子长市、太白县、凤县、镇巴县、黄龙县、麟游县、岚皋县八县（市）全部通高速公路，实现全省县县通高速公路目标。西安外环南段、延长—黄龙、宁陕—石泉、韩城—黄龙、吴起—华池、眉县—太白、韦庄—罗敷、澄城—韦庄 8 个项目及宝鸡—坪坎、安康—陕渝界、旬邑—凤翔、合阳—铜川 4 个项目未通车路段 804 公里建设继续推进。眉县经岐山—凤翔、麟游—法门寺、延安东绕城 3 个项目 177 公里开工建设。

二是干线公路建设有序推进。建设规模约 1800 公里，建成通车国道 G310 线华阴至渭南等项目 400 公里，基本实现所有重点镇通二级公路。

三是积极推动高速铁路项目建设。西安—银川高速铁路开通运营，西安—延安高速铁路控制性工程开工建设，西安—安康、西安—十堰高速铁路前期工作加快推进。

第三节　运输服务保障能力

2020 年，陕西省综合交通运输保障有力。建成投用汉中等 9 个、开工建设铜川等 8 个汽车客运站及货运站，大力支持西安国际港务区、西安咸阳国际机场空港新城等 6 家公铁、公铁海联运项目，创建 2 条货车航班示范线路。大宗货物“公转铁”深入推进，累计完成铁路货运增量 1.023 亿吨。“长安号”全年开行 3670 列，重载率、货运量、实际开行量三项指标均居全国第一。协调开通运营西安至榆林、西安至安康“绿巨人”动车组，填补两市无动车组列车运行空白。完成陕西省高速铁路沿线环境隐患整治工作。

公路养管持续强化。实施干线公路大中修及预防性养护 1443 公里，创建美丽干线公路 820 公里，全省公路养护管理、路况技术和路网服务水平全面提升。认真做好“十三五”全国干线公路养护管理评价配合工作，受到交通运输部评价组充分肯定。

全面撤销高速公路省界收费站，大力推广 ETC 收费，实现“一次通行、一次扣费、一次告知”。2020 年 1 月 1 日零时，陕西省高速公路收费系统成功完成省部并网切换，全省 21 个省界收费站与全国同步取消，融入高速公路全国“一张网”。

认真落实车辆通行费优惠政策，全年减免车辆通行费 100.5 亿元，其中疫情期间免收 67.3 亿元，为优化营商环境、降低物流成本、企业复工复产作出了积极贡献。

第四节　行业治理体系建设

2020 年，陕西省交通运输厅规划编制成效显著。紧跟交通强国重大战略，编制《交通强国建设陕西实施意见》。精心编制陕西省“十四五”综合交通运输发展规划，持续完善陕西省综合立体交通网规划纲要。

重点领域改革不断深化。深化“放管服”改革，加快推进自贸区交通运输“证照分离”改革，推动行业全面实施“双随机一公开”监管。推进财政事权和支出责任划分改革，省政府印发改革方案。深化筹融资体制改革，积极争取中央车购税和省级专项资金支持，大力推行 PPP 模式，累计发行收费公路专项债券70.6亿元、铁路专项债券25亿元。启动省属交通运输企业战略性重组和专业化整合。

交通运输法治政府部门建设深入推进。2020 年 7 月 30 日，陕西省第十三届人民代表大会常务委员会第十九次会议通过《陕西省治理货物运输车辆超限超载条例》并予公布，自 2021 年 1 月 1 日起施行。《陕西省公路桥梁安全保护办法》经 2019 年 12 月 23 日省人民政府第 28 次常务会议审议通过并予公布，自 2020 年 3 月 1 日起施行。稳妥推进综合执法改革，省级和所有市级综合执法机构挂牌成立。

第五节　科技创新

2020 年，陕西省交通运输厅围绕长寿命路面结构方案等开展 46 项科研项目研究，5 项交通科技成果获省科技奖。组织开展交通运输行业研发中心申报工作。高速公路运营管理标准化试点等，入选第六批社会管理和公共服务综合标准化试点项目。

智慧交通建设加快推进。建成省交通运输云平台、公路养护等信息系统。持续加强网络安全管理，全面提高网络安全保障能力。

绿色交通发展成效显著。印发《绿色公路建设实施方案》，推动平利至镇坪等绿色公路典型示范工程建设，在西安外环高速公路南段等项目中大力推进建筑垃圾综合利用。加大秦岭陕西段交通建设项目的生态环境保护力度。

第六节　安全与应急

2020 年，陕西省交通运输厅接报安全生产亡人事故 23 起、死亡 28 人，比 2019 年分别下降 4.2% 和 12%，未发生重大以上事故，安全生产形势总体平稳。

一是扎实开展安全专项整治。省交通运输厅印发《安全生产专项整治三年行动实施方案》《全省交通运输领域危险化学品道路运输集中整治方案》等文件，整理出重点工作、安全隐患、整改措施“三份清单”，细化 7 个方面、77 项工作任务。深刻汲取浙江省温岭市“6 · 13”、黎巴嫩贝鲁特港口“8 · 6”爆炸等事故教训，开展危险化学品运输安全专项治理，执法检查企业 7088 家次，发现违法行为 2057 起，下达责令限期整改指令书 827 份，罚款 226.27 万元，停产停业整顿 25 家，暂扣营业证照 28 个；督促完成 4 处省级挂牌督办隐患路段治理。

二是加强安全监管。加强道路客运、危险货物运输、水上交通、工程建设领域隐患排查治理工作，建立问题隐患台账，逐项落实对账销号。

运用第三方道路运输监测平台，强化“两客一危”车辆动态运行监控，加大违法违规行为处罚力度，约谈“两客一危”企业334家次，停运车辆436辆次，暂停8家企业新增业务，吊销57人从业资格证，清理辞退违规驾驶员95人。

三是强化行业应急管理。省交通运输厅协调储备1080辆应急运输车辆，完成春运和疫情期间应急运输保障任务。开展《公路交通突发事件应急预案》《水上交通突发事件应急预案》等预案修订。与周边八省（直辖市）签订《干线公路突发事件应急联动工作协议》，开展公路突发事件演练比武、事故救援、消防反恐疏散等综合演练，有序处置包茂高速公路大棕坡隧道着火等事故，快速抢通特大暴雨造成的洛南、略阳等县公路交通断点。

第七节　合作与交流

2020年9月4—6日，陕西省公路学会联合陕西省自驾游及房车露营协会组织科技工作者赴江苏省高速公路特色服务区考察学习。在江苏省交通控股有限公司安排下，考察团先后到东庐山、黄栗墅、芳茂山、梅村、阳澄湖、沙溪6个高速公路服务区进行考察和交流。

9月17日，陕西省公路学会联合贵州、四川等西部6省公路学会在贵州省贵阳市举办山区公路建设与养护技术交流大会暨第一届地质与公路学术论坛。会议以“公路与地质”为主题，旨在创建区域交通科技工作者学术交流平台，推动特殊复杂地质工程、地质灾害防治、试验检测等学科领域的交叉融合、技术创新，提高科研成果实用价值，共同推动山区公路建设养护技术的新发展。

11月9—10日，由陕西省公路学会组织，由陕西省交通规划设计研究院、陕西路桥集团有限公司、长安大学等10余名科技工作者组成的陕西代表团赴四川省参加“世界交通运输大会成都论坛”。

12月11—13日，第三届全国路面材料力学与数值仿真研讨会在长安大学召开，陕西省公路学会作为协办单位参与大会筹备工作，来自国内外45所高校和10余家企事业单位的250余名专家学者参加研讨会。会上，专家对中国公路工程力学问题与数值仿真方法的最新进展和成果，加快数值仿真方法与传统测试融合进行交流。

第八节　疫情防控

2020年初新冠肺炎疫情发生后，陕西省交通运输厅坚决贯彻落实习近平总书记重要讲话和指示批示精神，在省委、省政府的坚强领导下，履行交通运输组牵头单位职责，及时成立疫情联防联控工作领导小组，印发实施方案，坚决遏制疫情通过道路客货运输途径传播。联合开展交通站点检疫查控工作，累计检测旅客1091万人。强化督导协调，全力大干快上，严格落实“三不一优先”政策，免费通行应急物资运输车辆近5万辆，疫情期间全省收费公路免收车辆通行费67.3亿元。针对农民工、学生等重点群体复工复学出行需求，累计开通道路客运“点对点”返岗包车2822辆，运送务工人员、学生共5.57万人。全面恢复道路运输服务，全省114家一、二级汽车客运站，公交、出租汽车、地铁全面恢复正常运营，为复工复产、群众出行和经济平稳运行做好交通运输保障。重视做好常态化疫情防控工作，及时部署冷链物流渠道疫情防控，强化秋冬季节客货运输行业防控措施，切实防范疫情通过运输环节传播。

附表

陕西省交通运输主要指标统计表

<table>
<tr><th colspan="3">指　标</th><th>2019 年</th><th>2020 年</th><th>备　注</th></tr>
<tr><td rowspan="5">基础设施投资（亿元）</td><td colspan="2">综合交通固定资产投资</td><td>—</td><td>—</td><td></td></tr>
<tr><td colspan="2">铁路投资</td><td>—</td><td>95</td><td></td></tr>
<tr><td colspan="2">公路投资</td><td>707</td><td>621</td><td></td></tr>
<tr><td colspan="2"># 高速公路投资</td><td>431</td><td>480</td><td></td></tr>
<tr><td colspan="2">水运投资</td><td>0.03</td><td>0.14</td><td></td></tr>
<tr><td rowspan="6">铁路</td><td rowspan="4">通车总里程（公里）</td><td>国家铁路营业里程</td><td>—</td><td>—</td><td></td></tr>
<tr><td># 国家铁路</td><td>—</td><td>—</td><td></td></tr>
<tr><td># 合资铁路</td><td>—</td><td>—</td><td></td></tr>
<tr><td># 地方铁路</td><td>—</td><td>—</td><td></td></tr>
<tr><td rowspan="2">运输情况</td><td>旅客发送量（万人次）/货物发送量（万吨）</td><td>11399/17408</td><td>7017/20969</td><td></td></tr>
<tr><td>旅客周转量（亿人公里）/货物周转量（亿吨公里）</td><td>519/1494</td><td>301/1605</td><td></td></tr>
<tr><td rowspan="10">公路</td><td rowspan="8">通车总里程</td><td>公路通车总里程（公里）</td><td>180070</td><td>180660</td><td></td></tr>
<tr><td># 高速公路通车里程(公里)</td><td>5593</td><td>6171</td><td></td></tr>
<tr><td># 等级公路里程（公里）</td><td>166132</td><td>167476</td><td></td></tr>
<tr><td># 农村公路里程（公里）</td><td>154343</td><td>154371</td><td></td></tr>
<tr><td># 桥梁（座）</td><td>27522</td><td>31563</td><td></td></tr>
<tr><td>桥梁总长（万延米）</td><td>298</td><td>353</td><td></td></tr>
<tr><td># 隧道（座）</td><td>1571</td><td>1733</td><td></td></tr>
<tr><td>隧道总长（万延米）</td><td>136</td><td>156</td><td></td></tr>
<tr><td rowspan="2">运输情况</td><td>客运量（万人次）/货运量（万吨）</td><td>58887/109800</td><td>29581/116057</td><td></td></tr>
<tr><td>旅客周转量（万人公里）/货物周转量（亿吨公里）</td><td>2797125/1731</td><td>1488434/1831</td><td></td></tr>
</table>

续上表

指标			2019年	2020年	备注
水路	航道及码头情况	内河航道通航里程（公里）	1146	1146	
		#高等级航道通航里程（公里）	137	137	
		港口生产用码头泊位拥有量（个）	261	261	
		#万吨级泊位（个）	—	—	
	运输情况	客运量（万人次）/货运量（万吨）	285/197	173/147	
		旅客周转量（万人公里）/货物周转量（亿吨公里）	4999/0.59	2778/0.62	
民航	机场数量（个）		5	5	
	运输总周转量（万吨公里）		—	—	
	#国内运输总周转量（万吨公里）		—	—	
	#国际运输总周转量（万吨公里）		—	—	
	旅客运输量(万人次)/货邮运输量(万吨)		5109/39	3356/39	
	旅客周转量（万人公里）/货邮周转量（万吨公里）		—	—	
邮政	邮政行业业务总量（万元）		1931200	2367800	
	快递业收入（万元）		833800	1033300	
	邮政邮路总条数（条）		809	—	
	邮政邮路总长度（单程/公里）		16.5	—	

甘肃

第一节　整体概况

2020年，甘肃省交通运输系统紧抓“一带一路”建设、新时代推进西部大开发形成新格局、黄河流域生态保护和高质量发展、西部陆海新通道、关中平原城市群发展等重大战略机遇，认真贯彻落实交通运输部和甘肃省委、省政府决策部署，充分发挥党的领导作用，统筹推进疫情防控和交通运输发展，扎实做好“六稳”工作，全面落实“六保”任务，既拓展存量又创造增量，强化举措对冲疫情对交通运输经济运行带来的巨大冲击，分类有序推动交通重点项目复工开工，全力推进交通脱贫攻坚，积极推进行业改革发展，持续提升交通运输发展品质和服务水平，交通运输促投资稳增长成效明显，行业安全生产形势总体稳定。

认真落实《交通强国建设纲要》，强化规划引领，加快《甘肃省推进交通强国建设方案》《交通强国建设甘肃省试点实施方案》等研究编制，申报第三批交通强国建设试点任务5项。“十四五”交通运输发展规划及全省综合立体交通网规划编制加快推进。

全年累计完成公路水路固定资产投资929.98亿元，同比增长13.5%，投资完成总量居全国第11位，增速居全国第10位，为全省经济社会恢复、向好向上发展发挥了重要支撑作用。

第二节　交通基础设施建设

公路方面，全年建成高速公路及一级公路990公里，G215柳园至敦煌高速公路、G3011敦煌至当金山高速公路、G1816景泰至兰州中川国际机场高速公路等10条708公里高速公路通车运营，新改建峰迭至代古寺等普通国省干线及旅游公路1011公里，新改建农村公路1.8万公里。10个综合客货运枢纽（物流园区）加快建设。截至2020年底，甘肃公路总里程达到15.6万公里，加上已建成的6.7万公里自然村组路，实际里程达到22.3万公里。其中，高速公路及一级公路突破6000公里，二级公路达到1.1万公里，农村公路及自然村组路达到19.2万公里，与周边省（区）公路省际出口达到73个，所有乡镇和重要农村经济节点都实现了普通国省道联通，所有4A级及以上旅游景区实现高等级公路相连，逐步形成了内通外联的公路快速网、干线网和基础网。

铁路方面，银西高速铁路甘肃段建成通车，中卫至兰州铁路、酒泉至额济纳铁路、兰州至张掖三四线铁路兰州中川国际机场至武威段等续建项目加快推进，天水至陇南铁路（甘肃省首条自主投资建设铁路）、西宁经合作至成都铁路（甘肃段）铁路、兰州中川国际机场三期扩建工程综合交通枢纽环线铁路开工建设。截至2020年底，甘肃铁路网已覆盖12个市州，铁路营业里程达到5467公里，其中高速铁路1425公里，铁路网密度

128.4 公里 / 万平方公里。

机场方面，兰州中川国际机场三期扩建工程、天水军民合用机场迁建工程试验段工程分别于 9 月 9 日、9 月 26 日开工建设。新建武威机场、临夏机场、嘉峪关机场改扩建工程以及庆阳华池、武威民勤等通用机场项目前期工作有序推进。

邮政方面，兰州中川智能化邮件处理中心建成投产。甘肃全省 91 个政务中心实现邮政综合服务平台建设全覆盖。快递电子运单使用率超过 99%，投放包装废弃物回收箱 1467 个。完成“绿盾”工程安全监控中心建设和视频联网等任务。

第三节　运输服务保障能力

2020 年，甘肃省交通运输综合服务水平持续提升。积极迎接全国“十三五”干线公路养护管理治理能力评价，全面加强公路日常养护管理。优质完成全国联网收费系统“费显”点亮和系统优化试点任务，为系统平稳运行贡献出甘肃方案和甘肃力量，得到交通运输部的充分肯定。新发行 ETC 卡 20.02 万张，全省 ETC 用户达到 293 万个，ETC 发行及客服指标考核均居全国前列。改造高速公路和普通国省干线公路厕所 80 个。建成投运“司机之家”6 个。开展了道路限高限宽设施和检查卡点专项整治工作。增发交通一卡通“ETC”卡 62.5 万张，累计发卡量达到 253.7 万张，皋兰城乡交通运输一体化示范县创建工作通过交通运输部验收。全省道路货运车辆年审、年检和环检实现“三检合一”。“12328”交通运输服务监督电话服务质量考评保持全国前列，9 月排名全国第一。加强运输组织和运力调度，圆满完成节假日和重要时段的旅客运输任务。中亚粮食回程班列成功首发，“中吉乌”国际货运班列双向贯通，东盟—兰州—南亚航空货运通道顺利启运，中欧、中亚、陆海新通道、南亚四条国际班列实现常态化运营。

2020 年，甘肃省累计完成公路客运量 2.25 亿人次，旅客周转量 140.76 亿人公里，同比分别下降 37.71% 和 38.22%；完成公路货运量 6.13 亿吨，货物周转量 1020.27 亿吨公里，同比分别增长 5.23% 和 4.16%；完成公路运输总周转量 1034.35 亿吨公里，同比增长 3.19%。累计完成水路客运量 55.28 万人次，旅客周转量 855.15 万人公里，同比分别下降 30.68% 和 33.82%；累计完成水路货运量 0.77 万吨，水路货物周转量 12.39 万吨公里，同比分别下降 95.22% 和 95.41%。

2020 年，甘肃省邮政行业业务收入（不包括邮政储蓄银行直接营业收入）累计完成 51.50 亿元，同比增长 18.43%；邮政行业业务总量累计完成 47.13 亿元，同比增长 21.99%。快递服务企业业务量累计完成 13823.52 万件，同比增长 33.29%；业务收入累计完成 29.79 亿元，同比增长 31.57%。

2020 年，甘肃省民航航线航班加快恢复，旅客吞吐量、货邮吞吐量、起降架次降幅持续缩小。共保障完成运输起降 12.06 万架次，同比下降 18.7%；旅客吞吐量 1363.26 万人次，同比下降 25.4%；货邮吞吐量 7.5 万吨，同比下降 0.8%。全省累计通航城市 119 座（其中，国际地区城市 18 座），执行客运航线 247 条（其中，国际地区客运航线 19 条），货运航线 7 条。兰州中川国际机场完成旅客吞吐量 1010.68 万人次，在全国千万级机场中排名第 25 位，较 2019 年提升 2 位。

2020 年，甘肃铁路旅客运输量为 4153.3 万人次，铁路货运量为 5966.1 万吨。

第四节　行业治理体系建设

行业重点领域改革持续深化。省政府印发《甘肃省深化农村公路管理养护体制改革实施方案》，建成“六位一体”乡镇综合服务站 22 个，建立村级公益性设施共享共管制度，初步形成“县有路政员、乡有监管员、村有护路员”的农村公路管养体系。推进邮政业安全体系建设，组建成立12个市州邮政业安全中心。

积极拓展交通投融资渠道，抢抓国家政策机遇，加大汇报衔接力度，争取到位中央车购税等各类公路建设资金400.61亿元，为重点公路项目和农村公路建设养护提供了资金支持。加快推广“基于资源换资金的建养一体化”等投融资模式，累计实施“基于资源换资金的建养一体化”项目36个。大力推动公路+多产业融合发展，拓展了路衍经济产业发展路径。全面打好防范化解重大风险攻坚战，省政府印发《甘肃省公路省级存量债务风险化解方案》（以下简称《方案》），完成了公路存量资产、债务的专项评估审计、公路存量资产债务移交等工作，全面推动《方案》深入实施，有效化解了甘肃省公路省级存量到期债务风险。

继续推进交通运输综合行政执法改革，全年轮训执法人员6200余人次。开展为期半年的执法专项整治行动，高速公路超限率控制在0.15%、普通国省干线超限率控制在0.41%以内。

深入推进“放管服”改革，取消、下放行政许可3项，8项高频政务服务事项实现省内通办，公路超限运输许可提前实现跨省通办。63项省级政务服务事项实现移动端在线办理，全年网上办件总量82974件，好评率99.98%。

第五节　科技创新

持续推进智慧交通建设，大力提升行业科技创新能力。甘肃省交通运输厅与甘肃省科技厅签订《关于科技创新驱动加快交通强国建设甘肃实践协同发展合作协议》，共同编制《甘肃省交通运输科技创新“十四五”发展规划》。组建成立甘肃公交建科技创新中心，设立甘肃省智慧交通重点实验室，西部首家网络货运数字产业园落地金昌。出台《甘肃省智慧交通建设工作方案》《甘肃省公路养护四新技术管理办法》《甘肃省“5G+智慧公路”示范项目建议书》，清傅公路“5G+智慧公路”试点项目和车路协同自动驾驶示范工程顺利推进。“甘肃省湿陷性黄土地区公路修筑成套技术”获中国公路学会科学技术一等奖，实现了甘肃省在该奖项中“0”的突破。出台《关于在全省交通运输行业推进区块链技术应用的指导意见》，危险货物运输、交通产品检测两个区块链应用试点项目有序推进。加快推进交通运输新型基础设施建设，甘肃省新基建智慧交通产业港项目建设工作积极推进。

第六节　安全与应急

深入推进平安交通建设，编制完成《甘肃省交通运输行业安全生产风险分类、分级辨识评估管控指导手册》和《甘肃省交通运输行业生产安全事故隐患分类、分级排查治理指导手册》，梳理出致险因素8317个、风险事件1892个、安全隐患排查项5458个。在甘肃道路运输、工程建设领域积极开展本质安全建设试点6个。

扎实开展安全生产专项整治三年行动，集中整治消除了一大批安全隐患，化解了一批安全风险。积极推进全省黄河流域交通运输生态保护和高质量发展。

全力应对陇南等地特大暴洪灾害，统一调配37支应急抢险突击队，在最短时间内打通救灾“生命线”，省委省政府给予了充分肯定，目前灾后交通恢复重建工作有力推进。

未发生较大以上生产安全责任事故，行业安全生产形势保持平稳。

持续深化扫黑除恶专项斗争，核查办结各类线索583件。深化行业领域突出问题和乱点乱象治理，累计投入执法力量8.2万人次、出动执法车辆

2.3万余台次，查处非法营运车辆6842辆，行政处罚3000余万元，取得了较好的震慑和治理效果。

甘肃省交通运输厅被评为“2019年度平安甘肃建设优秀单位”。

第七节　合作与交流

紧抓“一带一路”建设、新时代推进西部大开发形成新格局、黄河流域生态保护和高质量发展、西部陆海新通道、关中平原城市群发展等重大战略机遇，主动加强与陕西、青海等省交通运输厅的交流合作。

2020年5月，甘、青两省签订《兰西城市群综合交通互联互通专项合作行动计划》。2020年7月，甘、陕两省签订《交通运输合作专项行动计划》，合力助推省际公路通道和交通互联互通规划建设。

积极加强与山东、天津、福建、云南等省市之间交通基础设施发展合作，制定甘鲁、甘津、甘闽、甘滇等省市交通基础设施合作专项行动计划。

积极开展政校企合作，先后与兰州交通大学签订《关于加强产学研融合、推进全省交通运输科技创新协同发展战略合作协议》；与甘肃丝绸之路信息港股份有限公司签订《智慧交通共建协议》，与甘肃省文旅集团、中国交通通信信息中心签订《战略合作协议》，促进数据资源共享、交旅融合建设、智慧交通发展。

第八节　特色工作

一、交通防疫工作坚决有力

2020年，甘肃交通运输全行业深入贯彻落实中央关于疫情防控决策部署，按照交通运输部和甘肃省委、省政府防疫工作要求，认真履行甘肃省疫情联防联控领导小组交通检疫组职责，严格落实交通运输工具及“两站一场”防控要求，坚决有效防范疫情通过交通运输传播。

及时启动应急响应，设置交通检疫站点，加强“两站一场”和交通运输工具防控，累计保障完成13个航班2943名从伊朗、沙特、俄罗斯等国外入境人员检疫转运工作。有力保障人员和物资流通，落实运输保障“一断三不断”部署要求，在高速公路设置应急运输“绿色通道”213条，对疫情防控应急物资、重要生产生活物资和返岗务工人员运输车辆，实行不停车、不检查、不收费、优先通行。有序支持复工复产，分区分级恢复各类交通运输服务，打通“大动脉”，畅通“微循环”，开行点对点直达客运包车4200多辆，运送返岗务工人员及返校学生8.4万余人。

积极协调落地交通运输领域惠企政策23项，帮助企业纾困解难。甘肃省交通运输厅新冠肺炎疫情防控领导小组办公室荣获“全国交通运输系统抗击新冠肺炎疫情先进集体”称号。

二、交通扶贫脱贫取得决定性成效

2020年，甘肃交通运输全行业紧抓交通脱贫攻坚不放手，多措并举巩固“两通”脱贫成果，整治“畅返不畅”路段433公里，省级统筹15%燃油补贴退坡资金支持建制村通客车工作，有效解决“通返不通”等问题。

加快推进“四好农村路”建设，谋划实施3批2.2万公里自然村组路建设，各地也加大投入，新改建农村公路1.8万公里，其中改造县乡道等2547公里，建成自然村组路1.55万公里，新增8586个自然村组通硬化路。完成县乡道安防工程9547公里，改造农村公路危桥158座；吸纳当地群众务工就业5.7万余人，其中贫困劳动力超过2.5万人。

建成甘肃交通消费扶贫平台以及各类“扶贫车间（班组）”30个，吸纳1万余名贫困群众实现就业。助力临夏、东乡等最后8个贫困县脱贫摘帽，群众对交通基础设施改善满意度评价高于99%。

三、积极探索发展路衍经济

积极谋划路衍经济新业态，指导甘肃省公交建集团统筹交通主业与路衍经济产业融合发展，率先在全国成立甘肃路衍经济产业研究院。经过近2年的研究谋划，得到交通运输部、中国公路学会以及有关科研机构和高校的广泛认同。甘肃省委印发的《关于制定甘肃省国民经济和社会发展第十四个五年规划和二〇三五年远景目标的建议》中，首次把“路衍经济”写入建议稿，明确要“推动形成路衍经济等千亿级产业集群”。《甘肃省国民经济和社会发展第十四个五年规划和二〇三五年远景目标纲要》明确将“路衍经济产业集群”确定为“十四五”重点打造的千亿级产业集群之一。

2020年，甘肃路衍经济发展从“刚起步”迈向“稳推进”。甘肃省公交建集团组建成立甘肃新发展投资集团有限公司，着力打造路衍经济研究、开发、投资、运营全生命周期服务商，为路衍经济项目落地实施奠定坚实的基础。深入开展《基于文化挖掘与利用的交旅融合综合体开发建设研究——以大敦煌文化旅游经济圈交响丝路1号线悬泉置交旅融合综合体为例》和《甘肃省路衍经济战略规划及政策机制研究》课题研究，编制完成《省属企业发展路衍及临空经济规划》《大敦煌文化旅游经济圈交旅融合综合体项目交通强国试点方案》。推进总投资44亿元的大敦煌文化旅游经济圈“交响丝路1号线交旅融合综合体”项目，开工建设“敦煌悬泉置世界遗产与现代服务区交旅融合”项目。启动了G75兰海高速公路太石交旅融合和新发展城市快递分拨中心项目。组建成立甘肃交通精石矿业公司，为发展“白料”产业、形成品牌产品构建强力抓手。新建成武都服务区“绿橄榄”主体展馆、礼县服务区“三国文化”主题展馆，建成14个特色旅游商品和地方农特产品实体示范店，建成8个地方特色小吃店、4个旅游咨询服务中心、12处房车驿站、4个“司机之家”。“路衍经济”已成为推动甘肃交通运输高质量发展的亮丽名片。

附表

甘肃省交通运输主要指标统计表

指标			2019年	2020年	备注
基础设施投资（亿元）	综合交通固定资产投资		965.14	1070.56	
	铁路投资		146	140.58	
	公路投资		819.10	929.98	
	#高速公路投资		520.53	571.69	
	水运投资		0.04	0	
铁路	通车总里程（公里）	国家铁路营业里程	5195	5467	
		#国家铁路	—	—	
		#合资铁路	—	—	
		#地方铁路	—	—	

续上表

指标			2019 年	2020 年	备注
铁路	运输情况	旅客发送量（万人次）/ 货物发送量（万吨）	5968.9/5365.7	4153.3/5966.1	
		旅客周转量（亿人公里）/ 货物周转量（亿吨公里）	—	—	
公路	通车总里程	公路通车总里程（公里）	151442.76	155957	
		# 高速公路通车里程（公里）	4453.13	5072.23	
		# 等级公路里程（公里）	146376.64	151595.79	
		# 农村公路里程（公里）	121139.41	125096.39	
		# 桥梁（座）	14863	16275	
		桥梁总长（万延米）	118.33	135.59	
		# 隧道（道）	570	611	
		隧道总长（万延米）	71.94	78.68	
	运输情况	客运量（万人次）/ 货运量（万吨）	36084.64/58228.00	22478.49/61272.03	
		旅客周转量（万人公里）/ 货物周转量（亿吨公里）	2278312.10/979.56	1407648.69/1020.27	
水路	航道及码头情况	内河航道通航里程（公里）	910.67	910.67	
		# 高等级航道通航里程（公里）	456.1	456.1	
		港口生产用码头泊位拥有量（个）	199	195	
		# 万吨级泊位（个）	0	0	
	运输情况	客运量（万人次）/ 货运量（万吨）	79.74/16.19	55.28/0.77	
		旅客周转量（万人公里）/ 货物周转量（亿吨公里）	1292.24/0.027	855.15/0.0013	
民航	机场数量（个）		9	9	
	运输总周转量（万吨公里）		—	—	
	# 国内运输总周转量（万吨公里）		—	—	
	# 国际运输总周转量（万吨公里）		—	—	
	旅客运输量（万人次）/ 货邮运输量（万吨）		1825.2/7.6	1363.3/7.5	
	旅客周转量（万人公里）/ 货邮周转量（万吨公里）		—	—	
邮政	邮政行业业务总量（亿元）		43.49	47.13	
	快递业收入（亿元）		22.64	29.79	
	邮政邮路总条数（条）		772	—	
	邮政邮路总长度（单程 / 公里）		205463	—	

青海

第一节 整体概况

2020 年，青海省交通运输系统紧紧围绕中央和省委省政府关于统筹推进疫情防控和经济社会发展的各项决策部署，扎实做好“六稳”工作、全面落实“六保”任务，为如期实现决战决胜脱贫攻坚目标任务、全面建成小康社会提供了坚实的交通运输保障。

全年完成交通固定资产投资 230.34 亿元。累计完成公路营业性客运量和旅客周转量 3313.91 万人次、36.49 亿人公里，完成公路货运量 1.08 亿吨、货物周转量 124.62 亿吨公里；完成水路客运量 59.48 万人次、旅客周转量 542.62 万人公里，客货运量在疫情防控进入常态化后保持稳定恢复态势。

第二节 交通基础设施建设

一是规划编制扎实开展。围绕服务国家及青海省委省政府重大战略部署，青海省交通运输厅积极谋划交通运输行业发展顶层设计，深入研究《青海省交通强国建设纲要实施意见》、交通强国试点等方案，加快推进《青海省综合立体交通网规划》编制，深入开展《青海省交通运输“十四五”发展规划》研究工作，加快完善综合立体交通网布局，推动青海加快融入国家“十纵十横”综合运输大通道。积极谋划《青海涉藏地区公路“十四五”发展规划及县县通高速相关研究》《黄河青海流域交通运输生态保护和高质量发展规划》，持续推动脱贫攻坚和乡村振兴有效衔接。

二是项目建设稳步实施。加快推进项目前期工作，玛多—色吾沟、杂多—查吾拉等 4 个穿越国家自然保护区重点建设项目取得环评批复，拟建的贵德—大武、大河家—清水等 4 个总投资约 426.81 亿元的重大项目，列入交通运输部 2020—2021 年滚动项目库。全省 22 个续建公路项目中，玛多—色吾沟、峡口—大河家等 4 个公路项目已建成，其余项目均按年初确定的目标稳步推进。新开工建设同仁—赛尔龙等公路项目，“十三五”规划内所有项目全部开工。

三是筹融资工作成效显著。持续抓好稳投资工作，落实中央车购税补助资金 137.6 亿元，发行地方债券 26 亿元，招商引资到位资金 3.1 亿元，通过企业融资 72.04 亿元，为稳住交通固定资产投资基本盘提供了有力的资金保障。积极加强向交通运输部的汇报衔接，在“十四五”规划编制、重大资金投向、重大政策制定和国家 2 万亿元国债资金安排等方面，全力争取国家支持。省厅财务处被省政府授予“2018—2020 年度青海省招商引资先进集体”荣誉称号。

第三节 运输服务保障能力

一是全面提升道路运输服务水平。指导西

宁市、湟中区完成全国“公交都市”示范城市建设和全国城乡交通运输一体化示范区县创建工作。大力推进交通沿线“厕所革命”暨服务设施建设，全面完成147处新改建交通沿线服务设施。建成2个“司机之家”示范工程，新发行交通一卡通14.1万张。不断提升“12328交通运输服务监督电话”运行管理和综合服务能力，架起人民群众与交通运输部门之间的“连心桥”。有序推进融合道路运输、邮政快递、供销商务等功能于一体的乡镇服务站建设，道路运输服务水平稳步提升。

二是圆满完成“十三五”全国干线公路养护管理评价工作。投入资金4.83亿元，对406座17.53万延米的桥隧和46条2.07万公里的国省干线公路开展技术状况监测和病害整治，高速公路、普通国省干线公路优良路率分别达到99.63%和77.77%，圆满完成各项迎检任务，得到了交通运输部评价组的充分肯定。

三是切实做好交通保通保畅工作。开展国省干线公路病害整治102万平方米，实施路域环境整治8025公里，为中国青海结构调整暨投资贸易洽谈会等重大活动的顺利举办创造了良好的交通环境。积极发挥路警企联动治超工作机制作用，全省公路平均超限率0.33%，封闭式高速公路平均超限率0.4%。提升了大件运输许可服务能力和水平，历时8个月顺利完成“青豫直流”±800千伏特高压输电工程36台次变压器特载运输保障任务，在交通运输部跨省大件运输并联许可“好差评”信息处理和反馈情况报表中，青海省路政许可办理历史累计好评率达100%。

第四节　行业治理体系建设

一是深化行业重点改革。深入推进取消高速公路省界收费站转换磨合期各项重点工作，青海收费站出入口系统运行基本稳定、计费准确。持续推进交通运输体制机制改革，撤销省高管局、建管局，完成6774名人员向省交控集团划转，转隶安置228名事业身份人员，所有转隶安置人员思想稳定、状态良好。加快推进道路运输行业转型升级，联合省发改委制定《关于深化道路运输价格改革的实施意见》，道路运输行业价格机制改革初见成效。联合省税务局出台《青海省网络平台道路货物运输经营管理实施细则（试行）》，网络平台道路货运逐步实现规范化发展。

二是稳步推进行业诚信体系建设和法治政府建设。开展构建以信用为基础的新型监管机制三年行动，依法认定超限运输“黑名单”主体并推送至省信用平台发起联合惩戒，深化信用信息在招投标等领域的查询应用和信用承诺制在大件运输许可中的应用，信用监管工作格局正加速形成。加快推进交通运输地方立法，将《青海省治理货物运输车辆超限超载条例》纳入2020年省政府立法计划重点调研项目。严格落实《中国共产党党内法规和规范性文件备案审查规定》，审查备案厅党组党内规范性文件11件。深化交通运输“七五”普法，举办《中华人民共和国民法典》等专题讲座，实施“宪法进农村”等主题活动，行业法治环境逐年向好。开展全省交通运输综合行政执法检查，稳步推进交通运输行政执法综合管理信息系统建设，行业依法行政水平不断提升。

三是健全完善系统内部考核管理体系。在认真总结以往绩效考核管理工作的基础上，进一步健全完善考核制度机制，研究制定《党政领导班子和领导干部年度考核实施方案》，科学合理调整考核指标和分值权重，将原有的单一考核体系划分为共性和个性指标体系，增设年度创新和解决难点两项指标并增加分值权重，切实增强了考核的激励导向作用。

四是有效清理拖欠民营企业、中小企业账款。青海省交通运输厅会同省财政厅、省交控集团、各相关地方政府采取各种方式筹措资金，梳理解决原高管局、建管局欠付民营企业、中小企业及农民工工资账款约 4.9 亿元。

五是持续推进“互联网 + 政务服务”建设。完成省级政务信息资源整合共享平台与省行政服务大厅数据对接工作，实现跨省区域内超限车辆上路行驶“一网通办”，累计办理网上行政服务审批事项 18349 件，办结率 100%。升级改造路政管理“好差评”系统，受理 12345 政务服务热线 201 条，答复 201 条，完成率 100%，企业群众办事“只进一扇门”“最多跑一次”改革初见成效。

六是圆满完成部门预算管理综合绩效目标任务。强化预算执行全过程管理，建立项目目标责任制，定期开展预算执行分析，及时跟踪项目执行动态变化过程，掌握预算执行进度，确保资金使用安全、规范、有效。青海省交通运输厅部门预算下达资金 129.49 亿元，预算执行 129.49 亿元，预算执行率 100%，被省财政厅评为 2019 年度部门决算工作突出单位和行政事业性国有资产管理优秀单位。

第五节　科技创新

一是扎实做好科技创新工作。全省交通运输行业首个国家级野外科学观测站——花石峡冻土观测站批复实施，完成“青海省公路养护预算编制办法及定额研究”等 12 项课题验收。发布实施地方标准 14 项。

二是稳步推进信息化建设。行业数据资源交换共享与开发应用平台工程等 5 个信息化项目全面开工，建成全省危险货物道路运输安全监管系统，实现了危险货物道路运输全链条在线化管理。

三是着力提升网络安全防护能力。落实网络安全等级保护制度，开展网络攻防演练，提升网络安全防护团队专业化保障能力，有效提升了行业关键信息基础设施和关键数据资源的安全防护能力。加快推进“信创工程”，不断促进软件正版化工作向规范化、常态化、制度化、信息化方向发展。

第六节　特色工作

一、交通攻坚

一是收费公路隐性债务化解圆满完成。完成 902.45 亿元收费公路融资再安排银团落地工作，854 亿元收费公路债务在省财政监测平台中清零，收费公路隐性债务化解全面完成，为省政府发行债券推动重点项目建设拓展了空间。

二是脱贫攻坚成果不断巩固。持续巩固具备条件的乡镇和建制村“两通”建设成果，累计完成农村公路及路网改造投资 10.27 亿元，新改建农村公路 2040 公里，新增 59 个建制村通客车。深入推进交通脱贫攻坚“补针点睛”工作，扎实开展交通扶贫及“四好农村路”创建情况综合监督检查工作。积极采取统筹农村客运油补资金、建立服务质量常态化监督工作机制等举措，建制村通客车工作顺利通过全国脱贫攻坚普查验收。持续做好青海省交通运输厅联点的 20 个结对帮扶村脱贫成效巩固工作，落实第一书记和驻村工作队帮扶力量十项措施，加强驻村干部日常管理。青海省交通运输厅 1 人被评为全国脱贫攻坚工作先进个人，省厅扶贫工作组被评为 2019 年度青海省脱贫攻坚定点扶贫先进单位。

三是行业生态环保工作持续推进。坚持将绿色发展理念融入交通运输发展的各方面和全过程，制定出台《青海省公路建设生态环境保护技术指南》，全面落实扬尘污染防治“六个100%”措施，全面完成两轮中央环保督察反馈问题整改。顺利完成运输结构调整目标任务，建立实施机动车排放检验与维护制度（I/M制度），有效推进道路运输污染治理。扎实开展木里矿区以及祁连山南麓青海片区生态环境综合整治交通运输保障工作，投入资金500余万元，完成天峻—木里、木里—江仓、江仓—热水公路143公里路段的路面养护修复和96处交安设施修复任务，沿线生态及路域环境明显改善。

二、工程质量安全

一是持续加强工程质量监管。着力推进标准施工、精细化管理，扎实开展公路工程品质提升三年攻关行动，评选样板工程34项、先进工艺工法36项、“微创新”技术22项，项目建设机械化、工厂化进程不断加快。加大工程质量监管力度，组织开展隧道桥梁专项检查、公路建设市场与质量安全综合督查等监督检查23次，对5处质量安全隐患给予行政警告和责令改正处罚。省交通学院育才检测公司等两家单位入选交通运输部检测库，青海省公路质量检测能力和技术水平实现新提升。

二是全力加强安全生产监管和风险隐患排查治理。不断推进安全监管责任体系建设，研究制定安全监管“权责清单”。扎实开展安全生产专项整治三年行动，排查道路运输、工程建设、公路运营、水路运输领域安全隐患5554项，整治完成5411项，整改率97.4%。完成公路安全生命防护工程483公里，危桥改造工程15座/532延米，完成达坂山、嗷唠山等15座高速公路隧道交安设施整改任务，积极推进电气火灾综合治理，集中消除高速公路隧道火灾隐患49项。持续加大G0615高速公路花大段冻土路段、拉加镇路面沉陷路段等重点路段应急保通和安全生产工作督导检查力度，切实提高各类风险应对和防治能力。

2020年，青海省公路工程建设领域发生生产安全事故4起，死亡4人（指标8人），公路运输、水上交通、地方铁路领域未发生生产安全事故，交通系统内未发生消防安全事故，青海省交通运输厅连续10年被评为全省安全生产先进单位。

三是不断提升应急管理水平。建成1处国家级应急物资储备中心，成立由1个公路养护应急保障中心、6个公路总段、33个公路段三级应急机构组成的公路养护应急保障队伍。实施省交通运输厅应急管理体系研究与应用项目，初步形成以“6个专项应急预案+2项工作制度”为内容的项目成果，组织开展全省公路交通自然灾害应急演练，行业应急保通能力水平得到有效提升。制定《青海省交通运输厅突发公共卫生事件安全应急预案》，联合省直相关部门举办“守护-2021”青海省交通运输行业新冠肺炎疫情处置联合应急演练，有效提高了突发公共卫生事件交通应急响应能力。

三、疫情防控

一是严把疫情防控“交通关”。紧急启动疫情防控应急响应预案，严格落实交通运输部“一断三不断”“三不一优先”工作要求，强化运力储备，配合做好入省通道管控，组织省交通医院7名医护人员驰援武汉，全力守护疫情防控“生命线”。疫情态势发生积极变化后，有序撤除135个防疫检查站、33处封闭管控路段，逐步恢复39条省际、128条市际和55条县际客运班线，全力打通交通“大动脉”，畅通“微循环”。

二是当好复工复产“先行官”。重点公路项目较往年提前1个月开复工，协调落实经营性客货运输车辆年审延期及车辆技术保障等惠企措施4项，严格执行收费公路免收通行费政策，免收通行费5.76亿元，实现疫情防控和交通运输事业发展“两手抓、两促进、两不误”。

三是抓好行业内部防控。坚持“外防输入，内防反弹”防控策略，严格抓好客运场站、施工现场、学院医院等重点部位常态化疫情防控，行业内部疫情防控实现零输入、零感染，向社会展现了交通运输行业守土有责、守土担责、守土尽责的“硬核”担当，交通运输行业1个集体和5名个人被交通运输部和省委省政府表彰为抗击新冠肺炎疫情先进集体、先进个人。

四、党的建设

一是坚决做到“两个维护”。把“两个维护”作为最高政治原则和根本政治规矩，引导党员干部增强“四个意识”、坚定“四个自信”、做到“两个维护”。

二是着力加强领导班子建设。研究制定青海省交通运输厅党组2019—2023年党政领导班子建设实施计划，从加强政治建设、优化班子配置等6个方面，着力加强全厅系统各级领导班子建设。

三是全面落实管党治党责任。成立党建工作领导小组，调整厅党风廉政建设领导小组成员，制定党建工作要点和全面从严治党主体责任清单，加强党对交通运输工作的全面领导。制定印发《关于开展2020年度党组织书记抓基层党建述职评议考核工作的通知》，组织召开厅系统党组织书记抓基层党建述职评议考核会议，全厅系统自下而上完成述职评议考核。

四是始终坚持思想教育。坚持厅党组理论学习中心组学习、党支部“三会一课”制度，持续深入学习贯彻习近平新时代中国特色社会主义思想，组织开展各级党组织和党员干部开展《习近平谈治国理政》第三卷专题学习活动。

五是坚持不懈抓基层打基础。指导完成驻厅纪检监察组、审计处、财务处三个党支部的按期（换届）选举和厅办公室、省交通运输综合行政执法监督局、省路网中心党支部委员的补选。完成党费云平台建设并运行。按照与交控集团对接会议部署，圆满完成涉改单位党组织和党员的整建制划转。厅系统各党支部按期召开2020年度组织生活会，开展民主评议党员工作。

六是积极推进干部能力建设。制定实施年度教育培训要点，对专业技术人员继续教育培训工作作出系统安排，组织80名干部参加省厅处级领导干部能力提升培训班和人事干部专题培训班，组织175名处级以上干部参加学习贯彻党的十九届四中全会精神专题网班。

七是严格程序选人用人。对考察对象政治表现、廉洁情况出具鉴定意见并签字背书，有效强化党组织领导和纪检部门把关作用。2020年提任处级领导干部28人、晋升四级调研员以上职级干部46人、交流处级干部20人，2名在新冠肺炎疫情防控中表现突出的优秀干部得到提拔。

八是高度重视人才工作。组织完成2019年度公路工程初级、中级、高级任职资格评审，76名同志通过高级工程师任职资格评审，121名同志通过工程师任职资格评审（认定），133名同志通过助理工程师任职资格评审（认定）。严格按照推荐选拔条件和申报程序，择优推荐上报百千万人才工程国家级人选候选人及享受政府特殊津贴人员。深入实施“昆仑英才”行动计划。

九是切实加强老干部工作。高度重视离退休干部工作，厅党组专题研究《2020年离退休干部工作要点》，组织召开离退休干部工作座谈会，安排部署和落实2020年主要工作。

十是扎实开展民族团结进步创建和政务公开工作。坚持把民族团结进步创建工作作为“一把手”重点工程，研究制定青海省交通运输厅实施方案和工作要点，实施“民族团结+”深度融合发展行动，开展民族团结进步宣传月活动，不断激发交通行业广大干部职工的爱国热情和民族团结意识。

十一是全力抓好平安青海建设。制定青海省交通运输厅综治维稳（平安建设）工作要点，层层签订目标责任书，广泛开展综治宣传月、全民国家安全教育日等宣传教育活动，切实将综治工作和平安青海建设引向深入。

十二是大力推进精神文明建设。弘扬“两路”精神，持续推进“畅行青海、美在交通”文化品牌创建。组织开展“最美高原交通人”表彰，授予青海省交通医院援鄂医疗队7名同志“最美高原交通人”称号。青海省交通运输厅机关等17家单位被评为第六届全国文明单位，冷湖公路段等4家单位荣获“2018—2019年度全国交通运输行业文明单位”荣誉称号，乐都公路路政执法大队等5家单位荣获“2018—2019年度全国交通运输行业文明示范窗口”荣誉称号。2020年11月，青海省交通运输厅审计处荣获“2017—2019年度全国内部审计先进集体”荣誉称号。

宁夏

第一节 整体概况

2020年面对新冠肺炎疫情冲击和经济下行压力持续加大的风险和挑战，在交通运输部的指导帮助和自治区党委、政府的坚强领导下，宁夏交通运输全行业紧紧围绕“打赢翻身仗、走好新路子”的总体部署，齐心协力实施疫情防控阻击战、交通建设攻坚战、迎检国评保卫战，全区公路交通保持了较为平稳的发展态势，各项重大任务稳步推进。

全年完成公路水路固定资产投资145亿元，超年度计划20亿元，实现逆势增长，在宁夏各行业基础设施投资中位居前列。高速公路在建里程600公里，京藏高速公路“四改八”全线贯通，银百、西会高速公路建成通车，新增高速公路通车里程158公里，打通高速公路省际出口2个;续建新开普通国省干线562公里，普通国道二级以上比例达95.8%，普通省道二级及以上比例达41.5%，并且总体基本达到三级及以上标准，普通国道二级及以上比例、国省干线沥青水泥路面铺装率指标位居全国前列、西部第一。新改建农村公路1214公里，改善了20万农村群众的出行条件。

第二节 交通基础设施建设

铁路方面，截至2020年底，宁夏境内共有铁路线路1645公里（干线铁路里程1363公里，其中高速铁路里程317公里；地方铁路里程282公里），电气化率82.86%，复线率33.84%，电气化率高于全国平均水平(72.8%)，复线率低于全国平均水平(59.5%)。其中，银中城际铁路（银兰客专）207公里、银西高速铁路110公里、包兰线361公里、宝中线259公里、平汝线47公里、干武线11公里、太中线165公里、定银线159公里、宁东客联线31公里、宁东铁路营业里程282公里。全区铁路在建中兰、包银（银川至惠农段）2个高速铁路项目总投资169亿元，累计完成投资38亿元。全区铁路已建银西高速铁路项目总投资217亿元，累计完成投资200亿元。

公路方面，截至2020年底，宁夏公路通车总里程36901公里，较2019年末增加325公里，公路密度55.57公里/百平方公里。按技术等级分：高速公路1946公里（其中国家高速公路里程1561公里），一级公路1954公里，二级公路4155公里，三级公路5511公里，四级公路23308公里，等外公路27公里。按行政等级分：国道3928公里（其中国家高速公路1561公里），省道2940公里（其中地方高速公路385公里），农村公路28490公里（其中县道824公里、乡道9079公里、村道18587公里），另有专用公路1543公里。

水路方面，截至2020年底，宁夏黄河银川段航运建设一期第五批次工程、黄河中卫市沙坡头枢纽至白马乡航运建设工程顺利开工建设，黄河吴忠段航运二期工程已进入施工图审批阶段，黄河石嘴山段航运建设一期工程开展初步设计，黄河宁夏段航运工程建设正稳步推进。

民航方面，宁夏机场公司大力推动“四型机场”建设专项任务，全面开展民航专业工程专项整治排查整改，统筹推进飞行区整治项目、助航灯光设备更新改造项目、A-CDM（机场协同决策）系统建设及能源计量管理系统等重点项目建设，系统完善项目前期研究管理程序，持续强化固定资产投资“全链条、全流程”管控，紧抓落实建设运营一体化，整体工作有序推进，全年累计执行投资约7800万元。

截至2020年底，宁夏现有银川河东国际机场1个干线机场和固原六盘山、中卫沙坡头2个支线机场，以及银川月牙湖和盐池2个通用机场。2020年，宁夏机场公司积极协调，促成民航西北地区管理局同意，将固原、中卫机场总体规划近期旅客吞吐量由90万人次调整至120万人次，航站楼规模由1.5万平方米调整为1.7万平方米；远期旅客吞吐量由300万人次调整至350万人次，航站楼规模为3.4万平方米。12月18日，中卫机场总体规划获批；12月31日，固原机场总体规划获批。

邮政方面，推进邮政设施强基工程，积极组织企业申报重大建设项目和自治区服务业发展引导资金贷款贴息项目，新建县级快递物流园2个。邮政企业开通高速铁路快递网，实现汽运、航运和高速铁路运输立体组网模式。全区累计布放智能快件箱1464组，建成城市末端公共服务站1757个，推进快递标准化提档升级，快递服务网点标准化率保持100%。大力推进“快递进村”，通过“邮快合作”“快快合作”等多种模式促进快递服务向农村延伸。全区已通快递建制村达1333个，建成村快递服务网点992个，快递覆盖率达43%。

城市交通方面，截至2020年底，全区拥有巡游出租汽车16611辆，同比增加1.6%；拥有城市公共汽电车3998辆、4695标台，同比分别减少0.2%、0.4%；城市公共汽电车运营线路条数486条、运营里程10423.4公里。

第三节　运输服务保障能力

铁路方面，动态调整客运能力供给，新型时速250公里复兴号动车组首次在银西高速铁路上线运行。全面推行电子客票，以高质量服务引流上线。深挖调度指挥潜力，运输组织进一步优化。持续扩大“环西部火车游”产品影响力，推出普速客车网络订餐服务。截至2020年底，宁夏铁路完成旅客发送量531.4万人，同比减少20.3%；完成货物发送量8460.5万吨，同比增长3.8%。

公路方面，全年完成公路营业性客运量2902万人次、旅客周转量28.2亿人公路，同比分别减少40.83%和38.66%，完成公路营业性货运量3.4亿吨、货物周转量483.67亿吨公里，同比分别减少0.42%和增加10.58%。一是公共交通服务水平不断提升。支持开通夜市公交、旅游公交、农村公交运营线路，试点开通16条定制公交线路。争取1.2亿元银川都市圈城际公交补助资金，已开通4条城际公交线路。4个地级市和银川都市圈内实现辖区公交一卡通互联互通，18个市县实现公交线上非现金支付功能，13个市县实现App、微信公交信息实时查询。新增133辆新能源公交车，争取8057万元新能源公交车运营补助资金。吴忠市出台网约车实施细则，全区新许可12家网约车公司。二是城乡交通一体化水平不断提升。二级及以上汽车客运站全部实现联网售票，圆满完成道路客运电子客票试点工作，实现“扫码”进站等功能。大力开展“互联网＋客运”、定制客运服务模式，积极推广“宁夏出行”“石嘴山出行”“全微通”等服务平台，开通银川至定边、固原至西安等53条定制客运线路，有效解决“门对门”运输服务需求。结合宁夏农村人口密度、分布等情况，因地制宜采取公交延伸、农村客运公交化运营、“互联网+农村客运”等模式提升农村客运通达度，乡镇通公交比例达到56.4%。完成2个城乡交通运输一体化示范县创建验收工作。三是货运集约化发展不断提速。17家企业完成网络货运线上服务能力认定和许可。完成铁路货运量8633万吨，实现全年目标的116.57%，完成运输结构调整三年行动计划任务。银川公铁物流园完成投资2.7亿元，石嘴山市富海物流完成投资3.8亿元。建成危险货物电子运单系统，完成银川市绿色货运示范配送项目验收工作。四是道路运输服务不断提质。2020年新增11家机动车驾驶员培训学校，新增4家综合性能检测站，新增270家三类以上汽车维修企业，道路运输服务能力明显提升。建成8个乡镇综合交通运输服务站和2个“司机之家”，指导银川市建成1家驾驶员共享经营性训练场。建立汽车排放检验与维护制度，建成M站21个。全区2名公交车驾驶员荣获全国“最美公交车司机”称号。

水路方面，宁夏水路运输主要以水上旅游客运为主，渡运为辅。全区有营运资质的水路运输企业共23家，其中从事水上旅游客运的18家（5A级景区3家），经营公路渡口（黄河浮桥）运输的5家；个体营运渡口13道，营运性渡船22艘。全区共有各类船舶和水上浮动设施1500余艘，船舶种类主要有车客渡船、浮桥承压舟、拖轮、采砂船和旅游客船（包括普通旅游客船、快艇等）。另外约500艘（架、座）为5米以下非机动游乐船舶，分布于各城市公园。水路运输从业人员约2100名，在册船员1145名。2020年，累计完成水路客运量98.9万人次，水路旅客周转量616.9万人公里。

民航方面，宁夏机场公司加快服务管理改革，优化服务管理效能，完善服务管理体系，积极提升服务质量，银川河东国际机场第三方客群满意度得分4.65分，位列西部机场集团第一，连续6年呈持续增长态势。宁夏机场公司不断优化流程、丰富产品，构建空空、空铁、空地多式联运新格局，实现多种交通方式零换乘，全面满足旅客多元化出行需求。2020年，宁夏机场公司累计完成运输起降6.76万架次、旅客吞吐量738.6万人次、货邮吞吐量5.28万吨，同比分别下降26.3%、下降34.2%和下降14.5%。其中，银川河东国际机场三项指标分别完成6.11万架次、690.61万人次和5.18万吨，同比分别下降27.3%、下降34.7%和下降15.4%；中卫、固原机场分别完成旅客吞吐量22.22万人次和25.77万人次，同比分别下降16.3%和下降32.2%。中卫、固原、月牙湖机场通航飞行分别累计完成3.62万、1.49万和1.19万架次，同比分别下降17.1%、26.9%和38%，累计飞行时长分别为4900小时、6432小时和4962小时，月牙湖机场较2019年同期增加4.2%。

邮政方面，2020年，全区邮政业业务总量完成24.98亿元，同比增长25%，业务收入完成（不含邮储业务收入）19.71亿元，同比增长6.21%。其中，快递业务量7317.7万件，同比增长49.6%，业务收入11.82亿元，同比增长24.65%；转运投递邮（快）件量2.9亿件，跨境邮（快）件量151.75万件，全行业从业人员达1.1万人。

第四节　行业治理体系建设

体制机制改革持续深化。2020年1月22日，宁夏回族自治区交通运输综合执法监督局挂牌成立。2020年10月8日，吴忠市红寺堡区交通运输综合执法大队挂牌。至此，全区五个地级市以及明确设立交通运输综合执法机构的14个县（市、区）交通运输综合执法机构全部挂牌成立运行，全区交通运输综合执法改革全面完成。2020年6月30日，自治区党委编委印发了《关于调整自治区交通运输厅部分所属事业单位机构编制事项的通知》（宁编办发〔2020〕69号），2020年8月3日，自治区道路运输事务中心和宁夏路网监测与应急处置中心揭牌成立。2020年12月31日，自治区党委编委印发了《关于调整自治区交通运输厅部分所属事业单位机构编制事项的通知》（宁编发〔2020〕31号），自治区公路水路发展中心、自治区交通宣传事务中心、自治区公路联网收费清分结算中心批准设立。

重要法规规章制度及修改方面，修订《宁夏回族自治区公路路政管理条例》《宁夏回族自治区治理货运车辆超限超载办法》，推进《宁夏回族自治区水上交通运输安全条例》立法课题研究。组织开展涉及《中华人民共和国民法典》、优化营商条例和公平竞争审查的规章、规范性文件、政策措施清理工作。全面集中清理党内法规、地方性法规、政府规章和规范性文件，对涉及交通运输的4部地方性法规、14部政府规章和6件自治区行政规范性文件提出清理意见，报自治区人大、司法厅审核。推进机关制度建设，年度完成建设制度32件。

公路建设领域监管方面，起草印发了《宁夏公路工程施工分包管理实施细则》。持续开展公路建设市场专项整治行动，实现全区公路建设项目检查全覆盖；依托交通运输厅综合检查，开展2020年公路建设市场督查；推进电子招投标工作有实质性进展，交通建设项目全面推行电子招投标，实现了监理、设计类招标项目“远程不见面开标”。开展2019年度在宁夏从事公路工程建设项目的121家施工、设计、监理企业的信用评价工作。对公开招标的公路建设项目开标评标活动全部进行行政监督。

深化公路管养方面，截至2020年12月底，普通国省干线优良路率92.13％,MQI（公路技术状况指数）为90.92，PQI（路面质量指数）为89.44，投资3.89亿元实施普通国省干线公路养护工程项目38项、2019年续建项目1项，生命防护工程117.742公里，危桥1座，完成率100%。日常养护方面，投入资金3180.69万元，处治各类路面病害999017.88平方米；投入资金851.00万元，路面灌缝1803996.39延米；投入资金492.44万元，维修桥梁239座。

依法治路方面，以迎接全国干线公路管理评价工作为重点，以开展“转严改树”活动为抓手，以规范化、制度化、程序化、信息化建设为目标，将“创新、协调、绿色、开放、共享”的新发展理念贯穿交通运输综合执法各领域和全过程。

2020年，共开展了4次专项整治行动，共检测货运车辆1765.13万余辆次，查处违法超限超载车辆1.47万余辆次，同比减少15.73%。其中，查处“百吨王”1705辆，同比增加了68.81%；消除违法行为1.37万余辆次，卸载货物32.08万余吨，同比增加66%；抄送公安交管部门计分5.45万余分，同比增加12.94%，报送严重违法失信行为信息161条，被交通运输部审核公示到信用交通网站5条；高速公路和普通国省干线公路超限超载率分别控制在0.5%和2%以内。

2020年，累计清理堆积物、垃圾等565处8601立方米、整治违章建筑2127处；清理规范摆摊设点占道经营694处；拆除非公路标志标牌3503块；整治公路安全保护区内违法采砂、采石37处，违法搭接平交道口和占地挖掘公路22处，城镇过境段脏乱差342处；制止违法涉路施工 26 处，违法跨越和穿越公路的设施 7 处。组织各市县（区）交通运输局、宁夏公路管理中心、自治区交通运输综合执法监督局等 42 个相关单位进行全面排查、清理整治，拆除违法违规设施 281 处，公示保留 385 处，打通了“大动脉”，畅通了“微循环”。

加强管理，优化大件运输许可服务机制。制定了《宁夏回族自治区大件运输许可服务与管理实施细则（试行）》，开展大件运输大走访活动。共走访重点企业 32 家，开展座谈交流 19 次，收到问卷调查表 1139 份，意见和建议 16 条，全面摸清了企业在办证和运输过程中存在的困难和问题，全年共办理大件运输许可 6514 件。

“放管服”改革方面，加快推动行政审批事项取消下放工作。取消了 2 项行政审批事项、下放了 1 项其他类政务服务事项，全年共受理政务服务事项 7051 件，全部办结。

扎实推进“证照分离”改革任务落地。11 月 3 日，印发了《宁夏回族自治区交通运输厅关于贯彻落实“证照分离”改革事项全覆盖工作的通知》（宁交行审函〔2020〕10 号），率先对 12 项优化服务和 2 项取消审批的“证照分离”改革事项在全区交通运输系统进行了全覆盖推广，确保了“证照分离”改革任务顺利落实。

全力完成“三减一提升”目标任务。自治区本级压减申请材料压减率 32.7%，环节压减率 22.2%，承诺办结时限比法定办结时限整体压缩率达 63.6%。通过推行网上办、就近办、一次办，自治区本级即办件事项数量 9 件，占比 17.3%，超过了 10% 的要求，政务服务事项网上审批比例达到 73%。

积极推动交通运输政务服务“好差评”制度落实。研究制定了《宁夏回族自治区交通运输厅跨省大件运输并联许可“好差评”工作实施方案》，安排部署全区跨省大件运输并联许可“好差评”省级系统建设工作。12 月 24 日，全区“好差评”省级系统通过验收，正式上线运行。自系统上线运行以来，共接收到 381 条评价信息，好评率为 100%。

第五节　科技创新

依托乌海至玛沁公路（宁夏境内）青铜峡至中卫段工程（国内首条穿越沙漠腹地的高等级公路），开展“基于绿色生态理念的沙漠腹地高速公路建设关键技术研究”，取得阶段性成果。“BIM 技术在公路勘察设计中的应用研究”等 7 个科研项目顺利通过结题验收。

突破重点建设工程关键技术瓶颈制约，推动六盘山特长公路隧道施工/通风排水、湿陷性黄土路基处理等技术研发应用，有效支撑了青兰高速公路六盘山隧道、青银高速公路和京藏高速公路改扩建等综合交通枢纽工程建设。“道路用废旧沥青活性恢复及低碳节能施工技术研究”获得自治区对外科学技术合作奖。高速公路、普通国省道废旧路面材料回收率达到 100%，循环利用率分别达到 95% 和 80%。“六盘山特长公路隧道自然风利用节能技术研究”科研课题荣获中国公路学会科学技术奖二等奖，节省费用 1400 余万元，取得了良好的经济效益。

“宁夏道路养护工程技术研究中心”“宁夏公路数字信息化工程技术研究中心”“宁夏公路检测技术创新中心”“宁夏智慧交通技术创新中心”4 家创新平台先后挂牌成立，解决宁夏交通运输事业发展中的一些关键、共性技术问题，为交通运输事业持续健康发展提供强有力的技术支撑和理论决策依据。

第六节 安全与应急

2020年，宁夏交通运输全行业始终把牢安全底线，持之以恒强化安全生产管理。建立了“两个责任体系”。推进交通运输安全管理和安全执法监督“两个责任体系”建设，落实内部“管”的常态责任到基层、到企业、到岗位，落实外部“监”的执法责任全过程、全领域、全覆盖。实施“双重预防机制”。全面建立安全风险防控和隐患排查治理双重预防机制，危险货物运输、旅客运输、公路建设、水上安全等重点领域“双重预防”实现全覆盖。推进“三年行动”。扎实开展交通运输安全专项整治，检查单位1191家，查处非法营运车辆902辆次、非法超限超载货车9606辆次、警示约谈单位25家、行政处罚325次，企业全年累计自查隐患1565处。牵头开展铁路环境安全隐患整治，创新黄河库区段汛期差异化通航管理。

截至2020年12月底，全区交通运输行业发生生产安全事故15起、死亡18人、受伤25人，与去年同期相比，事故起数上升15.4%，死亡和受伤人数分别下降14.3%和19.4%。

第七节 特色工作

一、坚持人民至上生命至上，打好疫情防控阻击战

2020年春节前夜，新冠肺炎疫情暴发，宁夏回族自治区交通运输厅闻令而动，确定了交通运输行业严把“两口”、管好“两区”、查疏“两车”的交通运输战疫总体思路，全行业干部职工放弃休假、舍下团圆、奔赴一线，短短三天做到了高速公路、国省干线192个入口24小时查验检测全覆盖，累计投入41万人次奋勇抗疫，检测旅客2261万人次，移交异常旅客244名，全力构筑了疫情防控第一道防线，让党旗高高飘扬在防控一线。

各级领导靠前指挥、包片督导，广大干部职工披星戴月、共克时艰，落实运输保障“一断三不断”部署要求，全力保通保畅保运。开通高速公路“绿色通道”133条，畅通应急物资运输568辆次，“点对点”精准保运2.1万人次，有效保障了“三返”人员和防控物资顺畅通行。统筹疫情防控与交通运输发展，实现了全行业防控工作零失误、干部职工零感染、交通投资正增长、运输支撑全保障。

一年来，全行业4个集体、308人次分别受到交通运输部、自治区党委政府及交通运输厅表彰奖励。

二、倾心倾情抓扶贫，兜底任务提前完成

紧盯交通扶贫建设任务，加大交通扶贫项目跟踪督导，逐月跟踪目标任务进展情况，提前完成交通运输部下达的10项年度扶贫目标任务。聚焦片区和全区最后一个脱贫摘帽县——西吉县，挤出1亿元公路交通专项资金，全力支持西吉县公路项目建设。

截至2020年底，全区新改建农村公路近8000公里，推动400余个建制村、近4000个自然村通硬化路，全区20户及以上自然村通硬化路率达到98.8%，惠及农村人口100余万。提前2年实现所有建制村“通硬化路”，提前1年实现所有建制村“通客车”，助力9个贫困县脱贫摘帽。建设旅游路产业路资源路700余公里。原州区、红寺堡区成功创建“四好农村路”全国示范县。选派帮扶干部51人次，投入资金1314万元，帮助6个贫困村成功脱贫出列。

附表

宁夏回族自治区交通运输主要指标统计表

指标			2019 年	2020 年	备注
基础设施投资（亿元）	综合交通固定资产投资		262.33	266.75	
	铁路投资		38.73	33.35	
	公路投资		141.3	145	
	# 高速公路投资		82.3	88.4	
	水运投资		0	0	
铁路	通车总里程（公里）	国家铁路营业里程	1521.8	1631.5	
		# 国家铁路	678.6	678.6	
		# 合资铁路	561.2	670.9	
		# 地方铁路	282	282	
	运输情况	旅客发送量（万人次）/货物发送量（万吨）	666.4/8150.3	531.36/8460.5	
		旅客周转量（亿人公里）/货物周转量（亿吨公里）	40.63/211.96	24.08/213.25	
公路	通车总里程	公路通车总里程（公里）	36576	36901	
		# 高速公路通车里程(公里)	1788	1946	
		# 等级公路里程（公里）	36535	36874	
		# 农村公路里程（公里）	28273	28490	
		# 桥梁（座）	4990	5133	
		桥梁总长（万延米）	31.8	34.2	
		# 隧道（座）	30	35	
		隧道总长（万延米）	4.2	4.8	
	运输情况	客运量（万人次）/货运量（万吨）	4905/34360	2902/34217	
		旅客周转量（万人公里）/货物周转量（亿吨公里）	460087/437.4	282229/483.7	

续上表

指　标			2019年	2020年	备　注
水路	航道及码头情况	内河航道通航里程（公里）	129.87	129.87	
		#高等级航道通航里程（公里）	0	0	
		港口生产用码头泊位拥有量（个）	—	—	
		#万吨级泊位（个）	—	—	
	运输情况	客运量（万人次）/货运量（万吨）	182.5/—	98.8/—	
		旅客周转量（万人公里）/货物周转量（亿吨公里）	979.6/—	616.9/—	
民航	机场数量（个）		4	4	民用机场3个（一干两支），银川机场（干线机场）中卫机场、固原机场（支线机场）；通用机场1个，月牙湖机场。
	运输总周转量（万吨公里）		57797.63	39215.71	
	#国内运输总周转量（万吨公里）		55622.25	39133.99	
	#国际运输总周转量（万吨公里）		2175.38	81.72	
	旅客运输量(万人次)/货邮运输量(万吨)		520.96/3.33	347.68/2.97	
	旅客周转量（万人公里）/货邮周转量（万吨公里）		716293.89/4078.07	473099.74/3733.27	
邮政	邮政行业业务总量（万元）		199800	249800	
	快递业收入（万元）		94877.36	118260.12	
	邮政邮路总条数（条）		190	—	
	邮政邮路总长度（单程/万公里）		6.4	—	

新疆

第一节　整体概况

2020年，新疆维吾尔自治区完成交通运输固定资产投资543.93亿元，完成农村公路建设投资88.7亿元，超额完成年度目标任务，促投资稳增长作用彰显。实施36项大中修工程和54项路网结构改造工程，完成公路安全生命防护工程9737公里、改造危桥37座，启动治超非现场执法试点工作，完成"十三五"国评工作。完成25条高速公路（含一级）资产、债务、收费权及人员整体移交新疆交通投资有限责任公司工作。完成道路客运量0.49亿人次、道路货运量4.03亿吨，完成国际道路客运量1.31万人次、国际道路货运量161万吨。完成自治区交通运输综合行政执法改革，指导各地、县组建了综合行政执法队伍。推进行政审批改革，厅本级25项事项进驻自治区政务服务中心。实施了厅应急联网指挥中心升级改造工程，建设三级应急物资储备中心57个。加快绿色交通建设，出台《加强公路建设生态环境保护工作的指导意见》，科技创新能力不断增强。

交通规划方面，编制完成《新疆维吾尔自治区综合立体交通网规划》《新疆维吾尔自治区公路网规划》《新疆省道网线位规划（2016—2030年）》《新疆维吾尔自治区交通运输"十四五"发展规划》《新疆维吾尔自治区"十四五"综合交通规划》《新疆维吾尔自治区交通运输（公路）基础设施建设项目库（1.0版本）》等规划初稿。编制完成《新疆维吾尔自治区"十四五"公路交通基础设施建设规划及筹融资方案》并通过自治区人民政府专题会议审议。

交通强国建设方面，《新疆维吾尔自治区交通强国建设试点工作实施方案》于6月获交通运输部批准通过；《新疆维吾尔自治区关于贯彻落实<交通强国建设纲要>实施方案》已由自治区党委、人民政府印发实施；《交通强国建设新疆试点任务分工方案》已上报自治区人民政府审定。同时，扎实推进"跨区域综合运输大通道建设、综合交通一体化枢纽建设、交通运输高水平开放、交通与旅游产业融合发展"等试点工作，努力在先行先试上取得积极成效。

第二节　交通基础设施建设

2020年，有效应对疫情冲击，全年完成交通运输固定资产投资543.93亿元，安排实施国省干线项目49个，实现公路建设投资逆势增长。国道G216线乌鲁木齐过境段、G30高速公路小草湖—乌鲁木齐段改扩建、省道S20线五工台—克拉玛依等项目建成通车；G0711高速公路乌鲁木齐至尉犁、S21高速公路阿勒泰至乌鲁木齐一期工程等21个项目加快建设；国道G331线青河至富蕴至阿勒泰等14个项目以及国道G315线民丰至洛浦等3个预备项目全部开工建设。

同时，进一步深化交通投融资体制改革，加快推进建设模式转型，做实PPP模式，努力吸引社会资本参与交通基础设施建设。全年全区57个在建国省干线项目中，24个项目为PPP项目，PPP项目总投资1757亿元、占比65%，PPP项目建设及“投资-建设-运营一体化”模式成为自治区公路建设的重要组成部分。

截至2020年底，全区公路路网总里程突破20万公里，高速公路里程突破5500公里，全区107个县市中80个县市实现通高速（一级）公路，占比达到74.8%。完成农村公路建设投资88.7亿元，新改建农村公路13696.5公里，建成386公里农村旅游路、产业路、资源路，全区具备条件的乡镇和建制村100%通硬化路、通客车，形成了“外通内联、通村畅乡、班车到村、安全便捷”的农村公路交通运输服务网络。

新建3个一级客运站、2个二级客运站，新增乡镇汽车客运站(农村综合运输服务站)17个。库尔勒火车站综合交通枢纽建成并投入运营，乌鲁木齐航空物流园、中疆物流货运周转基地加快建设，5个国家级园区和物流枢纽的公路联通水平全面提升，中巴经济走廊8个口岸公路通行条件不断改善，有力支撑了丝绸之路经济带核心区建设。

第三节　运输服务保障能力

2020年，制定完善16项公路养护管理制度，推进实施36项大中修工程和54项路网结构改造工程，同时有效加强公路日常养护，全区公路好路率不断提升。正式启动治超非现场执法试点工作，顺利完成“十三五”国评工作，实现公路出行“软硬件”服务“双提升”，公路出行服务保障能力不断提高。实施“交旅融合”九大工程，国道G217线独山子至库车、省道S101线雀尔沟镇至玛纳斯河段等品质提升工程如期交工通车；落实“道路旅客运输促进旅游业发展”27项措施，全域开放旅游客运市场，交通运输服务旅游发展的能力持续增强。加快推进物流园区建设和客货运输站场建设，重点推进了昌吉中疆货运物流周转基地、乌鲁木齐机场航空物流园东分拨站房等货运枢纽（物流园区）建设，下达公路客货运输站场建设计划项目24个。

道路运输服务方面，切实加强运输组织调度，圆满完成春运、国庆等重要节点及疫情期间的运输保障工作；进一步完善了新疆公路客票网、手机App等售票渠道，实现电子客票应用；不断规范汽车租赁行业管理以及网约车等新业态发展，满足群众多样化出行需求；“厕所革命”“司机之家”等更贴近民生实事全部兑现。疫情期间，霍尔果斯、阿拉山口2个口岸运输持续通畅。疫情基本控制后，伊尔克什坦等6个口岸的国际道路货物运输快速有序恢复。积极发展国际道路货运甩挂运输，国际物流供应链保持稳定。全面实施国际道路货物运输经营备案管理，运输便利化水平进一步提升。

物流提速降本增效方面，打赢取消高速公路省界收费站第十战役，ETC系统运营和服务保障能力不断提升；完善高速公路差异化收费政策，深化道路运输价格改革，推广多式联运，推进道路运输结构调整，圆满完成“公转铁”任务，全年减免车辆通行费40.55亿元，实现多渠道降本减负。

第四节　行业治理体系建设

一是法治政府部门建设。完成《新疆维吾尔自治区农村公路管理办法（修订）》和《新疆维吾尔自治区路政管理办法（草案）》的立法调研论证工作，修订印发了《交通运输厅行政规范性文件管理规定》。组织开展了规范性文件清理工作，规范和完善了权责清单制度“三级四同”标准化建设，推进了“双随机、一公开”行政执法及执法监督工作。组织开展了“防控疫情　法治同行”专项活动、“七五”普法自查工作和《中华人民共和国民法典》宣贯工作。

二是完成自治区交通运输综合行政执法改革。6月29日，自治区交通运输综合行政执法局挂牌成立。同时推动地县两级道路运输和地方海事实现属地化管理，指导各地、县组建了综合行政执法队伍，初步建立起具有新疆特点的条块结合、区地联动的交通运输综合行政执法体系。

三是进一步深化交通投融资体制改革，完成25条高速公路（含一级）资产、债务、收费权及人员整体移交新疆交投公司工作。

四是深化“放管服”改革。厅本级共计25项事项进驻自治区政务服务中心，实行“一门一窗一网”服务，实现线上线下服务功能互补。依托自治区部门联合“双随机、一公开”协同监管平台，完成了公路建设和道路运输领域“双随机、一公开”督查工作。制定大件运输“好差评”等管理制度，提升大件运输“首站式”服务水平。全面推进公路工程招投标电子化交易，对中小企业投标人免除投标担保。加快清理中小民营企业账款，减轻企业负担，优化营商环境。加强信用体系建设，印发了《新疆维吾尔自治区交通运输信用信息管理系统运行和维护管理办法》，制定了《自治区交通运输行业信用修复管理办法》。

第五节　科技创新

2020年，完成交通运输部1项科技项目、2项科技示范工程项目的验收工作，获批交通运输部野外观测站（联合）示范项目，论文1篇、专著1部被交通运输部成果库收录。组织申报并获得2019年度自治区科技进步奖二等奖1项、三等奖1项；组织申报并获批2020年度自治区科技重大专项1项。组织立项10项地方标准，其中《新型冠状病毒肺炎疫情防控——道路交通客运场站及交通工具防疫与消毒技术指南》成为自治区第一部有关疫情防控地方标准。

环保工作方面，制定印发《新疆维吾尔自治区交通运输厅关于加强公路建设生态环境保护工作的指导意见》等方案和计划，发布《新疆维吾尔自治区老旧柴油货车淘汰计划》，并积极推进绿色公路示范工程，加强路域生态环境整治，开展了扬尘治理专项行动，建设完成“新疆交通运输能耗统计监测平台”。

信息化工作方面，一是制定《新疆维吾尔自治区交通运输厅网络安全和信息化工作管理办法（试行）》，进一步规范网络安全和信息化管理工作。二是按照“一网、一图、一中心和三大平台”顶层设计推进厅系统信息化建设。大力推进交通云、数据中心建设和重点信息系统建设，初步完成建设公众服务平台、建设行业管理平台、建设决策支持及评价平台“三平台”建设，实现相关交通运输政务服务事项的“一网通办”和新疆交通公路、桥梁、隧道、沿线主要设备设施的空间信息和属性信息“一张图”的双向查询。三是推进交通运输领域新基建建设，重点推进了S21智慧交通示范项目建设。四是认真开展网络安全工作，筑牢网络安全防线。落实网络安全责任制，统筹推进厅属各单位各部门网络安全和信息安全工作。

第六节　安全与应急

2020年，继续推进交通运输安全生产专项整治三年行动，制定了“一情况四清单”，印发了《2020年新疆维吾尔自治区交通运输系统安全隐患专项排查治理方案》《2020年新疆维吾尔自治区交通运输系统道路运输事故预防“减量控大”工作方案》，重点加强对道路运输领域和水上旅游安全的整治，以及严打“百吨王”货车违法超载超限。同时，强化项目建设安全生产源头监管，办理项目建设参建单位安管人员的注册、登记、延审、变更、注销等事项。经努力，基本构建起厅系统安全风险管控和隐患排查治理双重预防控制体系。全年，全区道路运输领域、公路工程建设领域事故三项指标实现“三下降”，未发生重特大安全生产事故，交通运输安全生产形势稳中向好。

应急工作方面，进一步加强极端天气预警防范、重点时段应急保障水平、重点领域的风险防控和隐患排查整治等工作。一是加强基层应急队伍建设和建立各级公路交通应急装备物资储备中心，实现全区所有地州、县市全覆盖。二是完善各类应急预案，开展以公路、桥涵、地质灾害、消防等防灾减灾应急演练。全年，全区共演练359次，参演人数1.3万余人次，参演机械设备2884台。三是积极推进隐患排查治理，自治区交通运输厅系统各单位对重点区域和部位开展隐患排查7991次，发现隐患16380个，整改16069处。四是全力做好一般灾害下公路保通保畅工作，以“抢毁保通”为重点，按“先干线后支线，先重点后一般，先抢通后修复”的原则，将灾害损失降至最低，确保国省干线畅通。五是积极宣传各类法律法规和开展安全生产事故警示教育工作。全年，厅系统共组织开展安全生产大宣讲、安全课堂、座谈会等40余次，宣传应急管理等知识40余次，开展警示教育120余次，开展网上安全知识答题91次。

第七节　合作与交流

2020年12月1日，新疆维吾尔自治区交通运输厅与青海省交通运输厅、海西蒙古族藏族自治州人民政府共同签订《依吞布拉克至若羌公路升级改造工程项目青海海西段油砂山叉口至青新界公路连接线工程项目委托监管协议书》，并明确新青两省（区）将以此次协议签订为契机，以“十四五”期为重点，积极探索在跨省公路项目建设、监管等方面的常态化合作机制，全面打通省际公路断头路，推动省际公路互联互通。

12月8日，新疆维吾尔自治区交通运输厅与甘肃省交通运输厅、酒泉市人民政府就加快推进“十四五”期间国省干线连接工程规划建设工作进行座谈交流。双方围绕拉配泉至巴什库尔干、哈密至敦煌、淖毛湖至红岭等公路项目，就做好甘新两省区“十四五”综合交通规划衔接和多方位交流合作工作达成一致意见，对尽快打通南、北、东疆进出疆通道，构建区域交通运输体系，促进新疆与甘肃两省区经济社会发展具有重要意义。

第八节　应对疫情冲击确保任务完成

2020年，新疆维吾尔自治区暴发了三次极为严重的新冠肺炎疫情。面对疫情冲击，自治区交通运输厅党委坚持以工作的确定性应对形势的不确定性，在疫情期间启动公路建设战时视频调度机制，先后6次对全区51个国省道项目疫情防控、项目推进、物资调配等情况进行视频调度，并先后制定印发《关于做好疫情防控期间公路建设项目复工管理和疫情防控工作的通知》《新疆维吾尔自治区交通运输厅公路建设项目常态化疫情防控工作指南》《关于疫情防控期间做好自治区公路工程建设项目招投标管理工作的通知》，确保了年度目标任务的完成。

一是面对湖北疫情冲击，坚持在“早”和“谋”上下功夫，着力下好“化危”一盘棋。确定“精准复工复产抓在建、加快前期促新开、加强谋划强储备”的工作思路，建立“一项目一领导一方案”的响应机制，逐个落实开复工计划和保障方案，先后4

次报请自治区防疫指挥部协调复工复产和物资运输事宜。对新开工项目按照“应开尽开、能开快开”原则，制定清单、建立台账、专人盯办、持续跟踪，确保新开工项目按期开工。要求各参建单位采取“点对点”包机、包车等直达运输方式确保人员及时到岗复工。对开复工时间早、复工率高的地区，在项目申报、资金补助上予以倾斜；对人员进场快、准备工作充分、实物工作量完成较好的施工单位，采取全疆通报表扬、提高信用评价等级等激励方式，全力推进项目在最短时间内复工达产。同时提前启动一批支撑国家战略实施、符合“十四五”规划方向的建设项目，按照“项目等资金”的目标做好前期工作。

二是面对乌鲁木齐新发疫情的巨大影响，坚持在“抓”上见真章，全力打好“促投”主动仗。疫情期间，厅领导和有关业务处室负责人、工作人员集中封闭在办公楼，加强指挥调度、分析研判，启动专项调度机制，坚持“一天一研究、十天一调度”，先后5次对全区51个国省道项目逐项目、点对点进行调度，强化地、厅联动和政府、行业互动，想方设法保障建设物资运输。全面恢复正常生产生活秩序后，第一时间对全疆项目建设开展现场服务指导，厅主要领导先后多次带队到一线调研，对施工进度缓慢的8个地州市交通运输局及有关参建单位进行了约谈，组织开展了“大干60天”劳动竞赛。

三是面对第四季度喀什等地的疫情，坚持在“准”上求实效，要求各级根据不同风险地区的防控要求，紧盯进度、正排工序、倒排工期，优化现场资源配置，采取超常举措加快项目建设进度。

附表

新疆维吾尔自治区交通运输主要指标统计表

指　标			2019年	2020年	备　注
基础设施投资（亿元）	综合交通固定资产投资		—	—	
	铁路投资		—	—	
	公路投资		630	643	
	# 高速公路投资		233	156	
	水运投资		—	—	
铁路	通车总里程（公里）	国家铁路营业里程	—	—	
		# 国家铁路	—	—	
		# 合资铁路	—	—	
		# 地方铁路	—	—	
	运输情况	旅客发送量（万人次）/货物发送量（万吨）	—	—	
		旅客周转量（亿人公里）/货物周转量（亿吨公里）	—	—	

续上表

指标			2019年	2020年	备注
公路	通车总里程	公路通车总里程(公里)	194222	209220	
		# 高速公路通车里程(公里)	5293	5555	
		# 等级公路里程(公里)	164263	182425	
		# 农村公路里程(公里)	159842	174414	
		# 桥梁(座)	15295	15504	
		桥梁总长(万延米)	63.3	66.1	
		# 隧道(道)	41	48	
		隧道总长(万延米)	4.0	4.6	
	运输情况	客运量(万人次)/货运量(万吨)	15726/69290	4948/40305	
		旅客周转量(万人公里)/货物周转量(亿吨公里)	1113827/1419	433858/491	
水路	航道及码头情况	内河航道通航里程(公里)	—	—	
		# 高等级航道通航里程(公里)	—	—	
		港口生产用码头泊位拥有量(个)	—	—	
		# 万吨级泊位(个)	—	—	
	运输情况	客运量(万人次)/货运量(万吨)	—	—	
		旅客周转量(万人公里)/货物周转量(亿吨公里)	—	—	
民航	机场数量(个)		—	—	
	运输总周转量(万吨公里)		—	—	
	# 国内运输总周转量(万吨公里)		—	—	
	# 国际运输总周转量(万吨公里)		—	—	
	旅客运输量(人次)/货邮运输量(万吨)		—	—	
	旅客周转量(万人公里)/货邮周转量(万吨公里)		—	—	
邮政	邮政行业业务总量(万元)		—	—	
	快递业收入(万元)		—	—	
	邮政邮路总条数(条)		—	—	
	邮政邮路总长度(单程/公里)		—	—	

新疆生产建设兵团

第一节　整体概况

2020年是"十三五"收官之年，也是新中国历史上极不平凡的一年。兵团交通运输行业不畏艰难、砥砺前行，取得了交通运输疫情防控阶段性胜利，圆满完成了"十三五"规划目标任务。全年累计完成交通固定资产投资120亿元，新建改建公路2638公里，新建改建等级客运站9个、货运枢纽3个。全年养护公路3.59万公里，承接道路林管养22.9万亩。道路运输行政许可1105件，经营性客货周转量分别为8.5亿人公里和110.9亿吨公里。编制完成了《兵团综合立体交通网规划》《"十四五"综合交通运输发展规划》和《交通强国建设实施方案》等一批行业规划和专项规划。交通运输生产继续保持安全无事故的良好态势。

第二节　交通基础设施建设

2020年完成投资132.7亿元，其中，计划内项目95.2亿元，师市自筹自建公路、铁路、航空项目37.5亿元，超额完成全年目标任务。兵团公路总里程突破3.7万公里，其中二级及以上公路比例达到17%，兵团路网结构进一步优化。全年完成养护里程32372.5公里，投入养护资金2.9亿元，完成全年计划的100%。截至11月底，已完成公路客运量1.5亿人次，货运量6.4亿吨；完成旅客周转量76.4亿人公里，货物周转量841.8亿吨公里。

一、着力支撑兵团向南发展，充分发挥"先行官"作用

兵团交通向南发展项目全年累计完成投资72.5亿元。阿拉尔—图木舒克—麦盖提、阿瓦提—7团、阿拉尔—塔中等二级公路已建成；一师1团—3团公路、十四师昆玉市—皮山农场公路等重点公路计划年底完工。"唐王城机场—乌鲁木齐地窝堡机场"航线增至一天两班，并计划开通"图木舒克—北京"航线。图木舒克空港物流园、图木舒克市公铁联运物流园、36团（米兰镇）物流园等南疆师市枢纽场站物流园区项目完成可研、选址等前期工作，昆玉市公铁联运物流园区项目纳入《兵团向南发展交通专项规划》，协调铁路专用线穿越昆玉市集中饮用水水源地二级保护区的相关事宜。

二、完成"十四五"规划编制，推进交通强国战略兵团建设

《兵团推进交通强国战略实施方案》《兵团综合立体交通网规划（2021—2050年）》《兵团"十四五"综合交通运输体系发展规划》《兵团"十四五"公路建设规划》《兵团航空业发展"十四五"规划》初稿完成。"十四五"期计划力保重点公路项目81个，建设里程3585公里，储备重点公路项目159个，建设里程7000公里。遴选27个建设条件成熟的重点项目，得到了交通运输部的认可，纳入交通运输部规划，其中，第三师

46 团—艾力西湖镇、第二师铁门关—双丰镇公路项目提前开工建设。

三、高质量推进“四好农村路”建设，助力乡村振兴战略实施

2020 年，兵团农村公路完成投资 10.55 亿元，新改建农村公路 1717 公里。农村公路路网结构不断完善，以团场为中心，连队为网点的交通网络初步形成，农村公路交通安全条件明显改善，交通运输服务水平不断提升。深化农村公路管理养护体制改革，拟定兵团实施方案，强化资金保障，构建农村公路养护管理长效机制。按照“师负总责、林随路走、管路管林相统一”的原则，与兵团林草、财政部门合力推进兵团公路两侧道路林的管养工作。

2020 年 5 月 29 日下午，兵团召开推进“四好农村路”高质量发展视频会议。兵团党委常委钟波出席会议并讲话；兵团副秘书长杨秀理主持会议；兵团交通运输局党组书记、局长李学辉通报了兵团“四好农村路”建设情况。兵团相关单位相关负责人参加会议。会议肯定了第六师五家渠市在农村公路建设、管理、养护、运营四个方面做了很多探索，并取得了很好的成效。会议指出，兵团交通运输部门要加快“四好农村路”建设，推动“四好农村路”高质量发展；要加强组织领导、资金保障、监督考核，完善工作机制，凝聚起“四好农村路”建设的强大合力，为兵团深化改革和向南发展、巩固脱贫攻坚成果、实施乡村振兴战略和服务农业农村现代化建设提供坚实保障。

第三节　运输服务保障能力

兵团公路总里程突破 3.8 万公里，其中二级以上公路比例达到 17%，兵团路网结构进一步优化。办理道路运输行政许可 5213 件，完成经营性客运量 0.11 亿人次，经营性货运量 0.95 亿吨；完成旅客周转量 8.48 亿人公里，货物周转量 114.35 亿吨公里。交通运输生产继续保持安全无事故的良好态势。

一、进一步提升服务保障水平

支持鼓励各师市开展定制客运试点，为团场职工提供个性化出行服务，其中八师石河子市长运客运公司与“帮邦行”开展合作对接工作。优化调整城乡道路客运成品油价格补助政策，完善农村客运补助机制。2020 年兵团油补退坡资金 1770 万元调整用于补助支持农村客运发展。

二、发出第一张“网络货运”运营牌照

2020 年 5 月 8 日，第四师可克达拉市向新疆零浩网络科技有限公司颁发了网络平台道路货物运输经营许可，是交通运输部和国家税务总局印发《网络平台道路货物运输经营管理暂行办法》以来，兵团发出的第一张“网络货运”运营牌照。其颁布标志着可克达拉市物流行业正式进入平台化、物联化、智能化。

三、大力推广使用新能源车辆

兵团交通运输局联合财政局、工信局、发展改革委等部门印发了《新疆生产建设兵团新能源公交车推广应用实施方案（2020—2024 年）》，不断完善兵团支持新能源公交车发展政策体系。兵团现有城市公交车共计 905 辆，其中新能源公交车 421 辆，占比 46.5%。

四、大力宣传公交优先、绿色出行

2020 年 7 月，组织开展 2020 年绿色出行宣传月和公交出行宣传周活动，引导公众优先选择公共交通和绿色方式出行。

第四节 行业治理体系建设

2020年，兵团交通运输局积极推进兵团交通运输综合行政执法改革相关工作。印发《关于兵团交通运输综合行政改革的实施意见》，兵团党委编办下发了《关于师市交通运输综合行政执法队伍机构编制的通知》，明确机构及人员编制。兵团13个师市的交通运输综合行政执法"三定方案"均已印发。截至2020年12月，13个师市交通运输综合行政执法支队全部挂牌成立，兵团交通运输综合行政执法逐步走上正轨。

兵团深化"放管服"改革，不断完善"政"的职能，着眼打造更优营商环境。顺利承接自治区授予的150项交通行政职能，全部纳入网上政务平台办理，下方师市职能126项，采取行政权责清单动态管理。推进政务服务事项全部进驻大厅，实现了"应进必进"，进一步拓展了网上办事广度和深度，为企业和群众办事提供了便利。

为促进网络货运新业态健康发展，联合新疆维吾尔自治区国税局出台《新疆生产建设兵团网络平台道路货物运输经营管理实施细则（暂行）》，不断强化平台推广应用，积极推进业务线上办理。

第五节 安全与应急

兵团交通运输局始终把安全生产作为一项硬指标纳入各级领导的管理与经营目标考核，先后印发《2020年兵团交通运输行业安全生产工作要点》《2020年度兵团交通运输行业安全生产监督检查工作计划指导意见》。年初与各师交通运输局签订安全生产责任书，扎实推进交通运输安全生产专项整治行动。定期开展兵团交通运输行业安全生产巡查暗访工作，累计检查运输企业91家，下达整治通知书81份，限期整改安全隐患186处，确保安全生产"四项指标"均在国家行业控制范围内。兵团辖区未发生一般以上安全生产责任事故。

第八篇
附录

Section VIII
Appendixes

附录 1 组织机构与负责人

交通运输部领导和内设机构负责人名单
（截至 2020 年 12 月 31 日）

十三届全国政协副主席，交通运输部党组书记 杨传堂
十九届中央委员，交通运输部部长、党组副书记 李小鹏
十九届中央候补委员，交通运输部党组副书记、副部长，中国民用航空局党组书记、局长（正部长级） 冯正霖
交通运输部党组成员，国家邮政局党组书记、局长 马军胜
十九届中央纪委委员，中央纪委国家监委驻交通运输部纪检监察组组长，交通运输部党组成员 宋福龙
交通运输部党组成员、副部长 戴东昌
交通运输部党组成员、副部长兼直属机关党委书记 刘小明
交通运输部党组成员，国家铁路局党组书记、局长 刘振芳
交通运输部党组成员兼总规划师、综合规划司司长 王志清
交通运输部总工程师、公路局局长 汪洋
交通运输部总工程师 姜明宝
交通运输部安全总监、水运局局长 李天碧
办公厅主任 徐成光
办公厅副主任、党组机要秘书 刘鹏飞
办公厅副主任 王华春
办公厅副主任 刘昕
政策研究室主任 吴春耕
政策研究室副主任 舒驰
政策研究室副主任 孙文剑
法制司司长 魏东
法制司副司长、一级巡视员 王海峰
法制司副司长 张雅萍
交通运输部党组成员兼总规划师、综合规划司司长 王志清
综合规划司副司长 张大为
综合规划司副司长、一级巡视员 苏杰
综合规划司副司长 范振宇
综合规划司副司长 王松波

财务审计司副司长 卢尚艇

财务审计司副司长 胡荣明

人事教育司（巡视办）司长（主任） 李良生

人事教育司副司长 时骏

人事教育司副司长 王韬

交通运输部总工程师、公路局局长 汪洋

公路局副局长 王太

公路局副局长 周荣峰

公路局副局长 顾志峰

交通运输部安全总监、水运局局长 李天碧

水运局副局长、一级巡视员 杨华雄

水运局副局长 易继勇

水运局副局长 柳鹏

水运局副局长 郑清秀

运输服务司司长 徐亚华

运输服务司副司长 蔡团结

运输服务司副司长 王绣春

运输服务司副司长 李华强

安全与质量监督管理司司长、部应急办副主任 彭思义

安全与质量监督管理司副司长 丁彦昕

科技司司长 庞松

科技司副司长 岑晏青

科技司副司长 林强

国际合作司（港澳台办公室）司长（主任） 李扬

国际合作司（港澳台办公室）副司长（副主任） 单红军

国际合作司（港澳台办公室）副司长（副主任） 李冠玉

直属机关党委常务副书记（正局级） 柯林春

直属机关党委副书记、机关纪委书记（正局级） 刘鹏

离退休干部局局长、党委书记 张晓冰

离退休干部局党委副书记、纪委书记、一级巡视员 汪宝良

离退休干部局副局长、党委常委 霍凌

离退休干部局副局长、党委常委 王利军

中国海上搜救中心副主任（正局级）、部应急办主任 李国平

中国海上搜救中心副主任（副局级）、部应急办副主任 卓立

海事局局长、党组书记，中国海上搜救中心常务副主任 曹德胜

中共交通运输部党组派驻部海事局纪检组组长兼部海事局纪检组组长、党组成员、一级巡视员 刘晴
海事局副局长、党组成员、一级巡视员 李宏印
海事局副局长、党组成员、一级巡视员 杨新宅
海事局副局长、党组成员 徐春
海事局副局长、党组成员 寿涛

国家铁路局领导和内设机构负责人名单

交通运输部党组成员，国家铁路局党组书记、局长 刘振芳
国家铁路局副局长、党组成员 刘克强
国家铁路局副局长、党组成员 安路生
国家铁路局副局长、党组成员 吴德金（满族）
国家铁路局副局长、党组成员 郑宏波
国家铁路局总工程师 严贺祥
国家铁路局安全总监 白晓春
综合司（外事司）司长 田军
综合司（外事司）副司长、一级巡视员 张庚（女）
综合司（外事司）副司长 王嘉彧（回族）
综合司（外事司）副司长 梁成谷
科技与法制司司长 王忠刚
科技与法制司副司长 王平（穿青人）
科技与法制司副司长 王强
科技与法制司二级巡视员 冯双洲
安全监察司司长 王启铭
安全监察司副司长 范宝链
安全监察司副司长 韩晓根
运输监督管理司副司长、一级巡视员 董建民
运输监督管理司副司长 查艾军（女）
工程监督管理司司长 米隆（满族）
工程监督管理司副司长 崔珑
工程监督管理司副司长 石峰
工程监督管理司二级巡视员 黄晋昌
设备监督管理司司长 郭福安
设备监督管理司副司长 胡文君
设备监督管理司副司长 吴奉

人事司司长 郭家宏
人事司副司长、一级巡视员 张清
人事司副司长 陈永庆
直属机关党委常务副书记 张忠
直属机关党委副书记、直属机关纪委书记 王成贵
直属机关党委二级巡视员 沈慧（女）
驻铁路合作组织委员会工作组组长 张群

中国民用航空局领导和内设机构负责人名单

十九届中央候补委员，交通运输部党组副书记、副部长，中国民用航空局党组书记、局长（正部长级） 冯正霖
民航局副局长、党组成员，中国民航工会全国委员会主席，民航局直属机关党委书记 董志毅
民航局副局长、党组成员 吕尔学
民航局副局长、党组成员 崔晓峰
民航局副局长、党组成员 胡振江
民航局总飞行师 万向东
民航局总工程师 殷时军
民航局综合司司长 刘鲁颂
民航局综合司副司长、一级巡视员 朱云祥
民航局综合司副司长、二级巡视员 高俊
民航局综合司二级巡视员 李京花
民航局航空安全办公室主任（正司局长级） 熊杰
民航局航空安全办公室副主任、二级巡视员 乔以滨
民航局航空安全办公室副主任（副司局长级） 吴世杰
民航局航空安全办公室二级巡视员 周红
民航局民航安全监察专员、政策法规司司长 颜明池
民航局政策法规司副司长、二级巡视员（原国家局巡视员） 郭仁刚
民航局政策法规司副司长 杨颖
民航局发展计划司司长（正司局长级） 韩钧
民航局发展计划司副司长、二级巡视员 包毅
民航局发展计划司副司长、二级巡视员 张清
民航局财务司司长兼首都机场集团公司监事会主席、一级巡视员 周传华
民航局财务司副司长、二级巡视员 赵德成
首都机场集团公司监事会副主席、民航局财务司二级巡视员 赵婷芬
民航局人事科教司司长（正司局长级） 刘金波

民航局人事科教司副司长、二级巡视员（原国家局巡视员） 陈朝霞

民航局人事科教司副司长、二级巡视员 刘志宏

民航局人事科教司副司长、二级巡视员 张静

民航局国际司（港澳台办公室）司长 梁楠

民航局国际司（港澳台办公室）副司长兼港澳台办公室主任、二级巡视员 丁明

民航局国际司（港澳台办公室）副司长、二级巡视员 白文利

民航局国际司（港澳台办公室）二级巡视员 杨继如

民航局运输司司长 于彪

民航局运输司副司长兼国防动员办公室主任、二级巡视员 靳军号

民航局运输司副司长 商可佳

民航局飞行标准司司长 朱涛

民航局飞行标准司副司长、二级巡视员 薛世俊

民航局飞行标准司副司长、二级巡视员 韩光祖

民航局飞行标准司二级巡视员 涂卫军

民航局航空器适航审定司司长（正司局长级） 徐超群

民航局航空器适航审定司副司长、二级巡视员（原国家局巡视员） 杨桢梅

民航局航空器适航审定司副司长（副司局长级） 徐锋

民航局航空器适航审定司二级巡视员 孙长华

民航局民航安全监察专员、机场司司长 刘春晨

民航局机场司副司长、二级巡视员 张锐

民航局机场司副司长 马志刚

民航局空管行业管理办公室主任（正司局长级） 许浩

民航局空管行业管理办公室副主任（副司局长级） 张瑞庆

民航局空管行业管理办公室副主任 陈向阳

民航局空管行业管理办公室二级巡视员 刘连喜

民航局直属机关党委（思想政治工作办公室、党组巡视工作领导小组办公室）常务副书记（主任）、一级巡视员 张冲峰

民航局直属机关党委（思想政治工作办公室、党组巡视工作领导小组办公室）副书记（副主任），民航局直属机关纪委书记（民航局内设机构正职），共青团全国民航委员会书记 陈丽娟

民航局直属机关党委（思想政治工作办公室、党组巡视工作领导小组办公室）副书记（副主任） 郝雪松

民航局直属机关党委（思想政治工作办公室、党组巡视工作领导小组办公室）副书记（副主任） 冯永刚

中国民航工会全国委员会常务副主席 王铎

中国民航工会全国委员会副主席、一级巡视员 毕务芳

中国民航工会全国委员会副主席 王忠才

中国民航工会经费审查委员会主任 齐金升

民航局离退休干部局局长、一级巡视员 周勇
民航局离退休干部局副局长、二级巡视员 王本前
驻国际民用航空组织理事会代表处代表（正司局长级） 杨胜军
驻国际民用航空组织理事会代表处副代表（副司局级） 陈卫
驻国际民用航空组织理事会代表处副代表兼国际民用航空组织航行委员会委员 梁均荣

国家邮政局领导和内设机构负责人名单

交通运输部党组成员，国家邮政局党组书记、局长 马军胜
国家邮政局副局长、党组成员 戴应军
国家邮政局副局长、党组成员 刘君
国家邮政局副局长、党组成员 杨春光
国家邮政局副局长、党组成员 赵民
办公室（外事司）副主任（主持工作） 侯延波（蒙古族）
政策法规司司长 曾军山
普遍服务司（机要通信司）司长 马旭林（东乡族）
市场监管司司长（安全监督管理司） 金京华（朝鲜族）
人事司司长 刘良一
机关党委常务副书记 张星朝

附录 2　统计公报

2020 年交通运输行业发展统计公报

2020 年，交通运输行业在以习近平同志为核心的党中央坚强领导下，全面贯彻党的十九大和十九届二中、三中、四中、五中全会精神，坚持稳中求进工作总基调，立足新发展阶段，贯彻新发展理念，构建新发展格局，以推动高质量发展为主题，以深化供给侧结构性改革为主线，统筹推进疫情防控和经济社会发展交通运输各项工作，加快建设交通强国，为扎实做好"六稳"工作、全面落实"六保"任务，如期实现全面建成小康社会目标提供了坚强的交通运输保障。

一、基础设施

（一）铁路。

年末全国铁路营业里程 14.6 万公里，比上年末增长 5.3%，其中高铁营业里程 3.8 万公里。铁路复线率为 59.5%，电化率为 72.8%。全国铁路路网密度 152.3 公里 / 万平方公里，增加 6.8 公里 / 万平方公里。

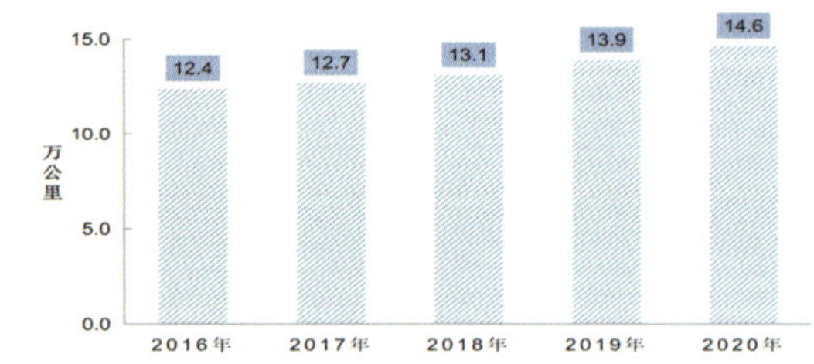

图 1　2016—2020 年全国铁路营业里程

（二）公路。

年末全国公路总里程 519.81 万公里，比上年末增加 18.56 万公里。公路密度 54.15 公里 / 百平方公里，增加 1.94 公里 / 百平方公里。公路养护里程 514.40 万公里，占公路总里程 99.0%。

图 2　2016—2020 年全国公路总里程及公路密度

年末全国四级及以上等级公路里程 494.45 万公里，比上年末增加 24.58 万公里，占公路总里程比重为 95.1%，提高 1.4 个百分点。二级及以上等级公路里程 70.24 万公里，增加 3.04 万公里，占公路总里程比重为 13.5%，提高 0.1 个百分点。高速公路里程 16.10 万公里，增加 1.14 万公里；高速公路车道里程 72.31 万公里，增加 5.36 万公里。国家高速公路里程 11.30 万公里，增加 0.44 万公里。

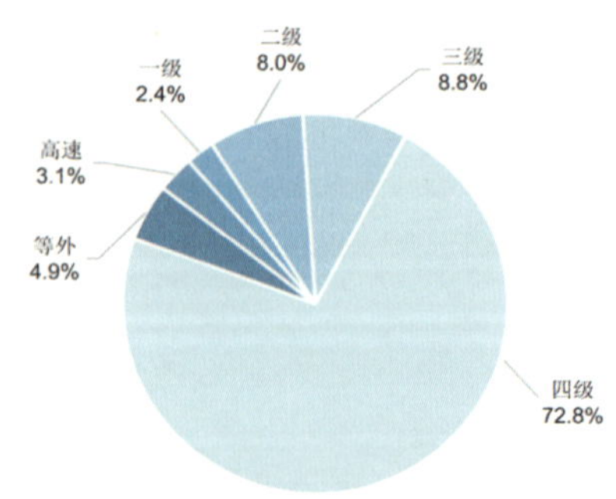

图 3　2020 年全国公路里程分技术等级构成

年末国道里程37.07万公里，省道里程38.27万公里。农村公路里程438.23万公里，其中县道里程66.14万公里、乡道里程123.85万公里、村道里程248.24万公里。

年末全国公路桥梁91.28万座、6628.55万延米，比上年末分别增加3.45万座、565.10万延米，其中特大桥梁6444座、1162.97万延米，大桥119935座、3277.77万延米。全国公路隧道21316处、2199.93万延米，增加2249处、303.27万延米，其中特长隧道1394处、623.55万延米，长隧道5541处、963.32万延米。

(三) 水路。

1. 内河航道。

年末全国内河航道通航里程12.77万公里，比上年末增加387公里。等级航道里程6.73万公里，占总里程比重为52.7%，提高0.2个百分点。三级及以上航道里程1.44万公里，占总里程比重为11.3%，提高0.4个百分点。

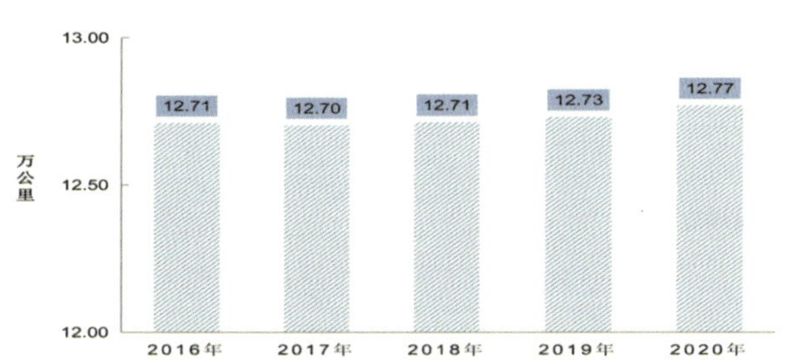

图4 2016—2020年全国内河航道通航里程

各等级内河航道通航里程分别为：一级航道1840公里，二级航道4030公里，三级航道8514公里，四级航道11195公里，五级航道7622公里，六级航道17168公里，七级航道16901公里。等外航道里程6.04万公里。

各水系内河航道通航里程分别为：长江水系64736公里，珠江水系16775公里，黄河水系3533公里，黑龙江水系8211公里，京杭运河1438公里，闽江水系1973公里，淮河水系17472公里。

2. 港口。

年末全国港口生产用码头泊位22142个，比上年末减少751个。其中，沿海港口生产用码头泊位5461个，减少101个；内河港口生产用码头泊位16681个，减少650个。

年末全国港口万吨级及以上泊位2592个，比上年末增加72个。其中，沿海港口万吨级及以上泊位2138个，增加62个；内河港口万吨级及以上泊位454个，增加10个。

表1 全国港口万吨级及以上泊位数量（计量单位：个）

泊位吨级	全国港口	比上年增加	沿海港口	比上年增加	内河港口	比上年增加
合计	2592	72	2138	62	454	10
1万~3万吨级（不含3万）	865	6	672	2	193	4
3万~5万吨级（不含5万）	437	16	313	16	124	0
5万~10万吨级（不含10万）	850	28	725	22	125	6
10万吨级及以上	440	22	428	22	12	0

表2 全国万吨级及以上泊位构成
（按主要用途分）（计量单位：个）

泊位用途	2020年	2019年	比上年增加
专业化泊位	1371	1332	39
# 集装箱泊位	354	352	2
煤炭泊位	265	256	9
金属矿石泊位	85	84	1
原油泊位	87	85	2
成品油泊位	147	143	4
液体化工泊位	239	226	13
散装粮食泊位	39	39	0
通用散装泊位	592	559	33
通用件杂货泊位	415	403	12

年末全国万吨级及以上泊位中，专业化泊位 1371 个，比上年末增加 39 个；通用散货泊位 592 个，增加 33 个；通用件杂货泊位 415 个，增加 12 个。

(四) 民航。

年末颁证民用航空机场 241 个，比上年末增加 3 个，其中定期航班通航机场 240 个，定期航班通航城市 237 个。

年旅客吞吐量达到 100 万人次以上的通航机场 85 个，比上年减少 21 个，其中年旅客吞吐量达到 1000 万人次以上的通航机场 27 个，减少 12 个。年货邮吞吐量达到 10000 吨以上的通航机场 59 个，与上年持平。

二、运输装备

(一) 铁路。

年末全国拥有铁路机车 2.2 万台，其中内燃机车 0.80 万台、电力机车 1.38 万台。拥有铁路客车 7.6 万辆，其中动车组 3918 标准组、31340 辆。拥有铁路货车 91.2 万辆。

(二) 公路。

年末全国拥有公路营运汽车 1171.54 万辆。拥有载客汽车 61.26 万辆、1840.89 万客位；拥有载货汽车 1110.28 万辆、15784.17 万吨位，其中，普通货车 414.14 万辆、4660.76 万吨位，专用货车 50.67 万辆、596.60 万吨位，牵引车 310.84 万辆，挂车 334.63 万辆。

图 5 2016—2020 年全国载货汽车拥有量

(三) 水路。

年末全国拥有水上运输船舶 12.68 万艘，比上年末下降 3.6%；净载重量 27060.16 万吨，增长 5.4%；载客量 85.99 万客位，下降 2.9%；集装箱箱位 293.03 万标准箱，增长 30.9%。

图 6 2016—2020 年全国水上运输船舶拥有量

表 3 全国水上运输船舶构成（按航行区域分）

指标	计量单位	实绩	比上年增长(%)
内河运输船舶			
运输船舶数量	万艘	11.50	-3.8
净载重量	万吨	13673.02	4.5
载客量	万客位	60.07	-4.2
集装箱箱位	万 TEU	51.31	31.0
沿海运输船舶			
运输船舶数量	艘	10352	-0.1
净载重量	万吨	7929.83	12.0
载客量	万客位	23.63	0.6
集装箱箱位	万 TEU	60.91	-3.7
远洋运输船舶			
运输船舶数量	艘	1499	-9.9
净载重量	万吨	5457.30	-1.2
载客量	万客位	2.29	-3.3
集装箱箱位	万 TEU	180.80	48.9

(四) 城市客运。

年末全国拥有城市公共汽电车 70.44 万辆，

比上年末增长1.6%。拥有城市轨道交通配属车辆49424辆，增长20.6%。拥有巡游出租汽车139.40万辆，增长0.2%。拥有城市客运轮渡船舶194艘，下降13.4%。

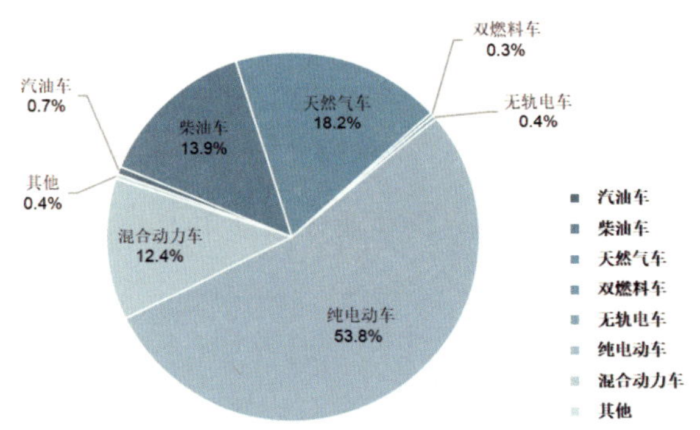

图7　公共汽电车分燃料类型构成

表4　全国城市客运装备拥有量

年份	公共汽电车（万辆）	轨道交通配属车辆（辆）	巡游出租汽车（万辆）	城市客运轮渡船舶（艘）
2016年	60.86	23791	140.40	282
2017年	65.12	28707	139.58	264
2018年	67.34	34012	138.89	250
2019年	69.33	40998	139.16	224
2020年	70.44	49424	139.40	194

三、运输服务

全年，完成营业性客运量96.65亿人，比上年下降45.1%，完成旅客周转量19251.43亿人公里，下降45.5%；完成营业性货运量464.40亿吨，下降0.5%，完成货物周转量196760.92亿吨公里，下降1.0%。

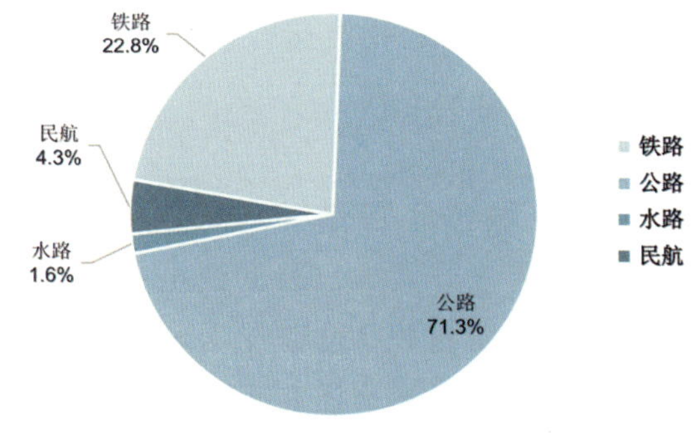

图8　2020年全社会营业性客运量分运输方式构成

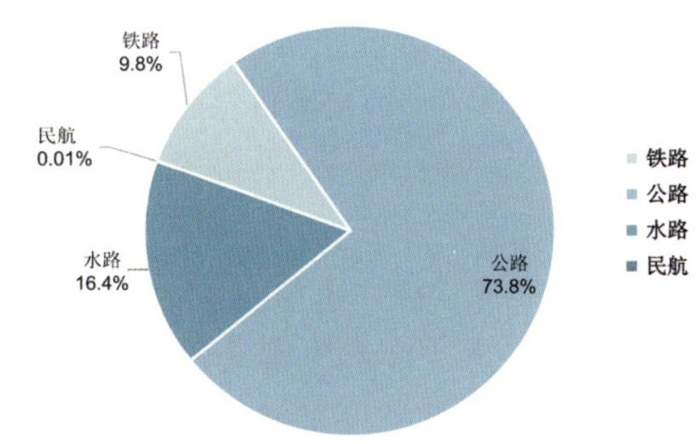

图9　2020年全社会营业性货运量分运输方式构成

（一）铁路。

全年完成旅客发送量22.03亿人，比上年下降39.8%，完成旅客周转量8266.19亿人公里，下降43.8%。

完成货物总发送量45.52亿吨，比上年增长3.2%，完成货物总周转量30514.46亿吨公里，增长1.0%。

（二）公路。

全年完成营业性客运量68.94亿人，比上年下降47.0%，完成旅客周转量4641.01亿人公里，下降47.6%。

完成营业性货运量342.64亿吨，比上年下降0.3%，完成货物周转量60171.85亿吨公里，增长0.9%。

全年机动车年平均交通量为14395辆／日，比上年下降1.8%，年平均行驶量为318301万车公里／日，下降4.6%。

（三）水路。

全年完成客运量1.50亿人，比上年下降45.2%，完成旅客周转量32.99亿人公里，下降58.0%。

完成货运量76.16亿吨，比上年下降3.3%，完成货物周转量105834.44亿吨公里，下降2.5%。其中，内河货运量38.15亿吨、货物周转量15937.54亿吨公里；海洋货运量38.01亿吨、货物周转量89896.90亿吨公里。

全国港口完成旅客吞吐量4418.8万人，比上年下降49.3%。其中，内河港口完成74.6万人，下降85.3%；沿海港口完成4344.2万人，下降47.1%。

全国港口完成货物吞吐量145.50亿吨，比上年增长4.3%。其中，内河港口完成50.70亿吨，增长6.4%；沿海港口完成94.80亿吨，增长3.2%。完成集装箱铁水联运量687万TEU，增长29.6%。

表5　2020年全国港口分内外贸及重点货类吞吐量

类别	计算单位	自年初累计	比上年增长（%）
货物吞吐量	亿吨	145.50	4.3
按内外贸分			
外贸	亿吨	44.96	4.0
内贸	亿吨	100.54	4.4
按主要货类分			
其中：煤炭及制品	亿吨	25.56	-2.7
石油、天然气及制品	亿吨	13.10	7.9
金属矿石	亿吨	23.41	5.5
集装箱	亿TEU	2.64	1.2
内河	亿TEU	0.30	-0.5
沿海	亿TEU	2.34	1.5

（四）民航。

全年完成客运量4.18亿人，比上年下降36.7%，完成旅客周转量6311.25亿人公里，下降46.1%。其中，国内航线完成4.08亿人，下降30.3%，港澳台航线完成96.1万人，下降91.3%；国际航线完成956.6万人，下降87.1%。

完成货邮运输量676.6万吨，比上年下降10.2%，完成货邮周转量240.18亿吨公里，下降8.7%。

民航运输机场完成旅客吞吐量8.57亿人，比上年下降36.6%。完成货邮吞吐量1607.5万吨，下降6.0%。

（五）邮政。

全年完成邮政行业业务总量21053.2亿元，比上年增长29.7%。

完成邮政函件业务14.2亿件，比上年下降34.6%；完成包裹业务2030.6万件，下降5.8%；完成报纸业务165.4亿份，下降1.6%；完成杂志业务7.1亿份，下降2.3%；完成汇兑业务960.7万笔，下降41.4%。

完成快递业务量833.6亿件，比上年增长31.2%。完成快递业务收入8795.4亿元，增长17.3%，快递业务收入占邮政行业业务收入比重为79.7%，提高1.9个百分点。

（六）城市客运。

年末全国城市公共汽电车运营线路70643条，比上年末增加4913条，运营线路总长度148.21万公里，增加14.60万公里。分方式看，公交专用车道16551.6公里，增加1599.9公里；城市轨道交通运营线路226条，增加36条，运营里程7354.7公里，增加1182.5公里，其中地铁线路189条、6595.1公里，轻轨线路6条、217.6公里；城市客运轮渡运营航线83条，减少5条，运营航线总长度323.4公里，减少74.5公里。

全年完成城市客运量871.92亿人，比上年下降31.8%。分方式看，公共汽电车客运量442.36亿人、运营里程302.79亿公里，分别下降36.1%和14.5%；轨道交通客运量175.90亿人，下降26.3%；巡游出租汽车客运量253.27亿人，下降27.2%；客运轮渡客运量0.39亿人，下降47.1%。

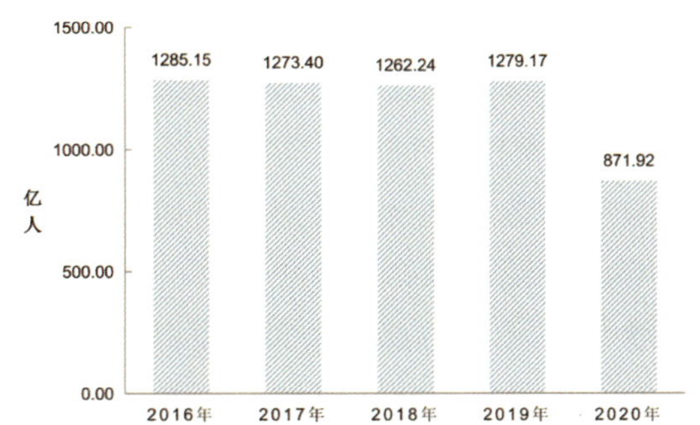

图10　2016—2020年全国城市客运量

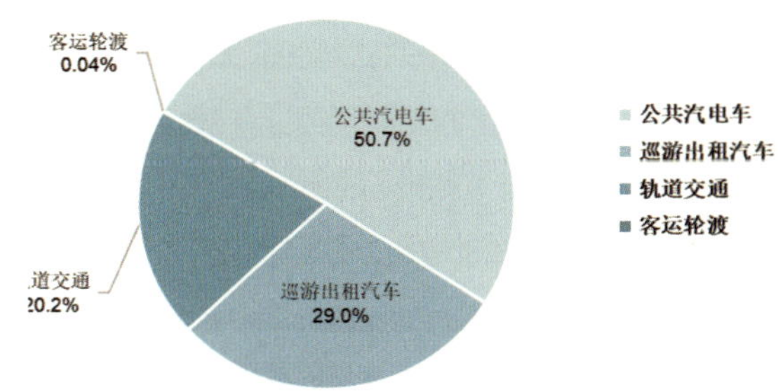

图11　2020年全国城市客运量分运输方式构成

四、交通固定资产投资

全年完成交通固定资产投资34752亿元，比上年增长7.1%。

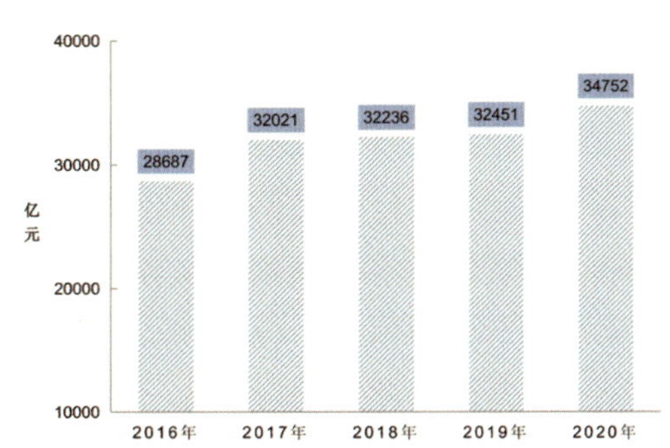

图12　2016—2020年交通固定资产投资额

（一）铁路。

全年完成铁路固定资产投资7819亿元。

（二）公路水路。

全年完成公路水路固定资产投资25883亿元，比上年增长10.4%。

1. 公路。

全年完成公路固定资产投资24312亿元，比上年增长11.0%。其中，高速公路完成13479亿元，增长17.2%；普通国省道完成5298亿元，增长7.6%；农村公路完成4703亿元，增长0.8%。

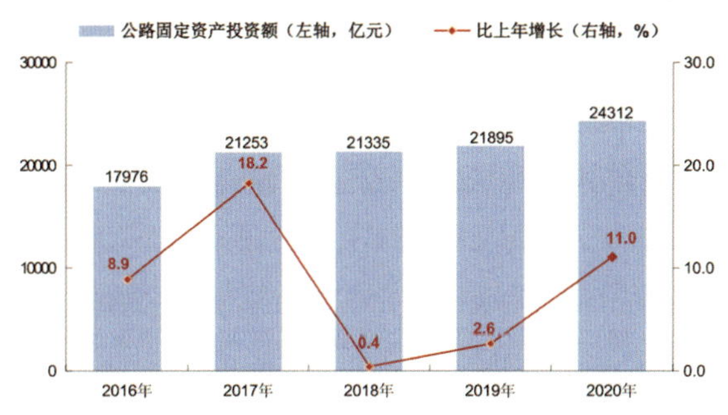

图13　2016—2020年公路固定资产投资额及增长速度

2. 水路。

全年完成水路固定资产投资1330亿元，比上年增长17.0%。其中，内河完成704亿元，增长14.8%；沿海完成626亿元，增长19.5%。

图14　2016—2020年水路固定资产投资额及增长速度

3. 公路水路其他。

全年完成公路水路支持系统及其他建设投资241亿元。

（三）民航。

全年完成民航固定资产投资1050亿元，比上年增长8.3%。

五、安全生产

全年未发生铁路交通特别重大、重大事故，发生铁路交通较大事故13件，同比增加9件。铁路交通事故死亡人数比上年下降14.5%。

全年共发生运输船舶水上交通事故（等级事故）138件，比上年增长0.7%，死亡失踪196人，增长26.5%，沉船76艘，增长65.2%。全国各级海上搜救中心共组织、协调搜救行动1793次，在我国搜救责任区内成功搜救66艘中外遇险船舶、1515名中外遇险人员。

全年未发生公路水运工程建设领域重、特大事故，发生公路水运建设领域生产安全事故74起，比上年增长10.4%，死亡94人，下降14.5%。

六、科技创新

全年铁路领域认定行业重点实验室7个，行业工程研究中心10个。

全年公路水路领域重点单位研究与试验发展（R&D）经费投入233.0亿元。年末公路水路领域共有56个行业重点实验室、86个行业研发中心，比上年末分别增加1个和16个；共有19个协同创新平台。本年新认定13个野外科学观测研究基地。

注释：

1. 香港、澳门特别行政区及台湾省统计数据未包括在本公报内。
2. 按照《国家公路网规划（2013—2030年）》，结合各省（区、市）路网调整情况，公报中国道、省道、县道、乡道、村道里程的统计口径做了部分调整。
3. 公报中营业性旅客运输量为铁路、公路、水路、民航完成数，不包括城市客运量；营业性货物运输量为铁路、公路、水路、民航完成数，不包括管道数据。根据2019年道路货物运输量专项调查，对公路货物运输量统计口径进行了调整，公路货物运输量中"同比增速"基于调整后数据进行计算。自2020年起，水路运输（海洋）统计方式由行业主管部门填报调整为企业联网直报，水路旅客运输量及水路货物运输量中"同比增速"按可比口径计算。
4. 铁路相关指标中，运输量数据为最终数据，其余为初步数据。
5. 民航相关指标中，机场吞吐量数据为最终数据，其余为初步数据。
6. 邮政相关指标中，函件、报刊、汇兑有关数据来自年报统计数据，其余数据来自月报统计数据。

资料来源：

本公报数据来自交通运输部、国家铁路局、中国民用航空局、国家邮政局。

《2020年交通运输行业发展统计公报》解读

2020年是交通运输行业极不平凡的一年。全行业在以习近平同志为核心的党中央坚强领导下，全面贯彻党的十九大和十九届二中、三中、四中、五中全会精神，众志成城、艰苦奋斗，在危机中育新机、于变局中开新局，统筹推进疫情防控和经济社会发展交通运输各项工作，加快建设交通强国，全年交通运输主要指标稳定恢复，基础设施网络加快完善，运输装备不断升级，运输结构持续优化，基本完成交通运输脱贫攻坚和"十三五"规划目标任务，取消高速公路省界收费站并实现平稳运行，开工建设川藏铁路等重大标志性工程，为扎实做好"六稳"工作、全面落实"六保"任务提供了坚强的交通运输保障。

一、主要指标持续恢复

疫情发生以来，交通运输行业受到巨大冲击。在党中央坚强领导下，随着行业复工复产各项政策效果逐步显现，主要指标在年初大幅下降后持续恢复，全年呈现先降后升的"V"形走势。

交通固定资产投资率先恢复。自2020年5月起，投资累计增速由负转正，基本补齐疫情造成的缺口。全年完成投资3.5万亿元，比上年增长7.1%，增速为近三年最高水平。其中，公路水路完成投资2.6万亿元，增长10.4%。高速公路投资带动作用明显，完成投资1.3万亿元，增长17.2%，拉动整个交通投资增长6.1个百分点。

港口货物吞吐量实现较快增长。全年全国港口完成货物吞吐量145.50亿吨，比上年增长4.3%，其中外贸完成44.96亿吨，增长4.0%。分货类看，完成煤炭及制品吞吐量25.56亿吨，下降2.7%；石油、天然气及制品吞吐量13.10亿吨，增长7.9%；金属矿石吞吐量23.41亿吨，增长5.5%。完成集装箱吞吐量2.64亿标准箱，增长1.2%。

货运规模已基本恢复至疫情前水平。全年完成营业性货运量464.40亿吨，恢复至上年的99.5%。其中，铁路货物总发送量比上年增长3.2%，公路、水路、民航货运量分别恢复至上年的99.7%、96.7%和89.8%。快递实现逆势增长，完成快递业务量833.6亿件，比上年增长31.2%，快递业务收入8795.4亿元，增长17.3%。

客运规模稳步恢复。全年完成营业性客运量96.65亿人，恢复至上年的54.9%，其中铁路、公路、水路、民航客运量分别恢复至上年的60.2%、53.0%、54.8%和63.3%。完成城市客运量871.92亿人，恢复至上年的68.2%，其中公共汽电车、轨道交通、巡游出租汽车和轮渡客运量分别恢复至上年的63.9%、73.7%、72.8%和52.9%。

二、设施网络加快完善

高效率交通基础设施比重不断提高。截至2020年末，全国高铁营业里程3.8万公里，比上年末增加0.3万公里，占铁路营业里程比重为26.0%，提高0.8个百分点。高速公路里程16.10万公里，增加1.14万公里，占公路总里程比重为3.1%，提高0.1个百分点。全国港口万吨级及以上泊位数量增加72个。定期航班通航机场、定期航班通航城市分别提高至240个和237个。

普通干线网结构不断优化。截至2020年末，全国铁路复线率、电气化率分别为59.5%和72.8%，比上年末分别提高0.5个和0.9个百分点。二级及以上公路里程增加3.04万公里，占公路总里程比重为13.5%，提高0.1个百分点。三级及以上航道里程增加565公里，占航道总里程比重为11.3%，提高0.4个百分点。

农村公路网规模不断扩大。“四好农村路”建设深入推进，截至2020年末，农村公路里程438.23万公里，比上年末增加18.19万公里，占公路总里程比重为84.3%，提高0.5个百分点，其中县、乡、村道分别增加8.11万公里、4.04万公里和6.04万公里。

三、运输装备持续升级

更趋绿色化。截至2020年末，全国拥有铁路电力机车1.38万台，占全部铁路机车比重为62.7%，比上年末提高0.4个百分点。城市公共汽电车中，天然气车、纯电动车和混合动力车比重为84.3%，提高3.7个百分点。

更趋专业化。截至2020年末，全国铁路拥有动车组3918标准组、31340辆，比上年末分别增加253标准组、2021辆，动车组占铁路客车数量比重为41.2%，提高2.6个百分点。公路专用载货汽车数量、吨位分别增长0.3%和0.6%，牵引车、挂车数量分别增长16.0%和19.7%。船舶集装箱箱位293.03万标准箱，增长30.9%。

更趋大型化。截至2020年末，载货汽车平均吨位由上年末的12.5吨提高至14.2吨，大型货车吨位占普通货车吨位比重为97.5%，提高3.0个百分点。运输船舶平均净载重量2134.0吨／艘，增长9.3%。

四、运输结构不断优化

便捷高效出行比重持续提高。全年完成铁路旅客发送量22.03亿人，占全社会营业性客运量比重为22.8%，比上年提高2.0个百分点，其中动车组旅客发送量占铁路旅客发送量比重超过60%。完成民航客运量4.18亿人，占全社会营业性客运量比重为4.3%，提高0.6个百分点。完成轨道交通客运量175.90亿人，占城市客运量比重为20.2%，提高1.5个百分点。

货运结构调整不断深入。大宗货物“公转铁”“公转水”深入推进，全年完成铁路货物总发送量45.52亿吨，占全社会货运量比重为9.8%，比上年提高0.3个百分点。完成水路货运量76.16亿吨，占全社会货运量比重为16.4%，提高0.2个百分点。完成公路货运量342.64亿吨，占全社会货运量比重为73.8%，下降0.5个百分点。

多式联运加快推进。全年全国港口完成集装箱铁水联运量687万标准箱，比上年增长29.6%，占港口集装箱吞吐量比重为2.6%，提高0.6个百分点。

2020 年全国收费公路统计公报

根据《中华人民共和国政府信息公开条例》的有关规定，经汇总各省（区、市）已公布的收费公路统计数据，现将 2020 年全国收费公路统计汇总结果公报如下：

一、收费公路总体情况

（一）里程构成。

2020 年末，全国收费公路里程 17.92 万公里，占公路总里程 519.81 万公里的 3.45%。其中，高速公路 15.29 万公里，一级公路 1.74 万公里，二级公路 0.79 万公里，独立桥梁及隧道 1068 公里，占比分别为 85.3%、9.7%、4.4% 和 0.6%。

全国收费公路里程比上年末净增加 8149 公里。其中，高速公路净增加 10079 公里，一级公路净减少 1214 公里，二级公路净减少 760 公里，独立桥梁及隧道净增加 44 公里。

（二）主线收费站。

2020 年末，全国收费公路共有主线收费站 965 个，比上年末净减少 302 个。其中，高速公路 484 个，一级公路 300 个，二级公路 122 个，独立桥梁及隧道 59 个，占比分别为 50.2%、31.1%、12.6% 和 6.1%。

（三）建设投资。

2020 年末，全国收费公路累计建设投资总额 108075.1 亿元，较上年末净增加 12979.0 亿元，增长 13.6%。其中，累计资本金投入 34432.5 亿元，占比 31.9%；累计债务性资金投入 73642.5 亿元，占比 68.1%。

（四）债务余额。

2020 年末，全国收费公路债务余额 70661.2 亿元，比上年末增加 9125.9 亿元，增长 14.8%。其中，银行贷款余额 58307.5 亿元，其他债务余额 12353.7 亿元，占比分别为 82.5% 和 17.5%。

（五）收入支出。

2020 年度，全国收费公路通行费收入 4868.2 亿元，比上年减少 1069.7 亿元，下降 18.0%；支出总额 12346.4 亿元，比上年增加 1558.7 亿元，增长 14.4%；通行费收支缺口 7478.2 亿元，比上年增加 2628.4 亿元，增长 54.2%。

2020 年度支出总额中，偿还债务本金 7180.1 亿元，偿还债务利息 3061.3 亿元，养护支出 744.1 亿元，公路及附属设施改扩建工程支出 312.0 亿元，运营管理支出 755.4 亿元，税费支出 293.6 亿元，占比分别为 58.2%、24.8%、6.0%、2.5%、6.1% 和 2.4%。

二、政府还贷公路情况

（一）里程构成。

政府还贷公路总里程 8.36 万公里，其中，高速公路 6.61 万公里，一级公路 1.32 万公里，二级公路 0.40 万公里，独立桥梁及隧道 204 公里，占比分别为 79.1%、15.8%、4.8% 和 0.2%。政府还贷高速公路占收费高速公路里程的 43.2%。

（二）建设投资。

政府还贷公路累计建设投资总额 45803.3 亿元，其中，高速公路 41680.1 亿元，一级公路 2949.1 亿元，二级公路 222.1 亿元，独立桥梁及隧道 952.0 亿元，占比分别为 91.0%、6.4%、0.5% 和 2.1%。

政府还贷公路累计建设投资总额中，累计资本金投入 13881.2 亿元，占比 30.3%；累计债务性资金投入 31922.2 亿元，占比 69.7%。

（三）债务余额。

2020 年末政府还贷公路债务余额 32991.6

亿元，其中，高速公路30684.8亿元，一级公路1749.9亿元，二级公路77.4亿元，独立桥梁及隧道479.5亿元，占比分别为93.0%、5.3%、0.2%和1.5%。

（四）收入支出。

2020年度政府还贷公路通行费收入1725.4亿元，其中，高速公路1637.6亿元，一级公路53.4亿元，二级公路5.9亿元，独立桥梁及隧道28.5亿元，占比分别为94.9%、3.1%、0.3%和1.6%。

2020年度政府还贷公路支出总额4828.1亿元，其中，偿还债务本金2623.2亿元，偿还债务利息1454.4亿元，养护支出315.2亿元，公路及附属设施改扩建工程支出82.4亿元，运营管理支出305.5亿元，税费支出47.3亿元，占比分别为54.3%、30.1%、6.5%、1.7%、6.3%和1.0%。

2020年度政府还贷公路通行费收支缺口3102.7亿元，其中，高速公路缺口2946.1亿元，一级公路缺口132.4亿元，二级公路缺口2.0亿元，独立桥梁及隧道缺口22.2亿元。

三、经营性公路情况

（一）里程构成。

经营性公路总里程为9.57万公里，其中，高速公路8.68万公里，一级公路0.41万公里，二级公路0.39万公里，独立桥梁及隧道865公里，分别占经营性公路里程的90.7%、4.3%、4.1%和0.9%。经营性高速公路占收费高速公路里程的56.8%。

（二）建设投资。

经营性公路累计建设投资总额62271.7亿元，其中，高速公路59237.8亿元，一级公路1128.3亿元，二级公路203.7亿元，独立桥梁及隧道1701.9亿元，占比分别为95.1%、1.8%、0.3%和2.7%。

经营性公路累计建设投资总额中，累计资本金投入20551.4亿元，占比33.0%；累计债务性资金投入41720.4亿元，占比67.0%。

（三）债务余额。

经营性公路债务余额37669.6亿元，其中，高速公路36298.7亿元，一级公路525.2亿元，二级公路73.4亿元，独立桥梁及隧道772.3亿元，占比分别为96.4%、1.4%、0.2%和2.1%。

（四）收入支出。

2020年度经营性公路通行费收入3142.8亿元，其中，高速公路2928.6亿元，一级公路31.7亿元，二级公路16.1亿元，独立桥梁及隧道166.4亿元，占比分别为93.2%、1.0%、0.5%和5.3%。

2020年度经营性公路支出总额为7518.3亿元，其中，偿还债务本金4556.8亿元，偿还债务利息1606.8亿元，养护支出428.9亿元，公路及附属设施改扩建工程支出229.5亿元，运营管理支出450.0亿元，税费支出246.3亿元，占比分别为60.6%、21.4%、5.7%、3.1%、6.0%和3.3%。

2020年度经营性公路通行费收支缺口4375.6亿元，其中，高速公路缺口4231.3亿元，一级公路缺口75.9亿元，二级公路缺口13.2亿元，独立桥梁及隧道缺口55.1亿元。

四、通行费减免情况

2020年度，全国收费公路共减免车辆通行费2382.5亿元，比上年增加1372.8亿元，增长136.0%。其中，鲜活农产品运输“绿色通道”减免216.3亿元，重大节假日免收小型客车通行费232.0亿元，2月17日至5月5日新冠肺炎疫情防控期间免费通行减免1593.0亿元，高速公路差异化收费、ETC通行费优惠、抢险救灾车辆免费通行等其他政策性减免341.2亿元，占比分别为9.1%、9.7%、66.9%和14.3%。

附表：2020年全国收费公路统计汇总表

注释:

1. 政府还贷公路：指县级以上地方人民政府交通运输主管部门利用贷款或者向企业、个人有偿集资建设的公路，以及使用地方政府收费公路专项债券建设的公路。

2. 经营性公路：指国内外经济组织投资建设或者依照公路法的规定受让政府还贷公路收费权的公路。

3. 累计建设投资总额：指历年建设投资和当年新增建设投资之和，包括征地拆迁、土木工程、交通工程及沿线设施的投资，不含养护、大中修投资。

4. 财政性资本金投入、非财政性资本金投入：指累计建设投资总额中分别属于政府财政和其他来源(如社会资本投资、企事业单位自筹)的资本金部分。

5. 举借银行贷款本金、举借其他债务本金：指累计建设投资总额中通过举借银行贷款和举借其他债务（如发行债券、对外借款）筹集的债务性资金，即原始银行贷款本金和原始其他债务本金，不考虑偿还因素。

6. 养护支出：指公路日常小修保养（含养护人员薪酬）、大中修工程、预防性养护、养护设施设备购置、养护检查检测、应急养护、机电系统改造维护、生产及照明用电等费用支出之和。

7. 公路及附属设施改扩建工程支出：指公路及附属设施的改建支出，如收费站、收费广场，部分路段线位调整、提升技术等级、增加车道数和出入口，以及立交工程的改建工程。

8. 运营管理支出：指收费业务、日常管理、路政管理及治超工作支出之和，包括收费人员、管理人员、后勤人员和路政治超人员薪酬，收费业务费用，日常管理办公经费（含），其他管理支出，路政治超办公及业务费用，执法装备使用及维修、路产巡查等支出。

9. 税费支出：指税务部门征收的所有税金与政府财政等有关部门按相关规定征收或提取的规费之和，包括增值税、所得税、城建税、房产税、教育附加费、水利基金、交警经费等。

10. 通行费收支缺口：指使用通行费收入减去支出总额，通行费收入大于支出总额为盈余，通行费收入小于支出总额为缺口。

11. 部分数据因四舍五入的原因，存在着与分项合计不等的情况；占比率根据四舍五入前数据计算。

《2020 年全国收费公路统计公报》解读

2020 年，各地、各有关部门坚决贯彻落实党中央、国务院决策部署，协调推进“四个全面”战略布局，坚持稳中求进工作总基调，按照统筹做好稳增长、促改革、调结构、惠民生、防风险、保稳定各项工作的要求，加快推进公路基础设施建设，为全面建成小康社会和人民群众安全便捷出行提供优质高效的公路交通保障。

一、收费公路政策实施成效

1984 年 12 月，国务院出台的收费公路政策打破了公路建设单纯依靠财政投资的体制束缚，形成了“国家投资、地方筹资、社会融资、利用外资”的多元化投融资机制，对我国公路交通的快速发展起到了至关重要的作用。

截至 2020 年末，全国公路通车总里程达到 519.81 万公里，是 1984 年末的 5.6 倍。其中，高速公路达到 16.10 万公里。公路基础设施的快速发展，大幅提高了公路通行能力和运输效率，促进了经济社会持续健康发展。2020 年，全国公路旅客周转量为 4641.01 亿人公里（受疫情影响较上年下降 47.6%），是 1984 年的 3.5 倍；公路货物周转量为 60171.85 亿吨公里，是 1984 年的 114.1 倍。

二、收费公路发展状况

（一）总体情况。

1. 里程规模。

2020 年末，全国收费公路里程 17.92 万公里，占公路总里程 519.81 万公里的 3.45%。其中，高速公路 15.29 万公里，一级公路 1.74 万公里，二级公路 0.79 万公里，独立桥梁及隧道 1068 公里，占比分别为 85.3%、9.7%、4.4% 和 0.6%。

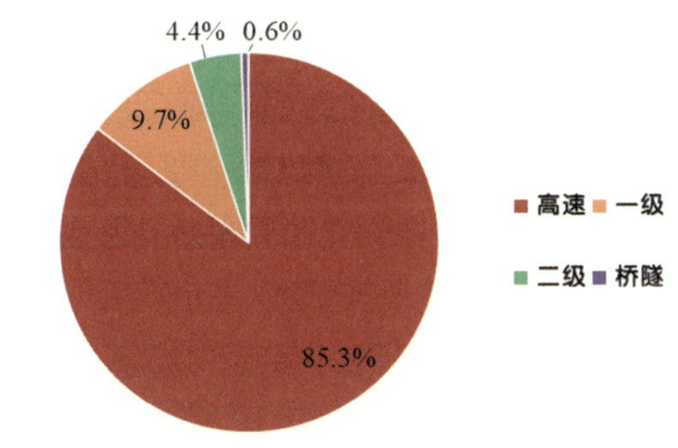

图 1　收费公路技术等级构成（2020）

与上年末相比，全国收费公路总里程由 171093 公里增加到 179242 公里，净增加 8149 公里，增长 4.8%。其中，由于 2020 年是“十三五”收官之年，建成通车项目较多，高速公路里程由 142831 公里增加到 152911 公里，净增 10079 公里，增长 7.1%，增幅明显高于往年平均水平，且主要集中在西部地区；与此同时，随着普通公路逐步收费期满，一级公路里程由 18578 公里减少到 17364 公里，净减 1214 公里，下降 6.5%；二级公路里程由 8659 公里减少到 7899 公里，净减 760 公里，下降 8.8%；独立桥梁及隧道里程由 1024 公里增加到 1068 公里，净增 44 公里，增长 4.3%。随着高速公路里程不断增长和普通收费公路逐步到期停止收费，全国收费公路结

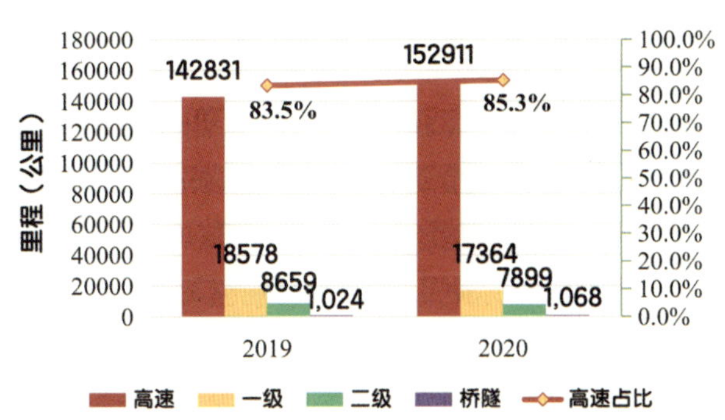

图 2　收费公路里程（2019—2020）

构进一步优化。北京、天津、辽宁等10个省份已经全面取消普通公路收费，全国公路“两个体系”建设加快推进，公众出行更加便捷。

2. 主线收费站。

2020年末，全国收费公路共有主线收费站965个，比上年末净减少302个。其中，高速公路484个，一级公路300个，二级公路122个，独立桥梁及隧道59个，占比分别为50.2%、31.1%、12.6%和6.1%。

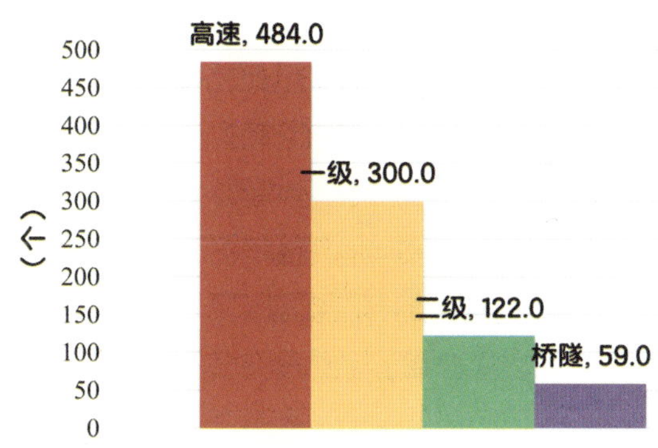

图3 主线收费站数量（2020）

与上年末相比，全国收费公路主线收费站由1267个减少至965个，净减302个，下降23.8%。其中，高速公路主线收费站由753.5个减少至484个，净减269.5个，下降35.8%，主要是由于2020年1月1日取消了全国高速公路省界收费站；同时，随着部分普通公路到期取消收费，一级公路收费站由323个减少至300个，净减23个，下降7.1%；二级公路收费站由132个减少至122个，净减10个，下降7.6%；独立桥梁及隧道收费站由58.5个增加至59个，净增0.5个，上升0.9%。

随着高速公路省界收费站取消以及ETC大力推行，高速公路收费站拥堵缓行现象大幅减少，车辆通行效率明显提升，节能减排作用日益明显。据统计测算，2020年日均拥堵缓行收费站数量减少66.8%，车辆平均通行速度提高16.4%，日均节约燃油730.4吨，减少一氧化碳排放217.2吨、氮氧化物排放1.7吨、碳氢化合物排放5.8吨。

3. 建设投资。

由于新通车高速公路里程规模较大，2020年末，全国收费公路累计建设投资总额达到108075.1亿元，比上年末净增12979.0亿元，增长13.6%。其中，累计资本金投入34432.5亿元，占比31.9%；累计债务性资金投入73642.5亿元，占比68.1%。

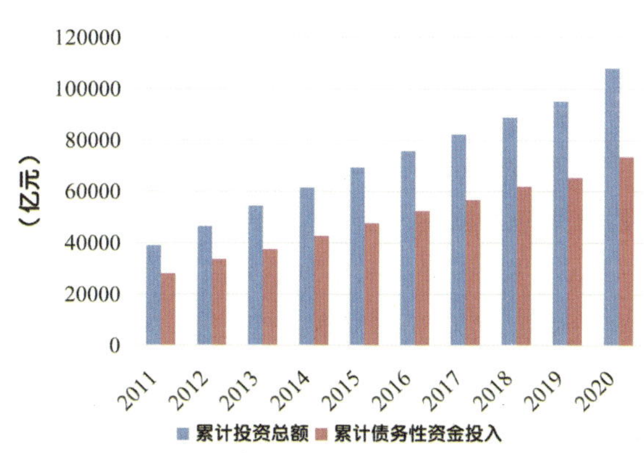

（注：累计建设投资总额指历年和当年收费公路建设投资额的合计）

图4 累计建设投资总额（2011—2020）

与上年末相比，全国收费公路累计债务性资金投入由65278.0亿元增加到73642.5亿元，净增8364.5亿元，增长12.8%，主要是新通车高速公路所举借的债务本金。

4. 债务余额。

受高速公路里程增加和建设投资总额扩大的影响，以及部分项目为养护管理、偿还利息举借新债等因素，收费公路债务余额持续上升。2020年末，全国收费公路债务余额70661.2亿元，比上年末净增9125.9亿元，增长14.8%。其中，高速公路66983.5亿元，比上年末净增

8939.0 亿元；一级公路 2275.1 亿元，比上年末净增 84.5 亿元；二级公路 150.8 亿元，比上年末净增 48.2 亿元；独立桥梁及隧道 1251.8 亿元，比上年末净增 54.2 亿元；占债务余额的比例分别为 94.8%、3.2%、0.2% 和 1.8%。

5. 收入支出。

（1）通行费收入。

2020 年度，全国收费公路车辆通行费总收入 4868.2 亿元。其中，高速公路 4566.2 亿元，一级公路 85.0 亿元，二级公路 22.0 亿元，独立桥梁及隧道 194.8 亿元，占比分别为 93.8%、1.7%、0.5% 和 4.0%。

与往年车辆通行费随收费公路里程增加而稳步上升不同，2020 年度全国收费公路车辆通行费总收入比上年净减 1069.7 亿元（其中，高速公路净减 984.8 亿元，一级公路净减 29.1 亿元，二级公路净减 19.1 亿元，独立桥梁及隧道净减 36.7 亿元），下降 18.0%，主要原因是为做好新冠肺炎疫情防控工作，两次延长春节假期小型客车免费通行政策，共免收通行费 19.8 亿元，2020 年 2 月 17 日至 5 月 5 日期间又免收车辆通行费 1593 亿元。

（2）支出情况。

2020 年度，全国收费公路支出总额 12346.4 亿元。其中，偿还债务本金 7180.1 亿元，偿还债务利息 3061.3 亿元，养护支出 744.1 亿元，公路及附属设施改扩建工程支出 312.0 亿元，运营管理支出 755.4 亿元，税费支出 293.6 亿元，占比分别为 58.2%、24.8%、6.0%、2.5%、6.1% 和 2.4%。

全国收费公路支出总额比上年净增 1558.7 亿元，增长 14.4%，主要原因是随着债务规模持续扩大，还本付息支出不断增加。其中，偿还债务本金支出净增 1587.5 亿元，偿还利息支出净增 244.3 亿元，养护支出净减 81.9 亿元，公路及附属设施改扩建工程支出净减 51.8 亿元，运营管理支出净减 2.6 亿元，税费支出净减 126.7 亿元。在高速公路里程明显增长的大背景下，运营管理等支出不增反降，主要是得益于取消高速公路省界收费站大力发展电子不停车快捷收费和全面实施高速公路入口称重检测后，运营成本下降，路况保护水平提升，促进了降本增效。

（3）收支对比。

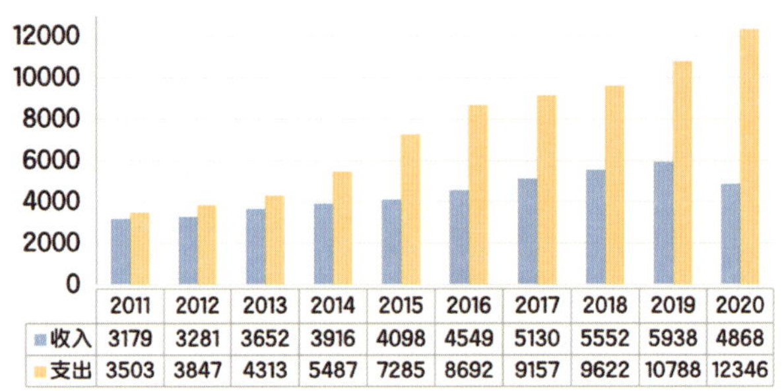

	2011	2012	2013	2014	2015	2016	2017	2018	2019	2020
收入	3179	3281	3652	3916	4098	4549	5130	5552	5938	4868
支出	3503	3847	4313	5487	7285	8692	9157	9622	10788	12346

图 5　收入与支出（2011—2020）

2020 年度，全国收费公路收支平衡结果为 -7478.2 亿元。其中，高速公路收支缺口 7177.4 亿元，一级公路收支缺口 208.3 亿元，二级公路收支缺口 15.2 亿元，独立桥梁及隧道收支缺口 77.3 亿元。

受收入减少、支出增加两方面因素的影响，2020 年度全国收费公路通行费收支缺口比上年增加 2628.4 亿元，增长 54.2%。

（二）政府还贷公路。

1. 里程规模。

2020 年末，全国政府还贷公路里程 8.36 万公里，占全国收费公路里程的 46.6%。其中，政府还贷高速公路 6.61 万公里，一级公路 1.32 万公里，二级公路 0.40 万公里，独立桥梁及隧道 204 公里，占比分别为 79.1%、15.8%、4.8% 和 0.2%。政府还贷高速公路占收费高速公路里程的 43.2%。

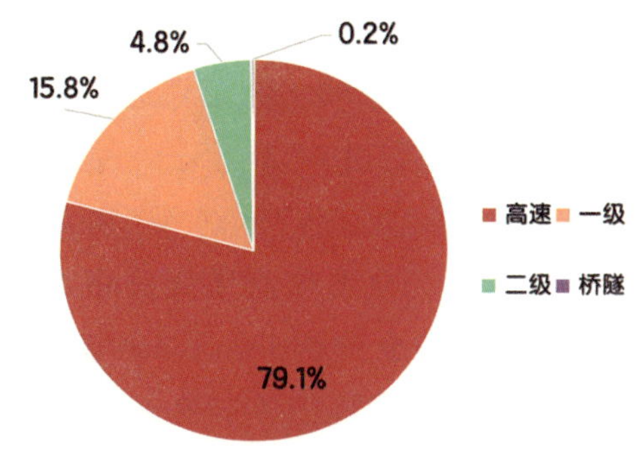

图 6 政府还贷公路技术等级构成（2020）

与上年末相比，政府还贷公路总里程由93872公里减少到83578公里，净减了10294公里，下降11.0%，主要原因是部分政府还贷高速公路因收费权益转让，变为了经营性高速公路，导致政府还贷高速公路里程大幅减少，加之部分普通公路收费到期，导致普通收费公路里程减少。其中，高速公路里程由74458公里减少到66132公里，净减8326公里，下降11.2%；一级公路里程由14431公里减少到13230公里，净减1202公里，下降8.3%；二级公路里程由4797公里减少到4013公里，净减784公里，下降16.3%；独立桥梁及隧道里程由186公里增加到204公里，净增18公里，增长9.7%。

2. 建设投资。

2020年末，政府还贷公路累计建设投资45803.3亿元，占收费公路累计建设投资总额的42.4%。其中政府还贷高速公路累计建设投资41680.1亿元，一级公路2949.1亿元，二级公路222.1亿元，独立桥梁及隧道952.0亿元，占比分别为91.0%、6.4%、0.5%和2.1%。

与上年末相比，政府还贷公路累计建设投资总额由46549.9亿元减少到45803.3亿元，净减746.6亿元，下降1.6%。其中，受部分政府还贷高速公路转让为经营性高速公路的影响，政府还贷高速公路累计建设投资总额由42374.2亿元减少到41680.1亿元，净减694.1亿元，下降1.6%。

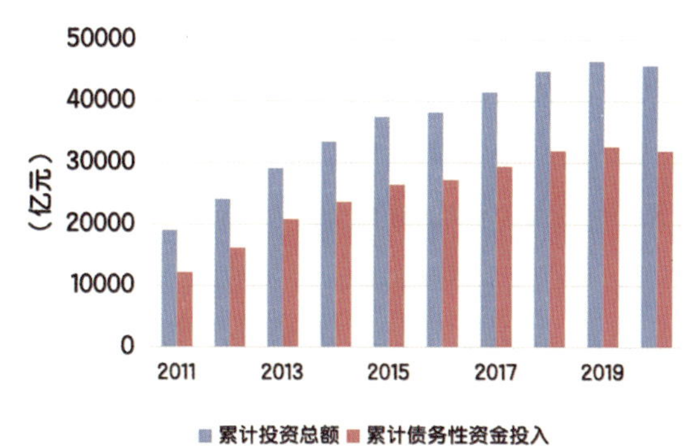

图 7 政府还贷公路累计建设投资总额（2011—2020）

2020年末，政府还贷公路累计建设投资中，累计资本金投入13881.2亿元，占比30.3%；累计债务性资金投入31922.2亿元，占比69.7%。

3. 债务余额。

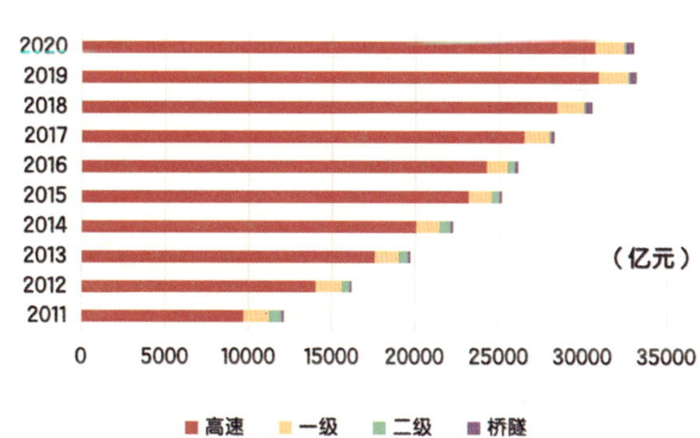

图 8 政府还贷公路债务余额（2011—2020）

2020年末，政府还贷公路债务余额32991.6亿元，占全国收费公路债务余额的46.7%。其中，高速公路债务余额30684.8亿元，一级公路1749.9亿元，二级公路77.4亿元，独立桥梁及隧道479.5亿元，占比分别为93.0%、5.3%、0.2%和1.5%。

与上年末相比，政府还贷公路债务余额由33147.7亿元减少到32991.6亿元，净减156.1亿元，下降0.5%。其中，政府还贷高速公路债务余额由30889.7亿元减少到30684.8亿元，净减204.9亿元，下降0.7%。

4. 收入支出。

（1）通行费收入。

2020 年度，政府还贷公路通行费收入 1725.4 亿元，占收费公路通行费收入总额的 35.4%。其中，高速公路通行费收入 1637.6 亿元，一级公路 53.4 亿元，二级公路 5.9 亿元，独立桥梁及隧道 28.5 亿元，占比分别为 94.9%、3.1%、0.3% 和 1.6%。

与上年相比，全国政府还贷公路车辆通行费总收入由 2309 亿元减少到 1725.4 亿元，净减 583.6 亿元，下降 25.3%，主要原因：一是部分政府还贷高速公路因收费权益转让，变为了经营性高速公路，导致统计范围调整；二是新冠肺炎疫情防控期间免收车辆通行费。其中，高速公路由 2182.9 亿元减少到 1637.6 亿元，净减 545.3 亿元，下降 25.0%；一级公路由 72.2 亿元减少到 53.4 亿元，净减 18.8 亿元，下降 26.1%；二级公路由 17.7 亿元减少到 5.9 亿元，净减 11.7 亿元，下降 66.4%；独立桥梁及隧道由 36.2 亿元减少到 28.5 亿元，净减 7.8 亿元，下降 21.4%。

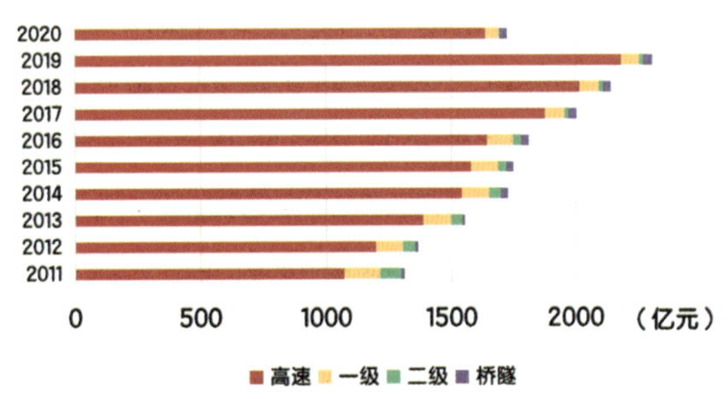

图 9 政府还贷公路通行费收入情况（2011—2020）

（2）支出情况。

2020 年度，政府还贷公路支出总额为 4828.1 亿元，占收费公路支出总额的 39.1%。其中，偿还债务本金 2623.2 亿元，偿还债务利息 1454.4 亿元，养护支出 315.2 亿元，公路及附属设施改扩建工程支出 82.4 亿元，运营管理支出 305.5 亿元，税费支出 47.3 亿元，占比分别为 54.3%、30.1%、6.5%、1.7%、6.3% 和 1.0%。

与上年相比，全国政府还贷公路支出总额由 4823.9 亿元增加至 4828.1 亿元，净增 4.2 亿元，增长 0.1%。其中，偿还债务本金支出净增 166.8 亿元，偿还债务利息支出净减 85.6 亿元，养护支出净减 56.6 亿元，公路及附属设施改扩建工程支出净增 33.7 亿元，运营管理支出净减 29.2 亿元，税费支出净减 22.1 亿元。

（3）收支对比。

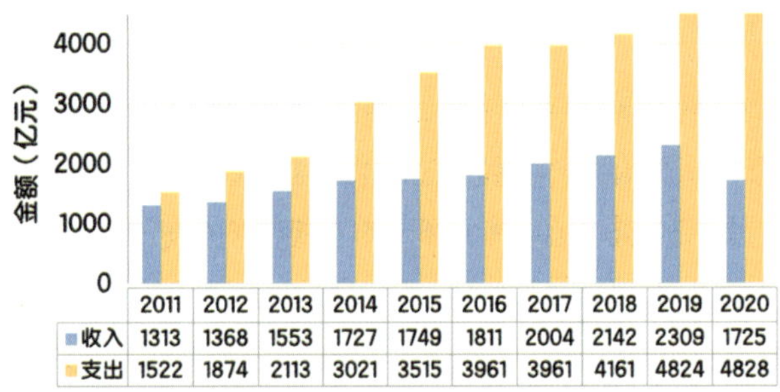

图 10 政府还贷公路收入与支出（2011—2020）

2020 年度，政府还贷公路收支平衡结果为 -3102.7 亿元。其中，政府还贷高速公路收支缺口 2946.1 亿元，一级公路收支缺口 132.4 亿元，二级公路收支缺口 2.0 亿元，独立桥梁及隧道收支缺口 22.2 亿元。

（三）经营性公路。

1. 里程规模。

2020 年末，全国经营性公路里程 9.57 万公里，占全国收费公路里程的 53.4%。其中，高速公路 8.68 万公里，一级公路 0.41 万公里，二级公路 0.39 万公里，独立桥梁及隧道 865 公里，分别占经营性公路里程的 90.7%、4.3%、4.1% 和 0.9%。经营性高速公路占收费高速公路里程的 56.8%。

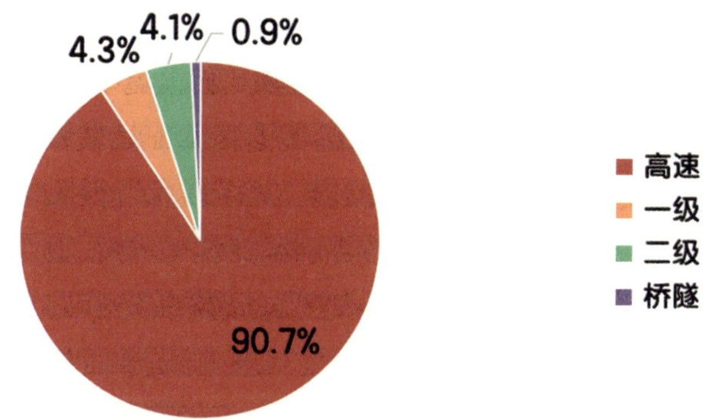

图 11 经营性公路技术等级构成（2020）

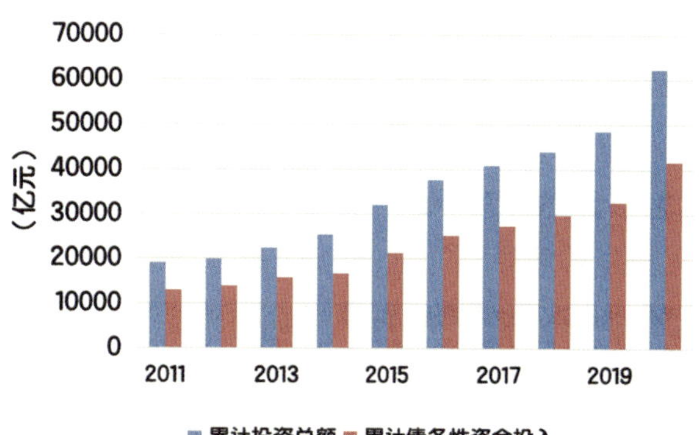

图 12 经营性公路累计建设投资总额（2011—2020）

与上年末相比，经营性公路总里程由 77221 公里增加到 95663 公里，净增 18442 公里，增长 23.9%，主要原因：一是新建经营性高速公路集中通车；二是部分政府还贷高速公路因收费权益转让，变为了经营性高速公路。其中，高速公路里程由 68373 公里增加到 86779 公里，净增 18405 公里，增长 26.9%；一级公路里程由 4147 公里减少到 4134 公里，净减 13 公里，下降 0.3%；二级公路里程由 3862 公里增加到 3886 公里，净增 24 公里，增长 0.6%；独立桥梁及隧道里程由 839 公里增加到 865 公里，净增 26 公里，增长 3.1%。

2. 建设投资。

2020 年末，经营性公路累计建设投资 62271.7 亿元，占收费公路累计建设投资总额的 57.6%。其中，经营性高速公路累计建设投资 59237.8 亿元，一级公路 1128.3 亿元，二级公路 203.7 亿元，独立桥梁及隧道 1701.9 亿元，占比分别为 95.1%、1.8%、0.3% 和 2.7%。

受经营性公路总里程增加影响，与上年末相比，经营性公路累计建设投资总额由 48546.1 亿元增加到 62271.7 亿元，净增 13725.6 亿元，增长 28.3%。其中，经营性高速公路累计建设投资总额由 45864.7 亿元增加到 59237.8 亿元，净增 13373.0 亿元，增长 29.2%。

经营性公路累计建设投资总额中，累计资本金投入 20551.4 亿元，占比 33.0%，累计债务性资金投入 41720.4 亿元，占比 67.0%。债务性资金投入依然是收费公路建设投资的主要来源。

3. 债务余额。

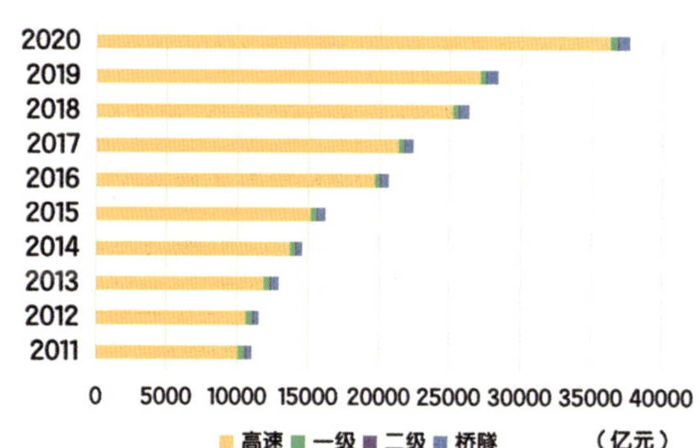

图 13 经营性公路债务余额（2011-2020）

2020 年末，经营性公路债务余额 37669.6 亿元，占收费公路债务余额的 53.3%。其中，高速公路债务余额 36298.7 亿元，一级公路 525.2 亿元，二级公路 73.4 亿元，独立桥梁及隧道 772.3 亿元，占比分别为 96.4%、1.4%、0.2% 和 2.1%。

由于新通车经营性高速公路和收费权益转让带来的新增债务，与上年末相比，经营性公路债务余额由 28387.6 亿元增加到 37669.6 亿元，净增 9282.0 亿元，增长 32.7%。其中，经营性高速公路债务余额由27154.9亿元增加到36298.7亿元，净增9143.8亿元，增长33.7%。

4．收入支出。

（1）通行费收入。

2020年度，经营性公路通行费收入3142.8亿元，占收费公路通行费收入总额的64.6%。其中，经营性高速公路通行费收入2928.6亿元，一级公路31.7亿元，二级公路16.1亿元，独立桥梁及隧道166.4亿元，分别占经营性公路通行费收入的93.2%、1.0%、0.5%和5.3%。

与上年相比，经营性公路车辆通行费总收入由3628.9亿元减少到3142.8亿元，净减486.1亿元，下降13.4%，主要原因是新冠肺炎疫情防控期间免收车辆通行费。其中，高速公路由3368.1亿元减少到2928.6亿元，净减439.5亿元，下降13.0%；一级公路由41.9亿元减少到31.7亿元，净减10.3亿元，下降24.5%；二级公路由23.5亿元减少到16.1亿元，净减7.4亿元，下降31.5%；独立桥梁及隧道由195.3亿元减少到166.4亿元，净减28.9亿元，下降14.8%。

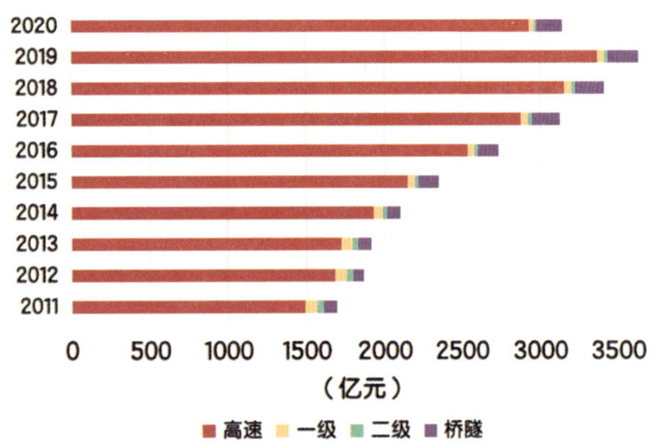

图14　经营性公路通行费收入情况（2011—2020）

（2）支出情况。

2020年度，经营性公路支出总额为7518.3亿元，占收费公路支出总额的60.9%。其中，偿还债务本金支出4556.8亿元，偿还债务利息支出1606.8亿元，养护支出428.9亿元，公路及附属设施改扩建工程支出229.5亿元，运营管理支出450.0亿元，税费支出246.3亿元，分别占经营性公路支出总额的60.6%、21.4%、5.7%、3.1%、6.0%和3.3%。

与上年相比，经营性公路支出总额净增1554.5亿元，增长26.1%。其中，偿还债务本金支出净增1420.7亿元，偿还债务利息支出净增329.9亿元，养护支出净减25.3亿元，公路及附属设施改扩建工程支出净减85.5亿元，运营管理支出净增26.6亿元，税费支出净减104.5亿元。

（3）收支对比。

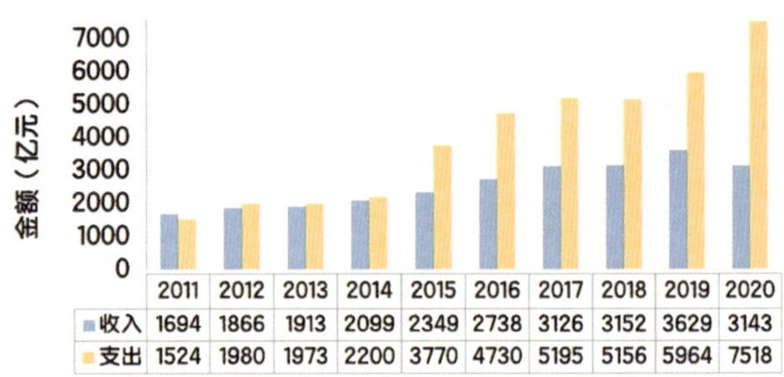

图15　经营性公路收入与支出（2011—2020）

2020年度，全国经营性公路收支平衡结果为-4375.6亿元。其中，高速公路收支缺口4231.3亿元，一级公路收支缺口75.9亿元，二级公路收支缺口13.2亿元，独立桥梁及隧道收支缺口55.1亿元。

（四）通行费减免情况。

2020年度，全国收费公路共减免车辆通行费2382.5亿元，占2020年度应收通行费总额的32.9%，比上年增加1372.8亿元，增长136.0%。其中，鲜活农产品运输“绿色通道”减免216.3亿元，占比9.1%；重大节假日免收小型客车通行费232.0亿元，占比9.7%；新冠肺炎疫情防控期间免收车辆通行费1593.0亿元，占比66.9%；高速公路差异化收费、ETC通行费优惠、抢险救灾车辆免费等其他政策性减免341.2亿元，占比14.3%。

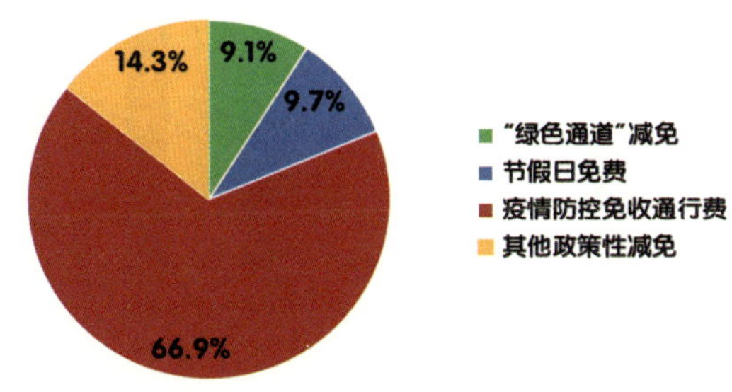

图16 通行费减免构成（2020）

2020年，交通运输行业深入贯彻落实党中央、国务院关于推进供给侧结构性改革和降低实体经济企业成本的决策部署，进一步加大惠民措施力度，促进物流业降本增效。经国务院同意，2020年春节期间收费公路两次延长免费通行政策，2月17日至5月5日新冠肺炎疫情防控期间，对所有通行收费公路的车辆免收车辆通行费，同时加大人力和财力投入，"免费不免服务"，加强公路保通保畅，保护人民群众生命安全和身体健康，保障疫情防控和生产生活物资运输，支持企业复工复产，为稳定经济社会大局提供了有力支撑。继续严格执行鲜活农产品运输"绿色通道"政策、重大节假日免收小型客车通行费等惠民政策，为降低鲜活农产品流通成本、促进物流业降本增效、实惠人民群众出行作出了贡献。

2020 年铁道统计公报

2020 年，铁路行业在以习近平同志为核心的党中央坚强领导下，坚持以习近平新时代中国特色社会主义思想为指导，全面贯彻落实党的十九大和十九届二中、三中、四中、五中全会精神，坚持以人民为中心，立足新发展阶段，贯彻新发展理念，构建新发展格局，坚持稳中求进工作总基调，紧扣全面建成小康社会目标任务，统筹做好疫情防控和经济社会发展各项工作，深入实施“三年行动计划”，持续推动铁路高质量发展，为加快建设交通强国，深入推进综合交通一体化融合发展，服务打赢三大攻坚战和“六稳”“六保”等工作作出积极贡献。

一、运输生产

旅客运输。全国铁路旅客发送量完成 22.03 亿人，比上年减少 14.57 亿人，下降 39.8%。其中，国家铁路 21.67 亿人，比上年下降 39.4%。全国铁路旅客周转量完成 8266.19 亿人公里，比上年减少 6440.45 亿人公里，下降 43.8%。其中，国家铁路 8258.10 亿人公里，比上年下降 43.2%。

货物运输。全国铁路货运总发送量完成 45.52 亿吨，比上年增加 1.40 亿吨，增长 3.2%。其中，国家铁路 35.81 亿吨，比上年增长 4.1%。全国铁路货物总周转量完成 30514.46 亿吨公里，比上年增加 297.10 亿吨公里，增长 1.0%。其中，国家铁路 27397.83 亿吨公里，比上年增长 1.4%。

表 1　全国铁路旅客运输量

指　标	单位	2020 年	比上年 ±%
旅客发送量	万人	220349	-39.8
国家铁路	万人	216694	-39.4
旅客周转量	亿人公里	8266.19	-43.8
国家铁路	亿人公里	8258.10	-43.2

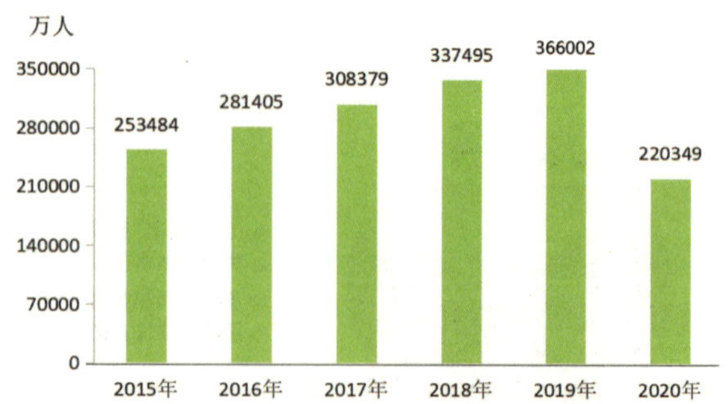

图 1　全国铁路旅客发送量

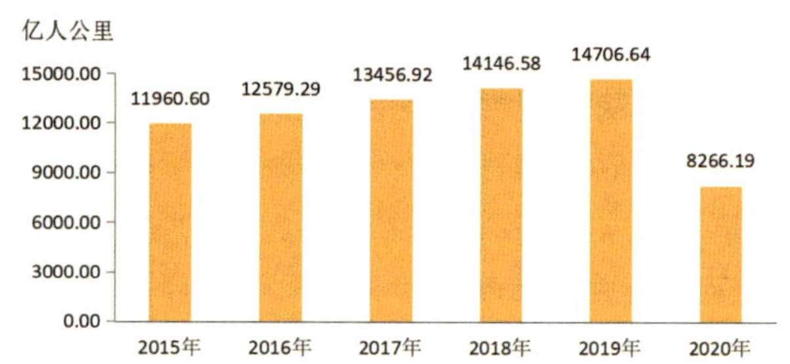

图 2　全国铁路旅客周转量

表 2　全国铁路货物运输量

指　标	单位	2020 年	比上年 ±%
货运总发送量	万吨	455236	3.2
国家铁路	万吨	358102	4.1
货物总周转量	亿吨公里	30514.46	1.0
国家铁路	亿吨公里	27397.83	1.4

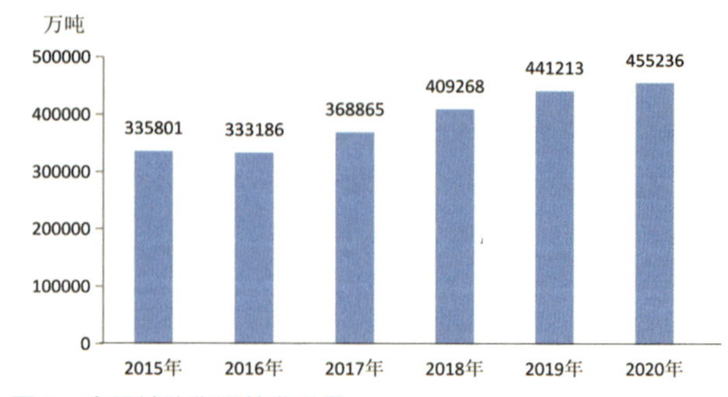

图 3　全国铁路货运总发送量

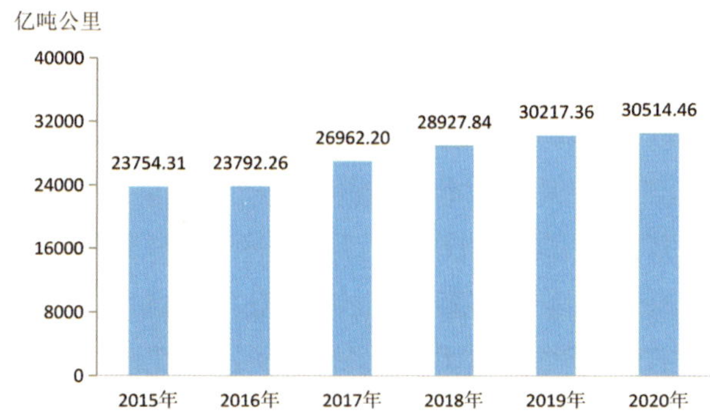

图 4　全国铁路货物总周转量

换算周转量。全国铁路总换算周转量完成38780.65亿吨公里，比上年减少6143.35亿吨公里，下降13.7%。其中，国家铁路35655.93亿吨公里，比上年下降14.2%。

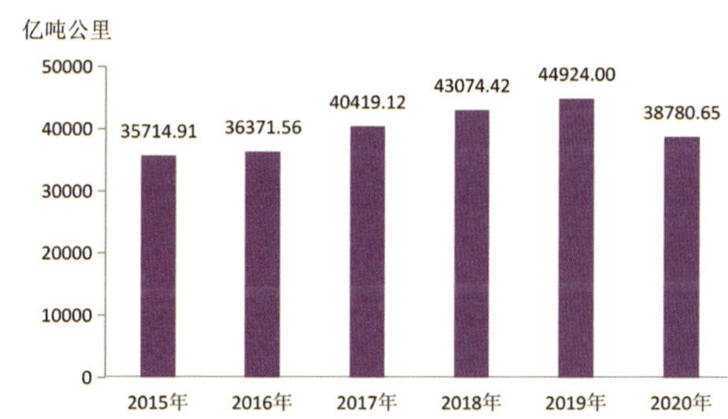

图 5　全国铁路总换算周转量

运输安全。全年全国铁路未发生铁路交通特别重大、重大事故；发生较大事故13件，同比增加9件。铁路交通事故死亡人数比上年下降14.47%。

二、铁路建设

全国铁路固定资产投资完成7819亿元，投产新线4933公里，其中高速铁路2521公里。

路网规模。全国铁路营业里程达到14.63万公里，其中，高速铁路营业里程达到3.8万公里；复线率59.5%；电化率72.8%；西部地区铁路营业里程5.9万公里。全国铁路路网密度152.3公里/万平方公里。

国家铁路营业里程12.8万公里。复线率61.6%；电化率74.9%。

移动装备。全国铁路机车拥有量为2.2万台，其中，内燃机车0.80万台，电力机车1.38万台。全国铁路客车拥有量为7.6万辆，其中，动车组3918标准组、31340辆。全国铁路货车拥有量为91.2万辆。

国家铁路机车拥有量为2.1万台，其中，内燃机车0.76万台，电力机车1.34万台。国家铁路客车拥有量为7.5万辆，其中，动车组3828标准组、30620辆。国家铁路货车拥有量为85.7万辆。

三、技术标准和科技创新

重要技术标准制修订。

经国家标准委审批发布《标准轨距铁路限界》系列标准、《机车车辆火灾报警系统》等铁道国家标准17项。

发布铁道行业标准（技术标准）公告9批69项和5项标准修改单，包括《350km/h高速电动车组通用技术条件》《高速铁路道岔制造技术条件　第1部分：制造与组装》《自动化驼峰技术条件》《铁路煤炭运输抑尘技术条件　第1部分：抑尘剂》《电气化铁路接触网零部件》系列等技术标准66项，首次发布《铁路接发列车作业》等运营管理标准3项，《机车车辆真空断路器》（TB/T 3430—2015）、《散装颗粒货物运输用防冻液技术条件》（TB/T 3208—2008）等标准修改单5项。

发布铁道行业标准（工程建设标准）公告7批，《市域（郊）铁路设计规范》和铁路工程施工安全系列技术规程等工程建设标准15项。局部修订《铁路工程设计防火规范》《铁路照明设计规范》《铁路旅客车站设计规范》工程建设标准 3 项。废止《铁路隧道辅助坑道技术规范》等工程建设标准 27 项。

发布铁路工程造价标准公告 2 批，《铁路工程工程量清单规范》工程造价标准 1 项，局部修订《铁路工程预算定额　第三册　隧道工程》工程造价标准 1 项。

发布《钢轨断面检测量具检定规程》《接触网几何参数测量仪检定规程》等铁道行业计量规程规范 4 项。

发布《动车组车体结构强度设计及试验》《合金钢组合辙叉》《铁路信号故障—安全原则》等铁道行业标准（技术标准）英文译本 14 项。经国家标准委审批发布《内燃机车通用技术条件》《铁路 T 梁架桥机》等铁道国家标准英文译本 9 项。

发布《铁路建设项目预可行性研究、可行性研究和设计文件编制办法》《高速铁路安全防护设计规范》等铁道行业标准（工程建设标准）英文译本 33 项，发布《铁路工程基本术语标准》俄文译本 1 项和《高速铁路设计规范》阿拉伯语译本 1 项、泰语译本 1 项。发布《铁路工程建设标准汉语阿拉伯语词典》《铁路工程建设标准汉语印尼语词典》等铁路工程建设标准词典 2 项。

科技创新及获奖。

国家铁路局开展首批铁路行业科技创新基地申报及认定，共认定“宽带移动信息通信铁路行业重点实验室”等铁路行业重点实验室 7 个，“高速列车本构安全技术铁路行业工程研究中心”等铁路行业工程研究中心 10 个。铁路重大科技创新成果库 2020 年度共评审入库 304 项，其中铁路科技项目 50 项、铁路专利 52 项、铁路技术标准 49 项、铁路科技论文 153 篇。

2020 年第二届全国创新争先奖公布，铁路行业共获奖牌 1 个、奖章 1 个、奖状 2 个，分别为：复兴号动车组研发创新团队获全国创新争先奖牌；中车株洲电力机车研究所有限公司冯江华获全国创新争先奖章；西南交通大学张卫华、王开云获全国创新争先奖状。

2020 年第二十一届中国专利奖公布，铁路行业共有 30 项专利获奖，其中中南大学“铁路大风监测预警系统及方法”、株洲中车时代电气股份有限公司“一种用于动车组的快速粘着控制方法”、中铁工程装备集团有限公司“隧道联络通道用盾构机及其联络通道掘进方法”获中国专利金奖；中车青岛四方机车车辆股份有限公司、中国铁路总公司联合申报的“轨道车辆车头（2014-3）”获外观设计金奖；此外另获中国专利银奖 4 项，中国专利优秀奖 21 项，外观设计优秀奖 1 项。

2020 年全国科普工作先进集体和先进工作者公布，中国铁道科学研究院集团有限公司铁道科学技术研究发展中心获全国科普工作先进集体，北京交通大学魏庆朝获全国科普工作先进工作者称号。

铁路行业“《交流传动电力机车》（TB/T 3487—2017）等 2 项标准”荣获 2020 年中国标准创新贡献奖标准项目奖三等奖。

四、节能减排

综合能耗。国家铁路能源消耗折算标准煤 1548.83 万吨，比上年减少 87.27 万吨，下降 5.3%。旅客发送量受疫情影响大幅下降，客车上座率低，造成单位运输工作量综合能耗 4.39 吨标准煤 / 百万换算吨公里，比上年增加 0.45 吨标准煤 / 百万换算吨公里，增长 11.3%。单位运输工作量主营综合能耗 4.32 吨标准煤 / 百万换算吨公里，比上年增加 0.48 吨标准煤 / 百万换算吨公里，增长 12.6%。

主要污染物排放量。国家铁路化学需氧量排放量 1634 吨，比上年减排 98 吨，降低 5.6%。二氧化硫排放量 3271 吨，比上年减排 2014 吨，降低 38.1%。

图 6 国家铁路运输工作量综合单耗、主营单耗

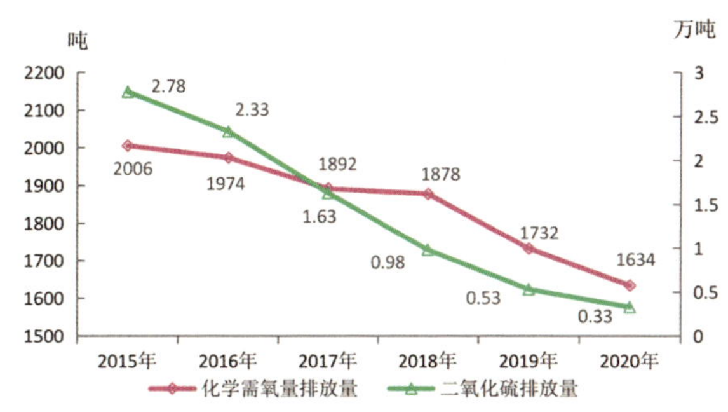

图 7 国家铁路化学需氧量、二氧化硫排放量

注释：

1. 除注明外，国家铁路含国铁集团及其控股合资铁路。
2. 客货运量为精密数，其余数据均为速报数。
3. 统计范围不含港澳台。
4. 除注明外，比上年为同口径。

《2020年铁道统计公报》解读材料

《统计公报》显示，2020年全国铁路客运逐步恢复、货运保持增长；铁路运输安全保持持续稳定；铁路路网规模不断扩大；铁路科技创新取得新成绩；铁路绿色发展成效明显；铁路行业共有106项国家标准、行业标准和行业计量规程规范陆续发布。

一是铁路客运稳步恢复、货运保持增长。2020年全国铁路旅客发送量完成22.03亿人，下降39.8%，其中第四季度降幅已收窄至18.6%。全国铁路货运总发送量完成45.52亿吨，增长3.2%。

二是铁路运输安全持续稳定。2020年全国铁路未发生铁路交通特别重大、重大事故。

三是铁路路网规模不断扩大。2020年全国铁路固定资产投资完成7819亿元。全国铁路营业里程达到14.63万公里，其中高速铁路达到3.8万公里。

四是铁路科技创新取得新成绩。铁路行业获2020年第二届全国创新争先奖牌1个、奖章1个、奖状2个。铁路行业共有30项专利获2020年第二十一届中国专利奖。铁路行业2项标准获中国标准创新贡献奖。铁路重大科技创新成果库2020年度入库304项。

五是铁路绿色发展成效明显。2020年国家铁路能源消耗折算标准煤比上年下降5.3%；化学需氧量排放量比上年降低5.6 %；二氧化硫排放量比上年降低38.1 %，为持续推进污染防治、打赢蓝天保卫战发挥了重要作用。

六是铁路行业相关标准陆续发布。2020年报经国家标准委审批发布铁道国家标准17项。国家铁路局制定发布铁道行业技术标准69项、工程建设标准15项、工程造价标准1项、铁道行业计量规程规范4项。

2020 年民航行业发展统计公报[1]

2020 年，全行业以习近平新时代中国特色社会主义思想为指导，全面贯彻党的十九大和十九届二中、三中、四中、五中全会以及中央经济工作会议精神，坚持新发展理念，坚持稳中求进总基调，扎实做好“六稳”工作、全面落实“六保”任务，按照“十三五”时期“一二三三四”民航总体工作思路[2]，统筹推进疫情防控和行业安全发展，扎实推动民航高质量发展，各项工作取得了显著成绩。

一、运输航空[3]

2020 年，新冠肺炎疫情给民航业造成巨大冲击，全行业明确了“保安全运行、保应急运输、保风险可控、保精细施策”的防控工作要求，准确把握疫情形势变化，科学决策，创造性应对，因时因势精准施策，统筹推进疫情防控和安全发展，中国民航在全球率先触底反弹，国内航空运输市场成为全球恢复最快、运行最好的航空市场。

（一）运输周转量[4]。

2020 年，全行业完成运输总周转量 798.51 亿吨公里，比上年下降 38.3%。国内航线完成运输总周转量 587.67 亿吨公里，比上年下降 29.2%，其中，港澳台航线完成 3.19 亿吨公里，比上年下降 81.1%；国际航线完成运输总周转量 210.83 亿吨公里，比上年下降 54.5%。

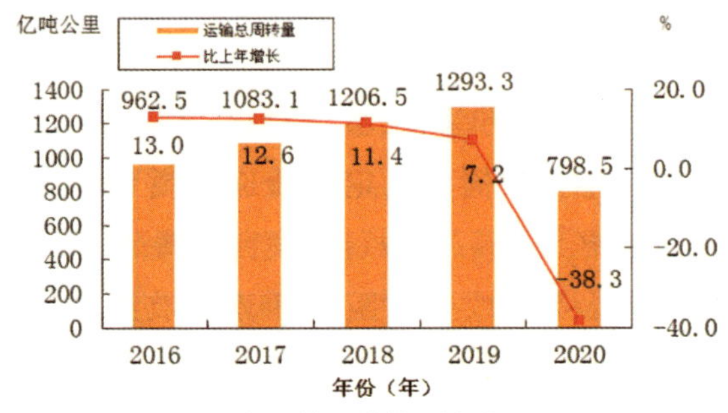

图 1　2016—2020 年民航运输总周转量

全行业完成旅客周转量 6311.28 亿人公里，比上年下降 46.1%。国内航线完成旅客周转量 5868.87 亿人公里，比上年下降 31.1%，其中，港澳台航线完成 12.83 亿人公里，比上年下降 92.0%；国际航线完成旅客周转量 442.41 亿人公里，比上年下降 86.1%。

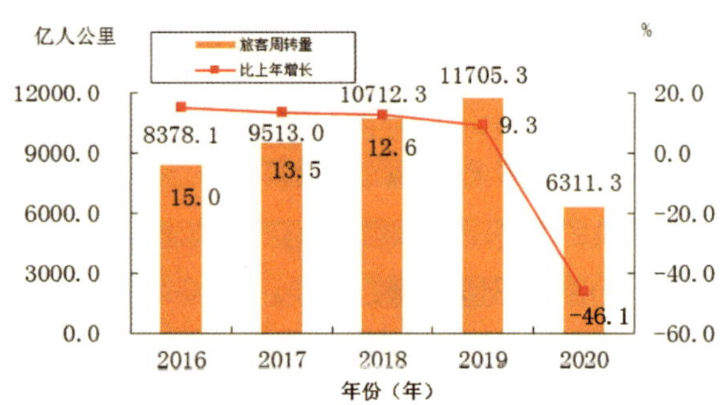

图 2　2016—2020 年民航旅客周转量

全行业完成货邮周转量 240.20 亿吨公里，比上年下降 8.7%。国内航线完成货邮周转量 67.87 亿吨公里，比上年下降 13.6%，其中，港澳台航线完成 2.07 亿吨公里，比上年下降 26.4%；国际航线完成货邮周转量 172.33 亿吨公里，比上年下降 6.7%。

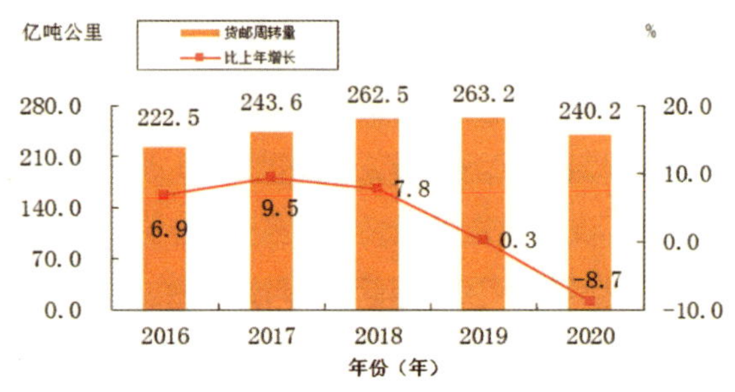

图 3　2016—2020 年民航货邮周转量

（二）旅客运输量。

2020 年，全行业完成旅客运输量 41777.82 万人次，比上年下降 36.7%。国内航线完成旅客运输量 40821.30 万人次，比上年下降 30.3%，其中，港澳台航线完成 96.13 万人次，比上年下降 91.3%；国际航线完成旅客运输量 956.51 万人次，比上年下降 87.1%。

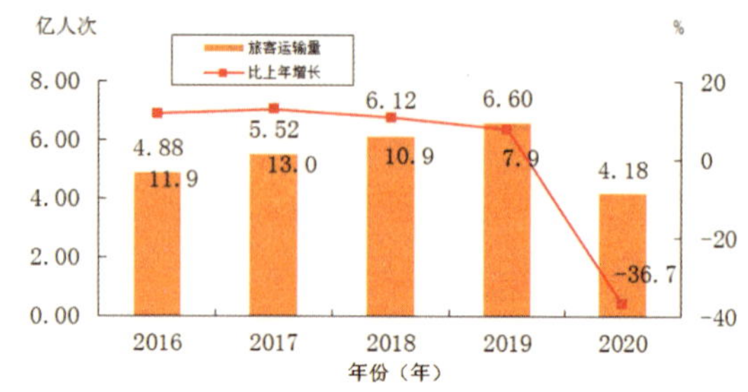

图 4　2016—2020 年民航旅客运输量

（三）货邮运输量。

2020 年，全行业完成货邮运输量 676.61 万吨，比上年下降 10.2%。国内航线完成货邮运输量 453.53 万吨，比上年下降 11.3%，其中，港澳台航线完成 17.58 万吨，比上年下降 20.9%；国际航线完成货邮运输量 223.07 万吨，比上年下降 7.8%。

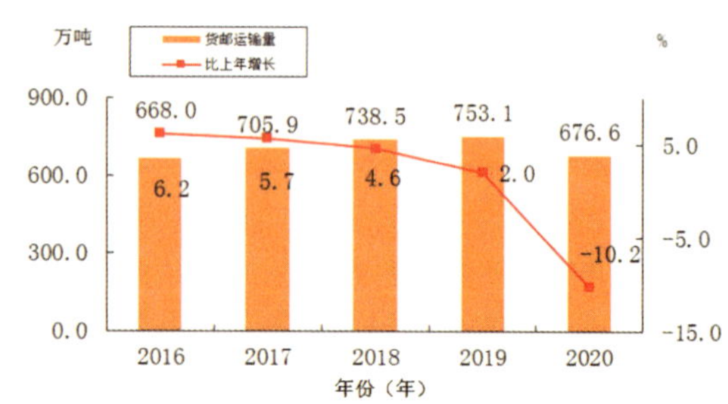

图 5　2016—2020 年民航货邮运输量

（四）飞行小时和起飞架次。

2020 年，全行业运输航空公司完成运输飞行小时 876.22 万小时，比上年下降 28.8%。国内航线完成运输飞行小时 788.22 万小时，比上年下降 20.5%，其中，港澳台航线完成 3.55 万小时，比上年下降 82.3%；国际航线完成运输飞行小时 87.99 万小时，比上年下降 63.3%。

2020 年，全行业运输航空公司完成运输起飞架次 371.09 万架次，比上年下降 25.3%。国内航线完成运输起飞架次 357.29 万架次，比上年下降 20.2%，其中，港澳台航线完成 1.65 万架次，比上年下降 80.3%；国际航线完成运输起飞架次 13.79 万架次，比上年下降 71.8%。

2020 年，全行业运输航空公司完成非生产飞行小时 3.36 万小时，其中，训练飞行 1.13 万小时；完成非生产起飞架次 5.57 万架次。

（五）运输航空企业数量。

截至 2020 年底，我国共有运输航空公司 64 家，比上年底净增 2 家。按不同所有制类别划分：国有控股公司 49 家，民营和民营控股公司 15 家。在全部运输航空公司中，全货运航空公司 11 家，中外合资航空公司 9 家，上市公司 8 家。

（六）运输机队。

截至 2020 年底，民航全行业运输飞机期末在册架数 3903 架，比上年底增加 85 架。

表 1　2020 年运输飞机数量

飞机分类	飞机数量（架）	比上年增加（架）	在运输机队占比（%）
合计	3903	85	100.0
客运飞机	3717	72	95.2
其中：宽体飞机	458	1	11.7
窄体飞机	3058	61	78.3
支线飞机	201	10	5.1
货运飞机	186	13	4.8

（七）航线网络。

2020 年，我国共有定期航班航线 5581 条，国内航线 4686 条，其中，港澳台航线 94 条，国际航线 895 条。按重复距离计算的航线里程为 1357.72 万公里，按不重复距离计算的航线里程为 942.63 万公里。

表 2 2020 年我国定期航班航线条数及里程

指标：单位	数量
航线条数：条	5581
国内航线	4686
其中：港澳台航线	94
国际航线	895
按重复距离计算的航线里程：万公里	1357.72
国内航线	925.92
其中：港澳台航线	13.68
国际航线	431.80
按不重复距离计算的航线里程：万公里	942.63
国内航线	559.76
其中：港澳台航线	13.68
国际航线	382.87

2020 年，定期航班国内通航城市（或地区）237 个（不含香港、澳门特别行政区和台湾地区）。我国航空公司国际定期航班通航 62 个国家的 153 个城市，内地航空公司定期航班从 25 个内地城市通航香港，从 17 个内地城市通航澳门，大陆航空公司从 43 个大陆城市通航台湾地区。

（八）运输航空（集团）公司生产[5]。

2020 年，中航集团完成飞行小时 200.07 万小时。完成运输总周转量 194.51 亿吨公里，比上年下降 38.9%；完成旅客运输量 9024.62 万人次，比上年下降 36.7%；完成货邮运输量 177.26 万吨，比上年下降 13.4%。

2020 年，东航集团完成飞行小时 158.78 万小时。完成运输总周转量 142.17 亿吨公里，比上年下降 43.7%；完成旅客运输量 7461.89 万人次，比上年下降 42.7%；完成货邮运输量 117.69 万吨，比上年下降 19.9%。

2020 年，南航集团完成飞行小时 207.69 万小时。完成运输总周转量 207.96 亿吨公里，比上年下降 36.3%；完成旅客运输量 9685.60 万人次，比上年下降 36.1%；完成货邮运输量 146.09 万吨，比上年下降 17.2%。

2020 年，海航集团完成飞行小时 119.50 万小时。完成运输总周转量 101.84 亿吨公里，比上年下降 49.4%；完成旅客运输量 6401.56 万人次，比上年下降 43.6%；完成货邮运输量 57.17 万吨，比上年下降 32.1%。

2020 年，其他航空公司共完成飞行小时 190.18 万小时。完成运输总周转量 152.02 亿吨公里，比上年下降 21.9%；完成旅客运输量 9204.17 万人次，比上年下降 24.5%；完成货邮运输量 178.41 万吨，比上年增长 26.5%。

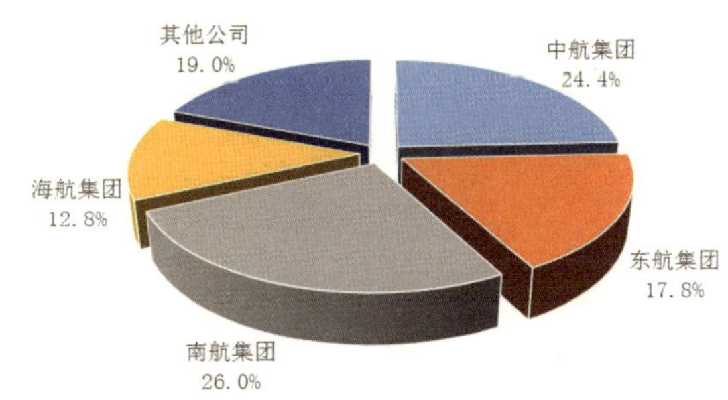

图 6 2020 年各航空（集团）公司运输总周转量比重

（九）运输机场。

截至 2020 年底，我国境内运输机场（不含香港、澳门特别行政区和台湾地区）241 个，比上年底净增 3 个。2020 年新增机场有玉林福绵机场、于田万方机场、重庆仙女山机场。2020 年，安康五里铺机场迁至安康富强机场。

颁证运输机场按飞行区指标[6]分类：4F 级机场 13 个，4E 级机场 38 个，4D 级机场 38 个，4C 级机场 147 个，3C 级机场 4 个，3C 级以下机场 1 个。

2020 年，全行业全年新开工、续建机场项目 114 个，新增跑道 4 条，停机位 377 个，航站楼面积 170.8 万平方米。截至 2020 年底，全行业运输机场共有跑道 265 条，停机位 6621 个，航站楼面积 1799.8 万平方米。

表 3 2020 年各地区颁证运输机场数量

地　区		颁证运输机场数量（个）	占全国比例（%）
全国		241	100.0
其中：	东部地区	54	22.4
	中部地区	36	14.9
	西部地区	124	51.5
	东北地区	27	11.2

（十）机场业务量。

2020 年，全国民航运输机场完成旅客吞吐量 8.57 亿人次，比上年下降 36.6%。

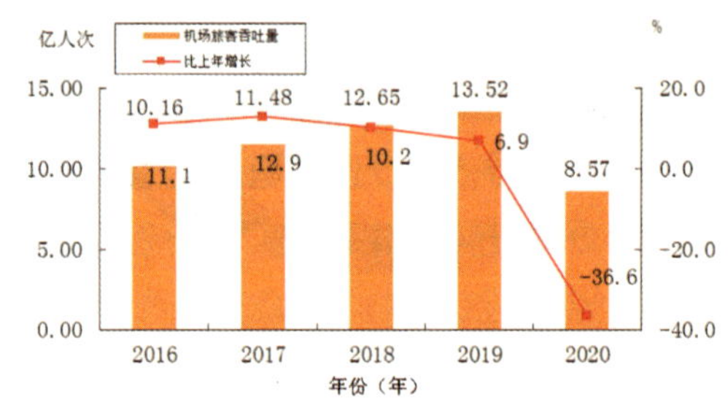

图 7　2016—2020 年民航运输机场旅客吞吐量

其中，2020 年东部地区[7]完成旅客吞吐量 4.27 亿人次，比上年下降 39.8%；中部地区完成旅客吞吐量 1.01 亿人次，比上年下降 34.8%；西部地区完成旅客吞吐量 2.79 亿人次，比上年下降 30.8%；东北地区完成旅客吞吐量 0.49 亿人次，比上年下降 41.0%。

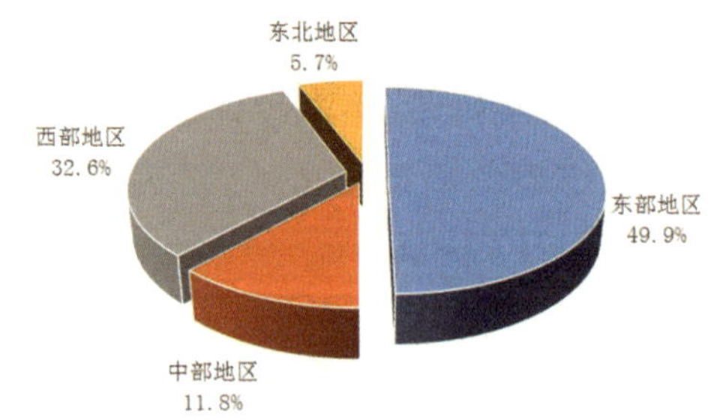

图 8　2020 年民航运输机场旅客吞吐量按地区分布

2020 年全国民航运输机场完成货邮吞吐量 1607.49 万吨，比上年下降 6.0%。

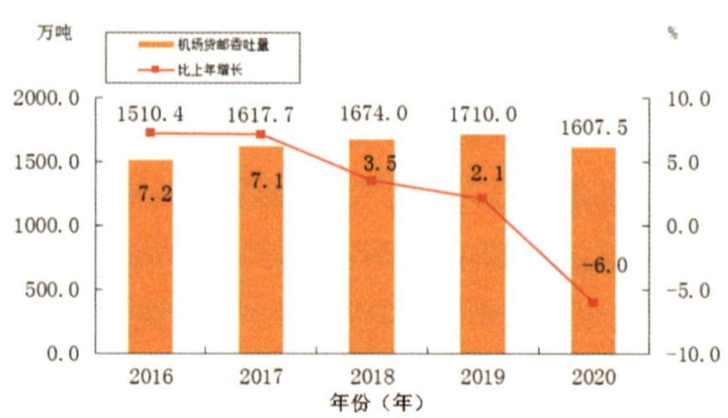

图 9　2016—2020 年民航运输机场货邮吞吐量

其中，2020 年东部地区完成货邮吞吐量 1168.41 万吨，比上年下降 6.2%；中部地区完成货邮吞吐量 137.18 万吨，比上年增长 10.0%；西部地区完成货邮吞吐量 251.96 万吨，比上年下降 9.7%；东北地区完成货邮吞吐量 49.94 万吨，比上年下降 17.3%。

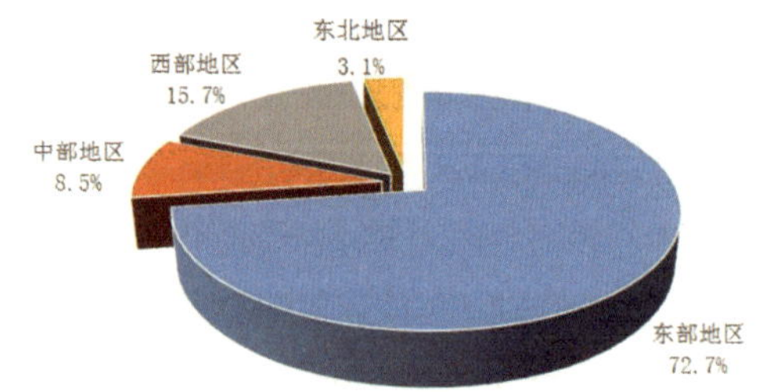

图 10　2020 年民航运输机场货邮吞吐量按地区分布

2020 年，全国民航运输机场完成起降架次 904.92 万架次，比上年下降 22.4%。其中，运输架次 745.79 万架次，比上年下降 24.4%。

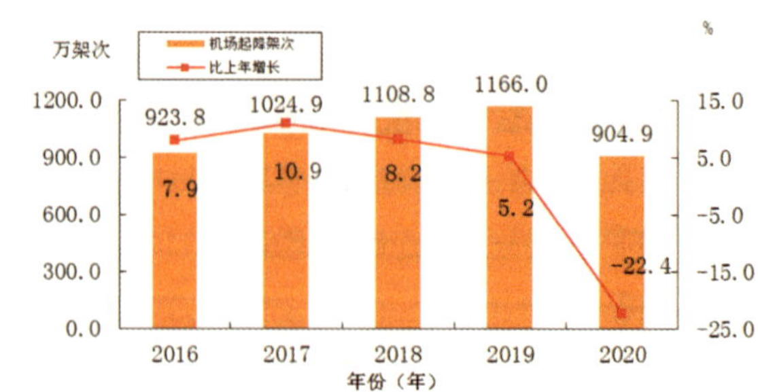

图 11　2016—2020 年民航运输机场起降架次

2020 年，年旅客吞吐量 100 万人次以上的运输机场 85 个，其中，北京、上海和广州三大城市机场旅客吞吐量占全部境内机场旅客吞吐量的 18.2%，比上年降低 4.2 个百分点。

表 4　2020 年旅客吞吐量 100 万人次以上的机场数量

年旅客吞吐量	机场数量（个）	比上年增加（个）	吞吐量占全国比例（%）
1000 万人次以上	27	-12	70.0
100 万～1000 万人次	58	-9	24.1

2020 年，年货邮吞吐量 1 万吨以上的运输机场 59 个，其中，北京、上海和广州三大城市机场货邮吞吐量占全部境内机场货邮吞吐量的 44.0%，比上年降低 2.5 个百分点。

表 5　2020 年货邮吞吐量万吨以上的机场数量

年货邮吞吐量	机场数量（个）	比上年增加（个）	吞吐量占全国比例（%）
10000 吨以上	59	0	98.6

二、通用航空

（一）通用航空企业数量[8]。

截至 2020 年底，获得通用航空经营许可证的通用航空企业 523 家。其中，华北地区 111 家，东北地区 45 家，华东地区 131 家，中南地区 120 家，西南地区 64 家，西北地区 33 家，新疆地区 19 家。

（二）机队规模。

2020 年底，通用航空在册航空器总数达到 2892 架，其中，教学训练用飞机 1018 架。

（三）通航机场。

2020 年，新增通用机场 93 个，全国在册管理的通用机场数量达到 339 个。

（四）飞行小时。

2020 年，全行业完成通用航空生产飞行 98.40 万小时，比上年下降 7.6%。其中，载客类作业完成 8.96 万小时，比上年下降 10.0%；作业类作业完成 15.06 万小时，比上年下降 6.2%；培训类作业完成 36.94 万小时，比上年下降 4.4%；其他类作业完成 4.22 万小时，比上年下降 20.7%；非经营性完成 33.21 万小时，比上年下降 9.0%。

（五）无人机情况。

截至 2020 年底，全行业无人机拥有者注册用户约 55.8 万个，其中，个人用户约 49.8 万个，企业、事业、机关法人单位用户约 6 万个。全行业注册无人机共 51.7 万架。

截至 2020 年底，全行业无人机有效驾驶员执照达到 88994 本。

2020 年，参与民航局无人机云交换系统的无人机飞行小时共有 183 万小时。

三、运输效率与经济效益

（一）运输效率。

2020 年，全行业在册运输飞机平均日利用率为 6.49 小时，比上年减少 2.84 小时。其中，大中型飞机[9]平均日利用率为 6.61 小时，比上年减少 2.88 小时；小型飞机平均日利用率为 4.14 小时，比上年减少 2.25 小时。

表 6　2020 年正班客座率和正班载运率

指　标	指标值（%）	比上年提高百分点
正班客座率	72.9	-10.3
国内航线	73.7	-10.9
其中：港澳台航线	49.6	-28.2
国际航线	64.1	-15.4
正班载运率	66.5	-5.1
国内航线	66.2	-7.4
其中：港澳台航线	52.5	-12.0
国际航线	67.6	-0.6

2020 年，正班客座率平均为 72.9%，比上年降低 10.3 个百分点。

2020 年，正班载运率平均为 66.5%，比上年降低 5.1 个百分点。

（二）经济效益[10]。

据初步统计，2020 年，全行业累计实现营业收入 6246.91 亿元，比上年下降 41.1%；利润总额 -974.32 亿元，比上年减少 1519.43 亿元。其中，航空公司实现营业收入 3755.02 亿元，比上年下降 41.9%；利润总额 -794.46 亿元，比上年减少 1051.93 亿元。机场实现营业收入 882.97 亿元，比上年下降 28.1%；利润总额 -232.98 亿元，比上年减少 400.03 亿元。保障企业实现营业收入 1608.92 亿元，比上年下降 44.8%；利润总额 53.11 亿元，比上年减少 67.47 亿元。

据初步统计，2020 年，全行业运输收入水平为 4.20 元 / 吨公里，比上年降低 0.41 元 / 吨公里。其中，客运收入水平 4.93 元 / 吨公里，比上年降低 0.51 元 / 吨公里；货邮运输收入水平 2.53 元 / 吨公里，比上年提高 1.09 元 / 吨公里。

据初步统计，2020 年，民航全行业应交税金 191.45 亿元，比上年减少 208.45 亿元。

四、航空安全与服务质量

（一）航空安全。

2020 年，民航安全运行平稳可控，运输航空百万架次重大事故率十年滚动值为 0，亿客公里死亡人数十年滚动值为 0。发生通用航空事故 18 起，死亡 13 人。

自 2010 年 8 月 25 日至 2020 年底，运输航空连续安全飞行“120+4”个月，累计安全飞行 8943 万小时。

2020 年，全年共发生运输航空征候 440 起，同比下降 22.8%，其中，运输航空严重征候 4 起，同比下降 66.7%。严重征候和责任原因征候万时率分别为 0.0046 和 0.0228，各项指标均较好控制在年度安全目标范围内。

2020 年，全行业共有 49 家运输航空公司未发生责任征候。

（二）空防安全。

2020 年，全国民航安检部门共检查旅客 4.11 亿人次，检查旅客托运行李 1.68 亿件次，检查航空货物（不含邮件、快件）5.68 亿件次，检查邮件、快件 2.01 亿件次，处置编造虚假恐怖威胁信息非法干扰事件 27 起，查处各类安保事件 10669 起，确保了民航空防持续安全。民航实现 18 年空防安全零责任事故记录。

（三）航班正常率。

2020 年，全国客运航空公司共执行航班 352.06 万班次，其中，正常航班 311.64 万班次，平均航班正常率为 88.52%。

2020 年，主要航空公司[11]共执行航班 241.92 万班次，其中，正常航班 214.80 万班次，平均航班正常率为 88.79%。

表 7　2020 年航班不正常原因分类统计

指　标	占全部比例（%）	比上年增减百分点
全部航空公司航班不正常原因	100.00	0.00
其中：天气原因	57.31	10.81
航空公司原因	16.47	-2.44
空管原因（含流量原因）	0.76	-0.67
其他	25.46	-7.70
主要航空公司航班不正常原因	100.00	0.00
其中：天气原因	58.76	11.29
航空公司原因	14.64	-3.72
空管原因（含流量原因）	0.98	-0.81
其他	25.62	-6.76

2020年，全国客运航班平均延误时间为9分钟，同比减少5分钟。

（四）服务质量。

截至2020年底，233个机场和主要航空公司可实现"无纸化"出行；39家千万级机场[12]国内旅客平均自助值机比例达72.2%；在8家航空公司、29家机场开展跨航司行李直挂试点；20家航空公司的654架飞机能够为旅客提供客舱网络服务，其中，11家航空公司的213架飞机同时具备了空中接入互联网能力；航空货运电子运单使用达到182.16万票；12326民航服务质量监督电话开通，国内航空公司投诉响应率达100%。

2020年，旅客对航空公司和机场服务满意度[13]分别为4.30分和4.41分（满分5分）。

五、教育与科技创新

（一）教育情况。

2020年，民航直属院校共招收学生23221人，其中，研究生1428人，普通本专科生21295人，成人招生498人。全年招收飞行学生5480人。

2020年，民航直属院校在校学生数达到78403人，其中，研究生3549人，普通本专科生71392人，成人在校生3462人。

2020年，民航直属院校共毕业学生18314人，其中，硕士研究生951人，普通本专科15493人，成人学生1870人。

（二）科技创新。

2020年，民航承担国家重点研发计划项目立项3项。国家自然科学基金民航联合研究基金重点项目立项18项。

2020年，民航共验收科技成果98项，评选中国航空运输协会民航科学技术奖31项。

（三）航行新技术应用。

截至2020年底，全行业20家航空公司具备HUD运行能力，1278架运输飞机具备HUD能力，具备HUD特殊Ⅰ类标准的机场97个，具备HUD特殊Ⅱ类标准的机场21个，具备HUD RVR150米起飞标准的机场14个。

全行业237个运输机场具备PBN飞行程序，地形复杂的26个机场配备RNP AR程序，97%的运输飞机具备ADS-B能力，46家航空公司应用了电子飞行包（EFB）。

六、专业技术人员

（一）飞行员数量。

截至2020年底，中国民航驾驶员有效执照总数为69442本，比上年底增加1489本。其中，运动驾驶员执照（SPL）1113本，私用驾驶员执照（PPL）4015本，商用驾驶员执照（CPL）37881本，多人制机组驾驶员执照（MPL）192本，航线运输驾驶员执照（ATPL）26241本。

表8 2020年中国民航驾驶员执照分类统计表

执照种类	数量（本）	比上年增加（本）
运动驾驶员执照（SPL）	1113	-60
私用驾驶员执照（PPL）	4015	-337
商用驾驶员执照（CPL）	37881	2552
多人制机组驾驶员执照（MPL）	192	-1
航线运输驾驶员执照（ATPL）	26241	-665
合计	69442	1489

（二）其他专业技术人员。

截至2020年底，全行业持照机务人员60335名，比上年增加1211名；持照签派员8994名，比上年增加550名。

截至2020年底，空管行业四类专业技术人员共33102人[14]，比上年新增2138人。其中，空中交通管制人员15001人，比上年新增1173人。

七、对外关系

2020年，我国先后与11个国家或地区举行双边航空会谈或书面磋商。截至2020年底，我国与其他国家或地区签订双边航空运输协定128个，比上年底增加1个（《中华人民共和国政府和欧洲联盟关于航班若干方面的协定》），其中，亚洲有44个（含东盟），非洲有27个，欧洲有38个（含欧盟），美洲有12个，大洋洲有7个。

2020年，我国与欧盟签署的中欧航空安全协定正式生效，并且在该协定框架下与欧盟航空安全局签署技术实施程序。截至2020年底，与我国建立双边适航关系的国家或地区为39个，现行有效的双边适航文件共239份。

八、适航审定

2020年，全行业新增657架航空器国籍登记。其中，新注册运输航空器136架，通用航空器521架，创注册通用航空器新高。

2020年，民航适航审定部门共颁发60份设计批准类证件，127份生产批准类证件，170份航油航化批准证件。

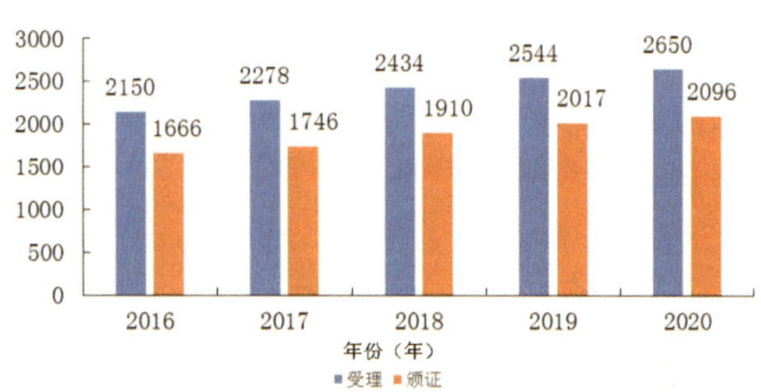

图12　2016—2020年型号合格、认可审定数量（累计值）

九、固定资产投资

2020年，民航固定资产投资总额1627.59亿元，其中，民航基本建设和技术改造投资1081.41亿元，比上年增长11.6%。

十、节能减排

2020年，中国民航吨公里油耗为0.316公斤，较2005年（行业节能减排目标基年）下降7.1%，机场每客能耗较“十二五”末（2013—2015年）均值上升约2.7%。

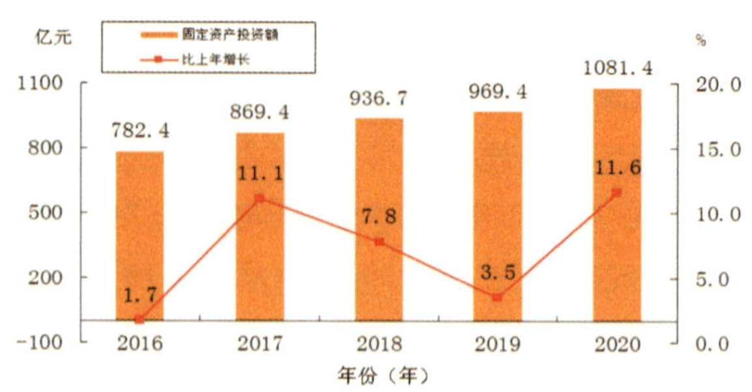

图13　2016—2020年民航基本建设和技术改造投资额

2020年，共有28.97万架次航班使用临时航路，缩短飞行距离1232万公里，节省燃油消耗6.65万吨，减少二氧化碳排放约20.95万吨。

截至2020年，机场场内电动车辆设备约6700台，充电设施3300个，电动车辆占比约16.3%；全国年旅客吞吐量超过500万人次以上机场飞机APU替代设备实现“应装尽装”“应用尽用”。

截至2020年，民航打赢蓝天保卫战项目累计103个，总投资约29亿元，累计节省航油40余万吨，相当于减少二氧化碳排放约130万吨，减少各种空气污染物约4800吨。

2020年，机场能源清洁化水平稳步提升，电力、天然气、外购热力占比达到86.8%，太阳能、地热能等清洁能源占比约1.0%。

2020年，会同香港特别行政区和澳门特别行政区民航管理部门，高质量完成2019年度我国航空飞行活动二氧化碳排放监测、报告和核查工作。

十一、法规和信用体系建设

2020年，1部行政法规、9部规章完成制定、修订或废止工作并予以公布。

2020 年，民航各级行政机关共实施行政处罚 326 起；全年共 4 家组织、22 个自然人因实施《民航行业信用管理办法（试行）》规定的严重失信行为而被列入民航行业严重失信人名单；4999 名旅客被列入限制乘坐民用航空器特定严重失信人名单[15]。

十二、工会工作

2020 年，民航系统 18 名先进个人被党中央、国务院授予“全国劳动模范”荣誉称号。

2020 年，在全行业“安康杯”竞赛活动中，共有 447 个单位、3.39 万个班组、72.2 万名职工参加。

注释：

[1] 本公报未包括香港、澳门特别行政区和台湾地区统计数据。公报中部分数据因四舍五入原因，存在着与分项合计不等的情况。

[2] “十三五”时期“一二三三四”民航总体工作思路：指民航行业“践行一个理念、推动两翼齐飞、坚守三条底线、完善三张网络、补齐四个短板”的总体工作思路。

[3] 运输航空各项数据为正式年报数据，部分统计数据与此前公布的初步统计数据如有出入，以本次公布数据为准。

[4] 运输周转量、旅客运输量、货邮运输量、飞行小时和起飞架次涉及的数据均为境内航空公司承运的数据。

[5] 中航集团包括中国国际航空股份有限公司、中国国际货运航空有限公司、深圳航空有限责任公司、山东航空股份有限公司、昆明航空有限公司、西藏航空有限公司、中国国际航空内蒙古有限公司、大连航空有限责任公司和北京航空有限责任公司；东航集团包括中国东方航空股份有限公司、中国货运航空有限公司、上海航空有限公司、中国联合航空有限公司、中国东方航空江苏有限公司、中国东方航空武汉有限责任公司、东方航空云南有限公司和一二三航空有限公司；南航集团包括中国南方航空股份有限公司、厦门航空有限公司、中国南方航空河南航空有限公司、贵州航空有限公司、汕头航空有限公司、重庆航空有限责任公司、河北航空有限公司、珠海航空有限公司和江西航空有限公司；海航集团包括海南航空控股股份有限公司、中国新华航空集团有限公司、大新华航空有限公司、北京首都航空有限公司、天津航空有限责任公司、金鹏航空股份有限公司、云南祥鹏航空有限责任公司、西部航空有限责任公司、长安航空有限责任公司、福州航空有限责任公司、乌鲁木齐航空有限责任公司、广西北部湾航空有限责任公司、桂林航空有限公司和天津货运航空有限公司。

[6] 包括飞行区指标Ⅰ和飞行区指标Ⅱ，飞行区指标Ⅰ按拟使用机场跑道的各类飞机中最长的基准飞行场地长度，分为 1、2、3、4 四个等级；飞行区指标Ⅱ按使用该机场飞行区的各类飞机中的最大翼展或最大主起落架外轮外侧边的间距，分为 A、B、C、D、E、F 六个等级，两者中取其较高等级。

飞行区指标Ⅰ	飞机基准飞行场地长度（米）
1	<800
2	800 ~ 1200（不含）
3	1200 ~ 1800（不含）
4	⩾ 1800

飞行区指标Ⅱ	翼展（米）	主起落架外轮外侧边间距（米）
A	<15	<4.5
B	15 ~ 24（不含）	4.5 ~ 6（不含）
C	24 ~ 36（不含）	6 ~ 9（不含）
D	36 ~ 52（不含）	9 ~ 14（不含）
E	52 ~ 65（不含）	9 ~ 14（不含）
F	65 ~ 80（不含）	14 ~ 16（不含）

[7] 东部地区是指北京、上海、山东、江苏、天津、浙江、海南、河北、福建和广东 10 省市；中部地区是指江西、湖北、湖南、河南、安徽和山西 6 省；西部地区是指宁夏、陕西、云南、内蒙古、广西、甘肃、贵州、西藏、新疆、重庆、青海和四川 12 省（区、市）；东北地区是指黑龙江、辽宁和吉林 3 省。

[8] 通用航空企业地区分布按民航各地区管理局所辖区域划分。

[9] 大中型飞机是指 100 座级（含）以上的航空器，小型飞机是指 100 座级以下的航空器。

[10] 经济效益涉及数据为财务快报数据，最终数据以财务年报数据为准。

[11] 主要航空公司是指南航、国航、东航、海南、深圳、四川、厦门、山东、上海、天津等 10 家航空公司。

[12] 千万级机场为 2019 年口径。

[13] 根据中国民航科学技术研究院、中国民航报社、航旅纵横、中国民航机场协会共同发布的《2020 年年度中国民航服务旅客满意度评价报告》。

[14] 空管行业四类专业人员包括空中交通管制员、航空电信人员、航空情报人员和航空气象人员。

[15] 依据《关于在一定期限内适当限制特定严重失信人乘坐民用航空器　推动社会信用体系建设的意见》（发改财金〔2018〕385 号）相关规定。

《2020年民航行业发展统计公报》解读

2020年是我国民航发展史上极不平凡的一年，民航全行业以习近平新时代中国特色社会主义思想为指导，全面贯彻党的十九大和十九届二中、三中、四中、五中全会精神，全面落实习近平总书记关于疫情防控重要指示批示精神和国务院联防联控机制的决策部署，扎实做好“六稳”工作、全面落实“六保”任务，准确把握疫情形势变化，科学决策，创造性应对，因时因势精准施策，在统筹抓好疫情防控和行业安全发展的工作中取得显著成绩。

一、2020年是民航行业运输生产稳健恢复的一年

2020年，新冠肺炎疫情对全球民航业带来了巨大冲击，中国民航按照“认真、科学、冷静”的原则，落实“保安全运行、保应急运输、保风险可控、保精细施策”的防控工作要求，准确识变、科学应变、主动求变，使我国民航在全球率先触底反弹，国内航空市场成为全球恢复最快、运行最好的航空市场。

民航运输生产总体稳健恢复。2020年，全行业完成运输总周转量798.51亿吨公里，完成运输飞行小时876.22万小时，完成运输起飞架次371.09万架次，分别恢复到上年的61.7%、71.2%、74.7%。在疫情初期行业运输生产断崖式下跌的情况下，行业运输规模恢复保持逐季回升态势。第四季度，运输总周转量、运输飞行小时和运输起飞架次分别恢复到上年同期的76.3%、88.9%和94.5%。

民航旅客运输规模全球领先。2020年，全行业完成旅客运输量41777.82万人次，恢复到上年同期的63.3%，全球领先。在我国综合交通运输体系各种运输方式中，民航旅客运输量恢复程度相对较好。同时，民航立足服务新发展格局，牢牢把握扩大国内航空需求这个战略基点。2020年，国内航线旅客运输量恢复到上年同期的69.7%，高于行业整体6.4个百分点；第四季度，国内航线旅客运输量已经恢复到上年同期的95.5%。

民航货邮运输规模恢复处于较高水平。2020年，全行业完成货邮运输量676.61万吨，恢复到上年同期的89.8%。分航线看，国内航线货邮运输量恢复到上年同期的88.7%，国际航线恢复到上年同期的92.2%，均处于较高的恢复程度。2020年11—12月，国际航线货邮运输增速连续两个月实现正增长。

二、2020年是民航行业基本盘稳中有进的一年

面对新冠肺炎疫情对民航业造成的巨大冲击，民航局打出了一套统筹民航疫情防控和稳定发展的“组合拳”，出台政策稳发展、复工复产稳投资、采取措施稳就业，行业发展基本盘实现了稳中有进，行业整体抗风险能力经受住了严峻考验，显示出我国民航的坚强韧性和巨大潜能。

机队规模稳中有升。截至2020年底，我国共有运输航空公司64家，比上年底净增2家。全行业运输飞机期末在册架数3903架，比上年底净增85架。在全球大量航空公司因疫情停航或申请破产的情况下，我国航空公司机队规模在保持稳定的基础上略有增长。

固定资产投资规模创新高。2020年民航固定资产投资总额1627.6亿元，其中，民航基本建设和技术改造投资1081.4亿元，比上年增加11.6%，规模首次超千亿元。截至2020年底，我国境内运输机场达到241个，比上年底净增3个。全行业全年新开工、续建机场项目114个，新增

跑道4条，停机位377个，航站楼面积170.8万平方米。

专业技术人员队伍不断加强。截至2020年底，中国民航驾驶员有效执照总数为69442本，比上年底增加1489本；全行业持照机务人员60335名，比上年增加1211名；持照签派员8994名，比上年增加550名；空管行业四类专业技术人员共33102人，比上年新增2138人，其中空中交通管制人员15001人，比上年新增1173人。民航专业技术人员队伍保持稳定，规模不断扩大。

三、2020年是民航行业高质量发展不断取得突破的一年

民航行业牢固树立新发展理念，并将新发展理念贯穿民航各项工作的全过程，在行业崇尚创新、统筹协调、倡导绿色、厚植开放、促进共享，以贯彻新发展理念引领推动民航的高质量发展。

不断推进创新发展。民航全行业加快高水平科技创新人才队伍和民航特色新型智库建设，加强民航科技自主创新研发和成果示范。2020年，民航承担国家重点研发计划项目立项3项，共验收科技成果98项，评选中国航空运输协会民航科学技术奖41项。航行新技术应用进一步推广，2020年，全行业具备HUD运行能力的航空公司和运输飞机分别达到20家和1278架，具备PBN飞行程序的运输机场达到237个。

不断推进协调发展。通用航空恢复快于运输航空，2020年，全行业完成通用航空生产飞行98.40万小时，恢复至上年同期的92.4%，高于运输航空21.2个百分点。无人机飞行小时快速增加，2020年，参与民航局无人机云交换系统的无人机飞行达到183万小时，较上年增加58万小时。区域民航更加均衡，西部地区旅客吞吐量恢复至上年同期的69.2%，恢复程度最高；中部地区货邮吞吐量比上年增长10.0%，是唯一实现正增长的地区。

不断推进绿色发展。民航行业坚定不移走绿色发展之路，2020年我国民航吨公里油耗为0.316公斤，较2005年（行业节能减排目标基年）下降7.1%。全年共28.97万架次航班因使用临时航路节省燃油消耗6.65万吨，减少二氧化碳排放约20.95万吨。截至2020年，机场场内电动车辆设备约6700台，充电设施3300个，电动车辆占比约16.3%。机场能源清洁化水平稳步提升，电力、天然气、外购热力占比达到86.8%，太阳能、地热能等清洁能源占比约1.0%。

不断推进开放发展。民航高水平对外开放持续推进，2020年，我国先后与11个国家或地区举行双边航空会谈或书面磋商。截至2020年底，我国与其他国家或地区签订双边航空运输协定达到128个，比上年底增加1个（欧盟），与我国建立双边适航关系的国家或地区达到39个。

不断推进共享发展。2020年，玉林福绵机场、于田万方机场、重庆仙女山机场等新增运输机场及实现迁建的安康富强机场均处于西部地区。2020年，我国航空紧紧扭住供给侧结构性改革，做好需求侧管理，民航国内航线条数达到4686条，较上年增加118条。我国民航服务覆盖经济总量、地级行政单元、人口分别达到93%、92%、88%，服务范围更加广泛。

四、2020年是民航治理效能显著提升的一年

民航行业积极应对疫情大考，着力增强安全管控能力、应急处突能力、风险抵御能力、依法治理能力、协同配合能力，深入践行真情服务理念，全力优化服务品质，民航治理体系更加完善，治理效能显著提升。

民航安全运行平稳可控。截至2020年，我国民航运输航空百万架次重大事故率十年滚动值

为 0，亿客公里死亡人数十年滚动值为 0。安全水平稳居世界前列。自 2010 年 8 月 25 日至 2020 年底，运输航空连续安全飞行“120+4”个月，累计安全飞行 8943 万小时。同时，民航空防持续安全，我国民航实现 18 年空防安全零责任事故纪录。

应对疫情扶持政策精准有力。2020 年，民航行业宏观政策调控体系和应急治理体系更加完善。面对突如其来的严重疫情，民航局与相关部门沟通协调，在行业政策、财政支持、税费减免、金融信贷等方面，及时出台一揽子“16+8”项“点穴式”的扶持政策为企业纾困，给民航企业年减负约 100 亿元，为航空公司争取银行流动资金优惠贷款 1100 亿元。为有效应对疫情，民航行业在实践中形成了一整套全方位行业应急治理体系，为推进行业治理体系治理能力现代化做出积极探索。

民航服务质量持续提升。2020 年，民航服务质量专项行动持续开展。全国客运航空公司平均航班正常率为 88.52%，相比去年提高了 6.87 个百分点；全年客运航班平均延误时间为 9 分钟，比上年减少 5 分钟；共 20 家航空公司的 654 架飞机能够提供客舱网络服务；全年航空货运电子运单使用突破 182.16 万票。12326 民航服务质量监督电话开通以来，国内航空公司投诉响应率达 100%。全国 233 个机场和主要航司实现“无纸化”出行，千万级机场国内旅客平均自助值机比例达 70.5%。

法规和信用体系更加完善。2020 年，民航法律法规体系进一步健全，民航行业共有 1 部行政法规、9 部规章完成制定、修订或废止；民航信用管理进一步推进，全年全行业共发生行政处罚案件 325 起，全年共 22 个自然人因严重失信行为而被列入民航行业严重失信人名单，4999 名旅客被列入限制乘坐民用航空器特定严重失信人名单。

2020 年邮政行业发展统计公报

2020 年是极不平凡且极具挑战的一年，面对国内外严峻复杂的形势和新冠肺炎疫情严重冲击，邮政全行业全面贯彻落实习近平总书记重要指示批示精神，认真贯彻落实党中央、国务院决策部署，坚持稳中求进工作总基调，坚持新发展理念，坚持以供给侧结构性改革为主线，坚持以改革创新为动力，统筹疫情防控和行业改革发展，在经济社会发展中作用凸显，为扎实做好“六稳”工作、全面落实“六保”任务作出了积极贡献。行业业务总量和业务收入分别突破 2 万亿元和 1 万亿元，快递业务量突破 800 亿件。

一、业务发展情况

全年邮政行业业务总量完成 21053.2 亿元，同比增长 29.7%。全年邮政行业业务收入（不包括邮政储蓄银行直接营业收入）完成 11037.8 亿元，同比增长 14.5%。

（一）邮政寄递服务业务

2020 年邮政寄递服务业务量完成 255.4 亿件，同比增长 3.3%；邮政寄递服务业务收入完成 406.3 亿元，同比下降 5.2%。

全年函件业务量完成 14.2 亿件，同比下降 34.6%；包裹业务量完成 2030.6 万件，同比下降 5.8%；订销报纸业务完成 165.4 亿份，同比下降 1.6%；订销杂志业务完成 7.1 亿份，同比下降 2.3%；汇兑业务完成 960.7 万笔，同比下降 41.4%。

（二）快递业务

快递业务快速增长。全年快递服务企业业务量完成 833.6 亿件，同比增长 31.2%；快递业务收入完成 8795.4 亿元，同比增长 17.3%。

快递业务收入在行业中占比继续提升。快递业务收入占行业总收入的比重为 79.7%，比上年提高 1.9 个百分点。

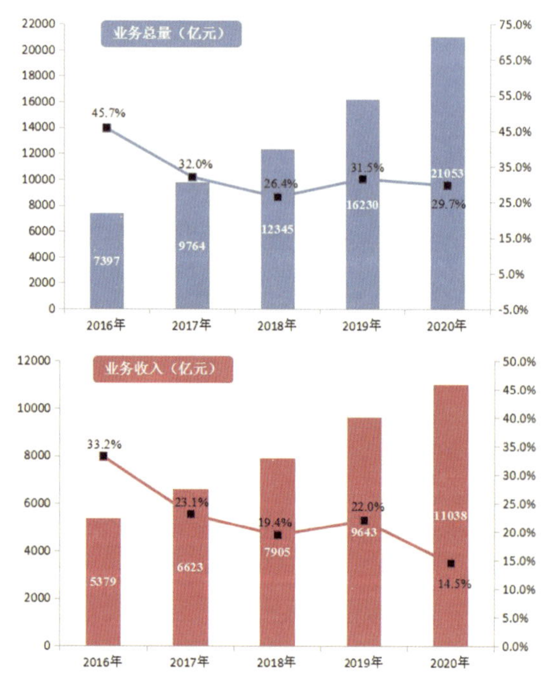

图 1　2016—2020 年邮政行业业务发展情况

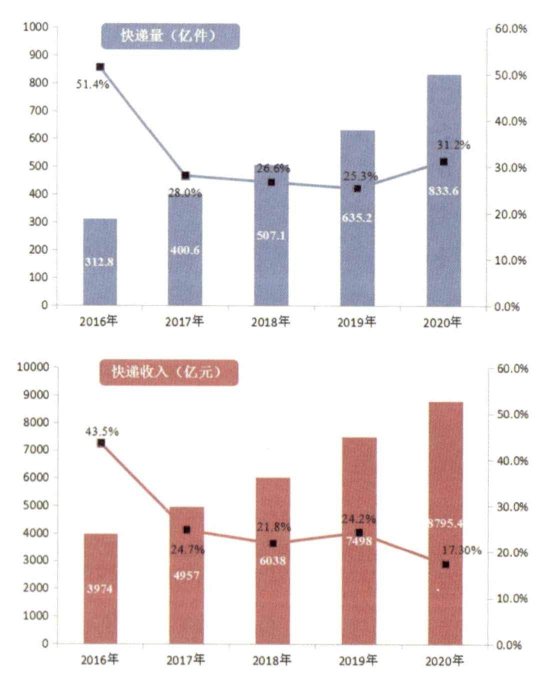

图 2　2016—2020 年快递业务发展情况

同城快递业务小幅增长。全年同城快递业务量完成121.7亿件，同比增长10.2%；实现业务收入766.4亿元，同比增长1.9%。

异地快递业务快速增长。全年异地快递业务量完成693.6亿件，同比增长35.9%；实现业务收入4531.3亿元，同比增长15.0%。

国际/港澳台快递业务持续增长。全年国际/港澳台快递业务量完成18.4亿件，同比增长27.7%；实现业务收入1073.4亿元，同比增长43.6%。

异地业务占比提升。同城、异地、国际/港澳台快递业务量占全部比例分别为14.6%、83.2%和2.2%，业务收入占全部比例分别为8.7%、51.5%和12.2%。

东、中、西部地区各项快递业务均保持了持续稳定的增长势头，中部地区业务增长持续提速，市场份额继续上升。全年东部地区完成快递业务量661.9亿件，同比增长30.8%；实现业务收入6999.5亿元，同比增长16.4%。中部地区完成快递业务量111.2亿件，同比增长36.1%；实现业务收入1045亿元，同比增长23.8%。西部地区完成快递业务量60.5亿件，同比增长27.7%；实现业务收入750.9亿元，同比增长17.7%。东、中、西部地区快递业务量比重分别为79.4%、13.3%和7.3%，快递业务收入比重分别为79.6%、11.9%和8.5%。

快递业务量排名前五位的省份合计在全国占比较上年有所下降，省份排名发生变化。快递业务量排名前五位的省份依次是广东、浙江、江苏、山东和河北，其快递业务量合计占全部快递业务量的比重达到65.8%，较上年前五位占比下降0.1个百分点。快递业务收入排名前五位的省份依次是广东、上海、浙江、江苏和山东，其快递业务收入合计占全部快递业务收入的比重达到65.5%，较上年同期下降1.3个百分点。

快递业务量排名前十五位的城市依次是金华（义乌）、广州、深圳、上海、杭州、北京、揭阳、东莞、苏州、泉州、成都、汕头、温州、宁波和石家庄，其快递业务量合计占全部快递业务量的比重达到54.6%。

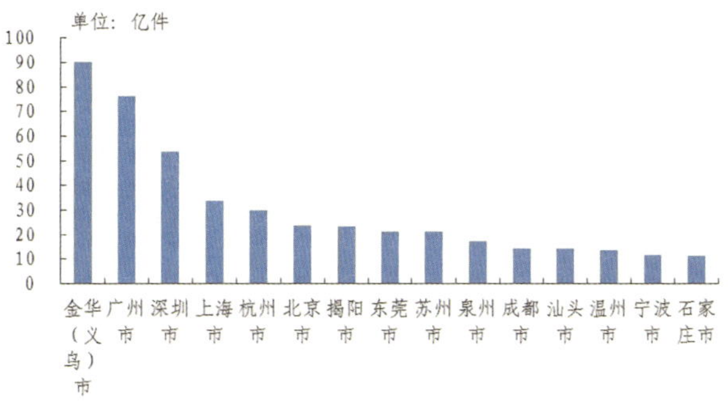

图3　快递业务量前15名城市情况

快递业务收入排名前十五位的城市依次是上海、广州、深圳、杭州、北京、金华（义乌）、东莞、苏州、成都、揭阳、佛山、天津、泉州、宁波、武汉，其快递业务收入合计占全部快递业务收入的比重达到58%。

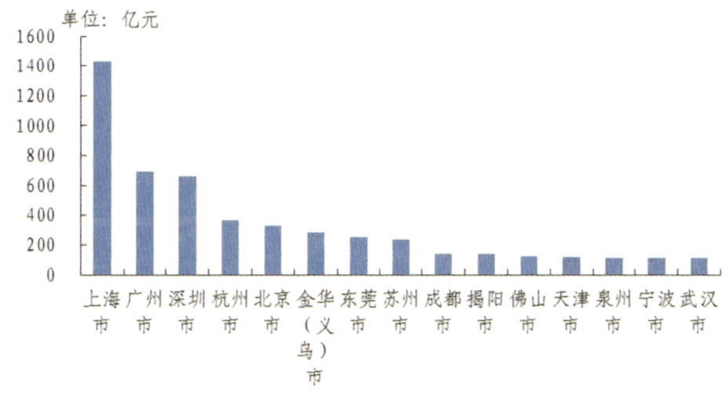

图4　快递业务收入前15名城市情况

国有、民营、外资企业业务量占全部快递与包裹市场比重分别为10%、89.8%、0.2%，国有、民营、外资企业业务收入占全部快递与包裹市场比重分别为8.7%、86%、5.3%。

快递与包裹服务品牌集中度指数CR8为82.2。

二、通信能力和服务水平

（一）机构设备

全行业拥有各类营业网点 34.9 万处，其中设在农村的 11.1 万处。快递服务营业网点 22.4 万处，其中设在农村的 7.1 万处。全国拥有邮政信筒信箱 10 万个，比上年末减少 2 万个。全国拥有邮政报刊亭总数 1.1 万处，比上年末减少 0.2 万处。

全行业拥有国内快递专用货机 124 架，比上年同期增加 8 架。全行业拥有汽车 35 万辆，比上年末增长 6.7%，其中快递服务汽车 25.4 万辆，比上年末增长 7.1%。

（二）通信网路

全国邮政邮路总条数 3.7 万条，比上年末增加 978 条。邮路总长度（单程）1187.4 万公里，比上年末减少 35.3 万公里。全国邮政农村投递路线 10.1 万条，比上年末减少 1265 条；农村投递路线长度（单程）410.4 万公里，比上年末减少 9.5 万公里。全国邮政城市投递路线 10.7 万条，比上年末增加 3922 条；城市投递路线长度（单程）219.4 万公里，比上年末减少 1.6 万公里。全国快递服务网路条数 20.7 万条；快递服务网路长度（单程）4091.4 万公里。

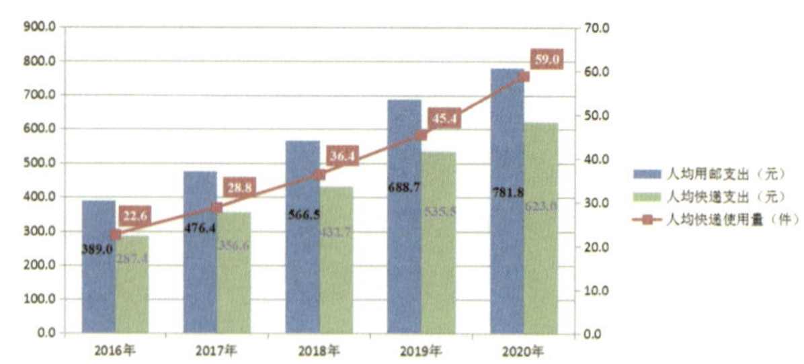

图 5　2016—2020 年人均用邮支出、快递支出和快递使用量情况

（三）服务能力

全行业平均每一营业网点服务面积为 27.5 平方公里；平均每一营业网点服务人口为 0.4 万人。邮政城区每日平均投递 2 次，农村每周平均投递 5 次。全国年人均函件量为 1 件，每百人订有报刊量为 7.9 份，年人均快递使用量为 59 件。年人均用邮支出 781.8 元，年人均快递支出 623 元。

注释：

1. 本公报中邮政寄递服务业务、通信能力和服务水平有关数据来自年报，其他数据为月报统计数据。
2. 各项统计数据未包括香港、澳门特别行政区和台湾省。
3. 部分数据因四舍五入的原因，存在着与分项合计不等的情况。
4. 邮政行业业务总量按 2010 年不变价格计算。
5. 全国人口数据来自国家统计局《第七次全国人口普查公报（第二号）》。

《2020年邮政行业发展统计公报》解读

2020年是极不平凡且极具挑战的一年，面对国内外严峻复杂的形势和新冠肺炎疫情严重冲击，邮政行业全面贯彻落实习近平总书记重要指示批示精神，认真贯彻落实党中央、国务院决策部署，充分发挥了邮政快递业在“打通大动脉、畅通微循环”方面的先行作用，为统筹推进疫情防控和经济社会发展作出了积极贡献。年内邮政行业业务总量超2万亿元，邮政行业业务收入超万亿元，行业实现逆势增长，增速逐季提升，在经济社会发展中作用凸显。

一、行业规模迈上新台阶

2020年，邮政全行业完成业务总量21053.2亿元，同比增长29.7%。实现业务收入11037.8亿元，同比增长14.5%。规模上，行业业务总量、业务收入分别为2016年的2.8和2.1倍。其中，邮政行业业务收入与国内生产总值的比值首次超过1%。

二、邮政寄递服务业务基本平稳

2020年，邮政寄递服务业务量、收入分别完成255.4亿件和406.3亿元，分别增长3.3%和下降5.2%。业务结构上，邮政传统寄递服务业务整体收缩，与上年相比，函件、汇兑业务降幅扩大，包裹、报纸杂志降幅收窄。

三、快递业务增长远超预期

2020年，快递服务企业业务量完成833.6亿件，同比增长31.2%；快递业务收入完成8795.4亿元，同比增长17.3%。

其中，快递业务量同比增速比上年高5.9个百分点，增速重回30%以上，成为宏观经济增长的亮点。分季度来看，1～4季度，增速分别为3.2%、36.7%、37.9%和38.7%，呈现加速增长态势。从3月起，月增20亿件成为常态，全年净增量接近200亿件，创历史新高。

快递业务收入在行业中占比继续提升，快递业务收入占行业总收入的比重为79.7%，比上年提高1.9个百分点。

异地快递业务增速加快。2020年，同城、异地和国际/港澳台三项业务的业务量增速分别为10.2%、35.9%和27.7%，与上年相比，同城快递业务增速由负转正，异地快递业务增速进一步加快，国际/港澳台快递业务增速基本保持稳定。

四、区域结构持续优化

2020年，东、中、西部地区快递业务量比重分别为79.4%、13.3%和7.3%，与去年同期相比，东部和西部分别下降0.3和0.1个百分点，中部上升0.4个百分点，11个省份增速超过40%，比全国增速高10个百分点以上，湖北增速由负转正，成为今年最大的亮点。从快递业务龙头省份来看，上海跌出快递业务量前5，河北晋升；北京跌出快递业务收入前5，山东晋升。快递业务量城市排名变化较大，金华（义乌）首次超过广州成为全国第一，泉州替代成都再进前十。

五、市场竞争格局加速演变

民营快递企业快递与包裹市场份额继续提升，民营快递成长为绝对主力。与上年相比，民营快递企业的快递与包裹市场份额进一步提高，业务量占比达到89.8%，收入占比达到86%。

2020年，快递与包裹服务品牌集中度指数CR8达到82.2，头部企业的领先优势依然明显。

六、行业服务质效不断提升

行业网点布局发生调整，合作营业场所数

量增长较快，面对疫情冲击，企业抱团合作倾向明显。

行业运输能力进一步提升。年内全行业拥有国内快递专用货机124架，与上年相比增加8架；全行业拥有汽车35万辆，比上年末增长6.7%，其中快递服务汽车25.4万辆，比上年末增长7.1%。

通信网路不断完善。全国邮政邮路总条数3.7万条，比上年末增加978条；全国邮政城市投递路线10.7万条，比上年末增加0.4万条。全国快递服务网路条数、快递服务网路长度（单程）增长明显。

行业普惠程度更加突出。年内人均快递使用量达到59件，较上年多出了13.6件，人民群众用邮满足感和获得感不断增强。

附录3　中国交通的可持续发展

中国交通的可持续发展

（2020年12月）

中华人民共和国国务院新闻办公室

前言

交通运输是国民经济中基础性、先导性、战略性产业和重要的服务性行业，是可持续发展的重要支撑。

新中国成立以来特别是改革开放以来，在中国共产党领导下，中国的交通运输秉持与经济社会协调发展、与自然生态和谐共生的理念，以建设人民满意交通为目标，自立自强，艰苦奋斗，取得了举世瞩目的发展成就，从根本上改变了基础薄弱、整体落后的面貌，为经济社会发展提供了有力保障，走出了一条中国特色交通发展之路。

中共十八大以来，在习近平新时代中国特色社会主义思想指引下，中国交通发展取得历史性成就、发生历史性变革，进入基础设施发展、服务水平提高和转型发展的黄金时期，进入高质量发展的新时代。基础设施网络规模居世界前列，运输服务保障能力不断提升，科技创新能力显著增强，行业治理现代化水平大幅跃升，人民高品质出行需求得到更好满足，中国加快向交通强国迈进。

当今世界正经历百年未有之大变局，各国的前途命运从未像现在这样紧密相连，交通对于加强互联互通、促进民心相通日益重要。作为负责任大国，中国认真落实联合国2030年可持续发展议程，积极参与全球交通治理，加强国际交流与合作，为促进全球可持续发展、推动构建人类命运共同体贡献中国智慧、中国力量。

为全面介绍新时代中国交通发展成就，分享中国交通可持续发展的理念和实践，增进国际社会认识和了解，特发布本白皮书。

一、走新时代交通发展之路

中国交通积极适应新的形势要求，坚持对内服务高质量发展、对外服务高水平开放，把握基础设施发展、服务水平提高和转型发展的黄金时期，着力推进综合交通、智慧交通、平安交通、绿色交通建设，走新时代交通发展之路。

（一）以建设人民满意交通为目标

为了人民、依靠人民、服务人民，是中国交通发展的初心和使命。新时代的中国交通，秉持人民至上、以人为本的发展理念，坚持人民共建共治共享，建设人民满意交通。

——人民交通靠人民。坚持人民主体地位，着力解决人民最关心、最直接、最现实的交通发展问题，充分调动人民的积极性主动性创造性，鼓励社会公众参与交通治理，依靠人民办好交通。

——人民交通由人民共享。统筹公平和效率，坚持普惠性、保基本、均等化、可持续方向，大力推进城乡基本公共服务均等化，保障城乡居民行有所乘，让人民共享交通发展成果。

——人民交通让人民满意。以人民满意为根本评判标准，聚焦新时代人民对交通的新期待，深化供给侧结构性改革，推动交通运输高质量发展，不断满足不同群体的交通运输需求，不断提升人民的获得感、幸福感、安全感。

（二）以当好发展“先行官”为定位

经济要发展，国家要强大，交通要先强起来。把交通运输作为经济社会发展的“先行官”，坚持先行引导、适度超前原则，保持一定发展速度，为经济社会发展提供坚实基础和有力保障。

——措施上优先部署。实施京津冀协同发展、长江经济带发展、长三角一体化发展、粤港澳大湾区建设等区域协调发展战略，推进脱贫攻坚、乡村振兴、新型城镇化等重大决策部署，把交通运输作为先行领域重点部署、优先保障。

——能力上适度超前。适应新型工业化、信息化、城镇化和农业现代化发展要求，以加快建设综合立体交通网络为目标，以综合交通运输规划编制为抓手，适度超前布局交通基础设施建设，支撑经济社会发展，为未来发展留足空间。

——作用上先行引领。充分发挥交通运输在国土空间开发、产业梯度转移、城镇布局优化、经济贸易交流中的先导作用，发挥互联网新业态在培育经济发展新动能中的引领作用，促进新经济形态加速崛起。

（三）以新发展理念为引领

贯彻创新、协调、绿色、开放、共享的新发展理念，是新时代中国交通发展的关键。以新发展理念引领交通高质量发展，更新观念，转变方式，破解难题，厚植优势。

——建设安全、便捷、高效、绿色、经济的现代化综合交通运输体系。打造高品质的快速交通网、高效率的普通干线网、广覆盖的基础服务网，加快形成立体互联的综合交通网络化格局和横贯东西、纵贯南北、内畅外通的综合交通主骨架。

——推动交通运输供给侧结构性改革。降低交通运输结构性、制度性、技术性、管理性、服务性成本，促进物流业“降本增效”，更好发挥交通运输在物流业发展中的基础和主体作用。

——优化营商环境。加强法治政府建设，合理划分交通运输领域中央与地方财政事权和支出责任，推进简政放权、加强管理、优化服务，健全完善以信用为基础的新型监管机制，提升营商环境的国际化、法治化、市场化水平。

——增强发展动能。鼓励和规范交通新业态发展，加快推动新旧动能转换，建立多层次、可选择、多元化的运输服务体系，提高交通服务水平。

（四）以改革开放为动力

深化改革、扩大开放是交通运输发展行稳致远的强大动力。坚持社会主义市场经济改革方向，把“有效市场”和“有为政府”更好结合起来，进一步解放和发展交通运输生产力。

——坚持市场化改革。充分发挥市场在资源配置中的决定性作用，更好发挥政府作用，放开交通运输市场，推进质量变革、效率变革、动力变革，着力依靠市场解决发展不充分的问题，更好发挥政府作用解决发展不平衡的问题，不断完善交通运输市场体系，释放交通运输活力。

——坚持高水平开放。打开国门搞建设，积极推进交通运输“走出去”“请进来”，以服务共建“一带一路”为重点，着力推动陆上、海上、天上、网上“四位一体”联通和政策、规则、标准“三位一体”联通，提升与其他国家互联互通水平和国际运输便利化水平。

（五）以创新驱动为支撑

创新是交通运输发展的动力源泉。把创新作为推动发展的第一动力，以科技创新为牵引，大力推进管理创新、制度创新、文化创新，完善创新体系，优化创新环境，强化人才支撑。

——以基础设施建养技术迭代升级增强交通运输系统韧性，增强交通基础设施抵御灾害与预警监测能力，提升高速铁路、高速公路、特大桥隧、深水筑港、大型机场工程等建造技术水平。

——以智慧交通建设推进数字经济、共享型经济产业发展，推动模式、业态、产品、服务等联动创新，提高综合交通运输网络效率，构筑新型交通生态系统。

——以数字化、网络化、智能化、绿色化技术的发展，拓展交通运输高质量发展空间，抓住全球新一轮科技革命和产业变革催生新技术新模式新业态的历史机遇，推动交通运输可持续发展。

二、从交通大国向交通强国迈进

进入新时代，中国交通驶入高质量发展的快车道，基础设施建设日新月异，运输服务能力、品质和效率大幅提升，科技支撑更加有力，人民出行更加便捷，货物运输更加高效，中国正在从交通大国向交通强国迈进。

（一）基础设施从“连线成片”到“基本成网”

牢牢把握交通基础设施优化布局、加速成网的重要机遇期，深入推进交通供给侧结构性改革，一大批综合客运、货运枢纽投入运营，综合交通网络规模和质量实现跃升，覆盖广度和通达深度不断提升。

综合交通基础设施基本实现网络化。截至2019年底，全国铁路营业里程达到13.9万公里，其中高速铁路营业里程超过3.5万公里；全国公路里程达到501.3万公里，其中高速公路里程15万公里；拥有生产性码头泊位2.3万个，其中万吨级及以上泊位数量2520个；内河航道通航里程12.7万公里；民用航空颁证运输机场238个；全国油气长输管道总里程达到15.6万公里，互联互通程度明显加强；邮路和快递服务网络总长度（单程）4085.9万公里，实现乡乡设所、村村通邮。综合立体交通网络初步形成，有力支撑了经济社会持续快速健康发展。

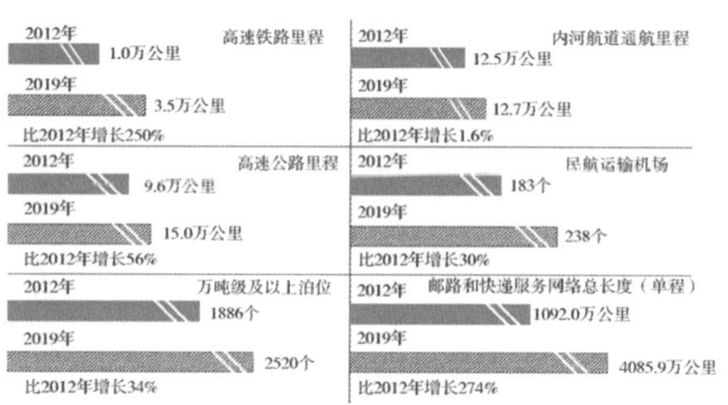

图1　交通基础设施快速发展

综合运输大通道基本贯通。着力加强综合运输大通道建设，进一步打通国家运输大动脉，有力保障国土和能源安全，强化区域间政治经济联系。加快建设“十纵十横”综合运输大通道，依托京沪、京广、沿海、沿江等综合运输大通道，长三角、珠三角、环渤海等港口群和长江沿线港口形成的经济带、城市群成为中国经济最具活力、人口最为密集的区域。上海到南京、上海到杭州高速通道沿线集聚了长三角三分之二的城市和约80%的经济总量。粤港澳大湾区形成了以高速铁路、城际铁路和高等级公路为主体的城际快速交通网络。西气东输、川气东送、海气登陆以及陕京线等天然气干线管输系统不断完善。煤炭物流通道布局更加合理，形成纵贯南北、东西的铁路能源运输大通道；粮食物流骨干通道全部打通，原粮散粮运输、成品粮集装化运输比重大幅提高，粮食物流效率稳步提升。区域间人员交流、物资流通日益便捷，横贯东西、纵贯南北、内畅外通的综合交通主骨架逐步形成。

综合交通枢纽建设步伐加快。深入推进交通、物流、信息与经济社会深度融合，大力发展枢纽经济，积极培育经济发展新动能。结合全国城镇体系布局，打造北京、上海、广州等国际性综合交通枢纽，加快建设全国性、区域性综合交通枢纽。通过规划引领，强化一体化综合客运枢纽站建设，北京大兴、上海虹桥等一批综合交通枢纽建成，实现了高铁、城市客运、轨道交通、民航等交通方式的无缝对接。优化货运枢纽布局，推进多式联运型和干支衔接型货运枢纽（物流园区）建设，上海洋山港、郑州铁路港等一批现代物流枢纽建成，提高了换装水平，加快了多式联运发展，有力推动了综合交通运输体系建设。不同运输方式通过枢纽实现有机衔接，为优化国家经济空间布局和构建现代化经济体系提供了有力支撑。

专栏1　北京大兴国际机场

2019年9月25日，北京大兴国际机场正式通航。机场规划占地面积45平方公里，规划建设6条跑道，满足年旅客吞吐量1亿人次以上需求。机场可再生能源利用率达到16%，机场控制区内运行新能源车辆设备占比超过60%。全机场均为绿色建筑，70%以上达到中国最高等级绿色建筑标准。机场航站楼兼具功能性和艺术性，是现阶段世界上建设规模最大的国际航空枢纽。北京大兴国际机场在不到5年时间里完成预定建设任务，顺利投入运营，充分展现了中国工程建筑的雄厚实力，充分体现了中国精神、中国力量，诠释了中国基建实力的新高度，是中国面向世界的新国门，是国家发展新的动力源。

城市交通基础设施体系化建设稳步推进。截至2019年年底，全国城市道路总长度45.9万公里，人均道路面积17.36平方米，建成区路网密度达到6.65公里/平方公里，道路面积率达到13.19%。强化城市综合交通体系规划引领，加强内部交通与对外交通有效衔接。树立“窄马路、密路网”的城市道路布局理念，建设快速路、主干路和次支路级配合理、适宜绿色出行的城市道路网络。完善道路空间分配，充分保障绿色交通出行需求，规范设置道路交通安全设施和交通管理设施。开展人行道净化专项行动，推动自行车专用道建设，切实改善绿色出行环境。

（二）运输服务从“走得了”到“走得好”

全面提升交通运输服务质量，“互联网＋交通”等新模式快速发展，多样化、品质化、均等化水平大幅提升，运输服务实现“人便其行、货畅其流”，通达性和保障性显著增强。交通运输对国家经济社会发展的支撑显著增强，促投资、促消费、稳增长作用明显。

货物运输服务保障能力不断提升。中国是世界上运输最繁忙的国家。面对日益增长的货物运输需求，加快多式联运发展，创新公铁联运、空铁联运、铁水联运、江海联运、水水中转、滚装联运等高效运输组织模式，开展铁路运能提升、水运系统升级、公路货运治理等专项行动，货物运输结构持续优化，综合运输效率不断提高，物流成本逐步降低，交通运输环境污染明显减少，原油、成品油、天然气管道建设不断提速。铁路运量占社会运输总量比例不断提升，“公转铁”行动取得突出成效。港口货物吞吐量和集装箱吞吐量均居世界第一。快递业务量保持强劲增长态势，连续6年位居世界第一。运输服务能力大幅提升，推进物流降本增效取得积极成效，促进了物流业转型升级。

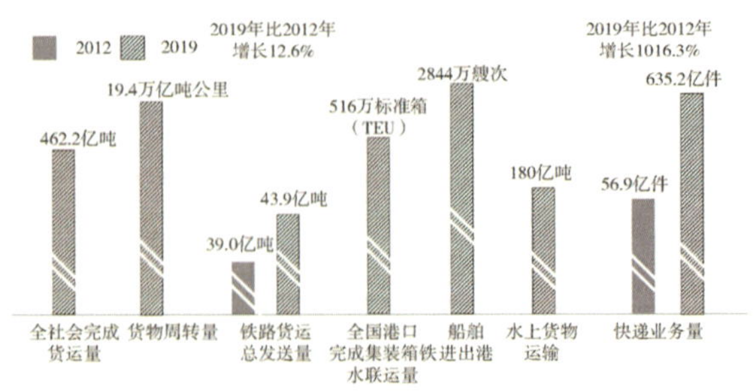

图2　货物运输服务现状

专栏 2 中国的邮政快递

中国建成了惠及 14 亿人口、全球最大的邮政普遍服务体系，基本建成了连接城乡、覆盖全国、通达世界的快递服务网络，快递"三向"（面向西部地区完善服务网络，面向农村推动"工业品下乡"和"农产品进城"，面向国际鼓励快递企业发展跨境快递业务）成效显著。全国邮政营业网点达到 5.4 万处，快递乡镇网点覆盖率达到 96.6%，全面实现建制村直接通邮。涌现出一批实力强大、充满活力的市场主体，形成了 1 家年营业收入超 1000 亿元、5 家超 500 亿元的企业集群。中国已成为世界上发展最快、最具活力的新兴寄递市场，包裹快递量超过美、日、欧等发达经济体总和，快递业务量连续 6 年稳居世界第一，创造了中国服务业和世界邮政业发展的奇迹。

公众高品质出行需求逐步满足。旅客运输专业化、个性化服务品质不断提升，人们对"美好出行"的需求得到更好满足，出行体验更加方便、快捷、舒适、温暖。以道路运输为基础，高铁、民航为主要发展方向的出行服务体系更加完善，客运结构持续优化，中长距离客流逐步从公路转向高铁和民航。截至 2019 年底，动车组列车累计发送旅客 120 亿人次，占铁路旅客发送量的比重由 2007 年的 4.5% 增长到 65.4%。春节、国庆等重要节庆日大规模客流的服务保障能力显著提升，人们不仅能够"说走就走"，而且走得"舒适、优雅、惬意"，"人享其行"的期盼逐步成为现实。

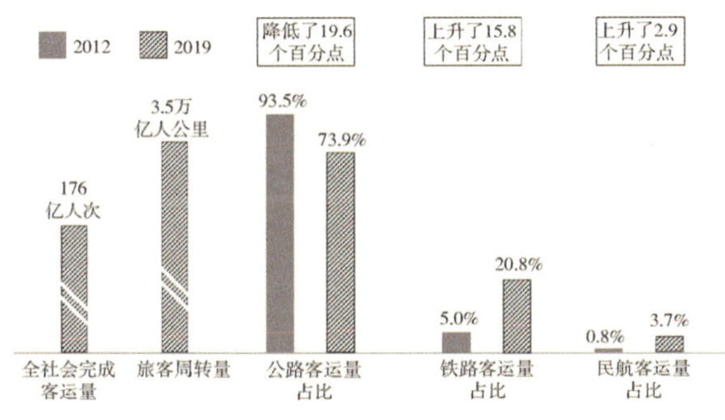

图 3 旅客运输服务现状

城市公共交通持续优先发展。发展公共交通是现代城市发展的方向，是加强城市交通治理、提升城市居民生活品质的有效措施。大力加强城市轨道交通建设，截至 2019 年底，全国共有 40 个城市开通运营城市轨道交通线路，运营里程达 6172.2 公里，城市轨道交通的骨干作用日益凸显，城市公交出行分担率稳步提高，舒适度不断提升。城市慢行交通系统较快发展，70 余个城市发布共享单车管理实施细则，360 余个城市提供了共享单车服务。城市公共交通的发展为人们出行提供了便利，满足了多样化出行需求。

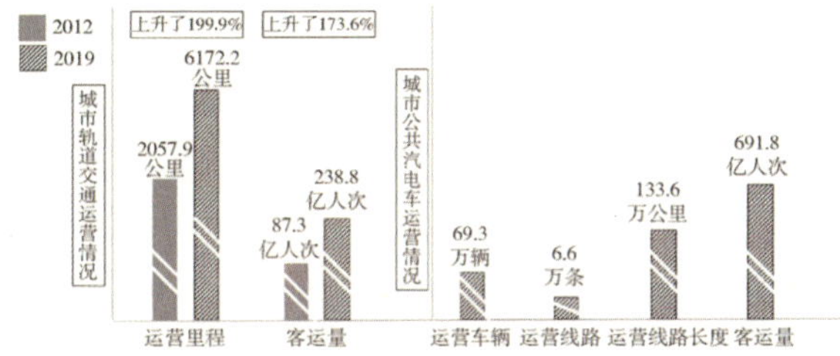

图 4 城市公共交通发展现状

专栏 3 公交都市建设

公共交通发展是城市交通发展的首要任务。2012 年，中国启动公交都市创建示范工程，先后分三批确定 87 个城市开展公交都市建设。截至 2019 年底，14 个城市成为"国家公交都市建设示范城市"。以公交都市为标杆的城市交通出行服务系统，对城市经济产生了全局性、先导性影响，促进了城市交通健康可持续发展。

基本公共服务均等化水平不断提升。努力保障公众公平享有交通服务权利，以交通和谐促进社会和谐。僻远地区开行的公益性"慢火车"，站站停、低票价、公交化，架起了山村与城市的沟通桥梁，成为沿线人民的"公交车""致富车"。公路客运普及和农村物流发展有力促进了城乡一体化，截至 2019 年底，已开展 52 个城乡交通运输一体化示范县建设，全国城乡交通运输一体化发展水平达到 AAA 级、AAAA 级以上的区县比例分别超过 95% 和 79%。在铁路、公路、水运、民航、邮政等重要枢纽设置无障碍设施，推广无障碍化交通工具，为特殊群体提供了周到的出行服务。不断加大旅客运输及出行服务普惠力度，让人民共享交通发展成果。

专栏 4　交通领域无障碍建设

无障碍环境是保障残疾人平等参与社会生活的必要条件，也是社会文明程度的重要标志之一。中国持续加强交通基础设施的无障碍环境建设与改造，全力打造“覆盖全面、无缝衔接、安全舒适”的无障碍交通出行环境。在全国推广应用无障碍化客运车辆，多个省份客运设施无障碍建设率达到 100%。3400 余辆动车组列车设置了残疾人专座；公共交通工具设置“老弱病残”专座，使用低地板公交车和无障碍出租汽车；城市公交车配备车载屏幕、语音报站系统。邮政快递为重度残疾人提供上门服务，为聋人客户提供短信服务，对盲人读物免费寄送。交通领域无障碍建设为残疾人走出家门、充分参与社会生活创造了条件。

交通运输新业态新模式不断涌现。“互联网 +”交通运输正在深刻改变着人们的出行方式。截至 2019 年底，网约车覆盖全国 400 多个城市，平台日均使用量达到 2000 万人次。共享单车有效解决了出行“最后一公里”难题，日均使用量约 4570 万人次。货运物流融入“互联网 +”进程加快，推动了货运物流组织方式创新，95306 铁路货运服务系统全面建成，2019 年铁路网上货运业务办理比例达到 85%，229 家无车承运人试点企业整合货运车辆 211 万辆，车辆利用率提高约 50.0%，较传统货运交易成本降低了 6 至 8 个百分点。“高铁网 + 互联网”双网融合取得突出成效，2019 年 12306 互联网售票系统售票超过 35.7 亿张；电子客票基本实现全覆盖；高铁站车正逐步实现 WiFi 信号全覆盖，创新推出网上订餐、无线充电、智能交互等服务。截至 2019 年底，超过 98% 的二级以上汽车客运站提供省域联网售票服务。网约车、共享单车、共享汽车等线上线下新消费模式，刷脸进站、“无纸化”登机、无人机投递、无接触配送、智慧停车、道路客运定制服务等新业态，让人们享受到了便利，为经济发展注入了新动能。

支撑区域重大战略实施。服务京津冀协同发展、长江经济带发展、粤港澳大湾区建设等区域协调发展战略，加强交通运输布局，提供基础支撑。加快构建以首都为核心的多节点、网格状世界级城市群交通体系，加快建设雄安新区一流的综合交通运输体系。强化干线铁路、城际铁路、市域（郊）铁路、城市轨道交通的高效衔接，推动“四网融合”，着力打造“轨道上的京津冀”。全面推进干线航道系统化治理，提升长江黄金水道功能，疏解三峡运输“瓶颈”制约，建设长江经济带综合立体交通走廊。畅通大湾区经粤东西北至周边省区的综合运输通道，构建连接泛珠三角区域和东盟国家的陆路国际大通道，推动粤港澳大湾区现代化综合交通运输体系建设。以“海澄文（海口、澄迈、文昌）”一体化经济圈、大三亚旅游经济圈为重点，打造多节点、网格状、全覆盖的铁路、城际轨道和骨架公路网，全面支撑海南自由贸易港建设。以上海、南京、杭州、合肥、苏锡常、宁波等为节点，构建对外高效联通、内部有机衔接的多层次综合交通网络，推进长三角区域交通运输更高质量一体化发展。契合全流域生态保护和国土空间开发，加快形成黄河流域“通道 + 枢纽 + 网络”联动发展格局。差异化完善区域各板块交通网络，增强了对区域战略的交通支撑。

（三）交通科技从“跟跑为主”到“跟跑并跑领跑”并行

经过不懈努力，交通运输科技创新能力大幅跃升，核心技术逐步自主可控，基础设施、运输装备取得标志性重大科技创新成果，可持续发展能力显著提升。中国的交通科技从跟跑世界一流水平为主，进入到跟跑、并跑、领跑并行的新阶段。

交通超级工程举世瞩目。高速铁路、高寒铁路、高原铁路、重载铁路技术达到世界领先水平，高原冻土、膨胀土、沙漠等特殊地质公路建设技术攻克世界级难题。离岸深水港建设关键技术、巨型河口航道整治技术、长河段航道系统治理技术以及大型机场工程建设技术世界领先。世界单条运营里程最长的京广高铁全线贯通，一次性建成里程最长的兰新高铁，世界首条高寒地区高铁哈大高铁开通运营，大秦重载铁路年运量世界第一，世界上海拔最高的青海果洛藏族自治州雪山一号隧道通车。川藏铁路雅安至林芝段开工建设。港珠澳大桥、西成高铁秦岭隧道群、洋山港集装箱码头、青岛港全自动化集装箱码头、长江口深水航道治理等系列重大工程举世瞩目。中国在建和在役公路桥梁、隧道总规模世界第一，世界主跨径前十位的斜拉桥、悬索桥、跨海大桥，中国分别有7座、6座、6座，世界最高的10座大桥中有8座在中国。

专栏5 港珠澳大桥

港珠澳大桥跨越伶仃洋，东接香港特别行政区，西接广东省珠海市和澳门特别行政区，总长约55公里，是粤港澳三地合作共建的超大型跨海交通工程。2018年10月23日，大桥开通。港珠澳大桥的建设，有力促进了三地交通连接，对于推进粤港澳大湾区建设具有重大意义。大桥建设过程中，先后攻克了人工岛快速成岛、深埋沉管结构设计、隧道复合基础等多个世界级技术难题。港珠澳大桥是中国公路建设史上技术最复杂、施工难度最高、工程规模最大的交通工程，创下多项世界之最，体现了中国的综合国力、自主创新能力，展现了勇创世界一流的民族志气，是一座圆梦桥、同心桥、自信桥、复兴桥。

交通装备技术取得重大突破。瞄准世界科技前沿发展“国之重器”，交通运输关键装备技术自主研发水平大幅提升。具有完全自主知识产权的“复兴号”中国标准动车组实现世界上首次时速420公里交会和重联运行，在京沪高铁、京津城际铁路、京张高铁实现世界最高时速350公里持续商业运营，智能型动车组首次实现时速350公里自动驾驶功能；时速600公里高速磁浮试验样车、具备跨国互联互通能力的时速400公里可变轨距高速动车组下线。盾构机等特种工程机械研发实现巨大突破，最大直径土压平衡盾构机、最大直径硬岩盾构机、最大直径泥水平衡盾构机等相继研制成功。节能与新能源汽车产业蓬勃发展，与国际先进水平基本保持同步。海工机械特种船舶、大型自动化专业化集装箱成套设备制造技术领先世界，300米饱和潜水取得创新性突破。C919大型客机成功首飞。支线客机ARJ21开始商业运营。快递分拣技术快速发展。远洋船舶、高速动车组、铁路大功率机车、海工机械等领跑全球，大型飞机、新一代智联网汽车等装备技术方兴未艾，成为中国制造业走向世界的“金名片”。

专栏6 中国的高速铁路

中国构建了完备的高速铁路技术体系，总体技术水平迈入世界先进行列，部分领域达到世界领先水平。截至2019年底，全国高铁运营里程超过3.5万公里，占全球高铁运营里程的三分之二以上，初步实现了相邻大中城市间1小时至4小时交通圈、城市群内半小时至2小时工作生活圈。以“八纵八横”高速铁路为主通道，建成了北京到天津、上海到南京、北京到上海、北京到广州、哈尔滨到大连等一批设计时速350公里、具有世界先进水平的高速铁路，累计安全运行里程超过75亿公里。2019年动车组发送旅客23.6亿人次，中国高铁不仅代表了“中国速度”，更续写了经济高质量发展的新篇章，为经济社会发展注入了磅礴活力，铺平了人民的幸福路。

智慧交通发展步伐加快。推进“互联网+”交通发展，推动现代信息技术与交通运输管理和服务全面融合，提升交通运输服务水平。充分运用5G通信、大数据、人工智能等新兴技术，交通运输基础设施和装备领域智能化不断取得突破。铁路、公路、水运、民航客运电子客票、联网售票日益普及，运输生产调度指挥信息化水平显著提升，截至2019年底，229个机场和主要航空公司实现“无纸化”出行。全面取消全国高速公路省界收费站，高速公路电子不停车收费系统（ETC）等新技术应用成效显著，截至2019年底，全国ETC客户累计超过2亿，全路网、全时段、全天候监测以及信息发布能力不断增强。北斗系统在交通运输全领域广泛应用，全国已有760万道路营运车辆、3.33万邮政快递干线车辆、1369艘部系统公务船舶、10863座水上助导航设施、109座沿海地基增强站、352架通用航空器应用北斗系统，并在3架运输航空器上应用北斗系统，京张高铁成为世界首条采用北斗卫星导航系统并实现自动驾驶等功能的智能高铁。智慧公路应用逐步深入，智慧港口、智能航运等技术广泛应用。智能投递设施遍布全国主要城市，自动化分拣覆盖主要快递企业骨干分拨中心。出台自动驾驶道路测试管理规范和封闭测试场地建设指南，颁布智能船舶规范，建立无人船海上测试场，推动无人机在快递等领域示范应用。

专栏 7　上海洋山港自动化码头

上海洋山港四期码头是全球最大的单体自动化智能码头和全球综合自动化程度最高的码头，是中国经济融入全球经济的重要象征。上海洋山港四期码头总用地面积 223 万平方米，共建设 7 个集装箱泊位，集装箱码头岸线总长 2350 米。洋山港采用中国自主研发的自动化作业系统，衔接上海港的各大数据信息平台，实现了码头主要业务环节生产调度自动化。洋山港的开港，标志着中国港口行业在运营模式、技术应用以及装备制造上实现了里程碑式的跨越升级。

三、服务决战脱贫攻坚和决胜全面小康

全面奔小康，关键在农村；农村奔小康，交通要先行。中国将交通扶贫作为服务全面建成小康社会、推进农业农村现代化、人民共享改革发展成果的重要支撑，全力消除制约农村发展的交通瓶颈，为广大农民脱贫致富奔小康提供坚实保障。

（一）坚决打赢交通扶贫脱贫攻坚战

把扶贫作为新时代交通运输发展的重要使命，完善扶贫规划政策体系，创新扶贫工作模式，做到“扶贫项目优先安排、扶贫资金优先保障、扶贫工作优先对接、扶贫措施优先落实”，以超常规的举措和力度，助力打赢脱贫攻坚战。

加强交通扶贫规划设计。完善交通扶贫顶层设计和政策体系，制定交通扶贫规划、实施方案、行动计划，实施《集中连片特困地区交通建设扶贫规划纲要（2011—2020）》《“十三五”交通扶贫规划》《关于进一步发挥交通扶贫脱贫攻坚基础支撑作用的实施意见》等规划和政策文件，将革命老区、民族地区、边疆地区、贫困地区 1177 个县（市、区）全部纳入支持范围。以深度贫困地区为重点，加快国家高速公路、普通国省道改造建设，打造“康庄大道路”“幸福小康路”“平安放心路”“特色致富路”，推动交通建设项目尽量向进村入户倾斜。

创新精准交通脱贫模式。加强统筹设计，建立健全五年规划、三年行动计划、年度计划相互衔接的规划计划体系，分省细化年度计划，建立台账，压茬推进。加大“扶志”“扶智”工作力度，做好对贫困地区干部群众的宣传、教育、培训、科技推广，动员鼓励贫困群众参与农村公路建设，吸纳贫困家庭劳动力参与护路等工作。

持续加大交通扶贫资金投入。大幅提高贫困地区交通建设中央投资补助标准，2012 年至 2020 年安排贫困地区公路建设的车购税资金超过 1.46 万亿元，占同期全国公路建设车购税资金的 61.3%，带动全社会投入超过 5.13 万亿元。国家高速公路、普通国道补助标准分别由“十二五”时期平均占项目总投资的 15%、30%，提高到“十三五”时期的 30%、50% 左右。乡镇、建制村通硬化路补助标准提高到平均工程造价的 70% 以上。通过优化中央预算内投资、车购税等资金支出结构，统筹加大各级各类资金倾斜力度，确保政策落地、资金到位、项目实施。

重点攻克深度贫困堡垒。全面建成小康社会最艰巨最繁重的任务在农村，特别是深度贫困地区。发挥交通在脱贫攻坚中的基础性、先导性作用，为深度贫困地区脱贫摘帽当好先行、做好支撑。加大对深度贫困地区支持力度，新增资金、新增项目、新增举措进一步向“三区三州”（注 1）等深度贫困地区倾斜。2016 年至 2020 年，安排车购税资金 2746 亿元支持“三区三州”交通项目建设，其中农村公路资金 781 亿元。

（二）“四好农村路”建设推动贫困地区交通高质量发展

道路通，百业兴。以建好、管好、护好、运营好农村公路（简称“四好农村路”）为牵引，积极推进贫困地区建设外通内联、通村畅乡、客车到村、安全便捷的交通运输网络，大力提

升城乡客货运输服务水平，贫困地区交通落后面貌发生根本改变。

贫困地区综合交通网络加快形成。缺少足够的交通基础设施是贫困地区面临的最大挑战之一。2016 年至 2019 年，国家支持贫困地区改造建设了国家高速公路 1.7 万公里、普通国道 5.3 万公里，建成内河航道约 2365 公里。贫困地区县城基本实现了二级及以上公路覆盖，许多贫困县通了高速公路，不少地方还通了铁路、建了机场，干支衔接的高等级内河航道网络不断完善。贫困地区综合交通运输网络加快形成，曾经“山里山外两重天”的局面彻底改变。

“四好农村路”建设成效显著。以 200 个“四好农村路”全国示范县为引领，推动农村公路高质量发展。落实农村公路建设“七公开”（注 2）制度，强化贫困地区交通建设管理和质量控制，优化农村公路路网结构，大力推进“路长制”，健全“四好农村路”建设长效机制。完善和落实省、市、县、乡镇、村五级责任，清晰界定工作职责，结合事业单位和乡镇机构改革，完善县乡农村公路管理体制。推动农村公路“满意工程”建设，推广建养一体化等建设养护模式。结合美丽乡村建设开展路域环境整治。统筹城乡客运资源，创新农村客运发展模式，整合交通、邮政、供销、电商等资源，推进了贫困地区农村物流发展。“四好农村路”建设取得了实实在在的成效，为农村特别是贫困地区带去了人气、财气。

专栏 8 “四好农村路”

“四好农村路”是新时代中国农村变化和社会变迁的重要标志。截至 2019 年底，农村公路总里程占全国公路总里程的 83.8%，其中等级公路比例达到 93.2%。2019 年，农村公路列养率达到 98.8%，优、良、中路率达到 83.0%，建制村通客车率达到 99.8%。支持贫困地区改造建设约 5.9 万公里资源路、旅游路、产业路，出行难等长期没有解决的老大难问题普遍得到解决。“四好农村路”连片成网，极大地缩短了往返城乡的时空距离，深刻改变了农村的生产生活条件和社会面貌，为偏远闭塞的乡村开辟了一条通往现代文明的大道。人流、物流带动了知识流、信息流、资金流，促进了贫困地区知识的传播、思想的开化、文化的交流、风俗的改进，真正使扶贫与扶志、扶智相结合，为广大农民通过知识文化致富提供了坚实保障。

“出行难”得到有效解决。农村公路建设实现跨越式发展，“晴天一身土，雨天一身泥”成为历史。截至 2019 年底，全国实现了具备条件的乡镇和建制村 100% 通硬化路；截至 2020 年 9 月，实现了具备条件的乡镇和建制村 100% 通客车。城乡道路客运一体化发展水平持续提升，以县城为中心、乡镇为节点、建制村为网点的交通网络初步形成，乡村之间、城乡之间连接更加紧密，6 亿农民“出门水泥路，抬脚上客车”的梦想变成了现实。

（三）交通助推广大农民脱贫致富奔小康

交通运输的快速发展，破解了长期以来制约贫困地区经济社会发展的瓶颈，为广大农民脱贫致富奔小康、加快推进农业农村现代化提供了有力支撑，为谱写新时代乡村振兴新篇章奠定了坚实基础。

农村公路助力广大农民奔小康。农村公路发展，重点在“建”，目标在“通”。2012 年至 2019 年，中国新改建农村公路 208.6 万公里（其中贫困地区约 110 万公里），农村公路总里程达到 420.1 万公里，贫困地区新增 5.1 万个建制村通硬化路。2016 年至 2019 年，贫困地区建设约 9.6 万公里通较大人口规模自然村的硬化路，建设 45.8 万公里农村公路安全生命防护工程，农村公路运行安全条件全面改善。出台《农村公路建设管理办法》《农村公路建设质量管理办法》《农村公路养护管理办法》，加快推进相关技术标准和规范制修订工作。出台《关于深化农村公路管理养护体制改革的意见》及相关配套制度，推进农村公路管理养护体制改革，建立健全农村公路管理养护长效机制。2012 年至 2019 年，通行客车的建制村新增 5.4 万个。加快建设县乡村三级农村物流节点体系建设，推进农村物流发展，2019 年农村地区收投快件超 150 亿件，工业品下乡、农产品出村、快递服务入户等运输服务能力不断提升。

铁路扶贫助力全面小康。持续提升贫困地区铁路网覆盖通达水平，加快连接贫困地区铁路规划建设，完善贫困地区铁路网络。截至2019年底，国家向14个集中连片特困地区、革命老区、少数民族地区、边疆地区累计投入3.3万亿元，占铁路基建总投资的78%。新投产铁路覆盖了274个国家级贫困县，助力融入“高铁经济圈”。运用大数据分析，优化贫困地区旅客列车开行方案，2019年日均开行途经贫困地区的旅客列车2328列，开行旅游扶贫专列594列，带动了沿线旅游、商贸、餐饮等产业发展和消费升级。精准开行农产品“点对点”运输专列、集装箱快运班列和高铁快运等，2018年以来累计运送贫困地区货物17.1亿吨。

“交通+”产业发展成效显著。积极推动“交通+‘旅游’‘产业’‘扶贫’”等发展新模式，推动贫困地区交通与产业深度融合。2012年至2019年，贫困地区新改建资源路、旅游路、产业路约5.9万公里。大力推进“交通+快递”扶贫工程，整合交通运输、供销、商贸、电商、邮政快递等资源，开展无人机物流配送应用试点，2018年全国邮政企业累计实现农村电商交易额1.4万亿元。“交通+特色农业+电商”“交通+文化+旅游”“交通+就业+公益岗”等扶贫模式不断创新发展。特色产业因路而起、因路而兴，为广大农民打开一扇脱贫致富的大门。

农村交通有力促进美丽乡村建设。将农村公路建设作为社会主义新农村“村容整洁”和“乡风文明”建设的重要切入点，同步开展公路沿线绿化以及沿途村镇的美化建设，将农村公路打造成一道道靓丽的乡村风景线。农村公路的畅达，带动了农村人居环境同步改善和教育、医疗、文化等公共服务水平同步提升，推动了城乡经济一体化加快发展，广大农村因路而富、因路而美。

四、推进交通治理现代化

中国是世界上最大的发展中国家，交通运输体量庞大、情况复杂且处于快速发展当中，交通治理难度大。中国立足本国国情，借鉴国际经验，大力推进交通治理现代化，通过改革创新释放技术和市场活力、提升治理效能，促进了交通高质量发展。

（一）推进交通治理体系改革

立足当前、着眼长远，积极推进综合交通体制机制改革，不断完善法律法规，统一开放、竞争有序的交通运输市场基本形成，适应新时代国家发展的交通运输治理体系逐步健全。

综合交通运输管理体制机制不断完善。以深化供给侧结构性改革为主线，以提升行业治理能力为重点，持续深化交通运输体制机制改革。2013年形成由交通运输部管理国家铁路局、中国民用航空局、国家邮政局的大部门管理体制架构，交通运输大部门制主体组织架构基本建立。深入推进中国铁路总公司、中国邮政集团公司的公司制改革工作，两家公司分别更名为中国国家铁路集团有限公司、中国邮政集团有限公司，建立健全现代法人治理结构和中国特色现代国有企业制度。省级综合交通运输体制改革加快推进，大部分省份基本建立综合交通运输管理体制或运行协调机制。组建国家铁路局、中国国家铁路集团有限公司，实现铁路政企分开。民航体制机制改革持续深化，机场公安体制、运输价格、民航业投资准入机制、空管系统体制机制等改革有序推进。邮政体制改革有序推进，邮政改革配套措施不断完善。交通运输综合行政执法改革稳步推进，整合执法队伍，理顺职能配置，减少执法层级，权责统一、权威高效、监管有力、服务优质的交通运输综合行政执法体制逐步形成。综合交通运输发展规划协调机制初步建立，铁路、公路、水运、民航、邮政等专项规划之间的衔接平衡不断加强。通过改革，综合交通运输发展的体制机制进一步优化，各种运输方式进一步融合，交通运输发展内生动力进一步增强，行业现代化治理水平进一步提升。

交通运输法治政府部门建设持续深化。贯彻落实习近平法治思想，以“法治政府部门”建设工程为载体，把法治贯穿交通运输规划、建设、运营、管理和安全生产全过程各方面，为加快建设交通强国提供坚实保障。依法行政制度基本确立，行业立法、执法监督、行政复议与应诉、法治宣传教育和普法等工作机制逐步健全。加快推进铁路、公路、水运、民航、邮政等行业立法，综合交通运输法规体系已基本建成。聚焦国家重大战略实施和行业发展改革领域，制定和修订铁路法、公路法、海上交通安全法、港口法、航道法、民用航空法、邮政法等行业龙头法。出台和制修订水上水下活动通航安全管理规定、交通运输标准化管理办法等行业急需的规章，稳步开展规章规范性文件清理。

深化“放管服”改革优化营商环境。坚持问题导向，加快转变政府职能，深化“放管服”改革，持续优化营商环境。逐步放宽市场准入门槛，持续清理交通运输领域各类不合理和非必要罚款及检查，建立涉企收费目录清单制度。深入落实交通运输领域各项减税降费政策，降低物流税费成本。强化事中事后监管，取消中介服务等行政审批事项，推进商事制度改革。推行“双随机、一公开”（注3）监管工作，运用大数据、云计算、物联网等信息技术，推动跨省大件运输等并联许可系统全国联网。加快构建以信用为核心的新型市场监管机制。推进新业态协同监管，线上线下一体化监管模式进一步创新，市场环境更加公平有序。优化行政审批服务方式，推广交通运输政务服务“一网通办”，企业群众办事“只进一扇门”“最多跑一次”服务，办事效率显著提升。交通运输“放管服”改革，推动了优化营商环境向纵深发展，激发了交通发展活力，提高了政府服务效能，促进了交通运输行业健康发展。

（二）推进交通运输绿色发展

树立和践行绿水青山就是金山银山的理念，交通运输生态文明制度体系日益完善，节能降碳取得实效，环境友好程度不断增加。

全面推进节能减排和低碳发展。坚定不移推进节能减排，努力建设低碳交通，走出一条能耗排放做“减法”、经济发展做“加法”的新路子。严格实施能源消费总量和强度双控制度，着力提升交通运输综合效能，全国铁路电气化比例达到71.9%，新能源公交车超过40万辆，新能源货车超过43万辆，天然气运营车辆超过18万辆，液化天然气（LNG）动力船舶建成290余艘，机场新能源车辆设备占比约14%，飞机辅助动力装置（APU）替代设施全面使用，邮政快递车辆中新能源和清洁能源车辆的保有量及在重点区域的使用比例稳步提升。全国942处高速公路服务区（停车区）内建成运营充电桩超过7400个，港口岸电设施建成5800多套，覆盖泊位7200余个，沿江沿海主要港口集装箱码头全面完成“油改电”。绿色交通省（城市）、绿色公路、绿色港口等示范工程，年节能量超过63万吨标准煤。通过中央车购税资金，支持建设综合客运枢纽、货运枢纽、疏港铁路，统筹推进公铁联运、海铁联运等多式联运发展，推进运输结构调整。

强化资源集约节约利用。牢固树立为国家长远发展负责、为子孙后代负责的理念，着力推动交通资源利用方式由粗放型向集约型、节约型转变。结合国土空间规划编制和三条控制线（注4）划定落实，统筹铁路、公路、水运、民航、邮政等交通运输各领域融合发展，推动铁路、公路、水路、空域等通道资源集约利用，提高线位资源利用效率。因地制宜采用低路基、以桥（隧）代路等，加强公路、铁路沿线土地资源保护和综合利用，减少对周边环境的影响。加强航道建设的生态保护和绿色建养，推进航道疏浚土综合利用，严格港口岸线使用审批管理与监督，提高岸线使用效率，探索建立岸线资源有偿使用制度。推动废旧路面、沥青、废旧轮胎、建筑废料等材料资源化利用。高度重视和推进快递包装的绿色化、减量化、可循环，大力推进可循环中转袋全面替代一次性塑料编织袋，电子面单（注5）使用率达98%。

强化大气与水污染防治。坚决打好交通运输领域污染防治攻坚战，用最严格的制度、最严密的法治治理环境污染。在沿海和长江干线等水域设立船舶大气污染物排放控制区，按照国际公约要求对进入中国水域的国际航行船舶实施船用燃油硫含量限制措施，推动船舶使用清洁能源和加装尾气污染治理装备，建立船用低硫燃油供应保障和联合监管机制。执行船舶水污染物排放控制国家强制性标准，推动港口船舶含油污水、化学品洗舱水、生活污水和垃圾等接收处置设施建设，开展港口粉尘污染控制。在全国沿海实施“碧海行动”（注6）计划，打捞存在污染环境风险和影响海上交通运输安全的沉船沉物。加快老旧和高能耗、高排放营运车辆、施工机械治理和淘汰更新，推进实施机动车排放检测与强制维护制度（I/M制度）。中央财政采取“以奖代补”方式支持京津冀及周边地区、汾渭平原淘汰国Ⅲ及以下排放标准营运柴油货车。全面开展运输结构调整三年行动，2012年至2019年全国机动车污染物排放量下降65.2%。

加大生态保护与修复力度。严守生态保护红线，严格落实生态保护和修复制度。交通基础设施建设全面实行“避让—保护—修复”模式，推进生态选线选址，强化生态环保设计，避让耕地、林地、湿地等具有重要生态功能的国土空间。在铁路、公路、航道沿江沿线开展绿化行动，提升生态功能和景观品质。铁路、公路建设工程注重动物通道建设，青藏铁路建设的动物通道有效保障了藏羚羊的顺利迁徙及其他高原动物的自由活动。港口码头建设和航道整治注重减少对水生态和水生生物的影响，建设过鱼通道，促进鱼类洄游。组织实施公路港口生态修复总面积超过5000万平方米。推进长江非法码头、非法采砂整治，截至2019年底，完成1361座非法码头整改，改善了生态环境条件，更好保障了长江防洪、供水和航运安全。

专栏9　船舶大气污染物排放控制区

中国高度重视交通运输污染防治，印发《珠三角、长三角、环渤海（京津冀）水域船舶排放控制区实施方案》《船舶大气污染物排放控制区实施方案》《2020年全球船用燃油限硫令实施方案》等一系列政策文件。先期重点针对珠三角、长三角、环渤海（京津冀）三大重点区域，提出了着力降低船舶硫氧化物、氮氧化物、颗粒物和挥发性有机物等大气污染物的排放，持续改善沿海和内河港口城市空气质量的目标。《方案》实施以来污染物减排效果显著。目前，船舶大气污染物排放控制区进一步扩大地理范围至沿海和长江干线、西江干线等水域，并对海南水域提出了更为严格的控制要求。推进实施船舶大气污染物排放控制区，是实现空气质量持续改善、满足人民对美好生活的期望、落实“打好污染防治攻坚战、打赢蓝天保卫战”总体要求的重要抓手，是中国参与全球环境治理的重要行动。

（三）加强安全防控和应急保障能力建设

坚持人民至上、生命至上，不断提升交通运输业应对突发公共事件的能力，特别是突发重大公共卫生事件的能力，加强安全治理和应急保障能力建设，统筹发展和安全，全力推进建设更高水平平安交通，为经济社会发展和群众出行提供安全运输保障。

交通安全防控能力显著提升。坚持预防为主、综合施策，深化和完善交通运输平安体系，持续完善安全生产风险管控和隐患排查治理双重预防控制机制，下大力气减少重特大交通运输安全事故，牢牢守住交通安全生产底线。2012 年以来，未发生重大铁路交通事故，2019 年铁路运输事故死亡人数和 10 亿吨公里死亡率与 2012 年相比分别下降 46.1% 和 53.8%。普通公路较大、重特大道路交通事故起数连续下降，发生较大以上等级事故和死亡人数与 2012 年相比分别下降 55.9% 和 60%。2019 年，未发生重大等级水上交通事故，较大等级以上事故和死亡人数与 2012 年相比分别下降 68.5% 和 69.4%。民航实现运输航空持续安全飞行 112 个月、8068 万小时的安全新纪录。

交通应急保障能力显著提升。加强交通应急保障能力建设，及时防范化解交通重大安全风险，有效应对处置各类灾害事故。实施高铁安全防护工程，推进人防、物防、技防“三位一体”安全保障体系建设，集中开展高铁沿线环境综合整治，消除高铁沿线环境安全隐患 6.4 万处，深入推进普速铁路安全环境整治。实施乡道及以上公路安全保障工程和安全生命防护工程，累计实施 88.9 万公里，改造危桥 4.7 万座，车辆运输车治理取得决定性成效。加强海上搜救和重大海上溢油应急处置，建立政府领导、统一指挥、属地为主、专群结合、就近就便、快速高效的海上搜救工作格局，配备 70 余艘专业救助船舶、120 多艘打捞船舶、20 余架专业救助航空器，建立 20 余支应急救助队，基本建成以专业救捞力量、军队和国家公务力量、社会力量等为主要力量的海上搜救队伍。2012 年至 2019 年，全国组织协调海上搜救行动 1.6 万次，派出搜救船舶 7.2 万艘次、飞机 2780 架次，成功救助遇险船舶 1.1 万艘、遇险人员 12.2 万人，搜救成功率达 96.2%。

应对突发公共事件处置能力显著提升。科学高效应对各类突发公共事件，健全工作体系，提升应急能力。新冠肺炎疫情发生后，中国果断做出“一断三不断”（注 7）部署，适时推出铁路“七快速”（注 8），公路“三不一优先”（注 9），水运“四优先”（注 10），民航客运“五个一”（注 11）、货运“运贸对接”（注 12）以及邮政“绿色通道”等政策措施，一方面全力阻断病毒通过交通工具传播，另一方面保障全国各地应急物资运输和人民生活需求，为打赢疫情防控人民战争、总体战、阻击战提供了有力支撑。

专栏 10　交通运输为抗击新冠肺炎疫情发挥重要作用

抗击新冠肺炎疫情斗争中，交通运输在传染病防控、保障医疗物资及时供应、维持人民正常生活等方面发挥了重要作用。疫情发生后，全国通过铁路、公路、水运、民航、邮政快递等运输方式向湖北地区运送防疫物资和生活物资 158.9 万吨，运送电煤、燃油等生产物资 579.6 万吨，4000 多万交通从业人员日夜奋战在抗疫一线，数百万快递员顶风冒雪、冒疫前行。分区分级精准有序恢复运输服务，免收全国收费公路车辆通行费，铁路、公路、水路交通以及城市公交、地铁、出租车在做好疫情防控前提下正常运营，有力保障了生产生活物资运输和复工复产。

五、推动构建全球交通命运共同体

中国坚持互利共赢的开放战略，深化与各国在交通领域合作，积极推进全球互联互通，积极参与全球交通治理，认真履行交通发展的国际责任与义务，在更多领域、更高层面上实现合作共赢、共同发展，推动构建全球交通命运共同体，服务构建人类命运共同体。

（一）助力共建“一带一路”

共建“一带一路”承载着人们的美好梦想。中国秉持共商共建共享理念，与有关国家加快推进基础设施互联互通合作，共同打造开放包容、互利共赢的高质量发展之路，共同打造和平之路、合作之路、幸福之路。

推动交通基础设施互联互通。注重发挥交通运输对于推进全球连通、促进共同繁荣的基础性先导性作用，加强与各国在交通互联互通领域互利合作。扎实推进巴基斯坦 1 号铁路干线升级改造项目（ML1）、中尼（泊尔）跨境铁路合作项目以及中老铁路、中泰铁路、雅万高铁建设。中国企业参与建成蒙内铁路、亚吉铁路、巴基斯坦拉哈尔“橙线”轨道交通项目等铁路。中欧班列累计开行突破3.1万列、通达21个欧洲国家的92个城市。合作建成白沙瓦—卡拉奇高速公路（苏库尔—木尔坦）、喀喇昆仑公路二期（赫韦利扬—塔科特）、昆曼公路、中俄黑河公路大桥、同江铁路大桥等公路、桥梁项目。参与希腊比雷埃夫斯港、斯里兰卡科伦坡港、巴基斯坦瓜达尔港等海外港口的建设和运营。在有关国家积极参与和共同努力下，“六廊六路多国多港”的互联互通架构基本形成。以铁路、公路、航运、航空为重点的全方位、多层次基础设施网络正在加快形成，区域间商品交易、流动成本逐渐降低，促进了跨区域资源要素的有序流动和优化配置。

推进国际运输便利化。积极推进政策、规则、标准“三位一体”联通，为互联互通提供机制保障。以共建“一带一路”为合作平台，与19个国家签署22项国际道路运输便利化协定；分别与比利时、阿联酋、法国签署机动车驾驶证互认换领双边协议；与66个国家和地区签署70个双边和区域海运协定，海运服务覆盖沿线所有沿海国家；与26个国家（地区）签署单边或者双边承认船员证书协议，与新加坡签署电子证书谅解备忘录，便利船舶通关，引领和推进电子证书在全球航运业的应用进程；建立中欧班列国际铁路合作机制，与22个国家签署邮政合作文件，实现中欧班列出口运邮常态化运作；与100个国家签订双边政府间航空运输协定，截至2019年底，中外航空公司在中国通航54个合作国家，每周运行6846个往返航班，与东盟、欧盟签订了区域性航空运输协定。建立中日韩俄四国海上搜救合作机制，与印尼国家搜救局签订部门间海上搜救合作备忘录。国际运输便利化推动了中国与沿线国家合作更加紧密、往来更加便利、利益更加融合。

（二）积极推动全球交通治理体系变革

当前，全球交通治理体系面临一系列新课题，迫切需要变革创新，为全球发展提供更好助力和支撑。中国坚定支持多边主义，积极推动全球交通治理体系建设与变革，努力为全球交通治理提供中国智慧、中国方案。

共谋全球交通治理。中国作为负责任大国，认真履行国际责任和义务。加入近120项交通运输领域多边条约，积极参与联合国亚洲及太平洋经济社会委员会、铁路合作组织、国际铁路联盟、世界道路协会、国际运输论坛、国际海事组织、国际民航组织、万国邮政联盟等国际组织事务，多次当选或连任国际海事组织A类理事国、万国邮政联盟相关理事会理事国，积极主办世界交通运输大会等国际会议。推动实现联合国2030年可持续发展议程框架下的交通领域可持续发展目标，携手其他发展中国家推动交通可持续发展全球治理改革，为发展中国家发展营造良好的国际环境。

推动全球气候治理。中国高度重视应对气候变化，积极承担符合自身发展阶段和国情的国际责任，实施积极应对气候变化国家战略。积极引导全球海运温室气体减排战略的制定和实施，在全球航空减排市场机制制定和实施进程中努力维护发展中国家权益，推动和引导建立公平合理、合作共赢的全球气候治理体系，为全球生态文明建设和可持续发展贡献力量。

（三）加强国际交流与合作

中国遵循平等互利、合作共赢的原则，与各国深入开展交通领域交流合作，不断拓展广度深度，推动构建开放型世界经济。

扩大开放合作“朋友圈”。依托中俄总理定期会晤委员会运输合作分委会、中美交通论坛、

中国 - 中东欧国家交通部长会议等平台，深化交通可持续发展合作，为构建新型国际关系发挥积极作用。秉持亲诚惠容周边外交理念，加强与周边国家交通合作，推动建立中日韩运输与物流部长会议、上海合作组织交通部长会议、中国 - 东盟（10+1）交通部长会议、中老缅泰澜沧江—湄公河商船通航联合协调委员会等合作机制，以及中俄、中朝界河航道航行管理机制。推动建立并参与亚太海事局长会议、中国-东盟海事磋商机制会议等区域合作机制。参与大湄公河次区域（GMS）、中亚区域经济合作（CAREC）等机制下的交通合作，为促进地区经济发展作出积极贡献。秉持正确义利观，积极开展与相关国家的海事能力建设和技术合作项目，向其他发展中国家提供基础设施建设、规划编制、能力建设等方面支持和援助。通过广泛深入的交流合作，推动形成市场合作互利共赢、成果经验互鉴共享的开放新格局。

开展国际抗疫合作。新冠病毒是人类共同的敌人。中国加强与其他国家交通领域抗疫合作，推动构建人类卫生健康共同体。推动国际海事组织向 174 个成员国、有关国际组织转发《船舶船员新冠肺炎疫情防控操作指南》《港口及其一线人员新冠肺炎疫情防控工作指南》等多份文件。中国民用航空局向 40 多个重点通航国家民航部门分享《运输航空公司、机场疫情防控技术指南》。国家邮政局通过万国邮政联盟向其 192 个成员国分享《中国邮政新型冠状病毒防控指导手册》。以视频会议形式举办“中日韩运输与物流部长会议特别会议”“中国 - 东盟交通部长应对新冠疫情特别会议”“第 19 次中国 - 东盟交通部长会议”，发布部长联合声明。建立抗疫援助物资国内绿色运输通道，成立国际物流工作专班，实施包机串飞、商业航班、海陆联运、中欧班列等多式联运方式，全力支持做好抗疫援助物资运输保障工作。截至目前，已向 150 个国家和 7 个国际组织提供了 294 批次抗疫物资援助和支持，向 33 个国家派出援外医疗专家组 35 队 262 人。

六、中国交通的未来展望

中共十九大提出到 2035 年基本实现社会主义现代化、到本世纪中叶建成社会主义现代化强国的宏伟目标，中共十九届五中全会提出“加快建设交通强国”，中国的交通运输迎来更加宝贵的“黄金时期”。

交通高质量发展更加紧迫。中国决胜全面建成小康社会取得决定性成就。进入新发展阶段，贯彻新发展理念、构建新发展格局对交通发展提出了更高要求，也提供了更大空间。人民对美好生活的向往呈现多样化、多层次、多方面特点，对交通运输服务需求更加旺盛、更加多元。新一轮科技革命和产业变革加速推进，给交通运输带来革命性变化。同时，国际环境日趋复杂，不稳定性不确定性明显增加，新冠肺炎疫情在全球传播推动世界百年未有之大变局加速演进，单边主义、保护主义、霸权主义使国际产业链供应链运转严重受阻，气候变化给生态系统安全及经济社会发展带来现实和潜在威胁。

面对国际国内形势的发展变化，加快构建国家综合立体交通网，建设人民满意、保障有力、世界前列交通强国，既面临机遇，也面临挑战。适应新的生产生活方式变化，建设人民满意交通，全面提升综合交通运输网络效率和服务品质的要求更高；服务国土空间开发保护和城乡区域协调发展，全方位提升交通保障能力，保持交通基础设施适度超前发展、充分发挥交通先行作用的要求更高；服务经济高质量发展，转变交通发展方式，提高安全智慧绿色发展水平，提升安全防控、应急处置和救援保障能力，推进治理现代化的要求更高；支撑全方位对外开放，强化交通基础设施互联互通，完善面向全球的运输服务网络的要求更高。

加快建设交通强国。进入新的发展阶段，中国交通坚持以人民为中心的发展思想，以高质量发展为主题，以供给侧结构性改革为主线，牢牢把握“先行官”定位，适度超前，推动交通发展由追求速度规模向更加注重质量效益转变，由各种交通方式相对独立发展向更加注重一体化融合发展转变，由依靠传统要素驱动向更加注重创新驱动转变，构建安全、便捷、高效、绿色、经济的现代化综合交通体系，打造一流设施、一流技术、一流管理、一流服务，努力建设人民满意、保障有力、世界前列的交通强国。

到2035年，基本建成交通强国。现代化综合交通体系基本形成，人民满意度明显提高，支撑国家现代化建设能力显著增强。拥有发达的快速网、完善的干线网、广泛的基础网，城乡区域交通协调发展达到新高度。基本形成都市区1小时通勤、城市群2小时通达、全国主要城市3小时覆盖的“全国123出行交通圈”和国内1天送达、周边国家2天送达、全球主要城市3天送达的“全球123快货物流圈”，旅客联程运输便捷顺畅，货物多式联运高效经济。智能、平安、绿色、共享交通发展水平明显提高，城市交通拥堵基本缓解，无障碍出行服务体系基本完善。交通科技创新体系基本建成，交通关键装备先进安全，人才队伍精良，市场环境优良。基本实现交通治理现代化。交通国际竞争力和影响力显著提升。交通运输全面适应人民日益增长的美好生活需要，为基本实现社会主义现代化提供有力支撑。

结束语

中国即将开启全面建设社会主义现代化国家的新征程。进入新的发展阶段，中国交通将更好履行经济社会发展“先行官”使命，践行新发展理念，服务新发展格局，让交通更加安全、便捷、高效、绿色、经济，为2035年基本实现社会主义现代化、本世纪中叶全面建成社会主义现代化强国提供坚实基础。

当前，新冠肺炎疫情仍在全球蔓延，各国面临疫情冲击和经济衰退双重挑战，交通运输对于全球团结抗疫、推动经济增长十分重要。中国将秉持人类命运共同体理念，落实联合国2030年可持续发展议程，加强交通国际交流合作，与世界各国一道，更好推进全球互联互通、民心相通，为建设繁荣美好世界作出更大贡献。

注释：

1.“三区三州”是中国国家层面的深度贫困地区，自然条件和经济条件都较差。其中：“三区”是指西藏自治区和青海、四川、甘肃、云南四省涉藏州县及南疆的和田地区、阿克苏地区、喀什地区、克孜勒苏柯尔克孜自治州四地区；“三州”是指四川省凉山彝族自治州、云南省怒江傈僳族自治州、甘肃省临夏回族自治州。

2.“七公开”为：建设计划公开、补助政策公开、招标过程公开、施工管理公开、质量监管公开、资金使用公开和竣（交）工验收公开。

3.“双随机、一公开”是指随机抽取检查对象、随机选派执法检查人员，抽查情况及查处结果及时向社会公开。

4.“三条控制线”是指生态保护红线、永久基本农田、城镇开发边界三条控制线。

5. 电子面单，是向商家提供的一种使用不干胶热敏纸打印客户收派件信息的面单，也被称为热敏纸快递标签、经济型面单、二维码面单等。

6.“碧海行动”是经国务院批准的公益性民生工程，是推动生态文明建设和国家战略实施，建设绿色交通、平安交通所采取的一项重大举措。2014年起，交通救捞系统连续6年执行了“碧海行动”沉船打捞任务，累计打捞沉船79艘。

7.“一断三不断”是指坚决阻断病毒传播渠道，保障交通网络不断、应急运输绿色通道不断、必要的群众生产生活物资运输通道不断。

8.“七快速”是指应急运输物资快速受理、快速配空、快速装车、快速挂运、快速输送、快速卸车、快速交付。

9.“三不一优先”是指对应急运输车辆做到不停车、不检查、不收费、优先通行。

10.“四优先”是指应急运输船舶优先过闸、优先引航、优先锚泊、优先靠离泊。

11.“五个一”是指一个航司一个国家只保留一条航线，一周最多执行一班。

12.“运贸对接”是指外贸外资企业与航空运输企业供需精准对接。

附录 4　权威媒体报道

一、交通运输好新闻和重大报道

(一) 当好复工复产“先行官”　交通物流打通“大动脉

“要抓紧推进经济社会发展各项工作，精准有序扎实推动复工复产，实现人财物有序流动、产供销有机衔接、内外贸有效贯通，把疫情造成的损失降到最低限度。”“要在严格做好疫情防控工作的前提下，有力有序推动复工复产提速扩面，积极破解复工复产中的难点、堵点，推动全产业链联动复工。”……习近平总书记的重要讲话、重要指示精神，为复工复产指明了前进方向、注入了强大信心。各地区各部门认真贯彻落实习近平总书记重要讲话、重要指示精神，在抓紧抓实抓细常态化疫情防控的同时，积极破解复工复产中的难点、堵点，努力使人流、物流、资金流有序转动起来。

（《人民日报》2020 年 4 月 21 日 01 版）

(二) 为构建新发展格局提供有力支撑　把建设现代流通体系作为重要战略任务来抓

专家学者表示，构建以国内大循环为主体、国内国际双循环相互促进的新发展格局，必须把建设现代流通体系作为一项重要战略任务来抓。同时，要从完善现代综合运输体系、现代商贸流通体系、社会信用体系、应急物流体系等方面统筹推进硬件和软件建设，为新发展格局提供有力支撑。

（《人民日报》2020 年 9 月 11 日 02 版）

(三) 现代综合运输　迈向更高效率

在中央财经委员会第八次会议上，习近平总书记强调，流通体系在国民经济中发挥着基础性作用，构建新发展格局，必须把建设现代流通体系作为一项重要战略任务来抓。

（《人民日报》2020 年 10 月 20 日 07 版）

(四) 交通运输体系不断完善

延伸，再延伸！提速，再提速！“十三五”以来，一系列重大交通工程在大江南北先后落地，推动交通运输体系不断完善，也让我国发展“大动脉”越来越强健有力。

（《人民日报》2020 年 11 月 01 日 01 版）

(五) 让回家路更顺畅

2020 年春运比往年来得早一些，从 1 月 10 日开始，将持续到 2 月 18 日，经研判，2020 年春运全国旅客发送量预计达 30 亿人次，比上年略增。

（新华社北京 1 月 10 日电）

(六) 多措并举　全力打好交通运输疫情防控阻击战

新冠肺炎疫情发生以来，各地交通运输部门纷纷采取措施，助力疫情防控。当前正值节后错

峰返程期，如何统筹好疫情防控和经济发展两个大局，交通运输部应对新冠肺炎疫情工作领导小组副组长、应急办主任李国平18日接受了新华社记者专访。

（新华社北京2月18日电）

（七）做好"加减乘除法"——港口"晴雨表"正在恢复活力

港口是国民经济发展的"晴雨表"。今年前5个月，随着新冠肺炎疫情在全球蔓延，运输需求下滑，对我国港口业造成较大影响。迎难而上，我国港口企业纷纷调整发展思路，打出"加减乘除法"，在困境中开拓新亮点，沿海港口率先全面复工复产，显示出我国经济强大的韧性与潜力。

（新华社北京6月24日电）

（八）堵点在哪？如何打通？

物流是流通体系的重要组成方面。日前召开的中央财经委员会第八次会议指出，加快形成内外联通、安全高效的物流网络。为什么要推进物流网络建设？当前物流运输还存在哪些堵点？如何打通？交通运输部政策研究室主任吴春耕11日接受了新华社记者专访。

（新华社北京9月11日电）

二、铁路权威媒体报道

（一）2020年春运形势和工作安排新闻发布会媒体报道情况

2020年1月9日，国新办举行2020年春运形势和工作安排新闻发布会，新华网、央广网、人民网、中国网、环球网等400余家媒体网站以《2020年春运铁路预计旅客发送量4.4亿人次 同比增长8%》为题进行报道，并在各大网站首页刊发显示，社会反响较好，网民对发布会评价积极。

（二）国家铁路局有关负责人就《高速铁路安全防护管理办法》答记者问媒体报道情况

《高速铁路安全防护管理办法》于2020年5月6日发布，中国政府网、新华网、环球网等媒体以《国家铁路局有关负责人就〈高速铁路安全防护管理办法〉答记者问》为题进行报道；央视网、中新网等媒体以《国家铁路局：强化铁路旅客运输实名制管理》为题进行报道；交通运输部网站、《中国交通报》以《着力推进"四个体系"建设 织密高铁安全防护网——国家铁路局有关负责人就〈高速铁路安全防护管理办法〉答记者问》为题进行报道。媒体对政府相关工作给予肯定，社会反响积极。

（三）国家铁路局介绍铁路"十三五"发展成就媒体报道情况

2020年10月22日，交通运输部举办"十三五"发展成就发布会，中国政府网、人民网、新华网等媒体以《"十三五"期间 我国加快迈向交通强国》和《交通运输"十三五"成绩单出炉》为题进行报道；央视网、光明网等媒体以《国家铁路局："十三五"末将基本形成安全高效的铁路网络》为题进行报道；环球网、搜狐网等媒体以《国家铁路局局长：高铁动车组旅客发送量约占铁路旅客发送量70%》为题进行报道；交通运输部网站、《中国交通报》以《国新办举办交通运输"十三五"发展成就新闻发布会，"十三五"规划目标可圆满实现，为建设社会主义现代化国家当好先行》为题进行报道。各大媒体大力报道，宣传铁路各项成就，社会反响积极。

(四)国新办举行《中国交通的可持续发展》白皮书新闻发布会媒体报道情况

2020年12月22日，《中国交通的可持续发展》白皮书发布，中国政府网、交通运输部网站、《中国交通报》等媒体以《〈中国交通的可持续发展〉白皮书发布　中国交通进入高质量发展新时代》为题进行报道；《人民日报》、中国网等媒体以《〈中国交通的可持续发展〉白皮书发布　综合交通网络规模和质量实现跃升》为题进行报道；新华网、国务院客户端以《国新办举行〈中国交通的可持续发展〉白皮书新闻发布会》为题进行报道；中央电视台、光明网等媒体以《〈中国交通的可持续发展〉白皮书发布：年底全国铁路营业里程达14.6万公里》为题进行报道。主流媒体第一时间全面报道，铁路相关内容备受关注，网民评价正面、客观。

(五)媒体报道解读《市域(郊)铁路设计规范》情况

2020年12月24日，国家铁路局批准发布《市域(郊)铁路设计规范》。发展市域(郊)铁路，对优化城市功能布局、促进大中小城市和小城镇协调发展、扩大有效投资等具有一举多得之效，有利于发挥中心城市辐射带动作用，有利于扩大公共交通服务供给、有效缓解城市交通拥堵、推进新型城镇化发展。中国政府网、中央电视台、中国网、《中国交通报》等媒体以《国家铁路局批准发布〈市域(郊)铁路设计规范〉》为题进行报道。人民网、新华网、中新网等媒体以《我国发布〈市域(郊)铁路设计规范〉》为题进行报道。

(六)媒体报道国家铁路局2021年度工作会议情况

2020年12月29日，国家铁路局召开工作会议，党组书记、局长刘振芳作题为《贯彻新发展理念　构建新发展格局　以铁路高质量发展为“十四五”开好局》的工作报告，中国政府网、新华网等20余家媒体网站进行报道解读。新华网以《国家铁路局召开工作会议：以铁路高质量发展为“十四五”开好局》为题进行报道；中国政府网以《国家铁路局：以铁路高质量发展为“十四五”开好局》为题进行报道；中国交通新闻网以《杨传堂出席2021年国家铁路局工作会议时强调：认真履职赢得交通强国建设铁路篇新开局　实干奋斗创造性工作确保“十四五”起好步》为题进行报道。

三、民航权威媒体报道

中央媒体报道民航业情况一览表

序号	媒　体	标　题	刊次及版面信息
1	新华社	民航局采取措施加大新型冠状病毒感染的肺炎疫情防控力度	1月23日
2	新华社	民航局组织协调包机紧急运输医疗队和滞留海外旅客	2月2日
3	新华社	民航局：民航退票累计超1300万张　富余运力能够应对节后波动	2月7日
4	新华社	民航局组织协调第四批包机紧急运输医疗队驰援武汉	2月9日
5	新华社	民航局：1月航空运输市场出现负增长	2月12日
6	新华社	民航局呼吁有关国家尽早取消相关限制措施保障旅客健康出行	2月12日
7	新华社	民航局组织协调第八批包机紧急运输医疗队驰援湖北	2月21日
8	新华社	民航稳步有序推进重点工程项目复工	2月22日

续上表

序号	媒　体	标　题	刊次及版面信息
9	新华社	民航系统累计保障涉及疫情防控航班 19344 个	3 月 1 日
10	新华社	一揽子财政政策实施为民航企业“减负”	3 月 4 日
11	新华社	民航局出台一揽子政策措施促进行业稳定发展	3 月 9 日
12	新华社	民航局分区分级严防境外疫情通过国际航线输入	3 月 12 日
13	人民日报	民航共计安全运输六百零八名台胞返台	3 月 12 日
14	人民日报	复工复产包机航班超 530 班	3 月 15 日
15	新华社	民航局等 5 部委公告，所有目的地为北京的国际客运航班均从指定的第一入境点入境	3 月 22 日
16	新华社	民航局决定进一步调减国际客运航班运行数量	3 月 26 日
17	新华社	民航局发布关于恢复湖北省民航航班的通知	3 月 27 日
18	人民日报	湖北民航机场正式复航	3 月 30 日
19	新华社	民航局：确保国际运价平稳有序	4 月 7 日
20	人民日报	按规定公布的国际运价不得篡改	4 月 9 日
21	人民日报	民航航班恢复至疫情前四成多	4 月 9 日
22	人民日报	民航市场逐渐复苏	5 月 1 日
23	人民论坛网	在统筹推进疫情防控和经济社会发展中彰显民航担当	5 月 11 日
24	人民日报	民航单日飞行班次超万	5 月 17 日
25	人民日报	民航局调整国际客运航班　对航班实施熔断和奖励措施	6 月 5 日
26	人民日报	民航单日运输旅客量回升破百万　恢复至疫情前六成	6 月 6 日
27	人民日报、新华社	民航局：海南开放第七航权战略先导作用凸显	6 月 10 日
28	人民日报	我国民航运输稳步恢复	7 月 11 日
29	新华社	民航局批准第一批国际客运奖励航班	7 月 14 日
30	人民日报	中国民航业加快复苏脚步	7 月 15 日
31	新华社	民航局等部门发布《关于来华航班乘客凭新冠病毒核酸检测阴性证明登机的公告》	7 月 21 日
32	新华社	中国民航局完成 1397 架波音 737 飞机排查工作	7 月 29 日
33	人民日报	七月民航运输生产持续回升	8 月 14 日
34	新华社	中国民航每日航班量恢复到疫情前九成　处于全球前列	9 月 8 日
35	人民日报	民航旅客运输量恢复至去年同期近九成	11 月 14 日
36	新华社	新疆于田万方机场顺利完成试飞	12 月 8 日
37	新华社	东北地区空管局率先“对接”全国民航流量管理系统	12 月 10 日
38	新华社	民航国际航线货邮运输首次实现月度正增长	12 月 16 日
39	人民日报	民航自救关键词：“随心飞”带活上下游	12 月 28 日

四、邮政行业权威媒体报道

中央媒体报道邮政业情况一览表

序号	媒　体	标　题	刊次及版面信息
1	人民日报	人社部：快递员将分为 5 个等级	1 月 3 日
2	人民日报	2019 年我国快递业务量达 630 亿件，连续 6 年世界第一	1 月 6 日
3	新华社	“小”快递服务“大”民生——专访国家邮政局局长马军胜	1 月 6 日
4	新华社	“进村”“进厂”“出海” 中国快递 2020 要这么干	1 月 6 日
5	新华社	国家邮政局发布“快递进村”工程等更贴近民生七件实事	1 月 20 日
6	新华社	国家邮政局：应对疫情保障寄递物流服务不中断	1 月 22 日
7	人民日报	国家邮政局：邮件快件、运输车辆须消毒	1 月 29 日
8	新华社	全国邮政业春节期间揽收包裹量大幅增加	1 月 30 日
9	人民网	国家邮政局：取快递不用担心，记着取完洗手	1 月 30 日
10	新华社	疫情当前，快递物流能否安全畅达？	1 月 30 日
11	人民日报	国家卫健委 30 日举行新闻发布会介绍交通保障　做好返程疫情防控	1 月 31 日
12	新华网	阿里“绿色通道”连夜出击　为武汉协和医院速递 30 多万件医疗物资	2 月 1 日
13	新华社	需求能否保证？卫生防疫如何？——非常时期快递外卖行业观察	2 月 5 日
14	人民日报	服务举措及时有效　线上线下合力抗疫（坚定信心　同舟共济）	2 月 9 日
15	人民日报	邮政、快递企业累计承运防疫物资超 10000 吨	2 月 10 日
16	人民日报	有序做好企业复工复产工作（统筹抓好改革发展稳定各项工作）	2 月 11 日
17	人民日报	上万名小哥无接触送餐	2 月 11 日
18	人民日报	构筑起疫情防控的人民防线（坚定信心　同舟共济）	2 月 11 日
19	人民日报	快递业产能恢复超四成	2 月 19 日
20	人民日报	“困难会过去，我们一起扛！”（一方有难　八方支援）	2 月 24 日
21	新华社	疫情下快递小哥多了“日常三问”	2 月 25 日
22	人民日报	快递的速度　温暖的力量（来自疫情防控一线的报道）	2 月 25 日
23	新华社	应对疫情，中国邮政服务升级打出“组合拳”	2 月 26 日
24	人民日报	全国邮政业复工率达 90.2%　疫情防控物资流量超 4 万吨	3 月 1 日
25	新华社	我国多地探索快递员进小区	3 月 5 日
26	新华网	国家邮政局：努力排除快递投递最后 100 米障碍　解决快递进门难问题	3 月 6 日
27	人民日报	多地探索快递员进小区	3 月 6 日

续上表

序号	媒　体	标　题	刊次及版面信息
28	新华社	快递行业复工复产进度如何?	3月9日
29	人民日报	邮政快递业复工率达92.5%　日处理快件超1.6亿件	3月10日
30	新华网	国家邮政局推动湖北邮政快递业复工复产电话会议纪实:“政企联动一线牵”	3月18日
31	人民日报	让白衣战士感受回家的温暖	3月26日
32	人民日报	一天揽收超266万包裹,湖北快递业已“重启”五成	3月28日
33	新华网	马军胜调研北京邮政快递业疫情防控和末端投递情况纪实	3月28日
34	新华社	国务院联防联控机制:构建国内和海外的防疫物资寄递运输“绿色通道”	3月29日
35	人民日报	人员返岗多　物流更顺畅(来自疫情防控一线的报道)——探访武汉快递业复工	3月30日
36	人民日报	提运力降成本　稳定全球供应链(国务院联防联控机制发布会)	3月30日
37	人民日报	国家邮政局:行业基本恢复至疫情前的服务能力	4月8日
38	人民日报	湖北快递网点复工率达93.55%　邮政业基本恢复疫情前服务能力	4月9日
39	新华网	国家邮政局发布《快递进村三年行动方案》	4月9日
40	新华社	防疫有保障　进小区仍难——“快递小哥”复工现状调查	4月12日
41	人民日报	全国一季度完成125.3亿件快递,你贡献了多少?	4月13日
42	人民日报	首趟中欧班列邮包专列抵达立陶宛	4月14日
43	新华社	国务院联防联控机制:提升国际货运能力　保障国际物流供应链稳定	4月18日
44	人民网	国家邮政局:快递量日超2亿件基本恢复至疫情前水平	4月25日
45	人民日报	倡导品牌消费、品质消费　双品网购节　升温新消费(消费万花筒)	5月6日
46	新华社	“五一”小长假期间全国快递包裹揽投量同比增长约四成	5月6日
47	人民日报	推动农村电商持续发展(治理之道)	5月7日
48	人民日报	五一假期快递揽投量双双破10亿件	5月7日
49	新华社	快递“最后100米”路在何方?——聚焦丰巢快递柜用户超时收费	5月8日
50	新华社	“集体”涨价又“扎堆”改口,这些快递企业为何如此“折腾”?	5月12日
51	人民日报	畅通农村物流“最后一公里”(一线视角)	5月13日
52	人民日报	4月快递日均业务量突破2亿件	5月15日
53	新华社	守桶、守车、守包裹——辽宁三位全国人大代表的抗疫故事	5月25日
54	新华社	“快递进村”进报告将带来哪些新变化?——两会之上看小快递服务大民生	5月27日

续上表

序号	媒　体	标　题	刊次及版面信息
55	新华网	【云南故事】“托厄哈扒”桑南才：32 年峡谷邮路　百万邮件传深情	5 月 29 日
56	新华社	5 月快递业务量同比增长超四成	6 月 11 日
57	人民日报	单月 73.8 亿件快递印证消费活力（经济聚焦）	6 月 12 日
58	新华社	“618”购物节期间全国快递业务量同比增长近五成	6 月 19 日
59	人民日报	6 月 1 日—18 日　全国快递业务量同比增长近五成	6 月 20 日
60	人民日报海外版	中国今年快递业务收入有望超 8600 亿元　年中快递业迎来小高峰	6 月 22 日
61	新华网	端午假期全国快递业务量同比增长超四成	6 月 28 日
62	人民日报	国家邮政局：北京 10 万多快递小哥核酸检测全部阴性	6 月 30 日
63	新华社	增速超 4 成——快递逆势增长背后的密码	7 月 6 日
64	新华网	国家邮政局发布 6 月中国快递发展指数	7 月 9 日
65	人民日报	快递企业日均服务用户近 5 亿人次	7 月 10 日
66	人民日报	打通快递进村“最后一公里”（大家谈）	7 月 17 日
67	人民日报	保护和激发市场主体活力	7 月 23 日
68	新华网	1—7 月全国快递业务量超 400 亿件　超 2017 年全年业务量	8 月 12 日
69	新华社	《共产党宣言》中文全译本出版一百周年纪念邮票发行	8 月 22 日
70	新华网	浙江快递业务量 8 个月达 100 亿件　增速再创历史新高	9 月 1 日
71	人民日报	大力弘扬伟大抗疫精神——习近平总书记在全国抗击新冠肺炎疫情表彰大会上的重要讲话引发热烈反响	9 月 9 日
72	人民日报	智能分拣　智慧物流	9 月 18 日
73	新华社	505 万公里农村邮路助力脱贫攻坚	9 月 21 日
74	新华社	全国建成快递末端公共服务站超过 10 万个	9 月 23 日
75	人民日报	电商快件不再二次包装率达 65%　快递行业节能减排稳步推进	9 月 24 日
76	新华社	国家邮政局第四届“寻找最美快递员”活动揭晓	9 月 29 日
77	人民日报	快递业在现代流通体系建设中大有可为（人民时评）	9 月 30 日
78	人民日报	持之以恒推进邮政业高质量发展	10 月 9 日
79	新华社	国庆中秋假期全国快递业务量增长超过 5 成	10 月 9 日
80	人民日报	“十一”黄金周　消费需求释放　市场强劲复苏	10 月 10 日
81	新华网	国家邮政局公布 2020 年 9 月邮政行业运行情况	10 月 17 日
82	新华网	2020 年全国快递业务量已超 600 亿件	10 月 18 日

续上表

序号	媒　体	标　题	刊次及版面信息
83	新华社	2019 年邮政快递业循环利用 2 亿个包装箱	10 月 23 日
84	新华网	国家邮政局：双 11 期间预计日均快递业务量达 4.9 亿件	10 月 28 日
85	新华社	《北京 2022 年冬奥会——冰上运动》纪念邮票首发	11 月 7 日
86	新华网	快递争“鲜”　鱼“游”全国——新余邮政助力仙女湖鲜鱼畅销市场	11 月 10 日
87	新华网	关爱快递员“暖蜂行动”启动	11 月 10 日
88	新华社	快递包装有了绿色产品认证	11 月 11 日
89	新华社	6.75 亿件！“双 11”当天快递量再创新高	11 月 12 日
90	新华社	当“尾款人”变身“收货人”，拼的是速度和服务！	11 月 13 日
91	新华网	国家邮政局发布关于快递业务旺季服务消费的提示	11 月 17 日
92	新华网	快递小哥郭军的“双 11”礼物：一把钥匙，一个家	11 月 17 日
93	新华社	快递实现“三连跳”年业务量已突破 700 亿件	11 月 17 日
94	人民日报	高原邮路蜿蜒　心底幸福绵绵	11 月 20 日
95	新华社	10 年　从普通快递员到全国劳模　京东快递小哥第三次走进人民大会堂	11 月 25 日
96	新华社	这些红色珍罕邮品，讲述了中国人民革命战争的故事	11 月 26 日
97	新华社	全年快递量将超千万件，西藏“邮包”提速了	12 月 2 日
98	人民日报	700 亿件快递背后的中国潜力	12 月 7 日
99	新华网	国家邮政局公布 2020 年 11 月邮政行业运行情况	12 月 12 日
100	新华社	8 部门：两年内超八成电商快件不再二次包装	12 月 14 日
101	人民日报	2022 年可循环快递包装应用规模将达 700 万个	12 月 15 日
102	新华社	瘦瘦瘦瘦瘦……快递包装要转型变样了	12 月 15 日
103	新华网	2020 年我国快递业务量突破 800 亿件	12 月 21 日
104	新华社	再远的路，能“走得好”就近了	12 月 22 日

附录 5　2020 年大事记

2020 年交通运输部大事记

1 月

1 日 0 时起，全国高速公路联网收费系统顺利切换，487 个省界收费站同步取消，完成了 2019 年《政府工作报告》提出的“两年内基本取消全国高速公路省界收费站”任务，彻底结束了高速公路省界拥堵的历史。杨传堂、李小鹏、戴东昌、刘小明、王志清参加。

1 日，李小鹏到京津高速公路北京台湖收费站和原永乐省界收费站、京哈高速公路白鹿收费站，就取消高速公路省界收费站有关工作开展调研。戴东昌参加。

1 日，李小鹏主持召开全国取消高速公路省界收费站工作推进视频会议，通报取消省界收费站后高速公路运行情况，研究部署巩固取消高速公路省界收费站成果有关工作。戴东昌参加。

2 日，交通运输部印发《邮政业寄递安全监督管理办法》（中华人民共和国交通运输部令 2020 年第 1 号），于 2 月 15 日起施行。

2 日，李小鹏主持召开 2020 年交通运输部安委会第一次全体会议，总结 2019 年安全生产工作，分析面临的形势，部署 2020 年重点工作。戴东昌、刘小明参加。

2 日，杨传堂出席 2020 年国家铁路集团公司工作会议。

3 日，交通运输部印发《民用航空器事件调查规定》（中华人民共和国交通运输部令 2020 年第 2 号），于 4 月 1 日起施行。

3 日，交通运输部召开全国高速公路收费站保通保畅工作视频会。

6 日，杨传堂出席 2020 年全国民航工作会议。

6 日，国家便利运输委员会第四次全体会议在交通运输部召开。李小鹏出席会议并讲话，刘小明参加。

7 日，杨传堂出席 2020 年中国邮政集团公司工作会议。

7 日，李小鹏出席 2020 年全国邮政管理工作会议。

8 日，交通运输新型智库联盟成立大会在北京召开。

8 日，中国便利海上运输委员会第四次全体会议在交通运输部召开。

9 日，交通运输部印发《2020 年交通运输安全生产工作要点》。

9—11 日，杨传堂先后到安徽省蚌埠市、合肥市、六安市、安庆市，就春运服务保障、交通扶贫、长江经济带交通绿色发展等开展调研和座谈。调研期间，杨传堂与安徽省委书记李锦斌，省委副书记、省长李国英就推进安徽交通运输改革发展稳定工作交换了意见。

10 日，李小鹏主持召开全国取消高速公路省界收费站工作推进视频会议，研究部署取消省界收费站后“巩固成果、扩大战果、保通保畅、服务春运、喜迎两会”有关工作。戴东昌参加。

11 日，中共中央政治局委员、国务院副总理刘鹤在北京检查春运工作，李小鹏陪同参加。

12 日，李小鹏到部综合应急指挥中心，传达学习刘鹤副总理检查春运工作指示精神，就春运期间交通运输运行、路网保通保畅、道路客运服务等工作再安排、再部署。戴东昌参加。

13 日，交通运输部印发《关于废止 3 件规章的决定》（中华人民共和国交通运输部令 2020 年第 3 号），于 1 月 13 日起施行。

14 日，交通运输部举行离退休干部 2020 年新春团拜会暨情况通报会。

15 日，2019 年“最美搜救人”视频报告会在交通运输部举行。会前，杨传堂、李小鹏会见了获奖个人和团队。刘小明参加视频报告会。

15 日，交通运输部召开春运暨道路运输安全形势分析视频会议，传达学习习近平总书记等中央领导同志重要指示批示精神，分析研判 2020 年道路运输安全生产形势，通报 2020 年春运检查情况并就春运安全生产进行调度，部署 2020 年道路运输安全生产重点工作。

16 日，中共交通运输部党组召开部领导班子及成员年度考核暨“一报告两评议”干部大会。

17 日，经国务院同意，交通运输部、国家发展改革委、生态环境部、住房和城乡建设部联合印发《长江经济带船舶和港口污染突出问题整治方案》。19 日，四部门组织召开长江经济带船舶和港口污染突出问题整治工作视频会，动员部署开展为期一年的集中整治，坚决打好长江污染防治攻坚战。

17 日，交通运输部印发《关于取消一批证明事项的决定》，取消 40 项部门规章和政策性文件设定的证明事项。

17 日，我国关于北斗报文服务系统（BDMSS）加入全球海上遇险与安全系统（GMDSS）预评估的提案顺利通过了国际海事组织（IMO）航行安全、通信与搜救分委会第 7 次会议审议，标志着我国推进北斗系统在全球海事应用和国际化工作又迈出坚实一步。

20 日，交通运输部召开 2020 年党风廉政建设工作视频会议。

20 日，李小鹏主持召开全国取消高速公路省界收费站并网运行工作推进会议，传达国务院领导同志指示批示精神，总结联网收费系统并网切换以来的运行情况，研究部署下一步工作。戴东昌参加。

20 日，北京冬奥会交通工作协调小组第一次全体会议在交通运输部召开。

21 日，“中国交通”快手政务号开通。

21 日，交通运输部、国家发展改革委、工业和信息化部、财政部、商务部、海关总署、国家税务总局联合印发《关于大力推进海运业高质量发展的指导意见》。

21 日，交通运输部启动应对新冠肺炎疫情Ⅱ级应急响应，成立交通运输部应对新型冠状病毒感染的肺炎疫情联防联控机制，印发《交通运输部关于全力做好新型冠状病毒感染的肺炎疫情防控工作的紧急通知》，就交通运输行业全力做好疫情防范和应对工作作出安排部署。

21 日，为做好新型冠状病毒感染的肺炎疫情防控涉及交通运输有关工作，交通运输部和国家铁路局、中国民用航空局及国家铁路集团公司决定，对选择铁路、公路、水路、民航等交通出行方式的旅客，免收其到达、离开武汉的火车票、客车票、船票、机票的退票手续费。

21 日，交通运输部印发《关于做好 2020 年春节假期免收小型客车通行费有关工作的通知》。

22 日，交通运输部部长李小鹏在京会见联合国副秘书长刘振民，以及就第二届联合国全球可持续交通大会来华进行工作对接的联合国代表团一行，双方共同签署了《东道国协议》正文。

戴东昌参加。

22日，交通运输部应对新型冠状病毒感染的肺炎疫情联防联控机制召开第1次会议并研究通过《交通运输部防范和应对新型冠状病毒感染的肺炎疫情工作方案》。2020年，共召开会议153次，研究部署交通运输应对疫情各项工作。

23日，交通运输部印发《关于做好进出武汉交通运输工具管控全力做好疫情防控工作的紧急通知》，要求各省级交通运输主管部门暂停进入武汉的道路、水路、客运业务，严格管控营运车船驶离武汉，并做好抵离武汉公路、水路通道查控和应急物资运输保障准备工作。

23日，交通运输部印发《关于加强高速公路运营服务保障和做好春节假期有关工作的通知》。

23日，2022年北京冬奥会重点交通基础设施项目——延庆至崇礼高速公路全线通车。

1月24日—2月2日，全国铁路、公路、水路、民航共发送旅客1.9亿次，日均1912.7万人次，比2019年同期日均下降68.2%。

24日，交通运输部印发《关于做好新型冠状病毒感染的肺炎疫情防控物资和人员应急运输优先保障工作的通知》，决定对按照国家应对新冠肺炎疫情联防联控工作机制、各省级人民政府指令，组织开展疫情防治应急物资、医患等人员运输的车辆跨省通行高速公路，实行免收车辆通行费政策，并保障优先通行。

25日，交通运输部印发《关于坚决遏制通过客车传播疫情的紧急通知》，指导各省级交通运输主管部门全力做好道路客运防疫管理。

26日，交通运输部成立应对新型冠状病毒感染的肺炎疫情工作领导小组。2020年，共召开会议21次，研究部署交通运输应对疫情各项工作。

27日，交通运输部印发《关于延长2020年春节假期小型客车免费通行时段的通知》，将2020年春节假期小型客车免费通行时段延长至2月2日24时。

28日，交通运输部印发《关于在疫情防控阻击战中加强党的领导、充分发挥党组织战斗堡垒作用和党员先锋模范作用的通知》。

29日，交通运输部印发《关于统筹做好疫情防控和交通运输保障工作的紧急通知》，强调要分类施策、因地制宜、依法规范、科学管控，确保做到“一断三不断”（坚决阻断病毒传播渠道，公路交通网络不断、应急运输绿色通道不断、必要的群众生产生活物资运输通道不断）和“三不一优先”（不停车、不检查、不收费、优先通行），统筹做好疫情防控和交通运输保障两方面工作。

29日，交通运输部印发《关于统筹做好疫情防控与水路运输保障有关工作的紧急通知》。

30日，交通运输部印发《关于做好当前疫情防控形势下公路保通保畅的通知》。

2月

1日，国务院总理李克强到国家重点医疗物资保障调度平台现场督办，详细了解医用防护服、医用口罩、药品等重点医疗物资生产、调度和保障情况，李小鹏陪同参加。

1日，2020年第3期《求是》刊发中共交通运输部党组署名文章《加快建设交通强国》。

1日，交通运输部印发《关于切实保障疫情防控应急物资运输车辆顺畅通行的紧急通知》，公布各省份应急运输电话，简化通行证办理流程，全力保障应急物资运输车辆的顺畅通行。

2日，湖北省新型冠状病毒感染的肺炎疫情防控指挥部在武汉、鄂州、襄阳三地确定了5个物流园区作为进鄂应急物资道路运输中转调运站，为外省进鄂的各类应急物资运输提供中转服务。

2日，交通运输部印发《关于延长春节假期收费公路免收小型客车通行费时段的通知》，将2020年春节假期小型客车免费通行时段延长至2月8日24时。

2日，交通运输部印发《关于加强公路水运建设工程新型冠状病毒感染肺炎疫情防控工作的通知》，要求合理确定复工时间、完善疫情防控制度和预案、提高疫情防范工作能力、加强统筹协调和监督管理。

2日，交通运输部印发《关于进一步加强高速公路主线通行管理工作的紧急通知》，指导各地交通运输主管部门在依法批准的高速公路防疫检测站点，配合卫生健康、公安等部门做好防疫检测等工作，同时加强交通组织，增加检测车道数量，缩短车辆等待时间，提高公路通行效率。

3日，交通运输部、国家发展改革委、国家卫生健康委、国家铁路局、中国民用航空局、国家邮政局和国家铁路集团公司联合印发《关于统筹做好春节后错峰返程疫情防控和交通运输保障工作的通知》。

4日，交通运输部向奋战在疫情防控一线的全国交通运输行业广大干部职工发出慰问信。

6日，蒙古国交通运输发展部向中国交通运输部捐赠的1.39万个口罩运抵北京。后续该部又捐赠了200瓶免洗洗手液。

7日，交通运输部印发《关于疫情防控期间免收农民工返岗包车公路通行费的通知》，决定对疫情防控期间，由地方政府组织的农民工返岗包车，纳入疫情防控应急运输绿色通道政策范围，免收高速公路通行费并保障优先便捷通行。

7日，交通运输部、公安部、国家卫生健康委联合召开交通运输疫情防控和运输组织保障电视电话会议，杨传堂、李小鹏、戴东昌、王志清参加。

7日，国务院办公厅印发《关于做好公路交通保通保畅工作确保人员车辆正常通行的通知》，就进一步做好公路交通保通保畅工作，确保人员车辆正常通行，切实维护经济社会正常秩序作出专门部署。

7日，交通运输部、国家发展改革委、财政部联合印发《关于进一步优化完善货车计费方式调整有关工作的通知》，进一步细化货车收费标准复核和优化调整工作，确保每个路段、每类货车、每套标准都符合“两个确保”和“一个降低”的要求。

8日，交通运输部、国家邮政局和中国邮政集团公司联合印发《关于确保邮政快递车辆优先便捷通行服务保障民生的紧急通知》，明确对执行应急物资运输任务的邮政、快递车辆落实“不停车、不检查、不收费”政策，保障车辆优先便捷通行。

8日，交通运输部印发《关于贯彻落实习近平总书记重要指示精神统筹做好疫情防控加快公路水运工程复工开工建设加大交通投资力度的通知》。

8日，交通运输部官方微博“中国交通”开通。

10日，交通运输部办公厅印发《交通运输部2020年党的建设工作要点》和《交通运输部2020年党风廉政建设和反腐败工作要点》。

11日，交通运输部印发《关于做好公路收费站疫情防控工作的通知》。

11日，交通运输部印发《关于全力做好农民工返岗运输服务保障工作的通知》。

12日，交通运输部、国家卫生健康委联合印发《关于切实简化疫情防控应急运输车辆通行证办理流程及落实对应急运输保障人员不实行隔离措施的通知》。

12日，交通运输部办公厅印发《交通扶贫、定点扶贫、对口支援和联系六盘山片区、交通扶贫领域腐败和作风问题专项治理2020年工作要点》。

13 日，中共交通运输部党组印发关于贯彻落实习近平总书记在中央和国家机关党的建设工作会议上的重要讲话精神的分工方案的通知。

14 日，中共中央政治局常委、国务院总理、中央应对新冠肺炎疫情工作领导小组组长李克强赴北京西站考察有序错峰返程和新冠肺炎疫情防控工作，李小鹏陪同参加。

15 日，经国务院同意，交通运输部印发《关于新冠肺炎疫情防控期间免收收费公路车辆通行费的通知》，自 2 月 17 日 0 时起，全国收费公路免收车辆通行费。

16 日，杨传堂先后到中国邮政集团公司北京市综合邮政邮件处理中心、顺丰速运康定街营业部和京东物流马驹桥营业部，就新冠肺炎疫情防控期间邮政快递服务保障工作开展调研，并慰问坚守一线的工作人员。马军胜参加。

16 日，交通运输部印发《关于新冠肺炎疫情防控期间持续保障应急运输车辆和农民工返岗包车顺畅通行的通知》，将应急物资、生活物资、重点生产物资、医护及防控人员运输纳入应急运输绿色通道政策范围。

18 日，交通运输部向全国交通运输行业干部职工发出慰问信，号召全行业咬紧牙关、顽强作战，在大战中践行初心使命，在大考中交出合格答卷。

18 日，2020 年春运结束。春运 40 天，全国铁路、公路、水路、民航共发送旅客 14.8 亿人次，比去年同期下降 50.3%。为应对新冠肺炎疫情，交通运输部全面部署和加强疫情防控工作，坚决遏制病毒通过交通运输工具传播。

19 日，交通运输部、国家邮政局、中国邮政集团公司联合印发《关于做好疫情防控期间邮政快递寄递服务保障的紧急通知》，要求各地交通运输部门、邮政管理部门将邮政快递寄递复工复产放在优先等级，加快推进邮政快递企业和邮件快件处理场所、营业场所复工复产。

19 日，交通运输部印发《关于免收收费公路车辆通行费期间加强高速公路运行和服务工作的通知》，指导各地坚决落实疫情防控措施，全力保障通行安全和应急运输绿色通道畅通，并做好交通量统计和分析工作。

20 日，交通运输部办公厅印发《推动“四好农村路”高质量发展 2020 年工作要点》。

22 日，与国务院扶贫开发领导小组签订《中央单位定点扶贫责任书（2020 年度）》。2020 全年，交通运输部向 4 个定点扶贫县累计投入帮扶资金 7.65 亿元，引进帮扶资金 1161.94 万元，培训基层干部 181 人、技术人员 210 人，购买定点扶贫县农产品 695.61 万元、帮助销售 155.73 万元，分别完成目标的 105%、1452%、226%、162%、232%、779%。

24 日，杨传堂主持召开电视电话会议，认真学习领会、坚决贯彻落实习近平总书记在统筹推进新冠肺炎疫情防控和经济社会发展工作部署会议上的重要讲话精神，统筹做好疫情防控和经济社会发展交通运输工作，李小鹏讲话，宋福龙、戴东昌、刘小明、王志清参加。

24 日，交通运输部印发《关于修改〈国内水路运输管理规定〉的决定》（中华人民共和国交通运输部令 2020 年第 4 号），于 5 月 1 日起施行。

24 日，交通运输部印发《邮政行政执法监督办法》（中华人民共和国交通运输部令 2020 年第 5 号），于 5 月 1 日起施行。

24 日，交通运输部印发《关于加强中欧班列运行保障工作的通知》。

26 日，交通运输部、农业农村部联合印发《关于认真贯彻落实习近平总书记重要指示精神全力做好春季农业生产物资运输服务保障的紧急通知》。

26 日，交通运输部、财政部联合印发《贯彻落实〈国务院办公厅关于深化农村公路管理养护体制改革的意见〉的通知》。

26 日，交通运输部印发《关于做好交通运输企业财税金融优惠政策落实工作的通知》，同时编发《新冠肺炎疫情防控和复工复产涉及交通运输业主要财税金融优惠政策目录清单》。

27 日，交通运输部印发《关于分区分级科学做好疫情防控期间城乡道路运输服务保障工作的通知》，部署各地交通运输主管部门根据辖区内低风险、中风险、高风险县（市、区、旗）名单，落实分区分级管控要求，有序恢复道路客运、城市公共交通和出租汽车等城乡道路运输服务，有力支撑企业复工复产和经济社会平稳运行。

28 日，住房和城乡建设部、交通运输部、水利部、人力资源和社会保障部联合印发《监理工程师职业资格制度规定》和《监理工程师职业资格考试实施办法》，交通运输工程监理工程师正式纳入国家职业资格管理制度进行考试和管理。

3 月

1 日，交通运输部印发《关于分区分级科学做好客运场站和交通运输工具新冠肺炎疫情防控工作的通知》，制定《客运场站和交通运输工具新冠肺炎疫情分区分级防控指南》，并于 4 月 11 日、5 月 9 日、6 月 12 日更新印发指南第二版、第三版、第四版。

2 日，交通运输部印发《关于进一步做好公路水运工程疫情防控有序精准推动复工开工的通知》。

3 日，国务院召开常务会议，确定了支持交通运输、快递等物流业纾解困难加快恢复发展的措施。

3 日，柬埔寨公共工程与运输部向中国交通运输部捐赠的 100 万只口罩、1 万瓶洗手液中的首批 32 万只口罩运抵北京。其余物资于 3 月上旬和 4 月上旬分 4 批陆续运达。

4 日，交通运输部印发《关于做好当前疫情防控有关重点工作的紧急通知》，指导各地统筹做好疫情防控、公共交通有序恢复、行业稳定、突发事件应对、安全生产和舆情应对等工作。

4 日，交通运输部印发《关于分区分级做好水路运输服务保障工作的通知》。

5 日，交通运输部印发《关于切实做好我国公民从部分疫情严重国家返回后疫情防控和运输服务保障工作的通知》。

5 日，交通运输部办公厅印发《关于统筹推进疫情防控和经济社会发展交通运输工作的实施意见》。

5 日，交通运输部办公厅印发《关于进一步做好高速公路服务区疫情防控及保通保畅保运输工作的通知》，指导各地强化服务区运营管理，做好入区车辆和人员防控工作，配合做好离鄂离汉及进京车辆管控等工作。

6 日，习近平总书记在北京出席决战决胜脱贫攻坚座谈会并发表重要讲话。李小鹏参加会议。

6 日，国务院总理李克强到首都国际机场和顺丰华北航空分拨中心考察，杨传堂陪同参加。

6 日，交通运输部、国家发展改革委联合印发《关于阶段性降低港口收费标准等事项的通知》。

6 日，交通运输部印发《关于做好疫情防控期间公路水运工程复工开工质量安全工作的通知》。

10 日，交通运输部先后召开交通运输服务乡村振兴战略推进“四好农村路”建设和脱贫攻坚领导小组全体会议、统筹做好疫情防控坚决打赢交通扶贫脱贫攻坚战电视电话会议。

12 日，交通运输部、人力资源和社会保障部联合发布《关于妥善做好新冠肺炎疫情期间中国籍国际航行船舶在船船员换班安排的公告》，指导航运公司做好中国籍国际航行船舶在船船员换班工作。

12日，中央巡视办向交通运输部党组书面反馈中央脱贫攻坚专项巡视“回头看”反馈意见。

12日，交通运输部印发《关于下达2020年全国公路服务区公共卫生间建设改造任务的通知》，明确2020年公路服务区“厕所革命”民生实事任务数量。

13日，交通运输部印发《关于贯彻落实习近平总书记重要讲话精神　决战决胜交通运输脱贫攻坚的实施意见》。

13日，财政部、交通运输部发布《关于减免港口建设费和船舶油污损害赔偿基金的公告》，明确自2020年3月1日0时起至2020年6月30日24时止，免征进出口货物港口建设费，减半征收船舶油污损害赔偿基金。

13日，交通运输部印发《关于精准有序恢复运输服务　扎实推动复工复产的通知》。

14日，交通运输部印发《关于进一步依法加强野生动物运输管理工作的通知》，要求各级交通运输主管部门进一步依法加强野生动物运输管理，全面禁止以食用为目的运输在野外环境自然生长繁殖的陆生野生动物。

16日，交通运输部印发《关于修改〈中华人民共和国船舶安全监督规则〉的决定》（中华人民共和国交通运输部令2020年第6号），于6月1日起施行。

16日，交通运输部印发《关于全力推进乡镇和建制村通客车工作确保完成交通运输脱贫攻坚兜底任务的通知》。

17日，交通运输部召开全国取消高速公路省界收费站重点工作推进视频会议，总结取消高速公路省界收费站第十战役工作进展情况，研究部署下一步工作。

18日，国际海事组织（IMO）向所有成员国、联系会员、政府间组织和非政府间组织推荐分享由中国政府提交的《船舶船员新冠肺炎疫情防控操作指南（V1.0）》，此后，又先后3次推荐分享该指南的更新版。

20日，国务院总理李克强考察疫情防控与生活物资保障服务平台、国务院复工复产推进工作机制和宏观政策协调机制，李小鹏陪同参加。

20日，水利部、公安部、交通运输部联合成立长江河道采砂管理合作机制领导小组。

23日，交通运输部安委会印发《关于进一步加强公路水运工程复工开工安全生产工作的警示通报》，要求各级交通运输主管部门要严查安全生产条件，严格查处各类“红线问题”，加大对重点项目、重点地区的安全生产监管力度，坚决遏制生产安全事故的发生。

24日，交通运输部、公安部、人力资源和社会保障部、国家卫生健康委联合印发《关于做好有关人员进出湖北省交通运输保障工作的通知》，要求切实做好湖北省务工人员、外地滞留在汉在鄂人员、湖北籍在外滞留人员等有关人员进出湖北省交通运输保障工作。

24日，交通运输部召开六盘山片区脱贫攻坚工作电视电话会议。

24日，交通运输部印发《中国民用航空监察员管理规定》（中华人民共和国交通运输部令2020年第7号），于5月1日起施行。

26日，全国评比达标表彰工作协调小组办公室发布《关于公布第一批全国创建示范活动保留项目目录的通告》，“四好农村路”全国示范县、国家公交都市建设、城乡交通运输一体化示范县等3项被列入第一批全国创建示范活动保留项目目录。

26日，交通运输部印发《客滚船码头安全管理指南》。

26 日，交通运输部办公厅印发《关于加快2020 年公路安全生命防护等 3 项工程实施的通知》，指导各地积极有序推进疫情防控期间公路安全生命防护、危桥改造工程，积极推进公路安全生命防护等三项工程建设。

26 日，海事一网通办平台作为交通运输部唯一一个国务院部门垂直业务管理系统，完成了与辽宁、湖北省政务服务平台的对接试点工作。

27 日，国务院印发《关于修改和废止部分行政法规的决定》（中华人民共和国国务院令第726 号），对《中华人民共和国船员条例》进行修改，于 3 月 27 日起施行。

27 日，首趟"中国邮政号"中欧班列（义乌至马德里）从浙江义乌西站驶出，标志着义乌至欧洲运邮业务实现规模化常态化开行。

30 日，交通运输部办公厅印发《2020 年深化交通运输供给侧结构性改革工作要点》。

31 日，杨传堂主持召开"三区三州"交通扶贫工作电视电话会议，李小鹏讲话，宋福龙、戴东昌出席。

4 月

1 日，交通运输部印发《关于进一步强化国际航行船舶中国籍船员境内港口换班管理工作的通知》。

1 日，交通运输部印发《关于做好 2020 年清明节假期交通运输保障工作的通知》。

2 日，交通运输部召开乡镇和建制村通客车工作电视电话会议。

2 日，交通运输部党组印发中央脱贫攻坚专项巡视"回头看"反馈意见整改方案。

3 日，31 个省（区、市）和新疆生产建设兵团所有地级以上城市、县级市全部恢复了地面公交服务。此前，已开通城市轨道交通的 41 个城市也已全部恢复运营。

8 日，交通运输部印发《关于新冠肺炎疫情期间进一步加强口岸交通运输一线工作人员个人防护工作的通知》。

10 日，李小鹏主持召开 2020 年交通运输部安委会第二次全体会议暨交通运输安全生产视频会议，刘小明参加。

11 日，马士基航运公司所属丹麦籍集装箱船"古杰多马士基"轮在完成船员换班后安全驶离宁波—舟山港，标志着新冠肺炎疫情发生以来，我国水运口岸输入的首例疫情案例在交通运输部牵头协调下得以成功处置。

11 日，交通运输部印发《港口及其一线人员新冠肺炎疫情防控工作指南》，并于 6 月 12 日、7 月 22 日、11 月 13 日更新印发指南第二版、第三版和第四版。

11 日，交通运输部印发《关于进一步做好境外疫情输入防控加强国际道路货运驾驶员封闭管理的通知》。

12 日，交通运输部、外交部、国家卫生健康委、海关总署、国家移民管理局联合印发《关于疫情防控期间针对伤病船员紧急救助处置的指导意见》。

13 日，交通运输部、国家卫生健康委、海关总署、国家移民管理局、中国民用航空局、国家邮政局联合印发《关于精准做好国际航空货运机组人员疫情防控工作的通知》。

14 日，交通运输部与人力资源和社会保障部签订《共同推进交通运输行业技能人才队伍建设工作备忘录》。

15 日，交通运输部办公厅印发《关于做好 2020 年公路地质灾害防治和桥梁安全运行工作的通知》，指导各级交通运输主管部门做好2020 年汛期公路抢通保通工作，组织专家组赴相关省份开展现场指导，累计安排灾损抢通保通资金 4.5 亿元支持各地开展灾损公路抢通保通工作。

16日，中国交通通信信息中心交通运输北斗卫星导航系统应用发展中心（交通运输卫星导航产业化中心）成立。

19日，交通运输部印发《关于通报新冠肺炎疫情境外输入情况　进一步加强防控工作的通知》，指导各省级交通运输主管部门充分认识境外疫情输入防控工作的紧迫性和重要性，查漏补缺，严格做好公路水路口岸境外疫情防控各项工作。

20日，交通运输部、商务部、海关总署、国家铁路局、中国民用航空局、国家邮政局和国家铁路集团公司联合印发《关于当前更好服务稳外贸工作的通知》，强调充分发挥综合交通运输的组合优势和各种运输方式的比较优势，发挥交通运输"先行官"作用，保障国际国内运输通道畅通便利，优化运输市场环境，提高运输服务效率，更好地服务稳外贸工作。

20日，交通运输部召开统一思想坚定信心迎难而上化危为机努力完成交通运输全年目标任务电视电话会议。

20日，交通运输部印发《关于加强普通国省干线公路服务设施运营管理和服务保障工作的通知》。

20日，交通运输部印发《2020年全国公路服务区工作要点》，指导各地聚焦打造"四个一流"目标，持续深化公路服务区文明服务创建。

22日，交通运输部、外交部、国家卫生健康委、海关总署、国家移民管理局和中国民用航空局联合印发《关于精准做好国际航行船舶船员疫情防控工作的通知》。

23日，交通运输部印发《关于开展交通运输行业新冠肺炎疫情防控查隐患堵漏洞抓整改工作的通知》，组织全国交通运输行业开展自查行动，全面落实"外防输入、内防反弹"的总体防控策略，继续抓紧抓实抓细疫情防控工作，确保交通运输疫情防控态势持续向好。

24日，交通运输部印发《关于恢复联网收费高速公路常态化管理工作的通知》，从25日0时起，全国联网收费公路全面实施常态化管理。

25日，交通运输部印发《关于继续做好疫情防控应急运输车辆高速公路通行保障有关工作的通知》，指导北京、湖北两地继续做好疫情防控应急运输车辆高速公路通行保障有关工作。

26日，交通运输部印发《交通运输部关于全面加强危险化学品安全生产工作的意见》，提出强化安全生产风险管控、强化全链条安全生产管理、强化企业主体责任落实、强化基础支撑保障、强化安全生产监管能力等五个方面十九条具体意见。

27日，交通运输部、生态环境部、财政部、商务部、公安部联合印发《关于加快推进京津冀及周边地区、汾渭平原国三及以下排放标准营运柴油货车淘汰工作的通知》。30日，五部门联合开展视频调度，对京津冀及周边地区、汾渭平原国三及以下排放标准营运柴油货车淘汰工作进行再动员、再部署。

27日，交通运输部、国家税务总局、国家档案局联合印发《关于收费公路通行费电子票据开具汇总等有关事项的公告》。

27日，中共交通运输部党组印发《落实全面从严治党主体责任清单》。

27日，国际海事组织（IMO）向所有成员国、政府间组织和非政府间组织转发由中国政府提交的《港口及其一线人员新冠肺炎疫情防控工作指南》。

28日，经国务院同意，交通运输部发布《关于恢复收费公路收费的公告》，明确自2020年5月6日0时起，经依法批准的收费公路恢复收费。

28日，国际海事组织（IMO）向所有成员国、联系会员、政府间组织和非政府间组织推荐分享由中国政府提交的《新冠肺炎疫情防控期间针对患病海员紧急救助处置指南（V1.0）》。

28日，交通运输部召开直属机关党建工作会议。

29日，中共交通运输部党组召开脱贫攻坚专项巡视“回头看”整改专题民主生活会及情况通报会。

29日，交通运输部印发《关于做好公路养护工程招标投标工作进一步推动优化营商环境政策落实的通知》，进一步营造公平竞争的公路养护市场环境。

30日，杨传堂、李小鹏向山西、山东、重庆、广西、四川、西藏等7个省（区、市）主要领导同志和分管交通的领导同志去信，部省合力推进通客车工作，确保如期完成脱贫攻坚兜底任务。戴东昌参加。

30日，李小鹏到京台高速公路北京青云店收费站、礼贤收费所，就“五一”假期准备、高速公路运行情况等开展调研和座谈。

30日，交通运输部印发《高速公路恢复收费应急保障方案》，指导规范高效处置恢复收费后出现的各类问题。

30日，交通运输部印发《关于做好劳动节假期高速公路收费站疫情防控和保通保畅工作的通知》。

30日，交通运输部印发《关于做好新冠肺炎疫情防控常态化期间防控紧急物资运输保障工作的通知》。

5月

1日，交通运输部印发《关于做好劳动节假期路网运行服务保障工作的紧急通知》。

5月1日至5日，全国铁路、公路、水路、民航累计发送旅客1.21亿人次，日均2429.83万人次，比2019年同期日均下降53%。

“五一”劳动节假期期间，杨传堂、李小鹏等部领导分别带班值守并慰问一线干部职工。

4日，李小鹏到北京大羊坊收费站、天津津围收费站，就恢复收费准备工作情况、高速公路运行情况等开展调研和座谈。戴东昌参加。

6日0时起，全国收费公路恢复收费。

6日，交通运输部、公安部、自然资源部、生态环境部、住房和城乡建设部、水利部、应急管理部联合印发《高速铁路安全防护管理办法》（中华人民共和国交通运输部　中华人民共和国公安部　中华人民共和国自然资源部　中华人民共和国生态环境部　中华人民共和国住房和城乡建设部　中华人民共和国水利部　中华人民共和国应急管理部令2020年第8号），于7月1日起施行。

8日，交通运输部印发《关于做好交通运输行业新冠肺炎疫情常态化防控工作的指导意见》。

9日，交通运输部办公厅印发《关于决胜年深入开展交通扶贫领域腐败和作风专项治理的通知》，会同中央纪委国家监委驻部纪检监察组深入开展交通扶贫领域腐败和作风专项治理工作，以优良作风保障打赢打好脱贫攻坚收官战。

11日，交通运输部印发《关于修改〈大型飞机公共航空运输承运人运行合格审定规则〉的决定》（中华人民共和国交通运输部令2020年第9号），于7月1日起施行。

11日，中国邮政专门发行《众志成城　抗击疫情》邮票，并捐赠4300万元的邮票和邮品收入用于支援疫情防控，向奋战在抗击疫情一线的医务工作者捐赠定制邮折。杨传堂出席邮票首发暨捐赠仪式。

12日，经党中央、国务院同意，国家统计

局第9统计督察组向交通运输部反馈了防范和惩治统计造假、弄虚作假情况统计督察有关意见。

12日，交通运输部发布《2019年交通运输行业发展统计公报》。

12日，交通运输部印发《关于进一步加强高速公路通行服务工作的通知》。

18日，交通运输部印发《关于进一步加强常态化疫情防控工作的通知》，督促各地严格落实客运场站、交通运输工具消毒防疫标准，坚决阻断疫情传播途径；严守陆路、水路口岸，坚决控制疫情由境外传入；加强重点地区指导与配合，努力降低疫情反弹风险。

18日，交通运输部印发《关于公路水运工程建设领域保障农民工工资支付的意见》。

19日，李小鹏出席国务院新闻办公室举行的新闻发布会，介绍加快建设交通强国、推动交通运输行业高质量发展有关情况。戴东昌参加。

20日，国务院办公厅转发国家发展改革委、交通运输部联合印发的《关于进一步降低物流成本的实施意见》。

21日，杨传堂做客中央广播电视总台中国之声2020两会特别节目《央广会客厅》，介绍交通运输服务保障疫情防控的举措成效，畅谈交通运输服务"六稳""六保"、打赢脱贫攻坚战、服务国家战略、加快建设交通强国等话题。

21日，交通运输部内部审计工作联席会议制度建立。

22日，交通运输部印发《关于统筹做好公路水运建设领域新冠肺炎疫情常态化防控与复工复产工作的通知》。

25日，交通运输部印发《民用航空器维修人员执照管理规则》（中华人民共和国交通运输部令2020年第10号），于7月1日起施行。

26日，交通运输部印发《关于发布〈国内水路运输旅客禁止携带和禁止托运物品目录〉〈国内水路运输旅客限制携带和限制托运物品目录〉的公告》。

28日，交通运输部办公厅印发《关于深化开展道路客运电子客票试点工作的通知》，扩大试点省份范围，指导各试点省份交通运输主管部门稳步推进试点应用、加大宣传推介。

29日，交通运输部举行传达全国两会精神干部大会暨部党组理论学习中心组第五次集体学习（扩大）。

29日，交通运输部印发《内河航运发展纲要》。

29日，交通运输部办公厅印发《关于积极应对新冠肺炎疫情影响支持道路客运企业健康稳定发展的通知》。

6月

1日，2020年第11期《求是》刊发中共交通运输部党组的署名文章《小康路上不让任何一地因交通而掉队》。

1日，中央纪委副书记、秘书长，国家监委副主任，中央巡视工作领导小组成员杨晓超到交通运输部，就《关于中央部委、中央国家机关部门党组（党委）开展巡视工作的指导意见（试行）》和深化政治巡视贯彻落实情况开展调研。

1日，交通运输部党组第五轮巡视工作动员部署会召开。

2—6日，杨传堂先后到四川省凉山彝族自治州、甘孜藏族自治州、阿坝藏族羌族自治州等地，就深度贫困地区交通扶贫特别是"两通"工作、交通扶贫与乡村振兴衔接、定点扶贫县巩固脱贫攻坚成果等工作开展调研和座谈。调研期间，杨传堂与四川省委书记彭清华、省长尹力就推动四川交通运输改革发展交换了意见。

2日，交通运输部召开统计督察整改推进工作视频会议。

3日，交通运输部印发《安全生产专项整治三年行动工作方案》。

3日，交通运输部办公厅印发《关于公布首批农村物流服务品牌并组织开展第二批农村物流服务品牌申报工作的通知》，公布了首批25个农村物流服务品牌项目名单。

3日，深圳海上国际LNG（液化天然气）加注中心建设项目签约仪式在深圳盐田举行，标志着国内首个海上国际LNG加注中心正式落户深圳。

4日，财政部、交通运输部联合印发《关于延长港口建设费和船舶油污损害赔偿基金减免政策执行期限的公告》，将免征进出口货物港口建设费和减半征收船舶油污损害赔偿基金减免政策执行期限延长至2020年12月31日。

4日，"光汇616"轮在途经威海海域时发生危化品泄漏，山东海事局成功处置险情，实现了零伤亡、零污染。

5日，交通运输部印发《关于调整新冠肺炎疫情防控应急响应等级的通知》，决定自6月6日起，将交通运输部应对新冠肺炎疫情防控Ⅱ级应急响应调整为Ⅲ级应急响应。

6日，中央巡视办副主任夏立忠在交通运输部召开现场交流会，23家中央和国家机关单位参加会议。

8日，交通运输部办公厅印发《关于做好交通运输促进消费扩容提质有关工作的通知》。

9日，《经济日报》刊发《交通万亿投资　激活强劲动能》，报道了在新形势下，交通运输行业稳基础设施投资、以项目建设带动就业、补短板带动结构调整相关举措。

9日，交通运输部办公厅、广东省人民政府办公厅、广西壮族自治区人民政府办公厅、贵州省人民政府办公厅联合印发《关于珠江水运助力粤港澳大湾区建设的实施意见》。

10日，交通运输部党组印发关于中央脱贫攻坚专项巡视"回头看"反馈意见整改落实进展情况的报告。

12日，交通运输部会同人力资源和社会保障部举行全国交通运输系统先进集体劳动模范和先进工作者表彰大会。

13日，浙江瑞阳危险品运输有限公司所属液化石油气槽罐车"浙CM9535/浙CF138挂"，行至沈海高速公路温岭西出口下匝道时发生侧翻，导致槽罐碰撞匝道混凝土护栏端头，罐体破裂解体，液化石油气迅速泄出、汽化、扩散并蔓延，引发爆炸，造成20人死亡、175人受伤。

14日，交通运输部印发《关于切实做好危化品运输等重点领域安全生产工作　坚决遏制重特大安全生产事故的紧急通知》。

14日，交通运输部印发《关于切实做好近期首都交通运输疫情防控工作有关事项的通知》，指导北京市交通委员会坚决阻断疫情传播渠道、遏制疫情扩散蔓延。

17日，深圳至中山通道工程沉管隧道首节沉管对接顺利完成，标志着该项目关键控制性工程取得重大进展。

17日，交通运输部党组召开会议，专题听取一部三局党组理论学习中心组学习情况报告，并就有关情况向党中央报告。

17—19日，交通运输部举行深入学习贯彻党的十九届四中全会精神培训班，杨传堂作开班动员讲话。

18日，交通运输部印发《关于进一步强化交通运输疫情防控措施坚决防止疫情反弹的通知》。

19日，生态环境部、交通运输部、国家市场监督管理总局联合印发《关于建立实施汽车排放检验与维护制度的通知》，部署建立在用汽车尾气排放检验与维护闭环管理制度，推动降低汽车尾气排放污染。

19日，交通运输部以线上直播的方式举行视频报告会，独龙江公路管理所等10人及集体荣获“2019年感动交通十大年度人物”，于正洲等10人及集体荣膺“2019年感动交通年度特别致敬人物”。

20日，交通运输部印发《关于进一步做好高速公路车辆通行费优惠预约通行服务工作的通知》，将高速公路通行费优惠预约通行政策过渡期延长至2020年12月31日。

20日，交通运输部印发《关于切实做好常态化疫情防控加强北京地区鲜活农产品等重点生产生活物资运输保障工作的通知》，确保进京鲜活农产品等重点生产生活物资运输“三保障一通畅”。

22日，中共交通运输部党组印发《交通运输部系统党组织书记抓基层党建工作述职评议考核办法（试行）》。

23日，长江口南槽航道治理一期工程通过交工验收，正式投入运行，标志着长江口新添一条长86公里、宽600～1000米、水深6米的优质辅助航道，可满足5000吨级船舶满载乘潮双向通航。

24日，人力资源和社会保障部、交通运输部联合印发《关于深化船舶专业技术人员职称制度改革的指导意见》。

24日，交通运输部印发《关于切实做好2020年端午节期间交通运输疫情防控和服务保障工作的通知》。

25日，在第十个“世界海员日”来临之际，李小鹏致信慰问全国船员。交通运输部举行系列庆祝活动，向广大船员致以节日问候。同日，交通运输部发布《2019年中国船员发展报告》，截至2019年底，全国共有注册船员165.9万人，同比增长5.3%。

28日，交通运输部、国家发展改革委联合印发《关于延续阶段性降低港口收费标准有关事项的通知》，将2020年3月出台的阶段性降低部分港口收费政策延续至2020年12月31日。

28日，国家发展改革委、交通运输部、国家铁路局、中国民用航空局等12部门和单位联合印发《关于支持民营企业参与交通基础设施建设发展的实施意见》。

29日，以“践行绿色发展理念　助力交通强国建设”为主题的交通运输行业节能宣传周活动开启。

29日，交通运输部召开2020年获表彰的部系统优秀共产党员、优秀党务工作者和先进基层党组织代表座谈会。

29日，第八届中日韩运输与物流部长会议特别会议通过线上视频形式举行。

30日，中共交通运输部党组开展“七一”专题党性分析。

7月

1日，交通运输部印发《关于深入贯彻落实习近平总书记重要批示精神进一步强化防汛救灾工作的通知》。

1日，国家综合交通运输信息平台上线试用。

2日，交通运输部办公厅印发《关于加快推进道路运输企业主要负责人和安全生产管理人员安全考核工作的通知》，加快推进企业两类关键人员安全考核工作。

3日，交通运输部、公安部、中华全国总工会联合印发《关于开展2020年“最美货车司机”推选宣传活动的通知》。

3日，李小鹏主持召开2020年交通运输部安委会第三次全体会议暨交通运输安全生产专项整治三年行动推进工作视频会议，交流三年行动推进情况，部署安全生产重点工作。戴东昌、刘小明参加。

6日，交通运输部印发《中华人民共和国海船船员适任考试和发证规则》（中华人民共和国交通运输部令2020年第11号），于11月1日起施行。

6日，交通运输部印发《关于修改〈中华人民共和国内河船舶船员适任考试和发证规则〉的决定》（中华人民共和国交通运输部令2020年第12号），于7月6日起施行。

6日，交通运输部印发《关于修改〈中华人民共和国海员证管理办法〉的决定》（中华人民共和国交通运输部令2020年第13号），于7月6日起施行。

6日，交通运输部印发《关于修改〈中华人民共和国海船船员值班规则〉的决定》（中华人民共和国交通运输部令2020年第14号），于7月6日起施行。

6日，交通运输部印发《关于修改〈中华人民共和国内河船舶船员值班规则〉的决定》（中华人民共和国交通运输部令2020年第15号），于7月6日起施行。

6日，交通运输部印发《关于废止〈中华人民共和国船员注册管理办法〉的决定》（中华人民共和国交通运输部令2020年第16号），于7月6日起施行。

6日，交通运输部印发《道路旅客运输及客运站管理规定》（中华人民共和国交通运输部令2020年第17号），于9月1日起施行。

7—8日，杨传堂到部对口支援的江西省赣州市安远县，就巩固脱贫攻坚成果、“两通”和“四好农村路”建设、交通扶贫与乡村振兴衔接等工作开展调研和座谈。江西省委副书记、省长易炼红一同调研并主持座谈会。

8—14日，中央和国家机关党的建设专项督查第一督查组对交通运输部开展专项督查。

10日，交通运输部、科技部联合印发《国家交通运输科普基地管理办法》。

11日，在第16个中国航海日当日，主题为“携手同行　维护国际物流畅通”的2020年中国航海日论坛在上海举行。

14日，国家发展改革委、交通运输部等13部门联合印发《关于支持新业态新模式健康发展　激活消费市场带动扩大就业的意见》。

15—18日，杨传堂先后到宁夏回族自治区银川市、固原市和甘肃省定西市、兰州市，就六盘山片区剩余未摘帽县加快完成脱贫任务、深化片区交通扶贫、与乡村振兴有效衔接等情况开展调研。调研期间，杨传堂分别与宁夏回族自治区党委书记陈润儿、自治区政府主席咸辉，甘肃省委书记林铎就推动本省（区）交通运输改革发展稳定交换了意见。

16日，中国-东盟交通部长应对新冠疫情特别会议通过线上视频方式举行。交通运输部部长李小鹏与东盟交通部长会议机制轮值主席、文莱交通和通讯部部长穆塔里布共同担任特别会议联合主席并致开幕辞。

21日，交通运输部印发《关于稳妥有序恢复省际旅游客运切实做好旅游客运常态化疫情防控有关工作的通知》。

23日，交通运输部举行新闻发布会，介绍2020年上半年交通运输经济运行有关情况。

24日，交通运输部、国家发展改革委联合印发《绿色出行创建行动方案》。

24日，交通运输部与科技部举行部际会商，围绕科技创新驱动加快建设交通强国进行深入交流并达成共识。杨传堂主持会商，李小鹏与科技部部长王志刚代表两部签署了《关于科技创新驱动加快建设交通强国的合作协议》，刘小明参加。

27日，运输结构调整工作组第四次会议和全国运输结构调整工作电视电话会在交通运输部召开。

28日，交通运输部办公厅印发《关于进一步开发“四好农村路”就业岗位着力稳定和扩大就业的通知》。

31日，交通运输部召开半年工作会，传达学习习近平总书记重要讲话和中央政治局会议精神，贯彻落实党中央、国务院决策部署，总结上半年工作，安排下半年工作。

8月

1日，交通运输部和退役军人事务部共同实施“浪花计划”，推动船员培训机构和航运企业以校企合用、定向培养方式，面向退役军人招生，为退役军人取得船员职业资格和就业安置创造条件、提供平台。

4日，交通运输部印发《通用航空经营许可管理规定》（中华人民共和国交通运输部令2020年第18号），于2021年1月1日起施行。

6日，交通运输部印发《关于推动交通运输领域新型基础设施建设的指导意见》。

11日，交通运输部印发《关于加强游轮疫情防控和运营安全工作的通知》。

11日，交通运输部印发《关于报送防范和惩治统计造假弄虚作假督察整改工作情况报告的函》，全面完成国家统计督察整改任务。

12日，在国务院新闻办公室召开的中外记者见面会上，西藏自治区交通运输厅厅长徐文强、交通运输部法制司执法监督处处长罗洪波、湖北省恩施土家族苗族自治州建始县龙坪乡店子坪村党支部书记王光国、四川省甘孜藏族自治州色达县委副书记桂志敬、交通运输部海上搜救中心综合处主任科员吕怡达5位来自交通运输行业的扶贫干部和典型代表，讲述了交通扶贫故事。

18日，“第四届运输服务风范人物榜样品牌”以线上直播形式揭晓。刘延让、安红英等10人当选“运输服务风范人物”，“雷锋号”“京东物流”等10个品牌荣获“运输服务榜样品牌”称号。

18日，交通运输部广州打捞局新建的“华祥龙”抢险打捞工程船正式入列。该船是我国自行设计制造的首艘插桩式抢险打捞工程船。

18日，我国自主设计建造的首艘油电混动海上执法船“深海01”轮正式列编深圳海上搜救中心。该轮为专业危险品应急指挥船，在全球首次采用舱室微正压维持系统。

19日，交通运输部办公厅、财政部办公厅联合印发《关于切实加强水上搜救工作的通知》，加大海上搜救奖励力度，引导社会搜救力量健康有序发展。

19日，交通排放控制监测技术实验室在北京揭牌。

18—21日，李小鹏到浙江省宁波市、杭州市，上海市，安徽省合肥市，江苏省南京市等地，就深入贯彻落实长三角一体化发展战略，落实加快形成以国内大循环为主体、国内国际双循环相互促进的新发展格局要求，构建现代国际物流供应链体系，帮助企业纾困解难，编制好《国家综合立体交通网规划纲要》和“十四五”规划，加快建设交通强国，安全生产等工作开展调研和座谈。

20日，交通运输部印发《400总吨以下内河船舶水污染防治管理办法》，并于10月1日起施行，有效期5年。

20日3时38分30秒，载运约3100吨异辛烷组分的“隆庆1”轮与干货船“宁高鹏688”轮在长江口灯船东南约1.5海里处发生碰撞，“隆庆1”轮起火、“宁高鹏688”轮沉没，两船共17人遇险。最终，成功救起3人，事故造成12人死亡、2人失踪。

21日，长江经济带船舶和港口防污染现场推进会在江苏省镇江市召开。

22 日，交通运输部在广州召开海事服务粤港澳大湾区发展推进会。会议期间，内地、香港、澳门海事主管机关签署了《粤港澳大湾区海事合作协议》。

22—31 日，交通运输部派出 8 个督查组分赴天津、山西、吉林、浙江、海南、重庆、贵州、宁夏开展了交通运输综合督查，真正发现政策落实的问题并切实推动解决。

24 日，交通运输部办公厅印发《关于表扬交通扶贫进展成效显著省份的通报》，对 2019 年交通扶贫进展成效显著的福建省、广东省、四川省、安徽省、新疆维吾尔自治区交通运输厅给予通报表扬。

25—26 日，2019 年度海（水）上搜救奖励评审会在青岛召开，会议评审通过给予 2019 年度参与海上搜救行动的社会力量奖励资金 1023.7 万元。

26 日，交通运输部印发《关于进一步加强冷链物流渠道新冠肺炎疫情防控工作的通知》。

26 日，交通运输部启动第 8 号台风“巴威”Ⅱ级防御响应。

27 日，首期交通科技云论坛——“四好农村路”科技创新成果交流活动成功举行。

28 日，交通运输部印发《关于加强和规范事中事后监管的指导意见》。

28 日，交通运输部权责清单编制工作领导小组第一次会议召开。

28 日，交通运输部召开警示教育视频会议。

30 日，利比里亚籍散货船“珀尔修斯”轮与渔船“闽晋渔 05119”轮在台湾海峡水域发生碰撞事故。事故造成渔船沉没，船上 12 人失踪。

31 日，交通运输部、人力资源和社会保障部、中华全国总工会、共青团中央联合印发《关于举办 2020 年全国行业职业技能竞赛——第十二届全国交通运输行业职业技能大赛的通知》。

9 月

2 日，交通运输部印发《关于命名石家庄市等 12 个城市国家公交都市建设示范城市的通报》。

3 日，交通运输安全生产创新发展暨大型企业交流座谈会在交通运输部党校召开。

3 日，财政部、交通运输部、国家税务总局印发《关于海南自由贸易港国际运输船舶有关增值税政策的通知》，规定自 2020 年 10 月 1 日起至 2024 年 12 月 31 日，运输企业购买在境内建造船舶且在中国洋浦港登记并从事国际和港澳台运输的，国家给予增值税退税。

7 日，2020 年“小康路 · 交通情”交通扶贫重大主题宣传活动在山西省大同市启动。

8 日，交通运输部党组第六轮巡视工作动员部署会召开。

9 日，习近平总书记主持召开中央财经委员会第八次会议，听取李小鹏关于畅通国民经济循环和现代流通体系建设交通运输相关汇报，指出要建设现代综合运输体系，形成统一开放的交通运输市场，优化完善综合运输通道布局，加强高铁货运和国际航空货运能力建设，加快形成内外联通、安全高效的物流网络。

9—10 日，杨传堂到天津市，就贯彻落实习近平总书记重要指示精神，加快建设交通强国和打造世界一流港口等开展调研和座谈。调研期间，杨传堂与中共中央政治局委员、天津市委书记李鸿忠，天津市代市长廖国勋就交通运输改革发展稳定工作交换了意见。

10 日是第 36 个教师节。交通运输部向交通运输行业全体教师、教育工作者发出慰问信，向他们致以节日的问候与祝福。

11 日，交通运输部印发《关于深化改革推进船舶检验高质量发展的指导意见》。

17 日，交通运输部部长李小鹏在北京会见了巴基斯坦新任驻华大使莫因·哈克，双方就深化中巴互联互通、推进两国交通合作等交换了意见。

18日，中国海上搜救中心、国家卫生健康委卫生应急办、上海海上搜救中心在上海联合举办“2020年海上紧急医疗救援专项演练”。

18日，交通运输部办公厅印发《关于进一步推进平安工地建设的通知》，要求各地树立工程建设项目“零死亡”目标，推动平安工地建设“全覆盖”。

18日，重庆地铁环线和4号线在全国率先实现“互联互通”跨线载客运营。

21日，由交通运输部、公安部、国家机关事务管理局、中华全国总工会联合主办的2020年绿色出行宣传月和公交出行宣传周启动仪式在陕西省西安市举行。

21—23日，李小鹏到四川省成都市、甘孜藏族自治州色达县、阿坝藏族羌族自治州壤塘县等地，就“三区三州”交通扶贫和交通运输部定点扶贫县巩固脱贫攻坚成果等开展调研，并到雅安市京昆高速公路雅西段地质灾害现场调研。调研期间，李小鹏与四川省委书记彭清华、省长尹力就脱贫攻坚、加快建设交通强国等工作交换了意见。

22日，第十七届中国土木工程詹天佑奖颁奖大会在北京举行，泰州长江公路大桥、雅安至泸沽高速公路等22项交通运输工程荣膺詹天佑奖。

24日，交通运输部、海关总署、外交部联合发布《关于加强国际航行船舶船员疫情防控的公告》，明确船舶在来华前一港口或地点和来华到港前14日内更换船员的，换班登船船员应在上船前3天内完成新冠肺炎核酸检测，并持新冠肺炎核酸检测阴性证明上船。

25日，水利部、交通运输部联合印发《关于加强长江干流河道疏浚砂综合利用管理工作的指导意见》。

25日，交通运输部印发《水运工程建设标准管理办法》。

25日，中共中央政治局委员、中央政法委书记、中乌政府间合作委员会中方主席郭声琨同乌兹别克斯坦总理、委员会乌方主席阿里波夫通电话。李小鹏出席。

27日，国庆、中秋、重阳三节即将来临之际，交通运输部召开部老领导及离退休干部党支部书记座谈会。

28日，国务院新闻办公室举行“决战决胜脱贫攻坚为全面建成小康社会提供坚实交通保障”新闻发布会。

28日，交通运输部、生态环境部、财政部、商务部、公安部5部门办公厅联合印发《关于进一步做好重点区域国三及以下排放标准营运中重型柴油货车淘汰工作的通知》。

29日，交通运输部、国家发展改革委联合召开全国“信用交通省”建设总结推进视频会，杨传堂、李小鹏出席会议并讲话。

29日，交通运输部、财政部联合印发《关于组织开展深化农村公路管理养护体制改革试点工作的通知》。

29日13时30分，砂石船“亿瑞3286”轮自湛江硇洲岛附近装载海砂驶往深圳途中，在广东阳江海陵岛以南约20海里处海域翻沉，造成16名船员全部落水，其中5人获救，2人死亡，9人失踪。

29日，我国万吨级大型海事巡逻艇“海巡09”轮在广州下水。

30日，交通运输部政务服务“好差评”系统上线运行，全面接受办事企业和群众自愿自主真实评价，促进部政务服务质量持续提升。

10月

1—8日，全国铁路、公路、水路、民航共

发送旅客4.97亿人次，日均6211.5万人次。其中，10月1日，全国铁路、公路、水路、民航发送旅客总量达到6586.23万人次，为2020年疫情暴发以来的最高峰值。

国庆、中秋假日期间，杨传堂、李小鹏等部领导在部机关带班值守，指挥调度交通运输服务保障各项工作，视频慰问坚守岗位的干部职工。

4日5时40分，吉林籍轻型货车“吉A1E19W”行至省道S514线K39处（松原市扶余市境内），碰撞同向行驶的农用四轮拖拉机后驶入对向车道，碰撞吉林籍轻型货车“吉JMK350”。事故造成18人死亡、1人受伤。

9日，交通运输部印发《国际航空运输价格管理办法》（中华人民共和国交通运输部令2020年第19号），于2021年1月1日起施行。

10日，交通运输部办公厅印发《关于进一步做好冷链物流渠道新冠肺炎疫情防控工作的通知》。

11日，2019年“最美公交司机”先进事迹报告会在雷锋故乡湖南长沙望城举行。

12—13日，“平安百年品质工程”建设推进现场会在广东深中通道项目现场召开。

13日，上海合作组织国际道路运输便利化联合委员会第二次会议以线上形式召开。

13日，世界银行通过网络召开全球发布会，正式发布《新时代的蓝色航道：中国内河水运发展》研究报告。

14日是第51个世界标准日。交通运输部召开专题会议研究部署交通运输标准化工作。

15日，交通运输部主办的“行在乡村　游在路上”脱贫攻坚自驾主题宣传活动在河北省邯郸市峰峰矿区启动。

16日，交通运输部党校举行2020年秋季学期开班式，杨传堂出席并作首堂授课。

16日，李小鹏主持召开2020年交通运输安委会第四次全体会议，部署安全生产专项整治三年行动及四季度安全生产重点工作，戴东昌、刘小明参加。

17日，交通运输部印发《关于推进交通运输治理体系和治理能力现代化若干问题的意见》。

19日，《中国—沙特海运政府协定》正式生效。

19—21日，杨传堂到贵州省贵阳市、毕节市、六盘水市、黔南布依族苗族自治州，就脱贫攻坚、“四好农村路”、智慧交通等工作开展调研。调研期间，杨传堂与贵州省委书记孙志刚就推动贵州交通运输改革发展稳定工作交换了意见。贵州省委副书记、省长谌贻琴一同调研了黔南州交通运输工作情况。

20日，中国海上搜救中心、国家卫生健康委卫生应急办、海南省海上搜救中心在海南联合举办“2020年海上紧急医疗救援专项演练”。

21—22日，2020年全国推动完善“四好农村路”高质量发展体系现场会在贵州省长顺县召开，杨传堂、戴东昌参加。

22日，国务院新闻办公室举行新闻发布会，李小鹏、冯正霖、马军胜、刘振芳参加并介绍交通运输“十三五”发展情况。

23日，全国交通运输系统抗击新冠肺炎疫情表彰大会在交通运输部召开，对全国交通运输系统抗击新冠肺炎疫情先进个人和先进集体、交通运输部系统抗击新冠肺炎疫情优秀共产党员和先进基层党组织进行表彰。

24日，上海海事局陈维被授予2019年度全国三八红旗手标兵荣誉称号，并于11月12日在浦东开发开放30周年庆祝大会上受到习近平总书记亲切接见。

25日，北京、巴基斯坦拉哈尔两地通过视频连线方式，共同见证巴基斯坦首条城市轨道交通——拉哈尔市“橙线”正式开通运营。

25 日，“中新电子证书应用先导项目”在广州南沙港和新加坡港的实船测试成功，标志着中新“国家级海事单一窗口”系统实现对接。

26 日，中巴经济走廊交通基础设施联合工作组第 8 次会议通过视频方式举行。

26—29 日，交通运输部组织开展走访慰问抗美援朝战争老战士老同志活动，为 18 位老战士老同志送去纪念章。

28 日，上海合作组织成员国交通部长第八次会议通过线上方式召开。

29 日，中国共产党第十九届中央委员会第五次全体会议公报及《中共中央关于制定国民经济和社会发展第十四个五年规划和二〇三五年远景目标的建议》，明确提出加快建设交通强国。

11 月

2 日，交通运输部党组集中听取一部三局党组党的十九大以来巡视工作情况报告。

2 日，交通运输部印发《中韩客货班轮运输安全管理提升行动方案（2020—2022 年）》。

3 日，交通运输部、应急管理部联合印发《公路水运工程淘汰危及生产安全施工工艺、设备和材料目录》。

3 日，杨传堂、李小鹏主持召开专题会，研究部署北京冬奥会冬残奥会交通保障有关工作。

5 日，杨传堂到部路网监测与应急处置中心调研，了解改革发展情况，听取重点工作情况汇报。

5—6 日，杨传堂先后到北京西站和位于丰台区、大兴区的快递园区、邮政网点、快递企业，调研“双 11”邮政快递业务旺季服务保障工作，并向邮政、快递企业员工表示亲切慰问。马军胜、刘振芳参加。

6 日，主题为“智慧地铁与城市轨道交通精细化管理”的第二届城市轨道交通运营发展论坛在上海市开幕。

6 日，财政部、交通运输部、国家税务总局印发《关于中国（上海）自由贸易试验区临港新片区国际运输船舶有关增值税政策的通知》，规定自 2020 年 11 月 1 日起至 2024 年 12 月 31 日，运输企业购买在境内建造船舶且在中国洋山港登记并从事国际和港澳台运输的，国家给予增值税退税。

7 日 12 时 54 分，巴拿马籍货船“大丰海运”轮在闽江口附近海域发生货舱污水井漏水，23 名船员遇险。经全力搜救，两架救助直升机成功接救全部船员并安全转移。

8 日，川藏铁路（雅安至林芝段）开工动员大会在北京和川藏铁路控制性工程色季拉山隧道、大渡河特大桥三地，以视频连线的方式同时进行。中共中央政治局委员、国务院副总理刘鹤在大会上传达习近平总书记重要指示，并为川藏铁路工程建设指挥部揭牌，宣布川藏铁路（雅安至林芝段）开工建设。李小鹏出席。

9 日，交通运输部、公安部、生态环境部、住房和城乡建设部印发《关于深入开展道路限高限宽设施和检查卡点专项整治行动的通知》。10 日，四部门联合组织召开全国道路限高限宽设施和检查卡点专项整治工作视频会。

10 日，交通运输部、公安部、商务部联合印发《关于公布第二批城市绿色货运配送示范工程创建城市的通知》，并启动对第一批城市绿色货运配送示范工程的验收工作。

10 日，交通运输部成立南海航海保障中心三沙航标处、港珠澳大桥航标处。

11 日，学习贯彻党的十九届五中全会精神中央宣讲团宣讲报告会在江苏省南京市举行。中央宣讲团成员李小鹏作宣讲报告，江苏省委书记娄勤俭主持报告会并讲话。

11 日，2020 年交通运输综合行政执法改革工作推进会在湖南省长沙市召开。

12日，新加坡籍散货船“韦立进步”轮与渔船“浙嵊渔01148”轮在舟山嵊山岛东南约12海里附近水域发生碰撞事故。事故造成渔船沉没，船上10人失踪。

12—13日，李小鹏先后到上海市、江苏省南京市开展调研座谈，学习宣传贯彻党的十九届五中全会精神，听取加快建设交通强国、“十四五”规划编制意见建议，分析当前形势，科学谋划明年重点工作。

13日，交通运输部印发《公路、水路进口冷链食品物流新冠病毒防控和消毒技术指南》。

13日，深圳海事局签发了全国首份内河船船员电子证书，标志着我国船员证书电子化工作取得重大突破。

13—14日，杨传堂到大连港，就常态化疫情防控下港口生产经营情况开展调研，并到大连海事大学宣讲党的十九届五中全会精神。

16日，宁夏回族自治区人民政府正式批复同意西吉县退出贫困县序列；21日，甘肃省人民政府正式批复同意东乡县、临夏县、通渭县、岷县、镇原县退出贫困县序列，实现了剩余的6个六盘山片区县摘帽。至此，交通运输部帮扶地区全部实现摘帽，区域性整体贫困问题得到全面解决，历史性地告别绝对贫困。

17日，交通运输部公路局获得“2020年中央和国家机关脱贫攻坚先进集体”荣誉称号。

19日，全国“司机之家”建设运营经验交流会在广东省佛山市举行。

20日，中俄总理定期会晤委员会运输合作分委会第二十四次会议通过线上方式召开。

20—21日，交通运输部举办学习贯彻党的十九届五中全会精神培训班（第一期）。杨传堂作开班动员和结业讲话，李小鹏作党的十九届五中全会精神宣讲暨专题党课，宋福龙、戴东昌、刘小明、王志清参加。

22日，2020年交通运输优秀文化品牌建设经验交流会在北京举行。

23日，交通运输部党组理论学习中心组与招商局集团党委中心组开展联学。

24日，第19次中国-东盟交通部长会议通过线上方式举行。交通运输部部长李小鹏与文莱交通和通讯部部长穆塔里布共同主持会议，会议审议并通过了第19次中国-东盟交通高官会议纪要和《第19次中国-东盟交通部长会议联合声明》。

24—26日，杨传堂先后到广东省深圳市、广州市，就学习贯彻落实党的十九届五中全会精神，把握新发展阶段，贯彻新发展理念，构建新发展格局，推动加快建设交通强国等工作开展调研和座谈。调研期间，杨传堂与中共中央政治局委员、广东省委书记李希，省长马兴瑞就推动广东交通运输改革发展稳定工作交换了意见。

25日，交通运输部印发《关于完善综合交通交通法规体系的意见》。

25日，交通运输部公布交通运输行业研发中心认定名单，2020年在自动化作业技术、卫星技术应用和卫生防疫技术三个方向共认定16家行业研发中心。

27日，福建省福州市晋安北峰环线全景公路鼓宦线、浙江省杭州市淳安县淳杨公路等10条农村公路当选为全国“十大最美农村路”。

29日，国务院印发《关于修改和废止部分行政法规的决定》（中华人民共和国国务院令第732号），对《关于外商参与打捞中国沿海水域沉船沉物管理办法》进行修改，自公布之日起施行。

30日，交通运输部公布交通运输行业野外科学观测研究基地认定名单，2020年在基础设施长期性能、自然灾害防治和重大工程结构安全三个方向认定13家行业野外科学观测研究基地。

12 月

1 日，交通运输部印发《关于贯彻落实〈海南自由贸易港建设总体方案〉实施方案的通知》。

3 日，杨传堂、李小鹏分别主持召开交通运输工作座谈会，学习贯彻落实党的十九届五中全会精神，围绕编制“十四五”综合交通运输规划和谋划 2021 年重点工作、加快建设交通强国等，听取全国人大代表、专家、省级以及基层交通运输主管部门代表、行业企业和学会协会代表的意见建议。王志清参加。

3 日，交通运输部举行国家工作人员宪法宣誓仪式，李小鹏监誓，戴东昌主持。

4—5 日，杨传堂到黑龙江海事局开展专题调研。调研期间，杨传堂与黑龙江省委书记张庆伟就推动黑龙江交通运输改革发展稳定工作交换了意见。

4 日，交通运输部党组脱贫攻坚专项巡视“回头看”18 项整改措施全部完成销号。

4 日，交通运输部办公厅印发《关于 2020 年交通运输综合执法检查的反馈意见》。

4 日，交通运输部印发《关于全面做好农村公路“路长制”工作的通知》。

6 日，交通运输部、工业和信息化部、公安部、商务部、文化和旅游部、国家市场监督管理总局联合印发《关于深入推进道路运输安全专项整治切实加强道路运输安全协同监管的通知》，联合部署建立道路运输安全跨部门协同监管格局。

7 日，交通运输部安全委员会印发《关于开展危险化学品道路运输安全集中整治工作的通知》。

7 日，交通运输新业态协同监管部际联席会议办公室组织对嘀嗒、哈啰等顺风车平台公司进行提醒式约谈。

10 日，交通运输部部长李小鹏在京视频会见了蒙古国交通运输发展部部长哈勒特尔，双方就交通运输领域合作深入交换了意见。

10 日，全国道路客运电子客票试点工作交流会在海南省海口市召开，宣布北京、江苏、海南、贵州等 8 个省份启动电子客票试点应用。

11 日，中乌（兹别克斯坦）政府间合作委员会交通合作分委会第七次会议通过线上方式举行。

11 日，第三届“新时代·大航海·强国梦——智能航运与新基建”峰会在上海临港举办。

11 日，交通运输部海事局宣传处、中国公路学会获评全国科普工作先进集体，人民交通出版社股份有限公司韩亚楠、中国航海学会翟墨获评全国科普工作先进个人。

11—12 日，杨传堂到重庆市，就综合交通运输及西部陆海新通道建设等工作开展调研和座谈。调研期间，杨传堂与重庆市委副书记、市长唐良智就推动重庆交通运输改革发展稳定工作交换了意见。

13 日，中华人民共和国第一届职业技能大赛闭幕。交通运输部代表团选手荣获轨道车辆技术项目金牌、货运代理项目银牌和汽车喷漆项目优胜奖，交通运输部代表团荣获优秀参赛组织单位。14 日，交通运输部向代表团发出贺信。

14 日，交通运输部召开全国交通运输行业精神文明建设工作电视电话会议。

14 日，交通运输部印发《关于进一步做好总质量 4500 千克及以下普通货运车辆“放管服”改革有关工作的通知》。

14 日，交通运输部办公厅印发《关于做好道路货物运输驾驶员从业资格考试制度改革有关工作的通知》，统筹部署取消除道路危险货物运输以外的道路货物运输驾驶员从业资格考试工作。

14 日，交通运输部办公厅印发《关于优化道路运输车辆技术管理　便利开展车辆技术等级评定工作的通知》，贯彻落实国务院关于道路货运车辆"三检合一"决策部署，优化车辆检验检测和技术等级评定工作。

15日，中德交通论坛第一次会议通过视频形式举行。交通运输部部长李小鹏、德国联邦交通与数字基础设施部部长安德里亚斯·朔伊尔分别率团出席会议，双方就应对新冠肺炎疫情和深化两部门间合作等深入交换了意见。

15日，交通运输部政府网站获第十九届中国政府网站绩效评估国务院组成部门网站第二名。

15日，"2020年中老缅泰澜沧江—湄公河水上联合搜救桌面推演"以视频方式举行。

16日，交通运输部、国家铁路局、国家铁路集团公司联合印发《船舶碰撞桥梁隐患治理三年行动实施方案》。

17日，《人民日报》刊发李小鹏署名文章《加快建设交通强国》。

19日，交通运输部、生态环境部联合发布公告，制定了《汽车排放检验机构和汽车排放性能维护（维修）站数据交换规范》。

20日，交通运输部印发《航道养护管理规定》（中华人民共和国交通运输部令2020年第20号），于2021年2月1日起施行。

20日，交通运输部印发《关于修改〈港口经营管理规定〉的决定》（中华人民共和国交通运输部令2020年第21号），于2021年2月1日起施行。

20日，交通运输部印发《小微型客车租赁经营服务管理办法》（中华人民共和国交通运输部令2020年第22号），于2021年4月1日起施行。

20日，交通运输部印发《交通运输部网络安全管理办法》。

21日，交通运输部印发《关于促进道路交通自动驾驶技术发展和应用的指导意见》。

22日，国务院新闻办公室发布《中国交通的可持续发展》白皮书。白皮书全面介绍了新时代中国交通发展成就，分享中国交通可持续发展的理念和实践，进一步增进国际社会认识和了解。

22日，上海合作组织国际道路运输空白许可证交接仪式在京举行。

22—26日，全国人大常委会召开第二十四次会议，初次审议《中华人民共和国海上交通安全法（修订草案）》，李小鹏参加有关会议。

23日，交通运输部办公厅印发《关于开展ETC智慧停车城市建设试点工作的通知》，选定北京等27个城市作为试点城市，江苏作为省级示范区，先期开展ETC智慧停车试点工作。

24日，2021年全国交通运输工作会议在交通运输部召开。会议采用电视电话形式，传达学习了中共中央政治局委员、国务院副总理刘鹤批示精神，总结2020年及"十三五"交通运输工作，分析形势，部署2021年工作。杨传堂、李小鹏出席会议并讲话，冯正霖、马军胜、宋福龙、戴东昌、刘小明、刘振芳、王志清参加。

25日，交通运输部召开警示教育视频会议。

25日，交通运输部印发《关于进一步提升公路桥梁安全耐久水平的意见》。

26日，交通运输部办公厅印发《公路危旧桥梁改造行动方案》，全面部署"十四五"期公路危旧桥梁改造工作。

27日，北京至雄安新区城际铁路大兴国际机场至雄安新区段开通运营，京雄城际铁路实现全线贯通。

28日，交通运输部、人力资源和社会保障部、国家卫生健康委、中国人民银行、国家铁路局、中国民用航空局、国家铁路集团公司联合印发《关于切实解决老年人运用智能技术困难便利老年人日常交通出行的通知》。

28日，长江上游朝天门至涪陵河段航道整

治工程开工建设。

28 日，交通运输部推荐的北京大杜社公路长期性能、青海青藏高原公路冻土工程、粤港澳大湾区港珠澳大桥工程安全 3 个野外科学观测研究站正式纳入国家野外科学观测研究站布局建设。

29 日，中国与意大利海事主管机关云签署海员证书互认谅解备忘录，国务委员兼外长王毅同意大利外长迪马约视频见证文件的签署。

29 日，杨传堂出席 2021 年国家铁路局工作会议。

29 日，北京冬奥会交通工作协调小组第二次会议在张家口赛区召开。

30 日，国务院召开常务会议，李小鹏汇报 2021 年春运疫情防控工作情况。会议要求，国务院联防联控机制要建立工作专班，压实各方责任，做好统筹协调，完善各方面应急预案，强化疫情应急处置，保障群众安全出行。

30 日，中共中央政治局常委、中央巡视工作领导小组组长赵乐际，中共中央政治局委员、中央巡视工作领导小组副组长、国家监委主任杨晓渡到交通运输部调研，看望慰问纪检监察干部和巡视干部，并召开中央单位巡视工作调研座谈会。

30 日，中宣部授予山东港口集团青岛港“连钢创新团队”“时代楷模”称号。

30 日，交通运输部、商务部、国家发展改革委联合印发《关于废止〈外商投资民用航空业规定〉及其 6 个补充规定的决定》（中华人民共和国交通运输部　中华人民共和国商务部　中华人民共和国国家发展和改革委员会令 2020 年第 23 号），自公布之日起施行。

31 日，交通运输部印发《交通运输综合行政执法事项指导目录（2020 年版）》。

2020 年国家铁路局大事记

1 月

2 日，国家铁路局党组书记、局长刘振芳主持召开党组扩大会议，传达学习习近平总书记对京张高铁开通运营的重要指示精神和中央领导同志批示精神，研究贯彻落实措施。

5—29 日，国家铁路局党组成员带队，分别赴 7 个地区铁路监管局辖区开展春运监督检查工作。

7 日，国家铁路局党组书记、局长刘振芳会见来访的香港特别行政区政府机电工程署署长薛永恒一行。双方回顾广深港高速铁路香港段开通后监管工作整体情况，并就深化内地与香港铁路领域务实合作交流交换意见。

7 日，印发《国家铁路局关于做好 2020 年铁路安全监督管理工作的意见》（国铁安监〔2020〕1 号）。

9 日，国务院新闻办公室举行 2020 年春运工作新闻发布会，国家铁路局总工程师、新闻发言人严贺祥参加发布会并介绍 2020 年铁路春运形势和工作安排。

10 日，2019 年度国家科学技术奖励大会在人民大会堂举行。铁路行业共有 6 个项目获奖，由国家铁路局提名的“高压大电流 IGBT 芯片关键技术及应用”和“高速列车—轨道—桥梁系统随机动力模拟技术及应用”获技术发明奖二等奖。

11 日，国家铁路局党组书记、局长刘振芳陪同中共中央政治局委员、国务院副总理刘鹤到北京南站检查春运工作。

16 日，印发《2020 年铁路工程监管工作要点》

（国铁工程监函〔2020〕5号）。

20日，印发《2020年铁路危险货物运输安全监督管理工作要点》（国铁运输监函〔2020〕10号）。

21日，国家铁路局党组书记、局长刘振芳主持召开专题会议，传达学习习近平总书记对新冠肺炎疫情作出的重要批示和国务院常务会议精神，研究部署铁路运输防控工作措施。

25日，国家铁路局党组书记、局长刘振芳主持召开专题会议，学习贯彻习近平总书记、李克强总理等中央领导同志关于新冠肺炎疫情防控工作的重要指示批示精神，对严防疫情通过铁路传播和扩散工作进行再部署，研究抓好春运期间监督检查人员和全局内部防控工作措施。

26日、28日，国家铁路局党组书记、局长刘振芳，党组成员、副局长刘克强带队赴北京西站、北京站检查春运及新冠肺炎疫情防控工作。

27日，国家铁路局党组书记、局长刘振芳主持召开党组会议，研究新冠肺炎疫情防控工作。

28日，国家铁路局党组书记、局长刘振芳主持召开党组会议，专题传达学习习近平总书记关于坚决打赢疫情防控阻击战的重要指示精神，要求全局各级党组织和广大党员干部坚决贯彻落实党中央决策部署，切实抓好铁路行业监管履职和内部防控工作。

2月

3日，国家铁路局党组书记、局长刘振芳主持召开电视电话会议，通报节前节中新冠肺炎疫情防控工作，传达学习习近平总书记重要指示精神和党中央决策部署，分析当前形势，安排部署节后春运疫情防控工作。

3日，印发《国家铁路局关于贯彻落实中共中央 国务院〈关于营造更好发展环境支持民营企业改革发展的意见〉的实施意见》（国铁设备监〔2020〕4号）。

3日，交通运输部、国家发展改革委、国家卫生健康委、国家铁路局、中国民用航空局、国家邮政局、国家铁路集团联合印发《关于统筹做好春节后错峰返程疫情防控和交通运输保障工作的通知》（交运明电〔2020〕44号）。

4日，印发《2020年铁路安全监察工作要点》（国铁安监函〔2020〕20号）。

5日，印发《国家铁路局关于加强铁路春节后错峰返程疫情防控和运输安全工作的通知》（国铁综〔2020〕5号）。

6日，国家铁路局党组书记、局长刘振芳主持召开党组会议，学习贯彻习近平总书记重要讲话和重要指示精神，研究节后错峰返程疫情防控和安全监督检查工作。

6—18日，国家铁路局党组成员带队，分别到北京乘务员公寓、北京客运段、北京车辆段、北京动车段、北京北站、北京站、北京南站、北京西站、大兴机场站、清河站检查新冠肺炎疫情防控工作。

17日，印发《国家铁路局关于做好疫情防控期间铁路机车车辆驾驶人员资格许可工作的通知》（国铁设备监函〔2020〕27号）、《国家铁路局关于做好疫情防控期间延长铁路专用设备行政许可有效期的通知》（国铁设备监函〔2020〕28号）。

18日，印发《国家铁路局关于疫情期间防疫物资铁路运输的通知》（国铁运输监函〔2020〕29号）。

20日，国家铁路局召开2020年党风廉政建设工作视频会议。党组书记、局长刘振芳作工作报告，中央纪委国家监委驻交通运输部纪检监察组副组长胡志彬出席会议并讲话。

3月

6日，印发《国家铁路局2020年党的建设、党风廉政建设和反腐败工作要点》（国铁党发〔2020〕9号）。

13日，国家铁路局局长刘振芳会见前来辞行拜会的尼泊尔驻华大使鲍德尔，双方高度评价中尼铁路政府间合作取得的积极进展，并就下一步工作交换意见。

18日，国家铁路局党组成员、副局长于春孝主持召开2020年第1次安全生产委员会会议，学习贯彻习近平总书记关于安全生产重要批示精神，研究部署当前铁路安全监管工作。

27日，公布《2019年铁路安全情况公告》。

30日11时40分，京广线T179次列车（济南至广州）运行至湖南省郴州市境内马田墟至栖凤渡站间撞上滑塌体，致列车机车及机后7辆车脱线，中断上下行线行车。事故发生后，国家铁路局迅速行动，党组书记、局长刘振芳赶赴国铁集团调度指挥中心指导应急救援工作，党组成员、副局长于春孝带队赶赴事故现场指导抢险救援和事故调查处理工作。

31日，国家铁路局党组书记、局长刘振芳主持召开安全紧急电视电话会议，传达李克强总理等中央领导同志关于铁路安全工作指示批示精神，深刻吸取近期铁路安全事故教训，部署开展铁路安全监督检查工作。

4月

7日，国家铁路局党组书记、局长刘振芳主持召开党组会议，贯彻落实习近平总书记关于安全生产重要指示精神和李克强总理等中央领导同志关于“3·30”事故的批示要求，研究部署进一步强化铁路安全生产集中督导检查工作。

3月8日—4月19日，国家铁路局党组成员带队，分别赴中国铁路南昌局、上海局、沈阳局、成都局、郑州局、昆明局集团有限公司辖区内开展安全生产集中督导检查。

10日，国家铁路局党组书记、局长刘振芳到中国铁路北京局集团有限公司丰台站调研检查铁路建设工程落实疫情防控和施工质量安全管控情况。党组成员、副局长苏全利参加调研。

12日，锦承线K7384次旅客列车（赤峰南至山海关）发生脱轨事故，国家铁路局党组书记、局长刘振芳立即安排部署应急救援处置工作，党组成员、副局长苏全利带领工作组赶赴现场，协调开展应急救援、指导事故调查。

13日，国家铁路局党组书记、局长刘振芳主持召开第3次安全生产委员会会议，传达学习习近平总书记、李克强总理关于安全生产重要指示批示和全国安全生产电视电话会议精神，分析当前铁路安全生产形势，部署开展铁路安全生产专项整治工作。

16日，发布《国家铁路局2019年党组巡视工作通报》。

22日，国家铁路局党组书记、局长刘振芳到中国铁路北京局集团有限公司丰台工务段、北京高铁工务段调研检查。

22日，印发《国家铁路局关于全面加强铁路危险货物运输安全工作的实施意见》（国铁运输监〔2020〕12号）。

30日，发布《2019年铁道统计公报》。

30日，印发《铁路机车车辆驾驶人员资格许可实施细则》（国铁设备监规〔2020〕15号）。

5月

1日，国家铁路局党组书记、局长刘振芳到北京西站监督检查节日运输和疫情防控措施落实情况。

6日，交通运输部、公安部、自然资源部、生态环境部、住房和城乡建设部、水利部、应急管理部联合印发《高速铁路安全防护管理办法》，从高铁线路安全防护、高铁设施安全防护、高铁运营安全防护、高铁监督管理等方面，织密高铁安全防护网络。

11日，国家铁路局党组书记、局长刘振芳赴贵州省榕江县开展扶贫调研并慰问贫困户。

11日，国家铁路局党组书记、局长刘振芳在贵阳与贵州省委常委、常务副省长李再勇座谈。双方就认真贯彻落实习近平总书记重要指示精神，加强路地合作，建立工作机制，维护人民群众生命财产安全，服务经济社会发展达成共识，并研究确定推动落实的具体措施。

12日，国家铁路局党组书记、局长刘振芳在长沙与湖南省委书记杜家毫座谈，双方就进一步加强路地合作、共筑铁路安全屏障深入交流并达成共识。

13日，国家铁路局党组成员、副局长苏全利在郑州与河南省副省长舒庆座谈，双方就贯彻落实习近平总书记重要指示批示精神、加强普速铁路安全工作深入交流。

14日，国家铁路局党组成员、副局长刘克强在南昌与江西省副省长吴浩座谈，双方就贯彻落实习近平总书记重要指示批示精神、共同做好普速铁路沿线环境安全工作深入交流。

15日，印发《国家铁路局推进治理体系和治理能力现代化制度体系建设的意见》（国铁党发〔2020〕17号）。

18日，国家铁路局党组成员、副局长于春孝在昆明与云南省副省长王显刚座谈，双方就进一步加强路地合作、共筑铁路安全屏障深入交流。

18日，修订印发《国家铁路局工作规则》（国铁综〔2020〕17号）。

30日，全国科技工作者日暨创新争先奖励大会在北京召开，由国家铁路局推荐的西南交通大学张卫华教授荣获全国创新争先奖奖状。

6月

2日，国家铁路局召开铁路运输监管工作电视电话会议，总结2019年以来的运输监管工作，结合疫情防控分析铁路运输监管面临的形势和任务，部署下一阶段重点工作。党组成员、副局长于春孝出席会议并讲话。

3日，国家铁路局党组书记、局长刘振芳主持召开党组理论学习中心组学习会议，围绕学习贯彻习近平总书记在全国两会上的系列重要讲话、李克强总理所作的政府工作报告，结合国家铁路局履职监管工作实际，就扎实做好“六稳”工作、全面落实“六保”任务，推动党中央决策部署落地落实开展专题研讨。

3日，中央机构编制委员会办公室批复国家铁路局工程质量监督中心加挂国家铁路局川藏铁路工程质量监督中心牌子。

5日，印发《国家铁路局内设机构处室设置主要职责和人员编制规定》（国铁人〔2020〕23号）、《国家铁路局地区铁路监督管理局主要职责内设机构和人员编制规定》（国铁人〔2020〕24号）、《国家铁路局事业单位主要职责内设机构和人员编制规定》（国铁人〔2020〕25号）。

9日，国家铁路局组织召开2020年铁路设备监管工作电视电话会议，总结2019年以来铁路设备监管工作情况，通报铁路设备产品质量安全问题，分析当前铁路设备监管工作面临的形势任务，并就今年铁路设备监管工作作出安排。党组成员、副局长苏全利出席会议并讲话。

9日，国家铁路局、中国卫星导航系统管理办公室共同组织召开北斗铁路行业综合应用示范工程项目启动暨初步设计评审会。党组成员、副局长安路生出席会议并讲话。北斗铁路行业综合应用示范工程项目是国家北斗重大专项面向铁路行业的首批综合应用示范项目，由国家铁路局推荐立项并联合批复可行性研究报告。

10日，国家铁路局组织召开铁路工程监管工作视频会议，总结回顾工作成效，分析面临形势任务，部署安排下一阶段重点工作。党组成员、副局长苏全利出席会议并讲话。

11日，公开《国家铁路局2020年部门预算》。

11日，印发《铁路工程建设项目竣工验收监管指导意见》（国铁工程监〔2020〕28号）。

12日，《中华人民共和国铁路法（修订草案）》报送国务院。

16日，国家铁路局会同公安部、住房和城乡建设部、农业农村部、应急管理部、中国国家铁路集团有限公司等七部门单位召开全国铁路2020年“6·16”安全宣传咨询日暨铁路安全生产专项整治三年行动推进会。党组成员、副局长刘克强出席会议并讲话。

22日，中共中央组织部（组任字〔2020〕287号）：任命吴德金为国家铁路局党组成员，免去苏全利国家铁路局党组成员职务。

22日，国家铁路局、公安部、住房和城乡建设部、交通运输部、农业农村部、应急管理部、中国国家铁路集团有限公司联合印发《铁路安全生产专项整治三年行动计划实施方案》（国铁安监〔2020〕29号）。

30日，国家铁路局召开2020年表彰电视电话大会，对优秀共产党员、优秀党务工作者、先进基层党组织、优秀公务员、优秀事业单位、事业单位优秀人员、全面建成小康社会建功立业竞赛先进个人进行表彰，党组书记、局长刘振芳出席会议并讲话。

7月

3日，住房和城乡建设部、国家发展改革委、交通运输部、国家铁路局等十三部门联合印发《关于推动智能建造与建筑工业化协同发展的指导意见》（建市〔2020〕60号）。

8—11日，国家铁路局党组书记、局长刘振芳分别添乘检查京沪高铁、沪昆高铁、贵广高铁、京广高铁、衡柳铁路等线路的重点区段，开展铁路沿线环境和防洪防汛安全监督检查，并调研中车株洲电力机车研究所有限公司复工复产工作情况。

8日，国家铁路局召开2020年安全监察工作电视电话会议，分析上半年铁路安全形势，总结安全监察和行政执法履职工作，研究部署下半年工作重点。党组成员、副局长于春孝出席会议并讲话。

11日，国务院（国人字〔2020〕175号）：任命吴德金为国家铁路局副局长，免去苏全利国家铁路局副局长职务。

11日，中共中央组织部（干任字〔2020〕338号）：苏全利退休。

13—17日，国家铁路局党组成员带队，分别赴中国铁路北京局、西安局、太原局、武汉局、郑州局、成都局集团有限公司辖区开展汛期铁路安全集中督导检查和工作调研。

17日，公开《国家铁路局2019年度部门决算》。

21日，中国共产党国家铁路局直属机关第一次代表大会召开。交通运输部党组成员、副部长，直属机关党委书记刘小明出席开幕式并讲话。局党组书记、局长刘振芳出席会议并就推动新时代直属机关党的建设高质量发展提出要求，局党组成员、副局长安路生代表中国共产党国家铁路局直属机关委员会作工作报告。会议选举产生直属机关第一届党委委员、纪委委员。

25日，中共中央组织部（组任字〔2020〕329号）：任命郑宏波为国家铁路局党组成员，免去于春孝国家铁路局党组成员职务。

27日，国家铁路局召开2020年警示教育大会。党组书记、局长刘振芳分析国家铁路局系统反腐败工作形势，对全局各级党组织和党员干部推进党风廉政建设和反腐败工作提出具体要求，并以“强化政治机关意识，走好第一方阵，努力建设模范机关”为主题作专题党课。党组成员、副局长安路生通报中央和国家机关、中央纪委国家监委驻交通运输部纪检监察组查处的，以及国家铁路局发生的违纪违法典型案例。

30日，国家铁路局党组书记、局长刘振芳添乘检查京哈线暑运通道安全情况，督导检查北戴河站暑期安全工作情况。

8月

4日，国务院（国人字〔2020〕212号）：任命郑宏波为国家铁路局副局长，免去于春孝国家铁路局副局长职务。

4日，中共中央组织部（干任字〔2020〕388号）：于春孝退休。

12—13日，国家铁路局党组书记、局长刘振芳带队赴大秦铁路开展重载铁路检查调研，添乘检查京张高铁、张呼客专、大秦铁路，检查调研中车大同电力机车有限公司以及中国铁路太原局集团有限公司所属湖东电力机务段、湖东车辆段、茶坞工务段等运输站段。

20日，国家铁路局党组召开2020年巡视工作动员部署会，深入学习贯彻习近平总书记关于巡视工作重要论述和全国巡视工作会议精神，动员部署局党组2020年巡视工作。局党组书记、局长、巡视工作领导小组组长刘振芳出席会议并讲话，中央纪委国家监委驻交通运输部纪检监察组副组长、局巡视工作领导小组副组长胡志彬宣布巡视组组长授权任职和任务安排。

25日，国家铁路局党组书记、局长刘振芳主持召开专题安全生产委员会会议，贯彻落实习近平总书记重要指示批示精神，深刻吸取近期铁路交通事故多发的教训，深入分析当前铁路安全形势不稳定的深层次原因，研究部署当前重点工作。

26—28日，国家铁路局党组书记、局长刘振芳带队赴中国铁路沈阳局、哈尔滨局集团有限公司，开展汛期铁路安全督导检查，赴中车长春轨道客车股份有限公司开展调研督导，添乘检查京津城际、津秦高铁、哈大高铁、秦沈铁路等线路。

9月

2日，印发《国家铁路局课题研究计划管理办法》（国铁科法〔2020〕34号）。

9—10日，国家铁路局党组书记、局长刘振芳赴四川省成都市、雅安市、康定市开展川藏铁路工程建设质量安全监督工作检查调研。

15—17日，国家铁路局举办司局级干部学习贯彻党的十九届四中全会精神培训班，党组书记、局长刘振芳作开班动员。

16日，国家铁路局党组书记、局长刘振芳主持召开专题会议，贯彻落实习近平总书记重要指示批示精神和党中央国务院重大决策部署，研究打赢蓝天保卫战、加快运输结构调整、推进“公转铁”运输任务等重点工作。

21日，国家铁路局组织召开“十四五”铁路发展规划专家研讨会，邀请傅志寰院士、何华武院士、卢春房院士等9位业内知名专家深入研究《“十四五”铁路发展规划》。党组书记、局长刘振芳出席会议并讲话。

23—30日，国家铁路局党组成员带队，分别赴四川省成都市、宜宾市，河北省唐山市，湖北省武汉市，湖南省岳阳市开展加快运输结构调整、推进“公转铁”相关工作专项检查调研。

29日，印发《铁路行业科技创新基地管理办法（试行）》（国铁科法规〔2020〕38号）。

30日，国家铁路局党组书记、局长刘振芳到北京西站开展“十一”黄金周旅客运输服务和常态化疫情防控措施落实情况监督检查。

10 月

9 日，国家铁路局印发《关于公布铁路重大科技创新成果库 2020 年度入库成果的通知》（国铁科法函〔2020〕179 号），评审入库 304 项，其中铁路科技项目 50 项、铁路专利 52 项、铁路技术标准 49 项、铁路科技论文 153 篇。

14 日，国家市场监督管理总局、国家标准化管理委员会公布 2020 年度中国标准创新贡献奖名单，由国家铁路局组织申报的《大功率交流传动机车系列标准》荣获三等奖。

22 日，国务院新闻办公室召开新闻发布会，国家铁路局党组书记、局长刘振芳出席发布会，介绍铁路领域“十三五”发展成就，并答记者问。

23 日，国家铁路局党组书记、局长刘振芳出席全国交通运输系统抗击新冠肺炎疫情表彰大会，国家铁路局 6 个集体荣获“全国交通运输系统抗击新冠肺炎疫情先进集体”称号，12 名同志荣获“全国交通运输系统抗击新冠肺炎疫情先进个人”称号，4 个党支部荣获“交通运输部系统抗击新冠肺炎疫情先进基层党组织”称号，7 名共产党员荣获“交通运输部系统抗击新冠肺炎疫情优秀共产党员”称号。

27—28 日，中俄总理定期会晤委员会运输合作分委会铁路工作组第二十四次会议以视频会议方式召开，国家铁路局副局长吴德金与俄罗斯联邦运输部副部长、联邦铁路署署长托卡列夫分别担任双方代表团团长并共同主持会议。

10 月，国家铁路局组织开展“信用铁路宣传月”活动，派员深入全国 35 个大型车站，广泛开展宣传，提升了广大旅客、托运人、铁路企业及其从业人员诚实守信意识，营造了“学信用、懂信用、用信用、守信用”的良好氛围，促进诚实守信价值取向和行为规范的形成。

11 月

1 日，天津南环铁路临港铁路专用线发生铁路桥梁垮塌较大事故，造成 8 人死亡、1 人重伤、5 人轻伤。国家铁路局党组成员、副局长吴德金第一时间带队赶赴事故现场，指导应急救援，开展事故调查。

5 日，国家铁路局党组书记、局长刘振芳陪同交通运输部党组书记杨传堂到北京西站调研“复兴号”动车组整列装运快件有关情况。

5 日，国家铁路局党组书记、局长刘振芳到北京交通大学调研，考察北京交通大学轨道交通控制与安全国家重点实验室，围绕学习贯彻党的十九届五中全会精神，做好“十四五”铁路发展规划、推进铁路市场化改革、推动铁路科技创新等工作与北京交通大学党委书记黄泰岩、校长王稼琼以及相关专家教授代表座谈交流。

13 日，印发《国家铁路局关于发布〈铁路工程标准施工招标资格预审文件〉和〈铁路工程标准施工招标文件〉的公告》（国铁工程监〔2020〕50 号）。

18 日，印发《铁路建设工程施工图设计文件审查管理办法》（国铁工程监规〔2020〕51 号）。

19 日，国家铁路局在川藏铁路现场召开川藏铁路工程质量安全监管工作会议，传达学习习近平总书记对川藏铁路开工建设的重要指示和李克强总理的批示精神，研究部署高起点高标准高质量推进川藏铁路工程建设工作举措。党组书记、局长刘振芳出席会议并讲话。自然资源部、应急管理部，四川省、西藏自治区，中国国家铁路集团有限公司、中国中铁股份有限公司、中国铁建股份有限公司、中国电力建设集团等参建单位有关负责同志参加会议。

23—24 日，国家铁路局举办学习贯彻党的十九届五中全会精神培训班，党组书记、局长刘振芳作开班动员。

23日，印发《铁路进口冷链食品运输新冠病毒防控和消毒技术指南》（国铁运输监〔2020〕52号）。

26日，国家铁路局局长刘振芳会见来访的尼泊尔驻华大使潘迪一行。

26日，国家铁路局副局长安路生同尼泊尔基础设施与交通部常秘施雷斯塔以视频会议形式共同主持召开中尼铁路合作第六次工作会议。

12月

2日，印发《铁路机车制式无线电台执照核发管理办法》（国铁设备监规〔2020〕54号）。

7日，国务院办公厅转发国家发展改革委等单位《关于推动都市圈市域（郊）铁路加快发展意见的通知》（国办函〔2020〕116号）。

14日，全国交通运输行业精神文明建设工作视频会议召开，国家铁路局装备技术中心铁路机车车辆驾驶资格研究所（铁路机车车辆驾驶人员资格考试中心）荣获“全国交通运输行业精神文明建设文明示范窗口”称号。

15日，国家铁路局召开2020年铁路科技创新工作会议，公布2020年度铁路重大科技创新成果和首批铁路行业科技创新基地认定结果，为认定的7家铁路行业重点实验室和10家铁路行业工程研究中心授牌。党组书记、局长刘振芳出席会议并讲话。

16日，交通运输部办公厅、国家铁路局综合司、国铁集团办公厅联合印发《船舶碰撞桥梁隐患治理三年治理行动实施方案》（交办水〔2020〕69号）。

18日，科学技术部、中共中央宣传部、中国科学技术协会联合发布《关于表彰全国科普工作先进集体和先进工作者的决定》（国科发智〔2020〕344号），由国家铁路局组织评选、推荐的中国铁道科学研究院集团有限公司铁道科学技术研究发展中心荣获“全国科普先进工作集体”称号，北京交通大学魏庆朝荣获“全国科普工作先进工作者”称号。

21日，印发《铁路计量管理办法》（国铁科法规〔2020〕60号）。

22日，国务院新闻办公室举行《中国交通的可持续发展》白皮书新闻发布会，国家铁路局总工程师、新闻发言人严贺祥参加发布会，解读白皮书有关情况并答记者问。

24日，国家铁路局发布《市域（郊）铁路设计规范》铁道行业标准，这是贯彻落实党中央国务院关于加快推进新型城镇化发展决策部署的具体举措，对加快推进都市圈建设具有重要意义。

29日，国家铁路局召开工作会议。交通运输部党组书记杨传堂出席会议并讲话，局党组书记、局长刘振芳分别作题为《贯彻新发展理念 构建新发展格局 以铁路高质量发展为“十四五”开好局》《推进新时代党的建设高质量发展 以优异成绩庆祝中国共产党成立一百周年》的工作报告。

31日，印发《铁路专用产品质量监督抽查管理办法》（国铁设备监规〔2020〕63号）。

2020年中国民航大事记

1月

1日，“通用机场信息管理系统”上线运行，实现了机场许可、备案在线办理（5日即可完成备案），便捷行业使用的同时，向全社会提供了通用机场信息的统一查询平台。

3日，民航局印发《中国民航四型机场建设行动纲要（2020—2035年）》，指导当前和今后一个时期四型机场建设。

3日，经民航局局务会议审议通过的《民用航空器事件调查规定》（交通运输部令2020年第2号）发布，自2020年4月1日起施行。

5日，青岛航空B-8442飞机降落济南遥墙机场，标志着中国首架部署Ka机上互联网的民航客机试飞成功。7月7日，青岛航空QW9771航班首航仪式在青岛举行，标志着中国第一架国产高速互联网飞机正式启航，实现了中国民航历史上首次机载Ka卫星宽带互联网直播。

6—7日，2020年全国民航工作会议在北京召开。会议传达学习中共中央政治局委员、国务院副总理刘鹤对交通运输工作和民航工作的批示精神，全国政协副主席、交通运输部党组书记杨传堂出席会议并讲话。民航局局长冯正霖作题为《推进民航治理体系和治理能力现代化为新时代民航强国建设提供制度保障》的工作报告。

7—8日，2020年全国民航航空安全工作会议在北京召开。

11日，中共中央政治局委员、国务院副总理刘鹤在北京检查春运工作，并到北京首都国际机场察看民航问询服务、行李自助托运、人员安检、机组整备等情况，慰问驻场单位一线职工。

13日，中国民用航空局副局长崔晓峰率团与意大利民航局主席尼克拉·扎凯欧率领的意大利民航代表团在北京举行双边航空会谈，并签署扩大航权安排的谅解备忘录。

13日，澳门航空在北京大兴国际机场举办首航仪式，成为首家入驻该机场的港澳台航空公司。

19日，民航湖北监管局召开湖北辖区新冠肺炎防控工作会议。1月20日，民航湖北监管局成立新冠肺炎疫情防控工作领导小组，民航湖北监管局局长、党委书记江涛任组长。1月21日，湖北省启动突发公共卫生事件Ⅱ级响应，民航湖北监管局同步启动《突发公共卫生事件民用航空应急控制预案》Ⅱ级响应。1月22日，根据疫情的发展，民航湖北疫情防控工作领导小组调整为指挥部，下设9个工作小组，派员常驻湖北省疫情防控指挥部。1月24日，湖北省启动突发公共卫生事件Ⅰ级响应，民航湖北监管局随即下发民航湖北疫情防控指挥部1号工作指令，对运输保障、员工防护、人员值守等提出具体要求。当日，武汉民航正式停止载客商业运行。

21日，民航局印发《关于进一步做好新型冠状病毒感染的肺炎疫情防控工作的通知》及民航防控总体工作指南、运输航空公司防控工作指南、运输机场防控工作指南3个附件，要求民航各相关单位做好疫情防控工作。

21日，民航局召开民航防控工作领导小组第一次会议，正式启动疫情民航联防联控工作，成立突发公共卫生事件民航局应急控制工作领导小组暨新型冠状病毒感染的肺炎疫情民航防控工作领导小组，民航局副局长李健任组长。1月26日，民航防控工作领导小组组长调整为民航局局长冯正霖，李健担任副组长，其他各成员单位不变。

22日，民航局启动突发公共卫生事件Ⅱ级应急响应。同时要求民航中南地区管理局按照突发公共卫生事件Ⅱ级应急响应，指导辖区内相关单位做好各项应对工作。

22日，中共中央政治局委员、国务院副总理孙春兰在湖北省武汉市检查指导疫情防控工作，慰问一线防控人员。孙春兰考察了武汉天河国际机场出入口检测点，实地了解通风消毒、体温检测、口岸卫生检疫等情况。

23日，中共中央政治局委员、国务院副总理刘鹤在《民航局进一步加强新型冠状病毒感染的肺炎疫情防控力度》上批示，民航疫情防控工作“要认真、科学、冷静对待，让人民群众放心，也要注意航空机组人员的安全，把事办细”。

23日上午10时，武汉天河国际机场T3出港航班值机和安检通道准时关闭。

23日，民航防控办印发《关于进一步做好疫情防控期间民航从业人员个人防护、机场通风等相关工作的通知》及《运输航空公司疫情防控技术指南（第一版）》《运输机场疫情防控技术指南（第一版）》2个附件，要求加强民航一线从业人员的个人防护，做好航空器、机场的通风、消毒等工作。2月11日、2月16日、3月4日、3月31日、6月18日和11月25日，又先后发布了第二版至第六版运输航空公司、运输机场疫情防控技术指南，指导运输航空公司和运输机场更高效、全面地开展疫情防控工作。

23日，民航局要求自2020年1月24日零时起，此前已购买民航机票的旅客自愿退票的，各航空公司及其客票销售代理机构应免费办理退票，不得收取任何费用。1月27日，为落实国务院2020年春节假期延长安排，继续做好疫情联防联控工作，民航局将免费退票政策延长至1月28日零时，即在28日零时前已购买机票且乘机日期在此时限之后的民航旅客，如在航班起飞前提出退票申请，各航空公司及其客票销售代理应在客票有效期内为旅客办理免费退票，不得收取任何费用。此项措施自2020年1月28日零时起执行。

24日，民航局安排2架医疗包机驰援武汉。136名上海医务人员搭乘东航航班飞往武汉，128名广东医护人员搭乘南航航班飞往武汉。这是民航首批执行驰援武汉任务的医疗包机。

24日，民航局召开专题电视电话会议，部署疫情防控工作，明确提出“保安全运行、保应急运输、保风险可控、保精细施策”即“四保”的防控工作要求。

26日，中货航使用波音777大型宽体全货机执行CK5001航班，将湖北省政府委托相关企业采购的316万只口罩和其他防护用品，自菲律宾马尼拉运抵武汉，这是自疫情发生以来，首个从海外驰援武汉的全货运航班。

30日，顺丰航开通东京—武汉国际货运航线，将5万余件医用防护服快速运抵武汉。这是武汉“封城”后首个落地武汉的国际货运包机航班。

1月31日—2月12日，民航局向69个通航国家民航当局发函，介绍我国在出境航班及海关检疫方面采取的一系列措施，敦促各国不通过任何政府行政指令要求双方航空公司暂停运行航线航班。

1月，民航局组织在上海召开民航行李全流程跟踪系统试点工作启动会，明确了“连点成线、连线成网、逐步实现”的项目实施思路和方案。5月15日，民航行李全流程跟踪系统试点航线服务发布会在北京首都国际机场举办。根据“三步走”战略，2021年底全国千万级机场间国内航线将实现行李全流程跟踪，2025年底将实现国内航线全覆盖和国际航线有突破。9月8日，民航局认定“航易行”平台为中国民航行李全流程跟踪系统公共信息平台，民航局副局长吕尔学出席平台授牌认定仪式，并向中航信现场“授牌”，标志着RFID（射频识别）行李跟踪系统建设正式进入"串线成网"阶段，为千万级机场全面上线行李跟踪服务奠定基础。

2 月

1 日，民航局运输司印发《关于进一步做好疫情防控物资航空运输保障工作的通知》，要求各航空公司和机场加强组织领导，将防控物资运输当作"最优先级"进行保障，开通防控物资航空运输绿色通道。

1 日，民航局组织协调东航、南航、川航、山航、华夏航 5 家航空公司安排 10 架包机紧急运送沈阳、西安、重庆、成都等 10 地抗疫医疗队驰援武汉。其中，川航包机由"中国民航英雄机长"刘传健执飞。

3 日，全国民航工会印发《关于做好新型冠状病毒疫情防控工作的通知》，整体部署工会疫情防控工作，下拨专项经费 1100 万元，用于购买防护物资，加强一线干部职工的安全防护。

4—5 日，民航局组织协调国航、东航、南航等 7 家航空公司安排 14 架包机，紧急运送 15 支医疗队共 1418 人驰援武汉。

5 日，国务院常务会议决定，在前期针对疫情防控已出台各方面措施的基础上，再推出一批支持保供的财税金融政策，包括自 2020 年 1 月 1 日起暂免征民航企业缴纳的民航发展基金。2 月 6 日，财政部、国家发展改革委就这一措施发布《关于新型冠状病毒感染的肺炎疫情防控期间免征部分行政事业性收费和政府性基金的公告》，缓解航空公司因疫情带来的经营压力。

7 日，民航防控办印发《关于在新型冠状病毒感染肺炎疫情防控期间推广使用电子化旅客信息登记卡的通知》，解决纸质信息登记卡使用过程中存在的健康风险。

7 日，民航局组织协调第三批共 13 架包机紧急运输医疗队驰援武汉。当晚，全国各地近 2000 名医护人员和医疗物资全部抵达武汉，即刻增援湖北各地医疗机构。

8—10 日，民航局组织协调第四批共 50 架包机紧急运送全国各地共 6288 名医护人员和医疗物资驰援武汉。

9 日，民航局紧急安排包机 45 架次，将 5647 名医护人员、259.5 吨物资运抵湖北，是抗疫以来民航应急运输规模最大的一天。

10 日，民航局印发《针对延期返校学生实施机票免费退改的通知》，要求自 2020 年 2 月 11 日零时起，在该时间点之前已购买 3 月 31 日 24 时前航班机票的学生旅客，如在航班起飞前凭学生身份证明要求退票或将机票改期至 3 月 31 日 24 时前其他航班的，航空公司及其客票销售代理应为其免费办理，不得收取任何费用。

11 日，湖北机场集团牵头组建的"援鄂医疗队空地转运保障专班"在武汉天河国际机场运控中心正式成立。

11 日，中航集团创造性地采取"串飞"方式运营北京—洛杉矶—旧金山和北京—纽约—华盛顿 2 条航线。这是中航集团落实国家重点航线不断航要求，在抗疫期间应对巨大市场压力，全力保证"一带一路"、中美、中欧等重要航线不断航的举措之一。

11—12 日，民航局组织协调第五批共 26 架包机紧急运送全国各地近 3000 名医护人员和医疗物资驰援湖北各地。

13—14 日，民航局组织协调第六批共 33 架包机紧急运送全国各地近 3000 名医护人员和 180 余吨医疗物资驰援湖北各地。

15 日，民航局组织协调第七批共 23 架包机紧急运送全国各地近 3000 名医护人员和医疗物资驰援湖北各地。

17 日，民航局授予天津航空有限责任公司"飞行安全二星奖"。

18—21 日，民航局组织协调第八批共 78 架包机紧急运送全国各地近 8000 名医护人员和医疗物资驰援湖北各地。

19 日，中国航空运输协会通用航空分会与中航信合作开发的“通用航空抗疫救援服务平台”上线运行。

19 日，腾讯云“航服通平台”发布上线，以小程序为入口，向航空公司、机场的地面服务人员提供多维度的乘客健康状态查询和现场服务功能，助力空港地服人员快速收集乘客健康信息，掌控疫情形势。东航成为首家试点航空企业。

20 日，长龙航空 GJ8891 包机运送杭州市帮扶黔东南州工作队 166 名成员从杭州飞往贵州凯里，这是疫情期间全国首个保障对口支援帮扶工作队的包机。

20 日，民航局成立 CJ-1000A 发动机型号合格审定委员会（TCB）。2 月 28 日，该委员会召开首次会议。

21 日，民航局发布公告，调整疫情防控期间民航行政审批工作方式，推行网上办理和非现场办公方式，并暂停部分行政审批。随着疫情防控形势的变化，5 月 15 日，民航局印发《关于恢复疫情期间部分暂停审批项目的通知》，决定恢复办理部分暂停的审批项目，以落实常态化疫情防控举措、有效推进复工复产。

21—25 日，民航采用多架次航班接力运输的方式，将国务院应对新型冠状病毒肺炎疫情联防联控机制从长春、成都两地调拨的 4 台 ECMO（体外膜肺氧合，俗称“人工肺”）顺利运至武汉。2 月 27 日，民航局采用 2 架飞机跨境接力方式，行程近万公里，历时 15 小时，将中央指导组部署紧急采购的 16 台 ECMO，提前 2 天从德国法兰克福运至武汉。

26 日，民航局印发《民航建设工程复工复产疫情防控技术指南》，以落实国务院联防联控机制出台的《企事业单位复工复产疫情防控措施指南》要求，推动民航建设项目稳步有序复工复产。

26 日，东航旗下一二三航空有限公司揭牌成立，同年 12 月 28 日，正式投入商业运行。该公司引进 ARJ21、C919 等国产飞机，在国产民机的商业运营先行一步。

27 日零时，海南地区空域调整方案正式实施。方案新辟 W222、W223 主干航线，调整后的 G221 航线与 W222 航线构成平行航线，实现了海南进出航班“来去分开，隔离运行”。方案实施后，海南岛内海口、三亚和博鳌机场基本实现主要进出口进离场分离，空域承载能力得到显著提高。

3 月

2 日，北京口岸入境管理联防联控前方指挥部在北京首都国际机场设立日常工作点。该指挥部由北京市政法委、卫健委、疾控中心、交通委、外事办，北京海关、北京边检，首都机场集团、首都机场股份和首都机场公安局等单位组成。

4 日，财政部、民航局联合印发《关于民航运输企业新冠肺炎疫情防控期间资金支持政策的通知》，对疫情防控期间执飞往返我境内航点（不含港澳台地区）与境外航点间的国际定期客运航班的中外航空公司，以及按照国务院联防联控机制部署执行重大运输飞行任务的航空公司，中央财政安排资金予以支持，以积极应对疫情对民航业的影响。政策执行期限为 2020 年 1 月 23 日至 6 月 30 日。

4 日，民航局在飞行标准司增设民用航空卫生处。

5 日，北京市委书记蔡奇，市委副书记、市长陈吉宁，民航局局长冯正霖到北京首都国际机场调研检查北京口岸入境防疫管理工作。

5 日，民航局召开《运输机场安全管理体系（SMS）建设指南》宣贯视频会议，这是民航局首次采用互联网视频系统召开的一次大型会议，也是疫情防控期间民航局组织的范围最广、人数最多的网络会议。

6 日，国务院总理李克强考察北京首都国际机场。结合大数据分析，李克强听取统筹协调组织航班保证国际国内客流物流畅通，以及出入境疫情防控措施落实等情况汇报，并强调，首都国际机场是“国门”，要采取有效安全防控措施，分区分级分类健康检测，保证人员往来有序安全，既要严防输入，又要严控输出。

10 日，中国民航科学技术研究院旗下的航科公司收到意大利贝加莫机场“特性材料拦阻系统（EMAS）采购、安装、维保”项目中标通知书。这是国产 EMAS 系统首次实现国外机场应用，也是中国民航首次向西方发达国家输出大型航空安全设施。

10 日，零时起，北京首都国际机场正式启用 3 号航站楼 D 区作为集中接受疫情严重国家和地区进港航班的处置专区，分区分类、精准实施旅客和行李的集中转运。3 月 14 日，北京大兴国际机场的国际进港航班全部转至北京首都国际机场运行。

16 日，民航局紧急协调 21 架包机执行首次援鄂医疗队撤离的运输保障任务。国航、东航、南航、海航、深航、厦航、山航、天津航、华夏航、奥凯航共 10 家国内航空公司于 17 日安排飞机赴武汉，接运来自天津、甘肃、青海、江苏、四川、山东、海南、宁夏、新疆 9 省（区、市）的 22 支医疗队共 3000 余名援鄂医护人员返程。3 月 18 日，民航局组织协调 22 架包机接运近 2500 名援鄂医护人员撤离武汉。3 月 31 日，又组织协调 51 架包机接运 7000 余名援鄂医护人员返程。3 月 16 日至 31 日，民航共执行援鄂医疗队撤离重大航空运输保障任务 235 架次，共接运 3.2 万余名医护人员返程。

17 日，由民航二所研发的机场航站楼“隐性密切接触者溯源识别方案原型系统”上线，实现机场航站楼隐性密切接触者的精准溯源。

18 日，民航局、外交部、国家卫生健康委、海关总署、国家移民局联合发布《关于目的地为北京的国际航班从指定第一入境点入境的公告（第 1 号）》，决定调整目的地为北京的部分国际航班从指定第一入境点入境。20 日，民航局召开电视电话会议，对北京首都国际机场国际客运航班调整工作进行动员部署。22 日，五部委联合发布《关于目的地为北京的国际航班从指定第一入境点入境的公告（第 2 号）》，决定自北京时间 3 月 23 日零时开始，所有目的地为北京的国际始发客运航班须从 12 个指定的第一入境点入境。6 月 5 日，五部委联合发布《关于目的地为北京的国际航班从指定第一入境点入境的公告（第 3 号）》，决定自北京时间 6 月 8 日零时开始，调整目的地为北京的国际客运航班指定第一入境点，暂停上海作为第一入境点，增加成都、长沙、合肥、兰州为第一入境点，增加武汉为备用第一入境点。

23 日，南航包机运送由中国政府派遣赴柬埔寨的抗疫医疗专家组抵达金边。这是疫情暴发以来，中国向周边和东盟国家派遣的首支抗疫医疗队，柬埔寨也成为首个获得中国医疗专家支援的东南亚国家。

23 日，北京市委书记蔡奇等北京市相关领导赴北京飞机维修工程有限公司检查调研，中航集团董事长、党组书记蔡剑江陪同调研。

23 日，金鹏航派出波音 747-400 全货机满载 60 吨医疗物资执行深圳—布达佩斯包机任务。匈牙利总理欧尔班 · 维克托、匈牙利创新与科技部部长鲍尔科维奇 · 拉斯洛、中国驻匈牙利大使段洁龙一行到机场迎接。

23日，经民航局局务会议审议通过的《中国民用航空监察员管理规定》（交通运输部令2020年第7号）发布，自2020年5月1日起施行。

26日，民航局印发《关于疫情防控期间继续调减国际客运航班量的通知》，要求以民航局政府网站发布的《国际航班信息发布（第5期）》为基准，国内每家航空公司经营至任一国家的航线只能保留1条，且每条航线每周运营班次不得超过1班；外国每家航空公司经营至我国的航线只能保留1条，且每周运营班次不得超过1班，即“五个一”措施。

26日，民航局在机场司增设工程监督处。

27日，民航局印发《关于恢复湖北省民航航班的通知》，自3月29日零时起，恢复湖北省除武汉天河国际机场外其他机场的国内客运航班。自4月8日零时起，恢复武汉天河国际机场国内客运航班。

29日零时6分，福州航FU6779航班载运64名旅客，从宜昌三峡机场起飞，于1时30分抵达福州长乐国际机场，这是湖北省复航后的首架民航客机，该航班也是湖北辖区机场复航后的首个商业客运航班。宜昌三峡机场成为湖北辖区内第一家恢复客运航班运输的机场，标志着湖北民航由“暂停”转向“重启”。

30日，民航局授予中信海洋直升机股份有限公司“通用飞行安全四星奖”。

4月

1日，InSAR净空智慧监测系统在天津滨海国际机场试运行，标志着基于国产卫星的净空智慧监测系统研发成功。天津滨海国际机场成为国内首家成功研发基于国外与国产卫星的净空智慧监测系统的机场。

3日，民航局印发《关于疫情防控期间国际航空货运建立审批“绿色通道”的通知》，要求缩短航班计划审批时间，主要将定期货运航班、加班和包机等性质的货运航班许可申请和预先飞行计划申请时限调整为提前1天，且暂不需要时刻协调，同时发布国内外航空公司“客改货”航班许可申请简易流程。

3日，民航局成立以副局长吕尔学任组长的促进航空物流业发展工作领导小组，以贯彻落实党中央、国务院关于提升中国航空货运能力、增强中国物流行业国际竞争力的指示批示精神。

8日7时19分，厦航杭州—武汉MF8095航班降落武汉天河国际机场，成为武汉“解封”后首个进港客运航班。

8日7时24分，东航MU2527航班从武汉天河国际机场起飞，载运49名旅客飞往海南三亚，成为恢复离汉空中通道后的首个出港客运航班。

8日，天津航派出空客330-300型飞机，载运22.6吨防疫物资执行武汉—墨尔本GS7963航班，成为武汉天河国际机场复航后保障的首班“客改货”国际航班。

8日，2020年民航系统全面从严治党工作会议召开。

9日，民航局通报表彰在北京大兴国际机场建设及运营筹备期间工作成绩突出的76个先进集体和161名先进个人。

10日，民航局、陕西省人民政府联合印发《西安国际航空枢纽战略规划》，提出至本世纪中叶，建成具有全球影响力的重要国际航空枢纽。

13日，交通运输部、国家卫生健康委、海关总署、国家移民管理局、民航局和国家邮政局联合印发《关于精准做好国际航空货运机组人员疫情防控工作的通知》，对国际航空货运机组人员实施严格封闭管理。

14日，民航局印发《关于加强民用运输机

场总体规划工作的指导意见》。

16 日，民航局印发《关于做好"三个敬畏"宣传教育工作的通知》，要求全行业不断提高政治站位，切实加强组织领导，全面推动安全整顿，及时总结借鉴经验，切实做好"三个敬畏"宣传教育工作，促进"作风建设年"各项工作要求落地。4 月 26 日，民航局在北京大兴国际机场召开机场"三个敬畏"宣贯视频会议，就机场领域学习贯彻落实"三个敬畏"要求进行再动员再部署。8 月 4 日，民航局印发《关于"三个敬畏"宣传教育和"抓作风、强三基、守底线"安全整顿活动情况的通报》，总结全行业开展"三个敬畏"宣传教育和"抓作风、强三基、守底线"安全整顿活动成效，并对"三个敬畏"宣传教育的持续深入开展提出 6 点工作要求。

21 日，民航局发布《关于加强民航标准化工作的指导意见》，全面推进民航标准化改革工作。

23 日，厦门航空正式上线新一代旅客服务系统（简称 PSS 系统），成为行业首家投产云平台版本新一代 PSS 系统的航空公司。

27 日，中国民航工会印发《关于表彰 2020 年全国民航五一劳动奖章和全国民航工人先锋号的决定》，授予民航湖北安全监督管理局等 39 个单位"全国民航五一劳动奖状"，张国甫等 56 名同志"全国民航五一劳动奖章"，中国国际航空股份有限公司上海分公司客舱服务部玉兰三组等 69 个集体"全国民航工人先锋号"称号。授予首都机场集团公司北京大兴国际机场等 3 个单位"北京大兴国际机场建设投运工作全国民航五一劳动奖状"，顾向华等 14 名同志"北京大兴国际机场建设投运工作全国民航五一劳动奖章"，中国南方航空股份有限公司北京大兴国际机场建设指挥部机务维修设施项目组等 10 个集体"北京大兴国际机场建设投运工作全国民航工人先锋号"称号。

27 日，民航局批准中国石化首批 6 家炼厂 3 号喷气燃料项目，分别为高桥石化、广州石化、镇海炼化、燕山石化、茂名石化、九江石化颁发技术标准规定项目批准书。这是民航局首次批准国有炼厂的 3 号喷气燃料项目，填补了 3 号喷气燃料在国有炼厂适航管理的空白，实现了该燃料自生产、储运、加注的全链条适航管理。11 月 4 日，民航局完成中国石油全部 25 家炼厂的 3 号喷气燃料的审定并颁发适航证书。至此，全国所有炼厂的 3 号喷气燃料均完成了适航审定，实现了对航煤审定的全覆盖。

27 日，国际民航组织批准成立中俄联合体全球空间天气中心（简称 CRC）。CRC 是我国民航气象领域第一个被国际民航组织批准的全球中心，将在空间天气方面为全球范围的用户提供服务。

5 月

6 日，山东省人民政府常务会议审议通过《关于加快民用机场建设发展的意见》，为山东民用机场布局规划的实施提供有力保障。

6 日，民航局批复《郑州新郑国际机场航空电子货运试点工作实施方案》，自 2020 年 5 月 8 日起，在郑州新郑国际机场实施航空电子货运试点项目，试点期 2 年。同年 12 月 4 日，郑州新郑国际机场电子运单中性平台启动会召开。同年 12 月 30 日，郑州新郑国际机场航空电子货运信息服务行业平台正式启用，航空物流业的数字化转型发展迈出实质性步伐。

7 日，民航局在运输司增设航空物流处。

9 日，民航局印发《民航优化营商环境实施细则》，这是民航落实党中央、国务院深化"放管服"改革、优化营商环境决策部署的重要举措，是国务院《优化营商环境条例》在民航领域的具体实施。

10 日，中州航空公司在郑州新郑国际机场开航。这是河南省首家以郑州新郑国际机场为主运营基地的货运航空公司。

10日，奥凯航BK3209航班装载近10吨物资执飞武汉—大阪定期货运航线。这是武汉天河国际机场自4月8日复航以来开通的首条国际定期货运航线。

11日，经民航局局务会议审议通过，修订的《大型飞机公共航空运输承运人运行合格审定规则》（交通运输部令2020年第9号）发布，自2020年7月1日起施行。

15日，重庆江北国际机场有限公司揭牌成立。

18日，中组部任命胡振江为民航局党组成员，免去李健的民航局党组成员职务。

21日，民航局运输司印发《关于试点恢复湖北来京航班的通知》，自5月24日起，国航和深航分别试点恢复宜昌—北京和襄阳—北京定期航班。6月6日，民航局印发《关于恢复湖北至北京客运航班的通知》，自当日起恢复湖北省各机场至北京客运航班。

21日，华夏航HXA4359航班在新疆乌鲁木齐远程塔台指挥平台发布的程序管制指令指挥下，顺利降落在那拉提机场，成为国内首架由远程塔台应用系统指挥落地的民航运输航班，标志着我国首个运输机场远程塔台成功试运行。

25日，《民用航空器维修人员执照管理规则》（交通运输部2020年第10号）发布，自2020年7月1日起施行。

29日，国务院任命胡振江为民航局副局长，免去李健的民航局副局长职务。

6月

2日，外交部、国家卫生健康委、海关总署、国家移民管理局、民航局五部门有关司局共同成立“国际客运航班输入病例风险评估专班”，各部门按照职责提供国际入境客运航班各类相关数据，对输入风险进行评估，并作为提出后续航班调整建议的依据，同时确保入境城市具备接收保障能力。

3日，民航局印发《海南自由贸易港试点开放第七航权实施方案》，鼓励、支持外航在现有航权安排外，在海南经营客、货运第七航权，进一步推进海南民航业发展，促进民航高水平对外开放。这是民航局贯彻落实国务院发布的《海南自由贸易港建设总体方案》的配套文件，也是超出我国现有双边航权安排的最高水平开放。

4日，民航局印发《关于调整国际客运航班的通知》。自6月8日起，所有未列入“第5期”航班计划的外国航空公司，可在本公司经营许可范围内，选择1个具备接收能力的口岸城市，每周运营1班国际客运航线航班；同时，对自3月26日开始实行的国际客运航班“五个一”措施进行调整，对我国国际客运航班实施航班奖励和熔断措施。6月14日，民航局开出第一份对国内航空公司的“熔断指令”，鉴于6月11日南航CZ392孟加拉国达卡至中国广州航班发现17位旅客新冠病毒核酸阳性，已触发航班熔断条件，民航局决定对该航班采取熔断措施，自6月22日起，暂停该航班航线运行4周。7月6日，民航局发布首份对外国航空公司的“熔断指令”，暂停孟加拉优速航空公司孟加拉国达卡至中国广州BS325航班运行1周。7月14日，民航局批准第一批国际客运奖励航班，自当日至10月24日，东航MU2573/4航班每周从1班增至2班，新增MU593/4航班每周1班。12月16日，民航局调整国际客运航班熔断措施，对于航空公司同一航线航班，入境后核酸检测结果为阳性的旅客人数达到5人，将暂停该公司该航线运行的时间由1周调整为2周。

5日，首都机场集团和民用机场协会在北京大兴国际机场召开《中国民用机场新冠肺炎疫情常态化防控技术指南》新闻发布会，宣布中国民用机场协会团体标准发布实施。该标准的发布实施，填补了我国民用机场疫情常态化防控技术标准的空白。

9 日，南航 CZ3139 航班从武汉天河国际机场飞往北京大兴国际机场，这是疫情发生以来，民航恢复运行的首个武汉至北京客运正班航班，标志着武汉往返北京客运航线正式复航。

12 日，中国民用航空局告知美国交通部，允许申请恢复定期客运服务的达美航空和美联航每周各运营 2 班航班，共 4 个航班。美国交通部 6 月 15 日表示，放宽中国航空公司的赴美航班数量，每周允许 4 个航班执飞往返美国的航线，立即生效。

18 日零时，杭州地区空域调整方案正式实施。方案新辟航线 6 条，调整航线 5 条，调整进离场飞行方法 20 条，调整班机航线走向 25 条。方案实施后满足杭州萧山国际机场双跑道独立运行需求。

28 日，中航、东航、南航同时接收由中国商用飞机有限责任公司交付的首架国产支线 ARJ21 飞机，标志着 ARJ21 飞机正式入编国际主流航空公司机队。首批交付的 3 架飞机均采用 90 座全经济舱布局。

29 日，绵阳飞行职业学院揭牌仪式在四川省北川羌族自治县举行，这是我国首家民营飞行学院。该学院于 3 月 17 日经四川省人民政府批准成立。

7 月

2 日，四川国际航空发动机维修有限公司成功完成 LEAP-1B 客户发动机试车，成为国内首家具有 LEAP-1B 发动机试车能力及资质的维修企业。

3 日，民航局印发《关于支持粤港澳大湾区民航协同发展的实施意见》，从构建区域协调发展新格局、建设世界一流基础设施、打造更高水平航空服务、推进空地一体联程联运、推进民航产业互动发展等 5 个方面提出 11 项具体任务。

10 日，民航局召开年中工作电视电话会议，局长冯正霖在年中工作报告中，从树牢“四个意识”、安全管控能力、应急处置能力、风险抵御能力、依法治理能力、协同配合能力、国际合作能力、党建工作八个考验的角度全面总结了民航上半年抗疫方面取得的成绩。

22 日，湖南省通用航空发展有限公司在长沙正式成立。该公司由湖南省机场管理集团、湖南省交通水利建设集团、长沙临空产业投资集团共同出资设立，其中湖南省机场管理集团占股 80%。

26 日，由我国自主研制的大型灭火 / 水上救援水陆两栖飞机“鲲龙”AG600 成功实现海上首飞。这是 AG600 飞机继 2017 年陆上首飞、2018 年水上首飞之后实现的第三次首飞。

30 日，民航局与海关总署在北京签署《推进航空口岸通关便利化战略合作备忘录》。民航局局长冯正霖和海关总署署长倪岳峰在合作备忘录上签字。

8 月

1 日，民航行政审批服务平台上线试运行，标志着民航局进入审批事项全流程网上办理的新阶段。10 月 23 日，民航行政审批服务平台移动版上线试运行。该平台具有行政审批办事指南查看、办件查询、政务服务“好差评”、结果公开、新闻资讯、我要咨询、政务查询等功能。

1 日，经民航局局务会议审议通过的《通用航空经营许可管理规定》（交通运输部令 2020 年第 18 号）发布，自 2021 年 1 月 1 日起施行。

1 日，民航华东地区管理局合格证管理办公室完成对东方航空股份有限公司3%不可预期燃油优化政策的补充审定，东航获得在上海浦东—纽约、上海浦东—伦敦来回程航线上使用3%不可预期燃油优化政策，成为中国民航首家获批使用3%不可预期燃油优化政策的航空公司。

5日，广州白云国际机场推出国内航班“OneID”服务，旅客可“刷脸”办理自助值机、自助托运等业务，标志着广州白云国际机场成为全国首个提供旅客出行全流程“OneID”服务的机场。

12日，民航正式开展新冠病毒疫苗紧急接种工作。8月12日、13日两日共完成民航第一批次462名安检人员的第一针接种工作。8月27日，完成第二针接种工作。

24日，民航局、国家发展改革委联合印发《关于促进航空货运设施发展的意见》。结合新冠肺炎疫情防控中我国航空货运体系暴露的问题，重点就完善提升综合性机场货运设施能力和服务品质、稳妥有序推进专业性货运枢纽机场建设、全面提升航空货运设施使用效能等方面提出多项举措。

25日，中国东方航空集团有限公司与中国国家铁路集团有限公司宣布，东方航空App与铁路12306App实现系统对接，“空铁联运”票务产品在双方App同时上线。旅客可通过任一方App，在空铁联运覆盖的范围内，一站式购买东航、上航航班与高铁车次的组合联运客票。这是中国民航与中国铁路销售平台在全国范围内的首次互联互通。9月24日，东航与国铁的“空铁联运”货运项目正式启动。

28日，广西玉林福绵机场通航。该机场飞行区等级4C，新建跑道长2600米，总投资18.29亿元。

9月

3日6时57分，从柬埔寨金边起飞的国航CA746航班降落在北京首都国际机场。这是民航局宣布逐步将经第一入境点分流的北京国际客运航班恢复直航后，北京首都国际机场迎来的第一个国际航班。北京市委书记蔡奇9月2日对北京直航作出高度评价：民航局精心安排了9个直航北京的航班，并创造性地制定了3例恢复、5例熔断和75%客座率的严格管控措施，有力支持了北京复工复产。

3日，中国民用航空局与欧盟航空安全局召开视频会议，签署《中国民用航空局与欧盟航空安全局关于适航和环保审定的技术实施程序》及其附件《中国民用航空局与欧盟航空安全局民用航空产品运行/维修实施程序》。这两份程序是从适航审定和航空器评审合作方面对9月1日已正式生效的《中华人民共和国政府与欧洲联盟民用航空安全协定》及附件1《适航和环保审定》内容的细化。

7日，冬奥主题彩绘飞机“冬奥冰雪号”首次飞抵广州。这是北京2022年冬奥会和冬残奥会组织委员会携手航空客运服务合作伙伴——国航设计喷涂的首架北京2022年冬奥会和冬残奥会主题彩绘飞机。

8日，全国抗击新冠肺炎疫情表彰大会在北京人民大会堂隆重举行。中共中央总书记、国家主席、中央军委主席习近平向国家勋章和国家荣誉称号获得者颁授勋章奖章并发表重要讲话。民航行业17个集体被授予“全国抗击新冠肺炎疫情先进集体”荣誉称号，11名同志被授予“全国抗击新冠肺炎疫情先进个人”荣誉称号，9个基层党组织被授予“全国先进基层党组织”荣誉称号，1名同志被授予“全国优秀共产党员”荣誉称号。

10日，民航科技创新示范区项目在成都天府国际空港新城开工建设，标志着民航落实国家创新驱动发展战略迈上新台阶。

10日，中国民航飞行学院民航监察员培训

学院成立。

16 日 10 时 45 分，从韩国首尔起飞的德威航空 TW615 航班，搭载着 70 名旅客，安全降落在武汉天河国际机场，这是武汉国际及地区定期客运航班停运 7 个多月以来，恢复的首个国际定期客运航线。

16 日，北京大兴国际机场固安城市航站楼正式启用，这是该机场首座跨省异地城市航站楼，也是服务京津冀协同发展国家战略的又一重要举措。

17 日，民航局局长冯正霖与湖北省省长王晓东在湖北签署《中国民用航空局　湖北省人民政府关于加快推进湖北民航业高质量发展的战略合作协议》。民航局局长冯正霖与湖北省委书记应勇在湖北签署《中国民用航空局　湖北省人民政府关于加快推进湖北民航业高质量发展的战略合作协议》。

17 日，中国航空运输协会航空物流委员会成立，第一次会议暨第一届中国航空运输协会航空物流发展论坛在西安举办。

22 日，全国民航青年联合会第二届委员会全体会议在北京召开。陈丽娟当选第二届全国民航青联主席。

22 日，北京大兴国际机场迎来第 1000 万名旅客，标志着北京大兴国际机场自投运以来，旅客吞吐量首次突破千万人次大关。

25 日，陕西安康富强机场通航。该机场飞行区等级 4C，新建跑道长 2600 米，总投资 23.45 亿元。

30 日，民航局局长冯正霖代表中国政府签署《关于中国 - 东盟扩大缔约各方第五种自由业务权的第三议定书》。该议定书进一步扩大了中国 - 东盟间第五业务权安排。

30 日，全球首款纯电动 35T 集装货物装载机交付东航北京分公司。该纯电动集装货物装载机由东航、威海广泰联合研发，有利于加快推进机场场内“油改电”，推动机场场内车队结构升级，促进靠桥飞机使用 APU 替代设施。

10 月

8 日零时起，新疆地区空域优化调整方案正式实施。这是继 2016 年之后，新疆地区第二次大规模空域优化调整。方案新辟航线 3 条，新增航路里程 750 余公里，新增及调整 170 余条城市对班机航线，内地往返南疆地区的航班实现单向循环运行，运行效率大幅度提升。

9 日，经民航局局务会议审议通过，修订的《国际航空运输价格管理规定》（交通运输部令 2020 年第 19 号）发布，自 2021 年 1 月 1 日起施行。

12 日，中国东方航空集团有限公司宣布正式实施股权多元化改革。东航集团在集团层面引入财政部所属的中央金融企业中国人寿保险（集团）公司、上海市国资委所属的上海久事（集团）有限公司，以及两家中央企业中国旅游集团有限公司和中国国新资产管理有限公司的增资资金共计 310 亿元，成为多元股东的央企集团，也是国企改革三年行动在中央企业集团层面股权多元化改革的“首单”。

16 日，中国民航史上规模最大的机场应急救援综合演练——“敬畏 2020”上海浦东国际机场应急救援综合演练在浦东机场 6 号机坪举行。

22 日，民航局党组根据《中国民用航空监察员管理规定》《民航局关于印发中国首批高级监察员认定工作实施办法的通知》，认定产生了 90 名中国民航首批高级监察员。这是加强民航监察资质能力建设的重要举措。

23 日，全国交通运输系统抗击新冠肺炎疫情表彰大会在京举行。全国政协副主席、交通运输部党组书记杨传堂出席会议并讲话，交通运输部部长李小鹏主持会议，民航局党组书记、局长冯正霖宣读有关决定。民航系统188名同志荣获“全国交通运输系统抗击新冠肺炎疫情先进个人”称号，110个集体荣获“全国交通运输系统抗击新冠肺炎疫情先进集体”称号；18名同志荣获“交通运输部系统抗击新冠肺炎疫情优秀共产党员”称号，15个基层党组织荣获“交通运输部系统抗击新冠肺炎疫情先进基层党组织”称号。

28日，上海金山华东无人机基地揭牌，成为全国首个以海岛为应用场景的民用无人驾驶航空试验区。

11月

2—13日，国际民航组织导航系统专家组第六次全体会议（NSP/6）召开。由民航局空管办和中国卫星导航系统管理办公室共同组织的北斗国际民航组织标准化工作团队成功推进北斗三号全球卫星导航系统全部性能指标完成专家技术验证，标志着将北斗系统正式写入国际民航组织标准的最核心、最主要工作已经完成。这是北斗三号系统相关民用信号第一次成体系化地通过国际组织的深入技术验证，也是中国民航第一次以自身团队为核心，成功推进我国自主创新的复杂巨系统成为国际民航组织标准。

5日，北京大兴国际机场综合保税区获国务院批复，标志着目前全国唯一的跨省市综合保税区正式设立。

9—10日，“第一届航空气象科技创新与发展论坛”在中国民航飞行学院举办。这是我国首次组织召开的较大规模、多部门联合的航空气象发展论坛。

14日，新疆维吾尔自治区人民政府发布公告，民航局定点扶贫地新疆和田地区于田、策勒两县已经退出贫困县序列，民航局定点扶贫工作取得阶段性成效。

17日，全国精神文明建设表彰大会在北京举行。民航湖北监管局等13家单位荣获第六届“全国文明单位”称号。

20日，北京2022年冬奥会和冬残奥会机场服务保障工作协调小组第一次全体会议在北京召开，全面启动北京冬奥会机场协调小组工作机制。

23日，民航局、国家发展改委联合印发《关于进一步深化民航国内航线运输价格改革有关问题的通知》，明确自2020年12月1日起，放开3家以上（含3家）航空运输企业参与经营的国内航线的旅客运输价格。改革后，实行市场调节价的国内航线大幅增加，市场决定价格的机制得到进一步强化。

24日，全国劳动模范和先进工作者表彰大会在北京召开，民航系统18名职工被评为全国劳动模范。

27日，民航局向四川省天域航通科技有限公司颁发全国首个民用无人机系统设计生产批准函。

29日，《中华人民共和国民用航空器国籍登记条例》根据《国务院关于修改和废止部分行政法规的决定》（国务院令第732号）调整修改，删去《条例》第二条第一款第二项中的“企业法人的注册资本中有外商出资的，外商在该企业法人的注册资本或者实收资本中所占比例不超过35%，其代表在董事会、股东大会（股东会）的表决权不超过35%，该企业法人的董事长由中国公民担任”。

30日，民航系统抗击新冠肺炎疫情表彰大会在京召开。305名民航系统抗击新冠肺炎疫情优秀共产党员、123个民航系统抗击新冠肺炎疫情先进基层党组织受到表彰。

12月

1日，深圳航空联合深圳机场、中航信和深

圳凯亚正式推出“安检内线上改签”服务，成为全国首家实现“安检内线上改签”的航空企业。

2 日，民航局局长冯正霖与湖南省代省长毛伟明共同签署《关于推进湖南民航高质量发展战略合作框架协议》。

3 日，民航运行管理中心和气象中心工程及民航情报管理中心工程顺利通过竣工验收。工程总投资 22.46 亿元。

8 日，成都天府国际机场航空货运安保管理委员会在成都成立，成为全国首家航空货运安保管理委员会。天府国际机场率先实现航空货运安保全链条统一管理。

14 日，全国交通运输行业精神文明建设工作视频会议在北京召开。民航系统 10 个集体荣获“全国交通运输行业文明单位”称号，11 个集体荣获“全国交通运输行业文明示范窗口”称号。

15 日，国际航空运输协会（IATA）为中国南方航空有限责任公司颁发“IATA 行李追踪全网络合规认证”证书。南航成为亚洲第一家、全球第三家获此认证的航空公司。

17 日，我国首架通用航空共享专机首飞仪式在海口美兰国际机场举行。共享专机通过采用大共享经济模式，每架专机由 40 位企业家共享，使用成本降低三分之二以上，满足了企业家更为高效、便捷的专机出行需求。

18 日，重庆武隆仙女山机场通航。该机场飞行区等级 4C，新建跑道长 2800 米，总投资 16.79 亿元。

21 日，民航局向大疆创新科技有限公司颁发国内首张植保无人机系统设计生产批准函。

22 日，民航局副局长董志毅在国务院新闻办公室举行的《中国交通的可持续发展》白皮书新闻发布会上，就民航安全发展情况，民航绿色低碳、节能减排工作，统筹疫情防控和航空业发展等内容回答记者提问。

22 日，山东机场建设投资基金母基金设立仪式在济南举行，标志着国内首个机场建设投资基金母基金正式设立。机场建设投资基金是以政府出资为引导的多元化机场建设和民航产业投融资市场主体。

24 日，民航局授予中国联合航空有限公司“飞行安全一星奖”。

26 日，新疆于田万方机场通航。该机场飞行区等级 4C，新建跑道长 3200 米，总投资 7.72 亿元。该机场建设是民航局定点帮扶新疆和田地区于田、策勒两县的头号“民心工程”。

29 日，民航局授予厦门航空有限公司“飞行安全五星奖”。

30 日，民航局成立民航工程建设标准化技术委员会及秘书处，建立了民航工程标准化管理长效机制。

31 日，财政部印发《关于民航发展基金等 3 项政府性基金有关政策的通知》，明确优化民航发展基金使用方向，将民航发展基金重点投向不具备市场化条件的公共领域，逐步退出竞争性和市场化特征明显的领域；将航空物流体系建设纳入民航发展基金补助范围；不再对通用航空机场建设和运营予以补贴。

31 日，民航华东地区管理局为东方航空技术有限公司颁发“零部件制造人批准书（PMA）”。东航成为国内首家应用“增材制造技术（3D 打印）”获得零部件制造人批准书的航空公司。

2020 年，民航局空管局与北京航空航天大学等单位共同完成的“中国民航数字化协同管制新技术及应用”项目荣获 2019 年度国家科学技术进步奖二等奖。

2020 年，民航数据通信有限责任公司朱衍波荣获何梁何利基金科学与技术创新奖。

2020年国家邮政局大事记

1月

6—7日，2020年全国邮政管理工作会议在北京召开。会议传达学习了刘鹤副总理批示精神，总结2019年工作，回顾了邮政法修订施行10年来行业改革发展成效，分析研判当前形势，全面部署加强制度创新提升治理效能，明确提出了2020年邮政改革发展工作的总体要求和主要任务。

6日晚，国家邮政局举行2019年度新任职干部宪法宣誓仪式。

7日下午，国家邮政局组织开展邮政管理系统领导班子和领导干部年度考核述职工作。

7—8日，2020年中国邮政集团有限公司工作会议在北京召开，总结回顾2019年主要工作成效，分析形势，部署2020年重点工作。

10日，国家邮政局召开第二批"不忘初心、牢记使命"主题教育总结电视电话会议，深入学习贯彻习近平总书记重要讲话精神、中央"不忘初心、牢记使命"主题教育总结大会精神，总结主题教育成效，巩固主题教育成果。

14日，国家邮政局局长马军胜在北京会见了由尼日利亚公共企业管理局局长亚历克斯·阿乌拉·奥克率领的尼日利亚代表团。

15日，寄递渠道安全管理领导小组召开2020年第一次会议，回顾总结2019年寄递渠道安全管理领导小组工作情况，就进一步发挥领导小组工作机制作用、合力做好2020年寄递渠道安全监管工作进行研究部署。

16日，国家邮政局党组书记、局长马军胜主持召开局党组会议，审议并原则通过《2020年全国邮政管理系统党风廉政建设工作报告》。

16日上午，国家邮政局副局长刘君在北京会见了UPS中国区总裁何嘉美女士一行，双方就UPS在华业务开展情况等交换了意见。

17日，国家邮政局党组书记、局长马军胜主持召开局务会，审议2020年工作任务目标分解安排。

17日，国家邮政局党组书记、局长马军胜主持召开2020年第一次局长办公会议，听取2019年第四季度邮政业经济运行情况汇报，审议2020年邮政业更贴近民生七件实事。

26日，国家邮政局召开党组扩大会议，认真学习习近平总书记在1月25日中共中央政治局常务委员会会议上的重要讲话精神，对行业做好新型冠状病毒感染的肺炎疫情防控工作进行再研究再动员再部署。

29日，万国邮联国际局总局长比沙尔·侯赛因致信国家邮政局局长马军胜，代表万国邮联及全体成员国，对我国发生的新型冠状病毒感染的肺炎疫情造成的人员生命健康及财产损失表示深切的同情，向为抗击疫情而奋斗的中国邮政业员工表示最真挚的慰问。

31日，国家邮政局党组书记、局长马军胜看望慰问中国邮政和顺丰速运飞行员，检查"绿色通道"运行情况。

2月

3日，亚洲太平洋邮政联盟秘书长林洪亮致信国家邮政局局长马军胜，代表亚太邮政联盟及全体成员国，对肺炎疫情造成的人员生命健康及财产损失表示最深切的同情，对国家邮政局积极采取应对措施、组织邮政企业支持中国政府和社会抗击疫情表示赞赏。

4日，国家邮政局党组书记、局长马军胜作出指示批示，要求湖北省邮政行业做好疫情防控工作、助力打好疫情防控阻击战。新型冠状病毒感染的肺炎疫情发生以来，马军胜高度重视和关心湖北邮政行业疫情防控有关工作，向湖北省邮政管理局负责人致电10余次，向全省邮政行业一线干部职工表示慰问。

7日，国家邮政局召开邮政业疫情防控工作电视电话会议，认真学习贯彻习近平总书记关于做好新型冠状病毒感染的肺炎疫情防控工作的重要讲话精神，对做好邮政业疫情防控和恢复生产工作进行再动员、再部署。局党组书记、局长马军胜出席会议并讲话。

7日，为深入贯彻习近平总书记重要指示批示精神，按照党中央、国务院决策部署，做好疫情防控和恢复生产要求，国家邮政局党组书记、局长马军胜主持召开专题电话会议，向中通、圆通、申通、韵达、百世、德邦和苏宁等7家快递企业主要负责同志部署疫情防控和恢复生产工作。

13日，国家邮政局党组书记、局长马军胜主持召开局党组扩大会议，深入学习贯彻习近平总书记近期在中共中央政治局“不忘初心、牢记使命”专题民主生活会上和在北京市调研指导新冠肺炎疫情防控工作时的重要讲话精神，学习贯彻2月12日中共中央政治局常务委员会会议精神。

14日，国家邮政局党组书记、局长马军胜主持召开湖北省邮政管理系统新冠肺炎防疫工作专题电话会议，深入学习贯彻落实习近平总书记关于疫情防控的重要指示精神和中央决策部署。

14日，国家邮政局党组书记、局长马军胜致电中国邮政集团有限公司湖北省分公司总经理任永信，向奋战在抗击疫情一线的湖北邮政员工送上亲切慰问和鼓励，叮嘱湖北邮政在确保员工身体健康和生命安全的基础上，科学有序抓好疫情防控和复工复产工作，做好邮政普遍服务和特殊服务，全力以赴打赢疫情防控的人民战争、总体战、阻击战。

16日，交通运输部党组书记杨传堂先后到中国邮政集团北京市综合邮政邮件处理中心、顺丰速运康定街营业部和京东物流马驹桥营业部，就新冠肺炎疫情防控期间邮政快递服务保障工作开展调研，并代表部党组慰问坚守一线的工作人员。部党组成员、国家邮政局局长马军胜，中国邮政集团有限公司董事长刘爱力参加调研。

18日，国家邮政局召开邮政业生态环保工作领导小组全体会议，讨论《2019年快递包装绿色治理工作报告》，研究审议《2020年行业生态环保工作要点》，部署2020年行业生态环保工作。

19日下午，国家邮政局党组书记、局长马军胜赴北京圆通工体营业部、中通快递北京转运中心、韵达快递东直门分公司和北京市快递协会调研。

20日，国家邮政局党组书记、局长马军胜主持召开今年第二次局长办公会，审议《2020年全国邮政普遍服务工作会议方案》《2020年全国邮政市场监管工作会议方案》《邮政业用户申诉处理办法（修订草案）》《2019年快递包装绿色治理工作报告》和《国家邮政局2020年行业生态环境保护工作要点（送审稿）》等文件。

23日，国家邮政局党组书记、局长马军胜主持召开局党组扩大会议，深入学习贯彻习近平总书记在统筹推进新冠肺炎疫情防控和经济社会发展工作部署会议上的重要讲话精神，学习贯彻2月19日中共中央政治局常务委员会会议精神。

25日，国家邮政局与中国邮政集团有限公司联合召开2020年全国邮政普遍服务工作会议。会议总结2019年邮政普遍服务工作，研究部署2020年重点任务。

27日，国家邮政局党组书记、局长马军胜主持召开局党组会议，听取贯彻落实习近平总书记关于邮政业重要指示“回头看”工作情况汇报及关于全面建成小康社会邮政业脱贫攻坚目标任务推进情况汇报，审议2020年国家邮政局定点扶贫六项目标任务安排和《国家邮政局党建工作领导小组2020年工作要点（送审稿）》《全国邮政管理系统2020年党风廉政建设工作要点（送审稿）》。

3月

3日下午，国家邮政局党组书记、局长马军胜主持召开会议，传达学习贯彻国务院常务会议精神，要求全系统认真学习贯彻落实会议精神，在党中央、国务院的坚强领导下，深入贯彻落实国务院确定支持交通运输、快递等物流业纾解困难加快恢复发展的措施，一手抓疫情防控不放松，一手抓复工复产不动摇，充分发挥邮政快递业在“打通大动脉、畅通微循环”方面的先行作用，为更好服务经济社会发展大局作出更大贡献。

5日，国家邮政局召开邮政业智能视频监控系统研发工作领导小组第一次会议，正式启动邮政业智能视频监控系统项目。

6日下午，中共中央政治局常委、国务院总理、中央应对新冠肺炎疫情工作领导小组组长李克强赴顺丰华北航空分拨中心考察。李克强听取企业负责人关于服务疫情防控和复工复产等情况汇报，慰问一线快递员并与他们合影。

9日，国家邮政局召开电视电话会议，传达学习贯彻落实党中央、国务院关于新冠肺炎疫情防控和稳定经济社会运行有关会议精神，中共中央政治局常委、国务院总理、中央应对新冠肺炎疫情工作领导小组组长李克强在顺丰华北航空分拨中心考察时的指示精神。局党组书记、局长马军胜出席会议并讲话。

17日，国家邮政局召开电话会议，深入贯彻习近平总书记在湖北省考察新冠肺炎疫情防控工作时的重要讲话精神，落实国务院确定的各项工作任务，结合湖北省委、省政府关于疫情防控和复工复产整体安排，分析湖北邮政快递业当前面临形势，部署安排湖北邮政快递业复工复产工作。国家邮政局党组书记、局长马军胜出席会议并讲话。

17日，国家邮政局召开推动湖北邮政快递业复工复产电话会议，局党组书记、局长马军胜出席会议并讲话。

18日，国家邮政局党组书记、局长马军胜主持召开2020年第三次局长办公会，审议《2020年全国邮政管理系统新闻宣传工作要点》《国家邮政局2020年新闻发布工作计划》《住宅信报箱（征求意见稿）》国家标准，听取新冠肺炎疫情对邮政快递业影响阶段性分析报告，审议《关于规范活体动物寄递严厉打击非法寄递野生动物及其制品行为的通知》《快递进村三年行动方案（2020—2022年）》等文件。

19日，国家邮政局党组书记、局长马军胜主持召开局党组会议，传达习近平总书记在决战决胜脱贫攻坚座谈会上的重要讲话精神、习近平总书记对快递绿色包装工作重要批示精神，审议《快递包装治理工作任务台账》《国家邮政局党组2020年巡视工作要点（送审稿）》。

27日下午，国家邮政局党组书记、局长马军胜在局办公室、市场监管司及北京市邮政管理局相关负责同志陪同下，调研北京邮政快递业疫情防控、复工复产、末端投递和服务“三农”等情况。

31日，国家邮政局再次召开湖北邮政快递业复工复产电话会议，局党组书记、局长马军胜出席会议并讲话，强调湖北邮政快递业要科学稳妥推进复工复产，积极促进经济社会发展。

4月

16日，国家邮政局党组书记、局长马军胜

主持召开2020年第四次局长办公会，听取2020年第一季度邮政快递业经济运行情况汇报，审议并原则通过《国家邮政局所属事业单位公开招聘人员暂行办法（送审稿）》《国家邮政局关于加快推进智能快件箱（信包箱）建设的指导意见》《邮政业绿色网点分拨中心评价指引（试行）》《国家邮政局法律顾问和公职律师管理规定（送审稿）》《邮政市场监管随机抽查工作规程》和《国家邮政局办公室关于印发〈企业运营智能快件箱经营快递业务许可核定规则（2020年版）〉〈智能快件箱网点备案规则（2020年版）〉的通知》等文件。

17日，国家邮政局召开邮政业安全和应急工作领导小组会议，传达学习贯彻习近平总书记关于安全生产重要指示和李克强总理批示要求，传达贯彻全国安全生产会议、全国反恐怖工作、全国禁毒工作电视电话会议精神，听取安全生产有关情况汇报，审议《邮政快递业安全生产专项整治三年行动实施方案》，部署下一步重点工作。

23日下午，国家邮政局召开邮政快递业安全生产暨专项整治三年行动动员部署电视电话会议，传达贯彻习近平总书记重要指示和李克强总理批示精神，部署安全生产重点工作和专项整治三年行动。

24日，国家邮政局召开扶贫工作领导小组2020年第三次（扩大）会议，传达学习习近平总书记在决战决胜脱贫攻坚座谈会上的重要讲话精神，传达2019年中央单位定点扶贫工作成效评价情况的通报精神，以及中央和国家机关工委《关于全力做好定点扶贫工作的通知》精神。局党组书记、局长马军胜出席会议并讲话。

26日上午，国家邮政局党组书记、局长马军胜同志主持召开2020年第五次局长办公会议，审议马军胜同志在统一思想、凝心聚力、攻坚克难、化危为机，努力完成邮政快递业全年目标任务电视电话会议上的讲话和《国家邮政局关于切实做好快递基层网点稳定工作的紧急通知》，听取关于建设农村快递物流体系、创新协同农村电商发展情况和2020年国家邮政局本级预算压减情况的汇报。

27日，国家邮政局组织召开全行业电视电话会议，认真贯彻落实习近平总书记重要讲话精神、中央政治局和中央政治局常委会会议精神，总结前一阶段邮政快递业疫情防控和复工复产重点工作，深入分析当前形势，部署下一阶段任务。局党组书记、局长马军胜出席会议并讲话。

30日，在“五一”国际劳动节来临之际，中共中央总书记、国家主席、中央军委主席习近平给郑州圆方集团全体职工回信，向他们并向全国各族劳动群众致以节日的问候。习近平指出，伟大出自平凡，英雄来自人民。面对这次突如其来的疫情，从一线医务人员到各个方面参与防控的人员，从环卫工人、快递小哥到生产防疫物资的工人，千千万万劳动群众在各自岗位上埋头苦干、默默奉献，汇聚起了战胜疫情的强大力量。希望广大劳动群众坚定信心、保持干劲，弘扬劳动精神，克服艰难险阻，在平凡岗位上续写不平凡的故事，用自己的辛勤劳动为疫情防控和经济社会发展贡献更多力量。这是习近平总书记继在2019年新年贺词、春节前夕慰问点赞快递小哥之后，再次点赞快递小哥，迅速在邮政快递业引发热议。

5月

11日，国家邮政局和中国邮政集团有限公司在北京联合举行《众志成城　抗击疫情》邮票首发暨捐赠仪式。交通运输部党组书记杨传堂出席并讲话。国家邮政局党组书记、局长马军胜，中国邮政集团有限公司党组书记、董事长刘爱力出席并讲话。

13日，国家邮政局党组书记、局长马军胜主持召开2020年第六次局长办公会，审议通过《邮政行政处罚程序规定（修正草案）》《关于在国家邮政局系统全面贯彻落实“过紧日子”要求的通知》《国家邮政局系统预算执行审计工作指南（试行）》《邮政业关键信息基础设施认定规则（试行）》及清单等。

14日，国家邮政局党组书记、局长马军胜主持召开局党组会议，审议国家邮政局党组2020年巡视工作方案和《中共国家邮政局党组落实全面从严治党主体责任清单》。

19日上午，国家邮政局党组书记、局长马军胜一行拜会十二届全国政协副主席、中华全国集邮联合会名誉会长王家瑞。

21日，国家邮政局与科大讯飞签署战略合作协议。

22日上午，第十三届全国人民代表大会第三次会议在人民大会堂开幕。国务院总理李克强作政府工作报告时，高度评价了邮政快递业在抗击新冠肺炎疫情中发挥的重要作用，同时指出，“支持电商、快递进农村，拓展农村消费”。

29日，国家邮政局党组书记、局长马军胜主持召开会议，传达学习第十三届全国人民代表大会第三次会议、中国人民政治协商会议第十三届全国委员会第三次会议精神和习近平总书记在两会期间的重要讲话精神，对邮政快递业深入贯彻落实全国两会精神进行部署。

6月

2日，国家邮政局2020年全国邮政管理系统巡视工作培训班在北京举办。传达学习十九届中央纪委四次全会、全国巡视工作会议暨十九届中央第五轮巡视动员部署会议精神，传达学习中共中央办公厅印发的《关于中央部委、中央国家机关部门党组（党委）开展巡视工作的指导意见（试行）》和国家邮政局贯彻落实具体措施办法，以及干部选拔任用工作监督检查和责任追究办法。国家邮政局党组书记、局长，巡视工作领导小组组长马军胜作动员部署讲话。

3日，国家邮政局党组书记、局长马军胜主持召开2020年第七次局长办公会，审议并原则通过《2019快递市场监管报告（送审稿）》《邮件快件绿色包装规范（送审稿）》《绿色产品评价 快递封装用品（送审稿）》国家标准和《国家邮政局创建节约型机关实施方案（送审稿）》，听取关于加强邮政用品用具市场监管工作思路的汇报。

4—6日，国家邮政局党组成员、副局长刘君带队深入贵州省边远乡村，督战省、市邮政管理部门定点扶贫工作，调研推进快递进村等相关工作。

4日，国家邮政局在京召开主要品牌寄递企业生态环保工作座谈会，深入贯彻落实习近平总书记关于快递包装绿色治理工作的重要指示批示精神，督促寄递企业落实生态环保主体责任。

10—12日，国家邮政局党组成员、副局长戴应军一行深入甘肃省定西市岷县马坞镇秦家沟村和临夏回族自治州临夏县红台乡三大湾村，督战定点扶贫工作。举行了国家邮政局对秦家沟村、三大湾村的扶贫款项捐赠仪式。

11—12日，国家邮政局党组书记、局长马军胜赴天津考察疫情防控和行业发展统筹情况和重点工作落实情况。

16日，国家邮政局召开机关党委2020年第二次全委（扩大）会议，研究部署中央和国家机关党的建设专项督查准备工作，审议《机关党委落实全面从严治党责任清单》《党支部落实全面从严治党责任清单》《关于开展强化政治机关意识教育的工作方案》《关于全面推进党支部标准化规范化建设的意见》《关于开展“灯下黑”问题专项整治的工作方案》等，审议国家邮政局“两优一先”表彰建议。

18 日，中华全国集邮联合会第八次代表大会在北京召开。大会围绕集邮文化事业高质量发展确定了目标任务，是推动新时代集邮文化事业不断前进的一次重要会议。

18 日，国家邮政局党组书记、局长马军胜主持召开 2020 年第八次局长办公会，审议并原则通过国家邮政局落实《政府工作报告》重点工作实施方案。

18 日，中华全国集邮联合会召开八届理事会第一次常务理事会，审议并通过《中华全国集邮联合会 2020—2021 年主要工作安排》和新一届专业委员会主任、副主任名单及有关事项。国家邮政局党组成员、副局长、全国集邮联第八届理事会会长戴应军出席会议并讲话。

24 日，国家邮政局召开 2020 年全国两会建议提案交办会，传达国务院常务会议、全国人大代表建议交办会和全国政协委员提案交办会精神，总结回顾 2019 年办理工作情况，部署安排今年办理工作。

30 日，为深入贯彻落实习近平总书记关于快递包装绿色治理工作的重要指示批示精神，国家邮政局召开全系统生态环保工作电视电话会议。

7 月

7 日，国家邮政局党组书记、局长马军胜主持召开 2020 年第九次局长办公会，审议并原则通过《2019 年度邮政普遍服务监管报告》。

8 日，“菜鸟网络杯”第五届全国“互联网 +”快递大学生创新创业大赛正式启动。国家邮政局党组成员、副局长杨春光出席仪式并启动大赛。

14 日，国家邮政局党组书记、局长马军胜主持召开 2020 年第十次局长办公会，分析 2020 年上半年邮政行业经济运行情况，部署下半年重点工作。

16 日，国家邮政局召开 2020 年全国邮政管理半年工作电视电话会议，深入学习贯彻习近平总书记关于邮政快递业重要指示批示精神，认真贯彻落实党中央、国务院决策部署，总结上半年工作，部署下半年重点任务。局党组书记、局长马军胜出席会议并讲话。

19—20 日，国家邮政局党组书记、局长马军胜调研上海市邮政快递业发展情况。

20 日，国家邮政局和上海市人民政府正式签署《关于加快推进上海邮政快递业高质量发展合作协议》，旨在通过部市紧密合作，基本建成与上海城市地位相适应的技术先进、服务优质、安全高效、绿色节能、城乡一体的现代邮政快递服务体系，助力上海打响“四大品牌”、建设“五个中心”。国家邮政局局长马军胜和上海市人民政府代市长龚正见证了双方代表签约。

20 日，《新时代的浦东》特种邮票首发仪式在上海举行。国家邮政局党组书记、局长马军胜出席并致辞，上海市委副书记、代市长龚正为《新时代的浦东》邮票揭幕。中国邮政集团有限公司副总经理康宁向上海市副市长汤志平赠送编号为 001 号邮票。

21 日，国家邮政局党组书记、局长马军胜主持召开邮政业安全和应急工作领导小组会议，传达学习习近平总书记在中共中央政治局常务委员会会议上的重要讲话精神、国务院常务会议精神，对邮政快递业防汛救灾和疫情防控工作进行再研究、再部署。

22 日，亚太邮联以在线视频的方式召开了执行理事会全会。亚太邮联秘书长林洪亮和万国邮联国际局总局长比沙尔·侯赛因以及亚太邮联 25 个成员国的邮政管理部门和指定经营者代表参加了会议。国家邮政局副局长赵民率领由国家邮政局、中国邮政集团有限公司、香港邮政署、澳门邮电局组成的中国代表团出席会议。

24日，国家邮政局召开加快推进“绿盾”工程建设电视电话会议，介绍工程建设整体进展情况，并对下一阶段工作进行再强调、再部署。局党组成员、副局长、寄递渠道安全监管“绿盾”工程建设领导小组组长刘君出席会议并讲话。

29日，国家邮政局党组书记、局长马军胜主持召开2020年第十一次局长办公会，审议《国家邮政局关于进一步健全完善邮政快递业安全生产协调领导机制的通知（送审稿）》。

31日，国家邮政局在京组织召开《邮件快件包装管理办法（征求意见稿）》研讨会，充分听取社会环保组织和媒体的专家代表对《办法》的意见建议。

8月

3日，国家邮政局党组书记、局长马军胜主持召开邮政业安全和应急工作领导小组会议，传达学习贯彻全国安全生产电视电话会议和国务院联防联控机制严防聚集性疫情做好秋冬季防控工作电视电话会议精神，分析邮政快递业安全生产形势，听取安全生产和疫情防控工作意见建议，部署下半年安全生产重点工作。

13—14日，国家邮政局党组书记、局长马军胜利用休假时间，带领联系点3名党员，“实测”北京偏远9乡（镇）15村的快递服务水平。

14日，国家邮政局召开邮政快递业安全生产协调领导小组第一次全体会议。局党组成员、副局长、邮政快递业安全生产协调领导小组组长刘君出席会议并讲话。

21日，国家邮政局党组书记、局长马军胜主持召开局党组会议，听取习近平总书记、李克强总理关于邮政快递业重要指示批示和国务院常务会议部署任务落实进展督查情况汇报；传达贯彻国务院安全生产委员会和全国安全生产电视电话会议精神，部署邮政快递业安全生产重点工作；听取邮政快递业发展“十四五”规划制定工作汇报。

25日，国家邮政局党组书记、局长马军胜在京会见南京邮电大学校长叶美兰、副校长汪联辉一行。双方重点就开展邮政学科建设、人才培养和科技平台建设等方面交换意见。

26日，国家邮政局党组书记、局长马军胜主持召开2020年第十二次局长办公会，审议并通过《邮政快递业重金属和特定物质超标包装袋专项治理方案》。

26日，国家邮政局召开支持雄安新区邮政业建设与发展领导小组第四次会议，听取工作进展情况汇报，审议《〈河北雄安新区邮政业发展规划（2020—2035年）〉落实措施和重点项目及分工安排（送审稿）》。

27日，国家邮政局党组书记、局长马军胜主持召开北京地区快递进村工作专题会，决意打造实效型快递进村“北京样板”。

27—28日，国家邮政局党组成员、副局长刘君在安徽调研邮政快递与相关产业融合发展情况，对邮政快递企业网点和“快快合作”“邮快合作”“交快合作”“快电合作”项目进行实地考察。

27日，国家邮政局召开督导推进会，加快推进快递从业人员职业技能培训“246”工程和快递工程技术人员职称评审。局党组成员、副局长杨春光出席会议并讲话。

9月

4日，国家邮政局在北京召开“十四五”规划编制工作座谈会。局党组成员、副局长戴应军出席会议并作总结讲话。

4日，以“全球服务　互惠共享”为主题的2020年中国国际服务贸易交易会在京开幕。7日，国家邮政局党组书记、局长马军胜视察服贸会“中国快递”展区，强调要深入贯彻落实习近平主席在服贸会峰会上的讲话精神，着力推进“快递出海”，充分利用科技的力量，积极推进多式联运，服务好跨境电商等新业态，服务好以国内大循环为主体、国内国际双循环相互促进的新发展格局，为更好服务经济社会发展大局和国际服务贸易发展繁荣作出邮政快递业应有贡献。

8 日下午，国家邮政局召开邮政快递业受表彰的全国抗击新冠肺炎疫情先进个人座谈交流会。国家邮政局党组书记、局长马军胜出席会议并讲话。

11 日，国家发展改革委等十部门召开全国塑料污染治理工作电视电话会议，对塑料污染治理工作进行再动员、再部署、再落实。国家邮政局副局长赵民出席会议并讲话。

15 日，国家邮政局党组成员、副局长戴应军赴深圳顺丰总部，就通用寄递地址编码企业试点情况进行调研。

16 日，国家邮政局召开邮政业智能视频监控系统研发工作领导小组第二次会议。会议肯定了智能视频项目研发前期工作，并对下一步工作提出了要求。局党组成员、副局长戴应军出席会议并讲话。

18 日，国家邮政局党组书记、局长马军胜主持召开局党组会议，审议《中共国家邮政局党组讨论和决定的重大问题清单》。

21 日上午，国务院新闻办公室举行邮政快递业助力脱贫攻坚有关情况新闻发布会，国家邮政局党组书记、局长马军胜出席并介绍有关情况。数据显示，农村 100% 的乡镇已建有邮政局所，100% 的建制村实现了直接通邮，97% 的乡镇有了快递网点。

21—26 日，国家邮政局党组成员、副局长戴应军赴甘肃河西 5 地市 12 县（市）区，随机选取 27 个乡镇邮政局所、4 个村邮站，就乡镇邮政服务和“邮快合作”“快递进村”进展情况开展实地调研。

22 日，国家邮政局党组书记、局长马军胜主持召开第十三次局长办公会，审议通过《快递包装绿色产品评价技术要求（送审稿）》《邮政业国家标准和行业标准审查管理规定》，听取关于全国深化“放管服”改革优化营商环境电视电话会议任务落实进展情况汇报。

22 日，国家邮政局在京召开邮政业塑料污染治理工作推进会，深入学习贯彻习近平总书记重要指示精神，传达学习全国塑料污染治理工作电视电话会议精神。局党组成员、副局长赵民出席会议并讲话。

23—26 日，国家邮政局党组书记、局长马军胜赴吉林省长春市、吉林市和延边朝鲜族自治州，专题调研“两进一出”工程推进情况。

25 日，国家邮政局在浙江义乌召开“中国快递示范城市”创建工作会议，交流经验做法，提出意见建议，部署措施方法，并对 25 个“中国快递示范城市”进行授牌。

26 日，第四十届全国最佳邮票评选颁奖大会在甘肃敦煌举行。《中华人民共和国成立七十周年》荣获最佳邮票奖；《五岳图》和《二十四节气（四）》荣获优秀邮票奖；《中国 2019 世界集邮展览》邮票荣获最佳设计奖;《科技创新（二）》邮票荣获最佳印刷奖。

28 日，全国邮政业标准化技术委员会会议暨《智能信包箱》国家标准和《智能信包箱和智能快件箱监管数据接入规范》行业标准审查会在北京召开。

29 日上午，第四届“中国梦 · 邮政情—寻找最美快递员”活动揭晓发布会在京举行，徐龙、汪勇、李成、葛军、王惠贤等 14 名“最美快递员”和中国邮航团队、京东物流武汉亚一城配青年车队、中通快递西藏日喀则团队等 5 个“最美快递员”团队受到表彰。国家邮政局局长、局精神文明建设指导委员会主任马军胜出席揭晓发布会并致辞。下午，交通运输部党组书记杨传堂、部长李小鹏在部接见了受表彰代表。

29日下午，国家邮政局党组书记、局长马军胜主持召开“十四五”邮政业发展规划基层代表座谈会，听取第四届“中国梦·邮政情—寻找最美快递员”活动表彰的“最美快递员”的意见建议。

10月

9日，国家邮政局局长马军胜发表第51届世界邮政日致辞《持之以恒推进高质量发展—决胜全面建成与小康社会相适应的现代邮政业》。

12—13日，国家邮政局党组书记、局长马军胜带领调研组深入定点扶贫县河北省平泉市调研邮政快递业发展建设和定点扶贫工作情况。

14日，第十一届中日邮政政策对话视频会议举行。国家邮政局局长马军胜、日本总务省总务审议官吉田真人出席会议并致开幕辞。

16日，国家邮政局党组书记、局长马军胜主持召开第十四次局长办公会，听取第三季度邮政快递业经济运行情况汇报，审议并原则通过《2020年快递业务旺季服务保障工作方案》《疫情防控期间邮政快递业生产操作规范建议（第六版）》《快递企业总部重大经营管理事项风险评估和报告制度（试行）》等文件。

19日，国家邮政局党组书记、局长马军胜主持召开第十五次局长办公会，听取“三智”（邮政业智能安检系统、智能视频监控系统、智能语音申投诉处理系统）等科技项目研发情况汇报，审议并原则通过《邮政快递业贯彻落实新时代加快完善社会主义市场经济体制意见实施方案》《智能信包箱》国家标准和《智能信包箱和智能快件箱监管数据接入规范》行业标准。

19—22日，为进一步贯彻落实习近平总书记在河南光山考察时的重要指示精神，国家邮政局党组成员、副局长戴应军赴黑龙江5市10县（区），随机选取19个乡镇邮政局所、17个乡镇快递网点、10个村委会和村邮站，实地调研农村地区“邮快合作”“快递进村”开展情况。

20日，国家邮政局以电视电话会议形式召开扶贫工作领导小组2020年第四次（扩大）会议，传达学习习近平总书记、李克强总理关于扶贫工作指示精神。局党组书记、局长马军胜出席会议并讲话。

20日，国家邮政局召开2020年快递业务旺季服务保障动员部署电视电话会议，解读《2020年快递业务旺季服务保障工作方案》，部署快递业务旺季服务保障工作。

21日，国家邮政局党组成员、副局长刘君带队在京督导检查冷链寄递渠道疫情防控工作。

22日，国务院新闻办公室举行新闻发布会，交通运输部部长李小鹏、中国民用航空局局长冯正霖、国家邮政局局长马军胜、国家铁路局局长刘振芳介绍交通运输“十三五”发展成就，并答记者问。

23日，全国交通运输系统抗击新冠肺炎疫情表彰大会在部召开。部党组成员、国家邮政局局长马军胜出席会议。

23日，由国家邮政局发展研究中心、浙江省邮政管理局联合主办的2020年中国邮政快递业生态环保研讨暨绿色供给展会在“中国民营快递之乡”浙江桐庐举行。

26—29日，国家邮政局党组成员、副局长赵民带领督导组，深入宁夏回族自治区边远县（区）及乡村，督战邮政管理部门定点扶贫工作，调研行业绿色发展、“快递进村”，以及备战2020年快递业务旺季服务保障等工作。

27日，国家邮政局党组成员、副局长戴应军一行实地调研北京邮政香山革命纪念馆主题邮局、冬奥邮政服务设施北京2022邮局及邮政报刊亭的建设、运营情况。

11 月

1 日晚上，快递业务旺季第一天，国家邮政局党组书记、局长马军胜赴邮政业安全中心，慰问奋战在一线的干部职工，查看中国快递大数据平台运行情况，督导旺季服务保障工作。

5 日，国家邮政局党组书记、局长马军胜主持召开第十六次局长办公会，审议并原则通过《邮件快件包装管理办法（送审稿）》《2021 年纪特邮票发行计划》。

5—6 日，交通运输部党组书记杨传堂先后到北京西站和位于北京市丰台区、大兴区的快递园区、邮政网点、快递企业，调研“双 11”邮政快递业务旺季服务保障工作，并向邮政、快递企业员工表示亲切慰问。部党组成员、国家邮政局局长马军胜等同志参加调研。

10 日，由国家邮政局精神文明建设指导委员会主办，中国邮政快递报社承办的关爱快递员“暖蜂行动”暨第五届“快递员关爱周”活动正式启动。

11 日晚上，国家邮政局党组书记、局长马军胜和党组成员、副局长刘君在国家邮政局邮政业安全中心督战快递业务旺季服务保障工作，与办公室、市场监管司、邮政业安全中心、发展研究中心负责人等共同见证新纪录诞生——“双 11”当天全国邮政、快递企业揽件总量跃过 6.75 亿，比去年同期增长 26.16%。

12—14 日，国家邮政局党组书记、局长马军胜在湖北调研，先后到武汉、荆州和咸宁，看望和慰问行业抗疫先进模范人物和基层邮政、快递员工，督导快递旺季服务保障工作，调研“快递进村”情况。

15—18 日，在“双 11”快递业务旺季关键时期，国家邮政局党组成员、副局长刘君带队赴四川成都、遂宁、南充、广安和重庆，实地查看邮政快递企业分拣中心、农村末端网点、中铁联集重庆中心站等场所，督导快递旺季服务保障工作，调研“两进一出”工程建设情况。

24 日，国家邮政局党组书记、局长马军胜主持召开第十七次局长办公会，审议并原则通过《〈河北雄安新区邮政业发展规划（2020—2035 年）〉落实措施及分工方案》《合作研究备忘录》等文件，听取《仿印邮票图案管理办法》修订等有关工作情况的汇报。

26 日，由中华全国集邮联合会主办的中国人民革命战争时期邮票发行 90 周年纪念大会暨学术研讨会在北京举行。十二届全国政协副主席王家瑞出席纪念大会并为中国人民革命战争时期邮票珍品展揭幕，国家邮政局党组书记、局长马军胜出席纪念大会。

27 日，国家邮政局召开全国邮政管理系统警示教育电视电话会议，学习贯彻习近平总书记重要指示精神和中央纪委四次全会精神，通报邮政管理系统违规违纪违法案例。局党组书记、局长马军胜出席会议并以党课形式作讲话。

11 月 30 日—12 月 3 日，国家邮政局党组成员、副局长戴应军深入河北、山西两省，随机走访了 5 市、11 县的 28 个乡镇和 13 个村屯，共 50 个邮政局所、快递网点和村委会，专题调研农村邮政普遍服务和“邮快合作”“快递进村”工作。

12 月

2—4 日，国家邮政局党组书记、局长马军胜赴安徽合肥、南陵调研邮政快递业改革发展和基层员工权益保障情况。

3 日，国家邮政局与安徽省人民政府在合肥签署了《关于加快安徽邮政快递业高质量发展战略合作协议》，推动安徽邮政快递业高质量发展，进一步提升邮政快递业在服务安徽实现“两个更大”目标的支撑作用。

7 日，国务院发展研究中心与国家邮政局举行《合作备忘录》签约仪式。国务院发展研究中心党组书记马建堂，国家邮政局党组书记、局长马军胜出席仪式并致辞。

8日，国家邮政局党组书记、局长马军胜主持召开第十八次局长办公会，审议并原则同意通过《快递服务与电子商务信息交换规范》《快递服务制造业仓配信息交换规范》2项国家标准和《冷链寄递保温箱技术要求》《鲜活水产品快递服务要求》《邮政行业基于荧光聚合物传感技术的手持式痕量炸药探测仪技术要求》3项行业标准，同意24家行业技术研发中心通过认定。

9日，第三届内地与港澳邮政高峰会议以视频连线的方式在北京、香港和澳门三地联合举行，围绕内地与港澳邮政业应对新冠肺炎疫情的举措以及各自发展情况，推动落实粤港澳大湾区邮政业发展实施意见，以及万国邮联大会重点问题等内容进行了分享与讨论。国家邮政局局长马军胜、中国邮政集团有限公司董事长刘爱力、香港邮政署署长朱曼铃、澳门邮电局局长刘惠明出席会议并致辞。

14—16日，国家邮政局党组成员、副局长戴应军深入河南省专题调研农村邮政普遍服务和“邮快合作”“快递进村”工作。调研组在河南调研的同时，还随机走访了临近的湖北、陕西部分乡镇，共调研了5市、9县的18个乡镇和3个村屯，共34个邮政局所、快递网点和村委会。

14日，全国交通运输行业精神文明建设工作电视电话会议在京召开，邮政系统9家单位获得“全国交通运输行业文明单位”称号，10家单位获得“全国交通运输行业文明示范窗口”称号。

15日，国家邮政局党组书记、局长马军胜主持召开保障快递员合法权益企业主要负责人座谈会，认真学习习近平总书记关心关爱快递小哥重要指示精神，分析当前行业发展和维护快递员合法权益等面临的形势，研究下一阶段工作措施。

19日，第五届全国“互联网+”快递大学生创新创业大赛全国总决赛在河北石家庄圆满落幕。绿色智能新一代拂手式分拣机系统等10个参赛作品获得金奖，智网云盒——可循环绿色智能快递盒等20个参赛作品获得银奖，北京邮电大学等10所高校获得优秀组织奖。

21日上午，“中国快递年业务量首次突破800亿件”的消息登上了各大媒体的头条，引发网友热议。22日晚，万国邮联国际局总局长比沙尔·侯赛因与国家邮政局局长马军胜通电话，并发来贺信：“这再次刷新了中国快递业的历史新纪录，我谨代表万国邮联对这一非凡的成就表示热烈的祝贺。”

22日下午，国家邮政局局长马军胜应约同万国邮联国际局总局长比沙尔·侯赛因通电话。马军胜指出，2020年是极不平凡且极具挑战的一年。在抗击新冠肺炎疫情过程中，中国邮政业为国家统筹推进疫情防控和服务经济社会发展作出了积极贡献。疫情期间，中国与万国邮联合作良好。侯赛因总局长第一时间发来慰问电，极大地鼓舞了中国邮政快递员工的抗疫斗志。中国积极响应万国邮联国际抗疫合作的号召，为最不发达国家邮政部门提供抗疫物资援助，与万国邮联成员国分享中国邮政业疫情防控和复工复产经验，以实际行动践行人类命运共同体理念。

25日，中国共产党国家邮政局机关第四次代表大会在京召开，总结工作，研究部署加强和改进新形势下机关党建工作，选举产生新一届机关党的委员会和纪律检查委员会。国家邮政局党组书记马军胜，交通运输部党组成员、直属机关党委书记刘小明出席大会并讲话。

29日，人力资源和社会保障部、国家邮政局联合举行邮政体制改革以来首次全国邮政行业先进集体、劳动模范和先进工作者表彰大会。国家邮政局党组书记、局长马军胜出席大会并讲话。

29日，国家邮政局党组书记、局长马军胜主持召开第十九次局长办公会，听取关于2020年度邮政行业科学技术奖评奖工作有关情况的汇报，审议并原则通过《救灾捐赠包裹寄递服务和安全管理规定》《中国快递示范城市评定和管理办法》《国家邮政局关于做好邮政特邀监督员调整工作的通知》《"十四五"邮政业应用技术研发指南》《"十四五"邮政业标准体系建设指南》。

29日，国家邮政局党组书记、局长马军胜主持召开局务会，审议2021年全国邮政管理工作会议报告，安排部署新一年工作。

31日，国家邮政局召开全系统电视电话会议，传达财政部和国家邮政局党组对2021年"二上"预算编制的有关要求，布置2020年部门决算和财务报告编制有关工作。

附录 6　交通运输各行业有关统计数据

综合统计

交通运输主要指标

指 标 名 称	计算单位	2020 年	2019 年	2020 年比 2019 年增减	2020 年为 2019 年 %
一、交通设施及运输线路拥有量					
1. 铁路营业里程	万公里	14.63	13.90	0.73	105.3
其中：高铁营业里程	万公里	3.80	3.50	0.30	108.6
2. 公路线路里程	万公里	519.81	501.25	18.56	103.7
其中：高速公路里程	万公里	16.10	14.96	1.14	107.6
高速公路车道里程	万公里	72.31	66.94	5.36	108.0
二级及以上公路里程	万公里	70.24	67.20	3.04	104.5
等级公路里程	万公里	494.45	469.87	24.58	105.2
3. 公路桥梁　数量	万座	91.28	87.83	3.45	103.9
长度	万米	6628.55	6063.46	565.10	109.3
4. 公路隧道　数量	万处	2.13	1.91	0.22	111.8
长度	万米	2199.93	1896.66	303.27	116.0
5. 公共汽电车运营线路总长度	万公里	148.21	133.62	14.60	110.9
其中：无轨电车	公里	1284	1163	121	110.4
6. 公交专用车道长度	公里	16552	14952	1600	110.7
7. 轨道交通运营里程	公里	7355	6172	1183	119.2
8. 内河航道通航里程	万公里	12.77	12.73	0.04	100.3
其中：等级航道	万公里	6.73	6.67	0.05	100.8
9. 港口生产用码头泊位	个	22142	22893	-751	96.7
其中：沿海	个	5461	5562	-101	98.2
内河	个	16681	17331	-650	96.2
其中：万吨级及以上码头泊位	个	2592	2520	72	102.9

续上表

指标名称	计算单位	2020 年	2019 年	2020 年比 2019 年增减	2020 年为 2019 年 %
10. 颁证运输机场	个	241	238	3	101.3
其中：定期航班通航机场	个	240	237	3	101.3
年旅客吞吐量达到 1000 万人次以上的机场	个	27	39	-12	69.2
11. 邮路总长度	万公里	1187.44	1222.70	-35.26	97.1
其中：航空邮路	万公里	825.80	872.45	-46.66	94.7
铁路邮路	万公里	24.09	20.79	3.30	115.9
汽车邮路	万公里	336.46	328.22	8.24	102.5
12. 邮政行业营业网点	处	349075	318516	30559	109.6
二、交通运输工具拥有量					
1. 铁路					
客车	万辆	7.60	7.60	0.00	100.0
货车	万辆	91.20	87.80	3.40	103.9
机车	万台	2.20	2.20	0.00	100.0
2. 公路					
公路营运汽车	万辆	1171.54	1165.49	6.05	100.5
载客汽车	万辆	61.26	77.67	-16.41	78.9
	万客位	1840.89	2002.53	-161.64	91.9
载货汽车	万辆	1110.28	1087.82	22.46	102.1
	万吨位	15784.17	13587.00	2197.17	116.2
私人汽车	万辆	24285.17	22513.39	1771.78	107.9
载客汽车	万辆	22326.57	20713.10	1613.47	107.8
其中：私人小轿车	万辆	14673.53	13700.94	972.59	107.1
载货汽车	万辆	1908.13	1755.24	152.89	108.7
其他汽车	万辆	50.48	45.05	5.43	112.1
3. 城市客运					
公共汽电车	万辆	70.44	69.33	1.11	101.6
	万标台	80.15	79.15	1.00	101.3
其中：无轨电车	辆	2618	2582	36	101.4
轨道交通配属车辆	辆	49424	40998	8426	120.6
巡游出租汽车	万辆	139.40	139.16	0.24	100.2
客运轮渡营运船舶	艘	194	224	-30	86.6

续上表

指标名称	计算单位	2020年	2019年	2020年比2019年增减	2020年为2019年%
4. 营业性民用运输轮驳船					
艘数	万艘	12.68	13.16	-0.48	96.4
净载重量	万吨	27060.16	25684.97	1375.18	105.4
载客量	万客位	85.99	88.58	-2.59	97.1
集装箱箱位	万TEU	293.03	223.85	69.18	130.9
总功率	万千瓦	7174.62	6849.13	325.50	104.8
（1）机动船					
艘数	万艘	11.79	12.14	-0.35	97.1
净载重量	万吨	26313.84	24862.64	1451.20	105.8
载客量	万客位	85.71	88.28	-2.57	97.1
集装箱箱位	万TEU	292.94	223.61	69.33	131.0
总功率	万千瓦	7174.62	6849.13	325.50	104.8
（2）驳船					
艘数	万艘	0.89	1.01	-0.12	87.7
净载重量	万吨	746.32	822.34	-76.02	90.8
载客量	万客位	0.28	0.30	-0.02	93.5
集装箱箱位	万TEU	0.09	0.24	-0.15	35.7
三、客货运输量					
营业性客运量	亿人	96.65	176.05	-79.40	54.9
营业性旅客周转量	亿人公里	19251.43	35347.59	-16096.16	54.5
营业性货运量	亿吨	464.40	466.50	-2.10	99.5
营业性货物周转量	亿吨公里	196760.92	198654.98	-1894.06	99.0
1. 铁路运输					
（1）客运量	亿人	22.03	36.60	-14.57	60.2
其中：国家铁路	亿人	21.67	35.79	-14.12	60.6
（2）旅客周转量	亿人公里	8266.19	14706.64	-6440.45	56.2
其中：国家铁路	亿人公里	8258.10	14529.55	-6271.45	56.8
（3）货运总量	亿吨	45.52	44.12	1.40	103.2
其中：国家铁路	亿吨	35.81	34.40	1.41	104.1
（4）货物总周转量	亿吨公里	30514.46	30217.36	297.10	101.0
其中：国家铁路	亿吨公里	27397.83	27009.55	388.28	101.4

续上表

指标名称	计算单位	2020 年	2019 年	2020 年比2019 年增减	2020 年为2019 年 %
2. 公路运输					
（1）营业性公路客运量	亿人	68.94	130.12	−61.17	53.0
（2）营业性公路旅客周转量	亿人公里	4641.01	8857.08	−4216.07	52.4
（3）营业性公路货运量	亿吨	342.64	343.55	−0.91	99.7
（4）营业性公路货物周转量	亿吨公里	60171.85	59636.39	535.45	100.9
3. 城市客运					
公共交通客运量	亿人次	871.92	1279.17	−407.24	68.2
其中：公共汽电车客运总量	亿人次	442.36	691.76	−249.40	63.9
轨道交通客运总量	亿人次	175.90	238.78	−62.88	73.7
巡游出租汽车客运总量	亿人次	253.27	347.89	−94.62	72.8
客运轮渡客运总量	亿人次	0.39	0.73	−0.34	52.9
4. 水路运输					
（1）营业性水路客运量	亿人	1.50	2.74	−1.24	54.8
（2）营业性水路旅客周转量	亿人公里	32.99	78.57	−45.59	42.0
（3）营业性水路货运量	亿吨	76.16	78.75	−2.59	96.7
（4）营业性水路货物周转量	亿吨公里	105834.44	108538.03	−2703.59	97.5
5. 港口生产					
（1）港口货物吞吐量	亿吨	145.50	139.51	5.99	104.3
（2）港口外贸货物吞吐量	亿吨	44.96	43.21	1.75	104.0
（3）港口集装箱吞吐量	亿 TEU	2.64	2.61	0.03	101.2
（4）港口旅客吞吐量	亿人	0.44	0.87	−0.43	50.7
6. 民航					
（1）旅客运输量	亿人次	4.18	6.60	−2.42	63.3
（2）旅客周转量	亿人公里	6311.25	11705.30	−5394.05	53.9
（3）货邮运输量	亿吨	0.07	0.08	−0.01	89.8
（4）货邮周转量	亿吨公里	240.18	263.20	−23.02	91.3
7. 邮政					
（1）邮政业务总量	亿元	21053.16	16229.63	4823.53	129.7
（2）邮政函件业务	亿件	14.18	21.67	−7.49	65.4
（3）包裹业务	亿件	0.20	0.22	−0.01	94.2
（4）快递业务量	亿件	833.58	635.23	198.35	131.2

续上表

指标名称	计算单位	2020年	2019年	2020年比2019年增减	2020年为2019年%
四、交通固定资产投资					
1. 铁路固定资产投资	亿元	7819.00	8029.00	-210.00	97.4
2. 公路水路固定资产投资	亿元	25882.86	23452.33	2430.53	110.4
公路	亿元	24311.57	21895.04	2416.53	111.0
其中：高速公路	亿元	13479.40	11503.53	1975.87	117.2
普通国省道	亿元	5298.05	4923.86	374.19	107.6
农村公路	亿元	4702.75	4663.42	39.33	100.8
水路	亿元	1330.46	1137.44	193.02	117.0
其中：内河	亿元	704.29	613.64	90.65	114.8
沿海	亿元	626.17	523.81	102.37	119.5
公路水路其他	亿元	240.83	419.85	-179.02	57.4
3. 民航建设投资	亿元	1050.00	969.40	80.60	108.3
五、新增生产能力					
1. 铁路新增生产能力					
新线投产里程	公里	4933	8489	-3556	58.1
其中：高速铁路	公里	2521	5474	-2953	46.1
2. 公路、水路新增生产能力					
新建公路	公里	80090	63897	16192	125.3
改建公路	公里	225462	254346	-28884	88.6
新增及改善内河航道	公里	1071	803	268	133.3
新、改（扩）建码头泊位	个	584	361	223	161.8

注：1. 铁路运输数据为确报数据，其余数据为速报数据，国家铁路含国铁集团及其控股合资铁路。
2. 民航运输数据为快报数据。
3. 私人汽车数据为初步数据。
4. 城市客运统计范围指全国设市城区和县城。

铁路统计

全国铁路主要指标基本情况（2020 年）

指　标	单　位	2020 年	2020 年比 2019 年同比增长 ±%
货运总发送量	万吨	455236	3.2
货物总周转量	亿吨公里	30514.46	1.0
旅客发送量	万人	220349	−39.8
旅客周转量	亿人公里	8266.19	−43.8

公路统计

全国公路里程（按行政等级分）

单位：公里

地　区	总　计	国　道		省　道	县　道	乡　道	专用公路	村　道
			国家高速公路					
全国总计	5198120	370719	112986	382747	661384	1238528	62317	2482426
北　京	22264	1921	683	2094	3885	7408	1387	5569
天　津	16411	1509	559	2554	1325	3670	968	6386
河　北	204737	15968	5585	11751	11866	46356	1501	117296
山　西	144323	11399	3508	6898	20383	47620	362	57661
内蒙古	210217	22440	5913	17582	39706	40428	941	89120
辽　宁	130899	10663	3561	10462	8702	29999	814	70259
吉　林	107848	10891	3654	4909	10710	28295	1505	51537
黑龙江	168119	14720	3382	13169	19555	36622	17386	66667
上　海	12917	729	477	1092	3237	6451	—	1407
江　苏	158101	8383	3448	9102	25207	57099	—	58310
浙　江	123080	8050	3549	5076	29536	19856	600	59963
安　徽	236483	11143	3673	16804	32571	42769	66	133130
福　建	110118	10982	3833	5722	14889	41525	122	36878
江　西	210641	12018	4320	12822	21184	40622	16	123979

续上表

地区	总计	国道	国家高速公路	省道	县道	乡道	专用公路	村道
山东	286814	13463	5053	13768	28456	38465	2052	190611
河南	270271	14011	4270	23961	27480	59249	—	145570
湖北	289612	14267	4930	20295	28029	84628	539	141854
湖南	241138	13780	4953	24322	36186	57300	1001	108548
广东	221873	15250	6043	23464	11094	85507	—	86558
广西	131642	15522	4580	11021	17979	28581	11	58527
海南	40163	2518	1136	2301	2233	6813	19	26280
重庆	180796	8125	2697	10408	7048	13027	342	141846
四川	394371	22678	5217	24318	61915	103531	—	181928
贵州	206693	12069	3647	21657	36729	49117	—	87122
云南	292479	20439	5302	15091	63263	106680	1883	85123
西藏	118238	14089	106	15183	19274	12581	16703	40409
陕西	180660	14291	5397	11999	19229	25474	344	109324
甘肃	155957	13681	4183	17180	23867	27282	169	73778
青海	85131	13130	3221	8659	9148	21887	1543	30764
宁夏	36901	3928	1561	2940	824	9079	1543	18587
新疆	209220	18662	4544	16144	25870	60608	10500	77435

全国公路里程（按技术等级分）

单位：公里

地区	总计	等级公路						等外公路
		合计	高速	一级	二级	三级	四级	
全国总计	5198120	4944489	160980	123101	418300	457375	3784732	253632
北京	22264	22264	1173	1369	3996	4119	11608	—
天津	16411	16411	1325	1425	2815	1122	9724	—
河北	204737	204549	7809	7175	22152	21682	145732	188
山西	144323	143226	5745	2877	16011	20624	97968	1097
内蒙古	210217	205313	6985	8785	19912	30945	138687	4903

续上表

地　区	总　计	等级公路						等外公路
		合计	高速	一级	二级	三级	四级	
辽　宁	130899	124548	4331	4255	18608	30897	66457	6352
吉　林	107848	103670	4306	2222	9770	9359	78013	4178
黑龙江	168119	144868	4512	3140	12583	33237	91397	23250
上　海	12917	12917	845	470	3792	2603	5207	—
江　苏	158101	158101	4925	15819	24252	16600	96506	—
浙　江	123080	123080	5096	7760	10680	9504	90040	—
安　徽	236483	236424	4904	5773	13188	20884	191675	59
福　建	110118	95316	5635	1481	11459	9251	67490	14802
江　西	210641	205122	6234	3070	12320	17638	165859	5520
山　东	286814	286590	7473	12251	26579	34933	205354	224
河　南	270271	254004	7100	4501	28602	21352	192450	16267
湖　北	289612	282705	7230	7060	24625	11351	232440	6907
湖　南	241138	229192	6951	2723	15749	5610	198158	11946
广　东	221873	221651	10488	12021	19636	22403	157103	222
广　西	131642	124235	6803	1743	14682	9145	91862	7408
海　南	40163	39972	1254	494	1945	1629	34649	192
重　庆	180796	164865	3402	1047	9439	6186	144790	15931
四　川	394371	379260	8140	4252	17045	15418	334405	15111
贵　州	206693	183245	7607	1438	10283	6727	157190	23448
云　南	292479	272273	8406	1649	13021	9779	239418	20206
西　藏	118238	98677	106	582	1060	13231	83698	19561
陕　西	180660	167476	6171	2114	10037	15416	133738	13184
甘　肃	155957	151596	5072	951	10872	14220	120481	4361
青　海	85131	73639	3451	618	9035	5141	55393	11492
宁　夏	36901	36874	1946	1954	4155	5511	23307	27
新　疆	209220	182425	5555	2085	19997	30858	123931	26795

全国公路里程（按路面类型分）

单位：公里

地区	总计	有铺装路面（高级）			简易铺装路面（次高级）	未铺装路面（中级、低级、无路面）
		合计	沥青混凝土	水泥混凝土		
全国总计	5198120	4315620	1217450	3098170	300028	582472
北京	22264	22264	17850	4414	—	—
天津	16411	16411	12486	3925	—	—
河北	204737	192213	71249	120964	7067	5457
山西	144323	124572	48727	75845	11579	8171
内蒙古	210217	155866	82011	73855	8844	45506
辽宁	130899	84577	61754	22823	20344	25978
吉林	107848	92666	29183	63483	30	15152
黑龙江	168119	125932	16506	109426	550	41636
上海	12917	12917	7572	5344	—	—
江苏	158101	158101	61168	96934	—	—
浙江	123080	120442	45866	74576	2037	600
安徽	236483	234300	38548	195752	1038	1145
福建	110118	93957	9493	84465	1237	14924
江西	210641	204667	28548	176119	636	5338
山东	286814	229049	105596	123453	48866	8899
河南	270271	237678	54510	183168	12913	19680
湖北	289612	256943	33671	223272	10855	21815
湖南	241138	223188	26600	196589	1235	16714
广东	221873	221024	24830	196193	685	164
广西	131642	103957	15046	88911	11321	16364
海南	40163	39908	4381	35527	62	193
重庆	180796	136683	24282	112401	6359	37754
四川	394371	360240	61250	298991	5770	28360
贵州	206693	161353	30817	130536	27903	17437
云南	292479	229563	70154	159409	2897	60019

续上表

地　区	总　计	有铺装路面（高级）			简易铺装路面（次高级）	未铺装路面（中级、低级、无路面）
		合计	沥青混凝土	水泥混凝土		
西　藏	118238	44878	31451	13427	673	72687
陕　西	180660	146748	44569	102179	9633	24279
甘　肃	155957	112812	36244	76567	26296	16849
青　海	85131	49938	16755	33183	2503	32690
宁　夏	36901	31711	19097	12613	1984	3207
新　疆	209220	91059	87234	3825	76709	41452

公路桥梁（按跨径分）

地　区	总　计		特大桥		大　桥		中　桥		小　桥	
	数量（座）	长度（米）	数量（座）	长度（米）	数量（座）	长度（米）	数量（座）	长度（米）	数量（座）	长度（米）
全国总计	912786	66285534	6444	11629673	119935	32777651	216468	11942306	569939	9935903
北　京	6855	741854	113	265743	1060	290511	2062	120786	3620	64814
天　津	3160	585653	135	235272	649	267781	990	54891	1386	27709
河　北	44693	3618198	362	686638	6821	1834528	10706	647881	26804	449151
山　西	15450	1414569	104	156880	3284	872356	3652	226298	8410	159035
内蒙古	23106	1183325	43	78927	2381	532726	4621	292831	16061	278841
辽　宁	48935	2015298	99	183647	3295	778107	8482	497002	37059	556542
吉　林	17636	811606	35	49933	1359	338003	3830	220405	12412	203265
黑龙江	23527	1025944	34	64148	1625	357806	5414	323051	16454	280939
上　海	11452	782715	84	235270	707	262184	3360	144174	7301	141086
江　苏	71544	3818044	294	600863	4458	1339579	20741	970736	46051	906866
浙　江	52087	3891506	489	1133566	5137	1516054	12934	659196	33527	582691
安　徽	48442	2766867	332	674419	3318	983182	8858	478828	35934	630439
福　建	31759	3151819	385	712383	5877	1727092	7048	396553	18449	315791
江　西	27778	1786478	78	175139	3649	915373	8093	438412	15958	257554
山　东	51584	2829465	194	496531	3714	939300	13385	749442	34291	644192

续上表

地区	总计		特大桥		大桥		中桥		小桥	
	数量（座）	长度（米）	数量（座）	长度（米）	数量（座）	长度（米）	数量（座）	长度（米）	数量（座）	长度（米）
河南	55657	3301344	174	318775	6030	1493627	17573	912771	31880	576170
湖北	42562	3246124	435	872756	5264	1456849	7651	423342	29212	493177
湖南	47843	2577669	184	372160	4688	1198287	7988	434018	34983	573204
广东	50036	4693655	731	1250503	7309	2345037	10049	566849	31947	531266
广西	21273	1646343	80	88215	3917	960053	6470	391241	10806	206834
海南	8183	471024	23	32571	918	243761	1942	106556	5300	88135
重庆	13195	963728	107	102157	2342	549854	2846	161238	7900	150479
四川	44966	3572271	343	529857	8138	2033174	10146	541303	26339	467937
贵州	26195	3880440	419	459194	9211	2867403	6073	351196	10492	202647
云南	35335	4586265	390	502024	11419	3201307	10383	639828	13143	243107
西藏	12925	527442	44	62503	808	190079	2719	124835	9354	150025
陕西	31563	3533619	468	862151	7201	1988839	7137	423532	16757	259097
甘肃	16275	1355866	157	248634	2687	679260	4685	267665	8746	160307
青海	8133	503912	45	70595	871	229660	1973	114606	5244	89052
宁夏	5133	341829	23	48516	671	152312	1596	90209	2843	50792
新疆	15504	660661	40	59701	1127	233567	3061	172631	11276	194761

公路隧道、渡口

地区	公路隧道										公路渡口	
	总计		特长隧道		长隧道		中隧道		短隧道		总计（处）	机动渡口（处）
	数量（处）	长度（米）	数量（处）	长度（米）	数量（处）	长度（米）	数量（处）	长度（米）	数量（处）	长度（米）		
全国总计	21316	21999276	1394	6235451	5541	9633212	5064	3627652	9317	2502961	1085	504
北京	148	134256	13	53533	25	48904	21	13999	89	17819	—	—
天津	5	7997	—	—	4	7572	—	—	1	425	—	—
河北	801	824973	59	258271	204	345465	182	131183	356	90054	—	—
山西	1040	1151042	98	516650	191	328049	252	180811	499	125531	—	—
内蒙古	49	70350	8	28699	16	30193	10	7290	15	4168	7	7

续上表

地区	公路隧道										公路渡口	
	总计		特长隧道		长隧道		中隧道		短隧道		总计（处）	机动渡口（处）
	数量（处）	长度（米）	数量（处）	长度（米）	数量（处）	长度（米）	数量（处）	长度（米）	数量（处）	长度（米）		
辽　宁	271	240110	4	13624	81	121076	121	82013	65	23397	94	9
吉　林	224	310011	13	64882	100	181188	68	52559	43	11382	49	43
黑龙江	4	4435	—	—	2	3350	2	1085	—	—	213	36
上　海	3	15813	2	13953	1	1860	—	—	—	—	—	—
江　苏	34	38471	2	7460	11	20477	11	7360	10	3174	12	9
浙　江	2257	1824897	86	361621	488	828684	457	322604	1226	311988	19	16
安　徽	353	276007	15	50095	66	119422	87	61417	185	45074	17	13
福　建	1826	2358543	184	796898	583	1022153	485	355737	574	183754	4	2
江　西	326	318109	14	59383	95	157856	92	65346	125	35524	64	31
山　东	138	158021	8	36021	40	72952	52	36910	38	12139	4	4
河　南	530	293822	6	19792	72	122181	98	68647	354	83201	—	—
湖　北	1141	1168184	88	402278	259	440797	280	199463	514	125646	134	105
湖　南	872	750115	35	139978	184	314236	256	184349	397	111551	128	35
广　东	846	928261	62	266645	233	403972	215	153006	336	104637	67	51
广　西	977	780430	40	147673	194	327812	230	160101	513	144844	86	59
海　南	57	43774	2	9715	12	15644	15	9977	28	8438	6	4
重　庆	776	830184	66	299189	187	341550	145	105784	378	83662	19	7
四　川	1502	1968377	156	753720	456	820106	332	238542	558	156010	82	54
贵　州	2335	2381803	98	378202	757	1288020	637	461383	843	254198	22	—
云　南	2079	2287272	134	589700	621	1105318	493	354148	831	238106	14	3
西　藏	114	88814	8	40784	17	28681	13	8459	76	10890	—	—
陕　西	1733	1560021	100	496340	353	607261	308	214752	972	241667	27	7
甘　肃	611	786812	60	286757	188	333335	151	112611	212	54108	6	—
青　海	181	303560	31	124618	74	145816	27	19322	49	13804	—	—
宁　夏	35	48439	2	18970	9	15921	14	10485	10	3063	9	9
新　疆	48	46375	—	—	18	33361	10	8309	20	4705	2	—

公路客、货运输量

地　区	客运量（万人）	旅客周转量（万人公里）	货运量（万吨）	货物周转量（万吨公里）
全国总计	689425	46410098	3426413	601718452
北　京	24548	436697	21789	2656831
天　津	7926	474706	32261	6401194
河　北	10575	830956	211942	81032526
山　西	7459	905650	98206	27849562
内蒙古	3224	493971	109002	18887883
辽　宁	26211	1417272	138569	25483186
吉　林	11438	779176	38274	12948147
黑龙江	7608	541609	35521	6940372
上　海	1332	444701	46051	6845972
江　苏	67664	4142178	174624	35245125
浙　江	38861	2048354	189582	22099461
安　徽	22776	1681473	243529	34122365
福　建	14882	906372	91137	10216906
江　西	33643	1808853	141899	32470781
山　东	19475	1593138	267230	67843977
河　南	46322	3142015	193632	55725872
湖　北	21731	1316013	114346	16399058
湖　南	44144	2248412	176442	13505548
广　东	54946	5563086	231170	25242019
广　西	26771	2508919	145323	14868558
海　南	4566	356082	6853	413407
重　庆	31450	1406047	99679	10554481
四　川	45258	2898118	157598	16177301
贵　州	33584	2958403	79412	6097965
云　南	19232	1384663	115620	11015390
西　藏	576	146126	4039	1167334
陕　西	29581	1488434	116057	18311070
甘　肃	22478	1407649	61272	10202699
青　海	3314	364939	10835	1246221
宁　夏	2903	282229	34216	4836719
新　疆	4948	433858	40305	4910523

国道

地区	观测里程（公里）	年平均日						
		机动车		汽车				
		当量数合计	自然数合计	当量数合计	自然数合计	小型货车	中型货车	大型货车
全国合计	221353	14395	9463	13744	8869	865	503	438
北京	1180	25050	19688	25031	19672	1474	1238	576
天津	843	22405	14633	21835	14201	1487	1093	524
河北	6338	23082	13374	22382	12740	1346	665	526
山西	7097	11715	5958	11272	5632	520	402	390
内蒙古	15408	5961	3179	5845	3093	252	169	180
辽宁	6379	11448	7126	10980	6715	782	349	392
吉林	6736	7066	4881	6644	4525	415	236	227
黑龙江	9955	5712	3897	5336	3674	388	235	186
上海	454	81385	50641	80966	50294	3477	3997	1792
江苏	6297	29518	18915	29502	18902	1322	1032	924
浙江	6094	33605	22669	32844	21935	2411	1122	1026
安徽	5629	17258	10957	16438	10227	1122	636	724
福建	7495	13265	9436	12229	8412	711	489	200
江西	8272	13572	8544	13046	8021	862	555	553
山东	9911	30901	17738	30156	17137	1601	839	975
河南	11191	22221	14306	21338	13444	1346	733	547
湖北	4295	10236	7213	9217	6233	614	587	323
湖南	6739	22817	14587	22421	14197	854	553	559
广东	12471	32433	23477	29766	20861	2330	1246	1097
广西	6580	14861	11802	13503	10483	700	350	328
海南	1850	14981	12030	14134	11282	1577	661	501

交通量

交通量（辆/日）							行驶量（万车公里/日）	v/c 值
				摩托车	拖拉机			
特大货车	集装箱车	中小客车	大客车		当量数合计	自然数合计		
1064	142	5598	259	575	76	19	318301	0.49
822	245	14542	775	15	4	1	2952	0.68
1536	409	8743	409	386	184	46	1889	0.78
2508	198	7217	280	612	88	22	14613	0.68
1318	202	2602	198	287	156	39	8305	0.60
680	80	1677	55	76	40	10	9157	0.20
919	140	3874	259	392	76	19	7294	0.47
427	54	2957	209	334	88	22	4747	0.34
332	41	2385	107	172	204	51	5675	0.29
4618	3605	31963	842	323	96	24	3701	1.48
2286	392	12542	404	12	4	1	18582	0.69
2245	424	14128	579	725	36	9	20473	0.76
1266	162	5994	323	700	120	30	9706	0.61
941	71	5727	273	1020	16	4	9933	0.30
1025	125	4518	383	522	4	1	11215	0.36
3155	306	9727	534	553	192	48	30603	0.59
2017	88	8476	237	855	28	7	24848	0.57
541	88	3764	316	967	52	13	4393	0.58
1863	370	9737	261	388	8	2	15369	0.56
1528	399	13647	614	2599	68	17	40438	0.80
567	102	8072	364	1306	52	13	9769	0.72
366	70	7683	424	715	132	33	2769	0.41

地区	观测里程（公里）	年平均日						
		机动车		汽车				
		当量数合计	自然数合计	当量数合计	自然数合计	小型货车	中型货车	大型货车
重庆	4626	8960	7349	8016	6426	1137	310	274
四川	13263	10592	7836	10157	7449	496	606	398
贵州	6357	5264	4270	4701	3725	428	184	115
云南	14901	6420	5031	5654	4346	587	248	231
西藏	4071	1853	1381	1709	1267	223	52	38
陕西	7204	12116	7499	11771	7175	700	384	352
甘肃	8144	9063	5454	8769	5265	538	291	326
青海	4074	3649	2486	3474	2350	278	131	129
宁夏	3492	13420	7714	13131	7461	854	338	377
新疆	14007	5588	3107	5440	3022	260	215	176

续上表

交通量（辆／日）							行驶量（万车公里／日）	v/c 值
				摩托车	拖拉机			
特大货车	集装箱车	中小客车	大客车		当量数合计	自然数合计		
224	32	4210	239	916	28	7	4135	0.48
425	47	5090	387	371	64	16	14031	0.56
194	9	2704	91	539	24	6	3340	0.31
211	13	2955	101	658	108	27	9550	0.29
109	1	823	21	104	40	10	746	0.20
1094	109	4353	183	317	28	7	8720	0.38
835	39	3067	169	154	140	35	7370	0.38
251	6	1495	60	123	52	13	1480	0.19
1527	37	4218	110	241	48	12	4682	0.49
569	73	1664	65	64	84	21	7816	0.24

国家高速公路交通量

地　区	观测里程（公里）	年平均日交通量（辆/日）									行驶量（万车公里/日）	v/c 值
		当量数合计	自然数合计	小型货车	中型货车	大型货车	特大货车	集装箱车	中小客车	大客车		
全国合计	51776	27937	17731	1421	968	789	2273	356	11409	515	144755	0.44
北　京	420	55390	43734	3190	2754	1284	1633	637	32433	1803	2330	0.77
天　津	62	39621	20570	1714	2092	1166	4438	646	9671	843	246	0.55
河　北	1815	38499	20620	1668	1106	1032	4549	458	11324	483	6997	0.53
山　西	355	10200	6071	513	914	67	898	258	3280	141	363	0.18
内蒙古	4328	7461	3594	213	124	215	1052	64	1871	55	3225	0.13
辽　宁	765	33361	17070	2295	559	1224	3809	635	8084	464	2554	0.48
吉　林	896	9767	5549	446	244	300	979	159	3257	164	874	0.20
黑龙江	1347	9682	6281	645	398	263	741	124	3947	163	1310	0.19
上　海	247	129013	76394	5338	6174	3151	8252	5949	46275	1255	3190	1.81
江　苏	1454	54686	36840	2019	1927	1178	3902	781	26077	956	7955	0.79
浙　江	2187	54286	33809	3174	1999	1609	4310	944	20778	995	11873	0.78
安　徽	1061	31021	17545	1434	741	1208	2960	531	10237	434	3287	0.47
福　建	3072	18475	12324	733	889	123	1718	31	8402	428	5672	0.25
江　西	2316	23366	13994	1527	976	1006	1899	259	7531	796	5407	0.29
山　东	3061	41860	24370	1887	1081	1402	4100	471	14563	866	12826	0.53
河　南	4128	33002	20316	1756	1068	910	3162	211	12783	426	13619	0.46
湖　北	—	—	—	—	—	—	—	—	—	—	—	—
湖　南	4184	29682	18148	795	709	683	2635	586	12438	302	12416	0.52
广　东	4769	39737	27213	2973	1875	1249	2344	532	17318	922	18953	0.65
广　西	891	51662	43922	1065	785	795	1267	459	38391	1160	4602	0.92
海　南	870	22853	18013	2376	1067	820	652	129	12321	648	1988	0.44
重　庆	358	28498	24751	5670	644	86	741	279	16945	386	1021	0.48
四　川	1545	41315	30732	1223	2098	1422	1839	145	22528	1477	6385	0.72

续上表

地区	观测里程（公里）	年平均日交通量（辆/日）									行驶量（万车公里/日）	v/c值
		当量数合计	自然数合计	小型货车	中型货车	大型货车	特大货车	集装箱车	中小客车	大客车		
贵州	369	19151	13804	1246	644	543	1131	124	9768	348	707	0.35
云南	1347	13457	10501	1037	566	393	519	66	7655	265	1813	0.20
西藏	248	4951	4862	1160	89	2	2	—	3539	70	123	0.17
陕西	2252	22292	13307	1101	805	666	2032	331	8049	323	5019	0.36
甘肃	2319	15414	9152	665	395	382	1644	85	5754	227	3575	0.30
青海	313	7732	5862	535	332	621	133	4	4135	102	244	0.13
宁夏	1268	17242	10491	900	312	381	1861	60	6837	140	2188	0.39
新疆	3529	11091	5500	430	371	434	1231	261	2649	124	3993	0.22

公路建设投资完成额

单位：万元

地区	总计	高速公路	其他公路	农村公路
全国总计	243 115 732	134 793 987	61 294 227	47 027 518
东部地区	80 827 296	40 785 344	21 446 762	18 595 190
中部地区	51 684 803	20 920 037	17 043 527	13 721 239
西部地区	110 603 633	73 088 606	22 803 939	14 711 089
北京	1 323 361	1 000 195	222 799	100 367
天津	613 049	321 230	260 716	31 103
河北	8 986 282	6 003 248	1 799 600	1 183 434
山西	6 308 740	2 061 061	1 990 237	2 257 441
内蒙古	4 138 185	1 485 863	1 467 369	1 184 953
辽宁	859 062	102 300	420 593	336 169
吉林	2 228 911	1 293 207	281 802	653 902
黑龙江	3 069 463	1 397 926	943 165	728 372
上海	1 608 863	512 370	243 567	852 926
江苏	8 685 121	2 180 571	4 275 302	2 229 248
浙江	17 319 916	6 622 681	4 546 637	6 150 597

续上表

地　区	总　计	高速公路	其他公路	农村公路
安　徽	7 227 800	2 348 236	3 389 396	1 490 168
福　建	6 334 690	2 388 803	2 492 239	1 453 648
江　西	9 612 568	3 636 614	3 235 453	2 740 501
山　东	13 226 818	7 601 922	2 128 646	3 496 250
河　南	6 671 718	3 733 570	1 533 749	1 404 399
湖　北	9 483 631	3 716 557	2 939 132	2 827 942
湖　南	7 081 973	2 732 866	2 730 593	1 618 514
广　东	20 163 031	13 402 559	4 482 209	2 278 263
广　西	13 342 921	9 593 472	1 552 651	2 196 798
海　南	1 707 105	649 465	574 454	483 186
重　庆	6 170 259	3 214 325	1 529 535	1 426 398
四　川	18 698 277	10 444 976	5 579 988	2 673 314
贵　州	11 071 615	8 403 421	1 270 263	1 397 931
云　南	27 517 735	25 235 563	1 184 474	1 097 699
西　藏	4 198 781	1 392 699	1 296 426	1 509 656
陕　西	6 199 675	4 602 034	1 104 076	493 566
甘　肃	9 281 846	5 700 273	2 181 060	1 400 513
青　海	2 273 481	617 955	1 558 147	97 379
宁　夏	1 360 798	841 341	294 044	225 413
新　疆	6 350 060	1 556 684	3 785 908	1 007 469
#兵团	1 050 263	—	972 330	77 933

注：其他公路指普通国道、普通省道、专用公路项目和场站项目。

水路统计

全国内河航道通航里程（按技术等级分）

单位：公里

地 区	总 计	等级航道								等外航道
		合计	一级	二级	三级	四级	五级	六级	七级	
全国总计	127 686	67 269	1 840	4 030	8 514	11 195	7 622	17 168	16 901	60 416
北 京	—	—	—	—	—	—	—	—	—	—
天 津	88	88	—	—	—	47	—	42	—	—
河 北	—	—	—	—	—	—	—	—	—	—
山 西	467	139	—	—	—	—	118	21	—	328
内蒙古	2 403	2 380	—	—	—	555	201	1 070	555	23
辽 宁	413	413	—	—	56	—	140	217	—	—
吉 林	1 456	1 381	—	—	64	227	654	312	124	75
黑龙江	5 098	4 723	—	967	864	1 185	490	—	1 217	375
上 海	1 654	986	125	—	148	116	88	401	108	668
江 苏	24 372	8 776	370	506	1 561	785	1 016	2 068	2 471	15 596
浙 江	9 758	5 023	14	12	416	1 180	455	1 544	1 401	4 736
安 徽	5 651	5 073	343	—	549	805	423	2 241	712	577
福 建	3 245	1 269	108	20	52	264	205	46	574	1 977
江 西	5 638	2 349	78	175	540	87	89	313	1 067	3 289
山 东	1 117	1 029	—	9	272	72	57	381	238	88
河 南	1 403	1 334	—	—	—	456	200	431	247	69
湖 北	8 488	6 031	229	688	1 078	268	827	1 734	1 206	2 457
湖 南	11 496	4 131	—	454	674	274	94	1 476	1 159	7 365
广 东	12 251	4 428	562	73	761	236	500	961	1 336	7 822
广 西	5 707	3 487	1	581	621	717	321	406	839	2 221
海 南	343	76	9	—	—	7	1	22	37	267

续上表

地　　区	总　　计	等级航道								等外航道
		合计	一级	二级	三级	四级	五级	六级	七级	
重　庆	4 352	1 882	—	545	555	140	180	126	337	2 470
四　川	10 881	4 028	—	—	288	1 173	389	589	1 588	6 853
贵　州	3 954	2 781	—	—	—	988	572	780	441	1 173
云　南	4 589	3 671	—	—	14	1 476	271	1 044	866	919
西　藏	—	—	—	—	—	—	—	—	—	—
陕　西	1 146	558	—	—	—	137	9	164	248	588
甘　肃	911	456	—	—	—	—	325	13	118	455
青　海	674	663	—	—	—	—	—	663	—	12
宁　夏	130	115						105	11	15
新　疆	—	—	—	—	—	—	—	—	—	—

全国港口生产用码头泊位拥有量

地　　区	泊位长度（米）		生产用码头泊位（个）		#万吨级泊位（个）	
	总长	公用	总数	公用	总数	公用
全国总计	1 984 982	1 094 222	22 142	10 632	2 592	1 977
沿海合计	882 385	594 409	5 461	3 076	2 138	1 680
天　津	37 516	37 156	144	142	117	116
河　北	61 866	51 796	251	205	204	177
辽　宁	84 582	69 726	426	344	241	207
上　海	75 817	38 261	560	216	185	115
江　苏	28 526	22 152	168	128	86	68
浙　江	142 117	50 961	1 105	292	263	136
福　建	76 794	57 464	420	295	184	154
山　东	121 692	99 752	607	444	340	304
广　东	186 189	122 027	1 360	762	342	268
广　西	40 336	29 185	271	159	98	81

续上表

地区	泊位长度（米）		生产用码头泊位（个）		#万吨级泊位（个）	
	总长	公用	总数	公用	总数	公用
海南	26 950	15 929	149	89	78	54
内河合计	1 102 597	499 813	16 681	7 556	454	297
山西	180	—	6	—	—	—
辽宁	345	345	6	6	—	—
吉林	1 726	1 238	31	19	—	—
黑龙江	11 834	10 435	154	138	—	—
上海	38 395	4 585	754	85	—	—
江苏	451 842	144 312	5 516	1 305	438	283
浙江	120 443	23 219	2 470	686	—	—
安徽	69 003	48 936	831	628	16	14
福建	—	—	—	—	—	—
江西	33 052	18 911	628	367	—	—
山东	15 610	14 823	213	204	—	—
河南	3 213	360	71	6	—	—
湖北	80 939	49 838	828	424	—	—
湖南	31 224	24 187	650	534	—	—
广东	54 459	23 897	767	335	—	—
广西	34 454	18 082	528	241	—	—
重庆	59 411	46 271	610	461	—	—
四川	47 005	44 582	1 510	1 479	—	—
贵州	24 379	6 087	441	92	—	—
云南	10 558	5 431	214	99	—	—
陕西	11 127	11 127	258	258	—	—
甘肃	3 398	3 147	195	189	—	—

水路客、货运输量

地　区	客运量(万人)	旅客周转量(万人公里)	货运量(万吨)	货物周转量(万吨公里)
全国总计	14,987	329,856	761,630	1,058,344,426
北　京	—	—	—	—
天　津	40	582	9,134	14,420,140
河　北	—	—	4,575	6,546,524
山　西	108	403	24	580
内蒙古	—	—	—	—
辽　宁	228	15,991	4,797	15,758,197
吉　林	38	395	—	—
黑龙江	99	1,180	538	510,878
上　海	297	4,957	92,294	320,945,503
江　苏	1,562	12,947	93,467	70,385,794
浙　江	3,360	45,264	106,194	98,831,407
安　徽	111	1,519	123,239	60,957,622
福　建	742	7,678	45,018	78,117,305
江　西	113	1,768	10,697	2,663,991
山　东	825	39,535	18,208	19,901,398

续上表

地　区	客运量（万人）	旅客周转量（万人公里）	货运量（万吨）	货物周转量（万吨公里）
河　南	172	3,417	15,150	11,011,150
湖　北	233	10,075	40,713	27,399,407
湖　南	840	18,860	19,844	3,952,832
广　东	1,345	42,721	103,759	244,048,347
广　西	338	15,044	32,852	19,185,056
海　南	1,152	26,962	12,682	36,248,846
重　庆	523	21,432	19,819	22,710,380
四　川	954	10,414	6,527	2,917,551
贵　州	1,017	36,482	1,231	375,280
云　南	505	7,436	519	71,810
西　藏	—	—	—	—
陕　西	173	2,778	147	6,217
甘　肃	55	855	1	12
青　海	59	543	—	—
宁　夏	99	617	—	—
新　疆	—	—	—	—
不分地区	—	—	201	1,378,198

全国港口吞吐量（分省）

地　区	旅客吞吐量（万人）	货物吞吐量（万吨）		集装箱吞吐量	
			外贸	箱量（万 TEU）	重量（万吨）
总　计	4 419	1 454 991	449 554	26 430	304 456
沿海合计	4 344	948 002	400 457	23 429	264 788
天　津	4	50 290	28 468	1 835	19 322
河　北	—	120 446	36 851	447	5 535
辽　宁	241	82 004	30 863	1 311	17 806
上　海	32	65 105	38 864	4 350	43 466
江　苏	1	32 447	15 217	507	5 100
浙　江	266	141 447	56 219	3 219	32 143
福　建	276	62 132	23 550	1 720	22 364
山　东	637	168 881	93 247	3 191	36 866
广　东	1 697	175 788	59 530	6 044	67 487
广　西	6	29 567	13 828	505	9 650
海　南	1 184	19 895	3 821	300	5 048
内河合计	75	506 989	49 096	3 001	39 669
山　西	—	—	—	—	—
辽　宁	—	—	—	—	—
吉　林	—	—	—	—	—
黑龙江	—	277	93	…	1
上　海	—	5 999	—	—	—

续上表

地 区	旅客吞吐量（万人）	货物吞吐量（万吨）		集装箱吞吐量	
			外贸	箱量（万 TEU）	重量（万吨）
江 苏	—	264 106	40 609	1 388	18 087
浙 江	4	44 009	257	108	1 318
安 徽	—	54 095	1 610	194	1 990
福 建	—	—	—	—	—
江 西	—	18 755	379	75	1 143
山 东	—	5 725	—	—	—
河 南	—	382	—	—	—
湖 北	21	37 976	1 832	229	2 792
湖 南	3	13 580	515	67	918
广 东	2	26 437	3 058	685	9 014
广 西	—	17 346	103	112	2 350
重 庆	44	16 498	528	115	1 617
四 川	—	1 360	108	27	436
贵 州	—	23	—	—	—
云 南	—	422	3	…	2
陕 西	—	—	—	—	—
甘 肃	—	—	—	—	—

注：“…”表示该项数据不足最小单位数。

全国水路运输

地　区	轮驳船总计					一、机		
	艘数（艘）	净载重量（吨）	载客量（客位）	集装箱位（TEU）	功率（千瓦）	艘数（艘）	净载重量（吨）	载客量（客位）
全国总计	126,805	270,601,580	859,944	2,930,265	71,746,221	117,931	263,138,418	857,098
北　京	—	—	—	—	—	—	—	—
天　津	292	3,320,008	3,230	5,844	1,077,038	281	3,138,954	3,230
河　北	941	2,108,481	12,354	1,348	427,694	941	2,108,481	12,354
山　西	205	7,241	3,858	—	15,648	205	7,241	3,858
内蒙古	—	—	—	—	—	—	—	—
辽　宁	319	1,175,605	30,641	14,136	547,176	315	1,170,117	30,641
吉　林	257	1,800	9,396	—	18,946	254	—	9,396
黑龙江	1,356	246,420	24,238	—	123,945	1,075	67,255	24,238
上　海	1,463	28,349,999	36,319	1,714,143	14,714,857	1,452	28,306,776	36,319
江　苏	29,122	37,065,203	41,038	140,904	9,301,341	26,473	34,676,793	41,038
浙　江	13,479	31,264,297	90,138	66,519	7,518,307	13,479	31,264,297	90,138
安　徽	24,539	51,426,530	13,905	138,293	10,865,335	23,757	51,018,928	13,905
福　建	1,778	14,150,785	31,984	304,394	3,624,781	1,777	14,150,733	31,984
江　西	2,273	3,476,468	13,893	5,810	1,032,742	2,271	3,474,738	13,893
山　东	10,268	16,813,618	74,732	10,551	3,632,210	6,714	13,236,938	74,732
河　南	5,111	10,404,553	15,310	—	2,189,117	4,797	10,101,574	15,310
湖　北	3,321	7,413,337	36,219	3,272	1,855,264	3,227	7,216,988	36,219
湖　南	4,551	4,359,313	62,091	9,704	1,415,520	4,312	4,325,046	60,167
广　东	6,844	22,533,758	80,815	222,146	5,879,744	6,835	22,512,475	80,815
广　西	6,989	12,148,698	30,845	131,360	2,381,611	6,989	12,148,698	30,845
海　南	571	14,351,870	40,905	42,456	2,104,425	571	14,351,870	40,905
重　庆	2,592	8,099,935	36,014	115,221	1,984,976	2,555	8,041,463	36,014
四　川	4,718	1,349,890	43,170	4,122	535,746	4,024	1,287,159	43,170
贵　州	2,033	142,963	55,278	—	169,514	2,031	142,655	55,278
云　南	1,236	190,233	28,813	42	140,080	1,232	189,908	28,813
西　藏	—	—	—	—	—	—	—	—
陕　西	1,317	41,189	18,965	—	58,611	1,134	39,945	18,043
甘　肃	449	1,583	9,990	—	49,864	449	1,583	9,990
青　海	121	1,819	3,262	—	21,037	121	1,819	3,262
宁　夏	657	—	12,541	—	36,480	657	—	12,541
新　疆	—	—	—	—	—	—	—	—
不分地区	3	155,984	—	—	24,212	3	155,984	—

工具拥有量

动船		1. 客船			2. 客货船				
集装箱位（TEU）	功率（千瓦）	艘数（艘）	载客量（客位）	功率（千瓦）	艘数（艘）	净载重量（吨）	载客量（客位）	集装箱位（TEU）	功率（千瓦）
2,929,409	71,746,221	15,908	738,363	2,142,690	302	353,408	118,735	3,687	869,978
—	—	—	—	—	—	—	—	—	—
5,844	1,077,038	52	3,230	9,111	—	—	—	—	—
1,348	427,694	816	11,978	20,513	1	3,700	376	228	12,960
—	15,648	195	3,858	12,805	—	—	—	—	—
—	—	—	—	—	—	—	—	—	—
14,136	547,176	54	10,176	41,185	34	47,553	20,465	144	140,209
—	18,946	254	9,396	18,946	—	—	—	—	—
—	123,945	621	22,677	58,249	60	2,715	1,561	—	6,475
1,714,143	14,714,857	112	35,974	83,743	1	3,241	45	250	4,850
140,664	9,301,341	375	41,038	83,173	8	2,812	—	—	3,472
66,519	7,518,307	1,270	88,697	331,013	7	2	1,441	—	2,126
138,293	10,865,335	330	13,905	36,257	—	—	—	—	—
304,394	3,624,781	380	30,213	116,723	8	7,542	1,771	256	52,878
5,810	1,032,742	254	13,893	28,741	—	—	—	—	—
10,551	3,632,210	1,098	37,547	145,799	41	159,188	37,185	2,809	412,626
—	2,189,117	514	15,310	51,690	—	—	—	—	—
3,272	1,855,264	308	36,219	92,722	—	—	—	—	—
9,704	1,415,520	1,660	60,167	101,702	—	—	—	—	—
221,530	5,879,744	441	55,427	258,475	35	60,874	25,388	—	100,786
131,360	2,381,611	347	29,745	80,226	2	435	1,100	—	8,400
42,456	2,104,425	304	15,013	93,502	28	64,174	25,892	—	117,113
115,221	1,984,976	382	34,776	114,037	3	162	1,238	—	4,240
4,122	535,746	1,481	43,170	65,925	—	—	—	—	—
—	169,514	1,654	55,278	109,067	—	—	—	—	—
42	140,080	1,012	28,130	54,390	31	578	683	—	3,147
—	—	—	—	—	—	—	—	—	—
—	58,611	785	16,753	30,203	43	432	1,290	—	696
—	49,864	435	9,990	47,990	—	—	—	—	—
—	21,037	121	3,262	21,037	—	—	—	—	—
—	36,480	653	12,541	35,466	—	—	—	—	—
—	—	—	—	—	—	—	—	—	—
—	24,212	—	—	—	—	—	—	—	—

地区	3. 货船				集装箱船			
	艘数（艘）	净载重量（吨）	集装箱位（TEU）	功率（千瓦）	艘数（艘）	净载重量（吨）	集装箱位（TEU）	功率（千瓦）
全国总计	99,848	262,663,158	2,925,722	67,147,142	1,833	24,377,209	2,290,127	8,934,142
北京	—	—	—	—	—	—	—	—
天津	182	3,138,238	5,844	848,956	3	74,358	5,561	48,688
河北	124	2,104,781	1,120	**394,221**	—	—	—	—
山西	10	**7,241**	—	2,843	—	—	—	—
内蒙古	—	—	—	—	—	—	—	—
辽宁	222	1,122,562	13,992	349,898	7	166,823	11,468	61,976
吉林	—	—	—	—	—	—	—	—
黑龙江	262	**59,096**	—	27,337	—	—	—	—
上海	1,295	28,303,535	1,713,893	14,426,246	311	15,895,201	1,713,893	5,750,615
江苏	25,407	34,648,937	140,664	8,839,740	187	787,376	48,814	239,137
浙江	12,150	31,254,274	66,519	7,018,596	202	913,564	58,494	391,313
安徽	23,315	51,006,038	138,293	10,798,881	105	882,195	55,203	259,941
福建	1,388	14,142,706	304,138	3,441,740	143	2,807,407	192,423	1,037,543
江西	2,013	3,468,634	5,810	995,041	7	28,430	1,837	8,816
山东	5,100	13,072,276	7,742	2,725,066	9	56,745	3,747	24,561
河南	4,271	**10,098,808**	—	2,134,371	—	—	—	—
湖北	2,868	7,216,464	3,272	1,724,003	11	50,265	3,272	13,710
湖南	2,648	4,325,046	9,704	1,311,420	23	95,849	6,698	24,576
广东	6,318	22,433,618	221,530	5,425,104	665	1,520,118	114,330	587,936
广西	6,640	12,148,263	131,360	2,292,985	44	167,035	9,169	59,107
海南	238	14,281,619	42,456	1,890,868	17	503,153	39,910	325,965
重庆	2,145	8,041,301	115,221	1,848,713	76	369,736	22,762	82,734
四川	2,371	1,287,159	4,122	455,496	20	57,373	2,504	13,760
贵州	377	**132,302**	—	60,447	—	—	—	—
云南	186	179,387	42	81,867	3	1,581	42	**3,764**
西藏	—	—	—	—	—	—	—	—
陕西	301	**34,046**	—	27,217	—	—	—	—
甘肃	14	**843**	—	1,874	—	—	—	—
青海	—	—	—	—	—	—	—	—
宁夏	—	—	—	—	—	—	—	—
新疆	—	—	—	—	—	—	—	—
不分地区	3	**155,984**	—	24,212	—	—	—	—

接上表

油　船			4. 拖船		二、驳船			
艘数（艘）	净载重量（吨）	功率（千瓦）	艘数（艘）	功率（千瓦）	艘数（艘）	净载重量（吨）	载客量（客位）	集装箱位（TEU）
3,486	30,431,794	5,431,817	1,873	1,586,411	8,874	7,463,162	2,846	856
—	—	—	—	—	—	—	—	—
25	50,029	15,674	47	218,971	11	181,054	—	—
6	8,768	3,246	—	—	—	—	—	—
—	—	—	—	—	—	—	—	—
—	—	—	—	—	—	—	—	—
54	262,933	82,876	5	15,884	4	5,488	—	—
—	—	—	—	—	3	1,800	—	—
—	—	—	132	31,884	281	179,165	—	—
295	11,222,348	1,778,296	44	200,018	11	43,223	—	—
1,415	3,724,986	954,436	683	374,956	2,649	2,388,410	—	240
649	2,683,717	789,864	52	166,572	—	—	—	—
117	157,324	52,981	112	30,197	782	407,602	—	—
119	304,697	103,077	1	13,440	1	52	—	—
62	219,680	66,620	4	8,960	2	1,730	—	—
55	389,888	111,997	475	348,719	3,554	3,576,680	—	—
—	—	—	12	3,056	314	302,979	—	—
167	432,529	123,067	51	38,539	94	196,349	—	—
21	27,736	9,416	4	2,398	239	34,267	1,924	—
321	939,427	310,416	41	95,379	9	21,283	—	616
49	54,273	18,771	—	—	—	—	—	—
70	9,723,560	930,062	1	2,942	—	—	—	—
60	229,857	80,958	25	17,986	37	58,472	—	—
1	42	60	172	14,325	694	62,731	—	—
—	—	—	—	—	2	308	—	—
—	—	—	3	676	4	325	—	—
—	—	—	—	—	—	—	—	—
—	—	—	5	495	183	1,244	922	—
—	—	—	—	—	—	—	—	—
—	—	—	—	—	—	—	—	—
—	—	—	4	1,014	—	—	—	—
—	—	—	—	—	—	—	—	—
—	—	—	—	—	—	—	—	—

民航统计

2020 年度航空公司主要

单　位	飞行小时	运输总周转量（万吨公里）		
		2020 年	2019 年	增长（%）
总计	8762171	7985059.83	12932529.99	–38.3
国内航线	7882225	5876731.44	8295104.30	–29.2
其中：港澳台地区航线	35489	31865.86	168954.40	-81.1
国际航线	879946	2108328.39	4637425.69	–54.5
中国南方航空股份有限公司	1278879	1480099.33	2341102.44	-36.8
中国国际航空股份有限公司	938199	892494.42	1837738.84	-51.4
中国东方航空股份有限公司	865341	738137.36	1484034.80	-50.3
四川航空股份有限公司	406537	363198.33	549990.46	-34.0
厦门航空有限公司	423070	342390.84	552711.48	-38.1
深圳航空有限责任公司	462924	337102.80	508793.96	-33.7
海南航空控股股份有限公司	358408	335629.60	829391.47	-59.5
中国国际货运航空有限公司	57571	317516.04	271635.43	16.9
春秋航空股份有限公司	304798	263401.64	343293.44	-23.3
中国货运航空有限公司	40200	258397.69	273259.03	-5.4
山东航空股份有限公司	327366	254608.77	362767.54	-29.8
上海吉祥航空股份有限公司	213541	171409.39	251162.06	-31.8
北京首都航空有限公司	172295	155426.85	259341.56	-40.1
顺丰航空有限公司	104184	140148.26	80317.34	74.5
浙江长龙航空有限公司	153125	117261.18	123482.64	-5.0
东方航空云南有限公司	190852	113758.57	189292.77	-39.9
上海航空有限公司	168199	110746.38	220170.70	-49.7
中国东方航空江苏有限公司	159856	106434.63	177434.59	-40.0
云南祥鹏航空有限责任公司	116590	91375.54	151869.50	-39.8
天津航空有限责任公司	135889	86045.08	208182.47	-58.7
西部航空有限责任公司	100626	85821.34	129039.02	-33.5
成都航空有限公司	117913	82530.10	106779.59	-22.7
金鹏航空股份有限公司	47609	68636.87	91903.10	-25.3

生产指标完成情况统计表

旅客运输量（人次）			货邮运输量（吨）		
2020 年	2019 年	增长（%）	2020 年	2019 年	增长（%）
417778171	659934231	−36.7	6766069.9	7531426.1	−10.2
408213044	585679912	−30.3	4535328.4	5112375.9	−11.3
961268	11075600	−91.3	175780.6	222169.0	−20.9
9565127	74254319	−87.1	2230741.6	2419050.2	−7.8
55627502	91526738	−39.2	1115767.2	1343490.5	−17.0
39079378	68067978	−42.6	729090.3	979170.7	−25.5
40268801	69740308	−42.3	495481.2	652099.7	−24.0
20407361	30646086	−33.4	279351.0	274057.9	1.9
21388637	32863860	−34.9	220132.2	265606.0	−17.1
21669293	32533693	−33.4	321693.3	371335.1	−13.4
17528597	35261834	−50.3	210342.4	401087.0	−47.6
			471359.9	408553.8	15.4
18591852	22392516	−17.0	85300.9	65060.1	31.1
			465122.8	492684.8	−5.6
18203292	25908169	−29.7	165932.1	182212.4	−8.9
11784089	17245487	−31.7	83703.1	100341.9	−16.6
9385954	14592722	−35.7	55151.2	72100.9	−23.5
			814985.0	536008.2	52.0
7661598	8306365	−7.8	69986.7	44787.1	56.3
9566595	14726338	−35.0	62298.9	87487.7	−28.8
8311514	16226702	−48.8	61361.6	93186.6	−34.2
8066330	13646996	−40.9	60080.4	74640.9	−19.5
7648251	12094453	−36.8	35196.8	50756.7	−30.7
7689602	15843216	−51.5	27475.7	59691.2	−54.0
6338250	9230094	−31.3	24473.0	30649.9	−20.2
6296646	8297867	−24.1	24550.8	25712.9	−4.5
2097858	2943281	−28.7	115786.1	121729.5	−4.9

单　　位	飞行小时	运输总周转量（万吨公里）		
		2020年	2019年	增长（%）
华夏航空股份有限公司	157685	65569.08	77453.21	-15.3
中国新华航空集团有限公司	85447	63763.16	111178.33	-42.6
中国联合航空有限公司	111959	61772.62	104588.93	-40.9
河北航空有限公司	76690	54436.76	66995.69	-18.7
中国南方航空河南航空有限公司	78062	54221.46	81175.44	-33.2
西藏航空有限公司	79515	53775.87	79619.82	-32.5
东海航空有限公司	65345	51687.00	62391.32	-17.2
昆明航空有限公司	70329	50279.99	69514.25	-27.7
九元航空有限公司	57210	47832.97	67218.01	-28.8
青岛航空股份有限公司	65159	47822.22	54994.55	-13.0
奥凯航空有限公司	54192	43658.68	69718.78	-37.4
瑞丽航空有限公司	54980	42609.10	60519.35	-29.6
重庆航空有限责任公司	67749	41404.31	55209.72	-25.0
贵州航空有限公司	53049	38887.81	57087.94	-31.9
中国东方航空武汉有限责任公司	51345	32449.49	75342.84	-56.9
广西北部湾航空有限责任公司	49076	30879.15	53452.64	-42.2
乌鲁木齐航空有限责任公司	29793	26475.42	53594.70	-50.6
珠海航空有限公司	37781	25893.25	37809.59	-31.5
福州航空有限责任公司	34772	25361.22	45726.70	-44.5
汕头航空有限公司	37999	25271.62	42164.18	-40.1
长安航空有限责任公司	28745	22958.36	38165.09	-39.8
大连航空有限责任公司	30195	19412.91	28631.34	-32.2
杭州圆通货运航空有限公司	25226	18111.88	5573.89	224.9
湖南航空股份有限公司	22698	17975.01	28647.91	-37.3
江西航空有限公司	23652	17035.70	28115.14	-39.4
中国邮政航空有限责任公司	35981	16972.44	14221.21	19.3
中国国际航空内蒙古有限公司	27938	16243.38	21202.05	-23.4
桂林航空有限公司	22195	15835.77	30172.41	-47.5
多彩贵州航空有限公司	31512	15720.67	16237.39	-3.2
天津货运航空有限公司	7531	5843.53	2469.24	136.7
中原龙浩航空有限公司	8072	4913.90	3585.86	37.0
大新华航空有限公司	6073	4300.88	8168.11	-47.3

续上表

旅客运输量（人次）			货邮运输量（吨）		
2020 年	2019 年	增长（%）	2020 年	2019 年	增长（%）
6404969	7719938	-17.0	13631.4	9348.5	45.8
4454353	7757377	-42.6	32690.3	47157.2	-30.7
5202527	9176497	-43.3	11197.8	24268.1	-53.9
4184246	4790878	-12.7	23466.0	19542.8	20.1
4342010	6056155	-28.3	33133.2	42752.3	-22.5
3904318	5278535	-26.0	27386.6	37612.3	-27.2
3698079	4667236	-20.8	34551.8	25600.2	35.0
3811703	5331021	-28.5	34707.6	35891.6	-3.3
3922668	4777480	-17.9	22210.9	22504.2	-1.3
3308611	3928814	-15.8	20999.2	16313.0	28.7
3305238	4991868	-33.8	17896.5	18671.7	-4.2
3364462	4532222	-25.8	13767.2	13930.6	-1.2
3326824	4392630	-24.3	15497.6	21316.5	-27.3
2799728	3965276	-29.4	20044.8	26867.3	-25.4
3202509	6777990	-52.8	21340.9	44826.1	-52.4
2422523	4147545	-41.6	5237.4	5621.6	-6.8
1325936	2544073	-47.9	8540.0	9952.3	-14.2
1737464	2495479	-30.4	8486.3	12587.4	-32.6
1879073	3316743	-43.3	7826.1	11461.5	-31.7
2113680	3330208	-36.5	14273.5	18063.4	-21.0
1773218	3041625	-41.7	8530.3	9011.6	-5.3
1578213	2553085	-38.2	11081.9	15889.8	-30.3
			90992.3	36987.9	146.0
1249161	1817174	-31.3	5267.6	6829.4	-22.9
1335908	2210819	-39.6	10064.0	13343.3	-24.6
			153533.6	134348.8	14.3
1570855	2142701	-26.7	8672.9	11466.7	-24.4
1180458	2223456	-46.9	2121.2	4196.0	-49.4
1335627	1537929	-13.2	4404.3	3283.3	34.1
			36500.2	15692.8	132.6
			36452.4	31976.9	14.0
291504	559523	-47.9	1794.7	2786.6	-35.6

单　　位	飞行小时	运输总周转量（万吨公里）		
		2020 年	2019 年	增长（%）
龙江航空有限公司	6115	4183.60	4609.30	-9.2
北京航空有限责任公司	6620	3699.93	6148.03	-39.8
幸福航空有限责任公司	12321	3278.23	3722.21	-11.9
天骄航空有限公司	3451	1029.69	267.75	284.6
中州航空有限责任公司	1719	915.46		
一二三航空有限公司	19	6.30		
友和道通航空有限公司			23142.85	-100.0

续上表

旅客运输量（人次）			货邮运输量（吨）		
2020 年	2019 年	增长（%）	2020 年	2019 年	增长（%）
227047	238346	-4.7	1788.3	1446.7	23.6
429110	727294	-41.0	2650.5	4654.1	-43.0
356074	774274	-54.0	750.4	182.2	311.8
128078	35337	262.4	27.3		
			9930.3		
597					
				42589.5	-100.0

2020 年度飞行 1000 小时

单　　位	通用航空作业小时合计						
					载客类作业小时		
	名次	2020 年	2019 年	增长 (%)	2020 年	2019 年	增长 (%)
总计		983,988	1,065,011	−7.6	89,626	99,537	−10.0
中国民航飞行学院	1	271,986	299,112	-9.1			
中国民航大学	2	46,276	52,936	-12.6			
新疆天翔航空学院有限公司	3	37,406	33,966	10.1			
四川龙浩飞行驾驶培训有限公司	4	37,134	30,159	23.1			
中信海洋直升机股份有限公司	5	32,921	33,868	-2.8	29,793	31,194	-4.5
青岛九天国际飞行学院股份有限公司	6	28,330	37,668	-24.8			
湖北蔚蓝通用航空科技股份有限公司	7	28,127	35,106	-19.9			
山东南山国际飞行有限公司	8	27,049	30,186	-10.4			
河北致远通用航空有限责任公司	9	21,608	20,200	7.0			
珠海中航飞行学校有限公司	10	21,187	20,414	3.8		431	-100.0
西安航空基地金胜通用航空有限公司	11	17,388	18,330	-5.1			
陕西凤凰国际飞行学院有限责任公司	12	17,004	17,584	-3.3			
中国飞龙通用航空有限公司	13	17,000	13,876	22.5	740	524	41.2
海南航空学校有限责任公司	14	15,344	39,611	-61.3			
北大荒通用航空有限公司	15	14,520	13,471	7.8	728	450	61.7
国网通用航空有限公司	16	13,463	13,993	-3.8	59	75	-20.9
南航通用航空有限公司	17	13,402	15,164	-11.6	8,723	9,977	-12.6
中国民用航空飞行校验中心	18	11,128	10,286	8.2			
上海新辰通用航空有限公司	19	10,455	5,612	86.3	370		
北京翔宇通用航空有限公司	20	7,620	7,209	5.7			
吉林省福航航空学院有限公司	21	7,285	4,611	58.0	17	90	-80.5
北京首航直升机股份有限公司	22	5,674	3,852	47.3	1,568	597	162.4
青岛直升机航空有限公司	23	5,425	4,714	15.1			
四川驼峰通用航空有限公司	24	5,207	6,395	-18.6	522	721	-27.7
亚捷通用航空无锡有限公司	25	5,134	5,065	1.4	1,694	1,198	41.4
甘肃泛美通用航空有限公司	26	5,008	1,370	265.6	318	476	-33.2
中国通用航空有限责任公司	27	4,985	6,081	-18.0	3,452	4,250	-18.8
金鹿（北京）公务航空有限公司	28	4,794	5,043	-4.9		401	-100.0

以上通用航空公司统计表

经营性小时									非经营性小时		
作业类作业小时			培训类作业小时			其他类作业小时					
2020 年	2019 年	增长（%）	2020 年	2019 年	增长（%）	2020 年	2019 年	增长（%）	2020 年	2019 年	增长（%）
150,618	160,523	-6.2	369,441	386,627	-4.4	42,191	53,171	-20.7	332,113	365,153	-9.0
									271,986	299,112	-9.1
									46,276	52,936	-12.6
	41	-100.0	37,277	33,856	10.1	129	69	85.7			
			37,134	30,159	23.1						
496	393	26.2	2,507	1,920	30.6	125	360	-65.4			
			28,309	36,825	-23.1	21	843	-97.5			
	79	-100.0	28,127	34,921	-19.5		107	-100.0			
			26,940	30,113	-10.5	109	73	50.3			
			21,608	20,200	7.0						
			21,187	19,983	6.0						
			17,388	18,330	-5.1						
			17,004	17,584	-3.3						
3,150	2,543	23.8	13,092	10,809	21.1	19					
			15,344	39,611	-61.3						
8,989	8,479	6.0	3,035	3,063	-0.9	1,768	1,478	19.6			
12,008	13,108	-8.4		4	-100.0	1,396	806	73.3			
3,964	4,486	-11.6				715	701	2.0			
									11,128	10,286	8.2
720			9,365	5,127	82.7		485	-100.0			
			7,506	7,131	5.3	114	77	47.6			
			7,175	3,556	101.7	93	965	-90.4			
2,490	2,141	16.3	1,383	892	55.0	234	222	5.3			
4,670	3,652	27.9				755	1,063	-29.0			
159	144	10.6	2,886	3,013	-4.2	1,641	2,516	-34.8			
2,750	3,131	-12.2				689	736	-6.3			
12	38	-68.3	4,666	801	482.8	12	55	-78.1			
1,242	1,669	-25.6				291	162	79.7			
4,793	4,581	4.6				1	61	-98.5			

单　　位	通用航空作业小时合计				载客类作业小时		
	名次	2020 年	2019 年	增长 (%)	2020 年	2019 年	增长 (%)
海直通用航空有限责任公司	29	4,738	5,132	-7.7	1,864	2,568	-27.4
中一太客商务航空有限公司	30	4,304	3,295	30.6	2,711	2,328	16.5
新疆通用航空有限责任公司	31	4,126	4,707	-12.3	1,127	1,551	-27.3
北京华彬天星通用航空股份有限公司	32	4,123	3,524	17.0	1,409	1,026	37.3
内蒙古通用航空股份有限公司	33	3,875	4,282	-9.5	2,833	3,341	-15.2
新疆龙浩飞行培训有限公司	34	3,677	1,032	256.4			
湖北同诚通用航空有限公司	35	3,551	5,832	-39.1	932	1,557	-40.1
北京华龙商务航空有限公司	36	3,263	2,522	29.4	1,535	1,573	-2.4
亚联公务机有限公司	37	3,256	5,252	-38.0			
领航通用航空有限公司	38	3,201	5,601	-42.8	4	283	-98.7
辽宁锐翔通用航空有限公司	39	2,995	1,249	139.9	21	60	-65.9
上海金鹿公务航空有限公司	40	2,753	3,875	-29.0	374	499	-25.1
海南三亚亚龙通用航空有限公司	41	2,620	1,079	142.7	2,423	915	164.9
湖北龙浩飞行培训有限公司	42	2,548	495	415.0			
海若通用航空股份有限公司	43	2,534	2,936	-13.7			
内蒙古天羽通用航空有限公司	44	2,481	2,063	20.3			
北京双悦通用航空有限公司	45	2,391	431	455.2	17		
东北通用航空有限公司	46	2,382	2,067	15.2			
河北中航通用航空有限公司	47	2,326	4,260	-45.4	1,762	3,134	-43.8
广州穗联直升机通用航空有限公司	48	2,324	3,082	-24.6	38	520	-92.7
云南能投通用航空有限公司	49	2,307	116	1,880.8			
安阳通用航空有限责任公司	50	2,223	3,833	-42.0		5	-100.0
河北金鹏通用航空有限公司	51	2,103	2,395	-12.2	979	797	22.9
江西快线通勤航空有限公司	52	2,064	1,142	80.8	1,532	424	261.6
翼飞通用航空股份有限公司	53	2,057	1,351	52.3			
日照锐翔飞行培训有限公司	54	2,037	528	286.0			
日照锐翔通用航空有限公司	55	1,999	2,086	-4.2			
山东高翔通用航空股份有限公司	56	1,874	2,147	-12.7		3	-100.0
中徽通用航空股份有限公司	57	1,863	1,726	8.0	246	437	-43.6
东方公务航空有限公司	58	1,863	2,926	-36.3	1,079	948	13.8
南京若尔通用航空有限公司	59	1,843	4,299	-57.1	487	1,380	-64.7

续上表

经营性小时									非经营性小时		
作业类作业小时			培训类作业小时			其他类作业小时					
2020 年	2019 年	增长（%）	2020 年	2019 年	增长（%）	2020 年	2019 年	增长（%）	2020 年	2019 年	增长（%）
2,167	1,898	14.2				707	667	6.0			
1,464	868	68.7				129	99	30.5			
2,435	2,553	-4.6	1			563	603	-6.6			
716	538	33.1	1,817	1,690	7.5	181	270	-33.0			
745	459	62.2				298	481	-38.1			
			3,677	1,032	256.4						
2,418	4,026	-40.0				201	249	-19.3			
1,027	532	93.0				693	417	66.0	9		
3,256	5,251	-38.0					2	-100.0			
			1,974	3,311	-40.4	1,223	2,007	-39.0			
			331	150	119.8	2,644	1,038	154.8			
1,700	2,590	-34.3				678	786	-13.7			
	6	-100.0	160	136	18.1	36	23	58.1			
			2,538	466	445.3	10	29	-65.2			
			2,534	2,821	-10.2		115	-100.0			
2,481	2,029	22.3		34	-100.0						
	75	-100.0	2,054	292	604.6	319	64	397.5			
2,291	1,984	15.5				91	84	8.4			
282	813	-65.4				283	313	-9.6			
1,784	1,891	-5.7	288	574	-49.8	214	97	121.7			
			2,307	106	2,085.3		11	-100.0			
873	623	40.1	1,268	3,189	-60.2	82	16	411.2			
874	1,573	-44.4	244	23	945.3	5	1	436.7			
						532	718	-25.9			
			2,057	1,351	52.3						
			1,636	137	1,090.6	401	390	2.7			
397			445	806	-44.7	1,156	1,281	-9.7			
1,556	1,730	-10.1	315	414	-24.0	4					
50	42	18.2	1,567	1,246	25.7						
784	1,970	-60.2					8	-100.0			
			1,339	2,896	-53.8	17	23	-28.4			

单　位	通用航空作业小时合计				载客类作业小时		
	名次	2020 年	2019 年	增长 (%)	2020 年	2019 年	增长 (%)
广东聚翔通用航空有限责任公司	60	1,826	1,791	2.0	52	49	5.6
河南蓝翔通用航空公司	61	1,809	1,202	50.4			
齐齐哈尔鹤翔通用航空有限责任公司	62	1,790	1,745	2.6			
无锡华飞通用航空有限公司	63	1,785	1,999	-10.7			
盘锦跃龙通用航空有限公司	64	1,686	1,886	-10.6			
中飞通用航空有限责任公司	65	1,658	1,273	30.3	6		
陕西龙翼通用航空有限公司	66	1,637	1,192	37.3	1,571	976	61.0
黑龙江九州通用航空有限公司	67	1,620	1,311	23.6		8	-100.0
四川泛美通用航空有限公司	68	1,617	1,160	39.4	13	1	837.0
南山公务机有限公司	69	1,546	2,748	-43.7	22		
幸福通用航空有限公司	70	1,529	157	872.8	468	13	3,597.0
山西成功通用航空股份有限公司	71	1,523	908	67.7	720		
天成商务航空有限公司	72	1,491	1,126	32.5		175	-100.0
陕西精功通用航空有限公司	73	1,469	1,297	13.2	13	2	429.3
山东通用航空服务股份有限公司	74	1,460	1,459	0.1	69		
天津津津通用航空有限公司	75	1,442	2,888	-50.1		7	-100.0
广西展卓通用航空有限公司	76	1,431	1,660	-13.8	390	501	-22.0
鄂尔多斯市通用航空有限责任公司	77	1,419	1,324	7.2		204	-100.0
上海金汇通用航空股份有限公司	78	1,390	9,110	-84.7	151	1,686	-91.0
珠海中航通用航空有限公司	79	1,369	1,063	28.9	639	317	101.4
敦煌飞天国际航空俱乐部有限责任公司	80	1,310	2,333	-43.9	1,011	711	42.3
北京搏翼通用航空有限责任公司	81	1,295	1,323	-2.1			
山东欣亚通用航空有限公司	82	1,275	1,291	-1.2			
湖南山河通航有限公司	83	1,270	1,124	13.1			
重庆通用航空有限公司	84	1,260	924	36.4	120	186	-35.6
海南亚太通用航空有限公司	85	1,260	1,521	-17.2	330	39	738.1
湖北奥蓝通用航空有限公司	86	1,238	2,241	-44.8			
湖北楚天通用航空有限责任公司	87	1,226	1,918	-36.1	6		
北京路鹰通用航空有限公司	88	1,197	958	24.9			
鞍山雏鹰通用航空有限公司	89	1,194	853	39.9			

续上表

经营性小时									非经营性小时		
作业类作业小时			培训类作业小时			其他类作业小时					
2020 年	2019 年	增长（%）	2020 年	2019 年	增长（%）	2020 年	2019 年	增长（%）	2020 年	2019 年	增长（%）
1,731	1,673	3.5		5	-100.0	44	65	-31.8			
1,806	642	181.4				3	561	-99.5			
1,698	1,673	1.5				92	72	27.6			
			1,784	1,989	-10.3	1	10	-95.0			
769	1,074	-28.4	545	539	1.1	371	272	36.4			
1,115	1,093	2.0				537	179	199.5			
	65	-100.0	66				151	-100.0			
1,612	1,293	24.6				8	10	-15.4			
			1,604	1,151	39.4		8	-100.0			
1,054	1,844	-42.9				471	904	-47.9			
909	69	1,224.3	2			149	76	96.9			
587	624	-5.9	11	84	-86.3	204	201	1.8			
1,465	925	58.4				27	26	1.9			
1,341	1,228	9.2	11	13	-18.7	104	54	93.1			
1,358	1,459	-6.9				33					
	71	-100.0	1,442	2,750	-47.6		60	-100.0			
958	1,064	-10.0				83	95	-13.0			
395	704	-43.8	865	82	957.7	159	334	-52.5			
295	924	-68.1	18	405	-95.6	926	6,095	-84.8			
727	742	-2.0				3	3	-7.8			
139	19	648.8	127	1,597	-92.0	33	7	374.6			
			1,295	1,322	-2.0	0.4	1	-65.0			
1,275	1,246	2.3					44	-100.0			
35	85	-58.5	981	925	6.1	254	113	124.2			
1,140	738	54.5									
805	1,266	-36.4	66	211	-68.7	59	5	1,192.6			
1,213	2,164	-44.0	24	73	-67.2	1	4	-67.7			
664	1,445	-54.0				557	473	17.7			
1,197	958	24.9									
759	600	26.6	358	207	72.6	77	47	64.9			

单　位	通用航空作业小时合计				载客类作业小时		
	名次	2020 年	2019 年	增长(%)	2020 年	2019 年	增长(%)
河南永翔通用航空有限责任公司	90	1,177	2,157	-45.4	66	98	-32.5
南航艾维国际飞行学院(南京)有限公司	91	1,162	3,200	-63.7			
北京猎鹰飞行俱乐部管理服务有限公司	92	1,156	1,523	-24.1			
江苏茅山通用航空有限公司	93	1,144	934	22.6	72	248	-70.8
云南通用航空有限公司	94	1,137	1,577	-27.9			
安徽蓝天国际飞行学院有限责任公司	95	1,105	859	28.6			
鄂尔多斯市圣鹰通用航空有限责任公司	96	1,099	62	1,664.2	494	13	3,742.4
交通运输部东海第二救助飞行队	97	1,095	969	13.0			
四川西林凤腾通用航空有限公司	98	1,083	2,389	-54.7	52	272	-80.8
星雅通用航空有限公司	99	1,073	1,834	-41.5	6	40	-84.1
大连欧亚直升机有限公司	100	1,062	845	25.7	1	52	-98.2
海燕通用航空有限公司	101	1,054	910	15.9			
江苏润扬通用航空有限公司	102	1,053	1,114	-5.4	136	40	238.3
云南凤翔通用航空股份有限公司	103	1,036	1,223	-15.3	628	555	13.2
上海中瑞通用航空有限公司	104	1,030	2,970	-65.3	4	637	-99.4
贵州黄平且兰通用航空有限公司	105	1,015	1,841	-44.9			
上海翼飞通用航空有限公司	106	1,000					
山东鲁翼通用航空有限公司	107	1,000	101	892.7			

续上表

经营性小时									非经营性小时		
作业类作业小时			培训类作业小时			其他类作业小时					
2020 年	2019 年	增长（%）	2020 年	2019 年	增长（%）	2020 年	2019 年	增长（%）	2020 年	2019 年	增长（%）
511	607	-15.9	571	1,390	-58.9	30	62	-52.0			
			502	734	-31.6	660	2,466	-73.2			
			1,149	786	46.2	7	737	-99.1			
			553	252	119.4	519	433	19.8			
1,137	1,577	-27.9									
			1,105	859	28.6						
160	37	330.1	362	12	2,851.8	84					
									1,095	969	13.0
272	237	14.5	725	1,836	-60.5	35	44	-21.6			
1,035	1,776	-41.7		1	-100.0	32	18	76.8			
938	730	28.6	120	55	119.0	3	8	-61.7			
1,025	776	32.2		2	-100.0	29	132	-77.9			
813	888	-8.4				104	186	-43.9			
212	264	-20.0	175	316	-44.7	22	88	-75.4			
884	2,079	-57.5				142	254	-43.9			
				56	-100.0	1,015	1,785	-43.1			
			1,000								
999	100	901.3				1	1	38.3			

2020 年度民航各运输机场吞吐量和飞机起降

机　场	旅客吞吐量（人次）				
	名次	2020 年	2019 年	增长（%）	名次
合计		857159437	1351628545	-36.6	
广州 / 白云	1	43760427	73378475	-40.4	2
成都 / 双流	2	40741509	55858552	-27.1	7
深圳 / 宝安	3	37916059	52931925	-28.4	3
重庆 / 江北	4	34937789	44786722	-22.0	8
北京 / 首都	5	34513827	100013642	-65.5	4
昆明 / 长水	6	32989127	48075978	-31.4	12
上海 / 虹桥	7	31165641	45637882	-31.7	11
西安 / 咸阳	8	31073884	47220547	-34.2	10
上海 / 浦东	9	30476531	76153455	-60.0	1
杭州 / 萧山	10	28224342	40108405	-29.6	5
郑州 / 新郑	11	21406709	29129328	-26.5	6
南京 / 禄口	12	19906576	30581685	-34.9	9
长沙 / 黄花	13	19223825	26911393	-28.6	15
厦门 / 高崎	14	16710197	27413363	-39.0	13
贵阳 / 龙洞堡	15	16583878	21910911	-24.3	27
海口 / 美兰	16	16490216	24216552	-31.9	22
北京 / 大兴	17	16091449	3135074	413.3	35
三亚 / 凤凰	18	15412787	20163655	-23.6	33
青岛 / 流亭	19	14561592	25556278	-43.0	14
哈尔滨 / 太平	20	13508687	20779745	-35.0	28
天津 / 滨海	21	13285478	23813318	-44.2	17
沈阳 / 桃仙	22	13181482	20544044	-35.8	19
武汉 / 天河	23	12802070	27150246	-52.8	16
济南 / 遥墙	24	12384736	17560507	-29.5	21
乌鲁木齐 / 地窝堡	25	11152723	23963167	-53.5	24
兰州 / 中川	26	11126554	15302975	-27.3	37
南宁 / 吴圩	27	10584134	15762341	-32.9	29
南昌 / 昌北	28	9426518	13637151	-30.9	18

架次统计表（旅客吞吐量 100 万人次以上机场）

货邮吞吐量（吨）			起降架次			
2020 年	2019 年	增长（%）	名次	2020 年	2019 年	增长（%）
16074918.9	17100142.0	-6.0		9049212	11660475	-22.4
1759281.2	1919926.9	-8.4	1	373421	491249	-24.0
618527.7	671903.9	-7.9	4	311797	366887	-15.0
1398782.5	1283385.6	9.0	3	320348	370180	-13.5
411239.6	410928.6	0.1	6	274659	318398	-13.7
1210441.2	1955286.0	-38.1	5	291498	594329	-51.0
324989.8	415776.3	-21.8	7	274433	357080	-23.1
338557.1	423614.7	-20.1	10	219404	272928	-19.6
376310.9	381869.6	-1.5	8	255652	345748	-26.1
3686627.1	3634230.4	1.4	2	325678	511846	36.4
802049.1	690275.9	16.2	9	237362	290919	-18.4
639413.4	522021.0	22.5	14	178682	216399	-17.4
389362.4	374633.5	3.9	11	181725	234869	-22.6
192018.0	175724.5	9.3	15	156321	196213	-20.3
278336.4	330511.6	-15.8	16	139827	192929	-27.5
113452.0	120110.2	-5.5	17	134606	167063	-19.4
134717.9	175566.5	-23.3	19	129726	164786	-21.3
77252.9	7362.3	949.3	18	133114	21048	532.4
79933.6	99821.0	-19.9	25	108157	124813	-13.3
206785.9	256298.8	-19.3	20	127058	186500	-31.9
112052.4	135923.2	-17.6	24	108444	147795	-26.6
184980.4	226162.7	-18.2	22	115770	167869	-31.0
171985.9	192477.6	-10.6	26	107268	145350	-26.2
189361.1	243193.4	-22.1	23	115197	203131	-43.3
146571.3	135263.0	8.4	27	102375	129994	-21.2
122005.4	172800.5	-29.4	28	100096	178234	-43.8
69990.0	72001.6	-2.8	29	94892	119183	-20.4
107085.1	122248.9	-12.4	30	88200	114658	-23.1
182174.8	122517.3	48.7	31	87146	108036	-19.3

机　场	旅客吞吐量（人次）				
	名次	2020 年	2019 年	增长（%）	名次
长春 / 龙嘉	29	9360541	13934969	−32.8	32
太原 / 武宿	30	9013205	14002582	−35.6	41
宁波 / 栎社	31	8971579	12414007	−27.7	26
福州 / 长乐	32	8861811	14760226	−40.0	25
温州 / 龙湾	33	8787200	12291707	−28.5	36
合肥 / 新桥	34	8594344	12282384	−30.0	30
大连 / 周水子	35	8587079	20079995	−57.2	23
石家庄 / 正定	36	8203974	11922801	−31.2	31
呼和浩特 / 白塔	37	8108674	13151840	−38.3	42
珠海 / 金湾	38	7335646	12282982	−40.3	45
银川 / 河东	39	6906054	10575393	−34.7	40
无锡 / 硕放	40	5993519	7973446	−24.8	20
西宁 / 曹家堡	41	5862059	7226518	−18.9	44
烟台 / 蓬莱	42	5791514	10052929	−42.4	38
泉州 / 晋江	43	5620551	8435805	−33.4	34
揭阳 / 潮汕	44	5285718	7353521	−28.1	47
丽江 / 三义	45	5037158	7173986	−29.8	57
桂林 / 两江	46	4351377	8552654	−49.1	49
拉萨 / 贡嘎	47	4133192	4572428	−9.6	43
西双版纳 / 嘎洒	48	4091893	5524284	−25.9	63
绵阳 / 南郊	49	2890912	4159370	−30.5	66
南通 / 兴东	50	2515044	3484484	−27.8	39
扬州 / 泰州	51	2371571	2979668	−20.4	53
常州 / 奔牛	52	2255238	4052342	−44.3	48
湛江 / 吴川	53	2231708	2983501	−25.2	68
徐州 / 观音	54	2201097	3005875	−26.8	56
惠州 / 平潭	55	1984661	2553545	−22.3	61
德宏 / 芒市	56	1892713	2122958	−10.8	54
临沂 / 启阳	57	1877341	2580823	−27.3	58

续上表

货邮吞吐量（吨）			起降架次			
2020年	2019年	增长（%）	名次	2020年	2019年	增长（%）
83671.9	88901.6	−5.9	37	75510	98816	−23.6
50788.1	57626.0	−11.9	35	79299	108275	−26.8
119155.9	106120.2	12.3	38	75373	89487	−15.8
119970.1	131071.5	−8.5	34	82768	112746	−26.6
73571.6	81106.6	−9.3	41	73717	92296	−20.1
87505.6	87101.6	0.5	39	74838	95135	−21.3
122951.8	173533.8	−29.1	33	83275	154976	−46.3
86390.4	53229.7	62.3	43	70680	90970	−22.3
43142.6	46157.1	−6.5	36	79195	112159	−29.4
38357.8	50989.4	−24.8	45	66450	88989	−25.3
51824.4	61245.8	−15.4	47	61630	84734	−27.3
157198.0	145128.2	8.3	50	55186	62483	−11.7
38788.1	41030.7	−5.5	51	54565	61218	−10.9
67371.3	57060.9	18.1	48	61335	86441	−29.0
77506.0	75294.6	2.9	53	50295	65012	−22.6
27661.9	27810.9	−0.5	57	44517	55905	−20.4
11207.9	12616.0	−11.2	58	42937	54255	−20.9
15442.9	30313.2	−49.1	62	39290	68126	−42.3
41920.2	39320.2	6.6	66	36762	39065	−5.9
8592.4	8418.2	2.1	67	35152	43034	−18.3
7564.8	8860.4	−14.6	13	179878	189897	−5.3
54016.3	42263.1	27.8	72	28454	34580	−17.7
12579.0	12440.6	1.1	59	42154	41422	1.8
18911.3	33161.0	−43.0	64	38323	55446	−30.9
5747.1	6062.0	−5.2	75	25478	30933	−17.6
11346.1	12068.7	−6.0	68	34568	49648	−30.4
8931.6	8915.7	0.2	88	18007	20251	−11.1
12429.8	10758.9	15.5	87	18265	18160	0.6
10496.0	10245.5	2.4	71	29585	21601	37.0

机　场	旅客吞吐量（人次）				
	名次	2020 年	2019 年	增长（%）	名次
宜昌 / 三峡	58	1846280	3263912	−43.4	82
威海 / 大水泊	59	1807384	3090766	−41.5	62
盐城 / 南洋	60	1691883	2090304	−19.1	50
运城 / 张孝	61	1638066	2484569	−34.1	74
北海 / 福成	62	1632147	2679101	−39.1	67
泸州 / 云龙	63	1624263	1861445	−12.7	70
榆林 / 榆阳	64	1621591	2531468	−35.9	51
遵义 / 新舟	65	1531287	2257147	−32.2	88
呼伦贝尔 / 海拉尔	66	1526590	2558413	−40.3	75
赣州 / 黄金	67	1461715	2088731	−30.0	79
遵义 / 茅台	68	1450420	1652124	−12.2	116
库尔勒	69	1417094	2202333	−35.7	60
义乌	70	1366207	2029109	−32.7	52
鄂尔多斯 / 伊金霍洛	71	1364931	2695925	−49.4	76
淮安 / 涟水	72	1326809	2347566	−43.5	55
大理 / 荒草坝	73	1312180	1773857	−26.0	72
赤峰 / 玉龙	74	1290608	1893600	−31.8	87
张家界 / 荷花	75	1278388	2870898	−55.5	112
喀什	76	1272042	2433209	−47.7	64
阿克苏 / 温宿	77	1266998	1711210	−26.0	65
襄阳 / 刘集	78	1214621	1899458	−36.1	84
包头 / 东河	79	1179202	2265867	−48.0	78
舟山 / 普陀山	80	1141491	1521949	−25.0	119
台州 / 路桥	81	1086994	1381321	−21.3	59
兴义 / 万峰林	82	1042558	1384614	−24.7	123
柳州 / 白莲	83	1012860	1571055	−35.5	71
万州 / 五桥	84	1007287	1151410	−12.5	110
和田	85	1003825	1596218	−37.1	69

续上表

货邮吞吐量（吨）			起降架次			
2020年	2019年	增长（%）	名次	2020年	2019年	增长（%）
3211.9	4597.4	-30.1	55	49960	86190	-42.0
8858.9	9228.1	-4.0	83	19467	25694	-24.2
13630.7	8684.4	57.0	85	18799	19099	-1.6
5372.9	6078.2	-11.6	74	26094	37761	-30.9
6582.7	7216.7	-8.8	100	14826	20831	-28.8
5643.2	6645.3	-15.1	77	23629	19414	21.7
12860.7	8017.6	60.4	86	18680	23906	-21.9
2167.5	3611.9	-40.0	94	15639	20759	-24.7
5254.1	6247.8	-15.9	95	15512	21684	-28.5
4083.1	5664.9	-27.9	98	15142	17789	-14.9
970.8	1003.7	-3.3	89	17845	17370	2.7
9018.3	8743.7	3.1	90	17599	24222	-27.3
12584.8	10612.9	18.6	103	13677	15511	-11.8
5012.1	10046.6	-50.1	81	21544	34155	-36.9
12343.1	10259.3	20.3	69	34135	45573	-25.1
5485.8	6870.6	-20.2	101	13734	17331	-20.8
2258.1	2362.1	-4.4	107	12733	17451	-27.0
1110.7	1779.9	-37.6	104	13547	25570	-47.0
8505.6	10383.9	-18.1	105	12824	20736	-38.2
7638.1	8252.7	-7.4	99	14831	17356	-14.5
2849.3	2848.7		40	73847	85596	-13.7
4113.8	7837.4	-47.5	106	12776	19533	-34.6
893.5	622.6	43.5	82	20250	24190	-16.3
10431.2	10278.5	1.5	122	9498	10333	-8.1
782.9	1364.2	-42.6	108	12536	14814	-15.4
5515.4	8671.9	-36.4	115	10991	13864	-20.7
1170.4	1731.8	-32.4	97	15217	20122	-24.4
5663.1	5704.7	-0.7	114	11063	14507	-23.7

邮政统计

全国邮政业主要指标基本情况

指　标	计算单位	2020 年	2019 年	同比增减（绝对量）	同比增减（%）
邮政行业业务总量	万元	210531604.6	162296302.5	48235302.1	29.7%
邮政寄递服务	万件	2554150.3	2471916.4	82233.9	3.3%
其中：函件业务量	万件	141836.8	216721.5	−74884.7	−34.6%
包裹业务量	万件	2030.6	2155.0	−124.5	−5.8%
报纸业务量	万份	1654230.4	1680708.2	−26477.9	−1.6%
杂志业务量	万份	71321.3	72997.1	−1675.8	−2.3%
汇兑业务量	万笔	960.7	1639.7	−679.0	−41.4%
快递业务	万件	8335789.4	6352291.0	1983498.5	31.2%
邮政行业业务收入	万元	110378231.3	96424557.9	13953673.5	14.5%
邮政寄递服务	万元	4062514.4	4286731.0	−224216.6	−5.2%
快递业务	万元	87954342.4	74978235.2	12976107.2	17.3%
快递业务收入 / 邮政行业业务收入	%	79.7%	77.8%		
邮政邮路条数	条	36944	35966	978.0	2.7%
邮政邮路总长度（单程）	公里	11874423.2	12227021.0	−352597.8	−2.9%
其中：航空邮路	公里	8257969.5	8724542.0	−466572.5	−5.3%
铁路邮路	公里	240879.0	207900.0	32979.0	15.9%
汽车邮路	公里	3364560.7	3282155.0	82405.7	2.5%
其中：农村投递路线条数	条	100605	101870	−1265.0	−1.2%
农村投递路线长度（单程）	公里	4104128.0	4198813.0	−94685.0	−2.3%
城市投递路线条数	条	106793	102871	3922.0	3.8%
城市投递路线长度（单程）	公里	2193834.0	2209984.0	−16150.0	−0.7%

2020年邮政行业营业网点和邮政信筒信箱数及邮递线路

地区	邮政行业营业网点（处）	邮政信筒信箱（个）	邮路总长度（公里）				农村投递线路（公里）
				汽车邮路	铁路邮路	航空邮路	
总计	349044	99582	11874423.2	3364560.7	240879.0	8257969.5	4104128
北京	4495	4229	1507076.1	81517.2	20418.0	1404698.9	25409
天津	3926	2581	89111.0	29707.0	0.0	56557.0	21786
河北	14323	2696	130224.0	129238.0	0.0	857.0	212870
山西	8173	1720	139456.0	64274.0	0.0	75182.0	101563
内蒙古	7327	1538	199955.0	91796.0	2384.0	105775.0	159645
辽宁	10385	2361	248361.0	99370.0	3758.0	145148.0	105721
吉林	5736	1455	192749.6	56519.0	1366.0	134864.6	90634
黑龙江	8391	2381	188700.0	66234.0	17405.0	105061.0	106935
上海	5919	2557	129807.5	62420.5	19302.0	47429.0	38821
江苏	24643	4934	484977.0	249893.0	0.0	235084.0	271789
浙江	25229	13762	741878.5	280680.5	50325.0	410808.0	229269
安徽	15022	2177	185916.0	184807.0	1109.0	0.0	138536
福建	8365	7312	298991.0	136159.0	0.0	162565.0	117538
江西	10491	2108	113740.5	103844.5	9870.0	0.0	90281
山东	17679	3396	269210.0	169870.0	0.0	99166.0	293242
河南	19184	3123	642149.0	153837.0	4874.0	483208.0	181017
湖北	14242	2276	308739.0	113334.0	0.0	195401.0	175879
湖南	12061	2771	388557.0	132005.0	5080.0	251416.0	202390
广东	32335	4248	3077965.0	251702.0	38133.0	2787782.0	314322
广西	10311	2535	353962.0	98565.0	0.0	255216.0	116503
海南	2109	2951	173199.0	19762.0	4354.0	148602.0	32452
重庆	10164	1984	119926.0	66401.0	2523.0	51002.0	60229
四川	28160	8963	439046.0	167293.0	2121.0	264613.0	245762
贵州	11565	1945	175412.0	80928.0	1922.0	92562.0	122683

续上表

地区	邮政行业营业网点（处）	邮政信筒信箱（个）	邮路总长度（公里）				农村投递线路（公里）
				汽车邮路	铁路邮路	航空邮路	
云南	11767	1880	262836.0	124155.0	10269.0	128409.0	189615
西藏	1232	5399	58535.0	54591.0	3944.0	0.0	85862
陕西	12492	2041	156854.0	71453.0	1550.0	83851.0	115455
甘肃	5991	1745	197954.0	88548.0	2769.0	106637.0	128898
青海	1671	475	93817.0	40204.0	8092.0	45521.0	43115
宁夏	1637	483	84745.0	14818.0	0.0	69926.0	17060
新疆	4019	1556	420574.0	80635.0	29311.0	310628.0	68847

后　记

在交通运输部和国家铁路局、中国民用航空局、国家邮政局领导的高度重视和编纂工作委员会的正确领导下，《中国交通运输年鉴（2021）》（以下简称《年鉴》）编纂工作启动以来，历经了拟订大纲、分工组稿、收集资料、稿件编辑、审校排版、征求意见等流程，2021 年 5 月形成初稿，在征求各方面意见后对初稿进行了多次修改，经过三审三校、反复推敲，终成此书。

本书的编纂工作由交通运输部办公厅会同国家铁路局、中国民用航空局、国家邮政局综合司（办公室）统筹组织、谋篇布局，各参编单位高度重视、积极响应，对编纂组稿工作给予了业务指导和大力支持，指定专人负责资料收集和稿件撰写，司局领导亲自审核本单位稿件。部档案馆、中国公路学会和《中国公路》杂志社作为编辑工作的承办单位，先后三次对编纂大纲进行了研究调整，对收到的资料采取即收即编的方式，对资料进行认真梳理、查漏补缺，确保了工作进度和编辑质量。

在编纂过程中，**交通运输部**办公厅周敏霞、李洪斌、许春风、侯浩、吕丞、房清雨、韩韡、蒋丽萍、汤继伦、鲍鑫荣、罗丙辉、刘民、李丽、刘宝刚、耿长龙、吕军，政策研究室廖娟、宋亚峰、朱春雷、李颖、蔡垚、李俊鹏、王振宇、韩东方、周晓雪、张杰、马国栋、臧青、方建敏、梁译尹、赵明林，法制司陈虹宇、张阳成、杨剑、徐海洋、李堃，综合规划司杜彩军、夏永强、刘东、毛睿、李镏洋、张金发、李玉辉、唐世强、侯振兴、尹振军、黄东旭、马骥、张巍巍、郑文英、范杰、杨建刚、高铁、翟威、杨晓亮、赵煜民、王广民、余高潮、狄月，财务审计司陈冰波、陈闽，人事教育司胡红哲、柏堃、王英、蔡筠、徐传鑫、梁雪峰，公路局陈文亮、谷体鹏、陶汉祥、王海臣、李培源、杨勇、肖遥、王恒斌、宾帆、于光、张慧彧、王燕弓、乔正、刘凇男、马超云、杨亮、花蕾，水运局王大志、王颖、张琳、郭青松、王建军、王雪、赵帅、李坤、张同戌、段超、燕飞、李花叶、闫军、秦川、邹永超、刘国辉、谢燕、张俊勇、蔡涛、胡琳琳、陈磊，运输服务司池松恒、吴伟、李强、席锦池、饶南志、朱超、陈宝丰，安全与质量监督管理司关振军、纪昌安、周军、刘剑，科技司林小平、赵晓辉、张成、邢凡胜、唐妍，国际合作司（港澳台办公室）陈鹏、梁霄月，直属机关党委石冬，离退休干部局王成涛、王春燕、吴守恒、赵秋凤，中国海上搜救中心王先斌、李允、李振、王敏功，海事局董乐义、孙大斌、迟俊、刘雷达、郑旭然、葛子懿、周巍、董瑜芳、李伟、马鸿腾、黄睿；**国家铁路局**综合司（外事司）李振江、高弘，科技与法制司王健飞、甄静、刘燕、江水长、王晨，安全监察司刘轩智，运输监督管理司郭晓冬、张晓东、陈志朋，工程监督管理司熊伟，设备监督管理司文海，人事司陆瑞、岳向菲、金虎，直属机关党委向满丽、崔瑱、饶俊，信息中心王娜娜、刘杨，市场监测评价中心杨阳，机关服务中心李浩；**中国民用航空局**综合司刘凡磊、苏莉，航空安全办公室朱玉斌，政策法规司刘晶晶，发展计划司袁加林、高超，财务司周峙阳，人事科教司李根、李宏，国际司（港澳台办公室）姬秀竹，运输司党晓，飞行标准司李鲁婉，航空器适航审定司赵晋玉，机场司郑睿竹，空管行业管理办公室侯佳，公安局于天宝，空管局潘丽先，离退休干部局赵文舟，民航局国际合作中心王堪林、韩婕；**国家邮政局**办公室陈凯、宋欣、佟正堂、王鸿蒙，政策法规司周献人、余芳芳，普遍服务司刘琪、郭菲菲、葛成红，市场监管司桂彬，人事司王晓芳、李炜蕾，机关党委葛秀旺、邓治国，邮政业安全中心洪亮亮，中国邮政快递报社王毅；交通运输部救助打捞局顾嘉君、方家雄；交通运输部长江航务管理局张伟；交通运输部珠江航务管理局黄婉丽、彭娉容；中国船级社仲晓雯；北京市交通委员会马欣、毕保磊、李云忠，天津市交通运输委员会张晓亭、关珊珊、杜蕴哲、王宝林、王瑞成、杜蕴哲、丁宇澄、王瑞成、陈甜甜、麻庆伟、余朵苟、柴大胜、陈飞，河北省交通运输厅石晓峰、贾梦蕾、党少彬，山西省交通运输厅陈瑞丽、郑雪芳，内蒙古自治区交通运输厅赵海涛，辽宁省交通运输厅宁威，吉林省交通运输厅张明杰、刘洪波、王睿双、王鑫，黑龙江省交通运输厅杨楠，上海市交通委员会张谨，江苏省交通运输厅赵钰，浙江省交通运输厅李芝娟、周永富，安徽省交通运输厅梁晨、任艳、陈婷婷、韦正华、王连磊、王川源、骆燕，福建省（交通运输厅、发改委、邮政局、民航监管局）陈昌和、刘弢、陈玫欣、卓弋阳、江辉、刘昭曙、郭淼，江西省交通运输厅黄智强、甘红缨、田慧、宋喻，山东省交通运输厅王磊、朱惠娟，河南省交通运输厅杨朝晖、郭伟峰、姜宝泉、高威、韩冬、裴彤、李晓权、王琳琳，湖北省交通运输厅甘惠萍、王成、朱正海、章治国、李庆九、胡金成、鲁军、周建勋、董沛玲、李碧，湖南省交通运输厅卢小成，广东省交通运输厅巫建文、丁力、林健芳、张军、梁雪玲、林楚忠、吴炫、车育杰、周德强、吴柳纯、方贵州、薛波、文艺、周健俊、陈波、陈凌青，广西壮族自治区交通运输厅李灿云、覃黄臻，海南省交通运输厅吴开心，重庆市交通局宋秉科、罗超，四川省交通运输厅蒋君兰、王谦、邱骊丹，贵州省交通运输厅郭国华，云南省交通运输厅杨光勇，西藏自治区交通运输厅央次珍、杨洁，陕西省交通运输厅梁志琳、何丰博，甘肃省交通运输厅尉永强，青海省交通运输厅张生荣、林才让，宁夏回族自治区交通运输厅曾祥远、徐娜，新疆维吾尔自治区交通运输厅王德祥，新疆生产建设兵团交通运输局王倩等同志在收集资料、撰写稿件、提供图片、审核校对等方面做了大量富有成效的工作。

值此《年鉴》出版之际，向对本书编纂工作提供大力支持和帮助的相关单位和所有人员，一并表示最诚挚的谢意！

由于本书涉及的单位及资料较多，加之编者水平有限，书中难免存在疏漏错误之处，恳请各界人士批评指正。

本书编辑工作组

2021 年 10 月